Häfelin / Müller / Uhlmann

Allgemeines Verwaltungsrecht

Allgemeines Verwaltungsrecht

von

Ulrich Häfelin / Georg Müller / Felix Uhlmann

Professoren an der Universität Zürich

7. vollständig überarbeitete Auflage

DIKE

Bibliografische Information der ‹Deutschen Bibliothek›.
Die Deutsche Bibliothek verzeichnet diese Publikation in der Deutschen Nationalbibliografie; detaillierte bibliografische Daten sind im Internet über ‹http://dnb.ddb.de› abrufbar.

ISBN 978-3-03751-769-7

www.dike.ch

Vorwort zur siebten Auflage

Seit der sechsten Auflage sind über 5 Jahre vergangen. In der vorliegenden siebten Auflage wurde stärker in die Grundstruktur eingegriffen als in der Vorauflage. So ist der ganze vierte Teil – Verwaltungsverfahren und Verwaltungsrechtspflege – verschoben und reduziert worden. Die Reduktion des entsprechenden Stoffes schien uns angezeigt, da es heute eine Vielzahl von Kommentierungen und Lehrbüchern zum öffentlichen Verfahrensrecht gibt. Belassen haben wir die Teile, welche einen engen Bezug zum materiellen Verwaltungsrecht aufweisen, nämlich das Verfahren auf Erlass einer Verfügung (§ 14) sowie die Anfechtung fehlerhafter Verfügungen (§ 16). Dies erleichtert die Behandlung der Paragrafen über die fehlerhafte Verfügung (§ 15) sowie über die Änderung rechtskräftiger Verfügungen (§ 17). Die Reduktion der Ausführungen über das Verfahrensrecht erlaubte auch eine – zurückhaltende – Ausdehnung des behandelten Stoffes: Neu sind etwa die Themen autonomer Nachvollzug und Berücksichtigung des Europarechts bei der Anwendung von Verwaltungsrecht, (steuerrechtliche) Rulings, Meldepflichten und Bewilligungen, Plangenehmigung, Anwendbarkeit strafprozessualer Grundsätze im Sanktionenrecht, Aktenführung der Verwaltung, Koordination und Kooperation der Verwaltung, Amts- und Rechtshilfe, Kommissionen, Neues Führungsmodell Bund, Akkreditierung und Zertifizierung, Subventionen.

Grössere Umstrukturierungen haben wir in den Bereichen Handlungsformen und Organisation der Verwaltungsbehörden vorgenommen. Im ersten Bereich werden die Handlungsformen Verfügung, verwaltungsrechtlicher Vertrag und privatrechtlicher Vertrag nun klarer hervorgehoben. Gleiches gilt für die Realakte, die in einem eigenen Paragrafen abgehandelt werden. Der Teil über die Verwaltungsorganisation wurde völlig neu gegliedert. Die Grundsätze der Verwaltungsorganisation und der Verwaltungsführung, die Organisationsformen, die Zusammenarbeit der Verwaltungsbehörden mit anderen Behörden sowie mit den Privaten erhalten je einen eigenen Paragrafen. Auch das Abgaberecht wurde einer neuen Gliederung unterzogen.

Wegleitend für diese Eingriffe waren zwei Gesichtspunkte: Einerseits sollten verschiedene wichtige Fragen (Datenschutz, Grundrechtsbindung etc.) möglichst konzentriert behandelt werden. Andererseits sollten Bereiche, welche für die Studierenden erfahrungsgemäss zu Beginn der Vorlesung schwer verständlich sind, aus didaktischen Gründen nach hinten verschoben werden. Das gilt beispielsweise für Vorfragen (vormals § 2, jetzt § 25) oder die Zweistufentheorie im Submissionsrecht (vormals § 5, jetzt § 19).

Im übrigen sind Lehre und Rechtsprechung wie üblich auf den aktuellen Stand gebracht worden. Ältere Beispiele wurden ersetzt, wenn jüngere didaktisch geeigneter schienen. Die Zitierweise wurde zum Teil den Bedürfnissen des e-books angepasst. Wir hoffen, dass das e-book die Studierenden zur Beschäftigung mit den Quellen anregt sowie für Praktikerin und Praktiker eine Arbeitserleichterung darstellt.

Bei der Überarbeitung haben die Assistierenden des Lehrstuhls Uhlmann mitgewirkt, nämlich Herr lic. iur. Florian Fleischmann, welcher auch die Koordination und wesentliche Teile der Schlussredaktion besorgt hat, Frau MLaw Noemi Bhalla, Herr lic. iur. David Alain Bloch, Frau MLaw Natassia Gili, Frau M.A. (HSG) Judith Kaspar sowie Frau lic. iur. Eva Scheifele. Externe Unterstützung erhielten wir von Frau lic. iur. Iris Binder, Frau lic. iur. Astrid Hirzel, Herrn Dr. David Hofstetter, Herrn MLaw Richard Lötscher und Herrn BLaw Adrian Boxler. Ihnen allen danken wir ebenso wie zahlreichen Fachkollegen, welche uns eine Vielzahl wertvoller Anregungen für die Überarbeitung haben zukommen lassen. Unser Dank geht schliesslich an die Mitarbeiter des DIKE Verlags für die ausgezeichnete Zusammenarbeit sowie für die Bereitschaft, das Wagnis e-book einzugehen.

Zürich, im Dezember 2015

Georg Müller Felix Uhlmann

Inhaltsübersicht

Inhaltsverzeichnis XI

Literatur, amtliche Veröffentlichungen, Zeitschriften und Internet Adressen zum Verwaltungsrecht XXXIII

Abkürzungsverzeichnis XLI

Einleitung 1

1. Teil Grundlagen 5

1. Kapitel Verwaltung 7

§ 1 Begriff und Arten der Verwaltung 7

2. Kapitel Verwaltungsrecht 14

§ 2 Quellen des Verwaltungsrechts 14

§ 3 Auslegung des Verwaltungsrechts 39

§ 4 Verwaltungsrecht und Privatrecht 50

§ 5 Zeitlicher und räumlicher Geltungsbereich des Verwaltungsrechts 60

3. Kapitel Grundsätze des rechtsstaatlichen Verwaltungshandelns 74

Vorbemerkung 74

§ 6 Grundsatz der Gesetzmässigkeit der Verwaltung 76

§ 7 Grundsatz des öffentlichen Interesses 107

§ 8 Grundsatz der Verhältnismässigkeit 118

§ 9 Rechtsgleichheit und Willkürverbot 128

§ 10 Grundsatz von Treu und Glauben im öffentlichen Recht 141

2. Teil Verwaltungsrechtliche Rechtsbeziehungen 167

1. Kapitel Grundlagen 169

§ 11 Verwaltungsrechtsverhältnisse 169

§ 12 Formen des Verwaltungshandelns: Überblick und Bedeutung 187

2. Kapitel Verfügung 190

Vorbemerkung 190

§ 13 Begriff, Inhalt und Arten der Verfügung 190

§ 14 Verfahren auf Erlass einer Verfügung (Verwaltungsverfahren) 212

§ 15 Fehlerhafte Verfügung 237

§ 16 Anfechtung fehlerhafter Verfügungen im Rechtsmittelverfahren 245

§ 17 Änderung rechtskräftiger Verfügungen 261

3. Kapitel Weitere Formen des Verwaltungshandelns 278

§ 18 Verwaltungsrechtlicher Vertrag 278

§ 19 Zusammenhänge zwischen Verwaltungstätigkeit und Privatrecht 304

§ 20 Tatsächliches Verwaltungshandeln (Realakte) 312

4. Kapitel Verwaltungsrechtliche Sanktionen 320

§ 21 Begriff und Arten von verwaltungsrechtlichen Sanktionen 320

3. Teil Verwaltungsorganisation 341

1. Kapitel Grundsätze und Formen der Verwaltungsorganisation 343

§ 22 Grundsätze der Verwaltungsorganisation und der Verwaltungsführung 343

§ 23 Zentrale und dezentrale Verwaltungsorganisation 356

§ 24 Organisationsformen 364

2. Kapitel Verhältnis der Verwaltungsbehörden zu anderen Behörden und zu Privaten 379

§ 25 Verhältnis zu anderen Behörden 379

§ 26 Zusammenarbeit von Verwaltungsbehörden und Privaten 394

3. Kapitel Gemeinden 411

§ 27 Gemeinden 411

4. Kapitel Personalrecht 437

§ 28 Personal des öffentlichen Dienstes 437

4. Teil Staats- und Beamtenhaftung 459
§ 29 Formen der öffentlich-rechtlichen Haftung 462
§ 30 Staatshaftung 467
§ 31 Beamtenhaftung 484

5. Teil Öffentliche Sachen und ihre Benutzung 487
§ 32 Begriff und Arten der öffentlichen Sachen 490
§ 33 Gebrauchsrechte an öffentlichen Sachen im Gemeingebrauch 499

6. Teil Öffentlich-rechtliche Beschränkungen des Eigentums 515
§ 34 Eigentumsgarantie 517
§ 35 Formelle Enteignung 528
§ 36 Öffentlich-rechtliche Eigentumsbeschränkungen und materielle Enteignung 548

7. Teil Subventionen 563
§ 37 Subventionen 565

8. Teil Polizei 573
§ 38 Polizeiliche Massnahmen 575
§ 39 Polizeierlaubnis 597

9. Teil Monopole und Konzessionen 607
§ 40 Monopole 609
§ 41 Konzessionen 617

10. Teil Öffentliche Abgaben 625
§ 42 Begriffe und Übersicht 628
§ 43 Gebühren 632
§ 44 Beiträge (Vorzugslasten) 643
§ 45 Steuern 646
§ 46 Besondere Abgaben und Mischformen 652

Sachregister 659

Inhaltsverzeichnis

Einleitung 1

1. Teil Grundlagen 5

1. Kapitel Verwaltung 7

§ 1 Begriff und Arten der Verwaltung 7

I. Funktioneller und organisatorischer Begriff der Verwaltung 7
   1. Funktioneller Begriff der Verwaltung: Verwaltungstätigkeit 7
   2. Organisatorischer Begriff der Verwaltung: Verwaltungsbehörden 9

II. Begriff und Arten der Verwaltungsaufgabe 10
   1. Begriff der Verwaltungsaufgabe 10
   2. Arten der Verwaltungsaufgabe 10
   3. Formen der Verwaltungstätigkeit 10
   4. Erfüllungs- und Gewährleistungsverwaltung 13

2. Kapitel Verwaltungsrecht 14

§ 2 Quellen des Verwaltungsrechts 14

I. Begriff und Bedeutung des Verwaltungsrechts 15

II. Verfassung 15
   1. Verfassungsgrundsätze 15
   2. Grundrechte 16
   3. Verfassungsrechtliche Kompetenzordnung 16
   4. Materielles Verwaltungsrecht in der Verfassung 16

III. Gesetze 17
   1. Begriff 17
   2. Bedeutung der Gesetze für das Verwaltungsrecht 17

IV. Verordnungen 18
   1. Begriff und Bedeutung 18
   2. Erlassende Behörde 18
   3. Arten von Verordnungen 19
   4. Exkurs: Verordnungen und Richtlinien nach dem Recht der EU 25

V. Autonome Satzungen und gesteuerte Selbstregulierung 26
   1. Autonome Satzungen 26
   2. Selbstregulierung 26

VI. Völkerrechtliche Verträge und innerstaatliche Vereinbarungen 27
   1. Völkerrechtliche Verträge 27
   2. Innerstaatliche Vereinbarungen 30

VII. Allgemeine Rechtsgrundsätze 32
1. Begriff 32
2. Wichtige Anwendungsfälle 33
VIII. Gewohnheitsrecht 35
1. Begriff 35
2. Voraussetzungen der Zulassung von Gewohnheitsrecht im Verwaltungsrecht 36
IX. Richterliches Recht 37
1. Begriff 37
2. Bedeutung des richterlichen Rechts im Verwaltungsrecht 37
3. Beispiele von richterlichem Recht im Verwaltungsrecht 38

§ 3 Auslegung des Verwaltungsrechts 39
I. Aufgabe und Bedeutung der Auslegung im Verwaltungsrecht 39
II. Anwendung der allgemeinen Auslegungsmethoden im Verwaltungsrecht 40
III. Bedeutung formaler Auslegungsregeln 41
1. Vorrang der lex specialis und der lex posterior 42
2. Umkehr- und Analogieschluss 43
3. Verbot extensiver Auslegung von Polizei- und Ausnahmevorschriften («in dubio pro libertate») 43
IV. Verfassungs- und völkerrechtskonforme Auslegung von Verwaltungsrecht 45
1. Verfassungskonforme Auslegung 45
2. Völkerrechtskonforme Auslegung 45
3. Europarechtskonforme Auslegung 46
V. Lückenfüllung im Verwaltungsrecht 47

§ 4 Verwaltungsrecht und Privatrecht 50
I. Abgrenzung von öffentlich-rechtlichen und privatrechtlichen Regelungen 51
1. Allgemeines 51
2. Abgrenzungskriterien 51
3. Praktische Bedeutung der Zuordnung zum öffentlichen Recht 55
4. Gemischte Normen (Doppelnormen) 56
II. Übernahme von Begriffen und Normen des Privatrechts ins Verwaltungsrecht 57
1. Anknüpfung des Verwaltungsrechts an privatrechtliche Tatbestände 57
2. Verweisung des Verwaltungsrechts auf Normen des Privatrechts 57
3. Analoge Anwendung des Privatrechts zur Lückenfüllung im öffentlichen Recht 58

§ 5 Zeitlicher und räumlicher Geltungsbereich des Verwaltungsrechts 60
I. Zeitlicher Geltungsbereich 60
1. Inkrafttreten von Erlassen 60
2. Ausserkrafttreten von Erlassen 61
3. Rückwirkung 61
4. Zeitlicher Geltungsbereich und Verfahrensrecht 67
5. Vorwirkung 69

II. Räumlicher Geltungsbereich 71
1. Territorialitätsprinzip 71
2. Verschiedene Anknüpfungen 72

3. Kapitel Grundsätze des rechtsstaatlichen Verwaltungshandelns 74
Vorbemerkung 74

§ 6 Grundsatz der Gesetzmässigkeit der Verwaltung 76
I. Sinn und Funktionen des Gesetzmässigkeitsprinzips 77
1. Allgemeines 77
2. Rechtsstaatliche Funktionen des Gesetzmässigkeitsprinzips 78
3. Demokratische Funktion des Gesetzmässigkeitsprinzips 78
II. Rechtsgrundlagen 79
III. Allgemeine Umschreibung des Inhalts des Grundsatzes der Gesetzmässigkeit 79
IV. Erfordernis des Rechtssatzes 79
1. Definition 79
2. Begriff des Rechtssatzes 80
3. Erfordernis der genügenden Bestimmtheit des Rechtssatzes 80
V. Erfordernis der Gesetzesform 82
1. Definition 82
2. Gesichtspunkte für die Bestimmung der Rechtssetzungsstufe 83
3. Problem der Gesetzesdelegation 85
VI. Geltungsbereich des Gesetzmässigkeitsprinzips 90
1. Geltung für Eingriffs- und Leistungsverwaltung 90
2. Geltung für Bund, Kantone und Gemeinden 90
3. Geltung für alle Arten von Verwaltungstätigkeit 91
4. Beschränkte Geltung des Gesetzmässigkeitsprinzips 91
VII. Gesetzmässigkeit, Ermessen und unbestimmter Rechtsbegriff 93
1. Allgemeines 93
2. Offene Normen und Gesetzesdelegation 94
3. Begriff und Arten des Ermessens 94
4. Ermessen und unbestimmter Rechtsbegriff 97
5. Ermessensfehler 100
6. Gerichtliche Beurteilung der Ermessensfehler 103
VIII. Gesetzmässigkeitsprinzip und Sonderstatusverhältnis («Besonderes Rechtsverhältnis») 105
1. Begriff des Sonderstatusverhältnisses 105
2. Anforderungen an die gesetzliche Grundlage 105

§ 7 Grundsatz des öffentlichen Interesses 107
I. Begriff des öffentlichen Interesses 107
1. Schwierigkeit einer allgemeinen Umschreibung 107
2. Zeitliche und örtliche Wandelbarkeit 108

3. Kasuistik 109
4. Fiskalische Interessen 111

II. Rechtsgrundlagen 112

III. Geltungsbereich 112

IV. Abwägung zwischen verschiedenen Interessen 114
1. Allgemeines 114
2. Abwägung zwischen öffentlichem und entgegenstehendem privatem Interesse 114
3. Abwägung zwischen gegensätzlichen öffentlichen Interessen 115

§ 8 Grundsatz der Verhältnismässigkeit 118

I. Definition des Grundsatzes der Verhältnismässigkeit 118

II. Rechtsgrundlagen 119

III. Geltungsbereich 120

IV. Die drei Elemente des Grundsatzes der Verhältnismässigkeit 120
1. Eignung der Massnahme 121
2. Erforderlichkeit der Massnahme 122
3. Verhältnismässigkeit von Zweck und Wirkung der Massnahme («Zumutbarkeit») 125

§ 9 Rechtsgleichheit und Willkürverbot 128

I. Rechtsgrundlage, Inhalt und Bedeutung des Gleichheitsprinzips 129

II. Anspruch auf Gleichbehandlung 130
1. Grundsatz 130
2. Bedeutung bei der Rechtssetzung 131
3. Bedeutung bei der Rechtsanwendung 133

III. Willkürverbot 137
1. Inhalt 137
2. Prozessuale Behandlung 139

§ 10 Grundsatz von Treu und Glauben im öffentlichen Recht 141

I. Begriff und Tragweite des Grundsatzes von Treu und Glauben im öffentlichen Recht 141

II. Rechtsgrundlagen 142

III. Grundsatz des Vertrauensschutzes 142
1. Begriff des Vertrauensschutzes 142
2. Verhältnis des Vertrauensschutzes zu anderen Verfassungsgrundsätzen 143
3. Voraussetzungen des Vertrauensschutzes 143
4. Unrichtige behördliche Auskünfte im Besonderen 152
5. Rechtswirkungen des Vertrauensschutzes 158

IV. Verbot widersprüchlichen Verhaltens 162
1. Verbot widersprüchlichen Verhaltens der Verwaltungsbehörden 162
2. Verbot widersprüchlichen Verhaltens der Privaten 162

V. Verbot des Rechtsmissbrauchs durch zweckwidrige Verwendung eines Rechts 163
VI. Exkurs: Rulings 166

2. Teil Verwaltungsrechtliche Rechtsbeziehungen 167

1. Kapitel Grundlagen 169

§ 11 Verwaltungsrechtsverhältnisse 169
I. Begriff und Funktion des Verwaltungsrechtsverhältnisses 169
II. Begriff der verwaltungsrechtlichen Pflichten und Rechte 170
1. Verwaltungsrechtliche Pflichten 170
2. Verwaltungsrechtliche Rechte 170
III. Begründung von verwaltungsrechtlichen Pflichten und Rechten 171
1. Begründung unmittelbar durch Rechtssatz 171
2. Begründung durch allgemeinen Rechtsgrundsatz 172
3. Begründung durch Verfügung 172
4. Begründung durch verwaltungsrechtlichen Vertrag 172
IV. Beendigung von verwaltungsrechtlichen Pflichten und Rechten 172
1. Erfüllung 172
2. Verjährung 173
3. Verwirkung 176
4. Verrechnung 178
5. Verzicht 179
6. Beendigung durch Rechtssatz und Verfügung 180
7. Fristablauf bei Befristung 180
V. Änderung verwaltungsrechtlicher Pflichten und Rechte 180
1. Bei Begründung der Pflichten und Rechte durch Rechtssatz 181
2. Bei Begründung der Pflichten und Rechte durch Verfügung 181
3. Bei Begründung der Pflichten und Rechte durch verwaltungsrechtlichen Vertrag 182
VI. Übertragung verwaltungsrechtlicher Pflichten und Rechte 182
1. Pflichten und Rechte des Gemeinwesens und seiner Organe 182
2. Pflichten und Rechte der Privaten 183
VII. Stellvertretung 185

§ 12 Formen des Verwaltungshandelns: Überblick und Bedeutung 187
I. Funktionen der Handlungsformen 187
II. Rechtliches Verwaltungshandeln (Rechtsakte) 188
III. Tatsächliches Verwaltungshandeln (Realakte) 189

2. Kapitel Verfügung 190
Vorbemerkung 190

§ 13 Begriff, Inhalt und Arten der Verfügung 190

I. Begriff der Verfügung 191
1. Definition und Funktion 191
2. Elemente des Verfügungsbegriffs 192
3. Form? 195
4. Abgrenzung zu Verwaltungshandlungen ohne Verfügungscharakter 195

II. Arten von Verfügungen 197
1. Rechtsgestaltende, verweigernde und feststellende Verfügung 197
2. Mitwirkungsbedürftige Verfügung 199
3. Bewilligungen und Meldepflichten 199
4. Plangenehmigung 200

III. Nebenbestimmungen von Verfügungen 201
1. Zweck von Nebenbestimmungen 201
2. Arten von Nebenbestimmungen 201
3. Voraussetzungen für den Erlass von Nebenbestimmungen 203

IV. Allgemeinverfügung 205
1. Begriff 205
2. Rechtsnatur 205
3. Verfahrensrechtliche Behandlung 206

V. Plan 208
1. Aufgabe der Raumplanung 208
2. Arten von Raumplänen 208
3. Rechtsnatur der Raumpläne 209

§ 14 Verfahren auf Erlass einer Verfügung (Verwaltungsverfahren) 212

I. Förmlichkeit der Verfügung und des Verwaltungsverfahrens 212

II. Verfahrensstadien 213
1. Nichtstreitiges Verwaltungsverfahren 213
2. Streitiges Verwaltungsverfahren 214

III. Rechtsgrundlagen 214
1. Verwaltungsverfahren vor Bundesbehörden 214
2. Kantonales Verwaltungsverfahren 214
3. Für alle Verfahren massgebende Rechtsnormen 215

IV. Grundsätze des Verwaltungsverfahrens 215
1. Zuständigkeit und richtige Zusammensetzung der Behörde 215
2. Prinzipien der Durchführung des Verfahrens 216
3. Anspruch auf rechtliches Gehör 219
4. Anspruch auf gleiche und gerechte Behandlung im Verfahren 227
5. Anspruch auf unentgeltliche Rechtspflege 229

V. Eröffnung der Verfügung 231
1. Form 231
2. Begründung 233

3. Rechtsmittelbelehrung 234
4. Formfehler 234

§ 15 Fehlerhafte Verfügung 237

I. Allgemeines 237
1. Begriff der fehlerhaften Verfügung 237
2. Übersicht über die möglichen Rechtsfolgen der Fehlerhaftigkeit einer Verfügung 237

II. Regelfall der Anfechtbarkeit 238
1. Begriff und Grundsatz der Anfechtbarkeit 238
2. Formelle und materielle Rechtskraft 239

III. Nichtigkeit als Ausnahme 240
1. Bedeutung der Nichtigkeit 240
2. Voraussetzungen der Nichtigkeit 240
3. Verfahrensfragen 241
4. Nichtigkeitsgründe 241
5. Teilnichtigkeit 244

§ 16 Anfechtung fehlerhafter Verfügungen im Rechtsmittelverfahren 245

I. Rechtsmittel und Rechtsbehelfe 245

II. Beschwerde und Rekurs 246
1. Begriff 246
2. Voraussetzungen 246
3. Wirkungen der Beschwerde 250
4. Verfahren vor der Beschwerdeinstanz 251
5. Beschwerdeentscheid 252

III. Besonderheiten der verwaltungsinternen Rechtspflege und der verwaltungsgerichtlichen Rechtspflege 254
1. Verwaltungsinterne Rechtspflege 254
2. Verwaltungsgerichtliche Rechtspflege 254

IV. Weitere Rechtsmittel und Rechtsbehelfe 257
1. Einsprache 257
2. Aufsichtsbeschwerde 258
3. Begehren um Erläuterung und Berichtigung von Redaktions- und Rechnungsfehlern 260

§ 17 Änderung rechtskräftiger Verfügungen 261

I. Arten der Änderung von Verfügungen 261
1. Terminologie 261
2. Widerruf 262
3. Revision 263
4. Wiedererwägung 263
5. Berichtigung von Kanzleifehlern 263

II. Voraussetzungen des Widerrufs 264
1. Widerrufbarkeit der Verfügung 264
2. Kriterien für die Widerrufbarkeit von Verfügungen 264

3. Fallgruppen von grundsätzlich nicht widerrufbaren Verfügungen 265
4. Weitere Beispiele zur Frage der Unwiderrufbarkeit von Verfügungen 272

III. Revision und Wiedererwägung 273
1. Revision 273
2. Wiedererwägung 274

IV. Zeitpunkt der Wirkungen der Änderung von Verfügungen 277

3. Kapitel Weitere Formen des Verwaltungshandelns 278

§ 18 Verwaltungsrechtlicher Vertrag 278

I. Begriff des verwaltungsrechtlichen Vertrages 279
1. Definition 279
2. Abgrenzung gegenüber der Verfügung und dem privatrechtlichen Vertrag 279
3. Weitere Abgrenzungen 283

II. Arten und Zulässigkeit von verwaltungsrechtlichen Verträgen 284
1. Verwaltungsrechtliche Verträge zwischen öffentlich-rechtlichen Organisationen (koordinationsrechtliche Verträge) 284
2. Verwaltungsrechtliche Verträge zwischen öffentlich-rechtlichen Organisationen und Privaten (subordinationsrechtliche Verträge) 285
3. Verwaltungsrechtliche Verträge zwischen Privaten 294

III. Entstehung und Auslegung von verwaltungsrechtlichen Verträgen 294
1. Entstehung 294
2. Auslegung 294

IV. Fehlerhafte verwaltungsrechtliche Verträge 296
1. Ursprünglich fehlerhafte Verträge 297
2. Nachträglich fehlerhafte Verträge 299
3. Rechtsschutz 302

V. Beendigung des verwaltungsrechtlichen Vertrages 303

§ 19 Zusammenhänge zwischen Verwaltungstätigkeit und Privatrecht 304

I. Zulässigkeit und Arten des privatrechtlichen Handelns des Staates 305
1. Verbot der privatrechtlichen Betätigung des Staates im öffentlich-rechtlich geregelten Bereich 305
2. Fälle zulässigen privatrechtlichen Handelns des Staates 306

II. Einbindung des privatrechtlichen Handelns ins öffentliche Recht 307
1. Problemstellung 307
2. Zweistufentheorie 307
3. Öffentliches Beschaffungsrecht (Submissionen) 308
4. Zweistufentheorie ausserhalb des öffentlichen Beschaffungsrechts? 309
5. Bindung des privatrechtlich handelnden Gemeinwesens an die Grundrechte 310

III. Privatrechtliche Haftung des Staates 310

§ 20 Tatsächliches Verwaltungshandeln (Realakte) 312

I. Begriff 313

II. Arten von Realakten 313

1. Unmittelbare Erfüllung von Verwaltungsaufgaben 313
2. Vollstreckungshandlungen 313
3. Auskünfte, Belehrungen, Warnungen, Empfehlungen, Rechnungsstellungen und Ermahnungen gegenüber Privaten 314
4. Amtliche Berichte und Vernehmlassungen 314
5. Informelles Verwaltungshandeln 315

III. Probleme des Rechtsschutzes 316

1. Rechtsschutzdefizit 316
2. Verfügung über Realakte (Art. 25a VwVG) 317
3. Weitere Verfahrensfragen 319

4. Kapitel Verwaltungsrechtliche Sanktionen 320

§ 21 Begriff und Arten von verwaltungsrechtlichen Sanktionen 320

I. Allgemeines 321

1. Begriff 321
2. Arten 321
3. Voraussetzungen 323

II. Exekutorische Sanktionen 326

1. Schuldbetreibung für öffentlich-rechtliche Geldforderungen 326
2. Ersatzvornahme 327
3. Antizipierte Ersatzvornahme 328
4. Unmittelbarer Zwang 328

III. Repressive Sanktionen 330

1. Verwaltungsstrafen, insbesondere Ordnungsbussen 330
2. Bestrafung wegen Ungehorsams 332
3. Disziplinarische Massnahmen 333

IV. Administrative Rechtsnachteile 335

1. Einziehung unrechtmässig erlangter Vorteile 335
2. Verweigerung von Verwaltungsleistungen 336
3. Widerruf von begünstigenden Verfügungen 337

V. Exkurs: Anwendbarkeit strafprozessualer Verfahrensgarantien auf Verwaltungssanktionen 338

3. Teil Verwaltungsorganisation 341

1. Kapitel Grundsätze und Formen der Verwaltungsorganisation 343

§ 22 Grundsätze der Verwaltungsorganisation und der Verwaltungsführung 343

I. Demokratische Ausgestaltung der Verwaltungsorganisation 345
1. Ziel der demokratischen Ausgestaltung der Verwaltungstätigkeit 345
2. Elemente der demokratischen Ausgestaltung der Verwaltungsorganisation 345

II. Rechtsstaatliche Ausgestaltung der Verwaltungsorganisation 345
1. Gesetzliche Grundlagen der Verwaltungsorganisation 345
2. Umgang der Verwaltung mit Informationen (Akten der Verwaltung) 346

III. Hierarchie der Verwaltungsbehörden 349
1. Begriff der Hierarchie 349
2. Zweck der Hierarchie 350
3. Auswirkungen des hierarchischen Aufbaus 350

IV. Wirkungsorientierte Verwaltungsführung (New Public Management, NPM) 351
1. Grundgedanken 351
2. Anpassungen der Rechtsordnung 352
3. Legalitätsprinzip als Schranke der Wirkungsorientierung 353
4. Wirkungsorientierte Verwaltungsführung und Geltendmachung der Verantwortlichkeit 354
5. Gewinnorientierung 355

§ 23 Zentrale und dezentrale Verwaltungsorganisation 356

I. Begriffe 357
1. Zentralisation 357
2. (Sachliche) Dezentralisation 357
3. Örtliche Dezentralisation 358
4. Sachliche und örtliche Dezentralisation 358

II. Gründe für eine dezentrale Verwaltungsorganisation 359
1. Politische Unabhängigkeit 359
2. Fachliche Unabhängigkeit 359
3. Wirtschaftliche Unabhängigkeit 359
4. Föderalismus 360
5. (Bürger-)Nähe 360
6. Vermeidung von Interessenkonflikten 361

III. Folgen der dezentralen Verwaltungsorganisation 361
1. Auswahl und Schaffung eines dezentralen Verwaltungsträgers 361
2. Steuerung und Kontrolle 361
3. Verwaltungsrechtliche Rechtsfolgen 362
4. Gelockerte Grundrechtsbindung? 363

IV. «4-Kreise-Modell» 363

§ 24 Organisationsformen 364

I. Zentralverwaltung 364
1. Aufbau der Zentralverwaltung 364
2. Kompetenzverteilung 364

II. Öffentlich-rechtliche Körperschaften 366
1. Begriff und Merkmale 366
2. Arten und Beispiele 367
3. Errichtung 367
4. Autonomie 367
5. Organisation 368
6. Zwangsmitgliedschaft und freiwillige Mitgliedschaft 368
7. Staatliche Aufsicht 369
8. Rechtsschutz 369

III. Öffentlich-rechtliche Anstalten 369
1. Begriff und Merkmale 369
2. Selbstständige und unselbstständige öffentlich-rechtliche Anstalten 370
3. Autonomie der öffentlich-rechtlichen Anstalt 371
4. Rechtsverhältnis zwischen öffentlich-rechtlicher Anstalt und deren Benützern 371
5. Monopol und Anstaltszwang 373

IV. Öffentlich-rechtliche Stiftungen 373
1. Begriff und Merkmale 373
2. Abgrenzung gegenüber den privatrechtlichen Stiftungen mit öffentlichem Zweck 374

V. Spezialgesetzliche Aktiengesellschaften 375
1. Begriff und Merkmale 375
2. Spezialgesetzliche Aktiengesellschaften des Bundes 375
3. Spezialgesetzliche Aktiengesellschaften der Kantone nach Art. 763 OR 376

VI. Genossenschaften des öffentlichen Rechts (Art. 829 OR) 376

VII. Privatrechtliche Organisationsformen 376

VIII. Kommissionen 377

2. Kapitel Verhältnis der Verwaltungsbehörden zu anderen Behörden und zu Privaten 379

§ 25 Verhältnis zu anderen Behörden 379

I. Verwaltungsbehörden und Parlament 380
1. Kompetenzverteilung 380
2. Parlamentarische Oberaufsicht gegenüber den Verwaltungsbehörden 381

II. Verwaltungsbehörden und Justizbehörden 383
1. Kompetenzverteilung 383
2. Entscheid über Kompetenzkonflikte zwischen Verwaltungs- und Justizbehörden 383
3. Gegenseitige Unabhängigkeit und Anerkennung 383
4. Entscheid über Vorfragen 384

III. Ombudsstellen (Ombudsperson) 388
1. Begriff, Aufgaben und Stellung 388
2. Verbreitung 389
IV. Verhältnis von Verwaltungsbehörden untereinander 389
1. Koordination im hierarchischen Verwaltungsaufbau 389
2. Koordination im Entscheidverfahren 389
3. Kooperation 391
4. Amts- und Rechtshilfe 391

§ 26 Zusammenarbeit von Verwaltungsbehörden und Privaten 394
I. Allgemeines 396
1. Ziel der Zusammenarbeit 396
2. Formen der Zusammenarbeit im Überblick 396
II. Schaffung eines gemeinsamen Verwaltungsträgers (Gemischtwirtschaftliche Unternehmen) 398
1. Begriff und Merkmale 398
2. Rechtsform und Gründung 399
3. Haftung für staatliche Vertreter 399
4. Motive für die Gründung von gemischtwirtschaftlichen Unternehmungen 400
III. Übertragung von Verwaltungsaufgaben auf Private 400
1. Begriff und Voraussetzungen 400
2. Typische Formen der Übertragung von Verwaltungsaufgaben auf Private 400
3. Anwendbares Recht 405
IV. Fragen der Grundrechtsbindung und der Grundrechtsberechtigung 405
1. Grundrechtsbindung 405
2. Grundrechtsberechtigung 408
V. Privatisierung 409

3. Kapitel Gemeinden 411

§ 27 Gemeinden 411
I. Begriff und Bedeutung der Gemeinde 413
1. Begriff und Merkmale 413
2. Bedeutung der Gemeinden 414
II. Arten von Gemeinden 414
1. Vorbemerkung 414
2. Allgemeine Gemeinde und Spezialgemeinde 415
3. Einwohnergemeinde und übrige Gemeinden 415
4. Überlagerung von verschiedenen Arten von Gemeinden 416
5. Gemeindezersplitterung 416
6. Gemeindefusionen 417
III. Gemeindeautonomie 417
1. Rechtsgrundlagen der Gemeindeautonomie 417
2. Autonomer und nicht autonomer Tätigkeitsbereich der Gemeinde 417

3. Kriterien der Gemeindeautonomie 418
4. Autonomie in Rechtssetzung und Rechtsanwendung 419
5. Wichtigste Bereiche der Gemeindeautonomie 423
IV. Organisation der Gemeinde 424
1. Allgemeines 424
2. Gesamtheit der Stimmberechtigten 425
3. Gemeindeparlament 426
4. Gemeindeexekutive 426
V. Aufsicht über die Gemeinden 427
1. Zweck der Aufsicht 427
2. Rechts- und Ermessenskontrolle 427
3. Aufsichtsorgane 427
4. Aufsichtsmittel 428
VI. Gemeindeverbände 430
1. Begriff, Rechtsgrundlagen, Merkmale und Bedeutung 430
2. Abgrenzung zu anderen Formen der Zusammenarbeit 430
3. Gründe für den Zusammenschluss 431
4. Verbandszweck 431
5. Gründung und Organisation 432
6. Mitgliedschaft 432
VII. Rechtsschutz 433
1. Kantonaler Rechtsschutz für die Gemeinden 433
2. Beschwerde in öffentlich-rechtlichen Angelegenheiten an das Bundesgericht 433

4. Kapitel Personalrecht 437

§ 28 Personal des öffentlichen Dienstes 437
I. Begriff und Rechtsnatur des Dienstverhältnisses 439
1. Beamtinnen und Beamte 439
2. Dienstverhältnis als Sonderstatusverhältnis 439
3. Dienstverhältnis und Privatrecht 440
II. Begründung und Beendigung des Dienstverhältnisses 441
1. Begründung des Dienstverhältnisses 441
2. Beendigung des Dienstverhältnisses 442
III. Pflichten und Rechte der Angestellten 445
1. Amtspflichten 445
2. Treuepflicht 447
3. Beschränkung der Freiheitsrechte 448
4. Anspruch auf Besoldung, Pensions- und Versicherungsleistungen 452
5. Mitbestimmungsrechte 453
6. Gesamtarbeitsverträge 453
IV. Verantwortlichkeit der Angestellten 454
1. Strafrechtliche Verantwortlichkeit 454

2. Disziplinarische Verantwortlichkeit 454
3. Vermögensrechtliche Verantwortlichkeit 455

V. Rechtsschutz im Personalrecht 455
1. Rechtsschutz gegen Verfügungen 455
2. Rechtsweg 456
3. Rechtsnatur der Streitigkeiten 457

4. Teil Staats- und Beamtenhaftung 459

§ 29 Formen der öffentlich-rechtlichen Haftung 462

I. Allgemeines 462
1. Problemstellung: Haftung für Schaden im öffentlichen Recht 462
2. Rechtsgrundlagen 463
3. Allgemeine und spezielle Haftungsregelung 464

II. Mögliche Regelungen der Haftung gegenüber Dritten 464
1. Staats- und Beamtenhaftung 464
2. Verschuldens- und Kausalhaftung 465
3. Haftung für rechtmässig und rechtswidrig zugefügten Schaden 466

§ 30 Staatshaftung 467

I. Haftungssubjekte 467

II. Voraussetzungen der allgemeinen Staatshaftung 467
1. Schaden 467
2. Personen, für deren Verhalten der Staat haftbar werden kann 467
3. Öffentlich-rechtlicher Tätigkeitsbereich 468
4. Handlungen oder Unterlassungen in Ausübung einer amtlichen Tätigkeit 468
5. Widerrechtlichkeit 469
6. Natürlicher und adäquater Kausalzusammenhang 472
7. Verschulden 473
8. Ausschluss der Überprüfung von formell rechtskräftigen Verfügungen, Entscheiden und Urteilen 473
9. Reduktionsgründe bei der Schadenersatzbemessung 475
10. Verjährung/Verwirkung 475

III. Besondere Haftungsregelungen 476
1. Haftung für privatrechtliche und gewerbliche Tätigkeiten des Staates (Art. 41 ff. OR, Art. 61 Abs. 2 OR) 476
2. Spezialgesetzliche Haftungsregeln für amtliche Tätigkeit 477
3. Exkurs: Haftung der Mitgliedstaaten nach dem Recht der Europäischen Union (EU-Recht) 480

IV. Haftung für rechtmässig zugefügten Schaden 481
1. Problemstellung 481
2. Spezialgesetzliche Regelungen 482
3. Allgemeine Regelungen 482

V. Rechtsschutz 483
1. Rechtsschutz im Bund 483
2. Rechtsschutz in den Kantonen 483

§ 31 Beamtenhaftung 484
I. Externe Beamtenhaftung 484
1. Begriff 484
2. Keine Beamtenhaftung bei ausschliesslicher Staatshaftung 484
3. Primäre persönliche Haftung der Angestellten 484
II. Interne Beamtenhaftung 484
1. Begriff 484
2. Zwei Haftungsfälle 484
3. Verschuldenshaftung 485
4. Beteiligung mehrerer Amtspersonen 486
III. Rechtsschutz 486
1. Rechtsschutz im Bund 486
2. Rechtsschutz in den Kantonen 486

5. Teil Öffentliche Sachen und ihre Benutzung 487

§ 32 Begriff und Arten der öffentlichen Sachen 490
I. Allgemeines 490
1. Begriff der öffentlichen Sache i.w.S. 490
2. Überblick über die Arten von öffentlichen Sachen 490
II. Finanzvermögen 491
III. Verwaltungsvermögen 491
1. Begriff 491
2. Nutzung 492
3. Finanzreferendum 493
IV. Öffentliche Sachen im Gemeingebrauch 494
1. Begriff 494
2. Begründung des Gemeingebrauchs 494
3. Träger der Herrschaft 495
V. Anwendbares Recht 496
1. Finanzvermögen 496
2. Verwaltungsvermögen und öffentliche Sachen im Gemeingebrauch 497
3. Haftung für öffentliche Sachen 498

§ 33 Gebrauchsrechte an öffentlichen Sachen im Gemeingebrauch 499
I. Gemeingebrauch 499
1. Begriff 499
2. Voraussetzungen und Elemente 499

3. Benutzungsordnung 501
4. Anwendungsfälle 501
5. Rechtsstellung des Anstössers 502

II. Gesteigerter Gemeingebrauch 503
1. Begriff 503
2. Voraussetzungen und Elemente 503
3. Anwendungsfälle 507
4. Besonderheiten bei der Ausübung von Freiheitsrechten auf öffentlichem Grund 508

III. Sondernutzung 512
1. Begriff 512
2. Voraussetzungen und Elemente 512
3. Sondernutzungskonzession 512
4. Anwendungsfälle 513

6. Teil Öffentlich-rechtliche Beschränkungen des Eigentums 515

§ 34 Eigentumsgarantie 517

I. Rechtsgrundlage 518

II. Eigentumsgarantie als Institutsgarantie 518

III. Eigentumsgarantie als Bestandes- und Wertgarantie 519
1. Allgemeines 519
2. Unterscheidung zwischen den drei Arten von öffentlich-rechtlichen Eingriffen ins Eigentum 519
3. Schutzobjekte 521
4. Inhalt des Schutzes durch die Bestandesgarantie 524
5. Inhalt des Schutzes durch die Wertgarantie 527

§ 35 Formelle Enteignung 528

I. Begriff und Rechtsgrundlagen 529
1. Begriff und Rechtsnatur der formellen Enteignung 529
2. Enteigner 529
3. Anwendbares Recht 530

II. Objekte der Enteignung 531
1. Grundeigentum 531
2. Eigentum an beweglichen Sachen 532
3. Beschränkte dingliche Rechte 532
4. Obligatorische Rechte 532
5. Wohlerworbene Rechte des öffentlichen Rechts 533

III. Abwehrrechte des Nachbarrechts und Enteignung 533
1. Zivilrechtlicher oder öffentlich-rechtlicher Immissionsschutz? 533
2. Voraussetzungen der Enteignung von Nachbarrechten nach der Praxis des Bundesgerichts 534

IV. Voraussetzungen der formellen Enteignung 536
1. Gesetzliche Grundlage 536
2. Öffentliche Interessen 536
3. Verhältnismässigkeit 537
V. Entschädigung 538
1. Geldleistung oder Realersatz? 538
2. Höhe der Entschädigung 538
3. Für die Berechnung massgeblicher Zeitpunkt 541
VI. Verfahren der Enteignung 541
1. Entscheid über die Ausübung des Enteignungsrechts 541
2. Planauflageverfahren 542
3. Einigungsverfahren 543
4. Entscheid über Einsprachen und Entschädigungen 544
5. Vollzug 544
VII. Enteignungsvertrag 545
VIII. Rückforderungsrecht 545
IX. Rechtsschutz 546
1. Enteignung nach Bundesrecht 546
2. Enteignung nach kantonalem Recht 546
3. Anforderungen von Art. 6 Ziff. 1 EMRK und von Art. 29a BV 547

§ 36 Öffentlich-rechtliche Eigentumsbeschränkungen und materielle Enteignung 548
I. Begriff der öffentlich-rechtlichen Eigentumsbeschränkung und der materiellen Enteignung 548
II. Voraussetzungen der Zulässigkeit von öffentlich-rechtlichen Eigentumsbeschränkungen 549
1. Gesetzliche Grundlage 549
2. Öffentliches Interesse 549
3. Verhältnismässigkeit 550
III. Voraussetzungen und Umfang der Entschädigungspflicht 552
1. Voraussetzungen der Entschädigungspflicht (materielle Enteignung) 552
2. Höhe der Entschädigung 558
3. Für die Berechnung massgeblicher Zeitpunkt 558
4. Rechtsschutz 559
IV. Entschädigungslose öffentlich-rechtliche Eigentumsbeschränkungen 559
1. Allgemeines 559
2. Anwendungsfälle 560
3. Sonderfall der polizeilich motivierten Eigentumsbeschränkungen 560

7. Teil Subventionen 563

§ 37 Subventionen 565

I. Begriff und Funktionen 565

II. Arten 566
1. Einmalige und wiederkehrende Subventionen 566
2. Anspruchs- und Ermessenssubventionen 566
3. Ex-ante-Subventionen und ex-post-Subventionen 567
4. Direkte und indirekte Subventionen 567

III. Voraussetzungen für die Zusprechung von Subventionen 568
1. Zuständigkeit des Gemeinwesens und gesetzliche Grundlage 568
2. Bewilligung des erforderlichen Kredits 568

IV. Subventionsverhältnis 569
1. Begründung 569
2. Beendigung 570
3. Rechtsschutz 571

8. Teil Polizei 573

§ 38 Polizeiliche Massnahmen 575

I. Begriff der polizeilichen Tätigkeit und der polizeilichen Güter 577
1. Begriff der polizeilichen Tätigkeit 577
2. Polizeiliche Schutzgüter 577
3. Schutz öffentlicher oder auch privater Interessen (Schutz vor sich selbst)? 578
4. Ermächtigung oder Verpflichtung zu polizeilichem Handeln? 580

II. Formen und Instrumente des polizeilichen Handelns 581
1. Generelle polizeiliche Regelung 581
2. Polizeiverfügung 582
3. Polizeiliche Realakte ohne Verfügungscharakter 582
4. Polizeiliche Bewilligungspflicht 583
5. Polizeimonopol 583

III. Voraussetzungen für polizeiliche Massnahmen 584
1. Rechtliche Grundlage 584
2. Öffentliches Interesse 587
3. Verhältnismässigkeit 588
4. Inanspruchnahme des Störers 589

IV. Polizeinotstand 593
1. Begriff 593
2. Polizeiliche Notstandsmassnahmen 593
3. Besonderheiten 595

§ 39 Polizeierlaubnis 597

I. Begriff und Rechtsnatur 597
1. Begriff 597
2. Rechtsnatur 598
3. Abgrenzung zu anderen Bewilligungen 598

II. Voraussetzungen und Modalitäten der Erteilung einer Polizeierlaubnis 599
1. Verfahrensmässige Voraussetzung 599
2. Persönliche und sachliche Voraussetzungen 599
3. Übertragbarkeit 600
4. Anspruch auf Erteilung einer Polizeierlaubnis 600

III. Ausnahmebewilligung 600
1. Zweck 601
2. Begriff 601
3. Voraussetzungen 601
4. Frage des Anspruchs auf Erteilung einer Ausnahmebewilligung 602
5. Anwendungsfälle 602

IV. Widerrufbarkeit einer Polizeierlaubnis 603
1. Ausdrückliche gesetzliche Regelung 603
2. Widerruf bei Fehlen einer gesetzlichen Regelung 604
3. Verweigerung einer Polizeierlaubnis 605

9. Teil Monopole und Konzessionen 607

§ 40 Monopole 609

I. Begriff und Terminologie 609
1. Begriff 609
2. Terminologie: Monopole und Regale 610

II. Arten 610
1. Unterscheidung nach rechtlicher Grundlage 610
2. Unterscheidung nach Zielsetzung 612

III. Verfassungsmässigkeit der rechtlichen Monopole 613
1. Monopole des Bundes 613
2. Kantonale Monopole 614

§ 41 Konzessionen 617

I. Begriff und Rechtsnatur 617
1. Begriff der Konzession 617
2. Rechtsnatur der Konzessionserteilung 618
3. Einräumung eines wohlerworbenen Rechts 618
4. Frage des Anspruchs auf Erteilung der Konzession 619

II. Arten von Konzessionen 621
1. Monopolkonzession 621
2. Sondernutzungskonzession 621

III. Rechte und Pflichten des Konzessionärs 621
1. Rechte 621
2. Pflichten 622
IV. Übertragbarkeit der Konzession 622
V. Beendigung des Konzessionsverhältnisses 623
1. Ablauf der Konzessionsdauer und Heimfall 623
2. Rückkauf 623
3. Verlust wegen schwerer Pflichtverletzung (Verwirkung) 623
4. Verzicht 623
5. Enteignung 623

10. Teil Öffentliche Abgaben 625

§ 42 Begriffe und Übersicht 628
I. Begriffe 628
II. Einteilung 629
III. Begriff, Funktion und Grundprinzipien des Kausalabgabenrechts 630
1. Begriff und Arten der Kausalabgaben 630
2. Funktion und Prinzipien der Bemessung der Kausalabgaben 630
3. Gesetzmässigkeitsprinzip 630

§ 43 Gebühren 632
I. Begriff 632
II. Arten 632
1. Verwaltungsgebühren 632
2. Benutzungsgebühren 632
3. Konzessionsgebühren 633
4. Aufsichtsabgaben 633
III. Bemessung 634
1. Kostendeckungsprinzip 634
2. Äquivalenzprinzip 636
IV. Gesetzmässigkeit 638
1. Erfordernis des Rechtssatzes 638
2. Erfordernis der Gesetzesform 638

§ 44 Beiträge (Vorzugslasten) 643
I. Begriff 643
II. Bemessung 643
1. Kostendeckungsprinzip 644
2. Äquivalenzprinzip 644
III. Gesetzmässigkeit 645

§ 45 Steuern 646

I. Begriff 646

II. Arten 646

1. Direkte und indirekte Steuern 646
2. Zwecksteuern, Kostenanlastungssteuern 647
3. Lenkungssteuern 647
4. Gemengsteuern 648

III. Allgemeinheit und Gleichmässigkeit 648

IV. Bemessung 648

V. Gesetzmässigkeit 649

VI. Vereinbarkeit mit der Eigentumsgarantie 649

VII. Interkantonales Doppelbesteuerungsverbot (Art. 127 Abs. 3 BV) 650

1. Grundsatz 650
2. Geltungsbereich 650
3. Kollisionsregeln 650

§ 46 Besondere Abgaben und Mischformen 652

I. Ersatzabgaben 652

1. Begriff 652
2. Bemessung 652
3. Gesetzmässigkeit 653

II. Gemengsteuern 653

III. Mehrwertabgaben 654

IV. Abgabe für Radio und Fernsehen 655

V. Lenkungsabgaben 655

VI. Exkurs: Kautionen 656

1. Begriff 656
2. Rechtsnatur 656
3. Voraussetzungen und Bemessung 657

Sachregister 659

Literatur, amtliche Veröffentlichungen, Zeitschriften und Internet-Adressen zum Verwaltungsrecht

I. Literatur

1. Schweizerische Literatur

AUBERT JEAN-FRANÇOIS, Traité de droit constitutionnel suisse, 2 Bde., Paris/Neuchâtel 1967; Supplément 1967–1982, Neuchâtel 1982

AUBERT JEAN-FRANÇOIS, Bundesstaatsrecht der Schweiz, Fassung von 1967 und neubearbeiteter Nachtrag, Bd. I mit Nachtrag bis 1990, Bd. II mit Nachtrag bis 1994, Basel/Frankfurt a.M. 1991 und 1995

AUBERT JEAN-FRANÇOIS/EICHENBERGER KURT/MÜLLER JÖRG PAUL/RHINOW RENÉ/SCHINDLER DIETRICH (Hrsg.), Kommentar zur Bundesverfassung der Schweizerischen Eidgenossenschaft vom 29. Mai 1874, Basel/Zürich/Bern 1987–1996

AUBERT JEAN-FRANÇOIS/MAHON PASCAL, Petit commentaire de la Constitution fédérale de la Confédération suisse du 18 avril 1999, Zürich 2003

AUER ANDREAS/MALINVERNI GIORGIO/HOTTELIER MICHEL, Droit constitutionnel suisse, Vol. I: L'état, Vol. II: Les droits fondamentaux, 3. Aufl., Bern 2013

AUER CHRISTOPH/MÜLLER MARKUS/SCHINDLER BENJAMIN (Hrsg.), Kommentar zum Bundesgesetz über das Verwaltungsverfahren (VwVG), Zürich/St. Gallen 2008

BELLANGER FRANÇOIS/LEBET SUZANNE/OBERSON XAVIER, Le droit administratif en pratique, 2. Aufl., Basel/Frankfurt a.M. 1994 [Sammlung von Übungsfällen]

BIAGGINI GIOVANNI, Theorie und Praxis des Verwaltungsrechts im Bundesstaat, Basel/Frankfurt a.M. 1996

BIAGGINI GIOVANNI, Bundesverfassung der Schweizerischen Eidgenossenschaft, Kommentar, Zürich 2007

BIAGGINI GIOVANNI/ACHERMANN ALEX/MATHIS STEPHAN/OTT LUKAS (Hrsg.), Staats- und Verwaltungsrecht des Kantons Basel-Landschaft II, Liestal 2005

BIAGGINI GIOVANNI/ACHERMANN ALEX/MATHIS STEPHAN/OTT LUKAS (Hrsg.), Staats- und Verwaltungsrecht des Kantons Basel-Landschaft III, Liestal 2007

BIAGGINI GIOVANNI/ACHERMANN ALEX/MATHIS STEPHAN/OTT LUKAS (Hrsg.), Staats- und Verwaltungsrecht des Kantons Basel-Landschaft IV, Liestal 2009

BIAGGINI GIOVANNI/ACHERMANN ALEX/MATHIS STEPHAN/OTT LUKAS (Hrsg.), Staats- und Verwaltungsrecht des Kantons Basel-Landschaft V, Liestal 2012

BIAGGINI GIOVANNI/GÄCHTER THOMAS/KIENER REGINA (Hrsg.), Staatsrecht, 2. Aufl., Zürich/St. Gallen 2015

BIAGGINI GIOVANNI/HÄNER ISABELLE/SAXER URS/SCHOTT MARKUS (Hrsg.), Fachhandbuch Verwaltungsrecht, Zürich/Basel/Genf 2015

BIAGGINI GIOVANNI/LIENHARD ANDREAS/RICHLI PAUL/UHLMANN FELIX, Wirtschaftsverwaltungsrecht des Bundes, 5. Aufl., Basel 2009

BUSER DENISE (Hrsg.), Neues Handbuch des Staats- und Verwaltungsrechts des Kantons Basel-Stadt, Festgabe zum 125-jährigen Jubiläum der Advokatenkammer in Basel, Basel 2008

CORBOZ BERNARD/WURZBURGER ALAIN/FERRARI PIERRE/FRÉSARD JEAN-MAURICE/AUBRY GIRARDIN FLORENCE (Hrsg.), Commentaire de la LTF (Loi sur le Tribunal fédéral), 2. Aufl., Bern 2014

DONZALLAZ YVES, Loi sur le Tribunal fédéral, Commentaire, Bern 2008

DUBEY JACQUES/ZUFFEREY JEAN-BAPTISTE, Droit administratif général, Basel 2014

EHRENZELLER BERNHARD/SCHINDLER BENJAMIN/SCHWEIZER RAINER J./VALLENDER KLAUS A. (Hrsg.), Die schweizerische Bundesverfassung, Kommentar, 3. Aufl., Zürich/St. Gallen/Basel/Genf 2014

FLEINER-GERSTER THOMAS, Grundzüge des allgemeinen und schweizerischen Verwaltungsrechts, 2. Aufl., Zürich 1980

GERMANN RAIMUND E., Öffentliche Verwaltung in der Schweiz, Bd. 1, Bern/Stuttgart/Wien 1998

GIACOMETTI ZACCARIA, Allgemeine Lehren des rechtsstaatlichen Verwaltungsrechts, Bd. 1, Zürich 1960

GRIFFEL ALAIN (Hrsg.), Kommentar zum Verwaltungsrechtspflegegesetz des Kantons Zürich (VRG), 3. Aufl., Zürich/Basel/Genf 2014

GRISEL ANDRÉ, Traité de droit administratif, 2 Bde., Neuchâtel 1984

GYGI FRITZ, Bundesverwaltungsrechtspflege, 2. Aufl., Bern 1983

GYGI FRITZ, Verwaltungsrecht, Eine Einführung, Bern 1986

HÄFELIN ULRICH/HALLER WALTER/KELLER HELEN, Schweizerisches Bundesstaatsrecht, 8. Aufl., Zürich/Basel/Genf 2012

HÄNER ISABELLE/LIENHARD ANDREAS/TSCHANNEN PIERRE/UHLMANN FELIX/VOGEL STEFAN, Ausgewählte Gebiete des Bundesverwaltungsrechts, 8. Aufl., Basel 2014

IMBODEN MAX/RHINOW RENÉ, Schweizerische Verwaltungsrechtsprechung, 2 Bde., 6. Aufl., Basel/Frankfurt a.M. 1986; Ergänzungsband zur 5. (und unveränderten 6.) Aufl.: RHINOW RENÉ/KRÄHENMANN BEAT, Schweizerische Verwaltungsrechtsprechung, Basel/Frankfurt a.M. 1990

JAAG TOBIAS/HÄNNI JULIA, Europarecht, Die europäischen Institutionen aus schweizerischer Sicht, 4. Aufl., Zürich/Basel/Genf 2015

JAAG TOBIAS/RÜSSLI MARKUS, Staats- und Verwaltungsrecht des Kantons Zürich, 4. Aufl., Zürich/Basel/Genf 2012

JENNY KURT/ACHERMANN ALEX/MATHIS STEPHAN/OTT LUKAS (Hrsg.), Staats- und Verwaltungsrecht des Kantons Basel-Landschaft, Liestal 1998

KIENER REGINA/KÄLIN WALTER, Grundrechte, 2. Aufl., Bern 2013

KIENER REGINA/RÜTSCHE BERNHARD/KUHN MATHIAS, Öffentliches Verfahrensrecht, 2. Aufl., Zürich/St. Gallen 2015

KNAPP BLAISE, Précis de droit administratif, 4. Aufl., Basel/Frankfurt a.M. 1991

KNAPP BLAISE, Grundlagen des Verwaltungsrechts, deutschsprachige Ausgabe der 4. Aufl. des «Précis de droit administratif», 2 Bde., Basel/Frankfurt a.M. 1992/1993

KÖLZ ALFRED/HÄNER ISABELLE/BERTSCHI MARTIN, Verwaltungsverfahren und Verwaltungsrechtspflege des Bundes, 3. Aufl., Zürich/Basel/Genf 2013

MOOR PIERRE, Droit administratif, Vol. III: L'organisation des activités administratives, Les biens de l'Etat, Bern 1992

MOOR PIERRE/FLÜCKIGER ALEXANDRE/MARTENET VINCENT, Droit administratif, Vol. I: Les fondements, 3. Aufl., Bern 2012

MOOR PIERRE/POLTIER ETIENNE, Droit administratif, Vol. II: Les actes administratifs et leur contrôle, 3. Aufl., Bern 2011

MÜLLER GEORG/UHLMANN FELIX, Elemente einer Rechtssetzungslehre, 3. Aufl., Zürich/Basel/Genf 2013

MÜLLER JÖRG PAUL/SCHEFER MARKUS, Grundrechte in der Schweiz, 4. Aufl., Bern 2008

MÜLLER MARKUS, Bernische Verwaltungsrechtspflege, 2. Aufl., Bern 2011

MÜLLER MARKUS/FELLER RETO (Hrsg.), Bernisches Verwaltungsrecht, 2. Aufl., Bern 2013

NIGGLI MARCEL ALEXANDER/UEBERSAX PETER/WIPRÄCHTIGER HANS (Hrsg.), Bundesgerichtsgesetz, Basler Kommentar, 2. Aufl., Basel 2011

RHINOW RENÉ/KOLLER HEINRICH/KISS CHRISTINA/THURNHERR DANIELA/BRÜHL-MOSER DENISE, Öffentliches Prozessrecht, Grundlagen und Bundesrechtspflege, 3. Auflage, Basel 2014

RHINOW RENÉ/SCHEFER MARKUS, Schweizerisches Verfassungsrecht, 2. Aufl., Basel 2009

RHINOW RENÉ/SCHMID GERHARD/BIAGGINI GIOVANNI/UHLMANN FELIX, Öffentliches Wirtschaftsrecht, 2. Aufl., Basel 2011

SALADIN PETER, Das Verwaltungsverfahrensrecht des Bundes, Basel/Stuttgart 1979

SCHINDLER BENJAMIN/TANQUEREL THIERRY/TSCHANNEN PIERRE/UHLMANN FELIX (aktuelle Reihenherausgeber [ab 2011]; begründet durch Heinrich Koller/Georg Müller/René Rhinow/Ulrich Zimmerli [1996]), Schweizerisches Bundesverwaltungsrecht, Basel/Genf/München 1996 ff.

SCHWARZENBACH-HANHART HANS RUDOLF, Grundriss des allgemeinen Verwaltungsrechts, 11. Aufl., Bern 1997

TANQUEREL THIERRY, Manuel de droit administratif, Genf/Zürich/Basel 2011

THÜRER DANIEL/AUBERT JEAN-FRANÇOIS/MÜLLER JÖRG PAUL (Hrsg.), Verfassungsrecht der Schweiz /Droit constitutionnel suisse, Zürich 2001

TSCHANNEN PIERRE, Systeme des Allgemeinen Verwaltungsrechts, Bern 2008

TSCHANNEN PIERRE, Staatsrecht der Schweizerischen Eidgenossenschaft, 3. Aufl., Bern 2011

TSCHANNEN PIERRE/ZIMMERLI ULRICH/MÜLLER MARKUS, Allgemeines Verwaltungsrecht, 4. Aufl., Bern 2014

WALDMANN BERNHARD/BELSER EVA MARIA/EPINEY ASTRID (Hrsg.), Bundesverfassung, Basler Kommentar, Basel 2015

WALDMANN BERNHARD/WEISSENBERGER PHILIPPE (Hrsg.), VwVG, Praxiskommentar zum Bundesgesetz über das Verwaltungsverfahren, Zürich/Basel/Genf 2009

WIEDERKEHR RENÉ/RICHLI PAUL, Praxis des allgemeinen Verwaltungsrecht, 2 Bde., Bern 2012/2014

ZIMMERLI ULRICH/KÄLIN WALTER/KIENER REGINA, Grundlagen des öffentlichen Verfahrensrechts, Bern 2004

2. Deutsche Literatur

ERICHSEN HANS-UWE/EHLERS DIRK (Hrsg.), Allgemeines Verwaltungsrecht, 15. Aufl., Berlin 2015

HOFFMANN-RIEM WOLFGANG/SCHMIDT-ASSMANN EBERHARD/VOSSKUHLE ANDREAS, Grundlagen des Verwaltungsrechts, Band I-III, 2. Aufl., München 2012 f.

MAURER HARTMUT, Allgemeines Verwaltungsrecht, 18. Aufl., München 2011

SCHMIDT-ASSMANN EBERHARD, Das Allgemeine Verwaltungsrecht als Ordnungsidee, 2. Aufl., Berlin/Heidelberg/New York 2006 [Nachdruck]

SCHMIDT-ASSMANN EBERHARD/SCHOCH FRIEDRICH (Hrsg.), Besonderes Verwaltungsrecht, 14. Aufl., Berlin 2008

WOLFF HANS J./BACHOF OTTO/STOBER ROLF/KLUTH WINFRIED, Verwaltungsrecht I, 12. Aufl., München 2007

WOLFF HANS J./BACHOF OTTO/STOBER ROLF/KLUTH WINFRIED, Verwaltungsrecht II, 7. Aufl., München 2010

3. Österreichische Literatur

RASCHAUER BERNHARD, Allgemeines Verwaltungsrecht, 4. Aufl., Wien 2013

4. Literatur zum liechtensteinischen Verwaltungsrecht

KLEY ANDREAS, Grundriss des liechtensteinischen Verwaltungsrechts, Vaduz 1998

WILLE HERBERT, Liechtensteinisches Verwaltungsrecht, Schaan 2004

5. Literatur zum Europäischen Verwaltungsrecht

VON DANWITZ THOMAS, Europäisches Verwaltungsrecht, Berlin 2008

SCHMIDT-ASSMANN EBERHARD/HOFFMANN-RIEM WOLFGANG (Hrsg.), Strukturen des Europäischen Verwaltungsrechts, Baden-Baden 1999

SCHWARZE JÜRGEN, Europäisches Verwaltungsrecht, 2. Aufl., Baden-Baden 2005

SCHWARZE JÜRGEN (Hrsg.), Bestand und Perspektiven des europäischen Verwaltungsrechts, Baden-Baden 2008

VON BOGDANDY ARMIN/CASSESE SABINO/HUBER PETER M. (Hrsg.), Handbuch Ius Publicum Europaeum, Verwaltungsrecht in Europa: Bd. III: Grundlagen, Bd. IV: Wissenschaft, Bd. V: Grundzüge, Heidelberg 2010, 2011, 2014

II. Amtliche Veröffentlichungen

1. Gesetzessammlungen des Bundes

AS — AMTLICHE SAMMLUNG DES BUNDESRECHTS
Chronologische Sammlung eidgenössischer Erlasse, nach Jahren zitiert, z.B. AS 2001, 894; vor 1948: Amtliche Sammlung der Bundesgesetze und Verordnungen der Schweizerischen Eidgenossenschaft, nach Bandzahlen zitiert, z.B. AS 47, 552 ff.

SR — SYSTEMATISCHE SAMMLUNG DES BUNDESRECHTS
Nach Sachgebieten systematisch gegliederte Sammlung des Landesrechts und der völkerrechtlichen Verträge, nach Sachgebietsnummer zitiert, vgl. Bundesgesetz über die Sammlungen des Bundesrechts und das Bundesblatt (Publikationsgesetz, PublG) vom 18. Juni 2004 (SR 170.512); Verordnung über die Sammlungen des Bundesrechts und das Bundesblatt (Publikationsverordnung, PublV) vom 17. November 2004 (SR 170.512.1)

2. Materialien

AB — AMTLICHES BULLETIN DER BUNDESVERSAMMLUNG
Aufzeichnungen der parlamentarischen Beratungen; Nationalrat: AB N; Ständerat: AB S, bis 1962: Sten Bull NR und Sten Bull StR

BBl — BUNDESBLATT
Seit 1849, Amtsblatt der Schweizerischen Eidgenossenschaft, Publikation von Botschaften, Berichten, Weisungen etc. des Bundesrates, vgl. Art. 13 des Bundesgesetzes über die Sammlungen des Bundesrechts und das Bundesblatt (Publikationsgesetz, PublG) vom 18. Juni 2004 (SR 170.512)

3. Entscheidsammlungen

BGE — ENTSCHEIDUNGEN DES SCHWEIZERISCHEN BUNDESGERICHTS
Amtliche Sammlung, seit 1875 (Lausanne)

BVGE — ENTSCHEIDUNGEN DES SCHWEIZERISCHEN BUNDESVERWALTUNGSGERICHTS
Amtliche Sammlung, seit 2007 (Bern, ab 2012 St. Gallen)

VEB — VERWALTUNGSENTSCHEIDE DER BUNDESBEHÖRDEN, 1926–1963 (Bern)

VPB — VERWALTUNGSPRAXIS DER BUNDESBEHÖRDEN, seit 1964 (Bern)

III. Zeitschriften

AJP	Aktuelle Juristische Praxis (Lachen SZ)
Anwaltsrevue	Praxismagazin des Schweizerischen Anwaltsverbandes (Bern)
ArbR	Mitteilungen des Instituts für Schweizerisches Arbeitsrecht (Zürich)
ASA	Archiv für Schweizerisches Abgabenrecht (Bern)
BJM	Basler Juristische Mitteilungen (Basel)
BR/DC	Baurecht/Droit de la Construction (Zürich)
BVR	Bernische Verwaltungsrechtsprechung (Bern)
digma	Zeitschrift für Datenrecht und Informationssicherheit (Zürich)
DÖV	Die Öffentliche Verwaltung (Stuttgart)
EuGRZ	Europäische Grundrechte Zeitschrift (Kehl/Strassburg/Arlington/Berlin)
EuZ	Zeitschrift für Europarecht (Zürich)
FZR/RFJ	Freiburger Zeitschrift für Rechtsprechung/Revue Fribourgeoise de Jurisprudence (Freiburg)
HAVE	Haftung und Versicherung (Zürich)
ius.full	ius.full, Forum für juristische Bildung (Zürich)
JAR	Jahrbuch des Schweizerischen Arbeitsrechts (Bern)
JT	Journal des Tribunaux (Lausanne)
Jusletter	Jusletter (www.jusletter.ch)
LeGes	Mitteilungsblatt der Schweizerischen Gesellschaft für Gesetzgebung (SGG) und der Schweizerischen Evaluationsgesellschaft (SEVAL; Bern)
Plädoyer	Plädoyer, Magazin für Recht und Politik (Zürich)
Pra	Die Praxis des Bundesgerichts (Basel)
RDAF	Revue de droit administratif et de droit fiscal (Lausanne)
recht	recht, Zeitschrift für juristische Ausbildung und Praxis (Bern)
REPRAX	Zeitschrift zur Rechtsetzung und Praxis in Gesellschafts- und Handelsregisterrecht (Zürich)
Semjud	La Semaine Judiciaire (Genf)
Sicherheit & Recht	Zeitschrift Sicherheit & Recht (Zürich/St. Gallen)
SJZ	Schweizerische Juristen-Zeitung (Zürich)
SZIER	Schweizerische Zeitschrift für internationales und europäisches Recht (Zürich)
SZS	Schweizerische Zeitschrift für Sozialversicherung und berufliche Vorsorge (Bern)
SZW	Schweizerische Zeitschrift für Wirtschaftsrecht (Zürich)
URP	Umweltrecht in der Praxis (Zürich)
VVDStRL	Veröffentlichungen der Vereinigung der Deutschen Staatsrechtslehrer (Berlin/New York)
ZBGR	Schweizerische Zeitschrift für Beurkundungs- und Grundbuchrecht (Zürich)
ZBJV	Zeitschrift des Bernischen Juristenvereins (Bern)

ZBl	Schweizerisches Zentralblatt für Staats- und Verwaltungsrecht (Zürich)
ZR	Blätter für Zürcherische Rechtsprechung (Zürich)
zsis	Zeitschrift für Schweizerisches und Internationales Steuerrecht (Zürich)
ZSR	Zeitschrift für Schweizerisches Recht (Basel)
ZStP	Zürcher Steuerpraxis (Zürich)

IV. Internet-Adressen

1. Behörden

Bund	www.admin.ch
Kantone	www.ch.ch > Kantone online
International	
Europäische Union:	http://europa.eu/
Europarat:	www.coe.int/
Vereinte Nationen:	www.un.org/
World Trade Organization:	www.wto.org/

2. Gesetzgebung

Bund	
Amtliche Sammlung:	www.admin.ch/ch/d/as/index.html
Bundesblatt:	www.admin.ch/ch/d/ff/index.html
Systematische Sammlung:	www.admin.ch/ch/d/sr/sr.html
Kantone	
Links:	www.lexfind.ch/
International	
Europäische Union:	http://eur-lex.europa.eu/
Links zu zahlreichen Staaten:	www.isdc.ch/lander

3. Rechtsprechung

Bund	
Bundesgericht:	www.bger.ch/
Bundesverwaltungsgericht:	www.bvger.ch/
Verwaltungspraxis der Bundesbehörden:	www.bk.admin.ch/dokumentation/02574/ (ab 2007); www.vpb.admin.ch/ (Archiv 1987–2006)
Kantone	www.ch.ch > Kantone online
International	
Europäischer Gerichtshof für Menschenrechte:	www.echr.coe.int/
Gerichtshof der Europäischen Gemeinschaften:	http://curia.europa.eu/
Links zu zahlreichen Staaten:	www.isdc.ch/lander

Abkürzungsverzeichnis

AB	Amtliches Bulletin der Bundesversammlung (Nationalrat: AB N; Ständerat: AB S)
ABl	Amtsblatt der Europäischen Union
Abs.	Absatz/Absätze
AbtrG/ZH	Gesetz des Kantons Zürich betreffend die Abtretung von Privatrechten vom 30. November 1879 (LS 781)
aBV	Bundesverfassung der Schweizerischen Eidgenossenschaft vom 29. Mai 1874
a.E.	am Ende
AEUV	Vertrag über die Arbeitsweise der Europäischen Union (konsolidierte Fassung, ABl C 326 vom 26. Oktober 2012, vormals EGV)
AGVE	Aargauische Gerichts- und Verwaltungsentscheide (Aarau)
AHV	Alters- und Hinterlassenenversicherung
AHVG	Bundesgesetz über die Alters- und Hinterlassenenversicherung vom 20. Dezember 1946 (SR 831.10)
AJP	Aktuelle Juristische Praxis (Lachen SZ)
AkkBV	Verordnung über das schweizerische Akkreditierungssystem und die Bezeichnung von Prüf-, Konformitätsbewertungs-, Anmelde- und Zulassungsstellen vom 17. Juni 1996 (SR 946.512)
AllgGebV	Allgemeine Gebührenverordnung vom 8. September 2004 (SR 172.041.1)
ALV	Arbeitslosenversicherung
a.M.	anderer Meinung/am Main
ANAG	Bundesgesetz über Aufenthalt und Niederlassung der Ausländer vom 26. März 1931 (aufgehoben durch das BG über die Ausländerinnen und Ausländer [AuG] vom 16. Dezember 2005 [SR 142.20])
Anm.	Anmerkung(en)
Anwaltsrevue	Praxismagazin des Schweizerischen Anwaltsverbandes (Bern)
ArbR	Mitteilungen des Instituts für Schweizerisches Arbeitsrecht (Zürich)
ArG	Bundesgesetz über die Arbeit in Industrie, Gewerbe und Handel (Arbeitsgesetz) vom 13. März 1964 (SR 822.11)
A.Rh.	Kanton Appenzell Ausserrhoden
Art.	Artikel
AS	Amtliche Sammlung des Bundesrechts (bis 1947: Eidgenössische Gesetzessammlung, Amtliche Sammlung der Bundesgesetze und Verordnungen; bis 1987: Sammlung der eidgenössischen Gesetze)
ASA	Archiv für Schweizerisches Abgaberecht (Bern)

ASTRA	Bundesamt für Strassen
AsylG	Asylgesetz vom 26. Juni 1998 (SR 142.31)
ATSG	Bundesgesetz über den Allgemeinen Teil des Sozialversicherungsrechts vom 6. Oktober 2000 (SR 830.1)
Aufl.	Auflage
AuG	Bundesgesetz über die Ausländerinnen und Ausländer vom 16. Dezember 2005 (SR 142.20)
AVIG	Bundesgesetz über die obligatorische Arbeitslosenversicherung und die Insolvenzentschädigung (Arbeitslosenversicherungsgesetz) vom 25. Juni 1982 (SR 837.0)
BAFU	Bundesamt für Umwelt
Basler Kommentar	Waldmann Bernhard/Belser Eva Maria/Epiney Astrid (Hrsg.), Bundesverfassung, Basler Kommentar, Basel 2015
BankG	Bundesgesetz über die Banken und Sparkassen vom 8. November 1934 (SR 952.0)
BAZL	Bundesamt für Zivilluftfahrt
BB	Bundesbeschluss
BBG	Bundesgesetz über die Berufsbildung (Berufsbildungsgesetz) vom 13. Dezember 2002 (SR 412.10)
BBl	Bundesblatt
BBV	Verordnung über die Berufsbildung (Berufsbildungsverordnung) vom 19. November 2003 (SR 412.101)
Bd., Bde.	Band, Bände
BEHG	Bundesgesetz über die Börsen und den Effektenhandel (Börsengesetz) vom 24. März 1995 (SR 954.1)
BehiG	Bundesgesetz über die Beseitigung von Benachteiligungen von Menschen mit Behinderungen (Behindertengleichstellungsgesetz) vom 13. Dezember 2002 (SR 151.3)
BetmG	Bundesgesetz über die Betäubungsmittel und die psychotropen Stoffe (Betäubungsmittelgesetz) vom 3. Oktober 1951 (SR 812.121)
BewG	Bundesgesetz über den Erwerb von Grundstücken durch Personen im Ausland vom 16. Dezember 1983 (SR 211.412.41)
BG	Bundesgesetz
BGBB	Bundesgesetz über das bäuerliche Bodenrecht vom 4. Oktober 1991 (SR 211.412.11)
BGBM	Bundesgesetz über den Binnenmarkt (Binnenmarktgesetz) vom 6. Oktober 1995 (SR 943.02)
BGE	Entscheidungen des Schweizerischen Bundesgerichts, Amtliche Sammlung (Lausanne)
BGer	Bundesgericht

BGerR	Reglement für das Bundesgericht vom 20. November 2006 (SR 173.110.131)
BGF	Bundesgesetz über die Fischerei vom 21. Juni 1991 (SR 923.0)
BGFA	Bundesgesetz über die Freizügigkeit der Anwältinnen und Anwälte (Anwaltsgesetz) vom 23. Juni 2000 (SR 935.61)
BGG	Bundesgesetz über das Bundesgericht (Bundesgerichtsgesetz) vom 17. Juni 2005 (SR 173.110)
BGÖ	Bundesgesetz über das Öffentlichkeitsprinzip der Verwaltung (Öffentlichkeitsgesetz) vom 17. Dezember 2004 (SR 152.3)
BGST	Bundesgesetz über die Sicherheitsorgane der Transportunternehmen im öffentlichen Verkehr vom 18. Juni 2010 (SR 745.2)
BiG/ZH	Bildungsgesetz des Kantons Zürich vom 1. Juli 2002 (LS 410.1)
BJM	Basler Juristische Mitteilungen (Basel)
BöB	Bundesgesetz über das öffentliche Beschaffungswesen vom 16. Dezember 1994 (SR 172.056.1)
BPG	Bundespersonalgesetz vom 24. März 2000 (SR 172.220.1)
BPV	Bundespersonalverordnung vom 3. Juli 2001 (SR 172.220.111.3)
BR	Bündner Rechtsbuch
BR/DC	Baurecht/Droit de la Construction (Zürich)
BS	Bereinigte Sammlung der Bundesgesetze und Verordnungen 1848–1947
BSG	Bernische Systematische Gesetzessammlung/Bundesgesetz über die Binnenschifffahrt vom 3. Oktober 1957 (SR 747.201)
BSK BGG	Niggli Marcel Alexander/Uebersax Peter/Wiprächtiger Hans (Hrsg.), Bundesgerichtsgesetz, Basler Kommentar, 2. Aufl., Basel 2011
BüG	Bundesgesetz über Erwerb und Verlust des Schweizer Bürgerrechts (Bürgerrechtsgesetz) vom 29. September 1952 (SR 141.0)
BV	Bundesverfassung der Schweizerischen Eidgenossenschaft vom 18. April 1999 (SR 101)
BVG	Bundesgesetz über die berufliche Alters-, Hinterlassenen- und Invalidenvorsorge vom 25. Juni 1982 (SR 831.40)
BVGE	Entscheidungen des Schweizerischen Bundesverwaltungsgerichts, Amtliche Sammlung (Bern, ab 2012 St. Gallen)
BVGer	Bundesverwaltungsgericht
BVO	Verordnung über die Begrenzung der Zahl der Ausländer vom 6. Oktober 1986 (SR 823.21; auf 1. Januar 2008 aufgehoben)
BVR	Bernische Verwaltungsrechtsprechung (bis 1975: MBVR; Bern)
BWIS	Bundesgesetz über Massnahmen zur Wahrung der inneren Sicherheit vom 21. März 1997 (SR 120)
BZG	Bundesgesetz über den Bevölkerungsschutz und den Zivilschutz (Bevölkerungs- und Zivilschutzgesetz) vom 4. Oktober 2002 (SR 520.1)

bzw.	beziehungsweise
ChemG	Bundesgesetz über den Schutz vor gefährlichen Stoffen und Zubereitungen (Chemikaliengesetz) vom 15. Dezember 2000 (SR 813.1)
ComCom	Eidgenössische Kommunikationskommission
DBG	Bundesgesetz über die direkte Bundessteuer vom 14. Dezember 1990 (SR 642.11)
d.h.	das heisst
digma	Zeitschrift für Datenrecht und Informationssicherheit (Zürich)
Diss.	Dissertation
DÖV	Die Öffentliche Verwaltung (Stuttgart)
DSG	Bundesgesetz über den Datenschutz (Datenschutzgesetz) vom 19. Juni 1992 (SR 235.1)
E.	Erwägung
EBG	Eisenbahngesetz vom 20. Dezember 1957 (SR 742.101)
EDI	Eidgenössische Departement des Innern
EFTA	Europäische Freihandelsassoziation (European Free Trade Association)
EG	Europäische Gemeinschaft(en) (heute: EU)
EGMR	Europäischer Gerichtshof für Menschenrechte
EGV	Vertrag zur Gründung der Europäischen Gemeinschaft vom 25. März 1957 (seit Inkrafttreten des Vertrags von Lissabon am 13. Dezember 2007 AEUV)
Eidg.	Eidgenössisch(e)
EJPD	Eidgenössisches Justiz- und Polizeidepartement
EKR	Eidgenössische Kommission gegen Rassismus
ElCom	Eidgenössische Elektrizitätskommission
EleG	Bundesgesetz betreffend die elektrischen Schwach- und Starkstromanlagen (Elektrizitätsgesetz) vom 24. Juni 1902 (SR 734.0)
EMRK	Konvention zum Schutze der Menschenrechte und Grundfreiheiten (Europäische Menschenrechtskonvention) vom 4. November 1950 (SR 0.101)
EntG	Bundesgesetz über die Enteignung vom 20. Juni 1930 (SR 711)
EpG	Bundesgesetz über die Bekämpfung übertragbarer Krankheiten des Menschen (Epidemiengesetz) vom 18. Dezember 1970 (SR 818.101)
ETH	Eidgenössische Technische Hochschule(n)
ETH-Gesetz	Bundesgesetz über die Eidgenössischen Technischen Hochschulen vom 4. Oktober 1991 (SR 414.110)
EU	Europäische Union
EuGH	Gerichtshof der Europäischen Union
EuGRZ	Europäische Grundrechte-Zeitschrift (Kehl/Strassburg/Arlington)

EuZ	Zeitschrift für Europarecht (Zürich)
EVD	Eidgenössisches Volkswirtschaftsdepartement (heute: Eidgenössisches Departement für Wirtschaft, Bildung und Forschung, WBF)
EVG	Eidgenössisches Versicherungsgericht (bis 31.12.2006)
EVGE	Entscheide des Eidgenössischen Versicherungsgerichts
EWG	Europäische Wirtschaftsgemeinschaft (heute: EU)
EWR	Europäischer Wirtschaftsraum
f., ff.	folgende
FDV	Verordnung über Fernmeldedienste vom 9. März 2007 (SR 784.101.1)
FHG	Bundesgesetz über den eidgenössischen Finanzhaushalt (Finanzhaushaltgesetz) vom 7. Oktober 2005 (SR 611.0)
FIFG	Bundesgesetz über die Förderung der Forschung und der Innovation vom 14. Dezember 2012 (SR 420.1)
FiLaG	Bundesgesetz über den Finanz- und Lastenausgleich vom 3. Oktober 2003 (SR 613.2)
FinfraG	Bundesgesetz über die Finanzmarktinfrastrukturen und das Marktverhalten im Effekten- und Derivatehandel (Finanzmarktinfrastrukturgesetz) vom 19. Juni 2015 (SR 958.1)
FINMA	Eidgenössische Finanzmarktaufsicht
FINMAG	Bundesgesetz über die Eidgenössische Finanzmarktaufsicht (Finanzmarktaufsichtsgesetz) vom 22. Juni 2007 (SR 956.1)
FLAG	Führen mit Leistungsauftrag und Globalbudget
FMedG	Bundesgesetz über die medizinisch unterstützte Fortpflanzung (Fortpflanzungsmedizingesetz) vom 18. Dezember 1998 (SR 810.11)
FMG	Fernmeldegesetz vom 30. April 1997 (SR 784.10)
Fn.	Fussnote
FusG	Bundesgesetz über Fusion, Spaltung, Umwandlung und Vermögensübertragung (Fusionsgesetz) vom 3. Oktober 2003 (SR 221.301)
FZA	Abkommen zwischen der Schweizerischen Eidgenossenschaft einerseits und der Europäischen Gemeinschaft und ihren Mitgliedstaaten andererseits über die Freizügigkeit (Freizügigkeitsabkommen) vom 21. Juni 1999 (SR 0.142.112.681)
FZR/RFJ	Freiburger Zeitschrift für Rechtsprechung/Revue Fribourgeoise de Jurisprudence (Freiburg)
GATT	Allgemeines Zoll- und Handelsabkommen (General Agreement on Tariffs and Trade) vom 30. Oktober 1947 (SR 0.632.21)
GG/ZH	Gemeindegesetz des Kantons Zürich vom 6. Juni 1926 (LS 131.1), voraussichtlich am 1. Januar 2018 tritt das totalrevidierte Gemeindegesetz (revGG/ZH) in Kraft

GIACOMETTI	Giacometti Zaccaria, Allgemeine Lehren des rechtsstaatlichen Verwaltungsrechts, Bd. 1, Zürich 1960
GlG	Bundesgesetz über die Gleichstellung von Mann und Frau (Gleichstellungsgesetz) vom 24. März 1995 (SR 151.1)
GOG/ZH	Gesetz des Kantons Zürich über die Gerichts- und Behördenorganisation im Zivil- und Strafprozess vom 10. Mai 2010 (LS 211.1)
GRISEL	Grisel André, Traité de droit administratif, 2 Bde., Neuchâtel 1984
GSchG	Bundesgesetz über den Schutz der Gewässer (Gewässerschutzgesetz) vom 24. Januar 1991 (SR 814.20)
GSchV	Gewässerschutzverordnung vom 28. Oktober 1998 (SR 814.201)
GüTG	Bundesgesetz über den Gütertransport von Bahn- und Schifffahrtsunternehmen (Gütertransportgesetz) vom 19. Dezember 2008 (SR 742.41)
GwG	Bundesgesetz zur Bekämpfung der Geldwäscherei und der Terrorismusfinanzierung im Finanzsektor (Geldwäschereigesetz) vom 10. Oktober 1997 (SR 955.0)
GYGI, Bundesverwaltungsrechtspflege	Gygi Fritz, Bundesverwaltungsrechtspflege, 2. Aufl., Bern 1983
GYGI, Verwaltungsrecht	Gygi Fritz, Verwaltungsrecht, Eine Einführung, Bern 1986
Habil.	Habilitation
HÄFELIN/HALLER/KELLER	Häfelin Ulrich/Haller Walter/Keller Helen, Schweizerisches Bundesstaatsrecht, 7. Aufl., Zürich 2008
HÄNER/LIENHARD/ TSCHANNEN/UHLMANN/ VOGEL	Häner Isabelle/Lienhard Andreas/Tschannen Pierre/Uhlmann Felix/Vogel Stefan, Ausgewählte Gebiete des Bundesverwaltungsrechts, 8. Aufl., Basel 2014
HAVE	Haftung und Versicherung (Zürich)
HG/ZH	Haftungsgesetz des Kantons Zürich vom 14. September 1969 (LS 170.1)
Hrsg.	Herausgeber
i.e.S.	im engeren Sinne
IMBODEN/RHINOW	Imboden Max/Rhinow René, Schweizerische Verwaltungsrechtsprechung, 2 Bde., 6. Aufl., Basel/Frankfurt a.M. 1986
insb.	insbesondere
I.Rh.	(Kanton Appenzell) Innerrhoden
i.S.	in Sachen
i.S.v.	im Sinne von
ius.full	ius.full, Forum für juristische Bildung (Zürich)
IV	Invalidenversicherung
IVG	Bundesgesetz über die Invalidenversicherung vom 19. Juni 1959 (SR 831.20)

i.V.m.	in Verbindung mit
IVöB	Interkantonale Vereinbarung über das öffentliche Beschaffungswesen vom 15. März 2001 (LS 720.1)
i.w.S.	im weiteren Sinne
JAR	Jahrbuch des Schweizerischen Arbeitsrechts (Bern)
JT	Journal des Tribunaux (Lausanne)
KBG/ZH	Kantonalbankgesetz des Kantons Zürich vom 28. September 1997 (LS 951.1)
KEG	Kernenergiegesetz vom 21. März 2003 (SR 732.1)
KFG	Bundesgesetz über die Kulturförderung (Kulturförderungsgesetz) vom 11. Dezember 2009 (SR 442.1)
KFV	Verordnung über die Förderung der Kultur (Kulturförderungsverordnung) vom 23. November 2011 (SR 442.11)
KG	Bundesgesetz über Kartelle und andere Wettbewerbsbeschränkungen (Kartellgesetz) vom 6. Oktober 1995 (SR 251)
KNAPP	Knapp Blaise, Précis de droit administratif, 4. Aufl., Basel/Frankfurt a.M. 1991 (= Grundlagen des Verwaltungsrechts, 2 Bde., 4. Aufl., Basel/Frankfurt a.M. 1992/1993)
KÖLZ/HÄNER/BERTSCHI	Kölz Alfred/Häner Isabelle/Bertschi Martin, Verwaltungsverfahren und Verwaltungsrechtspflege des Bundes, 3. Aufl., Zürich/Basel/Genf 2013
Komm.	Kommentar
Kommentar aBV	Aubert Jean-François/Eichenberger Kurt/Müller Jörg Paul/Rhinow René/Schindler Dietrich (Hrsg.), Kommentar zur Bundesverfassung der Schweizerischen Eidgenossenschaft vom 29. Mai 1874, Basel/Zürich/Bern 1987–1996
Kommentar VRG	Griffel Alain (Hrsg.), Kommentar zum Verwaltungsrechtspflegegesetz des Kantons Zürich (VRG), 3. Aufl., Zürich/Basel/Genf 2014
Kommentar VwVG	Auer Christoph/Müller Markus/Schindler Benjamin (Hrsg.), Kommentar zum Bundesgesetz über das Verwaltungsverfahren (VwVG), Zürich/St. Gallen 2008
KV	Kantonsverfassung
KV/AG	Verfassung des Kantons Aargau vom 25. Juni 1980 (SR 131.227)
KV/AR	Verfassung des Kantons Appenzell Ausserrhoden vom 30. April 1995 (SR 131.224.1)
KV/BE	Verfassung des Kantons Bern vom 6. Juni 1993 (SR 131.212)
KV/BL	Verfassung des Kantons Basel-Landschaft vom 17. Mai 1984 (SR 131.222.2)
KV/BS	Verfassung des Kantons Basel-Stadt vom 23. März 2005 (SR 131.222.1)
KV/FR	Verfassung des Kantons Freiburg vom 16. Mai 2004 (SR 131.219)

KV/GE	Verfassung der Republik und des Kantons Genf vom 14. Oktober 2012 (SR 131.234)
KV/GR	Verfassung des Kantons Graubünden vom 18. Mai 2003/14. September 2003 (SR 131.226)
KV/JU	Verfassung der Republik und des Kantons Jura vom 20. März 1977 (SR 131.225)
KV/NE	Verfassung von Republik und Kanton Neuenburg vom 24. September 2000 (SR 131.233)
KV/SH	Verfassung des Kantons Schaffhausen vom 17. Juni 2002 (SR 131.223)
KV/SO	Verfassung des Kantons Solothurn vom 8. Juni 1986 (SR 131.221)
KV/SZ	Verfassung des Kantons Schwyz vom 24. November 2010 (SR 131.215)
KV/TG	Verfassung des Kantons Thurgau vom 16. März 1987 (SR 131.228)
KV/VD	Verfassung des Kantons Waadt vom 14. April 2003 (SR 131.231)
KV/ZH	Verfassung des Kantons Zürich vom 27. Februar 2005 (SR 131.211)
KVG	Bundesgesetz über die Krankenversicherung vom 18. März 1994 (SR 832.10)
KVV	Verordnung über die Krankenversicherung vom 27. Juni 1995 (SR 832.102)
LFG	Bundesgesetz über die Luftfahrt (Luftfahrtgesetz) vom 21. Dezember 1948 (SR 748.0)
LG	Bundesgesetz betreffend die Lotterien und die gewerbsmässigen Wetten vom 8. Juni 1923 (SR 935.51)
lit.	litera = Buchstabe
LMG	Bundesgesetz über Lebensmittel und Gebrauchsgegenstände (Lebensmittelgesetz) vom 9. Oktober 1992 (SR 817.0)
LS	Zürcher Loseblattsammlung
LeGes	Gesetzgebung und Evaluation, Mitteilungsblatt der Schweizerischen Gesellschaft für Gesetzgebung (SGG) und der Schweizerischen Evaluationsgesellschaft (SEVAL; Bern)
LVG	Bundesgesetz über die wirtschaftliche Landesversorgung (Landesversorgungsgesetz) vom 8. Oktober 1982 (SR 531)
LwG	Bundesgesetz über die Landwirtschaft (Landwirtschaftsgesetz) vom 29. April 1998 (SR 910.1)
m.a.W.	mit anderen Worten
MedBG	Bundesgesetz über die universitären Medizinalberufe (Medizinalberufegesetz) vom 23. Juni 2006 (SR 811.11)
MG	Bundesgesetz über die Armee und die Militärverwaltung (Militärgesetz) vom 3. Februar 1995 (SR 510.10)

m.H.	mit Hinweis(en)
MOOR	Moor Pierre, Droit administratif, Vol. III: L'organisation des activités administratives, Les biens de l'Etat, Bern 1992
MOOR/FLÜCKIGER/MARTENET	Moor Pierre/Flückiger Alexandre/Martenet Vincent, Droit administratif, Vol. I: Les fondements, 3. Aufl., Bern 2012
MOOR/POLTIER	Moor Pierre/Poltier Etienne, Droit administratif, Vol. II: Les actes administratifs et leur contrôle, 3. Aufl., Bern 2011
m.w.H.	mit weiteren Hinweisen
MWSTG	Bundesgesetz über die Mehrwertsteuer (Mehrwertsteuergesetz) vom 12. Juni 2009 (SR 641.20)
NBG	Bundesgesetz über die Schweizerische Nationalbank (Nationalbankgesetz) vom 3. Oktober 2003 (SR 951.11)
NEAT	Neue Eisenbahn-Alpentransversale
NEK	Nationale Ethikkommission im Bereich der Humanmedizin
NG	Nidwaldner Gesetzessammlung
NHG	Bundesgesetz über den Natur- und Heimatschutz vom 1. Juli 1966 (SR 451)
No./Nr.	Numéro/Nummer
NSG	Bundesgesetz über die Nationalstrassen vom 8. März 1960 (SR 725.11)
NSAG	Bundesgesetz über die Abgabe für die Benützung von Nationalstrassen (Nationalstrassenabgabegesetz) vom 19. März 2010 (SR 741.71)
NZZ	Neue Zürcher Zeitung (Zürich)
OG	Bundesgesetz über die Organisation der Bundesrechtspflege (Bundesrechtspflegegesetz) vom 16. Dezember 1943; auf 1. Januar 2007 aufgehoben und ersetzt durch BGG
OG/BS	Gesetz betreffend die Organisation des Regierungsrates und der Verwaltung des Kantons Basel-Stadt (Organisationsgesetz) vom 22. April 1976 (SG 153.100)
OG RR/ZH	Gesetz über die Organisation des Regierungsrates und der kantonalen Verwaltung des Kantons Zürich vom 6. Juni 2005 (LS 172.1)
OHG	Bundesgesetz über die Hilfe an Opfer von Straftaten (Opferhilfegesetz) vom 23. März 2007 (SR 312.5)
OR	Bundesgesetz betreffend die Ergänzung des Schweizerischen Zivilgesetzbuches (Fünfter Teil: Obligationenrecht) vom 30. März 1911 (SR 220)
OV-EDI	Organisationsverordnung für das Eidgenössische Departement des Innern vom 28. Juni 2000 (SR 172.212.1)
ParlG	Bundesgesetz über die Bundesversammlung (Parlamentsgesetz) vom 13. Dezember 2002 (SR 171.10)
PBG	Bundesgesetz über die Personenbeförderung (Personenbeförderungsgesetz) vom 20. März 2009 (SR 745.1)

PBG/ZH	Planungs- und Baugesetz des Kantons Zürich vom 7. September 1975 (LS 700.1)
PG	Postgesetz vom 17. Dezember 2010 (SR 783.0)
PG/ZH	Personalgesetz des Kantons Zürich vom 27. September 1998 (LS 177.10)
Plädoyer	Plädoyer, Magazin für Recht und Politik (Zürich)
POG	Bundesgesetz über die Organisation der Schweizerischen Post (Postorganisationsgesetz) vom 17. Dezember 2010 (SR 783.1)
PolG/ZH	Polizeigesetz des Kantons Zürich vom 23. April 2007 (LS 550.1)
Pra	Die Praxis des Bundesgerichts (Basel)
Praxiskommentar VwVG	Waldmann Bernhard/Weissenberger Philippe (Hrsg.), VwVG, Praxiskommentar zum Bundesgesetz über das Verwaltungsverfahren, Zürich/Basel/Genf 2009
PTT	Post-, Telefon- und Telegrafenbetriebe (heute: «Die Post»)
PublG	Bundesgesetz über die Sammlungen des Bundesrechts und das Bundesblatt (Publikationsgesetz) vom 18. Juni 2004 (SR 170.512)
RAG	Bundesgesetz über die Zulassung und Beaufsichtigung der Revisorinnen und Revisoren (Revisionsaufsichtsgesetz) vom 16. Dezember 2005 (SR 221.302)
RDAF	Revue de droit administratif et de droit fiscal (Lausanne)
recht	recht, Zeitschrift für juristische Ausbildung und Praxis (Bern)
REPRAX	Zeitschrift zur Rechtsetzung und Praxis im Gesellschafts- und Handelsregisterrecht (Zürich)
RHINOW/KRÄHENMANN	Rhinow René/Krähenmann Beat, Schweizerische Verwaltungsrechtsprechung, Ergänzungsband zur 5. (und unveränderten 6.) Auflage der Schweizerischen Verwaltungsrechtsprechung von Max Imboden und René Rhinow, Basel/Frankfurt a.M. 1990
RHINOW/SCHEFER	Rhinow René/Schefer Markus, Schweizerisches Verfassungsrecht, 2. Aufl., Basel 2009
RPG	Bundesgesetz über die Raumplanung vom 22. Juni 1979 (SR 700)
RTVG	Bundesgesetz über Radio und Fernsehen vom 24. März 2006 (SR 784.40)
RTVV	Radio- und Fernsehverordnung vom 9. März 2007 (SR 784.401)
RVOG	Regierungs- und Verwaltungsorganisationsgesetz vom 21. März 1997 (SR 172.010)
RVOV	Regierungs- und Verwaltungsorganisationsverordnung vom 25. November 1998 (SR 172.010.1)
Rz.	Randziffer
S.	Seite
Sicherheit & Recht	Zeitschrift Sicherheit & Recht (Zürich/St. Gallen)
SAR	Systematische Sammlung des Aargauischen Rechts

SBB	Schweizerische Bundesbahnen
SBBG	Bundesgesetz über die Schweizerischen Bundesbahnen vom 20. März 1998 (SR 742.31)
SBG	Bundesgesetz über Glücksspiele und Spielbanken (Spielbankengesetz) vom 18. Dezember 1998 (SR 935.52)
SBVR	Schindler Benjamin/Tanquerel Thierry/Tschannen Pierre/Uhlmann Felix (aktuelle Reihenherausgeber [ab 2011]; begründet durch Heinrich Koller/Georg Müller/René Rhinow/Ulrich Zimmerli [1996]), Schweizerisches Bundesverwaltungsrecht, Basel/Genf/München 1996 ff.
SchKG	Bundesgesetz über Schuldbetreibung und Konkurs vom 11. April 1889 (SR 281.1)
Semjud	La Semaine Judiciaire (Genf)
SEVAL	Schweizerische Evaluationsgesellschaft
SG	Systematische Gesetzessammlung des Kantons Basel-Stadt
SGF	Systematische Gesetzessammlung des Kantons Freiburg
SGG	Schweizerische Gesellschaft für Gesetzgebung
sGS	Systematische Gesetzessammlung des Kantons St. Gallen
SJZ	Schweizerische Juristen-Zeitung (Zürich)
SNB	Schweizerische Nationalbank
sog.	so genannt(e)
SR	Systematische Sammlung des Bundesrechts
SRL	Systematische Rechtssammlung des Kantons Luzern
St. Galler Kommentar	Ehrenzeller Bernhard/Schindler Benjamin/Schweizer Rainer J./Vallender Klaus A. (Hrsg.), Die schweizerische Bundesverfassung, Kommentar, 2 Bde., 3. Aufl., Zürich/St. Gallen/Basel/Genf 2014
StG/ZH	Steuergesetz des Kantons Zürich vom 8. Juni 1997 (LS 631.1)
StGB	Schweizerisches Strafgesetzbuch vom 21. Dezember 1937 (SR 311.0)
StHG	Bundesgesetz über die Harmonisierung der direkten Steuern der Kantone und Gemeinden vom 14. Dezember 1990 (SR 642.14)
StPO	Schweizerische Strafprozessordnung (Strafprozessordnung) vom 5. Oktober 2007 (SR 312.0)
StromVG	Bundesgesetz über die Stromversorgung (Stromversorgungsgesetz) vom 23. März 2007 (SR 734.7)
SuG	Bundesgesetz über Finanzhilfen und Abgeltungen vom 5. Oktober 1990 (Subventionsgesetz, SR 616.1)
SUVA	Schweizerische Unfallversicherungsanstalt
SVAG	Bundesgesetz über eine leistungsabhängige Schwerverkehrsabgabe (Schwerverkehrsabgabegesetz) vom 19. Dezember 1997 (SR 641.81)

SVAV	Verordnung über eine leistungsabhängige Schwerverkehrsabgabe (Schwerverkehrsabgabeverordnung) vom 6. März 2000 (SR 641.811)
SVG	Strassenverkehrsgesetz vom 19. Dezember 1958 (SR 741.01)
SVR	Sozialversicherungsrecht Rechtsprechung (Basel)
SVVOR	Schweizerische Vereinigung für Verwaltungsorganisationsrecht
SZIER	Schweizerische Zeitschrift für internationales und europäisches Recht (Zürich)
SZS	Schweizerische Zeitschrift für Sozialversicherung und berufliche Vorsorge (Bern)
SZW	Schweizerische Zeitschrift für Wirtschaftsrecht (Zürich)
TSCHANNEN/ZIMMERLI/MÜLLER	Tschannen Pierre/Zimmerli Ulrich/Müller Markus, Allgemeines Verwaltungsrecht, 4. Aufl., Bern 2014
THG	Bundesgesetz über die technischen Handelshemmnisse vom 6. Oktober 1995 (SR 946.51)
TSV	Tierseuchenverordnung vom 27. Juni 1995 (SR 916.401)
TUG	Bundesgesetz über die Organisation der Telekommunikationsunternehmung des Bundes (Telekommunikationsunternehmungsgesetz) vom 30. April 1997 (SR 784.11)
TZV	Verordnung über die Tierzucht vom 31. Oktober 2012 (SR 916.310)
u.a.	und andere(s); unter anderem
u.E.	unseres Erachtens
UNO-Pakt II	Internationaler Pakt über bürgerliche und politische Rechte vom 16. Dezember 1966 (SR 0.103.2)
URP	Umweltrecht in der Praxis (Zürich)
USG	Bundesgesetz über den Umweltschutz (Umweltschutzgesetz) vom 7. Oktober 1983 (SR 814.01)
usw.	und so weiter
u.U.	unter Umständen
UVEK	Eidgenössisches Departement für Umwelt, Verkehr, Energie und Kommunikation
UVG	Bundesgesetz über die Unfallversicherung vom 20. März 1981 (SR 832.20)
V (VO)	Verordnung
VAG	Bundesgesetz betreffend die Aufsicht über Versicherungsunternehmen (Versicherungsaufsichtsgesetz) vom 17. Dezember 2004 (SR 961.01)
VBS	Eidgenössisches Departement für Verteidigung, Bevölkerungsschutz und Sport
VEB	Verwaltungsentscheide der Bundesbehörden (ab Heft 32 [1964/65]: VPB; Bern)

Verfassungsrecht der Schweiz	Thürer Daniel/Aubert Jean-François/Müller Jörg Paul (Hrsg.), Verfassungsrecht der Schweiz/Droit constitutionnel suisse, Zürich 2001
VG	Bundesgesetz über die Verantwortlichkeit des Bundes sowie seiner Behördemitglieder und Beamten (Verantwortlichkeitsgesetz) vom 14. März 1958 (SR 170.32)
VGG	Bundesgesetz über das Bundesverwaltungsgericht (Verwaltungsgerichtsgesetz) vom 17. Juni 2005 (SR 173.32)
vgl.	vergleiche
VNEK	Verordnung über die nationale Ethikkommission im Bereich der Humanmedizin vom 4. Dezember 2000 (SR 810.113)
VOEW	Verordnung über die Vollzugsorganisation der wirtschaftlichen Landesversorgung im Bereiche der Elektrizitätswirtschaft vom 10. Dezember 2010 (SR 531.35)
VOkS/ZH	Verordnung des Kantons Zürich über die Organisation des kantonalen Steueramtes vom 17. Dezember 2008 (LS 631.51)
Vol.	Volume (= Band)
VPB	Verwaltungspraxis der Bundesbehörden (bis 1965: VEB; Bern)
VPG	Postverordnung vom 29. August 2012 (SR 783.01)
VRG/ZH	Verwaltungsrechtspflegegesetz des Kantons Zürich vom 24. Mai 1959 (LS 175.2)
VRPG/AG	Gesetz des Kantons Aargau über die Verwaltungsrechtspflege (Verwaltungsrechtspflegegesetz) vom 4. Dezember 2007 (SAR 271.200)
VRPG/BS	Gesetz des Kantons Basel-Stadt über die Verfassungs- und Verwaltungsrechtspflege vom 14. Juni 1928 (SG 270.100)
VStrR	Bundesgesetz über das Verwaltungsstrafrecht vom 22. März 1974 (SR 313.0)
VVDStRL	Veröffentlichungen der Vereinigung der Deutschen Staatsrechtslehrer (Berlin/New York)
VwVG	Bundesgesetz über das Verwaltungsverfahren vom 20. Dezember 1968 (SR 172.021)
WAF	Weisungen über die Aktenführung in der Bundesverwaltung vom 13. Juli 1999
WaG	Bundesgesetz über den Wald (Waldgesetz) vom 4. Oktober 1991 (SR 921.0)
WBF	Eidgenössisches Departement für Wirtschaft, Bildung und Forschung
WEF	Weltwirtschaftsforum
WEG	Wohnbau- und Eigentumsförderungsgesetz vom 4. Oktober 1974 (SR 843)
WG	Bundesgesetz über Waffen, Waffenzubehör und Munition (Waffengesetz) vom 20. Juni 1997 (SR 514.54)
WRG	Bundesgesetz über die Nutzbarmachung der Wasserkräfte (Wasserrechtsgesetz) vom 22. Dezember 1916 (SR 721.80)

WTO	Welthandelsorganisation (World Trade Organization)
z.B.	zum Beispiel
ZBGR	Schweizerische Zeitschrift für Beurkundungs- und Grundbuchrecht (Zürich)
ZBJV	Zeitschrift des Bernischen Juristenvereins (Bern)
ZBl	Schweizerisches Zentralblatt für Staats- und Verwaltungsrecht (bis Dezember 1988: Schweizerisches Zentralblatt für Staats- und Gemeindeverwaltung; Zürich)
ZG	Zollgesetz vom 18. März 2005 (SR 631.0)
ZGB	Schweizerisches Zivilgesetzbuch vom 10. Dezember 1907 (SR 210)
Ziff.	Ziffer(n)
ZPO	Schweizerische Zivilprozessordnung (Zivilprozessordnung) vom 19. Dezember 2008 (SR 272)
ZR	Blätter für Zürcherische Rechtsprechung (Zürich)
zsis	Zeitschrift für Schweizerisches und Internationales Steuerrecht (Zürich)
ZSR	Zeitschrift für Schweizerisches Recht (Basel)
ZStP	Zürcher Steuerpraxis (Zürich)
ZWG	Bundesgesetz über Zweitwohnungen (Zweitwohnungsgesetz) vom 20. März 2015 (SR 702)

Einleitung

Welche Bedeutung hat das Allgemeine Verwaltungsrecht?

Unsere heutige Rechtsordnung zeichnet sich u.a. dadurch aus, dass sie aus einer unübersehbaren Fülle von Regelungen besteht, die alle möglichen Sach- und Lebensbereiche betreffen und oft revidiert werden. Dabei spielt das *Verwaltungsrecht* eine gewichtige Rolle, umfasst es doch Sachgebiete unterschiedlichster Art wie Polizei, Gesundheit, Bildung und Kultur, Sozialhilfe, Verkehr, Energie, Kommunikation, Raumplanung, Umweltschutz, Landwirtschaft, Finanzen, Geldwesen, Abgaben, Aussenwirtschaft u.a. Die unzähligen verwaltungsrechtlichen Regelungen in allen diesen Gebieten sind kaum mehr zu überblicken. 1

Ohne die *Grundstrukturen* und tragenden *Elemente* zu kennen, kann das weit verzweigte, komplexe Normengeflecht des Verwaltungsrechts nicht verstanden und weiter entwickelt werden. Das *Allgemeine Verwaltungsrecht* umschreibt die Begriffe, Institutionen und Prinzipien, die in den zahlreichen und komplexen verwaltungsrechtlichen Erlassen, im *Besonderen Verwaltungsrecht,* verwendet werden. 2

Unter den *Aufgaben des Allgemeinen Verwaltungsrechts* ist als erste die Formulierung von *klaren und praktikablen Begriffen* zu nennen. Nur sie ermöglichen den Erlass und zuverlässigen Vollzug der komplexen Verwaltungsregelungen. Ein zentraler allgemeiner Begriff des Verwaltungsrechts ist z.B. der Begriff der Verfügung: Die Verfügung ist der Rechtsanwendungsakt, durch den für die Privaten ein Rechtsverhältnis des Verwaltungsrechts, z.B. eine Baubewilligung, begründet, geändert oder aufgehoben wird. Ein anderes wichtiges Beispiel ist der Begriff der Polizei: Er bezeichnet die staatliche Tätigkeit, welche die öffentliche Sicherheit durch die Abwehr von Störungen schützt. 3

Die zweite, wohl noch wichtigere Aufgabe des Allgemeinen Verwaltungsrechts ist die Umschreibung der *Grundsätze des Verwaltungsrechts.* Zu ihnen gehört z.B. der Grundsatz der Gesetzmässigkeit der Verwaltung; dieser verlangt, dass alles Verwaltungshandeln auf einer genügenden gesetzlichen Grundlage beruht. Zu erwähnen ist ferner der Grundsatz des Vertrauensschutzes; er verleiht den Privaten einen Anspruch auf Schutz ihres berechtigten Vertrauens in Auskünfte, Zusicherungen oder andere bestimmte Erwartungen erweckende Verhaltensweisen der Behörden. Nach allgemeinen Grundsätzen bestimmt sich auch, unter welchen Voraussetzungen eine Verfügung einer Behörde, z.B. eine Bewilligung, nichtig ist oder widerrufen werden kann. – Viele dieser Grundsätze, so z.B. das Gesetzmässigkeits- und das Vertrauensschutzprinzip, leiten sich aus der Verfassung ab. 4

Das Allgemeine Verwaltungsrecht erfüllt wichtige *Ordnungs- und Koordinationsfunktionen.* Es trägt dazu bei, dass trotz der Fülle der verwaltungsrechtlichen Regelungen das ihnen zugrunde liegende System, die inneren Zusammenhänge erfasst und die Grundwerte gewahrt werden. In vielen Bereichen betont es die *verfassungsrechtlichen Grundsätze,* so bei der Begrenzung der Verwaltungstätigkeit durch Grundrechte oder bei 5 verfahrensrechtlichen Ansprüchen, wie z.B. beim Recht der Privaten auf rechtliches Gehör. – Das Allgemeine Verwaltungsrecht fördert ferner die *Harmonisierung der Gesetzgebung:* Die Ausgestaltung und die Formulierungen der Verwaltungserlasse in den unterschiedlichen Rechtsgebieten können besser aufeinander abgestimmt werden. Auch zwischen der Verwaltungsgesetzgebung des Bundes und der Kantone kann es harmonisierend wirken. – Und schliesslich erleichtert das Allgemeine Verwaltungsrecht durch das Herausarbeiten von klaren Begriffen und rechtsstaatlichen Prinzipien eine *Rechtsanwendung und Rechtsprechung,* die auf bestimmte *Grundsätze ausgerichtet* und mit *überzeugenden Argumenten begründet* ist.

6 Das Allgemeine Verwaltungsrecht hat eine gewisse Ähnlichkeit mit dem «Allgemeinen Teil» des Strafgesetzbuches und des Obligationenrechts. Im Gegensatz zu diesen beiden Gesetzen ist aber das *Allgemeine Verwaltungsrecht nicht ein Erlass, keine Kodifikation.* Es ist vielmehr eine systematische Zusammenstellung der allgemeinen Begriffe und Grundsätze des Verwaltungsrechts, welche die *Dogmatik* aufgrund der Erlasse von Bund und Kantonen, der dazu ergangenen Rechtsprechung und der in der Verfassung enthaltenen Grundsätze erarbeitet hat.

7 Der Bund und die Kantone können in ihren verwaltungsrechtlichen Erlassen von den im Allgemeinen Verwaltungsrecht definierten Begriffen und Grundsätzen abweichen, sofern sich diese nicht aus der Verfassung ableiten. In diesem Sinne kann man sagen, dass das *Besondere Verwaltungsrecht,* unter Vorbehalt der Verfassung, dem *Allgemeinen Verwaltungsrecht vorgeht.*

8 Das Allgemeine Verwaltungsrecht steht, was seine Funktion betrifft, zwischen dem Verfassungsrecht und dem Besonderen Verwaltungsrecht. Zur Darstellung der allgemeinen Lehren des Verwaltungsrechts muss aber immer wieder dessen Ausgestaltung in einzelnen Gebieten des Besonderen Verwaltungsrechts herangezogen werden. Auch in diesem Buch werden viele *Beispiele aus dem Besonderen Verwaltungsrecht* des Bundes und der Kantone verwendet, um die allgemeinen Begriffe und Prinzipien zu *veranschaulichen.* Das Allgemeine und das Besondere Verwaltungsrecht sind oft nur in ihrem Zusammenhang verständlich.

9 In Deutschland wird von einer *«Neuen Verwaltungsrechtswissenschaft»* gesprochen. Sie befasst sich auch mit der *Steuerungsfunktion* des (Verwaltungs-)Rechts und untersucht die Möglichkeiten und Grenzen, Instrumente, Defizite und Alternativen der Steuerung durch Recht. Damit wird der Blick über die Anwendung des Verwaltungsrechts hinaus auf die politische Lenkung des Verwaltungshandelns (vor allem durch den Erlass von Rechtsnormen, die Zuteilung von finanziellen und personellen Mitteln sowie die Planung und Organisation) geöffnet, was den Einbezug von Forschungsergebnissen sozialwissenschaftlicher Disziplinen erfordert. In der schweizerischen Verwaltungsrechtswissenschaft findet sich diese Perspektive kaum. Mit der Steuerungsfunktion des Rechts befasst sich bei uns dagegen die *Rechtssetzungslehre.*

Weiterführende Literatur

BIAGGINI GIOVANNI, Theorie und Praxis des Verwaltungsrechts im Bundesstaat, Habil. Basel, Basel/Frankfurt a.M. 1996, S. 235 ff.; ENGI LORENZ, «Neue Verwaltungsrechtswissenschaft» und schweizerisches Verwaltungsrecht, ZBl 111 (2010) 153 ff.; HOFFMANN-RIEM WOLFGANG/SCHMIDT-ASSMANN EBERHARD/VOSSKUHLE ANDREAS (Hrsg.), Grundlagen des Verwaltungsrechts, Band I–III, 2. Aufl., München 2012 f.; MÜLLER GEORG/UHLMANN FELIX, Elemente einer Rechtssetzungslehre, 3. Aufl., Zürich/Basel/Genf 2013; MÜLLER MARKUS, Verwaltungsrecht: Eigenheit und Herkunft, Bern 2006; SCHMIDT-ASSMANN EBERHARD, Das Allgemeine Verwaltungsrecht als Ordnungsidee, 2. Aufl., Berlin/Heidelberg/New York 2004; SCHMIDT-ASSMANN EBERHARD/HOFFMANN-RIEM WOLFGANG (Hrsg.), Methoden der Verwaltungsrechtswissenschaft, Baden-Baden 2004; TSCHANNEN PIERRE, Systeme des Allgemeinen Verwaltungsrechts, Bern 2008; TSCHANNEN PIERRE/ZIMMERLI ULRICH/MÜLLER MARKUS, Allgemeines Verwaltungsrecht, 4. Aufl., Bern 2014, S. 12 ff.; WERNER FRITZ, Verwaltungsrecht als konkretisiertes Verfassungsrecht, DVBl 1959 527 ff.

1. Teil Grundlagen

1. Kapitel
Verwaltung

§ 1 Begriff und Arten der Verwaltung

Literatur

EICHENBERGER KURT, Hochleistungsverwaltung des entfalteten Sozialstaates, in: Walter Haller/Alfred Kölz/Georg Müller/Daniel Thürer (Hrsg.), Festschrift für Ulrich Häfelin zum 65. Geburtstag, Zürich 1989, S. 443 ff.; FLEINER-GERSTER THOMAS, Rechtsverhältnisse in der Leistungsverwaltung, VVDStRL 45 (1987) 152 ff.; HAFNER FELIX, Staatsaufgaben und öffentliche Interessen – ein (un)geklärtes Verhältnis, BJM 51 (2004) 281 ff.; JAAG TOBIAS, Hoheitliche und nicht-hoheitliche staatliche Tätigkeiten, in: Peter Hänni (Hrsg.), Mensch und Staat, Festgabe für Thomas Fleiner zum 65. Geburtstag, Freiburg 2003, S. 619 ff.; JAAG TOBIAS, Bedarfsverwaltung, in: Rolf Sethe/Andreas Heinemann/Reto M. Hilty/Peter Nobel/Roger Zäch (Hrsg.), Kommunikation, Festschrift für Rolf H. Weber zum 60. Geburtstag, Bern 2011, S. 543 ff.; KÄGI-DIENER REGULA, Entscheidfindung in komplexen Verwaltungsverhältnissen, Diss. Basel, Basel/Frankfurt a.M. 1994; KRAUS PETER, Rechtsverhältnisse in der Leistungsverwaltung, VVDStRL 45 (1987) 212 ff.; LIENHARD ANDREAS, Staats- und verwaltungsrechtliche Grundlagen für das New Public Management in der Schweiz, Bern 2005; ÖHLINGER THEO, Rechtsverhältnisse in der Leistungsverwaltung, VVDStRL 45 (1987) 182 ff.; RÜTSCHE BERNHARD, Was sind öffentliche Aufgaben?, recht 31 (2013) 153 ff.; SCHWEIZER RAINER J./JEANRENAUD CLAUDE/KUX STEPHAN/SITTER-LIVER BEAT (Hrsg.), Verwaltung im 21. Jahrhundert, Herausforderungen, Probleme, Lösungswege, 20. Kolloquium (2001) der Schweizerischen Akademie für Geistes- und Sozialwissenschaften, Freiburg 2003.

I. Funktioneller und organisatorischer Begriff der Verwaltung

Der Begriff der Verwaltung ist zweideutig. Es sind zwei Verwendungsarten zu unterscheiden. 10

1. Funktioneller Begriff der Verwaltung: Verwaltungstätigkeit

Verwaltung im funktionellen Sinne wird als Tätigkeit (Funktion) verstanden, die sich von den anderen Staatsfunktionen unterscheidet: Die Verwaltungsfunktion steht im Gegensatz zu den Funktionen der Rechtssetzung und der Rechtsprechung. 11

Die Verwaltungstätigkeit in einer Definition zu umschreiben, bereitet grosse Schwierigkeiten. In der Lehre finden sich negative und positive Umschreibungen. 12

a) Negative Umschreibung

Verwaltung ist die Staatstätigkeit, die nicht in Rechtssetzung und nicht im Entscheid über Rechtsstreitigkeiten oder Strafen besteht. Ausgehend von der Unterscheidung zwi- 13 schen Rechtssetzung und Rechtsanwendung kann man die Verwaltungstätigkeit als Rechtsanwendung, die nicht Rechtsprechung ist, bezeichnen. «Alles, was der Staat ausserhalb von Gesetzgebung und Justiz besorgt, ist somit Verwaltung im engern Sinn oder Verwaltung schlechthin, – eine Summe von Verrichtungen technischer, geistiger, juristischer Natur, deren jede einen dem Gemeinwohl nützlichen Erfolg erreichen will […].» (FRITZ FLEINER, Institutionen des Deutschen Verwaltungsrechts, 8. Aufl., Zürich 1939, S. 4 f.).

14 Diese Art der Umschreibung besticht durch ihre Kürze, sie sagt jedoch wenig aus über den Inhalt der Verwaltungsfunktion. Die Reduktion der Verwaltungstätigkeit auf blosse Rechtsanwendung betont zu stark den *Vollzugscharakter* und vernachlässigt die *Entscheidungsmacht* der Behörden sowie das vorbereitende (planende) und das schlichte Verwaltungshandeln – Realakte der Verwaltungsorgane, z.B. Strassenunterhalt, Abwasserreinigung, Dienstleistungen der Post, Pflege von Kranken in öffentlichen Spitälern, Erteilen von Unterricht an öffentlichen Schulen.

b) Positive Umschreibung

15 Positive Umschreibungen versuchen, mit Hinweisen auf Ziele und Mittel der Verwaltungstätigkeit eine inhaltliche Bestimmung dieser Staatsfunktion zu geben. Typische Elemente solcher Definitionen sind:
- Erfüllung von Staatsaufgaben;
- Verwirklichung des objektiven Rechts von Amtes wegen;
- hoheitliches Handeln als Mittel der Verwaltung.

16 Diese Begriffselemente erlauben aber keine klare begriffliche Abgrenzung der Verwaltungstätigkeit: Die Erfüllung von Staatsaufgaben ist Ziel aller Staatstätigkeit, die Strafjustiz ist ebenfalls Verwirklichung des objektiven Rechts von Amtes wegen und hoheitliches Handeln liegt auch bei der Legislativ- und Justiztätigkeit vor.

17 Als Beispiel einer positiven Umschreibung kann die Formulierung im deutschen Lehrbuch von WOLFF/BACHOF/STOBER/KLUTH (Verwaltungsrecht I, § 3, Rz. 20) dienen: «Öffentliche Verwaltung im materiellen Sinne ist also die mannigfaltige, konditional oder nur zweckbestimmte, teilweise fremdbestimmte, selbstbeteiligt entscheidend ausführende und im Übrigen steuernde und gestaltende, fremdnützige Wahrnehmung der Angelegenheiten von Gemeinwesen und ihrer Mitglieder durch die dafür bestellten Sachwalter.»

18 Die positiven Umschreibungen erweisen sich als kompliziert und können trotz Ausführlichkeit nie alle Verwaltungstätigkeiten abschliessend erfassen.

19 Konziser, aber weniger aussagekräftig ist die von TSCHANNEN/ZIMMERLI/MÜLLER (S. 5) gewählte Definition in Anlehnung an GYGI (Verwaltungsrecht, S. 21), der sich auch DUBEY/ZUFFEREY (No. 7 ff.) anschliessen: «Öffentliche Verwaltung im funktionellen Sinn ist die Besorgung gesetzlich übertragener Staatsaufgaben durch das Gemeinwesen.» Sie kombiniert positive und negative Merkmale. Die Gesetzgebung wird von dieser Umschreibung nicht erfasst, weil sie keine gesetzlich übertragene Staatsaufgabe ist. Dagegen lässt die Definition u.E. keine klare Abgrenzung zwischen Verwaltungstätigkeit

und Rechtsprechung zu, weil – entgegen der Ansicht von TSCHANNEN/ZIMMERLI/MÜLLER (S. 6) – Rechtsprechung auch eine Form der Erfüllung von Staatsaufgaben darstellt, welche einem Staatsorgan durch Gesetz übertragen ist.

Im Ergebnis sind alle positiven Umschreibungen nur Aufzählungen einzelner Merk- 20
male der Verwaltung im funktionellen Sinne, aber keine Definitionen im eigentlichen Sinne.

2. Organisatorischer Begriff der Verwaltung: Verwaltungsbehörden

In einem unkritischen, populären Sprachgebrauch versteht man unter Verwaltung meis- 21
tens den Inbegriff der Verwaltungsbehörden. Damit sind im Gegensatz zur Funktion die Verwaltungsorgane gemeint. Dieser Sprachgebrauch sollte vermieden werden. Stattdessen ist es besser, von *Verwaltungsbehörden* zu sprechen.

Der funktionelle und der organisatorische Verwaltungsbegriff decken sich nicht. Ei- 22
nerseits üben Verwaltungsbehörden neben der Verwaltungstätigkeit weitere staatliche Funktionen aus, beispielsweise:

- Erlass von Verordnungen durch den Bundesrat oder durch den Regierungsrat eines Kantons (vgl. für den Bund Art. 7 Satz 2 RVOG);
- Entscheid über Verwaltungsbeschwerden durch den Bundesrat oder durch den Regierungsrat eines Kantons (vgl. für den Bund Art. 72 ff. VwVG und Art. 9 Abs. 2 RVOG).

Andererseits nehmen auch Parlamente und Gerichte Verwaltungsfunktionen wahr: 23

- Finanzverwaltungsakte der Bundesversammlung (Ausgabenbeschlüsse, Voranschlag, Staatsrechnung; Art. 167 BV);
- Genehmigung der Erteilung einer Rahmenbewilligung für die Erstellung von Atomanlagen durch die Bundesversammlung (Art. 12 und 48 Abs. 2 KEG [Kernenergiegesetz]);
- Justizverwaltungsakte des Bundesgerichts gestützt auf Art. 13 und 25 BGG sowie Art. 49 ff. BGerR (Reglement für das Bundesgericht). Auch der Erlass des BGerR selbst stellt einen Justizverwaltungsakt dar (vgl. BGE 133 II 209, 218);
- Aufsicht des Bundesgerichts über die Geschäftsführung des Bundesstrafgerichts, des Bundesverwaltungsgerichts und des Bundespatentgerichts (vgl. Art. 1 Abs. 2 BGG; vgl. BGE 136 II 380, 381; 135 II 426, 428);
- Aufsicht des Obergerichts über die Bezirksgerichte (§ 76 und 80 Abs. 1 lit. b GOG/ZH [Zürcher Gerichtsorganisationsgesetz]).

II. Begriff und Arten der Verwaltungsaufgabe

1. Begriff der Verwaltungsaufgabe

24 Sieht das Gesetz vor, dass eine Staatsaufgabe durch eine *Verwaltungsbehörde* (oder ausnahmsweise durch Private, vgl. Rz. 1817 ff.) zu erfüllen ist, so liegt eine *Verwaltungsaufgabe* vor. Die Legislative, die Justiz und die Regierung besorgen ebenfalls *Staatsaufgaben bzw. staatliche Aufgaben* (so Art. 35 Abs. 2 BV, wonach an die Grundrechte gebunden ist und zu ihrer Verwirklichung beizutragen hat, wer staatliche Aufgaben wahrnimmt). Der Begriff der Verwaltungsaufgabe ist also enger als derjenige der Staatsaufgabe.

25 Der Begriff der Verwaltungsaufgabe ist auch von demjenigen der *öffentlichen Aufgabe* zu unterscheiden. Dieser wird zum Teil als Synonym für staatliche Aufgabe verwendet. Manchmal wird dagegen eine Tätigkeit, die im öffentlichen Interesse liegt, als öffentliche Aufgabe bezeichnet. Zu den Tätigkeiten im öffentlichen Interesse gehören auch viele Tätigkeiten von Privaten, wie z.B. diejenige von Künstlerinnen und Künstlern, Ärztinnen und Ärzten oder Landwirtinnen und Landwirten. Der Staat kann diese Tätigkeiten fördern (z.B. durch die Gewährung von Subventionen, siehe Rz. 2513 ff.). Sie werden aber nur dann zu Staatsaufgaben, wenn das Gesetz sie dazu macht, indem es das Gemeinwesen verpflichtet, sie zu erfüllen, und zu Verwaltungsaufgaben, wenn es Verwaltungsbehörden damit beauftragt. Aufgrund der Missverständlichkeit sollte der Begriff der öffentlichen Aufgabe eher vermieden werden.

2. Arten der Verwaltungsaufgabe

26 Nach ihrem *Zweck* kann man zwischen Ordnungsaufgaben (z.B. Verkehrspolizei, Baupolizei), sozialpolitischen Aufgaben (z.B. Sozialversicherung, Arbeitnehmerschutz), Lenkungsaufgaben (z.B. Raumplanung, Landwirtschaftspolitik, Energiepolitik) und Infrastrukturaufgaben (z.B. Bau und Betrieb von Verkehrsanlagen, Bildungseinrichtungen, Spitäler) unterscheiden (dazu TSCHANNEN/ZIMMERLI/MÜLLER, S. 20 ff.).

3. Formen der Verwaltungstätigkeit

27 Stellt man darauf ab, mit welchen *Mitteln bzw. in welcher Form* die Verwaltungsbehörden ihre Aufgaben erfüllen, so ergibt sich folgende Einteilung: hoheitliche und nicht hoheitliche Verwaltungstätigkeit, Eingriffs- und Leistungsverwaltung, Bedarfsverwaltung.

a) Hoheitliche und nicht hoheitliche Verwaltungstätigkeit

28 Bei der Erledigung seiner Verwaltungsaufgaben tritt der Staat meistens hoheitlich auf. In einzelnen Bereichen der Verwaltungstätigkeit verzichtet er aber auf hoheitliches Handeln.

Für die Unterscheidung von hoheitlicher und nicht hoheitlicher Verwaltungstätigkeit knüpfen Lehre und Rechtsprechung an zwei verschiedenen Kriterien an, was zu abweichenden Begriffen führt. Zum Teil wird das staatliche Handeln dann als hoheitlich bezeichnet, wenn eine *öffentlich-rechtliche Regelung* zur Anwendung gelangt. Während das Privatrecht vom Grundsatz der Privatautonomie geprägt ist, sind öffentlich-rechtliche Regelungen in der Regel zwingender Natur (vgl. zum Gegensatz von öffentlichem Recht und Privatrecht Rz. 217 ff.). 29

Nach anderer (hier vertretener) Ansicht ist für die Unterscheidung auf das Vorliegen eines *Subordinationsverhältnisses* abzustellen. Hoheitliches Verwaltungshandeln ist einseitiges staatliches Handeln, das sich aus der Überordnung des Staates, seiner Anordnungs- und Zwangsbefugnis gegenüber den Privaten ergibt. Das zeigt sich z.B. bei polizeilichen Massnahmen, im Sozialversicherungsrecht, bei den staatlichen Monopolen oder bei der Enteignung. 30

Nicht hoheitlich handelt der Staat, wenn er den Privaten gleichgeordnet, also ohne Befugnis, einseitige Anordnungen zu treffen und sie zwangsweise durchzusetzen, gegenübertritt. Als Beispiele für *nicht hoheitliche Verwaltungstätigkeit* können vor allem genannt werden: 31

- Tätigkeit der Kantonalbanken (vgl. Rz. 1388 f.);
- Tätigkeit der staatlichen Elektrizitätswerke (vgl. Rz. 1390 f.);
- zum Teil Betrieb staatlicher Eisenbahnen und der Post (vgl. Rz. 1390 f.);
- zum Teil Tätigkeit der Schweizerischen Nationalbank (vgl. Tätigkeiten nach Art. 9 ff. NBG [Nationalbankgesetz]; anders hingegen die hoheitlichen geld- und währungspolitischen Befugnisse nach Art. 14 ff. NBG);
- Abschluss von verwaltungsrechtlichen Verträgen (vgl. Rz. 1286 ff.);
- administrative Hilfstätigkeit (vgl. Rz. 1384 f.), wobei für gewisse Aspekte des Submissionsverfahrens (z.B. Ausschluss eines Bewerbers von der Teilnahme am Verfahren) auch hoheitliche Elemente anzutreffen sind (vgl. Rz. 1397 ff.);
- Verwaltung des Finanzvermögens (vgl. Rz. 1386 f.);
- privatwirtschaftliche Staatstätigkeit (vgl. Rz. 1388 f.).

Nicht hoheitliche Verwaltungstätigkeit liegt zudem beim *informellen Verwaltungshandeln* (vgl. Rz. 1422 ff.) und meistens bei *Realakten* (vgl. Rz. 847, 1408 ff.) vor.

TSCHANNEN/ZIMMERLI/MÜLLER (S. 23 ff., ebenso DUBEY/ZUFFEREY, No. 138 ff. und 154 ff.) *verzichten auf die Unterscheidung* zwischen hoheitlicher und nicht hoheitlicher Verwaltungstätigkeit, weil es sich dabei nicht um verschiedene Arten, sondern um verschiedene Formen der Verwaltungstätigkeit handle. Sie stellen darauf ab, ob die Verwaltungstätigkeit der Erfüllung von Verwaltungsaufgaben *unmittelbar* dient (Eingriffs- und Leistungsverwaltung) oder nur *mittelbar* (wirtschaftende Verwaltung, insbesondere Verwaltung des Finanzvermögens und privatwirtschaftliche Staatstätigkeit). 32

b) Eingriffs- und Leistungsverwaltung

aa) Eingriffsverwaltung

33 Eingriffsverwaltung nennt man jene Verwaltungstätigkeit, die in die Rechte und Freiheiten der Privaten eingreift. Die Eingriffsverwaltung ist in der Regel hoheitlicher Natur.

34 Die Privaten müssen Einschränkungen ihrer Freiheit wegen des öffentlichen Wohls und wegen der Notwendigkeit der Besorgung öffentlicher Aufgaben durch die Verwaltungsbehörden dulden.

35 Beispiele:

- baupolizeiliche Einschränkungen des Grundeigentums;
- Enteignung;
- Einziehen von gesundheitsgefährdenden Stoffen;
- Verbot einer Demonstration (wobei die Zurverfügungstellung von öffentlichem Grund auch Leistungselemente enthält, vgl. Rz. 2294 ff.).

bb) Leistungsverwaltung

36 Leistungsverwaltung nennt man jene Verwaltungstätigkeit, durch die den Privaten staatliche Leistungen, insbesondere wirtschaftliche und soziale Leistungen, vermittelt werden. Die Leistungsverwaltung ist zum Teil hoheitlicher Natur, so z.B. bei der staatlichen Sozialversicherung, zum Teil nicht hoheitlicher Natur, so z.B. bei öffentlichen Versorgungsbetrieben wie Elektrizitäts- und Gaswerken.

37 Beispiele:

- Sozialversicherung wie AHV, IV, ALV;
- Fürsorge;
- sozialer Wohnungsbau;
- Stipendienwesen;
- Förderung der Landwirtschaft.

38 Es gibt Bereiche, in denen Massnahmen der Leistungsverwaltung und der Eingriffsverwaltung miteinander verbunden sind. So sieht z.B. die Förderung der Landwirtschaft neben Subventionen an die Landwirte Zölle für die Einfuhr von landwirtschaftlichen Produkten vor, um die einheimischen Erzeugnisse vor Konkurrenz durch ausländische zu schützen. Eine Massnahme kann zudem je nach der Situation der Betroffenen als Leistung oder als Eingriff erscheinen, so z.B. Preisfestsetzungen für landwirtschaftliche Produkte, Natur-, Umwelt- und Landschaftsschutzmassnahmen.

39 Heute ist anerkannt, dass für die Leistungsverwaltung grundsätzlich die gleichen Grundsätze gelten wie für die Eingriffsverwaltung. Dies betrifft insbesondere das Erfordernis der gesetzlichen Grundlage als Voraussetzung staatlichen Handelns (vgl. Rz. 379 ff.).

c) Bedarfsverwaltung

40 Zur Bedarfsverwaltung – auch administrative Hilfstätigkeit genannt (vgl. für Beispiele Rz. 1385) – gehört die Beschaffung der Sach- und Personalmittel, welche zur unmittelbaren Erfüllung von Aufgaben der Verwaltungsbehörden notwendig sind (vgl.

MOOR/FLÜCKIGER/MARTENET, S. 22 ff. und TSCHANNEN/ZIMMERLI/MÜLLER, S. 25 f.). So bildet etwa die Bereitstellung von Schul- und Spitalgebäuden eine Voraussetzung für den Betrieb von Bildungsanstalten und Spitälern als Teil der Leistungsverwaltung. Auch das öffentliche Personalwesen (z.B. Anstellung von Personal, Betrieb von Einrichtungen der Personalvorsorge oder von Kindertagesstätten für das Personal) ist eine Aufgabe der Bedarfsverwaltung. Sie dient nur mittelbar der Erledigung von Verwaltungsaufgaben und entfaltet grundsätzlich keine Wirkungen gegen aussen.

4. Erfüllungs- und Gewährleistungsverwaltung

a) Erfüllungsverwaltung

Der Staat erfüllt gewisse Aufgaben selber, indem er Leistungen erbringt, Infrastruktur schafft, Rechtsvorschriften durchsetzt etc. 41

Beispiele: 42
- Sozialversicherungen wie AHV, IV;
- Durchsetzung von Umweltschutzvorschriften;
- Betrieb der ETH.

b) Gewährleistungsverwaltung

Bei bestimmten Aufgaben verzichtet der Staat darauf, sie durch seine eigenen Organe wahrzunehmen, weil Private dazu besser geeignet sind. Der Staat gewährleistet aber, dass Private die Aufgaben korrekt erfüllen, d.h., dass insbesondere die rechtsstaatlichen Grundsätze und Grundrechte eingehalten werden. Zu diesem Zweck erlässt der Staat gesetzliche Bestimmungen, trifft mit den Privaten die notwendigen Vereinbarungen und beaufsichtigt ihre Tätigkeit. 43

Beispiele: 44
- Krankenkassen;
- Privatspitäler;
- Unterhalt von Strassen.

Zur Gewährleistungsverwaltung gehört auch Verwaltungshandeln, welches für einen fairen Wettbewerb zwischen privaten Unternehmen sorgt oder die Benutzung von Infrastrukturen bzw. Netzen mit beschränktem Zugang regelt. 45

Beispiele: 46
- WEKO (Wettbewerbskommission);
- ComCom (Eidgenössische Kommunikationskommission);
- ElCom (Eidgenössische Elektrizitätskommission).

Die staatliche Gewährleistung kann auch mittels Zertifizierung und Akkreditierung geschehen. Im Bund ist die Schweizerische Akkreditierungsstelle (SAS) beauftragt, Laboratorien, Inspektions- und Zertifizierungsstellen aufgrund internationaler Normen zu begutachten bzw. zu akkreditieren. Dadurch wird die fachliche und organisatorische Kompetenz einer Stelle formell anerkannt und garantiert (vgl. Art. 2 AkkBV [Akkreditierungs- und Bezeichnungsverordnung]; vgl. dazu Rz. 1840 ff.). 47

2. Kapitel
Verwaltungsrecht

§ 2 Quellen des Verwaltungsrechts

Literatur

ACHERMANN ALBERTO, Der Vorrang des Völkerrechts im schweizerischen Recht, in: Thomas Cottier/Alberto Achermann/Daniel Wüger/Valentin Zellweger, Der Staatsvertrag im schweizerischen Verfassungsrecht, Bern 2001, S. 33 ff.; AUER ANDREAS/KÄLIN WALTER (Hrsg.), Das Gesetz im Staatsrecht der Kantone, Chur/Zürich 1991; BIAGGINI GIOVANNI, Die vollzugslenkende Verwaltungsverordnung: Rechtsnorm oder Faktum?, ZBl 98 (1997) 1 ff.; BIAGGINI GIOVANNI, Verfassung und Richterrecht, Verfassungsrechtliche Grenzen der Rechtsfortbildung im Wege der bundesgerichtlichen Rechtsprechung, Diss. Basel 1991; BUTTLIGER MARCEL, Die Verordnungstätigkeit der Regierung – insbesondere deren Kontrolle durch das Parlament mittels Verordnungsvorbehalt, Diss. Zürich, Bern 1993; COTTIER THOMAS, Die Verfassung und das Erfordernis der gesetzlichen Grundlage, Diss. Bern 1983, 2. Aufl., Chur/Zürich 1991; EICHENBERGER KURT, Vom staatsrechtlichen Permanenzproblem der Regierungsverordnung in der Schweiz, in: Ulrich Häfelin/Walter Haller/Georg Müller/Dietrich Schindler (Hrsg.), Festschrift zum 70. Geburtstag von Hans Nef, Zürich 1981, S. 27 ff.; EGLI PATRICIA, Verwaltungsverordnungen als Rechtsquellen des Verwaltungsrechts?, AJP 20 (2011) 1159 ff.; FLÜCKIGER ALEXANDRE, Régulation, dérégulation, autorégulation: l'emergence des actes étatiques non obligatoires, ZSR 123/II (2004) 159 ff.; GÄCHTER THOMAS, Selbständiges Verordnungsrecht des Bundesrates und Gesetzesvorbehalt für Freiheitsstrafen, in: Jürg-Beat Ackermann (Hrsg.), Strafrecht als Herausforderung, Zürich 1999, S. 231 ff.; HÄFELIN ULRICH, Verfassungsgebung, ZSR 93/II (1974) 75 ff.; HANGARTNER YVO, Unmittelbare Anwendbarkeit völker- und verfassungsrechtlicher Normen, ZSR 126/I (2007) 137 ff.; HÄNNI PETER, Verträge zwischen den Kantonen und zwischen dem Bund und den Kantonen, in: Verfassungsrecht der Schweiz, Zürich 2001, § 28; JAAG TOBIAS, Die Verordnung im schweizerischen Recht, ZBl 112 (2011) 619 ff.; JACOT-GUILLARMOD OLIVIER, La primauté du droit international face à quelques principes directeurs de l'État fédéral suisse, ZSR 104/I (1985) 383 ff.; KRAMER ERNST A., Funktionen allgemeiner Rechtsgrundsätze, in: Helmut Koziol/Peter Rummel (Hrsg.), Im Dienste der Gerechtigkeit, Festschrift für Franz Bydlinski, Wien/New York 2002, S. 197 ff.; MADER LUZIUS, Regulierung, Deregulierung, Selbstregulierung: Anmerkungen aus legislatorischer Sicht, ZSR 123/II (2004) 3 ff.; MANFRINI PIERRE-LOUIS, Nature et effets juridiques des ordonnances administratives, Diss. Genf 1978; MARTENET VINCENT, L'Assemblée fédérale et les parlements cantonaux face aux ordonnances gouvernementales, in: Markus Rüssli/Julia Hänni/Reto Häggi Furrer (Hrsg.), Staats- und Verwaltungsrecht auf vier Ebenen, Festschrift für Tobias Jaag, Zürich/Basel/Genf 2012, S. 475 ff.; MICHEL NICOLAS, L'imprégnation du droit étatique par l'ordre juridique international, in: Verfassungsrecht der Schweiz, Zürich 2001, § 4; MÜLLER GEORG, Rechtssetzung und Staatsverträge, in: Verfassungsrecht der Schweiz, Zürich 2001, § 70; NUSSBAUM HANS GEORG, Die Ausarbeitung von Verordnungen am Beispiel des neuen Zollrechts, LeGes 18 (2007) 295 ff.; PETERS ANNE/PAGOTTO ISABELLA, Das Verhältnis von Völkerrecht und Landesrecht in der Schweiz, ius.full 2 (2004) 54 ff.; PFISTERER LUKAS, Verwaltungsverordnungen des Bundes – Vollzug und Umsetzung des öffentlichen Rechts des Bundes durch Verwaltungsverordnungen der Bundesverwaltung, Diss. Lausanne, Genf 2007; RYTER SAUVANT MARIANNE, Allgemeine Rechtsgrundsätze – Analogien zum Privatrecht, Ein Beitrag zur richterlichen Rechtsfortbildung im Verwaltungsrecht, Diss. Bern 2005; THÜRER DANIEL, Verfassungsrecht und Völkerrecht, in: Verfassungsrecht der Schweiz, Zürich 2001, § 11; UHLMANN FELIX/BINDER IRIS, Verwaltungsverordnungen in der Rechtsetzung: Gedanken über Pechmarie, LeGes 20 (2009) 151 ff.; UHL-

MANN FELIX/HOFSTETTER DAVID, Die Verordnung aus dem Blickwinkel der Rechtsetzungslehre, ZBl 113 (2012) 455 ff.; UHLMANN FELIX/ZEHNDER VITAL, Rechtsetzung durch Konkordate, LeGes 22 (2011) 9 ff.; WALDMANN BERNHARD, Vom Umgang mit organisatorischen, innerdienstlichen und anderen Anordnungen ohne Verfügungscharakter, ZSR 133/I (2014) 489 ff.; WÜGER DANIEL, Anwendbarkeit und Justiziabilität völkerrechtlicher Normen im schweizerischen Recht, Grundlagen, Methoden und Kriterien, Diss. Bern 2005.

I. Begriff und Bedeutung des Verwaltungsrechts

Verwaltungsrecht ist der Inbegriff der Rechtssätze, welche die Verwaltungstätigkeit sowie die Organisation und das Verfahren der Verwaltungsbehörden regeln. 48

Verwaltungsrecht als *öffentliches Recht* ist in der Regel zwingender Natur und dient der Wahrnehmung von öffentlichen Interessen. Seine Anwendung erfolgt grundsätzlich von Amtes wegen. Der Rechtsschutz erfolgt durch vorgesetzte Verwaltungsbehörden oder Verwaltungsgerichte (Rz. 1179 ff.). 49

Die Eigenart des Verwaltungsrechts liegt darin, dass eine Vielzahl von Spezialgesetzen anzuwenden sind, die teilweise wissenschaftlich und durch Gerichtsentscheide zu wenig erschlossen sind. Rein quantitativ überwiegt das Verwaltungsrecht das Zivil- und Strafrecht deutlich. Zentrale verwaltungsrechtliche Grundsätze und Institute (z.B. Widerruf von Verfügungen [Rz. 1215 ff.]) beruhen im Wesentlichen auf gerichtlicher Praxis. 50

Dem Verwaltungsrecht fehlt auch ein eigener *Grunderlass*. Am ehesten besteht eine solche Grundlage im Verfahrensrecht, nämlich durch das *Bundesgesetz über das Verwaltungsverfahren vom 20. Dezember 1968* (VwVG, SR 172.021). Eine wesentliche Vereinheitlichungsfunktion übernehmen auch verfassungsrechtliche Grundsätze. 51

II. Verfassung

Die Verfassung spielt als Garant der rechtsstaatlichen und demokratischen Ausgestaltung des Verwaltungsrechts eine sehr bedeutsame Rolle. Dies gilt vor allem für Normen der Bundesverfassung, zum Teil aber auch für das kantonale Verfassungsrecht. 52

1. Verfassungsgrundsätze

Die Verfassung enthält wichtige Verfassungsgrundsätze, die für die gesamte Verwaltungstätigkeit massgeblich sind. Zu diesen Verfassungsgrundsätzen gehören: 53

- Gesetzmässigkeit der Verwaltung (vgl. § 6);
- öffentliches Interesse (vgl. § 7);
- Verhältnismässigkeit (vgl. § 8);
- Rechtsgleichheit und Willkürverbot (vgl. § 9);
- Treu und Glauben, insb. Vertrauensschutz (vgl. § 10).

2. Grundrechte

54 Die Grundrechte der Privaten sind für das Verwaltungsrecht von Bedeutung, weil sie der Verwaltungstätigkeit Schranken setzen und die Richtung weisen.

55 Zu den Grundrechten gehören auch die *allgemeinen Verfahrensgarantien* (Art. 29 BV; vgl. Rz. 1040 ff.). Garantien für das gerichtliche Verfahren finden sich sodann in Art. 30 BV (vgl. Rz. 1191 ff.).

3. Verfassungsrechtliche Kompetenzordnung

56 Auswirkungen auf das Verwaltungsrecht zeitigen auch die in der Verfassung enthaltenen Grundsätze der Kompetenzordnung, so betreffend die Kompetenzverteilung zwischen Bund und Kantonen sowie die Kompetenzverteilung zwischen Bundesversammlung, Bundesrat und Bundesgericht.

4. Materielles Verwaltungsrecht in der Verfassung

57 Die schweizerische Bundesverfassung enthält einige Bestimmungen, die materiell Verwaltungsrecht darstellen, indem sie die Grundzüge einzelner Bereiche der Verwaltungstätigkeit festhalten. Solche Normen sind zugleich Verfassungsrecht und materielles Verwaltungsrecht.

58 Beispiele:

- Art. 78 Abs. 5 BV: Schutz der Moore und Moorlandschaften;
- Art. 86 Abs. 3 BV: Verwendung des Ertrags der Verbrauchssteuer auf Treibstoffen und der Nationalstrassenabgabe;
- Art. 119 und 120 BV: Fortpflanzungsmedizin und Gentechnologie;
- Art. 121 Abs. 2 BV: Ausweisung von Ausländern, welche die Sicherheit der Schweiz gefährden.

59 Materielles Verfassungsrecht kann Verwaltungsbehörden auch ohne Umsetzung in Gesetzesrecht als Grundlage für einen Entscheid dienen. Massgebend für eine direkte Abstützung auf Verfassungsrecht ist die *Bestimmtheit des Verfassungstextes;* zu berücksichtigen ist auch der *Wille des Verfassungsgebers.*

Beispiele:

60 – Die Volksinitiative «Schluss mit uferlosem Bau von Zweitwohnungen!» (Zweitwohnungsinitiative; Art. 75b BV; BBl 2012, 6623) entfaltete nach einem Urteil des Bundesgerichts unmittelbar mit ihrer Annahme durch Volk und Stände am 11. März 2012 Rechtwirkungen. Die in der Übergangsbestimmung vorgesehene Nichtigkeit für Baubewilligungen ab 1. Januar 2013 führe dazu, dass während der Übergangsfrist (11. März 2012–31. Dezember 2012) erteilte Baubewilligungen für Zweitwohnungen anfechtbar seien. Ein solches Baubewilligungsverbot bedeute zwar «eine nicht unerhebliche Beschränkung der Eigentumsgarantie», unterliege als «vorsorgliche und zeitlich beschränkte Massnahme» aber keinen hohen Anforderungen in Bezug auf die Bestimmtheit (BGE 139 II 243, 256 ff.; ALAIN GRIFFEL, Die Umsetzung der Zweitwohnungsinitiative – eine Zwischenbilanz, ZBl 115 [2014] 59 ff.).

61 – Demgegenüber erklärte das Bundesgericht die am 28. November 2010 angenommene Volksinitiative «Für die Ausschaffung krimineller Ausländer» (Ausschaffungsinitiative; Art. 121 Abs. 3–6 BV; BBl 2011, 2771) aufgrund der «gravierenden Eingriffe in die Grundrechte der

betroffenen Ausländer […] mit einschneidenden, in der Regel nicht wieder gutzumachenden Nachteilen für sie und ihre Familien» sowie der damit verbunden «heikle[n] völkerrechtliche[n] Probleme» für nicht direkt anwendbar. Mangels hinreichender Bestimmtheit sei die direkte Anwendbarkeit des Verfassungstextes mit den Grundsätzen des Legalitätsprinzips und der Gewaltenteilung nicht vereinbar und bedürfe zunächst der Konkretisierung durch den damit ausdrücklich beauftragten Gesetzgeber (BGE 139 I 16, 25 ff.). Aufgrund von befürchteten Hindernissen bei der Umsetzung der Ausschaffungsinitiative lancierten die Initianten am 28. Dezember 2012 die «Volksinitiative zur Durchsetzung der Ausschaffung krimineller Ausländer (Durchsetzungsinitiative)» (BBl 2012, 7371), welche den neuen Verfassungsartikel anhand einer direkt anwendbaren Übergangsbestimmung konkretisieren und diesem gegenüber nicht zwingendem Völkerrecht explizit den Vorrang einräumen will. Die Durchsetzungsinitiative wurde aber insoweit für ungültig erklärt, als sie die Bereiche des zwingenden Völkerrechts stark eingegrenzt festlegen wollte (BBl 2015, 2701).

III. Gesetze

1. Begriff

Gesetze sind generell-abstrakte Normen, die im besonderen *Verfahren* der Gesetzgebung erlassen worden sind. 62

In Lehre und Rechtsprechung wird teilweise immer noch zwischen Gesetzen im formellen und Gesetzen im materiellen Sinn unterschieden, wobei darauf abgestellt wird, in welchem Verfahren die generell-abstrakten Normen zustande gekommen sind. Diese Unterscheidung entspricht, wie RHINOW/SCHEFER (Rz. 2675) zu Recht festhalten, nicht mehr der Terminologie der BV und ist wenig hilfreich, ja eher verwirrlich. Wir verzichten deshalb im Folgenden darauf und sprechen von Gesetzen, wenn es um die im Verfahren der Gesetzgebung erlassenen Normen geht, und von Verordnungen, wenn wir Erlasse auf einer Stufe unterhalb des Gesetzes meinen (ebenso TSCHANNEN/ZIMMERLI/MÜLLER, S. 101 und 139). 63

Auf Bundesebene werden Gesetze von der Bundesversammlung unter Mitwirkung des Volkes (fakultatives Referendum) erlassen (Art. 141 Abs. 1 lit. a und b BV). Sie sind vom Bundesgericht auch dann anzuwenden, wenn dieses das Bundesgesetz für verfassungswidrig hält (Art. 190 BV). 64

In den Kantonen ist das Gesetzgebungsverfahren in der Kantonsverfassung geregelt. Art. 51 Abs. 1 Satz 1 BV liesse auf kantonaler Ebene eine reine Parlamentsgesetzgebung zu (BGE 126 I 180, 184; 124 I 216, 218 f.; BGer, Urteil 2P.201/2006 vom 24. August 2006 E. 2.3). 65

2. Bedeutung der Gesetze für das Verwaltungsrecht

Gesetze sind die *wichtigsten Quellen des Verwaltungsrechts*. Dies gilt sowohl für die Eingriffs- als auch für die Leistungsverwaltung. 66

67 Beispiele für bundesrechtliche Regelungen in Gesetzesform:
- Bundesgesetz über die Enteignung (EntG) vom 20. Juni 1930 (SR 711);
- Bundesgesetz über die Verantwortlichkeit des Bundes sowie seiner Behördemitglieder und Beamten (Verantwortlichkeitsgesetz, VG) vom 14. März 1958 (SR 170.32);
- Bundesgesetz über die Alters- und Hinterlassenenversicherung (AHVG) vom 20. Dezember 1946 (SR 831.10);
- Bundesgesetz über Lebensmittel und Gebrauchsgegenstände (Lebensmittelgesetz, LMG) vom 9. Oktober 1992 (SR 817.0).

68 Die zahlreichen gesetzlichen Regelungen, die das Verwaltungsrecht betreffen, sind – anders als im Straf- und Zivilrecht – *nicht in einer Kodifikation zusammengefasst.* Dies und die häufigen Änderungen der Erlasse erschweren den Zugang zur Materie.

IV. Verordnungen

1. Begriff und Bedeutung

69 Verordnungen sind generell-abstrakte Rechtsnormen, die in einer anderen Form als derjenigen der Verfassung oder des Gesetzes ergangen sind, d.h. auf einer *Stufe unterhalb des Gesetzes* stehen, und keine autonomen Satzungen darstellen.

70 Die Terminologie ist uneinheitlich: Man spricht von Verordnungen, Dekreten, Reglementen, Weisungen, Richtlinien, Ordnungen oder Benützungsordnungen. Früher wurden im Bund die Parlamentsverordnungen als allgemein verbindliche, nicht referendumspflichtige Bundesbeschlüsse bezeichnet.

71 Es gibt sehr viele Verordnungen im Verwaltungsrecht. Sie haben eine grosse Bedeutung, da sie ausführliche Detailregelungen ermöglichen, die rasch an veränderte Verhältnisse angepasst werden können.

2. Erlassende Behörde

72 Für den Begriff der Verordnung ist die erlassende Behörde nicht massgeblich. Sowohl Behörden der Exekutive als auch solche der Justiz oder Legislative können Verordnungen erlassen (vgl. Art. 163 Abs. 1 BV: Verordnung der Bundesversammlung).

73 Beispiele:
- Tierschutzverordnung (TSchV) des Bundesrates vom 23. April 2008 (SR 455.1);
- Verordnungen des Bundesgerichts zum SchKG vom 5. Juni 1996, 17. Januar 1923, 20. Dezember 1937 (SR 281.33; 281.41; 281.52);
- Weisungen (des Bundesrates) über die Beflaggung der Gebäude des Bundes vom 21. Januar 1987 (BBl 1996 IV, 509);
- Verordnung der Bundesversammlung zum Parlamentsgesetz und über die Parlamentsverwaltung (Parlamentsverwaltungsverordnung, ParlVV) vom 3. Oktober 2003 (SR 171.115).

74 Von der Quantität und der Bedeutung stehen Verordnungen der *Regierung* im Vordergrund. Die Regierung ist von Verfassungs wegen befugt (für den Bund: Art. 182 Abs. 1

BV), Gesetze durch Verordnungen zu konkretisieren (Vollziehungsverordnungen, vgl. Rz. 99 ff.).

Unterschiedlich geregelt ist die Frage, ob *Verwaltungsbehörden* anstelle der Regierung Verordnungen erlassen dürfen. Im Bund kann das Departement vom Bundesrat zur Verordnungsgebung ermächtigt werden (Art. 48 Abs. 1 RVOG). Bundesämter dürfen nur dann Verordnungen erlassen, wenn dies ein Bundesgesetz vorsieht (Art. 48 Abs. 2 RVOG). 75

3. Arten von Verordnungen

Lehre und Praxis unterscheiden verschiedene Arten von Verordnungen. Die drei Begriffspaare folgen unterschiedlichen Kriterien. 76

a) Rechtsverordnungen und Verwaltungsverordnungen

Hauptkriterium für die Unterscheidung von Rechts- und Verwaltungsverordnungen ist der *Adressatenkreis*. 77

aa) Rechtsverordnungen

Rechtsverordnungen enthalten Rechtsnormen, die dem Einzelnen Rechte einräumen oder Pflichten auferlegen oder die Organisation und das Verfahren der Behörden regeln. Sie richten sich in der Regel an die *Allgemeinheit*. 78

Rechtsverordnungen werden in einem gesetzlich geregelten Verfahren von der zuständigen Stelle erlassen. Sie müssen in der Gesetzessammlung publiziert werden, um für die Privaten rechtswirksam zu sein (Art. 2 PublG i.V.m. Art. 8 PublG [Publikationsgesetz]). 79

Beispiele: 80
- Tierschutzverordnung (TSchV) vom 23. April 2008 (SR 455.1);
- Raumplanungsverordnung (RPV) vom 28. Juni 2000 (SR 700.1).

bb) Verwaltungsverordnungen

Verwaltungsverordnungen sind *generelle Dienstanweisungen* einer Behörde an ihre untergeordneten *Behörden*. Dabei kann es sich um Amtsstellen des gleichen Gemeinwesens handeln. Möglich sind aber auch Weisungen von Bundesbehörden an die mit dem Vollzug von Bundesrecht betrauten kantonalen oder kommunalen Behörden. Teilweise werden auch Verlautbarungen generell-abstrakten Inhalts, mit denen eine Behörde ihre Praxis für sich selbst oder für Dritte kodifiziert und kommuniziert, als Verwaltungsverordnungen bezeichnet (vgl. UHLMANN/BINDER, S. 152 f.). 81

Der Erlass von Verwaltungsverordnungen ist gesetzlich meist nicht geregelt. Die Zulässigkeit wird aber von Lehre und Praxis bejaht. Beim Erlass von Verwaltungsverordnungen stützt sich die Behörde auf das *Hierarchieprinzip* (vgl. Rz. 1569 ff.) bzw. ihre Weisungsbefugnis gegenüber den ihr unterstellten Verwaltungseinheiten sowie auf ihren *Vollzugsauftrag*. 82

83 Die Hauptfunktion der Verwaltungsverordnung besteht darin, eine einheitliche, gleichmässige und sachrichtige Praxis des Gesetzesvollzugs sicherzustellen (BIAGGINI, Verwaltungsverordnung, S. 4). Sie kann auch organisatorische Anordnungen enthalten. Es wird deshalb zwischen vollzugslenkenden und organisatorischen Verwaltungsverordnungen unterschieden (vgl. BGE 128 I 167, 171).

84 Verwaltungsverordnungen sind nach herrschender Ansicht keine Rechtsquellen des Verwaltungsrechts, da sie keine Rechtsnormen enthalten, insbesondere keine Pflichten oder Rechte der Privaten statuieren (vgl. TSCHANNEN/ZIMMERLI/MÜLLER, S. 105 f. und S. 387 ff.). Trotz ihrer Verbindlichkeit für die Behörden werden sie in der Regel nicht in den offiziellen Gesetzessammlungen publiziert.

85 Dienst- und Besoldungsverordnungen, welche die Begründung, den Inhalt und die Beendigung des Dienstverhältnisses regeln, sind keine Verwaltungsverordnungen, weil sie nicht den internen Dienstbetrieb betreffen und den Beamten keine Weisungen über die Erfüllung ihrer Aufgaben erteilen, sondern ihre Rechte und Pflichten als Arbeitnehmer eines Gemeinwesens festlegen (BGE 104 Ia 161, 163 f.).

86 Beispiele:

- Kreisschreiben des Bundesrates an die Kantonsregierungen zur Resultatermittlung mit technischen Geräten bei eidgenössischen Volksabstimmungen vom 15. Januar 2003 (BBl 2003, 419);
- Weisung Belegarztverträge der Gesundheitsdirektion des Kantons Zürich vom 1. Dezember 2003 (BGer, Urteil 2P.67/2004 vom 23. September 2004 = ZBl 106 [2005] 424 ff.);
- Richtlinien (der Volkswirtschafts- und der Polizeidirektion des Kantons Appenzell A.Rh.) betreffend die Bewilligungspraxis für ausländische Künstler, Musiker, Artisten, Tänzer, Tänzerinnen und Discjockeys (dazu BGE 122 I 44 ff.);
- Weisungen des Bundesrates zur Förderung der Mehrsprachigkeit in der allgemeinen Bundesverwaltung (Mehrsprachigkeitsweisungen) vom 22. Januar 2003 (BBl 2003, 1441);
- Kreisschreiben des Bundesamtes für Industrie, Gewerbe und Arbeit (heute Staatssekretariat für Wirtschaft [seco]) über arbeitsmarktliche Massnahmen (dazu BGE 127 V 57 ff.);
- Das Merkblatt der Eidgenössischen Zollverwaltung zur Abgabebefreiung bei Massnahmen zur Verminderung der VOC-Emissionen ist eine Verwaltungsverordnung. Sie hat zum Ziel, den Vollzug der Vorschriften der Luftreinhalte-Verordnung und der Verordnung über die VOC-Lenkungsabgabe innerhalb der Kantone zu harmonisieren. Die Eidgenössische Oberzolldirektion ist zum Erlass eines solchen Merkblattes zuständig. Als vollziehende Behörde ist sie verpflichtet, konkretisierende Regelungen zu treffen, um den mit Lenkungsabgaben befassten kantonalen Ämtern die Anwendung der Gesetzgebung zu erleichtern und eine einheitliche Verwaltungspraxis sicherzustellen (BGer, Urteil 1A.99/2004 vom 18. Oktober 2004 E. 2 = URP 19 [2005] 345, 347 f.).

cc) Konsequenzen aus der Rechtsnatur der Verwaltungsverordnung

87 Dass nach der Rechtsprechung des Bundesgerichts nur Rechtsverordnungen, nicht aber Verwaltungsverordnungen, Rechtsquellen des Verwaltungsrechts darstellen, hat folgende Konsequenzen:

- Beim Erlass von Verfügungen können sich die Verwaltungsbehörden nicht (allein) auf Verwaltungsverordnungen stützen.
- Die Privaten können die Verletzung von Verwaltungsverordnungen nicht mit Rechtsmitteln geltend machen. Die Privaten sind also beispielsweise nicht befugt, eine Steuerveranlagung wegen Verletzung der für die Steuerbehörden verbindlichen Dienstanleitung anzufechten (keine Rechte *aus* der Verwaltungsverordnung). Es

bleiben die nur teilweise befriedigenden Surrogate der Rüge der Verletzung des anwendbaren Gesetzes, des Rechtsgleichheitsgebots und des Vertrauensschutzes (vgl. UHLMANN/BINDER, S. 158).

- Verwaltungsgerichte sind in der Regel nicht an Verwaltungsverordnungen gebunden. Im Falle der Anfechtung einer Steuerveranlagung prüft das Verwaltungsgericht nur, ob die Veranlagung mit dem Steuergesetz und der Vollziehungsverordnung übereinstimmt, aber nicht, ob sie der Verwaltungsverordnung entspricht. Das Gericht berücksichtigt sie bei seiner Entscheidung allerdings, soweit sie eine dem Einzelfall gerecht werdende Auslegung der massgebenden Bestimmung zulässt, weil es nicht ohne Not von einer einheitlichen Praxis der Verwaltungsbehörden abweichen will (BGE 122 V 19, 25; vgl. auch BGE 141 V 175, 180; 138 V 50, 54; BGer, Urteil 1B_534/2012 vom 7. Juni 2013 E. 2.2.1; Urteil 1C_356/2009 vom 12. Februar 2010 E. 3.2; BVGer, Urteil B-737/2008 vom 21. August 2009 E. 3.1). In der Rechtsprechung ist oft von einer «Mitberücksichtigung» der Verwaltungsverordnung die Rede (vgl. BGE 133 V 346, 352; BVGE 2013/59 E. 9.3.7; BVGer, Urteil A-6117/2014 vom 22. Juli 2015 E. 2; Urteil A-1956/2014 vom 2. Oktober 2014 E. 4.4; Verwaltungsgericht des Kantons Zürich, Urteile SB.2007.00002 vom 16. Mai 2007 E. 3.2 und VB.2005.00471 vom 17. November 2005 E. 2.2).
- Verwaltungsverordnungen können in der Regel selber nicht unmittelbar angefochten werden, sofern das einschlägige Verfahrensrecht ein Rechtsmittel unmittelbar gegen den *Erlass* vorsieht (Art. 82 lit. b BGG). Die Anfechtung einer Verwaltungsverordnung ist ausnahmsweise dann zulässig, wenn diese Verwaltungsverordnung für die Privaten mittelbar (indirekt) Aussenwirkungen zeitigt, d.h. sich wie Rechtsnormen auf die Rechtsstellung der Privaten auswirkt. Die Anfechtung der Verwaltungsverordnung selbst ist allerdings ausgeschlossen, wenn es den Privaten möglich und zumutbar ist, eine in Anwendung der Verwaltungsverordnung ergangene Verfügung anzufechten (BGE 128 I 167, 173 f.).

Beispiele:

- Die Vorschriften der Zürcher Krankenhausverordnung betreffend das Vorgehen bei der Todesfeststellung und bei der Vornahme von Obduktionen und Transplantationen (KHV) «richten sich demnach in erster Linie an das Personal der kantonalen Krankenhäuser und haben insoweit den Charakter von blossen Dienstanweisungen. Darüber hinaus umschreiben sie jedoch – wenn auch bloss indirekt – die Rechtsstellung des Patienten und seiner Angehörigen und entfalten auf diese Weise Aussenwirkungen. In diesem Rahmen treffen sie den Bürger in seinen rechtlich geschützten Interessen und wirken gleich wie die entsprechenden Bestimmungen einer Rechtsverordnung. Selbst wenn angenommen wird, dieser Umstand ändere an der Rechtsnatur der KHV als Verwaltungsverordnung nichts, muss der Bürger daher befugt sein, sich dagegen mit Beschwerde zur Wehr zu setzen. Würde anders entschieden, so blieben seine verfassungsmässigen Rechte im Bereich der erwähnten Aussenwirkungen weitgehend schutzlos. Denn wer Dienstanweisungen zu beachten und Verwaltungsverordnungen anzuwenden hat, ist nicht immer gehalten, eine entsprechende Verfügung zu treffen, die angefochten werden könnte. Gerade im vorliegenden Fall erfolgt die Anwendung der beanstandeten Vorschriften durchaus formlos, sodass es dem Verfassungsrichter mangels Vorliegens eines anfechtbaren Hoheitsakts verwehrt wäre, das Vorgehen des Spitalpersonals nachträglich auf seine Verfassungsmässigkeit hin zu überprüfen» (BGE 98 Ia 508, 510 f.). 88
- Die Dienstanweisung des Stadtrates von Zürich betreffend Orientierung der Massenmedien bei unfriedlichem Ordnungsdienst und die Dienstanweisung betreffend Bildaufnahmen von Polizeibeamtinnen und Polizeibeamten stellen Verwaltungsverordnungen dar. Sie enthalten in erster 89

Linie Regeln für das verwaltungsinterne Verhalten, richten sich an die der Dienstaufsicht unterstellten Mitarbeiterinnen und Mitarbeiter und verfolgen mannigfaltige Zwecke verwaltungsinterner und organisatorischer Natur. Die Dienstanweisungen betreffen jedoch die Medienschaffenden in ihrer praktischen Tätigkeit und damit in verfassungsmässigen Rechten, wie sie sich aus Art. 17 BV und Art. 10 EMRK ergeben; sie entfalten somit Aussenwirkungen (BGer, Urteil 1P.240/2002 vom 18. Oktober 2002).

90 – Die Unterstützungsrichtlinie des Wirtschafts- und Sozialdepartements des Kantons Basel-Stadt stellt eine Verwaltungsordnung mit Aussenwirkung dar, da sie den Erlass von Verfügungen der Sozialhilfestellen mitbestimmt. Die Anfechtung der betreffenden Verfügungen ist den Betroffenen aber möglich und zumutbar, so dass der Rechtsschutz im Einzelfall hinreichend gegeben ist. Die direkte Anfechtung der Verwaltungsverordnung ist demnach trotz Aussenwirkung nicht möglich (BGer, Urteil 2P.108/2005 vom 5. Juli 2006 E. 1.3.3).

dd) Kritische Würdigung

91 Die *Kritik der Lehre an der Praxis des Bundesgerichts* richtet sich gegen die problematische Unterscheidung von Innen- und Aussenwirkungen. «Die These, dass es Rechtsnormen mit blossen ‹Innenwirkungen› gebe, lässt sich kaum mehr halten. Für den Bürger ist es nicht von Belang, ob die Einzelakte, die ihn betreffen, auf einer ihn unmittelbar berechtigenden oder verpflichtenden Bestimmung oder auf einer Verwaltungsvorschrift beruhen, die nur an das entscheidende Organ gerichtet und nur diesem gegenüber verbindlich ist. Im Ergebnis wirken sich Verwaltungsanweisungen und Rechtsverordnungen für den Bürger oft gleich aus» (MÜLLER, Inhalt und Formen der Rechtssetzung als Problem der demokratischen Kompetenzordnung, S. 199).

92 Kritisiert wird u.E. zu Recht auch die Auffassung, Verwaltungsverordnungen seien ausschliesslich für Verwaltungsbehörden verbindlich, nicht aber für Verwaltungsgerichte und Private. Vollzugslenkende Verwaltungsverordnungen konkretisieren offene, unbestimmte Rechtsnormen, um eine einheitliche Praxis zu gewährleisten. Diese Vollzugskonzepte sind auch für die Gerichte und für die Privaten massgebend, allerdings nur, soweit sie sich im Rahmen von Verfassung und Gesetz halten. Bei einer solchen Betrachtungsweise erscheinen Verwaltungsverordnungen als Rechtsquellen (vgl. BIAGGINI, Verwaltungsverordnung, S. 17 ff.; eine andere Ansicht vertreten TSCHANNEN/ZIMMERLI/MÜLLER, S. 396 f.).

b) Gesetzesvertretende Verordnungen und Vollziehungsverordnungen

93 Das Kriterium der Unterscheidung von gesetzesvertretenden Verordnungen und Vollziehungsverordnungen liegt im *Inhalt* bzw. im *Ausmass,* in welchem die Verordnung *durch das Gesetz inhaltlich vorausbestimmt* ist (dazu BGE 136 I 29, 33; 130 I 140, 149). Die Unterscheidung bezieht sich auf *Rechtsverordnungen.*

94 Die Übergänge zwischen gesetzesvertretenden und vollziehenden Verordnungen sind fliessend. Zudem können in der gleichen (Rechts-)Verordnung Teile enthalten sein, die Vollzugscharakter haben, und Teile, die gesetzesvertretender Natur sind.

95 Beispiel:

Die Tierschutzverordnung (TSchV) vom 23. April 2008 (SR 455.1) enthält zahlreiche Bestimmungen mit blossem Vollzugscharakter (z.B. Art. 139 TSchV), daneben aber auch Vorschriften gesetzesvertretender Natur, zu deren Erlass das Tierschutzgesetz (TSchG) vom 16. September 2005 (SR 455) den Bundesrat ermächtigt hat (z.B. Art. 81 TSchV).

aa) Gesetzesvertretende Verordnungen

Gesetzesvertretende Verordnungen beruhen auf einer Ermächtigung durch ein Gesetz, das noch keine vollständige materielle Regelung enthält; solche Verordnungen fügen der weitmaschigen, sich auf das Grundsätzliche beschränkenden Regelung im Gesetz neue Normen hinzu. 96

Voraussetzung für solche Verordnungen ist also eine *Rechtssetzungsdelegation durch ein Gesetz*. Die Voraussetzungen und Grenzen der Gesetzesdelegation sind dabei zu beachten (vgl. Rz. 364 ff.). Ausnahmsweise enthält bereits die Verfassung eine ausdrückliche Ermächtigung zum Erlass von (selbstständigen) Verordnungen, sodass sich eine Rechtssetzungsdelegation in einem Gesetz erübrigt (vgl. Rz. 106 ff.). 97

Beispiel: 98

Art. 23 BPV (Bundespersonalverordnung) sieht vor, dass einzelne Departemente unter gewissen Voraussetzungen den Stellenzugang auf Personen mit schweizerischem Bürgerrecht beschränken können. Art. 8 Abs. 3 BPG enthält eine entsprechende Delegation der Rechtssetzungskompetenz an den Verordnungsgeber und erlaubt damit den Erlass einer gesetzesvertretenden Regelung in der Verordnung.

bb) Vollziehungsverordnungen

Vollziehungsverordnungen führen die durch das Gesetz bereits begründeten Verpflichtungen und Berechtigungen näher aus, passen das schon im Gesetz Bestimmte den konkreten praktischen Gegebenheiten an. Sie dürfen nur dem durch das Gesetz geschaffenen Rahmen entsprechend die im Gesetz gegebenen Richtlinien ausfüllen, nicht ergänzen, insbesondere die Rechte der Betroffenen nicht einschränken oder ihnen neue Pflichten auferlegen (vgl. BGE 141 II 169, 172; 139 II 460, 463; 136 I 29, 33; 134 I 322, 327 und 330). 99

Die Kompetenz der Exekutive zum Erlass von Vollziehungsverordnungen ist in der allgemeinen, von der Verfassung eingeräumten Vollzugskompetenz enthalten; für den Bundesrat ergibt sie sich aus – dem allerdings missverständlich formulierten – Art. 182 Abs. 2 BV. Die Kompetenz zum Erlass von Vollziehungsverordnungen beruht also nicht auf einer Gesetzesdelegation. Häufig wird jedoch die aus der Verfassung abgeleitete Vollzugskompetenz in einer entsprechenden Bestimmung auf Gesetzesstufe wiederholt. 100

Beispiel: 101

Asylverordnung 1 über Verfahrensfragen (Asylverordnung 1, AsylV 1) vom 11. August 1999 (SR 142.311).

cc) Bedeutung des Unterschieds von gesetzesvertretenden Verordnungen und Vollziehungsverordnungen

Die Unterscheidung ist von Bedeutung für die *Rechtsgrundlage der Kompetenz der verordnenden Behörde:* Vollziehungsverordnungen kann die Exekutive in eigener Kompetenz erlassen, gesetzesvertretende Verordnungen nur gestützt auf eine Delegationsnorm. 102

Beispiele:

- Im Zusammenhang mit der Anfechtung einer Busse, die gestützt auf die Verkehrsregelnverordnung (VRV) vom 13. November 1962 (SR 741.11) wegen Nichtbeachtung der Gurtentragpflicht ausgesprochen worden war, stellte das Bundesgericht fest, dass der Bundesrat auf dem 103

Verordnungsweg die Gurtentragpflicht nur einführen könne, wenn er dazu vom SVG ausdrücklich ermächtigt worden sei. Denn die Anordnung der Gurtentragpflicht stelle nicht eine Ausführungsbestimmung dar, für die eine Vollziehungsverordnung genüge; vielmehr liege eine im Verhältnis zum Gesetz zusätzliche Pflicht vor, die der Bundesrat nur durch eine gesetzesvertretende Verordnung einführen könne, die aber eine ausdrückliche Gesetzesdelegation voraussetze (BGE 103 IV 192, 195).

104 – Das Verbot, die Krankenversicherung zu wechseln, solange die Versicherten ihre Prämien nicht bezahlt haben, muss auf einer Grundlage in einem Gesetz beruhen; eine Vollziehungsverordnung genügt nicht. Das Verbot dient zwar der Durchsetzung der gesetzlichen Prämienzahlungspflicht. Das Bundesgesetz über die Krankenversicherung (KVG) vom 18. März 1994 (SR 832.10) sieht dafür aber die Zwangsvollstreckung nach SchKG vor. Der Bundesrat kann deshalb nicht in der Verordnung zum Krankenversicherungsgesetz eine andere Form des Verwaltungszwangs (Verbot des Versichererwechsels) vorsehen (BGE 125 V 266 ff.).

105 – Mit Urteilen vom 9. Juli 2003 (BGE 129 I 217; 129 I 232) entschied das Bundesgericht, dass ablehnende Einbürgerungsentscheide nach Art. 29 Abs. 2 BV i.V.m. Art. 8 Abs. 2 BV zu begründen seien. Dies ist bei Volksabstimmungen an der Urne über Einbürgerungen, wie sie u.a. im Kanton Schwyz vorgesehen waren, systembedingt nicht möglich. Zur Gewährleistung der Rechtssicherheit sowie zur zügigen Erledigung von hängigen Einbürgerungsgesuchen passte der Regierungsrat des Kantons Schwyz die einschlägigen kantonalen Gesetze vorläufig mit einer Verordnung an die bundesgerichtlichen Vorgaben an. Das Bundesgericht stellte fest, der Regierungsrat sei im Rahmen seiner Kompetenz, Vollziehungsverordnungen zu erlassen, auch befugt, für den verfassungskonformen Vollzug des kantonalen Rechts zu sorgen. Die Schaffung einer definitiven Lösung sei aber dem Schwyzer Gesetzgeber vorbehalten (BGE 130 I 140 ff.).

c) Selbstständige und unselbstständige Verordnungen

106 Für die Unterscheidung von selbstständigen und unselbstständigen Verordnungen ist massgebend, ob sich die *Rechtsgrundlage der Verordnung* in der Verfassung oder in einem Gesetz findet (vgl. BGE 139 II 460, 462 f.) Die Unterscheidung bezieht sich auf Rechtsverordnungen, nicht aber auf Verwaltungsverordnungen.

aa) Selbstständige Verordnungen

107 Selbstständige Verordnungen beruhen direkt auf der Verfassung. Die *Verfassung* ermächtigt das Parlament, die Regierung, eine Verwaltungsbehörde oder ein Gericht unmittelbar zur Rechtssetzung.

108 In der Schweiz stellen Vollziehungsverordnungen den mit Abstand häufigsten Fall von selbstständigen Verordnungen dar. Ansonsten sind selbstständige Verordnungen selten. In ausländischen Rechtsordnungen kommt der Regierung oft eine umfangreiche selbstständige Verordnungskompetenz zu (für Frankreich vgl. Art. 37 Constitution 1958).

109 Beispiele selbstständiger Verordnungskompetenzen der Exekutive:
- Bundesrätliche Polizeinotverordnungen (Art. 185 Abs. 3 BV);
- Bundesrätliche Verordnungen zur Wahrung der Interessen der Schweiz gegenüber dem Ausland (Art. 184 Abs. 3 BV);
- aus der Verfassung des Kantons Schwyz abgeleitete Kompetenz der Regierung zum Erlass von Verordnungen, mit welchen für beschränkte Zeit kantonale Gesetze an das Bundesrecht angepasst werden (vgl. Rz. 105);
- Verordnung des Bundesrates über Zweitwohnungen vom 22. August 2012 (SR 702; vgl. Rz. 60).

bb) Unselbstständige Verordnungen

Unselbstständige Verordnungen beruhen auf einer *Ermächtigung* zur Rechtssetzung *in einem Gesetz* (zum Problem der Gesetzesdelegation vgl. Rz. 364 ff.). 110

4. Exkurs: Verordnungen und Richtlinien nach dem Recht der EU

Die Begrifflichkeit der Rechtsquellen im Recht der EU weicht von der schweizerischen Terminologie ab. Dies gilt insbesondere für Verordnungen. Von den EU-Behörden erlassene *Verordnungen* sind generell-abstrakte Regelungen, die *in allen Teilen verbindlich* und *unmittelbar* in jedem Mitgliedstaat *anwendbar* sind (vgl. Art. 288 Abs. 2 des Vertrages über die Arbeitsweise der Europäischen Union [AEUV] in der Fassung des Vertrages von Lissabon vom 13. Dezember 2007). Eine Umsetzung in das nationale Recht durch entsprechende Änderungs- oder Ausführungsvorschriften ist deshalb nicht erforderlich. 111

Beispiele: 112

- Durchführungsverordnung (EU) Nr. 118/2014 der Kommission vom 30. Januar 2014 zur Änderung der Verordnung (EG) Nr. 1560/2003 mit Durchführungsbestimmungen zur Verordnung (EG) Nr. 343/2003 des Rates zur Festlegung der Kriterien und Verfahren zur Bestimmung des Mitgliedstaats, der für die Prüfung eines von einem Drittstaatsangehörigen in einem Mitgliedstaat gestellten Asylantrags zuständig ist;
- Verordnung (EU) Nr. 2015/1088 der Kommission vom 3. Juli 2015 zur Änderung der Verordnung (EU) Nr. 1321/2014 im Hinblick auf Erleichterungen für die Instandhaltungsverfahren für Luftfahrzeuge der allgemeinen Luftfahrt.

Richtlinien stellen dagegen Regelungen dar, die nur *hinsichtlich der zu erreichenden Ziele verbindlich* sind (Zielverbindlichkeit). Sie entfalten grundsätzlich keine unmittelbare Wirkung gegenüber den Privaten (vgl. Art. 288 Abs. 3 AEUV). Jeder Mitgliedstaat ist verpflichtet, den Inhalt der Richtlinien in das innerstaatliche Recht umzusetzen. Dabei kann er Form und Mittel (Erlass von Ausführungsgesetzen, Vollziehungsverordnungen, Plänen, Weisungen usw.) hierzu selber bestimmen, soweit die praktische Wirksamkeit der Richtlinie gewährleistet ist. Die nicht fristgemässe oder unvollständige Anpassung des nationalen Rechts löst u.U. eine Schadenersatzpflicht des säumigen Mitgliedstaates aus (vgl. Rz. 2164 f.). Umschreiben ausnahmsweise einzelne Bestimmungen einer Richtlinie eine Verpflichtung der Mitgliedstaaten so genau, dass sich daraus unmittelbar Rechte der Privaten gegenüber dem Staat ableiten lassen, so können sich diese unmittelbar darauf berufen, sofern sie vom Mitgliedstaat nicht fristgemäss in das innerstaatliche Recht umgesetzt wurden. 113

Beispiele: 114

- Richtlinie (EU) 2015/412 des Europäischen Parlaments und des Rates vom 11. März 2015 zur Änderung der Richtlinie 2001/18/EG zu der den Mitgliedstaaten eingeräumten Möglichkeit, den Anbau von gentechnisch veränderten Organismen (GVO) in ihrem Hoheitsgebiet zu beschränken oder zu untersagen;
- Richtlinie (EU) 2015/849 des Europäischen Parlaments und des Rates vom 20. Mai 2015 zur Verhinderung der Nutzung des Finanzsystems zum Zwecke der Geldwäsche und der Terrorismusfinanzierung, zur Änderung der Verordnung (EU) Nr. 648/2012 des Europäischen Parlaments und des Rates und zur Aufhebung der Richtlinie 2005/60/EG des Europäischen Parlaments und des Rates und der Richtlinie 2006/70/EG der Kommission.

115 Verordnungen und Richtlinien werden entweder im *ordentlichen Gesetzgebungsverfahren* durch den Rat der Minister und das Europäische Parlament gemeinsam oder in einem besonderen Gesetzgebungsverfahren durch den Rat allein erlassen (Art. 289 AEUV). Überdies kann die Kommission in Gesetzgebungsakten zum Erlass von Rechtsakten ohne Gesetzescharakter in der Form von Verordnungen und Richtlinien ermächtigt werden (sog. delegierte Rechtsakte; Art. 290 AEUV). In einem Gesetzgebungsverfahren erlassene Verordnungen und Richtlinien der EU stehen unmittelbar auf der Stufe unterhalb des AEUV, also im Vergleich mit dem Landesrecht auf derjenigen des Gesetzes (vgl. JAAG/HÄNNI, Rz. 2108 ff.).

116 Das schweizerische Verwaltungsrecht wird zunehmend vom Recht der EU beeinflusst. Eine Ausrichtung auf das EU-Recht *(«autonomer Nachvollzug»,* siehe Rz. 199) drängt sich insbesondere in Regelungsbereichen mit überstaatlicher Bedeutung auf. Von diesem sog. «autonomen Nachvollzug» zu unterscheiden ist die unmittelbare Geltung von EU-Recht auf staatsvertraglicher Grundlage (Rz. 122 ff.).

V. Autonome Satzungen und gesteuerte Selbstregulierung

1. Autonome Satzungen

117 Autonome Satzungen sind generell-abstrakte Normen, die von *Organisationen des öffentlichen Rechts* gestützt auf ihre Kompetenz, ihre eigenen Angelegenheiten selbstständig zu ordnen, erlassen werden.

118 Zu den mit einer gewissen *Autonomie* ausgestatteten Organisationen des öffentlichen Rechts gehören z.B. die öffentlich-rechtlichen Anstalten wie die Universität und die Zürcher Kantonalbank.

119 Die *Rechtsgrundlage zum Erlass autonomer Satzungen* bilden entsprechende Ermächtigungen in den Verfassungen oder Gesetzen des Bundes und der Kantone (vgl. TSCHANNEN/ZIMMERLI/MÜLLER, S. 111 f.). Z.B. kann ein kantonales Baugesetz die Gemeinden zum Erlass von Bauordnungen ermächtigen oder die kantonale Verfassung (oder ein kantonales Gesetz) kann den Erlass von kommunalen Polizeiverordnungen vorsehen. Derartige Gemeindeerlasse gehören, je nach dem Verfahren, in dem sie zu Stande gekommen sind, zu den Gesetzen oder zu den Verordnungen (vgl. auch Rz. 2800). Für Gemeinden erscheint der Begriff «autonome Satzung» denn auch unpassend.

2. Selbstregulierung

120 Auch *Private* können unter gewissen Voraussetzungen Rechtssetzungsaufgaben übernehmen. Von einer «gesteuerten Selbstregulierung» spricht man, wenn der Staat die Regelung durch Private veranlasst, fördert oder mit ihnen aushandelt (MÜLLER/UHLMANN, Rz. 485 ff.). Das Instrument der gesteuerten Selbstregulierung tritt in

unterschiedlichen Formen auf. Einerseits kann die Auslagerung von Verwaltungsaufgaben den Erlass von Normen durch Private notwendig machen, andererseits kann der Staat von Privaten erarbeitete Regelungen als verbindlich erklären oder im staatlichen Recht darauf verweisen.

Da es privaten Regelwerken an der demokratischen Legitimation fehlt, dürfen diese 121
nur die vom Gesetzgeber im Gesetz aufgestellten Ziele, Aufträge und Grundzüge konkretisieren (BGE 136 I 316, 320; MÜLLER/UHLMANN, Rz. 508). Von Privaten gesetzte Normen haben generell-abstrakten Charakter, sind aber bloss dann hoheitlich, wenn dem erlassenden privaten Akteur – soweit überhaupt zulässig – Rechtssetzungsbefugnisse übertragen wurden (BGE 135 II 38, 45 f.). Die Genehmigung (oder auch der Widerruf einer Genehmigung) von Reglementsbestimmungen eines privaten Verwaltungsträgers durch eine Verwaltungsbehörde stellt eine anfechtbare Verfügung dar (BGE 135 II 38, 47 f.; vgl. auch Rz. 1088 ff.).

VI. Völkerrechtliche Verträge und innerstaatliche Vereinbarungen

1. Völkerrechtliche Verträge

a) Begriff

Völkerrechtliche Verträge (früher oft: Staatsverträge) sind Verträge zwischen zwei oder 122
mehreren Staaten (bilateral oder multilateral). Rechtsquellen des Verwaltungsrechts sind nur *rechtssetzende völkerrechtliche Verträge,* soweit sie unmittelbar anwendbar sind. Viele völkerrechtliche Verträge sind *nicht* Quellen des Verwaltungsrechts.

Unmittelbare Anwendbarkeit setzt eine inhaltlich hinreichend bestimmte Norm vo- 123
raus, die Rechte und Pflichten der Privaten begründet und als Grundlage für einen Entscheid im Einzelfall dienen kann (BGE 140 II 185, 190). Dies trifft nicht zu für eine völkerrechtliche Bestimmung, die bloss ein Programm umschreibt oder Richtlinien für die Gesetzgebung der Vertragsstaaten aufstellt, sich also nicht an die Verwaltungs- und Gerichtsbehörden, sondern an den Gesetzgeber der Vertragsstaaten richtet (BGE 126 I 240, 242 m.w.H.). Die Prüfung der unmittelbaren Anwendbarkeit muss auf der Stufe der einzelnen Norm stattfinden, d.h. ein völkerrechtlicher Vertrag kann unmittelbar anwendbare und nicht unmittelbar anwendbare Bestimmungen enthalten.

Völkerrechtliche Verträge, die dem Referendum unterstehen oder rechtssetzender 124
Natur sind, müssen in der Regel in der amtlichen Sammlung des Bundesrechts *publiziert* werden. Erst mit dieser Publikation begründen die völkerrechtlichen Verträge Rechte und Pflichten *für Private* (Art. 3, 6–8 PublG [Publikationsgesetz]).

Beispiele für völkerrechtliche Verträge, die *nicht* Rechtsquellen des Verwaltungsrechts sind: 125
- Übereinkommen zur Gründung einer Europäischen Konferenz für Molekularbiologie vom 13. Februar 1969 (SR 0.421.09; AS 1970, 562);
- Staatsvertrag zwischen der Schweizerischen Eidgenossenschaft und der Republik Österreich über die Regulierung des Rheines von der Illmündung bis zum Bodensee vom 10. April 1954 (SR 0.721.191.633);

- Übereinkommen zur Gründung einer Europäischen Weltraumorganisation (ESA) vom 30. Mai 1975 (SR 0.425.09);
- Die Bestimmungen über die Entbündelung («letzte Meile») im GATS («General Agreement on Trade in Services»; deutsch: Allgemeines Abkommen über den Dienstleistungsverkehr, Anhang 1.B zum Abkommen zur Errichtung der Welthandelsorganisation vom 15. April 1994 [SR 0.632.20]) und deren Annex-Regelungen sind zu unbestimmt, um von Fernmeldeunternehmen direkt angerufen werden zu können (BGE 131 II 13, 40 ff.).

126 Beispiele für völkerrechtliche Verträge, die Rechtsquellen des Verwaltungsrechts sind:

- Zollverträge, Doppelbesteuerungsabkommen, Rechtshilfeabkommen;
- Abkommen zwischen der Schweizerischen Eidgenossenschaft und der Europäischen Gemeinschaft und ihren Mitgliedstaaten über die Freizügigkeit (FZA) vom 21. Juni 1999 (SR 0.142.112.681). Der Vertrag modifiziert insbesondere das Bundesgesetz über die Ausländerinnen und Ausländer (AuG);
- Einzelne Bestimmungen des Übereinkommens über die Rechte des Kindes (Kinderrechtskonvention, KRK) vom 20. November 1989 (SR 0.107) stellen direkt anwendbares Verwaltungsrecht dar (vgl. BGE 133 I 286, 291).
- Verträge über Schifffahrt auf einem internationalen Gewässer, z.B. die Übereinkunft des Grossherzogtums Baden mit der Schweiz betreffend den Wasserverkehr auf dem Rhein von Neuhausen bis unterhalb Basels vom 10. Mai 1879 (SR 0.747.224.32; vgl. hierzu BGE 94 I 669, 672);
- Übereinkommen über die Anerkennung von Qualifikationen im Hochschulbereich in der europäischen Region vom 11. April 1997 (Lissabonner Übereinkommen; SR 0.414.8; vgl. hierzu BGE 140 II 185).

b) Verhältnis zum staatlichen Recht

127 Völkerrechtliche Verträge stehen grundsätzlich im gleichen Rang wie Bundesgesetze. Neuere völkerrechtliche Verträge gehen älteren Bundesgesetzen vor. Das Verhältnis von älteren völkerrechtlichen Verträgen gegenüber neueren Bundesgesetzen ist umstritten; heute wird aber allgemein ein *Vorrang des Völkerrechts* gegenüber dem Landesrecht angenommen. Dies bestätigte das Bundesgericht in zwei jüngeren Entscheiden (BGE 139 I 16, 28 ff.; 138 II 524, 532 f.; vgl. auch BGE 136 II 241, 255; 135 II 243, 249; 131 II 352, 355; ACHERMANN, S. 40 ff.; HÄFELIN/HALLER/KELLER, Rz. 1917 ff.; MICHEL, No. 23 ff.; THÜRER, Rz. 26 ff.). Dieser Vorrang ergibt sich einerseits aus dem Völkerrecht selbst (Art. 26 und Art. 27 des Wiener Übereinkommens über das Recht der Verträge vom 23. Mai 1969 [SR 0.111]), andererseits auch aus dem schweizerischen Verfassungsrecht (Art. 5 Abs. 4 BV). Der Vermeidung von Konflikten zwischen internationalem und nationalem Recht dient die völkerrechtskonforme Auslegung des nationalen Rechts (vgl. Rz. 198).

128 Von grosser praktischer Bedeutung ist der Konflikt zwischen EMRK und (späteren) Bundesgesetzen oder (heute vermehrt) Verfassungsbestimmungen. Die bundesgerichtliche Rechtsprechung erscheint schwankend. In seiner jüngeren, in BGE 139 I 16, 28 ff. bestätigten Praxis geht das Bundesgericht von einem generellen Vorrang der EMRK aus (vgl. auch BGE 128 III 113, 116; 128 IV 201, 205 f.; 128 IV 117, 122). Ungewiss bleibt weiterhin, ob bewusstes Abweichen des Gesetzgebers von einem völkerrechtlichen Vertrag innerstaatlich massgebend und für das Bundesgericht wegen Art. 190 BV verbindlich ist (vgl. BGE 99 Ib 39, 43 f. = Pra 62 [1973] Nr. 106, bestätigt in BGE 118 Ib 277, 281; 112 II 1, 13, relativiert in BGE 136 II 241, 255; 133 V 367, 387 = Pra 97 [2008]

Nr. 71; 131 II 352, 355; 125 II 417, 425 und offengelassen in BGE 136 III 168, 172 f.; vgl. dazu STEFAN SCHÜRER, Hat die PKK-Rechtsprechung die Schubertpraxis relativiert?, ZBl 116 [2015] 115 ff.). Hängig ist auch eine Volksinitiative, welche dem innerstaatlichen Recht den Vorrang einräumen will (BBl 2015, 1965).

c) Bilaterale Verträge mit der EU im Besonderen

Nach der Ablehnung des Beitritts zum Europäischen Wirtschaftraum (EWR) durch Volk und Stände im Jahr 1992 schloss die Schweiz mit den EU-Staaten auf dem bilateralen Weg diverse sektorielle Abkommen in den Jahren 1999 (Bilaterale I) und 2004 (Bilaterale II) ab. Die meisten Abkommen sehen einen gemischten Ausschuss als gemeinsames Organ der Vertragsparteien vor. Soweit die einzelnen Vertragsbestimmungen Rechte und Pflichten der Bürger begründen und genügend konkret sind – wie dies beispielsweise auf zahlreiche Regelungen des Freizügigkeitsabkommens zutrifft (BGE 129 II 249, 257 f.) –, können die Behörden und Gerichte diese unmittelbar anwenden (JAAG/HÄNNI, Rz. 4001, 4020 ff.). 129

Anwendung und Vollzug der bilateralen Abkommen obliegen grundsätzlich den ordentlichen Behörden der Vertragsparteien und werden von ihnen autonom ausgelegt (vgl. Rz. 198). Die Gerichte beurteilen den Grad der Integration der Parteien eines Vertrages manchmal unterschiedlich (THOMAS COTTIER et. al., Die Rechtsbeziehungen der Schweiz und der Europäischen Union, Bern 2014, Rz. 147 ff.). Das Bundesgericht hat dem Freihandelsabkommen – anders als der Gerichtshof der Europäischen Union (EuGH) entscheiden würde (vgl. EuGH, Urteil 104/81 [«Kupferberg»] vom 26. Oktober 1982) – die unmittelbare Anwendbarkeit zunächst versagt (BGE 105 II 49, 57 ff.), diese in späteren Urteilen aber nicht mehr in Frage gestellt (BGE 131 II 271, 293 ff.; 118 Ib 367, 377 ff.). In seiner jüngeren Rechtsprechung, namentlich zum Freizügigkeitsabkommen (BGE 136 II 5, 12 f.; vgl. dazu Rz. 198), ist das Bundesgericht integrationsfreundlicher. 130

Beispiel: 131

Einen besonders hohen Integrationsgrad weist das *Luftverkehrsabkommen* auf, welches die Schweiz verpflichtet, sämtliche im Anhang des Vertrages aufgelisteten Verordnungen der Union anzuwenden. Im Abkommen unterstellt sich die Schweiz auch der Hoheit der Unionsorgane, namentlich der Kommission als Wettbewerbsbehörde der EU und der Gerichtsbarkeit des EuGH (THOMAS COTTIER et. al., Die Rechtsbeziehungen der Schweiz und der Europäischen Union, Bern 2014, Rz. 142; JAAG/HÄNNI, Rz. 4014). «Die Schweiz als Nicht-EU-Mitglied hat die entsprechenden Verpflichtungen staatsvertraglich übernommen. Die bilateralen Abkommen und die darin als verbindlich erklärten Anhänge werden aufgrund des monistischen Systems mit ihrer Ratifizierung automatisch Teil der schweizerischen Rechtsordnung […]. Das Luftverkehrsabkommen Schweiz-EU regelt auf der Grundlage der Gegenseitigkeit den Zugang der schweizerischen Fluggesellschaften zum europäischen Markt. Im Anhang zum Abkommen wird für den Luftverkehr der gemeinschaftliche Besitzstand («acquis communautaire») definiert; gleich wie in den EU-Staaten sind alle entsprechenden einschlägigen europäischen Verordnungsvorschriften für die Schweiz verbindlich […]» (BGE 138 II 42, 47; vgl. auch MATTHIAS OESCH/ANOUK LANG, EU-Agenturen und die Schweiz, EuZ 16 [2014] 132 ff.).

132 Die bilateralen Abkommen können somit zur unmittelbaren Anwendung von europäischem Verwaltungsrecht in der Schweiz führen. Davon zu unterscheiden ist die *europarechtskonforme Auslegung* der bilateralen Verträge (siehe hierzu Rz. 199 f.).

2. Innerstaatliche Vereinbarungen

133 Innerstaatliche Vereinbarungen sind Verträge zwischen zwei oder mehreren Gemeinwesen, öffentlich-rechtlichen Körperschaften oder Anstalten. Gleich wie völkerrechtliche Verträge sind sie Rechtsquellen des Verwaltungsrechts, soweit sie *unmittelbar anwendbare Rechtssätze* enthalten. Bloss rechtsgeschäftliche Vereinbarungen sind von vornherein keine Rechtsquellen des Verwaltungsrechts.

134 Beispiel:
Die Vereinbarung vom 27. April 2006 zwischen der Regierung des Kantons St. Gallen, dem Regierungsrat des Kantons Zürich und dem Stadtrat der Stadt Zürich, mit welcher der Kulturgüterstreit zwischen den Kantonen St. Gallen und Zürich beigelegt wurde, stellt eine solche innerstaatliche Vereinbarung dar. Dabei trat der Bund – in erstmaliger Anwendung von Art. 44 Abs. 3 BV – bei den Verhandlungen über die Rückgabe des im Verlaufe des zweiten Villmergerkriegs aus der Stiftsbibliothek in St. Gallen entwendeten Erd- und Himmelsglobus als Vermittler auf (vgl. zum Sachverhalt BGer, Urteil 1C_448/2008 vom 13. März 2009).

a) Vereinbarungen zwischen zwei oder mehreren Kantonen

135 Art. 48 Abs. 1 BV ermächtigt die Kantone, untereinander Verträge über einen in den kantonalen Kompetenzbereich fallenden Gegenstand abzuschliessen. Nach der (uneinheitlichen) Terminologie der alten Bundesverfassung wurden diese Vereinbarungen auch Konkordate bzw. Verkommnisse genannt. Die Mehrzahl der recht häufig abgeschlossenen interkantonalen Vereinbarungen ist rechtsgeschäftlicher Natur. Sie kommen deshalb als Quellen des Verwaltungsrechts nicht in Frage.

aa) Unmittelbar rechtssetzende interkantonale Vereinbarungen

136 Rechtssetzende interkantonale Verträge streben für einen bestimmten Bereich eine Rechtsvereinheitlichung an. Unmittelbar rechtssetzend ist eine interkantonale Vereinbarung, die nicht nur Rechte und Pflichten der beteiligten Kantone begründet, sondern auch Normen enthält, die mit der Publikation für die Privaten unmittelbar rechtsverbindlich werden. Derartige interkantonale Verträge gehören zu den Rechtsquellen des Verwaltungsrechts.

137 Beispiele:
- Interkantonale Vereinbarung über das öffentliche Beschaffungswesen vom 15. März 2001 (LS 720.1);
- Interkantonale Vereinbarung über die Schifffahrt auf dem Zürichsee und dem Walensee vom 4. Oktober 1979 (LS 747.2; beteiligt sind die Kantone Zürich, Schwyz, Glarus und St. Gallen.);
- Interkantonale Vereinbarung über die Anerkennung von Ausbildungsabschlüssen vom 18. Februar 1993 (LS 410.4);
- Interkantonale Universitätsvereinbarung vom 20. Februar 1997 (LS 415.17).

bb) Mittelbar rechtssetzende interkantonale Vereinbarungen

Eine mittelbar rechtssetzende interkantonale Vereinbarung liegt vor, wenn mehrere Kantone sich über eine einheitliche Regelung für ein bestimmtes Sachgebiet geeinigt und sich verpflichtet haben, ihr kantonales Recht der vereinbarten Vereinheitlichung anzupassen. Für die Privaten ergeben sich aus der Vereinbarung keine Rechte und Pflichten. Es liegt hier deshalb keine Rechtsquelle des Verwaltungsrechts vor. 138

Beispiel: 139

Die Interkantonale Vereinbarung über die Harmonisierung der obligatorischen Schule (HarmoS-Konkordat) vom 14. Juni 2007 (LS 410.31), welche das Konkordat über die Schulkoordination vom 29. Oktober 1970 (LS 410.3) in den Beitrittskantonen ablöst, ist gemäss bundesgerichtlicher Rechtsprechung *mittelbar rechtssetzend:* «Die Vereinbarungskantone verpflichten sich gemäss Art. 12 Konkordat, spätestens sechs Jahre nach Inkrafttreten der Vereinbarung die strukturellen Eckwerte der obligatorischen Schule [...] festzulegen [...]. Aus dieser Regelung kann [...] geschlossen werden, dass das HarmoS-Konkordat kein für Bürger und Behörden unmittelbar anwendbares Recht, sondern eine die Vertragskantone zur Rechtssetzung verpflichtende Vereinbarung darstellt [...]. Das bedeutet, dass die Vereinbarungskantone zwecks Umsetzung des Konkordates entsprechendes Recht schaffen müssen und hierbei im Rahmen der Übereinkunft über einen gewissen Spielraum verfügen [...]» (BGer, Urteil 1C_392/2009 vom 1. Dezember 2009 E. 3.2).

Art. 17 FiLaG (Bundesgesetz über den Finanz- und Lastenausgleich) sieht vor, dass die betroffenen Bürgerinnen und Bürger aus Verträgen in diesem Bereich, welche von den Kantonen nicht rechtzeitig umgesetzt wurden, Ansprüche geltend machen können, sofern die entsprechenden Bestimmungen inhaltlich hinreichend bestimmt und klar sind. 140

cc) Allgemein verbindliche interkantonale Vereinbarungen

Nach Art. 48a BV kann der Bund auf Antrag interessierter Kantone in bestimmten Aufgabenbereichen interkantonale Verträge allgemein verbindlich erklären oder Kantone zur Beteiligung an interkantonalen Verträgen verpflichten. Das FiLaG regelt in Art. 10 die Voraussetzungen und das Verfahren. 141

b) Vereinbarungen zwischen Bund und Kantonen

Art. 48 Abs. 2 BV erlaubt dem Bund, sich im Rahmen seiner Kompetenzen an Verträgen zwischen Kantonen zu beteiligen. Derartige Vereinbarungen sind nur möglich, wo Bund und Kantone über parallele Kompetenzen verfügen. Die neuen Bildungsartikel der Bundesverfassung sehen solche Vereinbarungen vor (Art. 63a Abs. 4 BV). 142

Beispiele: 143

- Vereinbarung zwischen dem Bund und den Kantonen über die Zusammenarbeit im Hochschulbereich vom 26. Februar 2015 (SR 414.205);
- Verwaltungsvereinbarung zwischen dem Schweizerischen Bundesrat und der Schweizerischen Konferenz der kantonalen Erziehungsdirektoren (EDK) über die Anerkennung von gymnasialen Maturitätsausweisen vom 16. Januar/15. Februar 1995 (BBl 1995 II, 318);
- Übereinkunft betreffend die Polizeitransporte vom 23. Juni 1909 (SR 354.1) und Vereinbarungen aus dem Bereich der Militärverwaltung.

c) Vereinbarungen zwischen anderen Selbstverwaltungskörpern

144 Auch zwischen anderen öffentlich-rechtlichen Körperschaften, wie z.B. Gemeinden, sowie öffentlich-rechtlichen Anstalten können Vereinbarungen abgeschlossen werden. Zu den Rechtsquellen des Verwaltungsrechts gehören diese aber nur in den recht seltenen Fällen, in welchen sie unmittelbar Rechte und Pflichten der Privaten begründen (z.B. Rz. 1965 ff., 1980).

VII. Allgemeine Rechtsgrundsätze

1. Begriff

145 Allgemeine Rechtsgrundsätze sind Rechtsnormen, die wegen ihrer allgemeinen Tragweite in allen Rechtsgebieten, im öffentlichen Recht wie im Privatrecht, Geltung haben. Sie sind im öffentlichen Recht oft ungeschriebenes Recht.

146 Die Anerkennung allgemeiner Rechtsgrundsätze erfolgt über mehrere Zwischenschritte. Wenn bestimmte Regelungen, wie z.B. die Verjährung von Ansprüchen oder die Pflicht zur Leistung von Verzugszinsen, nur im Privatrecht, aber nicht im öffentlichen Recht vorgesehen waren, hielt man ursprünglich daran fest, dass sie nur für das Privatrecht allgemeine Geltung hätten und wegen des Legalitätsprinzips im öffentlichen Recht nicht anzuwenden seien. In einer zweiten Phase der Entwicklung wurden derartige privatrechtliche Normen analog im öffentlichen Recht angewendet. Erst in einer dritten Phase wurden diese Rechtsinstitute als allgemeine Rechtsgrundsätze aufgefasst, die wegen ihrer allgemeinen Tragweite in allen Rechtsgebieten als geschriebenes oder ungeschriebenes Recht Geltung haben. Es ist deshalb unzutreffend, in solchen Fällen auch heute noch von analoger Anwendung des Privatrechts zu sprechen.

147 Die *allgemeinen Rechtsgrundsätze* sind von den *Verfassungsgrundsätzen* (vgl. Rz. 53 und Rz. 320 ff.) zu unterscheiden (vgl. TSCHANNEN/ZIMMERLI/MÜLLER, S. 115 ff., die deshalb von allgemeinen Rechts*regeln* sprechen). Die allgemeinen Rechtsgrundsätze oder Rechtsregeln stehen auf der Stufe der Gesetze. Der Gesetzgeber kann sie daher ändern oder aufheben. Soweit allgemeine Rechtsgrundsätze ungeschrieben sind, beruhen sie auf richterlicher Rechtsfortbildung und stellen Lückenfüllung dar. Die Verfassungsgrundsätze der Gesetzmässigkeit der Verwaltung, der Rechtsgleichheit, der Bindung an das öffentliche Interesse, der Verhältnismässigkeit sowie des Vertrauensschutzes leiten sich dagegen aus der Verfassung ab und können vom Gesetzgeber nicht eingeschränkt werden.

2. Wichtige Anwendungsfälle

a) Rückforderung einer grundlos erbrachten Leistung

Zuwendungen, die aus einem nicht verwirklichten oder nachträglich weggefallenen Grund oder im Irrtum über die Leistungspflicht erfolgten, können zurückgefordert werden. Dies gilt gleicherweise für ungerechtfertigte Leistungen, die vom Gemeinwesen oder von Privaten erbracht worden sind. 148

Beispiele:

- G., dessen landwirtschaftliche Grundstücke im Rahmen eines Meliorationsverfahrens mit einem Zerstückelungsverbot im Sinne von Art. 12bis des (damals geltenden) Bundesratsbeschlusses über ausserordentliche Bodenverbesserungen zur Vermehrung der Lebensmittelerzeugung vom 11. Februar 1941 (AS 57 137) belegt worden waren, ersuchte den Regierungsrat des Kantons St. Gallen um die Bewilligung, sein gesamtes Land als Bauland zu veräussern. Der Regierungsrat bewilligte die Aufteilung des Landes in Bauparzellen gegen Rückerstattung der im Meliorationsverfahren geleisteten Subventionen. Gegen diesen Entscheid führte G. Beschwerde vor Bundesgericht mit dem Antrag, die Rückerstattungspflicht der Subventionen sei aufzuheben. Das Bundesgericht wies die Beschwerde ab. Der Bundesratsbeschluss vom 11. Februar 1941 enthalte zwar keine ausdrückliche Vorschrift, wonach die geleisteten Subventionen im Falle einer Zerstückelung zurückzuerstatten seien; doch könne der Rechtsgrund der streitigen Rückerstattung im allgemeinen Rechtsgrundsatz gesehen werden, wonach Zuwendungen, die aus einem nicht verwirklichten oder nachträglich weggefallenen Grund erfolgten, zurückzuerstatten seien. Der Grundsatz, der für das Privatrecht in Art. 62 Abs. 2 OR niedergelegt sei, gelte auch für das öffentliche Recht. Da die Grundstücke von G. kurze Zeit nach Abschluss der Melioration der landwirtschaftlichen Nutzung entzogen worden seien, falle der Rechtsgrund für die Unterstützung weg, wodurch der Rückerstattungsanspruch gerechtfertigt sei (BGE 88 I 213, 215 ff.). 149
- Im Rahmen der Förderung des Erwerbs von Wohneigentum nach Art. 30a ff. BVG (Bundesgesetz über die berufliche Alters-, Hinterlassenen- und Invalidenvorsorge) besteht die Möglichkeit, Vorsorgegelder vorzeitig zu beziehen. Eine Vorsorgestiftung verlangte von den Versicherten für den Vorbezug oder die Verpfändung von Vorsorgemitteln zur Finanzierung von Wohneigentum einen Verwaltungskostenbeitrag in der Höhe von 400.– Franken. Das Bundesgericht stellte fest, dass ein solcher Beitrag nur erhoben werden dürfe, sofern dies in einem Reglement vorgesehen sei. Da eine solche reglementarische Grundlage fehlte, bestätigte es die Pflicht zur Rückerstattung der zu Unrecht erhobenen Beiträge: «Analog zu den privatrechtlichen Regeln über die ungerechtfertigte Bereicherung (Art. 62 ff. OR) gilt auch im Verwaltungsrecht als allgemeiner Rechtsgrundsatz, dass Zuwendungen, die aus einem nicht verwirklichten oder nachträglich weggefallenen Grund erfolgen, zurückzuerstatten sind […]» (BGE 124 II 570, 578 f.; vgl. auch BGE 105 Ia 214, 217). 150
- Weitere Beispiele sind der Entscheid der Eidgenössischen Zollrekurskommission über die Rückerstattung von zu Unrecht erhobenen Abgaben (VPB 63 [1999] Nr. 74; Zoll auf Gasöl) sowie der Entscheid der Eidgenössischen Personalrekurskommission über die Rückerstattung einer Besoldungszulage, die einem Offizier des Grenzwachtkorps für die Erteilung von Unterricht in einem Kurs irrtümlich ausgerichtet wurde (VPB 62 [1998] Nr. 54). 151
- Im Sozialversicherungsrecht gilt der Grundsatz, dass eine unrechtmässig bezogene Leistung zurückzuerstatten ist. Wurde die Leistung aber gutgläubig empfangen und liegt eine grosse Härte vor, muss sie nicht zurückerstattet werden (so Art. 25 Abs. 1 ATSG). 152

b) Verjährung von öffentlich-rechtlichen Ansprüchen

Auch ohne besondere gesetzliche Anordnung gilt der allgemeine Rechtsgrundsatz, dass öffentlich-rechtliche Ansprüche – sei es der Gemeinwesen oder der Privaten – verjähren. 153

Diese Regel findet bei Geldforderungen und anderen Forderungen Anwendung (vgl. dazu Rz. 764 ff.).

Beispiele:

154 – Der Entschädigungsanspruch für ein Bauverbot verjährt mangels einer ausdrücklichen Vorschrift nach Ablauf von zehn Jahren seit dem Inkrafttreten des Baureglements. «In der schweizerischen Verwaltungsrechtsprechung wie auch in der Rechtslehre wird [...] seit längerer Zeit angenommen, dass öffentlich-rechtliche Ansprüche auch dann, wenn das Gesetz es nicht ausdrücklich vorsieht, der Verjährung unterliegen, da das öffentliche Interesse an der Wahrung der Rechtssicherheit dies gebietet. Und zwar gilt dies für Forderungen des Gemeinwesens an den Bürger wie für solche des Bürgers an das Gemeinwesen» (BGE 97 I 624, 626 f. m.w.H.).

155 – Wegen Missachtung von Sorgfaltspflichten im Zusammenhang mit einem Spieler, der veruntreutes Geld verspielte, sprach die Eidgenössische Spielbankenkommission gegen eine Casinobetreiberin eine Verwaltungssanktion nach Art. 51 SBG (Spielbankengesetz) in der Höhe von mehreren Millionen Franken aus. Das Bundesgericht hatte zu prüfen, ob die Sanktionsmöglichkeit verjährt war. Es stellte fest, dass das SBG die Frage nicht regle. Die Verjährung sei jedoch ein allgemeiner Rechtsgrundsatz des öffentlichen Rechts, weshalb öffentlich-rechtliche Ansprüche selbst beim Fehlen einer ausdrücklichen Gesetzesbestimmung der Verjährung oder Verwirkung unterlägen. Dies müsse erst recht für Verwaltungssanktionen mit pönalem Charakter gelten. Fehlten Vorschriften zur Verjährung, so halte sich der Richter vorab an die Regeln, die der Gesetzgeber im öffentlichen Recht für verwandte Tatbestände aufgestellt habe; mangels entsprechender Regelungen seien die allgemeinen (zivilrechtlichen) Grundsätze über die Verjährung heranzuziehen, wonach für einmalige Leistungen eine zehnjährige, für periodische eine fünfjährige Verjährungsfrist gelte. Im öffentlichen Recht komme am ehesten Art. 49a Abs. 3 lit. b KG für eine analoge Anwendung in Frage, wonach die Sanktionsmöglichkeit entfalle, wenn die Wettbewerbsbeschränkung bei Eröffnung der Untersuchung länger als fünf Jahre nicht mehr ausgeübt worden sei. Im Spielbankenrecht bedeute dies, dass die Sanktion verjährt sei, wenn das zu sanktionierende Verhalten bei Eröffnung der Untersuchung seit mehr als fünf Jahren beendet gewesen sei. Die Casinobetreiberin hatte es trotz eindeutiger Hinweise unterlassen, den Spieler mit einer Spielsperre zu belegen. Erst als dieser am 18. November 2008 freiwillig darum ersuchte, endete das zu sanktionierende Verhalten, welches somit bei Eröffnung der Untersuchung am 15. Februar 2011 noch nicht verjährt war (BGE 140 II 384, 396; siehe zu diesem Urteil auch Rz. 1543).

c) Pflicht zur Zahlung von Verzugszinsen

156 Öffentlich-rechtliche Geldforderungen – sowohl der Gemeinwesen wie der Privaten – sind mit Beginn des Verzuges grundsätzlich zu verzinsen. Wenn die Zahlung von Verzugszinsen vom Gesetz besonders ausgeschlossen ist, besteht keine Leistungspflicht. Es ist zudem als allgemeiner Rechtsgrundsatz anerkannt, dass Verzugszinsforderungen der Verwirkung (Rz. 782 ff.) unterliegen (BGE 129 V 345, 346).

Beispiele:

157 – In einem Verfahren zur Festlegung der Ersatzabgabe gemäss dem Bundesgesetz über den Militärpflichtersatz (heute: Bundesgesetz über die Wehrpflichtersatzabgabe) vom 12. Juni 1959 (SR 661) war das für die Bemessung der Abgabe massgebliche Einkommen strittig. Die kantonale Rekurskommission hiess die Beschwerde des abgabepflichtigen H. teilweise gut und wies die zuständige Behörde an, H. den zu viel bezahlten Betrag ohne Zins zurückzuerstatten. H. gelangte ans Bundesgericht. Er machte geltend, es sei ihm die zu viel bezahlte Summe zurückzuerstatten und der Betrag sei zu verzinsen. Das Bundesgericht bejahte die Verzinsungspflicht, obwohl diese in der einschlägigen Gesetzgebung nicht vorgesehen war. Eine explizite Rechtsnorm, auf die sich die Zinszahlungspflicht stützen lasse, sei nicht notwendig, denn «für öffentlich-rechtliche Geldforderungen gilt vielmehr der allgemeine ungeschriebene Rechtsgrundsatz, dass der Schuldner Verzugszinsen zu entrichten hat, wenn er sich mit seiner Leistung im Verzug befindet [...]» (BGE 95 I 258, 263).

- Im Laufe von Terrassierungsarbeiten, die eine Fliegerkompanie 1972 auf dem Flugplatz Sitten ausführte, wurde eine den städtischen Werken von Sitten gehörende Wasserleitung beschädigt, sodass die Wasserversorgung der Zement- und Betonfabrik E. unterbrochen wurde. Das Schadenersatzbegehren des Unternehmens wies die zuständige Schatzungskommission des Bundes ab. Die Rekurskommission der Eidgenössischen Militärverwaltung hiess das Begehren gut und verpflichtete den Oberfeldkommissär, zusätzlich zum Ersatz des Schadens 5 % Zins zu bezahlen. Gegen diesen Entscheid erhob das Eidgenössische Militärdepartement (heute: VBS) Beschwerde ans Bundesgericht. Das Bundesgericht bejahte sowohl die Schadenersatzpflicht als auch die Zinszahlungspflicht. Nach der Rechtsprechung gelte der Grundsatz, dass der Staat und die Privaten Verzugszinse zu entrichten haben, wenn sie sich mit einer öffentlich-rechtlichen Leistung im Verzug befinden (BGE 101 Ib 252, 258 = Pra 64 [1975] Nr. 272). 158
- X. war von 1984 bis 1990 an der ETH Zürich als Lehrbeauftragter tätig. In dieser Zeit erhielt er eine offensichtlich zu hohe Entschädigung. Der ETH-Rat bestätigte die Rückforderung der grundlos erbrachten Leistung inklusive der Verzugszinsen. Die Verjährungseinrede des Beschwerdeführers wurde zwar geprüft, in der Sache aber abgewiesen (Entscheid des ETH-Rates vom 30. Mai 1994 = ZBl 96 [1995] 83 ff.) 159

d) Verrechnung von Geldforderungen

Im öffentlichen Recht gilt der ungeschriebene Rechtsgrundsatz, dass Geldforderungen grundsätzlich verrechnet werden können. Dabei macht die Praxis einen gewissen Unterschied je nachdem, ob die Verrechnungserklärung vom Gemeinwesen oder von Privaten abgegeben wird (vgl. Rz. 787 ff.). 160

Beispiel: 161

Die Eidgenossenschaft kann die Forderung eines entlassenen Zollbeamten auf Rückerstattung von Beiträgen an die Eidgenössische Versicherungskasse mit der ihr gegen den Beamten aufgrund eines Strafurteils zustehenden Forderung auf Zahlung einer Busse wegen Zollvergehens verrechnen, obwohl eine gesetzliche Regelung fehlt (BGE 91 I 292, 293 ff.; vgl. auch BGE 138 V 2, 7).

e) Wahrung von Fristen für Eingaben an Behörden

Eine Frist gilt als gewahrt, wenn eine Eingabe rechtzeitig bei einer unzuständigen Behörde eingereicht wird. Diese für das Bundesgericht nach Art. 48 Abs. 3 BGG geltende Regelung «konkretisiert einen seit langem im Bereich der Rechtsmittelfristen vorherrschenden Gedanken, dass nämlich der Rechtsuchende nicht ohne Not um die Beurteilung seines Rechtsbegehrens durch die zuständige Instanz gebracht werden soll. Dabei handelt es sich um einen allgemeinen Rechtsgrundsatz, der sich auf die gesamte Rechtsordnung bezieht und jedenfalls dort, wo keine klare anders lautende Gesetzgebung besteht, auch in den Kantonen zu gelten hat» (BGE 118 Ia 241, 243 f.; 121 I 93, 95). 162

VIII. Gewohnheitsrecht

1. Begriff

Als Gewohnheitsrecht gelten die Rechtsnormen, die infolge ihrer langjährigen Anwendung durch die Behörden und ihrer Anerkennung durch die Behörden und die privaten Betroffenen als *ungeschriebenes Recht* Geltung haben. Gewohnheitsrecht geht über eine 163 blosse Verwaltungspraxis hinaus, welche keine allgemeine Anerkennung voraussetzt und Praxisänderungen zulässt (BGE 102 Ib 45, 47; vgl. Rz. 589 ff.).

2. Voraussetzungen der Zulassung von Gewohnheitsrecht im Verwaltungsrecht

164 Das Bundesgericht stellt an die Voraussetzungen für die Entstehung von Gewohnheitsrecht im öffentlichen Recht *strenge Anforderungen* (BGE 105 Ia 80, 84; 105 Ia 2, 5). So hat es beispielsweise keinen gewohnheitsrechtlichen Anspruch von Inhaberinnen und Inhabern des Maturitätszeugnisses auf Zulassung zur Universität anerkannt (BGE 103 Ia 369, 379 f.). Weniger streng war es bei Gewohnheitsrecht als Grundlage für die Erhebung von Studiengebühren (BGE 125 I 173, 181; dazu Rz. 2793). Auch auf Verfassungsebene kann Gewohnheitsrecht entstehen. So hat das Bundesgericht den Gemeinden als Wahlkreisen im Kanton Zug einen Mindestanspruch auf zwei Sitze im Kantonsrat gestützt auf verfassungsrechtliches Gewohnheitsrecht bejaht (BGE 136 I 376, 387 ff.). Dagegen konnte sich der Staatsrat des Kantons Genf nicht auf Verfassungsgewohnheitsrecht berufen, um seine Zuständigkeit für die Regelung der Rechte und Pflichten von amtlichen Übersetzern zu begründen, da es für die Übertragung von Verwaltungsaufgaben auf Private einer gesetzlichen Grundlage bedarf (BGE 138 I 196, 203 ff.).

165 Gewohnheitsrecht kann sich im öffentlichen Recht nur bilden, wenn die drei folgenden Voraussetzungen erfüllt sind.

a) Langjährige, ununterbrochene und einheitliche Praxis der Behörden

166 Beim Vorliegen eines einmaligen oder zweimaligen Rechtsanwendungsaktes der Behörden ist diese Voraussetzung noch nicht erfüllt. Das Bundesgericht hat keine klaren zeitlichen Voraussetzungen formuliert. Eine über *80-jährige Praxis* hat es in BGE 106 Ib 53, 56 genügen lassen.

b) Rechtsüberzeugung der Behörden und der Privaten, die von der Regelung betroffen sind

167 Die Rechtsüberzeugung, die sog. *opinio iuris et necessitatis,* muss von betroffenen Privaten und Behörden getragen werden; eine Behördenpraxis allein genügt nicht. Bei einer Norm, die nur einen begrenzten Adressatenkreis hat, genügt u.U., dass die Rechtsüberzeugung bei relativ wenigen Betroffenen nachgewiesen ist.

168 Beispiel:

Das Bundesgericht bezeichnete es als fraglich, ob die Praxis des Eidgenössischen Justiz- und Polizeidepartementes zulässig sei, auf die Vollstreckung des Führerausweisentzugs zu verzichten, «wenn seit der ihm zu Grunde liegenden Widerhandlung mehr als ein Jahr verstrichen ist und der Täter durch sein seitheriges Wohlverhalten gezeigt hat, dass er Warnungsmassnahmen nicht mehr bedarf […].» Jedenfalls begründet diese Praxis kein Gewohnheitsrecht, denn die zeitliche Dauer der Praxis scheint für die Bildung von Gewohnheitsrecht sehr kurz. «Entscheidend ist aber, dass das Bundesgericht mehrmals Vorbehalte zu dieser Praxis angebracht oder die Frage […] offen gelassen hat. Die Praxis des Entzugsverzichtes kann bei dieser Lage nicht die opinio iuris et necessitatis für sich in Anspruch nehmen, die Voraussetzung für die Bildung von Gewohnheitsrecht wäre» (BGE 102 Ib 296, 297, 300).

c) Das Gesetz muss Raum für ergänzende Regelung durch Gewohnheitsrecht lassen

Gemäss der bundesgerichtlichen Formulierung müssen eine *echte Lücke* des geschriebenen Rechts und das unabweisliche Bedürfnis, sie zu füllen, vorliegen, damit Gewohnheitsrecht entstehen kann (BGE 119 Ia 59, 62 ff.; 105 Ia 80, 84). Da der Lückenbegriff in der bundesgerichtlichen Rechtsprechung selbst unklar ist (vgl. Rz. 201 ff.), wird diese Voraussetzung deutlicher umschrieben, wenn man verlangt, dass das geschriebene Recht Raum lässt für eine ergänzende Regelung durch Gewohnheitsrecht. 169

Das hat zur Folge, dass im Verwaltungsrecht derogierendes Gewohnheitsrecht ausgeschlossen ist. Es gibt also im Verwaltungsrecht kein Gewohnheitsrecht, das dem geschriebenen Recht, z.B. einer ausdrücklichen Gesetzesbestimmung, widerspricht. Gewohnheitsrecht kann auch beim Vorliegen qualifizierten Schweigens des Gesetzes, d.h. bei einer abschliessenden gesetzlichen Regelung, nicht entstehen. 170

IX. Richterliches Recht

1. Begriff

Richterliches Recht stellen diejenigen Rechtsnormen dar, die aus der gleichartigen Erledigung einer Vielzahl konkreter Fälle durch Organe der Rechtsanwendung entstehen. Es handelt sich dabei nicht um Präjudizien, bei denen nur Entscheidungen einzelner Fälle vorliegen, sondern um *generell-abstrakte Regeln,* die sich in einer *längeren, gefestigten Gerichts- oder Behördenpraxis* herausgebildet haben. Im Gegensatz zum Gewohnheitsrecht ist die Rechtsüberzeugung der betroffenen Privaten hier nicht Voraussetzung. 171

2. Bedeutung des richterlichen Rechts im Verwaltungsrecht

Es fragt sich, ob die Anerkennung des richterlichen Rechts als Rechtsquelle des Verwaltungsrechts nicht dem Grundsatz der Gewaltenteilung widerspricht, wonach den Justizorganen nur die Rechtsanwendung, nicht die Rechtssetzung zukommt. Sodann stellt sich die Frage, ob die Gerichte durch die eigene Entscheidung gebunden sein können. 172

Trotz dieser Bedenken wird heute von Lehre und Praxis das Richterrecht – allerdings nur zurückhaltend – als Rechtsquelle anerkannt. Die Selbstbindung der Gerichte folgt aus dem Rechtsgleichheitsgebot, das die Gerichte verpflichtet, gleichartige Fälle in gleicher Weise, nach den gleichen, von der Praxis entwickelten Massstäben zu entscheiden. Eine eingelebte Praxis ist nur unter erschwerten Voraussetzungen abänderbar (vgl. Rz. 589 ff.). Gesetzesderogierendes Richterrecht gilt aber als unzulässig. Dem richterlichen Recht kommt vor allem bei der rechtsstaatlichen Ausgestaltung des Verwaltungs- 173 rechts eine grosse Bedeutung zu. Manches Versäumnis des Gesetzgebers wird durch das Richterrecht ausgeglichen. Dadurch wird den Privaten ein besserer Rechtsschutz gewährt (vgl. BGE 123 II 193, 199 ff.). Die Stellung des Richterrechts in der Schweiz ist aber nicht vergleichbar mit der viel grösseren Bedeutung, die dieser Rechtsquelle im anglo-amerikanischen Rechtskreis zukommt.

3. Beispiele von richterlichem Recht im Verwaltungsrecht

174 Das Bundesgericht hat in einer kreativen Weise bedeutende Normierungen durch seine Praxis gefestigt. Mehrheitlich geht es dabei um eine rechtsstaatliche Sicherung der Rechtsposition der Privaten. Viele dieser Regelungen sind in die neue Bundesverfassung aufgenommen worden. Noch heute wichtige Fälle solchen richterlichen Rechts – das sich zum Teil mit anderen Rechtsquellen überschneidet – sind:

- allgemeine Rechtsgrundsätze (vgl. Rz. 320 ff.);
- Grundsätze über die materielle Enteignung: Kriterien betreffend die Entschädigungspflicht (vgl. Rz. 2472 ff.);
- Gebrauchsrechte an öffentlichen Sachen: Unterscheidung von gesteigertem Gemeingebrauch und Sondernutzung (vgl. hinten § 33, insb. Rz. 2308 ff.).

§ 3 Auslegung des Verwaltungsrechts

Literatur

BIAGGINI GIOVANNI, Verfassung und Richterrecht, Verfassungsrechtliche Grenzen der Rechtsfortbildung im Wege der bundesgerichtlichen Rechtsprechung, Diss. Basel 1991; BICKEL JÜRG, Auslegung von Verwaltungsrechtsakten, Diss. Freiburg, Bern 2014; CAMPICHE EDOUARD C., Die verfassungskonforme Auslegung, Diss. Zürich 1978; GYGI FRITZ, Vom Anfang und Ende der Rechtsfindung, recht 1 (1983) 73 ff.; HÄFELIN ULRICH, Wertung und Interessenabwägung in der richterlichen Rechtsfindung, in: Walter Haller/Alfred Kölz/Georg Müller/Daniel Thürer (Hrsg.), Im Dienst an der Gemeinschaft, Festschrift für Dietrich Schindler zum 65. Geburtstag, Basel 1989, S. 585 ff.; HÄFELIN ULRICH, Bindung des Richters an den Wortlaut des Gesetzes, in: Hans Michael Riemer/Hans Ulrich Walder/Peter Weimar (Hrsg.), Festschrift für Cyril Hegnauer zum 65. Geburtstag, Zürich 1986, S. 111 ff.; HÄFELIN ULRICH, Die verfassungskonforme Auslegung und ihre Grenzen, in: Recht als Prozess und Gefüge, Festschrift für Hans Huber zum 80. Geburtstag, Bern 1981, S. 241 ff.; HÄFELIN ULRICH, Zur Lückenfüllung im öffentlichen Recht, in: Ulrich Häfelin/Walter Haller/Georg Müller/Dietrich Schindler (Hrsg.), Festschrift zum 70. Geburtstag von Hans Nef, Zürich 1981, S. 91 ff.; HÖHN ERNST, Praktische Methodik der Gesetzesauslegung, Zürich 1993; HÖHN ERNST, Die Bedeutung der Verfassung für die Auslegung der Gesetze, in: Walter Haller/Alfred Kölz/Georg Müller/Daniel Thürer (Hrsg.), Festschrift für Ulrich Häfelin zum 65. Geburtstag, Zürich 1989, S. 257 ff.; HUTTER SILVAN, Die Gesetzeslücke im Verwaltungsrecht, Diss. Freiburg 1989; IMBODEN MAX, Normenkontrolle und Norminterpretation, in: Max Imboden, Staat und Recht, Ausgewählte Schriften und Vorträge, Basel/Stuttgart 1971, S. 239 ff.; JENNY DAVID, Der Einfluss des Rechtssetzers auf das weitere Schicksal seiner Erlasse, Bemerkungen zur subjektiv-historischen Auslegung, in: Das Parlament – «Oberste Gewalt des Bundes»?, Festschrift der Bundesversammlung zur 700-Jahr-Feier der Eidgenossenschaft, Bern/Stuttgart 1991, S. 125 ff.; KESHELAVA TORNIKE, Der Methodenpluralismus und die ratio legis, Eine sprachkritische Untersuchung, Diss. Freiburg, Basel 2012; KLEY ANDREAS, Anwendung und Auslegung des Verwaltungsrechts, Anwaltsrevue 3/2001, 15 ff.; KRAMER ERNST A., Juristische Methodenlehre, 4. Aufl., Bern/München/Wien 2013; MÜLLER NIKLAUS, Die Rechtsprechung des Bundesgerichts zum Grundsatz der verfassungskonformen Auslegung, Diss. Bern 1980; OGOREK REGINA, Der Wortlaut des Gesetzes – Auslegungsgrenze oder Freibrief?, Rechtsanwendung in Theorie und Praxis, Beiheft zur ZSR, Heft 15, Basel 1993, S. 21 ff.; PERRIN JEAN-FRANÇOIS, Le tribunal fédéral face aux méthodes d'interprétation, Semjud 105 (1983) 609 ff.; PETERS ANNE/SCHEFER MARKUS (Hrsg.), Grundprobleme der Auslegung aus Sicht des öffentlichen Rechts, Symposium zum 60. Geburtstag von René Rhinow, Bern 2004; SEILER HANSJÖRG/KEEL BAUMANN BRIGITTE, Verfassungskonforme Auslegung im Sozialversicherungsrecht, Möglichkeiten und Grenzen, in: Gabriela Riemer-Kafka/Alexandra Rumo-Jungo (Hrsg.), Soziale Sicherheit – Soziale Unsicherheit, Festschrift für Erwin Murer, Bern 2010, S. 819 ff.; TSCHANNEN PIERRE, Verfassungsauslegung, in: Verfassungsrecht der Schweiz, Zürich 2001, § 9; TSCHANNEN PIERRE, Die Auslegung der neuen Bundesverfassung, in: Ulrich Zimmerli (Hrsg.), Die neue Bundesverfassung: Konsequenzen für Praxis und Wissenschaft, Bern 2000, S. 223 ff.; WALTER HANS PETER, Der Methodenpluralismus des Bundesgerichts bei der Gesetzesauslegung, recht 17 (1999) 157 ff.; ZÄCH ROGER, Tendenzen der juristischen Auslegungslehre, ZSR 96/I (1977) 313 ff.

I. Aufgabe und Bedeutung der Auslegung im Verwaltungsrecht

Auch im Verwaltungsrecht hat die *Gesetzesauslegung* zum Ziel, den rechtsverbindlichen 175
Sinn eines Rechtssatzes, über dessen Tragweite Unklarheiten bestehen, zu ermitteln.

Auslegung ist notwendig, wo der Gesetzeswortlaut nicht klar ist oder wo Zweifel bestehen, ob ein scheinbar klarer Wortlaut den wahren Sinn der Norm wiedergibt. Die Gründe für die Auslegungsbedürftigkeit von Rechtsnormen liegen einerseits in der Unzulänglichkeit der Sprache; andererseits kann die Tragweite einer abstrakten Regelung bezüglich zukünftiger Anwendungsfälle oft nur unvollkommen vorausgesehen werden. Diese Auslegungsbedürftigkeit besteht auch bei den Rechtssätzen des Verwaltungsrechts, die häufig offene Formulierungen aufweisen und zahlreiche unbestimmte Rechtsbegriffe verwenden. Der Grundsatz der Gesetzmässigkeit der Verwaltung verlangt zwar genügende Bestimmtheit der Rechtssätze, welche die Grundlage der Verwaltungstätigkeit bilden. Das Mass der Bestimmtheit lässt sich allerdings nicht generell festlegen (vgl. Rz. 342 ff.).

176 Der Auslegung kommt im Verwaltungsrecht auch deshalb eine grosse Bedeutung zu, weil in diesem Rechtsgebiet Kodifikationen fehlen und auf dem Weg der Auslegung eine gewisse *Harmonisierung der Grundbegriffe und Grundsätze* des rechtsstaatlichen Verwaltungsrechts angestrebt werden soll. Mit der Auslegung ist auch dafür zu sorgen, dass die verwaltungsrechtlichen Bestimmungen die massgeblichen Verfassungsgrundsätze und verfassungsmässigen Rechte beachten.

II. Anwendung der allgemeinen Auslegungsmethoden im Verwaltungsrecht

177 Für die Normen des Verwaltungsrechts gelten die üblichen Methoden der *Gesetzesauslegung*. Das Verwaltungsrecht bedarf nicht einer besonderen Auslegungsmethode. Zur Anwendung gelangen die grammatikalische, historische, zeitgemässe, systematische und teleologische Auslegungsmethode (vgl. die ausführliche Darstellung der einzelnen Methoden bei HÄFELIN/HALLER/KELLER, Rz. 91 ff.).

178 Früher wurde vereinzelt die Ansicht vertreten, dass im Hinblick auf den rechtsstaatliche Gewaltenteilungsgrundsatz die Normen des Verwaltungsrechts, insbesondere Gesetze, primär nach der *historischen Auslegungsmethode* auszulegen seien (so GIACOMETTI, S. 217 ff.). Heute wird aber von Lehre und Rechtsprechung auch für das Verwaltungsrecht der *Methodenpluralismus* bejaht, der keiner Auslegungsmethode einen grundsätzlichen Vorrang zuerkennt (so z.B. BGE 140 II 289, 291 ff.; 137 V 273, 276 f.; 137 II 164, 170 f.; 137 V 114, 118; siehe auch BGer, Urteil 1C_156/2011 vom 15. Juli 2011 E. 3.5.1; BVGE 2007/41 E. 4.2; BVGE 2007/24 E. 2.3; BVGer, Urteil D-2557/2013 vom 26. November 2014 E. 5.2). Vielmehr sollen alle jene Methoden kombiniert werden, die für den konkreten Fall im Hinblick auf ein vernünftiges und praktikables, d.h. ohne unverhältnismässig grossen Verwaltungsaufwand durchsetzbares Ergebnis am meisten Überzeugungskraft haben (BGE 139 II 173, 175; 128 I 34, 41; vgl. auch BGE 140 II 80, 87 f.). Eine wichtige Rolle spielt in diesem Zusammenhang – im Sinne einer Ergänzung der herkömmlichen Auslegungsmethoden – auch die *Interessenabwägung*. Die wertende Gegenüberstellung gegenläufiger privater und öffentlicher Interessen ist im Verwaltungsrecht von zentraler Bedeutung (vgl. Rz. 496 ff.).

Auch auf dem Gebiet des Verwaltungsrechts steht gemäss der bundesgerichtlichen Praxis die *teleologische Auslegungsmethode* im Vordergrund: «Das Gesetz muss in erster Linie aus sich selbst heraus, das heisst nach dem Wortlaut, Sinn und Zweck und den ihm zugrunde liegenden Wertungen auf der Basis einer teleologischen Verständnismethode ausgelegt werden. Die Gesetzesauslegung hat sich vom Gedanken leiten zu lassen, dass nicht schon der Wortlaut die Norm darstellt, sondern erst das an Sachverhalten verstandene und konkretisierte Gesetz. Gefordert ist die sachlich richtige Entscheidung im normativen Gefüge, ausgerichtet auf ein befriedigendes Ergebnis der ratio legis» (BGE 140 I 305, 310; 139 II 173, 175). In zahlreichen Fällen stellt das Bundesgericht ab auf Sinn und Zweck, auf die Wertungen, die einer Gesetzesbestimmung zu Grunde liegen (BGE 140 II 289, 291 ff.; 140 II 80, 87; 139 II 173, 175). Vom eindeutigen und unmissverständlichen Wortlaut darf allerdings nur dann abgewichen werden, wenn triftige Gründe zur Annahme bestehen, dass der scheinbar klare Wortlaut nicht dem «wahren Sinn» der Norm entspricht (BGE 140 II 129, 131 ff.; 140 II 80, 87). Dabei erachtet das Bundesgericht meist Sinn und Zweck einer Norm als massgeblich, wie sie sich aufgrund der Anschauungen zur Zeit der Rechtsanwendung für die Normadressaten ergeben. 179

Nach der *zeitgemässen Auslegung* sollen vor allem die gegenwärtigen tatsächlichen Gegebenheiten und die heute herrschenden Wertvorstellungen entscheidend sein (vgl. z.B. BGE 125 II 206, 213; 112 Ib 322, 324 ff.). 180

Dies schliesst nicht aus, dass das Bundesgericht sich zum Teil aber doch auch auf eine *historische Auslegung* stützt und die Materialien der gesetzgeberischen Vorarbeiten beizieht, um den Sinn des Gesetzes aufgrund der Absichten der an der Gesetzgebung beteiligten Organe zu ermitteln (z.B. BGE 138 II 217, 225 f.; 137 V 126, 129 f.; 137 II 164, 173; zur Auslegung von Verfassungsnormen siehe auch BGE 139 II 243, 249). Der Wille des historischen Gesetzgebers ist insbesondere bei jungen Gesetzen von erheblicher Bedeutung und darf nicht ohne Weiteres übergangen werden (BGE 138 II 440, 453 ff.; 136 I 297, 300; 134 V 170, 175; 112 Ia 97, 104). 181

III. Bedeutung formaler Auslegungsregeln

In der Gerichtspraxis und zum Teil auch in der Lehre werden gewisse Auslegungsregeln befolgt, die auf ein *formales Element* abstellen und damit die wertende Abwägung der verschiedenen Auslegungsmethoden überflüssig machen. Diese formalen Argumentationen sind nur beschränkt tauglich, zum Teil sogar verfehlt, denn der Richter kann sich der Wertung und der Entscheidverantwortung nicht entschlagen. Nicht selten steht hinter der scheinbar logischen Regel doch auch eine Wertung. 182

1. Vorrang der lex specialis und der lex posterior

183 Im Allgemeinen zu Recht Anwendung finden die beiden Kollisionsregeln, wonach das spezielle Gesetz dem allgemeinen Gesetz und das spätere Gesetz dem früheren Gesetz vorgeht. Beim Vorrang der *lex specialis* ist jedoch zu beachten, dass die Feststellung, in welchem inhaltlichen Verhältnis zwei Rechtsnormen zueinander stehen, oft nicht nur eine rein logisch feststellbare Beziehung betrifft, sondern bereits Ausdruck einer Wertung ist. Es handelt sich dabei nicht um ein schematisch anwendbares Prinzip; massgeblich ist es nur, wenn aus dem Sinnzusammenhang heraus eine Rechtsnorm im Verhältnis zu einer anderen Rechtsnorm als Sonderregelung zu verstehen und zu behandeln ist (vgl. BGE 138 II 111, 120 ff.; 124 I 176, 178 f.; BVGE 2014/42 E. 4.3).

Beispiele:

184 – Art. 19 der inzwischen aufgehobenen Verordnung des Landrates des Kantons Uri über die Gebühren und Entschädigungen in der Verwaltung vom 12. Dezember 1973 (VGV) lautete unter dem Randtitel «Parteientschädigung»: «Dem teilweise oder ganz obsiegenden Beschwerdeführer, dem im Verwaltungsverfahren Anwaltskosten entstanden sind, ist eine Parteientschädigung zuzuerkennen.» Art. 17 des gleichen Erlasses hatte den Randtitel «Allgemeines» und besagte: «Im Verwaltungsverfahren werden unter Vorbehalt der nachfolgenden Bestimmungen in der Regel weder Gebühren erhoben noch Parteientschädigungen zugesprochen.» Das in einem Entschädigungsfall angerufene Bundesgericht erachtete die Bestimmungen nicht als widersprüchlich: «Die beiden Vorschriften lassen sich [...] formal miteinander ohne weiteres vereinbaren, da Art. 17 VGV nur einen allgemeinen Grundsatz enthält und die nachfolgenden besonderen Bestimmungen ausdrücklich vorbehalten werden. [...] Bestünde zwischen Art. 17 VGV und Art. 19 VGV ein Widerspruch, so müsste er nach der dargelegten Entstehungsgeschichte zu Gunsten des Wortlautes von Art. 19 VGV gelöst werden, umso mehr, als diese letztere Bestimmung den Charakter einer Sondervorschrift hat, die der allgemeinen Regel des Art. 17 VGV vorgeht» (BGE 104 Ia 6, 8 f.).

185 – In einem Urteil betreffend den Widerruf der Niederlassungsbewilligung und Wegweisung eines ausländischen Staatsangehörigen wegen qualifizierter Widerhandlung gegen das Betäubungsmittelgesetz setzte sich das Bundesgericht mit der Frage auseinander, ob Art. 121 Abs. 3 lit. a BV (Fassung gemäss der in der Volksabstimmung vom 21. November 2010 angenommenen «Ausschaffungsinitiative»), der den Verlust des Aufenthaltsrechts von Ausländerinnen und Ausländern u.a. dann vorsieht, wenn sie wegen Drogenhandels rechtskräftig verurteilt worden sind, eine Prüfung der Verhältnismässigkeit der Ausweisung nach Art. 36 Abs. 3 BV im Einzelfall ausschliesst. Es führte aus, dass solange der Verfassungsgeber einer einzelnen Norm nicht ausdrücklich Vorrang einräume, grundsätzlich von einer Gleichwertigkeit der Regelungen auszugehen sei. «Eine Auslegung von Art. 121 Abs. 3–6 BV, die dem verfassungsrechtlichen Gesamtkontext keine Rechnung trägt und ausschliesslich den Willen der Initianten in den Vordergrund stellt, ist unzulässig, falls die entsprechende Bestimmung sich nicht selber im Sinne einer verfassungsrechtlichen Kollisionsregel eindeutig den Vorrang zu den anderen betroffenen Verfassungsvorgaben zuweist, wobei der Umstand, dass die neue Verfassungsbestimmung jüngeres Recht ist, hierfür allein nicht genügt. [...] Dass eine Verfassungsbestimmung absolut gelten und im Einzelfall keiner Abwägung mit anderen Interessen zugänglich sein soll, ist zwar nicht ausgeschlossen [...]; es kann sogar sein, dass der neue Verfassungstext bei gegenläufigen Grundrechtsinteressen die erforderliche Güterabwägung selber vornimmt und zum Ausdruck bringt, dass das eine Grundrecht dem anderen vorgeht und dieses im Konfliktfall verdrängt [...]. Dies ist aber nicht leichthin anzunehmen, erst recht nicht, wenn eine Verfassungsnorm in Widerspruch zu grundrechtlichen Ansprüchen gerät, welche in für die Schweiz verbindlichen Menschenrechtspakten garantiert sind» (BGE 139 I 16, 24 f.).

2. Umkehr- und Analogieschluss

Es handelt sich dabei um zwei einander entgegenstehende Auslegungsregeln. Der *Umkehrschluss (argumentum e contrario)* verlangt, dass eine gesetzliche Regelung keine Geltung habe für Tatbestände, die in ihr nicht ausdrücklich erwähnt sind. Es wird dabei ausschliesslich auf den Wortlaut und das – qualifizierte – Schweigen des Gesetzes abgestellt. Im Gegensatz dazu besagt der *Analogieschluss (argumentum per analogiam),* dass eine gesetzliche Regelung auf einen Sachverhalt anwendbar ist, der zwar nicht unter den Wortlaut der Vorschrift subsumiert werden kann, auf den jedoch deren Grundgedanke und Sinn zutreffen (BGE 98 Ia 35, 40 f.). Vorausgesetzt ist also eine hinreichende Ähnlichkeit der zu regelnden Verhältnisse (BGE 129 V 345, 346; 129 V 27, 30). 186

Welchem der beiden gegensätzlichen und einander ausschliessenden Argumente im konkreten Fall der Vorrang zukommen soll, geht aus ihnen selber nicht hervor. Darüber muss aufgrund einer Wertung entschieden werden, die zumeist auf die übrigen Auslegungsmethoden, insbesondere auf die teleologische Auslegung, abstellt. Das argumentum e contrario hat seinen Anwendungsbereich bei abschliessenden gesetzlichen Regelungen. Dabei ist aber zunächst durch Auslegung abzuklären, ob tatsächlich eine abschliessende Regelung, d.h. ein *qualifiziertes Schweigen* des Gesetzes, vorliegt. Aus dem Schweigen des Gesetzes kann nur dann auf eine negative Entscheidung des Gesetzgebers geschlossen werden, wenn sachliche Gründe dafür vorliegen (BGE 105 Ib 148, 150 = Pra 69 [1980] Nr. 7). Zurückhaltung beim Analogieschluss ist aufgrund des Legalitätsprinzips dort geboten, wo es um erhebliche Belastungen der Betroffenen geht. Als abschliessend angesehen wird z.B. die Umschreibung der Steuertatbestände im Steuerrecht; hier ist der Analogieschluss grundsätzlich verboten. Wenn hingegen kein qualifiziertes Schweigen gegeben ist, muss ermittelt werden, ob die Auslegung, z.B. die teleologische, zu einer Ergänzung des Wortlautes führt. Unter Umständen ist auch eine Gesetzeslücke anzunehmen (vgl. dazu Rz. 201 ff.). 187

Beispiel: 188

Das Bundesgericht bejahte die Frage, ob die für das Gastwirtschaftsgewerbe anwendbaren Normen auch für einen in der Rechtsform des Vereins geführten «Club-Betrieb», in welchem die Besucher praktisch die Annehmlichkeiten eines bewilligten Nachtlokales geniessen können, Geltung hätten. «In solchen Fällen dient die extensive Auslegung oder der Analogieschluss der Aufrechterhaltung und richtigen Weiterbildung der Rechtsordnung, und er verletzt deshalb das verfassungsmässige Legalitätsprinzip nicht» (BGE 107 Ia 112, 117; siehe zum Analogieschluss auch BGE 137 II 338, 343; 118 Ib 60, 62 f.).

3. Verbot extensiver Auslegung von Polizei- und Ausnahmevorschriften («in dubio pro libertate»)

Ein Teil der älteren Doktrin vertrat die Auffassung, um die Freiheit der Privaten gegen zu weit gehende Eingriffe des Staates zu schützen, dürfe die Auslegung nicht extensiv sein. Insbesondere Polizeivorschriften und Ausnahmeregelungen seien eng auszulegen. Das bedeutet, dass bei unklarem Wortlaut jenes Auslegungsergebnis als massgebend erachtet wird, das die individuelle Freiheit am wenigsten einschränkt *(«in dubio pro libertate»).* 189

190 Die Bundesgerichtspraxis ist in dieser Frage uneinheitlich. In einzelnen Entscheiden befürwortet das Bundesgericht eine restriktive Auslegung von freiheitsbeschränkenden Vorschriften, so insbesondere bei Einschränkungen des Eigentums (BGE 98 Ia 112, 119; 97 I 353, 355). In einem Entscheid aus dem Jahre 1918 hatte sich das Bundesgericht ausdrücklich zum Grundsatz in dubio pro libertate bekannt (BGE 44 II 421, 427). Häufiger sind jedoch Urteile, in denen das Bundesgericht aufgrund von teleologischen und historischen Argumenten extensiv auslegt, auch wenn das zu einer Beschränkung der Freiheit der Privaten führt (z.B. BGE 107 Ia 112, 117 [vgl. Rz. 188]).

191 Das Verbot der extensiven Auslegung bzw. das – inhaltlich das Gleiche besagende – Prinzip in dubio pro libertate ist aus methodischen Gründen abzulehnen. Beide Regeln führen zu einer generellen Bevorzugung eines bestimmten Auslegungsergebnisses ohne wertende Abwägung zwischen den verschiedenen Lösungen. Sie lassen ausser Acht, dass Vorschriften, welche die Freiheitsrechte bestimmter Personen einschränken, in der Regel Rechtsgüter anderer Personen oder wesentliche öffentliche Interessen schützen. Dies gilt namentlich für die Bestimmungen des Polizeirechts (vgl. Rz. 2557 ff.).

192 Ebenso abwegig ist die früher verschiedentlich vertretene These, *Ausnahmebestimmungen* seien restriktiv auszulegen. Auch für Ausnahmeregelungen gelten die allgemeinen Auslegungsgrundsätze, insbesondere die teleologische Methode; auch hier bedarf es eines kritischen Abwägens (BGE 138 II 251, 255; 136 I 297, 299 f.; VPB 55 [1991] Nr. 28 S. 281 f.).

193 Beispiel:

M. pflanzte auf seiner im Gebiet der Walliser Gemeinde Salgesch liegenden Parzelle Reben an, obwohl dies nach der einschlägigen Rebbaugesetzgebung verboten war. Der wiederholten behördlichen Aufforderung, die Reben auszureissen, kam er nicht nach, sondern versuchte, das Ausreutungsverbot durch Verpachtung der Rebstöcke zu umgehen. Da er damit keinen Erfolg hatte, teilte er seine Pflanzung in sechs Parzellen von weniger als 400 m^2 Fläche auf und verkaufte diese einzeln. In der Folge setzte das Departement des Innern und der Landwirtschaft des Kantons Wallis den sechs Käufern Frist, um die ausserhalb der Rebzone angepflanzten Reben auszureissen. Mit folgenden Erwägungen wies das Bundesgericht die Beschwerde ab: «Grundsätzlich ist davon auszugehen, dass ein allgemeines Anbauverbot von Reben ausserhalb der Rebbauzonen besteht (Art. 1 Abs. 1 erster Satz Bundesbeschluss über vorübergehende Massnahmen zu Gunsten des Rebbaues vom 10. Oktober 1969 [AS 1970, 48]). Dieses Verbot dient unmittelbar dem Schutz und der Förderung des inländischen Rebbaus. Das Verbot erfährt eine Ausnahme, indem Grundeigentümern und Pächtern, die noch keine Reben besitzen, gestattet wird, ausserhalb der Rebbauzone, auf einer Fläche von höchstens 400 m^2, Reben anzupflanzen und für den Eigenbedarf zu bearbeiten. Stellt man diese Ausnahmebestimmung, die weder extensiv noch restriktiv, sondern nach ihrem Sinn und Zweck im Rahmen des allgemeinen Verbots auszulegen ist, in ihren gesetzlichen Zusammenhang, wird ersichtlich, dass die Ausnahme nie dazu dienen darf, einen widerrechtlichen Anbau von der Rodungspflicht (Art. 7 des Bundesbeschlusses) auszunehmen bzw. die Umgehung des Verbotes zu ermöglichen» (BGE 99 Ib 392, 395; siehe auch Rz. 722 ff.).

IV. Verfassungs- und völkerrechtskonforme Auslegung von Verwaltungsrecht

1. Verfassungskonforme Auslegung

Bei der *verfassungskonformen Auslegung* wird die Norm eines Gesetzes oder einer Verordnung im Lichte der Bestimmungen der Verfassung interpretiert. Der Sinn einer Vorschrift wird im Blick auf die Verfassung ermittelt. Im Verwaltungsrecht kommt die verfassungskonforme Auslegung zum Zug, wenn die anerkannten Auslegungsmethoden zu unterschiedlichen Deutungen einer Norm führen. Es ist dann jenes Ergebnis zu wählen, welches der Verfassung am besten entspricht (BGE 138 II 217, 224 ff.; 137 II 164, 170 f.; 131 II 697, 703). Von Bedeutung ist die verfassungskonforme Auslegung sodann auch bei der Auslegung von unbestimmten Rechtsbegriffen, z.B. «Wahrung von öffentlichen Interessen», «ernsthafte Gründe», die im Hinblick auf die Verfassung und die darin garantierten verfassungsmässigen Rechte der Privaten konkretisiert werden müssen. 194

Einen Unterfall der verfassungskonformen Auslegung stellt die *grundrechtskonforme* Auslegung dar. Diese kommt zur Anwendung sowohl für Grundrechte der Bundesverfassung als auch der EMRK (*konventionskonforme* Auslegung). 195

Das Bundesgericht hebt kantonale Bestimmungen nur auf, wenn sich diese jeglicher verfassungs- bzw. konventionskonformer Auslegung entziehen, nicht hingegen, wenn sie einer solchen in vertretbarer Weise zugänglich sind (BGE 137 I 31, 39 f.; 135 II 243, 248). Die verfassungs- bzw. konventionskonforme Auslegung findet jedoch im klaren Wortlaut und Sinn einer Gesetzesbestimmung ihre Schranke (BGE 140 I 353, 358; 137 I 31, 40; 134 II 249, 252). 196

Beispiel: 197

Art. 8 Abs. 2 lit. d BGFA (Anwaltsgesetz) nennt als persönliche Voraussetzung des Registereintrages die Unabhängigkeit der Anwälte und verknüpft dies mit dem Zusatz: «Sie können Angestellte nur von Personen sein, die ihrerseits in einem kantonalen Register eingetragen sind.» Diese Bestimmung könnte nach ihrem Wortlaut so verstanden werden, dass jeder in einem Anstellungsverhältnis stehende Anwalt, dessen Arbeitgeber nicht selbst im Anwaltsregister eingetragen ist, vom Eintrag in das Anwaltsregister ausgeschlossen ist. Eine solche Auslegung des Gesetzes würde es allen Anwälten, die teilzeitlich bei einer anderen Arbeitgeberin als einer Anwaltskanzlei tätig sind und daneben noch eine selbstständige Anwaltstätigkeit ausüben wollen, verunmöglichen, von der mit dem Registereintrag verbundenen interkantonalen Freizügigkeit zu profitieren. Damit hätte das Anwaltsgesetz eine Einschränkung der Wirtschaftsfreiheit zur Folge, die sich nicht mehr durch ein öffentliches Interesse rechtfertigen liesse. Art. 8 Abs. 1 lit. d BGFA ist deshalb so auszulegen, dass der Anwalt *bei seiner Tätigkeit als Anwalt* in keinem Angestelltenverhältnis mit einem Arbeitgeber stehen darf, der nicht selber als Anwalt im Register eingetragen ist (BGE 130 II 87, 102 f.).

2. Völkerrechtskonforme Auslegung

Durch eine *völkerrechtskonforme Auslegung* ist der Sinn des Landesrechts so zu ermitteln, dass es nicht im Widerspruch zum Völkerrecht steht. Die Pflicht aller rechtsanwendenden Organe zur völkerrechtskonformen Auslegung des Landesrechts ergibt sich aus Art. 27 des Wiener Übereinkommens über das Recht der Verträge vom 23. Mai 1969 (SR 0.111). Danach kann sich kein Vertragsstaat auf innerstaatliches Recht berufen, um 198 die Nichterfüllung eines völkerrechtlichen Vertrages zu rechtfertigen (Zusatzbericht des Bundesrates zu seinem Bericht vom 5. März 2010 über das Verhältnis von Völkerrecht und Landesrecht vom 30. März 2011, BBl 2011, 3623; BGE 139 I 16, 29). Im innerstaatlichen Bereich folgt die Pflicht zur Beachtung des Völkerrechts aus Art. 5 Abs. 4 BV. Die völkerrechtskonforme Auslegung ist nach früheren Entscheidungen des Bundesgerichts nicht möglich, wenn der Gesetzgeber bewusst und ausdrücklich in Kauf nimmt, dass völkerrechtswidriges Landesrecht zu Stande kommt (BGE 115 Ib 517, 523 f.; 94 I 669, 678 f.). Eine solche Regel kann allerdings nur zum Zug kommen, soweit dem Völkerrecht kein Vorrang gegenüber dem Landesrecht zukommt (BGE 128 IV 201, 205 f. m.w.H.; vgl. zum Verhältnis von Völkerrecht und Landesrecht Rz. 127 ff.).

3. Europarechtskonforme Auslegung

a) Autonomer Nachvollzug

199 Das *Recht der Europäischen Union* hat keine unmittelbar verbindlichen Auswirkungen auf die schweizerische Rechtslage. Sofern die Schweiz aber im Rahmen des autonomen Nachvollzugs ihr nationales Recht der EU angepasst hat, «ist die EU-Rechtsordnung als Auslegungshilfe beizuziehen» (BGE 125 II 293, 306). «Nachvollzogenes Recht ist im Zweifel europarechtskonform auszulegen. Es ist harmonisiertes Recht und als solches – wie das Staatsvertragsrecht – Einheitsrecht. Wird […] die schweizerische Ordnung einer ausländischen […] angeglichen, ist die Harmonisierung nicht nur in der Rechtssetzung, sondern namentlich auch in der Auslegung und Anwendung des Rechts anzustreben, soweit die binnenstaatlich zu beachtende Methodologie eine solche Angleichung zulässt» (BGE 129 III 335, 350).

b) Bilaterale Verträge am Beispiel des Freizügigkeitsabkommens

200 Im Lichte der Zielsetzung des Freizügigkeitsabkommens wird eine *parallele Rechtsentwicklung* in den verschiedenen Mitgliedstaaten angestrebt. In BGE 136 II 5, 13 hält das Bundesgericht in diesem Zusammenhang fest: «Um das Abkommensziel einer parallelen Rechtslage nicht zu gefährden, wird das Bundesgericht in angemessener Weise nach dem Stichtag (21. Juni 1999) ergangene Rechtsprechungsänderungen des EuGH in seine Beurteilung einbeziehen und ihr Rechnung tragen. Das gilt allerdings nur, soweit das Abkommen auf gemeinschaftsrechtliche Grundsätze zurückgreift. Da der EuGH nicht berufen ist, für die Schweiz über die Auslegung des Abkommens verbindlich zu bestimmen, ist es dem Bundesgericht überdies nicht verwehrt, aus triftigen Gründen zu einer anderen Rechtsauffassung als dieser zu gelangen. Es wird dies aber mit Blick auf die angestrebte parallele Rechtslage nicht leichthin tun.» Dementsprechend ist für das Verständnis des FZA auch die Rechtsprechungsentwicklung in der Europäischen Union nach dem 21. Juni 1999 (Unterzeichnung des Abkommens) zu berücksichtigen, dies zumindest dann, wenn die vom Bundesgericht genannten Vorbehalte nicht zur Anwendung kommen.

V. Lückenfüllung im Verwaltungsrecht

Die ältere Lehre und Praxis waren zum Teil der Meinung, im Verwaltungsrecht gebe es keine Lücken. Wo eine Vorschrift zur Beschränkung der individuellen Freiheit fehle, bestehe Freiheit (BGE 97 I 353, 355; 46 I 211, 215). Diese Auffassung ist abzulehnen; das Verwaltungsrecht kann – wie alle rechtlichen Regelungen – lückenhaft sein. 201

Eine Lücke des Gesetzes liegt vor, wenn sich eine gesetzliche Regelung als unvollständig erweist, weil sie auf eine bestimmte Frage keine Antwort gibt. Bevor eine ausfüllungsbedürftige Lücke angenommen werden darf, ist durch Auslegung zu ermitteln, ob das Fehlen einer ausdrücklichen Anordnung nicht eine bewusst negative Antwort des Gesetzes bedeutet, d.h. ein sog. *qualifiziertes Schweigen* darstellt. In diesem Fall hat das Gesetz eine Rechtsfrage nicht übersehen, sondern stillschweigend – im negativen Sinne – mitentschieden. Für Analogie (vgl. Rz. 186 ff.) und richterliche Lückenfüllung ist nach traditioneller Auffassung kein Platz (BGE 140 III 206, 213; 139 II 404, 416 f.; 138 II 1, 3; 136 III 96, 99 f.; BVGE 2013/7 E. 1.1.2; BVGer, Urteil A-1878/2014 vom 28. Januar 2015 E. 3.2). 202

Beispiele:

- Die Aufzählung der Steuerobjekte im Steuergesetz ist abschliessend. Es können nicht auf dem Wege der Lückenfüllung neue Steuertatbestände geschaffen werden (BGE 131 II 562, 567 f.; 95 I 322, 326). 203
- Im Kanton Zürich sehen weder die Kantonsverfassung noch das Gesetz über die politischen Rechte oder das Gerichtsverfassungsgesetz (nunmehr: Gerichtsorganisationsgesetz [GOG/ZH]) einen altersbedingten Rücktritt für vom Volk gewählte Staatsanwältinnen oder Staatsanwälte vor. Darin ist aber keine Lücke, sondern ein qualifiziertes Schweigen des Gesetzgebers zu erblicken. Eine Kündigung wegen Erreichens des 65. Altersjahrs ist somit nicht zulässig (Verwaltungsgericht des Kantons Zürich, Urteil PB.2010.00043 vom 26. Januar 2011 = ZBl 112 [2011] 664 ff.). 204

Ob sich dem Gesetz durch Auslegung eine Anordnung entnehmen lässt oder ob eine Lücke vorliegt, lässt sich oft nicht klar bestimmen. Denn bei der Auslegung und bei der Lückenfüllung handelt es sich um zwei ineinander übergehende Formen richterlicher Rechtsfindung. Immerhin kann man sagen, dass die Auslegung versucht, den im Gesetz bereits enthaltenen Sinn zu ermitteln, während die Lückenfüllung eine Ergänzung des Gesetzes darstellt. 205

Die herrschende Lehre und die bundesgerichtliche Rechtsprechung unterscheiden *echte* und *unechte Lücken* und behandeln die beiden Fälle im Verwaltungsrecht unterschiedlich. Eine echte Lücke liegt vor, wenn ein Gesetz für eine Frage, ohne deren Beantwortung die Rechtsanwendung nicht möglich ist, keine Regelung enthält. Bei der unechten Lücke gibt die gesetzliche Regelung zwar auf alle Fragen, die sich bei der Rechtsanwendung stellen, eine Antwort; weil sie aber zu einem sachlich unbefriedigenden Resultat führt, wird sie als lückenhaft empfunden. WALTHER BURCKHARDT hat die echten Lücken als logische Mängel, die unechten Lücken dagegen als sachliche, ethische Mängel des Gesetzes bezeichnet (Methode und System des Rechts, Zürich 1936, S. 260 f.). 206

Das Rechtsverweigerungsverbot verpflichtet die rechtsanwendenden Organe, echte Lücken zu füllen, während der Legalitätsgrundsatz es ihnen grundsätzlich untersagt, 207 unechte Lücken zu schliessen und diese Aufgabe dem Gesetzgeber vorbehält. In der Praxis finden sich aber Fälle, in denen die Gerichte sich ausnahmsweise auch für befugt erachten, eine unechte Lücke zu schliessen, d.h. einen rechtspolitischen Mangel des Gesetzes zu beheben, dies vor allem dann, wenn die Gesetzesanwendung sonst zu unannehmbaren Resultaten führen würde. Die Rechtsprechung folgt dabei aber keinen klaren Richtlinien.

Beispiele:

208 – Das Gesetz enthält eine (echte) Lücke, wenn eine Regel betreffend Umrechnung des zu besteuernden Ertrages der Spielbanken auf ein Jahr fehlt. Erlässt der Bundesrat eine Verordnung, welche eine solche Regelung enthält, so liegt keine unzulässige Ausdehnung der Steuerpflicht vor, sondern das Füllen einer echten Lücke (BGE 131 II 562, 568 ff.; siehe auch BGE 99 Ib 267, 280).

209 – Das Bundesgesetz über Erwerb und Verlust des Schweizer Bürgerrechts (Bürgerrechtsgesetz, BüG) vom 29. September 1952 (SR 141.0) enthält keine Regel für den Fall, dass der schweizerische Ehegatte eines ausländischen Staatsangehörigen, der sich nach Art. 27 BüG erleichtert einbürgern will, während des Einbürgerungsverfahrens stirbt. Es liegt kein qualifiziertes Schweigen, sondern eine Lücke vor, welche die Verwaltungsbehörden zu füllen haben (BGE 129 II 401, 403).

210 – Art. 16 Abs. 3 SVG zählt die Fälle auf, in denen der Führerausweis obligatorisch entzogen werden muss. Das Führen eines Motorfahrzeuges ohne Führerausweis wird darin nicht genannt. Das Bundesgericht gelangte gestützt auf eine historische, teleologische und systematische Auslegung zur Auffassung, dass eine echte Lücke vorliege (BGE 123 II 225, 229; 112 Ib 309, 310 f.).

211 – Die Tatsache, dass Art. 43 Abs. 2 des Beamtengesetzes (BtG) vom 30. Juni 1927 (ersetzt durch das Bundespersonalgesetz [BPG]) einen Anspruch auf eine einmalige Zulage der Beamtin oder des Beamten bei der Geburt eines Kindes vorsah, nicht aber bei der Adoption, stellte eine unechte Lücke dar, die von der rechtsanwendenden Behörde nicht korrigiert werden konnte (Entscheid der Personalrekurskommission, VPB 61 [1997] Nr. 79).

212 – Das Kranken- und Unfallversicherungsgesetz (KUVG) vom 13. Juni 1911 (AS 28 353) sah bei der Regelung der Hinterlassenenrente keinen Anspruch für Pflegekinder vor. Das Bundesgericht kam zum Schluss, dass keine echte Lücke vorliege: «Es handelt sich dabei jedoch um einen rechtspolitischen Mangel und damit um eine unechte Gesetzeslücke [...]. Im Allgemeinen hat der Richter solche Lücken hinzunehmen [...]. Sie auszufüllen steht ihm nur dort zu, wo der Gesetzgeber sich offenkundig über gewisse Tatsachen geirrt hat oder wo sich die Verhältnisse seit Erlass eines Gesetzes in einem solchen Mass gewandelt haben, dass die Vorschrift unter gewissen Gesichtspunkten nicht bzw. nicht mehr befriedigt und ihre Anwendung rechtsmissbräuchlich wird [...]». Diese Voraussetzungen wurden vom Bundesgericht bezüglich des Anspruches von Pflegekindern auf Hinterlassenenrente verneint (BGE 99 V 19, 23 f.).

213 Die Unterscheidung zwischen echten und unechten Lücken wird in der Praxis immer weniger beachtet. Sie hilft bei der Frage, ob und in welchem Rahmen im Verwaltungsrecht Lücken von den rechtsanwendenden Organen gefüllt werden dürfen, letztlich kaum weiter. Deshalb verzichtet eine neuere Auffassung der Methodenlehre auf diese Unterscheidung und bezeichnet die *Lücke als planwidrige Unvollständigkeit des Gesetzes,* die von den rechtsanwendenden Organen behoben werden darf (KARL LARENZ/CLAUS-WILHELM CANARIS, Methodenlehre der Rechtswissenschaft, 3. Aufl., Berlin/Heidelberg/New York/Tokio 1995, S. 194 f.; HÄFELIN, Lückenfüllung, S. 108 f., 113 f.). Dabei gelten als Massstab nur die dem Gesetz selbst zu Grunde liegenden Zielsetzungen und Werte, nicht hingegen Wertungen, die von aussen an das Gesetz herangetragen wer-

den. Wenn eine Regelung im Hinblick auf eindeutige und wichtige Zielsetzungen des Gesetzes unvollständig ist, darf die rechtsanwendende Behörde diese Lücke füllen.

Beispiele:

- Wenn das anwendbare Recht keine Regelung vorsieht für den Fall, dass eine Person, deren Tätigkeit als Behördemitglied einem 50 %-Pensum entspricht, im Krankheitsfall entschädigt wird (Lohnfortzahlung), so liegt nach Auffassung des Verwaltungsgerichts des Kantons Zürich eine Lücke im Sinne einer planwidrigen Unvollständigkeit des Gesetzes vor. Aus der Fürsorgepflicht des Arbeitgebers folge die Pflicht zur Lohnfortzahlung im Krankheitsfall. Dem Gemeinwesen könne in dieser Hinsicht nicht weniger abverlangt werden als das, was der Staat allen privaten Arbeitgebern auferlege (ZBl 102 [2001] 91, 93 f.; die Praxis ist in dieser Frage nicht einheitlich). 214
- Bei der Bemessung der Mietzinsen aufgrund einer Neubewertung der von der Stadt Zürich subventionierten Wohnungen stellt sich die vom Gesetzgeber nicht beantwortete Frage, wie die Anpassung bei bestehenden Mietverhältnissen zu erfolgen habe. Angesichts der detaillierten Regelungen bei Anpassungen aufgrund nachgewiesener Kostenänderungen erscheint das Fehlen einer entsprechenden Vorschrift bei einer Wohnungsneubewertung nicht als Absicht des Gesetzgebers, sondern als planwidrige Unvollständigkeit. «Eine […] vom Richter zu schliessende Lücke ist hier anzunehmen» (Urteil des Einzelrichters am Verwaltungsgericht des Kantons Zürich = ZBl 101 [2000] 95, 98). 215

Das Bundesgericht hat diesen neueren Lückenbegriff übernommen und eine vom Gericht zu schliessende Lücke angenommen, wenn die gesetzliche Regelung «nach den dem Gesetz zugrunde liegenden Wertungen und Zielsetzungen als unvollständig und daher ergänzungsbedürftig erachtet werden müsse» (BGE 102 Ib 224, 225 f.; vgl. auch BGE 123 II 69 ff.; 107 Ib 379, 382). In BGE 129 II 438, 446 bezeichnete es die Tatsache, dass das Bundesgesetz zur Bekämpfung der Geldwäscherei und der Terrorismusfinanzierung im Finanzsektor (Geldwäschereigesetz, GwG) vom 10. Oktober 1997 (SR 955.0) die Liquidation eines illegal als Finanzintermediär tätigen Unternehmens nicht ausdrücklich vorsieht, als «planwidrige Unvollständigkeit», bestünde ohne diese Möglichkeit doch kein effizientes Sanktionsmittel, um gegen ehemalige Intermediäre vorzugehen, was Sinn und Zweck des Gesetzes widerspräche. Auch in BGE 131 V 233, 238, ist von einer «planwidrigen Unvollständigkeit» einer Verordnung die Rede, weil sich ihr keine Antwort auf die sich unvermeidlicherweise stellende Rechtsfrage entnehmen lasse, welche Kürzungsgrenzen bei halben und Viertelsrenten von Kindern zu beachten seien. Das Bundesverwaltungsgericht stellte im Zusammenhang mit der Auslegung der Bestimmungen über das Revisionsverfahren in BVGE 2013/22 E. 4.2.2 fest, dass diese keine Sonderregelungen für das Bundesverwaltungsgericht enthalten und keine «planwidrige Unvollständigkeit» des Gesetzes vorliege (vgl. auch BVGer, Urteil A-2215/2014 vom 7. Januar 2015 E 4.4.1). Die Praxis ist jedoch nicht einheitlich. Zuweilen unterscheidet das Bundesgericht immer noch zwischen echten und unechten Lücken (BGE 139 II 404, 417; 138 II 1, 3 f.; 135 II 1, 7; 128 I 34, 42; siehe auch BVGE 2007/41 E. 4.2; Entscheid der Rekurskommission EVD, VPB 68 [2004] Nr. 104 E. 3.4.1; Entscheid der Eidgenössischen Rekurskommission für medizinische Aus- und Weiterbildung, VPB 69 [2005] Nr. 46 E. 3.2). 216

§ 4 Verwaltungsrecht und Privatrecht

Literatur

BELLANGER FRANÇOIS, La légalité lorsque l'Etat agit par des moyens de droit privé, in: Charles-Albert Morand (Hrsg.), La légalité: un principe à géométrie variable, Basel/Frankfurt a.M. 1992, S. 67 ff.; CAGIANUT FRANCIS, Die Bedeutung des Zivilrechts für den Verwaltungsrichter, in: Ernst Brem/Jean Nicolas Druey/Ernst A. Kramer/Ivo Schwander (Hrsg.), Festschrift zum 65. Geburtstag von Mario M. Pedrazzini, Bern 1990, S. 95 ff.; DRUEY JEAN NICOLAS, Privatrecht als Kontaktrecht: ein Gedanke zur Unterscheidung von öffentlichem Recht und Privatrecht, Jahrbuch des öffentlichen Rechts der Gegenwart 40 (1991/92) 149 ff.; DUBOIS CAMILLE, Distinction droit public – droit privé et application du second en droit administratif, in: Jean-Philippe Dunand/Pascal Mahon (Hrsg.), «Droit décloisonné», interférences et interdépendances entre droit privé et droit public, Genf/Zürich/Basel 2009, S. 261 ff.; DUNAND JEAN-PHILIPPE/MAHON PASCAL (Hrsg.), «Droit décloisonné», interférences et interdépendances entre droit privé et droit public, Genf/Zürich/Basel 2009; EICHENBERGER KURT, Verwaltungsprivatrecht, in: Juristische Fakultät der Universität Basel (Hrsg.), Privatrecht, Öffentliches Recht, Strafrecht, Grenzen und Grenzüberschreitungen, Festgabe zum Schweizerischen Juristentag 1985, Basel/Frankfurt a.M. 1985, S. 75 ff.; GYGI FRITZ, Verwaltungsrecht und Privatrecht, über die Bedeutung des Privatrechts für die öffentliche Verwaltung und seine Beziehung zum Verwaltungsrecht, Bern 1956; KNAPP BLAISE, L'état agissant en droit privé, in: Faculté de droit de l'Université de Genève (Hrsg.), Présence et actualité de la Constitution dans l'ordre juridique: Mélanges offerts à la Société suisse des juristes pour son Congrès 1991 à Genève, Basel/Frankfurt a.M. 1991, S. 169 ff.; MOOR PIERRE, L'opposition entre droit public et droit privé: un état de la question, in: Peter Hänni (Hrsg.), Mensch und Staat, Festgabe für Thomas Fleiner zum 65. Geburtstag, Freiburg 2003, S. 639 ff.; MÜLLER GEORG, Das Verhältnis zwischen einem privatrechtlichen Vertrag über die Abtretung von öffentlichem Grund zu einer verwaltungsrechtlichen Erschliessungsvereinbarung, recht 6 (1988) 25 ff.; NEF URS CH., Zum Verhältnis von Privatrecht und öffentlichem Recht in der Sozialversicherung, in: Eidgenössisches Versicherungsgericht (Hrsg.), Festschrift 75 Jahre Eidgenössisches Versicherungsgericht, Bern 1992, S. 133 ff.; RHINOW RENÉ, Verfügung, Verwaltungsvertrag und privatrechtlicher Vertrag, in: Festgabe zum Schweizerischen Juristentag 1985, S. 295 ff.; RHINOW RENÉ, Verwaltungsrechtlicher oder privatrechtlicher Vertrag, recht 3 (1985) 57 ff.; RICHLI PAUL, Bundeszivilrecht vs. kantonales öffentliches Recht – Versuchung zur wechselseitigen Grenzüberschreitung, in: Daniel Girsberger/Michele Luminati (Hrsg.), ZGB gestern – heute – morgen, Festgabe zum Schweizerischen Juristentag 2007, Zürich/Basel/Genf 2007, S. 41 ff.; RIEMER HANS MICHAEL, Berührungspunkte zwischen Sozialversicherungs- und Privatrecht, insbesondere die Bedeutung des Privatrechts bei der Auslegung des Sozialversicherungsrechtes durch das Eidgenössische Versicherungsgericht, in: Festschrift 75 Jahre Eidgenössisches Versicherungsgericht, S. 147 ff.; RYTER SAUVANT MARIANNE, Allgemeine Rechtsgrundsätze – Analogien zum Privatrecht, ein Beitrag zur richterlichen Rechtsfortbildung im Verwaltungsrecht, Diss. Bern 2005; STADLER PATRIK, Der Vertrauensschutz bei Verträgen des Gemeinwesens mit Privaten, wie öffentliches Recht und Privatrecht sich durchdringen, Diss. St. Gallen 2005.

I. Abgrenzung von öffentlich-rechtlichen und privatrechtlichen Regelungen

1. Allgemeines

Das *Verwaltungsrecht* ist *ein Teil des öffentlichen Rechts*. Die Verwaltungstätigkeit wird aber zum Teil durch Vorschriften des Privatrechts geregelt. Deshalb muss die Rechtsnatur der für diese Tätigkeit massgebenden *Rechtsnormen* bestimmt werden. Die Zuordnung von Verträgen (vgl. dazu Rz. 1292 ff.), Rechtsbeziehungen (z.B. zwischen einer öffentlich-rechtlichen Anstalt und ihren Benützern, Rz. 1671 ff.), Organisationen (vgl. dazu Rz. 1707 ff., 1849) oder Handlungen, die Staatshaftungsansprüche auslösen können (vgl. dazu Rz. 2108), folgt zum Teil anderen Kriterien als diejenige der Rechtsnormen. Auch für diese Gebiete können aber die nachfolgend dargestellten Theorien Lösungsansätze bieten; teilweise werden sie von Lehre und Praxis einfach übernommen. 217

Das schweizerische Recht knüpft an die Unterscheidung von öffentlichem Recht und Privatrecht *unterschiedliche Rechtsfolgen*. So ist z.B. die Bindung an das Gesetz infolge des Legalitätsprinzips viel stärker im öffentlichen Recht als im Privatrecht, wo der Grundsatz der Privatautonomie gilt. Unterschiedlich sind in beiden Rechtsgebieten insbesondere auch das Verfahren und der Rechtsschutz ausgestaltet. 218

Im Hinblick auf die Schwierigkeiten, die sich für eine konsequente Abgrenzung von öffentlich-rechtlichen und privatrechtlichen Rechtsnormen ergeben, ist in der deutschen Lehre auch schon vorgeschlagen worden, auf eine Unterscheidung zu verzichten (so z.B. MARTIN BULLINGER, Öffentliches Recht und Privatrecht, Studien über Sinn und Funktion der Unterscheidung, Stuttgart 1968, S. 75 ff.). Ein solcher Verzicht ist für das schweizerische Recht nicht möglich, da in ihm die Unterscheidung zu tief verwurzelt ist. *Verschiedene verfassungsrechtliche und gesetzliche Bestimmungen verweisen ausdrücklich auf die Unterscheidung von öffentlichem Recht und Privatrecht,* so z.B. Art. 122 Abs. 1 BV (Kompetenz des Bundes zur Gesetzgebung im Zivilrecht), Art. 72 ff. BGG (Zuständigkeit des Bundesgerichts), Art. 6 und 59 ZGB (Vorbehalt des öffentlichen Rechts der Kantone), Art. 5 VwVG (Begriff der Verfügung). 219

2. Abgrenzungskriterien

a) Unmassgebliche Kriterien

Bei der Frage, ob ein Rechtssatz öffentlich-rechtlicher oder privatrechtlicher Natur ist, darf nicht auf das formelle Kriterium abgestellt werden, ob der *Erlass,* der den betreffenden Rechtssatz enthält, *öffentlich-rechtlicher oder privatrechtlicher Natur* ist. So finden sich im Schweizerischen Zivilgesetzbuch eine Reihe von Bestimmungen, die öffentlich-rechtlichen Charakter haben, z.B. Art. 84 ZGB im Stiftungsrecht (vgl. BGE 96 I 406, 408). 220

Ausschlaggebend ist auch nicht der *zwingende Charakter,* der vor allem von WALTHER BURCKHARDT als Element des öffentlichen Rechts hervorgehoben wurde (Die 221

Organisation der Rechtsgemeinschaft, 2. Aufl., Zürich 1943, S. 41). Denn auch im Privatrecht gibt es nicht wenige zwingende Normen (z.B. Art. 27 ZGB oder Art. 20 OR). Und umgekehrt kennt das Verwaltungsrecht Regelungen, die dispositiver Natur sind, wie etwa die Zulässigkeit des verwaltungsrechtlichen Vertrages zeigt (vgl. Rz. 1286 ff.).

222 Ebenfalls abzulehnen ist die *Fiskustheorie;* gemäss ihr sollen alle vermögensrechtlichen Ansprüche der Privaten gegen das Gemeinwesen dem Privatrecht unterstehen. Nicht weiter hilft sodann auch die *Subjektstheorie,* wonach ein Rechtsverhältnis als öffentlich-rechtlich gilt, sobald der Staat oder eine andere öffentlich-rechtliche Körperschaft daran beteiligt ist (vgl. zu weiteren unmassgeblichen Kriterien WIEDERKEHR/RICHLI, Bd. I, Rz. 94 ff.).

b) Massgebliche Kriterien

aa) Subordinationstheorie (Subjektions-, Mehrwerttheorie)

223 Nach der Subordinationstheorie liegt öffentliches Recht dann vor, wenn der Staat dem Privaten übergeordnet ist, ihm als Träger von Hoheitsrechten mit «obrigkeitlicher Gewalt» gegenübertritt. Im Gegensatz dazu stehen sich im Privatrecht gleichgeordnete Rechtssubjekte gegenüber.

224 Beispiele öffentlich-rechtlicher Regelung:
- Enteignung eines Grundstücks;
- Demonstrationsverbot;
- Befehl zum Abbruch eines baufälligen Hauses;
- Rechtsbeziehung zwischen dem Betreiber eines Aufnahmezentrums für Asylsuchende und den darin untergebrachten Asylbewerbern (Urteil des Bundesgerichts, ZBl 92 [1991] 406 ff.).

bb) Interessentheorie

225 Nach der Interessentheorie gehören dem öffentlichen Recht diejenigen Rechtsnormen an, die ausschliesslich oder vorwiegend auf die Verwirklichung öffentlicher Interessen gerichtet sind. Die zivilrechtlichen Normen dienen hingegen primär dem Schutz von privaten Interessen. Auch das Handeln des Gemeinwesens kann im «privaten» Interesse liegen, wenn es ähnliche Ziele wie die Privaten verfolgt, etwa bei der Teilnahme des Gemeinwesens am wirtschaftlichen Wettbewerb.

226 Beispiele öffentlich-rechtlicher Regelung:
- Verbot von Sonntags- und Nachtarbeit;
- Schutz der öffentlichen Gesundheit durch Vorschriften der Lebensmittelpolizei.

227 Ähnliche Kriterien sind für die Abgrenzung zwischen öffentlichem und privatem Recht mit Hilfe der *typologischen Methode* massgebend. Danach gelten Rechtsnormen als privatrechtlich, wenn sie die Voraussetzungen privatautonomer Rechtsgestaltung umschreiben, herkömmlicherweise mit der Privatrechtstradition zusammenhängen und typischerweise privatrechtliche Ziele verfolgen. Als privatrechtlich gelten auch Normen, welche bezwecken, strukturelle Ungleichgewichte zwischen den Vertragspartnern zu mildern (Schutz der schwächeren Partei; VPB 63 [1999] Nr. 83; 46 [1982] Nr. 20 S. 146 ff.; RHINOW/KRÄHENMANN, S. 4 f.).

Beispiel: 228

Das Bundesamt für Justiz verneinte in einem Gutachten die Frage, ob der Bund gestützt auf die in Art. 122 BV (Art. 64 aBV) statuierte Zivilrechtskompetenz in einem Bundesgesetz über die Fusion, Spaltung oder Umwandlung von Rechtsträgern (Fusionsgesetz, FusG) auch kantonale Handänderungsabgaben ausschliessen oder begrenzen kann, die beim Übergang von Grundeigentum als Folge einer Fusion, Spaltung oder Umwandlung anfallen. Das Bundesamt führte dazu aus, es bestehe zwar ein enger Sachzusammenhang zwischen dem Fusionsgesetz und den Handänderungsabgaben und ihre Regelung durch den Bund hätte allenfalls ein zivilrechtliches Ziel. Eine solche Regelung gehöre jedoch traditionellerweise nicht in eine Privatrechtskodifikation und schaffe auch nicht die Voraussetzungen für einen funktionierenden Privatrechtsverkehr (VPB 63 [1999] Nr. 83).

cc) Funktionstheorie

Nach der Funktionstheorie ist eine Rechtsnorm öffentlich-rechtlich, wenn sie die Erfüllung einer Verwaltungsaufgabe oder die Ausübung einer öffentlichen Tätigkeit regelt. Eine klare Abgrenzung zur Interessentheorie ist nicht möglich. Das Vorliegen einer Verwaltungsaufgabe ist mindestens für eine Teilfrage, nämlich die direkte Grundrechtsbindung des Trägers einer staatlichen Aufgabe, verfassungsrechtlich massgebend (Art. 35 Abs. 2 BV). 229

Beispiele öffentlich-rechtlicher Regelung: 230

- Massnahmen des Umweltschutzes oder der Raumplanung;
- Vertraglich geregelte Beziehungen zwischen öffentlichen Spitälern und Chefärzten (BGE 118 II 213, 217 ff.);
- Erfüllung von Verwaltungsaufgaben durch Private (z.B. Kehrichtbeseitigung, Betrieb von Altersheimen, Spitälern usw.);
- Tätigkeit des Notars im Bereich der ihm amtlich übertragenen Aufgaben (Beurkundung usw.) (BGE 126 III 370 ff.).

dd) Modale Theorie

Nach der modalen Theorie ist eine Regelung dann dem öffentlichen Recht zuzuordnen, wenn die damit verbundene Sanktion öffentlich-rechtlich ausgestaltet ist (z.B. Widerruf einer Bewilligung). Privatrechtlich erscheint eine Norm, deren Verletzung eine zivilrechtliche Sanktion nach sich zieht (z.B. Nichtigkeit eines Rechtsgeschäfts). Auf die modale Theorie haben sich vor allem Bundesrat und Bundesverwaltung berufen, um gewisse Gesetze gestützt auf die Zivilrechtskompetenz von Art. 122 Abs. 1 BV (Art. 64 aBV) erlassen zu können. Das Bundesgericht hat diese Theorie lange nicht angewendet, in BGE 138 II 134 ff. (vgl. die ausführliche Darstellung des Urteils in Rz. 234) aber wieder prominent aufgenommen. 231

Beispiele:

- (Dringlicher) Bundesbeschluss über eine Sperrfrist für die Veräusserung nichtlandwirtschaftlicher Grundstücke und die Veröffentlichung von Eigentumsübertragungen von Grundstücken vom 6. Oktober 1989 (AS 1989, 1974): Die Regelung stützte sich nach der (umstrittenen) Auffassung des Bundesrates auf Art. 64 aBV (neu Art. 122 Abs. 1 BV; vgl. BBl 1989 III, 217 ff.). Die Verletzung der Sperrfrist führte zur Nichtigkeit der entsprechenden Rechtsgeschäfte (Art. 5 Abs. 1). Diese Qualifikation wurde zu Recht kritisiert, weil die übrigen Normen der Regelung subordinierenden Charakter hatten und der Wahrung öffentlicher Interessen an der Raumplanung dienten. Die Geltungsdauer des Bundesbeschlusses ist am 31. Dezember 1994 abgelaufen. 232
- BG über den Erwerb von Grundstücken durch Personen im Ausland (BewG) vom 16. Dezember 1983 (SR 211.412.41): An die Verletzung verschiedener Normen knüpfen zivil- 233

rechtliche Folgen an (z.B. Nichtigkeit des Rechtsgeschäfts bei Verweigerung der Bewilligung [Art. 26 Abs. 2 lit. b BewG]). Die Bundesbehörden stützten das Gesetz deshalb u.a. auf Art. 64 aBV (Art. 122 Abs. 1 BV) ab (vgl. auch VPB 46 [1982] Nr. 21 S. 155 ff.).

234 – In BGE 138 II 134 ff. ging es um die Frage, ob das Rechtsverhältnis zwischen der Interkantonalen Zertifizierungsstelle (IZS) und eines von ihr kontrollierten Produzenten von Käse der Marke «Gruyère AOC» als öffentlich-rechtlich oder als privatrechtlich zu qualifizieren sei. Das Bundesgericht führte dazu aus: «[L]a certification est une condition légale préalable à la commercialisation d'un produit sous une dénomination protégée. En cas de violation de cette obligation, le producteur s'expose dorénavant à une sanction pénale pour utilisation illicite d'une appellation d'origine [...], même s'il peut établir que ses produits ont été fabriqués conformément au cahier des charges. [Cela] manifeste de la part du Conseil fédéral qu'il considère la [certification] comme un domaine sensible, à l'instar d'autres domaines réglementés qui mettent en jeu la sécurité ou la santé publiques, l'environnement ou la protection des consommateurs [...]. Dans la mesure où un éventuel retrait de certification a pour conséquence d'interdire à la recourante de commercialiser ses produits sous la dénomination «Gruyère», il faut dès lors admettre que le litige ressortit au droit public. [...] Au vu de sa notoriété, la dénomination ‹Gruyère› ne représente en effet pas un simple avantage comparatif comme peuvent en procurer certains labels privés, mais participe de l'identité même du produit; son utilisation a donc un impact direct et important sur le succès commercial des fromages et leur prix de vente. Même si elle n'est, légalement, pas absolument obligatoire pour mettre ses produits sur le marché, la certification constitue donc à tout le moins une exigence commerciale difficilement contournable pour la recourante qui se trouverait alors dans l'impossibilité de vendre ses fromages sous l'appellation ‹Gruyère›. Il en va en effet, sinon de sa survie, du moins de la rentabilité de son activité. En d'autres termes, bien qu'elle soit formellement facultative et procède d'une démarche volontaire, la certification représente de facto une obligation pour la recourante.» Das Bundesgericht kommt deshalb zum Schluss, dass «[i]l s'ensuit que, sous l'angle du critère modal, le litige doit être rangé dans la catégorie du droit public, car un retrait de la certification litigieuse constitue une importante restriction d'accès au marché en vertu de l'interdiction [...] prévue [en droit public]» (BGE 138 II 134, 156 ff. = Pra 101 [2012] Nr. 100, S. 686 ff.).

c) Kombination der verschiedenen Kriterien

235 Die genannten Kriterien der Subordinations-, Interessen- und Funktionstheorie sowie der modalen Theorie heben je ein für das öffentliche Recht bedeutsames Element hervor und sind deshalb je für sich allein genommen einseitig und ungenügend. Lehre und Praxis wenden die Kriterien kombiniert im Sinne eines *Methodenpluralismus* auf einen Einzelfall an. Keines der Kriterien hat dabei a priori Vorrang.

236 Das Bundesgericht prüft «in jedem Einzelfall, welches Abgrenzungskriterium den konkreten Gegebenheiten am besten gerecht wird. Damit wird dem Umstand Rechnung getragen, dass der Unterscheidung zwischen privatem und öffentlichem Recht ganz verschiedene Funktionen zukommen, je nach den Regelungsbedürfnissen und insbesondere den Rechtsfolgen, die im Einzelfall infrage stehen» (BGE 137 II 399, 401; 132 I 270, 273; 120 II 412, 414; BGer, Urteil 2C_807/2010 vom 25. Oktober 2011 E. 2.2; vgl. auch den französischen Wortlaut in BGE 138 II 134, 137 f. = Pra 101 [2012] Nr. 100, S. 671).

Beispiele:

237 – Der Kanton Graubünden kennt sowohl privat- wie auch öffentlich-rechtliche Alpgenossenschaften. Die Abgrenzung in einem konkreten Fall ist in erster Linie anhand des kantonalen Rechts und ergänzend aufgrund des kantonalen Gewohnheitsrechts vorzunehmen. Hilfsweise

kann aber auch auf jene allgemeinen Abgrenzungskriterien zurückgegriffen werden, welche den konkreten Gegebenheiten am besten gerecht werden (BGE 132 I 270, 273).

- Geradezu lehrbuchmässig ging das Bundesgericht in BGE 138 II 134 ff. vor, in dem es einen Streit zwischen einer Produzentin von Käse der Marke «Gruyère AOC» und der Interkantonalen Zertifizierungsstelle (IZS) zu beurteilen hatte (vgl. dazu bereits Rz. 234). Es bestätigte in einem ersten Schritt seine bereits früher (BGE 137 II 399 ff.; 132 I 270 ff.; 132 III 470 ff.) vertretene Haltung, dass keiner der Theorien a priori ein Vorrang gebühre, sondern im Einzelfall die geeignetste Theorie anzuwenden sei (BGE 138 II 134, 137 f. = Pra 101 [2012] Nr. 100 S. 671). Sodann befasste sich das Bundesgericht mit der Interessentheorie und befand, dass das AOC-System eher öffentlichen Interessen diene, als Kriterium jedoch nicht eindeutig sei. Im Lichte der Funktionstheorie sprach nach Meinung des Bundesgerichts für öffentliches Recht, dass die Zertifizierungsstelle durch staatliche Stellen überwacht werde; dagegen sprach, dass mit der Zertifizierung keinerlei Hoheitsbefugnisse übergingen. Bei der Frage nach der Subordination sah das Bundesgericht verschiedene Elemente eines Ungleichgewichts zu Gunsten der Zertifizierungsstelle, was allerdings auch in einem privatrechtlichen Verhältnis der Fall sein könne. Insgesamt war also nach Meinung des Bundesgerichts die Zuordnung nach der Interessen-, der Funktions- und der Subordinationstheorie nicht eindeutig. Erst die modale Theorie führte das Bundesgericht schliesslich dazu, das Rechtsverhältnis dem öffentlichen Recht zuzuordnen, da die Beschränkung des Marktzugangs auf öffentlichem Recht basiere (BGE 138 II 134, 137 ff. = Pra 101 [2012] Nr. 100, S. 671 ff.; vgl. auch das Beispiel in Rz. 1437 und Rz. 2144). 238
- Das Verhältnis zwischen dem Tierspital der Universität Zürich und den Eigentümern der dort behandelten Tiere ist privatrechtlicher Natur. Die Verwaltungsaufgabe des Tierspitals besteht primär in der Ausbildung von Tierärzten und nicht in der medizinischen Versorgung von Tieren. Diese ist eine Dienstleistung des Tierspitals zu Gunsten Dritter (vergleichbar mit Forschungsaufträgen von Privaten) und untersteht dem freien Wettbewerb. Es handelt sich daher um eine gewerbliche Tätigkeit. Der Tierhalter wird durch die Inanspruchnahme der Leistungen des Tierspitals diesem gegenüber auch nicht einem besonderen Rechtsverhältnis unterworfen. Tierhalter und Tierspital haben bei der Regelung ihrer gegenseitigen Beziehung aufgrund der Gebührenordnung zwar nur einen beschränkten Gestaltungsspielraum. Es besteht aber kein Kontrahierungszwang seitens des Spitals (Verwaltungsgericht des Kantons Zürich, Urteil VB.2000.00311 vom 8. Dezember 2000 = ZBl 102 [2001] 378 ff.; siehe zu den Handlungsformen insb. Rz. 1287). 239

3. Praktische Bedeutung der Zuordnung zum öffentlichen Recht

Aus der Zuordnung der Rechtsnormen, welche die Verwaltungstätigkeit regeln, zum öffentlichen Recht ergeben sich praktische Konsequenzen: 240

- Der Vollzug erfolgt durch die Verwaltungsbehörden von Amtes wegen.
- Es kommen die öffentlich-rechtlichen Verfahrensvorschriften zum Zug (z.B. das Bundesgesetz über das Verwaltungsverfahren [VwVG]).
- Die Verwaltungsbehörden sind an den Grundsatz der Gesetzmässigkeit gebunden und haben die Grundrechte, insbesondere das Rechtsgleichheitsgebot, das Willkürverbot und die Freiheitsrechte, zu beachten. Allerdings ist heute grundsätzlich anerkannt, dass die Verwaltungsbehörden auch im Bereich privatrechtlichen Handelns an die Grundrechte und an die Gesetze gebunden sind (vgl. Rz. 1404 ff.). Entscheidend ist die Erfüllung einer staatlichen Aufgabe (vgl. Art. 35 Abs. 2 BV).
- Für die Handlungen der Verwaltungsbehörden gilt eine besondere Regelung der Haftung.

- Für die Erledigung von Streitigkeiten sind besondere Rechtspflegebehörden zuständig.

4. Gemischte Normen (Doppelnormen)

a) Begriff

241 Gemischte Normen oder sog. Doppelnormen sind Rechtssätze, die zugleich öffentlich-rechtliche und privatrechtliche Vorschriften enthalten. Es handelt sich dabei um Regelungen, die gleichzeitig privaten und öffentlichen Interessen dienen.

b) Anwendungsfälle

242 Die Praxis anerkennt gemischte Normen vor allem in folgenden Fällen:

- *Abstandsvorschriften im Baurecht:* Kantonale Bauvorschriften über den Abstand von Gebäuden können öffentlich-rechtlichen, privatrechtlichen oder gemischten Charakter haben. Dabei ist die Regelung von Kanton zu Kanton verschieden (vgl. BGE 106 Ib 231, 239; 90 I 206, 208 ff. betreffend nachbarrechtlichen Anspruch auf Licht und Sonnenschein).
- *Regelung der Informations-, Sorgfalts- und Treuepflicht des Effektenhändlers* (Art. 11 BEHG; vgl. dazu BGE 133 III 97, 99 f.; unklar ist hingegen die Rechtsnatur des gestützt auf Art. 8 Abs. 1 BEHG [ab 1. Januar 2016 Art. 35 Abs. 1 FinfraG] von der Schweizer Börse Swiss Exchange [SIX] erlassenen Kotierungsreglements; offen gelassen in BGE 137 III 37 ff.). Die Verletzung einer solchen Pflicht kann Massnahmen der Aufsichtsbehörde nach sich ziehen, aber auch die zivilrechtliche Rechtsbeziehung zwischen Händler und Kunden beeinflussen.
- Vorschrift des freien Zuganges zu Wald und Weide (Art. 699 ZGB; siehe auch Art. 14 WaG).
- Viele Bestimmungen des Bundesgesetzes über den Datenschutz (DSG) vom 19. Juni 1992 (SR 235.1) und des Bundesgesetzes über Kartelle und andere Wettbewerbsbeschränkungen (Kartellgesetz, KG) vom 6. Oktober 1995 (SR 251) können in zivilrechtlichen und in öffentlich-rechtlichen Verfahren durchgesetzt werden.

243 Beispiel:
Ein Grundeigentümer zäunte sein Grundstück von ca. 10 ha ein, um Rothirsche zum Zwecke der Fleischgewinnung zu züchten. Die zuständige Gemeindebehörde verbot dies gestützt auf das kantonale Forstrecht und Art. 699 ZGB. Sie begründete das Verbot mit dem Interesse der Allgemeinheit am freien Zutritt zu der schönen Landschaft mit Aussichtspunkten und reicher Flora. In Bestätigung seiner früheren Rechtsprechung schützte das Bundesgericht das Verbot. Es erklärte, Art. 699 ZGB sei eine Doppelnorm, d.h. ein Rechtssatz, der sowohl privat- als auch öffentlich-rechtliche Vorschriften enthalte. Als privatrechtliche Norm regle Art. 699 ZGB das Verhältnis zwischen Grundeigentümer und Spaziergängern bzw. Beeren- oder Pilzsammlern. Aufgrund der öffentlich-rechtlichen Vorschrift in Art. 699 ZGB seien die Behörden ermächtigt, von Amtes wegen über den freien Zutritt zu Wald und Weide zu wachen und entsprechende Regelungen zu erlassen (BGE 106 Ib 47, 48 ff.; vgl. auch BGE 122 I 70, 80 f.; 114 Ib 238 ff.; 109 Ia 76, 78 ff.; 96 I 97, 99 ff.).

c) Bedeutung

In der Praxis hat der Doppelcharakter vor allem folgende Konsequenzen: 244
- Die Doppelnormen können sowohl von den betroffenen Privaten angerufen wie von den Behörden von Amtes wegen angewendet werden.
- Vereinbarungen der Privaten sind nicht ausgeschlossen, haben sich aber an den vom öffentlichen Interesse bestimmten Rahmen zu halten.
- Für die Entscheidung über Rechtsstreitigkeiten können sowohl zivilrechtliche wie öffentlich-rechtliche Rechtsschutzorgane zuständig sein.

II. Übernahme von Begriffen und Normen des Privatrechts ins Verwaltungsrecht

1. Anknüpfung des Verwaltungsrechts an privatrechtliche Tatbestände

Das Verwaltungsrecht kann eine verwaltungsrechtliche Rechtsfolge davon abhängig machen, dass gewisse *privatrechtliche Tatbestände* erfüllt sind. So ist für die Erhebung von Schenkungssteuern in der Regel Voraussetzung, dass eine Schenkung im Sinne des Obligationenrechts vorliegt. Oder eine Grundsteuer muss nur dann entrichtet werden, wenn der Steuerpflichtige zivilrechtlicher Eigentümer des Grundstückes ist. 245

Es ist allerdings zu beachten, dass nicht in allen Fällen, in denen ein im Zivilrecht geläufiger Begriff oder Tatbestand im Verwaltungsrecht verwendet wird, dieser Begriff oder Tatbestand im Verwaltungsrecht gleich ausgelegt wird wie im Zivilrecht. So enthalten etwa gerade die Gesetze über die Schenkungssteuern häufig einen selbstständigen Begriff der Schenkung, der sich mit der privatrechtlichen Umschreibung nicht deckt, und bei der Handänderungssteuer gilt der Kauf der Aktienmehrheit einer Immobilienaktiengesellschaft regelmässig als Handänderung, obwohl die Eigentümerin gemäss Grundbuch nicht ändert. Auch bei der Erbschaftssteuer kann der Gesetzgeber an zivilrechtlichen Begriffen anknüpfen oder eigene öffentlich-rechtliche Begriffe schaffen (BGE 136 II 525, 531; 130 I 205, 221). 246

Beispiel: 247

Nach Art. 33 Abs. 1 lit. c DBG können Unterhaltsbeiträge an den geschiedenen Ehegatten von den Steuern abgezogen werden. Der zivilrechtliche Begriff des Unterhaltsbeitrages in Art. 126 ZGB (Art. 151 und 152 aZGB) umfasst sowohl Renten wie Kapitalleistungen. Das DBG regelt die Frage, ob ein als Kapitalleistung ausgestalteter Unterhaltsbeitrag ebenfalls von den Steuern abgezogen werden könne, nicht ausdrücklich. Durch Auslegung ergibt sich, dass es einen eigenen (steuerrechtlichen) Begriff des (abzugsfähigen) Unterhaltsbeitrages enthält, der nur Renten umfasst (BGE 125 II 183 ff.).

2. Verweisung des Verwaltungsrechts auf Normen des Privatrechts

Die Erlasse des Verwaltungsrechts *verweisen* zuweilen auf Normen des Privatrechts, statt für den betreffenden Sachverhalt eine eigene Regelung zu treffen. Dieses Vorgehen 248 ist dort sinnvoll, wo die Normen des Privatrechts für die betreffende öffentlich-rechtliche Materie ebenso gut passen wie für das Privatrecht.

Beispiele:

249 – Das Verantwortlichkeitsgesetz (VG) regelt im Bund die Staatshaftung. Art. 7 VG sieht vor, dass der Bund, dem aus dem Verhalten eines Beamten eine Ersatzpflicht gegenüber den geschädigten Privaten erwachsen ist, Rückgriff auf den Beamten nehmen darf, wenn dieser vorsätzlich oder grob fahrlässig gehandelt hat. Das Gesetz verzichtet auf eine detaillierte Regelung des Rückgriffs und verweist dafür in Art. 9 VG auf die Bestimmungen des Obligationenrechts über die Entstehung von Obligationen durch unerlaubte Handlungen (Art. 41 ff. OR), die entsprechend anzuwenden sind.

250 – Nach Art. 6 Abs. 2 BPG (Bundespersonalgesetz) sind die einschlägigen Bestimmungen des Obligationenrechts auf die Arbeitsverhältnisse des Bundespersonals sinngemäss anwendbar, sofern kein Bundesgesetz etwas Abweichendes bestimmt. Dementsprechend finden auch die Normen des Allgemeinen Teils des Obligationenrechts (Willensmängel etc.) bei einer öffentlich-rechtlichen Anstellung Anwendung (BGE 132 II 161, 163 ff.; BVGer, Urteil A-6800/2009 vom 29. Juli 2010 E. 4.2.3). Die privatrechtlichen Grundsätze dürfen aber nicht unbesehen übertragen werden. Bei der fristlosen Kündigung eines Bundesbeamten aus wichtigen Gründen ist die privatrechtliche Praxis, wonach die Kündigung innerhalb von zwei bis drei Arbeitstagen auszusprechen ist, nicht anwendbar (vgl. BGE 138 I 113, 118; 130 III 28, 34). Da die Entlassung in Form einer Verfügung ergeht, ist diese zu begründen und dem Adressaten vorher das rechtliche Gehör zu gewähren. Zudem erschweren die speziellen Verfahrensabläufe innerhalb der Verwaltung die unverzügliche Aussprechung der Kündigung (BGE 138 I 113, 118 f.; BGer, Urteil 8C_170/2009 vom 25. August 2009 E. 6.2.1). Dagegen kann bezüglich der materiellen Kündigungsgründe auf die privatrechtliche Praxis abgestellt werden.

251 Die Normen, die aus dem Privatrecht übernommen werden und im Rahmen einer verwaltungsrechtlichen Rechtsbeziehung zur Anwendung kommen, gelten jedoch nicht als Privatrecht, sondern als *subsidiäres öffentliches Recht* (BGE 140 I 320, 322; 138 I 232, 236 f.; BGer, Urteil 8C_478/2012 vom 16. Juli 2012). Der Rechtsschutz richtet sich daher nach dem öffentlichen Recht.

3. Analoge Anwendung des Privatrechts zur Lückenfüllung im öffentlichen Recht

252 Wird im öffentlichen Recht eine Lücke (vgl. dazu Rz. 201 ff.) festgestellt, so ist diese primär durch analoge Anwendung von öffentlich-rechtlichen Normen zu füllen, d.h., es ist auf Normen abzustellen, die das öffentliche Recht für verwandte Fälle bereithält. Erst wenn sich im öffentlichen Recht keine analog anwendbare Bestimmung findet, ist – sekundär – auf ähnliche Regelungen im Privatrecht zurückzugreifen.

253 Beispiel für analoge Anwendung von *öffentlich-rechtlichen Regelungen* verwandter Sachbereiche: Sinngemässe Anwendung von Bestimmungen über die Verjährungsfrist, die sich im gleichen oder in einem anderen öffentlich-rechtlichen Erlass für verwandte Arten von Forderungen finden (BGE 140 II 384, 396; 122 II 26, 32 f.; 116 Ia 461, 464 ff.; vgl. auch Rz. 777).

Beispiele für analoge Anwendung des *Privatrechts:*

254 – Sinngemässe Anwendung der Vorschriften des OR über Willensmängel auf den Enteignungsvertrag (Urteil des Verwaltungsgerichts des Kantons Zürich, ZBl 66 [1965] 120, 122 f.) und auf das Angebot in einem Versteigerungsverfahren von Zollkontingenten für die Einfuhr von Weisswein (Entscheid der Rekurskommission EVD, VPB 62 [1998] Nr. 70).

- Sinngemässe Anwendung der Vorschriften des Privatrechts auf die Frage des vorzeitigen Austritts aus einer Krankenkasse aus wichtigen Gründen, da entsprechende Vorschriften im Krankenversicherungsrecht und in den Kassenstatuten fehlen (BGE 105 V 86, 88). 255
- Sinngemässe Anwendung der zu Art. 47 und 49 OR entwickelten Grundsätze bei der Bemessung einer Genugtuung eines Opfers von Straftaten, weil das Bundesgesetz über die Hilfe an Opfer von Straftaten (Opferhilfegesetz, OHG) vom 23. März 2007 (SR 312.5) keine entsprechenden Kriterien kennt (BGE 132 II 117, 119; 128 II 49, 53 f.). 256

Eine analoge Anwendung von Privatrecht zur Lückenfüllung im öffentlichen Recht liegt nicht vor, wenn allgemeine Rechtsgrundsätze zur Anwendung gelangen. Diese sind Rechtsnormen, die zum Teil nur im Privatrecht ausdrücklich formuliert sind, aber wegen ihrer allgemeinen Tragweite als ungeschriebenes Recht in allen Rechtsgebieten, also auch im öffentlichen Recht, Geltung haben (vgl. Rz. 145 ff.). Entscheidend für die Abgrenzung ist das Mass der Verfestigung bzw. Verselbständigung dieser Grundsätze. 257

§ 5 Zeitlicher und räumlicher Geltungsbereich des Verwaltungsrechts

Literatur

BORGHI MARCO, Il diritto amministrativo intertemporale, ZSR 102/II (1983) 385 ff.; BREINING-KAUFMANN CHRISTINE, Internationales Verwaltungsrecht, ZSR 125/II (2006) 5 ff.; GRIFFEL ALAIN, Intertemporales Recht aus dem Blickwinkel des Verwaltungsrechts, in: Felix Uhlmann (Hrsg.), Intertemporales Recht, S. 7 ff.; GUCKELBERGER ANNETTE, Vorwirkung von Gesetzen im Tätigkeitsbereich der Verwaltung, Berlin 1997; KÖLZ ALFRED, Intertemporales Verwaltungsrecht, ZSR 102/II (1983) 101 ff.; MEYER ULRICH/ARNOLD PETER, Intertemporales Recht, ZSR 124/I (2005) 115 ff.; MÜLLER GEORG, Die Einführung neuer Rechtsnormen in die bestehende Rechtsordnung, in: Kurt Eichenberger/Walter Buser/Alexandre Métraux/Paul Trappe (Hrsg.), Grundfragen der Rechtssetzung, Basel 1978, S. 369 ff.; NGUYEN MINH SON, Droit administratif international, ZSR 125/II (2006) 75 ff.; OTT CHARLES, Der Grundsatz der Nichtrückwirkung von Verwaltungsnormen, Diss. Zürich 1952; PFISTERER MARTIN, Die Anwendung neuer Bauvorschriften auf bestehende Bauten und Anlagen, Diss. Bern, Diessenhofen 1979; PULVER BERNHARD, Le droit transitoire – parent pauvre de la législation?, LeGes 16 (2005), Heft 3, 91 ff.; ROTH MARIUS, Die Veröffentlichung von Rechtsnormen in der Schweiz, Diss. Bern, Zürich 2012; STRAUB MARTIN, Das intertemporale Recht bei der Baubewilligung, Diss. Zürich 1976; THOMMEN MARCELLE, Zur Problematik der sogenannten Vorwirkung, Diss. Basel 1979; UHLMANN FELIX (Hrsg.), Intertemporales Recht aus dem Blickwinkel der Rechtsetzungslehre und des Verwaltungsrechts, Zürich/St. Gallen 2014; UHLMANN FELIX, Intertemporales Recht aus dem Blickwinkel der Rechtsetzungslehre, in: Felix Uhlmann (Hrsg.), Intertemporales Recht, S. 33 ff.; UHLMANN FELIX/TRÜMPLER RALPH, «Das Rückwirkungsverbot ist im Bereich der Amtshilfe nicht von Bedeutung» – Überlegungen zum Urteil des Bundesverwaltungsgerichts vom 15. Juli 2010 betreffend den UBS-Staatsvertrag, ZSR 130/I (2011) 139 ff.; VISCHER MARKUS, Die allgemeinen Bestimmungen des schweizerischen intertemporalen Rechts, Diss. Zürich 1986; WYSS MARTIN PHILIPP, Recht zeitig oder rechtzeitig? Vom Umgang der Rechtsetzung mit der Zeit, LeGes 16 (2005), Heft 3, 13 ff; ZÜST MARKUS, Veröffentlichung und Inkrafttreten von Rechtserlassen, Diss. Zürich 1976.

I. Zeitlicher Geltungsbereich

1. Inkrafttreten von Erlassen

a) Allgemeines

258 Die rechtlichen Wirkungen eines Erlasses beginnen mit seinem Inkrafttreten. Der Zeitpunkt des Inkrafttretens wird grundsätzlich im Erlass selber festgesetzt.

259 Im *Bund* bestimmen *Bundesgesetze* oft nicht selbst den Zeitpunkt des Inkrafttretens, sondern überlassen die Regelung dem Bundesrat. Der Grund dafür liegt darin, dass Bundesgesetze häufig erst in Kraft treten können, nachdem der Bundesrat die erforderlichen Ausführungsbestimmungen erlassen hat. *Verordnungen* legen den Zeitpunkt des Inkrafttretens meist selbst fest. Für die *Kantone* gelten ähnliche Regelungen.

b) Publikation als Voraussetzung des Inkrafttretens

Aus rechtsstaatlichen Gründen, insbesondere im Hinblick auf die Rechtssicherheit, gilt der *Grundsatz,* dass rechtssetzende Erlasse erst nach ihrer Publikation in der Gesetzessammlung für die Privaten verbindlich werden. 260

Das Bundesgesetz über die Sammlungen des Bundesrechts und das Bundesblatt (Publikationsgesetz, PublG) vom 18. Juni 2004 (SR 170.512) regelt die Veröffentlichung der Erlasse des Bundes. Die Publikation eines Erlasses in der amtlichen Gesetzessammlung ist in der Regel Voraussetzung für seine Verbindlichkeit (vgl. Art. 8 PublG sowie BGE 125 I 182, 186). 261

Art. 7 Abs. 1 PublG hält als Grundsatz fest, dass ein Erlass des Bundes mindestens *fünf Tage vor seinem Inkrafttreten* in der Amtlichen Sammlung (AS) veröffentlicht werden muss. Aus Gründen der Dringlichkeit oder wegen anderer ausserordentlicher Verhältnisse kann ein Erlass auch vorerst auf andere Weise – über Radio und Fernsehen, mittels Pressemitteilungen usw. – bekannt gemacht werden (sog. *ausserordentliche Bekanntmachung,* Art. 7 Abs. 3 PublG). 262

2. Ausserkrafttreten von Erlassen

Befristete Erlasse treten mit Ablauf der Frist ausser Kraft. *Unbefristete Erlasse* können durch spätere Erlasse gleicher oder höherer Stufe aufgehoben werden (Erfordernis der Parallelität der Form; vgl. BGE 130 I 140, 149). Dabei ist zwischen formeller und materieller Aufhebung zu unterscheiden. 263

Eine *formelle Aufhebung* liegt vor, wenn ein Erlass gleicher oder höherer Stufe einen älteren Erlass ausdrücklich als aufgehoben erklärt. Bei Ausserkrafttreten des jüngeren Erlasses lebt der ältere Erlass nicht wieder auf. Einen Sonderfall der formellen Aufhebung stellt die Suspendierung eines Erlasses dar. Hier wird der Erlass nur zeitlich befristet aufgehoben. Nach Ablauf der Frist lebt der Erlass wieder auf. 264

Eine *materielle Aufhebung* liegt vor, wenn sich ein neuer Erlass mit älterem Recht deckt oder diesem widerspricht (lex posterior derogat legi priori; Vorrang des jüngeren Erlasses). Ob dies zutrifft, ist durch Auslegung zu ermitteln (vgl. Rz. 183 ff.). Bei einer materiellen Aufhebung wird das ältere Recht nicht beseitigt und lebt wieder auf, wenn der jüngere Erlass später formell aufgehoben wird. 265

3. Rückwirkung

Rechtsnormen wirken grundsätzlich in die Zukunft. Nehmen Rechtsnormen auf *bereits Geschehenes* Bezug, besteht die Gefahr, dass die Betroffenen durch die Rechtsänderung überrascht werden und sich anders verhalten hätten, wenn ihnen das neue Recht bekannt gewesen wäre. Rückwirkendes Recht kann damit in Widerspruch zu Rechtssicherheit und Vertrauensschutz geraten. Es besteht auch ein Spannungsfeld zum Legalitätsprinzip, da bereits Geschehenes nicht nach dem im Zeitpunkt des Geschehens geltenden Recht beurteilt wird. 266

267 Aus diesem Grund sind gewisse Formen der Rückwirkung verboten. Dieser Grundsatz beruht nicht auf einer expliziten Verfassungsgrundlage. Es wird aber als rechtsstaatlicher Grundsatz behandelt (vgl. Rz. 320 ff., 322).

a) Echte Rückwirkung

aa) Begriff

268 Echte Rückwirkung liegt vor, wenn neues Recht auf einen Sachverhalt angewendet wird, der sich *abschliessend* vor Inkrafttreten dieses Rechts verwirklicht hat. Das ist z.B. dann gegeben, wenn ein neues Steuergesetz die Steuerpflicht an Tatbestände anknüpft, die vor dem Inkrafttreten des Gesetzes eingetreten sind, also z.B. eine Schenkungssteuer einführt, welche auch Schenkungen, die vor Inkrafttreten des Gesetzes gemacht worden sind, einer Besteuerung unterstellt.

bb) Grundsatz des Verbotes der echten Rückwirkung

269 Es ist vom Grundsatz auszugehen, dass echte Rückwirkung *unzulässig* ist. Niemandem sollen Verpflichtungen auferlegt werden, die sich aus Normen ergeben, welche ihm zum Zeitpunkt, als sich der Sachverhalt verwirklichte, nicht bekannt sein konnten, mit denen er also nicht rechnen konnte und musste.

cc) Voraussetzungen für die Zulässigkeit der echten Rückwirkung

270 Ausnahmsweise ist gemäss bundesgerichtlicher Praxis die echte Rückwirkung eines Erlasses zulässig, wenn folgende Voraussetzungen kumulativ erfüllt sind (BGE 138 I 189, 193 f.; 126 V 134, 135; 125 I 182, 186; 124 III 266, 271 f.; 122 V 405, 408; 119 Ia 254, 257 ff.; 113 Ia 412, 425; BVGE 2009/3 E. 3.4; BVGer, Urteil C-4534/2012 vom 2. Dezember 2014 E. 3.2.1 ff.; Urteil C-1875/2010 vom 5. September 2012 E. 2.3):

- Die Rückwirkung muss *ausdrücklich angeordnet* oder nach dem Sinn des Erlasses klar gewollt sein.
- Die Rückwirkung muss *zeitlich mässig* sein (vgl. BGE 102 Ia 69, 72 f.; 77 I 183, 190, wonach eine Rückwirkung von einem Jahr noch als mässig gilt). Entscheidend sind die besonderen Verhältnisse der betreffenden Regelung. Insbesondere die Voraussehbarkeit der Gesetzesänderung spielt eine grosse Rolle (vgl. IMBODEN/RHINOW, Bd. I, S. 105; DUBEY/ZUFFEREY, No. 384).
- Die Rückwirkung ist nur zulässig, wenn sie durch *triftige Gründe* gerechtfertigt ist. Fiskalische Gründe genügen grundsätzlich nicht, es sei denn, die öffentlichen Finanzen seien in Gefahr (BGE 125 I 182, 186 ff.; 119 Ia 254, 258; BGer, Urteil 2A.228/2005 vom 23. November 2005 E. 3.1 f.). Dagegen kann das Gebot rechtsgleicher Behandlung eine Rückwirkung rechtfertigen.
- Die Rückwirkung darf *keine stossenden Rechtsungleichheiten* bewirken.
- Die Rückwirkung darf *keinen Eingriff in wohlerworbene Rechte* (vgl. Rz. 1237 ff.) darstellen. So ist z.B. eine rückwirkende Enteignung unzulässig (VEB 11 [1937] Nr. 208, S. 211 f.).

Die beiden letzten Voraussetzungen bringen für die Problematik der Rückwirkung Grundsätze zur Anwendung, die im gesamten Verwaltungsrecht ohnehin gelten. Die ersten drei Voraussetzungen ähneln den rechtsstaatlichen Grundsätzen nach Art. 5 BV (Legalitätsprinzip, öffentliches Interesse, Verhältnismässigkeit). 271

Beispiele:

- Die am 14. Juni 2015 vom Volk abgelehnte Initiative «Millionen-Erbschaften besteuern für unsere AHV (Erbschaftssteuerreform)» (vgl. BBl 2011, 6459 ff.; 2014, 151 ff.) sah eine Erbschafts- und Schenkungssteuer von 20 % vor, wobei zwei Drittel des Ertrages der Finanzierung des AHV-Ausgleichsfonds dienen sollten. Die Zulässigkeit der Übergangsregelung, wonach Schenkungen ab dem 1. Januar 2012 dem Nachlass zuzurechnen und damit rückwirkend zu besteuern sind, war fraglich. Da die Übergangsbestimmung nicht bloss den Umfang der Steuerpflicht festlegt, sondern die Steuerpflicht als solche an bereits vor Inkrafttreten der neuen Bestimmung abgeschlossene Sachverhalte knüpft (vgl. Rz. 282), liegt ein Fall echter Rückwirkung vor. Damit die echte Rückwirkung zulässig ist, verlangt die bundesgerichtliche Praxis wie dargelegt die kumulative Erfüllung mehrerer Voraussetzungen, wovon zwei im vorliegenden Beispiel nicht erfüllt sind. Einerseits muss die Rückwirkung zeitlich mässig sein, was angesichts der erforderlichen Zeitdauer bis zum Inkrafttreten der neuen Verfassungsbestimmung offensichtlich nicht erfüllt ist (vgl. die im Parlamentsgesetz vorgesehenen Fristen für den Beschluss über die Empfehlung zur Annahme oder Ablehnung der Initiative: Art. 100 und 105 ParlG). Andererseits müssen triftige Gründe für die Rückwirkung vorliegen. Die rückwirkende Besteuerung dient aber ausschliesslich der Deckung des Finanzbedarfs des Gemeinwesens. Da sich dieses nicht in einer finanziellen Notlage befindet, überwiegt das öffentliche Interesse an der Voraussehbarkeit staatlichen Handelns und am Schutz des Vertrauens in den Bestand der Gesetze gegenüber dem öffentlichen Interesse, dem AHV-Ausgleichsfonds und den Kantonen Steuererträge zuzuführen. Die unzulässige Rückwirkung in der Übergangsbestimmung ist für die Gültigkeit der Volksinitiative jedoch nicht von Belang (BBl 2014, 151; vgl. zum Ganzen GEORG MÜLLER, Gutachten ‹Volksinitiative Erbschaftssteuerreform und Rückwirkungsverbot› vom 11. Februar 2013 [abrufbar unter ‹www.sav-fsa.ch/de/documents/dynamiccontent/gutachten_g_mueller.pdf›, besucht am 21. Juli 2015]; vgl. auch GRIFFEL, Intertemporales Recht, S. 30 f.). 272
- 1964 wurde ein – inzwischen revidierter – Art. 341bis ins Obligationenrecht aufgenommen, der als Mindestferiendauer 2 Wochen vorsah, den Kantonen aber die Möglichkeit gab, die Dauer der Ferien auf bis zu 3 Wochen zu erhöhen. Am 3. Dezember 1967 nahm das Schaffhauser Volk eine Initiative an, die diese Möglichkeit zum Teil nutzte und eine nach Alter differenzierte Feriendauer vorsah. Dieses Gesetz sollte – rückwirkend – auf den 1. Januar 1967 in Kraft treten. Das Bundesgericht hiess eine Beschwerde gut, die sich gegen diese Übergangsregelung richtete. Es verneinte das Vorliegen eines triftigen Grundes, indem es ausführte, dass die Mindestferiendauer der Gesundheit der Arbeiter diene, dieses Ziel aber mit der Rückwirkung für das Jahr 1967 nicht erreicht werden könne, da die zusätzlichen Ferien nur durch Geldersatz oder Nachgewährung abgegolten werden könnten. Ausserdem stelle die Rückwirkung einen Eingriff in die Rechte derjenigen Arbeitgeber dar, die im Vertrauen auf das alte Recht im Jahr 1967 weniger als 3 Wochen Ferien vereinbart hätten (BGE 94 I 1, 5 ff.). 273
- Mit Beschluss vom 12. Februar 1993 setzte der Staatsrat des Kantons Waadt ein Dekret des Grossen Rates auf den 1. Januar 1993 in Kraft, welches den Verzicht auf die Anpassung der Gehälter der Beamtinnen und Beamten der kantonalen Verwaltung an die Teuerung für das Jahr 1993 anordnete. Das Bundesgericht hielt diese Rückwirkung für zulässig. Sie sei im Dekret vorgesehen, zeitlich sehr begrenzt und führe nicht zu stossenden Rechtsungleichheiten. Sie greife nicht in wohlerworbene Rechte ein, da der Gesetzgeber die Anstellungsbedingungen der Beamtinnen und Beamten ändern könne, auch wenn es um die Besoldung gehe. Für den Verzicht auf den Teuerungsausgleich gebe es triftige Gründe. Die Finanzen des Kantons Waadt seien in einem schlechten Zustand, der Massnahmen zur Verbesserung notwendig mache. Das öffentliche Interesse an der rückwirkenden Inkraftsetzung des Dekretes überwiege gegenüber dem Interesse der Beamtinnen und Beamten, den Teuerungsausgleich für den Monat Januar und einige Tage des Februars 1993 noch zu erhalten. Für die Rückwirkung spreche auch die 274

Verwaltungsökonomie, da es einfacher sei, den für ein Jahr angeordneten Verzicht auf den Teuerungsausgleich mit dem Kalenderjahr zusammenzufallen als ihn vom März 1993 bis Ende Februar 1994 gelten zu lassen. Im Übrigen seien die Betroffenen nicht überrascht worden, da ihnen die geplante Massnahme seit dem Herbst 1992 bekannt gewesen sei (BGE 119 Ia 254, 258 f.).

dd) Zulässigkeit der Rückwirkung begünstigender Erlasse

275 Das Verbot der Rückwirkung findet seine Begründung darin, dass den Privaten keine Pflichten auferlegt oder Rechte entzogen werden sollen, mit denen sie im Zeitpunkt der Verwirklichung des Sachverhalts nicht rechnen mussten. Diese Bedenken entfallen, wenn die Rückwirkung den Privaten nur Vorteile bringt, d.h., wenn ein begünstigender Erlass mit rückwirkender Kraft ausgestattet ist.

276 Selbstverständlich darf auch die Rückwirkung begünstigender Erlasse nicht zu Rechtsungleichheiten führen oder Rechte Dritter beeinträchtigen (BGE 119 Ib 103, 110). Ausserdem darf aus der Zulässigkeit der Rückwirkung begünstigender Erlasse nicht auf einen *Anspruch* auf Rückwirkung solcher Erlasse geschlossen werden (BGE 134 I 257, 261; 99 V 200, 203). Ein solcher Anspruch besteht nur, wenn er vom Gesetz vorgesehen ist.

Beispiele:

277 – Das Bundesgericht bejahte grundsätzlich die Möglichkeit, dass eine neue Regelung der Staatshaftung rückwirkend auf ein Schadenereignis, das sich vor dem Inkrafttreten ereignet hat, angewendet werden kann, soweit sie bloss begünstigend wirkt und keine Nachteile sowohl für die Privaten als auch für die beteiligten Beamten mit sich bringt. Ein Anspruch auf rückwirkende Inkraftsetzung einer begünstigenden Regelung kann jedoch bloss dann geltend gemacht werden, wenn die einschlägigen Normen dies vorsehen (BGE 105 Ia 36, 40).

278 – Die rückwirkende Anwendung von Normen über Formmängel bei der Rechnungsstellung zu Gunsten der Mehrwertsteuerpflichtigen ist zulässig. Vorbehalten bleiben Fälle, in denen sich eine solche Rückwirkung aus Gleichbehandlungsgründen verbietet (BVGE 2007/25 E. 4.2).

b) Unechte Rückwirkung

aa) Begriff

279 Von unechter Rückwirkung ist in zwei Fällen zu sprechen. *Einerseits* liegt unechte Rückwirkung bei der *Anwendung neuen Rechts auf zeitlich offene Dauersachverhalte* vor. Dies ist gegeben, «wenn bei der Anwendung des neuen Rechts auf Verhältnisse abgestellt wird, die schon unter der Herrschaft des alten Rechts entstanden sind und beim Inkrafttreten des neuen Rechts noch andauern» (BGE 133 II 97, 101 f.; vgl. auch BGE 126 V 134, 135; 122 V 405, 408 f.; 118 Ia 245, 255; BGer, Urteil 2C_6/2010 vom 20. April 2010 E. 4; BVGer, Urteil A-2849/2014 vom 28. Oktober 2014 E. 5.2.2 f.). Die Abgrenzung von Einzel- und Dauersachverhalten verursacht in der Praxis gewisse Schwierigkeiten.

Beispiele:

280 – Anlässlich der 8. AHV-Revision erweiterte der Gesetzgeber den Kreis der Anspruchsberechtigten bei Witwenrenten auf Witwen mit Pflegekindern. Die neuen Bestimmungen traten am 1. Januar 1973 in Kraft. Frau Hemmi, die mit ihrem 1965 verstorbenen Mann zwei – inzwischen adoptierte – Pflegekinder aufgenommen hatte, ersuchte um Zuerkennung einer Witwenrente. Die Ausgleichskasse und – auf Beschwerde hin – das kantonale Versicherungsgericht

wiesen das Gesuch ab mit der Begründung, die neue Regelung habe keine rückwirkende Kraft und gelte deshalb nur für den Fall der Verwitwung nach ihrem Inkrafttreten anfangs 1973. Das Eidgenössische Versicherungsgericht hiess eine entsprechende Beschwerde von Frau Hemmi gut. Es erklärte, es liege gar keine echte, sondern eine unechte Rückwirkung vor. Es stelle sich lediglich die Frage, ob Leistungen nach neuem Recht vom Zeitpunkt des Inkrafttretens an auch in Fällen zu erbringen seien, in welchen der anspruchsbegründende Sachverhalt bereits vor dem Inkrafttreten eingetreten sei. Das Eidgenössische Versicherungsgericht bejahte diese Frage. Die Revision verfolge den Zweck, bestehende Lücken im Leistungssystem zu beseitigen. Deshalb müsse der Anspruch auf Witwenrente auch für diejenigen Frauen bestehen, die vor dem Inkrafttreten verwitwet seien. Es wäre stossend, wenn gerade diejenigen, die die Revision auslösten, leer ausgingen (BGE 99 V 200, 202 f.).

- Nach einer Änderung der Verordnung über die Begrenzung der Zahl der Ausländer (BVO) vom 6. Oktober 1986 (heute: Verordnung über Zulassung, Aufenthalt und Erwerbstätigkeit [VZAE] vom 24. Oktober 2007 [SR 142.201]), die am 1. Januar 1995 in Kraft getreten war, konnten nur Saisonbewilligungen von Personen aus Staaten der EFTA und der EU in eine Jahresbewilligung umgewandelt werden, wenn diese sich in den letzten vier aufeinander folgenden Jahren während insgesamt 36 Monaten ordnungsgemäss in der Schweiz aufgehalten hatten. Herr A., jugoslawischer Staatsangehöriger, hielt sich zwischen dem 16. Juli 1991 und dem 14. April 1995 während 36 Monaten ordnungsgemäss als Saisonnier in der Schweiz auf. Sein Gesuch vom 28. Oktober 1994 um Umwandlung der Saison- in eine Jahresbewilligung war mit Hinweis auf die Änderung der Begrenzungsverordnung von den zuständigen Behörden mit Entscheid vom 3. Januar 1995 abgelehnt worden, weil der Gesuchsteller aus Jugoslawien stammt, das nach der neuen Regelung nicht zu den in der Verordnung genannten Ländern gehörte. Das Bundesgericht wies eine Beschwerde, in welcher A. u.a. eine Verletzung des Rückwirkungsverbotes geltend gemacht hatte, mit der Begründung ab, das Rückwirkungsverbot biete grundsätzlich nur Schutz vor der Anwendung gesetzlicher Ordnungen, die an ein Ereignis anknüpfen, das vor deren Erlass abgeschlossen worden sei. «Eine unerlaubte Rückwirkung liegt hingegen nicht vor, wenn der Gesetzgeber auf Verhältnisse abstellt, die zwar unter der Herrschaft des alten Rechts entstanden sind, beim Inkrafttreten des neuen Rechts aber noch andauern.» Da A. bei Inkrafttreten der damalig neuen Regelung die erforderliche Anwesenheitsdauer noch nicht erreicht hatte, war der geregelte Sachverhalt noch nicht abgeschlossen, womit keine echte Rückwirkung vorlag (BGE 122 II 113, 124). 281

Andererseits spricht man von unechter Rückwirkung, wenn das *neue Recht* nur für die Zeit nach seinem Inkrafttreten zur Anwendung gelangt, dabei aber in einzelnen Belangen *auf Sachverhalte abstellt, die bereits vor Inkrafttreten vorlagen* (sog. Rückanknüpfung, vgl. BGE 114 V 150, 151; BVGer, Urteil A-6142/2012 vom 4. Februar 2014 E. 2.2; Urteil B-6954/2011 vom 12. Juli 2012 E. 4.9; Verwaltungsgericht des Kantons Zürich, Urteil VB.2006.00370 vom 7. September 2007 E. 2.2 ff.). Ein solcher Fall liegt z.B. vor, wenn ein neues Gesetz über die Einkommenssteuer vorsieht, dass bei der Bemessung der Steuern auf das Einkommen des Vorjahres, d.h. vor Inkrafttreten des Gesetzes, abgestellt wird. Der Grundgedanke dieser früher üblichen Pränumerandobesteuerung liegt darin, das Einkommen der Steuerperiode, welches das eigentliche Steuerobjekt bildet, nach den aus den Vorjahren sich ergebenden Elementen zu bemessen. Bei Steuergesetzen kann somit nur von echter Rückwirkung gesprochen werden, wenn das *Bestehen* einer Steuerpflicht an Sachverhalte anknüpft, die vor dem Inkrafttreten des Gesetzes verwirklicht worden sind, nicht aber dann, wenn lediglich der *Umfang* der Steuerpflicht nach Tatsachen bestimmt wird, die vor dem Inkrafttreten des Steuergesetzes eingetreten sind (BGE 102 Ia 31, 32 f.; vgl. auch BGE 104 Ib 205, 219 f. [betreffend die Festlegung von Einfuhrkontingenten in der Fleischversorgung, die aufgrund von 282

Faktoren bemessen werden, die sich vor dem Inkrafttreten der neuen Regelung herausgebildet haben]; BGer, Urteil 2C_477/2013 vom 16. Dezember 2013 E. 2.4 ff.).

bb) Grundsatz der Zulässigkeit der unechten Rückwirkung

283 Die unechte Rückwirkung ist *grundsätzlich zulässig,* sofern ihr nicht *wohlerworbene Rechte* entgegenstehen (BGE 126 V 134, 135; 118 Ia 245, 255 m.w.H.; vgl. auch BGer, Urteil 4A_6/2009 vom 11. März 2009 E. 2.6; vgl. Rz. 270, 303 und 1237 ff.). Die Anwendung neuen Rechts kann auch mit dem Grundsatz des *Vertrauensschutzes* kollidieren, wenn die Betroffenen im Vertrauen auf die Weitergeltung des bisherigen Rechts Dispositionen getroffen haben, die sich ohne Nachteil nicht wieder rückgängig machen lassen.

284 Nach der Praxis des Bundesgerichts konnten sich früher Private gegenüber Gesetzesänderungen grundsätzlich nicht auf den Schutz ihres Vertrauens berufen (BGE 114 Ib 17, 24 f.). In BGE 122 V 405, 409, hat das Bundesgericht diese Auffassung relativiert und festgestellt, eine Änderung von Rechtsnormen könne gegen den Vertrauensschutz verstossen, wenn die Betroffenen im Vertrauen auf den Bestand der Normen Dispositionen getroffen hätten, die sie nur schwer wieder rückgängig machen könnten; es bestehe insbesondere ein Anspruch auf eine *angemessene Übergangsregelung* (vgl. BGE 130 I 26, 60; BGer, Urteil 2C_694/2011 vom 19. Dezember 2011 E. 4.9.2). Die heute wohl herrschende Lehre tritt für eine umfassende Geltung des Vertrauensschutzprinzips auch im Bereich der Rechtssetzung ein (vgl. KÖLZ, S. 135 ff.; MÜLLER/UHLMANN, Rz. 175; BEATRICE WEBER-DÜRLER, Vertrauensschutz im öffentlichen Recht, Basel/Frankfurt a.M. 1983, S. 160 f., 280 ff. sowie Neuere Entwicklungen des Vertrauensschutzes, ZBl 103 [2002] 305 ff.; zurückhaltender TSCHANNEN/ZIMMERLI/MÜLLER, S. 199; vgl. dazu auch Rz. 624 ff.).

Beispiele:

285 – Am 1. Januar 2011 trat im Kanton St. Gallen eine neue Regelung in Kraft, die Anwälte, welche öffentliche Beurkundungen vornehmen wollen, dazu verpflichtet, sich in das neu geschaffene Register für Notare eintragen zu lassen. Voraussetzung für die prüfungslose Eintragung in das neue Register ist der Eintrag im Anwaltsregister des Kantons St. Gallen und damit verbunden die schwerpunktmässige Ausübung der Anwaltstätigkeit im Kanton. Einem Anwalt, der Inhaber des st. gallischen Anwaltspatentes ist, seine notarielle Tätigkeit aber seit 16 Jahren im Kanton Thurgau ausübte sowie eine Anwaltskanzlei mit Büros in den Kantonen Thurgau und St. Gallen unterhielt, wurde die Eintragung in das neue Register mangels schwerpunktmässiger Tätigkeit im Kanton St. Gallen (Hauptbüro) verweigert. Die Nichteintragung kam einem faktischen Entzug der Beurkundungsbefugnis gleich, da eine Verlagerung des Schwerpunktes seiner Tätigkeit in den Kanton St. Gallen ohne angemessene Übergangsfrist nicht realisierbar war. Das Bundesgericht bestätigte zwar seine Rechtsprechung, wonach der Schutz des Einzelnen, von staatlichen Organen nach Treu und Glauben behandelt zu werden, im Rahmen der Änderung von Erlassen grundsätzlich nicht greife, hielt aber zugleich fest, dass die Schaffung einer angemessenen Übergangsregelung aufgrund des Willkürverbotes und des Vertrauensschutzes dennoch geboten sein könne. Entsprechend sei die Verweigerung der Eintragung mit den Grundsätzen von Treu und Glauben nicht vereinbar, so dass dem Beschwerdeführer im Sinne einer angemessenen Übergangsfrist die provisorische Eintragung in das Register der Notare zu gewähren sei, zumal dieser eine langjährige Erfahrung als Notar vorweisen könne und die Verlagerung seiner schwerpunktmässigen Tätigkeit in den Kanton St. Gallen eine gewisse Zeit in Anspruch nehme (BGer, Urteil 2C_694/2011 vom 19. Dezember 2011; vgl. auch WALTER KÄLIN et. al., ZBJV 148 [2012] 692 f.).

286 – Lic. iur. K. wurde mit Verfügung des Justizdepartementes des Kantons Solothurn vom 26. August 1975 für die Zeit ab 1. Januar 1976 zum einjährigen Praktikum als Fürsprecher und Notar zugelassen. Die Anstellungsverfügung stützte sich auf die ab 19. August 1975 gültige Fassung der Verordnung des Regierungsrates über die Aufnahme von Fürsprecherpraktikanten in staatliche Amtsstellen und enthielt eine Klausel, wonach Änderungen der Gehaltsordnung jederzeit ausdrücklich vorbehalten bleiben. Mit Beschluss vom 27. Januar 1976 änderte der Regierungsrat diese Verordnung mit Wirkung ab 1. Februar 1976 in dem Sinne, dass die Entschädigung der Praktikanten, die nach dem 19. August 1975 zugelassen worden waren, im Umfang von ca. 30 % gekürzt wurde. Das Bundesgericht hiess die Beschwerde von K. gegen den Beschluss des Regierungsrates gut. Zwar wirke die den Praktikanten mitgeteilte Kürzung der Entschädigung nicht eigentlich zurück, da das neue Recht – gestützt auf Sachverhalte, die früher eingetreten sind – lediglich für die Zeit seit Inkrafttreten (ex nunc et pro futuro) Anwendung finde. Eine solche unechte Rückwirkung sei grundsätzlich zulässig, sofern ihr wie hier keine wohlerworbenen Rechte entgegenstünden. Allerdings wären aufgrund des Vorbehalts der Änderung der Gehaltsordnung in der Anstellungsverfügung bloss Lohnkürzungen in der Höhe von allenfalls 10 % haltbar gewesen. Zu Gehaltsherabsetzungen in beliebigem Ausmass berechtige der Vorbehalt jedoch nicht, da sie für die Betroffenen nicht in diesem Ausmass vorhersehbar gewesen seien. Da der Beschwerdeführer aufgrund seiner Zulassungsverfügung längerfristige Dispositionen (Wohnungswechsel, Kauf eines Autos) getroffen habe, die nicht leicht und vor allem nicht sofort rückgängig zu machen seien, hätte der Regierungsrat nach Treu und Glauben den bereits angestellten Praktikanten eine angemessene, mindestens halbjährige Frist zur Anpassung an die stark veränderten Verhältnisse gewähren müssen (Urteil des Bundesgerichts, ZBl 78 [1977] 267 ff.; zur Verschlechterung der Anstellungsbedingungen von Staatsangestellten vgl. Rz. 635 und 1369).

287 TSCHANNEN/ZIMMERLI/MÜLLER (S. 205) halten den Begriff der unechten Rückwirkung für *entbehrlich,* weil es dabei immer um die *Anpassung von formell rechtskräftigen Dauerverfügungen* an neues Recht gehe, deren Zulässigkeit nach den allgemeinen Grundsätzen für die Änderung von Verfügungen (vgl. Rz. 1224 ff.) zu prüfen sei. Die Anpassung von Dauerverfügungen trifft zwar einen wichtigen Anwendungsfall unechter Rückwirkung. Allerdings kann auch tatsächliches Handeln der Privaten von Rechtsänderungen betroffen sein, so etwa die langjährige Ausübung einer bestimmten Wirtschaftstätigkeit, die neu einer Bewilligungspflicht unterworfen werden soll, vorher aber noch ungeregelt war.

4. Zeitlicher Geltungsbereich und Verfahrensrecht

a) Problem

288 Tritt ein neues Gesetz in Kraft, so stellt sich insbesondere die Frage, ob auf ein *hängiges Verfahren* altes oder neues Recht Anwendung findet. Die Antwort hängt vor allem davon ab, wie das Interesse der Betroffenen am Schutz des Vertrauens in die Weitergeltung des bisherigen Rechts gewichtet wird (vgl. auch Rz. 640 ff.).

289 Beispiel:

Nachdem X. sein Baugesuch gestellt hat, tritt die neue Bauordnung in Kraft. Nach dem alten Recht müsste das Gesuch gutgeheissen, nach dem neuen abgelehnt werden. Welche Bauordnung haben die Baubehörden auf das Gesuch anzuwenden?

b) Ausdrückliche gesetzliche Regelung

290 Grundsätzlich muss diese Frage vom Gesetz beantwortet werden. Ein Gesetz, das neu in Kraft tritt, sollte eine *übergangsrechtliche (intertemporale) Regelung*, enthalten. Der Gesetzgeber hat dabei die Grundsätze der Rechtssicherheit und des Vertrauensschutzes zu beachten (BGer, Urteile 1C_23/2014 und 1C_25/2014 vom 24. März 2015 = ZBl 116 [2015] 536, 540). Wenn das Gesetz keine Vorschriften enthält, kann nach der Meinung des Bundesgerichts die Exekutive kraft ihrer Kompetenz zur Regelung des Inkrafttretens das Übergangsrecht umfassend ordnen (BGE 104 Ib 205, 215 ff.; 106 Ia 254, 256 f.). In dieser allgemeinen Form lässt sich diese Auffassung allerdings kaum mit dem Gesetzmässigkeitsprinzip vereinbaren (vgl. dazu KÖLZ, S. 155 ff.; in BGE 127 II 209, 210 f. hat das Bundesgericht die Frage unter Bezugnahme auf die Kritik von KÖLZ offen gelassen).

291 Ist dem Spezialgesetz keine Antwort zu entnehmen, muss geprüft werden, ob das anwendbare *Prozessrecht* eine Regelung enthält. Dies trifft meistens zu für das verwaltungsgerichtliche Verfahren (Novenrecht).

c) Fehlen einer gesetzlichen Regelung

292 Fehlt eine gesetzliche Regelung, muss aufgrund *allgemeiner Grundsätze* über das anwendbare Recht entschieden werden. Das Interesse am Schutz des Vertrauens der Betroffenen auf die Weitergeltung des bisherigen Rechts und an der Rechtssicherheit wird am besten gewahrt, wenn das im Zeitpunkt der *Einleitung* des Verfahrens geltende Recht angewendet wird. Das Interesse daran, das neue Recht möglichst rasch und umfassend wirksam werden zu lassen, verlangt dagegen, dass Änderungen des Rechts auch dann berücksichtigt werden, wenn sie erst während des erstinstanzlichen oder des Rechtsmittelverfahrens eingetreten sind.

293 Die *Bundesgerichtspraxis* zur Frage, welches Recht bei Fehlen einer ausdrücklichen Regelung in einem hängigen *Rechtsmittel*verfahren anwendbar ist, ist uneinheitlich. In BGE 107 Ib 191, 194 ff. nannte das Bundesgericht als Grundsatz, dass das Recht, welches zum Zeitpunkt der *Entscheidfällung der Rechtsmittelinstanz* in Kraft steht, zur Anwendung kommt, soweit es um der öffentlichen Ordnung willen aufgestellt wurde. In anderen Entscheiden erklärte das Bundesgericht dagegen, die Rechtmässigkeit einer Verfügung sei grundsätzlich nach der *Rechtslage zur Zeit ihres Erlasses* zu beurteilen; nachher eingetretene Rechtsänderungen müssten unberücksichtigt bleiben. Eine Ausnahme sei nur zu machen, wenn sich die Anwendung des neuen Rechts aus zwingenden Gründen, vor allem um der öffentlichen Ordnung willen, aufdränge, wie das insbesondere bei neuen Bestimmungen im Bereich des Umweltschutzes der Fall ist (vgl. BGE 139 II 470, 480 ff.; 135 II 384, 390; 127 II 306, 315 f.; BGer, Urteile 1C_23/2014 und 1C_25/2014 vom 24. März 2015 = ZBl 116 [2015] 536, 539; Entscheid des Bundesrates, VPB 65 [2001] Nr. 87). Ähnlich argumentiert das Bundesgericht in Entscheiden, in welchen es ausführt, es sollten jene Bestimmungen auf hängige Verfahren Anwendung finden, welche im Zeitpunkt der *Verwirklichung des Sachverhalts* Geltung haben. Dabei sei nur auf jenen Sachverhalt bzw. Tatbestand abzustellen, der rechtlich zu würdigen ist

oder der «zu Rechtsfolgen führt» (BGE 140 V 136, 139 f.; 139 V 335, 338; 130 V 329, 333; 129 V 1, 4).

Diese zweite Lösung verdient den Vorzug. Richtigerweise sollten Rechtsänderungen nach dem *erstinstanzlichen Entscheid* nur dann berücksichtigt werden, wenn sie auch einen Widerruf rechtfertigen würden (vgl. Rz. 1226 ff.). Nach dem Prinzip des Vertrauensschutzes müsste sogar auf den Zeitpunkt der *Gesuchseinreichung* abgestellt werden, doch spricht das öffentliche Interesse an der Anwendung des neuen Rechts dafür, das zur Zeit des erstinstanzlichen Entscheides geltende Recht heranzuziehen (vgl. BGE 139 II 243, 259 f.; KÖLZ, S. 208 f.). 294

Nach der Rechtsprechung des Bundesgerichts findet die Anwendung des neuen Rechts auf jeden Fall im Grundsatz von *Treu und Glauben* ihre *Grenze*. Danach ist die Anwendung neuen Rechts rechtsmissbräuchlich, wenn die Behörden das Verfahren ungebührlich lange verschleppt haben und wenn ohne diese Verschleppung das alte Recht angewendet worden wäre (BGE 139 II 263, 269; 110 Ib 332, 336 f.; vgl. aber BGE 130 I 174, 180; vgl. auch Rz. 1045 ff.). 295

d) Neues Verfahrensrecht

Von der Frage der Anwendung neuen Rechts auf hängige Verfahren zu unterscheiden ist die Frage der intertemporalen Anwendung von *Verfahrensvorschriften*. Grundsätzlich sind diese mit dem Tag des Inkrafttretens anwendbar. Anders verhält es sich, wenn eine grundlegend neue Verfahrensordnung geschaffen worden ist, so dass keine Kontinuität zwischen bisherigem und neuem Recht besteht. Auch der Vertrauensschutz kann der sofortigen Anwendung neuer Verfahrensvorschriften entgegenstehen: Ist z.B. eine Frist im Zeitpunkt des Inkrafttretens noch nicht abgelaufen, so bestimmen sich der Fristenlauf und die Rechtsmittelinstanz nach bisherigem Recht (BGE 136 II 187, 189; 132 V 93, 96; 131 V 314, 316; 130 V 560, 562; 130 V 1, 4; vgl. auch Entscheid des Bundesrates, VPB 69 [2005] Nr. 111). 296

Die sofortige Anwendbarkeit neuer Verfahrensvorschriften beruht auf der Überlegung, dass diese in der Regel «wertneutral» sind und damit nicht eine rückwirkende Verschlechterung der Rechtsposition der Betroffenen zur Folge haben. Ansonsten sind unseres Erachtens die üblichen Grundsätze der Rückwirkung anzuwenden (vgl. UHLMANN/TRÜMPLER, S. 139 ff.). 297

5. Vorwirkung

a) Begriff und Problem

Bei der Rückwirkung geht es um die Anwendung von neuem Recht auf Fälle, die sich vor dessen Inkrafttreten ereignet haben. Im Gegensatz dazu bedeutet die *Vorwirkung* eines Erlasses, dass ein Erlass Rechtswirkungen zeitigt, obwohl er noch nicht in Kraft getreten ist. Diese Rechtswirkung kann darin bestehen, dass zukünftiges Recht bereits wie geltendes Recht angewendet wird *(positive Vorwirkung),* oder darin, dass die An- 298 wendung des alten Rechts ausgesetzt wird, bis das neue Recht in Kraft tritt *(negative Vorwirkung)*. Ersteres widerspricht dem Gesetzmässigkeitsprinzip, Letzteres kann u.U. das Verbot der Rechtsverzögerung verletzen (vgl. BGE 136 I 142 ff. und dazu GRIFFEL, Intertemporales Recht, S. 19 ff.).

b) Unzulässigkeit der positiven Vorwirkung

299 Positive Vorwirkung ist grundsätzlich *unzulässig,* und zwar auch dann, wenn dafür eine besondere gesetzliche Grundlage besteht. Gegen die Zulässigkeit der positiven Vorwirkung spricht neben dem Legalitätsprinzip vor allem die Tatsache, dass in der Regel nicht vorhergesehen werden kann, ob und wann eine neue Regelung in Kraft tritt (Grundsatz der Rechtssicherheit; vgl. BGE 125 II 278, 282; vgl. auch BGE 136 I 142, 149; BGer, Urteil 1C_98/2011 vom 22. September 2011 E. 3.1 f.; BVGer, Urteil B-3170/2011 vom 22. Oktober 2012 E. 2.6; für die ausnahmsweise Zulässigkeit zur Vermeidung eines widersinnigen administrativen Leerlaufs vgl. BGE 119 Ia 254, 259 f.; für den Fall einer geringfügigen Vorwirkung von Verfahrensvorschriften siehe Entscheid des Bundesrates, VPB 69 [2005] Nr. 111).

Beispiele:

300 – Art. 36 Abs. 2 des Tessiner Baugesetzes aus dem Jahre 1940 sah vor, dass die Grundeigentümer Bebauungspläne – die erst mit Genehmigung des Regierungsrates in Kraft traten – schon vom Zeitpunkt ihrer öffentlichen Auflegung an beachten mussten. Das Bundesgericht beurteilte die damit statuierte positive Vorwirkung der Bebauungspläne als unvereinbar mit dem Gesetzmässigkeitsprinzip und der Eigentumsgarantie. Es erklärte die positive Vorwirkung jedoch nicht als generell unzulässig (BGE 100 Ia 147, 152 ff. = Pra 63 [1974] Nr. 203; vgl. auch BGE 100 Ia 157, IMBODEN/RHINOW, Bd. I, S. 108 ff.).

301 – Die Rekurskommission für das öffentliche Beschaffungswesen stellte fest, dass eine Beschwerde gegen einen bestimmten Zuschlag unzulässig sei. Daran könne die Rechtsweggarantie des Art. 29a BV nichts ändern, weil sie zwar in der Volksabstimmung von Volk und Ständen angenommen, aber noch nicht in Kraft gesetzt worden sei. Eine positive Vorwirkung der Rechtsweggarantie sei ausgeschlossen (VPB 66 [2002] Nr. 4).

c) Beschränkte Zulässigkeit der negativen Vorwirkung

302 Eine negative Vorwirkung eines Erlasses liegt vor, wenn – insbesondere bei der Behandlung von Gesuchen – das geltende Recht bis zum Inkrafttreten des neuen Rechts nicht mehr angewendet wird. Klassischer Anwendungsfall einer solchen negativen Vorwirkung ist die sog. Bausperre, mit der verhindert wird, dass nach einem bestimmten Zeitpunkt – z.B. der öffentlichen Auflage des neuen Nutzungsplanes – Bauvorhaben bewilligt werden, die dem künftigen Recht widersprechen (BGE 118 Ia 510, 512 ff.; 93 I 338, 341).

303 Die negative Vorwirkung ist nur *zulässig,* wenn sie vom geltenden Recht vorgesehen ist. Von der Praxis wird zudem verlangt, dass auch die übrigen Voraussetzungen für eine echte Rückwirkung (vgl. Rz. 270) – zeitlich mässige Geltung, triftige Gründe, Vermeidung von Rechtsungleichheiten und Beachtung von wohlerworbenen Rechten – erfüllt sein müssen (BGE 100 Ia 147, 155 = Pra 63 [1974] Nr. 203, S. 584 f.). Die letzteren Voraussetzungen können jedoch nicht unbesehen übernommen werden, da bei der nega-

tiven Vorwirkung – im Gegensatz zur positiven Vorwirkung und zur Rückwirkung – kein Recht auf Sachverhalte angewendet wird, die sich vor Inkrafttreten des neuen Rechts ereigneten, sondern lediglich die Anwendung des alten Rechts ausgesetzt wird (ZBl 84 [1983] 542, 547). Die Nichtanwendung ist die Folge einer Vorschrift des *geltenden* Rechts und wird im Hinblick auf das künftige Recht statuiert. Eine eigentliche *Vor*wirkung künftigen Rechts liegt nicht vor (RHINOW/KRÄHENMANN, S. 50).

Was die zeitlich mässige Geltung betrifft, so folgt sie aus dem Verhältnismässigkeitsprinzip (vgl. Rz. 514 ff.). Danach sind etwa Planungszonen – die ähnlich wirken wie eine Bausperre – bis zu 5 Jahren zulässig (vgl. Rz. 306). Ausserdem dürfte eine negative Vorwirkung von sehr geringer Dauer – z.B. Verzögerung eines Entscheids um 3 Tage bis zum Inkrafttreten des neuen Rechts – auch ohne gesetzliche Grundlage zulässig sein (vgl. IMBODEN/RHINOW, Bd. I, S. 114; RHINOW/KRÄHENMANN, S. 51). Schranke der negativen Vorwirkung ist aber immer das Verbot der Rechtsverzögerung: Es darf nicht zu einem übermässig langen Hinauszögern des Entscheides kommen (vgl. dazu Rz. 1045 ff.). 304

Beispiele:

- Art. 50 des Tessiner Baugesetzes von 1973 ermächtigte die Gemeinden, den Entscheid über ein Baugesuch, das der in Vorbereitung befindlichen Planung widerspricht, für höchstens zwei Jahre zurückzustellen. Das Bundesgericht erklärte, diese Regelung sei zulässig und verstosse nicht gegen die Eigentumsgarantie (BGE 103 Ia 468, 480 ff.). 305
- Nach Art. 27 RPG kann die zuständige Behörde für genau bezeichnete Gebiete Planungszonen bestimmen, wenn Nutzungspläne angepasst werden müssen oder noch keine vorliegen. Innerhalb der Planungszonen darf nichts unternommen werden, was die Nutzungsplanung erschweren könnte. Planungszonen dürfen für längstens fünf Jahre bestimmt werden; das kantonale Recht kann eine Verlängerung vorsehen. 306

d) Künftiges Recht als Gesichtspunkt der Auslegung von geltendem Recht

Keine Vorwirkung liegt vor, wenn bei der Auslegung von geltendem Recht eine laufende Gesetzesrevision berücksichtigt wird *(«Vorberücksichtigung»)*, soweit die Revision das geltende Recht nicht ändert, sondern verdeutlicht oder konkretisiert (vgl. BGE 124 II 193, 201; 117 II 466, 475). 307

II. Räumlicher Geltungsbereich

1. Territorialitätsprinzip

Jedes Gemeinwesen hat seine eigene Rechtsordnung. Unter Umständen kann sich die Frage stellen, welches Recht auf einen Fall, dessen Sachverhalt zu zwei oder mehr Gemeinwesen Berührungspunkte aufweist, anwendbar ist. 308

Im Zivilrecht steht den Gerichten zur Beantwortung dieser Frage ein spezielles Kollisionsrecht, das Internationale Privatrecht, zur Verfügung. Dieses Recht bestimmt, welches materielle Recht anwendbar ist. So kann auch der Fall eintreten, dass schweizerische Gerichte ausländisches Recht anwenden. 309

310 Im Gegensatz dazu kennt das öffentliche Recht kein spezielles Kollisionsrecht. Hier gilt das sog. *Territorialitätsprinzip,* wonach öffentliches Recht nur in dem Staat Rechtswirkungen entfaltet, der es erlassen hat. Schweizerisches öffentliches Recht wird somit bloss auf Sachverhalte angewendet, die sich in der Schweiz zutragen. Schweizerische Behörden dürfen ausschliesslich schweizerisches öffentliches Recht anwenden, es sei denn, die Anwendung ausländischen öffentlichen Rechts sei aufgrund eines Staatsvertrages geboten (BGE 95 II 109, 114).

311 Unsicher ist, ob blosse *Auswirkungen* auf das Territorium der Schweiz die Anwendung von schweizerischen Normen rechtfertigen. Nach der Rechtsprechung des Bundesgerichts sollen Sachverhalte, die sich im Ausland zugetragen haben, dann von den Schweizer Behörden berücksichtigt werden, wenn sich diese «in einem ausreichenden Mass auf das Territorium der Schweiz auswirken» (BGE 133 II 331, 342; vgl. auch BGE 138 II 346, 352 f. betreffend «Google Street View», in welchem das Bundesgericht ebenfalls an das Auswirkungsprinzip anknüpfte, da mögliche Persönlichkeitsverletzungen durch in der Schweiz aufgenommene Bilder auch dann in der Schweiz eintreten, wenn sie vom Ausland aus ins Netz gestellt wurden). Das Territorialitätsprinzip wäre in diesen Fällen gewahrt.

312 Beispiel:

Im Rahmen der Beurteilung der Zulässigkeit eines Warnungsentzugs des Führerausweises infolge einer im Ausland begangenen Verletzung von Strassenverkehrsregeln erwog das Bundesgericht, dass das «Auswirkungsprinzip als eine spezielle Ausprägung des Territorialitätsprinzips» auch ohne eindeutige gesetzliche Grundlage zur Anwendung kommen könne, sofern die Intensität der Auswirkung in der Schweiz ausreichend sei. Dabei ging es in seiner Rechtsprechung davon aus, dass der Inhaber eines schweizerischen Führerausweises, der im Ausland Verkehrsregeln verletzt, möglicherweise auch die Verkehrssicherheit in der Schweiz gefährden könnte (vgl. etwa BGE 123 II 97, 101). In Änderung seiner früheren Rechtsprechung verneinte das Bundesgericht in BGE 133 II 331, 342, aber eine ausreichende Auswirkung auf das Schweizer Territorium beim blossen Bestehen eines gewissen Risikos, dass die Verkehrssicherheit in der Schweiz gefährdet wird. Mit der Einführung von Art. 16c^{bis} SVG dürfte die Anwendung des Auswirkungsprinzips zumindest nicht mehr an der fehlenden gesetzlichen Grundlage scheitern.

313 Zutreffender erscheint uns, dass das Auswirkungsprinzip eine *Ausnahme vom Territorialitätsprinzip* darstellt und es dazu auf jeden Fall einer klaren Entscheidung des Gesetzgebers bedarf (vgl. z.B. Art. 2 Abs. 2 KG [Kartellgesetz], wonach das Gesetz auf Sachverhalte anwendbar ist, die sich in der Schweiz auswirken, auch wenn sie im Ausland veranlasst wurden).

2. Verschiedene Anknüpfungen

314 Gemäss dem Territorialitätsprinzip gilt das öffentliche Recht nur für Sachverhalte, die sich im räumlichen Herrschaftsbereich des rechtssetzenden Gemeinwesens ereignen. Es kann nun aber u.U. nicht klar sein, welchem Gemeinwesen ein Sachverhalt zuzuordnen ist.

315 Beispiel:

X., Bürger von Chur GR und in Baden AG wohnhaft, arbeitet in der Stadt Zürich. Welches Gemeinwesen ist für die Erhebung der Einkommenssteuern zuständig?

Es stellt sich in solchen Fällen die Frage, an welche Kriterien anzuknüpfen ist, um ein Rechtsverhältnis einem Gemeinwesen zuzuordnen. Dabei besteht keine einheitliche Regelung, die für alle Bereiche des Verwaltungsrechts Anwendung findet. Für die verschiedenen verwaltungsrechtlichen Massnahmen gelten unterschiedliche Anknüpfungen. Massgeblich kann sein: 316

- Wohnsitz, Niederlassung oder Aufenthalt;

  Beispiele: Einkommenssteuern von schweizerischen Staatsangehörigen, Ausübung des Stimm- und Wahlrechts der Stimmberechtigten, Fürsorge;

- Ort der gelegenen Sache;

  Beispiele: Baurecht, Grundstücksteuer;

- Ort der Ausübung einer Tätigkeit;

  Beispiele: Einkommenssteuer ausländischer Staatsangehöriger, Taxifahrerkonzession und andere gewerbepolizeiliche Massnahmen (vgl. BGE 125 I 474, 478 f.);

- Ort der Auswirkungen einer Tätigkeit;

  Beispiel: Unzulässige Wettbewerbsabreden, die im Ausland getroffen wurden, welche sich aber in der Schweiz auswirken (vgl. Art. 2 Abs. 2 KG);

- Bürgerrecht:

  Kantonsbürgerrecht: Das Kantonsbürgerrecht bildet wegen des Gleichbehandlungsgebotes von Art. 37 Abs. 2 BV keinen zulässigen Anknüpfungspunkt;

  Gemeindebürgerrecht

  Beispiele: Politische Rechte in Bürgergemeinden und Korporationen sowie die Beteiligung an deren Vermögen (Art. 37 Abs. 2 Satz 2 BV);

  Schweizerbürgerrecht

  Beispiele: Wahlen und Abstimmungen, Niederlassung.

Aufgrund der Anknüpfung werden das zuständige Gemeinwesen und gleichzeitig das anwendbare Recht bestimmt. Dabei ist immer das Recht jenes Gemeinwesens anwendbar, das auch zuständig ist. Zuständigkeit und anwendbares Recht können also nicht wie im Privatrecht auseinander fallen. 317

Die verschiedenen möglichen Anknüpfungspunkte können zu Kompetenzkonflikten führen, wenn zwei Gemeinwesen eine Regelungszuständigkeit beanspruchen. So bedurfte es im vorgenannten Beispiel (Rz. 315) der Einkommenssteuer bundesgerichtlicher Klärung (heute: Steuerharmonisierungsgesetz des Bundes), um dem verfassungsrechtlichen Doppelbesteuerungsverbot (Art. 127 Abs. 3 BV) gerecht zu werden. 318

Probleme können sich auch im Hinblick auf eine mögliche *Rechtszersplitterung* von kantonalem und kommunalem Recht ergeben. Im interkantonalen und interkommunalen Bereich gelten ebenfalls das Territorialitätsprinzip und der Grundsatz, dass jeder Kanton und jede Gemeinde nur sein bzw. ihr Verwaltungsrecht anwendet. Im Interesse der Verwirklichung eines einheitlichen Binnenmarktes darf die Anwendung des eigenen Verwaltungsrechtes ortsfremde Anbieter jedoch nicht benachteiligen (Art. 3 BGBM [Binnenmarktgesetz], sog. «Cassis de Dijon-Prinzip»). 319

3. Kapitel
Grundsätze des rechtsstaatlichen Verwaltungshandelns

Vorbemerkung

320 Lehre und Praxis haben fünf *Grundsätze des rechtsstaatlichen Verwaltungshandelns* entwickelt. Sie stellten früher teils geschriebenes, teils ungeschriebenes Verfassungsrecht dar. Heute werden sie in der Bundesverfassung statuiert. Es handelt sich um den Grundsatz der Gesetzmässigkeit (Art. 5 Abs. 1 BV), den Grundsatz des öffentlichen Interesses (Art. 5 Abs. 2 BV), den Grundsatz der Verhältnismässigkeit (Art. 5 Abs. 2 BV), die Rechtsgleichheit (Art. 8 BV) und den Grundsatz von Treu und Glauben (Art. 5 Abs. 3 BV und Art. 9 BV). Die Grundsätze dienen alle der Verwirklichung des Rechtsstaates (vgl. Sachüberschrift zu Art. 5 BV). Sie binden den Staat in seinem gesamten Handeln.

321 Die gerichtliche Durchsetzung dieser Grundsätze ist nicht restlos geklärt. Sie gehören zum Bundesverfassungsrecht und damit zum Bundesrecht. Ihre Verletzung kann deshalb mit *Beschwerde an das Bundesverwaltungsgericht* nach Art. 31 ff. VGG gerügt werden. Das gilt grundsätzlich auch für die *Beschwerde in öffentlich-rechtlichen Angelegenheiten an das Bundesgericht* nach Art. 82 ff. BGG. Das Bundesgericht hat aber einschränkend festgestellt, das Verhältnismässigkeitsgebot könne bei der Anwendung kantonalen Rechts nur angerufen werden, sofern eine *offensichtliche Unverhältnismässigkeit* und damit eine Verletzung des *Willkürverbotes* geltend gemacht werde. Keine solche Einschränkung gilt dann, wenn es um Eingriffe in Grundrechte (BGE 134 I 153, 156 ff.; vgl. auch BGE 135 V 172, 182, sowie Rz. 518) oder um die Anwendung von Bundesrecht geht (BGE 141 I 1, 7 f.; 140 II 194, 199 f.). Auch das Legalitätsprinzip dürfte neben der Rüge der Verletzung des Gewaltenteilungsprinzips kaum selbstständige Bedeutung haben (BGE 140 I 381, 386; 134 I 322, 326; BGer, Urteil 1C_406/2008 vom 5. Februar 2009 E. 1.2.3; vgl. aber BGE 138 I 378, 390 f.); es führt auf jeden Fall nicht dazu, dass das Bundesgericht das anwendbare kantonale Recht «frei» prüft (BGer, Urteil 2C_214/2007 vom 11. Dezember 2007 E. 4.1).

322 Bei den genannten Grundsätzen handelt es sich – mit Ausnahme des Legalitätsprinzips im Abgaberecht (Art. 127 Abs. 1 BV), des Grundsatzes der Rechtsgleichheit und des Vertrauensschutzprinzips als Teilgehalt des Grundsatzes von Treu und Glauben – nicht um *verfassungsmässige Rechte*. Ihre Verletzung kann deshalb nicht selbstständig mit subsidiärer Verfassungsbeschwerde (Art. 113 ff., 116 BGG) geltend gemacht werden, sondern nur im Zusammenhang mit der Verletzung von verfassungsmässigen Rechten, insbesondere von Freiheitsrechten, des Grundsatzes der Gewaltenteilung und des Willkürverbots (vgl. BGE 137 II 305, 308; BGer, Urteil 1C_474/2014 vom 9. Februar 2015 E. 2; Urteil 8D_6/2013 vom 13. November 2013 E. 4.3).

Das Bundesgericht behandelt auch den Grundsatz der Rechtssicherheit und das Verbot der Rückwirkung von Gesetzen als Verfassungsgrundsätze, die sich aus Art. 5 BV (vgl. Rz. 269 und Rz. 625) ergeben, aber ebenfalls nicht als verfassungsmässige Rechte gelten. 323

Im Recht der EU werden ähnliche Grundprinzipien anerkannt, die der Europäische Gerichtshof in seiner Rechtsprechung entwickelt hat (vgl. dazu JAAG/HÄNNI, Rz. 2403 ff.). 324

§ 6 Grundsatz der Gesetzmässigkeit der Verwaltung

Literatur

AMSTUTZ KATHRIN, Entscheiden nach «Recht und Billigkeit» – ein zivil- und öffentlichrechtlicher Blick auf Art. 4 ZGB, ZSR 131/I (2012) 309 ff.; AUER ANDREAS/KÄLIN WALTER (Hrsg.), Das Gesetz im Staatsrecht der Kantone, Chur/Zürich 1991; BERTOSSA FRANCESCO, Der Beurteilungsspielraum, Zur richterlichen Kontrolle von Ermessen und unbestimmten Rechtsbegriffen im Verwaltungsrecht, Diss. Bern 1984; BEUSCH MICHAEL, Der Gesetzesbegriff in der neuen Bundesverfassung, in: Thomas Gächter/Martin Bertschi (Hrsg.), Neue Akzente in der «nachgeführten» Bundesverfassung, Zürich 2000, S. 227 ff.; BOLZ URS/LIENHARD ANDREAS, Staatsrechtliche Kernfragen der wirkungsorientierten Steuerung in den Kantonen, ZBl 102 (2001) 1 ff.; BORER THOMAS G., Das Legalitätsprinzip und die auswärtigen Angelegenheiten, Diss. Basel 1986; COTTIER THOMAS, Die Verfassung und das Erfordernis der gesetzlichen Grundlage, Diss. Bern 1983, 2. Aufl., Chur/Zürich 1991; EHRENZELLER BERNHARD, Legislative Gewalt und Aussenpolitik, Basel/Frankfurt a.M. 1993; ENGI LORENZ, Gesetzmässigkeit der Verwaltung heute, recht 24 (2006) 17 ff.; FELLER RETO/MÜLLER MARKUS, Die Prüfungszuständigkeit des Bundesverwaltungsgerichts – Probleme in der praktischen Umsetzung, ZBl 110 (2009) 442 ff.; FAVRE KATIA/BAUMANN ROBERT, Sorgfalt als Massstab behördlichen Ermessens, ZBl 116 (2015) 3 ff.; FEUZ ROLAND, Materielle Gesetzesbegriffe, Diss. Bern 2002; HÄNER ISABELLE, Die Einwilligung der betroffenen Person als Surrogat der gesetzlichen Grundlage bei individuell-konkreten Staatshandlungen, ZBl 103 (2002) 57 ff.; HERTACH RUDOLF, Das Legalitätsprinzip in der Leistungsverwaltung, Diss. Zürich 1984; JAAG TOBIAS, Die Abgrenzung zwischen Rechtssatz und Einzelakt, Habil. Zürich 1985; JOSI PETER, Das Legalitätsprinzip in der bernischen Verfassung; insbesondere die Delegation von Rechtsetzungsbefugnissen (Art. 89 KV BE), in: Daniel Kettiger (Hrsg.), Wirkungsorientierte Verwaltungsführung und Gesetzgebung, Bern 2000, S. 123 ff.; KAUFMANN OTTO K., Handlungsspielräume der Verwaltung und Kontrolldichte gerichtlichen Rechtsschutzes, in: Volkmar Götz/Hans Hugo Klein/Christian Starck (Hrsg.), Die öffentliche Verwaltung zwischen Gesetzgebung und richterlicher Kontrolle, München 1985, S. 165 ff.; KELLER HELEN/SCHÄDLER SIMON, Freiheitsrechte im Strafvollzug – Plädoyer für die Abkehr vom Sonderstatus, ZSR 132/I (2013) 195 ff.; KOTTUSCH PETER, Das Ermessen der kantonalen Fremdenpolizei und seine Schranken, ZBl 91 (1990) 145 ff.; LIENHARD ANDREAS, Legalitätsprinzip und Delegationsgrundsätze, ius.full 3 (2005) 101 ff.; LIENHARD ANDREAS/ZIELNIEWICZ AGATA, Zum Legalitätsprinzip bei Einzelfallsubventionen, in: Martina Caroni/Sebastian Haselhaus/Klaus Mathis/Roland Norer (Hrsg.), Auf den Schollen und in lichten Höhen, Festschrift für Paul Richli zum 65. Geburtstag, Zürich/St. Gallen 2011, S. 451 ff.; MANAÏ DOMINIQUE, Le juge entre la loi et l'équité, Essai sur le pouvoir d'appréciation du juge en droit suisse, Lausanne 1985; MOOR PIERRE, Principes de l'activité étatique et responsbilité de L'Etat, in: Verfassungsrecht der Schweiz, Zürich 2001, § 16; MORAND CHARLES-ALBERT (Hrsg.), La légalité: un principe à géométrie variable, Basel/Frankfurt a.M. 1992; MORAND CHARLES-ALBERT (Hrsg.), Figures de la légalité, Paris 1992; MÜLLER GEORG, Zuständigkeit und Überprüfungsbefugnis der Verwaltungsgerichte, in: Michael Leupold/David Rüetschi/Damian Stauber/Meinrad Vetter (Hrsg.), Der Weg zum Recht, Festschrift für Alfred Bühler, Zürich 2008, S. 335 ff.; MÜLLER GEORG, Die Umschreibung des Inhalts der Bundesgesetze und die Delegation von Rechtssetzungsbefugnissen, LeGes 11 (2000), Heft 3, 29 ff.; MÜLLER GEORG, Legalitätsprinzip und kantonale Verfassungsautonomie, in: Walter Haller/Alfred Kölz/Georg Müller/Daniel Thürer (Hrsg.), Im Dienst an der Gemeinschaft, Festschrift für Dietrich Schindler zum 65. Geburtstag, Basel/Frankfurt a.M. 1989, S. 747 ff.; MÜLLER GEORG, Inhalt und Formen der Rechtssetzung als Problem der demokratischen Kompetenzordnung, Basel/Stuttgart 1979; MÜLLER MARKUS, Das besondere Rechtsverhältnis, Ein altes Rechtsinstitut neu gedacht, Bern 2003; MÜLLER MARKUS, Legalitätsprinzip – Polizeiliche Generalklausel – Besonderes Rechtsverhältnis, ZBJV 136 (2000) 725 ff.; RHINOW RENÉ, Verwaltungsermessen im modernen Staat, Landesbericht Schweiz, in: Martin Bullinger (Hrsg.), Verwaltungsermessen im modernen Staat, Baden-Baden 1986, S. 51 ff.; RHINOW

RENÉ, Vom Ermessen im Verwaltungsrecht, recht 1 (1983) 41 ff., 83 ff.; RHINOW RENÉ, Rechtsetzung und Methodik, Habil. Basel, Basel/Stuttgart 1979; RITTER WERNER, Das Erfordernis der genügenden Bestimmtheit – dargestellt am Beispiel des Polizeirechts, Diss. St. Gallen, Chur/Zürich 1994; SCHAERER BARBARA, Subventionen des Bundes zwischen Legalitätsprinzip und Finanzrecht, Diss. Bern, Chur 1992; SCHINDLER BENJAMIN, Verwaltungsermessen: Gestaltungskompetenzen der öffentlichen Verwaltung in der Schweiz, Habil. Zürich 2010; SCHINDLER BENJAMIN, Zum richterlichen Ermessen, in: Benjamin Schindler/Patrick Sutter (Hrsg.), Akteure der Gerichtsbarkeit, Zürich/St. Gallen 2007, S. 133 ff.; SCHNEIDER ULRICH, Legalitätsprinzip und finales Recht, Ein Beitrag zur Diskussion über das New Public Management in der Schweiz, Diss. Bern 2001; SCHOCH CLAUDIA, Methode und Kriterien der Konkretisierung offener Normen durch die Verwaltung, Diss. Zürich 1984; SCHULTHESS STEFAN/WIEDERKEHR RENÉ, Aufsicht und Legalitätsprinzip, ZBl 110 (2009) 181 ff.; SCHWEIZER RAINER J., Zur Nachführung des Legalitätsprinzips, in: Benoît Bovay/Minh Son Nguyen (Hrsg.), Mélanges en l'honneur de Pierre Moor, Bern 2005, S. 517 ff.; SEILER HANSJÖRG, Gewaltenteilung, Habil. Bern 1994; STEINMANN GEROLD, Unbestimmtheit verwaltungsrechtlicher Normen aus der Sicht von Vollzug und Rechtssetzung, Diss. Bern 1982; TANQUEREL THIERRY, De l'opportunité de l'opportunité, in: Aux confins du droit, Essais en l'honneur du Professeur Charles-Albert Morand, Basel/Genf/München 2001, S. 447 ff.; UHLMANN FELIX, Die Neutralität der Verwaltung, ZBl 108 (2007) 211 ff.; VALLENDER KLAUS A., Unbestimmter Rechtsbegriff und Ermessen, in: Jean-François Aubert/Philippe Bois (Hrsg.), Mélanges André Grisel, Neuenburg 1983, S. 819 ff.; WIDMER LUKAS, Das Legalitätsprinzip im Abgaberecht, Diss. Zürich 1988; WIEDERKEHR RENÉ, Die Wesentlichkeitstheorie gemäss Art. 164 BV im Lichte der Verwaltungspraxis, recht 25 (2007) 25 ff.; WILDHABER LUZIUS, Legalitätsprinzip und Aussenpolitik – eine Problemskizze, in: Einblick in die schweizerische Aussenpolitik, Zum 65. Geburtstag von Staatssekretär Raymond Probst, Zürich 1984, S. 443 ff.; ZIMMERLI ULRICH, Das Gesetzmässigkeitsprinzip im Verwaltungsrecht, recht 2 (1984) 73 ff.; ZUFFEREY JEAN-BAPTISTE, Le développement de la «pseudo-légalité», in: Alain Griffel (Hrsg.), Vom Wert einer guten Gesetzgebung, Bern 2014, S. 193 ff.; ZÜND ANDREAS/ERRASS CHRISTOPH, Die polizeiliche Generalklausel, ZBJV 147 (2011) 261 ff.

I. Sinn und Funktionen des Gesetzmässigkeitsprinzips

1. Allgemeines

Der Grundsatz der Gesetzmässigkeit, das Legalitätsprinzip, hat zu seinem Hauptanliegen, *alle Verwaltungstätigkeit an das Gesetz zu binden*. Das Gesetz ist einerseits Massstab und Schranke der Verwaltungstätigkeit («Vorrang des Gesetzes»). Verwaltungstätigkeiten dürfen nicht gegen das Gesetz verstossen. Das Verwaltungshandeln muss sich andererseits auf das Gesetz stützen. Verwaltungstätigkeiten, die nicht auf einem Gesetz beruhen, sind – auch wenn sie nicht im Widerspruch zu einem Gesetz stehen – unzulässig. Das wird auch mit der früher üblichen, aber nicht sehr klaren Formel vom «Vorbehalt des Gesetzes» ausgedrückt. 325

Der Grundsatz der Gesetzmässigkeit, d.h. das *Erfordernis der gesetzlichen Grundlage,* darf nicht mit dem *Erfordernis der verfassungsmässigen Kompetenz* verwechselt werden. Die verfassungsmässige Kompetenz bezieht sich nur auf die Frage, welches Gemeinwesen – Bund, Kantone oder Gemeinden – und welche Behörde – Regierung, Parlament oder Volk – zum Erlass einer Regelung zuständig ist. Das Gesetzmässigkeits- 326 prinzip hingegen verlangt, dass sich das Verwaltungshandeln auf einen Rechtssatz zurückführen lässt.

327 Das Prinzip der Gesetzmässigkeit der Verwaltung bildet die verwaltungsrechtliche Parallele zum strafrechtlichen Prinzip «nullum crimen, nulla poena sine lege (scripta)».

328 Der Grundsatz der Gesetzmässigkeit der Verwaltung erfüllt rechtsstaatliche und demokratische Funktionen (BGE 141 II 169, 171; 130 I 1, 5; BVGE 2013/33 E. 5.3).

2. Rechtsstaatliche Funktionen des Gesetzmässigkeitsprinzips

a) Gewährleistung von Rechtssicherheit

329 Die durch das Gesetzmässigkeitsprinzip bewirkte Bindung der Verwaltungsbehörden an das Gesetz dient der Rechtssicherheit, nämlich der Voraussehbarkeit des Verwaltungshandelns. So soll z.B. der Grundeigentümer dem Baugesetz und der kommunalen Bauordnung die Voraussetzungen für die Erteilung einer Baubewilligung entnehmen können. Die Baubehörden dürfen keine zusätzlichen Voraussetzungen aufstellen, sie dürfen aber – im Interesse der Nachbarn und der Öffentlichkeit – auch auf keine der gesetzlich verlangten Voraussetzungen verzichten.

b) Gewährleistung von Rechtsgleichheit

330 Die Bindung an das Gesetz bedeutet Bindung an eine generell-abstrakte Regelung. Dies gewährleistet, dass die Verwaltungsbehörden in ähnlich gelagerten Fällen gleich entscheiden. Das Gesetz ist somit die Grundlage rechtsgleichen Handelns der Verwaltungsbehörden. Könnten diese unabhängig von einer gesetzlichen Regelung von Fall zu Fall entscheiden, so wäre die Gefahr der Ungleichbehandlung wesentlich grösser.

c) Schutz der Freiheit des Individuums vor staatlichen Eingriffen

331 Besondere Bedeutung kommt dem Grundsatz der Gesetzmässigkeit im Zusammenhang mit den Grundrechten zu. Die von der Verfassung gewährleisteten Grundrechte dürfen nur gestützt auf eine gesetzliche Grundlage eingeschränkt werden (Art. 36 Abs. 1 BV).

332 Es ist allerdings zu beachten, dass das Gesetzmässigkeitsprinzip umfassend gilt, also nicht nur bei der Einschränkung von Grundrechten (BGE 131 II 562, 565; BGer, Urteil 2A.528/2006 vom 6. Februar 2007 E. 5.1). In der Verwaltungsrechtspflege kann ein Verstoss gegen das Prinzip wie jede andere Rechtsverletzung gerügt werden (zu den Rechtsmitteln vgl. Rz. 321).

3. Demokratische Funktion des Gesetzmässigkeitsprinzips

333 Der Grundsatz der Gesetzmässigkeit dient überdies der demokratischen Legitimation des Verwaltungshandelns. Das sog. Erfordernis der Gesetzesform (siehe dazu Rz. 350 ff.) verlangt, dass Verfügungen sich auf ein Gesetz abstützen, das von der

Volksvertretung und allenfalls – je nach der verfassungsrechtlichen Regelung – auch unter Mitsprache des Volkes erlassen worden ist. Die demokratische Funktion des Grundsatzes ist nicht für alle Bereiche des Verwaltungshandelns von gleich grosser Bedeutung.

II. Rechtsgrundlagen

Das Legalitätsprinzip hat seine Grundlage als Grundsatz rechtsstaatlichen Handelns in Art. 5 Abs. 1 BV erhalten, nachdem es von der bundesgerichtlichen Rechtsprechung als ungeschriebener Verfassungsgrundsatz anerkannt worden war. Für Grundrechtseinschränkungen ist überdies Art. 36 BV, für Steuern und Abgaben Art. 127 BV einschlägig. 334

Neuere Kantonsverfassungen statuieren den Grundsatz der Gesetzmässigkeit der Verwaltung meistens ausdrücklich, so z.B. Art. 2 Abs. 1 und Art. 38 KV/ZH, § 2 KV/AG, § 4 Abs. 1 KV/BL, Art. 5 Abs. 1 KV/SO, § 2 KV/TG sowie Art. 66 Abs. 2 KV/BE. Demgegenüber begnügen sich Art. 13 KV/JU und Art. 23 Abs. 2 lit. a KV/AR damit, eine gesetzliche Grundlage für Grundrechtseinschränkungen zu fordern. 335

III. Allgemeine Umschreibung des Inhalts des Grundsatzes der Gesetzmässigkeit

Früher wurde im Zusammenhang mit dem Gesetzmässigkeitsprinzip stets vom Vorrang und Vorbehalt des Gesetzes gesprochen (vgl. Rz. 325). Im Laufe der Zeit haben Rechtsprechung und Lehre das Gesetzmässigkeitsprinzip immer umfassender und differenzierter ausgestaltet. 336

Heute steht die Unterscheidung zwischen dem Erfordernis des Rechtssatzes und dem Erfordernis der Gesetzesform im Vordergrund. Es geht dabei einerseits um die Frage nach der Struktur und Dichte der Norm, andererseits um die Anforderungen an die Normstufe (so TSCHANNEN/ZIMMERLI/MÜLLER, S. 137, 142 ff.). 337

IV. Erfordernis des Rechtssatzes

1. Definition

Das Erfordernis des Rechtssatzes bedeutet, dass die Staatstätigkeit nur aufgrund und nach Massgabe von *generell-abstrakten Rechtsnormen* ausgeübt werden darf, die *genügend bestimmt* sind. 338

Das Erfordernis des Rechtssatzes erfüllt rechtsstaatliche Funktionen (vgl. Rz. 329 ff.). 339

2. Begriff des Rechtssatzes

340 Jede Verfügung muss sich auf eine *generell-abstrakte Norm,* einen Rechtssatz, stützen, d.h. auf eine Regelung, die sich an eine unbestimmte Zahl von Adressaten richtet und eine unbestimmte Zahl von Fällen erfasst und welche Rechte und Pflichten der Privaten begründet oder die Organisation, Zuständigkeit oder Aufgaben der Behörden oder das Verfahren regelt. Dabei kann es sich um eine Verfassungsbestimmung, ein Gesetz oder um einen völkerrechtlichen Vertrag handeln. Es genügt aber auch, wenn sich die Verfügung auf eine Verordnung stützt. Das Erfordernis des Rechtssatzes dient nicht der demokratischen Legitimation, sondern allein der Rechtsgleichheit und der Rechtssicherheit.

341 Einer *Verwaltungsverordnung* kommt dagegen nie Rechtssatzqualität im hier verstandenen Sinne zu. Verwaltungsinterne Richtlinien können zwar im Einzelfall Aussenwirkungen haben, sodass sie insofern namentlich bezüglich des Rechtsschutzes einer Rechtsverordnung gleichgestellt werden müssen (vgl. Rz. 81 ff.). Aus dieser Tatsache darf aber nicht der Umkehrschluss gezogen werden, dass eine interne Dienstanweisung an die Stelle einer Rechtsverordnung treten könne. Dies wäre aus rechtsstaatlichen Überlegungen nicht zu verantworten (vgl. BGE 122 II 72, 76; Verwaltungsgericht des Kantons Zürich, Urteil VB.2009.00083 vom 2. September 2009 E. 7.9.6).

3. Erfordernis der genügenden Bestimmtheit des Rechtssatzes

342 Der Rechtssatz, auf den sich eine Verfügung stützt, muss genügend bestimmt sein. Das Handeln der Verwaltungsbehörden muss im Einzelfall voraussehbar und rechtsgleich sein. *Blankettermächtigungen,* die den Behörden völlig freie Hand lassen und sie dazu ermächtigen, von Fall zu Fall zu entscheiden, sind unzulässig.

343 Die Anforderungen an die Bestimmtheit des Rechtssatzes ergeben sich aus der rechtsstaatlichen Funktion des Gesetzmässigkeitsprinzips, nämlich aus der Forderung nach Vorhersehbarkeit des staatlichen Handelns und der rechtsgleichen Behandlung. Das Bundesgericht erklärte: «Das Gesetz muss so präzise formuliert sein, dass der Bürger sein Verhalten danach einrichten und die Folgen eines bestimmten Verhaltens mit einem den Umständen entsprechenden Grad an Gewissheit erkennen kann» (BGE 109 Ia 273, 283; vgl. auch BGE 139 I 280, 284; 138 IV 13, 20; 136 II 304, 324 ff.; 136 I 87, 91; BVGer, Urteil B-5840/2010 vom 22. Mai 2012 E. 5.1.2). So ist für einen schweren Eingriff in die Eigentumsgarantie eine klare und eindeutige Grundlage in einem Gesetz erforderlich (BGE 130 I 360, 362 f.).

344 Jedes Gesetz weist naturgemäss einen gewissen *Grad an Unbestimmtheit* auf. Dies hängt mit dem generell-abstrakten Charakter des Gesetzes, der beschränkten Voraussehbarkeit künftiger Entwicklungen, der mangelnden Präzision der Sprache und dem Bedürfnis zusammen, den rechtsanwendenden Behörden einen gewissen Spielraum für die Berücksichtigung besonderer Umstände im Einzelfall zu verschaffen (BGE 139 II 243, 252; 138 IV 13, 20; 136 II 304, 324 ff.; 136 I 87, 90; 135 I 169, 173; 131 II 13, 29; vgl. auch Rz. 391). Besonders strenge Anforderungen an die Bestimmtheit des Rechtssatzes

sind bei Eingriffen in Grundrechte zu stellen. Umgekehrt vermögen unbestimmt gehaltene Regelungen dann zu genügen, wenn ein Rechtsverhältnis zur Diskussion steht, welches die Betroffenen freiwillig eingegangen sind oder bei dem die Rechte und Pflichten zwischen Staat und Privaten frei ausgehandelt werden können (BGE 129 I 161, 163; 123 I 1, 6; BGer, Urteil 8D_9/2013 vom 11. August 2014 E. 5.1; vgl. auch Verwaltungsgericht des Kantons Zürich, Urteil VB.2009.00083 vom 2. September 2009 E. 7.2.2). Das gilt ebenfalls beim sog. *Sonderstatusverhältnis* (BGE 139 I 280, 284 ff.; vgl. auch Rz. 450 ff.). Auch bei sehr technischen Materien kann der Bestimmtheitsgrad reduziert werden (BGE 138 II 42, 54). Zu berücksichtigen ist ferner die Art des Rechtsanwendungsverfahrens: Werden die Normen durch ein qualifiziertes Organ – z.B. ein Gericht – angewendet, genügt ein geringerer Grad an Bestimmtheit, als wenn diese von einer weniger qualifizierten Behörde angewendet werden (MÜLLER/UHLMANN, Rz. 252).

Der Bestimmtheitsgrad eines Erlasses wird auch nachhaltig beeinflusst durch die angewandte Normierungstechnik, welche zeit-, problem- und gesellschaftsabhängig ist. 345
Z.B. versucht man im Rahmen von New Public Management, die Auswirkungen staatlichen Handelns besser zu berücksichtigen und die Eigenverantwortung der Verwaltungsbehörden zu stärken, indem vermehrt mit ziel- statt mittelorientierten Bestimmungen gearbeitet wird (vgl. Rz. 1578 ff.). Ferner hat sich die Erkenntnis durchgesetzt, dass die staatliche Gesetzgebung bei besonders komplexen und schnelllebigen Materien zum Teil überfordert ist. Das führt dazu, dass der Staat namentlich im Wirtschaftsrecht zunehmend dazu übergeht, die Betroffenen zur Selbstregulierung anzuhalten (so z.B. in Art. 41a Abs. 2 USG, wonach Bund und Kantone Branchenvereinbarungen durch die Vorgabe mengenmässiger Ziele und entsprechender Fristen fördern können; Art. 27 FinfraG [Finanzmarktinfrastrukturgesetz]; Art. 24 ff. GwG [Geldwäschereigesetz] und Art. 7, insbesondere Abs. 3, FINMAG [Finanzmarktaufsichtsgesetz]). Der Gesetzgeber legt lediglich die Ziele fest, kontrolliert die private Rechtssetzung und hält allenfalls im Sinne des Subsidiaritätsprinzips eine Auffangregelung bereit. Gelegentlich verweist er auch auf von privaten Organisationen erlassene Regeln (vgl. MÜLLER/UHLMANN, Rz. 490). Solche Entwicklungen zu unbestimmteren Normierungen und zu gesteuerter Selbstregulierung entsprechen einem legitimen Bedürfnis; zugleich muss aber auch auf die Gefahren aufmerksam gemacht werden. Bei aller Innovation ist stets darauf zu achten, dass die Grundanliegen des Bestimmtheitsgebotes (nämlich die Gewährleistung von Rechtssicherheit und -gleichheit) weiterhin ausreichend berücksichtigt werden. Der Rechtssetzung durch Private sind überdies unter dem Blickwinkel der Delegation von Rechtssetzungsbefugnissen enge Grenzen gesetzt (vgl. Rz. 1821 ff.).

Beispiele:

– Die wichtigsten mit der Untersuchungshaft und dem Strafvollzug verbundenen Einschränkungen müssen in einem Rechtssatz, d.h. in einer generell-abstrakten Norm, geordnet sein. Eine Regelung, die jede denkbare, mit dem Aufenthalt in einem Gefängnis verbundene Einschränkung enthält, ist weder nötig noch möglich (BGE 99 Ia 262, 268). 346
– § 23a des basel-städtischen Übertretungsstrafgesetzes bedroht Personen mit Strafe, welche «durch täuschende oder unlautere Methoden» Passantinnen und Passanten auf öffentlichem Grund anwerben oder anzuwerben versuchen. Der Verein «Scientology Kirche Basel» und M. fochten diese Bestimmung an. Das Bundesgericht prüfte u.a., ob die Begriffe «täuschend», 347

«unlauter» und «Anwerbung» genügend bestimmt seien. Es stellte fest, was «täuschend» sei, könne einer reichhaltigen Gerichtspraxis zu Art. 146 StGB (Betrug) entnommen werden. «Unlauter» sei der Oberbegriff für widerrechtliches, täuschendes oder sonst wie gegen Treu und Glauben verstossendes Verhalten. Zur Konkretisierung dieses Begriffs könne der Strafrichter auf Lehre und Praxis zu Art. 2 ZGB zurückgreifen. Auch der Begriff des «Anwerbens» sei genügend verständlich und verfassungskonform anwendbar. Das Gebot der Bestimmtheit von Rechtsnormen werde nicht verletzt (BGE 125 I 369, 379 ff.).

348 – Im Polizeirecht ist es wegen der Eigenheiten des Regelungsbereichs besonders schwierig, dem Bestimmtheitserfordernis zu genügen. Die Aufgabe der Polizei und die Begriffe der öffentlichen Sicherheit und Ordnung lassen sich kaum abstrakt umschreiben. So beurteilte das Bundesgericht Art. 29 lit. b des Berner Polizeigesetzes als ausreichend bestimmte Grundlage für Wegweisungs- und Fernhaltemassnahmen (BGE 132 I 49, 59). Die Bestimmung lautet wie folgt: «Die Polizei kann Personen von einem Ort vorübergehend wegweisen oder fern halten, wenn der begründete Verdacht besteht, dass sie oder andere, die der gleichen Ansammlung zuzurechnen sind, die öffentliche Sicherheit und Ordnung gefährden oder stören.» In einem neueren Entscheid wurde dagegen § 32 des Zürcher Polizeigesetzes über die polizeilichen Überwachungsbefugnisse als in örtlicher Hinsicht zu wenig bestimmt betrachtet (BGE 136 I 87 ff.; vgl. auch Rz. 2576).

349 – Nach Art. 3 Abs. 2 lit. c BankG und Art. 3f BankG müssen die Führungsorgane einer Bank sowie weitere Akteure des Finanzmarktes «einen guten Ruf geniessen und Gewähr für eine einwandfreie Geschäftstätigkeit bieten» (sog. Gewährsklausel). Die Gewährsklausel dient der FINMA als Rechtsgrundlage für eine Vielzahl von Regelungen, welche ausserhalb des formellen Gesetzgebungsverfahrens in der Form von Rundschreiben, Positionspapieren, Mitteilungen und Antworten auf «Frequently Asked Questions» (FAQ) ergehen. Geregelt werden darin u.a. Pflichten der Banken im grenzüberschreitenden Dienstleistungsverkehr, gegenüber externen Vermögensverwaltern oder im Zusammenhang mit Retrozessionen. Als Vollzugsbehörde kann die FINMA im Rahmen der übergeordneten Finanzmarktgesetzgebung zum Teil Verordnungen erlassen und mit weiteren Regelungsinstrumenten (Richtlinien, Weisungen, Rundschreiben) für den Vollzug sorgen. Allerdings darf die FINMA lediglich bereits im Gesetzes- und Verordnungsrecht vorgesehene Rechte und Pflichten konkretisieren und ihre Praxis vereinheitlichen. Den Rundschreiben der FINMA fehlt es oftmals an einer ausreichend bestimmten gesetzlichen Grundlage. Obwohl die Finanzmarktregulierung auf einen hohen Grad an Flexibilität angewiesen ist, erscheint diese Entwicklung aus rechtsstaatlicher Sicht problematisch, da wichtige Fragen vom Gesetzgeber zu beantworten sind. Die Gewährleistungsregel allein als gesetzliche Grundlage verschiedener Massnahmen der FINMA erscheint zu offen (vgl. CHRISTOPH B. BÜHLER, Gewährsartikel: Regulierung der FINMA an der Grenze von Rechtsetzung und Rechtsanwendung, SJZ 110 [2014] 25 ff. und FELIX UHLMANN, Überstrapazierte Gewährsklausel, NZZ Nr. 96 vom 26. April 2013, S. 23).

V. Erfordernis der Gesetzesform

1. Definition

350 Das Erfordernis der Gesetzesform bedeutet, dass die wichtigen Rechtsnormen, auf denen die Verwaltungstätigkeit beruht, in einem *Gesetz* enthalten sein müssen. Das Erfordernis der Gesetzesform gilt für alle Bereiche der Verwaltungstätigkeit, allerdings in unterschiedlicher Ausprägung.

351 Die Anforderungen des Gesetzmässigkeitsprinzips gehen hier weiter als beim Erfordernis des Rechtssatzes: Es genügt nicht irgendeine Rechtsnorm, sondern verlangt wird ein *Gesetz,* das vom Parlament, je nach Verfassung unter Mitwirkung des Volkes, erlas-

sen worden ist (BGE 132 I 157, 159; 128 I 327, 338 f.; 126 I 180, 182). Zur rechtsstaatlichen Funktion kommt hier die demokratische hinzu. Aber nicht alle Rechtssätze, welche die Verwaltungstätigkeit regeln, müssen in dieser Form erlassen sein, sondern nur die *wichtigen Normierungen*. Als gesetzliche Grundlage kommen zum Teil auch Verordnungen in Frage. Dabei haben gesetzesvertretende Verordnungen die Voraussetzungen der Gesetzesdelegation zu erfüllen (BGE 141 II 169, 172; 137 II 409, 413; siehe Rz. 368 ff.). Vollziehungsverordnungen dürfen keine wesentlichen neuen Rechte und Pflichten begründen (vgl. Rz. 99).

Das Erfordernis der Gesetzesform können auch *Verordnungen* erfüllen, die das *Parlament* gestützt auf eine Ermächtigung in der Kantonsverfassung unter Ausschluss des Referendums erlassen hat (BGE 128 I 327, 338), ferner vom Parlament (und allenfalls vom Volk) genehmigte *völkerrechtliche Verträge* sowie die damit als «acquis communautaire» in das Landesrecht übernommenen oder aufgrund eines Beitritts für die Schweiz später Geltung erlangenden *Erlasse von Organen supranationaler Gemeinschaften* (z.B. Verordnungen des EU-Ministerrates; vgl. BGE 138 II 42, 47 ff. sowie Rz. 111). 352

2. Gesichtspunkte für die Bestimmung der Rechtssetzungsstufe

a) Wichtigkeit

Die Abgrenzung der Rechtsnormen, die wegen ihrer Wichtigkeit in einem Gesetz enthalten sein müssen, ist nicht leicht. Nach Art. 164 Abs. 1 BV gehören dazu auf Bundesebene «insbesondere die grundlegenden Bestimmungen über (a) die Ausübung der politischen Rechte, (b) die Einschränkungen verfassungsmässiger Rechte, (c) die Rechte und Pflichten von Personen, (d) den Kreis der Abgabepflichtigen sowie den Gegenstand und die Bemessung von Abgaben, (e) die Aufgaben und Leistungen des Bundes, (f) die Verpflichtungen der Kantone bei der Umsetzung und beim Vollzug des Bundesrechts, (g) die Organisation und das Verfahren der Bundesbehörden». Neuere Kantonsverfassungen enthalten ähnliche Aufzählungen von Sachgebieten oder Gegenständen, deren Regelung im Allgemeinen wichtig und deshalb dem Gesetzgeber vorbehalten ist (vgl. Art. 38 KV/ZH). 353

Allerdings gibt es auch in diesen Bereichen weniger wichtige Normen, die in der Form der Verordnung erlassen werden können. Für die *Umschreibung der Wichtigkeit einer Rechtsnorm* sind deshalb vor allem folgende Kriterien massgebend (vgl. MÜLLER/UHLMANN, Rz. 230 ff.): 354

- *Intensität des Eingriffs:* Schwere Eingriffe in die Rechte und Freiheiten der Privaten, insbesondere in deren Freiheitsrechte, müssen von einem Gesetz vorgesehen sein.
- *Zahl der von einer Regelung Betroffenen:* Eine Regelung erfordert eher ein Gesetz, wenn ein grosser Kreis von Personen davon betroffen ist.
- *Finanzielle Bedeutung:* Regelungen von grosser finanzieller Tragweite müssen eine Grundlage in einem Gesetz haben.

- *Akzeptierbarkeit:* Massnahmen, bei denen mit Widerstand der Betroffenen gerechnet werden muss, sollten ihre Grundlage in einem – demokratisch legitimierten – Gesetz haben.

  Beispiele:

355 – Der Warnungsentzug des Führerausweises stellt einen erheblichen Eingriff in die Rechte von Privaten dar. Von Bestimmungen, welche den Warnungsentzug wegen im Ausland begangener Verkehrsdelikte vorsehen, ist ein grosser Personenkreis betroffen. Dies gilt in der heutigen Zeit angesichts der erheblichen Zunahme der grenzüberschreitenden Mobilität in höherem Masse als früher. Solche Vorschriften werden von den Betroffenen nicht leicht akzeptiert, zumal die Verkehrsdelikte bereits im Tatortstaat mit Sanktionen geahndet und die Verkehrssicherheit in der Schweiz nicht gefährdet worden ist. Bestimmungen, welche einen Warnungsentzug wegen eines im Ausland begangenen Verkehrsdeliktes statuieren, sind daher wichtig i.S.v. Art. 164 Abs. 1 BV und somit in der Form des Bundesgesetzes zu erlassen (BGE 133 II 331, 347 ff., vgl. auch Rz. 311).

356 – Das Bundesgericht beurteilte die Einführung eines absoluten Rauchverbotes auf der Grundlage einer Verordnung des Genfer Staatsrates als unzulässig. Das Rauchverbot in öffentlichen Räumen berührt praktisch die gesamte Bevölkerung; es handelt sich um eine besonders sensible Frage, weshalb eine Anordnung des Gesetzgebers unabdingbar erscheint (BGE 134 I 322, 329 f.).

357 – Mit Urteil vom 13. Februar 2009 entschied das Bundesverwaltungsgericht, dass Art. 27 IVG (Bundesgesetz über die Invalidenversicherung) für die Hörgerätebeschaffung ein Tarifvertragssystem vorschreibe und ein Vergabeverfahren nicht durch eine Verordnung eingeführt werden dürfe. Aus rechtsstaatlicher Sicht sei zu beachten, dass es sich um eine marktordnende Regelung handle, welche zu einem bedeutenden Eingriff in die Rechtsstellung der Marktteilnehmer führe. Dem Systemwechsel («Verstaatlichung der Hörgeräteversorgung») komme erhebliche wirtschaftspolitische Bedeutung zu. Zudem müsse mit Widerstand von Seiten der Betroffenen und im Parlament gerechnet werden. Es erscheine deshalb auch aus demokratischer Sicht angezeigt, einen Systemwechsel nicht ohne einen hohen Grad an politischer Legitimation vorzunehmen (BVGE 2009/17 E. 8.2). Das Argument, dass es sich um Bedarfsverwaltung handle (vgl. dazu Rz. 40), liess das Bundesverwaltungsgericht nicht gelten.

358 – In BGE 131 II 13, 22 ff. stufte das Bundesgericht die Regelung über die Entbündelung der Teilnehmeranschlüsse («letzte Meile») als wichtig i.S.v. Art. 164 Abs. 1 BV ein. Sie regle unmittelbar die Rechte und Pflichten der betroffenen Fernmeldedienstanbieter, zeitige mittelbar Auswirkungen auf die Rechtstellung der Benützer der Telekommunikation und somit der grossen Mehrheit der schweizerischen Bevölkerung und sei mit erheblichen wirtschaftlichen Folgen verbunden. Nach Ansicht des Bundesgerichts bestand im geltenden Fernmeldegesetz keine Grundlage (vgl. auch Rz. 361). Heute ist die Pflicht zur Gewährung des entbündelten Zugangs zum Teilnehmeranschluss ausdrücklich in Art. 11 Abs. 1 lit. a FMG (Fernmeldegesetz) vorgesehen.

b) Flexibilitätsbedürfnis

359 Regelungen, die ständiger Anpassung an veränderte Verhältnisse – z.B. an neue technische Errungenschaften oder wirtschaftliche Entwicklungen – bedürfen, werden zweckmässigerweise nicht in einem Gesetz getroffen, das nur unter grossem Zeitaufwand revidiert werden kann, sondern in einer Verordnung. Flexibilität ist oft auch erforderlich bei Regelungen, die der Ausführung von Bundesrecht durch die Kantone oder der Umsetzung von Völkerrecht oder EU-Recht in Landesrecht dienen. Das spricht dafür, sie in Verordnungsform zu erlassen.

c) Eignung der entscheidenden Behörde

Der Gesetzgeber trifft die Grundentscheidungen, er legt die grossen Linien fest. Der Verordnungsgeber befasst sich dagegen mit den Details sowie mit denjenigen Fragen, die besondere Fachkenntnisse verlangen. 360

Beispiele:

- Die Einführung der Interkonnektionspflicht für Telekommunikationsunternehmungen ist ein Grundentscheid, der vom Gesetzgeber zu fällen ist. Der Gesetzgeber ist ohne Weiteres in der Lage, die Voraussetzungen zu regeln, unter welchen die Unternehmen verpflichtet sind, die Mitbenutzung ihrer Infrastruktur durch andere Anbieterinnen («Entbündelung der Teilnehmeranschlüsse») zuzulassen. Der Bundesrat kann diese Pflicht deshalb nicht durch Verordnung einführen (BGE 131 II 13, 26 ff.; siehe auch BGE 132 II 47, 52 f.; vgl. auch Rz. 358). 361
- Verwirkungsfristen werden im Sozialversicherungsrecht herkömmlicherweise auf Gesetzesstufe verankert. Sie stellen keine rein technisch-organisatorischen Massnahmen dar, sondern greifen insbesondere bei einer sehr kurzen Dauer empfindlich in die Rechtsstellung der Betroffenen ein. Es handelt sich daher um einen wichtigen Entscheid, welcher nach der Verfassung des Kantons Basel-Landschaft durch den Gesetzgeber zu treffen ist (Kantonsgericht des Kantons Basel-Landschaft, Urteil vom 3. September 2003 = ZBl 105 [2004] 602, 604 ff.). 362
- Der Kanton Basel-Landschaft erklärte im kantonalen Hundegesetz die Haltung potenziell gefährlicher Hunde als bewilligungspflichtig. Der Gesetzgeber durfte es der Exekutive überlassen, in einer Verordnung den Umfang der Bewilligungspflicht festzulegen und einen Katalog von Rassen oder Eigenschaften «potenziell gefährlicher Hunde» aufzustellen. Die erforderlichen Abgrenzungen setzten kynologisches Fachwissen voraus. Die Regelung auf Verordnungsstufe ermögliche auch die erwünschte Flexibilität, um die im Vollzug gewonnenen Erfahrungen und Erkenntnisse berücksichtigen zu können (BGE 132 I 7, 8 f.). 363

3. Problem der Gesetzesdelegation

a) Begriff der Gesetzesdelegation

Unter der Gesetzesdelegation ist die *Übertragung von Rechtssetzungskompetenzen* zu verstehen. Dabei sind zwei Arten von Gesetzesdelegation zu unterscheiden: 364

- einerseits die Delegation vom übergeordneten an ein untergeordnetes Gemeinwesen, also vom Bund an die Kantone oder vom Kanton an die Gemeinden;
- andererseits die Delegation vom Gesetzgeber an den Verordnungsgeber – insbesondere an ein Organ der Exekutive oder der Justiz – innerhalb des gleichen Gemeinwesens.

Hier interessiert ausschliesslich die zweite Form der Gesetzesdelegation, also die *Übertragung von Rechtssetzungskompetenzen des Gesetzgebers auf den Verordnungsgeber*. Die folgenden Ausführungen betreffen nur die Gesetzesdelegation an die Exekutive, d.h. die Rechtssetzungsdelegation vom Bundesgesetzgeber (Bundesversammlung mit fakultativer Mitwirkung des Volkes) an den Bundesrat und vom kantonalen Gesetzgeber an die kantonale Exekutive. Nicht näher behandelt werden im Folgenden die Delegation an das Parlament als Verordnungsgeber und die Subdelegation (vgl. dazu HÄFELIN/HALLER/KELLER, Rz. 1875 ff. und 1881 ff. sowie vorne Rz. 75; BGE 128 I 327, 330 ff.; BGer, Urteil 2P.142/2003 vom 7. November 2003 E. 2.3 = ZBl 105 [2004] 322, 323 f.). 365

Auch nicht erörtert wird an dieser Stelle die Rechtssetzungsdelegation an Private (vgl. dazu Rz. 1821 ff.).

366 Eine Gesetzesdelegation liegt auch vor, wenn in einem Gesetz auf Normen unterhalb der Gesetzesstufe *verwiesen* wird, die in ihrer jeweils geltenden Fassung anzuwenden sind (sog. *dynamische Verweisungen*). Der Gesetzgeber erlaubt damit im Gesetz Änderungen, sofern die Rechtsquelle ändert, auf die verwiesen wird.

b) Frage der Zulässigkeit der Gesetzesdelegation an die Exekutive

367 Die Delegation von Rechtssetzungskompetenzen an die Exekutive stellt eine *Durchbrechung des Grundsatzes der Gewaltenteilung* und eine *Einschränkung der demokratischen Rechte* dar. Aus diesem Grund wurde früher von einem Teil der Lehre, insbesondere von GIACOMETTI (S. 158 ff.), die Gesetzesdelegation an die Exekutive als Änderung der verfassungsmässigen Kompetenzordnung aufgefasst und für unzulässig erklärt. Lehre und Praxis anerkennen heute die *grundsätzliche Zulässigkeit der Gesetzesdelegation an die Exekutive,* legen aber Wert darauf, *Grenzen* zu ziehen, welche eine Aushöhlung der gewaltenteiligen und demokratischen Verfassungsordnung verhindern sollen. Art. 164 Abs. 2 BV sieht ausdrücklich vor, dass Rechtssetzungsbefugnisse durch Bundesgesetz übertragen werden können, soweit dies nicht durch die Bundesverfassung ausgeschlossen wird.

c) Voraussetzungen der Zulässigkeit der Gesetzesdelegation an die Exekutive

368 Nach der Rechtsprechung (BGE 134 I 322, 329 f.; 128 I 113, 122; BVGer, Urteil A-5627/2014 vom 12. Januar 2015 E. 4.2; Urteil A-1543/2006 vom 14. April 2009 E. 3.2) ist die Gesetzesdelegation nur zulässig, wenn folgende vier Voraussetzungen kumulativ erfüllt sind (zu den besonderen Erfordernissen im Abgaberecht vgl. Rz. 2795 ff.):

- Die Gesetzesdelegation darf nicht durch die Verfassung ausgeschlossen sein.
- Die Delegationsnorm muss in einem Gesetz enthalten sein.
- Die Delegation muss sich auf eine bestimmte, genau umschriebene Materie beschränken.
- Die Grundzüge der delegierten Materie, d.h. die wichtigen Regelungen, müssen in einem Gesetz umschrieben sein.

Die letzte Voraussetzung fällt mit dem Erfordernis zusammen, dass Wichtiges im Gesetz geregelt werden muss (vgl. Rz. 353 ff.).

369 Das Problem der Gesetzesdelegation stellt sich nur bei den *unselbstständigen Verordnungen.* Selbstständige Verordnungen kann die Exekutive kraft der Ermächtigung durch die Verfassung in eigener Kompetenz erlassen. Daher müssen insbesondere Vollziehungsverordnungen und Polizeinotverordnungen die Voraussetzungen der Gesetzesdelegation nicht erfüllen (vgl. BGE 141 II 169, 172; 139 II 460, 462 f.; 128 I 327, 337 ff.; 125 II 417, 427 f.).

Bei *unselbstständigen Bundesratsverordnungen* prüft das Bundesgericht, ob sich der Bundesrat an die Grenzen der ihm im Gesetz eingeräumten Befugnisse gehalten hat. Ermächtigt der Gesetzgeber den Bundesrat, von der Verfassung abzuweichen, und macht der Bundesrat davon Gebrauch, so ist die Verordnung für das Bundesgericht massgebend (Art. 190 BV). Andernfalls kontrolliert das Bundesgericht die Verfassungsmässigkeit der Verordnung (vgl. BGE 141 II 169, 172 f.; 139 II 460, 462 f.; 137 III 217, 220 f.). Wird dem Bundesrat vom Gesetzgeber ein sehr weiter Spielraum für die Regelung eingeräumt, so ist dieser für das Bundesgericht verbindlich. Es muss sich auf die Kontrolle beschränken, ob die Verordnung den Rahmen der Gesetzesdelegation offensichtlich sprengt oder aus anderen Gründen gesetz- oder verfassungswidrig ist (BGE 133 V 42, 44; 131 II 562, 566; 130 I 26, 32; BGer, Urteil 8C_547/2014 vom 15. Oktober 2014 E. 4.1; Urteil 6B_722/2013 vom 14. Januar 2014 E. 3.2 f.; Urteil 6P.62/2007 vom 27. Oktober 2007 E. 3.1; BVGE 2011/46 E. 5.4.1; BVGE 2007/43 E. 4.4.1; BVGer, Urteil A-7278/2007 vom 29. April 2008 E. 5.1). 370

Beispiele:

- Am 22. September 1985 nahm das Schaffhauser Stimmvolk ein neues Gesetz über die Organisation der Regierungs- und Verwaltungstätigkeit (Organisationsgesetz) an. Der im Abschnitt «Schlussbestimmungen» enthaltene Art. 44 des Gesetzes ermächtigte den Regierungsrat, in bereits geltenden Gesetzen oder Dekreten enthaltene Organisations- und Zuständigkeitsvorschriften für die kantonalen Verwaltungsbehörden im Sinne der dem neuen Organisationsgesetz zu Grunde liegenden Grundsätze auf dem Verordnungswege anzupassen. X. machte eine Verletzung der Grundsätze der Gesetzesdelegation geltend. Das Bundesgericht wies die Beschwerde ab. Zunächst stellte es fest, dass eine Behörde ihre Anordnungen nur in jener Form gültig ändern könne, in der sie erlassen wurden. Dies verwehre dem Gesetzgeber jedoch nicht, die Kompetenz zur Änderung oder Aufhebung einer Norm eines Gesetzes an den Verordnungsgeber zu delegieren. Diese Kompetenz müsse sich aber in klarer Weise aus der Delegationsnorm ergeben, die ihrerseits in einem Gesetz enthalten sein müsse. Art. 44 des kantonalen Organisationsgesetzes erfülle diese Voraussetzung. Im Weiteren kam das Bundesgericht zum Schluss, dass keine Norm des kantonalen Verfassungsrechts der Delegation entgegenstehe. Die Delegation beschränke sich auch auf ein bestimmtes Gebiet, nämlich den engen Bereich der Anpassung von Organisations- und Zuständigkeitsvorschriften für die kantonalen Verwaltungsbehörden im Sinne des neuen Gesetzes. Dabei habe sich der Regierungsrat an das Organisationsgesetz zu halten und sei nicht befugt, von Bestimmungen dieses Gesetzes abzuweichen. Für die Regelung auf dem Verordnungswege spreche, dass allfällige Fehler auf einfache Art korrigiert werden könnten. Ausserdem betreffe die Delegation keine Regelung, die die Rechtsstellung der Privaten berühre (BGE 112 Ia 136, 138 ff.). 371
- Das neu geschaffene Psychiatrie-Organisationsgesetz (POG) des Kantons Graubünden gliedert die kantonalen psychiatrischen Kliniken und Wohnheime aus der Kantonsverwaltung aus und unterstellt sie einer neu errichteten, selbstständigen öffentlich-rechtlichen Anstalt. Art. 12 POG bestimmte, dass die Dienstverhältnisse des Personals der Anstalt öffentlich-rechtlich sind, und dass die Verwaltungskommission der Anstalt Richtlinien über die Anstellungsbedingungen erlässt. Diese Regelung wurde beim Bundesgericht angefochten. Das Bundesgericht stellte fest, die Kantonsverfassung schliesse aus, Rechtssetzungskompetenzen in einem weitergehenden Umfang auf selbstständige Anstalten zu übertragen, als dies für die Regierung zulässig wäre. Wohl würden im öffentlichen Dienstrecht weniger hohe Anforderungen an die gesetzliche Grundlage gestellt als in anderen Rechtsgebieten, insbesondere im Bereich der Eingriffsverwaltung. Nach der bundesgerichtlichen Rechtsprechung sei es zulässig, Rechte und Pflichten der Beamten auf untergesetzlicher Stufe zu konkretisieren. Anstellungsbedingungen berührten die Rechtsstellung der Mitarbeiter jedoch in verschiedener Hinsicht schwerwiegend. Von grundsätzlicher Bedeutung seien vorab der Besoldungsrahmen und die wichtigen Kriterien der Entlöhnung. Die Anstalt sei dabei nicht wie die Kantonsverwaltung oder die privatrechtlichen Arbeitgeber durch die Personalverordnung des Grossen Rates, die Vorschriften des Obligationen- 372

rechts über den Arbeitsvertrag (Art. 319 ff. OR) oder Gesamtarbeitsverträge gebunden. Es sei nicht erkennbar, inwiefern die mit der Verselbstständigung angestrebten Ziele gefährdet seien, wenn der Grosse Rat die Grundzüge der Anstellungsbedingungen festlege. Die Delegation sei mit den Grundsätzen der Gewaltenteilung und der Gesetzmässigkeit nicht vereinbar (BGE 128 I 113, 120 ff.).

373 – Das Bundesamt für Kultur (BAK) wies ein Gesuch des Schweizerischen Bühnenverbands für die Ausrichtung eines Förderbeitrages für die Jahre 2014 bis 2015 mit der Begründung ab, dass gemäss Art. 6 KFV (Kulturförderungsverordnung) die Ausrichtung finanzieller Beiträge auf natürliche Personen beschränkt sei. Das Bundesverwaltungsgericht hatte zunächst die Frage zu prüfen, ob es sich um eine selbstständige oder unselbstständige Verordnung des Bundesrates handelt, da nur bei Letzterer die Anforderungen an eine Gesetzesdelegation erfüllt sein müssen: «Bei Art. 6 KFV handelt es sich um die Ausführungsbestimmung zu Art. 14 KFG. Die entsprechende Delegationsnorm findet sich in Art. 46 KFG, wonach der Bundesrat die Ausführungsbestimmungen erlässt. Vorab ist [...] festzuhalten, dass sich der Bundesrat beim Erlass von Art. 6 KFV nicht auf eine Delegation von Rechtssetzungsbefugnissen stützen konnte. Vielmehr hat er dabei Gebrauch von seiner allgemeinen verfassungsrechtlichen Kompetenz zum Gesetzesvollzug gemacht. In Art. 46 KFG wird die entsprechende Zuständigkeit für den Bereich der Kulturförderungsgesetzgebung lediglich wiederholt. Die Bestimmung räumt dem Bundesrat keine über Art. 182 Abs. 2 BV hinausgehenden, insbesondere keine gesetzesvertretenden, Kompetenzen ein. Bei Art. 6 KFV handelt es sich somit – zumindest formell – um eine Vollziehungsverordnungsbestimmung.» Als solche dürfen Vollziehungsverordnungen lediglich die gesetzliche Regelung näher ausführen, nicht jedoch ändern oder aufheben und keine neuen, nicht bereits im Gesetz vorgesehenen Pflichten auferlegen. Dem Kulturförderungsgesetz selbst liess sich mittels Auslegung nicht entnehmen, dass als juristische Personen organisierte Kunstschaffende oder Organisationen von Kunstschaffenden von finanziellen Beiträgen ausgeschlossen sind. Demzufolge erklärte das Bundesverwaltungsgericht die betreffende Verordnungsbestimmung für gesetzeswidrig und damit nicht anwendbar, so dass die Vorinstanz das Gesuch erneut zu prüfen hatte (BVGer, Urteil B-4572/2012 vom 17. März 2015 E. 5.3 ff.).

374 – Der Hauseigentümerverband Schweiz stellte 2012 beim Bundesamt für Kommunikation (BAKOM) mehrere Gesuche um Zustellungsermässigung gemäss Art. 16 Abs. 4 lit. b PG (Postgesetz) für seine Publikationen «Der Schweizer Hauseigentümer» und zwei weitere regionale Ausgaben desselben Blattes. Das BAKOM wies die Gesuche mit der Begründung ab, dass die drei Publikationen im Hinblick auf ihre Förderungswürdigkeit als ein Titel zu betrachten seien und deren Gesamtauflage daher die Voraussetzung einer durchschnittlichen Auflage von höchstens 300'000 Exemplaren gemäss Art. 36 Abs. 3 lit. h VPG (Postverordnung) überschreite. Das Bundesverwaltungsgericht hatte in der Folge zu prüfen, ob sich der Bundesrat bei der unselbständigen Verordnungsbestimmung von Art. 36 Abs. 3 lit. h VPG an die Grenzen der ihm im Postgesetz eingeräumten Ermächtigung gehalten hatte. Die Voraussetzungen für die Zustellung von Zeitungen zu ermässigten Tarifen durch die Post sind in Art. 16 Abs. 4 und 5 PG geregelt. Darin wird der Bundesrat vom Gesetzgeber dazu ermächtigt, «weitere Kriterien» vorzusehen; solche könnten «insbesondere» das Verbreitungsgebiet, die Erscheinungshäufigkeit, den redaktionellen Anteil sowie das Verbot von überwiegender Bewerbung von Produkten und Dienstleistungen betreffen. Dabei handelt es sich lediglich um eine exemplarische und somit nicht abschliessende Aufzählung möglicher Kriterien in der Delegationsnorm. Der Bundesrat hat in Art. 36 VPG von seiner delegierten Kompetenz Gebrauch gemacht: «Indem der Gesetzgeber dem Bundesrat die Kompetenz delegiert hat, ‹weitere Kriterien› für die Frage der Gewährung der Zustellermässigung festzulegen, hat er ihm einen sehr weiten Spielraum für die Regelung auf Verordnungsstufe eingeräumt. Dieser Spielraum ist nach Art. 190 BV für das Bundesverwaltungsgericht verbindlich. Es darf nicht sein eigenes Ermessen an die Stelle jenes des Bundesrats setzen. Mit der vorgenommenen Festlegung eines solchen ‹weiteren Kriteriums› in Art. 36 Abs. 3 lit. h VPG hat der Bundesrat seine delegierte Kompetenz nicht überschritten» (BVGer, Urteil A-573/2013 vom 29. November 2013 E. 4.4). Zudem stellte das Bundesverwaltungsgericht fest, dass das Kriterium der Auflagenobergrenze der Förderung einer vielfältigen Presse diene, indem es auflagenstarke Publikationen, die weniger zur Vielfalt beitragen, von der Förderungsberechtigung ausschliesse. Demzufolge verstosse die vorliegend

relevante Verordnungsbestimmung nicht gegen übergeordnetes Recht und gelange demnach zur Anwendung (vgl. BVGer, Urteil A-573/2013 vom 29. November 2013 E. 4 ff.).

d) Problematik der Rechtsfigur der Gesetzesdelegation

Die Rechtsfigur der Gesetzesdelegation stösst in der Lehre auf Kritik (vgl. dazu GEORG MÜLLER, Rechtssetzungsbefugnisse, S. 16 ff.). Es wird argumentiert, dass die Vorstellung der Übertragung von Legislativkompetenzen an die Exekutive auf einem aus heutiger Sicht überholten Gewaltenteilungsmodell beruhe. Die Abgrenzung von gesetzesvertretenden und vollziehenden Verordnungen (Rz. 93 ff.) sei in der Praxis zudem kaum durchführbar. Die Berechtigung der Exekutive zum Erlass von Verordnungen ergebe sich deshalb grundsätzlich unmittelbar aus der Verfassung. Aufgabe des Gesetzgebers sei lediglich, diese Befugnis im Einzelfall zu konkretisieren. Deshalb wird in einigen totalrevidierten Kantonsverfassungen auf das Institut der Gesetzesdelegation verzichtet und stattdessen der Regierung eine verfassungsunmittelbare Regelungskompetenz eingeräumt (so etwa in § 91 KV/AG oder Art. 69 Abs. 2 KV/NE; vgl. für weitere Beispiele MÜLLER/UHLMANN, Rz. 411 f.). 375

Im Rahmen der Totalrevision der Bundesverfassung schlug die Expertenkommission «Kompetenzverteilung zwischen Bundesversammlung und Bundesrat» in ihrem Bericht vor, auf die Gesetzesdelegation zu verzichten und in die Bundesverfassung eine Bestimmung aufzunehmen, wonach der Bundesrat zuständig ist für den Erlass der weniger wichtigen Rechtsnormen (BBl 1996 II, 450 ff.). Die Bundesversammlung hielt aber an der Gesetzesdelegation und der Unterscheidung zwischen vollziehenden und gesetzesvertretenden Verordnungen fest (Art. 164 Abs. 2 BV und Art. 182 BV). Unklar bleibt allerdings, ob auch diejenigen Bereiche, deren Regelung nach Art. 164 Abs. 1 BV dem Gesetz vorbehalten sind, delegiert werden können oder nicht, ferner, ob bezüglich der Delegationsbefugnis «wichtige» und «grundlegende» Bestimmungen im Sinne von Art. 164 Abs. 1 BV unterschiedlich zu behandeln sind (vgl. dazu GEORG MÜLLER, Umschreibung, S. 36 f.; RHINOW/SCHEFER, Rz. 2728, 2733). Das Bundesgericht hat diese Fragen offen gelassen und damit insbesondere kein Delegationsverbot für «wichtige» Bestimmungen ausgesprochen (vgl. BGE 133 II 331, 347 f.; anders noch BGE 131 II 13, 26, wonach Art. 164 Abs. 2 BV nicht erlaube, die dem Gesetzgeber in Art. 164 Abs. 1 BV vorbehaltenen Regelungsbereiche zu delegieren; vgl. auch Rz. 355). Nach unserer Ansicht muss der Gesetzgeber alle wichtigen Regelungen selbst erlassen; insoweit besteht ein Delegationsverbot. Mit den Begriffen «wichtig» und «grundlegend» ist u.E. dasselbe gemeint; Art. 164 Abs. 1 BV will mit der Bezeichnung «grundlegend» klarstellen, dass auch in den dort aufgezählten Bereichen nicht alle Bestimmungen, sondern nur die «grundlegenden» bzw. wichtigen in der Form des Bundesgesetzes erlassen werden müssen. 376

Unsicherheit besteht auch darüber, in welchem Verhältnis das Erfordernis der Gesetzesform für wichtige Regelungen zu den Voraussetzungen der Gesetzesdelegation steht. In der Praxis finden die jeweiligen Voraussetzungen teilweise einfach kumulativ Anwendung. Nach unserer Ansicht entspricht das Erfordernis, Wichtiges im Gesetz zu normieren, der vierten Voraussetzung für die Zulässigkeit der Gesetzesdelegation (vgl. 377

Rz. 368), wonach die Grundzüge der delegierten Materie im Gesetz enthalten sein müssen (vgl. TOBIAS JAAG, Die Verordnung im schweizerischen Recht, ZBl 112 [2011] 645 f.; MÜLLER/UHLMANN, Rz. 415).

VI. Geltungsbereich des Gesetzmässigkeitsprinzips

378 Das Gesetzmässigkeitsprinzip wirkt sich auf sämtliche Bereiche und Arten der Verwaltungstätigkeit aus.

1. Geltung für Eingriffs- und Leistungsverwaltung

379 Das Legalitätsprinzip gilt heute sowohl für die Eingriffsverwaltung wie auch für die Leistungsverwaltung. Lange Zeit fand es nur auf die *Eingriffsverwaltung* Anwendung, da der Schutz des Individuums gegen Einschränkungen seiner Rechte und Freiheiten im Vordergrund stand.

380 Der Eingriff in ein Grundrecht muss stets auf einer gesetzlichen Grundlage beruhen; schwere Eingriffe bedürfen einer Grundlage in einem Gesetz (Art. 36 Abs. 1 BV). Bei der Erhebung von Abgaben werden besonders strenge Anforderungen an die Gesetzmässigkeit gestellt. Aber auch wenn ein Eingriff kein Grundrecht berührt, muss das Gesetzmässigkeitsprinzip eingehalten werden.

381 In BGE 103 Ia 369, 380 ff. erklärte das Bundesgericht erstmals, dass in einer Referendumsdemokratie das Gesetzmässigkeitsprinzip nicht nur für die Eingriffsverwaltung massgebend sei. Heute anerkennt die Rechtsprechung, dass das Gesetzmässigkeitsprinzip auch im Bereich der *Leistungsverwaltung* Gültigkeit hat (BGE 130 I 1, 5; 128 I 113, 120; BGer, Urteil 2C_702/2010 vom 21. Juni 2011 E. 3.1; Urteil 2C_578/2010 vom 20. Januar 2011 E. 2.2.2). Die Anforderungen an die Bestimmtheit des Rechtssatzes und an das Erfordernis der Gesetzesform sind aber im Bereich der Leistungsverwaltung im Allgemeinen weniger streng (BGE 138 I 378, 392). Das Bundesgericht hat daraus abgeleitet, auch Beschlüsse über Ausgaben für Subventionen bedürften einer rechtssatzmässigen Grundlage; Stufe und Bestimmtheitsgrad hingen aber von der Art der Materie, namentlich davon ab, ob es sich um einmalige oder um wiederkehrende staatliche Leistungen handelt (BGE 134 I 313, 318; 118 Ia 46, 61 f.). Das Bundesgericht hielt fest, auch wenn Zulassungsbeschränkungen zum Universitätsstudium keine Eingriffe in die Wirtschaftsfreiheit oder die persönliche Freiheit darstellten, müssten derart wichtige bildungs- und hochschulpolitische Entscheide zumindest in den Grundzügen auf der Stufe des Gesetzes getroffen werden (BGE 125 I 173, 176; 121 I 22, 24 m.w.H.).

2. Geltung für Bund, Kantone und Gemeinden

382 Das Gesetzmässigkeitsprinzip gilt für die *Gemeinwesen aller Stufen*. Bund, Kantone und Gemeinden sind an sämtliche Erlasse des Bundes, der Kantone und der Gemeinden

gebunden. Dies bedeutet, dass sich der Bund auch an die Erlasse der Kantone und Gemeinden und die Kantone an die Erlasse der Gemeinden halten müssen. Eine Ausnahme ergibt sich nur für den Fall, dass der Bund bzw. der Kanton eine ihm von Verfassung und Gesetz übertragene Aufgabe nicht erfüllen könnte, falls er die kantonalen bzw. kommunalen Vorschriften zu beachten hätte (BGE 102 Ia 355, 359 ff.; 92 I 205, 208 ff.; BGer, Urteil 1A.22/2004 vom 1. Juli 2004 E. 4.3).

3. Geltung für alle Arten von Verwaltungstätigkeit

Das Gesetzmässigkeitsprinzip gilt grundsätzlich für die *gesamte Verwaltungstätigkeit.* 383
Dies bedeutet namentlich, dass alle Verfügungen auf einer gesetzlichen Grundlage zu beruhen haben. Ebenso wie die Verfügungen müssen aber auch Nebenbestimmungen von Verfügungen, Pläne, Auskünfte, Realakte usw. (vgl. Rz. 1408 ff.) gesetzmässig sein. Allerdings lassen sich gewisse Tätigkeiten (z.B. die Informationstätigkeit der Regierung) kaum gesetzlich normieren (siehe Urteile des deutschen Bundesverfassungsgerichts, EuGRZ 29 [2002] 448 ff., EuGRZ 29 [2002] 458 ff.). Es entwickeln sich zudem gewisse Handlungsformen wie Leitbilder, Chartas, Positionspapiere oder standardisierte Antworten der zuständigen Amtsstellen auf FAQ («Frequently Asked Questions»), die oft nur «pseudo-legal» sind (ZUFFEREY, S. 197 ff.).

4. Beschränkte Geltung des Gesetzmässigkeitsprinzips

a) Regelung der Benutzung von öffentlichen Sachen im Gemeingebrauch

Öffentliche Sachen im Gemeingebrauch – öffentliche Strassen, Parkanlagen usw. – stehen der Allgemeinheit zur Verfügung. 384
Der Einzelne darf solche Sachen frei benutzen, soweit diese Nutzung mit der Zweckbestimmung der Sache zu vereinbaren ist. Nicht mehr durch den Zweck abgedeckt sind der sog. gesteigerte Gemeingebrauch und die sog. Sondernutzung (vgl. dazu Rz. 2274 ff. und 2308 ff.). Aufgrund seiner Sachherrschaft konnte das zuständige Gemeinwesen nach der Rechtsprechung zur Bundesverfassung 1874 auch ohne gesetzliche Grundlage den gesteigerten Gemeingebrauch bewilligungspflichtig und die Sondernutzung konzessionspflichtig erklären. Die neue Bundesverfassung duldet diese fragwürdige Praxis nicht mehr. Die Regelung der Nutzung der öffentlichen Sachen muss inskünftig dem Legalitätsprinzip entsprechen; dabei dürfen das Erfordernis der Bestimmtheit der Normierung und das Erfordernis der Gesetzesform weniger streng gehandhabt werden als in der Eingriffsverwaltung (vgl. Rz. 2286). Noch nicht geklärt ist, welche Rechtsfolgen eine Verletzung des Legalitätsprinzips in diesem Bereich hat.

b) Polizeinotverfügungen und Polizeinotverordnungen

Aufgrund der *Polizeigeneralklausel* (vgl. Rz. 2580 ff.) kann das zuständige Gemeinwe- 385
sen bei zeitlicher Dringlichkeit auch ohne gesetzliche Grundlage Massnahmen treffen,

die dazu dienen, eine unmittelbar drohende, direkte, schwere und ernsthafte Gefahr abzuwehren. Die zuständige Exekutivbehörde ist ermächtigt, zu diesem Zweck Polizeinotverfügungen, die keine gesetzliche Grundlage aufweisen, oder Polizeinotverordnungen zu erlassen (vgl. Rz. 2636 ff.).

c) Personen in einem Sonderstatusverhältnis

386 Für die Regelung der Rechte und Pflichten von Personen in einem *Sonderstatusverhältnis* werden an die gesetzlichen Grundlagen nur reduzierte Anforderungen gestellt (BGE 139 I 280, 286 ff.; 135 I 79, 85; vgl. Rz. 450 ff.).

d) Abgaberecht

387 *Abgaben* müssen in der Regel auf einem Gesetz beruhen; eine Verordnung genügt nicht. Die Anforderungen an die gesetzliche Grundlage dürfen jedoch nach der Bundesgerichtspraxis bei bestimmten Gebühren herabgesetzt werden, soweit die Überprüfung auf ihre Rechtmässigkeit anhand von verfassungsmässigen Prinzipien, insbesondere des Kostendeckungs- und des Äquivalenzprinzips, ohne weiteres möglich ist. Daher bedürfen *Kanzlei- und Kontrollgebühren* keiner Grundlage in einem Gesetz und bei gewissen Gebühren muss die *Höhe* nicht im Gesetz festgeschrieben werden (vgl. Rz. 2767 f.).

e) Bedarfsverwaltung

388 Das Gesetzmässigkeitsprinzip gilt nach der – allerdings nicht unbestrittenen – Lehre und Praxis nicht für die *Bedarfsverwaltung* (Rz. 40). Die gesetzliche Grundlage ergibt sich hier aus den Normen, welche die Verwaltungsaufgaben regeln, deren Erfüllung die administrative Hilfstätigkeit dient (vgl. BGE 103 Ib 324, 332; Entscheid des Obergerichts des Kantons Schaffhausen, ZBl 109 [2004] 539 ff.; Gutachten des Bundesamtes für Justiz, VPB 60 [1996] Nr. 1; COTTIER, S. 34 f.; IMBODEN/RHINOW, Bd. I, S. 287 f.; vgl. auch das Beispiel in Rz. 357).

f) Auswärtige Angelegenheiten

389 Vertreten wird ferner die Auffassung, dass die *auswärtigen Angelegenheiten* vom Legalitätsprinzip ausgenommen sind, soweit eine gesetzliche Regelung unmöglich (z.B. wegen weit gehender Fremdbestimmung einer Frage infolge der begrenzten Durchsetzungskraft eines Kleinstaates) oder wenigstens unzweckmässig (Notwendigkeit von Verhandlungsspielräumen, Gewährleistung der Geheimhaltung) wäre (vgl. BORER, S. 430 ff.). Diese Auffassung wird von anderen Autoren (z.B. EHRENZELLER, S. 369 ff.) kritisiert und erscheint auch uns problematisch. Der Bundesgesetzgeber hat in jüngerer Vergangenheit gewisse Bereiche einer gesetzlichen Regelung zugeführt (vgl. z.B. Bundesgesetz über die Pflege des schweizerischen Erscheinungsbildes im Ausland vom 24. März 2000 [SR 194.1]).

VII. Gesetzmässigkeit, Ermessen und unbestimmter Rechtsbegriff

1. Allgemeines

Aufgrund des Erfordernisses des Rechtssatzes dürfen die Behörden nur gestützt auf eine genügend bestimmte generell-abstrakte Norm handeln. Der Rechtssatz determiniert die Verwaltungstätigkeit und dient damit der *Rechtssicherheit und der Rechtsgleichheit.* 390

Das Gesetz kann jedoch nicht alle konkreten Fragen, die sich in Zukunft einmal stellen werden, voraussehen. Die Normen lassen sich nicht so formulieren, dass sie die Verwaltungstätigkeit vollständig und präzis vorausbestimmen. Der Gesetzgeber ist auch nicht in der Lage, für jedes konkrete Problem die «richtige» Lösung zu treffen. Häufig kann erst aufgrund der konkreten Umstände die sinnvolle und gerechte Lösung gefunden werden. In solchen Fällen würden zu hohe Anforderungen an die Bestimmtheit des Rechtssatzes zu Ergebnissen führen, die mit der materiellen Gerechtigkeit in Widerspruch stehen. Hier müssen vielmehr weniger bestimmte Normen zulässig sein, die Entscheidungsspielraum für die rechtsanwendenden Behörden schaffen. Es handelt sich um so genannte *offene Normen,* die Ziele, unbestimmt umschriebene Voraussetzungen oder einen Rahmen für die Verwaltungstätigkeit festlegen. Solche Normen ermöglichen den Verwaltungsbehörden nicht nur, die konkreten Umstände des Einzelfalles zu berücksichtigen, sondern auch flexibel auf veränderte Verhältnisse zu reagieren, komplexe, vor allem technische oder wissenschaftliche Probleme mit dem notwendigen Sachverstand zu lösen sowie politischen und betriebswirtschaftlichen Aspekten Rechnung zu tragen (vgl. Rz. 444). 391

Offene Normen dienen entweder der *Einzelfallgerechtigkeit* oder der *sachlichen Richtigkeit* der Entscheidungen und ergänzen insoweit das Gesetzmässigkeitsprinzip. Sie können zur Folge haben, dass die richterliche Kontrolle der Anwendung solcher Normen eingeschränkt wird (vgl. Rz. 397, 442 ff.). 392

Nach *herrschender Lehre und Rechtsprechung* gibt es offene Normen, die Ermessen einräumen, und solche, die unbestimmte Rechtsbegriffe enthalten. Ermessensentscheidungen der Verwaltungsbehörden sollen von Verwaltungsgerichten grundsätzlich nur beschränkt, die Anwendung von unbestimmten Rechtsbegriffen dagegen voll überprüft werden können. Eine *neuere Lehrmeinung* will auf die Unterscheidung verzichten und für die Überprüfbarkeit von Entscheidungen der Verwaltungsbehörden darauf abstellen, zu welchem *Zweck* der Gesetzgeber den Verwaltungsbehörden mit der offenen Normierung einen Entscheidungsspielraum gewährt hat. Je nach diesem Zweck sind die Verwaltungsgerichte geeignet, um zu kontrollieren, ob die Verwaltungsbehörden den Spielraum richtig genutzt haben oder nicht (vgl. dazu SCHINDLER, Verwaltungsermessen, Rz. 241 ff., 291 ff. und 537 f. sowie TANQUEREL, No. 510 f. und 521 ff., zurückhaltender in Bezug auf die neuere Lehre zum einheitlichen Ermessensbegriff TSCHANNEN/ZIMMERLI/MÜLLER, S. 224 f.; KÖLZ/HÄNER/BERTSCHI, Rz. 1058). In seiner jüngsten Rechtsprechung weicht das Bundesverwaltungsgericht zwar nicht von der bisherigen Unterscheidung von Ermessen und unbestimmten Rechtsbegriffen ab, bezieht aber die neuere Lehrmeinung in seine Beurteilung mit ein (BVGE 2015/2 E. 4.3.4 und 7.2.3 f.). 393

Wir halten die neuere Lehre für überzeugender, stellen aber im Folgenden beide Auffassungen dar (zu einer Übersicht zum aktuellen Meinungsstand siehe TANQUEREL, No. 510 und DUBEY/ZUFFEREY, No. 463 f.).

2. Offene Normen und Gesetzesdelegation

394 Die Verwendung offener Normen und die Gesetzesdelegation haben gemeinsam, dass der Gesetzgeber in einem bestimmten Bereich auf eine abschliessende Regelung verzichtet und damit den *Verwaltungsbehörden* einen *gewissen Freiraum* gewährt. Bei offenen Normen bezieht sich der Freiraum in der Regel auf die Rechtsanwendung und soll ermöglichen, den konkreten *Umständen des Einzelfalles* Rechnung zu tragen oder die *Sachrichtigkeit der Entscheidung* zu gewährleisten. Durch die Gesetzesdelegation werden die Verwaltungsbehörden ermächtigt, generell-abstrakte Normen zu erlassen, weil der Gesetzgeber dazu weniger geeignet ist und die *Flexibilität* der Regelung vergrössert werden soll.

395 Entsprechend unterscheiden sich in den beiden Bereichen die Art der *Problemstellung* und die *Massstäbe*. Bei der Gesetzesdelegation geht es um die Voraussetzungen der Zulässigkeit der Delegation, die sich nach dem Erfordernis der Gesetzesform beurteilt. Bei offenen Normen, die im Einzelfall konkretisiert werden, stellt sich die Frage, ob sie dem Erfordernis der genügenden Bestimmtheit des Rechtssatzes entsprechen.

3. Begriff und Arten des Ermessens

a) Begriff

396 Ermessen ist die *Entscheidungsbefugnis der Verwaltungsbehörden,* die ihr der Gesetzgeber durch die offene Normierung überträgt. Die Offenheit des Gesetzes ist geplant, im Gegensatz zu einer (Gesetzes-)Lücke, die eine planwidrige Unvollständigkeit darstellt (vgl. Rz. 213). In der Regel ist der Entscheidungsspielraum dadurch gekennzeichnet, dass der Gesetzgeber den Verwaltungsbehörden die Wahl zwischen verschiedenen Rechtsfolgen überlässt oder auch die Entscheidung, ob überhaupt eine Rechtsfolge angeordnet werden soll (vgl. auch Rz. 398 ff.).

397 Nach herrschender Lehre führt die gesetzliche Einräumung von Ermessen dazu, dass *Verwaltungsgerichte die Angemessenheit* der von den Verwaltungsbehörden getroffenen Entscheidungen – zumindest grundsätzlich – *nicht überprüfen dürfen* (vgl. Rz. 442 ff.). Im Privatrecht und im Strafrecht hat eine Norm, welche eine Ermessensentscheidung vorsieht, keine solche Einschränkung der Überprüfungsbefugnis der Gerichte zur Folge.

b) Arten des Ermessens

aa) Entschliessungsermessen

Räumt ein Rechtssatz den Verwaltungsbehörden einen Spielraum ein beim *Entscheid, ob eine Massnahme zu treffen sei oder nicht,* so liegt Entschliessungsermessen vor. Die Verwaltungsbehörden können hier von der Anordnung einer Massnahme absehen, da das Gesetz den Eintritt der Rechtsfolge beim Vorliegen bestimmter Voraussetzungen nicht zwingend vorschreibt. Vor allem Kann-Vorschriften räumen solches Ermessen ein. 398

Beispiele:

- Art. 1 Abs. 1 EntG lautet: «Das Enteignungsrecht kann geltend gemacht werden für Werke, die im Interesse der Eidgenossenschaft oder eines grossen Teils des Landes liegen, sowie für andere im öffentlichen Interesse liegende Zwecke, sofern sie durch ein Bundesgesetz anerkannt sind.» 399
- Über Ermessen verfügen die Verwaltungsbehörden in der Regel beim Entscheid über die Erteilung von Wasserrechts- oder Mobilfunkkonzessionen, von Ausnahmebewilligungen im Baurecht oder bei der Anordnung von disziplinarischen Massnahmen. 400

bb) Auswahlermessen

Auswahlermessen liegt vor, wenn ein Rechtssatz den Verwaltungsbehörden einen Entscheidungsspielraum hinsichtlich der *Wahl zwischen verschiedenen Massnahmen* oder hinsichtlich der *näheren Ausgestaltung* einer Massnahme einräumt. 401

Beispiel: 402

§ 8 Abs. 1 Disziplinarordnung der Universität Zürich vom 17. Februar 1976 (LS 415.33) lautet:

«(1) Disziplinarmassnahmen sind:

a) der schriftliche Verweis;

b) der Ausschluss von Lehrveranstaltungen oder von der Benützung einzelner Universitätseinrichtungen für die Dauer von höchstens einem Semester, wobei diese Massnahmen miteinander verbunden werden können;

c) der Ausschluss vom Studium oder von Prüfungen oder von beidem für die Dauer von einem bis zu sechs Semestern. [...]»

cc) Tatbestandsermessen

Entschliessungs- und Auswahlermessen lassen sich unter dem Oberbegriff des Rechtsfolgeermessens zusammenfassen. Im Gegensatz dazu steht das Tatbestandsermessen. Hier bezieht sich der Entscheidungsspielraum der Verwaltungsbehörden nicht auf die Rechtsfolgen, sondern auf die Beurteilung der Voraussetzungen für den Eintritt der Rechtsfolgen, d.h. des Tatbestandes. Beim Tatbestandsermessen haben die Behörden Spielraum in der Frage, ob sie die Voraussetzungen für die Anordnung von Massnahmen als erfüllt betrachten oder nicht. 403

Ein Teil der Lehre (so z.B. FLEINER-GERSTER, S. 124 f.; IMBODEN/RHINOW, Bd. I, S. 405; TSCHANNEN/ZIMMERLI/MÜLLER, S. 216, 222, die stattdessen von «Beurteilungsspielraum» sprechen) lehnt den Begriff des Tatbestandsermessens ab. Offen formulierte Tatbestände seien zu den unbestimmten Rechtsbegriffen zu zählen. 404

Eine jüngere Lehrmeinung (so z.B. RHINOW, Ermessen, S. 87 ff.; Verwaltungsermessen, S. 65; SCHINDLER, Verwaltungsermessen, Rz. 242 ff. und 294) vertritt die Auffassung, dass die Differenzierung zwischen Normen, die den Tatbestand, d.h. die Voraus- 405 setzungen der Rechtsfolge unbestimmt umschreiben, und Normen, welche die Rechtsfolge selbst offen regeln, nicht gerechtfertigt ist. In beiden Fällen lässt das Gesetz den Verwaltungsbehörden Raum für die Entscheidung im Einzelfall.

406 Der Gesetzgeber kann in der gleichen Norm Tatbestands- wie Rechtsfolgeermessen vorsehen.

c) Form der Einräumung des Ermessens

407 Ob eine bestimmte Norm den Verwaltungsbehörden Ermessen einräumt, ist auf dem Weg der *Auslegung* zu ermitteln. Sie ist immer Rechtsfrage (vgl. BVGE 2015/2 E. 4.3). Ihre Beantwortung liegt nicht im Ermessen der Verwaltungsbehörden und kann von den Verwaltungsgerichten voll überprüft werden (BGE 133 II 35, 39; 125 II 29, 38).

408 Es können vor allem drei Formen der Einräumung von Ermessen unterschieden werden:

- Das Gesetz ermächtigt die Behörden ausdrücklich zum *Handeln «nach Ermessen»*.
- Das Ermessen wird durch eine sog. *«Kann-Vorschrift»* eingeräumt (vgl. dazu das in Rz. 399 angeführte Beispiel).
- Der Gesetzgeber kann auch *andere offene Formulierungen* wählen, wie z.B. «nach Möglichkeit» (z.B. Gewährung von Subventionen), «soweit zumutbar» (z.B. im Baurecht).

d) Pflichtgemässes Ermessen

409 Durch das Ermessen erhalten die Verwaltungsbehörden einen Spielraum für den Entscheid im Einzelfall. Dies bedeutet aber nicht, dass sie in ihrer Entscheidung völlig frei sind. Sie sind vielmehr an die *Verfassung* gebunden und müssen insbesondere das Rechtsgleichheitsgebot, das Verhältnismässigkeitsprinzip und die Pflicht zur Wahrung der öffentlichen Interessen befolgen. Ausserdem sind Sinn und Zweck der gesetzlichen Ordnung auch bei Ermessensentscheiden zu beachten (vgl. dazu BGE 137 V 71, 73; 137 I 235, 239; 122 I 267, 272 f.; BGer, Urteil 1C_471/2014 vom 23. Dezember 2014 E. 3.3; BVGE 2015/2 E. 4.3.1; BVGer, Urteil B-4572/2012 vom 17. März 2015 E. 3.4; Verwaltungsgericht des Kantons Zürich, Urteil VB.2005.00044 vom 25. Mai 2005 E. 2.2.1. = ZBl 106 [2005] 608). Das Ermessen ist insoweit einer «Verrechtlichung» ausgesetzt. Pflichtgemässe Ausübung bedeutet aber nicht nur, dass der Entscheid rechtmässig, sondern auch dass er angemessen (zweckmässig) sein muss.

410 Beispiel:

Die inzwischen revidierte Verordnung des Bundesrates über den Schlachtviehmarkt und die Fleischversorgung (Schlachtviehverordnung) vom 27. September 1971 verpflichtete die inländischen Metzgereien zur Verwertung von überschüssigem Schlachtvieh. Wer der Schlachtviehverordnung zuwiderhandelte, konnte befristet von der Berechtigung zur Einfuhr von ausländischem Fleisch ausgeschlossen werden. Die Metzgerei X. verletzte 1975 die Pflicht zur Überschussverwertung, indem sie ihren Bedarf im Umfang der Pflichtmenge durch billigeres ausländisches Fleisch deckte. Deshalb verbot die Abteilung für Landwirtschaft (AFL) der Metzgerei X. den Import von grossem Schlachtvieh und Fleisch für die Dauer von 2 Jahren. Sowohl das Eidgenössische Volkswirtschaftsdepartement als auch das Bundesgericht schützten dieses Verbot. Das Bundesgericht hielt fest, dass sowohl die Anordnung des Einfuhrverbotes als auch die Bemessung der Massnahmedauer im Ermessen der AFL lagen. Für die Ausübung dieses Ermessens hielt es folgende Kriterien für massgebend: die Schwere der Widerhandlung, die Auswirkungen der Sanktionen auf den Betroffenen, das frühere Verhalten des Fehlbaren, das öffentliche Interesse, das die Schlachtviehverordnung verfolgt, sowie den Grundsatz der Verhältnismässigkeit. Im vorliegenden Fall rechtfertigten nach Auffassung des Bundesgerichts die Schwere des Verschuldens und das Interesse an der Einhaltung der Schlachtviehverordnung die lange Dauer des Einfuhrverbotes und die damit verbundenen grossen finanziellen Verluste der Metzgerei X. (BGE 103 Ib 126, 129 ff.).

Die pflichtgemässe Ausübung des Ermessens steht in einem Zusammenhang mit dem *Begründungszwang,* d.h. mit der Pflicht der Verwaltungsbehörden, ihre Entscheide zu begründen. Je weiter der Ermessensspielraum ist, desto besser muss der Entscheid begründet werden (vgl. dazu Rz. 1070 ff.). 411

Beispiel: 412

Der Regierungsrat des Kantons Zürich wies 1972 das Gesuch eines Mittelschullehrers um Wohnsitznahme ausserhalb des Kantons Zürich ab. Voraussetzung für die Gutheissung des Gesuchs wäre das Vorliegen wichtiger Gründe gewesen. Das Bundesgericht hiess eine Beschwerde gegen diesen Entscheid des Regierungsrates gut. Der Regierungsrat sei trotz des eingeräumten Ermessens nicht einfach frei in seinem Entscheid, sondern müsse ihn begründen und mit seiner bisherigen Praxis vergleichen. Das Bundesgericht hob den Entscheid des Regierungsrates auf, weil er die für die Verweigerung der Bewilligung der Wohnsitznahme ausserhalb des Kantons massgeblichen Gründe nicht enthielt, sodass es dem Gesuchsteller unmöglich war zu prüfen, ob sich die Ablehnung des Gesuchs auf sachlich haltbare Überlegungen stützte (BGE 98 Ia 460, 465 f.).

4. Ermessen und unbestimmter Rechtsbegriff

a) Definition des unbestimmten Rechtsbegriffs

Ein unbestimmter Rechtsbegriff liegt vor, wenn der Rechtssatz die Voraussetzungen der Rechtsfolge oder die Rechtsfolge selbst in offener, unbestimmter Weise umschreibt. 413

Beispiele: 414

- «Wichtige Gründe»;
- «Gefährdung der Sittlichkeit» (z.B. in einem Filmgesetz);
- «Eignung» des Bewerbers (z.B. im Bürgerrecht);
- «Vermeidung von Härtefällen»;
- «nachgewiesenes Bedürfnis»;
- «leichter Fall» (z.B. im Zusammenhang mit disziplinarischen Massnahmen);
- «soweit dem Betroffenen zumutbar»;
- «öffentliches Interesse».

Nach der neueren Lehre räumen alle offenen Normen Ermessen ein. Auf die Figur des unbestimmten Rechtsbegriffs kann verzichtet werden (SCHINDLER, Verwaltungsermessen, Rz. 267 ff. und 271 f.). 415

b) Rechtliche Tragweite der Abgrenzung Ermessen – unbestimmter Rechtsbegriff

Die Unterscheidung zwischen Ermessen und unbestimmtem Rechtsbegriff ist nach herrschender Lehre bedeutsam für die Frage des *Rechtsschutzes durch die Verwaltungsgerichte.* Den kantonalen Verwaltungsgerichten und dem Bundesgericht steht im Allge- 416 meinen nur eine Rechtskontrolle zu. Eine Überprüfung der Angemessenheit der Ermessensbetätigung ist dagegen – anders als vor Bundesverwaltungsgericht – bloss ausnahmsweise zulässig.

417 Die unbestimmten Rechtsbegriffe sind der Auslegung zugänglich. Diese Auslegung durch die Verwaltungsbehörden kann von den Verwaltungsgerichten grundsätzlich überprüft werden.

418 Die neuere Lehre will für die Frage der Überprüfbarkeit von Ermessensentscheiden auf die Funktion des Ermessens abstellen (vgl. Rz. 444).

c) Zurückhaltung der Gerichte auch bei der Überprüfung von unbestimmten Rechtsbegriffen: Beurteilungsspielräume der Verwaltungsbehörden

419 Auch bei der Anwendung von unbestimmten Rechtsbegriffen ist nach herrschender Lehre unter Umständen eine gewisse Zurückhaltung bei der Überprüfung durch eine gerichtliche Instanz angezeigt. Das trifft vor allem dann zu, wenn die Verwaltungsbehörden zur Beurteilung der konkreten Umstände besser geeignet sind als die Gerichte. Gegen eine volle richterliche Überprüfung sprechen vor allem:
- der Zusammenhang mit den örtlichen Verhältnissen, z.B. im Baurecht;
- die Technizität der Fragen;
- die grössere Nähe und Vertrautheit der Verwaltungsbehörden mit den tatsächlichen Verhältnissen.

In solchen Fällen kommt der Verwaltungsbehörde auch bei unbestimmten Rechtsbegriffen ein vom Gericht nicht oder nicht voll überprüfbarer *Beurteilungsspielraum* zu.

420 Das Bundesgericht und das Bundesverwaltungsgericht üben bei der Überprüfung der Anwendung von unbestimmten Rechtsbegriffen Zurückhaltung und billigen den Verwaltungsbehörden einen gewissen Beurteilungsspielraum zu, wenn der Entscheid besonderes Fachwissen oder Vertrautheit mit den tatsächlichen Verhältnissen voraussetzt. Die Gerichte sprechen – terminologisch unglücklich – von «technischem Ermessen» bei der Beurteilung von ausgesprochenen Fachfragen (BGE 139 II 185, 199; 135 II 384, 389 f.; 135 II 296, 307 f.; vgl. auch BVGE 2014/26 E. 7.8; BVGE 2009/35 E. 4). Ergibt die Auslegung des Gesetzes, dass der Gesetzgeber mit der offenen Normierung den Verwaltungsbehörden eine gerichtlich zu respektierende Entscheidungsbefugnis einräumen wollte, und ist dies mit der Verfassung vereinbar, darf und muss das Gericht seine Kognition entsprechend einschränken (zur Zurückhaltung von Bundesgericht und Bundesverwaltungsgericht bei der Beurteilung von Prüfungsleistungen BGE 136 I 229, 237 und BVGer, Urteil A-2496/2009 vom 11. Januar 2010 E. 2.1 = ZBl 112 [2011] 570; BVGer, Urteil B-6168/2011 vom 23. Oktober 2012 E. 2.2; vgl. weiter BGE 136 I 184, 188 f.; 133 II 263, 278; 127 II 184, 190 ff.; BVGE 2008/44 E. 4.2.6; BVGE 2007/49 E. 3.1). Liegt kein Grund für einen besonderen Handlungsspielraum der Verwaltungsbehörde vor, wird die Anwendung der entsprechenden Vorschriften voll überprüft (BGE 119 Ib 33, 40).

d) Kriterium der Abgrenzung

Sowohl beim Ermessen als auch beim unbestimmten Rechtsbegriff liegen offene Formulierungen vor, die den Verwaltungsbehörden einen Entscheidungsspielraum gewähren. Es stellt sich die Frage, wie die beiden Erscheinungen voneinander unterschieden werden können. 421

aa) Theorie der einzig richtigen Entscheidung

Das Bundesgericht vertrat früher für die Unterscheidung von Ermessen und unbestimmtem Rechtsbegriff die so genannte Theorie der einzig richtigen Entscheidung. Danach gibt es beim unbestimmten Rechtsbegriff nur eine einzige richtige Lösung, die durch Auslegung zu ermitteln ist, während die Verwaltungsbehörden beim Ermessen zwischen mehreren gleichwertigen Lösungen wählen können (BGE 95 I 33, 40). 422

Diese Theorie erweist sich jedoch bei näherer Betrachtung als Fiktion. Sie widerspricht den Erkenntnissen der heutigen Methodenlehre, wonach der Auslegungsvorgang auch eine schöpferische Komponente enthält. Nach der Praxis des Bundesgerichts muss die Auslegung von unbestimmten Rechtsbegriffen zwar dem Grundsatz nach einheitlich erfolgen, den Verwaltungsbehörden ist aber unter Umständen ein gewisser Beurteilungsspielraum zuzubilligen (zur Praxisänderung des Bundesverwaltungsgerichts vgl. BVGE 2015/2 E. 4.3.3; vgl. auch Rz. 419). 423

bb) Unterschied von Tatbestand und Rechtsfolge

In der Lehre (vgl. Rz. 404) wird zum Teil die Auffassung vertreten, dass der unbestimmte Rechtsbegriff stets den Tatbestand betreffe, während sich das Ermessen auf die Rechtsfolge beziehe. 424

Dies trifft zwar häufig, aber nicht durchwegs zu. Nicht selten – z.B. bei Formulierungen wie «soweit zumutbar» oder «geeignete Kandidaten» – lassen sich Tatbestand und Rechtsfolge nur schwer auseinanderhalten. Zudem wird in der jüngeren Lehre die Meinung vertreten, dass Tatbestand und Rechtsfolge gar nicht getrennt werden können, da auch bei der Betätigung von Rechtsfolgeermessen die Rechtsfolge an bestimmte – vom Rechtsanwender festgestellte – Voraussetzungen geknüpft wird (vgl. Rz. 405). 425

cc) Abstellen auf die Eignung der Gerichte zur Überprüfung

Die Theorie der einzig richtigen Entscheidung und das Abstellen darauf, ob der offene Begriff den Tatbestand oder die Rechtsfolge betrifft, vermögen nicht zu befriedigen. Die Unterscheidung von unbestimmtem Rechtsbegriff und Ermessen kann nicht aufgrund eines solchen formalen Kriteriums erfolgen. *Massgeblich ist vielmehr, ob die Anwendung einer offenen Normierung nach Sinn und Zweck des Gesetzes von einem Gericht soll überprüft werden können oder nicht.* Bei jeder offenen Normierung ist demnach zu fragen, ob und wie weit der Gesetzgeber die Befugnis zur Konkretisierung dieser Bestimmung abschliessend einer Verwaltungsbehörde übertragen wollte, weil sie dafür fachlich kompetenter erscheint als ein Gericht, oder ob er eine richterliche Überprüfung als sinnvoll erachtete. Im Ergebnis stimmt diese Betrachtungsweise mit der neueren 426

Lehre überein, die auf die Unterscheidung zwischen Ermessen und unbestimmten Rechtsbegriffen verzichtet und darauf abstellt, welche Funktion die offene Normierung erfüllt, wobei sie zwischen verschiedenen Ermessenstypen unterscheidet (Rz. 444). Das Bundesverwaltungsgericht differenziert zwar weiterhin danach, ob sich die offene Formulierung auf die Tatbestands- oder die Rechtsfolgeseite bezieht, berücksichtigt dabei aber die neuere Auffassung, wonach auf Sinn und Zweck der gerichtlichen Überprüfung solcher Normierungen abzustellen ist (BVGE 2015/2 E. 4.3.4 und 7.2.3 f.).

427 Der Gesetzgeber sollte durch eine entsprechende Formulierung der offenen Normen zu erkennen geben, ob nur die Verwaltungsbehörden oder auch die Verwaltungsgerichte geeignet und damit ermächtigt sind, die von ihm noch nicht geregelten Probleme im Einzelfall zu beurteilen.

Beispiele:

428 – Die Gemeinde Malans erteilte für den Bau eines Gewächshauses, welches die Vorschriften der kommunalen Bauordnung über Gebäudeausmass und -abstand nicht einhielt, eine Ausnahmebewilligung nur unter verschiedenen einschränkenden Bedingungen. Der Bauherr wollte sich damit nicht abfinden und zog den Entscheid an das kantonale Verwaltungsgericht weiter, das die fraglichen Beschränkungen aufhob. Die Gemeinde focht dieses Urteil wegen Verletzung ihrer Autonomie beim Bundesgericht an. Das Bundesgericht führte aus, ob und unter welchen Voraussetzungen eine Ausnahmebewilligung zu erteilen sei, stehe im Ermessen der Gemeinde, das durch eine gerichtliche Instanz nur beschränkt (auf Über- und Unterschreitung sowie Missbrauch; vgl. Rz. 434 ff.) überprüft werden dürfe. «Als Rechtsfrage gilt lediglich, ob besondere Verhältnisse vorliegen, die die Erteilung einer Ausnahmebewilligung rechtfertigen, als Ermessensfrage dagegen, durch welche Abweichung von den Vorschriften und durch welche besonderen Anordnungen der Ausnahmesituation Rechnung zu tragen sei.» Das Bundesgericht hob deshalb das Urteil des kantonalen Verwaltungsgerichts auf (BGE 97 I 134, 140).

429 – Gemäss dem damals in Kraft stehenden Art. 12 BVO (Verordnung über die Begrenzung der Zahl der Ausländer [AS 1986, 1791]) galten für die Erteilung von Aufenthaltsbewilligungen Höchstzahlen. Nach Art. 13 lit. f BVO waren Ausländer von den Höchstzahlen ausgenommen, wenn ein schwer wiegender persönlicher Härtefall oder staatspolitische Gründe vorliegen. Bei der Figur des schwer wiegenden persönlichen Härtefalls handelte es sich um einen unbestimmten Rechtsbegriff, dessen Anwendung das Bundesgericht grundsätzlich frei überprüft. Da es dabei keine besonderen (namentlich technischen oder örtlichen) Gegebenheiten zu berücksichtigen gab, in denen die entscheidende Verwaltungsbehörde sich besser auskennt oder eines besonderen Beurteilungsspielraums bedurfte, auferlegte sich das Bundesgericht bei der Kontrolle auch keine Zurückhaltung. Hingegen räumte Art. 13 lit. f BVO den Bundesbehörden insoweit einen grossen Beurteilungsspielraum ein, als über die Ausnahmen von den Höchstzahlen aus staatspolitischen Gründen zu befinden war. Das Bundesgericht hat sich bei der Überprüfung des sehr offen formulierten Begriffs, der von seinem Zweck her einen allgemeinpolitischen Handlungsspielraum bedingt, grosse Zurückhaltung aufzuerlegen (BGE 119 Ib 33, 40 f.).

5. Ermessensfehler

430 Die *herrschende Lehre* unterscheidet zwischen verschiedenen Fehlern bei der Ausübung von Ermessen durch die Verwaltungsbehörden (Unangemessenheit, Missbrauch, Über- und Unterschreitung des Ermessens) und macht davon die Überprüfbarkeit durch Verwaltungsgerichte abhängig. Die *neuere Lehre* will dagegen auf den Zweck des den Verwaltungsbehörden eingeräumten Ermessens abstellen, um das Ausmass der gerichtlichen Überprüfung festzulegen.

a) Unangemessenheit

Ein Entscheid ist unangemessen, wenn er zwar *innerhalb des Ermessensspielraumes liegt* und die Verfassungsprinzipien sowie Sinn und Zweck der gesetzlichen Ordnung beachtet (vgl. Rz. 409), das Ermessen aber *unzweckmässig* gehandhabt wurde. Eine Rechtsverletzung liegt nicht vor (vgl. BGE 137 V 71, 73 f.). 431

Zu beachten ist, dass die Frage, ob ein Entscheid angemessen ist oder nicht, nicht absolut beantwortet werden kann. Die Feststellung der Unangemessenheit ist eine Wertungsfrage. 432

Beispiel: 433

Gemäss Art. 37 Abs. 2 UVG (Bundesgesetz über die Unfallversicherung) werden die Geldleistungen der Unfallversicherung gekürzt, wenn der Versicherte den Unfall grob fahrlässig herbeigeführt hat. Das Eidgenössische Versicherungsgericht konnte nach dem damals geltenden Recht auch die Angemessenheit einer Verfügung kontrollieren. Es hatte in einem Fall, in dem ein Unfall durch Überfahren des Rotlichts verursacht worden war, zu prüfen, ob eine Kürzung der Versicherungsleistung um 20 % angemessen sei. Das Gericht führte aus, dass die Kürzung nach Massgabe des Verschuldens zu erfolgen habe. Dabei handle es sich naturgemäss um einen Ermessensentscheid. Die Beschwerdeführerin habe zu Recht weder Missbrauch noch Überschreitung des Ermessens geltend gemacht. Es sei lediglich zu prüfen, ob die ermessensweise Festsetzung der Kürzungsquote auf 20 % wegen Unangemessenheit abzuändern sei. Dabei gehe es um die Frage, ob der zu überprüfende Entscheid, den die Behörde nach dem ihr zustehenden Ermessen im Einklang mit den allgemeinen Rechtsprinzipien in einem konkreten Fall getroffen habe, nicht zweckmässigerweise hätte anders ausfallen sollen. Der Sozialversicherungsrichter dürfe allerdings sein Ermessen nicht ohne triftigen Grund anstelle desjenigen der Verwaltungsbehörden setzen. In der Folge kam das Eidgenössische Versicherungsgericht aufgrund seiner Kürzungspraxis bei Verkehrsregelverletzungen zum Schluss, dass Kürzungen von bis zu 20 % angemessen seien. Eine 10-prozentige Kürzung sei z.B. erfolgt wegen Nichttragens der Sicherheitsgurte, bei einem durch kurze Unaufmerksamkeit verursachten Unfall oder wegen Nichtgewährens des Vortritts beim Linksabbiegen. Eine 20-prozentige Kürzung sei als angemessen betrachtet worden bei Nichtanpassen der Geschwindigkeit an die Verhältnisse oder bei einem notorischen Schnellfahrer. Bei schwer wiegenden Verkehrsregelverletzungen kämen sogar höhere Kürzungen in Betracht, so z.B. 30 % bei Fahren in angetrunkenem Zustand. Im Lichte dieser Rechtsprechung sei die im vorliegenden Fall zu beurteilende Kürzung von 20 % durchaus angemessen, da das Überfahren des Rotlichts, mehr noch als die Verletzung des Vortrittsrechts, als krasser Verkehrsregelverstoss zu qualifizieren sei (BGE 114 V 315, 316 ff.).

b) Ermessensmissbrauch

Ermessensmissbrauch liegt vor, wenn die im Rechtssatz umschriebenen *Voraussetzungen und Grenzen des Ermessens zwar beachtet* worden sind, aber das Ermessen nach unsachlichen, dem Zweck der massgebenden Vorschriften fremden Gesichtspunkten betätigt wird oder allgemeine Rechtsprinzipien wie das Verbot von Willkür und rechtsungleicher Behandlung, das Gebot von Treu und Glauben sowie der Grundsatz der Verhältnismässigkeit verletzt werden (BGE 141 V 365, 366). Ermessensmissbrauch stellt eine Rechtsverletzung dar. 434

Der Ermessensmissbrauch zeichnet sich nach dieser Definition durch zwei Merkmale aus: Formell hält sich die Verwaltungsbehörde an den Entscheidungsspielraum, den ihr der Rechtssatz einräumt. Der Entscheid ist aber nicht nur unzweckmässig oder unangemessen, sondern unhaltbar; er steht im Widerspruch zu Verfassungsprinzipien oder zu Sinn und Zweck des Gesetzes. 435

436 Beispiel:
Der Universitätsrat der Universität Zürich lehnte die Beförderung eines ausserordentlichen Professors zum ordentlichen Professor ab, weil er wissenschaftliche Arbeiten mehrfach publiziert hatte. Das Verwaltungsgericht des Kantons Zürich hob diesen Entscheid auf. Es stellte fest, beim Entscheid über Beförderungen verfüge der Universitätsrat über ein gewisses Ermessen. Die Wahrung und der Schutz der wissenschaftlichen Integrität gerade von Professorinnen und Professoren stelle zweifellos ein gewichtiges öffentliches Interesse dar. Im vorliegenden Fall sei jedoch zu berücksichtigen, dass die Beförderung nach langjähriger, qualitativ einwandfreier Forschungs- und Lehrtätigkeit abgelehnt worden sei, dass die Verfehlungen (Doppelpublikationen) bereits mehr als zehn Jahre zurücklägen, der Beschwerdeführer sie zugegeben und bereut habe und ihm seither keine solchen mehr nachgewiesen worden seien. Der Universitätsrat habe sich seinerzeit damit begnügt, den Beschwerdeführer zu verwarnen; andere Konsequenzen hätten die Verfehlungen nicht gehabt. Der Beschwerdeführer habe seine Funktionen an der Fakultät weiterhin ausgeübt, sei befördert worden, habe publiziert und zahlreiche Preise und Auszeichnungen erhalten; er gelte in Fachkreisen als renommierter Forscher. Vor diesem Hintergrund erscheine das Fehlverhalten des Beschwerdeführers nicht als derart schwerwiegend, dass es seine Nichtbeförderung zum Ordinarius rechtfertige. Sie erweise sich als ermessensmissbräuchlich (Verwaltungsgericht des Kantons Zürich, Urteil PB.2008.00050 vom 1. April 2009 E. 6).

c) Ermessensüberschreitung

437 Eine Ermessensüberschreitung liegt vor, wenn das Ermessen in einem Bereich ausgeübt wird, in dem der *Rechtssatz kein Ermessen eingeräumt* hat. Dies ist der Fall, wenn der Rechtssatz gar keine Ermessensbetätigung gestattet, aber auch, wenn die Behörde eine Massnahme trifft, die der Rechtssatz nicht zur Wahl stellt.

438 Beispiele:
- Eine Behörde erteilt eine Ausnahmebewilligung, obwohl das Gesetz keine Ausnahmen vorsieht.
- Die vorgesetzte Behörde verhängt gegenüber einem Mitarbeiter eine Geldbusse als Disziplinarstrafe, obwohl das Personalgesetz nur Verweis und Suspendierung vom Dienst als Disziplinarmassnahmen erwähnt.

d) Ermessensunterschreitung

439 Eine Ermessensunterschreitung liegt vor, wenn die entscheidende *Behörde sich als gebunden betrachtet,* obschon ihr vom *Rechtssatz Ermessen eingeräumt* wird, oder wenn sie auf die Ermessensausübung ganz oder teilweise zum Vornherein verzichtet (BGE 135 IV 139, 145).

440 Auch die Ermessensunterschreitung stellt eine Rechtsverletzung dar. Wo der Gesetzgeber Ermessen einräumt, erwartet er von den Verwaltungsbehörden, dass sie sachliche Unterscheidungen treffen und den besonderen Umständen des konkreten Falles angemessene Rechtsfolgen anordnen. Bei einer Ermessensunterschreitung verletzen die Behörden diese Pflicht, indem sie auf sachliche Unterscheidungen verzichten, wo der Gesetzgeber einen differenzierten Entscheid für nötig hält.

441 Beispiel:
In BGE 131 V 153, 157 wird auf eine frühere Rechtsprechung verwiesen, wonach eine Ermessensunterschreitung vorliegt, wenn für die Entschädigung von Rechtsanwälten ein landesweiter Einheitstarif angewendet wird, der keine Berücksichtigung der regional unterschiedlichen Kostenstruktur von Anwaltskanzleien zulässt.

6. Gerichtliche Beurteilung der Ermessensfehler

Den *Verwaltungsgerichten* ist regelmässig nur Rechtskontrolle gestattet (anders das Bundesverwaltungsgericht; vgl. Art. 37 VGG i.V.m. Art. 46 lit. c VwVG). Dazu gehört nach herrschender Auffassung auch die Kontrolle auf Überschreitung, Unterschreitung und Missbrauch des Ermessens, nicht aber die Kontrolle der Unangemessenheit. Daher ist ihnen grundsätzlich verwehrt, einen Entscheid einer Verwaltungsbehörde wegen blosser Unangemessenheit aufzuheben. Ermessensmissbrauch, Ermessensüberschreitung und Ermessensunterschreitung sind dagegen qualifizierte Ermessensfehler, die durch die Verwaltungsgerichte beurteilt werden können. Entscheide, die einen solchen qualifizierten Ermessensfehler enthalten, müssen von den Verwaltungsgerichten aufgehoben werden. 442

Amtet dagegen eine *Verwaltungsbehörde als Rechtsmittelinstanz* (sog. verwaltungsinterne Rechtspflege, vgl. Rz. 1179 ff.), so ist diese in der Regel – massgebend ist das anwendbare Verwaltungsverfahrensgesetz (für den Bund vgl. Art. 49 lit. c VwVG) – nicht auf die blosse Rechtskontrolle beschränkt. Sie kann m.a.W. den Entscheid einer untergeordneten Verwaltungsbehörde auch auf seine Angemessenheit hin überprüfen und einen unangemessenen Entscheid aufheben. Die Verwaltungsbehörden auferlegen sich dabei jedoch meist grosse Zurückhaltung (vgl. dazu auch TANQUEREL, No. 521 ff.). So greift der Bundesrat nicht ohne Not in Ermessensentscheide untergeordneter Behörden ein, wenn sich diese durch besonderen Sachverstand auszeichnet oder gestützt auf fachmännische Gutachten entschied (sog. *Ohne-Not-Praxis;* VPB 64 [2000] Nr. 43; 59 [1995] Nr. 63 S. 529 f.). Der Bundesrat will – wie das Bundesgericht und das Bundesverwaltungsgericht (vgl. statt vieler BVGer, Urteil B-3866/2014 vom 9. Juli 2015 E. 2.3) – nicht in Entscheide eingreifen, für welche die untergeordnete Behörde wegen ihrer grösseren Vertrautheit mit den tatsächlichen Verhältnissen besser geeignet ist. Eine solche Zurückhaltung bei der Überprüfung ist aber grundsätzlich rechtfertigungsbedürftig. 443

Auch nach der *neueren Lehrmeinung* (vgl. SCHINDLER, Verwaltungsermessen, Rz. 418 ff.; TANQUEREL, No. 525 f.; siehe auch BVGE 2015/2 E. 7.2.3 f.) kommt es für die Befugnis der Verwaltungsgerichte zur Überprüfung von Ermessensentscheidungen der Verwaltungsbehörden, die auch die Anwendung von unbestimmten Rechtsbegriffen umfassen (Rz. 413 ff.), primär darauf an, ob das massgebende Prozessgesetz ihnen nur eine Rechts- oder auch eine Ermessenskontrolle erlaubt. Sieht dieses Gesetz keine Überprüfung der Angemessenheit vor, so haben sie Zurückhaltung zu üben, wenn sich dies *aus dem Zweck der Einräumung von Ermessen* durch das auf den betreffenden Fall anwendbare Spezialgesetz (z.B. Baugesetz, Personalgesetz, Subventionsgesetz) ergibt. Dabei spielt die unterschiedliche *Eignung der Verwaltungsgerichte und der Verwaltungsbehörden* zur Beurteilung der sich stellenden Ermessensfrage eine wichtige Rolle. Dient das Ermessen dazu, *Einzelfallgerechtigkeit* zu ermöglichen (vgl. Rz. 391 f.), so besteht kein Grund für eine beschränkte richterliche Überprüfung, weil sich dabei keine Fragen stellen, welche die Verwaltungsgerichte weniger gut beurteilen können als die Verwaltungsbehörden. Anders verhält es sich, wenn das Ermessen bezweckt, die Anpas- 444 sung der Entscheidungen an veränderte Verhältnisse zu erleichtern *(Anpassungsermessen),* Fachwissen für die Rechtsanwendung fruchtbar zu machen *(Sachverständigenermessen)* oder politischen oder wirtschaftlichen Gesichtspunkten Rechnung zu tragen *(politisches Ermessen, Managementermessen).* In diesen Fällen sind die Verwaltungsgerichte für eine umfassende Prüfung ungeeignet, weil sie die notwendigen politischen Interessenbeurteilungen nicht vornehmen können oder nicht über den erforderlichen Sachverstand verfügen.

Beispiele (aus SCHINDLER, Ermessen, Rz. 426 ff.):

445 – Bei der Ausübung des *Einzelfallermessens* muss neben der gründlichen Aufklärung des Sachverhalts sichergestellt sein, dass eine umfassende Würdigung des festgestellten Sachverhaltes stattfindet. Bestehen Zweifel an der Eignung einer Person, ein Motorfahrzeug zu führen, so hat die zuständige Behörde gemäss dem damals in Kraft stehenden Art. 14 Abs. 3 des SVG eine erneute Prüfung anzusetzen. Sie muss bei ihrem Entscheid jedoch sämtliche relevanten Umstände berücksichtigen. Ob die Zweifel berechtigt erscheinen, hängt nicht nur von einer begangenen Verkehrsregelverletzung ab, sondern auch vom Leumund, der Fahrleistung und allenfalls davon, wie lange die Person bereits im Besitz des Führerausweises ist (BGE 118 Ib 518, 521).

446 – Ein grosses Bedürfnis nach Flexibilität und damit nach *Anpassungsermessen* besteht im Lebensmittelrecht. Das Täuschungsverbot in Art. 18 Abs. 2 LMG schreibt vor, dass «Anpreisung, Aufmachung und Verpackung der Lebensmittel [...] den Konsumenten nicht täuschen» dürfen. Diese Bestimmung wurde bewusst allgemein gehalten, um den im Lebensmittelbereich erforderlichen Anpassungen an die sich rasch ändernden Entwicklungen Rechnung zu tragen (BGE 127 II 91, 99).

447 – Ein besonderes Merkmal des *Sachverständigenermessens* ist die fehlende Nachvollziehbarkeit durch nicht fachkompetente Dritte wegen der Verwendung von technischen Begriffen. Besonders häufig finden sich solche Begriffe im Energie- oder im Fernmeldewesen. Dies führt dazu, dass die Gerichte Entscheide auf diesen Gebieten oft nur zurückhaltend prüfen. Im Jahr 2006 hatte das Bundesgericht eine Streitigkeit zwischen den Telekommunikationsunternehmungen Swisscom und Sunrise zu beurteilen. Gemäss Art. 11 FMG müssen marktbeherrschende Anbieter von Fernmeldediensten anderen Anbietern zu kostenorientierten Preisen Zugang zu ihren Diensten gewähren. Können sich die Anbieter nicht selber auf die Interkonnektionsbedingungen einigen, so werden diese von der Eidgenössischen Kommunikationskommission festgesetzt (Art. 11a FMG). Diese orientierte sich dabei an der FDV (Verordnung über Fernmeldedienste). Sowohl Swisscom als auch Sunrise führten gegen den Entscheid der Kommunikationskommission Beschwerde an das Bundesgericht. Das Bundesgericht führte in seinem Urteil aus: «Die Grundsätze einer solchen kostenorientierten Preisgestaltung werden in Art. 45 FDV konkretisiert. Die Verordnung verwendet dabei verschiedene unbestimmte Rechtsbegriffe, die sich durch eine hohe technische Komplexität auszeichnen; bei der Auslegung dieser unbestimmten Rechtsbegriffe kommt der Kommunikationskommission zwangsläufig ein gewisser Beurteilungsspielraum zu» (BGE 132 II 257, 265).

448 – Rechtssetzungstechnisch lässt sich *politisches Ermessen* auf verschiedene Weise einräumen. So kann die Berücksichtigung politischer Interessen oder Aspekte ausdrücklich vorgeschrieben werden. Auch Begriffe wie «wichtige Landesinteressen» oder «wesentliche Interessen der Schweiz» deuten typischerweise auf politisches Ermessen hin. Ein Einreiseverbot des Bundesrates gegen einen in der Schweiz niedergelassenen Ausländer, das er wegen dessen Tätigkeit für eine Untergrundorganisation in Kosovo verhängt hatte, überprüfte das Bundesgericht mit grosser Zurückhaltung. Der Bundesrat hatte die Massnahme im Hinblick auf die aussen- und sicherheitspolitischen Implikationen begründet, die sich aus der Tätigkeit dieses Ausländers ergeben könnten (BGE 129 II 193, 208).

- *Managementermessen* liegt vor allem dort vor, wo die Verwaltungsbehörden nach betriebswirtschaftlichen Gesichtspunkten zu entscheiden haben. So können z.B. gemäss Art. 10 Abs. 3 lit. e BPG (Bundespersonalgesetz) schwerwiegende wirtschaftliche oder betriebliche Gründe die ordentliche Kündigung eines unbefristeten Arbeitsverhältnisses rechtfertigen. 449

VIII. Gesetzmässigkeitsprinzip und Sonderstatusverhältnis («Besonderes Rechtsverhältnis»)

1. Begriff des Sonderstatusverhältnisses

Ein Sonderstatusverhältnis oder besonderes Rechtsverhältnis liegt vor, wenn eine Person in einer engeren Rechtsbeziehung zum Staat steht als die übrigen Menschen und sich daraus für sie besondere Pflichten und Einschränkungen der Freiheitsrechte ergeben. 450

Beispiele: 451

Studierende, Schülerinnen und Schüler, Militärpersonen, Personal des öffentlichen Dienstes, Insassen von Strafanstalten.

2. Anforderungen an die gesetzliche Grundlage

Der Grundsatz der Gesetzmässigkeit gilt auch für das Sonderstatusverhältnis. Es werden jedoch weniger hohe Anforderungen gestellt, wobei die Art des Sonderstatusverhältnisses (z.B. freiwillige oder zwangsweise Begründung) zu berücksichtigen ist (vgl. BGE 129 I 74, 77 betreffend Teilnahme am Gottesdienst im Strafvollzug). Die Anforderungen sind aber nur für solche Grundrechtseinschränkungen geringer, «die sich in voraussehbarer Weise aus dem Zweck des Sonderstatusverhältnisses ergeben» (BGE 139 I 280, 286 f.). 452

Beim *Erfordernis des Rechtssatzes* wird eine geringere Bestimmtheit des Rechtssatzes verlangt. Es ist nicht notwendig, dass das Sonderstatusverhältnis bis in alle Einzelheiten generell-abstrakt geregelt ist; man begnügt sich mit Generalklauseln und relativ offenen, unbestimmten Normen (vgl. BGE 129 I 12, 24). 453

Bezüglich des *Erfordernisses der Gesetzesform* muss gefordert werden, dass die Voraussetzungen für die Begründung sowie, in den Grundzügen, die rechtlichen Auswirkungen des Sonderstatusverhältnisses in einem Gesetz umschrieben werden. Ebenfalls einer Grundlage in einem Gesetz bedürfen schwere Eingriffe in die Freiheitsrechte. Im Übrigen können aber Rechte und Pflichten der Personen im Sonderstatusverhältnis durch Verordnung festgelegt werden (vgl. BGE 135 I 79, 85; 128 I 113, 124 ff.). 454

In der *Praxis* finden sich allerdings nicht selten Regelungen, die diesen Erfordernissen nicht voll entsprechen, so z.B. Vorschriften über die Rechtsstellung von Untersuchungsgefangenen, Disziplinarordnungen und Beamtenordnungen. 455

Beispiele:

- Das Bundesgericht hob eine sehr unbestimmt formulierte Vorschrift des Gefängnisreglements des Kantons Appenzell-Ausserrhoden auf. «Ein Gefängnisreglement für Untersuchungshaft 456 muss […] durch eine ausreichende Regelungsdichte und eine klare Fassung selber eine erhöhte Gewähr für die Vermeidung verfassungswidriger Anwendung bilden» (BGE 106 Ia 136, 138 ff.).

457 – Im Zusammenhang mit der Ausfällung einer Disziplinarstrafe gegenüber einem Studenten erklärte das Bundesgericht, die Regelung der Rechte und Pflichten der Studierenden der ETH bedürfe keiner Grundlage in einem Gesetz. Für die disziplinarischen Massnahmen genüge deshalb das – damals geltende – Reglement des Hochschulrates als gesetzliche Grundlage, da ein Anstaltsbenutzungsverhältnis im Sinne eines «besonderen Rechtsverhältnisses» vorliege (BGE 98 Ib 301, 305 f.). Diese Aussage lässt sich u.E. nicht mehr halten, da auch im Sonderstatusverhältnis die Rechte und Pflichten jedenfalls in den Grundzügen im Gesetz selber festgelegt werden müssen.

458 – § 4 der damals geltenden Allgemeinen Hausordnung für die kantonalen Krankenhäuser vom 8. April 1980 sah u.a. vor, dass Werbung für politische, gewerbliche und ideelle Zwecke, z.B. durch Flugblätter und Anschläge, ohne Bewilligung der Verwaltung der Krankenhäuser untersagt ist. Die Verordnung stellte eine genügende Grundlage für das Werbeverbot mit Bewilligungsvorbehalt dar, weil in Sonderstatusverhältnissen, wie sie durch einen Aufenthalt in einer kantonalen Krankenanstalt begründet werden, nur die wichtigsten Freiheitsbeschränkungen einer Grundlage in einem Gesetz bedürfen (Verwaltungsgericht des Kantons Zürich, Urteil VB.2000.00066 vom 11. Mai 2000 E. 4b = ZBl 102 [2001] 130, 134).

459 – Primarschüler stehen in einer besonders engen Rechtsbeziehung zum Staat. In solchen Fällen hat die formellgesetzliche Regelung – abgesehen von der Begründung des Sonderstatusverhältnisses selber – nicht ins Detail zu gehen, sondern darf der Natur des Rechtsverhältnisses entsprechend weit gefasst sein; namentlich darf die Regelung der Einzelheiten an Exekutivorgane delegiert werden. Das Bundesgericht beurteilte deshalb den im kantonalen Schulgesetz enthaltenen Grundsatz, dass beide Geschlechter Anspruch auf gleiche Bildungsmöglichkeiten haben und für Knaben und Mädchen die gleiche Ausbildung anzubieten ist, als genügende gesetzliche Grundlage für den gemäss Lehrplan (vom Erziehungsrat erlassen) obligatorischen, gemischtgeschlechtlichen Schwimmunterricht an der Unterstufe der öffentlichen Grundschulen im Kanton Schaffhausen (BGE 135 I 79, 85 f.).

460 – Zwei Schülerinnen wurde das Tragen des islamischen Kopftuches gestützt auf eine Bestimmung der Schulordnung der Gemeinde Bürglen (TG) verboten. Das Bundesgericht stellte fest, die Schülerinnen seien auch als Personen im Sonderstatusverhältnis in ihrer Glaubens- und Gewissensfreiheit geschützt; die Anforderungen an Normstufe und Normdichte der Eingriffsgrundlage seien jedoch dann weniger streng, wenn Grundrechtseinschränkungen in Frage stehen, die sich in voraussehbarer Weise aus dem Zweck des Sonderstatusverhältnisses ergeben. Das Gericht kam zum Schluss, dass sich aus den massgeblichen Vorschriften des kantonalen Volksschulgesetzes, auf welches sich die Schulordnung stützte, keine Befugnis zu einem entsprechenden Grundrechtseingriff im besonderen Rechtsverhältnis ableiten lasse, da diese keine ausreichende Normdichte für die infrage stehende Grundrechtseinschränkung aufweise (Art. 36 Abs. 1 BV). Der zu beurteilende Grundrechtseingriff lasse sich auch nicht auf die den Exekutivorganen der Schulgemeinde übertragenen Regelungskompetenzen stützen. Die Grundsatzfrage der verfassungsrechtlichen Zulässigkeit eines Kopftuchverbots in Schulen hat das Bundesgericht aber offen gelassen (BGE 139 I 280, 284 ff.).

§ 7 Grundsatz des öffentlichen Interesses

Literatur

HÄFELIN ULRICH, Wertung und Interessenabwägung in der richterlichen Rechtsfindung, in: Walter Haller/Alfred Kölz/Georg Müller/Daniel Thürer (Hrsg.), Im Dienst an der Gemeinschaft, Festschrift für Dietrich Schindler zum 65. Geburtstag, Basel 1989, S. 585 ff.; HAFNER FELIX, Staatsaufgaben und öffentliche Interessen – ein (un)geklärtes Verhältnis, BJM 51 (2004) 281 ff.; KNAPP BLAISE, Intérêt, utilité et ordre public, in: Erhaltung und Entfaltung des Rechts in der Rechtsprechung des Schweizerischen Bundesgerichts, Festgabe der schweizerischen Rechtsfakultäten zur Hundertjahrfeier des Bundesgerichts, Basel 1975, S. 137 ff.; MOOR PIERRE, Principes de l'activité étatique et responsabilité de l'Etat, in: Verfassungsrecht der Schweiz, Zürich 2001, § 16; MOOR PIERRE, Définir l'intérêt public: une mission impossible?, in: Jean Ruegg/Stéphane Decoutière/Nicolas Mettan (Hrsg.), Partenariat Public-privé: un atout pour l'aménagement du territoire et la protection de l'environnement?, Lausanne 1994, S. 217 ff.; MÜLLER GEORG, Interessenabwägung im Verwaltungsrecht, ZBl 73 (1972) 337 ff.; PLÜSS KASPAR, Öffentliche Interessen im Zusammenhang mit dem Betrieb von Flughäfen, Diss. Zürich 2007; ROUILLER CLAUDE, La politique sociale, un motif d'intérêt public dans la jurisprudence du tribunal fédéral, in: Le droit social à l'aube du XXIe siècle, Mélanges Alexandre Berenstein, Lausanne 1989, S. 71 ff.; SCHLATTER ELIANE, Grundrechtsgeltung beim wirtschaftlichen Staatshandeln, Diss. Zürich 2009; TSCHANNEN PIERRE, «Öffentliche Sittlichkeit»: Sozialnorm als polizeiliches Schutzgut?, in: Benoît Bovay/Son Minh Nguyen (Hrsg.), Mélanges en l'honneur de Pierre Moor, Bern 2005, S. 553 ff.; UHLMANN FELIX, Gewinnorientiertes Staatshandeln – Möglichkeiten und Zulässigkeit gewinnorientierter staatlicher Eigenbetätigung aus wirtschaftsverfassungsrechtlicher Sicht, Diss. Basel 1997; VOGEL STEFAN, Der Staat als Marktteilnehmer: Voraussetzungen der wirtschaftlichen Staatstätigkeit des Gemeinwesens in Konkurrenz zu Privaten, Diss. Zürich 2000; WYSS MARTIN PHILIPP, Öffentliches Interesse – Interessen der Öffentlichkeit? Das öffentliche Interesse im schweizerischen Staats- und Verwaltungsrecht, Habil. Bern 2001.

I. Begriff des öffentlichen Interesses

1. Schwierigkeit einer allgemeinen Umschreibung

Das öffentliche Interesse ist die *allgemeine Voraussetzung für jede staatliche Tätigkeit* (Art. 5 Abs. 2 BV). Der Staat hat das Wohl der Allgemeinheit zu schützen und zu fördern und die Anliegen der staatlichen Gemeinschaft wahrzunehmen. 461

Inhalt und genaue Tragweite des Begriffes des öffentlichen Interesses lassen sich *nicht* in eine *einfache allgemein gültige Formel* fassen. Klare Richtlinien für die Beurteilung der Frage, ob und wann ein Anliegen derart erheblich ist, dass es ein öffentliches Interesse darstellt, fehlen weitgehend. Verfassung und gesetzliche Zielbestimmungen geben Anhaltspunkte. Verschiedene wichtige Anliegen, die hergebrachterweise als öffentliche Interessen anerkannt werden, können kasuistisch umschrieben werden, ohne dass sich aber daraus eine klar abgrenzbare allgemeine Definition gewinnen lässt. Ob einer staatlichen Massnahme ein ausreichendes öffentliches Interesse zu Grunde liegt, ist oft nur von Fall zu Fall nach Massgabe der jeweils gegebenen Umstände zu bestimmen. Die *Voraussetzung* des öffentlichen Interesses ist deshalb für Gesetzgebung und Rechts- 462 anwendung von begrenzter Bedeutung. Dagegen können *Qualität* und *Gewichtung* des zur Diskussion stehenden öffentlichen Interesses in einem konkreten Fall wichtig sein.

463 Beim Begriff des öffentlichen Interesses handelt es sich um einen *unbestimmten Rechtsbegriff* (IMBODEN/RHINOW, Bd. I, S. 336; RHINOW/KRÄHENMANN, S. 177 f. m.w.H.; vgl. auch Rz. 413 ff.), bei dessen Auslegung der zuständigen Verwaltungsbehörde ein gewisser Beurteilungsspielraum zukommt, sofern ihre besonderen Kenntnisse oder ihre Vertrautheit mit den tatsächlichen Verhältnissen für die Auslegung bedeutsam sind.

464 Der Begriff des öffentlichen Interesses ist vom Begriff der *Staatsaufgaben* zu unterscheiden. Staatsaufgaben sind in der verfassungsrechtlichen Kompetenzordnung von Bund, Kantonen und Gemeinden niedergelegt. Sie verpflichten Behörden, ausnahmsweise auch Private, zu bestimmten Handlungen und Entscheidungen (Rz. 24 f.). Wer eine Staatsaufgabe wahrnimmt, ist an die Grundrechte gebunden (Art. 35 Abs. 2 BV, vgl. Rz. 1850 ff.). Öffentliche Interessen dagegen legen Ziele für das Handeln und Entscheiden von Staat und Privaten fest; sie können zudem Eingriffe in Grundrechte rechtfertigen.

2. Zeitliche und örtliche Wandelbarkeit

465 Eine präzise Definition wird auch dadurch verunmöglicht, dass der Begriff des öffentlichen Interesses zeitlich und in gewissen Belangen auch örtlich wandelbar ist (vgl. z.B. BGE 138 I 378, 393). Aufgrund gesellschaftlicher, technischer und anderer Entwicklungen können neue öffentliche Interessen entstehen – z.B. Raumplanung, Umweltschutz – und bisherige an Bedeutung verlieren.

Beispiele:

466 – Das öffentliche Interesse an der Erhaltung von Baudenkmälern ist grundsätzlich unbestritten. Während früher aber in erster Linie Bauten von besonderer Schönheit und Altertümer unter Schutz gestellt wurden, wird heute auch die Bewahrung von Industrie- und Fabrikbauten und von technischen Anlagen – z.B. Bahnhofanlagen – aus dem späten 19. und dem 20. Jahrhundert als im öffentlichen Interesse liegend betrachtet; auch sie rechtfertigt deshalb Eigentumsbeschränkungen (Urteil des Bundesgerichts, ZBl 88 [1987] 538, 542; vgl. auch BGE 135 I 176, 181 ff.).

467 – In einem Entscheid aus dem Jahr 1980 hatte das Bundesgericht zu prüfen, ob die Ablehnung eines Patentgesuches für den Betrieb einer so genannten «Peep-Show» durch die zuständigen Instanzen des Kantons St. Gallen aus Gründen der öffentlichen Sittlichkeit mit der Wirtschaftsfreiheit zu vereinbaren war. Es bejahte diese Frage; in seinen Erwägungen stellte es u.a. Folgendes fest: «Der Begriff der Sittlichkeit hängt, wie derjenige der öffentlichen Ordnung überhaupt, in starkem Masse von den herrschenden sozialen und moralischen Anschauungen ab. Er ist deshalb örtlich verschieden und zeitlich wandelbar [...]. Gerade im Sexualbereich findet seit einigen Jahren ein Wandel in den Anschauungen statt, der sich jedoch nicht überall mit derselben Geschwindigkeit und Intensität vollzieht. Was deshalb zu einem gegebenen Zeitpunkt in einem bestimmten Kanton noch als sittlich zulässig gilt, kann in anderen Regionen die Toleranzgrenze sittlichen Empfindens bereits überschreiten» (BGE 106 Ia 267, 271 f.).

468 – Oft wird heute auch in Fällen, in denen früher noch ausschliesslich private Interessen angenommen wurden, das Vorliegen eines öffentlichen Interesses anerkannt. So erfolgt der Schutz vor Immissionen, d.h. vor Lärm, Rauch, lästigen Dünsten, aber auch vor sog. «ideellen Immissionen», wie sie beispielsweise von Betrieben des Unterhaltungsgewerbes (Nachtlokale, Spielsalons, Peep-Shows usw.) ausgehen können, heute als Verwaltungsaufgabe hauptsächlich durch

öffentlich-rechtliche Vorschriften; die privaten nachbarrechtlichen Bestimmungen des Zivilgesetzbuches dagegen sind in den Hintergrund getreten (vgl. BGE 108 Ia 140, 147 f.).

- Ein weiteres Beispiel für die zeitliche Wandelbarkeit ist die Anerkennung des wachsenden Bedürfnisses nach Einkaufsgelegenheiten auch an öffentlichen Ruhe- und Feiertagen als öffentliches Interesse, das eine Änderung der Ruhetagsordnung rechtfertigen kann (BGE 125 I 431, 437 f.). 469
- Das Bundesgericht hatte im Rahmen der Beurteilung einer Konzession für ein Kleinwasserkraftwerk im Kanton Wallis verschiedene öffentliche Interessen gegeneinander abzuwägen. Es berücksichtigte dabei, dass der Bundesrat im Rahmen der Energiestrategie 2050 ein neues Energiegesetz vorschlägt, das den erneuerbaren Energien zu besseren Realisierungschancen verhelfen soll (Botschaft vom 4. September 2013 zum ersten Massnahmenpaket der Energiestrategie 2050 [Revision des Energierechts] und zur Volksinitiative «Für den geordneten Ausstieg aus der Atomenergie [Atomausstiegsinitiative]», BBl 2013, 7561). Darin kann ein Bedeutungszuwachs des entsprechenden öffentlichen Interesses gesehen werden. Das Bundesgericht führte indessen aus, nach dem Entwurf zum Energiegesetz komme dem öffentlichen Interesse an der Erzeugung von Elektrizität aus erneuerbaren Energien kein höheres Gewicht zu als den Interessen am Umwelt-, Natur- und Landschaftsschutz. Der eher geringe Beitrag des geplanten Kraftwerks an die Energieerzeugung vermochte den bedeutenden Eingriff in die wertvolle Landschaft nicht zu rechtfertigen (BGE 140 II 262, 276 ff.). 470

3. Kasuistik

471 Im Folgenden werden die wichtigsten Gruppen von öffentlichen Interessen aufgeführt. Dabei zeigt sich, dass öffentliche Interessen *materieller oder ideeller Natur* sein können (vgl. BGE 108 Ia 140, 147; BGer, Urteile 1C_499/2014 und 1C_503/2014 vom 25. März 2015 E. 3.1 ff. und 6.3).

a) Polizeiliche Interessen

472 Im polizeilichen Interesse sind staatliche Massnahmen, die dem *Schutz der Polizeigüter* – öffentliche Ordnung und Sicherheit, öffentliche Ruhe, Gesundheit und Sittlichkeit sowie Treu und Glauben im Geschäftsverkehr – dienen (vgl. dazu Rz. 2549 ff.).

473 Beispiele:

- öffentliche Sicherheit und Gesundheit beim Schutz der Bevölkerung vor gefährlichen Hunden (BGE 136 I 1, 8; vgl. Rz. 574);
- öffentliche Gesundheit beim Schutz vor Passivrauchen in Restaurationsbetrieben (BGE 136 I 17, 26);
- Eine kantonale Sondergewerbesteuer für Gastwirtschaften liegt im Interesse der öffentlichen Gesundheit, soweit es sich um Gaststätten mit Alkoholausschank handelt (BGE 128 I 102, 110 ff.);
- öffentliche Gesundheit beim Entscheid über die Zulassung nichtärztlicher Akupunkteure zur selbstständigen Berufsausübung (ZBl 100 [1999] 181);
- öffentliche Sittlichkeit beim oben (Rz. 467) erwähnten Verbot einer Peep-Show;
- öffentliche Sicherheit und Treu und Glauben im Geschäftsverkehr beim Entscheid über die Bewilligung für Taxi-Unternehmer und im Rahmen der Regulierung des Taxigewerbes (vgl. BGer, Urteil 2C_940/2010 vom 17. Mai 2011 E. 4 = ZBl 113 [2012] 487 ff.; Urteil 6B_593/2010 vom 25. Januar 2011 E. 4);
- öffentliche Sicherheit bei der Bewilligungspflicht für die Ausführung von Gas- und Wasserinstallationen (ZBl 100 [1999] 129, 130).

474 Zu beachten ist, dass die polizeilichen Interessen zwar von grosser Bedeutung sind, aber nur einen Teilbereich der öffentlichen Interessen bilden.

b) Planerische Interessen, Vorsorgeprinzip

475 In zunehmendem Masse muss der Staat die Regelung verschiedener Lebensbereiche vorausschauend vorbereiten und *planerisch* tätig werden.

476 Beispiele:
- Raumplanung (Art. 75 BV);
- Spital-, Alters-, Pflegeheimplanung.

477 Das *Vorsorgeprinzip* verlangt, dass Einwirkungen auf die Umwelt unabhängig von der bestehenden Belastung so weit zu begrenzen sind, als dies technisch und betrieblich möglich und wirtschaftlich tragbar ist (Art. 74 Abs. 2 Satz 1 BV; Art. 11 Abs. 2 USG). Es geht um eine vorausschauende Minimierung von Umweltbelastungen. Bund und Kantone haben dafür zu sorgen, dass bei allen Tätigkeiten, die Emissionen verursachen, geprüft wird, ob sie sich vermeiden oder reduzieren lassen. Das öffentliche Interesse an der Vermeidung von Umweltbelastungen rechtfertigt insbesondere Beschränkungen der Wirtschaftsfreiheit und der Eigentumsgarantie. Das Vorsorgeprinzip bringt auch das Interesse des Staates an einem vorsichtigen Umgang mit Risiken zum Ausdruck; in «Situationen der Ungewissheit bedeutet das Vorsorgeprinzip, dass den Unsicherheiten mit einer Sicherheitsmarge Rechnung zu tragen ist» (BGE 131 II 431, 443).

c) Soziale und sozialpolitische Interessen

478 Durch soziale und sozialpolitische Massnahmen will der Staat die wirtschaftlich schwächeren Bevölkerungsteile, so u.a. Arbeitnehmerinnen und Arbeitnehmer, Mieterinnen und Mieter, kranke oder behinderte Personen, schützen.

479 Beispiele:
- Arbeitnehmerschutz (z.B. Ruhetagsgesetze);
- Förderung des sozialen Wohnungsbaus;
- Abbruchverbot zur Erhaltung preisgünstiger Wohnungen;
- Bau von Alters- und Pflegeheimen;
- Integrationsmassnahmen für ausländische Staatsangehörige;
- Massnahmen zur Gleichstellung der Geschlechter.

d) Rechtsstaatliches Interesse

480 Schutz und Einhaltung der rechtsstaatlichen Grundsätzen stellen ein wesentliches öffentliches Interesse dar. So hat die Verwaltungsbehörde im konkreten Anwendungsfall derjenigen Lösung den Vorzug zu geben, welche diesen Grundsätzen besser entspricht, z.B. aus Gründen der Rechtssicherheit. Auch die Verwirklichung eines fairen Verwaltungsverfahrens (Art. 29 BV) stellt ein rechtsstaatliches Interesse dar.

e) Weitere öffentliche Interessen

Neben den genannten Fällen gibt es weitere öffentliche Interessen, die zum Teil in der Bundesverfassung als Staatsaufgaben erwähnt sind, so insbesondere: 481

- Umweltschutz (Art. 74 BV);
- Gewässerschutz (Art. 76 Abs. 3 BV);
- Natur- und Heimatschutz (Art. 78 BV), insb. Landschafts- und Ortsbildschutz (BGE 140 II 262, 576 ff.; 127 II 273, 280 ff.), Erhaltung von Natur- und Kulturdenkmälern (vgl. auch Art. 69 BV), Erhaltung von Tieren und Pflanzen;
- Tierschutz (Art. 80 BV; vgl. dazu BGE 135 II 384, 396 ff., worin das Bundesgericht das Interesse der Versuchstiere an Belastungsfreiheit gegenüber dem menschlichen Interesse am Versuchsergebnis abzuwägen hatte).

Das Problem der Bindung der Verwaltungsbehörden an öffentliche Interessen liegt darin, 482 dass diese nahezu uferlos und zum Teil kaum messbar erscheinen. So hat das Bundesgericht unlängst auch das Sicherheitsgefühl der Bevölkerung als öffentliches Interesse gelten lassen (BGE 136 I 1, 11 f.; dazu auch Rz. 473 und 574). Im Rahmen der Ortsplanung berücksichtigt das Bundesgericht, dass der Anblick von Mobilfunkantennen «als unsicher, unästhetisch oder sonst wie unerfreulich empfunden» werden könne (BGE 138 II 173, 188 f.; vgl. aber Verwaltungsgericht des Kantons St. Gallen, Urteil B 2013/134 vom 11. November 2014 E. 2.3.1). Die Berücksichtigung solch subjektiver Empfindungen erscheint im Lichte der Verpflichtung der Behörden auf rationales Verwaltungshandeln problematisch.

4. Fiskalische Interessen

Zu den öffentlichen Interessen lassen sich – entgegen älteren Lehrmeinungen (vgl. etwa 483 Imboden/Rhinow, Bd. I, S. 333) – auch die sog. fiskalischen Interessen, d.h. die finanziellen Interessen des Staates, zählen (vgl. auch Tanquerel, No. 539; Tschannen/Zimmerli/Müller, S. 158 f.). Denn damit der Staat die Interessen der Allgemeinheit wahren kann, benötigt er die dafür notwendigen finanziellen Mittel. Die fiskalischen Interessen nehmen allerdings insofern eine Sonderstellung ein, als sie grundsätzlich keine Eingriffe in Freiheitsrechte zu rechtfertigen vermögen (vgl. BGE 128 I 3, 10; 119 Ia 41, 44 f. betreffend Eingriffe in die Wirtschaftsfreiheit; BGE 120 Ia 203, 205; BGer, Urteil 2C_335/2013 vom 11. Mai 2015 E. 3 betreffend Niederlassungsfreiheit; BGE 134 I 293, 300 f. betreffend Eingriffe in die persönliche Freiheit). Der Staat kann sich deshalb die für die Erfüllung seiner Aufgaben erforderlichen Finanzen nicht auf dem Wege der Enteignung verschaffen.

Nach wie vor ungeklärt ist, ob rein fiskalische Interessen ausreichen, um eine staatli- 484 che Wirtschaftstätigkeit zu rechtfertigen, oder ob solche «gewinnorientierte» Tätigkeit dem Staat verboten ist. Das Bundesgericht hat im Entscheid Glarnersach (BGE 138 I 378, 396 f.; vgl. kritisch dazu Raphael Kraemer/Andreas Stöckli, Grenzenlose Staatswirtschaft, recht 31 [2013] 28 ff.) eine Tätigkeit eines staatlichen Versicherungsunternehmens in Konkurrenz zu Privaten geschützt, da diese Tätigkeit auf einem klaren

Willen des Gesetzgebers beruhe und aus betrieblichen Gründen gerechtfertigt sei; die Abgrenzung von «betrieblichen» zu fiskalischen Interessen bleibt dabei unsicher.

485 Relativ grosszügig zeigt sich das Bundesgericht auch, soweit es um staatliche *Einsparungen* geht; so hat es verschiedentlich das öffentliche Interesse an Kosteneinsparungen im Gesundheitsbereich höher gewichtet als dasjenige an der Wirtschaftsfreiheit (vgl. BGE 140 I 218, 228 ff. betreffend Bedürfnisklausel für die Anschaffung von medizinischen Grossgeräten; BGE 130 I 26, 43 und 49 ff. betreffend Beschränkung der Tätigkeiten von Medizinalpersonal zu Lasten der sozialen Krankenversicherung).

II. Rechtsgrundlagen

486 Nach Art. 5 Abs. 2 BV muss alles staatliche Handeln im öffentlichen Interesse liegen. Dieser Grundsatz stellt aber kein verfassungsmässiges Recht der Privaten dar; seine Verletzung kann deshalb mit der subsidiären Verfassungsbeschwerde nicht selbstständig gerügt werden.

487 Einige weitere *Verfassungs- und Gesetzesbestimmungen* nennen das öffentliche Interesse als Voraussetzung und Massstab staatlichen Handelns. Sie bilden die Grundlage für die Konkretisierung der öffentlichen Interessen durch Rechtsnormen oder im Einzelfall.

488 Beispiele:

- Art. 36 Abs. 2 BV («öffentliches Interesse» als allgemeine Voraussetzung für die Einschränkung von Grundrechten);
- Art. 78 Abs. 2 BV (ungeschmälerte Erhaltung von Objekten des Natur- und Heimatschutzes, «wenn das öffentliche Interesse es gebietet»);
- Art. 94 Abs. 2 BV («Wohlfahrt der Bevölkerung»);
- Art. 1 EntG («öffentliches Interesse»);
- Art. 10 Abs. 3 LVG (Landesversorgungsgesetz; «öffentlichen Interessen»).

489 Wie diese Beispiele zeigen, ist die Terminologie keineswegs einheitlich. Unabhängig von den in einzelnen Verfassungs- und Gesetzesbestimmungen verwendeten Ausdrücken geht es dabei stets um das grundsätzlich gleiche Anliegen, das mit dem allgemeinen Begriff des öffentlichen Interesses umschrieben wird. Das Bundesgericht hat allerdings unlängst angeführt, der Begriff sei in Art. 5 BV (rechtsstaatliche Grundsätze) und Art. 36 BV (Grundrechtseinschränkungen) unterschiedlich zu verstehen (BGE 138 I 378, 393). Die Konsequenzen der Unterscheidung sind noch nicht klar.

III. Geltungsbereich

490 Der Grundsatz des öffentlichen Interesses bindet in umfassender Weise *alle drei Staatsgewalten*. Die Recht setzende Gewalt legt in generell-abstrakter Weise fest, was dem öffentlichen Interesse dient; Verwaltungs- und Justizbehörden haben das im öffentlichen

Interesse gesetzte Recht zu verwirklichen und dabei auch ihrerseits – bei der Behandlung des konkreten Falles – den Grundsatz des öffentlichen Interesses zu beachten.

Der Grundsatz des öffentlichen Interesses gilt für das *gesamte Verwaltungsrecht,* 491
nicht nur für die Eingriffsverwaltung, sondern auch für die Leistungsverwaltung. Das öffentliche Interesse kann sogar Verpflichtung zu staatlichem Handeln bedeuten. So hat der Staat beispielsweise für ein genügendes Gesundheitswesen zu sorgen.

Die Verwaltungsbehörden sind im *hoheitlichen* wie im *nichthoheitlichen Tätigkeits-* 492
bereich an den Grundsatz des öffentlichen Interesses gebunden. Auch mit den Mitteln der nichthoheitlichen Verwaltung dürfen die Behörden nur jene Zwecke verfolgen, denen sie nach Verfassung und Gesetz dienen sollen. Das bedeutet, dass das Gemeinwesen, selbst wenn es *privatrechtlich* handelt, die öffentlichen Interessen zu verwirklichen hat (vgl. Rz. 1850 ff.).

Beispiel: 493

Im Jahre 1983 hatte das Bundesgericht die Rechtsnatur der Vereinbarung über die Sorgfaltspflicht der Banken bei der Entgegennahme von Geldern und über die Handhabung des Bankgeheimnisses vom 1. Juli 1982 zwischen der Schweizerischen Nationalbank und den Schweizer Banken zu prüfen. In diesem Zusammenhang hielt das Gericht fest, dass die Nationalbank auch dort, wo sie als Aktiengesellschaft privatrechtlich handelnd auftrete, an ihren öffentlichen Auftrag gebunden bleibe und die Grundrechte zu beachten habe (BGE 109 Ib 146, 155).

Die praktisch wohl grösste Bedeutung kommt dem Grundsatz des öffentlichen Interesses 494
aber doch bei der Eingriffsverwaltung, insbesondere im Zusammenhang mit der *Einschränkung von Freiheitsrechten* zu (vgl. Art. 36 Abs. 2 BV). Das Bundesgericht hat sich denn auch mit dem Begriff des öffentlichen Interesses vor allem im Zusammenhang mit der Eigentumsgarantie und deren Beschränkung auseinander gesetzt und die dabei entwickelten Grundsätze anschliessend auf die übrigen Freiheitsrechte angewendet (BGE 94 I 541, 548 f.). Eine Freiheitsbeschränkung ist nur zulässig, wenn sie durch ein das private Interesse überwiegendes öffentliches Interesse gefordert wird. Welche öffentlichen Interessen im konkreten Fall eine Freiheitsrechtsbeschränkung rechtfertigen können, muss für jedes Freiheitsrecht gesondert geprüft werden (vgl. dazu HÄFELIN/HALLER/KELLER, Rz. 317 und die Ausführungen zu den einzelnen Freiheitsrechten; vgl. auch AUER/MALINVERNI/HOTTELIER, Vol. II, No. 211 ff. sowie KIENER/KÄLIN, S. 114 ff.).

Gerade im Zusammenhang mit Einschränkungen von Freiheitsrechten erscheint der 495
bisweilen sehr weit gefasste Begriff des öffentlichen Interesses (vgl. Rz. 2349 ff.) aus rechtsstaatlicher Sicht problematisch. Es ist deshalb zu fordern, dass sich die bei Freiheitsrechtsbeschränkungen anrufbaren öffentlichen Interessen ihrerseits aus der Verfassung ergeben müssen (vgl. GEORG MÜLLER, in: Kommentar aBV, Art. 22ter aBV, Rz. 35 m.w.H.; in diese Richtung möglicherweise nun auch BGE 138 I 378, 393).

IV. Abwägung zwischen verschiedenen Interessen

1. Allgemeines

496 Der Verwirklichung bestimmter öffentlicher Interessen können im Einzelfall private oder andere öffentliche Interessen entgegenstehen. Im Falle einer derartigen Interessenkollision muss eine *wertende* Gegenüberstellung und eine *Interessenabwägung* stattfinden (BGE 135 II 384, 396; 111 Ia 101, 105; 104 Ia 88, 97; BGer, Urteil 2C_714/2014 vom 15. Mai 2015 E. 4.2; zur «Interessenabwägung als Technik der argumentativ kontrollierten Konkretisierung offener Normen» vgl. TSCHANNEN/ZIMMERLI/MÜLLER, S. 226 ff.).

2. Abwägung zwischen öffentlichem und entgegenstehendem privatem Interesse

497 Die Abwägung zwischen öffentlichem und betroffenem privatem Interesse erfolgt im Allgemeinen im Zusammenhang mit der Anwendung des Verhältnismässigkeitsprinzips (Verhältnismässigkeit von Eingriffszweck und Eingriffswirkung [vgl. Rz. 555 ff.]).

Beispiele:

498 – Nach dem Inkrafttreten des RPG (Raumplanungsgesetz) hatte das Bundesgericht oft zwischen dem öffentlichen Interesse einer Gemeinde an der Verkleinerung ihrer überdimensionierten Bauzone und dem entgegenstehenden Interesse eines von der Auszonung betroffenen Grundeigentümers abzuwägen (vgl. z.B. BGE 107 Ib 334, 335 ff. und die ausführliche Darstellung dieses Entscheides in Rz. 559; BGE 118 Ia 151, 157; 117 Ia 302, 307 ff.).

499 – Das in Art. 8 EMRK geschützte Recht auf Achtung des Familienlebens kann nur angerufen werden, wenn eine staatliche Entfernungs- oder Fernhaltemassnahme zur Trennung von Familienmitgliedern führt. Muss ein Ausländer, dem eine fremdenpolizeiliche Bewilligung verweigert worden ist, das Land verlassen, haben dies seine Angehörigen – besondere Umstände vorbehalten – hinzunehmen, wenn es ihnen «ohne Schwierigkeiten» möglich ist, mit ihm auszureisen; eine Interessenabwägung nach Art. 8 Ziff. 2 EMRK erübrigt sich unter diesen Umständen. Anders verhält es sich, falls die Ausreise für die Familienangehörigen «nicht von vornherein ohne weiteres zumutbar» erscheint. In diesem Fall ist immer eine Interessenabwägung nach Art. 8 Ziff. 2 EMRK geboten, welche sämtlichen Umständen des Einzelfalls umfassend Rechnung trägt. Als zulässiges öffentliches Interesse fällt dabei auch das Durchsetzen einer restriktiven Einwanderungspolitik in Betracht. Deshalb hat ein schweizerisches Kind, namentlich ein solches im Kleinkindalter, grundsätzlich das Lebensschicksal des Sorge- bzw. Obhutsberechtigten zu teilen und diesem gegebenenfalls ins Ausland zu folgen. Bei der Interessenabwägung sind jedoch weitere Gesichtspunkte zu berücksichtigen. Im vorliegenden Fall spielte insbesondere eine Rolle, dass das Schweizer Kind mit seiner Mutter in die Türkei hätte ausreisen müssen, wenn dieser keine Anwesenheitsbewilligung erteilt worden wäre. Der Wegfall eines Aufenthaltsrechts ergab sich im Wesentlichen durch den Tod des Vaters, welcher das Schweizer Bürgerrecht besessen hatte. Die Ausreise durfte nach Auffassung des Bundesgerichts nicht leichthin in Kauf genommen werden. Die dreieinhalbjährige Tochter der Beschwerdeführerin habe ein offenkundiges Interesse daran, in der Schweiz zu leben, um von den hiesigen Ausbildungsmöglichkeiten und Lebensbedingungen profitieren zu können. Als Schweizerin wäre sie spätestens bei Volljährigkeit befugt, selbstständig in die Schweiz zurückzukehren. Müsste sie diese jetzt verlassen, wäre bei ihrer Wiedereinreise mit Integrationsschwierigkeiten zu rechnen. Da keine anderen Gründe für eine Ausreise des Schweizer Kindes vorlägen, überwiege das Interesse daran, der Mutter den Aufenthalt zu bewilligen, gegenüber dem Interesse an der Durchsetzung einer restriktiven Einwanderungspolitik (BGE 135 I 153, 155 ff.).

3. Abwägung zwischen gegensätzlichen öffentlichen Interessen

Es kommt vor, dass in einem Fall verschieden gerichtete öffentliche Interessen einander gegenüberstehen. Denkbar sind folgende Interessenkollisionen: 500

- Ein *Eingriff in grundrechtlich geschützte Positionen* der Privaten bedingt nicht nur ein Abwägen zwischen öffentlichen und privaten Interessen. Da der Schutz der Grundrechte *auch* im öffentlichen Interesse liegt, findet gleichzeitig eine Gewichtung verschiedener öffentlicher Interessen statt (vgl. auch Rz. 2294 ff.). 501

  Beispiele:
  - Die Benützung des öffentlichen Grundes für Demonstrationen, Standaktionen oder Unterschriftensammlungen (gesteigerter Gemeingebrauch) ist in der Regel bewilligungspflichtig. Die für die Bewilligungserteilung zuständigen Behörden haben die Gesichtspunkte polizeilicher Gefahrenabwehr sowie das öffentliche Interesse am bestimmungsgemässen Gebrauch des öffentlichen Grundes gegen die Interessen der Veranstalter von Demonstrationen u.ä. abzuwägen. Sie haben darüber hinaus aber auch den besonderen ideellen Gehalt und die demokratische Funktion der Freiheitsrechte, um deren Ausübung es geht (vor allem Meinungsfreiheit, Pressefreiheit und Versammlungsfreiheit), in die Interessenabwägung miteinzubeziehen (BGE 124 I 267, 268 ff.; 107 Ia 64, 66; vgl. auch Rz. 2294 ff.). 502
  - Die Nutzungsplanung muss Zonen und Plätze vorsehen, die für den Aufenthalt von Schweizer Fahrenden geeignet sind und deren traditioneller Lebensweise entsprechen, die durch Art. 8 EMRK geschützt ist. Art. 3 Abs. 3 RPG, welcher die für die Ausscheidung von Nutzungszonen massgeblichen Grundsätze der Raumplanung umschreibt, ist dementsprechend verfassungs- bzw. völkerrechtskonform auszulegen. Dabei ist das öffentliche Interesse an der Ausscheidung von Nutzungszonen, in welchen Fahrende ihre traditionelle Lebensweise ausüben können, abzuwägen gegenüber öffentlichen Interessen an der Raumplanung (Einhaltung von Abständen zu Gewässern und Wäldern usw.; vgl. BGE 129 II 321, 326 ff.). 503

- Das Problem des Abwägens zwischen einander entgegenstehenden öffentlichen Interessen stellt sich auch im Zusammenhang mit *Praxisänderungen,* beim *Schutz des Vertrauens in das Verhalten staatlicher Behörden,* insbesondere bei *unrichtigen Auskünften* und bei der *Rücknahme* oder dem *Widerruf von Verfügungen*. Es ist in diesen Fällen aufgrund einer Interessenabwägung zu entscheiden, ob dem Postulat nach der richtigen Anwendung des objektiven Rechts oder dem Interesse an der Wahrung der Rechtssicherheit der Vorrang zukommen soll (vgl. Rz. 593, 664, 699, 1215, 1227). 504
- Eine Interessenkollision kann ferner durch *unterschiedliche staatliche Zielsetzungen* hervorgerufen werden. 505

  Beispiele:
  - Die Axpo AG beabsichtigte, eine bestehende Freileitung des schweizerischen Übertragungsnetzes durch eine neue Freileitung mit teilweise veränderter Linienführung zu ersetzen, wobei die projektierte Trasse durch ein Waldstück und kommunales Naturschutzgebiet mittlerer Bedeutung geführt hätte. Sowohl das Bundesamt für Energie als auch das Bundesverwaltungsgericht sprachen sich aufgrund der erheblich höheren Kosten gegen eine Verkabelung aus. Das Bundesgericht, das eine Beschwerde der betroffenen Gemeinde Riniken zu beurteilen hatte, erwog, dass Kabelanlagen aufgrund des technischen Fortschritts leistungsfähiger, zuverlässiger und kostengünstiger geworden seien, weshalb die Verkabelung nicht mehr nur auf absolute Ausnahmefälle zu beschränken sei, sondern auch bei Landschaften von bloss mittlerer bzw. lokaler Bedeutung in Betracht komme. Auch hier bedürfe es somit einer umfassenden Abwägung zwischen den gegenläufigen Interessen an einer möglichst sicheren und wirtschaftlichen Stromversorgung einerseits und am Natur- und Landschaftsschutz andererseits. Das Bundesgericht kam zum Schluss, dass nicht alleine auf die höheren Investitionskosten der Verkabelung abzustellen sei, sondern vielmehr die Gesamtkosten – insbesondere die geringeren Stromverlustkosten als 506

bei der Freileitung – zu berücksichtigen seien. Bei einer durchschnittlichen Betriebsdauer von 80 Jahren seien die dadurch erzielten Einsparungen so hoch, dass sich die Verkabelung als kostengünstigere Variante erweise (BGE 137 II 266, 274 ff.). Mit diesem Grundsatzentscheid ändert das Bundesgericht seine langjährige Praxis zur Verkabelung von Hochspannungsleitungen, in welcher es regelmässig der Freileitung als kostengünstigere Option den Vorzug einräumte (vgl. z.B. BGE 100 Ib 404, 412 ff.). Diese neue Praxis bestätigte es unlängst in BGE 139 II 499, 510 ff.

507 – Im Kanton Obwalden wurde für einige Grundstücke auf Gesuch von Grundeigentümern ein Landumlegungsverfahren zum Zweck einer rationelleren Überbauung eingeleitet. Diese Massnahme stützte sich auf Art. 7 ff. WEG (Wohnbau- und Eigentumsförderungsgesetz), welches vorsieht, dass bei ungünstigen Grundstückgrössen und -grenzen die Grundstücke umgestaltet oder die Grenzen reguliert werden können. Auf den betroffenen Grundstücken befanden sich aber Bauten und Bauteile, die unter Denkmalschutz standen. Das Bundesgericht hatte deshalb die beiden Interessen – Förderung des Wohnungsbaus und Denkmalschutz – gegeneinander abzuwägen. «Auch wenn anerkannt wird, dass die Verbesserung der Parzellenverhältnisse im öffentlichen Interesse liegt, so ist nicht zu verkennen, dass dem Interesse der Förderung des Wohnungsbaus unter den gegebenen konkreten Verhältnissen nur ein bescheidenes Gewicht beigemessen werden kann. Der Schutz der vorhandenen Baudenkmäler verdient Beachtung und ist – jedenfalls zurzeit – als überwiegend zu bezeichnen. Sollen in dem Gebiet neue Wohnbauten erstellt werden, so gebietet das Interesse des Ortsbild- und Denkmalschutzes deren sorgfältige Einordnung, was nur aufgrund einer Quartierplanung möglich sein dürfte. Solange diese nicht vorliegt und der Schutz der Baudenkmäler nicht gesichert wird, ist es verfehlt, eine Baulandumlegung anzuordnen, bevor nicht feststeht, wie die Parzellen in Abstimmung auf eine den Anforderungen des Denkmalschutzes entsprechende Überbauung zu bilden sind» (BGE 118 Ib 417, 430 ff.).

508 – Mit Beschluss vom 30. Januar 2012 leitete die Gemeinde Silvaplana ein Quartierplanverfahren für das Gebiet Quarta Morta mit dem Zweck ein, die im Nutzungsplan ausgeschiedenen Grundstücke zu erschliessen und Baustandorte festzulegen. Dagegen erhoben mehrere Grundeigentümer Einsprache und beantragten eine vorgängige Überprüfung des Zonenplans mit dem Ziel, noch nicht überbaute Grundstücke dem Nichtbaugebiet zuzuweisen. Die zuständige Gemeindebehörde wies die Einsprachen ab. Eine Beschwerde der Grundeigentümer an das Verwaltungsgericht des Kantons Graubünden blieb ebenfalls erfolglos. Gemäss Bundesgericht ist zunächst zu prüfen, ob sich die Verhältnisse so erheblich geändert haben, dass eine Überprüfung des Nutzungsplans erforderlich ist; anschliessend sei anhand einer Interessenabwägung zu beurteilen, ob aufgrund der veränderten Verhältnisse eine Plananpassung gerechtfertigt sei. Nach der Rechtsprechung sei «dabei […] auf der einen Seite die Notwendigkeit einer gewissen Stabilität nutzungsplanerischer Festlegungen zu beachten, auf der anderen Seite das Interesse, die Pläne an eingetretene Veränderungen anzupassen. Zu berücksichtigen sind insbesondere die bisherige Geltungsdauer des Nutzungsplans, das Ausmass seiner Realisierung und Konkretisierung, das Gewicht des Änderungsgrunds, der Umfang der beabsichtigten Planänderung und das öffentliche Interesse daran». Die erhebliche Änderung der Verhältnisse seit der Planfestsetzung sei regelmässig bereits dann zu bejahen, wenn nicht von vornherein gewichtige Interessen der Rechtssicherheit und des Vertrauens in die Planbeständigkeit einer Plananpassung entgegenstehen. Derart gewichtige entgegenstehende private und öffentliche Interessen waren im vorliegenden Fall nicht ersichtlich. Im Rahmen der Interessenabwägung berücksichtigte das Bundesgericht zudem, dass die letzte Zonenplanrevision bereits geraume Zeit zurücklag und die betreffende Zonenplanung noch kaum konkretisiert und realisiert worden war. Es hob deshalb den Beschluss zur Einleitung des Quartierplanverfahrens auf und wies die Gemeinde Silvaplana an, den bestehenden Nutzungsplan zu überprüfen (BGE 140 II 25, 29 ff.).

509 – In Erfüllung der im öffentlichen Interesse liegenden Aufgabe der Denkmalpflege müssen auch Eisenbahnanlagen (im vorliegenden Fall ging es um das über die Saane führende Eisenbahnviadukt Gümmenen) unter Schutz gestellt werden können, und zwar selbst dann, wenn sie noch betrieben werden. Allerdings dürfen die denkmalschützerischen Massnahmen die Bahnunternehmung in der Erfüllung ihrer Aufgaben nicht unverhältnismässig einschränken. «Die Unterschutzstellung setzt daher einerseits eine eingehende, auf wissenschaftliche Kriterien gestützte Beurteilung der Schutzwürdigkeit der fraglichen Eisenbahnbaute voraus. Anderseits darf eine

Unterschutzstellung nur so weit gehen, als das denkmalpflegerische Interesse das Interesse der Bahn an einer uneingeschränkten Nutzung ihrer Anlagen überwiegt. Ferner steht ausser Frage, dass die Sicherheit des Bahnbetriebes stets Vorrang hat. Die Unterschutzstellung einer noch in Betrieb stehenden Bahnanlage bedingt deshalb eine sorgfältige Abklärung des Sachverhaltes und die Erfassung aller auf dem Spiele stehenden Interessen.» Das Bundesgericht stellte fest, die Frage der Schutzwürdigkeit des Gümmenen-Viadukts sei zu wenig geklärt und die Interessenabwägung ungenügend vorgenommen worden. Es hob deshalb die angefochtene Unterschutzstellung auf und wies die Sache zur erneuten Prüfung an die kantonalen Behörden zurück (BGE 121 II 8, 16 ff.).

- Einander widersprechen können sich sodann die *Interessen verschiedener Gebietskörperschaften* (Bund, Kantone, Gemeinden). 510

  Beispiele:
  - Der Bund als Eigentümer eines bestimmten Grundstückes in der Gemeinde X. beabsichtigt, dort einen Waffenplatz zu errichten. Die Gemeinde X. dagegen möchte das entsprechende Gebiet unter Naturschutz stellen. 511
  - Der Staatsrat des Kantons Waadt schied in einem kantonalen Zonenplan, gestützt auf das kantonale Bau- und Planungsgesetz, in der Gemeinde Grandson ein Gebiet von rund 400'000 m^2 für die Errichtung eines thermischen Kraftwerkes aus. Die Gemeinde erhob gegen den Plan Beschwerde mit der Begründung, dieser verunmögliche ihr die Ausscheidung einer Industriezone, da er das einzige hiezu geeignete Gebiet umfasse. Das Bundesgericht mass dem kantonalen Interesse ein grösseres Gewicht bei (BGE 94 I 541, 548 ff.). 512
  - Das Grundstück der Kirchgemeinde Estavayer-le-Lac, das für den Bau eines Kirchgemeindezentrums vorgesehen war, wurde durch den Zonenplan der politischen Gemeinde der Grünzone zugewiesen, für welche ein Bauverbot galt. Das Bundesgericht hatte zwischen dem öffentlichen Interesse der politischen Gemeinde an der Bewahrung von Grünflächen und dem ebenfalls öffentlichen Interesse der Kirchgemeinde an der Errichtung eines Kirchgemeindezentrums zur Erfüllung ihrer sozialen Aufgaben abzuwägen. Es entschied, dass die geplante Zuweisung des Grundstückes zur Grünzone unverhältnismässig sei, da ein effektives Bedürfnis der Kirchgemeinde nach teilweiser Überbauung des Grundstückes bestehe. Die sich gegenüberstehenden öffentlichen Interessen müssten daher durch eine andere Massnahme – z.B. Zuweisung des Grundstückes zur Zone für öffentliche Bauten – in Einklang gebracht werden (BGE 110 Ia 30, 33 ff.). 513

§ 8 Grundsatz der Verhältnismässigkeit

Literatur

HOFSTETTER DAVID, Das Verhältnismässigkeitsprinzip als Grundsatz rechtsstaatlichen Handelns (Art. 5 Abs. 2 BV), Diss. Zürich 2014; HOTZ WERNER FRIEDRICH, Zur Notwendigkeit und Verhältnismässigkeit von Grundrechtseingriffen, Diss. Zürich 1977; HUBER HANS, Über den Grundsatz der Verhältnismässigkeit im Verwaltungsrecht, ZSR 96/I (1977) 1 ff.; MACHERET AUGUSTIN, La proportionnalité des actes étatiques: une appréciation difficile, RFJ 2002, 187 ff.; MEYER-BLASER ULRICH, Zum Verhältnismässigkeitsgrundsatz im staatlichen Leistungsrecht (am Beispiel der beruflichen Eingliederungsmassnahmen der IV), Diss. Bern 1985; MOOR PIERRE, Principes de l'activité étatique et responsabilité de l'état de droit, in: Verfassungsrecht der Schweiz, Zürich 2001, § 16; MOOR PIERRE, Systématique et illustration du principe de la proportionnalité, in: Constance Grewe/Denis Broussolle/Olivier Jouanjan/Bertrand Mathieu/Michel Verpeaux (Hrsg.), Les droits individuels et le juge en Europe, Mélanges en l'honneur de Michel Fromont, Strassburg 2001, S. 319 ff.; MULLER PIERRE, Le principe de la proportionalité, ZSR 97/II (1978) 197 ff.; MÜLLER MARKUS, Verhältnismässigkeit – Gedanken zu einem Zauberwürfel, Bern 2013; OESCH MATTHIAS, Das Verhältnismässigkeitsprinzip in der Einheitsbeschwerde – Zu einem wegweisenden Bundesgerichtsurteil vom 1. April 2008 und zum Anwendungsbereich des Verhältnismässigkeitsprinzips, Anwaltsrevue 11 (2008) 271 ff.; RÜTSCHE BERNHARD, Der Grundsatz der Verhältnismässigkeit – Rechtsstaatsprinzip und Voraussetzung von Grundrechtseingriffen, Reformatio 50 (2001) 40 ff.; WEBER-DÜRLER BEATRICE, Zur neuesten Entwicklung des Verhältnismässigkeitsprinzips, in: Benoît Bovay/Minh Son Nguyen (Hrsg.), Mélanges en l'honneur de Pierre Moor, Bern 2005, S. 593 ff.; WINZELER CHRISTOPH, Variationen der Verhältnismässigkeit im Rechtsstaat – Symbolische Gesetzgebung?, SJZ 106 (2010) 181 ff.; ZIMMERLI ULRICH, Der Grundsatz der Verhältnismässigkeit im öffentlichen Recht, ZSR 97/II (1978) 1 ff.

I. Definition des Grundsatzes der Verhältnismässigkeit

514 Der Grundsatz der Verhältnismässigkeit fordert, dass die Verwaltungsmassnahmen zur Verwirklichung des im öffentlichen Interesse liegenden Ziels *geeignet* und *notwendig* sind. Ausserdem muss der angestrebte Zweck in einem *vernünftigen Verhältnis* zu den Belastungen stehen, die den Privaten auferlegt werden (vgl. BGE 141 I 20, 32; 141 I 1, 7 f.; 140 I 381, 389 ff.; 140 I 353, 373 ff.; 140 I 168, 173; 140 II 194, 199 ff.; 140 I 2, 24; 138 II 346, 362; 137 I 31, 53; BVGE 2012/33 E. 11.2; BVGE 2009/61 E. 7.2; BVGE 2009/36 E. 11.3; BVGE 2008/58 E. 8.1; BVGE 2008/25 E. 6).

515 Das Bundesgericht geht in seiner Rechtsprechung zum Teil von einer weniger umfassenden Definition aus bzw. prüft nur einzelne Elemente des Verhältnismässigkeitsprinzips (vgl. z.B. BGE 139 II 121, 132; 137 II 284, 287; 136 II 43, 47; 132 II 21, 39 ff.; BGer, Urteil 1C_181/2013 vom 14. November 2013 E. 3.7; BVGE 2013/4 E. 7.1). Auch unterscheidet es häufig nicht genau zwischen den *Erfordernissen des öffentlichen Interesses und der Verhältnismässigkeit*. Zwischen den beiden Grundsätzen besteht in der Tat ein sehr enger Zusammenhang. Die Frage nach der Verhältnismässigkeit einer Massnahme stellt sich nur, wenn an ihr überhaupt ein zulässiges öffentliches Interesse besteht (vgl. BGE 140 II 194, 200). Erst dann ist zu prüfen, ob sie das geeignete und erforderli-

che Mittel ist, um dieses Interesse zu verwirklichen, und ob die dadurch bewirkte Freiheitsbeschränkung nicht in einem Missverhältnis zum angestrebten Zweck steht.

Das Verhältnismässigkeitsprinzip hat keinen Schutzbereich wie die Grundrechte, 516 weshalb es oftmals als «formales» Prinzip bezeichnet wird. Es dient daher in erster Linie als *methodische Anleitung* im Hinblick darauf, zwischen widerstrebenden öffentlichen und privaten Interessen einen möglichst schonenden Ausgleich herbeizuführen.

II. Rechtsgrundlagen

Der Grundsatz der Verhältnismässigkeit ist ein Grundsatz rechtsstaatlichen Handelns 517 (vgl. Rz. 320 ff.) und hat Verfassungsrang. Gemäss Art. 5 Abs. 2 BV muss alles staatliche Handeln verhältnismässig sein. Bei der Prüfung der Rechtmässigkeit von *Grundrechtseingriffen* geht Art. 36 Abs. 3 BV als lex specialis vor (vgl. BGE 136 I 87, 91 f.; BGer, Urteil 1C_443/2007 vom 23. Mai 2008 E. 3.4). Der Unterschied zwischen den beiden Ausprägungen des Verhältnismässigkeitsprinzips ist noch nicht restlos geklärt (vgl. BGE 138 I 378, 398 f.). Stehen Grundrechtseingriffe und damit die Anwendung von Art. 36 Abs. 3 BV in Frage, wird man jedenfalls der Schutzbedürftigkeit der grundrechtlichen Positionen besondere Beachtung schenken müssen (vgl. dazu auch BGE 130 I 16, 19 f.).

Das Verhältnismässigkeitsprinzip stellt kein verfassungsmässiges Recht der Privaten 518 dar. Dies bedeutet, dass die Verletzung des Verhältnismässigkeitsgrundsatzes nicht selbstständig mit *subsidiärer Verfassungsbeschwerde* geltend gemacht werden kann, sondern nur zusammen mit einem verfassungsmässigen Recht, z.B. der persönlichen Freiheit (BGE 126 I 112, 120; 124 I 40, 45), dem Schutz des Lebens (BGE 137 II 305, 310 f.), der Wirtschaftsfreiheit (vgl. BGer, Urteil 2C_992/2012 vom 1. April 2013 E. 3.1; Urteil 2C_225/2009 vom 16. Oktober 2009 E. 4.1; Urteil des Bundesgerichts, ZBl 89 [1988] 461, 462) oder dem Willkürverbot (BGE 141 I 1, 7 f.; 138 I 378, 393; 135 III 578, 580; vgl. Rz. 321). Das Verhältnismässigkeitsprinzip verschafft für sich alleine im Rahmen der subsidiären Verfassungsbeschwerde demnach kein rechtlich geschütztes Interesse im Sinne von Art. 115 lit. b BGG; dieses ergibt sich vielmehr erst aus dem Schutzbereich und der Trägerschaft des angerufenen verfassungsmässigen Rechts (BGE 137 II 305, 308; vgl. auch Rz. 322).

Im Verfahren der *Beschwerde in öffentlich-rechtlichen Angelegenheiten* ist nach ei- 519 nem Grundsatzurteil des Bundesgerichts danach zu unterscheiden, ob die Anwendung von Bundesrecht zu prüfen ist, oder ob es um die Kontrolle von kantonalen Erlassen oder Akten in Anwendung von kantonalem Recht geht. Im ersten Fall kann das Verhältnismässigkeitsprinzip als Bundes(verfassungs)grundsatz unabhängig davon angerufen werden, ob die Verletzung von verfassungsmässigen Rechten geltend gemacht wird oder nicht. Im zweiten Fall schreitet das Bundesgericht nur ein, wenn gerügt wird, es werde in ein Grundrecht eingegriffen oder der Akt sei offensichtlich unverhältnismässig und damit willkürlich. Das Bundesgericht begründet diese Beschränkung der Überprüfungsbefugnis vor allem damit, dass die Verletzung von einfachem kantonalem Recht in der

Regel keinen Beschwerdegrund darstelle (vgl. Art. 95 BGG). Sie könne – ausserhalb von schweren Grundrechtseingriffen – nur über das Willkürverbot erfasst werden. Die in dieser Beschränkung zum Ausdruck kommende Rücksicht auf die föderale Struktur spreche dafür, auch die Frage der Verhältnismässigkeit nur auf allfällige Grundrechtsverletzungen hin zu prüfen (BGE 134 I 153, 156 ff.; vgl. auch BGE 141 I 1, 7 f.; 139 II 7, 27 f.; 138 I 378, 393; sowie Rz. 321). Diese Rechtsprechung des Bundesgerichts leuchtet unter dem Aspekt der föderalistischen Zurückhaltung zwar ein, steht aber in einem gewissen Widerspruch zu Art. 95 lit. a BGG, der dem Bundesgericht die Aufgabe überträgt, über die einheitliche Anwendung des Bundes(verfassungs)rechts – und damit auch des Verhältnismässigkeitsprinzips nach Art. 5 Abs. 2 BV – zu wachen.

III. Geltungsbereich

520 Der Grundsatz der Verhältnismässigkeit hat im ganzen Bereich des öffentlichen Rechts Geltung, sowohl für die *Rechtssetzung* als auch für die *Rechtsanwendung* (Art. 5 Abs. 2 BV; BGE 135 V 172, 182; 104 Ia 105, 112). Er findet vor allem in der *Eingriffsverwaltung* Anwendung, spielt aber auch in der *Leistungsverwaltung* eine zunehmend wichtigere Rolle. Im Rahmen der Leistungsverwaltung kann dem Grundsatz der Verhältnismässigkeit die Aufgabe zukommen, Leistungsansprüche der Privaten zu limitieren (vgl. BGE 137 V 295, 310; 136 V 395, 407 f.). In diesem weiten Geltungsbereich zeigt sich die «multidirektionale» Schutzrichtung des Verhältnismässigkeitsprinzips, das nicht nur individualschützenden Charakter aufweist, sondern im Einzelfall auch der übermässigen Inanspruchnahme der von der Allgemeinheit finanzierten Einrichtungen durch Private Grenzen setzt (vgl. dazu HOFSTETTER, Rz. 455 ff.; MÜLLER, Verhältnismässigkeit, S. 51 ff.).

IV. Die drei Elemente des Grundsatzes der Verhältnismässigkeit

521 Der Grundsatz der Verhältnismässigkeit umfasst gemäss Lehre und Rechtsprechung drei Elemente, die kumulativ beachtet werden müssen. Sie müssen dabei stets im Hinblick auf die gesetzlichen Zielsetzungen geprüft und in den Kontext der Umstände des Einzelfalles gesetzt werden (vgl. BGE 140 II 194, 199 ff.). Eine Verhältnismässigkeitsprüfung ist somit vom rechtlichen und tatsächlichen Umfeld abhängig, in welchem sie vorgenommen wird. Die drei Teilelemente bieten zwar eine hilfreiche Prüf- und Denkstruktur. Der Gehalt des Verhältnismässigkeitsprinzips wird jedoch erst an einem konkreten Sachverhalt abgebildet (MÜLLER, Verhältnismässigkeit, S. 31 ff.).

1. Eignung der Massnahme

Die Verwaltungsmassnahme muss geeignet sein, das im öffentlichen Interesse angestrebte Ziel zu erreichen. Das Element der Geeignetheit dient der Prüfung der *Präzision* staatlichen Handelns. Ungeeignet ist eine Massnahme dann, wenn sie am Ziel vorbeischiesst, d.h. keinerlei Wirkungen im Hinblick auf den angestrebten Zweck entfaltet oder die Erreichung dieses Zweckes sogar erschwert oder verhindert. Zu prüfen ist also die *Zwecktauglichkeit* einer Massnahme (BGE 137 IV 249, 256 ff.; 136 I 29, 36; 130 I 140, 154). Die Rechtsprechung ist bei der Beurteilung der Eignung grosszügig und sondert nur diejenigen Massnahmen aus, die sich als völlig ungeeignet zur Zielerreichung erweisen (vgl. BGE 135 II 105, 109 f.; 132 I 7, 11 ff.; 130 II 425, 439 f. = Pra 94 [2005] Nr. 71; 128 I 295, 309 f. = Pra 92 [2003] Nr. 79). 522

Beispiele:

- Laut § 25 des früheren Zürcher Gesetzes über das Gastwirtschaftsgewerbe und den Klein- und Mittelverkauf von alkoholhaltigen Getränken vom 21. Mai 1939 wurde ein Gastwirtschaftspatent nicht erteilt, «wenn der vom Bewerber für die Wirtschaftslokalitäten zu bezahlende Mietzins erfahrungsgemäss in einem offenbaren Missverhältnis zur Rendite der Wirtschaft steht». Der Vorschrift lag der Gedanke zu Grunde, dass ein Patentinhaber, der infolge eines übersetzten Mietzinses in prekären finanziellen Verhältnissen lebt, die notwendige Gewähr für eine ordentliche Wirtschaftsführung nicht zu bieten vermag. Nach Auffassung des Verwaltungsgerichts des Kantons Zürich stellte die erwähnte Bedingung aber kein geeignetes Mittel zur Verhinderung einer unordentlichen Wirtschaftsführung dar, denn ein Missverhältnis zwischen Mietzins und Rendite brauche nicht zwangsläufig zu finanzieller Bedrängnis zu führen. Zudem biete auch ein normales Verhältnis zwischen Miete und Rendite noch keine Gewähr für eine ordentliche Wirtschaftsführung (Urteil des Verwaltungsgerichts des Kantons Zürich, ZBl 79 [1978] 210, 211 ff.). 523
- Die Berner Oberländer Helikopter AG (BOHAG) ist vom Heliport Gsteigwiler südlich von Interlaken aus im Berner Oberland sowie in weiter entfernt liegenden Gebieten tätig. Auf Beschwerde Dritter hin wies die Rekurskommission UVEK aus Lärmschutzgründen den drei Helikopterflugfeldern Gsteigwiler, Schattenhalb und Lauterbrunnen je ein Einsatzgebiet zur exklusiven Bedienung zu. Zur Begründung wurde angeführt, die Gebietsaufteilung führe zu kürzeren Anflugwegen und damit zu weniger Lärm. Das Bundesgericht bezeichnete diese isolierte Massnahme als ungeeignet für eine effektive Lärmbekämpfung. Die Berner Alpen könnten nicht nur von den drei Heliports, sondern auch von anderen, nicht durch die Gebietsaufteilung erfassten Flugplätzen aus relativ leicht angeflogen werden. Zudem werde die Lärmbelastung durch Flüge der BOHAG in ihre anderen Einsatzgebiete nicht berücksichtigt (BGE 128 II 292, 297 ff.). 524
- Der Regierungsrat des Kantons Basel-Landschaft erliess gestützt auf die Delegationsvorschrift im kantonalen Hundegesetz eine Verordnung, in welcher er verschiedene Hunderassen (u.a. Bullterrier, Rottweiler, Dobermann) als «potenziell gefährlich» einstufte und das Halten von Hunden dieser Rasse einer Bewilligungspflicht unterstellte. Auf Beschwerde hin musste sich das Bundesgericht zur Geeignetheit der Rasseliste äussern. Es hielt fest, dass die Rassezugehörigkeit eines Hundes an sich noch keinen Aufschluss über die Gefährlichkeit des Tieres gebe, sondern auch die Erziehung und Umwelteinflüsse in Betracht gezogen werden müssten. Auch gehe aus den einschlägigen Statistiken nicht hervor, dass die von der Bewilligungspflicht erfassten Rassen häufiger für Beissunfälle verantwortlich seien. Trotz dieser Zweifel hielt das Bundesgericht das Vorgehen der kantonalen Behörden unter dem Aspekt der Gewährleistung der öffentlichen Sicherheit für geeignet, da es nicht jeglicher sachlichen Berechtigung entbehre und bis zu einem gewissen Grad auch das subjektive Sicherheitsbedürfnis der Bevölkerung berücksichtigt werden dürfe (BGE 132 I 7, 11 ff.; vgl. dazu auch BGE 136 I 1, 6). 525

526 Die Zwecktauglichkeit einer Massnahme darf durch den Betroffenen nicht vereitelt werden. Die konsequente Weigerung einer Person, die zu ihrer Ausschaffung notwendigen Dokumente zu beschaffen, obwohl sie selber gesteht, dass sie dies könne, verhindert die Zwecktauglichkeit der Durchsetzungshaft nicht. Eine andere Auffassung würde dazu führen, dass die Haft umso weniger angeordnet werden könnte, je renitenter sich eine Person verhält und je stärker sie versucht, ihre Ausschaffung zu hintertreiben (BGE 134 I 92, 97; 134 II 201, 205 f.).

2. Erforderlichkeit der Massnahme

527 Die Verwaltungsmassnahme muss im Hinblick auf das im öffentlichen Interesse angestrebte Ziel erforderlich sein; sie hat zu unterbleiben, wenn eine gleich geeignete, aber mildere Massnahme für den angestrebten Erfolg ausreichen würde. Das Element der Erforderlichkeit dient der Prüfung der *Intensität* staatlichen Handelns. Die Prüfung der Erforderlichkeit entfällt, wenn lediglich *eine* geeignete Massnahme zur Verfügung steht.

528 Das Gebot der Erforderlichkeit einer Massnahme wird auch als Prinzip der «Notwendigkeit», des «geringst möglichen Eingriffes», der «Zweckangemessenheit» oder als «Übermassverbot» bezeichnet (vgl. zum letzten Begriff etwa BGE 140 II 409, 411; 137 II 431, 450 f.). Die Bedeutung dieser Umschreibungen ist die gleiche; gelegentlich wird der Begriff des Übermassverbots auch für das Teilelement der Zumutbarkeit verwendet.

529 Sind jedoch staatliche Schutzaufträge oder -pflichten (z.B. Gewährleistung der Sicherheit bei der Benutzung öffentlicher Strassen) zu erfüllen, so muss das «Übermassverbot» durch ein «Untermassverbot» ergänzt werden. Deshalb sind auch Massnahmen, die zu wenig zur Erreichung des Schutzzieles beitragen, dem Zweck nicht angemessen und damit unverhältnismässig. Man könnte auch sagen, sie seien nicht geeignet, um das Ziel zu erreichen (vgl. TSCHANNEN/ZIMMERLI/MÜLLER, S. 165, die das Untermassverbot dem Teilelement der Geeignetheit zuordnen).

530 Die Massnahme darf in sachlicher, räumlicher, zeitlicher und personeller Hinsicht nicht über das Notwendige hinausgehen.

a) Erforderlichkeit in sachlicher Beziehung

531 Es ist nicht statthaft, eine Bewilligung zu verweigern oder ein gänzliches Verbot auszusprechen, wenn der rechtmässige Zustand durch eine mit der Bewilligung verknüpfte Auflage oder Bedingung herbeigeführt werden kann.

Beispiele:

532 – Der Delta Optik AG wurde die verlangte Bewilligung zur Anfertigung und zum Verkauf von Brillen und anderen Sehhilfen nach ärztlicher Verordnung verweigert. Die zuständigen baselstädtischen Behörden stützten sich dabei auf die kantonale Verordnung betreffend die Augenoptiker von 1972, wonach zur selbstständigen Führung eines Optikergeschäftes das eidgenössische Meisterdiplom als Augenoptiker erforderlich ist. Der verantwortliche Geschäftsführer der Delta Optik AG war nur im Besitze des Fähigkeitszeugnisses als Augenoptiker. Das Bundesgericht stellte 1986 fest, dass sich seit Erlass der Augenoptikerverordnung die Anforderungen für den Erwerb des Fähigkeitszeugnisses und des Meisterdiploms wesentlich erhöht hätten. Das Meisterdiplom sei für einen gelernten Augenoptiker trotz Berufserfahrung aus verschiedenen

Gründen nur noch schwer zu erwerben. Es könne daher nicht mehr als angemessener Ausweis über den Erwerb der nötigen praktischen Fähigkeiten für das blosse Herstellen und Verkaufen von Brillen nach ärztlichem Rezept betrachtet werden. Für diese beschränkten Tätigkeiten stelle das Meisterdiplom einen Ausweis dar, der über das Erforderliche hinausgehe. Hingegen ist es nach der Auffassung des Bundesgerichts zulässig, für qualifiziertere Tätigkeiten wie die Brillenglasbestimmung oder das Anpassen von Kontaktlinsen das Meisterdiplom zu verlangen (BGE 112 Ia 322, 327 ff.).

- Das Verbot der direkten Belieferung von Kunden in der Schweiz mit Arzneimitteln aus einem Lager in Deutschland ist nicht erforderlich, wenn das Lager von den schweizerischen und den deutschen Behörden gemeinsam ausreichend und ohne grossen Aufwand kontrolliert werden kann (BGE 131 II 44, 53 f.). 533
- Das gänzliche Verbot einer geplanten Demonstration ist unverhältnismässig, wenn es zur Aufrechterhaltung der öffentlichen Ruhe und Ordnung und der Verkehrssicherheit genügen würde, die Bewilligung der Demonstration mit entsprechenden Auflagen zu versehen, z.B. den Organisatoren die Einhaltung einer bestimmten Marschroute und einer bestimmten Zeit vorzuschreiben. 534
- Eine Monopolisierung von Lotterien ist unverhältnismässig, wenn das Schutzziel (Spielsuchtprävention) auch durch eine Bewilligungspflicht erreicht werden kann (Urteil des Verwaltungsgerichts des Kantons Zürich, ZBl 100 [1999] 428, 435). Das Bundesgericht ist dagegen der u.E. wenig überzeugenden Ansicht, das Monopol lasse sich aus sozialpolitischen Gründen (Bekämpfung der Spielsucht) rechtfertigen (BGer, Urteil 2A.32/2003 vom 4. August 2003 E. 4 = ZBl 104 [2003] 593, 596 ff.; anders das deutsche Bundesverfassungsgericht, EuGRZ 33 [2006] 189, 194 ff., das festgestellt hat, das Wettmonopol sei nicht ausreichend auf die aktive Suchtbekämpfung ausgerichtet; siehe auch Rz. 2717). 535
- Ein Zuchtverbot von Hunden bestimmter Rassetypen («Hunderassen mit erhöhtem Gefahrenpotenzial») ist gemäss Bundesgericht auch neben dem Verbot des Erwerbs dieser Hunde sachlich erforderlich, weil nur mit dieser zusätzlichen Massnahme verhindert werden kann, dass Hundehalter, welche bereits im Besitz solcher Tiere sind, mit einer eigenen Zucht das Regelungsziel – Schutz der Bevölkerung vor gefährlichen Hunden – unterlaufen (BGE 136 I 1, 15). 536
- Zur Verhältnismässigkeit der Zwangsmedikation im Rahmen des fürsorgerischen Freiheitsentzugs vgl. BGE 127 I 6, 26 ff. 537

b) Erforderlichkeit in räumlicher Hinsicht

Eingriffe dürfen räumlich nicht übermässig sein. 538

Beispiele:

- Der Geltungsbereich von Natur- und Landschaftsschutzvorschriften hat sich auf jene Gebiete zu beschränken, die tatsächlich schützenswert sind (vgl. dazu BGE 94 I 52, 59 ff.; vgl. auch Rz. 560). 539
- Das Verbot, das Erscheinungsbild eines unter Denkmalschutz stehenden Gebäudes zu verändern, kann sich grundsätzlich nur auf das Gebäudeäussere beziehen, wenn das Innere des Gebäudes nicht schutzwürdig ist (anders im Fall Odeon, BGE 109 Ia 257, 259 ff.; vgl. auch BGE 120 Ia 270, 274 ff.). 540
- Der Bau eines durchgehenden Uferwegs entlang eines Sees ist dann verhältnismässig, wenn einzelne Stichwege an den See nicht genügen, um das öffentliche Interesse an einem möglichst umfassenden Zugang zum See zu verwirklichen (Urteil des Bundesgerichts, ZBl 101 [2000] 143, 146 f.). 541
- Gestützt auf das revidierte Konkordat über Massnahmen gegen Gewalt anlässlich von Sportveranstaltungen («Hooligan-Konkordat») sind die zuständigen Behörden ermächtigt, Rayonverbote gegenüber bestimmten Personen auf dem Gebiet der ganzen Schweiz zu erlassen. Das Bundesgericht verlangt, dass bei der konkreten Anordnung des Rayonverbots die Erforderlichkeit in räumlicher Hinsicht im Einzelfall geprüft wird (BGE 140 I 2, 40). 542

c) Erforderlichkeit in zeitlicher Hinsicht

543 Massnahmen dürfen nur so lange dauern, als es notwendig ist, um das damit angestrebte Ziel zu erreichen.

Beispiele:

544 – Es ist unverhältnismässig, einem Anwalt das Patent zu entziehen, wenn Aussicht darauf besteht, dass eine befristete Einstellung im Beruf ein standesgemässes Verhalten des betroffenen Anwaltes bewirken kann (BGE 106 Ia 100, 121 ff.).

545 – Ein Verbot von öffentlichen Tanzveranstaltungen während der gesamten Advents- und Fastenzeit, wie es in der Appenzell Innerrhoder Gastgewerbegesetzgebung vorgesehen war, kann nicht damit begründet werden, es bestehe während dieser ganzen Zeit ein erhöhtes Bedürfnis der Bevölkerung nach Ruhe und Besinnung (Urteil des Bundesgerichts, ZBl 84 [1983] 498 ff.).

546 – Eine Bausperre (Baubann) ist auf den durch ihre Zweckbestimmung vorgegebenen Zeitraum (z.B. Durchführung einer Revision der Bau- und Zonenordnung) zu beschränken (vgl. dazu BGE 93 I 338, 341 f.).

547 – Die Verlängerung der Ausschaffungshaft um das Maximum von 6 Monaten ist unverhältnismässig, wenn es für die Beschaffung der für die Ausschaffung notwendigen Papiere voraussichtlich genügen würde, die Haft lediglich um 3 Monate zu verlängern (BGE 126 II 439, 442).

548 – Die im revidierten Konkordat über Massnahmen anlässlich von Sportveranstaltungen («Hooligan-Konkordat») vorgesehene minimale Dauer von einem Jahr für die Verhängung eines Rayonverbots ist in zeitlicher Hinsicht unverhältnismässig (BGE 140 I 2, 38 ff.).

549 – Die behördlich verfügte zeitliche Einschränkung des Betriebs einer ganzjährigen Zierbeleuchtung an einem Wohnhaus auf die Zeit von 22 Uhr bis 6 Uhr erweist sich als verhältnismässig, insbesondere weil für die Weihnachtszeit eine grosszügigere Regelung zur Anwendung gelangt (BGE 140 II 33, 42 f.).

d) Erforderlichkeit in persönlicher Hinsicht

550 Verwaltungsmassnahmen dürfen auch in persönlicher Hinsicht nicht übermässig sein. So sind generelle Einschränkungen, die alle treffen, unzulässig, wenn die verfolgten Ziele durch individuelle Verbote oder Beschränkungen, die beim Vorliegen einer konkreten Gefährdung angeordnet werden, erreicht werden können.

Beispiele:

551 – Statt die Vorführung eines Filmes zu verbieten, kann es genügen, eine Altersgrenze für die Zutrittsberechtigung festzulegen.

552 – C. wurde von der Teilnahme an einem Bergführerkurs, dessen erfolgreiches Bestehen Voraussetzung für die Erteilung des Bergführerpatents war, wegen Dienstverweigerung ausgeschlossen. C. rügte eine Verletzung der Art. 8 und 27 BV (damals Art. 4 und 31 der aBV). Nach Auffassung des Bundesgerichts ist das Erfordernis der Militärdiensttauglichkeit grundsätzlich eine zulässige Voraussetzung für die Erteilung des Bergführerpatents. Denn Kandidaten, die wegen eines körperlichen oder geistigen Gebrechens vom Militärdienst befreit worden sind, sind in der Regel auch nicht zur Ausübung des Bergführerberufes geeignet. Hingegen darf nicht darauf abgestellt werden, ob ein Bewerber tatsächlich zur Dienstleistung herangezogen wird. Daher ist es nicht erforderlich, einem an sich diensttauglichen Kandidaten die Absolvierung des Bergführerkurses allein deshalb zu verwehren, weil er wegen Dienstverweigerung bestraft und aus der Armee ausgeschlossen worden ist (BGE 103 Ia 544, 552 ff.; siehe auch Rz. 1855).

553 – Disziplinarmassnahmen müssen verhältnismässig sein, d.h. in einer angemessenen Relation zu Art und Schwere der begangenen Pflichtwidrigkeit stehen und nicht über das hinausgehen, was erforderlich ist, um Störungen eines geordneten Dienstbetriebs zu verhindern. Wird gegenüber einem Zivildienstleistenden eine Busse für eine fahrlässige Pflichtverletzung (Nichterscheinen zum Einführungskurs) auferlegt, so hat die zuständige Behörde die persönlichen Verhältnisse des Dienstpflichtigen zu erheben und die Höhe der Busse so zu bemessen, dass das ordnungs-

gemässe Funktionieren des Dienstbetriebs in Bezug auf den betreffenden Zivildienstpflichtigen hinreichend gewährleistet ist. Die Verhängung einer Mindestsanktion ohne Berücksichtigung der persönlichen Verhältnisse steht mit der Erforderlichkeit in persönlicher Hinsicht im Widerspruch (BVGer, Urteil B-582/2012 vom 25. Oktober 2012 E. 6).

Zudem sollen Verwaltungsmassnahmen, für die mehrere mögliche Adressaten in Frage kommen, primär diejenigen treffen, die dazu Anlass gegeben haben. Polizeiliche Massnahmen haben sich deshalb grundsätzlich nur gegen die *Störer* zu richten (sog. Störerprinzip, vgl. Rz. 2608 ff.), weshalb das Störerprinzip als Ausprägung der Erforderlichkeit in persönlicher Hinsicht erscheint (vgl. ausführlich dazu DANIEL MOECKLI/ANDREA TÖNDURY, Vom Störerbild zum Störerprinzip – und zurück?, in: Markus Rüssli/Julia Hänni/Reto Häggi-Furrer [Hrsg.], Staats- und Verwaltungsrecht auf vier Ebenen, Festschrift für Tobias Jaag, Zürich/Basel/Genf 2012, S. 25 ff., 37 ff.). Die Kosten von Umweltschutzmassnahmen tragen die Verursacher (Verursacherprinzip, vgl. Art. 74 Abs. 2 Satz 2 BV). 554

3. Verhältnismässigkeit von Zweck und Wirkung der Massnahme («Zumutbarkeit»)

In Lehre und Rechtsprechung wird statt von Verhältnismässigkeit von Zweck und Wirkung oft auch von «Verhältnismässigkeit im engeren Sinn» gesprochen (vgl. BGE 139 II 28, 33; 138 II 346, 362; 137 I 327, 332; 135 I 176, 186). Dieser wenig aussagekräftige Terminus ist zu vermeiden. Zutreffend ist dagegen die Bezeichnung «Zumutbarkeit». Die Zumutbarkeit ist in der Praxis in vielen Konstellationen dasjenige Teilelement, welches über den Ausgang der Verhältnismässigkeitsprüfung entscheidet. Sie stellt somit das eigentliche Kernstück einer Verhältnismässigkeitsprüfung dar. Gleichzeitig handelt es sich bei der Zumutbarkeit um jenes Teilelement, welches am stärksten von subjektiven Einschätzungen der Rechtsanwender geprägt ist. Diese Tatsache erfordert ein reflektiertes Vorgehen und eine der Komplexität der Rechtsfragen und der Betroffenheit der involvierten Personen angemessene Begründungstiefe (vgl. BGE 133 I 270, 283 f.). 555

Eine Verwaltungsmassnahme ist nur gerechtfertigt, wenn sie ein vernünftiges Verhältnis zwischen dem angestrebten Ziel und dem Eingriff, den sie für den betroffenen Privaten bewirkt, wahrt. Es ist deshalb eine wertende Abwägung vorzunehmen, welche im konkreten Fall das öffentliche Interesse an der Massnahme und die durch ihre Wirkungen beeinträchtigten privaten Interessen der Betroffenen miteinander vergleicht. 556

Die Massnahme muss durch ein das private Interesse überwiegendes öffentliches Interesse gerechtfertigt sein. Nur in diesem Fall ist sie den Privaten zumutbar. Für die Interessenabwägung massgeblich sind also einerseits die Bedeutung der verfolgten öffentlichen Interessen und anderseits das Gewicht der betroffenen privaten Interessen. Eine Massnahme, an der nur ein geringes öffentliches Interesse besteht, die aber tiefgreifende Auswirkungen auf die Rechtsstellung der betroffenen Privaten hat, soll unterbleiben. 557

Die Bedeutung bzw. das Gewicht der involvierten öffentlichen und privaten Interessen kann nicht in abstrakter Weise bestimmt werden, weil hierfür allgemein gültige 558

Massstäbe fehlen. Oft bieten die anwendbaren gesetzlichen Grundlagen aber Orientierungspunkte für das Gewicht der öffentlichen Interessen (vgl. BGE 139 II 28, 33 f.). Über allfällige gesetzliche Vorgaben hinaus sind im Rahmen der Zumutbarkeit aber auch die konkreten Umstände der Situation zu beleuchten und im Rahmen der Interessenabwägung zu bewerten (vgl. dazu bereits Rz. 521).

Beispiele:

559 – Mit Beschluss vom 28. März 1977 erliess die Gemeindeversammlung Marthalen eine neue Bauordnung mit einem neuen Zonenplan und genehmigte zugleich einen Siedlungs- und Landschaftsrichtplan. Die dem F. gehörenden Grundstücke, welche in der Wohn- und Gewerbezone für zweigeschossige Bauten lagen, wurden dem übrigen Gemeindegebiet, in dem eine Überbauung nicht zugelassen ist, zugeteilt. F. erhob Beschwerde mit der Begründung, seine privaten Interessen würden das öffentliche Interesse an der Auszonung überwiegen. Das Bundesgericht bejahte zwar das Vorhandensein eines öffentlichen Interesses an der Verkleinerung der – angesichts der Einwohnerzahlen und der Bevölkerungsentwicklung – überdimensionierten Bauzone. Es genüge aber nicht, dass an der Massnahme ein solches Interesse bestehe, dieses müsse ausserdem die entgegenstehenden privaten Interessen überwiegen. Bei der Beurteilung seien namentlich das Ausmass und die konkrete Lage der umstrittenen Parzellen, deren Erschliessung sowie die Interessen des Beschwerdeführers zu würdigen. Das Bundesgericht prüfte in seinen nachfolgenden Erwägungen den Sachverhalt im Hinblick auf die genannten Kriterien und kam zum Schluss, dass im konkreten Fall alle diese Gesichtspunkte gegen eine Auszonung sprächen (BGE 107 Ib 334, 335 ff.).

560 – Der Regierungsrat des Kantons Zürich erliess am 16. März 1967 eine Verordnung zum Schutze des Eigentales (LS 702.615). Dadurch wurde das mit reicher Fauna und Flora ausgestattete Eigental unter Schutz gestellt und mit einem Bauverbot belegt. Verschiedene Grundeigentümer wehrten sich gegen die vorgesehene Eigentumsbeschränkung. Das Bundesgericht wog das öffentliche Interesse an der Erhaltung der noch unberührten Landschaft und das private Interesse der durch das Bauverbot betroffenen Grundeigentümer gegeneinander ab. Während es für den weitaus überwiegenden Teil der Grundstücke den Vorrang des öffentlichen Interesses des Naturschutzes bejahte, stellte das Bundesgericht für Grundstücke, die am Rande der Schutzzone in unmittelbarer Nähe von bereits überbauten Grundstücken gelegen waren und u.U. in absehbarer Zeit ohne grosse Schwierigkeiten überbaut werden konnten, ein eigentliches Missverhältnis zwischen öffentlichen und entgegenstehenden privaten Interessen fest. Das Ziel des Schutzes des Eigentals könne auch durch eine andere Grenzziehung des Schutzgebietes erreicht werden, welche diese Grundstücke nicht erfasse (BGE 94 I 52, 59 ff.).

561 – Die Verweigerung der fremdenpolizeilichen Aufenthaltsbewilligung für eine mit einer Schweizerin in einer gleichgeschlechtlichen Partnerschaft lebenden Ausländerin und der damit verbundene Eingriff in ihr Privatleben ist nicht unverhältnismässig, wenn es den Partnerinnen zumutbar ist, ihre Beziehung ausserhalb der Schweiz zu führen (BGE 126 II 425, 436 f.).

562 – Gemäss Art. 8 Abs. 1 IVG haben Invalide oder von einer Invalidität unmittelbar bedrohte Versicherte Anspruch auf Eingliederungsmassnahmen, soweit diese notwendig und geeignet sind, die Erwerbsfähigkeit oder die Fähigkeit, sich im Aufgabenbereich zu betätigen, wieder herzustellen, zu erhalten oder zu verbessern. Das Bundesgericht unterscheidet vier Teilaspekte, nämlich die sachliche, die zeitliche, die finanzielle und die persönliche Angemessenheit. Danach muss die Massnahme prognostisch ein bestimmtes Mass an Eingliederungswirksamkeit aufweisen; sodann muss gewährleistet sein, dass der angestrebte Eingliederungserfolg voraussichtlich von einer gewissen Dauer ist; ferner muss der zu erwartende Erfolg in einem vernünftigen Verhältnis zu den Kosten der Eingliederungsmassnahme stehen; schliesslich muss die Massnahme dem Betroffenen auch zumutbar sein. Das Bundesgericht beurteilte die Abgabe einer Oberschenkel-Prothese mit integriertem mikroprozessor-gesteuertem Prothesenkniegelenk als im Hinblick auf das Eingliederungsziel angemessene Massnahme im Sinne von Art. 8 Abs. 1 IVG, weil sie den Versicherten in die Lage versetzte, seine besonders gehintensive berufliche Tätigkeit in gewohnter Weise fortzusetzen (BGE 132 V 215, 220 ff.).

- Kommt in Anwendung des Bundesgesetzes über die Ausländerinnen und Ausländer (AuG) vom 16. Dezember 2005 (SR 142.20) der Widerruf der Niederlassungsbewilligung aufgrund strafrechtlicher Delinquenz in Betracht, ist das öffentliche Interesse an der Aufrechterhaltung der Ordnung bzw. der Verhütung weiterer Straftaten gegen das private Interesse des Ausländers am Verbleib in der Schweiz abzuwägen. Für die Beurteilung der Zumutbarkeit sind dabei verschiedene Kriterien zu beachten, so namentlich die Schwere des begangenen Delikts und des Verschuldens des Betroffenen, der seit der Tat vergangene Zeitraum, das Verhalten des Ausländers während dieser Zeit, der Grad seiner Integration bzw. die Dauer der bisherigen Anwesenheit sowie die ihm und seiner Familie drohenden Nachteile (BGE 139 I 31, 33 ff.). 563
- Erweist sich eine Baute als materiell rechtswidrig, muss die Frage der Wiederherstellung des rechtmässigen Zustandes beantwortet werden. Zu prüfen ist dabei vor allem die Verhältnismässigkeit der Wiederherstellungsverfügung. Dabei kann sich auch der bösgläubige Bauherr auf das Verhältnismässigkeitsprinzip berufen, muss dabei aber in Kauf nehmen, «dass die Behörden aus grundsätzlichen Erwägungen, nämlich zum Schutz der Rechtsgleichheit und der baulichen Ordnung, dem Interesse an der Wiederherstellung des gesetzmässigen Zustandes erhöhtes Gewicht beimessen und die dem Bauherrn allenfalls erwachsenden Nachteile nicht oder nur in verringertem Masse berücksichtigen» (BGE 132 II 21, 39 f.). 564

§ 9 Rechtsgleichheit und Willkürverbot

Literatur

BOILLET VÉRONIQUE, L'interdiction de discrimination en raison de la nationalité au sens de l'Accord sur la libre circulation des personnes, Diss. Lausanne, Basel 2010; EPINEY ASTRID, Das Verbot der Diskriminierung aus Gründen der Staatsangehörigkeit im Personenfreizügigkeitsabkommen, SJZ 105 (2009) 25 ff.; EPINEY ASTRID/DUTTWILER MICHAEL, Das Recht der Gleichstellung von Mann und Frau im europäischen Gemeinschaftsrecht und im schweizerischen Recht, ZBl 105 (2004) 37 ff.; GRISEL ETIENNE, Egalité, 2. Aufl., Bern 2009; HAEFLIGER ARTHUR, Alle Schweizer sind vor dem Gesetze gleich, Zur Tragweite des Artikels 4 der Bundesverfassung, Bern 1985; HANGARTNER YVO, Diskriminierung – ein neuer verfassungsrechtlicher Begriff, ZSR 122/I (2003) 97 ff.; HUBER HANS, Der Sinnzusammenhang des Willkürverbots mit der Rechtsgleichheit, in: Jean-François Aubert/Philippe Bois (Hrsg.), Mélanges André Grisel, Neuenburg 1983, S. 127 ff.; KAUFMANN CLAUDIA/STEIGER-SACKMANN SABINE (Hrsg.), Kommentar zum Gleichstellungsgesetz, 2. Aufl., Basel 2009; KLETT KATHRIN, Das Gleichstellungsgesetz, ZBl 98 (1997) 49 ff.; LEMPEN KARINE, Le point sur la loi fédérale sur l'égalité, RFJ 2013, 261 ff.; LIGGENSTORFER CHRISTINE, Gleichbehandlung im Unrecht, Diss. Bern, Zürich 1983; MARTENET VINCENT, Géométrie de l'égalité, Brüssel/Zürich 2003; MÜLLER GEORG, Quotenregelungen – Rechtssetzung im Spannungsfeld von Gleichheit und Verhältnismässigkeit, ZBl 91 (1990) 306 ff.; MÜLLER GEORG, Der Gleichheitssatz, VVDStRL 47 (1989) 37 ff.; MÜLLER GEORG, Kommentar zu Art. 4 aBV, in: Kommentar aBV, Basel/Zürich/Bern 1987–1996; MÜLLER GEORG, Reservate staatlicher Willkür – Grauzonen zwischen Rechtsfreiheit, Rechtsbindung und Rechtskontrolle, in: Recht als Prozess und Gefüge, Festschrift für Hans Huber zum 80. Geburtstag, Bern 1981, S. 109 ff.; MÜLLER JÖRG PAUL, Die Diskriminierungsverbote nach Art. 8 Abs. 2 der neuen Bundesverfassung, in: Ulrich Zimmerli (Hrsg.), Die neue Bundesverfassung, Konsequenzen für Praxis und Wissenschaft, Bern 2000, S. 103 ff.; OESCH MATTHIAS, Differenzierung und Typisierung: Zur Dogmatik der Rechtsgleichheit in der Rechtsetzung, Habil. Bern 2008; PULVER BERNHARD, L'interdiction de la discrimination, étude de l'article 8 alinéa 2 de la Constitution fédérale du 18 avril 1999, Diss. Neuenburg, Basel 2003; REICH MARKUS/UTTINGER LAURENCE, Praxisänderungen im Lichte der Rechtssicherheit und der Rechtsrichtigkeit, ZSR 129/I (2010) 163 ff.; RIEDER ANDREAS, Form oder Effekt? Art. 8 Abs. 2 BV und die ungleichen Auswirkungen staatlichen Handelns, Diss. Bern 2003; ROHNER CHRISTOPH, Die Legitimation zur Willkürbeschwerde im Verfahren der subsidiären Verfassungsbeschwerde, AJP 16 (2007) 1269 ff.; ROUILLER CLAUDE, Schutz vor Willkür und Wahrung von Treu und Glauben, in: Verfassungsrecht der Schweiz, Zürich 2001, § 42; ROUILLER CLAUDE, La protection de l'individu contre l'arbitraire de l'Etat, ZSR 106/II (1987) 225 ff.; RÜTSCHE BERNHARD, Die Rechtsgleichheit in Bewegung: Dogmatische Fortbildung von Art. 8 Abs. 1 BV, AJP 22 (2013) 1321 ff.; SCHEFER MARKUS/HESS-KLEIN CAROLINE, Behindertengleichstellungsgesetz, Bern 2014; THÜRER DANIEL, Das Willkürverbot nach Art. 4 BV, ZSR 106/II (1987) 413 ff.; TSCHANNEN PIERRE, Gleichheit im Unrecht: Gerichtsstrafe im Grundrechtskleid, ZBl 112 (2011) 57 ff.; UHLMANN FELIX, Das Willkürverbot (Art. 9 BV), Habil. Basel, Bern 2005; UHLMANN FELIX/BINDER IRIS, Verwaltungsverordnungen in der Rechtsetzung: Gedanken über Pechmarie, LeGes 20 (2009) 151 ff.; WALDMANN BERNHARD, Das Diskriminierungsverbot von Art. 8 Abs. 2 BV als besonderer Gleichheitssatz, Habil. Freiburg, Bern 2003; WEBER-DÜRLER BEATRICE, Zum Anspruch auf Gleichbehandlung in der Rechtsanwendung, ZBl 105 (2004) 1 ff.; WEBER-DÜRLER BEATRICE, Rechtsgleichheit, in: Verfassungsrecht der Schweiz, Zürich 2001, § 41; WEBER-DÜRLER BEATRICE, Chancengleichheit und Rechtsgleichheit, in: Walter Haller/Alfred Kölz/Georg Müller/Daniel Thürer (Hrsg.), Festschrift für Ulrich Häfelin zum 65. Geburtstag, Zürich 1989, S. 205 ff.; WEBER-DÜRLER BEATRICE, Die Rechtsgleichheit in ihrer Bedeutung für die Rechtsetzung, Diss. Zürich, Bern 1973; WIEDERKEHR RENÉ, Rechtfertigung von Ungleichbehandlungen: Gilt Art. 36 BV auch bei der Einschränkung der Rechtsgleichheit?, AJP 17 (2008) 394 ff.

I. Rechtsgrundlage, Inhalt und Bedeutung des Gleichheitsprinzips

Dem Grundsatz der Rechtsgleichheit kommt *umfassende Geltung* zu. Er ist von sämtlichen Staatsorganen in allen Funktionen (Rechtssetzung und Rechtsanwendung) und auf sämtlichen Ebenen der Staatstätigkeit (Bund, Kantone, Gemeinden) zu beachten. Im Bereich des Verwaltungsrechts gilt das Rechtsgleichheitsgebot deshalb sowohl für den Erlass verwaltungsrechtlicher Normen als auch für deren Anwendung im Einzelfall durch Verwaltungsbehörden und Gerichte. Bedeutung kommt dem Gleichheitsprinzip ferner bei der *verfassungskonformen Auslegung* von verwaltungsrechtlichen Normen zu (vgl. Rz. 194 ff.). 565

Sowohl das Rechtsgleichheitsgebot wie auch das Willkürverbot stellen *verfassungsmässige Rechte* dar, auf die sich die Einzelnen wie auf ein Freiheitsrecht berufen können. Eine Verletzung des Gleichheitsprinzips oder des Willkürverbots durch kantonale Hoheitsakte kann deshalb grundsätzlich mit Beschwerde in öffentlich-rechtlichen Angelegenheiten und, sofern ein rechtlich geschütztes Interesse des Beschwerdeführers gegeben ist, subsidiär mit Verfassungsbeschwerde vor dem Bundesgericht gerügt werden (vgl. Rz. 615 ff.). Aber auch in allen anderen Rechtsschutzverfahren kann die Missachtung dieses Grundsatzes geltend gemacht werden. 566

Ein besonderes Gleichbehandlungsgebot statuiert Art. 18 AEUV, der jede Ungleichbehandlung von Angehörigen anderer Mitgliedstaaten der *Europäischen Union* aus Gründen der Staatsangehörigkeit verbietet (vgl. BGE 131 V 209, 214 ff.). Ein solches Verbot enthält auch Art. 2 FZA (Freizügigkeitsabkommen; vgl. BGE 140 II 167, 173 ff.; 138 V 186, 196; 136 II 241, 249; 130 I 26, 35 f.). 567

Das *Diskriminierungsverbot* (Art. 8 Abs. 2 BV) untersagt die Benachteiligung von Personen wegen ihrer Zugehörigkeit zu einer bestimmten Gruppe aufgrund von Merkmalen, die sie nicht frei wählen und verändern können. Die Tragweite dieser Bestimmung ist noch nicht vollständig geklärt. Nach herrschender Auffassung gewährt sie den Angehörigen der betreffenden Gruppen einen besonderen Schutz vor herabwürdigender Behandlung (vgl. dazu BGE 139 I 292, 303 ff.; 138 I 217, 221 ff.; 136 I 297, 305 ff.; JÖRG PAUL MÜLLER, S. 106 ff.; WEBER-DÜRLER, Verfassungsrecht der Schweiz, § 41 Rz. 23 ff.). Ungleiche Behandlungen von Angehörigen solcher Gruppen und anderen Personen müssen besonders eingehend begründet werden (BGE 139 I 169, 174 ff.; 138 I 265, 267 ff.). 568

Auch die EMRK verbietet die Diskriminierung wegen bestimmter Gruppenmerkmale, allerdings nur, soweit es um die Ausübung der durch die Konvention garantierten Rechte geht (Art. 14 EMRK; vgl. auch Art. 26 UNO-Pakt II). 569

Das Gleichstellungsgesetz bezweckt in Erfüllung des Auftrags von Art. 8 Abs. 3 BV die Förderung der tatsächlichen Gleichstellung von Frau und Mann und verbietet direkte wie indirekte Diskriminierungen aufgrund des Geschlechts sowohl in öffentlich- wie auch in privatrechtlichen Arbeitsverhältnissen. Das Gesetz sieht verschiedene Rechtsansprüche bei bestehender oder drohender Diskriminierung vor, ferner Beweislasterleichterungen, Klage- und Beschwerdemöglichkeiten für bestimmte Organisationen. Für Arbeitsverhältnisse nach Obligationenrecht gewährt es einen Kündigungsschutz wäh- 570 rend der Dauer von Streitigkeiten über eine Diskriminierung und ein Schlichtungsverfahren (Art. 5 GlG). Gemäss Art. 3 Abs. 3 GlG stellen angemessene Massnahmen zur Verwirklichung der tatsächlichen Gleichstellung keine Diskriminierungen dar. Diese Bestimmung bildet zwar keine gesetzliche Grundlage für eigentliche Förderungsmassnahmen, erlaubt jedoch Arbeitgeberinnen und Arbeitgebern betriebliche Massnahmen der Frauenförderung, wenn eine strukturelle Benachteiligung der Frauen tatsächlich besteht (vgl. KLETT, S. 55; siehe auch BGE 136 II 393 ff.; 131 II 361, 367 ff.).

571 Die Bundesverfassung beauftragt in Art. 8 Abs. 4 BV den Gesetzgeber, dafür zu sorgen, dass Menschen mit Behinderungen durch entsprechende Massnahmen besser in ihre Umwelt integriert werden. Die Aufgabe erfüllt das – dem GlG nachgebildete – Behindertengleichstellungsgesetz (BehiG). Dieses sieht in den Art. 3 ff. BehiG u.a. vor, dass Behinderte verlangen können, es seien Benachteiligungen beim Zugang zu bestimmten Bauten und Anlagen und zu Einrichtungen und Fahrzeugen des öffentlichen Verkehrs zu unterlassen oder zu beseitigen. Weiter sind Massnahmen im Arbeitsleben sowie besondere Massnahmen für Sprach-, Hör- und Sehbehinderte und für Kinder und Jugendliche in der Schulbildung vorgesehen. In Art. 7 ff. BehiG statuiert das Gesetz Rechtsansprüche für Menschen mit Behinderungen, ein Beschwerde- und Klagerecht der Behindertenorganisationen sowie in Art. 10 BehiG – ähnlich wie das GlG – die grundsätzliche Unentgeltlichkeit des Verfahrens (siehe auch BGE 139 II 289, 293 ff.; 134 II 249, 251 ff.; 134 I 105, 108 f.).

II. Anspruch auf Gleichbehandlung

1. Grundsatz

572 Der Anspruch auf Gleichbehandlung verlangt, dass Rechte und Pflichten der Betroffenen nach dem gleichen Massstab festzusetzen sind. Gleiches ist nach Massgabe seiner Gleichheit gleich, Ungleiches nach Massgabe seiner Ungleichheit ungleich zu behandeln. Das Gleichheitsprinzip verbietet einerseits unterschiedliche Regelungen, denen keine rechtlich erheblichen Unterscheidungen zu Grunde liegen. Andererseits untersagt es aber auch die rechtliche Gleichbehandlung von Fällen, die sich in tatsächlicher Hinsicht wesentlich unterscheiden. Die Gleichbehandlung durch den Gesetzgeber oder die rechtsanwendende Behörde ist allerdings nicht nur dann geboten, wenn zwei Tatbestände in allen ihren tatsächlichen Elementen absolut identisch sind, sondern auch, wenn die im Hinblick auf die zu erlassende oder anzuwendende Norm *relevanten Tatsachen* gleich sind (BGE 137 I 167, 175; 136 I 297, 304; 136 II 120, 127; 136 V 195, 206; 135 V 361, 369 f.; 134 I 23, 42 f.). In diesem Zusammenhang ist von interner Verwirklichung des Gleichheitsgedankens die Rede. Eine andere Situation liegt vor, wenn eine Regelung, die Gleiches ungleich oder Ungleiches gleich behandelt, notwendig ist, um das Ziel der Regelung zu erreichen, und die Bedeutung des Ziels die Gleich- oder Ungleichbehandlung rechtfertigt (sog. extern begründete Gleich- oder Ungleichbehandlung). Es wird eine Art Verhältnismässigkeitsprüfung vorgenommen, wobei abgewogen

werden muss zwischen dem Interesse an der Erreichung des Regelungsziels und dem Interesse an der Gleich- bzw. Ungleichbehandlung (BGE 136 I 1, 8 f.; OESCH, S. 214 ff.; RÜTSCHE, S. 1322 ff.).

Beispiele:

- Nach Art. 108 Abs. 1 BV trifft der Bund u.a. Massnahmen zur Förderung, besonders auch zur Verbilligung des Erwerbs von Wohnungs- und Hauseigentum. Um das Ziel der breiten Streuung des Wohnungseigentums zu erreichen, müssen Wohnungseigentümer und Mieter unterschiedlich behandelt werden, etwa dadurch, dass nur Eigentümer, nicht aber Mieter Staatsbeiträge an die Wohnungskosten (z.B. Hypothekarzinsen) erhalten, oder dadurch, dass die Eigentümer bei der Besteuerung stärker entlastet werden als die Mieter. In Frage käme vor allem, die Wohnungseigentümer dadurch zu begünstigen, dass sie den Mietwert der von ihnen selbst genutzten Wohnungen (Eigenmietwert) nicht als Einkommen versteuern müssten. Das Bundesgericht hat aber bisher eine vollständige Abschaffung der Besteuerung des Eigenmietwertes als verfassungswidrige Ungleichbehandlung von Wohnungseigentümern und Mietern bezeichnet. Zulässig ist nur eine Privilegierung der Wohnungseigentümer dadurch, dass der Eigenmietwert nicht zum vollen Verkehrswert erfasst wird (BGE 116 Ia 321, 323 ff. m.H.). Es ist allerdings darauf hinzuweisen, dass das Ziel, den Erwerb von Wohnungs- und Hauseigentum zu fördern, sich mit einer blossen Reduktion der Eigenmietwertbesteuerung weniger gut erreichen lässt als mit ihrer Abschaffung. Auf der anderen Seite ist die Ungleichbehandlung von Mietern und Wohnungseigentümern bei einer Reduktion der Eigenmietwertbesteuerung geringfügiger als bei einer Abschaffung (vgl. auch Gutachten des Bundesamtes für Justiz zu den verfassungsrechtlichen Anforderungen eines Systemwechsels bei der Besteuerung des selbst genutzten Wohneigentums, VPB 65 [2001] Nr. 36, 37). Der Eigenmietwert darf 60 % der Marktmiete nicht unterschreiten; andernfalls ist die Gleichbehandlung von Wohneigentümern und Mietern nicht mehr gewährleistet (BGE 131 I 377, 380 f. m.w.H.). 573
- Das Hundegesetz des Kantons Zürich vom 14. April 2008 (LS 554.5) verbietet in § 8 Abs. 1 den Erwerb, die Zucht und den Zuzug von Hunden mit erhöhtem Gefährdungspotenzial. Nach § 8 Abs. 2 bezeichnet der Regierungsrat die Rassetypen mit erhöhtem Gefährdungspotenzial. Das Gesetz wurde mit einer Beschwerde in öffentlich-rechtlichen Angelegenheiten beim Bundesgericht angefochten, u.a. mit der Begründung, das Verbot bestimmter Hunderassen verstosse gegen das Rechtsgleichheitsgebot. Das Bundesgericht führte dazu aus, wenn Differenzierungen des Gesetzgebers nicht ausschliesslich auf tatsächlichen Unterschieden beruhten, sondern auch einem externen Regelungsziel dienten, so sei zu prüfen, ob das Ziel – Schutz der Bevölkerung vor gefährlichen Hunden – selbst zulässig erscheine und ob sich die Ungleichbehandlung zur Erreichung des vom Gesetzgeber verfolgten Zieles als verhältnismässig erweise. Der Schutz der Bevölkerung sei offensichtlich ein legitimes Ziel. In Anbetracht der Gefährlichkeit der Hunderassen erweise sich ein Verbot als geeignet und auch als erforderlich, um die Bevölkerung zu schützen. Es bestehe auch ein offensichtliches Missverhältnis zwischen dem öffentlichen Interesse, Schutz der Bevölkerung vor äusserst gefährlichen Hunden, und dem privaten Interesse, solche zu erwerben und zu züchten (gemeint ist mit dieser nicht leicht verständlichen Ausdrucksweise offenbar, dass das öffentliche Interesse gegenüber dem privaten klar überwiege; BGE 136 I 1, 8 f.). 574
- Die Wehrpflicht bzw. die Leistung eines Wehrpflichtersatzes steht a priori in Widerspruch zur Gleichstellung zwischen Frau und Mann. Die Militärdienstpflicht für Männer ist jedoch gemäss bundesgerichtlicher Rechtsprechung eine zulässige Ausnahme vom Grundsatz der Gleichbehandlung der Geschlechter (BGer, Urteil 2C_221/2009 vom 21. Januar 2010; vgl. auch BGer, Urteil 2A.47/2002 vom 23. Mai 2002) Insb. seien Frauen aufgrund physiologischer und biologischer Unterschiede im Durchschnitt für den Militärdienst weniger gut geeignet. 575

2. Bedeutung bei der Rechtssetzung

Das Bundesgericht umschreibt den Anspruch auf Gleichbehandlung in der Rechtssetzung wie folgt: «Das Gebot der rechtsgleichen Behandlung (Art. 8 Abs. 1 BV) ist ver- 576 letzt, wenn ein Erlass hinsichtlich einer entscheidwesentlichen Tatsache rechtliche Unterscheidungen trifft, für die ein vernünftiger Grund in den zu regelnden Verhältnissen nicht ersichtlich ist, oder wenn er Unterscheidungen unterlässt, die sich aufgrund der Verhältnisse aufdrängen. Die Rechtsgleichheit ist verletzt, wenn Gleiches nicht nach Massgabe seiner Gleichheit gleich und Ungleiches nicht nach Massgabe seiner Ungleichheit ungleich behandelt wird» (BGE 137 V 121, 125; 134 I 23, 42 ff.; 127 I 185, 192). «Vorausgesetzt ist, dass sich der unbegründete Unterschied oder die unbegründete Gleichstellung auf eine wesentliche Tatsache bezieht. Die Frage, ob für eine rechtliche Unterscheidung ein vernünftiger Grund in den zu regelnden Verhältnissen ersichtlich ist, kann zu verschiedenen Zeiten verschieden beantwortet werden je nach den herrschenden Anschauungen und Zeitverhältnissen. Dem Gesetzgeber bleibt im Rahmen dieser Grundsätze und des Willkürverbots ein weiter Spielraum der Gestaltungsfreiheit» (BGE 123 I 1, 7; siehe auch BGE 138 I 321, 324; 138 I 265, 267; 138 I 225, 229 f.; 136 I 297, 304). Die Ungleichbehandlung kann im Hinblick auf die tatsächlichen Verhältnisse oder die Ziele des Gesetzes gerechtfertigt sein (vgl. Rz. 572 ff.; VPB 2011.3a, S. 24 ff. [Ungleichbehandlung von Selbstständigerwerbenden in und ausserhalb der Landwirtschaft betreffend die Familienzulage]). Eine exakte Gleichbehandlung ist oft aus praktischen Gründen nicht möglich. Der Gesetzgeber darf deshalb bis zu einem gewissen Grad schematisieren und pauschalisieren (BGE 134 II 207, 214; 131 I 291, 306). So übt das Bundesgericht im Abgaberecht und im Besoldungsrecht eine gewisse Zurückhaltung und greift bloss ein, wenn der Kanton mit den Unterscheidungen, die er trifft, eine Grenze zieht, die sich nicht vernünftig begründen lässt, die unhaltbar und damit in den meisten Fällen auch geradezu willkürlich ist (vgl. BGE 133 I 206, 224; 132 I 157, 163; BGer, Urteil 2P.222/2003 vom 6. Februar 2004 E. 4 = ZBl 105 [2004] 679, 679).

Beispiele:

577 – In BGE 140 I 77 ff. hatte sich das Bundesgericht mit der Ungleichbehandlung von Ehepaaren und eingetragenen Paaren einerseits und Konkubinatspartnern andererseits zu beschäftigen. Hinsichtlich Rentenplafonierung waren Konkubinatspartner schlechter gestellt. Das Bundesgericht wies die Beschwerde ab. Seiner Meinung nach lasse sich die Ungleichbehandlung «nicht einfach mit einer Aufhebung der Rentenplafonierung gemäss Art. 35 Abs. 1 AHVG oder der Einführung einer Plafonierung für Konkubinate aus der Welt schaffen». Notwendig wäre vielmehr «eine umfassende Neuregelung unter Berücksichtigung des dargelegten komplexen Zusammenspiels gesetzlich geregelter Vor- und Nachteile der jeweiligen Lebensformen».

578 – Das Enteignungsgesetz des Kantons Wallis sieht einen «Unfreiwilligkeitszuschlag» bei formeller Enteignung von Grundstücken vor. Mit diesem Zuschlag soll die vom Enteigneten durch den zwangsweisen Entzug seines Eigentums erlittene Unbill abgegolten werden. Der Zuschlag steht jedoch «auch Enteigneten zu, die – als juristische Personen – seelische Unbill gar nicht erleiden können oder die aus anderen Gründen in ihren persönlichen Verhältnissen nicht beeinträchtigt sind. Für einen Unfreiwilligkeitszuschlag [...] besteht jedoch in solchen Fällen kein ernsthafter sachlicher Grund. Bei der Festlegung des Anwendungsbereichs der Norm sind offensichtlich Unterscheidungen unterlassen worden, die sich aufgrund der Verhältnisse aufdrängen» (BGE 127 I 185, 193; vgl. Rz. 2414).

579 – Es lässt sich sachlich rechtfertigen, Kindern mit Aufenthalt im Ausland – anders als Kindern in der Schweiz – keine Ausbildungszulagen auszurichten. Der Gesetzgeber verfolgt ein mit der Rechtsgleichheit zu vereinbarendes Ziel, wenn er, wegen der beschränkten Kontrollmöglichkeiten und des Risikos einer ungerechtfertigten Kumulation von Zulagen, Kinder mit Aufenthalt im Ausland anders behandelt als Kinder in der Schweiz (BGer, Urteile 2P.290/2003 und 2P.291/2003 vom 12. Mai 2004 E. 4.3.3 = ZBl 106 [2005] 87, 92).

- Der Kanton Neuenburg erliess eine Verordnung über die Erhebung eines Kostenbeitrags für die Gewährleistung der öffentlichen Sicherheit bei sportlichen Veranstaltungen mit Gewaltpotenzial. Nach dieser Verordnung haben Sportklubs bis zu 80 % der Kosten zu tragen, welche ein Sondereinsatz der Kantonspolizei bei solchen Veranstaltungen ausmacht. Zwei Vereine erhoben Beschwerde beim Bundesgericht und rügten eine Verletzung des Gleichbehandlungsgebotes, da nur Sportvereine einen solchen Kostenbeitrag zu erbringen hätten. Das Bundesgericht wies die Beschwerde ab. Eine Sonderregelung für Sportveranstaltungen sei angesichts der besonderen Risiken beim Aufeinandertreffen von Hooligans sachlich begründet (BGE 135 I 130, 137 ff.; vgl. auch Rz. 2802). 580

Eine unterschiedliche Regelung des gleichen Tatbestandes in verschiedenen Kantonen oder Gemeinden verletzt das Rechtsgleichheitsgebot in der Regel nicht. Dies ist eine Konsequenz der Eigenständigkeit der Kantone bzw. der Gemeindeautonomie (BGE 133 I 249, 255; 125 I 173, 179; 122 I 44, 47; 91 I 480, 490 f.). Nicht zulässig ist dagegen gemäss Art. 37 Abs. 2 BV (lex specialis zu Art. 8 Abs. 1 und 2 BV) die ungleiche Behandlung von Einwohnern eines Kantons je nach ihrem Bürgerrecht. Hingegen ist die unterschiedliche Behandlung nach Wohnsitz in jenen Fällen rechtmässig, in denen der Wohnsitz für die zu regelnde Frage von Bedeutung ist. 581

Beispiele:

- Es verstösst nicht gegen Art. 8 Abs. 1 BV, wenn ein Kanton die Haltung von bestimmten gefährlichen Hunden verbietet, andere Kantone dies jedoch weniger streng regeln (BGE 133 I 249, 255). 582
- Die unterschiedliche Ausgestaltung der Grundstückgewinnsteuer durch die einzelnen Kantone ist mit Art. 4 Abs. 1 aBV (neu Art. 8 Abs. 1 BV) vereinbar (BGE 104 Ib 385, 392 ff.). 583
- Die Bestimmung der Badeordnung für das Hallenbad in Küsnacht, wonach Personen, die nicht in der Gemeinde Wohnsitz haben, von der Benützung des Hallenbades der Primarschulgemeinde Küsnacht ausgeschlossen sind, stellt keinen Verstoss gegen Art. 4 Abs. 1 aBV (neu Art. 8 Abs. 1 BV) dar (BGE 100 Ia 287, 292 ff.). 584
- Art. 4 Abs. 1 aBV (neu Art. 8 Abs. 1 BV) ist nicht verletzt, wenn ein Kanton bei der Festsetzung des Tarifs für ein Jagdpatent die Kantonseinwohner gegenüber den in anderen Kantonen ansässigen Bewerbern finanziell bevorzugt (BGE 119 Ia 123 ff.; 114 Ia 8, 13 f.). 585
- Mit Art. 43 Abs. 4 aBV (neu Art. 37 Abs. 2 BV) nicht vereinbar ist die Genfer Gesetzgebung, wonach Schweizern, die nicht Genfer Kantonsbürger sind, erst nach einem Jahr Aufenthalt im Kanton Genf eine zeitweilige Beschäftigung für Arbeitslose angeboten werden kann (BGE 122 I 209 ff.). 586

3. Bedeutung bei der Rechtsanwendung

a) Allgemeines

Die Rechtsgleichheit wird teilweise bereits durch die Bindung der rechtsanwendenden Behörden an Rechtssätze, d.h. an generell-abstrakte Rechtsnormen, gewährleistet. Sofern der Rechtssatz aber durch das Verwenden unbestimmter Rechtsbegriffe oder das Einräumen von Ermessen einen Spielraum offen lässt, hat die rechtsanwendende Behörde davon in allen gleich gelagerten Fällen gleichen Gebrauch zu machen. Eine rechtsanwendende Behörde verletzt dann den Gleichheitssatz, wenn sie zwei gleiche tatsächliche Situationen ohne sachlichen Grund unterschiedlich beurteilt (BGE 136 I 345, 347 f.; 135 II 78, 83 f.; 134 I 257, 260 f.; 125 I 166, 168; 117 Ia 257, 258 ff.). 587

588 Eine rechtsungleiche Behandlung liegt gemäss der Praxis des Bundesgerichts aber grundsätzlich nur dann vor, wenn *dieselbe Behörde* gleichartige Fälle unterschiedlich beurteilt (BGE 115 Ia 81, 85; 103 Ia 115, 119; 102 Ia 38, 42). Dem Entscheid durch die gleiche Behörde ist es gleichzustellen, wenn zwar zwei verschiedene Behörden entschieden haben, aber eine von ihnen sich in ähnlicher Lage befand, wie wenn sie beide Entscheide selber getroffen hätte (z.B. als Aufsichtsbehörde; BGE 102 Ia 81, 87; siehe auch BGer, Urteil 2P.283/2001 vom 25. Februar 2002 E. 5.1.1 ff.).

b) Praxisänderung

589 Der eingelebten Praxis von Verwaltungsbehörden und Gerichten kommt ein grosses Gewicht zu. Das Gleichheitsprinzip und der Grundsatz der Rechtssicherheit verlangen, dass an einer Praxis in der Regel festgehalten wird. Sie stehen aber einer Praxisänderung nicht entgegen, sofern diese auf sachlichen Gründen beruht. Ein einzelner (unveröffentlichter) Bundesgerichtsentscheid bedeutet noch keine «Praxis» (BGE 140 II 334, 342). Er kann gleichwohl Vertrauen der Rechtsunterworfenen begründen (siehe auch Rz. 637).

590 Die Änderung einer bestehenden Praxis ist mit der Rechtsgleichheit vereinbar, sofern folgende Voraussetzungen erfüllt sind:

591 – Es müssen *ernsthafte und sachliche Gründe* für die neue Praxis sprechen (BGE 137 V 282, 291 f.; 135 I 79, 82; Entscheid des Bundesrates, VPB 67 [2003] Nr. 56 E. 8.2; BVGE 2009/34 E. 2.4.1; BVGE 2007/14 E. 2.4). Eine Änderung lässt sich insbesondere im Hinblick auf bessere Kenntnis der gesetzgeberischen Absichten oder auf die künftige Entwicklung und die damit verbundenen Gefahren rechtfertigen (BGE 96 I 369, 376). Wenn es beispielsweise um die Sicherheit des öffentlichen Verkehrs geht, kann es einer Behörde nicht verwehrt sein, veränderten Verhältnissen durch eine Anpassung der Praxis Rechnung zu tragen (BGE 93 I 254, 259 f.). Nach der Rechtsprechung ist eine bisherige Praxis zu ändern, wenn sie als unrichtig erkannt oder wenn deren Verschärfung wegen veränderter Verhältnisse oder infolge zunehmender Missbräuche für zweckmässig gehalten wird (BGE 133 V 37, 39; 132 V 357, 360; 130 V 492, 495).

592 – Die *Änderung* muss *grundsätzlich* erfolgen. Es darf sich nicht bloss um eine singuläre Abweichung handeln, sondern die neue Praxis muss für die Zukunft wegleitend sein für alle gleichartigen Sachverhalte.

593 – Das Interesse an der richtigen Rechtsanwendung muss gegenüber demjenigen an der *Rechtssicherheit* überwiegen. «Gegenüber dem Postulat der Rechtssicherheit lässt sich eine Praxisänderung grundsätzlich nur begründen, wenn die neue Lösung besserer Erkenntnis der ratio legis, veränderten äusseren Verhältnissen oder gewandelten Rechtsanschauungen entspricht» (BGE 133 V 37, 39; 132 V 357, 360; 129 V 370, 373; ebenso BGE 140 V 538, 541; 138 III 359, 361; 137 V 314, 316). Sprechen keine entscheidenden Gründe zu Gunsten einer Praxisänderung, ist die bisherige Praxis beizubehalten (BGE 133 V 37, 39; 132 V 357, 359 f.; 130 V 492, 495).

594 Beispiel:

Die Praxisänderung der Eidgenössischen Steuerverwaltung, wonach das Zurverfügungstellen von Arbeitskräften nicht mehr als umsatzsteuerfrei, sondern als steuerbare Warenlieferung behandelt wurde, ist unzulässig. Die für die Praxisänderung angeführten Gründe der Steuergerechtigkeit, der Wettbewerbsneutralität und der Praktikabilität vermögen nicht zu überzeugen, oder es kommt ihnen keine entscheidende Bedeutung zu. Deshalb hat das Postulat der Rechtssicherheit den Vorrang (BGE 100 Ib 67 ff.).

- Die Praxisänderung darf *keinen Verstoss gegen Treu und Glauben* darstellen. Bei Verfahrensfragen verdient das Vertrauen in die bisherige «Auslegung insofern Schutz, als demjenigen, der etwa eine Frist- oder Formvorschrift nach der bisherigen Rechtsprechung beachtet hat, aus einer ohne Vorwarnung erfolgten Praxisänderung kein Rechtsnachteil erwachsen soll» (BGE 133 I 96, 103 f.; 103 Ib 197, 201 f. m.w.H.; siehe ferner BGE 135 II 78, 85; 132 II 153, 159; vgl. auch Rz. 637). 595

  Beispiele:
  - Nach einer Bestimmung der Walliser Strafprozessordnung gilt die Berufung gegen ein Strafurteil als zurückgezogen, wenn der appellierende Angeklagte nicht zur Verhandlung erscheint. Das Kantonsgericht legte diese Bestimmung dahin aus, dass kein Rückzug angenommen werde, wenn der Angeklagte zwar selbst nicht an der Verhandlung teilnehme, aber sich durch einen Anwalt vertreten lasse. Diese publizierte Praxis änderte das Kantonsgericht und trat auf eine Berufung nicht ein, weil der Anwalt ohne den Angeklagten zur Verhandlung erschienen war. Bei richtiger Auslegung der Strafprozessordnung genüge die Anwesenheit des Anwaltes nicht. Das Bundesgericht sah in der Änderung der Praxis, auf die der Angeklagte und sein Anwalt vertraut hatten, einen Verstoss gegen die Rechtssicherheit und das Gebot von Treu und Glauben. Sie könne nicht ohne vorherige Ankündigung vorgenommen werden, da sie die Verwirkung eines Rechts zur Folge habe (BGE 104 Ia 1, 3 f.; siehe auch Rz. 637). 596
  - Das Verwaltungsgericht des Kantons Waadt trat auf einen baurechtlichen Rekurs des «Groupement pour la Protection de l'Environnement» (Sektion Lausanne; nachfolgend GPE) nicht ein mit der Begründung, es handle sich um eine politische Partei, die nach der massgebenden Bestimmung des kantonalen Verwaltungsrechtspflegegesetzes im Unterschied zu Natur- und Heimatschutzvereinigungen zum Rekurs nicht legitimiert sei. Das GPE sei bisher zu Unrecht als Natur- und Heimatschutzvereinigung betrachtet und deshalb zum Rekurs zugelassen worden. Das Bundesgericht führte dazu aus, die Entwicklung der Aktivitäten des GPE rechtfertige aus Gründen der Gleichbehandlung aller politischen Parteien eine Praxisänderung. Im vorliegenden Fall sei durch die Praxisänderung nicht die Geltendmachung eines Rechts verunmöglicht, sondern aufgrund einer neuen Interpretation des Gesetzes das Recht zum Rekurs selber abgesprochen worden. Der Grundsatz des Vertrauensschutzes sei somit nicht verletzt. Eine vorgängige Ankündigung der Praxisänderung wäre nur notwendig gewesen, wenn das GPE gestützt auf diese Ankündigung so hätte handeln können, dass auf das Rechtsmittel eingetreten worden wäre, was beim Fehlen der Legitimation nicht zutreffe. Allerdings hätte das GPE bei Kenntnis der neuen Praxis betreffend Legitimation auf den Rekurs verzichten können und wäre nicht kostenpflichtig geworden. Nach Treu und Glauben durften ihm deshalb keine Verfahrens- und Parteikosten auferlegt werden (BGE 122 I 57, 60). 597

Verwaltungsverordnungen, die bezwecken, die Auslegung von Rechtsnormen oder die Ausübung von Ermessen zu lenken (vgl. Rz. 83), können als Teil der Verwaltungspraxis betrachtet werden. Es fragt sich deshalb, ob für die *Änderung solcher Verordnungen* die Voraussetzungen einer Praxisänderung erfüllt sein müssen, d.h. insbesondere ernsthafte und sachliche Gründe bestehen. Rechtsverordnungen können dagegen relativ frei geändert werden; allenfalls besteht Anspruch auf eine angemessene Übergangsregelung (vgl. Rz. 283 ff.). Dies erscheint auf den ersten Blick paradox, da Verwaltungsverordnungen in der Regel unterhalb der Rechtsverordnungen stehen. Allenfalls lässt sich diese Besonderheit damit begründen, dass im Verfahren der Verordnungsänderung durch die Regierung eine gewisse demokratische Kontrolle stattfindet, was bei der Änderung von Verwaltungsverordnungen nicht der Fall ist (vgl. UHLMANN/BINDER, S. 164 f.). 598

c) Kein Anspruch auf Gleichbehandlung im Unrecht

599 Der Grundsatz der Gesetzmässigkeit der Verwaltung (vgl. § 6) geht dem Rechtsgleichheitsprinzip im Konfliktfall in der Regel vor. Wenn eine Behörde in einem Fall eine vom Gesetz abweichende Entscheidung getroffen hat, gibt das den Privaten, die sich in der gleichen Lage befinden, grundsätzlich keinen Anspruch darauf, ebenfalls abweichend von der Norm behandelt zu werden (BGE 139 II 49, 61 ff.; 135 IV 191, 194 f.; 126 V 390, 392; 124 IV 44, 47; 122 II 446, 451 f.). Dies gilt allerdings nur dann, wenn die abweichende Behandlung lediglich in einem *einzigen* oder *in einigen wenigen Fällen* erfolgt ist. Besteht hingegen eine eigentliche ständige gesetzeswidrige Praxis und lehnt es die Behörde ab, diese aufzugeben, so können Private verlangen, dass die widerrechtliche Begünstigung, die Dritten zuteilwurde, auch ihnen gewährt werde (BGE 139 II 49, 61; 136 I 65, 78 f.; 127 I 1, 2 f.; 123 II 248, 254; Entscheide der Eidgenössischen Rekurskommission für Heilmittel, VPB 69 [2005] Nr. 96 E. 5 und VPB 67 [2003] Nr. 58 E. 3.2.1 f.).

Beispiele:

600 – Der Eigentümer einer denkmalgeschützten Liegenschaft ersuchte um eine Bewilligung für den Ersatz der historischen Holzfenster durch Kunststofffenster. Die Bewilligung wurde ihm verweigert. Den letztinstanzlichen kantonalen Entscheid zog er an das Bundesgericht weiter und machte einen Anspruch auf Gleichbehandlung im Unrecht geltend. Das Bundesgericht hielt fest, es sei unbestritten, dass in der betreffenden Siedlung zahlreiche Holzfenster an schützenswerten Gebäuden entgegen den Vorgaben im Praxisblatt des Bauinspektorates durch Fenster aus anderen Materialien ersetzt worden seien. Nach der bundesgerichtlichen Rechtsprechung bestehe zwar nur in Ausnahmefällen ein Anspruch auf Gleichbehandlung im Unrecht. Die Voraussetzungen seien im vorliegenden Fall aber erfüllt, zumal die zuständige Behörde seit über drei Jahren Kenntnis von der rechtswidrigen Lage gehabt habe. Der Verzicht auf die Wiederherstellung des rechtswidrigen Zustandes sei eine Form der gesetzwidrigen Begünstigung. Das Bundesgericht hiess deshalb die Beschwerde gut und wies die Sache an die Vorinstanz zurück, welche die Baubehörde anzuweisen habe, innert Frist «den Tatbeweis für den von ihr in Aussicht gestellten Übergang zu einer rechtskonformen Bewilligungs- und Wiederherstellungspraxis zu erbringen». Würden die Vorkehren innert Frist getroffen, habe der Beschwerdeführer keinen Anspruch auf Gleichbehandlung im Unrecht; bei Untätigkeit der Behörden sei dem Beschwerdeführer dagegen aus Gründen der Rechtsgleichheit die Bewilligung zu erteilen (BGer, Urteil 1C_398/2011 vom 7. März 2012; siehe auch TSCHANNEN, S. 57 ff.).

601 – Das Bundesamt für Wirtschaft und Arbeit (BWA; heute Staatssekretariat für Wirtschaft [seco]) erliess 1998 eine Weisung, wonach freiwillige Abgangsentschädigungen ohne Vorsorgecharakter keinen Einfluss auf Beginn und Höhe der Arbeitslosenentschädigung haben. Trotz ihrer Gesetzeswidrigkeit soll die Weisung auch in Zukunft konsequent angewendet werden, um zu vermeiden, dass bei Entlassungen weniger Sozialpläne ausgearbeitet werden; bei der nächsten Gesetzesrevision soll die Frage neu beurteilt werden. Deshalb geht in diesem Fall das Rechtsgleichheitsprinzip dem Grundsatz der Gesetzmässigkeit vor (BGE 126 V 390, 392 f.).

602 – Die Plakanda AWI AG ersuchte im Kanton Basel-Stadt um die Bewilligung zum Aufstellen von zwei Werbeträgern auf einem privaten Grundstück parallel zur Strasse. Die zuständige Behörde lehnte das Gesuch ab; kantonale Rechtsmittel blieben erfolglos. Im Verfahren vor dem Bundesgericht rügte die Plakanda AWI AG u.a. eine unzulässige Ungleichbehandlung gegenüber der Allgemeinen Plakatgesellschaft, welche aufgrund der ihr erteilten Konzession Plakate an Standorten anbringen dürfe, die unter städtebaulichen und raumplanerischen Gesichtspunkten gleich zu beurteilen seien wie das von ihr gewählte private Grundstück. Das Bundesgericht stellte fest, es treffe zu, dass sich Werbeträger der Allgemeinen Plakatgesellschaft an Standorten befinden würden, die nicht hätten bewilligt werden dürfen. Es verneinte jedoch einen Anspruch der Plakanda AWI AG auf Gleichbehandlung im Unrecht, weil die Bewilligungsbehörde durch das angefochtene kantonale Urteil angehalten werde, innert nützlicher Frist zu einer ge-

setzmässigen Praxis überzugehen (BGer, Urteil 2P.247/2006 vom 21. März 2007 E. 5.5 = ZBl 109 [2008] 378, 382 f.).

Dem in Ausnahmefällen aus dem Gleichheitsgebot abgeleiteten Anspruch auf gesetzeswidrige Begünstigung können gewichtige öffentliche Interessen oder das berechtigte Interesse eines privaten Dritten an gesetzmässiger Rechtsanwendung entgegenstehen. In einem solchen Interessenkonflikt sind die einander widersprechenden Rechte und Interessen im Einzelfall gegeneinander abzuwägen. 603

Beispiel: 604

S. erhielt für den Bau eines Appenzeller Hauses mit drei talseitig sichtbaren Vollgeschossen eine Ausnahmebewilligung. Nach dem Baureglement der Gemeinde Gais/AR dürfen zwar in der Wohnzone talseits nur zwei Geschosse voll in Erscheinung treten; die Gemeindebehörden liessen aber regelmässig durch baureglementswidrige Ausnahmen drei talseitig sichtbare Geschosse zu. Der Nachbar W. erhob gegen die Bewilligungserteilung, die vom Regierungsrat als letzter kantonaler Instanz bestätigt worden war, Beschwerde an das Bundesgericht. Dieses stellte fest, dass sich auch aus der Annahme einer längeren rechtswidrigen Praxis des Gemeinderates in Bezug auf die Bewilligungserteilung nichts zu Gunsten von S. herleiten lasse, denn es müsse eine Interessenabwägung stattfinden. Dabei überwiege das Interesse des benachbarten Dritten an der Einhaltung der Bauvorschrift – die auch seinem Schutz diene – gegenüber dem Interesse des Bauherrn, die projektierte Baute in Abweichung von der Bauvorschrift, aber in Übereinstimmung mit einer längeren und konsequenten rechtswidrigen Praxis der zuständigen Behörde ausführen zu können. Ein Anspruch auf Gleichbehandlung im Unrecht bestehe unter diesen Umständen nicht, obwohl die Behörde die gesetzwidrige Praxis weiterzuführen gedenke (BGE 108 Ia 212, 214 f.).

III. Willkürverbot

1. Inhalt

Willkür im Sinne von Art. 9 BV liegt bei der Auslegung und Anwendung von Gesetzesnormen nicht bereits vor, wenn eine andere Auslegung ebenfalls vertretbar oder sogar zutreffender erscheint, sondern erst, wenn ein *Entscheid offensichtlich unhaltbar* ist. Dies ist insbesondere dann der Fall, wenn er «zur tatsächlichen Situation in klarem Widerspruch steht, eine Norm oder einen unumstrittenen Rechtsgrundsatz krass verletzt oder in stossender Weise dem Gerechtigkeitsgedanken zuwiderläuft» (BGE 141 I 70, 72; 140 III 167, 168; 140 III 16, 18 f.; 139 III 334, 339; 138 I 305, 319; 135 V 2, 4 f.; 134 I 140, 148). Dass eine andere Lösung ebenfalls als vertretbar oder gar zutreffender erscheint, genügt nicht. Das Bundesgericht hebt einen Entscheid nur auf, wenn nicht bloss die Begründung, sondern auch das Ergebnis unhaltbar ist (BGE 141 I 70, 72; 140 III 167, 168; 140 III 16, 18 f.; 139 III 334, 339; 138 I 305, 319; 138 I 49, 51; 137 I 1, 5; 135 V 2, 5; 134 I 263, 265 f.). 605

Willkürliche Rechtsanwendung wird daher in *folgenden Fällen* angenommen: 606

- bei groben Fehlern in der Sachverhaltsermittlung (BGE 130 III 87, 89 f.; 129 I 8, 9 ff.; 128 I 177, 182; 128 II 182, 186);
- bei offensichtlicher Gesetzesverletzung (BGE 140 III 16, 23; BGer, Urteil 2P.26/2003 vom 1. September 2003 = ZBl 106 [2005] 103 ff.) bzw. Nichtanwendung (BGE 140 III 167 ff.);

- bei offensichtlicher Missachtung eines allgemeinen Rechtsgrundsatzes oder des tragenden Grundgedankens eines Gesetzes (BGE 131 III 280, 288; 129 I 65, 67);
- bei groben Ermessensfehlern (BGE 130 I 337, 345 f.);
- wenn ein Entscheid an einem inneren, nicht auflösbaren Widerspruch leidet (BGE 140 III 16, 23; 130 I 347, 349 f.);
- im Falle eines stossenden Widerspruchs zum Gerechtigkeitsgedanken (BGE 138 I 305, 319; 136 I 316, 318 f.;135 II 356, 362).

607 Das Willkürverbot verweist auf die geltende Rechtsordnung im weitesten Sinne (UHLMANN, Rz. 532 ff.). Es verbietet qualifizierte Verstösse gegen Regeln, welche für das Funktionieren der Rechtsordnung konstitutiv sind. Die Verfassung selbst umschreibt den Begriff der Willkür inhaltlich nicht näher.

608 Massgeblich ist dabei stets der objektive Tatbestand der Gesetzesverletzung und nicht das subjektive Motiv der rechtsanwendenden Behörde, d.h., es kommt nicht auf deren Böswilligkeit oder schlechte Absicht an.

609 Im *Gegensatz zum Gebot der rechtsgleichen Behandlung* werden beim Willkürverbot nicht verschiedene Rechtsanwendungsakte miteinander verglichen, sondern es wird nur das Verhältnis zwischen dem angewandten Rechtssatz und dem betreffenden Anwendungsakt untersucht. Mit einem willkürlichen Entscheid muss deshalb nicht ein Verstoss gegen den Grundsatz der Gleichbehandlung verbunden sein. Wendet eine Behörde eine Gesetzesvorschrift in ständiger Praxis qualifiziert unrichtig an, so liegt zwar Willkür vor, nicht aber ein Verstoss gegen das Prinzip der Gleichbehandlung, denn es werden alle Betroffenen gleich (unrichtig) behandelt.

610 Das Willkürverbot gilt nicht nur für die *Rechtsanwendung,* sondern auch für die *Rechtssetzung*. Ein Erlass ist willkürlich, wenn er sich nicht auf ernsthafte sachliche Gründe stützen lässt oder sinn- und zwecklos ist (BGE 136 II 337, 349; 134 I 23, 42; 131 I 313, 316 f.; 129 I 1, 3 ff.; 127 I 185, 192). Dem Willkürverbot kommt im Rahmen der Rechtsanwendung aber viel grössere Bedeutung zu.

Beispiele:

611 – Im Rahmen eines Ermittlungsverfahrens gegen eine international tätige Bande von Haschischhändlern wurde u.a. Frau M. in einem Hotel in Bern festgenommen. Bei der Untersuchung des Hotelzimmers wurden sämtliche Ausweisschriften, Kreditkarten, Checks und das Bargeld beschlagnahmt. Nach sechs Tagen wurden ihr diese wieder ausgehändigt. Nachdem die Untersuchung gegen Frau M. aufgehoben worden war, erhielt sie eine Entschädigung für Verteidigungs-, Reise- und Übernachtungskosten sowie 100.– Franken als Genugtuung für «tort moral». Das Bundesgericht entschied, eine Entschädigung von 100.– Franken für den faktischen Entzug der Bewegungsfreiheit während sechs Tagen sei derart niedrig, dass sie keine Genugtuung verschaffe und vor dem Willkürverbot nicht standhalte (Urteil des Bundesgerichts, ZBl 99 [1998] 34 ff.).

612 – X. erreichte bei der Wiederholung der Prüfung an der Fachhochschule im Fach Kunsttechnologie und Konservierung die ungenügende Note 2.5, weshalb er nicht ins Hauptstudium aufgenommen wurde. Nach der Studienordnung werden die einzelnen Prüfungen durch zwei Prüfende abgenommen, wobei sich die Prüfungsnote aus dem Mittel der Bewertung der beiden Prüfenden ergibt. Bei der ersten Prüfung von X. waren sieben Personen anwesend, von denen vier prüften. Auch an der Nachprüfung wurde X. von insgesamt vier Prüfenden befragt. Das Bundesgericht stellte fest, bei der Bestimmung über die Zusammensetzung des Prüfungsgremiums handle es sich um eine wichtige Verfahrensregel, die klar formuliert und im Hinblick auf die Rechtssicherheit und Rechtsgleichheit im Prüfungsverfahren streng zu befolgen sei. Dabei sei

nicht von Belang, ob sich die unzulässige Anzahl von Prüfenden konkret auf das Ergebnis ausgewirkt habe oder nicht. Indem sich die Fachhochschule im vorliegenden Fall nicht an die klaren Verfahrensregeln gehalten habe, sei die Studienordnung willkürlich angewendet worden. Der angefochtene Entscheid erwies sich schon aus diesem Grund als verfassungswidrig (BGer, Urteil 2P.26/2003 vom 1. September 2003 = ZBl 106 [2005] 103 ff.).

- Die Grundeigentümer M. rekurrierten gegen ein Urteil des kantonalen Enteignungsgerichts des Sottoceneri an das Verwaltungsgericht des Kantons Tessin. Nachdem die Gemeinde Viganello auf die Enteignung verzichtet hatte, schrieb das Verwaltungsgericht das Verfahren als gegenstandslos geworden ab und auferlegte den Grundeigentümern M. $^{3}/_{4}$, der Gemeinde Viganello $^{1}/_{4}$ der Verfahrenskosten. Es berücksichtigte dabei die Prozesschancen der Parteien im abgeschriebenen Rekursverfahren. Das Bundesgericht hat eine Beschwerde der Grundeigentümer M. gegen diesen Entscheid gutgeheissen. Das Enteignungsverfahren werde auf Begehren und im Interesse des Enteigners eingeleitet. Die Enteigneten seien gegen ihren Willen in das Verfahren einbezogen worden. Wenn das Verfahren wegen eines Verzichts des Enteigners auf die Enteignung gegenstandslos werde, bleibe kein Raum für eine hypothetische Abschätzung der Erfolgsaussichten des Rekurses der Enteigneten als Kriterium für die Verteilung der Verfahrenskosten. Der Verzicht auf die Enteignung bedeute, dass der Enteigner im Verfahren unterliegende Partei sei und die Verfahrenskosten zu bezahlen habe. Der Entscheid des Verwaltungsgerichts stehe auch im Widerspruch zu Art. 7 Abs. 3 des Tessiner Enteignungsgesetzes, wonach der Enteigner verpflichtet sei, dem Enteigneten die Auslagen zu ersetzen, falls er auf die Enteignung verzichte. Der angefochtene Entscheid sei nicht nur falsch, sondern geradezu unhaltbar und willkürlich (BGE 122 I 201 f.). 613
- Obsiegt in einem Verfahren eine unentgeltlich vertretene Partei, so ist es willkürlich, ihrer Vertreterin lediglich eine gekürzte Parteientschädigungsforderung zuzusprechen (BGE 140 III 167, 170). 614

2. Prozessuale Behandlung

615 Nach der Totalrevision der Bundesrechtspflege übernahm die *Beschwerde in öffentlich-rechtlichen Angelegenheiten* auch die Funktion der staatsrechtlichen Beschwerde. Gemäss Art. 89 Abs. 1 BGG wird die Beschwerdelegitimation wie bei der früheren Verwaltungsgerichtsbeschwerde (Art. 103 lit. a OG) umschrieben. Die Rüge der Verletzung des Willkürverbots setzt deshalb nicht mehr voraus, dass ein rechtlich geschütztes Interesse geltend gemacht wird. Es genügt ein *schutzwürdiges Interesse* (vgl. Rz. 1149 ff.).

616 Wenn die Beschwerde in öffentlich-rechtlichen Angelegenheiten nicht zulässig ist, können Entscheide letzter kantonaler Instanzen mit der *subsidiären Verfassungsbeschwerde* angefochten werden. Hierfür ist gemäss Art. 115 lit. b BGG ein *rechtlich geschütztes Interesse* an der Aufhebung oder Änderung des angefochtenen Entscheids geltend zu machen. Gemäss bisheriger bundesgerichtlicher Praxis ergab sich aus Art. 9 BV kein selbstständiger Anspruch auf willkürfreies Handeln des Staates. Daher trat das Bundesgericht auf staatsrechtliche Beschwerden wegen Willkür nur ein, soweit das Gesetzesrecht, dessen willkürliche Anwendung behauptet wird, den Beschwerdeführenden einen Rechtsanspruch einräumt oder den Schutz der beeinträchtigten Interessen bezweckt (BGE 133 I 185, 190; 126 I 81 ff.).

617 Die Hoffnung, dass das Bundesgericht das Inkrafttreten des BGG zum Anlass nehmen werde, um diese umstrittene Rechtsprechung aufzugeben, hat sich nicht erfüllt. Das Gericht legte in BGE 133 I 185 ff. dar, aus den Materialien, den Zielsetzungen der Revision der Bundesrechtspflege und dem Verhältnis von Art. 115 lit. b BGG zu den ver-

schiedenen in Art. 83 BGG enthaltenen Ausschlussgründen ergebe sich, dass die Berechtigung zur Erhebung der Willkürrüge bei der subsidiären Verfassungsbeschwerde nach wie vor voraussetze, dass sich der Beschwerdeführer auf eine durch das Gesetz oder ein spezielles Grundrecht geschützte Rechtsstellung berufen könne (vgl. auch Rz. 1150).

618 Beispiel:

Die Steuerverwaltung des Kantons Bern wies ein Gesuch von X. um Erlass der noch nicht bezahlten Staats- und Gemeindesteuern im Betrag von 6'452.10 Franken ab. Den dagegen erhobenen Rekurs wiesen die kantonalen Instanzen ab. Daraufhin erhob X. subsidiäre Verfassungsbeschwerde beim Bundesgericht mit dem Antrag, den angefochtenen Entscheid wegen Verletzung des Willkürverbotes (Art. 9 BV) aufzuheben. Gemäss Art. 115 lit. b BGG ist zu diesem Rechtsmittel legitimiert, wer ein rechtlich geschütztes Interesse an der Aufhebung oder Änderung des angefochtenen Entscheids geltend machen kann. Das Bundesgericht bejahte die Legitimation mit der Begründung, X. habe aufgrund der kantonalen Steuerbezugsverordnung bei Erfüllung der dort genannten Voraussetzungen einen Rechtsanspruch auf Erlass der Steuern. Deshalb werde er durch die Verweigerung des Erlasses in rechtlich geschützten Interessen betroffen (BGer, Urteil 2D_40/2007 vom 25. Mai 2007 E. 2.2).

619 Dem Willkürverbot kommt im Rahmen von subsidiären Verfassungsbeschwerden die Funktion zu, rechtsstaatlichen Grundsätzen, die nicht gleichzeitig verfassungsrechtliche Rechte sind (Rz. 320 ff.), einer gewissen Kontrolle durch das Bundesgericht zugänglich zu machen. Auch hinsichtlich der unrichtigen Anwendung des kantonalen Rechts, welches vom Bundesgericht grundsätzlich nicht zu prüfen ist (Art. 95 BGG), kann vom Bundesgericht festgelegt werden, wann die Schwelle der Willkür erreicht wird.

§ 10 Grundsatz von Treu und Glauben im öffentlichen Recht

Literatur

BÜRGISSER JÉRÔME, Du ruling fiscal, RDAF 70 (2014) 401 ff.; CHIARIELLO ELISABETH, Treu und Glauben als Grundrecht nach Art. 9 der schweizerischen Bundesverfassung, Diss. Bern 2004; EGLI JEAN-FRANÇOIS, La protection de la bonne foi dans le procès, in: Stefano Bolla/Claude Rouiller (Hrsg.), Verfassungsrechtsprechung und Verwaltungsrechtsprechung, Zürich 1992, S. 225 ff.; GÄCHTER THOMAS, Rechtsmissbrauch im öffentlichen Recht, Habil. Zürich, Zürich/Basel/Genf 2005; GUCKELBERGER ANNETTE, Der Widerruf von Verfügungen im schweizerischen Verwaltungsrecht, ZBl 108 (2007) 293 ff.; HUBER HANS, Vertrauen und Vertrauensschutz im Rechtsstaat, in: Ulrich Häfelin/Walter Haller/Dietrich Schindler (Hrsg.), Menschenrechte, Föderalismus, Demokratie, Festschrift zum 70. Geburtstag von Werner Kägi, Zürich 1979, S. 193 ff.; KOBIERSKI MARLENE, Vorabbescheide im Steuerrecht und im Handelsregisterrecht, AJP 24 (2015) 181 ff.; PICOT FRANÇOIS, La bonne foi en droit public, ZSR 96/II (1977) 115 ff.; REICH MARKUS/UTTINGER LAURENCE, Praxisänderungen im Lichte der Rechtssicherheit und der Rechtsrichtigkeit, ZSR 129/I (2010) 163 ff.; ROUILLER CLAUDE, Protection contre l'arbitraire et protection de la bonne foi, in: Verfassungsrecht der Schweiz, Zürich 2001, § 42; SAMELI KATHARINA, Treu und Glauben im öffentlichen Recht, ZSR 96/II (1977) 289 ff.; SUTTER KASPAR/MÜLLER MARKUS, Historische Rechtspositionen – Fortwirkung oder Untergang?, ZBl 114 (2013) 471 ff.; STADLER PATRIK, Der Vertrauensschutz bei Verträgen des Gemeinwesens mit Privaten: Wie öffentliches Recht und Privatrecht sich durchdringen, Diss. St. Gallen 2005; WEBER-DÜRLER BEATRICE, Neuere Entwicklungen des Vertrauensschutzes, ZBl 103 (2002) 281 ff.; WEBER-DÜRLER BEATRICE, Falsche Auskünfte von Behörden, ZBl 92 (1991) 1 ff.; WEBER-DÜRLER BEATRICE, Vertrauensschutz im öffentlichen Recht, Habil. Zürich, Basel/Frankfurt a.M. 1983.

I. Begriff und Tragweite des Grundsatzes von Treu und Glauben im öffentlichen Recht

Der Grundsatz von Treu und Glauben gebietet ein *loyales und vertrauenswürdiges Verhalten im Rechtsverkehr*. Er ist für die Beziehungen unter den Privaten wie für das Verhältnis zwischen dem Gemeinwesen und den Privaten elementar, gilt jedoch auch im Verhältnis zwischen Gemeinwesen. Für den Bereich des öffentlichen Rechts bedeutet er, dass die Behörden und die Privaten in ihren Rechtsbeziehungen gegenseitig aufeinander Rücksicht zu nehmen haben (BGE 136 II 187, 201; 134 V 145, 150 f.; BGer, Urteil 1C_502/2009 vom 16. März 2010 E. 3.2; BVGer, Urteil C-1052/2006 vom 13. März 2009 E. 5; für das Verhältnis von Bund und Kantonen [sog. Treuepflicht] vgl. Art. 44 Abs. 2 BV; für das internationale Verhältnis BGE 133 I 234, 239 f.; 128 III 201, 206 f.; 121 I 181, 184 ff.). 620

Der Grundsatz von Treu und Glauben wirkt sich im Verwaltungsrecht vor allem in zweifacher Hinsicht aus: 621

1. In der Form des sog. *Vertrauensschutzes* (vgl. Rz. 624 ff.) verleiht er den Privaten einen Anspruch auf Schutz ihres berechtigten Vertrauens in das bestimmte Erwartun-

gen begründende Verhalten der Behörden. Der Vertrauensschutz will im Sinne der Rechtsstaatsidee die Privaten gegen den Staat schützen.

2. Als *Verbot widersprüchlichen Verhaltens* (vgl. Rz. 712 ff.) und als *Verbot des Rechtsmissbrauchs* (vgl. Rz. 722 ff.) verbietet der Grundsatz von Treu und Glauben sowohl den staatlichen Behörden wie auch den Privaten, sich in ihren öffentlich-rechtlichen Rechtsbeziehungen widersprüchlich oder rechtsmissbräuchlich zu verhalten. In dieser Ausgestaltung bindet das Prinzip von Treu und Glauben also nicht nur den Staat, sondern auch die Privaten und ebenso die verschiedenen Gemeinwesen in ihrem Rechtsverkehr untereinander (BGE 133 I 234, 239 f.; 121 I 181, 183 f.).

II. Rechtsgrundlagen

622 Die Bundesverfassung statuiert den Grundsatz von Treu und Glauben einerseits als Regel für das Verhalten von Staat und Privaten in Art. 5 Abs. 3 BV und andererseits in Art. 9 BV als grundrechtlichen Anspruch der Privaten gegenüber dem Staat auf Schutz des berechtigten Vertrauens in behördliche Zusicherungen oder sonstiges, bestimmte Erwartungen begründendes Verhalten der Behörden (BGE 132 II 240, 244; 126 II 377, 387 m.H.; BVGE 2007/9 E. 5.1.2). Die Verletzung dieses verfassungsmässigen Rechts können die Betroffenen – sofern sie durch einen kantonalen Entscheid erfolgt – auch mit subsidiärer Verfassungsbeschwerde rügen (BGE 122 I 328, 333 f., 340 ff.; 122 II 113, 123; 117 Ia 285, 287 m.w.H.).

623 Soweit sich das Gebot von Treu und Glauben nicht an den Staat, sondern an die Privaten richtet und von diesen eine loyale Ausübung ihrer Rechte verlangt, galt es bis zum Inkrafttreten der neuen Bundesverfassung als *allgemein gültiger Rechtsgrundsatz,* der nun in Art. 5 Abs. 3 BV Aufnahme in die Bundesverfassung gefunden hat. Es liegt hier aber im Gegensatz zu Art. 9 BV kein verfassungsmässiges Recht der Privaten vor.

III. Grundsatz des Vertrauensschutzes

1. Begriff des Vertrauensschutzes

624 Der Grundsatz des Vertrauensschutzes (Art. 9 BV) bedeutet, dass die Privaten Anspruch darauf haben, in ihrem berechtigten Vertrauen in behördliche Zusicherungen oder in anderes, bestimmte Erwartungen begründendes Verhalten der Behörden geschützt zu werden (Verwaltungsgericht des Kantons Zürich, Urteil VB.2013.00439 vom 3. Oktober 2013 E. 5.1). In Zusammenhang mit dem Grundsatz des Vertrauensschutzes steht auch das Verbot des widersprüchlichen Verhaltens der Verwaltungsbehörden gegenüber den Privaten (vgl. Rz. 712 ff.).

2. Verhältnis des Vertrauensschutzes zu anderen Verfassungsgrundsätzen

a) Vertrauensschutz und Rechtssicherheit

Manchmal wird der Vertrauensschutz auch auf den Grundsatz der Rechtssicherheit zurückgeführt. Dieser Grundsatz folgt aus dem Prinzip des Rechtsstaates, das in Art. 5 BV in Form von Grundsätzen rechtsstaatlichen Handelns verankert ist. Zwischen den Grundsätzen des Vertrauensschutzes und der Rechtssicherheit besteht eine *enge Verwandtschaft* (vgl. BGE 135 V 201, 208; 134 V 145, 150; vgl. auch Rz. 1215). Beide verlangen den Schutz der Privaten, die auf eine bestimmte Rechtslage vertraut haben. Zu beachten ist aber, dass Vertrauensschutz im Sinne der Rechtssicherheit und Vertrauensschutz im Sinne des Grundsatzes von Treu und Glauben nicht identisch sind. Während der Grundsatz von Treu und Glauben das individuelle Vertrauen der Privaten schützt, das diese in einem konkreten Fall aus ganz bestimmten Gründen in ein Verhalten der Behörden haben, dient die Rechtssicherheit allgemein dazu, die Voraussehbarkeit, Berechenbarkeit und Beständigkeit des Rechts zu gewährleisten. 625

b) Vertrauensschutz und Legalitätsprinzip

Zwischen dem Prinzip des Vertrauensschutzes (Art. 5 Abs. 3 BV) und dem Grundsatz der Gesetzmässigkeit (Art. 5 Abs. 1 BV) besteht ein *Spannungsverhältnis;* Kollisionen zwischen den beiden Prinzipien sind daher nicht ausgeschlossen. Grundsätzlich geht das Legalitätsprinzip vor. Das Prinzip des Vertrauensschutzes kann jedoch in einem konkreten Fall gebieten, dass das massgebende Gesetz nicht angewendet wird, obschon eigentlich alle Voraussetzungen dafür erfüllt wären. Von einer Gesetzesanwendung abzusehen ist z.B. dann, wenn die Behörde dem betroffenen Privaten eine im Widerspruch zum Gesetz stehende Zusicherung gegeben hat, auf die er sich verlassen durfte, oder wenn wohlerworbene Rechte von Privaten betroffen sind (vgl. Rz. 1237). Allerdings vermag grundsätzlich nur eine behördliche Zusicherung oder Auskunft, die an eine bestimmte Person gerichtet und auf einen konkreten Fall bezogen ist, eine Abweichung vom Gesetz zu rechtfertigen (BGE 125 I 267, 274). In diesem Fall ist zwischen dem Vertrauensinteresse der betreffenden Person und dem mit dem verletzten Gesetz verfolgten öffentlichen Interesse abzuwägen. 626

3. Voraussetzungen des Vertrauensschutzes

a) Vertrauensgrundlage

Der Vertrauensschutz bedarf zunächst eines Anknüpfungspunktes. Es muss ein *Vertrauenstatbestand,* eine *Vertrauensgrundlage* vorhanden sein. Darunter ist das Verhalten eines staatlichen Organs zu verstehen, das *bei den betroffenen Privaten bestimmte Erwartungen auslöst* (BGE 134 I 23, 39 f.; 129 I 161, 170 ff.; BGer, Urteil 1A.8/2004 vom 17. Dezember 2004 E. 4.2 ff. = ZBl 107 [2006] 50, 53 ff.; Verwaltungsgericht des Kan- 627 tons Zürich, Urteil VB.2006.00407 vom 7. Februar 2007 E. 5.2). Vertrauensgrundlagen schaffen können potentiell alle Staatsgewalten, d.h. sowohl Recht anwendende als auch rechtssetzende Organe. Dabei kommt es u.E. nicht auf die Rechtsnatur eines staatlichen Aktes, sondern nur auf dessen Bestimmtheitsgrad an, der so gross sein muss, dass der Private daraus die für seine Dispositionen massgebenden Informationen entnehmen kann (GEORG MÜLLER, in: Kommentar aBV, Art. 4 aBV, Rz. 63; a.M. BGer, Urteil 1P.586/2004 und Urteil 1P.588/2004 vom 28. Juni 2005 E. 4.5.2.4 = ZBl 107 [2006] 369, 377).

aa) Rechtsanwendungsakte

aaa) Verfügungen und Entscheide

628 Die Privaten sollen sich auf eine Verfügung (zum Begriff der Verfügung vgl. Rz. 849 ff.) – z.B. auf eine Baubewilligung oder auf eine Bewilligung für eine Demonstration – oder auf einen Entscheid der Verwaltungsbehörden verlassen können, ist es doch gerade die Funktion solcher Verwaltungsakte, den Privaten Klarheit über ihre konkreten Rechte und Pflichten zu verschaffen. Deshalb können Verfügungen und Entscheide nur unter bestimmten erschwerten Voraussetzungen geändert werden. Für die Änderung fehlerhafter Verfügungen hat sich eine eigene Praxis gebildet (vgl. zum Widerruf eines Prüfungsentscheides BGE 137 I 69, 71 ff.; vgl. dazu Rz. 1224 f.).

629 Eine Vertrauensgrundlage stellt auch die in einer Verfügung oder in einem Entscheid enthaltene *fehlerhafte Rechtsmittelbelehrung* dar. Sofern die weiteren Voraussetzungen erfüllt sind, wird das Vertrauen der Privaten in die unrichtigen Angaben über die Rechtsmittelinstanz oder -frist geschützt (BGE 134 I 199, 202 f.; 125 I 255, 258; 123 II 231, 238; 122 III 316, 319; zu den Folgen einer fehlenden Rechtsmittelbelehrung vgl. BGE 122 V 189, 194 f.; vgl. auch Rz. 654 ff., 664 ff., 704).

Beispiele:

630 – Die Gemeinde Vaz/Obervaz lehnte am 12. August 1987 eine Baueinsprache von M. ab. Sie versuchte am 13. und am 25. August 1987 jeweils erfolglos, M. ihren Entscheid mit eingeschriebener Post zuzustellen. Erst am 8. September 1987 nahm M. den schliesslich mit gewöhnlicher Postsendung gesandten Einspracheentscheid in Empfang. Der Entscheid enthielt folgende Rechtsmittelbelehrung: «Gegen diesen Entscheid kann innert 20 Tagen beim Verwaltungsgericht rekurriert werden.» Am 24. September 1987 rekurrierte M. beim Verwaltungsgericht des Kantons Graubünden. Dieses trat nicht auf den Rekurs ein, im Wesentlichen mit der Begründung, es sei gemäss ständiger Praxis davon auszugehen, dass die (fingierte) Zustellung am 22. August 1987 mit dem Ablauf der Frist für das Abholen der eingeschriebenen Post erfolgt sei, weshalb der Rekurs verspätet sei. Das Bundesgericht vermochte dieser Auffassung nicht zu folgen und hiess eine Beschwerde von M. gut. Das in Art. 4 der aBV (Art. 9 BV) gewährleistete verfassungsmässige Recht auf Vertrauensschutz gebiete es, dem Beschwerdeführer die gesetzliche Beschwerdefrist zu verlängern. Der Gemeindevorstand habe mit der erneuten Zustellung seines Entscheids, der eine vorbehaltlose Rechtsmittelbelehrung enthielt, in einer konkreten Situation gegenüber einer bestimmten Person eine Auskunft erteilt, zu der er zweifellos zuständig gewesen sei. Durch die erneute Zustellung des Entscheids vom 12. August 1987, welcher eine vorbehaltlose Rechtsmittelbelehrung enthielt, sei die Rechtsmittelfrist bis zum 28. September verlängert worden (BGE 115 Ia 12, 18 ff.).

631 – Der Stadtrat der Stadt Zürich verzichtete darauf, Finanzbeschlüsse betreffend die Sanierung der Hardbrücke dem Referendum zu unterstellen. Gegen diesen Entscheid wurde ein Rekurs erhoben, welchen der Regierungsrat abwies. Die Rekurrenten zogen diesen Entscheid gemäss der fehlerhaften Rechtsmittelbelehrung an das Bundesgericht anstatt an das kantonale Verwal-

tungsgericht weiter. Das Bundesgericht hielt fest, dass den Parteien aus einer unrichtigen Rechtsmittelbelehrung keine Nachteile erwachsen dürfen. Dies gelte jedoch nur, wenn die Fehlerhaftigkeit nicht erkennbar sei, was im vorliegenden Fall für die anwaltlich nicht vertretenen Beschwerdeführer zutreffe. Es überwies die Beschwerde daher an das Verwaltungsgericht zur Behandlung (BGE 134 I 199, 202 f.).

bbb) Verwaltungsrechtliche Verträge

Der verwaltungsrechtliche Vertrag (zum Begriff des verwaltungsrechtlichen Vertrages 632 vgl. Rz. 1286 ff.) kann ebenfalls eine Vertrauensgrundlage darstellen. Nach Auffassung des Bundesgerichts liegt es im Wesen jedes Vertrages, «Vertrauen im Hinblick auf das zukünftige Verhalten des Vertragspartners zu begründen» (BGE 103 Ia 505, 514; zum Verhältnis von Vertrauensschutz und verwaltungsrechtlichem Vertrag allgemein BGE 132 I 140, 149 f.; 122 I 328, 338 ff., 340 ff.; BGer, Urteil 1C_450/2009 vom 25. Januar 2010 und Verwaltungsgericht des Kantons Zürich, Urteil VK.2000.00006 vom 27. Oktober 2000 = ZBl 102 [2001] 368, 373 ff.; vgl. Rz. 1360 ff.). Wie die Verfügung ist der verwaltungsrechtliche Vertrag eine *qualifizierte Vertrauensgrundlage.*

Schwierigkeiten bereitet die Frage, welchen Einfluss nachträgliche *Gesetzesänderungen* oder *nachträgliche Änderungen der tatsächlichen Verhältnisse* auf bestehende verwaltungsrechtliche Verträge haben. Es muss eine Interessenabwägung stattfinden, wobei dem Interesse der Privaten am Vertrauen in den Bestand des Vertrages regelmässig ein verstärktes Gewicht zukommt (siehe auch Rz. 1360 ff.). 633

Beispiele:

- Die Gemeinde Sils einigte sich im Jahre 1980 im Anschluss an eine teilweise Auszonung der 634 Parzelle Nr. 2260 mit deren Eigentümer darauf, dass dieser auf eine Entschädigung verzichtete, ihm jedoch ausdrücklich und für alle Zeiten zugesichert wurde, dass er und seine Rechtsnachfolger denjenigen Teil seiner Parzelle Nr. 2260, der sich in der Dorfkernzone befindet, nach den im Zeitpunkt des Vertragsschlusses geltenden gesetzlichen Bestimmungen von Bund, Kanton und Gemeinde baulich nutzen kann. Im Jahre 1992 verabschiedete die Gemeindeversammlung einen generellen Gestaltungsplan, mit welchem die in der Dorfkernzone befindlichen Bauten der Parzelle Nr. 2260 unter Denkmalschutz gestellt wurden. Das Bundesgericht hiess die vom Eigentümer erhobene Beschwerde u.a. mit der Begründung gut, seit der Zusicherung im Vertrag sei keine Rechtsänderung erfolgt, welche die Tragweite des Ortsbild- und Landschaftsschutzes in einem anderen Lichte erscheinen liesse. Deshalb überwiege das Vertrauensschutzinteresse gegenüber den öffentlichen Interessen an der Festsetzung des angefochtenen Planes (Urteil des Bundesgerichts, ZBl 98 [1997] 272 ff.).
- Der als Übergangsbestimmung bezeichnete § 19a des Spitalgesetzes des Kantons Basel- 635 Landschaft sah vor, dass die bisherigen vertraglichen Regelungen zwischen dem Kanton und den Ärzten mit dem Inkrafttreten des Erlasses aufgehoben werden. Es handelte sich der Sache nach nicht um eine Übergangsregelung, sondern um eine sofortige Umsetzung der am 12. Dezember 2007 beschlossenen Gesetzesvorlage auf den 1. Januar 2008. Diese Bestimmung liess sich mit dem Grundsatz von Treu und Glauben nicht vereinbaren. Der Kanton schuf mit den Anstellungsverträgen eine Vertrauensgrundlage, die auch vom Gesetzgeber zu beachten ist. Die Anstellung der Betroffenen kann nicht einfach durch einen gesetzgeberischen Akt auf eine neue Grundlage gestellt werden, ohne die Regeln über die Auflösung der Verträge zu beachten (BGer, Urteil 1C_168/2008 vom 21. April 2009 E. 3 ff. = ZBl 111 [2010] 56, 59 ff.; siehe auch Rz. 1369).

ccc) Auskünfte und Zusagen

636 Eine wichtige Kategorie von Vertrauensgrundlagen bilden (unrichtige) Auskünfte und Zusagen der Behörden. Darauf ist zurückzukommen (Rz. 667 ff.).

ddd) Verwaltungs- und Gerichtspraxis

637 Praxisänderungen sind grundsätzlich zulässig (vgl. Rz. 589 ff.), doch können Präjudizien unter Umständen eine Grundlage des Vertrauensschutzes bilden. Von Bedeutung sind in diesem Zusammenhang vor allem *Grundsatzentscheide,* deren Ziel es u.a. ist, in einer umstrittenen Frage Sicherheit und Gewissheit zu schaffen. Auch ein einzelner Entscheid des Bundesgerichts kann hinreichendes Vertrauen erzeugen, wobei jedoch ein einzelner (unpublizierter) Bundesgerichtsentscheid noch nicht als Gerichtspraxis angesehen werden kann (BGE 140 III 134, 342; vgl. auch Rz. 589). Kein Verlass ist dagegen auf eine schwankende Praxis, die es vermeidet, sich bezüglich einer Streitfrage eindeutig zu äussern (BGE 117 Ia 119, 122 ff.; BVGer, Urteil B-985/2009 vom 27. August 2009 E. 8.2; vgl. auch BGE 140 II 334, 342). Ist eine Praxis rechtswidrig, so stellt sich die Frage, ob ausnahmsweise ein Anspruch auf Gleichbehandlung im Unrecht besteht (vgl. Rz. 599 ff.).

638 Insbesondere bei Praxisänderungen, die sich auf Fristen, Formvorschriften oder die Zulässigkeit von Rechtsmitteln beziehen und die Verwirkung von Rechten zur Folge haben können, erfordert der Vertrauensschutz eine vorgängige Ankündigung durch die Behörden (siehe Rz. 595 ff.).

639 Beispiel:

Im Zusammenhang mit einer Frage aus dem Steuerrecht berief sich ein Steuerpflichtiger auf sein Vertrauen in die ihm bekannte frühere Praxis. Das Bundesgericht erklärte: «Eine auf sachlichen Gründen beruhende Praxisänderung ist stets zulässig [...]. Bei Verfahrensfragen verdient allerdings das Vertrauen in eine kantonale Auslegung insofern Schutz, als demjenigen, der etwa eine Frist- oder Formvorschrift nach der bisherigen Rechtsprechung beachtet hat, aus einer ohne Vorwarnung erfolgten Praxisänderung kein Nachteil erwachsen soll.» Da im strittigen Fall nicht die Interpretation einer Verfahrensvorschrift, sondern die Auslegung des materiellen Steuerrechts geändert hatte, lehnte das Bundesgericht eine Berufung auf das Vertrauen ab (BGE 103 Ib 197, 201 f.).

bb) Rechtssetzungsakte

640 In der Regel stellen *Rechtssetzungsakte keine Vertrauensgrundlage* dar. Das Prinzip des Vertrauensschutzes steht einer Änderung des geltenden Rechts grundsätzlich nicht entgegen. Die Privaten können nicht ohne Weiteres auf den Fortbestand eines geltenden Gesetzes vertrauen, sondern müssen mit dessen Revision rechnen (vgl. BGE 134 I 23, 40 f.; 130 I 26, 60 ff.; 117 Ia 285, 287 m.w.H.; BGer, Urteil 1P.58/2004 vom 15. November 2004 E. 3.1 = ZBl 107 [2006] 309, 311; VPB 63 [1999] Nr. 19).

641 Das Prinzip des Vertrauensschutzes kann aber dann angerufen werden, wenn die Privaten durch eine unvorhersehbare Rechtsänderung in schwerwiegender Weise in ihren gestützt auf die bisherige gesetzliche Regelung getätigten Dispositionen getroffen werden und keine Möglichkeit der Anpassung an die neue Rechtslage haben. Hier ergibt sich aus dem Prinzip des Vertrauensschutzes u.U. ein *Anspruch auf eine angemessene Übergangsregelung* (BGE 139 II 263, 269 f.; 139 II 243, 263; 134 I 23, 40 f.; 130 I 26, 60; vgl. WEBER-DÜRLER, Vertrauensschutz, S. 292 f.; ALFRED KÖLZ, Intertemporales

Verwaltungsrecht, ZSR 102/II [1983] 123 ff.; ALAIN GRIFFEL, Intertemporales Recht aus dem Blickwinkel des Verwaltungsrechts, in: Felix Uhlmann [Hrsg.], Intertemporales Recht aus dem Blickwinkel der Rechtsetzungslehre und des Verwaltungsrechts, Zürich/St. Gallen 2014, S. 7 ff.; FELIX UHLMANN, Intertemporales Recht aus dem Blickwinkel der Rechtsetzungslehre, in: Felix Uhlmann [Hrsg.], Intertemporales Recht aus dem Blickwinkel der Rechtsetzungslehre und des Verwaltungsrechts, Zürich/St. Gallen 2014, S. 33 ff.). Es liegt ein Fall von unechter Rückwirkung vor (vgl. Rz. 279 ff.).

Beispiele:

- Gestützt auf das – heute revidierte – Zolltarifgesetz vom 19. Juni 1959 (SR 632.10) erhöhte der Bundesrat mit Verordnung vom 26. Februar 1986 die Zollansätze für Öle für Feuerungszwecke; die Verordnung trat am 27. Februar 1986 in Kraft. Eine Ölimportfirma gelangte ans Bundesgericht und machte geltend, sie sei durch die plötzliche und massive Änderung der Zollansätze in ihrem Vertrauen auf die bisherige Regelung verletzt worden. Sie verlangte u.a., dass zu ihren Gunsten eine Übergangsregelung zur Anwendung komme. Denn sie habe Anspruch auf Schutz in ihrem Vertrauen darauf, dass die ihrer Kalkulation zu Grunde liegenden Zollansätze nicht unvorhergesehen und in einem Masse erhöht würden, das ihre Händlermarge übersteige. Das Bundesgericht wies die Beschwerde ab. Es erklärte, der Bundesrat habe mit der sofort wirksamen Änderung der Verordnung über die Zollansätze Treu und Glauben nicht verletzt, da Rechtsänderungen dem Anspruch auf ein Verhalten der Behörden nach Treu und Glauben grundsätzlich vorgingen. Auch einen Anspruch auf eine Übergangsregelung lehnte es im vorliegenden Fall ab (BGE 114 Ib 17, 25 f.). 642
- BGE 122 II 113, 123 f., betreffend Umwandlung einer Saisonbewilligung eines Ausländers in eine Jahresbewilligung (dargestellt in Rz. 281). Das Bundesgericht hielt auch die Rüge des Beschwerdeführers für unbegründet, die Ablehnung des Gesuchs um Umwandlung der Saisonbewilligung in eine Jahresbewilligung verletze den Grundsatz von Treu und Glauben. Das Prinzip des Vertrauensschutzes binde zwar auch den Gesetzgeber, vermöge aber Änderungen generell-abstrakter Regelungen nur unter besonderen Voraussetzungen zu verhindern. Namentlich treffe dies zu, wenn in wohlerworbene Rechte eingegriffen werde oder sich der Gesetzgeber über frühere eigene Zusicherungen hinwegsetze, welche den Privaten zu nicht wieder rückgängig zu machenden Dispositionen veranlasst hätten. Weder verfüge der Beschwerdeführer über ein wohlerworbenes Recht auf Umwandlung noch habe eine Bundesbehörde je verbindlich zugesichert, er bzw. alle Inhaber einer Saisonbewilligung für den Winter 1994/95 könnten ihre Saisonbewilligung nach Abschluss der Saison noch umwandeln. Ein Anspruch auf Umwandlung habe nach der Begrenzungsverordnung nie bestanden, weshalb bereits eine Vertrauensgrundlage fehle. Im Übrigen habe sich die Neuordnung seit geraumer Zeit abgezeichnet, so dass der Beschwerdeführer nicht mehr davon habe ausgehen können, die alte Regelung werde für ihn unverändert weitergelten. 643
- Das Bundesgericht beurteilte eine Regelung, welche für einen Gemeindepräsidenten während der Amtsdauer eine Kürzung der Besoldung von 10 bis 15 Prozent zur Folge hatte, als verfassungsrechtlich haltbar. Es seien keine konkreten Zusicherungen über die Höhe der Besoldung abgegeben worden. Beim Anspruch auf Besoldung handle es sich nicht um wohlerworbene Rechte. Die von der Vorinstanz angesetzte Übergangsfrist von drei Monaten sei angemessen, dies umso mehr, als sie im Ergebnis über ein Jahr betrage (BGer, Urteil 1C_230/2007 vom 11. März 2008 E. 4.2 ff. = ZBl 110 [2009] 258, 262 ff.; vgl. auch Rz. 711). 644

Die Frage des Vertrauensschutzes bei Rechtsänderungen ist anders zu beantworten, wenn gestützt auf das bisherige Recht Rechtsanwendungsakte ergangen sind. In diesem Falle sind u.U. diese Rechtsanwendungsakte – insbesondere Verfügungen, die nicht oder nur beschränkt änderbar sind – Grundlage des Vertrauensschutzes (vgl. Rz. 628). 645

cc) Raumpläne

646 Raumpläne, namentlich Zonenpläne, und Bauordnungen können grundsätzlich jederzeit geändert werden (vgl. zu den Begriffen Rz. 949 ff.). Der Grundeigentümer hat keinen Anspruch darauf, dass die bisher für sein Grundstück geltenden Nutzungsmöglichkeiten, insbesondere die Überbaubarkeit, unverändert bestehen bleiben und nicht eingeschränkt oder sogar aufgehoben werden. Auf das Prinzip des Vertrauensschutzes können sich Private nur berufen, wenn das für den Erlass des Raumplanes zuständige Organ eine Zoneneinteilung *für eine bestimmte Dauer zugesichert* hat. Die Verwaltungsbehörden vermögen das unveränderte Bestehenbleiben eines Planes oder einer bestimmten Zoneneinteilung bloss dann zu gewährleisten, wenn die Kompetenz zu einer Planänderung in ihren Händen liegt; andernfalls bleibt eine derartige Zusicherung wirkungslos (BGE 119 Ib 138, 141 ff.; 102 Ia 331, 337).

647 Bei Planänderungen ist auch das *Gebot der Rechtssicherheit* zu beachten. Dieses verlangt, dass Zonenpläne eine gewisse Beständigkeit aufweisen. Das gilt es bei einer Abwägung zwischen dem Interesse an einer Änderung des Plans und demjenigen am Vertrauen in dessen Bestand mitzuberücksichtigen. Je neuer ein Plan ist, umso eher darf mit seiner Beständigkeit gerechnet werden und umso gewichtiger müssen die Gründe für eine Änderung sein. «Solche Gründe liegen nach der Rechtsprechung des Bundesgerichts vor, wenn ein Zonenplan mit einer überdimensionierten Bauzone an die Planungsgrundsätze von Art. 15 RPG angepasst werden soll [...]. Die Verwirklichung einer den gesetzlichen Grundsätzen entsprechenden Planung hat Vorrang vor dem Gebot der Beständigkeit eines Planes. Die Frage der Rechtssicherheit und damit der Planbeständigkeit stellt sich nach der bundesgerichtlichen Praxis nur für bundesrechtskonforme Pläne» (BGE 114 Ia 32, 33; vgl. auch BGE 132 II 408, 413 f.; 128 I 190, 198 ff.).

Beispiele:

648 – Die am 8. Juni 1980 erfolgte Änderung eines Bebauungsplanes (Zonenplan), der erst seit dem 14. Februar 1978 in Kraft stand, verstösst gegen das Interesse der Rechtssicherheit und das Vertrauen in die Beständigkeit des Planes, da keine gewichtigen Gründe bestehen, welche die Änderung innerhalb so kurzer Zeit rechtfertigen können. Die gewandelte Einstellung der Bevölkerung gegenüber der Nutzung von nicht überbautem Land stellt keinen derart gewichtigen Grund dar (BGE 109 Ia 113, 115).

649 – Ein vor mehr als zehn Jahren genehmigter Quartierplan, der zwei als waldfrei erklärte Parzellen betrifft und mit dessen Verwirklichung nicht begonnen worden ist, steht einer Waldfeststellungsverfügung nicht entgegen (BGE 116 Ib 185, 187 ff.).

650 – Im Jahre 2005 teilte die Baudirektion der Stadt Zürich im Rahmen einer Nutzungsplanungsrevision gewisse Gebiete im Bereich der Hardbrücke der neu geschaffenen Zentrumszone zu. Ein Grundeigentümer verlangte, ein Teil seines Grundes sei ebenfalls dieser Zone zuzuweisen, damit er die seit 1995 im Vertrauen auf die bisherige Planung ausgeübte Nutzung beibehalten könne. Das Verwaltungsgericht des Kantons Zürich führte dazu aus, ein Nutzungsplan eigne sich dann als Vertrauensgrundlage, wenn der zuständige Planungsträger ihn in umfassender Würdigung der tatsächlichen Verhältnisse und unter Beachtung der raumplanerischen Grundsätze und Zielsetzungen festgesetzt habe. Beim bisherigen Nutzungsplan habe es sich nur um eine vorläufige Regelung gehandelt. Der Grundeigentümer habe demnach nicht damit rechnen können, dass diese während der normalen Gültigkeitsdauer einer Nutzungsplanung von 10 bis 15 Jahren Bestand habe (Verwaltungsgericht des Kantons Zürich, Urteil VB.2006.00180 vom 23. August 2007 E. 6).

dd) *Duldung eines rechtswidrigen Zustandes*

Grundsätzlich hindert die vorübergehende Duldung eines rechtswidrigen Zustandes die Behörde nicht an der späteren Behebung dieses Zustandes. Eine Vertrauensgrundlage, die der Wiederherstellung der Rechtmässigkeit ganz oder teilweise entgegensteht, wird durch behördliche Untätigkeit nur in Ausnahmefällen geschaffen (BGE 136 II 359, 365 ff.; BGer, Urteil 1A.19/2001 vom 22. August 2001 E. 4.b = ZBl 103 [2002] 582, 589; Entscheid der Eidgenössischen Rekurskommission für Heilmittel, VPB 69 [2005] Nr. 96 E. 3; vgl. zur Frage der Verwirkung auch Rz. 782 ff.). 651

Beispiele:

- Die Erben des H.H. sind Eigentümer eines Grundstückes in der Gemeinde B. Auf der Parzelle, die sich heute in der Landwirtschaftszone befindet und die zuvor im übrigen Gemeindegebiet lag, steht ein Bienenhaus, das der frühere Eigentümer Anfang der siebziger Jahre in ein Wochenendhaus umgebaut hatte. Weder für die Erstellung des Bienenhauses noch für dessen Umbau in ein Wochenendhaus war jemals eine baurechtliche Bewilligung erteilt worden. H.H. hatte das Grundstück im Jahre 1975 vom Ersteller der Baute erworben. Am 18. Dezember 1985 ordnete der Gemeinderat von B. den Abbruch an. Die Erben von H.H. machten geltend, dass dieser Abbruchbefehl gegen Treu und Glauben verstosse bzw. dem Grundsatz des Vertrauensschutzes zuwiderlaufe, da der Gemeinderat von B. während Jahren nicht gegen die Nutzung des ehemaligen Bienenhauses eingeschritten sei. Das Zürcher Verwaltungsgericht stellte dazu Folgendes fest: «Zwar kann das Vertrauensprinzip dem Abbruch einer rechtswidrig erstellten Baute allenfalls entgegenstehen [...]. Dies trifft etwa dann zu, wenn die zuständige Behörde die Bauarbeiten in voller Kenntnis duldet und hinterher den Abbruch verfügt (SAMELI, S. 369), wenn sie also die Rechtsverletzung bewusst hingenommen und auf ein Einschreiten verzichtet hat (URS BEELER, Die widerrechtliche Baute, 1984, S. 85). Solange sie jedoch beim Bauherrn nicht die Meinung hat aufkommen lassen, er handle rechtmässig, es also beim blossen Nichtstun der Verwaltung geblieben ist und keine zusätzlichen Anhaltspunkte vorliegen, ist grosse Zurückhaltung bei der Deutung der Untätigkeit als behördliche Duldung geboten (BEATRICE WEBER-DÜRLER, Vertrauensschutz, S. 228; ANDRÉ GRISEL, Traité de droit administratif, 1984, S. 650). Grundsätzlich hindert die bloss vorübergehende Duldung eines rechtswidrigen Zustands die Behörde nicht an dessen späteren Behebung (BEELER, a.a.O., S. 85). Nur wenn der polizeiwidrige Zustand während sehr langer Zeit hingenommen worden ist und die Verletzung öffentlicher Interessen nicht schwer wiegt, vermag der Umstand allein, dass die Behörden nichts dagegen unternommen haben, einen Vertrauenstatbestand zu begründen (Urteil des Bundesgerichts, ZBl 81 [1980] 72, 73).» Das Verwaltungsgericht verneinte in dem zu beurteilenden Fall, dass durch das Verhalten der Behörde ein Vertrauenstatbestand entstanden sei. Der Gemeinderat habe schon im Jahre 1969 dem Rechtsvorgänger von H.H. mitgeteilt, dass ein Umbau des Bienenhauses in ein Ferienhaus nicht bewilligt werden könne. Nie habe der Gemeinderat beim Bauherrn oder bei H.H. die Meinung aufkommen lassen, die Nutzung als Ferien- oder Weekendhaus sei statthaft. Zu Gunsten der Beschwerdeführer könne nur behördliche Untätigkeit angeführt werden. Ein Vertrauenstatbestand, der dem Abbruch entgegenstünde, fehle damit offenkundig (Urteil des Verwaltungsgerichts des Kantons Zürich, ZBl 89 [1988] 261, 263 f.). 652
- Die städtischen Baubehörden unternahmen während 24 Jahren nichts gegen die unbewilligte Nutzung einer Wohnung als Massagesalon, obwohl die Sittenpolizei Kenntnis von dieser Nutzweise hatte. Das Bundesgericht hielt fest, das Wissen der Sittenpolizei müsse den Baubehörden angerechnet werden; jedenfalls hätten sie bei der gebotenen Sorgfalt die Gesetzwidrigkeit erkennen können. Es sei zwar grosse Zurückhaltung bei der Deutung der blossen Untätigkeit als behördliche Duldung geboten. Im vorliegenden Fall stelle die langjährige Untätigkeit der Baubehörden jedoch eine Duldung des rechtswidrigen Zustandes dar, die grundsätzlich geeignet sei, einen Vertrauensschutztatbestand zu begründen (BGer, Urteil 1P.768/2000 vom 19. September 2001 E. 4.c = ZBl 103 [2002] 188, 195). 653

b) Vertrauen in das Verhalten der staatlichen Behörden

654 Auf Vertrauensschutz kann sich nur berufen, wer von der Vertrauensgrundlage *Kenntnis* hatte und ihre allfällige Fehlerhaftigkeit nicht kannte und auch nicht hätte kennen sollen.

655 Bei Verfügungen und Entscheiden, Auskünften und Zusagen kann in der Regel davon ausgegangen werden, dass der Adressat *Kenntnis von der Vertrauensgrundlage* hatte. Bei generellen Vertrauensgrundlagen, d.h. bei der Praxis der rechtsanwendenden Behörden, sowie allenfalls bei Gesetzen und Verordnungen, fällt es oft schwer, dies festzustellen. Zum Teil spricht eine natürliche Vermutung für die Kenntnisnahme, zum Teil lassen auch die von Privaten getroffenen Dispositionen den Schluss zu, dass sie in Kenntnis der Vertrauensgrundlage gehandelt haben. Ist im konkreten Fall die fehlende Kenntnis erwiesen oder bei einer vernünftigen Würdigung der Situation anzunehmen, so entfällt der Vertrauensschutz, denn diejenigen, die erst nachträglich vom Bestehen einer Vertrauensgrundlage erfahren, können nicht geltend machen, sie hätten auf ein Verhalten der Behörden vertraut.

656 Voraussetzung des Vertrauensschutzes ist sodann das *Fehlen der Kenntnis der Fehlerhaftigkeit der Vertrauensgrundlage*. Wer die Fehlerhaftigkeit kennt, kann nicht in guten Treuen davon ausgehen, dass die durch den Staat erweckten Erwartungen erfüllt werden. Ein berechtigtes Vertrauen ist auch denjenigen abzusprechen, welche die Mangelhaftigkeit der Vertrauensgrundlage bei gehöriger Sorgfalt hätten erkennen müssen. Dabei ist auf die individuellen Fähigkeiten und Kenntnisse der sich auf Vertrauensschutz berufenden Personen abzustellen (BGE 138 I 49, 53 f.; 137 I 69, 73; 132 II 21, 35 ff.). Bei einem Rechtsanwalt beispielsweise dürfen erhöhte Rechtskenntnisse vorausgesetzt werden. Er muss grundsätzlich die Unrichtigkeit einer Rechtsmittelbelehrung erkennen können (vgl. BGE 135 III 374, 376; 134 I 199, 203; 124 I 255, 258; vgl. auch Urteil des Bundesgerichts, ZBl 100 [1999] 80, 81). Baufachleute müssen Bescheid wissen über Hindernisse, die einem Bauvorhaben ausserhalb der Bauzone entgegenstehen (BGE 132 II 21, 38 f.; 111 Ib 213, 221 f.).

657 Eigentliche Nachforschungen über die Richtigkeit behördlichen Handelns werden von den Privaten aber nicht erwartet, sondern sie dürfen sich grundsätzlich darauf verlassen. Anlass zur Überprüfung, etwa durch eine Rückfrage bei der Behörde, besteht einzig dort, wo die Fehlerhaftigkeit der Vertrauensgrundlage leicht erkennbar ist, z.B. bei Unklarheiten oder bei offensichtlicher Unvernünftigkeit einer Verfügung oder einer Auskunft.

658 Das Prinzip des Vertrauensschutzes gilt nicht nur im Verhältnis zwischen Behörden und Privatpersonen, sondern auch zwischen zwei Behörden. So kann sich beispielsweise eine kantonale Behörde auf die unrichtige Auskunft einer Amtsstelle des Bundes berufen. Jedoch sind in solchen Fällen strengere Anforderungen zu stellen (VPB 38 [1974] Nr. 102 S. 66). Die Stadt Zürich durfte auf eine vom Regierungsrat abgegebene Zusicherung eines jährlichen Staatsbeitrages von 2’000’000.– Franken an Massnahmen für den Natur- und Heimatschutz und für Erholungsgebiete vertrauen (Urteil des Verwaltungsgerichts des Kantons Zürich, ZBl 95 [1994] 164 ff.). Dagegen besteht kein Bedürfnis für die Anrufung des öffentlich-rechtlichen Vertrauensschutzes, wenn die Rechtsbeziehungen zwischen Gemeinwesen durch Vertrag geregelt sind. Diesfalls stehen sich zwei

gleichberechtigte Rechtssubjekte gegenüber, deren Rechte und Pflichten sich in erster Linie aus dem Vertrag ergeben (BGE 132 I 140, 150; 122 I 328, 340 ff.; 120 V 445, 449 f.).

c) Vertrauensbetätigung (Dispositionen)

In der Regel kann Vertrauensschutz nur geltend machen, wer *gestützt auf sein Vertrauen* 659
eine Disposition getätigt hat, die ohne Nachteil nicht wieder rückgängig gemacht werden kann. Dies ist u.a. der Fall, wenn aufgrund einer behördlichen Zusage Investitionen vorgenommen oder bestimmte Massnahmen unterlassen worden sind (BGE 137 I 69, 74).

Beispiel: 660

X. und Konsorten waren im Besitze eines Kaufvorvertrages für mehrere Grundstücke im Kanton Genf. Sie ersuchten das zuständige Baudepartement um einen Vorentscheid bezüglich der Zulässigkeit des Baus von Büros, Lagerhäusern und einer Tiefgarage. Dieser Vorentscheid fiel positiv aus, woraufhin der Kauf der betreffenden Parzellen erfolgte. Der Genfer Staatsrat verweigerte in der Folge jedoch die definitive Baubewilligung. Das Bundesgericht sah in der Unterzeichnung der Kaufverträge Vorkehrungen, die nicht ohne Nachteil rückgängig gemacht werden konnten, und bejahte, dass die Beschwerdeführer sich auf den Vertrauensschutz berufen können (BGE 114 Ia 209, 215).

In Ausnahmefällen, insbesondere beim Widerruf von Verfügungen, ist Vertrauensschutz 661
auch denkbar, ohne dass die Betroffenen bereits irgendwelche nachteiligen Dispositionen getroffen haben (vgl. dazu Rz. 1215 ff.).

Beispiel: 662

Einem Beamten ist eine Pension in einer bestimmten Höhe zugesichert worden. Er kann sich im Falle einer von der Behörde beabsichtigten Kürzung auf das Prinzip des Vertrauensschutzes berufen, ohne Dispositionen getätigt zu haben.

d) Kausalzusammenhang zwischen Vertrauen und Vertrauensbetätigung

Zwischen Vertrauen und Disposition muss ein *Kausalzusammenhang* gegeben sein. 663
Dieser fehlt, wenn anzunehmen ist, dass die Disposition auch ohne ein Vertrauen begründendes behördliches Verhalten bzw. bei Kenntnis der Mangelhaftigkeit der Vertrauensbasis vorgenommen worden wäre.

e) Abwägung zwischen dem Interesse am Vertrauensschutz und entgegenstehenden öffentlichen Interessen

Selbst wenn die Voraussetzungen des Vertrauensschutzes erfüllt sind, können sich Pri- 664
vate nicht darauf berufen, falls ein überwiegendes öffentliches Interesse entgegensteht. Die Interessenabwägung im Einzelfall bleibt daher vorbehalten und bildet eine Schranke des Vertrauensschutzes (WEBER-DÜRLER, Vertrauensschutz, S. 112; BGE 137 I 69, 74 ff.; Verwaltungsgericht des Kantons Zürich, Urteil VB.2013.00439 vom 3. Oktober 2013 E. 5.2 ff.). Unter Umständen kann bei überwiegendem öffentlichem Interesse aber ein finanzieller Ersatz des Vertrauensschadens in Betracht kommen (vgl. Rz. 706 ff.).

Beispiele:

665 – Die Aktiengesellschaft P. AG beabsichtigte, ein in einer Genfer Gemeinde gelegenes Grundstück zu erwerben, auf welchem sie Miet- und Geschäftsräumlichkeiten errichten wollte. Für die Erteilung der Baubewilligung war vorgängig eine Umzonung erforderlich. Die P. AG ersuchte daher im Jahr 1971 das Baudepartement um einen Vorentscheid über das projektierte Bauvorhaben. Dieser Vorentscheid fiel grundsätzlich positiv aus, weshalb die P. AG das betreffende Grundstück erwarb. Das Baudepartement arbeitete in der Folge – zusammen mit der Grundeigentümerin – mehrere Versionen eines Überbauungsplanes aus. Ende 1974 erwarb die P. AG ein weiteres Grundstück, das in den Überbauungsplan eingeschlossen war. 1975 beschloss der Staatsrat des Kantons Genf jedoch, wegen eines in der Nähe geplanten Nationalstrassenbaus keine Umzonungen mehr vorzunehmen. Das Bundesgericht lehnte eine Beschwerde der P. AG ab, obwohl es anerkannte, dass das Verhalten der Behörden den Grundsatz des Vertrauensschutzes verletzt hatte. Es ging davon aus, dass im konkreten Fall das öffentliche Interesse am Nationalstrassenprojekt die privaten Interessen der Grundeigentümer überwog und dass es unvernünftig gewesen wäre, einen Bau zu bewilligen, der später vielleicht wieder hätte abgebrochen werden müssen (Semjud 98 [1976] 545 ff., insb. 558 ff. = BGE 101 Ia 328 ff.). Vgl. auch den ähnlichen Fall in BGE 114 Ia 209, 215 f. (Rz. 660), in dem das Bundesgericht den privaten Interessen ein grösseres Gewicht beimass als den geltend gemachten öffentlichen Interessen und die Berufung auf den Vertrauensschutz guthiess.

666 – Das Prinzip des Vertrauensschutzes steht dem Abbruch eines laufenden Submissionsverfahrens nicht entgegen, wenn die gesetzliche Verpflichtung zur öffentlichen Ausschreibung des Auftrages verletzt worden ist. Das öffentliche Interesse an der rechtmässigen Durchführung des Submissionsverfahrens überwiegt gegenüber dem Schutz des Vertrauens eines Bewerbers daran, dass das freihändige Submissionsverfahren ohne Ausschreibung zu Ende geführt wird (Entscheid der Rekurskommission für das öffentliche Beschaffungswesen, VPB 65 [2001] Nr. 78).

4. Unrichtige behördliche Auskünfte im Besonderen

667 Der Schutz der Privaten bei unrichtigen Auskünften der Behörden stellt einen praktisch besonders wichtigen Anwendungsfall des Vertrauensschutzes dar. Die allgemeinen Voraussetzungen des Vertrauensschutzes sind dabei wie folgt zu präzisieren (vgl. auch BGE 137 II 182, 193):

a) Eignung der Auskunft zur Begründung von Vertrauen

668 Nicht jede behördliche Auskunft taugt als Vertrauensbasis. Notwendig ist eine gewisse *inhaltliche Bestimmtheit;* eine lediglich vage Absichtskundgabe oder ein Hinweis auf eine bisherige Praxis genügt nicht. Unmassgeblich ist die Form der Auskunftserteilung; auch eine mündliche Auskunft kann verbindlich sein.

669 In Lehre und Rechtsprechung wird mehrheitlich die Auffassung vertreten, nur eine auf einen konkreten, die auskunftserheischende Person direkt betreffenden Sachverhalt bezogene Auskunft könne die Behörden binden, nicht aber eine allgemeine Auskunft (so z.B. IMBODEN/RHINOW, Bd. I, S. 469, differenzierter RHINOW/KRÄHENMANN, S. 231, 241, 244, mit Hinweisen auf die Praxis; vgl. dazu BGE 131 II 627, 637; 125 I 267, 274 f. sowie BGer, Urteile 1P.37/2003 und 1P.43/2003 vom 12. September 2003 = ZBl 106 [2005] 167 ff.; Urteil des Bundesgerichts, ZBl 99 [1998] 123, 127 f.). Dieser Ansicht kann nicht vorbehaltlos beigepflichtet werden. So ist beispielsweise *vorgedruckten Formularen,* die Rechtsauskünfte enthalten, die Eignung als Vertrauensbasis nicht abzusprechen, obwohl sie sich weder auf einen konkreten Sachverhalt beziehen noch an

einen individuellen Adressaten richten (vgl. BGE 129 II 125, 141; Entscheid der Eidgenössischen Rekurskommission für Heilmittel, VPB 69 [2005] Nr. 21 E. 4). Dagegen stellen Auskünfte, die Dritten (z.B. Verbänden) erteilt und von diesen weitergeleitet werden, keine geeignete Vertrauensgrundlage dar. Die von einer Behörde abgegebene Zusicherung gilt grundsätzlich nur für den unmittelbaren Empfänger (Entscheid der Eidgenössischen Steuerrekurskommission, VPB 60 [1996] Nr. 17). Äusserungen und Stellungnahmen von Behördenmitgliedern im Vorfeld von Wahlen und Abstimmungen können keine Wirkung als Auskunft oder Zusicherung, die Vertrauen begründet, entfalten (Enscheid der Eidgenössischen Steuerrekurskommission, VPB 68 [2004] Nr. 127 E. 4a, 4b/bb).

Ungeklärt ist, ob und welche rechtlichen Wirkungen sich aus dem *Internetauftritt* 670
von Bund, Kantonen und Gemeinden ergeben. Mindestens dort, wo Informationen gezielt der Orientierung der Betroffenen dienen, kann nach der hier vertretenen Ansicht deren Eignung zur Begründung von Vertrauen nicht von vornherein verneint werden. Wenig zweckmässig dürfte es in diesem Zusammenhang sein, wenn öffentliche Stellen auf ihren Internetseiten einfach die in der Privatwirtschaft verbreiteten Vorbehalte (Disclaimer) anbringen.

Die Behörde kann auch durch *Unterlassen* notwendiger Hinweise oder Aufklärungen 671
eine Vertrauensgrundlage schaffen. Dies setzt allerdings eine Aufklärungs- oder Beratungspflicht der Behörde voraus (BGE 131 V 472, 476 ff.).

Beispiele:

- Bei der Versteuerung des Liegenschaftenertrags können in der Regel die Kosten des Gebäu- 672
deunterhalts abgezogen werden. Ein Gebäudeeigentümer stützte sich für einen pauschalen Steuerabzug auf den Text eines Merkblattes, das ihm in gewissen Grenzen die Wahl zwischen Pauschale und Abrechnung der tatsächlichen Unterhaltskosten beliess. Die Veranlagungsbehörde verweigerte den Pauschalabzug, indem sie sich auf ihr Ermessen berief. Die Rekurskommission schützte das Vertrauen des Steuerpflichtigen in das Merkblatt (Entscheid der Aargauischen Steuerrekurskommission, AGVE 1967, 246, 251 ff.).
- Das Schulgeldabkommen der Kantone der Innerschweiz sieht vor, dass der weitere Besuch der 673
bisherigen Kantonsschule durch Schülerinnen und Schüler, die ihren Wohnsitz in einen anderen Regionskanton verlegt haben, durch den neuen Wohnsitzkanton finanziell auch dann unterstützt wird, wenn die fragliche Schule nicht ins Abkommen aufgenommen worden ist. Kurz vor seinem Wohnsitzwechsel vom Kanton Zug in den Kanton Schwyz erkundigte sich W. bei der Abteilung Mittelschulen und Hochschulfragen des Erziehungsdepartements des Kantons Schwyz danach, ob der Kanton für seine Tochter S. das Schulgeld für den Besuch der Kantonsschule Zug übernehme, obwohl die Schule nicht in das Abkommen aufgenommen worden war. Die Frage von W. wurde bejaht. Er erhielt mündlich einen positiven Bescheid. Drei Monate nach dem Wohnsitzwechsel trat die Tochter S. ins Gymnasium der Kantonsschule Zug ein. Das Gesuch ihres Vaters W. um Übernahme des Schulgeldes wurde vom Erziehungsdepartement des Kantons Schwyz mit dem Hinweis abgelehnt, die Tochter habe zum Zeitpunkt des Wohnsitzwechsels die Schule noch nicht besucht. Die dagegen erhobene Verwaltungsbeschwerde wurde vom Schwyzer Regierungsrat aus Gründen des Vertrauensschutzes gutgeheissen, da W. die Unrichtigkeit der Auskunft nicht erkennen konnte. Das Schulgeldabkommen ist nicht publiziert worden. Die Auskunft erteilende Stelle machte W. nicht darauf aufmerksam, dass das Schulgeld nur übernommen wird, wenn die Tochter im Zeitpunkt des Wohnsitzwechsels die Schule bereits besucht. Dass ein Missverständnis bezüglich Zeitpunkt des Wohnortswechsels bzw. des Schuleintritts bestand, kann W. nicht angelastet werden. Die Behörde hätte einen entsprechenden Vorbehalt oder Hinweis anbringen müssen (Entscheid des Regierungsrates des Kantons Schwyz, ZBl 97 [1996] 269 ff.).

674 – Ein an der Kantonsschule Winterthur tätiger Lehrer beabsichtigte, seinen Wohnsitz in den Kanton Thurgau zu verlegen. Vor Einreichung seines schriftlichen Gesuchs erkundigte er sich beim zuständigen Sachbearbeiter über das Vorgehen. Dieser teilte ihm mit, dass für die Bewilligungserteilung der Regierungsrat zuständig sei und dass das Gesuch Aussicht auf Genehmigung habe. Später orientierte er den Gesuchsteller – auf dessen Anfrage hin – darüber, dass ein formeller Antrag des Erziehungsdirektors auf Gutheissung vorliege. In der Folge lehnte es der Regierungsrat aber dann doch ab, die Bewilligung zur Wohnsitznahme im Kanton Thurgau zu erteilen. Das Bundesgericht hielt die dagegen erhobene Beschwerde für unbegründet, soweit der Beschwerdeführer eine Verletzung von Treu und Glauben geltend machte. Der Sachbearbeiter habe den Beschwerdeführer auf dessen Anfragen hin jeweils bloss über den Stand der Sache orientiert und dabei nicht den Eindruck erweckt, er selber oder der Erziehungsdirektor allein seien für die Bewilligungserteilung zuständig. Die Kenntnis vom befürwortenden Antrag der Erziehungsdirektion habe dem Beschwerdeführer zwar die Hoffnung geben können, dass seinem Gesuch stattgegeben werde. Er habe aber nicht annehmen dürfen, die Sache sei entschieden oder der Regierungsrat sei an diesen Antrag gebunden (BGE 98 Ia 460, 463). Heute sind derartige Verpflichtungen zur Wohnsitzverlegung nur noch unter ganz bestimmten Voraussetzungen mit der Niederlassungsfreiheit vereinbar (vgl. Rz. 2050 ff.).

675 – Im Kanton Wallis wurde ein neues Gesetz über die staatlichen Vorsorgeeinrichtungen erlassen. Zwei Lehrer an kantonalen Berufsschulen erhoben beim Bundesgericht Beschwerde in öffentlich-rechtlichen Angelegenheiten, insbesondere gegen die Erhöhung des Rentenalters. Sie behaupteten zwar nicht, dass ihnen die Beibehaltung der bisherigen Regelung zugesichert worden sei. Die Leistungen der Pensionskasse seien jedoch über Jahre Bestandteil der Lohn- und Personalpolitik des Kantons und ein gängiges Werbeargument bei der Rekrutierung neuer Mitarbeiter gewesen. Das Bundesgericht stellte fest, der blosse Umstand, dass eine Behörde gewissen Personen bisher eine bestimmte Behandlung habe zukommen lassen, stelle noch keine Vertrauensgrundlage dar. Wer in den Staatsdienst eintrete, müsse damit rechnen, dass das Gesetz, welches die Rechtsstellung der Staatsangestellten regelt, grundsätzlich jederzeit geändert werden könne (BGE 134 I 23, 39).

b) Zuständigkeit der auskunfterteilenden Behörde

676 Grundsätzlich muss die Amtsstelle, welche die Auskunft gab, zur Auskunftserteilung zuständig gewesen sein. Soweit nicht eine besondere Regelung vorliegt, schliesst die Kompetenz zum Entscheid auch diejenige zur Auskunftserteilung ein.

677 Unter dem Gesichtspunkt des Vertrauensschutzes genügt es, dass Private in guten Treuen annehmen durften, die Behörde sei *zur Erteilung der Auskunft befugt* (vgl. BGE 101 Ia 92, 100). Der Schutz des guten Glaubens fällt nur dahin, wenn die Unzuständigkeit offensichtlich, d.h. klar erkennbar war. Ob dies zutrifft, muss aufgrund objektiver und subjektiver Elemente beurteilt werden. Objektiv fällt vor allem die Natur der gegebenen Auskunft und die Rolle der sie erteilenden Auskunftsperson in Betracht; subjektiv muss einer allfälligen besonderen Stellung oder Befähigung der Betroffenen, welche ihnen die Erkennbarkeit der Unzuständigkeit erleichterte, Rechnung getragen werden (BGE 129 II 361, 382; 114 Ia 105, 109 [vgl. Rz. 686]).

Beispiele:

678 – Im vorne (Rz. 674) angeführten BGE 98 Ia 460 ff. lag keine Auskunft der für die Bewilligungserteilung zuständigen Behörde vor.

679 – Das Eidgenössische Justiz- und Polizeidepartement lehnte ein Gesuch um erleichterte Einbürgerung gemäss dem früheren Art. 27 des BüG ab, da die Gesuchstellerin das Erfordernis des zehnjährigen Wohnsitzes infolge eines mehrmonatigen Englandaufenthaltes nicht erfüllte. Der – nach der damaligen Regelung zuständige – Bundesrat hiess die dagegen erhobene Beschwerde gut und gewährte die erleichterte Einbürgerung. Die Beschwerdeführerin hatte sich erwiese-

nermassen beim Kontrollbüro Basel-Stadt der kantonalen Fremdenpolizei erkundigt, ob der geplante Englandaufenthalt ihrer erleichterten Einbürgerung hinderlich sei. Diese Behörde hatte die Frage verneint. Nach Ansicht des Bundesrates durfte die Beschwerdeführerin annehmen, dass die Zuständigkeit des Kontrollbüros gegeben sei, da sie sich als Ausländerin seit Jahren stets an diese Stelle zu wenden hatte. Es wäre Sache des Kontrollbüros gewesen, die Beschwerdeführerin an die zuständige Stelle zu verweisen (Entscheid des Bundesrates, ZBl 69 [1968] 417, 419).

- Die Auslandschweizerin B. unterschrieb beim örtlich zuständigen Konsulat eine Beitrittserklä- 680
rung zur freiwilligen AHV/IV für Auslandschweizer. Die Schweizerische Ausgleichskasse bestätigte die Aufnahme und fügte die Bemerkung bei, nach geltendem Recht hätten nur Personen Anspruch auf eine Rente, die während mindestens eines vollen Jahres Beiträge geleistet haben. Das Konsulat stellte Frau B. diese Aufnahmebestätigung der Schweizerischen Ausgleichskasse «zur Kenntnis» zu mit der Aufforderung, auf dem beigelegten Fragebogen Einkommen und Vermögen für die Bemessung der Beiträge zu deklarieren. Falls Frau B. keine Erwerbstätigkeit ausüben sollte, sei dies unter «Bemerkungen» anzugeben, z.B. durch «nicht-erwerbstätige Witwe». Frau B. erklärte gegenüber dem Konsulat auf dem entsprechenden Formular alle 2 Jahre, nicht-erwerbstätige Witwe zu sein. Nach Erreichen des Rentenalters von Frau B. erliess die Schweizerische Ausgleichskasse eine Verfügung, mit welcher sie die Ausrichtung der beantragten Rente ablehnte, da die minimale Beitragsdauer von einem Jahr nicht erfüllt sei. Die Rekurskommission der AHV hiess den Rekurs von Frau B. gut. Das Bundesgericht bestätigte diesen Entscheid mit der Begründung, schweizerische Auslandvertretungen seien zur Erteilung von Auskünften über die Beitrittsmöglichkeit zur freiwilligen AHV befugt. Auslandschweizerinnen und -schweizer seien praktisch ausschliesslich auf die Auslandvertretungen angewiesen, um zu einer kompetenten Information über die freiwillige AHV/IV zu kommen. Frau B. habe den Hinweis des Konsulats, wonach sie auf dem Formular «nicht-erwerbstätige Witwe» schreiben könne, in guten Treuen dahin verstehen können, dass sie auch ohne Beitragsleistung dereinst eine Rente werde beziehen können (BGE 121 V 65 ff.).
- Zur Frage der Erkennbarkeit der Zuständigkeit für die Zusicherung einer bestimmten Besol- 681
dung vgl. das Urteil des Verwaltungsgerichts des Kantons Zürich, ZBl 100 [1999] 637, 640 f.

c) Vorbehaltlosigkeit der Auskunft

Eine Auskunft begründet schutzwürdiges Vertrauen nur, wenn sie *vorbehaltlos* erteilt 682
worden ist. Nicht schutzwürdig ist das Vertrauen Privater in eine Auskunft, wenn die Behörde wenigstens dem Sinn nach klar zum Ausdruck bringt, dass sie sich nicht festlegen will.

Beispiele: 683
- Die Auskünfte der Steuerbehörde erfolgen oft unter dem Vorbehalt des späteren Veranlagungs- und Rekursverfahrens.
- BGE 98 Ia 460, 463 (vgl. Rz. 674): Die Auskunft des Sachbearbeiters war unter dem Vorbehalt, dass der Gesamtregierungsrat zum Entscheid zuständig sei, erfolgt.

d) Unrichtigkeit der Auskunft nicht erkennbar

Geschützt werden nur *gutgläubige Private*. Wer die Unrichtigkeit einer behördlichen 684
Auskunft kannte oder hätte erkennen sollen, kann sich nicht auf sein Vertrauen berufen. An die aufzuwendende Sorgfalt darf allerdings kein allzu strenger Massstab gelegt werden. Das Vertrauen des Adressaten ist erst dann nicht mehr gerechtfertigt, wenn er deren Unrichtigkeit ohne Weiteres hat erkennen können. Dabei kommt es entscheidend auf die Kenntnisse und Erfahrung des Adressaten an. An die Sorgfaltspflicht Rechtskundiger

sind erhöhte Anforderungen zu stellen (BGE 135 III 489, 494; 134 I 199, 203; 127 I 31, 36; vgl. auch Rz. 656).

Beispiele:

685 – Im vorne (Rz. 680) angeführten BGE 121 V 65 ff. war die Unrichtigkeit der Auskunft des Konsulats nicht erkennbar. Die Schweizerische Ausgleichskasse fügte zwar der Aufnahmebestätigung die Bemerkung bei, dass nach geltendem Recht nur Personen Anspruch auf eine Rente haben, die während mindestens eines vollen Jahres Beiträge geleistet haben. Das Konsulat stellte die Aufnahmebestätigung Frau B. «zur Kenntnis» zu. Es teilte Frau B. jedoch mit, falls sie keine Erwerbstätigkeit ausübe, könne sie einen entsprechenden Hinweis auf dem Formular zur Deklaration der Einkommens- und Vermögensverhältnisse anbringen. Daraus durfte Frau B. schliessen, sie werde auch ohne Beitragsleistungen rentenberechtigt; der Hinweis der Schweizerischen Ausgleichskasse gelte für sie wegen ihrer besonderen Stellung nicht. Dass sie alle zwei Jahre das Formular mit dem Hinweis «nicht-erwerbstätige Witwe» ausgefüllt hatte, ohne dass die Frage der Mindestbeitragsdauer nochmals zur Sprache gekommen war, hatte sie in ihrem Vertrauen auf die Richtigkeit der Auskunft des Konsulates noch bestärkt. Siehe auch Entscheid der Rekurskommission für ausländische Entschädigungen (VPB 64 [2000] Nr. 26) betreffend eine Auskunft des Eidg. Departements für auswärtige Angelegenheiten über die Sozialversicherungsansprüche einer Auslandschweizerin, deren Unvollständigkeit sie nicht erkennen musste, obwohl sich die richtige Auskunft aus einem amtlich publizierten Erlass (allgemein verbindlicher Bundesbeschluss) ergab. Das Departement hätte die Auslandschweizerin über die sich aus diesem Bundesbeschluss ergebenden Ansprüche informieren müssen.

686 – Die X. AG, die sich mit der Erschliessung von Grundstücken beschäftigt, erstellte eine bewilligte Mauer, überschritt dabei aber die erlaubten Masse. Das zuständige Baudepartement ordnete am 18. März 1983 die Beseitigung der unbewilligten Mauerteile an. Die Beseitigungsverfügung sah die Möglichkeit einer Beschwerde innerhalb von 30 Tagen vor. Die X. AG ersuchte im Rahmen einer Unterredung mit zwei Beamten des Baudepartements um Erstreckung dieser Frist, was ihr – allerdings unzulässigerweise, da es sich um eine nicht erstreckbare gesetzliche Frist handelte – mündlich zugesichert wurde. Die Beschwerdekommission trat auf die am 30. Mai 1983 eingereichte Beschwerde wegen Verspätung jedoch nicht ein. Das Bundesgericht ging davon aus, dass die X. AG eine eindeutige Zusicherung erhalten hatte, und prüfte die Frage, ob die Gesellschaft hätte bemerken sollen, dass die Zusicherung falsch war. Es stellte fest, dass grundsätzlich jeder Jurist wissen müsse, dass keine Behörde eine gesetzliche Beschwerdefrist erstrecken könne. Die Erfahrung zeige jedoch, dass sich nicht nur Laien, sondern auch Beamte in diesem Punkt oft täuschten. Im zu beurteilenden Fall hätten die beiden Beamten des Baudepartements offensichtlich selber eine Erstreckung oder Verlängerung der Frist für möglich gehalten. Die X. AG ihrerseits sei zwar eine Gesellschaft, die sich mit der Erschliessung von Grundstücken beschäftige und in dieser Eigenschaft mit den hauptsächlichsten baupolizeilichen Vorschriften, insbesondere mit den Formvorschriften im Rahmen von Baubewilligungen, vertraut sein müsse. Man könne hingegen nicht von ihr erwarten, dass sie alle Probleme der Rechtsmittelverfahren meistere, mit denen sie sich nicht täglich zu befassen habe. Die Vorschrift, dass eine gesetzliche Frist nicht erstreckt werden könne, sei nur scheinbar einfach. Sie enthalte Ausnahmen und Abschwächungen. Es sei deshalb unverhältnismässig streng, der X. AG vorzuwerfen, nicht besser als die beiden Beamten gewusst zu haben, dass die Erstreckung der Beschwerdefrist rechtlich unwirksam gewesen sei. Das Bundesgericht hiess daher die Beschwerde der X. AG wegen Missachtung des Prinzips des Vertrauensschutzes gut (BGE 114 Ia 105, 109 f.).

687 – ETH-Student X. hatte im März 1998 zum wiederholten Mal die 1. Vorprüfung der Abteilung für Turn- und Sportlehrer an der ETH Zürich nicht bestanden und wurde deshalb endgültig abgewiesen. Er focht diesen Entscheid mit Beschwerde beim ETH-Rat an. X. hatte die Prüfung abgelegt, obwohl er aufgrund einer Krankheit einen Verschiebungsgrund hätte geltend machen können. Seinen Angaben zufolge hatte er dies unterlassen, weil er sich auf eine Auskunft des Abteilungssekretariats verlassen habe, wonach die Verschiebung einer Prüfung nur bei Unfall, nicht aber bei Krankheit möglich sei. Er habe daher im Vertrauen auf diese Auskunft die Prüfung trotz Krankheit absolviert. Der ETH-Rat verneinte das Vorliegen eines Vertrauenstatbestandes und wies die Beschwerde ab. X. hätte den allgemeinen Weisungen zu den Prüfungen,

die an alle Kandidaten versandt wurden, entnehmen können, dass eine Verschiebung auch bei Krankheit möglich sei. Von einem Prüfungskandidaten müsse erwartet werden, dass er die Weisungen über die zu absolvierenden Prüfungen kenne. Er hätte sich demnach auch nicht in guten Treuen auf die unrichtige Auskunft verlassen dürfen, dass die Verschiebung einer Prüfung nur bei Unfall, nicht auch bei Krankheit möglich sei, dies umso weniger, als eine solche Auskunft offensichtlich unvernünftig gewesen wäre (Entscheid des ETH-Rates, ZBl 101 [2000] 139, 142 und VPB 63 [1999] Nr. 48).

e) Nachteilige Disposition aufgrund der Auskunft

Der Adressat muss im Vertrauen auf die Richtigkeit der Auskunft eine *Disposition* getroffen oder unterlassen haben, die er nicht oder jedenfalls *nicht ohne Schaden rückgängig* machen oder nachholen kann. 688

Die behördliche Auskunft muss für die nachteilige Disposition kausal gewesen sein. 689 Die *Kausalität* fehlt, wenn der Adressat sich auch ohne diese Auskunft für die Massnahme entschieden hätte (vgl. auch Rz. 663). Der Kausalitätsbeweis darf schon als geleistet gelten, wenn es aufgrund der allgemeinen Lebenserfahrung als *glaubhaft* erscheint, dass sich der Adressat ohne die fragliche Auskunft anders verhalten hätte (BGE 121 V 65, 67; vgl. ebenfalls Sozialversicherungsgericht des Kantons Zürich, Urteil BV.2006.00085 vom 21. April 2008 E. 2.4.1).

Beispiele:

- Eine nachteilige Disposition liegt vor, wenn jemand ein Grundstück kauft, nachdem die zuständige Behörde eine positive Auskunft über die Überbauungsmöglichkeiten erteilt hat, und es sich später herausstellt, dass das Grundstück nicht überbaut werden kann. Vgl. auch BGE 114 Ia 209, 215 (Rz. 660). 690
- Die unrichtige Auskunft betreffend Übernahme des Schulgeldes (vgl. Rz. 673) veranlasste die Tochter des W. zum Eintritt in die Kantonsschule Zug. Das stellt eine Disposition dar, die nicht ohne Schaden wieder rückgängig gemacht werden konnte. 691
- Im vorne (Rz. 680 und 685) angeführten BGE 121 V 65, 70 f. unterliess es die Beschwerdeführerin, für ein Jahr die Erwerbstätigkeit aufzunehmen. Als Dispositionen gelten auch Unterlassungen, sofern die Auskunft für die Unterlassung ursächlich war. Es ist anzunehmen, dass Frau B. eine Arbeit für mehr als 11 Monate für sich gesucht (und auch gefunden) hätte, wenn ihr bewusst gewesen wäre, dass nur dieses Vorgehen ihren Rentenanspruch hätte sichern können. 692
- Ausländische Staatsangehörige, die im Genuss diplomatischer Vorrechte und Befreiungen oder besonderer steuerlicher Vergünstigungen stehen, können nicht der AHV unterstellt werden. Wurden sie trotzdem irrtümlicherweise in die Versicherung aufgenommen und haben sie AHV-Beiträge bezahlt, so reicht es nicht aus, ihnen die Beiträge zurückzuerstatten, sondern es ist ihnen der Versicherungsschutz zu gewähren. Auch hier liegt die nachteilige Disposition in einer Unterlassung: Bei richtigem Verhalten der Behörden hätten sie zum damaligen Zeitpunkt anderweitige private Vorsorgemassnahmen getroffen (BGE 110 V 145, 155 ff.). 693
- Ein Generalunternehmer erhielt von der Eidgenössischen Steuerverwaltung eine zweite Ergänzungsabrechnung, mit welcher ihm eine deutlich höhere Nachzahlung auferlegt wurde. In der Beschwerde an das Bundesverwaltungsgericht machte er geltend, er habe auf die Richtigkeit der ersten Abrechnung vertraut. Die Beschwerde wurde jedoch abgewiesen, weil der Generalunternehmer die nachgeforderten Steuern schon bei der ersten Ergänzungsabrechnung nicht auf seine Kunden abgewälzt hatte. Die zweite korrigierte Abrechnung war daher nicht kausal für seine unterlassene Disposition (BVGer, Urteil A-1366/2006 vom 28. Februar 2007 E. 3). 694

f) Keine Änderung des Sachverhaltes oder der Gesetzgebung

695 Die Auskunft ist nur in Bezug auf den Sachverhalt, wie er der Behörde zur Kenntnis gebracht wird, verbindlich. Ändert sich die tatsächliche Situation massgeblich, so hat die Behörde den neuen Sachverhalt zu beurteilen und ist an ihre früheren Aussagen nicht mehr gebunden. Behördliche Auskünfte stehen sodann unter dem stillschweigenden Vorbehalt der Rechtsänderung. Ändert sich die Gesetzgebung, können sich Private nicht auf eine frühere Auskunft berufen, es sei denn, die auskunftserteilende Behörde sei für die Rechtsänderung selber zuständig und die Auskunft sei gerade im Hinblick auf diese Änderung erteilt worden, oder die Behörde hätte die Pflicht zur Orientierung auch über die möglichen Rechtsänderungen gehabt (vgl. dazu auch REICH/UTTINGER, S. 166 f.).

Beispiele:

696 – Eine früher vom Buchhalter einer Berufsschule erteilte Auskunft über das Einkommen einer Lehrerin steht einer späteren Änderung der Besoldungsregelung nicht entgegen (BGE 118 Ia 245, 253 f.).

697 – Eine über 15 Jahre alte Zusicherung betreffend die Überbaubarkeit eines Grundstückes ist wegen wiederholter Änderung des massgebenden Bundesrechts und des langen Zeitablaufes unverbindlich (BGE 119 Ib 138, 145 f.).

698 – Der Umstand, dass die Grundlagen für die Einreihung in eine Besoldungsklasse während der Anstellungsverhandlungen mit einem Bewerber für eine Stelle im öffentlichen Dienst erst im Entstehen begriffen waren, ist vergleichbar mit einer nachträglichen Rechtsänderung, welche die Berufung auf Vertrauensschutz ausschliesst (Urteil des Verwaltungsgerichts des Kantons Zürich, ZBl 100 [1999] 637, 641 f.).

g) Überwiegen des Interesses am Schutz des Vertrauens in die unrichtige Auskunft gegenüber dem Interesse an der richtigen Rechtsanwendung

699 Auch wenn die Voraussetzungen für den Schutz des Vertrauens der Privaten in eine unrichtige Auskunft erfüllt sind, bleibt abzuwägen, ob ausnahmsweise das öffentliche Interesse an der richtigen Rechtsanwendung nicht dennoch dem Vertrauensschutz vorzugehen hat (BGE 114 Ia 209, 215 f.; 101 Ia 328, 331; Entscheid des Regierungsrates des Kantons Aargau betreffend Überwiegen des Interesses an der richtigen Rechtsanwendung im Bereich der politischen Rechte, ZBl [1985] 260, 265 f.; in gewissen Entscheidungen wird die Interessenabwägung allerdings nicht ausdrücklich vorbehalten, vgl. TSCHANNEN/ZIMMERLI/MÜLLER, S. 166 f.). In einem solchen Fall besteht aber allenfalls Anspruch auf Schadenersatz (vgl. auch Rz. 664 ff. und Rz. 706 ff.).

5. Rechtswirkungen des Vertrauensschutzes

a) Allgemeines

700 Das Prinzip des Vertrauensschutzes soll verhindern, dass die Privaten infolge ihres Vertrauens in das Verhalten von Behörden einen Nachteil erleiden. Der Vertrauensschutz führt zu unterschiedlichen Rechtsfolgen: Er kann in der Form des sog. *Bestandesschutzes* eine Bindung der Behörden an die Vertrauensgrundlage bewirken oder aber den Privaten einen *Entschädigungsanspruch gegenüber dem Staat* verschaffen. In der

schweizerischen Rechtsprechung steht der Bestandesschutz im Vordergrund. Dominiert das Interesse am Vertrauensschutz eindeutig gegenüber dem Interesse an der Gesetzmässigkeit, so ist die Vertrauen erweckende Anordnung aufrechtzuerhalten. Diese Lösung dürfte auch den Interessen der Privaten entsprechen, denen in der Regel mit der Verbindlichkeit der Vertrauensgrundlage, in die sie ihre Erwartungen gesetzt haben, besser geholfen ist als mit einer Entschädigung.

b) Bindung an die Vertrauensgrundlage

Die Bindung einer Behörde an die Vertrauensgrundlage bedeutet, dass Auskünfte und Zusagen trotz ihrer Unrichtigkeit verbindlich werden, dass Verfügungen nicht mehr zurückgenommen oder widerrufen werden können (vgl. Rz. 1231 ff.), dass eine Praxisänderung oder Planänderung unterbleiben muss oder dass einer gesetzwidrigen Verordnung Verbindlichkeit zukommt. 701

Beispiele:

- Die Frage der Bindung an die Vertrauensgrundlage stellte sich in einem Fall, in dem eine Baubewilligung stillschweigend an die Bedingung der nachfolgenden Erteilung einer Rodungsbewilligung geknüpft wurde. Die Rodungsbewilligung wurde jedoch in der Folge verweigert. Das Bundesgericht erachtete die Voraussetzungen des Vertrauensschutzes angesichts der gesamten Umstände als erfüllt. Denn die Gemeinde hatte vor dem Grundstückkauf schriftlich eine Zusicherung der Bebaubarkeit abgegeben; mindestens zweimal hatte der Regierungsrat, der auch obere kantonale Aufsichtsbehörde über die Forstpolizei ist, die Zuordnung der Parzelle zur Bauzone bestätigt; eine entsprechende Rodungsbewilligung war dem Eigentümer einer gleichartigen, angrenzenden Parzelle erteilt worden; das Verhalten der Forstpolizeibehörden durfte von der Betroffenen als Bestätigung aufgefasst werden. Gestützt auf das Vertrauensschutzprinzip bejahte das Bundesgericht den Anspruch der Beschwerdeführerin auf Erteilung der Rodungsbewilligung und Baubewilligung (BGE 108 Ib 377, 385 ff.). 702
- In einem Entscheid aus dem Jahre 1981 erklärte das Bundesgericht die brieflichen Zusicherungen, die eine Pensionskasse einem Universitätsprofessor im Hinblick auf seinen Rücktritt bezüglich seiner Pensionsansprüche abgegeben hatte, für verbindlich, da die Voraussetzungen für die Anwendung des Vertrauensgrundsatzes erfüllt seien (BGE 107 Ia 193, 194 ff.). 703

c) Wiederherstellung von Fristen

Haben sich Private in berechtigtem Vertrauen auf eine falsche Rechtsmittelbelehrung verlassen und deshalb eine gesetzliche Frist verpasst, so kann der erlittene Rechtsnachteil durch die Wiederherstellung der Frist behoben werden. Dies gilt auch, wenn sich Private aufgrund einer unrichtigen Auskunft zunächst an eine falsche Instanz gewandt und deshalb eine Frist nicht eingehalten haben. Dagegen kann eine falsche Rechtsmittelbelehrung den Rechtsmittelweg nicht ändern oder ein Rechtsmittel schaffen, das im Gesetz nicht vorgesehen ist (vgl. Rz. 629). 704

Ob auch verpasste materiell-rechtliche Fristen, d.h. Fristen, bei deren Ablauf ein materieller Rechtsanspruch verwirkt ist – z.B. die Frist für erleichterte Einbürgerung oder Wiedereinbürgerung –, wieder hergestellt werden können, hat das Bundesgericht in BGE 105 Ib 154, 157 ff. im Zusammenhang mit der Frist für die Einreichung eines Wiedereinbürgerungsgesuches offen gelassen. Dies ist aber grundsätzlich zu bejahen, falls 705 keine gewichtigen öffentlichen Interessen entgegenstehen (so auch der Entscheid der Rekurskommission für ausländische Entschädigungen, VPB 64 [2000] Nr. 26 E. 5e).

d) Entschädigung von Vertrauensschäden

706 Der finanzielle Ausgleich von Vertrauensschäden kommt vor allem dann in Betracht, wenn vermögenswerte Interessen Privater durch die im Vertrauen auf behördliches Verhalten getroffenen Massnahmen beeinträchtigt werden. Früher wurde die Möglichkeit, einen Ersatz des Vertrauensschadens zu gewähren, verneint. Auch heute kommt ihr eine eher geringe praktische Bedeutung zu, da Entschädigungen ohne spezielle gesetzliche Grundlage nur sehr zurückhaltend zugesprochen werden. Bloss wenn die Bindung an die Vertrauensgrundlage wegen überwiegender öffentlicher Interessen nicht in Frage kommt, d.h. das Gemeinwesen auf Regelungen, Entscheide oder Zusicherungen zulässigerweise zurückkommt, kann es sich rechtfertigen, gewisse durch die Betroffenen gestützt auf das vertrauensbegründende Verhalten vorgenommene Aufwendungen zu entschädigen (BGE 132 II 218, 228 f.; 125 II 431, 438 f.; 122 I 328, 340). Das gilt auch dann, wenn die Einreichung eines bestimmten Baugesuches Anlass zur Änderung der baurechtlichen Vorschriften gegeben hat, weil die Baubehörden die Ausführung des Bauvorhabens auf diese Weise verhindern wollten (Verwaltungsgericht des Kantons Luzern, Urteil vom 5. Dezember 2006 E. 4.a ff. = ZBl 108 [2007] 618, 624 ff.; vgl. auch das Beispiel in Rz. 707). Wird die Zusicherung einer Geldleistung, z.B. einer Subvention, widerrufen, so muss dieser Widerruf selbst wegen Verstosses gegen das Vertrauensschutzprinzip angefochten werden; die Geltendmachung eines vertrauensschutzrechtlichen Entschädigungsanspruchs bildet in einem solchen Fall keine sinnvolle Alternative zum Bestandesschutz (vgl. Urteil des Bundesgerichts, ZBl 97 [1996] 91 ff.).

Beispiele:

707 – B. beabsichtigte, seinen Bauernbetrieb aufzugeben und das Land einer Grossüberbauung zuzuführen. Während der Projektierungsarbeiten wurde das ursprünglich der Wohnzone zugewiesene Land ausgezont. B., einige andere Grundeigentümer sowie der beauftragte Architekt verlangten von der Gemeinde eine Entschädigung für den Minderwert des Landes und für die nutzlos gewordenen Planungskosten. Das Bundesgericht lehnte eine Entschädigung aus materieller Enteignung ab, da es eine solche im vorliegenden Fall als nicht gegeben erachtete. Es bejahte jedoch die grundsätzliche Möglichkeit, dass in Fällen, in denen weder eine formelle noch eine materielle Enteignung vorliegt, ein Anspruch auf Ersatz von Projektierungskosten aufgrund des Prinzips des Vertrauensschutzes aus Art. 9 BV (damals Art. 4 Abs. 1 der aBV) bestehen kann, sofern bestimmte Voraussetzungen erfüllt sind. «Dabei ist davon auszugehen, dass das Prinzip des Vertrauensschutzes gemäss der ständigen Rechtsprechung des Bundesgerichts einer Änderung des geltenden Rechts nicht entgegensteht (BGE 107 Ia 35, 36, mit Verweisungen). Eine Entschädigung kann daher nur unter qualifizierten Voraussetzungen in Frage kommen, wie sie gegeben sind, wenn in wohlerworbene Rechte eingegriffen, von ausdrücklichen Zusicherungen des Gesetzgebers abgewichen oder zur gezielten Verhinderung eines bestimmten Vorhabens, das verwirklicht werden könnte, in nicht voraussehbarer Weise eine Rechtsänderung beschlossen wird.» Das Bundesgericht stellte anschliessend fest, dass im zu beurteilenden Fall die Voraussetzungen einer Entschädigungspflicht nach Art. 9 BV (damals Art. 4 Abs. 1 der aBV) nicht erfüllt waren (BGE 108 Ib 352, 358; vgl. auch BGE 117 Ib 497, 500 f., betreffend Anspruch auf Ersatz von Planungskosten, die infolge einer Änderung der Bauvorschriften nutzlos geworden sind).

708 – Im Falle einer Nicht-Einzonung eines grob erschlossenen Grundstücks, für das ein gewässerschutzkonformes Kanalisationsprojekt bestand, entschied das Bundesgericht, dass die im Ver-

trauen auf die Überbaubarkeit des Grundstücks vom Eigentümer getätigten Aufwendungen als Vertrauensschaden zu entschädigen seien. Im konkreten Fall war allerdings bereits aus materieller Enteignung eine Entschädigung geschuldet (vgl. BGE 125 II 431, 438 f.).

Der Erlass einer fehlerhaften Verfügung allein führt noch nicht zur haftungsrechtlichen Widerrechtlichkeit des behördlichen Verhaltens, da deren Mängel durch Anfechtung auf dem ordentlichen Rechtsweg korrigiert werden können. Erst mit dem Widerruf der Ursprungsverfügung wird die auf grundsätzlich rechtmässiges behördliches Verhalten zugeschnittene *Vertrauenshaftung* des Gemeinwesens ausgelöst. Ersetzt wird im Gegensatz zur allgemeinen Staatshaftung nicht der Schaden, der aus der fehlerhaften Verfügung erwächst, sondern bloss der sog. *Vertrauensschaden, d.h. die nutzlos gewordenen Aufwände* (hierzu Rz. 706), die aufgrund des Vertrauens in behördliches Verhalten (z.B. einer Baubewilligung) getätigt worden sind. In diesen Fällen ist der Betroffene – anders als bei der allgemeinen Staatshaftung, wo der Grundsatz der Einmaligkeit des Rechtsschutzes gilt (vgl. Rz. 2133) – nicht verpflichtet, zunächst den Widerruf anzufechten und den gesamten Instanzenzug zu durchlaufen. Bei der Vertrauenshaftung wird auch nur das negative (Vertrauens-)Interesse ersetzt, womit der oder die Betroffene so zu stellen ist, wie wenn die fehlerhafte Verfügung *nie erlassen worden wäre* (BGer, Urteile 2C_960/2013 und 2C_968/2013 vom 28. Oktober 2014 = ZBl 116 [2015] 376 ff.; vgl. auch BGE 133 II 400 ff.). 709

e) Übergangsregelungen

Mit der Festsetzung von Übergangsregelungen und angemessenen Übergangsfristen kann der Gesetzgeber – aber auch die rechtsanwendende Behörde bei einer beabsichtigten Praxisänderung – dem Vertrauen der Privaten in den bisherigen Rechtszustand Rechnung tragen (vgl. auch Rz. 641 ff.). 710

Beispiel: 711

In der Gemeinde Zollikofen (BE) wurde am 21. Mai 2006 eine Volksinitiative angenommen, welche zum Ziel hatte, die Jahresentschädigung für den vollamtlichen Gemeindepräsidenten auf 150'000.– Franken zu begrenzen. Im Initiativtext wurde eine Inkraftsetzung «auf den nächstmöglichen Termin» verlangt. Das Gemeindeparlament beschloss, die neue Gehaltsregelung auf den 1. Januar 2009 in Kraft zu setzen mit der Begründung, dass die Lohnkürzung erst auf Beginn der nächsten Amtsperiode (2009–2012) erfolgen sollte. Eine Änderung der Besoldung vor Ablauf der Amtsperiode wäre gegenüber der betroffenen Magistratsperson treuwidrig und verfassungsverletzend. Gegen diesen Entscheid erhoben Personen aus dem Kreis der Initianten Beschwerde. Der Regierungsrat des Kantons Bern wies die Gemeinde an, die neuen Bestimmungen über die Besoldung auf den 1. Oktober 2007 in Kraft zu setzen. Diesen Beschluss zog die Einwohnergemeinde Zollikofen an das Bundesgericht weiter, das festhielt, Lohnkürzungen im öffentlich-rechtlichen Dienstverhältnis seien grundsätzlich auch ohne Einhaltung der Kündigungsfristen möglich. Es könne aber verfassungsrechtlich geboten sein, bei derartigen Lohnkürzungen eine Übergangsfrist vorzusehen. Die Notwendigkeit und die Ausgestaltung der Übergangsbestimmungen seien in erster Linie nach den Grundsätzen der rechtsgleichen Behandlung und des Vertrauensschutzes zu beurteilen; dem Gesetzgeber stehe diesbezüglich ein weiter Spielraum des Ermessens zu. Diese Grundsätze müssten auch für auf Amtsdauer gewählte Behördenmitglieder gelten. Die vom Regierungsrat angeordnete Übergangsfrist bezeichnete das Bundesgericht als angemessen, dies umso mehr, als sie im Ergebnis mehr als ein Jahr betragen hatte (BGer, Urteil 1C_230/2007 vom 11. März 2008 E. 4.3 ff. = ZBl 110 [2009] 258, 262 ff.).

IV. Verbot widersprüchlichen Verhaltens

1. Verbot widersprüchlichen Verhaltens der Verwaltungsbehörden

712 Die Verwaltungsbehörden dürfen sich gegenüber anderen Behörden oder Gemeinwesen und gegenüber Privaten nicht widersprüchlich verhalten. Sie dürfen insbesondere nicht einen einmal in einer bestimmten Angelegenheit eingenommenen Standpunkt ohne sachlichen Grund wechseln.

713 Widersprüchliches Verhalten der Verwaltungsbehörden verstösst gegen Treu und Glauben (Art. 5 Abs. 3 BV). Wenn die Privaten auf das ursprüngliche Verhalten der Behörden vertraut haben, stellt ein widersprüchliches Verhalten dieser Behörden eine Verletzung des Vertrauensschutzprinzips (Art. 9 BV) dar. Eine Unterscheidung zwischen dem Verbot widersprüchlichen Verhaltens und dem Vertrauensschutzprinzip fällt schwer (BEATRICE WEBER-DÜRLER, Neuere Entwicklungen des Vertrauensschutzes, S. 282 f.). GÄCHTER (S. 191 f.) sieht sie darin, dass beim Vertrauensschutz in der Regel die Vertrauensgrundlage in Widerspruch zum objektiven Recht steht, während sich widersprechende Handlungen der Behörden rechtmässig sind (z.B. Anwendung zweier sich ausschliessender Methoden zur Ermittlung des Sachverhaltes oder der Auslegung). Die Behörde darf jedenfalls nur unter bestimmten Voraussetzungen auf eine durch ihr ursprüngliches Verhalten geschaffene Vertrauensgrundlage zurückkommen oder an die von ihr selbst veranlasste Vertrauensbetätigung eines Privaten Nachteile knüpfen (vgl. Rz. 627 ff.).

Beispiele:

714 – Wird ein Gesuch um Opferhilfe zurückgewiesen mit der Aufforderung, den Schaden genau anzugeben, ohne dass weitere Angaben zum Unfallhergang verlangt werden, so verstösst es gegen Treu und Glauben, wenn das Gesuch wegen Fehlen dieser zusätzlichen Angaben abgelehnt wird (BGE 126 II 97, 104 f.).

715 – Bei der Besteuerung von Gesellschaften ist nicht stets die von den Beteiligten gewählte zivilrechtliche Rechtsform ausschlaggebend, sondern es darf unter bestimmten Voraussetzungen auf den wirtschaftlichen Sachverhalt abgestellt werden. Die Behörden müssen sich aber laut Bundesgericht für das eine oder andere System entscheiden. «Lassen sie sich in der nämlichen Sache einmal von der Rücksicht auf die äussere juristische Form eines Unternehmens und dann wieder von der wirtschaftlichen Betrachtungsweise leiten, so setzen sie sich zu sich selbst in Widerspruch und verletzen damit Art. 4 [a]BV [neu Art. 9 BV]» (BGE 103 Ia 20, 23).

716 – Ein Untersuchungsrichter, der einer in Untersuchungshaft befindlichen Person die Entlassung gegen Kaution in Aussicht stellt, verstösst nicht gegen das Verbot widersprüchlichen Verhaltens, wenn er den als Kaution überwiesenen Betrag beschlagnahmt, weil er vermutet, dass er deliktisch erworben worden ist (BGE 121 I 181, 183 f.).

2. Verbot widersprüchlichen Verhaltens der Privaten

717 Auch die Privaten sind im Rechtsverkehr mit den staatlichen Behörden an den Grundsatz von Treu und Glauben gebunden (Art. 5 Abs. 3 BV). Widersprüchliches Verhalten der Privaten findet keinen Rechtsschutz. Widersprüchlich handeln beispielsweise diejenigen, die eine gegebene Zusage oder Einwilligung, die zur Erlangung einer sie begünstigenden Verfügung geführt hat, später ausdrücklich oder stillschweigend in Abrede

stellen. Die Behörden dürfen allerdings nicht in gleichem Masse auf Erklärungen und Verhaltensweisen von Privaten vertrauen wie umgekehrt die Privaten auf behördliches Verhalten (dazu GÄCHTER, S. 194 f., 201 f.). Das Vertrauen der Behörden muss durch eine vorbehaltlose Zusicherung eines Privaten, die sich auf einen zulässigen Gegenstand bezieht, begründet werden.

Beispiele:

– Grundeigentümer verstossen gegen das Verbot widersprüchlichen Verhaltens, wenn sie von einer Baubewilligung Gebrauch gemacht haben, die mit der Auflage versehen war, sich an einem künftigen Quartierplanverfahren zu beteiligen, der Gemeinde aber später die Befugnis zur Einleitung des Quartierplanverfahrens absprechen. Denn mit der Anerkennung der mit der Baubewilligung verbundenen Auflage haben sie die Gemeinde ermächtigt, das Quartierplanverfahren einzuleiten (Verwaltungsgericht des Kantons Zürich, ZBl 75 [1974] 170, 171). 718

– Der Anspruch auf mündliche Verhandlung ist in Art. 6 Abs. 1 EMRK enthalten (Anspruch auf Öffentlichkeit des Verfahrens, vgl. auch Art. 30 Abs. 3 BV). Der Parteiantrag auf mündliche Verhandlung muss im erstinstanzlichen Verfahren klar und unmissverständlich vorliegen, ansonsten wird ein Verzicht auf eine öffentliche Verhandlung angenommen (Entscheid des Eidgenössischen Versicherungsgerichts, SVR 2006 BVG Nr. 19 S. 66). Angeklagte, die eine ihnen nach kantonalem Strafprozessrecht zustehende mündliche Verhandlung im kantonalen Verfahren nicht verlangen, dann aber im Verfahren vor Bundesgericht die Missachtung des Öffentlichkeitsprinzips nach Art. 6 Ziff. 1 EMRK rügen, verstossen gegen das Verbot widersprüchlichen Verhaltens (BGE 119 Ia 221, 227 ff.; siehe auch Entscheid der Eidgenössischen Zollrekurskommission, VPB 69 [2005] Nr. 16 E. 4). Es fragt sich allerdings, ob in diesen Fällen der Wille, auf das betreffende Recht zu verzichten, genügend klar und vorbehaltlos geäussert worden ist, um das Vertrauen der Behörden zu begründen. Die Fälle wurden zum Teil auch unter dem Gesichtspunkt des Rechtsmissbrauchsverbots (Rz. 722 ff.) beurteilt. 719

Das Bundesgericht verlangt gestützt auf den Grundsatz von Treu und Glauben und das Rechtsmissbrauchsverbot, dass ein Mangel in der Zusammensetzung einer Behörde so früh wie möglich geltend gemacht wird. Wer sich stillschweigend auf ein Verfahren einlässt, verwirkt den Anspruch auf Anrufung der Ausstandsbestimmungen. Eine spanische Telekommunikationsfirma konnte deshalb die Befangenheit des Präsidenten der Eidgenössischen Kommunikationskommission (ComCom) vor Bundesgericht nicht mehr rügen. Die Mitglieder der ComCom seien öffentlich bekannt. Die Firma hätte im Jahr 2005 bei der Einreichung des Antrags auf Erteilung einer UMTS-Konzession den Mangel in der Zusammensetzung der ComCom rügen müssen und nicht erst ein Jahr später im Verfahren vor Bundesgericht (BGE 132 II 485, 496 f.). 720

Ebenso verstösst eine Partei gegen Treu und Glauben, wenn sie die verfassungswidrige Zusammensetzung eines Gerichtes erst vier Jahre nach Einleitung des Verfahrens geltend macht (BGE 136 I 207, 212). Allgemein müssen Verfahrensfehler in der Regel sofort gerügt werden (BGE 138 I 97, 100 f.). 721

V. Verbot des Rechtsmissbrauchs durch zweckwidrige Verwendung eines Rechts

Das Rechtsmissbrauchsverbot ist nach Auffassung des Bundesgerichts Teil des Grundsatzes von Treu und Glauben (BGE 137 V 82, 89; 137 V 394, 403; 110 Ib 332, 336; a.M. 722

GÄCHTER, S. 186, 304 f., der die zweckwidrige Verwendung eines Rechts und die Rechtsumgehung als Problem der Auslegung betrachtet).

723 Rechtsmissbrauch liegt insbesondere dann vor, wenn ein Rechtsinstitut zweckwidrig zur Verwirklichung von Interessen verwendet wird, die dieses Rechtsinstitut nicht schützen will (BGE 137 I 247, 252; 137 V 82, 89; 134 I 65, 72 f.; 131 II 265, 267 m.w.H.). Im Prozessrecht kann dem Rechtsmissbrauchsverbot eine ähnliche Funktion zukommen wie dem Verbot des überspitzten Formalismus (BGE 132 I 249, 253; Rz. 1051 ff.).

724 Rechtsmissbräuchlich handeln können sowohl *Private* als auch *Behörden*. Das Verbot des Rechtsmissbrauchs gilt auch im Rechtsverkehr zwischen verschiedenen Gemeinwesen.

Beispiele:

725 – Nach einer heftigen Auseinandersetzung schlug X ihren Ehemann mit einem Hammer nieder; er verschied kurze Zeit später. X wurde des Totschlags schuldig gesprochen. X verlangte die Zusprechung einer einmaligen Witwenabfindung. Die Ausgleichskasse und die Rekursbehörde lehnten das Begehren ab. X gelangte an das Eidgenössische Versicherungsgericht (heute: Bundesgericht), welches diesen Anspruch ebenfalls abwies: «Für ihren Standpunkt [der Witwe] spricht vorerst, dass sie die in Art. 24 i.V.m. Art. 23 Abs. 1 [des damaligen] AHVG statuierten Voraussetzungen erfüllt. [...] Ferner fehlen in der Tat im AHVG Bestimmungen für den Fall, dass die eine Leistungspflicht der Versicherung auslösende Ursache, nämlich das Ableben des Ehemannes, von der Witwe selber absichtlich herbeigeführt wurde. Es stellt sich deshalb die Frage, ob die erwiesene Tatsache, dass die grundlegende Voraussetzung der streitigen Abfindung, nämlich die Verwitwung, durch ein Verbrechen der Anspruchsberechtigten herbeigeführt wurde, AHV-rechtlich unbeachtlich sei.» Das Bundesgericht führte weiter aus, dass dem Gericht «der allgemein gültige Grundsatz zu Gebote [stehe], nach welchem der Rechtsschutz nicht schlechthin besteht, sondern nur im Schutze berechtigter, mit Treu und Glauben vereinbarter Interessen. Ausgehend von diesem Satz [...] ergibt sich sinngemäss der Schluss, dass derjenige, der ein Verbrechen begangen hat, daraus keine Ansprüche an die Sozialversicherung zur Deckung des ihm dadurch erwachsenen Schadens stellen kann [...]» (Entscheid des Eidgenössischen Versicherungsgerichts, EVGE 1951, S. 205, 206 ff.). Der Bundesgesetzgeber hat mit dem Erlass des Invalidenversicherungsgesetzes 1960 das AHVG entsprechend ergänzt und im damaligen Art. 18 Abs. 1 einen zweiten Satz eingefügt: «Hat eine Witwe oder Waise den Tod des Versicherten vorsätzlich oder grobfahrlässig herbeigeführt, so können die Renten dauernd oder vorübergehend verweigert, gekürzt oder entzogen werden.» Der Fall zeigt auch die Nähe zwischen Rechtsmissbrauch und Lückenfüllung (Rz. 201 ff.).

726 – Der Anwalt X. reichte beim Zürcher Regierungsrat einen Rekurs gegen einen Entscheid des Bezirksrates Uster ein. Der Rekurs war unbegründet und mit dem Antrag versehen, es sei dem Anwalt gestützt auf § 23 Abs. 2 VRG/ZH eine Nachfrist von 10 Tagen zur Begründung des Rekurses anzusetzen. § 23 VRG/ZH lautet folgendermassen: «Die Rekursschrift muss einen Antrag und dessen Begründung enthalten. [...] Genügt die Rekursschrift diesen Erfordernissen nicht, so wird dem Rekurrenten eine kurze Frist zur Behebung des Mangels angesetzt unter der Androhung, dass sonst auf den Rekurs nicht eingetreten würde.» Der Regierungsrat wies das Begehren ab und trat auf den Rekurs nicht ein. Er stellte fest, dass § 23 VRG/ZH den Zweck verfolge, eine formell mangelhafte Rekursschrift nicht von vornherein scheitern zu lassen. Dadurch sollten die Rechte von wenig rechtskundigen Rekurrenten geschützt werden. Hingegen widerspreche es dem Sinn und Zweck der Vorschrift, auch demjenigen Rekurrenten eine Nachfrist zur Verbesserung anzusetzen, der einen Mangel von vornherein erkannt habe und sogar erwähne. Dies sei eine rechtsmissbräuchliche Verlängerung der nicht erstreckbaren gesetzlichen Rechtsmittelfrist. Das Bundesgericht wies eine gegen diesen Entscheid wegen überspitzten Formalismus erhobene Beschwerde ab. Es laufe auf einen offensichtlichen Rechtsmissbrauch hinaus, wenn ein Anwalt eine bewusst mangelhafte Rechtsschrift einreiche, um damit eine Nachfrist für die Begründung zu erwirken (BGE 108 Ia 209, 210 und 212; ebenso BGE 134 V 162, 164).

- Das Recht, jederzeit ein Gesuch um Entlassung aus dem fürsorgerischen Freiheitsentzug zu stellen (Art. 397d ZGB, in der bis 31.12.2012 gültig gewesenen Fassung), wird durch das Rechtsmissbrauchsverbot eingeschränkt. Auf ein Gesuch, das wenige Tage nach Zustellung eines abweisenden Urteils des Bundesgerichts eingereicht wird, ist nicht einzutreten (BGE 130 III 729, 730 f.). 727
- Die aargauische Gemeinde H. kannte bis 1963 kein Baubewilligungsverfahren, erliess in diesem Jahr aber eine Bauordnung, die vorsah, dass für alle Neubauten eine Baubewilligung einzuholen war. Zwei Tage bevor die Gemeindeversammlung der Bauordnung zustimmte, nahm G. die Bauarbeiten an einem Wohnblock auf. Es blieb allerdings bei sehr geringfügigen Arbeiten, die zudem nur an wenigen Tagen erfolgten und rasch wieder eingestellt wurden. Der Aufforderung der Gemeinde H., ein Baugesuch einzureichen, kam G. nicht nach, sondern machte geltend, der Baubewilligungspflicht nicht zu unterstehen. Die Bauordnung sei auf ihn nicht anwendbar, da seine Baute vor deren Erlass begonnen worden sei. Sowohl der Regierungsrat des Kantons Aargau als auch das Bundesgericht warfen G. rechtsmissbräuchliches Verhalten vor. Er habe den Bau lediglich «pro forma» angefangen, um einen Tatbestand zu schaffen, der die Anwendung der Bauordnung ausschliessen sollte. Die Gemeinde habe ihn daher zu Recht der neuen Bauordnung unterstellt (Urteil des Bundesgerichts, ZBl 66 [1965] 498 f.). 728
- Die Fremdenpolizei des Kantons Solothurn verweigerte dem aus Bosnien stammenden R. die Erteilung einer Aufenthaltsbewilligung, obwohl er sich mit einer Frau verheiratet hatte, welche über die Niederlassungsbewilligung verfügt. Die Fremdenpolizei stellte fest, es liege eine Scheinehe vor. Nach dem damaligen Art. 7 Abs. 2 des ANAG (vgl. heute Art. 51 Abs. 1 lit. a AuG [Bundesgesetz über die Ausländerinnen und Ausländer]) hatten ausländische Ehegatten von Schweizer Bürgerinnen und Bürgern dann keinen Anspruch auf die ihnen zustehende Aufenthaltsbewilligung, wenn die Ehe eingegangen worden ist, um die Vorschriften über Aufenthalt und Niederlassung von ausländischen Staatsangehörigen zu umgehen. Art. 17 Abs. 2 des ANAG, der den Aufenthaltsanspruch der Ehegatten von in der Schweiz niedergelassenen ausländischen Staatsangehörigen regelte, enthielt keinen entsprechenden Vorbehalt. Dies konnte indessen nicht zur Folge haben, dass in diesem Fall die Tatsache, dass eine blosse Scheinehe vorliegt, keine Rolle spielt. Art. 7 Abs. 2 des ANAG stellte nichts anderes als eine konkrete Ausgestaltung des Rechtsmissbrauchsverbots dar, das auch im öffentlichen Recht ohne ausdrückliche Normierung allgemeine Geltung beansprucht (BGE 121 II 5 ff.). Vgl. auch BGE 127 II 49, 56 betreffend rechtsmissbräuchliche Berufung auf eine Ehe, die nur noch formell besteht mit dem Ziel, dem ausländischen Ehegatten die Anwesenheit zu ermöglichen. Nach einem Urteil des Bundesgerichts vom 28. Januar 1999 (zitiert in BGE 126 I 165, 166) ist es rechtsmissbräuchlich, wenn sich eine ausländische Ehegattin gegen die Scheidung einer Scheinehe wehrt, an deren Aufrechterhaltung sie nur festhält, um in der Schweiz bleiben zu können. 729
- Investoren, die in Deutschland wohnen und sich im Hinblick auf eine spätere Rentenleistung der AHV an einer Kommanditaktiengesellschaft beteiligen, verstossen gegen das Rechtsmissbrauchsverbot. Die AHV wurde konzipiert als Volksversicherung zur Deckung des Existenzminimums nach dem Solidaritätsprinzip. Wenn die Investoren die AHV als Finanzanlageobjekt benutzen wollen, machen sie vom Recht der Kommanditäre auf Anschluss an die AHV zweckwidrig Gebrauch (BGE 131 V 97, 102 ff.). 730
- Wer bei Einreichung einer Initiative bewusst das Prinzip der Einheit der Materie missachtet, kann die Trennung der verschiedenen, sachlich nicht zusammenhängenden Initiativbegehren zur Gültigerklärung nicht verlangen; ein solches Vorgehen stellt eine zweckwidrige und damit missbräuchliche Verwendung von demokratischen Rechten dar (BGE 129 I 381, 389 f.). 731
- Die Verwaltungsbehörden sehen sich oft mit Umgehungen konfrontiert. Eine «bloss theoretische Möglichkeit einer allfälligen künftigen Umgehung» erachtet das Bundesgericht in BGE 140 II 233 aber nicht als ausreichend, im Landwirtschaftsbereich bestimmte Leistungen nur natürlichen Personen vorzubehalten. Neben der Umgehung besteht die Möglichkeit der Behörde, die Nichtigkeit der entsprechenden öffentlich-rechtlichen oder privatrechtlichen Vorgänge festzustellen, im vorliegenden Fall die Nichtigkeit einer privatrechtlichen Familienstiftung (BGE 140 II 233, 255 ff.). 732

VI. Exkurs: Rulings

733 Insbesondere im Steuerrecht und im Handelsregisterrecht treten in der Praxis vermehrt sogenannte *«Rulings»* auf (im Handelsregisterrecht als Vorprüfung bekannt). In einem Ruling äussert sich die Behörde über ein in der Zukunft noch zu schaffendes Rechtsverhältnis. Der Private unterbreitet der Behörde dabei einen gewissen Sachverhalt zur Vorprüfung.

734 Das Bundesgericht erachtet Rulings als einen «Anwendungsfall des allgemeinen Vertrauensschutzes» (BGer, Urteil 2C_807/2014 vom 24. August 2015 E. 3.1 [zur Publikation vorgesehen]; vgl. auch BGer, Urteil 2C_529/2014 vom 24. August 2015 E. 2.1; Rechtsnatur noch offen gelassen in BVGE 2008/51 E. 2.3.2). Dies bedeutet, dass Rulings zwar nicht – wie Verfügungen – wiederrufen werden können, wenn sie sich im Nachhinein als unrichtig erweisen, dass aber das Vertrauen der Empfänger pro futuro «zerstört» werden kann (BGer, Urteil 2C_807/2014 vom 24. August 2015 E. 4.4 [zur Publikation vorgesehen]). Die übrigen Voraussetzungen des Vertrauensschutzes sind ebenfalls zu beachten, namentlich betreffend Zuständigkeit der das Ruling ausstellenden Behörde. Notwendig kann sein, dass bei einer «Kündigung» des Rulings den Betroffenen eine angemessene Übergangsfrist eingeräumt wird (BGer, Urteil 2C_807/2014 vom 24. August 2015 E. 5.2 [zur Publikation vorgesehen]). Wie andere Auskunftserteilungen der Behörde bedürfen Rulings keiner expliziten gesetzlichen Grundlage.

735 Von Rulings zu unterscheiden sind Entscheide der Behörden in *Verfügungsform,* namentlich Feststellungsverfügungen (vgl. zur Feststellungsverfügung Rz. 889 ff.). Rulings sind auch keine *Verständigungen* über einen bereits verwirklichten Sachverhalt oder (unzulässige) Steuerabkommen. In der Praxis werden aber diese Erscheinungen oft als «Rulings» bezeichnet, so dass der Begriff als «Modewort» kritisiert worden ist (PETER LOCHER, «Steuerruling» – ein problematisches Modewort, ZStP 24 [2015] 255 ff.).

2. Teil Verwaltungsrechtliche Rechtsbeziehungen

1. Kapitel
Grundlagen

§ 11 Verwaltungsrechtsverhältnisse

Literatur

CERESOLI ALESSANDRA, Die Verjährung öffentlich-rechtlicher Forderungen nach basel-städtischem Recht, BJM 39 (1992) 281 ff.; GADOLA ATTILIO R., Verjährung und Verwirkung im öffentlichen Recht, AJP 4 (1995) 47 ff.; GUCKELBERGER ANNETTE, Die Verjährung im öffentlichen Recht, Tübingen 2004; HOLZER ANDRÉ PIERRE, Verjährung und Verwirkung der Leistungsansprüche im Sozialversicherungsrecht, Diss. Freiburg, Zürich 2005; KAUFMANN MATTHIAS, Der öffentlichrechtliche Anspruch, Diss. Zürich 2015; KÖLZ ALFRED, Die Legitimation zur staatsrechtlichen Beschwerde und das subjektive öffentliche Recht, in: Jean-François Aubert/Philippe Bois (Hrsg.), Mélanges André Grisel, Neuenburg 1983, S. 739 ff., insb. S. 745 ff.; LUSTENBERGER ERIK, Die Verzichtsvereinbarung im öffentlichen Bauverfahren, Diss. Freiburg, Zürich 2008; MALACRIDA RALPH, Der Grundrechtsverzicht, Diss. Zürich 1992; MEIER THOMAS, Verjährung und Verwirkung öffentlich-rechtlicher Forderungen, Diss. Freiburg, Zürich/Basel/Genf 2013; MÜLLER LUZIUS, Die Rückerstattung rechtswidriger Leistungen als Grundsatz des öffentlichen Rechts, Diss. Basel 1978; RIEMER HANS MICHAEL, Vererblichkeit und Unvererblichkeit von Rechten und Pflichten im Privatrecht und im öffentlichen Recht, recht 24 (2006) 26 ff.; WYSS SIMONE, Das subjektive öffentliche Recht als Begriff des Bundesgerichts, Diss. Bern, Basel 2009; ZÜRCHER HANS-ULRICH, Verzugszinsen im Bundesverwaltungsrecht, Unter besonderer Berücksichtigung des Sozialversicherungsrechts, Diss. Bern 1998.

I. Begriff und Funktion des Verwaltungsrechtsverhältnisses

Verwaltungsrechtsverhältnisse sind «die von verwaltungsrechtlichen Befugnissen und Verpflichtungen geprägte[n] konkrete[n] Beziehung[en] zwischen einem Verwaltungsträger auf der einen und Privaten (oder einem anderen Verwaltungsträger) auf der anderen Seite aus Anlass und zum Zweck der unmittelbaren Erfüllung von Verwaltungsaufgaben» (TSCHANNEN, Systeme, Rz. 175; vgl. auch TSCHANNEN/ZIMMERLI/MÜLLER, S. 402 ff.). Während die Formen des Verwaltungshandelns (vgl. Rz. 841 ff.) dazu dienen, einzelne Akte der Verwaltung einem Typus mit bestimmten Rechtsfolgen zuzuordnen, wird mit der Unterscheidung zwischen verschiedenen Arten von Verwaltungsrechtsverhältnissen festgelegt, unter welchen *Voraussetzungen bestimmte Rechtsbeziehungen des Verwaltungsrechts begründet, geändert und beendet* werden können. Das Rechtsverhältnis umfasst im Gegensatz zu den Formen des Verwaltungshandelns nicht einen einzelnen Moment des Verfahrens, sondern die ganze Dauer, sozusagen den «Lebenslauf» einer Rechtsbeziehung von ihrer Entstehung bis zur Auflösung. 736

Die Verwaltungsrechtsverhältnisse werden geprägt von den Rechten und Pflichten der daran beteiligten Verwaltungsträger und Privaten. Dabei stehen sich meistens – im Gegensatz zum Privatrecht – nicht Rechte und Pflichten wechselseitig, in einem Aus- 737 tauschverhältnis, gegenüber. Die aus dem Privatrecht stammende Vorstellung, dass das Recht aus objektivem Recht und sich entsprechenden subjektiven Rechten und Pflichten bestehe, kann nicht auf das Verwaltungsrecht übertragen werden. Hier geht es primär um die *Verwirklichung des objektiven Rechts.*

II. Begriff der verwaltungsrechtlichen Pflichten und Rechte

1. Verwaltungsrechtliche Pflichten

738 Die Pflicht ist im Verwaltungsrecht von grösserer Bedeutung als im Privatrecht, da der Staat das Verhalten der Privaten nicht nur ordnen, sondern auch steuern will. Zu diesem Zweck muss er sie zu einem Tun, Dulden oder Unterlassen verpflichten.

739 Sowohl die Privaten, d.h. natürliche Personen und juristische Personen des Privatrechts, als auch der Staat (Bund, Kantone, Gemeinden) und seine Organisationen (selbstständige Anstalten, Körperschaften und Stiftungen des öffentlichen Rechts, siehe § 24) können Träger verwaltungsrechtlicher Pflichten sein. Die Trägerschaft wird durch die einzelnen verwaltungsrechtlichen Erlasse bestimmt. Dabei spielt der Begriff der zivilrechtlichen Rechtsfähigkeit (Art. 11 ff. ZGB) im Verwaltungsrecht praktisch keine Rolle.

2. Verwaltungsrechtliche Rechte

a) Subjektive öffentliche Rechte

740 In der früheren Lehre und Praxis wurde zum Teil der Begriff des subjektiven öffentlichen Rechts verwendet. Man verstand darunter die den Privaten als Rechtssubjekte zustehende rechtlich geschützte Willensmacht gegenüber dem Staat. In der Praxis des Bundesgerichts wurde der Begriff zum Teil dem Begriff des wohlerworbenen Rechts (vgl. Rz. 1237 ff. und 2336) gleichgestellt. In ähnlicher Weise spricht das Bundesgericht gelegentlich von subjektiven öffentlichen Rechten, wenn es um Berechtigungen geht, die durch eine Verfügung eingeräumt worden sind und nicht widerrufen werden können (vgl. Rz. 1231 ff.).

741 Wegen des unbestimmten Inhalts sollte der Begriff des subjektiven öffentlichen Rechts nicht verwendet werden.

b) Öffentlich-rechtliche Ansprüche

742 Ein öffentlich-rechtlicher Anspruch ist eine sich aus dem öffentlichen Recht ergebende Berechtigung, zu deren Geltendmachung den Berechtigten ein Rechtsmittel (vgl. dazu Rz. 1135 ff.) zur Verfügung steht.

743 Beispiele:

- verfassungsmässige Rechte aus der Eigentumsgarantie, der Wirtschaftsfreiheit oder der Versammlungsfreiheit;

- Recht auf Leistungen der Sozialversicherung;
- Rechte im Verwaltungsverfahren, z.B. Anspruch auf rechtliches Gehör;
- Anspruch auf Erteilung einer Polizeierlaubnis (vgl. Rz. 2661 f.).

In vielen Fällen haben Private keinen Rechtsanspruch, sondern nur gewisse Vorteile, die ihnen aus der Anwendung des objektiven Rechts erwachsen; dabei liegt kein Recht der Privaten vor. 744

Beispiele: 745

- Möglichkeit der Benutzung einer öffentlichen Strasse (vgl. aber auch Rz. 2271, 2338);
- Vorteile, die sich für die Privaten aus dem Schutz der öffentlichen Ordnung ergeben;
- Möglichkeit des Strassenanstössers zum Parkieren.

Die Unterscheidung zwischen einem öffentlich-rechtlichen Anspruch und einem blossen Vorteil ist oft schwierig. Ein öffentlich-rechtlicher Anspruch setzt eine *hinreichend konkretisierte Rechtsposition* voraus, was bedeutet, «dass die in Frage stehende Norm nicht nur allgemeinen, sondern auch individuellen Interessen zu dienen bestimmt ist» (BGE 138 I 305, 312). Die Norm hat auch die Voraussetzungen, unter denen ein bestimmter Entscheid zu ergehen hat, genügend konkret zu umschreiben, was nicht ausschliesst, dass hinsichtlich einzelner Bedingungen ein Ermessensspielraum der Behörde besteht (BGE 138 I 305, 312). 746

Bestimmte öffentlich-rechtliche Ansprüche sind von besonderer Qualität und Beständigkeit. Solche sog. *wohlerworbenen Rechte* dürfen auch vom Gesetzgeber nicht oder mindestens nicht entschädigungslos entzogen werden. Sie entstehen vor allem durch verwaltungsrechtliche Verträge (vgl. Rz. 1315) oder durch Konzessionen (vgl. Rz. 2721 ff.). 747

III. Begründung von verwaltungsrechtlichen Pflichten und Rechten

1. Begründung unmittelbar durch Rechtssatz

Die Berechtigung oder Verpflichtung kann sich unmittelbar aus einem Rechtssatz ergeben, ohne dass eine Konkretisierung durch eine Verfügung nötig wäre. 748

Die Verwaltungsbehörden müssen also nicht tätig werden, damit ein Rechtssatz für einen Privaten verpflichtend wirkt oder ein Recht begründet. 749

Beispiele: 750

- Die meisten Vorschriften des Strassenverkehrsrechts verpflichten die Verkehrsteilnehmer direkt.
- Art. 3 GSchG (Gewässerschutzgesetz) verpflichtet jedermann, alle nach den Umständen gebotene Sorgfalt anzuwenden, um nachteilige Einwirkungen auf die Gewässer zu vermeiden.
- Art. 21 Abs. 1 Satz 1 ZG (Zollgesetz) lautet: «Wer Waren ins Zollgebiet verbringt, verbringen lässt oder sie danach übernimmt, muss sie unverzüglich und unverändert der nächstgelegenen Zollstelle zuführen oder zuführen lassen.»
- Art. 10 MWSTG (Mehrwertsteuergesetz) bezeichnet das Steuersubjekt und begründet damit unmittelbar dessen Steuerpflicht.

2. Begründung durch allgemeinen Rechtsgrundsatz

751 Besondere Erwähnung verdienen die verwaltungsrechtlichen Pflichten, die nicht auf einem geschriebenen Rechtssatz eines Gesetzes oder einer Verordnung, sondern auf einem ungeschriebenen allgemeinen Rechtsgrundsatz (vgl. Rz. 145 ff.) beruhen.

3. Begründung durch Verfügung

752 Die Pflichten oder Rechte entstehen in vielen Fällen erst durch die Konkretisierung des Rechtssatzes oder des allgemeinen Rechtsgrundsatzes mittels einer Verfügung (vgl. zum Begriff der Verfügung Rz. 849 ff.).

753 Der generell-abstrakte Rechtssatz, welcher die Rechtsgrundlage für die Verfügung bildet, verpflichtet bzw. berechtigt die Privaten nur indirekt.

754 Beispiele:

- Das Recht, ein Motorfahrzeug zu lenken, hat nur, wer die gesetzlichen Voraussetzungen erfüllt *und* einen Führerausweis erworben hat.
- Die Baubewilligung berechtigt die Bauherrschaft, unter Einhaltung der in der Baubewilligung enthaltenen Verpflichtungen, eine Baute zu errichten.

4. Begründung durch verwaltungsrechtlichen Vertrag

755 Die gegenseitigen Rechte und Pflichten werden gelegentlich auch durch einen Vertrag begründet, d.h. kraft übereinstimmender Willenserklärung der beteiligten Parteien (vgl. Rz. 1286 ff.). Es liegt hier ebenfalls ein den Rechtssatz konkretisierender Rechtsanwendungsakt vor, durch den erst die verwaltungsrechtlichen Rechte und Pflichten entstehen.

756 Beispiele:

- Enteignungsvertrag: Art. 54 EntG (vgl. Rz. 2438 f.);
- Pflichtlagervertrag: Art. 6 LVG (Landesversorgungsgesetz; vgl. Rz. 1321);
- Anstellungsvertrag: Art. 8 BPG (vgl. Rz. 2011 f.).

IV. Beendigung von verwaltungsrechtlichen Pflichten und Rechten

1. Erfüllung

757 Die verwaltungsrechtliche Pflicht zu einer einmaligen Leistung geht mit deren richtigen Erfüllung unter.

758 Beispiele:

- Bezahlung der Steuern als Erfüllung der Steuerpflicht für eine Steuerperiode.
- Die vorbehaltlose Zahlung von Verzugszinsen oder Rückzahlung von grundlos erbrachten Leistungen lässt die Verzugszins- bzw. Rückerstattungspflicht (vgl. Rz. 148 ff., 156 ff.) untergehen.

Dauerpflichten werden durch Erfüllung nicht beendet. 759

Beispiele: 760

- Pflichten aufgrund des Strassenverkehrsgesetzes;
- die allgemeine Sorgfaltspflicht aufgrund von Art. 3 GSchG (Gewässerschutzgesetz; vgl. Rz. 750, zweites Beispiel).

Ein Sonderfall der Erfüllung verwaltungsrechtlicher Pflichten liegt vor, wenn das öffent- 761
liche Recht die Privaten verpflichtet, einen privatrechtlichen Vertrag abzuschliessen.

Beispiel: 762

Gemäss Art. 63 SVG ist der Motorfahrzeughalter verpflichtet, eine private Motorfahrzeug-Haftpflichtversicherung abzuschliessen.

Die Beendigung von Pflichten und Rechten durch Erfüllung spielt im Verwaltungsrecht 763
eine geringere Rolle als im Privatrecht. Bei den verwaltungsrechtlichen Verträgen, z.B. bei den Enteignungsverträgen (vgl. Rz. 2438 f.), ist dieser Beendigungsgrund aber von Bedeutung.

2. Verjährung

Ein Teil der Lehre ist der Ansicht, dass im öffentlichen Recht die Forderung mit dem 764
Eintritt der Verjährung untergehe (GADOLA, S. 55; WIEDERKEHR/RICHLI, Bd. I, Rz. 709). Nach der Gegenmeinung verliert die Forderung durch den Zeitablauf wie im Privatrecht lediglich die Klagbarkeit bzw. Erzwingbarkeit. Je nachdem, welchen Standpunkt man einnimmt, bleibt die Verrechnung auch nach Fristablauf noch zulässig.

Die Verjährung kann durch alle Handlungen, mit denen die Forderung in geeigneter 765
Weise beim Schuldner geltend gemacht wird, unterbrochen werden, es sei denn, das anwendbare Recht sehe etwas anderes vor (BGE 135 V 74, 77 ff.; 133 V 579, 583 f. m.H.; 132 V 404, 410 f.). Das können Handlungen sein, mit denen ein verjährbares Recht gemäss Gesetz vollstreckt wird, oder die das Verfahren vorantreiben und in der erforderlichen Form erfolgen. Selbst nichtige Verfügungen (vgl. Rz. 1096 ff.) können eine Verjährung unterbrechen (BGE 137 I 273, 281 f.). Die Unterbrechungsgründe sind somit zahlreicher als im Privatrecht (Entscheid der Rekurskommission VBS, VPB 63 [1999] Nr. 72 m.H.).

Verjährung und Verwirkung werden im öffentlichen Recht nicht immer klar ausei- 766
nandergehalten (vgl. BGE 136 II 187, 193; 126 II 145, 150 f. m.H.; zur Verwirkung Rz. 782 ff.).

a) Verjährung als allgemeiner Rechtsgrundsatz und kraft gesetzlicher Regelung

Die Verjährung ist im öffentlichen Recht als allgemeiner Rechtsgrundsatz anerkannt 767
(vgl. etwa BGE 140 II 384, 396). Sie kann aber auch durch gesetzliche Vorschriften ausdrücklich geregelt sein.

Die Verjährung betrifft vermögensrechtliche und andere öffentlich-rechtliche An- 768
sprüche. Sie gilt sowohl für das Gemeinwesen als auch für Private.

Beispiele:

769 – 1955 und 1972 nahm der Eigentümer einer Waldparzelle auf dieser Parzelle, ohne entsprechende Bewilligung, Rodungen vor. Das Eidgenössische Oberforstinspektorat (heute: Bundesamt für Umwelt [BAFU]) lehnte am 4. Oktober 1973 ein nachträglich eingereichtes Bewilligungsgesuch ab und ordnete die Wiederanpflanzung des gesamten Grundstückes an. Am 21. Februar 1977 begrenzte es die Wiederaufforstungspflicht in einem Wiedererwägungsentscheid auf den 1972 gerodeten Teil des Grundstückes. Dagegen führte der Schweizerische Bund für Naturschutz (SBN) Beschwerde, die vom Eidgenössischen Departement des Innern am 17. April 1978 abgewiesen wurde. Der SBN focht diesen Entscheid beim Bundesgericht an. Dieses führte aus, «das Institut der Verjährung […] bestehe grundsätzlich nicht nur im privaten, sondern auch im öffentlichen Recht, und zwar selbst beim Schweigen des Gesetzgebers und sowohl hinsichtlich der Ansprüche des Gemeinwesens gegen den Privaten wie auch umgekehrt […]. Aus dem Umstand, dass die bisherige Rechtsprechung des Bundesgerichts im konkreten Fall nur die Verjährbarkeit vermögensrechtlicher Ansprüche des öffentlichen Rechts betraf, kann nicht der Schluss gezogen werden, andere Ansprüche unterlägen der Verjährung nicht. Ebenso triftige Gründe, wie sie zur Annahme der Verjährbarkeit bei vermögensrechtlichen Ansprüchen führen, können im Interesse der Rechtssicherheit auch die Zulassung der Verjährung bei andern öffentlichrechtlichen Ansprüchen gebieten […]». Dieser Grundsatz wird durch den Hinweis auf den Ausschluss der Verjährung im Bereich der Polizeigüter eingeschränkt. Im Waldrecht zählt insbesondere die Erhaltungspflicht des Schutzwaldes zur Abwehr besonderer Gefahren (Lawinen, Erdrutsche, Überschwemmungen) zu den polizeilichen Interessen. Im zu beurteilenden Fall lagen aber keine polizeilichen Interessen vor. Das Bundesgericht kam zum Schluss, die 30-jährige Verjährungsfrist – analog zu Art. 662 ZGB – sei sowohl im ersten als auch im zweiten Rodungsfall noch nicht abgelaufen gewesen, als die Wiederaufforstungsverfügung erging. Die Beschwerde des Schweizerischen Bundes für Naturschutz wurde deshalb gutgeheissen (BGE 105 Ib 265, 267 ff.).

770 – Weitere Beispiele zur Verjährung vermögensrechtlicher Ansprüche: Rückforderung von Beiträgen an die gebundene individuelle berufliche Vorsorge (BGE 135 III 289, 293 ff.); Rückerstattung der an der Quelle abgezogenen Kirchensteuer (BGE 124 I 247, 251); Verjährung des Anspruchs auf Rückforderung von landwirtschaftlichen Beiträgen für die integrierte Produktion (Entscheid der Rekurskommission EVD, VPB 66 [2002] Nr. 18); Rückforderung von versehentlich zu viel bezahlten Lehrauftragsentschädigungen (Entscheid des ETH-Rates, ZBl 96 [1995] 83 ff.).

b) Ausnahmen von der Verjährbarkeit

771 Ausnahmen von der Verjährbarkeit bestehen im Bereich der Polizeigüter: Grundlegende Pflichten, die sich aus polizeilichen Rechtsnormen ergeben, verjähren nicht.

772 Beispiel:

Pflicht zur Instandstellung einer verwahrlosten Baute, die für Leib und Leben der Bewohner und Passanten eine Gefahr bildet (BGE 105 Ib 265, 268; vgl. Rz. 769).

c) Geltendmachung der Verjährung

773 Für das Privatrecht schreibt Art. 142 OR vor, dass der Richter die Verjährung nicht von Amtes wegen berücksichtigen darf, sondern nur auf Einrede hin. Es stellt sich die Frage, ob dies im öffentlichen Recht ebenfalls gilt.

aa) Forderungen des Staates

774 Wenn der Staat Gläubiger ist, muss die Verjährung von Amtes wegen beachtet werden. Eine Einrede des Privaten ist nicht erforderlich (BGE 138 II 169, 171; BVGE 2009/12

E. 6.3.1; Entscheid der Rekurskommission EVD, VPB 60 [1996] Nr. 54 E. 3). Diese Regelung zielt auf den Schutz des Privaten gegenüber den Verwaltungsbehörden, die ihrer Aufgabe zur Geltendmachung der Forderung nicht nachgekommen sind. Ein Verzicht auf die Verjährungseinrede durch den Schuldner ist möglich, muss aber ausdrücklich erfolgen (Entscheid des EJPD, VPB 65 [2001] Nr. 8 E. 16). Die Nichtbeachtung der Verjährung führt nicht zur Nichtigkeit der entsprechenden Verfügungen, sondern nur zu deren Anfechtbarkeit (BGE 133 II 366, 368 f. bezüglich der Veranlagung von verjährten Steuerforderungen).

bb) Forderungen des Privaten

Wenn ein Privater Gläubiger ist, muss die Verjährung nur auf Einrede des Schuldners, 775
d.h. des Staates, beachtet werden. Auch diese Regelung schützt den Privaten, da er die Leistung, die der Staat ihm schuldet, trotz Verjährung erhält, falls die Verwaltungsbehörde die Einrede nicht erhebt.

Beispiel: 776

Ein Beamter verlangte, dass ihm zurückerstattet werde, was ihm von der Schweizerischen Eidgenossenschaft an Dienstwohnungsentschädigung angeblich während Jahren in gesetzwidriger Weise zu viel von seiner Besoldung abgezogen worden sei. Die Eidgenossenschaft bestritt den geltend gemachten vermögensrechtlichen Anspruch; sie berief sich jedoch nicht auf Verjährung. Gemäss der früheren Praxis hatte das Bundesgericht der Verjährung, wegen der zwingenden Natur des öffentlichen Rechts, Rechnung getragen, gleichgültig, ob die Einrede der Verjährung erhoben worden war oder nicht. Nachdem diese Praxis von der Lehre kritisiert worden war, stimmte das Bundesgericht der Argumentation zu, wonach auch im öffentlichen Recht, wie im Obligationenrecht, dem öffentlichen Interesse an der Beschränkung der Durchsetzung verjährter Ansprüche andere Werte entgegenstehen können, wie der Wunsch des Schuldners nach einem materiellen Entscheid über den Bestand der Forderung. Aus diesen Überlegungen änderte das Bundesgericht seine Praxis im Sinne der in Rz. 774 und Rz. 775 dargestellten differenzierten Regelung. Im vorliegenden Fall hatte die Verwaltungsbehörde die Einrede der Verjährung nicht erhoben; das Bundesgericht berücksichtigte deshalb die Verjährung nicht (BGE 101 Ib 348 ff.).

d) Verjährungsfristen

Gemäss der Praxis des Bundesgerichts gilt folgende Regel: Bei Fehlen gesetzlicher 777
Bestimmungen über Verjährungsfristen ist auf öffentlich-rechtliche Regelungen für verwandte Sachverhalte abzustellen. Gibt es keine solchen, so kann das Gericht privatrechtliche Bestimmungen (insbesondere Art. 127 und 128 OR) analog anwenden oder selbst eine Regelung aufstellen (vgl. BGE 140 II 384, 396; 131 V 55 ff.; Entscheid der Rekurskommission für Zivilschutzangelegenheiten, VPB 67 [2002] Nr. 117).

Beispiele:

– Der Bund, der Kanton Schwyz und der Bezirk Schwyz hatten der Strassengenossenschaft Z. 778
am 27. Januar 1964 Beiträge für den Bau einer Güterstrasse gewährt. Die Beiträge waren mit einem Zweckentfremdungsverbot der im Perimeter der Strassengenossenschaft gelegenen Liegenschaften verbunden. M., Eigentümer einer dieser Liegenschaften, verkaufte sie am 13. Februar 1966 an X. Am 14. Juli 1971 forderte das Departement für Land- und Forstwirtschaft des Kantons Schwyz wegen Zweckentfremdung den Teil der Beiträge von Bund, Kanton und Bezirk zurück, der dem Umfang der verkauften Parzelle entsprach. Auf Beschwerde von M. hob der Regierungsrat die Verfügung des kantonalen Departments auf mit der Begründung, die Forderung sei am 13. Februar 1971 verjährt. Die Abteilung für Landwirtschaft (heute: Bundesamt für Landwirtschaft) des Eidgenössischen Volkswirtschaftsdepartements focht diesen

Entscheid beim Bundesgericht an, welches ausführte: «Da die Verjährung des hier im Streite liegenden Rückerstattungsanspruchs in keinem bundesrechtlichen Erlass geregelt ist, hat das Bundesgericht abzuklären, ob für verwandte Ansprüche eine Regelung besteht, die analog auf den vorliegenden Fall angewendet werden kann (vgl. BGE 93 I 390, 397 m.H.). Der Gläubiger verkennt oft, dass sein Anspruch auch verjähren kann, wenn das Gesetz sich darüber ausschweigt. Die analoge Anwendung von Verjährungsbestimmungen über verwandte Ansprüche ist daher nur unter ganz bestimmten Voraussetzungen zulässig: Es muss als wahrscheinlich angenommen werden können, dass der Gesetzgeber, wenn er die Verjährung für den fraglichen Anspruch geregelt hätte, sich für die Lösung entschieden hätte, deren analoge Anwendung in Aussicht genommen wird. Ausserdem müsste auch der Gläubiger diese Lösung erwartet haben können, wenn er sich Gedanken über die Verjährung seines Anspruchs gemacht hätte. Weder die Verjährungsbestimmungen, die im angefochtenen Entscheid erwähnt sind, noch die von der Beschwerdeführerin angeführten entsprechen aber diesen Voraussetzungen.» Die Verjährung sei in verschiedenen Erlassen unterschiedlich geregelt, wobei sich diese Verschiedenheit sachlich nicht begründen lasse. Das Bundesgericht stellte dann die verschiedenen Regelungen der Verjährung von Rückerstattungsansprüchen zusammen. Da nicht klar sei, für welche dieser Lösungen sich der Gesetzgeber entschieden hätte, verbiete sich eine analoge Anwendung einer der aufgeführten Lösungen. Das Bundesgericht müsse selbst, anstelle des Gesetzgebers, Beginn und Dauer der Verjährungsfrist bestimmen. Dabei stützte es sich im Interesse der Rechtssicherheit auf frühere Entscheide über die Verjährung von öffentlich-rechtlichen Rückerstattungsansprüchen und nahm mit diesen auch im vorliegenden Fall eine Verjährungsfrist von 5 Jahren seit Entstehung des Anspruchs an. Der Rückerstattungsanspruch gegenüber M. war deshalb verjährt (BGE 98 Ib 351, 356 ff.).

779 – Entschädigungsforderungen aus materieller Enteignung infolge Zonenplanänderungen verjähren zehn Jahre nach Inkrafttreten des Zonenplans (BGE 108 Ib 334, 339 ff.). Als Enteignung von Nachbarrechten qualifizierte Schadenersatzansprüche verjähren zehn Jahre nach Abschluss der schädigenden Handlung (Urteil des Verwaltungsgerichts des Kantons Zürich, ZBl 101 [2000] 462). Bei formeller Enteignung der Abwehrrechte, welche die Nachbarn eines öffentlichen Werkes vor übermässigen Lärmimmissionen schützen, gilt nach gefestigter Rechtsprechung grundsätzlich eine Verjährungsfrist von fünf Jahren ab Entstehen des Entschädigungsanspruches (BGE 130 II 394, 414).

780 – Der Anspruch auf diskriminierungsfreien Lohn nach Art. 8 Abs. 3 Satz 3 BV und Art. 3 Abs. 2 GlG verjährt bei öffentlich-rechtlichen Anstellungsverhältnissen analog zu Art. 128 Ziff. 3 OR nach fünf Jahren (BGE 125 I 14, 19; 124 II 436, 456).

781 – Zur Verjährung bzw. Verwirkung des Staatshaftungsanspruchs eines während des Zweiten Weltkriegs zurückgewiesenen und den deutschen Behörden übergebenen Flüchtlings vgl. BGE 126 II 145, 151 ff.

3. Verwirkung

782 Im Gegensatz zu den Verjährungsfristen können Verwirkungsfristen grundsätzlich weder gehemmt oder unterbrochen noch erstreckt werden und sind stets von Amtes wegen zu berücksichtigen (Gadola, S. 56; BVGer, Urteil A-3454/2010 vom 19. August 2011 E. 2.3.1). Diese Grundsätze gelten aber nicht absolut. So ist namentlich dem Zweck der Verwirkungsfrist Rechnung zu tragen. Das Bundesgericht geht in der Regel dann von einer Verwirkung aus, wenn aus Gründen der Rechtssicherheit die Rechtsbeziehungen nach Ablauf einer bestimmten Frist endgültig festgelegt werden müssen, ohne dass diese durch eine Unterbrechungshandlung verlängert werden kann (vgl. BGE 125 V 262, 263 m.H.; BGer, Urteil 2C_756/2010 vom 19. Januar 2011 E. 3.2.2; BVGer, Urteil A-3454/2010 vom 19. August 2011 E. 2.3.1). Die Verwirkung wird nicht berücksichtigt, wenn sich der Staat als Beklagter ohne Vorbehalt auf die Sache eingelassen oder aus-

drücklich darauf verzichtet hat, sich auf die Verwirkung zu berufen (Entscheid der Rekurskommission für die Staatshaftung, VPB 66 [2002] Nr. 52; vgl. auch BGE 131 II 65, 69; 116 Ib 386, 393). Eine Wiederherstellung der Frist kann trotz Verwirkung zugelassen werden, etwa wenn der Berechtigte aus unverschuldeten, unüberwindbaren Gründen verhindert war, seinen Anspruch rechtzeitig geltend zu machen. Dass bei der Verwirkung das Recht selbst untergeht, falls nicht innerhalb der Verwirkungsfrist die gesetzlich vorgesehene Handlung vorgenommen wird, hat für die Unterscheidung von der Verjährung dagegen nur bedingte Bedeutung (vgl. Rz. 764).

Verwirkungsfristen greifen empfindlich in die Rechtsstellung des Betroffenen ein. 783
Deshalb werden im Sozialversicherungsrecht die Fristen in der Regel auf Gesetzesstufe verankert (Kantonsgericht des Kantons Basel-Landschaft, Urteil vom 3. September 2003 = ZBl 105 [2004] 602 ff.; differenzierend Verwaltungsgericht des Kantons Zürich, Urteil VB.2007.00077 vom 10. Mai 2007 E. 6.2).

Beispiele für Verwirkungsfristen: 784

- Rechtsmittelfristen;
- Art. 10 BüG betreffend die Verwirkung des Schweizer Bürgerrechts für die im Ausland geborenen Kinder eines schweizerischen Elternteils;
- Art. 25 Abs. 1 OHG (Opferhilfegesetz);
- Art. 20 Abs. 1 VG.

Beispiele für die Unterscheidung von Verjährungs- und Verwirkungsfristen:

- Beamte der Baupolizei der Stadt Zürich stellten im Jahre 1978 fest, dass im 5. Obergeschoss 785
  einer Baute eine in den zwanziger Jahren errichtete, nicht bewilligte Galerie vorhanden war. Ein Gesuch der Eigentümerin Z. um nachträgliche Bewilligung der Galerie wurde mit Beschluss vom 17. Juli 1978 abgelehnt. Z. wurde verpflichtet, die Galerie zu entfernen. Diesen Entscheid bestätigten alle kantonalen Instanzen, worauf Z. ans Bundesgericht gelangte und die Verletzung der Eigentumsgarantie rügte. Das Bundesgericht führte aus, dass es im Bereich des Baurechts – ähnlich wie es ein Entscheid im Gebiet des Forstrechts (BGE 105 Ib 265; vgl. Rz. 769) festgestellt hatte – stossend wäre und der Rechtssicherheit widerspräche, wenn die Behörden noch nach mehr als 50 Jahren einen Grundeigentümer zur Beseitigung eines baugesetzwidrigen Zustandes verpflichten könnten. Auch aus praktischen Gründen sei eine solche Lösung abzulehnen, da eine Abklärung der tatsächlichen und rechtlichen Verhältnisse, wie sie vor 50 Jahren bestanden hatten, äusserst schwierig erscheine. Eine Ausnahme von diesem Grundsatz sei die Pflicht zur Wiederherstellung des rechtmässigen Zustandes, falls eine ernsthafte und unmittelbare Gefahr für Leib und Leben der Bewohner oder der Passanten besteht. In solchen Fällen dürfe die Wiederherstellung des rechtmässigen Zustandes jederzeit gefordert werden. Im vorliegenden Fall sprächen keine derartigen baupolizeilichen Gründe für die Beseitigung der Galerie. Da es sich sozusagen um eine «Ersitzung» des Rechts auf Beibehaltung des baurechtswidrigen Zustands handle, liege es nahe, zur Fristbestimmung die zivilrechtlichen Regeln der Ersitzung analog heranzuziehen. Entsprechend Art. 662 ZGB, der die ausserordentliche Ersitzung von Grundeigentum regelt, gelte eine 30-jährige Frist, die mit der Fertigstellung des baurechtswidrigen Gebäudes oder Gebäudeteils zu laufen beginne, während der die Beseitigung des baurechtswidrigen Zustands gefordert werden könne. Da im vorliegenden Fall die 30-jährige Frist abgelaufen sei, bestehe kein Anspruch auf Wiederherstellung des rechtmässigen Zustandes (BGE 107 Ia 121 ff.; ebenso BGer, Urteil 1P.768/2000 vom 19. September 2001 E. 3a = ZBl 103 [2002] 188, 193).

  Zur Beurteilung der Duldung eines rechtswidrigen Zustandes gemäss dem Vertrauensschutzprinzip vgl. Rz. 651 ff.
- In BGE 125 V 262 ff. war zu entscheiden, ob Art. 107 Abs. 1 (alte Fassung; mittlerweile ganz 786
  aufgehoben) der Verordnung über die Invalidenversicherung (IVV) vom 17. Januar 1961 (SR 831.201) betreffend Betriebsbeiträge an Eingliederungsstätten eine Verjährungs- oder Verwirkungsfrist enthält. Art. 107 Abs. 1 der IVV lautete wie folgt:

«Die Betriebsbeiträge werden nach Vorliegen der revidierten Jahresrechnung ausgerichtet. Die Beitragsgesuche sind dem Bundesamt innert 6 Monaten nach Ablauf des Rechnungsjahres einzureichen. Die Frist kann auf schriftliches Gesuch hin erstreckt werden. Bei Nichteinhaltung der Frist ohne triftigen Grund entfällt der Anspruch auf einen Beitrag.»

Das Bundesgericht führte aus, Verwirkung liege vor, wenn eine Regelung die Unterbrechung der Frist ausdrücklich oder implizit ausschliesse. Auch wenn der Begriff der Verwirkung nicht verwendet werde, könne eine Formulierung wie «das Recht erlischt» ausschlaggebend sein. Schliesslich spiele der Zweck der Frist eine Rolle: Von Verwirkung sei auszugehen, wenn aus Gründen der Rechtssicherheit oder der Verwaltungstechnik die Rechtsbeziehungen nach Ablauf einer bestimmten Frist endgültig festgelegt werden müssten, ohne dass sie durch eine Unterbrechungshandlung des Gläubigers verlängert werden könne (vgl. so nun auch BGer, Urteil 2C_756/2010 vom 19. Januar 2011 E. 3.2.2; BVGer, Urteil A-3454/2010 vom 19. August 2011 E. 2.3.1). Schon aus dem Wortlaut des Artikels ergebe sich, dass der Subventionsanspruch bei Nichteinhaltung der Frist ohne triftigen Grund untergehe. Nach dem Zweck der Norm stehe die Frist im Zusammenhang mit dem Budgetprozess. Die Höhe der auszurichtenden Subventionen müsse jedes Jahr zu einem bestimmten Zeitpunkt feststehen. Um einen regulären Ablauf dieses Verfahrens zu gewährleisten, sei es gerechtfertigt, in Art. 107 Abs. 1 der IVV eine Verwirkungsfrist für die Einreichung von Subventionsgesuchen vorzusehen.

4. Verrechnung

787 Auch im öffentlichen Recht ist die Verrechnung von Geldforderungen grundsätzlich möglich, sofern sie nicht durch besondere gesetzliche Regelung ausgeschlossen ist. Zu unterscheiden ist, ob die Verrechnung vom Staat oder von Privaten erklärt wird.

788 Die Verrechnung wird nicht von Amtes wegen beachtet; es bedarf stets einer Verrechnungserklärung.

789 Damit eine Verrechnung möglich ist, müssen *drei Voraussetzungen* erfüllt sein:

- Forderung und Gegenforderung müssen zwischen den gleichen Rechtsträgern bestehen.
- Die Forderungen müssen gleichartig sein (z.B. Geldforderungen).
- Die Forderung des Verrechnenden muss fällig, diejenige der anderen Partei erfüllbar sein (vgl. Knapp, No. 738).

790 Beispiele:

- Einzelne Gesetze enthalten Vorschriften über die Verrechnung (z.B. Art. 20 Abs. 2 ATSG; Art. 50 UVG);
- BGE 140 V 233, 235, betreffend Verrechnung im Bereich der Familienzulagen;
- BGE 138 V 402 ff. betreffend Wahrung des Existenzminimums bei der Verrechnung von Nachzahlungen in der Sozialversicherung;
- BGE 138 V 235, 245 ff., betreffend Verrechnung einer Schadenersatzforderung einer Vorsorgeeinrichtung gegen ein ehemaliges Organ mit der dessen Witwe geschuldeten Hinterlassenenrente;
- BGE 136 V 286 ff. betreffend Verrechnung von Rentennachzahlungen der Invalidenversicherung mit Schadenersatzforderungen.

a) Verrechnungserklärung durch das Gemeinwesen

791 Das Gemeinwesen kann seine Forderungen mit Gegenforderungen der Privaten unabhängig davon zur Verrechnung bringen, ob die Forderungen oder die Gegenforderungen öffentlich- oder privatrechtlich sind.

Beispiel: 792
Entschädigungen der Arbeitslosenkasse können zurückgefordert werden, wenn später eine andere Sozialversicherung für den gleichen Zeitraum Leistungen erbringt, die zu einer Überentschädigung führen. Die Rückforderung kann mit der Forderung des Empfängers auf die Leistungen der anderen Sozialversicherung verrechnet werden (Entscheid der Rekurskommission EVD, VPB 64 [2000] Nr. 132).

b) Verrechnungserklärung durch Private

Die Privaten können ihre Forderungen gegenüber dem Gemeinwesen mit einer *öffentlich-rechtlichen* Forderung des Gemeinwesens nur verrechnen, sofern das Gemeinwesen zustimmt (Art. 125 Ziff. 3 OR). Für die Verrechnung ihrer Forderungen mit *privatrechtlichen* Forderungen des Gemeinwesens bedarf es keiner Zustimmung des Gemeinwesens. Das Gemeinwesen ist also mit seinen öffentlich-rechtlichen Forderungen privilegiert, indem es zu einer Verrechnung die Zustimmung erteilen muss. 793

Beispiel: 794
Mangels Einwilligung der PTT (heute: Post) konnte der Inhaber einer Empfangskonzession die von ihm geschuldeten Gebühren für den Radio- und Fernsehempfang nicht verrechnen mit einer Forderung auf Ersatz des Schadens, der an seinem Informatiksystem angeblich durch den von der PTT betriebenen Rundfunksender verursacht worden war (Entscheid der Generaldirektion PTT, VPB 58 [1994] Nr. 18).

5. Verzicht

a) Grundsatz der Unverzichtbarkeit von verwaltungsrechtlichen Rechten

Der zwingende Charakter des öffentlichen Rechts steht in einem Widerspruch zur Verzichtbarkeit. Insbesondere kann das Gemeinwesen grundsätzlich nicht zum Voraus auf die Erfüllung einer öffentlich-rechtlichen Pflicht durch Private verzichten. Auch die Privaten können nicht ohne Weiteres auf Rechte gegenüber dem Gemeinwesen verzichten (vgl. zum Verzicht auf Leistungen der Alters- und Hinterlassenen- oder der Invalidenversicherung Art. 23 ATSG; BGE 129 V 1 ff.; 124 V 174 ff.; zum Grundrechtsverzicht HÄFELIN/HALLER/KELLER, Rz. 334 f.). In der Regel kann jedoch nachträglich auf die *Ausübung* eines *bestimmten* Rechts in einem konkreten Fall verzichtet werden (z.B. Verzicht auf ein Rechtsmittel). 795

b) Ausnahme der Verzichtbarkeit

aa) Verzichtbarkeit kraft gesetzlicher Anordnung

Es ist möglich, dass ein Gesetz ausdrücklich die Verzichtbarkeit vorsieht. 796

Beispiel: 797
Art. 64 WRG (Wasserrechtsgesetz) lautet:
«Die Konzession erlischt ohne weiteres:
a. […]
b. durch ausdrücklichen Verzicht».

bb) Übertragbare Rechte

798 Die Privaten können auf übertragbare Rechte – so auf vermögensrechtliche Ansprüche gegenüber dem Gemeinwesen, z.B. auf den Anspruch auf eine Entschädigung oder auf eine Baubewilligung (vgl. Rz. 813 ff.) – verzichten. Verzichtbarkeit und Übertragbarkeit sind Ausdruck der Verfügbarkeit über einen Anspruch und gehören in diesem Sinne zusammen.

799 Beispiel:

Infolge verschiedener Betriebsunfälle erhielt der Beamte R. von der Unfallversicherungskasse eine Rente für Teilinvalidität zugesprochen. R. verblieb im Dienste der PTT (heute: Post). Mit seiner ausdrücklichen Zustimmung wurde die Rente auf seine Besoldungsbezüge angerechnet. Nachträglich erhob R. Anspruch auf Ausrichtung der angerechneten Beträge. Das Bundesgericht führte aus, der Anspruch eines Beamten auf Besoldung stelle ein subjektives öffentliches Recht dar, das grundsätzlich nicht verzichtbar sei. Ausnahmen bestünden bei abtretbaren Forderungen und bei Forderungen, die der Verjährung unterliegen. Da Besoldungsansprüche sowohl abtretbar als verjährbar seien, habe R. rechtsgültig auf seine Ansprüche verzichtet. R. habe keinen Anspruch auf Rückerstattung (BGE 92 I 240, 243 ff. = Pra 55 [1966] Nr. 169).

Kritik: Die bundesgerichtliche Argumentation, dass verjährbare Rechte auch verzichtbar seien, überzeugt nicht, da zwei verschiedene Gesichtspunkte vermischt werden: Bei der Verjährung geht es um eine Frage der Rechtssicherheit, beim Verzicht dagegen um die Verfügbarkeit über eine Forderung. Dagegen trifft es zu, dass der Besoldungsanspruch grundsätzlich abgetreten werden kann (vgl. dazu Rz. 828), sodass auch ein gültiger Verzicht möglich ist.

6. Beendigung durch Rechtssatz und Verfügung

800 Die Änderung eines Rechtssatzes kann unmittelbar oder durch eine Verfügung, die sich auf den neuen Rechtssatz stützt, die Beendigung von Rechten und Pflichten bewirken, sofern die Voraussetzungen des Widerrufs einer Verfügung (Rz. 1226 ff.) oder der Änderung von verwaltungsrechtlichen Verträgen (vgl. Rz. 1366 ff.) erfüllt sind.

7. Fristablauf bei Befristung

801 Rechte oder Pflichten, deren Geltung befristet ist, fallen mit Ablauf der betreffenden Frist dahin.

802 Beispiel:

§ 322 Abs. 1 PBG/ZH lautet: «Baurechtliche Bewilligungen erlöschen nach drei Jahren, wenn nicht vorher mit der Ausführung begonnen worden ist […]».

V. Änderung verwaltungsrechtlicher Pflichten und Rechte

803 Verwaltungsrechtliche Pflichten und Rechte können nach ihrer Begründung unter bestimmten Voraussetzungen geändert werden. Das Rechtsverhältnis wird durch die Änderung nicht beendet, sondern besteht mit modifiziertem Inhalt weiter. Die Änderungsmöglichkeit hängt massgeblich davon ab, aufgrund welcher Handlungsform (vgl. zu den

Handlungsformen §§ 12 ff.) die verwaltungsrechtlichen Rechte und Pflichten begründet werden.

1. Bei Begründung der Pflichten und Rechte durch Rechtssatz

Verwaltungsrechtliche Pflichten und Rechte, die direkt durch einen Rechtssatz begründet worden sind, werden durch eine Änderung dieses Rechtssatzes neu umschrieben. 804

Beispiel: 805

Mit der am 15. November 2000 erfolgten Änderung des Art. 5 der Verkehrsregelnverordnung vom 13. November 1962 (SR 741.11) wurden die Höchstgeschwindigkeiten für die einzelnen Fahrzeugarten neu festgelegt.

Aus dem Prinzip des Vertrauensschutzes (Rz. 640 ff.) und dem Verhältnismässigkeitsgrundsatz kann sich bei Änderungen von Rechtssätzen ein Anspruch auf eine angemessene Übergangsregelung ergeben (BGE 134 I 23, 40 f.; 130 I 26, 60; 123 II 433, 451 ff.; 123 II 385, 395 ff.; BGer, Urteil 2C_694/2011 vom 19. Dezember 2011 E. 4.9.2; vgl. Rz. 284 f.). Die Rückwirkung von geänderten Erlassen ist an besondere Voraussetzungen geknüpft (vgl. dazu Rz. 268 ff.). 806

2. Bei Begründung der Pflichten und Rechte durch Verfügung

Wenn verwaltungsrechtliche Pflichten und Rechte durch eine Verfügung begründet worden sind, stellt sich die Frage, ob sie wegen der ursprünglichen Fehlerhaftigkeit der Verfügung, wegen der Änderung der tatsächlichen Verhältnisse oder wegen der Änderung der Rechtsgrundlagen geändert oder angepasst werden können (vgl. dazu Rz. 1224 ff.). 807

a) Änderung vor Eintritt der formellen Rechtskraft

Eine fehlerhafte Verfügung, die noch nicht in formelle Rechtskraft (zum Begriff vgl. Rz. 1091 f.) erwachsen ist, kann von den Verwaltungsbehörden geändert werden. Betroffene haben die Möglichkeit, eine solche Verfügung anzufechten und ihre Änderung zu verlangen. 808

b) Änderung nach Eintritt der formellen Rechtskraft

Da Verfügungen nur unter bestimmten Voraussetzungen in materielle Rechtskraft erwachsen, d.h. unabänderlich werden (vgl. Rz. 1093 ff.), können sie grundsätzlich von den Verwaltungsbehörden auch nach Eintritt der formellen Rechtskraft geändert werden. 809

Falls das Gesetz keine ausdrückliche Regelung enthält, ist eine Änderung durch Widerruf einer Verfügung nur zulässig, wenn die Verfügung von Anfang an mit einem Rechtsfehler behaftet oder nachträglich (durch Änderung der Sach- oder Rechtslage) fehlerhaft geworden ist, und wenn das Interesse an der richtigen Anwendung des objek- 810 tiven Rechts gegenüber dem Interesse am Vertrauensschutz und an der Rechtssicherheit überwiegt (vgl. Rz. 1226 ff.).

811 Beispiel:

Im Zusammenhang mit der Frage, ob die Anpassung einer Invalidenrente zulässig sei, führte das Bundesgericht aus, nach der Rechtsprechung zum Sozialversicherungsrecht seien ursprünglich fehlerfreie Verfügungen über Dauerleistungen unter Vorbehalt anders lautender Übergangsbestimmungen sowie allfälliger wohlerworbener Rechte grundsätzlich an Änderungen der Rechtslage anzupassen, welche aus einem Eingriff des Gesetzgebers resultieren. Demgegenüber bilde eine geänderte Gerichts- oder Verwaltungspraxis im Prinzip keinen Anlass, in eine laufende, auf einer formell rechtskräftigen Verfügung beruhende Dauerleistung einzugreifen. Sie könne aber ausnahmsweise zur Abänderung einer rechtskräftigen Verfügung (mit Wirkung für die Zukunft) führen, wenn die neue Praxis in einem solchen Masse allgemeine Verbreitung erfahre, dass ihre Nichtbefolgung als Verstoss gegen das Gleichheitsgebot erschiene, insbesondere wenn die alte Praxis nur in Bezug auf eine einzige versicherte Person oder eine geringe Zahl von Versicherten beibehalten würde. Ein solches Vorgehen dränge sich namentlich dann auf, wenn das Festhalten an der ursprünglichen Verfügung aus Sicht der neuen Rechtspraxis schlechterdings nicht mehr vertretbar sei und diese eine so allgemeine Verbreitung finde, dass ihre Nichtbeachtung in einem einzelnen Fall als stossende Privilegierung (oder Diskriminierung) erscheine (BGE 135 V 201, 205 f.).

3. Bei Begründung der Pflichten und Rechte durch verwaltungsrechtlichen Vertrag

812 Die durch einen verwaltungsrechtlichen Vertrag begründeten Pflichten und Rechte können einerseits wegen der Fehlerhaftigkeit des Vertrages, insbesondere bei Verletzung zwingender öffentlich-rechtlicher Vorschriften, andererseits wegen stark veränderter Verhältnisse, die seit dem Vertragsabschluss eingetreten sind, abgeändert werden (vgl. dazu Rz. 1348 ff.).

VI. Übertragung verwaltungsrechtlicher Pflichten und Rechte

813 Die Übertragbarkeit von Pflichten und Rechte ist im Privatrecht Ausfluss der Privatautonomie des rechtsgeschäftlichen Verkehrs. Sie ist im öffentlichen Recht durch dessen zwingenden Charakter grundsätzlich ausgeschlossen (vgl. Entscheid des Bundesrates, VPB 38 [1974] Nr. 58 S. 57; so weitgehend auch BGE 132 II 485, 504 ff.).

1. Pflichten und Rechte des Gemeinwesens und seiner Organe

814 Auf der Seite der Verwaltungsbehörden ist aufgrund der rechtssatzmässig festgelegten Zuständigkeitsordnung die freie Übertragung von Hoheitsrechten ausgeschlossen. Ein Subjektswechsel setzt hier stets eine gesetzliche Grundlage voraus.

2. Pflichten und Rechte der Privaten

Bei der Übertragbarkeit von verwaltungsrechtlichen Pflichten und Rechten der Privaten lassen sich folgende Kategorien unterscheiden. 815

a) Persönliche Pflichten und Rechte

Persönliche Pflichten und Rechte sind mit einer bestimmten Person verknüpft. Dies ist im Verwaltungsrecht regelmässig der Fall. 816

aa) Nicht übertragbare, höchstpersönliche Pflichten und Rechte

Nicht übertragbar sind verwaltungsrechtliche Pflichten und Rechte, welche infolge ihrer Rechtsnatur derart mit einer bestimmten Person verknüpft sind, dass sie nur von dieser ausgeübt werden können und müssen. 817

Beispiele: 818
- Dienstpflicht des Beamten;
- aus dem Anwaltspatent fliessende Rechte und Pflichten;
- Militärdienstpflicht;
- Ansprüche auf Sozialhilfe;
- Führerausweis und andere Fähigkeitsausweise.

bb) Beschränkt übertragbare Pflichten und Rechte

In gewissen Fällen ist die Übertragung nicht gänzlich ausgeschlossen, jedoch im Vergleich zur freien Übertragbarkeit von der Erfüllung weiterer Voraussetzungen abhängig. 819

aaa) Zustimmungsbedürftige Übertragung

Oft sind Bewilligungen und Konzessionen nur mit Zustimmung der Bewilligungs- oder Konzessionsbehörde übertragbar. 820

Beispiele: 821
- Wassernutzungskonzession gemäss Art. 42 Abs. 1 WRG;
- Infrastrukturkonzession für Eisenbahnen gemäss Art. 7 EBG;
- Funkkonzession gemäss Art. 24d Abs. 1 FMG (vgl. BGE 132 II 485, 504 ff., kurz erläutert in Rz. 2745).

bbb) Formbedürftige Übertragung

Unter Umständen sind bei der Übertragung gewisse Formerfordernisse zu beachten. 822

Beispiel: 823

Erbschaftsübernahme unter öffentlichem Inventar gemäss Art. 580 ff. ZGB.

ccc) Unterschiedliche Behandlung der Übertragung unter Lebenden und der Übertragung von Todes wegen

Es ist möglich, dass ein Gesetz die Frage der Übertragbarkeit verschieden regelt, je nachdem, ob die Übertragung einer Bewilligung durch ein Rechtsgeschäft unter Lebenden erfolgt oder von Todes wegen. 824

825 Beispiel:
Art. 5 Abs. 5 des Bundesgesetzes über die gebrannten Wasser (Alkoholgesetz) vom 21. Juni 1932 (SR 680) verpflichtet die Eidgenössische Alkoholverwaltung zur Bewilligungserteilung, wenn es sich um einen erbweisen Übergang des Brennereibetriebes handelt und der Erbe die Voraussetzungen für die Erteilung einer Konzession erfüllt. In allen anderen Fällen der Übertragung einer solchen Konzession muss auch die zusätzliche Voraussetzung des Vorliegens eines wirtschaftlichen Bedürfnisses erfüllt sein (BGE 79 I 296, 302).

cc) Frei übertragbare Pflichten und Rechte

826 Die freie Übertragbarkeit von persönlichen Pflichten und Rechten kann vom Gesetz vorgesehen sein oder sich aus deren Natur ergeben. Letzteres ist der Fall bei den vermögensrechtlichen Ansprüchen von Privaten gegen das Gemeinwesen, sofern sie nicht vom Gesetz als höchstpersönliche Ansprüche ausgestaltet sind.

827 Übertragbar sind u.a.:
- Ansprüche aus Enteignung (vgl. Rz. 2438);
- Besoldungsansprüche der Beamten;
- Zulassungen von Arzneimitteln (Art. 8 der Verordnung über die Arzneimittel [Arzneimittelverordnung, VAM] vom 17. Oktober 2001 [SR 812.212.21]).

828 Beispiel:
Zur Frage der Übertragbarkeit der Besoldungsansprüche der Beamten machte das Bundesgericht in einem Entscheid folgende Ausführungen: «D'une manière générale, les prétentions pécuniaires de droit public sont cessibles, sauf si, pour des motifs d'intéret public, elles ont un caractère strictement personnel. Il n'apparaît pas cependant que le législateur ait attribué un tel caractère à la prétention du fonctionnaire fédéral à son traitement. Au contraire, selon la communis opinio, il n'a pas entendu priver cet agent du moyen de crédit que constitue la cession de salaire. L'eût-il voulu qu'il l'aurait probablement dit, de façon expresse, dans une disposition analogue à l'art. 47 al. 4 StF (Loi fédérale sur le statut des fonctionnaires du 30 juin 1927 [SR 172.221.10]), qui déclare nulle la cession du droit à la jouissance du traitement du fonctionnaire décédé. Assurément, loin d'être absolu, le droit de cession du fonctionnaire est limité par ses obligations. Dans la mesure où le traitement du fonctionnaire est nécessaire à l'accomplissement de ses devoirs de service et hors de service, il ne peut être cédé. Mais cette restriction ne vaut que pour le salaire futur. Dans tous les cas, rien ne s'oppose à la cession du traitement échu, celui-ci ayant été acquis en échange de services déjà rendus, dont la prestation ne peut donc plus être compromise [...]» (BGE 92 I 240, 244). Das vom Bundesgericht erwähnte Gesetz ist inzwischen aufgehoben (Art. 39 Abs. 1 BPG).

dd) Zwangsweise Übertragung

829 Verschiedentlich sieht das Gesetz ausdrücklich vor, dass die verwaltungsrechtlichen Pflichten und zum Teil auch die Rechte vom Erblasser auf die Erben übergehen.

830 Beispiele:
- Art. 12 Abs. 1 DBG;
- Art. 16 Abs. 1 MWSTG;
- Art. 6 des Bundesgesetzes über die Wehrpflichtersatzabgabe (WPEG) vom 12. Juni 1959 (SR 661).

831 Dagegen sieht das Bundesgesetz über die Aufhebung der Haftung der Erben für Steuerbussen vom 8. Oktober 2004 (AS 2005, 1051) vor, dass Steuerbussen als strafrechtliche Sanktionen nicht mehr auf die Erben übergehen.

b) An eine Sache gebundene Pflichten und Rechte

Es gibt verwaltungsrechtliche Pflichten und Rechte, die so stark mit einer Sache, insbesondere mit einem Grundstück, verbunden sind, dass sie nur zusammen mit dieser Sache übertragen werden können. Zum Teil ist zudem eine behördliche Zustimmung erforderlich. Dies ist z.B. bei Baubewilligungen und bei Pflichten aus einer Bodenverbesserung der Fall. 832

Beispiel: 833

Josef Flück führte ein Terminage-Atelier, das 1945 mit 36 Arbeitern eingetragen war. Tatsächlich beschäftigt waren nur 6 Arbeitnehmer. Am 1. August 1952 übernahm die Britix Watch Co. S.A. das Uhrenterminage-Geschäft Flück mit Aktiven und Passiven und verlangte die Bewilligung zur Vereinigung der beiden Betriebe sowie die Übertragung des auf die Firma Flück eingetragenen Arbeiterbestandes auf sie. Das Eidgenössische Volkswirtschaftsdepartement genehmigte die Übernahme, gestattete aber nur die Übertragung von 10 Arbeitern. Das Terminage-Atelier Flück wurde im Verzeichnis der Unternehmungen der Uhrenindustrie gestrichen. Britix Watch und Flück erhoben Beschwerde gegen die Erhöhung der Arbeiterzahl um nur 10 Einheiten und die Streichung des Betriebs Flück. Das Bundesgericht wies die Beschwerde ab, u.a. mit folgender Begründung: «Die Betriebsbewilligung in der Uhrenindustrie ist eine Polizeierlaubnis. Eine Polizeierlaubnis begründet kein subjektives Recht und kann nicht übertragen werden, also auch nicht Objekt eines Kaufs sein. Dagegen kann sie, wenn sie sich nicht auf die persönlichen Eigenschaften des Unternehmers, sondern lediglich auf die Mittel bezieht, mit denen ein Unternehmen betrieben wird, mit dem Unternehmen verbunden bleiben, auch wenn der Unternehmer wechselt» (BGE 80 I 402, 405 f.).

c) «Gemischte» Pflichten und Rechte

Die gemischten Pflichten und Rechte enthalten Elemente aus der Gruppe sowohl der persönlichen als auch der an eine Sache gebundenen Pflichten und Rechte. Die Übertragung ist demnach nur zulässig, wenn der Erwerber der Sache auch die persönlichen Voraussetzungen der Bewilligungserteilung erfüllt. 834

Beispiele: 835

- Gastwirtschaftspatent;
- Bewilligung für den Import gewisser Güter.

VII. Stellvertretung

Stellvertretung liegt vor, wenn kraft objektiven Rechts das Verhalten eines Rechtssubjekts (des Vertreters) einem anderen (dem Vertretenen) zugerechnet wird, sodass durch Handlungen des Vertreters der Vertretene verpflichtet und berechtigt wird. Die Vertretung spielt im Verwaltungsrecht nur eine untergeordnete Rolle. 836

Die Stellvertretung bei der Erfüllung verwaltungsrechtlicher Pflichten oder bei der Ausübung von verwaltungsrechtlichen Rechten ist zulässig, sofern nicht das Gesetz oder die Natur der betreffenden Rechte oder Pflichten das Tätigwerden einer bestimmten Person verlangen. 837

In BGE 94 I 248, 251 führte das Bundesgericht u.a. aus: «Dass der Vertretene für das Verhalten des Vertreters einstehen muss, ergibt sich zudem aus dem Begriff der Stellvertretung. Diese kommt nicht nur im rechtsgeschäftlichen Verkehr vor, sondern auch im 838

Verkehr zwischen Privaten und Amtsstellen, z.B. Gerichten. Wie der Vertretene die Vorteile der Stellvertretung geniesst, hat er auch ein ihm nachteiliges Verhalten des Vertreters zu verantworten […]».

839 Die Stellvertretung ist zulässig:

- bei Geldleistungen;
- bei der Führung von Prozessen;
- kraft gesetzlicher Anordnung (z.B. bei der Ausübung des Stimmrechts).

840 Die Stellvertretung ist unzulässig bei:

- Militärdienstpflicht;
- Pflichten der Beamten;
- Rechten und Pflichten gestützt auf einen Fähigkeitsausweis.

§ 12 Formen des Verwaltungshandelns: Überblick und Bedeutung

Literatur

BERIGER JULIAN-IVAN/GLASER ANDREAS, Rechtsschutz gegen Realakte: Bundesgericht schafft Klarheit, SJZ 111 (2015) 169 ff.; BICKEL JÜRG/OESCHGER MAGNUS/STÖCKLI ANDREAS, Die verfahrensfreie Verfügung, ZBl 110 (2009) 593 ff.; BRÜHWILER-FRESEY LUKAS S., Verfügung, Vertrag, Realakt und andere verwaltungsrechtliche Handlungssysteme, Diss. Freiburg, Bern 1984; ENGI LORENZ, Kohärenz im Verwaltungshandeln, ZBl 115 (2014) 139 ff.; FLÜCKIGER ALEXANDRE, Régulation, dérégulation, autorégulation: l'émergence des actes étatiques non obligatoires, ZSR 123/II (2004) 157 ff.; FLÜCKIGER ALEXANDRE, L'Extension du contrôle juridictionnel des activités de l'administration, Bern 1998; GENNER SUSANNE, Zur Abgrenzung von Rechtsakt und Realakt im öffentlichen Recht, AJP 20 (2011) 1153 ff.; GLASER ANDREAS, Die Entwicklung des Europäischen Verwaltungsrechts aus der Perspektive der Handlungsformenlehre, Habil. Heidelberg, Tübingen 2013; HETTICH PETER, Handlungsformen, in: Giovanni Biaggini/Isabelle Häner/Urs Saxer/Markus Schott (Hrsg.), Fachhandbuch Verwaltungsrecht, Zürich/Basel/Genf 2015, S. 823 ff.; MARTI URSULA/MÜLLER MARKUS, Rechtsschutz gegen Realakte verbessert, Plädoyer 25/3 (2007) 34 ff.; MOHLER MARKUS H.F., Zur Anfechtbarkeit polizeilicher intervenierender Realakte unter dem Gesichtspunkt der Rechtsweggarantie gemäss Art. 29a BV-Justizreform, AJP 16 (2007) 461 ff.; MÜLLER MARKUS, Rechtsschutz gegen Verwaltungsrealakte, in: Pierre Tschannen (Hrsg.), Neue Bundesrechtspflege, Bern 2007, S. 313 ff.; MÜLLER MARKUS, Rechtsschutz im Bereich des informalen Staatshandelns, ZBl 96 (1995) 533 ff.; MÜLLER-GRAF THOMAS, Entrechtlichung durch Informalisierung?, Diss. Bern, Basel 2001; PLATTNER-STEINMANN ROLAND, Tatsächliches Verwaltungshandeln, Diss. Basel, Zürich 1990; RHINOW RENÉ, Verfügung, Verwaltungsvertrag und privatrechtlicher Vertrag, in: Juristische Fakultät der Universität Basel (Hrsg.), Privatrecht, öffentliches Recht, Strafrecht, Festgabe zum Schweizerischen Juristentag 1985, Basel/Frankfurt a.M. 1985, S. 295 ff.; RICHLI PAUL, Zum Rechtsschutz gegen verfügungsfreies Staatshandeln in der Totalrevision der Bundesrechtspflege, AJP 7 (1998) 1426 ff.; RICHLI PAUL, Zum verfahrens- und prozessrechtlichen Regelungsdefizit beim verfügungsfreien Staatshandeln, Anliegen an die Totalrevision der Bundesrechtspflege, AJP 1 (1992) 196 ff.; RICHLI PAUL, Zu den Gründen, Möglichkeiten und Grenzen für Verhandlungselemente im öffentlichen Recht, ZBl 92 (1991) 381 ff.; RICHLI PAUL, Öffentlich-rechtliche Probleme bei der Erfüllung von Staatsaufgaben mit Informationsmitteln, ZSR 109/I (1990) 151 ff.; THURNHERR DANIELA, Geltung und Tragweite der Verfahrensgarantien bei Realakten – zum unausgeschöpften Potenzial von Art. 29 BV, recht 32 (2014) 241 ff.; THURNHERR DANIELA, Verfahrensgrundrechte und Verwaltungshandeln, Die verfassungsrechtlichen Mindestgarantien prozeduraler Gerechtigkeit unter den Bedingungen der Diversität administrativer Handlungsmodalitäten, Habil. Basel, Zürich/St. Gallen 2013; TSCHOPP-CHRISTEN MARIANNE, Rechtsschutz gegenüber Realakten des Bundes (Art. 25a VwVG), Diss. Zürich 2009.

Vgl. auch die Literatur zu § 20.

I. Funktionen der Handlungsformen

Die Unterscheidung zwischen verschiedenen Formen des Verwaltungshandelns dient dazu, bestimmten Handlungen bestimmte Rechtsfolgen zuzuordnen. Von der Handlungsform hängen insbesondere die Zuständigkeit, das Verfahren, die Steuerungswirkung, die Rechtsbeständigkeit und der Rechtsschutz ab (vgl. TSCHANNEN, Systeme, 841

Rz. 120 ff.). Die Formen des Verwaltungshandelns erlauben es, die Verwaltungstätigkeit zu standardisieren und zu rationalisieren, indem mit der Zuordnung einer Handlung zu einer bestimmten Form gewisse Rechtsfragen, die sich immer wieder stellen, beantwortet sind. Sie leisten damit auch einen Beitrag zur Rechtssicherheit.

842 In erster Linie ist zwischen *rechtlichem* und *tatsächlichem* Verwaltungshandeln (Rechtsakten und Realakten) zu differenzieren. Innerhalb dieser Handlungsformen gibt es zahlreiche weitere Unterscheidungen.

II. Rechtliches Verwaltungshandeln (Rechtsakte)

843 Rechtliches Verwaltungshandeln zielt darauf ab, ein bestimmtes Rechtsverhältnis zu begründen, zu ändern oder aufzuheben. Rechtsakte ziehen *unmittelbare Rechtswirkungen* nach sich. Die wichtigsten Formen des rechtlichen Verwaltungshandelns sind die Verfügung (§§ 13 ff.) und der verwaltungsrechtliche Vertrag (§ 18). Die Verfügung ist eine einseitige Anordnung der Verwaltungsbehörden. Der verwaltungsrechtliche Vertrag ist eine auf der Willensübereinstimmung der Parteien beruhende Regelung eines Rechtsverhältnisses des Verwaltungsrechts. Ausnahmsweise bedienen sich die Verwaltungsbehörden auch des privatrechtlichen Vertrages, um Rechtsbeziehungen zu regeln (vgl. Rz. 1292 ff., 1378 ff.).

844 Die typische Handlungsform der Verwaltung ist die *Verfügung* (§§ 13 ff.). Die Befugnis zur Verwaltungstätigkeit schliesst regelmässig das Recht auf den Erlass von Verfügungen mit ein. Die Verfügung setzt einen bestimmten formalisierten Verfahrensablauf voraus (§ 14). In der Regel muss die zuständige Verwaltungsbehörde vorher das rechtliche Gehör gewähren und die Verfügung schriftlich eröffnen und begründen. Von Ausnahmen abgesehen besteht die Möglichkeit, die Verfügung bei einer nächsthöheren Verwaltungsstelle oder bei einem Gericht anzufechten (§ 16). Verfügungen können nach Eintritt der formellen Rechtskraft nur unter bestimmten Voraussetzungen geändert werden (§ 17).

845 Verfügung, verwaltungsrechtlicher Vertrag und privatrechtlicher Vertrag sind die Handlungsformen der Verwaltungsbehörden, in denen sie *eine konkrete Rechtsbeziehung mit einem Privaten* regeln. Darüber hinaus sind die Verwaltungsbehörden teilweise auch zum Erlass von Rechtssätzen befugt, also zur Steuerung des Handelns durch einen generell-abstrakten Erlass. So sind im Bund die Departemente zur Verordnungsgebung ermächtigt, soweit ihnen vom Bundesrat die entsprechende Zuständigkeit übertragen worden ist, die Gruppen und Ämter nur dann, wenn ein Bundesgesetz sie dazu ermächtigt (Art. 49 RVOG).

846 Die Verwaltung kann auch im *Innenverhältnis* rechtlich handeln. So verpflichtet sie mittels *innerdienstlichen und organisatorischen Anordnungen* ihre Angestellten zur Erledigung einer bestimmten Verwaltungsaufgabe (z.B. Anordnung gegenüber ausgewählten Polizeibeamten, auf einem bestimmten Strassenabschnitt zu einem bestimmten Zeitpunkt eine Verkehrskontrolle durchzuführen; vgl. Rz. 874 ff.). Die Verwaltung kann auch im Innenverhältnis ihre Angestellten mittels einer generell-abstrakten Regelung

verpflichten. Solche *Verwaltungsverordnungen* können gegenüber Privaten grundsätzlich keine Rechte und Pflichten entfalten (vgl. Rz. 81 ff.).

III. Tatsächliches Verwaltungshandeln (Realakte)

Realakte (z.B. Abwasserreinigung, Schulunterricht, Strassenunterhalt, amtliche Warnungen und Empfehlungen, Stellungnahmen der Behörden; vgl. zu den Realakten § 20) können vom Personal des zuständigen Gemeinwesens, das eine bestimmte Verwaltungsaufgabe zu erfüllen hat, ohne besondere Förmlichkeiten vorgenommen werden. Es sind grundsätzlich keine Verfahrens- und Formvorschriften zu beachten. Realakte können in der Regel nicht direkt angefochten werden. Für den Rechtsschutz gegen Realakte muss ein «Umweg», z.B. über eine Feststellungsverfügung, eingeschlagen werden (Rz. 1425 ff.). 847

2. Kapitel
Verfügung

Vorbemerkung

848 Die Verfügung ist ein *Schlüsselbegriff* des Verwaltungsrechts und die zentrale Handlungsform der Verwaltung. Im Folgenden werden zunächst Begriff, Inhalt und Arten der Verfügung eingeführt (§ 13), anschliessend das Verfahren auf Erlass einer Verfügung dargestellt (§ 14). Die drei restlichen Paragrafen dieses Kapitels widmen sich der fehlerhaften Verfügung. § 15 behandelt den Begriff der Fehlerhaftigkeit, § 16 die Anfechtung einer fehlerhaften Verfügung und § 17 die Änderung fehlerhafter Verfügungen, wenn diese rechtskräftig geworden sind. Die beiden Paragrafen auf Erlass und Anfechtung einer Verfügung (§§ 14 und 16) dienen auch als Einführung ins öffentliche Verfahrensrecht.

§ 13 Begriff, Inhalt und Arten der Verfügung

Literatur

BICKEL JÜRG, Auslegung von Verwaltungsrechtsakten, Diss. Freiburg 2014; GADOLA ATTILIO R., Der Genehmigungsentscheid als Anfechtungsobjekt in der Staats- und Verwaltungsrechtspflege, AJP 2 (1993) 290 ff.; GIACOMINI SERGIO, Vom «Jagdmachen auf Verfügungen», ZBl 94 (1993) 237 ff.; GOSSWEILER MARTIN, Die Verfügung im schweizerischen Sozialversicherungsrecht, Diss. Bern 1983; HAFNER FELIX, Verfügung als Risiko, in: Thomas Sutter-Somm/Felix Hafner/Gerhard Schmid/Kurt Seelmann (Hrsg.), Risiko und Recht, Festgabe zum Schweizerischen Juristentag, Basel 2004, S. 257 ff.; HALTNER ROLF HEINRICH, Begriff und Arten der Verfügung im Verwaltungsverfahrensrecht des Bundes (Artikel 5 VwVG), Diss. Zürich 1979; HEINIGER THOMAS, Der Ausnahmeentscheid, Untersuchungen zu Ausnahmeermächtigung und Ausnahmebewilligung, Diss. Zürich 1985; HETTICH PETER, Handlungsformen, in: Giovanni Biaggini/Isabelle Häner/Urs Saxer/Markus Schott (Hrsg.), Fachhandbuch Verwaltungsrecht, Zürich/Basel/Genf 2015, S. 823 ff.; JAAG TOBIAS, Die Abgrenzung zwischen Rechtssatz und Einzelakt, Habil. Zürich 1985; JAAG TOBIAS, Die Allgemeinverfügung im schweizerischen Recht, ZBl 85 (1984) 433 ff.; KLEY ANDREAS, Die Feststellungsverfügung – eine ganz gewöhnliche Verfügung?, in: Bernhard Ehrenzeller/Philippe Mastronardi/René Schaffhauser/Rainer J. Schweizer/Klaus A. Vallender (Hrsg.), Der Verfassungsstaat vor neuen Herausforderungen, Festschrift für Yvo Hangartner, St. Gallen/Lachen 1998, S. 229 ff.; MARTI ARNOLD, Die Baubewilligung – nicht nur Last, sondern Grundlage besonderer Rechte und wirtschaftlicher Vorteile für Bauherrschaft und Grundeigentümer, in: Eva Maria Belser/Bernhard Waldmann (Hrsg.), Mehr oder weniger Staat?, Festschrift für Peter Hänni zum 65. Geburtstag, Bern 2015, S. 351 ff.; MORAND CHARLES-ALBERT (Hrsg.), Les instruments d'action de l'Etat, Basel/Frankfurt a.M. 1991; MORAND CHARLES-ALBERT, La crise du droit vue à travers la participation aux décisions concrètes, in: Georg Müller/René Rhinow/Gerhard Schmid/Luzius Wildhaber (Hrsg.), Staatsorganisation und Staatsfunktionen im Wandel, Festschrift für

Kurt Eichenberger zum 60. Geburtstag, Basel/Frankfurt a.M. 1982, S. 423 ff.; OESCHGER MAGNUS/BICKEL JÜRG, Vom materiellen zum formellen Verfügungsbegriff? Kritische Anmerkungen zu BGE 134 V 145, Jusletter vom 30. März 2009; SCHMID LUZIUS, Die Rechtskraft des negativen Verwaltungsaktes, Diss. Bern 1980; TSCHANNEN PIERRE, Der Richtplan und die Abstimmung raumwirksamer Tätigkeiten, Diss. Bern 1986; UHLMANN FELIX, Art. 5 VwVG, in: Praxiskommentar VwVG; WALDMANN BERNHARD, Vom Umgang mit organisatorischen, innerdienstlichen und anderen Anordnungen ohne Verfügungscharakter, ZSR 133/I (2014) 489 ff.; ZUFFEREY JEAN-BAPTISTE, La décision administrative – un alibi au service de tous les intérêts, in: Benoît Bovay/Minh Son Nguyen (Hrsg.), Mélanges en l'honneur de Pierre Moor, Bern 2005, S. 637 ff.

I. Begriff der Verfügung

1. Definition und Funktion

Die Verfügung ist ein individueller, an den Einzelnen gerichteter Hoheitsakt, durch den eine konkrete verwaltungsrechtliche Rechtsbeziehung rechtsgestaltend oder feststellend in verbindlicher und erzwingbarer Weise geregelt wird. 849

Diese Umschreibung entspricht der *Legaldefinition* von Art. 5 Abs. 1 VwVG. Die Begrifflichkeiten sind im Gesetz zum Teil leicht abweichend, in der Sache aber identisch. So kommt das Element der Hoheitlichkeit in «Anordnungen der Behörden» zum Ausdruck, individuell-konkret in «im Einzelfall», Anwendung von öffentlichem Recht in «die sich auf öffentliches Recht des Bundes stützen» und die Rechtswirkungen in Art. 5 Abs. 1 lit. a–c VwVG. Die Verbindlichkeit und Erzwingbarkeit ist in Art. 39 ff. VwVG geregelt. 850

Das *Bundesgericht* folgt dieser Definition (z.B. BGE 139 V 143, 144 f.; 139 V 72, 75 f.; 137 II 409, 412). Im Einzelfall lassen sich gewisse Abweichungen feststellen. Teilweise stellt das Bundesgericht in erster Linie auf die Abgrenzung zwischen Innen- und Aussenverhältnis ab (vgl. BGE 136 I 323, 329 f.). In anderen Entscheiden betont das Bundesgericht mehr das Rechtsschutzbedürfnis als entscheidendes Kriterium (vgl. kritisch WALDMANN, S. 507 f. Fn. 103). 851

Die Legaldefinition nach Art. 5 VwVG bezieht sich an sich nur auf die Verfügungen in Anwendung von Bundesrecht; die *Kantone* folgen aber dem Verfügungsbegriff des Bundes (stillschweigend) auch für ihre eigenen Verfügungen (vgl. etwa für den Kanton Zürich MARTIN BERTSCHI/KASPAR PLÜSS, Kommentar VRG, Vorbemerkungen zu §§ 4–31, Rz. 13 ff., 18 ff.). 852

Der Begriff der Verfügung hat für das ganze Verwaltungsrecht eine zentrale Bedeutung. Er ist gleich bedeutend mit dem früher gebrauchten Ausdruck «Verwaltungsakt» (anders KNAPP, No. 875 f., der zwischen «actes administratifs au sens large» und «décisions administratives» unterscheidet). 853

Die Rechtsfigur der Verfügung erfüllt verschiedene *Funktionen* (vgl. TSCHANNEN/ZIMMERLI/MÜLLER, S. 240 ff.). Sie regelt Verwaltungsrechtsverhältnisse (materiellrechtliche Funktion) in verwaltungsökonomischer Weise, indem die Verwaltungsbehörden ohne Verständigung mit der Gegenseite Rechte und Pflichten festlegen können 854 (verwaltungsökonomische Funktion). Sie ist Anfechtungsobjekt in der Verwaltungsrechtspflege und in der Regel Voraussetzung für die Durchsetzung verwaltungsrechtlicher Rechte und Pflichten (verfahrensrechtliche Funktion). Sie konkretisiert die Regelungen des Gesetzgebers im Einzelfall und verwirklicht damit dessen Zielsetzungen (demokratische Funktion). Sie kommt in einem bestimmten Verfahren zustande, das die Rechtmässigkeit und Rationalität sicherstellen soll, und verschafft durch die Festlegung der Verwaltungsrechtsverhältnisse Rechtssicherheit (rechtsstaatliche Funktion).

2. Elemente des Verfügungsbegriffs

a) Hoheitliche, einseitige Anordnung einer Behörde

855 Die Verfügung ist eine hoheitliche Anordnung (vgl. Rz. 28 ff.). Für die Verfügung ist charakteristisch, dass sie einseitig von den Behörden, d.h. von Personen oder Organen erlassen wird, die eine Verwaltungsaufgabe erfüllen (vgl. Rz. 24 f., 864 f.). Sie ist also grundsätzlich auch ohne Zustimmung des Betroffenen rechtswirksam. Damit grenzt sie sich vom Handeln des Gemeinwesens in Form des *verwaltungsrechtlichen und privatrechtlichen Vertrages* ab (vgl. Rz. 1288 ff., 1292 ff.). Die Anordnung kann sich sowohl auf ein positives als auch ein negatives Handeln, d.h. auf ein Tun, Dulden oder Unterlassen beziehen.

Beispiele:

856 – Einbürgerungsentscheide sind einseitige, hoheitliche Anordnungen (BGE 140 II 65, 67).

857 – Die Verweigerung der Aufnahme einer privaten Spitex-Organisation ins Zahlstellen-Register stellt einen einseitigen, hoheitliche Züge aufweisenden Akt dar (BGE 132 V 303, 307 f.).

858 – Der Verein «Braderie et Fête de la Montre» organisierte den traditionellen Anlass im September 1999 auf den öffentlichen Strassen und Plätzen der Gemeinde La Chaux-de-Fonds. Den Gewerbetreibenden und Vereinen, die sich um einen Standplatz bewarben, teilte er mit, dass sie für die Benutzung des öffentlichen Grundes 54.– Franken (ortsansässige Bewerber) bzw. 76.– Franken (auswärtige Bewerber) pro Meter zu bezahlen haben. Einige auswärtige Bewerber verlangten mit Beschwerde vom zuständigen kantonalen Departement die Gleichbehandlung mit den ortsansässigen Bewerbern. Das Departement trat auf die Beschwerde nicht ein, weil es sich bei den Rechnungen nicht um Verfügungen handle. Das kantonale Verwaltungsgericht wies eine Beschwerde gegen diesen Entscheid ab. Das Bundesgericht, an welches die Angelegenheit weitergezogen wurde, kam dagegen zum Schluss, das Verhältnis zwischen dem Verein und den Bewerbern um einen Standplatz sei nicht privat-, sondern öffentlich-rechtlich. Der Gemeinderat der Gemeinde La Chaux-de-Fonds habe dem Verein zwar nicht ausdrücklich die Befugnis zum Erlass von Verfügungen übertragen, aber es ihm überlassen, die Benutzung des öffentlichen Grundes durch Dritte zu regeln. Es müsse deshalb eine Möglichkeit bestehen, die Verletzung der Rechtsgleichheit durch den Verein wie bei einer Verfügung mit einem Rechtsmittel zu rügen (BGer, Urteil 2P.96/2000 vom 8. Juni 2001 E. 5).

859 – Die Schulpflege der Stadt A. informierte anfangs 1994 ihre Hauswarte, dass die Mietzinsen für die Dienstwohnungen auf Mitte Jahr angehoben würden. Unter anderem beinhaltete das Schreiben folgende Formulierung: «Bei Nichteinverständnis mit dieser Verfügung kann der Empfänger bzw. die Empfängerin Klage beim Verwaltungsgericht erheben.» Da nach dem inzwischen aufgehobenen § 82 lit. a des aVRG/ZH das Verwaltungsgericht als einzige Instanz im Klageverfahren vermögensrechtliche Streitigkeiten zwischen einem öffentlichen Angestellten und Körperschaften des kantonalen öffentlichen Rechts aus dem Dienstverhältnis beurteilte, fehlte der Schulpflege die Befugnis, das Rechtsverhältnis mittels Verfügung in verbindlicher und erzwingbarer Weise zu regeln. Die Bezeichnung der Mietzinserhöhung als «Verfügung»

war falsch, der Verweis auf den Klageweg demgegenüber richtig (Urteil des Verwaltungsgerichts des Kantons Zürich, ZBl 96 [1995] 233, 237).

b) Individuell-konkrete Anordnung

Die Verfügung ist ein Akt der Anwendung des Rechts auf einen *konkreten Fall* und für einen *individuellen Adressaten*. Damit steht sie im Gegensatz zum Rechtssatz, der sich durch seinen generell-abstrakten Charakter auszeichnet. Im Grenzbereich befinden sich *Allgemeinverfügungen* (Rz. 933 ff.) und *Pläne* (Rz. 949 ff.), da sie sowohl Elemente der Verfügung als auch des Rechtssatzes aufweisen. «Individuell» bedeutet, dass sich die Verfügung nur an einen oder an eine bestimmte Zahl von Adressaten richtet. «Konkret» heisst, dass die Verfügung eine bestimmte Zahl von Fällen regelt. 860

Beispiele:

- Als individuell-konkret erachtete das Bundesgericht die Androhung einer Unterbrechung der Stromzufuhr in einer von mehreren Mietern bewohnten Liegenschaft durch die Industriellen Werke Basel (BGE 137 I 120, 126; vgl. die ausführliche Darstellung des Urteils in Rz. 1439). 861
- Bejahung des individuell-konkreten Elements bei einer Anordnung des Bundesamtes für Zivilluftfahrt, in welcher den Helikopterunternehmen grundsätzlich verboten wird, beim Transport von Unterlasten Personen im Helikopter mitzuführen, da die Anordnung einen klar begrenzten Sachverhalt betrifft und sich ausschliesslich an Helikopterunternehmen richtet (BVGer, Urteil A-1553/2007 vom 14. Dezember 2007 E. 4.1). 862
- Der Waffenerwerbsschein nach Art. 8 WG (Waffengesetz) ist eine Anordnung individuell-konkreter Natur, weil damit von der Behörde hoheitlich festgestellt wird, dass der Antragsteller im fraglichen Zeitpunkt die Bedingungen zum Erwerb einer Waffe erfüllt bzw. kein Hinderungsgrund nach Art. 8 Abs. 2 WG vorliegt (BGer, Urteil 2A.358/2000 vom 30. März 2001 E. 5a). 863

c) Anwendung von Verwaltungsrecht

Die Verfügung ist eine Anordnung in *Anwendung von Verwaltungsrecht*. Ohne Bedeutung ist, von welcher Behörde die Verfügung ausgeht. Bei der erlassenden Behörde kann es sich um eine Verwaltungsbehörde handeln, aber auch um ein Organ der Legislative oder Judikative oder um einen Privaten, der unmittelbar Verwaltungsaufgaben erfüllt. Beispiel für eine Verfügung, die ein Parlament erlässt, ist im Bund die Genehmigung der Erteilung einer Rahmenbewilligung für Atomanlagen (Art. 48 Abs. 2 KEG [Kernenergiegesetz]); als Beispiel für die Verfügung eines Gerichts sei die Anstellung eines Gerichtsschreibers angeführt. Grundsätzlich kann jeder Träger öffentlicher Gewalt zum Erlass von Verwaltungsverfügungen ermächtigt sein. Dies trifft auch auf Private zu, soweit sie in Erfüllung von ihnen übertragenen Verwaltungsaufgaben handeln (z.B. Krankenkassen, Milchgenossenschaften). 864

Keinen Verfügungscharakter hat das Handeln des Gemeinwesens in *Privatrechtsform*. Dies schliesst nicht aus, dass dem Abschluss des privatrechtlichen Vertrages öffentlich-rechtliches Handeln in Verfügungsform vorgelagert ist (Zweistufentheorie, Rz. 1394 ff.). Streitigkeiten aus dem privatrechtlichen Vertrag selbst unterliegen der Zivilgerichtsbarkeit; das Gemeinwesen ist im Bereich des privatrechtlichen Handelns nicht zum Erlass von Verfügungen berechtigt. Für die Abgrenzung von privatrechtlichem Handeln zum Handeln in Anwendung von Verwaltungsrecht sind die einschlägi- 865 gen Theorien heranzuziehen (Subordinations-, Funktions-, Interessen- und modale Theorie, Rz. 223 ff.).

d) Auf Rechtswirkungen ausgerichtete Anordnung

866 Die Verfügung ist auf *Rechtswirkungen* ausgerichtet. Mit der Verfügung werden in einem konkreten Fall Rechte und Pflichten eines bestimmten Privaten begründet, geändert oder aufgehoben (vgl. Art. 5 Abs. 1 lit. a VwVG). So wird z.B. mit einer Baubewilligung das Recht erteilt, ein Haus zu bauen. Auch eine negative Verfügung, z.B. die Ablehnung eines Gesuchs für ein Stipendium, stellt eine Verfügung dar, weil damit verbindlich geklärt wird, dass kein Anspruch auf Unterstützung besteht (vgl. zur sog. verweigernden Verfügung Rz. 886 ff.).

867 Die Rechtswirkungen sind das zentrale Element der Verfügung, ihre eigentliche *raison d'être*. Dadurch grenzt sich die Verfügung vom tatsächlichen Verwaltungshandeln, von den Realakten, ab (vgl. § 20). Auch Realakte können unter Umständen rechtliche Konsequenzen haben, z.B. einen Schadenersatzanspruch des Privaten, der durch ein Fehlverhalten der Polizei verletzt wird. Solche «Rechtswirkungen» sind aber blosse (oft unbeabsichtigte) Nebenfolge des Realaktes. Die Funktion der Verfügung ist dagegen gerade darauf gerichtet, Rechtswirkung zu erzeugen.

e) Verbindlichkeit und Erzwingbarkeit

868 Verfügungen sind *verbindlich und erzwingbar*. Sie können in der Regel vollstreckt werden, ohne dass hierfür noch eine weitere Konkretisierung notwendig ist (vgl. zur sog. Vollstreckungsverfügung Rz. 1462 ff.).

869 In gewissen komplexen verwaltungsrechtlichen Verhältnissen wird der Inhalt der Verfügung laufend angepasst, ohne dass der Verfügungsinhalt rein äusserlich ändert. Dies ist im Hinblick auf die Rechtsnatur der Verfügung problematisch und darf nicht dazu führen, dass der Rechtsschutz der Betroffenen und Dritter umgangen wird.

870 Beispiel:

Zum Betrieb eines Kernkraftwerks ist nebst der hier nicht interessierenden Rahmenbewilligung gemäss Art. 12 ff. KEG (Kernenergiegesetz) auch eine Betriebsbewilligung nach Art. 19 ff. KEG erforderlich. Im Betriebsbewilligungsverfahren beurteilt die Bewilligungsbehörde, ob im Bewilligungszeitpunkt die Bewilligungsvoraussetzungen erfüllt sind. Ist dies der Fall, ist die Betriebsbewilligung zu erteilen (Art. 20 KEG), und zwar grundsätzlich unbefristet. Sodann soll durch die laufende Aufsicht die Sicherheit während der ganzen Laufzeit gewährleistet bleiben und gegebenenfalls durch nachträgliche Nachrüstungen verbessert werden. Stellt die Aufsichtsbehörde Sicherheitsmängel fest, so hat sie eine Nachrüstung durchzusetzen. «Dies erlaubt, die Sicherheit der Anlage auch an nachträglich erhöhte Anforderungen anzupassen, ohne die Bewilligung zu entziehen. Der Umstand, dass sich der Stand von Wissenschaft und Technik gewandelt hat und aktuell höhere Anforderungen gestellt werden als im Zeitpunkt der Bewilligungserteilung, führt grundsätzlich nicht dazu, dass die Bewilligung sofort entzogen wird.» Somit werden das konkrete Rechtsverhältnis und die Pflichten der Kernkraftwerkbetreiber im Rahmen der laufenden Aufsicht dauernd angepasst, ohne dass dabei die zugrunde liegende Verfügung, nämlich die Betriebsbewilligung, jeweils geändert wird (BGE 139 II 185, 201 ff.).

3. Form?

Verfügungen werden in einer bestimmten *Form* erlassen. Sie müssen als solche bezeichnet werden und sind den Adressatinnen und Adressaten schriftlich, begründet und mit einer Rechtsmittelbegründung versehen zu eröffnen (Art. 34 f. VwVG; Rz. 1063 ff.). 871

Die Formvorschriften sind aber nicht Voraussetzung, sondern *Folge der Verfügung*. 872
Anders ausgedrückt: Auch eine den Formvorschriften widersprechende Verfügung ist eine Verfügung. Formfehler führen nicht zum Wegfall des Verfügungscharakters (BVGer, Urteil A-3427/2007 vom 19. Juni 2007 E. 1.2). So kann beispielsweise trotz fehlender Rechtsmittelbelehrung eine Verfügung vorliegen; in BVGE 2009/43 E. 1.1.4 ff. sprach das Bundesverwaltungsgericht trotz Formmängeln einer E-Mail Verfügungsqualität zu. Massgebend ist ein *materieller Verfügungsbegriff* (BVGer, Urteil A-6037/2011 vom 15. Mai 2012 E. 5.3.2.1; Urteil A-6800/2009 vom 29. Juli 2010 E. 3.2). «Verwaltungsverfügungen sind nicht nach ihrem (zuweilen nicht sehr treffend verfassten) Wortlaut zu verstehen, sondern es ist [...] nach ihrem tatsächlichen rechtlichen Gehalt zu fragen» (BGE 132 V 74, 76; vgl. jedoch im Anwendungsbereich des Bundesgesetzes über den Allgemeinen Teil des Sozialversicherungsrechts BGE 134 V 145 ff.). Die Missachtung von Formerfordernissen stellt eine mangelhafte Eröffnung dar, aus welcher den Parteien kein Nachteil erwachsen darf (Art. 38 VwVG; Rz. 1078 f.). Die den Formvorschriften widersprechende Verfügung kann zudem angefochten werden. Nur dort, wo die Formerfordernisse schwer verletzt worden sind, darf ausnahmsweise Nichtigkeit (vgl. Rz. 1119 ff.) angenommen werden.

4. Abgrenzung zu Verwaltungshandlungen ohne Verfügungscharakter

Fast jedes Element des Verfügungsbegriffs kann streitig sein und führt zu typischen 873
Abgrenzungsfragen: Die Hoheitlichkeit grenzt die Verfügung vom vertraglichen Handeln ab (Rz. 1288 ff.), das Erfordernis individuell-konkreten Handelns von der Allgemeinverfügung und weiteren Mischformen zwischen Erlass und Verfügung (Rz. 933 ff.), das Kriterium der Anwendung von Verwaltungsrecht vom privatrechtlichen Handeln (Rz. 1378 ff.) und die Rechtswirkung vom Realakt (Rz. 1408). Für die Einzelheiten der Abgrenzung wird auf die entsprechenden Randziffern verwiesen. Darüber hinaus sind folgende weiteren Kategorien zu beachten.

a) Innerdienstliche und organisatorische Anordnungen

Die innerdienstliche oder organisatorische Anordnung ist eine *Weisung der vorgesetzten* 874
Behörde an eine ihr unterstellte Behörde. Auch sie ist – wie die Verfügung – hoheitlich und einseitig, verbindlich und erzwingbar. Auch sie stützt sich auf Verwaltungsrecht. Sie kann sich auf einen konkreten Fall und eine bestimmte Privatperson beziehen oder generell und abstrakt sein; im letzteren Fall liegt eine Verwaltungsverordnung (vgl. Rz. 81 ff.) vor. Die innerdienstliche oder organisatorische Anordnung begründet jedoch, auch wenn sie einen konkreten Fall und eine individuell bestimmte Person betrifft, keine

Rechte oder Pflichten des Privaten, die gegenüber diesem verbindlich und erzwingbar wären (BGE 136 I 323, 329 f.; 128 I 167, 170 f.; 121 II 473, 478 f.; Entscheid der Eidgenössischen Personalrekurskommission, VPB 69 [2005] Nr. 33). Unter Umständen erlässt aber die untergeordnete Behörde aufgrund der innerdienstlichen Anordnung eine – für die Privaten verbindliche – Verfügung. Eine Anordnung, mit welcher die *Rechtsstellung einer in einem öffentlich-rechtlichen Dienstverhältnis stehenden Person* als Arbeitnehmer geregelt, z.B. die Besoldung festgelegt wird, stellt dagegen eine Verfügung dar (vgl. Rz. 880). Keine innerdienstliche Anordnung, sondern eine Verfügung liegt ferner dann vor, wenn die Behörde darüber entscheidet, ob auf eine Verwaltungstätigkeit (z.B. die Errichtung einer Baute oder die Eröffnung eines Betriebs) bestimmte Rechtsnormen Anwendung finden oder nicht. Die Abgrenzung zwischen bloss intern und auch extern wirkenden Anordnungen ist allerdings oft schwierig (vgl. MOOR/POLTIER, S. 189 ff.).

Beispiele:

875 – Art. 292 StGB stellt den Ungehorsam gegen amtliche Verfügungen unter Strafe. Diese Bestimmung geht von demselben Begriff der Verfügung aus wie das Verwaltungsrecht. Keine Verfügung im Sinne dieser Bestimmung, sondern eine innerdienstliche Anordnung liegt vor, wenn das Betreibungsamt von einer Immobilienverwaltungsgesellschaft, der es die Verwaltung eines Grundstücks übertragen hat, verlangt, sie habe Auskünfte zu erteilen und Unterlagen herauszugeben (BGE 131 IV 32, 33 ff.).

876 – Im Prättigau wurde eine Poststelle umbenannt. Dagegen wurde Verwaltungsgerichtsbeschwerde (heute: Beschwerde in öffentlich-rechtlichen Angelegenheiten) erhoben. Das Bundesgericht führte zur Frage des Beschwerdeobjekts aus: «Organisatorische Anordnungen gelten nicht als Verfügungen im Sinne von Art. 5 Abs. 1 VwVG, weil niemandem gegenüber Rechte und Pflichten begründet werden. Derartige Anordnungen können daher nicht mit Verwaltungsgerichtsbeschwerde angefochten werden» (BGE 109 Ib 253 ff.).

877 – Auch die Änderung eines Strassennamens wird als organisatorische Anordnung betrachtet, weil dadurch weder Rechte noch Pflichten der Benutzer bzw. Anrainer betroffen werden (so der Entscheid des Regierungsrates des Kantons Zug, ZBl 93 [1992] 234 ff.; ebenso das Urteil des Verwaltungsgerichts des Kantons Zürich, ZBl 101 [2000] 80 ff.; anders das Urteil des Verwaltungsgerichts des Kantons Obwalden, wonach die Änderung der Strassenbezeichnung als Eingriff in die Rechte des Strasseneigentümers eine anfechtbare Verfügung darstelle, ZBl 93 [1992] 524 ff.).

878 – In Änderung seiner bisherigen Rechtsprechung betrachtete der Bundesrat in VPB 58 (1994) Nr. 79 das Festlegen von Fahrplänen durch die SBB als eine organisatorische Massnahme ohne Verfügungscharakter.

879 – Eine der SBB erteilte Ermächtigung zur versuchsweisen Umstellung der Bahnstrecke von Büren an der Aare nach Solothurn auf Busbetrieb zeitigt rechtlich keine unmittelbaren Aussenwirkungen. Daher handelt es sich um eine organisatorische Anordnung und nicht um eine anfechtbare Verfügung (Entscheid des Bundesrates, VPB 60 [1996] Nr. 20).

880 – Im Zusammenhang mit der Einführung eines neuen Lohnsystems an der ETH und ihren Forschungsanstalten verlangte ein Mitarbeiter der Eidgenössischen Anstalt für Wasserversorgung, Abwasserreinigung und Gewässerschutz (EAWAG) die Einreihung in eine höhere Lohnklasse. Der ablehnende Entscheid der Direktion EAWAG weist nach Ansicht des Bundesverwaltungsgerichts Verfügungscharakter auf, berührt er doch – auch wenn er nicht unmittelbar lohnwirksam wird – die Rechtsstellung des Betroffenen, indem diesem die Einreihung in eine Funktionsstufe mit besseren Lohnentwicklungsmöglichkeiten verwehrt wird (BVGer, Urteil A-840/2007 vom 22. März 2007 E. 3.2).

881 – Die Versetzung eines Polizeifunktionärs stellt einen über die Organisation der Polizeidienste hinausgehenden Akt dar, wenn die neuen Aufgaben nicht seinen Erfahrungen und Fähigkeiten entsprechen. Es handelt sich demnach um eine Verfügung (BGE 136 I 323, 328 ff.).

- Das Schreiben der FINMA an eine unter ihrer Aufsicht stehende Selbstregulierungsorganisation, mit welchem die unveränderte Zuteilung in eine Aufsichtskategorie mitgeteilt wurde, ist keine Verfügung, sondern eine organisatorische Anordnung (BVGer, Urteil B-198/2014 vom 5. November 2014 E. 2.4.4 f., bestätigt in BGer, Urteil 2C_1097/2014 vom 6. Oktober 2015 E. 3.2). 882

b) Vollzugshandlungen

Vollzugshandlungen wie Abbruch einer baurechtswidrigen Baute aufgrund eines Abbruchbefehls, polizeiliche Einziehung eines gesundheitsgefährdenden Medikaments, Massnahmen zur Zwangsvollstreckung von Forderungen des Gemeinwesens oder Anbringen von Verkehrssignalisationen stellen keine Verfügungen dar. Dagegen liegt ihnen oft eine Verfügung (Abbruchbefehl, Anordnung der Einziehung, Allgemeinverfügung betreffend die Beschränkung des Verkehrs auf einer bestimmten Strasse) zugrunde (vgl. etwa BGE 137 I 120 ff. [ausführliche Darstellung dieses Urteils in Rz. 1439]). Unter Umständen bedarf es auch einer gesonderten *Vollstreckungsverfügung* (Rz. 1462 ff.). 883

II. Arten von Verfügungen

1. Rechtsgestaltende, verweigernde und feststellende Verfügung

a) Rechtsgestaltende (positive) Verfügung

Durch eine rechtsgestaltende Verfügung werden verbindlich Rechte und Pflichten des Privaten festgesetzt, geändert oder aufgehoben. 884

Beispiele: 885
- Gebote oder Verbote, z.B. das Verbot, ein gesundheitsgefährdendes Produkt zu verkaufen, oder das Gebot, an einer Treppe ein Geländer anzubringen;
- Erteilung einer Polizeierlaubnis oder einer anderen Bewilligung, z.B. einer Baubewilligung oder einer Demonstrationsbewilligung;
- Erteilung einer Konzession (vgl. Rz. 2720);
- Entzug oder Einschränkung von Rechten, z.B. Enteignung, Bauverbot, Kürzung einer Invalidenrente.

b) Verweigernde (negative) Verfügung

Unter einer verweigernden Verfügung ist eine Verfügung zu verstehen, mit welcher der Erlass einer rechtsgestaltenden Verfügung abgelehnt wird. 886

Beispiele: 887
- Ablehnung des Gesuchs um Erteilung einer Baubewilligung;
- Verweigerung der Erneuerung der venia legendi (Recht, an einer Hochschule zu unterrichten; Entscheid des ETH-Rates, VPB 66 [2002] Nr. 89).

Weigert sich eine Behörde zu Unrecht, überhaupt eine Verfügung zu erlassen, so liegt eine Rechtsverweigerung vor. Auch die unrechtmässige Verweigerung oder Verzögerung 888 einer Verfügung gilt als Verfügung (vgl. Art. 46a VwVG; Art. 94 BGG; vgl. auch Rz. 1045 ff.).

c) Feststellende Verfügung

889 Durch die feststellende Verfügung werden keine neuen Rechte und Pflichten begründet, geändert oder aufgehoben. Die feststellende Verfügung dient lediglich der *Klärung der Rechtslage,* indem das Bestehen, das Nichtbestehen oder der Umfang von verwaltungsrechtlichen Rechten und Pflichten verbindlich festgestellt wird (vgl. zum Gegenstand einer Feststellungsverfügung auch BGE 135 II 60, 74 f.). Im Bund besteht ein Anspruch auf Erlass einer Feststellungsverfügung, wenn der Gesuchsteller ein schutzwürdiges, rechtliches oder tatsächliches Interesse nachweist, das nicht durch eine rechtsgestaltende Verfügung gewahrt werden kann (Art. 25 Abs. 2 VwVG; BGE 137 II 199, 218 f.; 132 V 166, 174; 126 II 300, 303; Entscheid der Eidgenössischen Personalrekurskommission, VPB 69 [2005] Nr. 83; vgl. zur Feststellung der Widerrechtlichkeit von Realakten Rz. 1429 ff.). Ist eine Feststellungsverfügung mangels schutzwürdigen Interesses zu Unrecht ergangen, so muss das Gericht auf die Beschwerde eintreten und die Verfügung aufheben (so BGE 129 V 289 ff. betreffend Beitragspflicht in der AHV; zur Feststellungsverfügung im Sozialversicherungsrecht vgl. auch BGE 132 V 257 ff.; 130 V 388, 391 f.).

890 Besonderheiten gelten nach der Lehre im *Steuerrecht,* wo die Feststellungsverfügung von grosser Bedeutung ist. So kommt etwa der Veranlagungsverfügung feststellender Charakter zu, indem sie die bereits durch Gesetz entstandene Steuerschuld konkretisiert und betragsmässig festlegt (MARKUS REICH, Steuerrecht, 2. Aufl., Zürich/Basel/Genf 2012, S. 125 f.). Mit Blick auf die teilweise konkretisierungsbedürftigen Tatbestände des Einkommensteuerrechts kann diese Betrachtungsweise aus der Sicht des Allgemeinen Verwaltungsrechts nicht voll überzeugen.

891 Beispiel:

Das Laboratorium des Kantons St. Gallen stellte in der Gemeinde O. fest, dass die Konzentration der chlorierten Kohlenwasserstoffe im Trinkwasser die Toleranzgrenze überschritt. Als Verursacherin der Verschmutzung kam vor allem die Firma X. in Betracht. Der Gemeinderat von O. erliess eine Feststellungsverfügung mit dem Inhalt, dass die Firma X. für die Sanierung und die allfällige Beseitigung des durch die Verschmutzung verseuchten Erdmaterials sowie die Kosten der damit im Zusammenhang stehenden, vom kantonalen Amt für Gewässerschutz angeordneten oder mit Zustimmung der Versicherung beschlossenen Untersuchungen, Expertisen usw. haftbar gemacht werde. Nach Auffassung der kantonalen Verwaltungsrekurskommission waren die Voraussetzungen für den Erlass einer Feststellungsverfügung erfüllt, da sich die aus der Beseitigung der Verschmutzung entstehenden Kosten in ihrem Ausmass noch nicht bestimmen bzw. durch gestaltende Verfügung auf die Firma X. überbinden liessen. Ausserdem habe die Gemeinde ein aktuelles Interesse an der unverzüglichen Feststellung der Ersatzpflicht, weil ihr nur aufgrund der sofortigen Ausräumung der Ungewissheit über die Ersatzpflicht ermöglicht werde, hinsichtlich der einzelnen Sanierungsmassnahmen ein möglichst einvernehmliches Vorgehen mit den Ersatzpflichtigen zu wählen. Im Übrigen diene die Feststellungsverfügung auch der Rechtssicherheit. Das Bundesgericht bestätigte diese Auffassung (BGE 114 Ib 44, 53 f.).

2. Mitwirkungsbedürftige Verfügung

Eine mitwirkungsbedürftige Verfügung ist eine Verfügung, welche ohne *Zustimmung des Betroffenen* nicht rechtswirksam werden kann. Das Fehlen der Zustimmung kann die Nichtigkeit der Verfügung zur Folge haben. In der Regel wird die mitwirkungsbedürftige Verfügung erst auf Gesuch hin erlassen; das Gesuch beinhaltet bereits die Zustimmung. 892

Die mitwirkungsbedürftige Verfügung enthält zwar Elemente des *Vertrages,* ist von diesem aber zu unterscheiden. Dementsprechend ist auch der teilweise früher verwendete Begriff der «zweiseitigen» Verfügung abzulehnen. Während sich beim Abschluss eines Vertrags Private und Verwaltungsbehörden als gleichberechtigte Partner gegenüberstehen, die sich im Rahmen einer offenen, unbestimmten gesetzlichen Regelung auf einen Vertragsinhalt einigen und eine gegenseitige, auf Dauer angelegte Bindung anstreben, setzen die Verwaltungsbehörden bei Erlass einer mitwirkungsbedürftigen Verfügung autoritativ nach Massgabe der anwendbaren Gesetze die Rechte und Pflichten der Privaten fest (vgl. zur Abgrenzung von mitwirkungsbedürftiger Verfügung und verwaltungsrechtlichem Vertrag auch Rz. 1289, 1310 ff.). 893

Beispiele: 894
- Bewilligungen;
- Anstellungsverfügungen;
- Konzessionen (wobei umstritten ist, ob diese mitwirkungsbedürftige Verfügungen oder verwaltungsrechtliche Verträge darstellen; vgl. Rz. 1332 ff.).

3. Bewilligungen und Meldepflichten

Eine typische Verfügung stellt die *Bewilligung* dar. Sie ist vor allem im Polizeirecht verbreitet (sog. Polizeierlaubnis, § 39). Mit der Bewilligung wird verbindlich entschieden, dass eine bestimmte Tätigkeit mit den gesetzlichen Vorschriften übereinstimmt. Der Gesuchsteller oder die Gesuchstellerin darf bis zum Vorliegen der Bewilligung die entsprechende Tätigkeit nicht ausüben. Dies erlaubt der Behörde eine präventive Kontrolle. 895

In jüngerer Vergangenheit ist der Gesetzgeber verschiedentlich dazu übergegangen, anstelle einer Bewilligung eine blosse *Meldepflicht* vorzusehen. 896

Beispiele:
- Gemäss Art. 18 RPG ist die bisherige Bewilligungspflicht für Solaranlagen durch eine Meldepflicht ersetzt worden; ausgenommen sind Solaranlagen auf Kultur- und Naturdenkmälern von kantonaler und nationaler Bedeutung, welche weiterhin bewilligungspflichtig sind. 897
- Wer Kundinnen und Kunden im eigenen Namen gewerbsmässig Postdienste anbietet, muss dies der Postkommission (PostCom) melden; diese registriert die Anbieterinnen von Postdiensten (Art. 4 Abs. 1 PG). Nach früherer Rechtslage war dafür eine Konzession erforderlich (Art. 5 des Postgesetzes in der Fassung vom 30. April 1997). 898

Meldepflichten dienen wie die Bewilligung oft polizeilichen Interessen, indem sie der Behörde die *Möglichkeit zum Eingreifen* verschaffen. Die Behörde muss auf die Meldung aber nicht reagieren; ihre Passivität bedeutet in der Regel keine Zustimmung. Meldepflichten ermöglichen die sofortige Aufnahme der privaten Tätigkeit ohne Abwarten 899 einer staatlichen Reaktion; in diesem Sinne erscheinen sie als mildere Form gegenüber der Bewilligung.

900 Da mit dem Meldeverfahren die Rechtslage nicht geklärt wird, schafft es für die Privaten aber nicht die gleiche *Rechtssicherheit* wie eine Bewilligung in Verfügungsform. Überdies stellen sich bei der Meldepflicht verschiedene Rechtsfragen, welche durch Lehre und Rechtsprechung nur ungenügend geklärt sind. Dies gilt beispielweise für die Frage, ob die Verletzung der Meldepflicht per se zur Rechtswidrigkeit der nicht gemeldeten Tätigkeit führt (vgl. ausführlich FELIX UHLMANN/JUDITH KASPAR, Meldepflichten im Verwaltungsrecht, recht 31 [2013] 135, 140 f.).

4. Plangenehmigung

901 Die Plangenehmigung ist eine *besondere Art der Verfügung,* die in verschiedenen Sachgesetzen des Bundes vorgesehen ist. Mit ihr werden in der Regel sämtliche nach Bundesrecht erforderlichen Bewilligungen erteilt. Kantonale Bewilligungen und Pläne sind nicht erforderlich. Die Plangenehmigung weist *Sondernutzungsplancharakter* auf (BGE 133 II 181, 196). Sie kommt vor allem bei Grossbauprojekten zur Anwendung.

902 Die Plangenehmigung hat im Lichte aller nationalen, kantonalen (und allenfalls auch kommunalen) Interessen zu erfolgen, die im entsprechenden Sachbereich einschlägig sind, insbesondere die Interessen der Raumplanung, des Natur- und Heimatschutzes, des Landschafts-, Umwelt- und Gewässerschutzes. Das kantonale Recht und die kantonalen Interessen sind soweit zu berücksichtigen, als sie die Erfüllung der Bundesaufgaben nicht verunmöglichen oder unverhältnismässig erschweren. Eine Plangenehmigung beruht somit auf einer *umfassenden Interessenabwägung.*

903 Die zuständige Bundesbehörde hat die übrigen eidgenössischen und kantonalen Behörden ins Verfahren miteinzubeziehen. Sie muss das Verfahren *koordinieren.* Dies dient auch den Interessen der betroffenen Privaten, weil diese nur mit einer Behörde zu tun haben und am Ende des Verfahrens nur eine Verfügung angefochten werden muss (vgl. dazu das Bundesgesetz über die Koordination und Vereinfachung von Entscheidverfahren vom 18. Juni 1999 [AS 1999, 3071 ff.]; vgl. dazu auch Rz. 1779).

Beispiele:

904 – Art. 18 EBG (Eisenbahngesetz) regelt das Plangenehmigungsverfahren wie folgt:

«[1] Bauten und Anlagen, die ganz oder überwiegend dem Bau und Betrieb einer Eisenbahn dienen (Eisenbahnanlagen), dürfen nur mit einer Plangenehmigung erstellt oder geändert werden.

[2] Genehmigungsbehörde ist:
a. das BAV;
b. bei Grossprojekten gemäss Anhang das UVEK.

[3] Mit der Plangenehmigung werden sämtliche nach Bundesrecht erforderlichen Bewilligungen erteilt.

[4] Kantonale Bewilligungen und Pläne sind nicht erforderlich. Das kantonale Recht ist zu berücksichtigen, soweit es das Eisenbahnunternehmen in der Erfüllung seiner Aufgaben nicht unverhältnismässig einschränkt.

[5] Die Plangenehmigung für Vorhaben, die sich erheblich auf Raum und Umwelt auswirken, setzt grundsätzlich einen Sachplan nach dem Bundesgesetz vom 22. Juni 1979 über die Raumplanung voraus.

[6] Zur Eisenbahnanlage gehören auch die mit dem Bau und dem Betrieb zusammenhängenden Erschliessungsanlagen und Installationsplätze sowie die Standorte für die Verwertung und Ablagerung von Ausbruch- und Aushubmaterial, die in einem engen räumlichen und funktionalen Zusammenhang mit der geplanten Anlage stehen.»

- Gemäss Art. 16 EleG (Elektrizitätsgesetz) wird für die Erstellung oder Änderung von Stark- oder Schwachstromanlagen i.S.v. Art. 4 Abs. 3 EleG eine Plangenehmigung benötigt, mit welcher sämtliche nach Bundesrecht erforderlichen Bewilligungen erteilt werden. Kantonale Bewilligungen und Pläne sind nicht erforderlich. Das kantonale Recht ist zu berücksichtigen, soweit es die Betreiberin von Stark- oder Schwachstromanlagen in der Erfüllung ihrer Aufgaben nicht unverhältnismässig einschränkt (Art. 16 Abs. 3 und 4 EleG; vgl. BGE 137 II 266, 274). 905

III. Nebenbestimmungen von Verfügungen

1. Zweck von Nebenbestimmungen

Nebenbestimmungen dienen dazu, die durch eine Verfügung begründeten verwaltungsrechtlichen Pflichten und Rechte entsprechend den konkreten Umständen auszugestalten, um den *Besonderheiten des Einzelfalles* besser gerecht zu werden. Der Begriff der Nebenbestimmung ist insoweit irreführend, als sie häufig einen wichtigen Bestandteil eines Verwaltungsrechtsverhältnisses ausmachen. 906

Eine bedeutende Rolle spielen die Nebenbestimmungen bei der *Erteilung von Bewilligungen*. Nebenbestimmungen sind gerechtfertigt, falls die Bewilligung verweigert werden könnte, wenn sie ohne Auflagen oder Bedingungen erlassen werden müsste. Auf diese Weise dient die Verbindung einer Verfügung mit einer Nebenbestimmung dem Verhältnismässigkeitsprinzip: Eine Bewilligung wird nicht verweigert, sondern es wird stattdessen die mildere Massnahme – Erteilung einer Bewilligung i.V.m. einer Nebenbestimmung – angeordnet, sofern dies das Gesetzmässigkeitsprinzip zulässt. 907

2. Arten von Nebenbestimmungen

a) Befristung

Unter der Befristung einer Verfügung ist die *zeitliche Begrenzung* ihrer Geltung oder Rechtswirksamkeit zu verstehen. 908

Dass die Verfügung während eines beschränkten Zeitraums gilt oder Rechtswirkungen entfaltet, ist bei der Befristung – im Gegensatz zur Bedingung – gewiss. Der Zeitraum ist in der Regel bestimmt, kann aber auch unbestimmt sein (z.B. Befristung durch den Tod). 909

Beispiele:

- Bewilligungen für gewisse Unterhaltungsgewerbe (z.B. Betrieb eines Spielsalons) müssen im Kanton Zürich auf eine bestimmte Dauer – längstens 3 Jahre – erteilt werden (§ 11 des Gesetzes über das Unterhaltungsgewerbe [Unterhaltungsgewerbegesetz] vom 27. September 1981 [LS 935.32]). 910
- Einem Beamten wird eine Zulage für die Zeit gewährt, während der er eine zusätzliche Aufgabe zu erfüllen hat. 911

912 – Art. 41 der damaligen Verordnung über die Personenbeförderungskonzession (VPK) vom 25. November 1998 (ausser Kraft; vgl. heute Art. 8 Abs. 4 PBG [Personenbeförderungsgesetz]) sah eine Befristung der Bewilligung für den grenzüberschreitenden Personenverkehr auf höchstens fünf Jahre vor. Die Festsetzung der Bewilligungsdauer innerhalb dieser Frist lag im Ermessen der Bewilligungsbehörde. Das Bundesverwaltungsgericht schützte den Entscheid des Bundesamtes für Verkehr, einem Gesuchsteller die Bewilligung nur für ein Jahr zu erneuern. Solange aufgrund eines hängigen Strafverfahrens die Einhaltung der Bewilligungsvoraussetzungen nicht abschliessend beurteilt werden könne, sei eine zeitliche Beschränkung der Bewilligung zweckmässig, da sie dem Gesuchsteller ermögliche, seinen Betrieb aufrechtzuerhalten (BVGer, Urteil A-3491/2007 vom 18. Dezember 2007 E. 3.2 ff.). Das Bundesgericht folgte dieser Beurteilung, verlängerte die Bewilligung jedoch aus verfahrenstechnischen Überlegungen auf zwei Jahre (BGer, Urteil 2C_137/2008 vom 14. August 2008 E. 2.3 ff.).

b) Bedingung

913 Eine Bedingung liegt vor, wenn die Rechtswirksamkeit einer Verfügung von einem *künftigen ungewissen Ereignis abhängig* gemacht wird.

914 Bei der *Suspensivbedingung* tritt die Rechtswirksamkeit der Verfügung erst ein, wenn die Bedingung erfüllt ist. Bei der *Resolutivbedingung* endigt die Rechtswirksamkeit der Verfügung mit Eintritt der Bedingung.

915 Während bei der Befristung das die Rechtswirksamkeit der Verfügung begrenzende Ereignis mit Sicherheit eintritt, ist der Eintritt der Bedingung ungewiss. Eine resolutiv bedingte Verfügung kann somit unter Umständen unbeschränkt wirksam sein; eine suspensiv bedingte Verfügung wird möglicherweise nie wirksam.

Beispiele:

916 – Eine Baubewilligung wird unter der Bedingung erteilt, dass der Bauwillige vor Baubeginn für eine genügende Zufahrt zur geplanten Baute sorgt (Suspensivbedingung). Ebenfalls eine Suspensivbedingung stellt die Anordnung dar, vor dem Bau einer Rodelbahn bestimmte Bäume zu fällen (Verwaltungsgericht des Kantons Neuenburg, Urteil TA.2002.242 vom 20. März 2003 = RDAF 59 [2003] 747 ff.).

917 – Q. wurde das Gastwirtschaftspatent für das Gasthaus X. «auf Zusehen und Wohlverhalten hin» erteilt. Dieser sog. Widerrufsvorbehalt, eine Resolutivbedingung, war zulässig, da das Wirtschaftspatent Q. wegen dessen Vorstrafen hätte verweigert werden können. Die nach Aufnahme des Wirtschaftsbetriebs begangenen Übertretungen berufsspezifischer Vorschriften – wiederholtes Überwirten, Nichteintragen von Gästen in die Hotelkontrolle, widerrechtliche Publikation einer nicht bewilligten Verlängerung – rechtfertigten unter diesen Umständen auch den später erfolgten fristlosen Entzug des Patents (BGE 109 Ia 128, 130 ff.).

918 Die Bedingungen einer Verfügung dürfen nicht verwechselt werden mit den in einem Rechtssatz generell-abstrakt umschriebenen *Voraussetzungen eines Tatbestands,* so wenn der Rechtssatz eine bestimmte wirtschaftliche Tätigkeit von einer Bewilligung abhängig macht, die nur erteilt wird, wenn der Bewilligungsnehmer gewisse Eigenschaften oder Fähigkeiten hat. Diese gesetzlichen Voraussetzungen werden zuweilen in einem untechnischen Sinn auch als «Bedingungen» bezeichnet; der Ausdruck «Bedingung» sollte in diesen Fällen vermieden werden.

c) Auflage

Eine Auflage ist die mit einer Verfügung verbundene zusätzliche Verpflichtung zu einem Tun, Dulden oder Unterlassen. 919

Von der Bedingung unterscheidet sie sich dadurch, dass die Rechtswirksamkeit der Verfügung nicht davon abhängt, ob die Auflage erfüllt wird oder nicht. Die Verfügung ist auch gültig, wenn die Auflage nicht erfüllt wird. Die Auflage ist – ebenfalls im Gegensatz zur Bedingung – *selbstständig erzwingbar:* Wird der Auflage nicht nachgelebt, so berührt das zwar nicht die Gültigkeit der Verfügung, doch kann das Gemeinwesen mit hoheitlichem Zwang die Auflage durchsetzen. In diesem Rahmen kann die Nichterfüllung einer Auflage auch einen Grund für den Widerruf einer Verfügung (z.B. Entzug einer Bewilligung) darstellen (vgl. zum Widerruf einer begünstigenden Verfügung als Sanktion auch Rz. 1534 ff.). 920

Leider lässt die in der Praxis verwendete Terminologie an Klarheit zu wünschen übrig. Häufig wird als Bedingung bezeichnet, was in Tat und Wahrheit eine Auflage ist. Ob eine Bedingung oder Auflage vorliegt, beurteilt sich daher nicht so sehr nach der Bezeichnung der Nebenbestimmung, sondern vor allem nach deren Sinn und Zweck unter Berücksichtigung des Verhältnismässigkeitsprinzips. In der Praxis spielt die Auflage im Verwaltungsrecht die bedeutendere Rolle. 921

Beispiele:

- Die Anordnung, die in Rz. 916 erwähnte Rodelbahn mit Zäunen oder Sicherheitsnetzen zu sichern, ist eine Auflage (RDAF 59 [2003] 747 ff.). 922
- Eine Wildtierhaltebewilligung wird unter der Auflage erteilt, einen Leoparden nicht ausserhalb des Geheges an einer Leine spazieren zu führen (BGer, Urteile 2P.8/2003 und 2A.12/2003 vom 2. Juli 2003 E. 3 = ZBl 104 [2003] 607, 608 ff.). 923
- Eine Baubewilligung für ein Einkaufszentrum wird unter Auflagen betreffend Zufahrtverkehr, Warenanlieferung und Ausrüstung der Lieferfahrzeuge erteilt (BGE 125 II 129, 132 ff.). 924
- Die Bewilligung zum Erwerb eines Grundstückes durch Personen im Ausland gemäss Art. 14 BewG kann mit Bedingungen und Auflagen versehen werden. Um die Dauerhaftigkeit der Umstände sicherzustellen, die eine Bewilligung rechtfertigen, wird eher zur Auflage gegriffen. Die Anordnung, ein Grundstück zu gewerblichen Zwecken (Hotelbetrieb) zu nutzen, stellt eine Auflage dar (BGE 129 II 361, 370 ff.). 925

3. Voraussetzungen für den Erlass von Nebenbestimmungen

a) Gesetzliche Grundlage

Das Gesetzmässigkeitsprinzip gilt auch für Nebenbestimmungen. Diese brauchen jedoch nicht ausdrücklich in einem Rechtssatz vorgesehen zu sein; wo eine solche ausdrückliche gesetzliche Grundlage fehlt, kann die Zulässigkeit der Nebenbestimmung aus dem mit dem Gesetz verfolgten Zweck, aus einem mit der Hauptanordnung zusammenhängenden öffentlichen Interesse hervorgehen. Unzulässig sind hingegen alle Nebenbestimmungen, die sachfremd sind. Eine Bewilligung kann insbesondere dann mit einer Nebenbestimmung verbunden werden, wenn sie aufgrund der gesetzlichen Bestimmungen überhaupt verweigert werden könnte. Den Bewilligungsbehörden steht somit ein weiter Entscheidungsspielraum zu. 926

Beispiele:

927 – Ernst Werder, Eigentümer eines Grundstückes an der Wehntalerstrasse in Sünikon/Steinmaur, stellte bei der Gemeinde ein Baugesuch für einen Gartensitzplatz mit Abschlussmauer und gedecktem Zugang zum Wohnhaus. Das Gesuch wurde unter der Voraussetzung bewilligt, dass Werder eine öffentlich-rechtliche Eigentumsbeschränkung im Grundbuch anmerken lasse, wonach der jeweilige Eigentümer des Grundstücks verpflichtet sei, die betreffende Baute zu beseitigen, wenn der Ausbau der Wehntalerstrasse oder andere wichtige öffentliche Gründe es erfordern. Das Bundesgericht hielt diesen so genannten Beseitigungsrevers für zulässig, da die Baubewilligung wegen der in Aussicht genommenen Erweiterung der Wehntalerstrasse gestützt auf das Baugesetz einstweilen hätte verweigert werden dürfen (BGE 99 Ia 482, 485 ff.).

928 – Leistungen im Rahmen der Nothilfe nach Art. 12 BV dürfen nur mit Auflagen und Bedingungen verbunden werden, die entsprechend dem Zweck der Norm auf die Herstellung einer menschenwürdigen Existenz gerichtet sind. Die Gewährung solcher Leistungen darf daher nicht davon abhängig gemacht werden, dass ein abgewiesener Asylbewerber bei der Identitätsfeststellung und der Beschaffung der für die Ausreise notwendigen Papiere mitwirkt. Solche Nebenbestimmungen sind sachfremd und deshalb unzulässig (BGE 131 I 166, 175 ff.).

b) Verhältnismässigkeit

929 Nebenbestimmungen müssen mit dem Grundsatz der Verhältnismässigkeit vereinbar sein. Sie müssen die Voraussetzungen der Eignung, der Erforderlichkeit und der Verhältnismässigkeit zwischen Zweck und Wirkung des Eingriffs erfüllen (vgl. Rz. 521 ff.).

Beispiele:

930 – Das Verhältnismässigkeitsprinzip kann Auflagen für die Erteilung von Demonstrationsbewilligungen gebieten (Anweisung einer bestimmten Route, Verpflichtung zu einem von den Veranstaltern zu organisierenden Ordnungsdienst). Dabei ist allerdings den für die Versammlungsfreiheit massgeblichen Grundsätzen Rechnung zu tragen. Die Auflagen müssen für die Organisatoren zumutbar sein und dürfen sich nicht allzu abschreckend auf mögliche Teilnehmer auswirken (Regierungsrat des Kantons Schwyz, Entscheid vom 25. November 2003 = ZBl 105 [2004] 536, 548).

931 – Eine Schulpflege erteilte einer Primarlehrerin die Bewilligung zur Erteilung von privatem und entgeltlichem Stützunterricht sowie zur Durchführung kinesiologischer Behandlungen, verbunden mit der Nebenbestimmung, dass sie keine Schüler therapieren oder unterrichten dürfe, die bei ihr die Schule besuchten oder künftig zu ihr in den Schulunterricht kommen könnten. Im Rekursverfahren hielt der Bezirksrat Affoltern am Albis fest, eine solche Auflage sei geeignet, um das Ziel zu erreichen, den Anschein einer Beeinträchtigung der Chancengleichheit der Schüler zu vermeiden und das Vertrauen in die Unabhängigkeit der Schule zu wahren. Eine gleich geeignete, aber mildere Auflage, die für den angestrebten Erfolg ausreichen würde, sei nicht auszumachen. Auch die Verhältnismässigkeit von Zweck und Wirkung der Auflage sei gegeben, weil die Primarschullehrerin mit einem 100 %-Pensum und entsprechender Entlöhnung durch die Auflage in ihrer wirtschaftlichen Situation nicht wesentlich beeinträchtigt werde (Entscheid des Bezirkrats Affoltern am Albis, ZBl 100 [1999] 642 ff.).

932 – Die Bewilligung für den Umbau einer Alphütte in ein Ferienhäuschen nach Art. 24d RPG kann mit einer Nebenbestimmung erteilt werden, wonach das Gebäude vom ersten Schneefall bis zur Ausaperung nicht bewohnt werden darf, wenn die Ausnahmebewilligung nach Art. 24d RPG wegen erheblicher Lawinengefährdung des Zugangs auch hätte verweigert werden können (BGer, Urteil 1P.329/2005 vom 27. Juli 2005 E. 3.5).

IV. Allgemeinverfügung

1. Begriff

Die Allgemeinverfügung ist eine Verwaltungsmassnahme, die zwar nur eine konkrete Situation ordnet, sich aber an einen *grösseren, nicht individuell bestimmten Personenkreis* richtet. Typisches Beispiel für eine Allgemeinverfügung sind Verkehrsanordnungen. 933

Allgemeinverfügungen werden nicht immer als solche bezeichnet; so nannte beispielsweise das Staatssekretariat für Wirtschaft eine Regelung für die Sonntagsarbeit von Lehrlingen und Lehrtöchtern des Gastgewerbes eine «Globalbewilligung» (Entscheid der Rekurskommission EVD, VPB 68 [2004] Nr. 104). 934

2. Rechtsnatur

Die Allgemeinverfügung ist eine Rechtsform zwischen Rechtssatz und Verfügung. Wie die Verfügung regelt sie einen *konkreten Fall.* Doch im Unterschied zu dieser richtet sie sich an einen *grösseren, individuell nicht bestimmten Adressatenkreis,* wobei dieser offen (unbestimmt) oder geschlossen (bestimmbar) sein kann. Die individuell nicht bestimmte Umschreibung des Adressatenkreises hat die Allgemeinverfügung mit dem Rechtssatz gemein. 935

Bei offenem Adressatenkreis ist die Zahl der Adressaten unbestimmt (z.B. alle Teilnehmerinnen und Teilnehmer an der Fasnacht). Bei geschlossenem Adressatenkreis ist die Zahl der Adressaten zwar bestimmbar, die Adressaten werden aber nicht alle namentlich genannt, sondern werden aufgrund ihrer Zugehörigkeit zu einer Gruppe von der Allgemeinverfügung erfasst (z.B. alle Staatsangestellten einer Gemeinde, die sich in einem in der Vergangenheit liegenden Zeitpunkt noch in ungekündigter Stellung befanden). Bei einem bestimmbaren Adressatenkreis wäre auch der Erlass eines Bündels von Einzelverfügungen möglich («Sammelverfügung»). 936

Keine Allgemeinverfügungen sind Verfügungen, welche von einer grossen Zahl von *Drittparteien* angefochten werden können (z.B. Baubewilligung für ein Eisenbahngrossprojekt). Solche Verfügungen richten sich an einen einzelnen Adressaten (z.B. SBB). Verschiedene Verfahrensvorschriften, welche beim Erlass von Allgemeinverfügungen zur Anwendung kommen, werden aber auch auf solche Verfügungen angewandt (z.B. Gewährung des rechtlichen Gehörs mittels Publikation, Art. 30a VwVG). Die Abgrenzung zwischen Adressaten und Dritten kann im Einzelfall schwierig sein. 937

Beispiele:

– Die Baudirektion des Kantons Zürich erliess an der Töss ein allgemeines Fahrverbot und ein Reitverbot. Den hiegegen gerichteten Rekurs wies der Regierungsrat des Kantons Zürich ab. Auf die gegen diesen Entscheid gerichtete kantonale Verwaltungsgerichtsbeschwerde trat das Verwaltungsgericht des Kantons Zürich nicht ein mit der Begründung, dass es sich beim Reit- und Fahrverbot um eine Anordnung generell-abstrakten Charakters handle, die der Überprüfung durch das Verwaltungsgericht entzogen sei. Das Bundesgericht hob den Nichteintretensentscheid des Zürcher Verwaltungsgerichts auf. Es erklärte, dass Verkehrszeichen zwar für eine unbestimmte Vielzahl von Personen gelten, dass sie aber örtlich begrenzt seien und eine be- 938 stimmte Verkehrssituation regelten. Es handle sich bei ihnen um Verwaltungsakte in Form von Allgemeinverfügungen. Dies gelte auch dann, wenn sich der räumliche Anwendungsbereich, wie im vorliegenden Fall, auf über 50 km erstrecke. Die Auffassung des Zürcher Verwaltungsgerichts, bei der Anordnung an der Töss handle es sich um einen vom Verwaltungsgericht nicht überprüfbaren Rechtssatz, sei daher offensichtlich unhaltbar (BGE 101 Ia 73, 74 ff.). Auch Parkierungsbeschränkungen sind Verkehrsanordnungen und gelten als Allgemeinverfügungen (BGer, Urteil 6B_113/2007 vom 16. August 2008 E. 2.6).

939 – Die Weisungen des Stadtrates Liestal betreffend das Schiessen am Banntag 1996 und 1997 richten sich an die Banntagsschützen, einen nicht namentlich bekannten, aber bestimmbaren, eingeschränkten Personenkreis. Sie regeln das Verhalten dieser Personen an einem bestimmten Anlass. Sie gelten in erster Linie für das Schiessen im Zentrum von Liestal. Sie regeln damit konkret das Schiessen an einem begrenzten Ort zu einem bestimmten Zeitpunkt und sind daher als Allgemeinverfügungen zu betrachten (BGE 126 II 300, 302).

940 – Der Beschluss des Regierungsrates des Kantons Bern, den ordentlichen Gehaltsaufstieg für Lehrkräfte während des Schuljahres 1998/99 zu sistieren, regelt einen bestimmten Sachverhalt. Er ist als Allgemeinverfügung zu qualifizieren (BGE 125 I 313, 316).

941 – Die Neuordung der Luftraumstruktur über dem Flughafen Zürich im Zusammenhang mit der provisorischen Änderung des Betriebsreglementes ist als Allgemeinverfügung zu qualifizieren. Sie erfasst zwar eine Vielzahl von Fällen, betrifft Tausende von Quadratkilometern und richtet sich an eine unbestimmte Vielzahl von Personen. Die Anordnung ist jedoch eindeutig bestimmt, indem für den Flughafen Zürich ganz konkret festgelegt wird, ab welcher Höhe, in welcher Ausdehnung sowie zu welchen Zeiten eine Luftraumklasse im Verhältnis zu anderen Kategorien gelten soll (Entscheid der Rekurskommission für Infrastruktur und Umwelt, VPB 69 [2005] Nr. 45). Das Bundesverwaltungsgericht hat bestätigt, dass derartige Anordnungen über die Luftraumstruktur Allgemeinverfügungen darstellen (BVGE 2008/18 E. 1).

942 – Nicht als Allgemeinverfügung qualifizierte das Bundesgericht das Pflichtenheft zur Herstellung von Greyerzerkäse mit geschützter Ursprungsbezeichnung. Das Pflichtenheft bestimme in allgemeiner Weise, was bei der Käseherstellung erlaubt sei, bedürfe jedoch noch der Umsetzung im Einzelfall mittels Zertifizierungsentscheid. Es weise demnach eher den Charakter einer generell-abstrakten Regelung auf (BGE 134 II 272, 280 f.; vgl. zur Zertifizierung von «Gruyère AOC» auch BGE 138 II 134 ff. = Pra 101 [2012] Nr. 100).

3. Verfahrensrechtliche Behandlung

943 *Individuell-konkretes* und *generell-abstraktes Handeln* des Staates sind verfahrensrechtlich *grundverschieden*. Beim Erlass generell-abstrakter Anordnungen müssen die Betroffenen im Gegensatz zu Verfügungen vorher nicht angehört werden; es besteht allenfalls die Möglichkeit zur Vernehmlassung (Art. 147 BV). Die Bekanntmachung eines Erlasses erfolgt nicht durch individuelle Eröffnung (Art. 34 VwVG), sondern mittels Publikation. Erlasse müssen im Gegensatz zu Verfügungen (Art. 35 Abs. 1 VwVG) nicht begründet werden. Sie bilden kein taugliches Anfechtungsobjekt der Beschwerde an das Bundesverwaltungsgericht und unterliegen nur eingeschränkt (kantonale Erlasse) der Beschwerde an das Bundesgericht. Dementsprechend stellen sich in der Praxis im Zusammenhang mit den Allgemeinverfügungen (und den Raumplänen, vgl. Rz. 949 ff.) oft schwierige Verfahrensfragen, namentlich:

1. Haben die Betroffenen vor Erlass einer Allgemeinverfügung Anspruch auf rechtliches Gehör, d.h. auf vorherige Anhörung?
2. Kann die Allgemeinverfügung mit einem Rechtsmittel angefochten werden?

3. Kann bei einem konkreten Entscheid, der sich auf eine Allgemeinverfügung stützt, auch die Allgemeinverfügung – im Sinne einer konkreten Normenkontrolle – auf ihre Rechtmässigkeit hin überprüft werden oder ist eine Überprüfung ausgeschlossen, sobald die Rechtsmittelfrist gegen die Allgemeinverfügung abgelaufen ist?

Rechtlich wird die Allgemeinverfügung regelmässig wie eine *gewöhnliche Verfügung* behandelt. Dies gilt insbesondere für das Verfahren und den Rechtsschutz (BGE 126 II 300, 301 f.; 125 I 313, 316 f.; BGer, Urteil 2C_348/2011 vom 22. August 2011 E. 3.1). Sie ist somit Anfechtungsobjekt der Beschwerde an Verwaltungsbehörden, Verwaltungsgerichte und an das Bundesgericht, soweit gesetzlich nichts anderes vorgesehen ist (vgl. z.B. Art. 3 Abs. 4 SVG und Art. 24 SVG; vgl. BVGE 2008/18 E. 1). Ausserdem kann die Allgemeinverfügung, andere gesetzliche Regelung vorbehalten, unmittelbar zwangsweise durchgesetzt werden, ohne dass es hierzu noch einer weiteren Konkretisierung bedarf. 944

Das VwVG trägt den Besonderheiten der Allgemeinverfügung aber insofern Rechnung, als bezüglich rechtlichem Gehör (Art. 30a VwVG) und Eröffnung (Art. 36 lit. d VwVG) gewisse Erleichterungen vorgesehen sind. Grundsätzlich haben nur diejenigen Personen einen Anspruch auf rechtliches Gehör, welche durch die Allgemeinverfügung wesentlich schwerwiegender betroffen werden als die übrige Vielzahl der Adressaten (BGE 121 I 230, 233; 119 Ia 141, 150; BVGE 2008/18 E. 5.2). Ferner besteht für die Allgemeinverfügung in der Regel wie für einen Rechtssatz eine gesetzliche Publikationspflicht (vgl. Art. 36 lit. d VwVG). 945

Obwohl die Allgemeinverfügung grundsätzlich wie ein Einzelakt zu behandeln ist, muss sie wie ein Rechtssatz *akzessorisch auf ihre Rechtmässigkeit hin überprüft* werden können, sofern der Kreis der Adressaten wie bei Rechtssätzen offen und unbestimmt ist. In diesem Falle hat nicht jeder Adressat die Möglichkeit, die Anordnung unmittelbar anzufechten. So hat z.B. der Autofahrer in Schaffhausen keine Veranlassung, eine Verkehrsanordnung (z.B. Festsetzung der Höchstgeschwindigkeit) in Genf unmittelbar nach ihrem Erlass direkt anzufechten. Wird er aber nach Ablauf der Frist für die Erhebung der Beschwerde gegen die Verkehrsanordnung wegen Verstosses gegen diese Regelung gebüsst, muss er das Recht haben, eine allfällige Widerrechtlichkeit der Verkehrsanordnung geltend zu machen (vgl. allerdings die einschränkende Praxis bei aus Gründen der Verkehrssicherheit aufgestellten Anordnungen, Rz. 948). Die Rechtsprechung des Bundesgerichts betreffend akzessorische Überprüfung von Allgemeinverfügungen ist allerdings nicht einheitlich. Zuletzt hat es in BGE 134 II 272, 280 f. entschieden, dass die inzidente Überprüfung einer Allgemeinverfügung zulässig ist, sofern diese über einen offenen Adressatenkreis verfügt und die Rechtssicherheit durch die vorfrageweise Überprüfung nicht in Frage gestellt wird (so auch das Bundesverwaltungsgericht in BVGE 2008/18 E. 2.1). 946

Beispiele:

- Der Beschluss des Regierungsrates des Kantons Bern, den ordentlichen Gehaltsaufstieg für Lehrkräfte während des Schuljahres 1998/99 zu sistieren, ist eine Allgemeinverfügung (vgl. Rz. 940). Zu deren Anfechtbarkeit führte das Bundesgericht aus, wenn der Kreis der Adressaten – wie etwa bei Verkehrsanordnungen – offen sei und diese durch den Erlass der Allgemeinverfügung nur virtuell betroffen seien, müsse die Allgemeinverfügung im Anwendungsfall noch 947 vorfrageweise auf ihre Rechtmässigkeit hin überprüft werden können. Wenn dagegen der Adressatenkreis – wie im vorliegenden Fall – bestimmt oder bestimmbar sei und die Allgemeinverfügung ohne konkretisierende Anordnung einer Behörde angewendet werden könne, so bilde sie ein der Verfügung gleichgestelltes direktes Anfechtungsobjekt (BGE 125 I 313, 316 f.).

948 – Im Interesse der Verkehrssicherheit sind auch nicht rechtmässig aufgestellte Verkehrsanordnungen (Signale, Markierungen) zu befolgen. Fehlerhafte Verkehrsanordnungen können auf dem Weg der Verwaltungsrechtspflege angefochten werden. Die Rechtswidrigkeit kann auch vom Strafgericht festgestellt werden, was aber an der Verbindlichkeit des Verkehrszeichens nichts ändert, sofern es nicht geradezu nichtig ist (BGE 128 IV 184, 186; vgl. auch Rz. 1098).

V. Plan

1. Aufgabe der Raumplanung

949 Die Aufgabe der Raumplanung besteht darin, die *zweckmässige und haushälterische Nutzung des Bodens* sicherzustellen. Mittels der Raumplanung sollen genügende Flächen geeigneten Kulturlandes, naturnaher Landschaften und Erholungsräume erhalten werden. Wohn- und Arbeitsgebiete müssen einander zweckmässig zugeordnet und durch das öffentliche Verkehrsnetz erschlossen werden. Siedlungen, Bauten und Anlagen sollen sich in die Landschaft einordnen. Ausserdem sind die raumwirksamen Tätigkeiten von Bund, Kantonen und Gemeinden aufeinander abzustimmen (vgl. Art. 75 BV sowie Art. 1 und 3 RPG).

2. Arten von Raumplänen

a) Richtplan

aa) Begriff

950 Der Richtplan ist das *behördeninterne Planungsmittel,* das die Richtlinien für die weitere raumplanerische Regelung, insbesondere für die Aufstellung von Nutzungs- oder Zonenplänen, festlegt.

bb) Aufgabe der Richtplanung

951 Die Kantone erlassen kantonale und regionale, die Gemeinden kommunale Richtpläne. In ihnen wird festgehalten, welche Gebiete sich für die Landwirtschaft eignen und welche Gebiete in die Freihalte- und Schutzzone aufzunehmen sind, weil sie besonders schön, wertvoll, für die Erholung oder als natürliche Lebensgrundlage bedeutsam sind oder weil sie durch Naturgefahren oder schädliche Einwirkungen bedroht sind. Ausserdem geben die Richtpläne Aufschluss über den Stand und die angestrebte Entwicklung der Besiedlung, des Verkehrs, der Versorgung sowie der öffentlichen Bauten und Anlagen (Art. 6 RPG). Aus dem Richtplan geht hervor, wie die raumwirksamen Tätigkeiten im Hinblick auf die anzustrebende Entwicklung aufeinander abgestimmt werden; er regelt auch den zeitlichen Ablauf und die Mittel der Erfüllung der Aufgaben (Art. 8

RPG). Bei der Erstellung der Richtpläne haben die Kantone mit dem Bund und den Nachbarkantonen zusammenzuarbeiten, soweit sich ihre Aufgaben berühren (Art. 7 Abs. 1 RPG). Die Richtpläne sind für die Behörden verbindlich (Art. 9 Abs. 1 RPG; vgl. auch Rz. 958).

Die gesetzliche Regelung der Richtpläne erfolgt einerseits durch Art. 6 ff. RPG, andererseits durch die kantonalen Planungs- und Baugesetze, im Kanton Zürich durch §§ 18 ff. PBG/ZH. 952

b) Nutzungs- oder Zonenplan

aa) Begriff

Der Nutzungs- oder Zonenplan ist der Raumplan, durch welchen Zweck, Ort und Mass der Bodennutzung für ein bestimmtes Gebiet allgemein verbindlich festgelegt werden (vgl. Art. 14 Abs. 1 RPG). Er besteht aus Nutzungsvorschriften, deren örtlicher Geltungsbereich mittels einer Karte in Parzellenschärfe bestimmt wird. 953

bb) Aufgabe der Nutzungs- oder Zonenplanung

Im Nutzungs- oder Zonenplan werden drei Zonen und damit verbundene Nutzungsarten unterschieden: die *Bauzonen,* die das Land umfassen, das sich für die Überbauung eignet und weitgehend überbaut ist oder voraussichtlich innert 15 Jahren benötigt und erschlossen wird (Art. 15 RPG); die *Landwirtschaftszonen,* die das Land bezeichnen, das sich für die landwirtschaftliche Nutzung oder den Gartenbau eignet oder im Gesamtinteresse landwirtschaftlich genutzt werden soll (Art. 16 RPG); die *Schutzzonen,* welche Bäche, Flüsse, Seen und ihre Ufer, besonders schöne und naturkundlich oder kulturgeschichtlich wertvolle Landschaften, bedeutende Ortsbilder, geschichtliche Stätten sowie Natur- und Kulturdenkmäler, ferner Lebensräume für schutzwürdige Tiere und Pflanzen zum Gegenstand haben (Art. 17 RPG). Die Nutzungspläne werden in der Regel von den Gemeinden erlassen. Sie sind allgemein, d.h. auch für die Privaten, insbesondere die Grundeigentümer, verbindlich; sie bilden eine wichtige Entscheidungsgrundlage im baurechtlichen Verfahren. 954

Die gesetzliche Regelung der Nutzungs- oder Zonenpläne erfolgt einerseits durch Art. 14 ff. RPG, andererseits durch die kantonalen Baugesetze, im Kanton Zürich durch §§ 36 ff. PBG/ZH. 955

3. Rechtsnatur der Raumpläne

a) Problemstellung

In der Praxis stellen sich vergleichbare Fragen wie bei der Allgemeinverfügung (vgl. Rz. 943), nämlich ob die Betroffenen vor Erlass eines Raumplans Anspruch auf rechtliches Gehör haben, ob der Raumplan mit einem Rechtsmittel angefochten werden und ob bei einem baurechtlichen Entscheid (z.B. Verweigerung einer Baubewilligung), der sich 956 auf einen Raumplan stützt, der Raumplan – im Sinne einer konkreten Normenkontrolle – auf seine Rechtmässigkeit hin überprüft werden kann.

957 Die Beantwortung dieser Fragen hängt grundsätzlich von der Rechtsnatur des Raumplans ab. Ist der Raumplan als Rechtssatz zu qualifizieren, so besteht kein Anspruch auf rechtliches Gehör vor Erlass des Plans, dagegen ist bei einem Rechtsstreit über einen Anwendungsakt eine konkrete Normenkontrolle möglich. Handelt es sich beim Raumplan jedoch um eine Verfügung, so muss bei seinem Erlass das rechtliche Gehör gewährt werden; der Raumplan kann von den Betroffenen angefochten, nachher aber nicht beim Rechtsstreit über einen Anwendungsakt nochmals akzessorisch überprüft werden. Die Diskussion um die Rechtsnatur der Raumpläne hat einiges an Bedeutung eingebüsst, seitdem die meisten dieser Fragen positivrechtlich geregelt sind.

b) Rechtsnatur des Richtplans

958 Die Richtpläne sind *nur für die Behörden verbindlich,* nicht dagegen für Private. Sie können daher weder als Rechtssatz noch als Verfügung qualifiziert werden. Es handelt sich bei ihnen vielmehr um eine besondere Art von Dienstanweisungen oder Verwaltungsverordnungen (vgl. Rz. 81 ff.). Vom Richtplan gehen unter Umständen erhebliche Vorwirkungen aus, müssen doch die Behörden die Nutzungsplanung nach ihm ausrichten. Er bindet die Behörden dort, wo das anwendbare Recht Ermessen einräumt oder unbestimmte Rechtsbegriffe verwendet. Der Richtplaninhalt muss als «verbindliches Ergebnis des räumlichen Abstimmungsprozesses» in die Beurteilung der Behörden einfliessen; die im Einzelfall notwendige Abwägung dieser Interessen mit den entgegenstehenden privaten und nicht-räumlichen öffentlichen Interessen bleibt vorbehalten (vgl. BGer, Urteil 1A.154/2002 vom 22. Januar 2003 E. 4.1 = ZBl 105 [2004] 107, 108 f.). Die Festlegungen im Richtplan werden erst durch den Nutzungsplan in grundeigentümerverbindliche Anordnungen überführt.

959 Aus der Rechtsnatur des Richtplans folgt, dass bei Erlass von Richtplänen *kein Anspruch auf rechtliches Gehör* besteht und dass der Richtplan der abstrakten Normenkontrolle grundsätzlich nicht unterliegt. Den Kantonen steht es zwar frei, ein *Rechtsmittel* vorzusehen. Der Richtplan kann jedoch nicht mit Beschwerde in öffentlich-rechtlichen Angelegenheiten beim Bundesgericht angefochten werden. Dagegen können die Gemeinden, für welche der Richtplan verbindlich ist, mit Beschwerde in öffentlich-rechtlichen Angelegenheiten geltend machen, ein Richtplan verletze ihre Gemeindeautonomie (BGE 136 I 265, 268; 121 II 430, 431 ff.; 119 Ia 285, 290 ff.; 111 Ia 129, 130 f.; BGer, Urteile 1P.45/1999 und 1P.47/1999 vom 14. April 2000 E. 3 = BVR 2001 74, 78 f.). Bei Anfechtung von Nutzungsplänen durch Private ist eine *akzessorische Überprüfung* von Richtplänen möglich (BGE 126 II 26, 37; 123 II 337, 342; 119 Ia 285, 289 f.).

c) Rechtsnatur des Nutzungs- oder Zonenplans

960 «Nach der Rechtsprechung des Bundesgerichts stellen die Zonenpläne *zwischen Rechtssatz und Verfügung stehende Anordnungen* dar, auf welche teils die für generell-

abstrakte Normen geltenden, teils die für Verfügungen massgebenden Grundsätze anzuwenden sind […]» (BGE 106 Ia 383, 387; ähnlich BGE 121 II 317, 346). Soweit sie sich auf Bundesverwaltungsrecht stützen, werden sie einer Verfügung i.S.v. Art. 5 VwVG gleichgestellt (BGE 132 II 209, 211 m.w.H.). Ein Teil der Lehre – so z.B. FLEINER-GERSTER, S. 113 f.; differenzierend JAAG, Abgrenzung, S. 204 f. – hebt die *Ähnlichkeit von Nutzungsplänen und Allgemeinverfügungen* (vgl. Rz. 933 ff.) hervor. Wie diese sind die Nutzungspläne konkret – nämlich im Hinblick darauf, dass sie sich auf ganz bestimmte Grundstücke beziehen – und generell, weil sie sich an eine unbestimmte Vielzahl von Personen richten. Beim Erlass von Nutzungsplänen haben die Behörden jedoch einen grösseren Ermessensspielraum, als dies bei Verfügungen üblich ist.

Die frühere bundesgerichtliche Praxis, die den Nutzungsplan je nach der Zahl der Betroffenen und dem räumlichen Umfang als Rechtssatz oder als Verfügung behandelte (so z.B. BGE 90 I 334, 338 ff.), erwies sich als nicht befriedigend und wurde weitgehend aufgegeben. 961

Wegen der Tragweite des Nutzungsplans für die Betroffenen haben diese bei dessen Erlass von Bundesrechts wegen einen *Anspruch* auf rechtliches Gehör, wobei es unter Umständen genügt, wenn Einwendungen erst im Beschwerdeverfahren vorgebracht werden können (Art. 4 und 33 Abs. 1 RPG; BGE 135 II 286 ff.). Der Zonenplan kann nach seinem Erlass *von den Betroffenen angefochten* werden (vgl. Art. 33 Abs. 2 RPG; BGE 135 II 22, 27 ff.; BGer, Urteil 1C_403/2011 vom 28. September 2011; Urteil 1C_383/2011 vom 28. September 2011). Ob ein Nutzungsplan nur anschliessend an seinen Erlass oder auch noch – im Sinne einer akzessorischen Normenkontrolle (vgl. BGE 119 Ib 480, 486) – bei späterer Anwendung angefochten werden kann, bestimmt sich in erster Linie danach, ob der Betroffene sich schon bei Planerlass über die ihm auferlegten Beschränkungen im Klaren sein konnte und welche Möglichkeiten er in diesem Zeitpunkt hatte, seine Interessen zu wahren. «Da der Zonenplan indessen auf Verhältnissen beruht, die stetem Wandel unterworfen sind, hat er nur so lange Bestand, als auch die seinem Erlass zu Grunde liegenden Voraussetzungen und Annahmen über den zukünftigen Verlauf der Entwicklung weiterbestehen. Sind die bei Planerlass gegebenen Voraussetzungen inzwischen dahingefallen, so darf dem Eigentümer, der den Plan anficht, nicht entgegengehalten werden, Einsprache- und Genehmigungsverfahren seien längst beendet. Die Gültigkeit des Zonenplans muss stets dann noch in Zweifel gezogen werden können, wenn die gesetzlichen Vorschriften über die Ortsplanung geändert worden sind oder sich die tatsächliche Situation seit Erlass des Zonenplanes in einer Weise gewandelt hat, dass das öffentliche Interesse an den auferlegten Eigentumsbeschränkungen untergegangen sein könnte […]» (BGE 106 Ia 383, 387; vgl. auch BGE 127 I 103, 105 ff.; 120 Ia 227, 232; BGer, Urteil 1C_50/2008 vom 10. Juni 2008 E. 1). 962

§ 14 Verfahren auf Erlass einer Verfügung (Verwaltungsverfahren)

Literatur

AEMISEGGER HEINZ/ROBERT FLORENCE MICHÈLE, Sachverhaltsfeststellung und Sachverhaltsüberprüfung, AJP 24 (2015) 1223 ff.; GRIFFEL ALAIN (Hrsg.), Kommentar VRG, §§ 4–17; HÄNER ISABELLE, Die Feststellung des rechtserheblichen Sachverhalts, in: Häner/Waldmann (Hrsg.), Das erstinstanzliche Verwaltungsverfahren, S. 33 ff.; HÄNER ISABELLE/WALDMANN BERNHARD (Hrsg.), Das erstinstanzliche Verwaltungsverfahren, Zürich/Basel/Genf 2008; KIENER/RÜTSCHE/KUHN, 2. Teil: Das Verwaltungsverfahren, S. 75 ff.; KÖLZ/HÄNER/BERTSCHI, 2. Teil: Nichtstreitiges Verwaltungsverfahren im Bund, S. 113 ff.; RHINOW/KOLLER/KISS/THURNHERR/BRÜHL-MOSER, 6. Kapitel: Öffentliche Rechtspflege durch Verwaltungsbehörden, S. 331 ff.; THURNHERR DANIELA, Verfahrensgrundrechte und Verwaltungshandeln, Habil. Basel, Zürich/St. Gallen 2013; STADELWIESER JÜRG, Die Eröffnung von Verfügungen, Diss. St. Gallen 1994; UHLMANN FELIX, Die Einleitung eines Verwaltungsverfahrens, in: Häner/Waldmann (Hrsg.), Das erstinstanzliche Verwaltungsverfahren, S. 1 ff.; VILLIGER MARK E., Die Pflicht zur Begründung von Verfügungen, ZBl 90 (1989) 137 ff.; WALDMANN BERNHARD, Das rechtliche Gehör im Verwaltungsverfahren, in: Häner/Waldmann (Hrsg.), Das erstinstanzliche Verwaltungsverfahren, S. 55 ff.

Vgl. auch die Literatur zu § 13.

I. Förmlichkeit der Verfügung und des Verwaltungsverfahrens

963 Beabsichtigt die Verwaltungsbehörde, eine Verfügung zu erlassen, so hat sie – im Gegensatz zum tatsächlichen Verwaltungshandeln (Realakte; § 20) – bestimmte *Formvorschriften* einzuhalten («Verwaltungsverfahren»). Sie muss die Betroffenen («Parteien») vor Erlass einer Verfügung ins Verfahren miteinbeziehen, ihnen Einsicht in die massgeblichen Akten gewähren, sie anhören und sich mit ihren Argumenten auseinandersetzen (Rz. 976 ff.). Eine Verfügung muss als solche erkennbar sein, begründet und mit einer Rechtsmittelbelehrung versehen werden (Rz. 1063 ff.). Dies ermöglicht den Betroffenen eine sachgerechte Anfechtung. Im Gegensatz zum tatsächlichen Verwaltungshandeln (Rz. 1425 ff.) ist der Rechtsschutz nach dem Erlass einer Verfügung meist geregelt und offenkundig: «Die Verfügung unterliegt der Beschwerde», wie Art. 44 VwVG fast axiomatisch festhält (zur Anfechtung vgl. § 16).

964 Das Verwaltungsverfahren ist für die Ausgestaltung des Verwaltungsrechts von grosser Tragweite. Das zeigt sich vor allem in dreierlei Hinsicht:

- Das Verwaltungsverfahren garantiert den *rechtsstaatlichen Vollzug* des materiellen Verwaltungsrechts.
- Das Verwaltungsverfahren dient dem *Rechtsschutz der Privaten,* indem es den verfassungsrechtlichen Anspruch auf faire Behandlung (Art. 29 Abs. 1 BV) näher umschreibt und die Beachtung der Grundrechte im Verfahren sicherstellt.

– Das Verwaltungsverfahren *entlastet* die Organe der *Verwaltungsgerichtsbarkeit,* indem Streitigkeiten durch die Regelung der Verfahrensgrundsätze vermieden oder durch Verwaltungsbehörden erledigt werden können.

Das Verwaltungsverfahrensrecht regelt in erster Linie das Zustandekommen und die Anfechtung von *Verfügungen.* Ob es auch auf andere Handlungsformen der Verwaltung (Verträge, Raumpläne etc.) Anwendung findet, ist nicht klar (vgl. THURNHERR, S. 16 f.; Rz. 956 ff. betreffend Raumpläne; Rz. 1371 ff. betreffend verwaltungsrechtliche Verträge; Rz. 1425 ff. betreffend Realakte). 965

Die Grundsätze des Verwaltungsverfahrens richten sich vor allem an die *Verwaltungsbehörden.* Sie gelten zum Teil jedoch ebenfalls für die Verwaltungsgerichtsbarkeit (Rz. 1182 ff.). 966

II. Verfahrensstadien

1. Nichtstreitiges Verwaltungsverfahren

Das nichtstreitige Verwaltungsverfahren betrifft die Vorbereitung und den Erlass von *erstinstanzlichen Verfügungen* durch Verwaltungsbehörden. Zur Vorbereitung gehören z.B. das Einreichen von Gesuchen, die Feststellung des Sachverhaltes, das Anhören von Betroffenen, das Einholen von Stellungnahmen anderer Behörden oder von Experten. Beim Erlass geht es um Fragen der Form, Begründung, Eröffnung usw. der Verfügung. 967

Das Verwaltungsverfahren beginnt in der Regel *formlos.* Allgemeine Vorbereitungsmassnahmen, informelle Abklärungen etc. unterstehen nicht dem Verwaltungsverfahrensrecht (vgl. UHLMANN, Einleitung, S. 2 ff.). Auch *Administrativuntersuchungen* (vgl. Rz. 2071) sind meist in einem Stadium vor einem Verwaltungsverfahren. Dies jedenfalls dann, wenn die Untersuchungen nicht gegen bestimmte Personen gerichtet sind. 968

Der Zeitpunkt der Verfahrenseinleitung ist aufgrund der Formlosigkeit nicht immer leicht zu bestimmen; «massgebend sind Vorkehrungen der Behörde, welche den Erlass einer Verfügung erwarten lassen» (vgl. BGE 140 II 298, 302). Unsicherheit besteht auch, ob allenfalls schon vor Einleitung des Verwaltungsverfahrens, in einer Art «Vorverfahren», verfahrensrechtliche Rechte der Parteien bestehen können (UHLMANN, Einleitung, S. 7 ff.). Teilweise hat der Gesetzgeber diese Frage ausdrücklich geregelt, so etwa im Kartellgesetz. 969

Beispiele:

– Während eines Mittagessens der Erziehungsdirektion des Kantons Bern beschwerte sich Prof. X bei seinem Tischnachbarn über einen Fakultätskollegen, der wegen seinen Nebenbeschäftigungen mehr ab- als anwesend sei. Der Vorsteher des Amtes für Hochschulwesen, der dieses Gespräch mitgehört hatte, erkundigte sich, von wem die Rede sei. Daraufhin wurde er darüber orientiert, dass es sich um Prof. Y handle. In der Folge führte der Vorsteher ein Gespräch mit Prof. Y, bei welchem er feststellte, dass dieser für seine Abwesenheiten zum Teil Bewilligungen eingeholt hatte, zum Teil mit der Teilnahme an ausländischen Kongressen begründen konnte. Der Amtsvorsteher wollte die Angelegenheit deshalb auf sich beruhen lassen. Prof. Y wollte sich jedoch gegen die falschen Anschuldigungen wehren und verlangte Einsicht in die über ihn bestehenden Akten. Das Verwaltungsgericht des Kantons Bern stellte fest, dass durch die Hand- 970 lungen des Vorstehers des Amtes für Hochschulwesen noch kein Verwaltungsverfahren eingeleitet worden sei, weshalb Prof. Y kein Einsichtsrecht geltend machen könne (vgl. Verwaltungsgericht des Kantons Bern, Urteil VGE 18226 vom 26. August 1991 = BVR 1992 80 ff.);

971 – Art. 26 KG bestimmt, dass das Sekretariat der WEKO Vorabklärungen trifft, bevor eine Untersuchung (Art. 27 KG) und damit formell ein Verwaltungsverfahren eröffnet wird. In diesem Vorverfahren besteht kein Akteneinsichtsrecht der Parteien (Art. 26 Abs. 3 KG).

2. Streitiges Verwaltungsverfahren

972 Das streitige Verwaltungsverfahren betrifft die *Anfechtung* von Verfügungen (Regelungen über Frist, Form, Legitimation usw.) und das *Verfahren,* das vor Verwaltungsbehörden zur *Erledigung des anschliessenden Rechtsstreites* durchgeführt wird (Regelungen über Zuständigkeit, Kognition, Wirkung des Entscheides usw.).

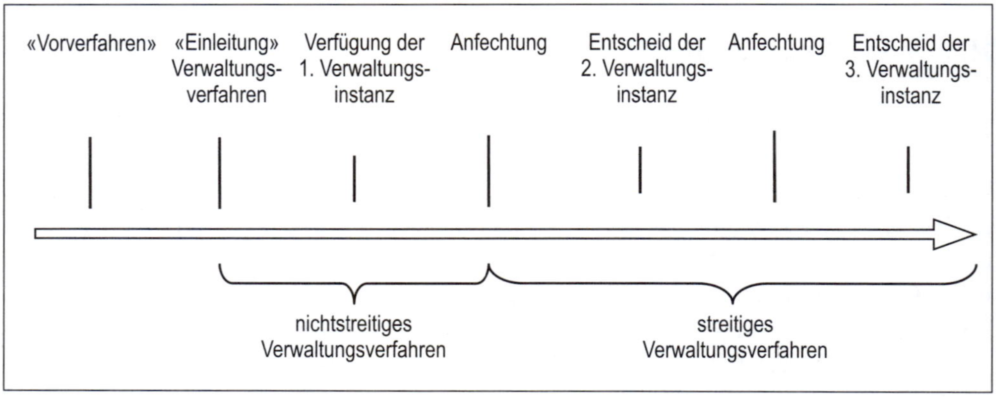

III. Rechtsgrundlagen

1. Verwaltungsverfahren vor Bundesbehörden

973 Für das Verwaltungsverfahren vor Bundesbehörden ist das *Bundesgesetz über das Verwaltungsverfahren (VwVG)* massgebend. Die Art. 7–43 VwVG umschreiben die allgemeinen Verfahrensgrundsätze und regeln das nichtstreitige Verwaltungsverfahren vor Bundesbehörden. Die Art. 44–79 VwVG beziehen sich auf das streitige Verwaltungsverfahren. Das VwVG gilt auch für das Verfahren vor dem Bundesverwaltungsgericht, soweit das VGG nichts anderes bestimmt (Art. 1 Abs. 2 lit. c^{bis} VwVG, Art. 2 Abs. 4 VwVG, Art. 37 VGG).

2. Kantonales Verwaltungsverfahren

974 Das kantonale Verwaltungsverfahren ist in *kantonalen Verwaltungsrechtspflegegesetzen oder Spezialerlassen* geregelt. Auf das Verfahren letzter kantonaler Instanzen, die gestützt auf öffentliches Recht des Bundes nicht endgültig verfügen, findet das VwVG

teilweise Anwendung (Art. 1 Abs. 3 VwVG). Auch hat der Bundesgesetzgeber punktuell oder generell (z.B. Art. 86 Abs. 2 und 3, Art. 87 Abs. 2, Art. 88 Abs. 2, Art. 110 ff. BGG) ins kantonale Recht eingegriffen.

3. Für alle Verfahren massgebende Rechtsnormen

Sowohl im Verfahren vor Bundesbehörden als auch vor kantonalen Instanzen sind neben den einschlägigen gesetzlichen Regelungen auch *Verfahrensgarantien* oder -grundrechte zu beachten, welche in der Bundesverfassung (Art. 29, 29a und 30 BV) und im internationalen Recht (EMRK, UNO-Pakt II) statuiert werden. Verfahrensgrundrechte stellen Minimalgarantien dar, das heisst, das Gesetzesrecht des Bundes und der Kantone kann darüber hinausgehen, nicht aber die Verfahrensrechte der Privaten enger fassen. 975

IV. Grundsätze des Verwaltungsverfahrens

1. Zuständigkeit und richtige Zusammensetzung der Behörde

a) Zuständigkeit

Eine Behörde hat zunächst ihre Zuständigkeit zu prüfen. Die Prüfung hat *von Amtes wegen* zu erfolgen. Durch eine Vereinbarung zwischen Behörde und Partei kann keine Zuständigkeit begründet werden (vgl. für den Bund Art. 7 VwVG; zur Vereinbarung zwischen zwei Behörden siehe BVGer, Urteil A-4945/2014 vom 4. März 2015 E. 2.1). 976

Bestehen *Zweifel über die Zuständigkeit,* so ist ein Meinungsaustausch zwischen den Behörden, deren Zuständigkeit in Frage kommt, zu pflegen (so im Bund Art. 8 Abs. 2 VwVG; Art. 29 Abs. 2 BGG; vgl. BVGE 2009/30 E. 1.4). 977

Ist die angerufene Behörde *unzuständig,* so überweist sie die Sache der zuständigen Behörde, wenn in der Eingabe der Wille zum Ausdruck kommt, einen Entscheid durch eine Behörde herbeizuführen (Urteil des Bundesgerichts, ZBl 95 [1994] 40 ff.). Wird die Zuständigkeit bestritten, fällt die Behörde darüber einen Entscheid, mit welchem sie entweder ihre Zuständigkeit feststellt oder mangels Zuständigkeit auf die Sache nicht eintritt (siehe die Regelung des Bundes in Art. 8 Abs. 1 VwVG und Art. 9 Abs. 1 und 2 VwVG sowie Art. 30 BGG). 978

b) Richtige Zusammensetzung der Behörde

Die Privaten haben Anspruch darauf, dass die Behörden in einem sie betreffenden Verfahren ordnungsgemäss zusammengesetzt sind und die Ausstands- und Ablehnungsgründe beachtet werden. Die richtige Zusammensetzung einer kantonalen Verwaltungs- oder Gerichtsbehörde bestimmt sich in erster Linie nach dem kantonalen Organisations- und Verfahrensrecht. Dieses regelt auch die Voraussetzungen, unter denen ein Behördemitglied in den Ausstand treten muss bzw. abgelehnt werden kann. Zusätzlich haben die 979

Privaten aber einen aus Art. 29 Abs. 1 BV abgeleiteten *Mindestanspruch* auf Unabhängigkeit und Unbefangenheit einer Verwaltungsbehörde (BGE 140 I 326, 329; 132 II 485, 496 ff.; 127 I 196, 198; 127 I 128, 130 f.; BGer, Urteil 5A_107/2015 vom 10. August 2015 E. 3.1; vgl. auch Urteil des Bundesgerichts, ZBl 106 [2005] 634, 638). Das Recht auf gesetzmässige Zusammensetzung und Unbefangenheit der entscheidenden Behörde wird zum Teil auch zum Anspruch auf rechtliches Gehör im weiteren Sinn (Art. 29 Abs. 2 BV) gezählt (vgl. KIENER, Unabhängigkeit, S. 23 f.; in dieser Hinsicht unklar BGE 127 I 128 ff.). Für das gerichtliche – einschliesslich das verwaltungsgerichtliche – Verfahren kommt die Garantie des verfassungsmässigen Richters nach Art. 30 Abs. 1 BV zur Anwendung (BVGer, Urteil A-7638/2007 vom 31. März 2008 E. 2.4.1; vgl. auch Rz. 1191 ff.). Gemäss bundesgerichtlicher Rechtsprechung sind diese Garantien aber nicht deckungsgleich: «Die für die Gerichte geltenden Anforderungen an die Unbefangenheit können allerdings nicht unbesehen auf das Verwaltungsverfahren übertragen werden. Gerade die systembedingten Unzulänglichkeiten des verwaltungsinternen Verfahrens haben zur Schaffung unabhängiger richterlicher Instanzen geführt» (BGE 140 I 326, 329).

980 Das Recht auf richtige Zusammensetzung der Verwaltungsbehörde umfasst den Anspruch auf Bekanntgabe der Behördemitglieder, die beim Entscheid mitwirken, denn nur so können die Betroffenen feststellen, ob ihr verfassungsmässiger Anspruch auf richtige Besetzung der Verwaltungsbehörde und eine unparteiische Beurteilung ihrer Sache gewahrt ist (BGE 114 Ia 278, 279 f.; BVGer, Urteil D-2335/2013 vom 8. April 2014 E. 3.4.1; Urteil A-4174/2007 vom 27. März 2008 E. 2.4).

981 Beispiel:

Der aus Art. 4 aBV (neu Art. 29 Abs. 1 BV) abgeleitete Anspruch auf Unabhängigkeit und Unbefangenheit einer Behörde wird durch den Beizug praktizierender Anwälte als Prüfungsexperten bei einer Anwaltsprüfung nicht verletzt. «Die blosse Möglichkeit, dass ein Kandidat, der die Prüfung besteht, später in ein Konkurrenzverhältnis zu den ihn prüfenden Anwälten treten könnte, führt noch nicht zu einer Interessenkollision und lässt nicht generell auf eine Befangenheit schliessen» (BGE 113 Ia 286, 289).

2. Prinzipien der Durchführung des Verfahrens

982 Das Handeln der Behörde im Verwaltungsverfahren ist einer Reihe von Prinzipien unterworfen. Diese betreffen die *Verfahrensherrschaft* (Offizial- und Dispositionsprinzip), die Pflicht zur *Sachverhaltsabklärung* (Untersuchungs- und Verhandlungsprinzip) und die *Ermittlung des richtigen Rechts* (Rechtsanwendung von Amtes wegen). Im Gegensatz zum Privatrecht sind diese Prinzipien im öffentlichen Recht kaum rein verwirklicht und unterliegen verschiedenen Relativierungen.

a) Offizial- und Dispositionsprinzip

983 Das *Offizialprinzip* bedeutet, dass die Verwaltungs- und Justizbehörden von Amtes wegen darüber entscheiden, ob ein Verfahren eingeleitet oder beendet wird und was Gegenstand des Verfahrens ist.

Beispiele: 984
- Einleitung des Verfahrens auf Entzug des Führerausweises durch eine Verwaltungsbehörde;
- Beendigung eines Verfahrens zur Besteuerung eines Grundstückgewinns durch die Steuerbehörde.

Das Gegenteil ist das *Dispositionsprinzip,* bei dem die beteiligten Privaten über Einleitung und Beendigung eines Verfahrens sowie über dessen Gegenstand entscheiden. 985

Beispiele: 986
- Einleitung des Baubewilligungsverfahrens durch das Baugesuch der Bauherrschaft;
- Bestimmung des Gegenstandes eines Beschwerdeverfahrens durch die Anträge des Beschwerdeführers;
- Beendigung eines Beschwerdeverfahrens durch den Rückzug der Beschwerde, deren Anerkennung durch die Gegenpartei oder den Abschluss eines Vergleichs zwischen den Parteien.

Im *nichtstreitigen Verwaltungsverfahren* findet vor allem das Offizialprinzip Anwendung. Bei mitwirkungsbedürftigen Verfügungen gilt in der Regel das Dispositionsprinzip; so kann ein Gesuchsteller das Verfahren jederzeit durch Rückzug seines Gesuches zum Abschluss bringen. Das *streitige Verwaltungsverfahren* und die *Verwaltungsgerichtsbarkeit* werden vorwiegend vom Dispositionsprinzip beherrscht. 987

b) Untersuchungs- und Verhandlungsprinzip

Das *Untersuchungsprinzip* bedeutet, dass die Verwaltungs- und Justizbehörden von Amtes wegen den Sachverhalt abklären. Sie sind für die Beschaffung der Entscheidungsgrundlagen verantwortlich. Die Parteien tragen weder eine Behauptungs- noch eine Beweisführungslast. Der Untersuchungsgrundsatz ändert aber nichts an der Verteilung der materiellen Beweislast, d.h. an der Regelung der Folgen der Beweislosigkeit: Der Entscheid fällt zu Ungunsten jener Partei aus, die aus dem unbewiesen gebliebenen Sachverhalt Rechte ableiten wollte (vgl. BGE 135 II 161, 165 f.; 121 II 257, 266; 117 V 153, 158; 115 V 38, 44; GYGI, Bundesverwaltungsrechtspflege, S. 208 ff., 280 ff.). 988

Das Gegenteil ist das *Verhandlungsprinzip,* bei dem den beteiligten Parteien die Aufgabe zufällt, den für das Verfahren erheblichen Sachverhalt darzustellen und zu beweisen. Die Behörden sind an die tatsächlichen Vorbringen und die Beweisanträge der Parteien gebunden. 989

Im *Verwaltungsverfahren* gilt grundsätzlich das Untersuchungsprinzip, das durch die Mitwirkungspflicht der Parteien erheblich relativiert wird (vgl. für den Bund Art. 12 und 13 VwVG; siehe auch Rz. 991 ff.; BVGer, Urteil E-7145/2014 vom 7. August 2015 E. 3.2). Im *streitigen Verwaltungsverfahren* müssen die Behörden den Sachverhalt nicht weiter abklären und können sich damit begnügen, die Stichhaltigkeit der Parteivorbringen zu prüfen. Sie dürfen aber weitere Sachverhaltsermittlungen vornehmen (Entscheid des Bundesrates, VPB 45 [1981] Nr. 43 S. 230; zur Prüfung des Sachverhaltes durch das Bundesgericht vgl. Art. 97 und 105 BGG) und sind an die Beweisofferten der Parteien nicht gebunden (Entscheid des Bundesgerichts, Bulletin der Eidgenössischen Bankenkommission, 40 [1999] 94, 97; VPB 58 [1994] Nr. 31a S. 267). 990

Auch wenn das Untersuchungsprinzip Anwendung findet, müssen die Parteien zur Abklärung des Sachverhalts beitragen. Diese Pflicht kann sich aus dem *Gesetz* (z.B. Art. 13 VwVG) oder aus der *Natur des zu beurteilenden Rechts* ergeben. 991

Beispiele:

992 – Asylbewerber sind verpflichtet, an der Feststellung des Sachverhaltes mitzuwirken. Insbesondere müssen sie in einer Anhörung angeben, weshalb sie um Asyl ersuchen (Art. 8 Abs. 1 lit. c AsylG; vgl. dazu BVGer, Urteil D-7485/2014 vom 17. Februar 2015; Urteil E-5216/2012 vom 10. Oktober 2014 E. 5.1; VPB 58 [1994] Nr. 54 S. 449).

993 – Eine Gesuchstellerin, welche sich für die Erteilung einer Aufenthaltsbewilligung auf ihren Gesundheitszustand beruft, ist verpflichtet, von sich aus einen Spezialarzt zu konsultieren, um die behauptete Gesundheitsschwäche zu substantiieren. Die Behörden dürfen daher, ohne eine ärztliche Begutachtung anzuordnen, davon ausgehen, dass die Gesuchstellerin nicht krank ist, sofern sie kein ärztliches Zeugnis vorlegt (Verwaltungsgericht des Kantons Zürich, Urteil VB.2004.00555. vom 23. März 2005 = ZBl 106 [2005] 526, 527).

994 Kann von den Privaten nach den Umständen eine Äusserung oder eine Handlung erwartet werden und bleibt eine solche aus, so haben die Behörden nicht nach Tatsachen zu forschen, die nicht aktenkundig sind. Eine Mitwirkungspflicht besteht insbesondere für die Beschaffung von Unterlagen, welche nur die Parteien liefern können, und für die Abklärung von Tatsachen, welche eine Partei besser kennt als die Behörden (BGE 130 II 449, 464; 128 II 139, 142 f.; vgl. auch BGer, Urteil 1C_165/2013 vom 29. August 2013 E. 3.1; BVGer, Urteil C-3913/2007 vom 7. November 2008 E. 7.6). Verweigern die Privaten in einem *Verfahren, das durch ihr Begehren eingeleitet worden ist,* die notwendige und zumutbare Mitwirkung, so muss die Behörde *auf das Begehren nicht eintreten* (vgl. Art. 13 Abs. 2 VwVG; BVGer, Urteil C-2784/2014 vom 12. Mai 2015 E. 5.1.1).

995 Unter Umständen ist es nicht möglich, durch die blosse Schlechterstellung der mitwirkungspflichtigen Partei im Verfahren den Zweck der Mitwirkungspflicht zu erreichen, weil die Behörde wegen der fehlenden Mitwirkung nicht über die für ihre Tätigkeit oder Entscheidungen notwendigen Informationen verfügt. In diesem Fall kann die Mitwirkungspflicht durch *Androhung einer Ungehorsamsstrafe* nach Art. 292 StGB (vgl. Rz. 1496 ff.) oder gar durch *Anwendung unmittelbaren Zwangs* (vgl. Rz. 1478 ff.) *durchgesetzt* werden (Stellungnahme des Bundesamtes für Justiz, VPB 51 [1987] Nr. 54 S. 339 ff.).

996 Die Mitwirkungspflicht der Parteien wird grundsätzlich begrenzt durch das Aussageverweigerungsrecht und das Recht, zu schweigen bzw. nicht zu seiner eigenen Verurteilung beitragen zu müssen (Art. 31 Abs. 2 BV und Art. 32 BV; Art. 6 Ziff. 1 EMRK; vgl. BGE 140 II 384, 390 f.; 138 IV 47, 51; Rz. 1539 ff.).

997 Beispiel:

Eine Mitwirkungspflicht trifft etwa den Halter eines Autos, dem wegen Überschreitung der Höchstgeschwindigkeit der Führerausweis entzogen werden soll, wenn er behauptet, nicht selbst gefahren zu sein (BGE 105 Ib 114, 117; vgl. auch BGer, Urteil 6B_316/2014 vom 23. Juli 2014 E. 2.2; Urteil 6A.82/2006 vom 27. Dezember 2006 E. 2.2.1). Der mit Verwaltungsstrafe belegte Zwang, den Fahrzeugführer bekannt zu geben, verstösst nicht gegen das Aussageverweigerungsrecht des Fahrzeughalters. Denn zum einen hat dieser als Halter eines Fahrzeuges bestimmte Verantwortlichkeiten und Pflichten aus dem Strassenverkehrsrecht übernommen, wozu auch die Auskunftserteilung gegenüber den Behörden über die Identität des Lenkers zählt. Im Weiteren drohen dem Halter nur geringe Strafen; für den Fall, dass der Fahrzeughalter den Fahrer nicht kannte bzw. bei zumutbarer Sorgfalt nicht hätte kennen müssen, erfolgt gar keine Bestrafung (EGMR, Urteil O'Halloran [Nr. 15809/02] vom 29. Juni 2007; vgl. Rz. 1539 ff.).

c) Ermittlung des anzuwendenden Rechts von Amtes wegen

Die Verwaltungsbehörden und Gerichte sind *verpflichtet,* auf den festgestellten Sachverhalt die *richtigen Rechtsnormen anzuwenden.* Im streitigen Verwaltungsverfahren kann diese Pflicht durch das Rügeprinzip relativiert werden. Das *Rügeprinzip* besagt, dass die Rechtsmittelinstanz nur die von den Parteien geltend gemachten Rechtsverletzungen und tatsächlichen Einwände prüfen muss oder darf (vgl. dazu BGE 134 V 138, 143; 133 III 638 ff. [betreffend vorsorgliche Massnahmen]; 133 II 396, 399 f. [betreffend subsidiärer Verfassungsbeschwerde]; 133 II 249, 254; 130 I 26, 31 m.w.H.). Art. 106 Abs. 2 BGG sieht vor, dass das Bundesgericht im Verfahren der Beschwerde in öffentlich-rechtlichen Angelegenheiten *die Verletzung von Grundrechten sowie von kantonalem und interkantonalem Recht* nur insoweit prüft, als eine solche Rüge in der Beschwerde vorgebracht und begründet worden ist (vgl. BGE 139 I 229, 232; 138 I 225, 228); diese Bestimmung findet auch im Verfahren der subsidiären Verfassungsbeschwerde Anwendung (vgl. Art. 117 BGG). Im Verfahren vor dem Bundesverwaltungsgericht gilt das Rügeprinzip grundsätzlich nicht (BGE 139 II 499, 505). 998

Rechtsvorbringen der Parteien sind für die entscheidende Instanz unverbindlich; sie muss sich aber mit ihnen auseinandersetzen, wenn sie von einer gewissen Relevanz sind. Die Parteien können also den Kreis der untersuchten Rechtsfragen faktisch beeinflussen. Soweit die Parteivorbringen Einwendungen (z.B. der Verjährung) darstellen, die sich nicht direkt aus den Sachverhaltsfeststellungen ergeben, sind sie auch von rechtlicher Bedeutung. 999

Wollen die Behörden den Entscheid auf Rechtsnormen stützen, mit deren Anwendung die Parteien nicht rechnen mussten, so ist ihnen Gelegenheit zu geben, sich vorgängig dazu zu äussern (BGE 131 V 9, 26; 124 I 49, 52; BGer, Urteil 1C_597/2014 vom 1. Juli 2015 E. 3.6.3; Urteil 1C_284/2010 vom 29. Oktober 2010 E. 2.2.2; vgl. auch Rz. 1010 ff.). 1000

3. Anspruch auf rechtliches Gehör

Das rechtliche Gehör ist das zentrale Mitwirkungsrecht des Privaten im Verwaltungsverfahren. Es dient einerseits der *Sachaufklärung* und stellt andererseits zugleich ein *persönlichkeitsbezogenes Mitwirkungsrecht der Parteien* dar (BGE 140 I 99, 102; 135 II 286, 293; BVGer, Urteil E-6906/2014 vom 19. August 2015 E. 4.1). 1001

a) Begriff

Der Anspruch auf rechtliches Gehör ist das Recht der Privaten, in einem vor einer Verwaltungs- oder Justizbehörde geführten Verfahren mit ihrem Begehren angehört zu werden, Einblick in die Akten zu erhalten und zu den für die Entscheidung wesentlichen Punkten Stellung nehmen zu können. Er umfasst auch das Recht auf Vertretung und Verbeiständung und auf Begründung von Verfügungen. 1002

b) Rechtsgrundlagen

1003 Nachdem das Bundesgericht früher aus dem allgemeinen Rechtsgleichheitssatz von Art. 4 aBV gewisse Garantien zur Sicherung des rechtlichen Gehörs abgeleitet hatte, anerkennt die neue Bundesverfassung in Art. 29 Abs. 2 BV den *«Anspruch auf rechtliches Gehör» als selbstständiges Grundrecht* (vgl. BVGer, Urteil A-4566/2014 vom 9. Juni 2015 E. 2.1), das Geltung für alle Rechtsanwendungsorgane im Bund und in den Kantonen hat. Für die Auslegung dieser Bestimmung kann weiterhin auf die reiche Bundesgerichtspraxis zu Art. 4 aBV zurückgegriffen werden.

1004 Für die *Behörden des Bundes* sind die ausführlichen Regelungen in Art. 11, 18, 26–33, und 35 Abs. 1 VwVG massgebend. Zu beachten sind ausserdem die Bestimmungen des DSG (Bundesgesetzes über den Datenschutz), die für den Umgang der Bundesorgane mit Daten über Personen gelten (Art. 4 ff., 16 ff. DSG). Nicht anwendbar ist im Verfahren der Staats- und Verwaltungsrechtspflege das BGÖ (Bundesgesetz über das Öffentlichkeitsprinzip in der Verwaltung), welches den Zugang zu amtlichen Dokumenten gewährleistet (vgl. Rz. 1566 ff.). Das BGÖ gilt auch nicht für die Einsichtnahme einer *Partei* im erstinstanzlichen Verwaltungsverfahren, wohl aber für andere Personen, die in die Akten dieses Verfahrens Einsicht nehmen wollen (Art. 3 Abs. 1 lit. a und b BGÖ; Rz. 1032 ff.).

1005 Für die *kantonalen Behörden* finden neben den Mindestgarantien, die sich aus Art. 29 Abs. 2 BV und der langjährigen Bundesgerichtspraxis ergeben, zusätzlich die im kantonalen Recht vorgesehenen Verfahrensvorschriften Anwendung (BGE 134 I 140, 148; 134 I 92, 98; 131 I 91, 95 f.; BVGer, Urteil C-5576/2011 vom 2. Juni 2014 E. 5.3; Verwaltungsgericht des Kantons Graubünden, Urteil R 14 76 vom 12. März 2015 E. 2b).

c) Allgemeiner Umfang und Schranken

1006 Der *Umfang* des Anspruchs auf rechtliches Gehör hängt grundsätzlich von der *Intensität der Betroffenheit* durch die Verfügung ab. Je grösser die Gefahr einer Beeinträchtigung schutzwürdiger Interessen ist und je bedeutsamer diese sind, desto umfassender ist das rechtliche Gehör zu gewähren (Obergericht des Kantons Luzern, Urteil vom 18. Juli 2013 = JAR [2014] 464, 467). Fragwürdig ist dagegen, den Umfang des rechtlichen Gehörs – ähnlich wie beim Vertrauensschutz – von den individuellen Kenntnissen der Betroffenen abhängig zu machen (so aber BGE 140 I 50, 55 f.; vgl. zu diesem Entscheid FELIX UHLMANN, Entwicklungen im Verwaltungsrecht, SJZ 111 [2015] 453 ff., 458).

1007 Beim Erlass von *Rechtssätzen* besteht *kein Recht auf Anhörung,* da die Privaten im Allgemeinen nicht unmittelbar betroffen sind (BGE 140 I 257, 261; 131 I 91, 95). Ausnahmen sind denkbar, wenn einzelne Personen wesentlich schwerwiegender betroffen sind als die übrigen Normaladressaten, z.B., wenn eine allgemein verbindliche Regelung nur eine sehr geringe Anzahl von Grundeigentümern betrifft (BGE 134 I 269, 274; vgl. auch Rz. 945). Auch in diesem Falle können die Grundsätze, welche für Verfügungen gelten, nicht unverändert übernommen werden; die Gewährung des rechtlichen Gehörs erschöpft sich darin, die betroffenen Kreise in allgemeiner Form – z.B. im Rahmen eines Vernehmlassungsverfahrens – anzusprechen (BGE 121 I 230, 232 ff.). Im *Raumpla-*

nungsverfahren kann beim Erlass von Nutzungsplänen – nicht aber von Richtplänen – ein Anspruch auf rechtliches Gehör geltend gemacht werden (vgl. Rz. 959, 962).

Schranken können sich ergeben, 1008

- wenn eine Verfügung besonders dringlich ist (BGer, Urteil 1C_264/2014 vom 19. Februar 2015 E. 3.2);
- wenn schutzwürdige Interessen Dritter oder des Staates entgegenstehen (vgl. BGer, Urteil 5A_88/2015 vom 5. Juni 2015 E. 3.3.1);
- wenn Gefahr besteht, dass der Zweck einer im öffentlichen Interesse liegenden Massnahme durch vorgängige Anhörung vereitelt wird (BGE 125 II 508, 510; 121 V 150, 153; 116 Ia 94, 100).

Beispiele für zulässige Einschränkungen des Anspruchs auf rechtliches Gehör: 1009

- Evakuierung von Personen wegen Lawinengefahr (Dringlichkeit);
- Protokoll einer Kindesanhörung enthält aufgrund des vorrangig zu beachtenden Kindeswohls nur die für den Entscheid relevanten Ergebnisse (schützenswerte Drittinteressen);
- Angaben von Auskunftspersonen gegenüber der Polizei (Interessen des Staates und Dritter, die nur zur Auskunft bereit sind, wenn ihre Anonymität gewahrt wird);
- Pläne für militärische Bauten (Interessen des Staates);
- Hausdurchsuchung (Vereitelungsgefahr);
- Erhebungen zur Feststellung der Zusammensetzung von Abfall (BGE 125 II 508, 510; Vereitelungsgefahr);
- Festnahme einer Person (Vereitelungsgefahr);
- Asylbewerbern darf nach Ansicht des Eidg. Justiz- und Polizeidepartementes die Einsichtnahme in die Einvernahmeprotokolle der kantonalen Fremdenpolizei vor der Anhörung durch die Bundesbehörden verweigert werden, um eine Überprüfung der Angaben, welche die Gesuchsteller gegenüber den kantonalen Behörden gemacht haben, zu ermöglichen und zu verhindern, dass sich die Gesuchsteller ihre Ausführungen zur Begründung der Flüchtlingseigenschaft in Erinnerung rufen und so eine widersprüchliche Aussage vermeiden können (VPB 48 [1984] Nr. 52; Vereitelungsgefahr).

d) Der wesentliche Inhalt des Anspruchs auf rechtliches Gehör

aa) Vorgängige Anhörung

Vor Erlass einer Verfügung ist den Betroffenen in der Regel Gelegenheit zur Stellungnahme zu geben. Für das Verfahren vor Bundesbehörden statuiert Art. 30 Abs. 1 VwVG diese Pflicht; in Art. 30 Abs. 2 VwVG werden die Ausnahmen aufgezählt. Aus dem Recht auf vorgängige Anhörung folgt, dass die Behörde die Äusserungen der Betroffenen tatsächlich zur Kenntnis nehmen und sich damit in der Entscheidfindung und -begründung sachgerecht auseinandersetzen muss (BGE 134 I 83, 88; 123 I 31, 34; BVGer, Urteil C-449/2008 vom 30. April 2010 E. 3.2.1; VPB 69 [2005] Nr. 50; zum Anspruch auf Begründung von Verfügungen vgl. Rz. 1038 f.). Die Anhörung kann in einem besonderen Einwendungsverfahren erfolgen, wenn von einer Verfügung wahrscheinlich zahlreiche Personen berührt sind oder sich die Parteien ohne unverhältnismässigen Aufwand nicht vollzählig bestimmen lassen (Art. 30a VwVG; statt vieler BVGer, Urteil A-7097/2013 vom 25. Juni 2015 E. 8.2.1). 1010

1011 Um den Betroffenen eine Stellungnahme zu ermöglichen, muss ihnen die Verwaltungsbehörde den *voraussichtlichen Inhalt der Verfügung* (zumindest die wesentlichen Elemente) bekannt geben, sofern sie diese nicht selbst beantragt haben oder deren Inhalt voraussehen konnten. Die Parteien müssen jedoch nicht Gelegenheit erhalten, sich zu jedem möglichen Ergebnis, das von der Behörde ins Auge gefasst wird, zu äussern. Die Behörden sind grundsätzlich auch nicht verpflichtet, den Parteien ihre Begründung vorweg zur Stellungnahme zu unterbreiten (BGE 132 II 485, 495; 132 II 257, 267; BGer, Urteil 6B_1089/2013 vom 18. Dezember 2014 E. 1.3). Die Möglichkeit, sich vorgängig zu den Grundlagen des Entscheids, insbesondere zum Sachverhalt und den anwendbaren Rechtsnormen, zu äussern, genügt. Unter Umständen muss die entscheidende Behörde die Parteien jedoch auch zu ihrer voraussichtlichen rechtlichen Würdigung des Sachverhalts anhören (vgl. dazu BGE 126 I 19, 21 ff.; BGer, Urteil 1B_22/2012 vom 11. Mai 2012 E. 2.4.3; sowie Rz. 1074). So kann eine Behörde verpflichtet sein, bevor sie in Anwendung einer unbestimmt gehaltenen Norm oder in Ausübung eines besonders grossen Ermessensspielraums einen Entscheid von grosser Tragweite für die Betroffenen fällt, diese vorgängig über ihre Rechtsauffassung zu orientieren und ihnen Gelegenheit zu bieten, dazu Stellung zu nehmen (BGE 132 II 485, 494; 128 V 272, 279; BVGer, Urteil A-5905/2014 vom 29. Mai 2015 E. 3.1.1). Gleiches gilt, wenn die Behörde einen Entscheid mit einer völlig neuen, von den Parteien in keiner Weise zu erwartenden Begründung versehen will (vgl. BGer, Urteil 1A.186/2004 vom 12. Mai 2005 = ZBl 107 [2006] 451).

1012 Ein Anspruch auf *mündliche Stellungnahme* besteht nicht (BGE 134 I 140, 148; 130 II 425, 428). Eine solche kann allenfalls im Beschwerdeverfahren vor einem Gericht verlangt werden (Rz. 1189).

Beispiele:

1013 – Bei Änderung eines kommunalen Zonenplanes sind die betroffenen Grundeigentümer anzuhören, bevor über die Zoneneinteilung ihrer Grundstücke entschieden wird (BGE 107 Ia 273 ff.; vgl. auch BGE 132 II 286, 295 f. sowie Rz. 962).

1014 – Einer Gemeindeangestellten muss vor der ordentlichen Kündigung des Dienstverhältnisses das rechtliche Gehör gewährt werden. Sie muss Gelegenheit erhalten, sich zuhanden der entscheidenden Behörde (Gemeinderat) zu den Gründen der Kündigung zu äussern (Verwaltungsgericht des Kantons Zürich, Urteil PB.2001.00016 vom 10. Juni 2003 = ZBl 104 [2003] 185, 197 ff.).

1015 – Hat eine kantonale Instanz nach der Aufhebung ihres Entscheides durch das Bundesgericht erneut zu urteilen, so hat sie dem Betroffenen das rechtliche Gehör zu gewähren, es sei denn, sie verfüge in Bezug auf den zu treffenden Entscheid über keinerlei Beurteilungsspielraum (BGE 119 Ia 136, 139).

bb) Mitwirkungsrechte bei der Beweiserhebung

1016 Der Betroffene hat Anspruch auf:

- Abnahme der rechtzeitig und formgerecht angebotenen Beweismittel, sofern sie eine erhebliche Tatsache betreffen und tauglich sind, um über die Tatsache Beweis zu erbringen (vgl. für den Bund Art. 33 VwVG; BGE 137 II 266, 270; 135 I 187, 190; 134 I 140, 148; 133 I 270, 277);
- Teilnahme an Augenscheinen und Zeugeneinvernahmen;

- Protokollierung der wichtigen Aussagen der Parteien, Zeugen und Experten (BGE 131 II 670, 678 f.; 130 II 473, 478 f.; 126 I 15, 16 f.);
- Stellungnahme zu Äusserungen der Gegenpartei (vgl. für das Verfahren vor Bundesbehörden Art. 31 VwVG);
- Kenntnisnahme vom Ergebnis des Beweisverfahrens mit der Möglichkeit, sich zu äussern.

Beispiele:

- Der Minimalanspruch nach Art. 4 aBV (neu Art. 29 Abs. 2 BV) gebietet nicht, dass ein An- 1017 waltskandidat vor dem negativen Prüfungsentscheid Gelegenheit erhält, sich zur Prüfungsleistung zu äussern, da er selbst alle Unterlagen liefert, die zum Prüfungsentscheid führen. Damit ist sein persönlichkeitsbezogenes Mitwirkungsrecht gewahrt. Eine erweiterte Sachaufklärung ist nicht nötig, da die Experten die Prüfungsleistung ohne weitere Erklärungen aufgrund der Prüfungskriterien bewerten können (BGE 113 Ia 286, 288).
- Die an einem Verfahren Beteiligten haben Anspruch darauf, zu einem Augenschein beigezogen 1018 zu werden. Eine Ausnahme gilt u.a. dann, wenn der Augenschein seinen Zweck nur erfüllen kann, sofern er unangemeldet durchgeführt wird. In einem solchen Fall genügt es, wenn die Partei nachträglich zum Beweisergebnis Stellung nehmen kann. Eine «informelle Besichtigung» des antragstellenden zürcherischen Baudirektors ohne Beizug der betroffenen Grundeigentümer ist im Verfahren der Genehmigung einer kommunalen Nutzungsplanung unzulässig, weil weder schützenswerte Interessen Dritter oder des Staates noch die Besonderheit der Situation die Vornahme eines Augenscheins ohne Voranmeldung gebieten (BGE 113 Ia 81, 83; vgl. auch BGE 116 Ia 94, 99).

cc) Akteneinsichtsrecht

aaa) Umfang des Anspruchs auf Akteneinsicht im Verwaltungsverfahren

Im nichtstreitigen Verwaltungsverfahren und in der Verwaltungsrechtspflege knüpft der 1019 *Anspruch auf Akteneinsicht* an der Parteieigenschaft an. Diejenigen Personen, welche im Verfahren *schutzwürdige Interessen* verfolgen, haben das Recht, die betreffenden Akten einzusehen (vgl. Art. 26 VwVG i.V.m. Art. 6 VwVG; BGE 139 II 297, 282; allgemein zum Akteneinsichtsrecht vgl. BVGer, Urteil D-1367/2014 vom 28. Juli 2015 E. 3.2).

Das Recht auf Akteneinsicht im nichtstreitigen Verwaltungsverfahren und in der 1020 Verwaltungsrechtspflege beinhaltet die Befugnis, am Sitz der Akten führenden Behörde selbst Einsicht in die Unterlagen zu nehmen, sich Aufzeichnungen zu machen und, wenn dies der Behörde keine übermässigen Umstände verursacht (vgl. dazu BVGer, Urteil A-670/2015 vom 22. Mai 2015 E. 3.2.3), Fotokopien zu erstellen (BGE 131 V 35, 40). Im Allgemeinen besteht hingegen kein Anspruch auf Zusendung der Akten. Das Bundesgericht hat offen gelassen, ob Strafverteidigern ein solches Recht aufgrund des durch Art. 6 Ziff. 3 lit. b EMRK und Art. 14 Ziff. 3 lit. b UNO-Pakt II garantierten Anspruches auf eine wirksame Verteidigung zusteht (BGE 122 I 109, 112 ff.). Die Übersetzung eines fremdsprachigen Dokuments in eine Amtssprache kann dagegen nicht verlangt werden (BGE 131 V 35, 40 f.).

Nicht in den Anwendungsbereich des Akteneinsichtsrechts fallen sog. *verwaltungsin-* 1021 *terne Akten* (BGE 132 II 485, 495; BVGE 2011/37 E. 5.4.1). Dabei handelt es sich um Unterlagen, denen für die Behandlung des Falles kein Beweischarakter zukommt, sondern die ausschliesslich der verwaltungsinternen Meinungsbildung dienen und für den verwaltungsinternen Gebrauch bestimmt sind (z.B. Entwürfe, Anträge, Notizen, Mitberichte, Hilfsbelege usw., hingegen nicht verwaltungsintern erstellte Berichte zu streitigen Sachverhaltsfragen [BVGer, Urteil D-1367/2014 vom 28. Juli 2015 E. 3.2]; vgl. zudem BGE 139 II 489, 497). Die Unterscheidung zwischen internen und anderen Akten ist in der Lehre umstritten (BGE 125 II 473, 474 f.; BVGE 2008/14 E. 6.2.1). Massgebend für die Gewährung oder Verweigerung der Akteneinsicht darf nicht bloss die Bezeichnung als «internes» Dokument sein. Entscheidend ist vielmehr, ob die Unterlagen Sachverhaltsfeststellungen beinhalten oder Beweischarakter aufweisen. Können die Akten für den Ausgang des Verfahrens wesentlich sein, so ist die Einsicht zu gewähren (BGE 117 Ia 90, 96; 115 V 297, 303 ff.; BVGer, Urteil D-260/2008 vom 17. Februar 2010 E. 5.2.2; Urteil B-6177/2008 vom 4. Dezember 2008 E. 5).

bbb) Schranken des Einsichtsrechts

1022 Dem Interesse an der Akteneinsicht kann ein *Geheimhaltungsinteresse* des Staates oder anderer Personen entgegenstehen (vgl. Art. 27 VwVG).

1023 Beispiele:

- Militärische und polizeiliche Geheimnisse;
- Schutz von Auskunftspersonen;
- Stimmgeheimnis;
- Geschäftsgeheimnis;
- Geheimhaltung von Prüfungsfragen (VPB 68 [2004] Nr. 132; 64 [2000] Nr. 122);
- Geheimhaltung von Geschäftsgeheimnissen in Angeboten gegenüber Mitbewerbern im Submissionsverfahren (BGE 139 II 489, 498).

1024 Zwischen dem Interesse an der Einsicht und dem Geheimhaltungsinteresse ist *abzuwägen*. Geht das Geheimhaltungsinteresse vor, so darf die Behörde entweder das betreffende Schriftstück auch nicht beachten oder muss dem Betroffenen den wesentlichen Inhalt (z.B. durch Abdecken der geheim zu haltenden Stellen oder in Form einer Zusammenfassung) bekannt geben (vgl. Art. 28 VwVG; vgl. dazu BVGer, Urteil E-5965/2014 vom 17. August 2015 E. 5.2).

Beispiele:

1025 – Das Schaffhauser Obergericht hatte in einem Urteil vom 22. Dezember 1989 abzuwägen zwischen dem Interesse der Kinder, die durch die Einsichtnahme in die Krankengeschichte ihrer Mutter Aufschluss über deren Urteilsfähigkeit und über die allenfalls unsachgemässe Behandlung in der kantonalen psychiatrischen Klinik zu erhalten hofften, und dem Geheimhaltungsinteresse der verstorbenen Patientin. Die Lösung des Interessenkonflikts wurde so getroffen, dass einem Vertrauensarzt der Kinder Einsicht gewährt wurde, welcher sie danach aber nur teilweise über den Inhalt der Krankengeschichte orientieren durfte (vgl. Urteil des Obergerichts des Kantons Schaffhausen, ZBl 91 [1990] 364 ff.).

1026 – Die Abdeckung von Auskünften Privater im Rahmen der Einsichtnahme eines Patienten in eine Krankengeschichte einer psychiatrischen Klinik kann sich rechtfertigen durch überwiegende Interessen, so etwa durch das Interesse der Klinik, sich die notwendigen Informationen zu beschaffen, oder durch das Interesse am Schutz der Informanten sowie des Betroffenen selbst (vgl. BGE 122 I 153, 164 ff.).

1027 – Bei der Einsichtnahme in Staatsschutz- oder Personalakten kann die Bekanntgabe der Identität von Informanten durch die Abdeckung der Namen verweigert werden, wenn ihr Interesse am Schutz dasjenige des Betroffenen an der Bekanntgabe überwiegt. Für diese Interessenabwägung von Bedeutung ist beispielsweise, ob der Informant aus achtenswerten Beweggründen gehandelt hat und ob er durch die Bekanntgabe schwerwiegenden Nachteilen ausgesetzt würde

(Urteil des Bundesgerichts, ZBl 98 [1997] 567 ff.; Entscheid des Bundesrates, VPB 58 [1994] Nr. 36A).

- Den Asylbewerbern muss vom wesentlichen Inhalt der Sprachgutachten, die zur Abklärung ihrer Herkunft erstellt werden, sowie vom Zeitraum des Aufenthaltes des Gutachters im Herkunftsland Kenntnis gegeben werden. Der Einsichtnahme in den Wortlaut des Gutachtens mit den Personalien des Gutachters stehen die Interessen an der Geheimhaltung des Fragenkatalogs, der für die Identitätsabklärung verwendet wird, und am Schutz des Gutachters vor Druck- und Retorsionsversuchen entgegen (Entscheid der Asylrekurskommission, VPB 64 [2000] Nr. 90; vgl. auch BVGer, Urteil D-3079/2008 vom 27. April 2009 E. 5.2). 1028
- Im heilmittelrechtlichen Zulassungsverfahren wurden die Unterlagen einer beratenden Fachkommission des Heilmittelinstituts als verwaltungsinterne Akten qualifiziert, welche vom Anspruch auf Akteneinsichtsrecht ausgenommen sind. Bei der Einsichtnahme in die Berichte von externen Gutachtern dürfe die Identität der Experten geheim gehalten werden, weil diese sonst unter Druck geraten könnten und weil sich andernfalls in der Schweiz nicht genügend Experten finden lassen würden, welche bereit wären, ein Gutachten zu verfassen (VPB 68 [2004] Nr. 169). 1029
- Das öffentliche Interesse an der Geheimhaltung der Fragen und Antworten eines Tests im Asylverfahren, in welchem ein Asylsuchender über sein Herkunftsland befragt wird, rechtfertigen eine Verweigerung der Einsicht in die entsprechenden Dokumente. Der wesentliche Inhalt der falschen Antworten muss dem Betroffenen jedoch so detailliert aufgezeigt werden, dass er hierzu Einwände anbringen kann (VPB 69 [2005] Nr. 28; vgl. auch BVGer, Urteil D-260/2008 vom 17. Februar 2010 E. 5.3). 1030
- Gestützt auf Art. 13 Abs. 4 FIFG (Bundesgesetz über die Förderung der Forschung und Innovation) sind im Beschwerdeverfahren die Namen von Referenten und wissenschaftlichen Gutachtern nur mit deren Einverständnis den Beschwerdeführern bekannt zu geben. 1031

dd) Exkurs: Akteneinsichtsrecht ausserhalb eines Verwaltungsverfahrens

Unabhängig von einem (hängigen oder abgeschlossenen) *Verfahren* haben Private ein Recht auf Auskunft, wenn sie ein besonders schutzwürdiges Interesse geltend machen können. Ein solches Interesse kann sich aus einem spezifischen Freiheitsrecht oder aus einer sonstigen besonderen Sachnähe ergeben (BGE 137 I 16, 21; 129 I 249, 253 f.; vgl. BGer, Urteil 1P.240/2002 vom 18. Oktober 2002 E. 1 = ZBl 104 [2003] 303 ff., wonach einem Medienschaffenden, welcher durch eine Dienstanweisung [Verwaltungsverordnung] in seiner Medienfreiheit [Art. 17 BV] betroffen wird, Akteneinsicht ausserhalb eines Verfahrens gewährt werden muss.). 1032

Private haben unabhängig von einem Verfahren ein Recht auf Auskunft über die sie betreffenden, von der Behörde registrierten Daten. Dieses Recht ergibt sich aus dem engen Bezug, den die Aufzeichnung von Personaldaten zur persönlichen Freiheit (Art. 10 Abs. 2 BV) und zum Anspruch auf Schutz der Privatsphäre (Art. 13 BV) aufweist (vgl. BGE 138 I 331, 336 f.; 128 I 63, 68 f.; 126 I 7, 10; 125 I 257, 260 m.w.H.; vgl. Rz. 1034). Ein Mann, der von der Polizei an einem als Treffpunkt von Homosexuellen bekannten Ort angehalten und zu einer Identitätskontrolle auf den Polizeiposten gebracht wird, hat deshalb auch dann, wenn kein Verfahren gegen ihn eröffnet wurde, Anspruch auf Einsichtnahme in den ihn betreffenden Registereintrag (BGE 113 Ia 1 ff.). 1033

Beispiel: 1034

Das Bundesgericht hat entschieden, dass das volljährige Adoptivkind unabhängig von einer Abwägung mit entgegenstehenden Interessen ein unbedingtes Recht darauf hat, seine leiblichen Eltern zu kennen. Das Bundesgericht stützt sich dabei auf den verfassungsrechtlichen und staatsvertraglichen Persönlichkeitsschutz bzw. auf die persönliche Freiheit (Art. 10 Abs. 2 BV). Dieses Recht umfasst den Anspruch des Adoptivkindes auf Zugang zu den überdeckten Eintragungen im Zivilstandsregister betreffend die Abstammung (BGE 128 I 63 ff.; vgl. auch BGE 134 III 241 ff. sowie Art. 268c ZGB). Ebenso darf ein Sohn die abgeschlossenen Prozessakten einsehen, um etwas über seinen ihm nicht bekannten ausserehelichen Vater und damit seine Herkunft zu erfahren (BGE 125 I 257, 261 ff.).

1035 Gegenüber *Bundesorganen* kann nach Art. 8 DSG jede Person Auskunft darüber verlangen, ob Daten über sie bearbeitet wurden (vgl. zur Zielsetzung dieser Bestimmung BGE 139 V 492, 494; zudem BGE 127 V 219, 222; 125 II 473, 475 ff.; 125 II 225, 227). Einschränkungen des Auskunftsrechts sieht Art. 9 DSG vor, namentlich soweit dies zum Schutz überwiegender Interessen von Dritten oder überwiegender öffentlicher Interessen, insbesondere der inneren oder äusseren Sicherheit der Eidgenossenschaft, erforderlich ist (vgl. etwa BGE 138 III 425, 432).

1036 Für amtliche Dokumente *der Bundesverwaltung,* die nicht ein Verfahren der Staats- und Verwaltungsrechtspflege betreffen, gilt das *Öffentlichkeitsprinzip* (Art. 6 Abs. 1 BGÖ i.V.m. Art. 3 Abs. 1 lit. a Ziff. 5 BGÖ). Jede Person hat das Recht, amtliche Dokumente der Bundesverwaltung einzusehen, wenn keine entgegenstehenden Interessen überwiegen (vgl. auch Rz. 1004, 1562 ff., 1566 ff.).

ee) Recht auf Vertretung und Verbeiständung

1037 Der Anspruch auf rechtliches Gehör umfasst auch das Recht, sich in einem Verfahren auf eigene Kosten vertreten oder beraten zu lassen (BGE 132 V 443, 445; 119 Ia 260 ff.; BVGer, Urteil E-4402/2013 vom 21. August 2013 E. 4.2). Es kann nur für unbedeutende Angelegenheiten ausgeschlossen werden, z.B. bei arbeitsrechtlichen Streitigkeiten, in welchen ein einfaches, rasches und billiges Verfahren im Interesse beider Prozessparteien liegt (BGE 109 Ia 239, 240). Zulässig ist die Beschränkung des Vertretungsrechts auf die entscheidenden Prozessphasen und die Anordnung, dass die Partei persönlich zu einer Verhandlung zu erscheinen habe (BGE 105 Ia 288, 294; vgl. auch BGE 131 I 350, 356 ff.).

ff) Recht auf Begründung

1038 Die Parteien haben Anspruch auf Begründung der Verfügung durch die Behörde. Diese zeigt den Parteien, ob sich die Behörde mit ihren Argumenten auseinandergesetzt hat, und erlaubt ihnen eine sachgerechte Anfechtung. Die Begründung ist Bestandteil einer korrekten Eröffnung der Verfügung (BGE 141 I 60, 64; 135 II 286, 293; BGer, Urteil 1C_77/2013 vom 19. Juli 2013 E. 3.2; Rz. 1070 ff.).

e) Folgen der Verletzung des rechtlichen Gehörs

1039 Die Verletzung des rechtlichen Gehörs führt grundsätzlich dazu, dass im Beschwerdeverfahren der formell mangelhafte Entscheid der Vorinstanz aufgehoben wird. Unter Umständen ist aber eine *Heilung* des Fehlers möglich (Rz. 1174 ff.).

4. Anspruch auf gleiche und gerechte Behandlung im Verfahren

Neben dem Anspruch auf rechtliches Gehör hat das Bundesgericht in einer schöpferischen Rechtsprechung aus Art. 4 Abs. 1 aBV eine ganze Reihe von Garantien für ein rechtsstaatliches Verfahren abgeleitet, die sicherstellen sollen, dass die Privaten ihre materiellen Rechtsansprüche durchsetzen können. Diese Prinzipien, die oft zusammenfassend als «Verbot der formellen Rechtsverweigerung» bezeichnet werden, sind als *allgemeine Verfahrensgarantien* in Art. 29 BV aufgenommen worden. Sie gelten für alle Verfahren vor Gerichts- und Verwaltungsbehörden, so auch für Verfahren im Rahmen des Strafvollzugs (BGE 130 I 269, 272 f.; BGer, Urteil 1C_370/2013 vom 14. Oktober 2013 E. 6.1). Ausdrücklich erwähnt werden Rechtsverweigerungs- und Rechtsverzögerungsverbot in Abs. 1, Anspruch auf rechtliches Gehör in Abs. 2 und Anspruch auf unentgeltliche Rechtspflege in Abs. 3. Besondere Verfahrensgarantien finden sich sodann in Art. 30 ff. BV. 1040

Die Bedeutung von Art. 29 BV geht jedoch über die Gewährleistung dieser Ansprüche hinaus. Soweit sich die bisher aus Art. 4 aBV abgeleiteten Verfahrensrechte nicht auf andere Verfassungsbestimmungen zurückführen lassen, bildet das in Art. 29 Abs. 1 BV enthaltene *Gebot der Fairness* deren Rechtsgrundlage (BGE 140 I 99, 102). So können sich z.B. aus dieser Bestimmung richterliche Aufklärungspflichten gegenüber der rechtsunkundigen Partei ergeben (vgl. KÖLZ/HÄNER/BERTSCHI, Rz. 210; BGE 124 I 185, 189). Die Garantie einer gleichen und gerechten Behandlung im Verfahren verlangt auch, dass ein rechtskräftiges Urteil, das mit der materiellen Wahrheit nicht übereinstimmt, unter bestimmten Voraussetzungen nachträglich korrigiert werden kann (BGE 130 IV 72, 74; 127 I 133 ff.; vgl. Rz. 1265 ff.), und untersagt u.U. die Verwertung von Beweismitteln, die rechtswidrig erlangt worden sind (BGE 137 I 218, 224; 131 I 272, 274 ff.; vgl. auch BGer, Urteil 8C_922/2012 vom 26. Februar 2013 E. 3.2). Art. 29 Abs. 1 BV bietet aufgrund seiner offenen Formulierung Ansätze für eine richterliche Rechtsfortbildung. 1041

Beispiele:

- Ein Gericht ist aus Gründen der verfahrensrechtlichen Fairness gehalten, den Beschwerdeführer auf die Möglichkeit einer Schlechterstellung hinzuweisen, sofern es eine solche für möglich erachtet (vgl. BGer, Urteil 1C_899/2013 vom 7. Mai 2014 E. 2.3). 1042
- Die strikte Anwendung der Vorschrift, dass Rechtsmittel fristgerecht eingereicht werden müssen, steht nicht im Widerspruch zum Gebot der Verfahrensfairness. Dies gilt auch dann, wenn der Entscheid der Vorinstanz per A-Post-Plus – und nicht per Einschreiben – zugestellt wurde, zumal das Zustelldatum auch bei einer A-Post-Plus-Sendung genau rekonstruiert werden kann (BGer, Urteil 2C_1126/2014 vom 20. Februar 2015 E. 2.4). 1043
- Wird im Rahmen eines Einbürgerungsverfahrens ein Bewerber explizit zu einem ersten Kennenlernen eingeladen und findet dann stattdessen unangekündigt eine Prüfung über das Allgemeinwissen des Kandidaten statt, so verstösst die zuständige Gemeindebehörde gegen den Grundsatz der Verfahrensfairness (BGE 140 I 99 ff.). 1044

a) Verbot der Verweigerung oder Verzögerung eines Rechtsanwendungsaktes

Das Verbot der Rechtsverweigerung bzw. Rechtsverzögerung wird verletzt, wenn eine Gerichts- oder Verwaltungsbehörde *untätig* bleibt oder das gebotene Handeln über Ge- 1045 bühr hinauszögert, obschon sie zum Tätigwerden verpflichtet wäre (vgl. BGE 135 I 6, 9; 124 V 130, 133; VPB 68 [2004] Nr. 123; 65 [2001] Nr. 15). Eine Rechtsverweigerung ist somit nur dann möglich, wenn ein Anspruch der Privaten auf Behandlung ihrer Begehren besteht (BVGer, Urteil C-282/2015 vom 21. August 2015 E. 2.1). Die Rechtsverweigerung kann auch nur Teilaspekte des Verfahrens betreffen, so z.B. die mangelnde Ausschöpfung der richterlichen Kognition (BVGE 2008/14 E. 3.3 und 4.1).

1046 Von Rechtsverweigerung oder Rechtsverzögerung kann nicht schon dann die Rede sein, wenn eine Behörde eine Eingabe nicht sofort behandelt. Rechtsverzögerung ist nur gegeben, wenn sich die zuständige Behörde zwar bereit zeigt, den Entscheid zu fällen, ihn aber *nicht binnen der Frist trifft, welche nach der Natur der Sache und nach der Gesamtheit der übrigen Umstände noch als angemessen erscheint* (BGE 135 I 265, 277; 130 I 312, 331 f.; BGer, Urteil 12T_2/2014 vom 27. Mai 2014 E. 3; Urteil 4A_744/2011 vom 12. Juli 2012 E. 11.2). Eine besondere Bedeutung hat das Rechtsverzögerungsverbot im Strafrecht, insbesondere im Rahmen des Beschleunigungsgebotes (BGE 133 I 270, 274; 130 IV 54 ff.; 126 II 462, 470 f.).

Beispiele:

1047 – Die Untätigkeit des Bundesamtes für Migration über mehr als zwei Jahre ist auch unter dem Blickwinkel, dass das Asylverfahren Besonderheiten wie die teilweise zeitintensive postalische Zustellung von Unterlagen aufweist, nicht hinnehmbar (BVGer, Urteil E-114/2014 vom 1. Januar 2014 E. 6).

1048 – Die Einführung der Mehrwertsteuer verursachte der Eidgenössischen Steuerverwaltung einen ausserordentlich grossen administrativen Aufwand. Dies war bei der Prüfung der angemessenen Dauer der Erledigung einer Einsprache mit zu berücksichtigen. Eine Frist von 14 Monaten zwischen Einsprache und Rechtsverzögerungsbeschwerde bei einer nicht als einfach oder finanziell unbedeutend zu bezeichnenden Problematik konnte daher noch nicht als Rechtsverzögerung qualifiziert werden (Entscheid der Eidgenössischen Steuerrekurskommission, VPB 68 [2004] Nr. 123).

1049 – Eine zweijährige Verfahrensdauer für den Entscheid über eine IV-Rente verletzt Art. 29 Abs. 1 BV (und Art. 6 Ziff. 1 EMRK), auch wenn die Behörden verschiedene Schwierigkeiten zu bewältigen hatten. Der Beschwerdeführer musste sich jedoch mit der Feststellung der Rechtsverzögerung durch das Bundesgericht begnügen (BGE 129 V 411 ff.).

1050 – Das Verwaltungsgericht des Kantons Aargau hiess eine Beschwerde gegen einen Nutzungsplan der Stadt Brugg teilweise gut und wies die Sache zu neuem Entscheid an die Vorinstanz zurück. Im Rahmen einer Beschwerde gegen diesen Rückweisungsentscheid wegen Verletzung des Verbots der Rechtsverzögerung (Art. 29 Abs. 1 BV und Art. 6 Ziff. 1 EMRK) stellte das Bundesgericht fest, dass das über drei Jahre dauernde Beschwerdeverfahren vor dem Verwaltungsgericht den Anspruch auf eine angemessene Verfahrensdauer verletze. Das Bundesgericht lehnte es jedoch ab, den Rückweisungsentscheid aufzuheben und das Verwaltungsgericht zu einem Entscheid in der Sache zu verpflichten. Dies u.a. mit der Begründung, dass die zulässige Gesamtdauer des vor mehr als zehn Jahren eingeleiteten Planungsverfahrens (noch) nicht überschritten worden sei (BGer, Urteil 1A.169/2004 vom 18. Oktober 2004 = ZBl 106 [2005] 540, 541 ff.).

b) Verbot des überspitzten Formalismus

1051 Überspitzter Formalismus ist eine besondere Form der Rechtsverweigerung. Sie liegt vor, «wenn für ein Verfahren rigorose Formvorschriften aufgestellt werden, ohne dass die Strenge sachlich gerechtfertigt wäre, wenn die Behörde formelle Vorschriften mit übertriebener Schärfe handhabt oder an Rechtsschriften überspannte Anforderungen stellt und dem Bürger den Rechtsweg in unzulässiger Weise versperrt» (BGE 115 Ia 12, 17; vgl. auch BGE 135 I 6, 9; 134 II 244, 247 f.; 128 II 139, 142; BGer, Urteil 1C_629/2014 vom 12. August 2015 E. 4.1).

Beispiele:

- Das Bundesgericht hat überspitzten Formalismus angenommen, als der «Corte cantonale di cassazione e di revisione penale» des Kantons Tessin in einer Strafsache einen fristgerecht eingereichten, jedoch in deutscher Sprache statt in der italienischen Amtssprache abgefassten Rekurs ohne Weiteres für unzulässig erklärte. Die kantonale Behörde hätte die Rekursschrift – unter Ansetzung einer Nachfrist – zur Übersetzung zurückschicken müssen (BGE 102 Ia 35, 37 f. = Pra 65 [1976] Nr. 135). 1052
- Einem Zivildienstpflichtigen muss der Dienst angerechnet werden, den er ohne Vorliegen eines formellen Aufgebots geleistet hat, dies insbesondere deshalb, weil er beim gleichen Einsatzbetrieb schon dreimal ordnungsgemäss tätig gewesen ist. Die Verweigerung der Anrechnung der Diensttage ist im konkreten Fall überspitzt formalistisch (BVGer, Urteil B-2473/2009 vom 22. September 2009 E. 3.2b). 1053
- Reicht ein Anwalt seine Vollmacht aus Versehen bei einer falschen Abteilung eines Gerichtes ein, so verfällt die sachlich zuständige Abteilung in überspitzten Formalismus, wenn sie sich weigert, die eingereichte Vollmacht zu berücksichtigen (BGE 113 Ia 94, 96 f.; vgl. auch BGE 118 Ia 241, 244). 1054
- Überspitzter Formalismus liegt nicht vor, wenn eine Behörde verlangt, dass eine per Fax oder per Mail übermittelte Eingabe per Briefpost bestätigt werden muss (Entscheid der Rekurskommission des Eidgenössischen Volkswirtschaftsdepartements, VPB 64 [2000] Nr. 133). 1055
- Es liegt kein überspitzter Formalismus vor, wenn ein Gericht von einer Partei einen Antrag betreffend Prozesskostenvorschuss von der (möglicherweise mittellosen) Gegenseite verlangt, bevor ein Gesuch um unentgeltliche Rechtspflege behandelt wird (BGer, Urteil 5A_556/2014 vom 4. März 2015 E. 3). 1056
- Das Verbot des überspitzten Formalismus wird nicht verletzt, wenn auf ein Rechtmittel mangels rechtzeitigem Kostenvorschuss nicht eingetreten wird, sofern der betroffene Gesuchsteller rechtsgenüglich über die Zahlungsmodalitäten informiert wurde (BGer, Urteil 1C_629/2014 vom 12. August 2015 E. 4.2). 1057

5. Anspruch auf unentgeltliche Rechtspflege

Die Verfassung gewährleistet gleichen Rechtsschutz für alle Rechtsuchenden, unabhängig von ihrer wirtschaftlichen Kraft. Es wäre mit dem Gleichheitsprinzip und mit der Garantie eines fairen Verfahrens (Art. 29 Abs. 1 BV) nicht vereinbar, wenn eine Partei auf die Durchsetzung ihrer Rechte verzichten müsste, weil sie *nicht über die nötigen Mittel* für die Führung des Verfahrens verfügt oder wenn sie ihre Ansprüche weniger wirkungsvoll geltend machen könnte als eine andere, wirtschaftlich stärkere Partei. Private haben deshalb unter gewissen Voraussetzungen einen verfassungsrechtlichen Anspruch auf unentgeltliche Rechtspflege. Dieser kommt typischerweise für das Verfahren auf Anfechtung einer Verfügung (Rz. 972) zur Anwendung, kann aber schon im nichtstreitigen Verwaltungsverfahren notwendig sein (BGE 128 I 225, 227; 125 V 32, 34; BVGer, Urteil E-5581/2013 vom 28. November 2013). Hingegen besteht grundsätzlich kein Anspruch auf unentgeltliche Rechtspflege in einem Verfahren der abstrakten Normenkontrolle (BGE 140 III 12, 13), es sei denn, es sei mit einem sofortigen Rechtsanwendungsakt zu rechnen oder die Pflicht zum Zuwarten auf den Einzelentscheid er- 1058 scheine überspitzt formalistisch (vgl. BGE 139 I 138, 144 betreffend Erhöhung der Studiengebühren).

a) Rechtsgrundlage

1059 Art. 29 Abs. 3 BV statuiert für bestimmte Fälle einen Anspruch auf unentgeltliche Rechtspflege. Das Verfahrensrecht des Bundes (vgl. Art. 65 VwVG; Art. 64 BGG) und der Kantone geht jedoch oft weiter als diese verfassungsmässige Minimalgarantie.

b) Voraussetzungen

1060 Gestützt auf Art. 29 Abs. 3 BV kann eine *bedürftige Partei,* d.h. «jede Person, die nicht über die erforderlichen Mittel verfügt» (vgl. dazu BGE 141 I 60, 89 f.; 140 III 12, 13; 135 I 221, 223), unentgeltliche Rechtspflege beanspruchen; vorausgesetzt ist aber, dass deren *Begehren nicht aussichtslos* sind (BGE 140 V 521, 537; 133 III 614, 616). Der Entscheid muss ausserdem für die Partei von erheblicher Tragweite sein. Der Anspruch besteht unabhängig von Staatsangehörigkeit und Wohnsitz der Partei (BGE 120 Ia 217 ff.). Juristische Personen können ihn grundsätzlich nicht geltend machen (BGE 131 II 306, 326 m.w.H.; BGer, Urteil 6B_331/2015 vom 15. April 2015 E. 5).

1061 Die *unentgeltliche Bestellung eines Anwaltes* setzt zusätzlich voraus, dass die bedürftige Partei nicht im Stande ist, ihre Sache selbst wirksam zu vertreten. Das trifft zu, wenn sich die aufgeworfenen Fragen nicht leicht beantworten lassen und die Partei selbst nicht rechtskundig ist (BGE 128 I 225, 232; 125 V 32, 35 f.; BGer, Urteil 2C_179/2012 vom 17. April 2012 E. 3; VPB 68 [2004] Nr. 117). Unabhängig von den eben genannten Voraussetzungen ist immer dann ein Rechtsvertreter zu bestellen, wenn besonders stark in die Rechtsposition der Betroffenen eingegriffen werden soll (vgl. BGE 139 I 206, 214; BGer, Urteil 2C_332/2012 vom 3. Mai 2012 E. 2.3). Der Anspruch entfällt, wenn die bedürftige Partei auf andere Weise in den Genuss einer genügenden unentgeltlichen Vertretung gelangt (BGE 125 V 32, 34; 123 I 145, 147 f.; VPB 57 [1993] Nr. 35); er bleibt jedoch ausnahmsweise bestehen, wenn die Unterstützung durch eine gemeinnützige Organisation gewährt wurde (vgl. BGE 135 I 1 ff.). Auch im nichtstreitigen Verwaltungsverfahren kann unter Umständen ein Anspruch auf unentgeltliche Verbeiständung bestehen (vgl. BGE 134 I 166, 170 f.).

c) Wirkungen

1062 Die Gewährung der unentgeltlichen Rechtspflege hat zur Folge, dass die bedürftige Partei *keine Vorschüsse* für die Kosten der Behörden, der Gegenpartei und des eigenen Anwalts leisten muss. Sie wird aber in der Regel nicht endgültig von der Pflicht, die Kosten zu tragen, befreit, sondern muss diese dem Staat zurückerstatten, wenn sie später in den Besitz ausreichender Mittel gelangt (BGE 135 I 91, 95 ff.). Es besteht auch kein Anspruch der bedürftigen Partei, bei Unterliegen von der Bezahlung der Parteikosten der obsiegenden Partei befreit zu werden (BGE 122 I 322, 324 f.; 117 Ia 513, 514 f.). Nach der Rechtsprechung des Bundesgerichts muss die unentgeltliche Rechtspflege auch dann gewährt werden, wenn dem Gesuchsteller auf Kosten des Prozessgegners eine Entschädigung zugesprochen wurde, welche aber nicht einbringlich ist (BGE 122 I 322, 326). Art. 29 Abs. 3 BV verlangt nicht zwingend, dass die unentgeltliche Rechtspflege rückwirkend für den Zeitraum vor der Einreichung eines entsprechenden Gesuches gewährt wird (vgl. BGE 122 I 203, 207 ff.). Unzulässig ist aber, ihre Wirkungen erst ab dem Zeitpunkt der Bewilligung des Gesuchs eintreten zu lassen (vgl. BGE 120 Ia 14, 16 ff.).

V. Eröffnung der Verfügung

1. Form

In der Regel bestehen *gesetzliche Formvorschriften.* Die Form, in der eine Verfügung 1063
erlassen und gegenüber dem Betroffenen eröffnet wird, bestimmt sich nach dem massgeblichen Verfahrensgesetz. So schreiben z.B. Art. 34 f. VwVG den in Anwendung von Bundesverwaltungsrecht handelnden Behörden vor, dass sie ihre Verfügungen schriftlich, unter Bezeichnung als Verfügung sowie mit Begründung und Rechtsmittelbelehrung versehen erlassen (BVGer, Urteil B-198/2014 vom 5. November 2014 E. 2.3.2).

Dieser Standard dürfte sich durchgesetzt haben. Ob der *Grundsatz der freien Wahl* 1064
der Form (so in der Vorauflage, Rz. 884) heute noch vertreten werden kann, erscheint offen. Es mag Situationen geben, in denen eine mündliche Verfügung angezeigt erscheint, so etwa beim polizeilichen Handeln (Rz. 2567 f.) oder im Rahmen einer mündlichen Verhandlung. Die Betroffenen haben aber in jedem Fall Anspruch darauf, dass das Handeln der Behörde als rechtlich verbindlich und erzwingbar erkennbar ist. Auch muss ihr rechtliches Gehör in angemessener Form gewahrt werden. Die Betroffenen müssen über die Möglichkeiten des Rechtsschutzes informiert werden. Diese Anforderungen dürfte die Behörde in vielen Fällen dazu zwingen, mindestens im Falle einer ausdrücklichen Aufforderung des Privaten eine schriftliche Verfügung «nachzuliefern», welche den rechtsstaatlichen Minimalanforderungen entspricht. In jedem Fall tragen die Behörden die Beweislast dafür, dass eine Verfügung erlassen und den Betroffenen eröffnet worden ist (BGer, Urteil 6B_940/2013 vom 31. März 2014 E. 2.1.1).

Die Eröffnung kann auf dem elektronischen Weg erfolgen, sofern die Parteien ein- 1065
verstanden sind (Art. 34 Abs. 1bis VwVG). Bei prozessleitenden Verfügungen (z.B. betreffend Bezahlung eines Kostenvorschusses) sind die Formvorschriften nicht mit der gleichen Strenge zu handhaben wie bei erstinstanzlichen Sachentscheiden (Urteil des Bundesgerichts, ZBJV 138 [2002] 75 f.).

Die Eröffnung der Verfügung ist eine *empfangsbedürftige einseitige Rechtshandlung* 1066
und verlangt die individuelle Mitteilung des Inhalts an den Adressaten (BVGer, Urteil C-5306/2013 vom 4. März 2015 E. 4.2). Verfügungen sind den Parteien zu eröffnen. Da die Eröffnung es den Betroffenen erst ermöglicht, die Verfügung anzufechten, umfasst der Begriff «Parteien» nicht nur die direkt betroffenen *Adressaten* der Verfügung, sondern auch *Dritte,* die von der Verfügung bloss mittelbar betroffen, aber zur *Beschwerde*

befugt sind (z.B. Nachbarn bei der Erteilung von Bewilligungen für Bauten). Betrifft eine Verfügung zahlreiche Parteien, lassen sich diese ohne unverhältnismässigen Aufwand nicht bestimmen oder ist der Aufenthaltsort einer Partei unbekannt, so kann die Verfügung *amtlich publiziert* werden (siehe die Regelung in Art. 36 VwVG; vgl. BVGer, Urteil C-1011/2011 vom 4. September 2013 E. 7.3.2; vgl. zur Allgemeinverfügung Rz. 933 ff.).

1067 Die *Rechtsmittelfristen* beginnen im Zeitpunkt der ordnungsgemässen Zustellung zu laufen, unabhängig von der tatsächlichen Kenntnisnahme des Verfügungsinhalts durch den Adressaten (vgl. BGer, Urteil 2C_570/2011 vom 21. Januar 2012 E. 4 = ASA 82 531, 539). Die Verfügung gilt als zugestellt, wenn sie vom Adressaten oder einer anderen hierzu berechtigten Person entgegengenommen oder in den Briefkasten des Adressaten eingeworfen ist. Bei mit eingeschriebener Post zugestellten Verfügungen, die dem Empfänger nicht ausgehändigt wurden, ist der Zeitpunkt massgebend, in welchem die Sendung gemäss der in den Briefkasten oder in das Postfach des Adressaten gelegten Abholungseinladung auf der Post abgeholt wird; geschieht dies nicht innert der Abholfrist von sieben Tagen, so gilt die Verfügung als am letzten Tag der Frist zugestellt, wobei die Frist erst am Tag nach der erfolglosen Zustellung zu laufen beginnt (BGer, Urteil 5A_2/2010 vom 17. März 2010 E. 3; Urteil 2P.120/2005 vom 23. März 2006 = ZBl 108 [2007] 46 ff.; BGE 127 I 31, 33 ff.; Entscheid der Eidgenössischen Zollrekurskommission, VPB 68 [2004] Nr. 167; zur Verlängerung dieser Frist als Folge einer Vertrauen begründenden Auskunft vgl. Rz. 630; zur Geltung der Zustellfiktion beim Postrückbehaltungsauftrag vgl. BGE 134 V 49, 51 f.). Wenn jemand in einer Angelegenheit einen Vertreter bezeichnet hat, muss die Behörde ihre Verfügung durch Zustellung an diesen eröffnen (BGE 113 Ib 296, 297 ff.; BVGer, Urteil A-5540/2013 vom 6. Januar 2014 E. 2.1.1).

Beispiele:

1068 – Es ist nicht restlos geklärt, inwiefern zur (gesetzlich vorgesehenen) Schriftform einer Verfügung auch die eigenhändige oder faksimilierte Unterschrift gehört. Die für Massenverfügungen, die mittels EDV verfasst und erlassen werden, entwickelte Rechtsprechung (BGE 112 V 87 f.; 108 V 232 ff.; 105 V 248 ff.) wurde auf individuell ausgefertigte Verfügungen ausgeweitet (vgl. BVGer, Urteil A-4580/2007 vom 17. Januar 2008 E. 3.2). Gemäss der neueren Rechtsprechung ist die Unterschrift von Bundesrechts wegen nicht erforderlich, soweit das anwendbare Recht keine Unterschrift verlangt (vgl. BVGer, Urteil C-1410/2013 vom 23. Februar 2015 E. 1.2.3).

1069 – X. erhielt die Veranlagung für die 15. Wehrsteuerperiode durch einfachen Brief mit dem Vermerk: «Datum der Eröffnung 2.11.1971.» Auf die am 3. Dezember 1971 der Post übergebene Einsprache von X. trat die Veranlagungsbehörde wegen Verspätung nicht ein. Das Bundesgericht hielt fest, dass die Einsprachefrist von 30 Tagen am 2. Dezember 1971 abgelaufen wäre, falls die Veranlagung am 2. November 1971 eröffnet worden wäre. Für den Zeitpunkt der Eröffnung trage die Behörde die Beweislast. Sie sei es, die die Art der Eröffnung bestimme und die das aus dem Versand mit einfachem Brief sich ergebende Risiko trage. Da die Veranlagungsbehörde den ihr obliegenden Nachweis der Eröffnung am 2. November 1971 nicht erbracht hatte, war sie zu Unrecht nicht auf die Einsprache eingetreten (BGE 99 Ib 356, 358 ff.; vgl. auch BGer, Urteil 6B_955/2008 vom 17. März 2009 E. 1).

2. Begründung

Die Pflicht, Verfügungen zu begründen, ergibt sich für die Behörden des Bundes aus Art. 35 Abs. 1 VwVG, für kantonale Behörden aus dem kantonalen Verfahrensrecht. Ein Mindestanspruch auf Begründung folgt aus dem Anspruch auf rechtliches Gehör (Art. 29 Abs. 2 BV; BVGer, Urteil A-3671/2014 vom 4. März 2015 E. 4.1). 1070

Die Begründung einer Verfügung entspricht den Anforderungen von Art. 29 Abs. 2 BV, wenn die Betroffenen dadurch in die Lage versetzt werden, die *Tragweite der Entscheidung* zu beurteilen und sie in voller Kenntnis der Umstände an eine höhere Instanz weiterzuziehen. Die Behörde ist aber *nicht verpflichtet, sich zu allen Rechtsvorbringen der Parteien zu äussern.* Vielmehr kann sie sich auf die für den Entscheid wesentlichen Gesichtspunkte beschränken. Es genügt, wenn ersichtlich ist, von welchen Überlegungen sich die Behörde leiten liess (vgl. BGE 141 III 28, 41; 140 II 262, 274; 135 III 513, 520; 133 III 439, 445; BVGer, Urteil C-2913/2014 vom 25. Februar 2015 E. 3.2.1; Verwaltungsgericht des Kantons Zürich, Urteil PB.2001.00016 vom 10. Juni 2003 = ZBl 104 [2003] 185, 200 f.). Bei mündlichen Prüfungen genügt die Bewertung des Prüfungsergebnisses mit einer Note der Begründungspflicht, wenn neben der prüfenden Person weitere anwesende Experten mitentscheiden, sodass eine Objektivierung der Bewertung möglich ist. Eine Pflicht zur förmlichen Protokollierung kann aus Art. 29 Abs. 2 BV nicht abgeleitet werden (VPB 67 [2003] Nr. 57 E. 5.1; BGer, Urteil 2P.23/2004 vom 13. August 2004 E. 2.4). 1071

An die Begründungspflicht werden *höhere Anforderungen* gestellt, je weiter der den Behörden durch die anwendbaren Normen eröffnete Entscheidungsspielraum und je komplexer die Sach- und Rechtslage ist (vgl. BGE 129 I 232, 238 f., 241 ff. zur Begründungspflicht bei einem Einbürgerungsentscheid; hierzu auch BGE 132 I 196 ff.; BVGer, Urteil A-2556/2014 vom 27. Mai 2015 E. 3.2). Im streitigen Verwaltungsverfahren muss die Begründung sorgfältiger sein als im nichtstreitigen. 1072

Beispiel: 1073

Mangels Innovationskraft und internationaler Bedeutung wurde das Beitragsgesuch einer Schweizer Band um Beiträge für eine Tournee in England von der Stiftung Pro Helvetia abgewiesen. Das Bundesverwaltungsgericht hiess eine dagegen gerichtete Beschwerde gut. Zur Begründung durch die Pro Helvetia äusserte sich das Bundesverwaltungsgericht wie folgt: «Vorliegend fällt auf, dass die Vorinstanz, abgesehen vom Kriterium der internationalen Bedeutung des Projekts, vollständig darauf verzichtet hat, das Gesuch anhand der allgemeinen Voraussetzungen in Art. 5 Beitragsverordnung für eine Beitragsgewährung zu prüfen. […] [Es] kann […] nicht von einer Begründung gesprochen werden. Der einzige Anhaltspunkt, weshalb die Musik der Band des Beschwerdeführers nach Ansicht der Vorinstanz das Kriterium der Innovation nicht erfüllen soll, kann darin erblickt werden, dass in den eingereichten Stücken offenbar keine neuen ‹sound- oder instrumentaltechnischen Elemente› vorkommen und somit ‹kein Aufbruch zu neuen musikalischen Ufern› erkennbar sei. Ausführungen dazu, welche sound- oder instrumentaltechnischen Elemente die Musik der Band vermissen lässt, macht die Vorinstanz aber nicht. […] Die sehr knappen Ausführungen der Vorinstanz lassen daran zweifeln, ob sie sich mit dem Gesuch und den Vorbringen in den Rechtsschriften des Beschwerdeführers tatsächlich auseinandergesetzt hat. Vielmehr hat sie sich damit begnügt, mit einigen sehr allgemeinen Sätzen das Gesuch abzuweisen.» (BVGer, Urteil B-2782/2007 vom 4. Oktober 2007 = ZBl 109 [2008] 50, 52 ff.).

Will eine Behörde einen Entscheid mit einer völlig neuen, von den Parteien in keiner Weise zu erwartenden Begründung versehen, so muss sie den dadurch möglicherweise 1074

Betroffenen vorgängig das *rechtliche Gehör* gewähren (BGE 128 V 272, 278; 126 I 19, 22; 125 V 368, 370; vgl. BGer, Urteil 1A.186/2004 vom 12. Mai 2005 = ZBl 107 [2006] 451).

3. Rechtsmittelbelehrung

a) Rechtsgrundlage der Pflicht zur Rechtsmittelbelehrung

1075 Für *Behörden des Bundes* schreibt Art. 35 Abs. 1 VwVG vor, dass Verfügungen mit einer Rechtsmittelbelehrung zu versehen sind.

1076 Nach der Rechtsprechung des Bundesgerichts besteht kein ungeschriebener bundesrechtlicher Grundsatz, wonach die *Kantone* auch ohne ausdrückliche Vorschrift des kantonalen oder des Bundesrechts zur Rechtsmittelbelehrung verpflichtet sind (BGE 123 II 231, 237 f.; 98 Ib 333, 338). Die letzte kantonale Instanz, die gestützt auf öffentliches Recht des Bundes nicht endgültig verfügt, hat aber nach Art. 1 Abs. 3 VwVG i.V.m. Art. 35 VwVG eine Rechtsmittelbelehrung anzubringen. Für letztinstanzliche kantonale Entscheide, welche der Beschwerde ans Bundesgericht unterliegen, verlangt Art. 112 Abs. 1 lit. d BGG eine Rechtsmittelbelehrung. Die meisten Kantone kennen im Übrigen – wie der Bund – eine allgemeine Pflicht zur Rechtsmittelbelehrung.

b) Inhalt der Rechtsmittelbelehrung

1077 Gemäss Art. 35 Abs. 2 VwVG, dem viele kantonale Regelungen entsprechen, hat die Rechtsmittelbelehrung das zulässige *ordentliche Rechtsmittel* zu nennen und anzugeben, bei welcher *Instanz* und in welcher *Frist* es eingelegt werden muss. Auf die Zulässigkeit von ausserordentlichen Rechtsmitteln (z.B. Revision, anders aber subsidiäre Verfassungsbeschwerde, vgl. BSK BGG-BIAGGINI, Art. 113, Rz. 11) sowie blosser Rechtsbehelfe (Erläuterung, Aufsichtsbeschwerde) muss dagegen nicht hingewiesen werden.

4. Formfehler

a) Allgemein

1078 Formfehler führen grundsätzlich nicht zum Wegfall des Verfügungscharakters. Massgebend ist ein *materieller Verfügungsbegriff* (vgl. BVGer, Urteil C-1410/2013 vom 23. Februar 2015 E. 1.2.1; Rz. 871 f.). Fehlerhafte Verfügungen sind anfechtbar; schwerwiegende Formfehler können die Nichtigkeit der Verfügung zur Folge haben (BGE 137 I 273, 275; Rz. 1119 ff.).

b) Mangelhafte Eröffnung

1079 Aus einer *mangelhaften Eröffnung* darf dem Betroffenen keinerlei Rechtsnachteil erwachsen (so im Bund Art. 38 VwVG und Art. 49 BGG; BGer, Urteil 2C_596/2014 vom 6. März 2015 E. 3.3.3; vgl. auch den Entscheid des Verwaltungsgerichts des Kantons

Wallis, RDAF 49 [1993] 453 ff.). Eine Rechtsmittelfrist beginnt daher erst im Zeitpunkt zu laufen, in welchem der Betroffene von der Verfügung Kenntnis nehmen konnte (BGE 134 V 306, 312 f.; 116 Ib 321, 326; VPB 66 [2002] Nr. 36; 64 [2000] Nr. 45; Entscheid des Verwaltungsgerichts des Kantons Neuenburg, RDAF 53 [1997] I 40 f.). Der Adressat einer Verfügung kann den Beginn des Fristenlaufes jedoch nicht beliebig hinauszögern, wenn er einmal von der ihn betreffenden Verfügung Kenntnis erhalten hat. Es ist mit Treu und Glauben nicht zu vereinbaren, dass eine Verfügung wegen mangelhafter Eröffnung jederzeit angefochten werden kann; vielmehr muss eine solche Verfügung innerhalb einer vernünftigen Frist – z.B. durch ein Wiedererwägungsgesuch – in Frage gestellt werden (BGE 122 V 189, 194; BGer, Urteil 1A.1/2007 vom 18. April 2007 E. 2; VPB 66 [2002] Nr. 36; 64 [2000] Nr. 45; vgl. auch Rz. 1080 ff.).

c) Fehlende oder unrichtige Rechtsmittelbelehrung

Das Fehlen oder die Unrichtigkeit einer Rechtsmittelbelehrung stellt eine mangelhafte 1080
Eröffnung der Verfügung dar. Aus ihr darf den Parteien *kein Rechtsnachteil* erwachsen, wenn sie sich *in guten Treuen darauf verlassen* durften (BGE 129 II 125, 134 f.; 124 I 255, 258; vgl. auch Rz. 1079). Wird etwa aufgrund einer unrichtigen Belehrung ein falsches Rechtsmittel ergriffen, ist daher die Sache von Amtes wegen an die zuständige Instanz zu überweisen (BGE 123 II 231, 239 f. m.H.). «Allerdings geniesst nur Vertrauensschutz, wer die Unrichtigkeit der Rechtsmittelbelehrung nicht kennt und sie auch bei gebührender Aufmerksamkeit nicht hätte erkennen können. Rechtsuchende geniessen keinen Vertrauensschutz, wenn der Mangel für sie bzw. ihren Rechtsvertreter allein schon durch Konsultierung der massgeblichen Verfahrensbestimmung ersichtlich ist. Dagegen wird nicht verlangt, dass neben den Gesetzestexten auch noch die einschlägige Rechtsprechung oder Literatur nachgeschlagen wird» (134 I 199, 202 f.; vgl. auch Rz. 656, 704).

Nennt die Rechtsmittelbelehrung ein Rechtsmittel, obwohl gar keines gegeben ist, so 1081
entsteht daraus der Partei kein Rechtsnachteil. Auf das unzulässige Rechtsmittel wird nicht eingetreten. Allerdings kann sich die Frage stellen, ob der irregeführten Partei eine Entschädigung für die nutzlosen Aufwendungen auszurichten ist.

Beispiele:

- In einem Beschwerdeentscheid eines Regierungsstatthalters wurde eine unrichtige Frist für die 1082
Anfechtung beim Regierungsrat des Kantons Bern angegeben. Der Regierungsrat trat auf die verspätete Beschwerde nicht ein. Auf die unrichtige Rechtsmittelbelehrung könne sich die Beschwerdeführerin nicht berufen, weil deren Anwältin bei sorgfältiger Prüfung in der Lage gewesen wäre, den Fehler zu erkennen und rechtzeitig zu handeln. Das Bundesgericht hob diesen Nichteintretensbeschluss wegen Verletzung von Art. 4 aBV (neu Art. 9 BV) auf. Die Anwältin habe die Unrichtigkeit der Rechtsmittelbelehrung nicht gekannt und sie durch blosse Konsultierung des massgebenden Gesetzestextes nicht erkennen können. Müssten zur Klarstellung der Rechtslage Judikatur und Literatur nachgeschlagen werden, so erscheine der Fehler der Anwältin nicht als derart grob, dass sie sich nicht auf die unrichtige Rechtsmittelbelehrung berufen könne (BGE 106 Ia 13 ff.; vgl. auch BGE 117 Ia 421, 422).
- Wird in der Rechtsmittelbelehrung einer Verfügung, die an einen in Griechenland wohnhaften 1083
Versicherten gerichtet ist, die in Art. 21 Abs. 1 VwVG enthaltene Regel nicht wörtlich wieder-

gegeben, wonach eine Beschwerdeschrift der schweizerischen Post oder schweizerischen Botschaft in Athen zu übergeben ist, so muss auf die Beschwerde eingetreten werden, auch wenn sie bei der griechischen Post aufgegeben worden ist (BGE 125 V 65, 67 f.).

§ 15 Fehlerhafte Verfügung

Literatur

GYGI FRITZ, Über die anfechtbare Verfügung, in: Eugen Bucher/Peter Saladin (Hrsg.), Berner Festgabe zum Schweizerischen Juristentag 1979, Bern/Stuttgart 1979, S. 517 ff.; HANGARTNER YVO, Die Anfechtung nichtiger Verfügungen und von Scheinverfügungen, AJP 12 (2003) 1053 ff.; KNAPP BLAISE, Nullité, annulabilité et inopposabilité ou comment empêcher un acte étatique de déployer des effets, in: Piermarco Zen-Ruffinen/Andreas Auer (Hrsg.), De la Constitution – Etudes en l'honneur de Jean-François Aubert, Basel/Frankfurt a.M. 1996, S. 587 ff.; SALADIN PETER, Die sogenannte Nichtigkeit von Verfügungen, in: Walter Haller/Alfred Kölz/Georg Müller/Daniel Thürer (Hrsg.), Festschrift für Ulrich Häfelin zum 65. Geburtstag, Zürich 1989, S. 539 ff.

Vgl. auch die Literatur zu § 17.

I. Allgemeines

1. Begriff der fehlerhaften Verfügung

Fehlerhaft ist eine Verfügung, wenn sie *inhaltlich rechtswidrig* ist («materieller» Fehler) 1084
oder in Bezug auf ihr Zustandekommen, d.h. die Zuständigkeit und das Verfahren bei ihrer Entstehung, oder in Bezug auf ihre *Form* Rechtsnormen verletzt («formeller» Fehler, Verfahrensfehler).

Die Verfügung kann ursprünglich fehlerhaft sein oder nachträglich fehlerhaft werden. 1085
Die *ursprünglich fehlerhafte Verfügung* ist bereits bei ihrem Erlass mangelhaft, widerspricht somit schon in diesem Zeitpunkt dem objektiven Recht. Ursache dafür kann ein Fehler in der Tatsachenermittlung oder in der Rechtsanwendung sein. Die *nachträglich fehlerhafte Verfügung* ist dagegen im Zeitpunkt ihres Erlasses rechtmässig. Sie wird erst infolge veränderter Tatsachen oder Rechtsgrundlagen mangelhaft. Da viele Verfügungen Dauerrechtsverhältnisse regeln, ist dies ein häufiger Fall.

2. Übersicht über die möglichen Rechtsfolgen der Fehlerhaftigkeit einer Verfügung

Die möglichen Rechtsfolgen der Fehlerhaftigkeit einer Verfügung sind: 1086

- Anfechtbarkeit der Verfügung und Korrektur im Beschwerdeverfahren (Rz. 1088 ff., 1135 ff.);
- Nichtigkeit der Verfügung (Rz. 1096 ff.);
- Widerrufbarkeit der Verfügung und Korrektur durch Änderung (Rz. 1215 ff.);
- Anspruch auf Änderung der Verfügung im Revisions- oder Wiedererwägungsverfahren (Rz. 1219 f., 1265 ff.);

- kein Eintritt der Rechtskraft der Verfügung oder eine andere Folge zum Schutz des Betroffenen im Falle von Formfehlern (Rz. 1078, 1080 ff., 1119 ff.);
- Staats- oder Beamtenhaftung (vgl. Rz. 2124 f., 2130 ff.).

1087 Die *nichtige* Verfügung ist von Anfang an nicht wirksam. Die Nichtigkeit kann jederzeit geltend gemacht werden. Die Nichtigkeit bildet die Ausnahme. In der Regel ist eine Verfügung lediglich *anfechtbar,* d.h., sie ist grundsätzlich wirksam, kann jedoch innert einer bestimmten Frist von den Betroffenen angefochten und auf die Anfechtung hin von den zuständigen Behörden aufgehoben oder geändert werden. Eine Verfügung ist unter bestimmten Voraussetzungen *widerrufbar* (vgl. Rz. 1224 ff.). Der Widerruf ist unabhängig von einer Frist möglich und kann auch erfolgen, wenn die Verfügung erst nachträglich mangelhaft geworden ist. Möglich ist ferner eine Wiedererwägung zu Gunsten des Betroffenen (Rz. 1272 ff.).

II. Regelfall der Anfechtbarkeit

1. Begriff und Grundsatz der Anfechtbarkeit

1088 In der Regel bewirkt die Fehlerhaftigkeit einer Verfügung nur deren *Anfechtbarkeit.* Die Anfechtbarkeit bedeutet, dass die fehlerhafte Verfügung an sich gültig ist, aber von den Betroffenen während einer bestimmten Frist in einem förmlichen Verfahren angefochten werden kann; wird von diesem Recht Gebrauch gemacht, so wird die Verfügung aufgehoben oder geändert.

1089 Die Regel, dass eine Verfügung nur anfechtbar und nicht nichtig ist, ergibt sich vor allem aus dem Bedürfnis nach *Rechtssicherheit.* Wäre jede mangelhafte Verfügung nichtig, so hätte dies eine unerträgliche Rechtsunsicherheit zur Folge. Weder die Privaten noch die Verwaltungsbehörden könnten mit dem Bestand von Verfügungen rechnen; ein einigermassen geplantes Handeln wäre so nicht denkbar.

1090 Anfechtbarkeit einer Verfügung bedeutet im Einzelnen Folgendes:

- Die Verfügung ist grundsätzlich *gültig* und damit rechtswirksam. Soll die Rechtswirksamkeit der Verfügung verhindert werden, muss sie innerhalb der Anfechtungsfrist angefochten werden. Aber auch im Falle der Anfechtung verliert die Verfügung nicht ohne Weiteres ihre Rechtswirkungen, sondern erst, wenn sie durch einen Entscheid aufgehoben oder abgeändert wird. Für die Dauer des Beschwerdeverfahrens sind die Wirkungen der Verfügung oft suspendiert (vgl. dazu Rz. 1163 ff.).
- Die Verfügung muss innert der *Anfechtungsfrist* und nach Massgabe der gesetzlichen Formvorschriften angefochten werden (siehe dazu Rz. 1158 ff.). Ist die Anfechtungsfrist abgelaufen, so erwächst die Verfügung in formelle Rechtskraft (BGE 139 II 243, 260; vgl. zum Begriff Rz. 1091 f.). Die Privaten können dann die Änderung der Verfügung nicht mehr mit einem ordentlichen Rechtsmittel erwirken. Es ist jedoch unter Umständen noch ein Widerruf durch die Verwaltungsbehörden oder eine Revision auf Begehren der Betroffenen (bzw. eine Wiedererwägung mit Anspruch auf Eintre-

ten [Rz. 1220, 1272 ff.]) denkbar. Diese Rechtsinstitute dürfen in der Regel aber nicht dazu verwendet werden, ein versäumtes Rechtsmittel zu ersetzen.

- Während die Nichtigkeit von Amtes wegen berücksichtigt werden muss und von jedermann geltend gemacht werden kann, ist die Anfechtung nur durch die *Betroffenen* – in Ausnahmefällen auch durch Dritte – möglich.

2. Formelle und materielle Rechtskraft

a) Formelle Rechtskraft

Formelle Rechtskraft einer Verfügung bedeutet, dass die Verfügung von den Betroffenen *nicht mehr mit ordentlichen Rechtsmitteln angefochten* werden kann. 1091

Jede Verfügung erwächst früher oder später in formelle Rechtskraft. Die formelle Rechtskraft tritt ein, wenn eine der folgenden Voraussetzungen erfüllt ist: 1092

- wenn die zur Anfechtung legitimierten Personen ausdrücklich auf die Ergreifung eines Rechtsmittels verzichten;
- wenn die Rechtsmittelfrist unbenutzt abgelaufen ist;
- wenn die Verfügung in einem Verfahren erlassen wird, in dem gar kein ordentliches Rechtsmittel erhoben werden kann, bzw. wenn die letzte Instanz über die Sache entschieden hat;
- wenn aufgrund von Formfehlern zwar keine Rechtsmittelfrist ausgelöst wird, der Betroffene den Fehler aber hätte erkennen können oder seine verspätete Rechtsmittelerhebung als missbräuchlich erscheint (Rz. 1078).

b) Materielle Rechtskraft

Die materielle Rechtskraft einer Verfügung bedeutet, dass die Verfügung *unabänderbar* ist, also auch von Seiten der Verwaltungsbehörden nicht mehr widerrufen werden kann. 1093

Die materielle Rechtskraft setzt voraus, dass die Verfügung in formelle Rechtskraft erwachsen ist. Im Übrigen sind jedoch formelle und materielle Rechtskraft streng auseinanderzuhalten. Die materielle Rechtskraft beschlägt die Frage der Bindung der Behörden an eine Verfügung, d.h. die Frage der Widerrufbarkeit einer Verfügung; bei der formellen Rechtskraft hingegen geht es um die Anfechtbarkeit der Verfügung seitens der Betroffenen. 1094

Ob es eine materielle Rechtskraft im öffentlichen Recht gibt, erscheint fraglich. Nach Auffassung des Bundesgerichts entspricht es «der Eigenart des öffentlichen Rechts und der Natur der öffentlichen Interessen, dass ein Verwaltungsakt, der dem Gesetz nicht oder nicht mehr entspricht, nicht unabänderlich ist» (BGE 94 I 336, 343). In diesem Sinne werden die Verfügungen in der Regel nicht materiell rechtskräftig (anders die Terminologie von KNAPP, Précis, No. 1122 ff., der den Verfügungen materielle Rechtskraft beimisst, obwohl die Verwaltungsbehörden sie beim Vorliegen bestimmter Gründe ändern können). Dadurch unterscheidet sich das Verwaltungsrecht wesentlich vom Zivilrecht. Urteile von Zivilgerichten erwachsen mit Eintritt der formellen Rechtskraft stets 1095 auch in materielle Rechtskraft. Die Parteien sind dadurch gebunden, und kein Gericht darf in der gleichen Sache noch einmal entscheiden, es sei denn, ein ausserordentliches Rechtsmittel stehe zur Verfügung. Wegen dieser Unterschiede hält ein Teil der Lehre die Verwendung des Begriffes der materiellen Rechtskraft, der aus dem Zivilprozessrecht stammt, im Verwaltungsverfahren für unangebracht (vgl. TSCHANNEN/ZIMMERLI/MÜLLER, S. 299, die der Meinung sind, nur Entscheide von Beschwerdebehörden könnten in materielle Rechtskraft erwachsen, nicht aber erstinstanzliche Verwaltungsverfügungen).

III. Nichtigkeit als Ausnahme

1. Bedeutung der Nichtigkeit

1096 Nichtigkeit bedeutet *absolute Unwirksamkeit* einer Verfügung. Eine nichtige Verfügung entfaltet keinerlei Rechtswirkungen. Sie ist vom Erlass an (ex tunc) und ohne amtliche Aufhebung rechtlich unverbindlich. Die Nichtigkeit ist von Amtes wegen zu beachten und kann von jedermann jederzeit – auch noch im Vollstreckungsverfahren – geltend gemacht werden (vgl. BGE 139 II 243, 260; 138 II 501, 503 f.; 137 I 273, 275 f.; 136 II 489, 495). Die Vollstreckungsbehörden dürfen nichtige Verfügungen nicht vollziehen. Wegen Zuwiderhandlung gegen eine nichtige Verfügung kann niemand bestraft werden.

1097 Vertreten wird die Auffassung, auf die Unterscheidung von Anfechtbarkeit bzw. Aufhebbarkeit und Nichtigkeit von Verfügungen sei zu verzichten; für die nachträgliche Korrektur besonders gravierender Mängel genügten das ausserordentliche Rechtsmittel der Revision und weitere Verfahren, die eine Überprüfung rechtskräftiger Verfügungen ermöglichten (SALADIN, Nichtigkeit von Verfügungen, S. 548 ff.; kritisch dazu MOOR/POLTIER, S. 366 ff.).

2. Voraussetzungen der Nichtigkeit

1098 Bei der Abgrenzung zwischen blosser Anfechtbarkeit und Nichtigkeit folgt die Rechtsprechung der sog. *Evidenztheorie*. Danach ist eine Verfügung nichtig, «wenn der ihr anhaftende Mangel besonders schwer und offensichtlich oder zumindest leicht erkennbar ist und zudem die Rechtssicherheit dadurch nicht ernsthaft gefährdet wird» (BGE 98 Ia 568, 571; vgl. auch BGE 139 II 243, 260; 138 II 501, 503; 137 I 273, 275; BVGE 2013/38 E. 4.1; BVGE 2008/8 E. 6.2). Im Einzelnen müssen somit folgende drei Voraussetzungen kumulativ erfüllt sein, damit die Rechtsfolge der Nichtigkeit einer Verfügung eintritt:

- Die Verfügung muss einen besonders schweren Mangel aufweisen.
- Der Mangel muss offensichtlich oder zumindest leicht erkennbar sein. Massgebend ist das Erkenntnisvermögen eines Laien (WIEDERKEHR/RICHLI, Bd. I, Rz. 2622).

– Die Nichtigkeit darf die Rechtssicherheit nicht ernsthaft gefährden. Es ist eine Abwägung zwischen dem Interesse an der Rechtssicherheit und dem Interesse an der richtigen Rechtsanwendung erforderlich (vgl. zur Interessenabwägung Verwaltungsgericht des Kantons Zürich, Urteil PB.2001.00011 vom 29. August 2001 E. 3b = ZBl 102 [2001] 581, 585 ff.; zur ausnahmsweisen Nichtigkeit von rechtswidrigen Verkehrszeichen BGE 128 IV 184, 186 f.; siehe auch BGE 130 II 249, 257 sowie Rz. 948).

3. Verfahrensfragen

Unsicherheit besteht, in welchem Verfahren die Nichtigkeit festgestellt werden soll. Es 1099
liegt nahe, dass die Betroffenen ein Interesse daran haben können, eine nichtige Verfügung aus der Welt zu schaffen.

Die Praxis lässt einen Antrag auf Feststellung der Nichtigkeit im streitigen Verwal- 1100
tungsverfahren zu (meist als Hauptantrag, verbunden mit einem Eventualantrag auf Aufhebung der – anfechtbaren – Verfügung). Kann gegen die Verfügung kein ordentliches Rechtsmittel (mehr) ergriffen werden, ist ein Antrag auf Feststellung der Nichtigkeit an die verfügende Behörde zu richten. Verweigert die Behörde die Feststellung der Nichtigkeit, ist ihr Entscheid als Verfügung anfechtbar. Dieses Vorgehen findet eine Parallele in der Anfechtung von Realakten (Art. 25a VwVG, Rz. 1429 ff.).

Das Bundesgericht hat in zwei Fällen die Nichtigkeit von vorinstanzlichen Rechtsak- 1101
ten geprüft, obwohl die Eintretensvoraussetzungen nicht gegeben waren (BGE 136 II 415, 417; 136 II 383, 388 ff.). Dies ist prozessual problematisch. Zwar kann die Nichtigkeit grundsätzlich von jeder Behörde in jedem Verfahren festgestellt werden; gemeint ist damit aber nicht ein ausserordentliches Rechtsmittel vor einer beliebigen Instanz, sondern eine vorfrageweise Berücksichtigung (vgl. zur Vorfrage Rz. 1744 ff.) im Falle eigener Zuständigkeit. Über eine solche Zuständigkeit verfügte das Bundesgericht gerade nicht.

4. Nichtigkeitsgründe

Die Praxis hat verschiedene Fehler anerkannt, bei deren Vorliegen eine Verfügung als 1102
nichtig betrachtet wird.

a) Schwerwiegender Zuständigkeitsfehler

aa) Örtliche Unzuständigkeit

Die örtliche Unzuständigkeit der verfügenden Behörde ist *in der Regel kein Nichtig-* 1103
keitsgrund (IMBODEN/RHINOW, Bd. I, S. 242).

Beispiel: 1104
Die Verfügung einer örtlich unzuständigen IV-Stelle ist in der Regel nicht nichtig, sondern anfechtbar. Nach der Rechtsprechung kann im Beschwerdeverfahren aus prozessökonomischen Gründen von der Aufhebung der Verfügung einer unzuständigen kantonalen IV-Stelle und Über-

weisung der Sache an die zuständige IV-Stelle abgesehen werden, wenn die fehlende Zuständigkeit nicht gerügt wird und aufgrund der gegebenen Aktenlage in der Sache entschieden werden kann (BVGer, Urteil C-2687/2006 vom 27. August 2008 E. 3.2).

bb) Sachliche und funktionelle Unzuständigkeit

1105 Die funktionelle und sachliche Unzuständigkeit stellt einen Nichtigkeitsgrund dar, es sei denn, der verfügenden Behörde komme «auf dem betreffenden Gebiet allgemeine Entscheidungsgewalt» zu (BGE 129 V 485, 488). Das Gebot der Rechtssicherheit kann der Annahme der Nichtigkeit allerdings auch hier entgegenstehen.

Beispiele:

1106 – Auf Veranlassung des Eidgenössischen Amtes für Verkehr wurde ein privater Bahnübergang durch eine Abschrankung für jeglichen Verkehr gesperrt. In der Folge erhob der betroffene Private beim Bezirksgericht Klage mit dem Begehren, der Privatübergang sei für die berechtigten Anstösser wieder zu öffnen. Der Einzelrichter hob darauf im summarischen Verfahren die Absperrung auf. Dieser Entscheid war nichtig, da für solche Bahnübergänge die Eisenbahngesetzgebung anwendbar und damit nicht der Zivilrichter zuständig war (Urteil des Obergerichts des Kantons Zürich, ZBl 68 [1967] 404 ff.).

1107 – Ausnahmebewilligungen im Sinne von Art. 24 RPG können gemäss Art. 25 Abs. 2 RPG nur durch kantonale Behörden oder mit deren Zustimmung erteilt werden. Erfolgt die Bewilligung durch eine kommunale Behörde ohne die Zustimmung einer kantonalen Behörde, so entfaltet die Bewilligung keine Wirkungen. Die kommunale Bewilligung ist wegen des schwerwiegenden Mangels als nichtig zu betrachten (BGE 111 Ib 213, 219 ff.). Es fragt sich allerdings, ob die Unzuständigkeit der kommunalen Behörde offensichtlich oder leicht erkennbar ist, da diese im Allgemeinen befugt ist, Baubewilligungen zu erteilen.

1108 – Eine Anordnung, die eine Behörde, wenn auch unzuständigerweise, in ihrem Aufsichtsbereich trifft, ist nicht nichtig. So liegt keine Nichtigkeit vor, wenn das Eidgenössische Departement des Innern anstelle des Bundesamts für Sozialversicherung als direkte Aufsichtsbehörde verfügt (BGE 91 I 374, 381 f.). Ebenso wenig liegt Nichtigkeit vor, wenn das Bundesamt für Verkehr als Aufsichtsbehörde anstelle der Bahnunternehmung über das Bedürfnis bzw. die Öffnungszeiten von Bahnnebenbetrieben entscheidet, obschon sie dafür eigentlich nur im Streitfall zuständig wäre (Entscheid des Bundesrates, VPB 63 [1999] Nr. 34). Nach einem Urteil des Zürcher Verwaltungsgerichtes (Verwaltungsgericht des Kantons Zürich, Urteil PB.2001.00011 vom 29. August 2001 E. 3b = ZBl 102 [2001] 581, 585 ff.) ist die Kündigung eines Anstellungsverhältnisses durch die sachlich unzuständige Behörde u.a. wegen der grundsätzlichen Zuständigkeit der kündigenden Instanz in Personalfragen und im Hinblick auf das Interesse an der Rechtssicherheit nicht nichtig, sondern anfechtbar. In einem neueren Entscheid verneinte das Gericht das Vorliegen allgemeiner Entscheidgewalt bei einem Prorektor einer Mittelschule, der, anstelle der von Gesetzes wegen zuständigen Schulkommission, einem Lehrer gegenüber die Kündigung ausgesprochen hatte. Aus Gründen der Rechtssicherheit verneinte es jedoch die Nichtigkeit der Kündigung trotz schwerem und leicht erkennbarem Mangel (Verwaltungsgericht des Kantons Zürich, Urteil PB.2008.00041 vom 18. März 2009 E. 2.1 ff. Vgl. in diesem Zusammenhang auch den Entscheid der Personalrekurskommission, VPB 68 [2004] Nr. 150).

1109 – Eine von der Wettbewerbskommission gestützt auf das Kartellgesetz (SR 251) erlassene Verfügung ist nichtig, wenn sie sich an einen Adressaten richtet, der zum Verfügungszeitpunkt noch gar nicht unter das Kartellgesetz fiel (BGE 127 II 32, 47 f.).

1110 – In BGE 132 II 342, 346 ff. bejahte das Bundesgericht die Nichtigkeit einer Stellungnahme des Bundesamtes für Justiz zu einem Auskunftsgesuch nach Art. 13 der Verordnung über das Nationale Zentralbüro Interpol Bern (Interpol-Verordnung) vom 1. Dezember 1986 (SR 351.21, nicht mehr in Kraft) in der damals geltenden Fassung mangels sachlicher Zuständigkeit des Bundesamtes.

b) Schwerwiegender Verfahrensfehler

Schwerwiegende Verfahrensfehler können einen Nichtigkeitsgrund bilden. Die Praxis ist jedoch zurückhaltend. Nichtigkeit wird nur bei ganz gewichtigen Verfahrensfehlern, die ohne Weiteres erkennbar sind, angenommen. 1111

Beispiele:

- Die unrichtige Zusammensetzung der entscheidenden Kollegialbehörde bildet grundsätzlich keinen Nichtigkeitsgrund (BGE 98 Ia 467, 474 m.w.H.; ebenso Entscheid des Eidgenössischen Versicherungsgerichts, RDAF 61 [2005] 62, 64 f.). 1112
- Eine durch Bestechung erwirkte Verfügung der Zollbehörden ist nur nichtig, wenn sie mit grundlegenden materiellen Fehlern behaftet ist, die aus der Verfügung selbst ohne Weiteres ersichtlich sind (BGE 92 IV 191, 197). 1113
- Eine Steuerveranlagung, an welcher der Steuerpflichtige wegen Auslandsabwesenheit nicht durch die Abgabe einer ordnungsgemässen Steuererklärung mitwirken konnte, ist nichtig (Entscheid der Steuerrekurskommission des Kantons Aargau, ZBl 70 [1969] 198). 1114
- Eine Zonenplanänderung ist nichtig, wenn sie in Missachtung der vom Bundesrecht zwingend festgelegten und im kantonalen Recht verankerten Voraussetzungen und Garantien – ohne Veröffentlichung und folglich ohne Möglichkeit der Anfechtung – vorgenommen wurde (BGE 114 Ib 180, 183). 1115
- Die Verweigerung des rechtlichen Gehörs zieht nicht ohne Weiteres die Nichtigkeit der Verfügung nach sich. Ein Vaterschaftsurteil, das ergangen ist, ohne dass der Beklagte vom Prozess Kenntnis erhielt und ohne dass die Voraussetzungen für ein Säumnisurteil erfüllt gewesen wären, bedeutet dagegen eine schwerwiegende Verletzung der Parteirechte, was die Nichtigkeit zur Folge hat (BGE 129 I 361, 363 f.; vgl. auch Rz. 1174 ff. betreffend Heilung bei Verletzung des Anspruchs auf rechtliches Gehör). 1116
- Die Verletzung der Ausstandsregeln hat nur in schwerwiegenden Fällen die Nichtigkeit der Verfügung zur Folge (vgl. etwa BGE 136 II 383, 389 ff.). In diesen Fällen ist der Fehler aus der Verfügung selbst nicht ohne Weiteres ersichtlich (vgl. Rz. 1113). 1117
- Eine von der kantonalen Steuerbehörde vorgenommene endgültige Ermessensveranlagung, welche erlassen wurde, ohne dass dem Steuerpflichtigen eine Steuererklärung zugestellt wurde, ist nichtig (BGE 137 I 273, 280 ff.). 1118

c) Schwerwiegender Form- oder Eröffnungsfehler

Schwerwiegende Form- oder Eröffnungsfehler können unter Umständen die Nichtigkeit einer Verfügung nach sich ziehen. 1119

Auf alle Fälle darf den Parteien aus der mangelhaften Eröffnung einer Verfügung kein Nachteil erwachsen (so ausdrücklich Art. 38 VwVG und Art. 49 BGG). 1120

Beispiele:

- Die Missachtung der gesetzlich vorgeschriebenen Schriftlichkeit ist ein Nichtigkeitsgrund (IMBODEN/RHINOW, Bd. I, S. 243 m.w.H.). 1121
- Die fehlende Bezeichnung der erlassenden Behörde und das Fehlen der Unterschrift führen grundsätzlich zur Nichtigkeit einer Verfügung (BGE 97 IV 205, 208; nach WIEDERKEHR/RICHLI, Bd. I, Rz. 2579 m.w.H., führt eine fehlende Unterschrift lediglich zur Anfechtbarkeit, nicht jedoch zur Nichtigkeit der entsprechenden Verfügung; vgl. auch Rz. 1068). 1122
- Das Fehlen der Rechtsmittelbelehrung ist kein Nichtigkeitsgrund (BGE 104 V 162, 167; BGer, Urteil 1C_270/2011 vom 29. August 2011 E. 5.2; vgl. Rz. 1079). 1123
- Wird ein Entscheid den Parteien nicht eröffnet, so entfaltet er keine Rechtswirkungen. Der Mangel kann indessen durch nachträgliche Eröffnung geheilt werden (BGE 133 I 201 ff.; 129 I 361, 364). Gleich zu beurteilen ist der Fall, in dem eine Verfügung einer Person oder Organisation zugestellt wird, die nicht befugt ist, die Verfügung in Empfang zu nehmen (BGE 110 V 145, 151 f.). Als nichtig muss auch eine Verfügung betrachtet werden, die im Ausland per Post 1124

statt auf dem vom Völkerrecht vorgeschriebenen diplomatischen oder konsularischen Weg zugestellt wird (Entscheid der Eidgenössischen Personalrekurskommission, VPB 66 [2002] Nr. 37).

1125 – Die fehlende Begründung einer Verfügung setzt keinen Nichtigkeitsgrund (vgl. Rz. 1070 ff.).

1126 – Eine Verfügung, welche die Adressaten nicht namentlich bezeichnet, ist nicht vollstreckbar. Aus der mangelnden Vollstreckbarkeit ist auf die Nichtigkeit der Verfügung zu schliessen (Rechenschaftsbericht des Verwaltungsgerichts des Kantons Zürich 1962 Nr. 76). Hingegen führt die unrichtige oder unvollständige Bezeichnung des Verfügungsadressaten nicht zur Nichtigkeit einer Verfügung, solange sich der ins Recht gefasste Adressat aus dem Sachzusammenhang eindeutig ergibt (Entscheid der Eidgenössischen Rekurskommission für Heilmittel, VPB 67 [2003] Nr. 94).

1127 – Eine Verfügung, welche sich an eine aus dem Handelsregister gelöschte und daher als Rechtssubjekt nicht mehr bestehende Aktiengesellschaft richtet, ist nichtig (BVGE 2013/38 E. 4.4).

d) Schwerwiegender inhaltlicher Mangel

1128 Inhaltliche Mängel haben in der Regel nur die Anfechtbarkeit der Verfügung zur Folge (BGE 138 II 501, 503; 137 I 273, 275). In Ausnahmefällen führt ein ausserordentlich schwerwiegender Mangel zur Nichtigkeit.

Beispiele:

1129 – Ein Gastwirtschaftspatent, das an ein Gebäude statt an eine Person gebunden wird, ist nichtig (Entscheid der Rekurskommission in Wirtschaftssachen der Stadt Chur, ZBl 62 [1961] 571 f.).

1130 – Wird eine Steuer einer Erbengemeinschaft überbunden, die gemäss dem massgeblichen Steuergesetz gar nicht Steuersubjekt sein kann, so ist die Steuerverfügung nichtig.

1131 – Die Veranlagung einer verjährten Steuerforderung ist nicht nichtig, sondern anfechtbar (BGE 133 II 366 ff.).

1132 – Eine nachträgliche Verfügung einer Verwaltungsbehörde ist nichtig, wenn sie mit dem Dispositiv eines noch nicht in Rechtskraft erwachsenen Entscheides einer gerichtlichen Behörde, die in der gleichen Sache befunden hat, in materiellem Widerspruch steht (BGE 109 V 234, 236 f.: als funktionelle Unzuständigkeit qualifiziert).

5. Teilnichtigkeit

1133 Von Teilnichtigkeit ist zu sprechen, wenn die Fehlerhaftigkeit nur eine von mehreren Anordnungen der Verfügung betrifft und die Verfügung auch beim Wegfall dieser nichtigen Bestimmung ihren Zweck erreichen kann. Im Verwaltungsrecht ist in stärkerem Masse als im Privatrecht auf blosse Teilnichtigkeit zu schliessen.

1134 Beispiel:

Eine vom Kanton Wallis erteilte Wasserrechtskonzession sah u.a. vor, dass der Konzessionär auch während der Bauzeit Wasserzins zu zahlen habe. Diese gesetzwidrige Klausel war nichtig, was nichts an der grundsätzlichen Gültigkeit der Konzession änderte (BGE 49 I 160, 185).

§ 16 Anfechtung fehlerhafter Verfügungen im Rechtsmittelverfahren

Literatur

GRIFFEL ALAIN (Hrsg.), Kommentar VRG, §§ 19–28a, §§ 41–71; KIENER/RÜTSCHE/KUHN, 4. Teil: Das Beschwerdeverfahren, S. 297 ff.; KNEUBÜHLER LORENZ, Gehörsverletzung und Heilung, ZBl 99 (1998) 97 ff.; KÖLZ/HÄNER/BERTSCHI, 3. Teil: Grundlagen der Verwaltungsrechtspflege; Rechtsbehelfe und Einsprache, 4. Teil: Verwaltungsrechtspflege durch das Bundesverwaltungsgericht, 5. Teil: Verwaltungsinternes Rechtsmittelverfahren, 6. Teil: Verwaltungs- und Staatsrechtspflege durch das Bundesgericht, 7. Teil: Besondere Verfahrensregelungen in bestimmten Verwaltungsrechtsmaterien, S. 237 ff., 279 ff., 433 ff., 461 ff., 617 ff.; RHINOW/KOLLER/KISS/THURNHERR/BRÜHL-MOSER, 6. Kapitel: Öffentliche Rechtspflege durch Verwaltungsbehörden, 7. Kapitel: Öffentliche Rechtspflege durch das Bundesverwaltungsgericht, 8. Kapitel: Öffentliche Rechtspflege durch das Bundesgericht, S. 331 ff., 401 ff., 487 ff.

Vgl. auch die Literatur zu §§ 13–15.

I. Rechtsmittel und Rechtsbehelfe

Verfügungen sind anfechtbar. Den Betroffenen steht ein (förmliches) *Rechtsmittel* zur Wahrung ihrer Interessen zur Verfügung (Beschwerde oder Rekurs). Dagegen vermitteln die (formlosen) *Rechtsbehelfe* keinen Anspruch auf Behandlung; sie weisen eine gewisse Ähnlichkeit zum verfassungsrechtlichen Petitionsrecht auf (Art. 33 BV). 1135

Die *förmlichen Rechtsmittel* verpflichten die angerufene Rechtsmittelinstanz zur Behandlung und zur Erledigung in der Form eines Prozess- oder Sachurteils. Die Erhebung von förmlichen Rechtsmitteln ist an Fristen und Formen gebunden. Förmliche Rechtsmittel sind die Beschwerde oder der Rekurs, die Einsprache und das Revisionsgesuch. Eine Beschwerde oder ein Rekurs richtet sich an eine der verfügenden Behörde übergeordnete Rechtsmittelinstanz. Bei einer Einsprache oder einem Revisionsgesuch ist dagegen die verfügende Behörde selber Rechtsmittelinstanz. 1136

Die *formlosen Rechtsbehelfe* der Aufsichtsbeschwerde und des Wiedererwägungsgesuchs geben den Rechtsuchenden dagegen in der Regel keinen Rechtsschutzanspruch gegenüber der angerufenen Instanz; diese ist nicht zur Behandlung verpflichtet. Die Erhebung der formlosen Rechtsbehelfe ist nicht an Fristen und Formen gebunden. Die formlosen Rechtsbehelfe des Verwaltungsrechts richten sich grundsätzlich an Verwaltungsbehörden; im Falle des Wiedererwägungsgesuches an die verfügende Behörde, im Falle der Aufsichtsbeschwerde an eine Aufsichtsbehörde. Es gibt aber auch Fälle, in denen Justizbehörden aufgrund besonderer gesetzlicher Vorschrift Aufsichtsfunktionen ausüben. So beaufsichtigt z.B. das Bundesverwaltungsgericht die Schätzungskommission aufgrund von Art. 63 EntG (Bundesgesetz über die Enteignung). 1137

Eine ausführliche gesetzliche Regelung in den Verfahrensgesetzen erfahren nur die förmlichen Rechtsmittel. Über die meist durch die Praxis geschaffenen und ausgebilde- 1138 ten formlosen Rechtsbehelfe finden sich nur wenige Gesetzesbestimmungen (z.B. Art. 71 VwVG über die Aufsichtsbeschwerde im Bund).

II. Beschwerde und Rekurs

1. Begriff

1139 Die Beschwerde oder der Rekurs ist das *förmliche Rechtsmittel,* mit dem die *Abänderung oder Aufhebung einer Verfügung* verlangt wird. Sie kann an eine hierarchisch vorgesetzte Verwaltungsinstanz (verwaltungsinterne Rechtspflege) oder an ein Gericht (verwaltungsgerichtliche Rechtspflege) gerichtet sein. Die Beschwerde ist ausgeschlossen, wenn das Gesetz eine Verfügung oder einen Beschwerdeentscheid ausdrücklich als endgültig bezeichnet.

1140 Rekurs und Beschwerde sind *ordentliche Rechtsmittel,* weil sie im normalen Verfahrensablauf vorgesehen sind (zum Verfahrensablauf vgl. das Schema in Rz. 972). Demgegenüber ist etwa die Revision (Rz. 1265 ff.) ein *ausserordentliches Rechtsmittel,* das eine formell rechtskräftige Verfügung zum Gegenstand hat.

1141 Mit den Ausdrücken Beschwerde und Rekurs wird das gleiche Rechtsmittel bezeichnet. Die Terminologie ist je nach Gemeinwesen und Gesetz verschieden. Im Bund und im Kanton Aargau sprechen die gesetzlichen Grundlagen von der Beschwerde (Art. 44 ff. VwVG; Art. 82 BGG; §§ 50 ff. VRPG/AG). In den Kantonen Zürich und Basel-Stadt verwenden die massgebenden Gesetze den Ausdruck Rekurs (§§ 19 ff. VRG/ZH, vgl. aber auch §§ 41 ff. VRG/ZH; §§ 43 ff. OG/BS und §§ 16 ff. VRPG/BS). Im Folgenden wird aus Gründen der besseren Lesbarkeit der Begriff «Beschwerde» verwendet.

2. Voraussetzungen

1142 Die Erhebung einer Beschwerde ist an gewisse Voraussetzungen geknüpft *(Eintretensvoraussetzungen).* Die Einzelheiten sind in den einschlägigen Prozessgesetzen niedergelegt und Gegenstand des öffentlichen Prozessrechts. Im Sinne eines Überblicks sind folgende Voraussetzungen zu nennen:

a) Beschwerdeobjekt

1143 Gegenstand der Anfechtung im verwaltungsinternen Beschwerdeverfahren ist meist eine *Verfügung* (Art. 44 f. und 72 VwVG; Art. 31 VGG; § 41 OG/BS; in §§ 19 ff. VRG/ZH wird der Begriff der «Anordnung» verwendet). Dazu gehört die *Verweigerung oder Verzögerung einer Verfügung* (vgl. Art. 5 Abs. 1 lit. c VwVG). Auch die *Genehmigung* von generell-abstrakten Regeln, welche von einer privatrechtlichen Organisation in Erfüllung einer Verwaltungsaufgabe erlassen werden, sowie deren Widerruf hat gemäss Bundesgericht Verfügungscharakter und stellt ein taugliches Anfechtungsobjekt i.S.v. Art. 5 VwVG dar (BGE 139 V 72, 76 f.; 135 II 38, 43 ff.). In der verwaltungsgerichtlichen Rechtspflege können zum Teil auch Erlasse Gegenstand einer Anfechtung sein (vgl. Art. 82 lit. b BGG; BGE 141 I 36, 39 f.).

b) Beschwerdeinstanz

1144 Die verwaltungsinterne Beschwerde richtet sich in der Regel an eine dieser *hierarchisch übergeordneten Behörde,* die *Aufsichtsbehörde* (vgl. für den Kanton Zürich § 19b Abs. 1 VRG/ZH, für den Kanton Basel-Stadt § 41 Abs. 2 OG/BS, für den Bund Art. 47 Abs. 1 lit. d VwVG). Eine *Staffelung von Beschwerdeinstanzen* liegt vor, wenn der Entscheid einer Beschwerdeinstanz nicht endgültig ist, sondern an eine weitere übergeordnete Verwaltungsbehörde weitergezogen werden kann. So besteht u.U. die Möglichkeit, Beschwerdeentscheide einer kantonalen Direktion beim Regierungsrat anzufechten (vgl. z.B. § 19 Abs. 2 lit. a Ziff. 1 VRG/ZH). Möglich sind auch *verwaltungsinterne Kommissionen* als Beschwerde- oder Rekursinstanz, sofern dies spezialgesetzlich vorgesehen ist. Im Gegensatz zu den ausserhalb der Verwaltungsorganisation stehenden Rekurskommissionen sind *verwaltungsinterne Kommissionen* nicht unabhängig.

1145 Träger der Verwaltungsgerichtsbarkeit sind die kantonalen Verwaltungsgerichte, das Bundesverwaltungsgericht sowie das Bundesgericht. Möglich sind auch ausserhalb der Verwaltungsorganisation stehende Rekurskommissionen, die über richterliche Unabhängigkeit verfügen. Der übliche Prozessweg führt in den Kantonen von den verwaltungsinternen Beschwerdeinstanzen zum kantonalen Verwaltungsgericht und dann zum Bundesgericht. Im Bund wurden die verwaltungsinternen Beschwerdeinstanzen weitgehend abgeschafft, so dass gegen die meisten Verfügungen der Bundesbehörden direkt Beschwerde beim Bundesverwaltungsgericht (Art. 31 VGG i.V.m. Art. 5 VwVG) zu erheben ist. Dessen Entscheide können an das Bundesgericht weitergezogen werden, wenn nicht ein Ausschlussgrund gegeben ist (Art. 83 BGG).

c) Beschwerdegründe

1146 Beschwerdegründe (oder Rügen) bezeichnen die Art des Fehlers der angefochtenen Verfügung, welcher die oder der Betroffene geltend macht. Unterschieden wird zwischen *Sachverhalts-, Rechts- und Ermessensfehlern* (vgl. Art. 49 VwVG). Der Umfang der Prüfmöglichkeiten der Beschwerdeinstanz wird als *Kognition* bezeichnet.

1147 Da im verwaltungsinternen Verfahren die Beschwerde- oder Rekursbehörde in der Regel hierarchisch übergeordnet und mit einem Weisungsrecht ausgestattet ist, kann sie die angefochtene Verfügung vollumfänglich überprüfen. Es können deshalb mit der Beschwerde *grundsätzlich alle Mängel des Zustandekommens und des Inhaltes der angefochtenen Verfügung* geltend gemacht werden (Rz. 1119 ff.).

1148 Im verwaltungsgerichtlichen Verfahren sind die Rügen meist eingeschränkt auf Sachverhalts- und Rechtsfehler (wozu auch qualifizierte Ermessensfehler gehören, Rz. 430 ff.; vgl. aber Art. 49 lit. c VwVG für das Bundesverwaltungsgericht). Das Bundesgericht prüft in der Regel nur die fehlerhafte Anwendung von Bundesrecht (wozu auch Verfassungsrecht gehört). Die Kognition wird also immer enger, je weiter das Verfahren fortschreitet.

d) Beschwerdelegitimation

1149 Die Beschwerde ist nicht als Popularbeschwerde ausgestaltet: Sie steht *nicht jedermann,* sondern nur den Betroffenen zu. Die Beschränkung des Kreises der zur Beschwerde befugten Personen dient dem Schutz der Rechtsmittelinstanzen vor Überlastung, der Rechtssicherheit und der Wahrung einer angemessenen Vertretung aller Interessen im Beschwerdeverfahren. Die Umschreibung der Beschwerdelegitimation stimmt bei Verwaltungsbeschwerde und Verwaltungsgerichtsbeschwerde oft überein (vgl. Art. 48 VwVG und Art. 89 BGG; BGE 139 II 279, 282).

1150 Grundvoraussetzung für die Beschwerdelegitimation ist die Partei- und Prozessfähigkeit. Es wird dabei an die zivilrechtliche Rechts- und Handlungsfähigkeit angeknüpft. Damit in einem konkreten Streitfall einer natürlichen oder juristischen Person des Privatrechts die Beschwerdeberechtigung zuerkannt wird, ist weiter erforderlich, dass sie von der angefochtenen Verfügung berührt oder betroffen ist *(Erfordernis des Betroffenseins)* und ein schutzwürdiges Interesse an der Aufhebung oder Änderung der angefochtenen Verfügung hat *(Erfordernis des schutzwürdigen Interesses)*. Das schutzwürdige Interesse muss nicht rechtlicher Natur sein (Ausnahme: subsidiäre Verfassungsbeschwerde nach Art. 113 ff. BGG). Als schutzwürdig gilt auch ein rein tatsächliches Interesse (BGE 138 V 339, 340; 133 V 188, 191 f.; 131 II 649, 651; 131 II 587, 588 f.).

1151 Die meisten Verfahrensregelungen stellen auf diese beiden Voraussetzungen ab. Es ist nicht immer möglich, zwischen der Betroffenheit und der Schutzwürdigkeit des Interesses an der Aufhebung oder Änderung der Verfügung klar zu unterscheiden. Nach BGE 133 V 188, 192 (vgl. auch BGE 137 IV 134, 137) stellt das «Berührtsein» keine selbstständige und damit kumulativ zum schutzwürdigen Interesse zu erfüllende Voraussetzung für die Legitimation, sondern eine «Präzisierung» derselben dar.

1152 Im Bund wird überdies verlangt, dass die beschwerdeführenden Personen vor der Vorinstanz *am Verfahren teilgenommen* oder keine Möglichkeit zur Teilnahme erhalten haben (Art. 48 Abs. 1 lit. a VwVG). Diese mit der Teilrevision vom 17. Juni 2005 eingefügte zusätzliche Voraussetzung dürfte in der Praxis keine grosse Rolle spielen, weil sie fast immer erfüllt ist.

1153 Das Erfordernis des Betroffenseins bietet keine Probleme bei Verfügungen, die individuell-konkrete Verwaltungsakte darstellen. Bei *Allgemeinverfügungen* (wie z.B. bei Verkehrsbeschränkungen; vgl. Rz. 933 ff.), die sich an eine unbestimmte Zahl von Personen richten, ist das Betroffensein manchmal nicht offensichtlich.

1154 Beispiel:

Bei einer Verkehrsbeschränkung sind in erster Linie die Anstösser der mit der Beschränkung belegten Strasse beschwerdeberechtigt. Der Umstand, dass jemand Fahrzeuglenker ist, genügt hingegen nicht, um die Beschwerdebefugnis zu begründen. Die bundesrätliche Praxis stellt beim Nichtanstösser keine allzu strengen Anforderungen an das Betroffensein: Für seine Beschwerdebefugnis genügt es, wenn sich aus dem Zweck der Fahrten glaubhaft ergibt, dass er die von der angefochtenen Beschränkung betroffene Strasse mehr oder weniger regelmässig befährt (Entscheid des Bundesrats, VPB 65 [2001] Nr. 114 E. II/5a f. m.w.H.). Das Verwaltungsgericht des Kantons Zürich verlangte dagegen von einem Geschäftsinhaber, der eine Verkehrsanordnung betreffend die Aufhebung von Parkplätzen in seiner Nachbarschaft anfocht, den Nachweis einer besonderen Betroffenheit (ZBl 109 [2008] 1, 11 ff.).

Von einer Verfügung persönlich betroffen sind in erster Linie die Adressaten. Daneben sind u.U. auch *Dritte* beschwerdeberechtigt. Drittpersonen ist aber nur dann die Beschwerdeberechtigung zuzubilligen, wenn sie eine besonders nahe und schützenswerte Beziehung zur Streitsache haben, weil sie mehr als irgendjemand oder die Allgemeinheit von der angefochtenen Verfügung betroffen sind. 1155

Praktische Fragen wirft insbesondere die Beschwerdelegitimation von *Nachbarn* auf. Die besondere Beziehung zur Streitsache kann sich aufgrund der räumlichen Nähe ergeben (BGE 137 II 30, 33; 121 II 176, 178; BVGE 2008/18 E. 2; Art. 83 Abs. 3 BGBB [Bundesgesetz über das bäuerliche Bodenrecht] schliesst z.B. als lex specialis von Art. 89 Abs. 1 BGG die Nachbarn von der Beschwerdemöglichkeit aus). Die Befugnis von *Konkurrenten* zur Beschwerde gegen eine Verfügung, die einen Konkurrenten begünstigt (z.B. die Erteilung einer Betriebsbewilligung), ist ebenfalls oft umstritten (vgl. BGE 141 II 14, 26 f.; 137 II 313, 321; BVGE 2012/13 E. 3.2.4; BVGer, Urteil B-4405/2011 vom 12. Dezember 2011 E. 2.3). 1156

Auch *Gemeinwesen* können zur Beschwerde legitimiert sein (Art. 48 Abs. 1 VwVG; BVGer, Urteil B-5531/2012 vom 12. März 2013 E. 2.1; Urteil A-3762/2010 vom 25. Januar 2012 E. 2.2). Diesen kommt eine Beschwerdebefugnis zu, wenn sie gleich oder ähnlich berührt sind wie eine Privatperson, wenn sie in ihren hoheitlichen Befugnissen berührt sind und ein eigenes schutzwürdiges Interesse an der Aufhebung oder Änderung des Entscheids haben, oder wenn es um spezifische öffentliche Anliegen geht (BGE 140 V 328, 330; 138 I 143, 149). Gelegentlich sieht das Gesetz auch eine besondere Beschwerdemöglichkeit einer Behörde vor (Art. 48 Abs. 2 VwVG; Art. 89 Abs. 2 BGG; BGE 135 II 338, 341 f.; zur Behördenbeschwerde siehe auch KIENER/RÜTSCHE/KUHN, Rz. 1470 ff.). 1157

e) **Beschwerdefrist**

Als förmliches Rechtsmittel ist die Beschwerde an eine Frist gebunden. Im Bund gilt in der Regel eine Frist von 30 Tagen (Art. 50 Abs. 1 VwVG; Art. 100 BGG). Der Fristenlauf beginnt mit der Eröffnung der Verfügung (Art. 20 ff. VwVG; Rz. 1079). Besondere Regeln finden bei elektronischer Zustellung (Art. 21a Abs. 3 VwVG) oder erfolglosem Zustellungsversuch der Verfügung durch die Post Anwendung (vgl. Art. 20 Abs. 2bis VwVG; BGE 134 V 49, 51; 127 I 31 ff.). Gesetzliche Fristen können im Gegensatz zu behördlich festgesetzten Fristen nicht *erstreckt* werden (Art. 22 VwVG; Art. 47 BGG). Bei unverschuldeter Versäumnis kann die verpasste Beschwerdefrist wieder hergestellt werden (vgl. für den Bund Art. 24 VwVG; VPB 68 [2004] Nr. 146). 1158

In den Kantonen gilt für die Beschwerdefrist die jeweilige Regelung des Verwaltungsrechtspflegegesetzes oder des entsprechenden Spezialerlasses. Viele Kantone sehen ebenfalls Fristen von 30, andere nur von 20 oder 10 Tagen vor (z.B. §16 VRPG/BS). In den Kantonen kann teilweise die Frist zur Begründung der Beschwerde (nicht aber zur Einreichung) erstreckt werden. 1159

Der *Fristenlauf beginnt* mit der Eröffnung der Verfügung. Die Beweislast für den Beginn der Frist trägt die eröffnende Behörde (vgl. Rz. 1064). Bei der Berechnung der 1160

Frist wird der Tag, an dem sie zu laufen beginnt, nicht mitgezählt (Art. 20 Abs. 1 VwVG; Art. 44 Abs. 1 BGG). Fällt der letzte Tag einer Frist auf einen Samstag, Sonntag oder einen Feiertag, so *endet die Frist* regelmässig am ersten darauf folgenden Werktag (Art. 20 Abs. 3 VwVG; Art. 45 BGG). Im Bund steht die Frist während der Gerichtsferien still (Art. 22a VwVG; Art. 46 BGG). Den Nachweis für die Einhaltung der Frist haben die Privaten zu leisten. Die Aufgabe bei der schweizerischen Post innerhalb der Frist genügt. Bei elektronischer Zustellung ist die Frist eingehalten, wenn der Empfang bei der Zustelladresse vor Ablauf der Frist durch das betreffende Informatiksystem bestätigt worden ist (Art. 21a Abs. 3 VwVG; Art. 48 Abs. 2 BGG). Bei rechtzeitiger Eingabe an die unzuständige Behörde gilt die Frist nach Art. 21 Abs. 2 VwVG und Art. 48 Abs. 3 BGG als gewahrt.

f) Beschwerdeschrift

1161 Die Beschwerdeschrift muss den vom Gesetz vorgesehenen formellen und inhaltlichen Anforderungen genügen. Sie muss in der Regel die *Begehren* des Beschwerdeführers sowie deren *Begründung* mit Angabe der Beweismittel enthalten.

1162 Die Beschwerde ist in *schriftlicher Form,* versehen mit der Unterschrift des Beschwerdeführers einzureichen (Art. 52 f. VwVG; zur Bedeutung der Formerfordernisse, insbesondere der Unterschrift, sowie zur – ungenügenden – Einreichung per Fax, vgl. BGE 121 II 252, 254 f.; BGer, Urteil 2C_531/2015 vom 18. Juni 2015 E. 2.1; Urteil 2C_754/2008 vom 23. Dezember 2008 E. 2.1). Art. 21a VwVG sieht die Möglichkeit vor, Beschwerden unter gewissen Voraussetzungen elektronisch zu übermitteln.

3. Wirkungen der Beschwerde

a) Suspensiveffekt

1163 Der *Suspensiveffekt* oder die *aufschiebende Wirkung* bedeutet, dass mit der Einreichung der Beschwerde die Rechtswirkungen der angefochtenen Verfügung bis zur Erledigung des Rechtsstreites nicht eintreten können und keine Vollstreckung (vgl. Rz. 1456 ff.) möglich ist.

1164 Die Beschwerde hat oft aufschiebende Wirkung (Art. 55 Abs. 1 VwVG). Vor Bundesgericht wird die aufschiebende Wirkung der Beschwerde nur auf Antrag erteilt (Art. 103 BGG).

1165 Zu beachten sind allenfalls auch Spezialgesetze, die der Beschwerde die aufschiebende Wirkung versagen (Art. 55 Abs. 5 VwVG; vgl. etwa Art. 28 BöB [Bundesgesetz über das öffentliche Beschaffungswesen]; siehe dazu die Botschaft des Bundesrates zur Änderung des Bundesgesetzes über das öffentliche Beschaffungswesen [Aufschiebende Wirkung von Beschwerden], BBl 2010, 4051 ff.).

1166 Bei negativen Verfügungen, welche die bestehende Rechtslage nicht ändern (z.B. Ablehnung eines Subventionsgesuches, Verweigerung einer Baubewilligung), kann der Beschwerde zum Vornherein keine aufschiebende Wirkung zukommen. Möglich ist die

Anordnung vorsorglicher Massnahmen (BGE 127 II 132 ff.; 125 II 613, 623; 123 V 39, 41; BVGE 2008/7 E. 2.4; VPB 69 [2005] Nr. 66).

Die verfügende Behörde oder die Beschwerdebehörde kann der Beschwerde die aufschiebende Wirkung entziehen. Die aufschiebende Wirkung oder deren Wiederherstellung ist zu gewähren, wenn das Interesse der beschwerdeführenden Partei als überwiegend erscheint. Der Entscheid darüber wird aufgrund der Akten getroffen (BGE 124 V 82, 88 f.; BGer, Urteil U 238/06 vom 30. März 2007 E. 3.2; BVGer, Urteil C-32/2013 vom 23. Januar 2013; Urteil C-1288/2008 vom 22. Februar 2010 E. 5.1.4). 1167

b) Devolutiveffekt

Der Devolutiveffekt bedeutet, dass mit der Einreichung der Beschwerde die Beschwerdeinstanz zum Entscheid über die angefochtene Verfügung zuständig wird. Die Devolution, d.h. die Überwälzung der Zuständigkeit, ist ein Resultat des hierarchischen Aufbaus der Verwaltungsbehörden. Sie hat zur Folge, dass es der Vorinstanz grundsätzlich verwehrt ist, weitere Abklärungen oder Anordnungen in der Streitsache zu treffen (vgl. BGE 130 V 138, 142 ff.; 127 V 228, 231 ff.). 1168

Der Devolutiveffekt bewirkt zudem, dass der Rechtsmittelentscheid prozessual die angefochtene Verfügung ersetzt. Anfechtungsgegenstand für den nachfolgenden Instanzenzug ist nun allein der Rechtsmittelentscheid (BGE 136 II 539, 543; BGer, Urteil 2C_116/2013 vom 2. September 2013 E. 1.1.1). 1169

4. Verfahren vor der Beschwerdeinstanz

Für die Behandlung der Beschwerde durch die Beschwerdeinstanz ist eine Reihe von Verfahrensgrundsätzen massgebend, die von den verschiedenen Verfahrensgesetzen in sehr unterschiedlicher Art umschrieben werden. Die Grundsätze sind *ähnlich wie im nichtstreitigen Verwaltungsverfahren* (vgl. Rz. 976 ff.). Besondere Bedeutung hat das *Untersuchungsprinzip* (vgl. dazu Rz. 988 ff.): Die Beschwerdebehörde hat den Sachverhalt von Amtes wegen festzustellen. Die Parteien sind aber verpflichtet, an der Feststellung des Sachverhaltes mitzuwirken (Art. 12 f. VwVG; Rz. 990). 1170

Die Beschwerdeinstanz bringt eine nicht zum Vornherein unzulässige oder unbegründete Beschwerde ohne Verzug der Vorinstanz und allfälligen Gegenparteien des Beschwerdeführers oder anderen Beteiligten zwecks *Vernehmlassung* zur Kenntnis (vgl. für den Bund Art. 57 VwVG und für den Kanton Zürich § 26 ff. VRG/ZH; vgl. BVGer, Urteil E-4541/2015 vom 31. Juli 2015 E. 3). Der Schriftenwechsel dient der Beschwerdeinstanz zur Abklärung des Sachverhaltes und gibt den am Verfahren Beteiligten die Möglichkeit, ihre Behauptungen über den zu beurteilenden Sachverhalt einzubringen, denn die Parteien haben gemäss den allgemeinen Vorschriften über das Verwaltungsverfahren Anspruch auf rechtliches Gehör (vgl. Rz. 1001 ff.). 1171

Neuere Prozessgesetze sehen oft auch die Möglichkeit zur *gütlichen Einigung* und zur *Mediation* vor. Nach Art. 33b VwVG kann die Behörde das Verfahren im Einverständnis mit den Parteien sistieren, damit sich diese über den Inhalt der Verfügung eini- 1172 gen können. Die Einigung soll einschliessen, dass die Parteien auf Rechtsmittel verzichten und wie sie die Kosten verteilen. Zur Förderung der Einigung kann die Behörde eine neutrale und fachkundige natürliche Person als Mediator (Vermittler) einsetzen. Die Behörde macht die Einigung zum Inhalt ihrer Verfügung, es sei denn, die Einigung widerspreche dem Bundesrecht oder sei unangemessen (vgl. BVGer, Urteil A-6197/2012 vom 11. Dezember 2013 E. 3.2). Damit wird klargestellt, dass die Streitigkeit nicht durch einen Vergleich zwischen den Parteien, sondern durch eine Verfügung der Beschwerdeinstanz beendet wird. Der Streitgegenstand steht also nicht zur Disposition der Parteien. Sie können aber eine Vereinbarung über einen gemeinsamen Antrag auf Erlass einer Verfügung durch die Beschwerdeinstanz abschliessen. Diesem Antrag muss die Beschwerdeinstanz entsprechen, wenn er den Anforderungen von Art. 49 VwVG entspricht. Mit der Verfügung wird die Einigung zwischen den Parteien in das öffentliche Recht überführt.

5. Beschwerdeentscheid

a) Reformatorischer oder kassatorischer Entscheid

1173 Die vorgesetzte Verwaltungsinstanz oder das Gericht kann *in der Sache selbst entscheiden* (reformatorischer Entscheid) oder diese mit verbindlichen Weisungen *an die Vorinstanz zurückweisen* (kassatorischer Entscheid). Bei den Verwaltungsbehörden und den unteren Verwaltungsgerichten steht der reformatorische Entscheid im Vordergrund (vgl. Art. 61 VwVG); das Bundesgericht entscheidet oft kassatorisch. Ein Rückweisungsentscheid kommt vor allem dann in Frage, wenn zwecks Feststellung weiterer Tatsachen ein umfassendes Beweisverfahren durchzuführen ist, für das die mit den örtlichen Verhältnissen besser vertraute Vorinstanz geeigneter ist.

b) Heilung von Verfahrensfehlern

1174 Im Falle von *Verfahrensfehlern* (Rz. 1111 ff.) steht die Kassation im Vordergrund. Eine Rechtsmittelinstanz, die beispielsweise eine Verletzung des Anspruchs auf rechtliches Gehör feststellt, hebt den angefochtenen Hoheitsakt grundsätzlich ohne Rücksicht darauf auf, ob die Anhörung für den Ausgang des Verfahrens relevant ist, d.h. die Behörde zu einer Änderung des Entscheides veranlassen wird oder nicht (BGE 140 I 99, 106; 135 I 187, 190; 127 V 431, 437; 126 V 130, 132; 125 I 113, 118).

1175 Nach der bundesgerichtlichen Praxis kann ein Mangel der Gehörsverweigerung «geheilt» werden, wenn die unterlassene Anhörung, Akteneinsicht oder Begründung in einem Rechtsmittelverfahren nachgeholt wird, das eine Prüfung im gleichen Umfang wie durch die Vorinstanz erlaubt. Begründet wird dies mit prozess-ökonomischen Überlegungen (BGE 137 I 195, 197 f.; 134 I 140, 150; 133 I 201, 204 f.; 133 I 100, 105; vgl. auch BVGE 2008/47 E. 3.3.4; BVGE 2007/30 E. 8.2 ff. sowie Verwaltungsgericht des Kantons Zürich, Urteil PB.2001.00016 vom 10. Juli 2002 = ZBl 104 [2003] 185, 201; Verwaltungsgericht des Kantons Zürich, Urteil PB.2001.00011 vom 29. August 2001 =

ZBl 102 [2001] 581, 592). Grundsätzlich lässt das Bundesgericht die «Heilung» allerdings nur zu, wenn die Verletzung des rechtlichen Gehörs nicht besonders schwer wiegt; die «Heilung» des Mangels soll die Ausnahme bleiben (BGE 137 I 195, 197; 135 I 279, 285 ff.; 134 I 140, 150; 133 I 201, 204 f.; 127 V 431, 438 sowie BGer, Urteil 1A.57/2006 vom 6. September 2006 E. 2.1).

Ausnahmsweise ist gemäss BGE 136 V 117, 126 f. selbst bei schwerwiegender Ver- 1176
letzung des rechtlichen Gehörs eine Heilung möglich, «wenn und soweit die Rückweisung zu einem formalistischen Leerlauf und damit zu unnötigen Verzögerungen führen würde, die mit dem (der Anhörung gleichgestellten) Interesse der betroffenen Partei an einer beförderlichen Beurteilung der Sache nicht zu vereinbaren wären». Verschiedene kantonale Verwaltungsbehörden sowie auch das Bundesverwaltungsgericht lassen eine Heilung nur zu, wenn sie im Interesse des Betroffenen liegt (vgl. auch BGE 133 I 201, 204 f.; 132 V 387, 390; BVGE 2007/30 E. 8.3 a.E.).

Folgende Voraussetzungen sind somit bei der Heilung ausschlaggebend: 1177

- Schwere der Verletzung (vgl. BGE 138 II 77, 86);
- Heilung als Ausnahme;
- Kognition der Rechtsmittelinstanz (vgl. BGer, Urteil 1C_730/2013 vom 4. Juni 2014 E. 6.1);
- Gegenausnahme: Verfahrensleerlauf (aus Gründen der Prozessökonomie; BGE 139 V 407, 415).

Die These, dass die Verletzung des Anspruchs auf rechtliches Gehör durch die nachträg- 1178
liche Gehörsgewährung im Rechtsmittelverfahren «geheilt» werde, ist u.E. abzulehnen. Dies nicht allein deshalb, weil der Instanzenzug damit verkürzt wird (vgl. dazu BVGer, Urteile B-7107/2009 und B-7139/2009 vom 15. Februar 2010 E. 4.2.2) und der Betroffene sich gegenüber einem negativen Entscheid einer Behörde durchsetzen muss, sondern auch, weil die Behörde ihn durch die Gehörsverweigerung zum Verfahrensobjekt gemacht und nicht als Partner behandelt hat, was nicht «geheilt» werden kann, sondern sanktioniert werden muss (vgl. dazu TSCHANNEN/ZIMMERLI/MÜLLER, S. 291; BGE 121 III 331, 334, wonach das Nachschieben von Motiven im Beschwerdeverfahren in der Regel nicht genügt, weil damit die Zwecke der Begründungspflicht nicht erfüllt werden; vgl. auch BGE 127 III 576 ff.). Der Betroffene sollte aber auf die Rückweisung der Sache zur Gewährung des rechtlichen Gehörs verzichten und sich mit der Nachholung im Rechtsmittelverfahren begnügen können, wenn ihm mehr an der raschen Erledigung als an der Ausschöpfung seiner Verfahrensrechte liegt (siehe dazu auch KNEUBÜHLER, Gehörsverletzung und Heilung, S. 111 ff., der für die Heilung auf die Art der Gehörsverletzung, die Interessenlage der Betroffenen und die Prozesschancen abstellen will). Diese Möglichkeit besteht jedoch nur, wenn den Behörden bloss eine private Partei gegenübersteht und nicht, wenn (wie z.B. bei der Bewilligung für ein Grossbauprojekt) verschiedene gegensätzliche Interessen geltend gemacht werden (vgl. dazu SCHINDLER, Verfahrensgrundrechte, S. 190 ff.).

III. Besonderheiten der verwaltungsinternen Rechtspflege und der verwaltungsgerichtlichen Rechtspflege

1. Verwaltungsinterne Rechtspflege

1179 Die verwaltungsinterne Verwaltungsrechtspflege ist das Verfahren, in dem eine Verwaltungsbehörde über die Erledigung einer verwaltungsrechtlichen Streitigkeit entscheidet. Die entscheidende Behörde ist Teil der *hierarchisch aufgebauten Verwaltungsorganisation* (vgl. Rz. 1569 ff.; zum hierarchischen Aufbau vgl. BGE 140 I 240, 243). So beurteilt z.B. der Zürcher Regierungsrat Streitigkeiten über Verfügungen einer Direktion (§ 19b Abs. 2 lit. a Ziff. 1 VRG/ZH).

1180 Der Vorteil der verwaltungsinternen Verwaltungsrechtspflege besteht in der Möglichkeit der *umfassenden Rechts- und Ermessenskontrolle* durch die urteilende Behörde (vgl. Rz. 430 ff.). In der Regel besteht kein Grund für eine zurückhaltende Prüfung durch die vorgesetzte Verwaltungsstelle. Die Verwaltungsbehörden verfügen über das für eine umfassende Beurteilung erforderliche Fachwissen und die Vollzugserfahrung. Sie sind besser geeignet als die Justizbehörden, mit den am Verfahren Beteiligten einvernehmliche Lösungen zu suchen und damit das Verfahren zu einem raschen Abschluss zu bringen. Zudem erhält die übergeordnete Behörde Kenntnis von allfälligen Mängeln der Praxis oder der angewendeten Rechtsnormen und kann Korrekturen vornehmen.

1181 Als Nachteil der verwaltungsinternen Verwaltungsrechtspflege erscheint die *Möglichkeit der Beeinträchtigung der Unparteilichkeit des Entscheides,* da die Verwaltungsbehörden zur internen Solidarität neigen: Die übergeordnete Behörde desavouiert die untergeordnete Behörde nur ungern. Die über eine verwaltungsrechtliche Streitigkeit urteilende Verwaltungsbehörde hat die Mitglieder der Behörde, deren Entscheid angefochten ist, oft selbst gewählt und beaufsichtigt sie, ist also bis zu einem gewissen Grade für ihre Entscheidungen mitverantwortlich. Die Ergänzung der verwaltungsinternen Verwaltungsrechtspflege durch die verwaltungsunabhängige, gerichtliche Verwaltungsrechtspflege ist daher von grosser Bedeutung.

2. Verwaltungsgerichtliche Rechtspflege

1182 Im Gegensatz zur verwaltungsinternen Rechtspflege (vgl. immerhin Art. 77 Abs. 1 KV/ZH) sieht die Bundesverfassung einen grundrechtlichen Anspruch auf Durchführung eines verwaltungsgerichtlichen Verfahrens vor. Ein Recht auf gerichtliche Beurteilung sehen auch verschiedene internationale Verträge (z.B. die EMRK) vor.

a) Rechtsweggarantie nach Art. 29a BV

1183 Nach Art. 29a BV hat jede (natürliche oder juristische) Person Anspruch auf Beurteilung von Rechtsstreitigkeiten durch eine richterliche Behörde. Bund und Kantone können durch Gesetz die richterliche Beurteilung in Ausnahmefällen einschränken (BGE 135 I 313, 315; 134 V 401, 403 f.). Art. 189 Abs. 4 BV legt jedoch fest, dass Akte der Bundesversammlung und des Bundesrates nicht beim Bundesgericht angefochten werden können, sofern das Gesetz keine Ausnahme vorsieht (BGE 134 V 443, 446).

Die Rechtsweggarantie ist primär ein *Verfahrensgrundrecht,* das den Privaten qualifizierten Rechtsschutz gewährleistet. Es handelt sich aber auch um eine *institutionelle Garantie:* Der Gesetzgeber hat Organisation und Verfahren so auszugestalten, dass Rechtsstreitigkeiten in der Regel durch unabhängige richterliche Behörden beurteilt werden. 1184

Bisher wurde der Anspruch auf eine gerichtliche Beurteilung durch Art. 6 Ziff. 1 EMRK garantiert. Die Rechtsweggarantie des Art. 29a BV ist auf diese Bestimmung und auf die Ausdehnung ihres Geltungsbereichs durch die Rechtsprechung des EGMR zurückzuführen. Sie beschränkt sich jedoch nicht auf die von Art. 6 Ziff. 1 EMRK erfassten zivil- und strafrechtlichen Streitigkeiten, sondern räumt den Rechtsuchenden einen Anspruch ein, grundsätzlich *alle Rechtsstreitigkeiten* durch ein Gericht beurteilen zu lassen (vgl. BVGer, Urteil A-4862/2014 vom 3. Juni 2015 E. 8.2). Für die Auslegung der Rechtsweggarantie des Art. 29a BV wird die Rechtsprechung zu Art. 6 Ziff. 1 EMRK aber weiterhin von Bedeutung sein. 1185

Auf dem Gebiet des öffentlichen Rechts erfasst der *Begriff der Rechtsstreitigkeit* in erster Linie die Anfechtung von Verfügungen und Entscheiden (vgl. BGE 140 II 315, 326). Inwieweit Art. 29a BV den Einbezug von Streitigkeiten über tatsächliches Verwaltungshandeln (Realakte) vorschreibt, ist umstritten. Soweit Realakte in schützenswerte Rechtspositionen eingreifen, ist u.E. Rechtsschutz zu gewähren (vgl. für den Bund Art. 25a VwVG, Rz. 1429 ff.; BGE 140 II 315, 326). Die Rechtsweggarantie gebietet dagegen keine abstrakte Kontrolle von Erlassen durch Gerichte. 1186

Die Rechtsweggarantie verbietet nicht, das Eintreten auf ein Rechtmittel von den üblichen Sachurteilsvoraussetzungen abhängig zu machen (BGer, Urteil 2C_532/2007 vom 9. Oktober 2007 E. 2.3; Urteil 5P.319/2005 vom 9. November 2005 E. 4.1; Obergericht des Kantons Zürich, Urteil PS130067-O/U vom 14. Mai 2013 E. 3.5.1). Unzulässig sind jedoch Prozessvoraussetzungen, welche den Zugang zu einem Gericht übermässig erschweren (z.B. zu hohe Vorschüsse für Gerichtskosten oder zu kurze Rechtsmittelfristen). Die richterliche Behörde muss den Sachverhalt und die Rechtsfragen uneingeschränkt prüfen können. Dazu gehören auch die Rüge des Ermessensmissbrauchs sowie der Ermessensüber- oder -unterschreitung, nicht aber der Unangemessenheit (vgl. Rz. 431 ff.). 1187

Art. 29a Satz 2 BV ermächtigt Bund und Kantone, in Ausnahmefällen die gerichtliche Beurteilung durch Gesetz auszuschliessen (vgl. BVGE 2011/61 E. 6.10.5). Allerdings rechtfertigen nur sachliche Gründe wie die mangelnde Justiziabilität oder der politische Charakter von Hoheitsakten solche Ausnahmen (vgl. BGE 135 I 113, 116 betreffend die politische Natur eines Ermächtigungsentscheids zur Strafverfolgung eines Oberrichters; vgl. zudem BGer, Urteil 1C_570/2013 vom 7. Januar 2014 E. 1.2.2). Das bedeutet jedoch nicht, dass Ermessensentscheide oder Akte im Bereich der politischen Rechte grundsätzlich der gerichtlichen Überprüfung entzogen werden können. Der Gesetzgeber darf zudem die Rechtsweggarantie durch den Ausnahmekatalog nicht aushöhlen und muss die Schranken beachten, die sich aus Art. 6 Ziff. 1 EMRK ergeben (vgl. 1188

BGE 134 V 443, 446). Würde er Streitigkeiten über zivilrechtliche Ansprüche oder strafrechtliche Anklagen im Sinne von Art. 6 Ziff. 1 EMRK (vgl. Rz. 1189 f.) ausschliessen, so käme der Anspruch auf Beurteilung durch ein Gericht nach dieser Bestimmung zum Tragen.

b) Weitere Garantien

1189 Art. 29a BV hat die Bedeutung des Anspruchs auf Beurteilung durch ein Gericht nach Art. 6 Ziff. 1 EMRK stark *zurückgedrängt.* Diese Bestimmung gilt für zivilrechtliche Ansprüche und Verpflichtungen (in einem weiteren Sinn als nach schweizerischem Recht) sowie für strafrechtliche Anklagen. Sie garantiert auf Antrag eine mündliche Verhandlung und geht in diesem Punkt über Art. 29a BV (und Art. 30 BV) hinaus. Art. 6 Ziff. 1 EMRK ist auch im Bereich verwaltungsrechtlicher Sanktionen zu beachten (Rz. 1539 ff.).

1190 Hinzuweisen ist ferner auf Art. 13 EMRK. Diese Bestimmung gewährleistet den Privaten den Anspruch, bei Verletzung eines durch die Konvention garantierten Rechtes eine *«wirksame Beschwerde»* bei einer innerstaatlichen Instanz einzulegen. Allerdings muss die materielle Rüge «vertretbar» sein. Im Gegensatz zu Art. 6 Ziff. 1 EMRK verlangt Art. 13 EMRK *keine eigentliche Gerichtsbarkeit.* Auch ein verwaltungsinternes Rechtsmittel kann der Bestimmung genügen, wenn die Beschwerdeinstanz hinreichend unabhängig ist und eine Rechts- und Sachverhaltsüberprüfung vornehmen darf (vgl. BGE 138 I 6, 31; 133 I 49, 55; 131 I 12, 15; 130 I 388, 392 f.; 130 I 369, 377; Verwaltungsgericht des Kantons Luzern, Urteil V 02 18 vom 21. Mai 2002 = ZBl 104 [2003] 646, 649 f.).

c) Richterliche Unabhängigkeit

1191 Im Gegensatz zu den für die verwaltungsinterne Verwaltungsrechtspflege zuständigen Instanzen verfügen die Behörden der gerichtlichen Verwaltungsrechtspflege über richterliche Unabhängigkeit. Der Grundsatz der richterlichen Unabhängigkeit besagt, dass die Gerichte sowohl gegenüber dem Parlament als auch gegenüber der Regierung und den Verwaltungsbehörden sachlich, organisatorisch und personell unabhängig sind. Sie sind bei ihren Entscheidungen namentlich nicht an Weisungen einer anderen Gewalt gebunden, und ihre Urteile dürfen weder von der Legislative noch von der Exekutive aufgehoben oder abgeändert werden.

1192 Der Grundsatz der richterlichen Unabhängigkeit findet seine verfassungsmässige Grundlage in Art. 30 Abs. 1 BV und Art. 191c BV; für Streitigkeiten mit zivil- oder strafrechtlichem Charakter ist er überdies in Art. 6 Ziff. 1 EMRK festgehalten. Für das Bundesverwaltungsgericht wird er zudem in Art. 2 VGG und für das Bundesgericht in Art. 2 BGG ausdrücklich statuiert.

1193 Auch die verschiedenen *Rekurskommissionen und Schiedskommissionen,* die nur für einen bestimmten Sachbereich, z.B. das Steuerrecht, zuständig sind (vgl. Rz. 1713 ff.), nehmen verwaltungsgerichtliche Funktionen wahr. Sie stehen in der Regel ausserhalb der Verwaltungsorganisation und sind nicht weisungsgebunden, geniessen also ebenfalls richterliche Unabhängigkeit.

IV. Weitere Rechtsmittel und Rechtsbehelfe

1. Einsprache

a) Begriff

Die Einsprache ist das vom Gesetz besonders vorgesehene *förmliche Rechtsmittel,* mit dem eine Verfügung bei der verfügenden Verwaltungsbehörde zwecks Neuüberprüfung angefochten wird. Die Einsprache ist also kein devolutives Rechtsmittel, das die Entscheidungszuständigkeit an eine Rechtsmittelinstanz übergehen lässt (vgl. Rz. 1168 f.; BGE 132 V 368, 374 f.; 131 V 407, 411 f.). Das Einspracheverfahren ermöglicht eine Abklärung komplexer, tatsächlicher oder rechtlicher Verhältnisse und eine umfassende Abwägung der verschiedenen von einer Verfügung berührten Interessen. Es kann deshalb zur Unwiderrufbarkeit (materiellen Rechtskraft) einer Verfügung führen (vgl. Rz. 1250 f.). 1194

Von der Einsprache als Rechtsmittel ist die *Einwendung* zu unterscheiden, die *vor Erlass der Verfügung* erfolgt und als besonderes Mittel zur *Gewährung des rechtlichen Gehörs* dient. Dieses Einwendungsverfahren findet vor allem dann Anwendung, wenn der Kreis der von einer Verfügung Betroffenen sehr gross ist oder sich ohne unverhältnismässigen Aufwand nicht bestimmen lässt (vgl. Art. 30a VwVG). In vielen kantonalen Baugesetzen sind Einsprachen vorgesehen, die rechtlich aber als Einwendungen zu qualifizieren sind, weil die Behörde noch gar keine Baubewilligung erteilt, sondern erst das Baugesuch publiziert hat, gegen welches sich die «Einsprachen» (de iure: Einwendungen) richten. 1195

b) Anwendungsbereich

Während das Beschwerdeverfahren ein für den ganzen Bereich der Verwaltungstätigkeit allgemein gegebenes Rechtsmittelverfahren ist, das sich aus dem hierarchischen Aufbau der Verwaltungsbehörden ergibt, kommt das Einspracheverfahren nur zum Zug, wenn es durch eine Gesetzesbestimmung – meistens in einem Spezialgesetz – für einen bestimmten Verwaltungsbereich besonders vorgesehen ist. 1196

Beispiele: 1197

- Einsprache gegen die Steuerveranlagung, z.B. gemäss Art. 132 ff. DBG oder gemäss §§ 140 ff. StG/ZH;
- Einsprache gegen Verfügungen im Bereich der Sozialversicherungen gemäss Art. 52 ATSG;
- Einsprache gegen Verfügungen, bei welchen auf Begründung und Rechtsmittelbelehrung verzichtet wird (§ 10a lit. c VRG/ZH).

1198 Soweit das Rechtsmittel der Einsprache vorgesehen ist, gehört es zum Prozessgang und darf nicht übersprungen werden (vgl. Art. 74 VwVG für die Beschwerde an den Bundesrat und Art. 32 Abs. 2 lit. a VGG für die Beschwerde an das Bundesverwaltungsgericht). Zur Einsprache legitimiert können neben den von der Verfügung Betroffenen auch Dritte sein.

2. Aufsichtsbeschwerde

a) Begriff

1199 Die Aufsichtsbeschwerde ist der *formlose Rechtsbehelf,* durch den *eine Verfügung oder eine andere Handlung einer Verwaltungsbehörde bei deren Aufsichtsbehörde beanstandet* und darum ersucht wird, die Verfügung abzuändern oder aufzuheben oder eine andere – z.B. disziplinarische – Massnahme zu treffen.

1200 Bei der Aufsichtsbeschwerde handelt es sich nicht um eine Beschwerde im Sinne eines förmlichen Rechtsmittels. Sie vermittelt keinen Erledigungsanspruch (BGE 133 II 468, 471 f.; 126 II 300, 304). Der Anzeiger hat keine Parteirechte wie z.B. das Recht auf Begründung des Entscheides oder das Recht auf Akteneinsicht. Gegen einen Nichteintretensentscheid auf eine Aufsichtsbeschwerde besteht kein ordentliches oder ausserordentliches Rechtsmittel (BGE 133 II 468, 471 f.); er unterliegt höchstens selbst wieder der Aufsichtsbeschwerde (BGE 124 II 383, 385; BGer, Urteil 1B_207/2007 vom 16. November 2007 E. 1.1). Die Aufsichtsbeschwerde wird auch als *Anzeige* oder *Aufsichtsanzeige* bezeichnet (GYGI, Bundesverwaltungsrechtspflege, S. 221).

b) Adressat

1201 Aufsichtsbeschwerden richten sich an die für die kritisierte Behörde zuständige *Aufsichtsinstanz*. Dies ist in der Regel eine dieser übergeordnete Verwaltungsbehörde (vgl. VPB 62 [1998] Nr. 24; 58 [1994] Nr. 8). Kraft besonderer gesetzlicher Vorschrift sind ausnahmsweise auch Justizbehörden ermächtigt, Aufsichtsfunktionen auszuüben. So unterstehen z.B. die Schätzungskommissionen, die am Vollzug des Enteignungsgesetzes beteiligt sind, der Aufsicht des Bundesverwaltungsgerichts (Art. 63 EntG). Das Bundesverwaltungsgericht unterliegt seinerseits der Aufsicht des Bundesgerichts (Art. 1 Abs. 2 BGG; Art. 3 Abs. 1 und 3 VGG).

c) Rechtsgrundlagen

1202 Die Institution der Aufsichtsbeschwerde hängt mit der Aufsichtskompetenz der mit der Beschwerde angegangenen Behörde zusammen. Die Aufsichtsbehörde ist für die Erfüllung ihrer Aufgaben darauf angewiesen, nicht nur durch die von Amtes wegen vorgenommenen Untersuchungen, sondern auch von Personen ausserhalb der Verwaltungsorganisation auf Fehler der Verwaltungsbehörden hingewiesen zu werden (vgl. BVGer, Urteil B-6014/2011 vom 6. Mai 2015 E. 4.2). Die Aufsichtsbeschwerde bedarf deshalb *keiner gesetzlichen Grundlage.*

Die Verfahrensgesetze enthalten oft keine Regelung der Aufsichtsbeschwerde. Im Bund wird sie in Art. 71 VwVG erwähnt. 1203

d) Anwendungsbereich und Wirkung der Aufsichtsbeschwerde

Der Anwendungsbereich der Aufsichtsbeschwerde ist denkbar weit. Er umfasst die ganze Amtstätigkeit – Handlungen und Unterlassungen – der beaufsichtigten Verwaltungsbehörden. Eine Aufsichtsbeschwerde kann sich gegen eine *Verfügung* richten; dazu besteht Anlass, wenn gegen eine Verfügung keine Beschwerde möglich ist, die Beschwerdelegitimation fehlt oder die Beschwerdefrist verpasst ist. Eine Aufsichtsbeschwerde ist aber auch gegenüber *anderen Tätigkeiten oder Unterlassungen von Verwaltungsbehörden* möglich, z.B. gegenüber Informationen, Berichten, Vollzugs- und Realakten, auch gegenüber der allgemeinen Amtsführung. 1204

Dementsprechend sind die mit der Aufsichtsbeschwerde geltend gemachten *Begehren* vielfältiger als bei den Rechtsmitteln und den übrigen Rechtsbehelfen: Es kann *jede Massnahme* angeregt werden, *zu deren Anordnung die Aufsichtsbehörde befugt ist,* also nicht nur die Änderung oder Aufhebung einer Verfügung, sondern z.B. auch disziplinarische Massnahmen. 1205

Die Aufsichtsbehörden können auf Anzeige hin eine formell rechtskräftige Verfügung nur aufheben, wenn die Voraussetzungen des Widerrufs erfüllt sind, d.h. das Interesse an der richtigen Rechtsanwendung gegenüber demjenigen am Vertrauensschutz bzw. an der Rechtssicherheit überwiegt (vgl. Rz. 1226 ff.). Das trifft vor allem zu, wenn klares Recht, wesentliche Verfahrensvorschriften oder öffentliche Interessen offensichtlich missachtet worden sind (BGE 110 Ib 38, 40; VPB 65 [2001] Nr. 100; 62 [1998] Nr. 24; 58 [1994] Nr. 64 S. 508). 1206

Beispiele:

- Ein Privater beantragte mit einer Eingabe an das EDI, es sei gegen den Direktor des Eidgenössischen Amtes für Strassen- und Flussbau (heute: Bundesamt für Strassen, ASTRA) und gegen den Chef der Abteilung Natur- und Heimatschutz im Eidgenössischen Oberforstinspektorat (heute: Abteilung Wald im Bundesamt für Umwelt) eine Disziplinaruntersuchung wegen pflichtwidriger Amtsausübung im Zusammenhang mit ihrer Haltung zur Linienführung der Nationalstrasse N 2 am Sempachersee zu eröffnen. Er behauptete darin, die beiden Chefbeamten hätten alle Entscheidungsgremien durch tatsachenwidrige und unwahre Behauptungen davon abzubringen vermocht, im gegebenen Fall richtig zu entscheiden. Das EDI (heute wäre das Departement für Umwelt, Verkehr, Energie und Kommunikation [UVEK] als Aufsichtsbehörde zuständig) gab der Aufsichtsbeschwerde keine Folge, weil es die Voraussetzungen für die Einleitung einer disziplinarischen Untersuchung als nicht gegeben erachtete. Daraufhin richtete der Private eine Eingabe an den Bundesrat, mit der Bitte, die Angelegenheit sorgfältig zu prüfen. Der Bundesrat erklärte in seinem Entscheid, die Eingabe an das EDI sei eine Aufsichtsbeschwerde gewesen, welche dem Anzeiger keinen Erledigungsanspruch und keine Parteirechte verleiht. Die Aufsichtsbehörde sei dem Anzeiger keine Begründung schuldig. Der Entscheid des EDI, der Aufsichtsbeschwerde nicht Folge zu leisten, könne auch nicht mit einem Rechtsmittel angefochten werden (VPB 41 [1977] Nr. 61). 1207
- Am 24. August 1999 beschloss der Regierungsrat des Kantons X., dass das Lehrlingsturnen in Y. und Z. ab 1. August 2000 sistiert werde. Bei der Beratung des Voranschlags 2000 stimmte das kantonale Parlament diesem Beschluss zu. Auf eine Aufsichtsbeschwerde vom 29. Mai 2000 hin hielt der Bundesrat mit Entscheid vom 26. Mai 2001 fest, die Sistierung des Turn- und Sportunterrichtes stelle einen klaren Verstoss gegen Art. 2 Abs. 2 des Bundesgesetzes über die Förderung von Turnen und Sport vom 17. März 1972 (SR 415.0, nicht mehr in Kraft) in der 1208

damals geltenden Fassung dar, welcher den Turn- und Sportunterricht an allen Volks-, Mittel- und Berufsschulen obligatorisch erkläre (heute geregelt in Art. 12 Abs. 2 des Bundesgesetzes über die Förderung von Turnen und Sport vom 17. Juni 2011 [SR 415.0]). Er forderte den Kanton X. auf, die bundesrechtswidrige Anordnung aufzuheben und die notwendigen Massnahmen zu treffen, damit per 1. August 2001 allen Berufsschülerinnen und Berufsschülern der Zugang zum obligatorischen Turn- und Sportunterricht offen stehe (VPB 65 [2001] Nr. 100).

e) Legitimation

1209 Da mit der Aufsichtsbeschwerde als Anzeige die Aufsichtsbehörde auf einen Sachverhalt aufmerksam gemacht werden soll, der ein aufsichtsrechtliches Einschreiten gebietet, ist *jedermann* jederzeit dazu berechtigt (BGE 136 II 457, 460). Ein persönliches Betroffensein ist nicht erforderlich (vgl. für den Bund Art. 71 Abs. 1 VwVG).

f) Fehlen von formellen Voraussetzungen

1210 Wie das Wiedererwägungsgesuch stellt auch die Aufsichtsbeschwerde nur einen *formlosen Rechtsbehelf* dar. Sie ist weder form- noch fristgebunden. Sie hat keine Auswirkungen auf allenfalls laufende Rechtsmittelfristen. Die Aufsichtsbehörde ist nicht verpflichtet, die Aufsichtsbeschwerde materiell zu behandeln. Im Bund tritt der Bundesrat nach ständiger Rechtsprechung zu Art. 71 VwVG auf eine Aufsichtsbeschwerde nur ein, wenn eine wiederholte oder wiederholbare Verletzung von klarem materiellem Recht oder von Verfahrensrecht behauptet wird, die mit keinem ordentlichen oder ausserordentlichen Rechtsmittel gerügt werden kann (Subsidiarität der Aufsichtsbeschwerde; VPB 68 [2004] Nr. 101; 60 [1996] Nr. 20; 59 [1995] Nr. 59; 59 [1995] Nr. 22; 56 [1992] Nr. 37 S. 284 f.; vgl. auch die Kritik zu dieser Einschränkung bei RHINOW/KRÄHENMANN, S. 460). Das Bundesgericht hat die Subsidiarität der Aufsichtsbeschwerde für den Fall relativiert, dass «der hauptsächliche Rechtsmittelweg an eine gänzlich andere Behörde geht und womöglich anderer Rechtsnatur ist» (BGE 136 II 457, 461).

3. Begehren um Erläuterung und Berichtigung von Redaktions- und Rechnungsfehlern

1211 Das Begehren um Erläuterung ist das *ausserordentliche Rechtsmittel,* mit dem Unklarheiten und Widersprüche im Dispositiv oder zwischen diesem und der Begründung eliminiert werden können (vgl. Art. 69 VwVG). Zuständig ist die Behörde, welche entschieden hat. Der *Erläuterungsentscheid* stellt, wie Art. 5 Abs. 2 VwVG für den Bund ausdrücklich festhält, eine *Verfügung* dar und bewirkt, dass die Rechtsmittelfrist neu zu laufen beginnt (Art. 69 Abs. 2 VwVG). Das Erläuterungsbegehren ist an keine Frist gebunden, doch setzt der Grundsatz von Treu und Glauben (Rz. 722 ff.) der Möglichkeit der Erläuterung zeitliche Grenzen (KÖLZ/HÄNER/BERTSCHI, Rz. 1320).

1212 Redaktions- und Rechnungsfehler sowie Kanzleiversehen, welche keinen Einfluss auf das Dispositiv oder auf den erheblichen Inhalt der Begründung haben, können von der Beschwerdeinstanz jederzeit berichtigt werden (vgl. Art. 69 Abs. 3 VwVG; siehe auch Rz. 1221 ff.).

§ 17 Änderung rechtskräftiger Verfügungen

Literatur

CUCARRÈDE-ZENKLUSEN JASMINE, Instrumente der steuerpflichtigen Person zur Änderung rechtskräftiger Verfügungen und Entscheide, Basel 2014; GADOLA ATTILIO R., Der Genehmigungsentscheid als Anfechtungsobjekt in der Staats- und Verwaltungsrechtspflege, AJP 2 (1993) 290 ff.; GUCKELBERGER ANNETTE, Der Widerruf von Verfügungen im schweizerischen Verwaltungsrecht, ZBl 108 (2007) 293 ff.; GYGI FRITZ, Zur Rechtsbeständigkeit von Verwaltungsverfügungen, ZBl 83 (1982) 149 ff.; HANGARTNER YVO, Widerruf und Änderung von Verwaltungsakten aus nachträglich eingetretenen Gründen, Diss. St. Gallen 1959; KIESER UELI, Die Abänderung der formell rechtskräftigen Verfügung nach der Rechtsprechung des EVG, Bemerkungen zu Revision, Wiedererwägung und Anpassung, SZS 35 (1991) 132 ff.; MEYER-BLASER ULRICH, Die Abänderung formell rechtskräftiger Verwaltungsverfügungen in der Sozialversicherung, ZBl 95 (1994) 337 ff.; MOSER ANDRÉ/BEUSCH MICHAEL/ KNEUBÜHLER LORENZ, Prozessieren vor dem Bundesverwaltungsgericht, 2. Aufl., Basel 2013; SALADIN PETER, Wiedererwägung und Widerruf formell rechtskräftiger Verfügungen: die Rechtsprechung des Eidgenössischen Versicherungsgerichts im Vergleich zur Praxis des Bundesgerichts in Lausanne, in: Eidgenössisches Versicherungsgericht (Hrsg.), Sozialversicherungsrecht im Wandel, Festschrift 75 Jahre Eidgenössisches Versicherungsgericht, Bern 1992, S. 113 ff.; SALADIN PETER, Der Widerruf von Verwaltungsakten, Diss. Basel 1960; SCHMID LUZIUS, Die Rechtskraft des negativen Verwaltungsaktes, Diss. Bern 1980.

Vgl. auch die Literatur zu § 13 und § 15.

I. Arten der Änderung von Verfügungen

1. Terminologie

Verfügungen können von Amtes wegen oder auf Gesuch hin (Wiedererwägungs-, Revisions- oder Berichtigungsgesuch) geändert werden. Die Änderung kann Verfügungen unterschiedlicher Art (ursprünglich fehlerhafte oder ursprünglich fehlerfreie, begünstigende oder belastende) betreffen. Die Terminologie der Praxis und der Lehre ist *uneinheitlich* (vgl. die Hinweise bei MOOR/POLTIER, S. 383) und auch durch die jeweils einschlägige Gesetzgebung geprägt. So kennt etwa der Bund keine Revision erstinstanzlicher Verfügungen (vgl. Rz. 1270 sowie Entscheid der Schweizerischen Asylrekurskommission, VPB 60 [1996] Nr. 37). 1213

Wir verwenden den Begriff des *Widerrufs,* wenn die Behörde von sich aus – und in aller Regel zu Lasten des Privaten – eine Verfügung abändert. Eine Änderung der Verfügung erfolgt *wiedererwägungs- oder revisionsweise,* wenn die Privaten mittels Gesuch eine Anpassung der Rechtslage – in aller Regel zu ihren Gunsten – verlangt haben und die Behörde diesem Gesuch entspricht. Verschiedentlich wird der Begriff des Widerrufs auch für alle Änderungen durch die Behörden verwendet. Die hier verwendete Terminologie hat den Vorzug, dass sie die unterschiedlichen Voraussetzungen von Widerruf und Wiedererwägung (bzw. Revision) besser auseinander hält. Im Falle von Dritten hat sie 1214 zur Folge, dass eine Korrektur der Verfügung je nach Interessenlage der Parteien als Widerruf (belastend) oder Wiedererwägung (begünstigend) erscheint.

2. Widerruf

a) Begriff des Widerrufs

1215 Widerruf einer Verfügung bedeutet, dass die verfügende oder allenfalls eine übergeordnete Behörde eine – meist rechtskräftige – fehlerhafte Verfügung von Amtes wegen ändert. Die Behörden widerrufen eine Verfügung, wenn dem Interesse an der richtigen Anwendung des objektiven Rechts der Vorrang vor den Interessen der Rechtssicherheit und des Vertrauensschutzes zukommt (vgl. Rz. 1226 ff.).

b) Widerruf von ursprünglich fehlerhaften und ursprünglich fehlerfreien Verfügungen

1216 Die Unterscheidung zwischen ursprünglich fehlerfreien und ursprünglich fehlerhaften Verfügungen (vgl. dazu Rz. 1085) spielt für die Zulässigkeit eines Widerrufs keine entscheidende Rolle. In beiden Fällen ist hierfür allein die *Abwägung zwischen dem Interesse an der richtigen Rechtsanwendung und dem Interesse am Vertrauensschutz und an der Rechtssicherheit* massgebend. Möglich ist zwar, dass die ursprüngliche Fehlerlosigkeit einer Verfügung das Gewicht des Vertrauensschutzes verstärkt. Es kann aber nicht gesagt werden, dass das Interesse an der Rechtssicherheit und am Vertrauensschutz bei der ursprünglich fehlerfreien Verfügung in jedem Falle grösser ist als bei der ursprünglich fehlerhaften Verfügung.

1217 Zum Teil knüpft die *Terminologie* an die Unterscheidung an: Der Widerruf ursprünglich fehlerhafter Verfügungen wird als *Rücknahme* bezeichnet, während der Widerruf ursprünglich fehlerfreier Verfügungen *Anpassung* genannt wird. In der Praxis wird beim Widerruf ursprünglich fehlerfreier Verfügungen auch von Revision gesprochen. Ungewöhnlich ist die Terminologie von KNAPP (No. 1250 ff.), der die Änderung von noch nicht in formelle Rechtskraft erwachsenen Verfügungen als Rücknahme bezeichnet.

c) Verfahren

1218 Für das Verfahren auf Widerruf gelten in der Regel keine besonderen Vorschriften und es kann formlos eingeleitet werden. Der Widerruf selbst stellt aber eine *(neue) Verfügung* dar und unterliegt damit den Anforderungen an ein korrektes Verwaltungsverfahren, d.h., die widerrufende Behörde muss den Betroffenen insbesondere das rechtliche Gehör gewähren (Rz. 1010 ff.), bevor sie eine Verfügung widerruft.

3. Revision

Die Revision ist die vom *Gesetz besonders vorgesehene Möglichkeit,* dass die entscheidende Behörde oder eine Rechtsmittelinstanz eine bereits in formelle Rechtskraft erwachsene Verfügung von Amtes wegen oder auf Begehren des Betroffenen hin aufheben oder ändern kann, wenn ein gesetzlicher *Revisionsgrund,* d.h. ein besonders schwerwiegender ursprünglicher Fehler, vorliegt (BVGer, Urteil C-4558/2012 vom 25. Februar 2015 E. 4.4.1). Das *Revisionsgesuch* ist ein ausserordentliches *Rechtsmittel,* das heisst, dass die Behörde verpflichtet ist, das Gesuch bei Vorliegen der entsprechenden Voraussetzungen zu behandeln (Rz. 1265 ff.). 1219

4. Wiedererwägung

Im Gegensatz zum Revisionsgesuch ist das Wiedererwägungsgesuch grundsätzlich ein *formloser Rechtsbehelf,* mit welchem die Behörde gebeten wird, die Frage der Änderung einer Verfügung zu prüfen. Wenn im Gesetz nichts anderes vorgesehen ist, besteht in der Regel kein Anspruch darauf, dass auf ein Wiedererwägungsgesuch eingetreten wird. Es liegt im Ermessen der Behörde, ob sie das Gesuch behandeln will oder nicht (vgl. Rz. 1272). Unter gewissen Voraussetzungen hat der Gesuchsteller aber Anspruch auf Behandlung durch die Behörde; in diesem Fall nähert sich das Wiedererwägungsgesuch einem (ungeschriebenen, ausserordentlichen) Rechtsmittel an (Rz. 1273 ff.). 1220

5. Berichtigung von Kanzleifehlern

Verwaltungsrechtliche Erlasse sehen zum Teil ausdrücklich vor (vgl. Rz. 1211 f.), dass *Schreib- und Rechnungsfehler* von Amtes wegen oder auf Gesuch hin berichtigt werden können. Eine Berichtigung von solchen Kanzleifehlern ist zulässig, wenn sie ohne zeitliche Verzögerung erfolgt und soweit sie mit dem Grundsatz des Vertrauensschutzes im Einklang steht. Erforderlich ist, dass sich das Versehen nachträglich ohne Weiteres feststellen und berichtigen lässt. Sicher zulässig ist die Berichtigung von Orthographie- und anderen Schreibfehlern und – nach ständiger Praxis – von Rechnungsfehlern, jedenfalls soweit der Rechnungsfehler aus der Verfügung selber hervorgeht. In den übrigen Fällen sind die Regeln über den Widerruf von Verfügungen anwendbar. 1221

Beispiel: 1222

Fehlerhafte Berechnung von Sozialversicherungsbeiträgen (BGE 99 V 62 ff.); die Wahl eines unzutreffenden Steuertarifs durch die Steuerbehörden gilt demgegenüber nicht als Rechnungsfehler (BGE 82 I 18, 20 f.).

Der Private kann seinerseits ein Begehren um Erläuterung und Berichtigung von Redaktions- und Rechnungsfehlern stellen (vgl. BVGer, Urteil A-1755/2009 vom 15. April 2009 E. 1.1; vgl. auch Rz. 1211 f.). Dabei handelt es sich um ein *ausserordentliches Rechtsmittel.* 1223

II. Voraussetzungen des Widerrufs

1. Widerrufbarkeit der Verfügung

1224 Eine Änderung der Verfügung durch die Verwaltungsbehörde, die sie erlassen hat, ist grundsätzlich sowohl *vor als auch nach Eintritt der formellen Rechtskraft möglich.* Nach Eintritt der formellen Rechtskraft sind die Voraussetzungen für eine Neubeurteilung allerdings strenger, weil dem Gebot der Rechtssicherheit und dem Vertrauensschutz dann grössere Bedeutung zukommt als vorher (BGE 137 I 69, 71; 121 II 273, 276 f.; BVGE 2007/29 E. 4.4 und 8 ff.).

1225 Der Widerruf kann – unter den gleichen, noch näher zu erläuternden Voraussetzungen – sowohl durch die Behörde, die in der Sache entschieden hat, als auch durch deren Aufsichtsbehörden erfolgen (BGE 137 I 69, 70 f.).

2. Kriterien für die Widerrufbarkeit von Verfügungen

1226 Das *Gesetz* kann die Voraussetzungen des Widerrufs ausdrücklich regeln. Zu prüfen ist das einschlägige *Verwaltungsverfahrensrecht* (selten) sowie das jeweilige *Spezialgesetz* (gelegentlich, vgl. Rz. 1234 ff.). Teils besteht eine Regelung auch für einen grösseren Sachbereich, so etwa in Art. 53 Abs. 2 ATSG: Gemäss dieser Bestimmung kann der Versicherungsträger formell rechtskräftige Verfügungen widerrufen, wenn diese zweifellos unrichtig sind und wenn ihre Berichtigung von erheblicher Bedeutung ist. Auch Art. 16 Abs. 2 lit. b SuG (Subventionsgesetz) fasst eine Vielzahl von Fallgruppen zusammen und führt diese einem einheitlichen Lösungsansatz zu.

1227 Liegt keine gesetzliche Regelung vor, so muss die Widerrufbarkeit aufgrund allgemeiner Kriterien beurteilt werden. Es ist eine *Interessenabwägung* erforderlich. Dabei ist zwischen dem *Interesse an der richtigen Anwendung des objektiven Rechts* einerseits und dem *Interesse an der Rechtssicherheit* bzw. dem *Vertrauensschutz* andererseits abzuwägen (BGer, Urteil 1C_573/2014 vom 29. April 2015 E. 2.2). Das Interesse an der richtigen Anwendung des objektiven Rechts spricht für die Möglichkeit des Widerrufs einer fehlerhaften Verfügung; die Rechtssicherheit und der Vertrauensschutz, die beide auch den Interessen der Betroffenen dienen, sprechen gegen einen Widerruf.

1228 Der Widerruf ist ein *Spezialfall des Vertrauensschutzes* (Rz. 624 ff.). Grundlage des Vertrauens ist die Verfügung, also eine *qualifizierte Vertrauensgrundlage.* Dies hat zur Folge, dass der Private nicht zwingend Dispositionen getroffen haben muss, um sich gegen den Widerruf einer begünstigenden Verfügung zur Wehr zu setzen; der Schutz der Verfügung besitzt gewissermassen einen «Selbstwert». Dispositionen des Privaten haben aber natürlich einen (erheblichen) Einfluss auf die Interessenabwägung zu seinen Gunsten. Dies kommt in den nachfolgenden Fallgruppen der grundsätzlich nicht widerrufbaren Verfügungen (Rz. 1231 ff.) zum Ausdruck. Auch andere Gesichtspunkte des Vertrauensschutzes (tatsächliches Vertrauen, Kausalität etc.) sind für die Beurteilung der Zulässigkeit eines Widerrufs einschlägig: Wer z.B. von Anfang an die Unrichtigkeit der Verfügung erkannt hat, kann dem Widerruf kaum etwas entgegensetzen.

Ein Widerruf kommt nur bei *fehlerhaften Verfügungen* in Betracht, wobei die Fehlerhaftigkeit ursprünglicher oder nachträglicher Natur sein kann. Die *ursprünglich fehlerhafte Verfügung* ist von Anfang an mit einem Rechtsfehler behaftet; *nachträgliche Fehlerhaftigkeit* liegt hingegen vor, wenn seit dem Ergehen der Verfügung eine Änderung der Rechtsgrundlagen oder eine erhebliche Veränderung der tatsächlichen Verhältnisse eingetreten ist (BVGer, Urteil B-5016/2012 vom 7. Januar 2013 E. 2.1; vgl. Rz. 1085). 1229

Nur Verfügungen über *dauernde Rechtsverhältnisse* (z.B. Rentenverfügungen, Gastwirtschaftspatente, Berufsausübungsbewilligungen, Denkmalschutzverfügungen) können wegen einer Änderung der tatsächlichen oder rechtlichen Verhältnisse nachträglich fehlerhaft werden, denn nur bei solchen Dauerverfügungen wirkt sich die Rechtsfolge auch in Zukunft aus (TSCHANNEN/ZIMMERLI/MÜLLER, S. 262, 300; BGE 139 II 185, 202; 127 II 306, 313 f.; 124 V 150, 152 f.; vgl. dazu auch Rz. 279 ff. betreffend unechter Rückwirkung). Besteht die Änderung lediglich in einer neuen Verwaltungspraxis oder Rechtsprechung, so darf die Verfügung über ein Dauerrechtsverhältnis nur ausnahmsweise angepasst werden. Dies ist vor allem dann der Fall, wenn die neue Praxis in einem solchen Masse allgemeine Verbreitung gefunden hat, dass deren Nichtbefolgung als Verstoss gegen das Gleichheitsgebot erschiene (BGE 140 V 8, 13 m.H. auf BGE 135 V 201, 204 ff.; 121 V 157, 161 f.; vgl. auch das Beispiel in Rz. 811). 1230

3. Fallgruppen von grundsätzlich nicht widerrufbaren Verfügungen

Die Praxis hat verschiedene Fallgruppen gebildet, bei denen eine Verfügung regelmässig in materielle Rechtskraft (Rz. 1093 ff.) erwächst (bzw. sich diesem Zustand zumindest annähert), d.h. nicht mehr widerrufen werden kann, weil das Interesse am Vertrauensschutz und der Rechtssicherheit in der Regel gewichtiger ist als dasjenige an der richtigen Rechtsanwendung. 1231

Dabei ist zu beachten, dass auch in den nachstehend erwähnten Fällen die *Unwiderrufbarkeit nicht absolut* gilt. Selbst in diesen Fällen, in denen ein Widerruf in der Regel als unzulässig betrachtet wird, kann die Verfügung widerrufen werden, wenn besonders gewichtige öffentliche Interessen – z.B. sehr bedeutsame Gründe des Gewässerschutzes oder des Landschaftsschutzes – vorliegen (BGE 107 Ib 35, 39 [vgl. Rz. 2683]; 103 Ib 204, 207 [vgl. Rz. 1263]; vgl. auch BGE 121 II 273, 276 und Urteil des Bundesgerichts, ZBl 101 [2000] 41, 43). Unter Umständen entsteht ein Entschädigungsanspruch des Privaten (Rz. 706 ff.). 1232

Die Relativierung der Bedeutung dieser Fallgruppen durch die Praxis selbst zeigt, dass auf die Interessenabwägung im Einzelfall nicht verzichtet werden kann (vgl. SALADIN, Wiedererwägung, S. 125 f., der statt des Denkens in Fallgruppen eine Abwägung aller jeweils auf dem Spiel stehenden Interessen fordert). 1233

a) Ausdrückliche gesetzliche Regelung

Erklärt das Gesetz eine einmal getroffene Verfügung als unabänderlich, so kommt ein Widerruf nicht in Betracht. Allerdings schliesst ein Gesetz den Widerruf in der Regel 1234 nicht völlig aus; meistens werden die Voraussetzungen für einen Widerruf in engem Rahmen genau umschrieben.

Beispiele:

1235 – Genehmigung von Unternehmenszusammenschlüssen nach Art. 32 ff. KG (Kartellgesetz): Art. 38 KG lässt einen Widerruf nur bei von den beteiligten Unternehmen selbst zu vertretenden Fehlern (unrichtige Angaben, arglistige Erlangung der Zulassung, schwerwiegender Verstoss gegen Auflagen) zu.

1236 – Art. 41 BüG (Bürgerrechtsgesetz) betreffend Nichtigerklärung einer Einbürgerung (BGE 135 II 161, 165; 132 II 113 ff.; vgl. auch BGE 120 Ib 193 ff. sowie BVGE 2007/29 E. 4.2, wonach diese Bestimmung die Anwendung der allgemeinen Widerrufsgrundsätze ausschliesst).

b) Einräumung eines wohlerworbenen Rechts

aa) Begriff

1237 Wohlerworbene Rechte sind vermögenswerte Ansprüche der Privaten gegenüber dem Staat, die sich durch ihre besondere Rechtsbeständigkeit auszeichnen. Sie stehen unter dem Schutz der *Eigentumsgarantie* (vgl. Rz. 2336) und dem Prinzip des Vertrauensschutzes (vgl. Rz. 624 ff.). Tritt die sachenrechtliche Fixierung des wohlerworbenen Rechts in den Vordergrund, wird dieses von der Eigentumsgarantie geschützt; wenn die vertrauensbildenden Beziehungen zwischen Privaten und Staat den Mittelpunkt darstellen, ist das Prinzip des Vertrauensschutzes Anknüpfungspunkt (BGE 132 II 485, 513; 128 II 112, 125; siehe auch das Gutachten des Bundesamtes für Justiz, VPB 68 [2004] Nr. 85). Im Begriff der «Wohlerworbenheit» kommt zum Ausdruck, dass die Rechte auf eine besondere Weise begründet worden sind, nämlich im gegenseitigen Vertrauen zwischen dem Staat und dem Träger des Rechts darauf, dass die Rechtsbeziehung auf eine bestimmte Dauer grundsätzlich unverändert bleiben und einen verstärkten Schutz, namentlich vor späteren Eingriffen durch den Gesetzgeber, geniessen soll.

bb) Entstehung

aaa) Durch Gesetz

1238 Der Gesetzgeber kann vorsehen, dass ein Recht unter gewissen Voraussetzungen als wohlerworben zu gelten hat. So bestimmt Art. 43 Abs. 1 WRG (Wasserrechtsgesetz), dass die Konzession dem Konzessionär nach Massgabe des Verleihungsaktes ein wohlerworbenes Recht auf die Benutzung der Gewässer verschafft (Rz. 1245). Auch im Personalrecht des öffentlichen Dienstes kommt es vor, dass einzelne Ansprüche des Personals (z.B. auf eine Treueprämie oder auf eine Pension) durch das Gesetz als unveränderlich und damit wohlerworben erklärt werden.

bbb) Durch verwaltungsrechtlichen Vertrag bzw. Konzession

1239 Rechte, die das Gemeinwesen einem Privaten durch verwaltungsrechtlichen Vertrag einräumt, gelten grundsätzlich als wohlerworben. Bei einem verwaltungsrechtlichen Vertrag ist abzuklären, ob dessen Bestimmungen im Wesentlichen die (veränderbare) gesetzliche Ausgangslage oder ein eigentliches Verhandlungsergebnis abbilden und damit als wohlerworben erscheinen. Ähnlich verhält es sich mit Rechten aus Konzessionen, die nicht durch eine gesetzliche Regelung, sondern aufgrund freier Vereinbarung der Parteien entstanden und als wesentlicher Bestandteil der Konzession zu betrachten sind (vgl. Rz 2721 ff.). Wie beim verwaltungsrechtlichen Vertrag entsteht hier das wohlerworbene Recht vor allem als Folge des *erhöhten Vertrauensschutzes,* der diesem durch die Einigung zwischen Staat und Privaten zukommt (vgl. MOOR/POLTIER, S. 19 ff.; RHINOW, Wohlerworbene und vertragliche Rechte, S. 1 ff.).

ccc) Durch die Geschichte

Als wohlerworben gelten gewisse Rechte, die auf einer früheren Rechtsordnung beruhen 1240
und nach neuem Recht nicht mehr begründet werden können, aber weiter gültig sind, oder Rechte, die seit unvordenklicher Zeit anerkannt werden. Ihre erhöhte Bestandeskraft leitet sich vor allem daraus ab, dass der Staat sie *während sehr langer Zeit respektiert* hat. Solche historischen Rechte werden zum Teil auch als «ehehaft» bezeichnet.

Beispiele: 1241
- Tavernenrechte (Recht zum Betrieb einer Gastwirtschaft auf einem öffentlichen Grundstück);
- Rechte zum unentgeltlichen Bezug von Wasser aus einer Quellfassung (vgl. BGE 131 I 321, 324 f., 327 f.);
- siehe auch Rz. 1246.

cc) Wirkungen

Formell rechtskräftige wohlerworbene Rechte sind grundsätzlich *unwiderruflich.* Das 1242
bedeutet, dass sie auch dann *nicht korrigiert* werden können, wenn sie sich als *fehlerhaft* erweisen, weil sie dem Gesetz widersprechen. Das Interesse am Schutz des Vertrauens in den Bestand der wohlerworbenen Rechte hat Vorrang gegenüber dem Interesse an der Gesetzmässigkeit des wohlerworbenen Rechts. Das bedeutet, dass wohlerworbene Rechte im Prinzip auch *gesetzesbeständig* sind. Sie müssen mit anderen Worten den Änderungen des Gesetzes, das ihnen zu Grunde liegt, nicht angepasst werden. Das ist die Folge des *Vertrauens in den Bestand* der wohlerworbenen Rechte, das eine Ausnahme vom Grundsatz der Gesetzmässigkeit rechtfertigt. «Die Anerkennung eines wohlerworbenen Rechts ist [...] das (typisierte) Ergebnis einer Interessenabwägung, welches den aufgrund einer früheren Rechtsordnung eingeräumten Rechten den Vorrang vor der Durchsetzung der mit einer Rechtsänderung verfolgten öffentlichen Interessen einräumt [...]» (BGE 127 II 69, 76; vgl. auch BGE 138 V 366, 372).

Bestehende wohlerworbene Rechte können durch die *Gesetzgebung* eingeschränkt 1243
oder aufgehoben werden, wenn dies im *öffentlichen Interesse* liegt und *verhältnismässig* ist. Bei der Abwägung zwischen dem öffentlichen Interesse an der Einschränkung der wohlerworbenen Rechte und den privaten Interessen der dadurch Betroffenen ist zu berücksichtigen, dass die Privaten *in besonderem Masse auf den Bestand der wohlerworbenen Rechte vertrauen* dürfen. Das öffentliche Interesse an einem Eingriff muss deshalb auch überwiegen gegenüber dem Interesse des Trägers des wohlerworbenen Rechts, in seinen legitimen Vertrauenserwartungen geschützt zu werden. Der Vertrauensschutz ist also ein zusätzliches Element der Verhältnismässigkeits- und damit der Zulässigkeitsprüfung des Eingriffs in wohlerworbene Rechte. Diese Rechte sind in ihrem Bestand *nicht absolut geschützt.* Sie dürfen aber wegen des grossen Gewichts, das

dem Interesse am Vertrauensschutz zukommt, nur dann eingeschränkt werden, wenn ein *besonders wichtiges öffentliches Interesse* es erfordert. Hat der Träger des Rechts noch nicht davon Gebrauch gemacht, also z.B. noch nicht mit dem Bau des Wasserkraftwerks begonnen, so ist sein Vertrauensschutzinteresse weniger gewichtig und es genügen geringfügigere öffentliche Interessen, um eine Einschränkung zu rechtfertigen. Das Gemeinwesen muss den Träger des Rechts u.U. zudem entschädigen, wenn sich der Eingriff in das wohlerworbene Recht als zulässig erweist.

1244 Nach der Rechtsprechung des Bundesgerichts sind Eingriffe in wohlerworbene Rechte dann entschädigungspflichtig, wenn sie die *«Substanz»* des Rechts verletzen (BGE 127 II 69, 75). Das trifft beispielsweise zu, wenn die Einschränkungen einen *wirtschaftlichen Betrieb* des gestützt auf ein wohlerworbenes Recht errichteten Werkes oder Unternehmens verunmöglichen. Der Träger des wohlerworbenen Rechts darf darauf vertrauen, dass er während der Dauer des Rechts die Investitionen amortisieren, das Kapital verzinsen, die laufenden Kosten decken und eine ausreichende Liquidität aufrecht erhalten kann (vgl. BGE 132 II 485, 513). Massnahmen, welche nicht in die so umschriebene «Substanz» des wohlerworbenen Rechtes eingreifen, sind entschädigungslos zu dulden. Im Gegensatz dazu begründet eine Polizeierlaubnis (Rz. 2650), z.B. eine Baubewilligung, keine wohlerworbenen Rechte.

Beispiele:

1245 – Art. 43 WRG (Wasserrechtsgesetz) sieht ausdrücklich vor, dass die Verleihung von Wasserrechten ein wohlerworbenes Recht verschafft und dass das einmal verliehene Nutzungsrecht nur aus Gründen des öffentlichen Wohls und gegen volle Entschädigung zurückgezogen oder geschmälert werden kann. Als wohlerworben gelten «jene Rechte, die aufgrund freier Vereinbarung der Parteien entstanden und als wesentlicher Bestandteil der erteilten Konzession zu betrachten sind, weil der Bewerber sich ohne sie über die Annahme der Verleihung gar nicht hätte schlüssig werden können [...]. In die Substanz von auf diese Weise begründeten Rechten darf gestützt auf spätere Gesetze regelmässig nicht, jedenfalls nicht ohne Entschädigung, eingegriffen werden» (BGE 127 II 69, 75; vgl. auch BGE 126 II 171, 177 ff.; vgl. auch Rz. 2721 ff.).

1246 – X. ist Landwirt in Muriaux und besitzt 6,79 ha Landwirtschaftsland in der Gemeinde Le Noirmont, wo er von 1978 bis 1988 die ihm aufgrund seines Weiderechts zustehende Anzahl von Vieh sömmerte. Am 29. Februar 1988 beschloss die Gemeindeversammlung der Gemeinde Le Noirmont, das Nutzungsreglement betreffend die Gemeindeweiden dahin abzuändern, dass deren Benutzung nur noch denjenigen Personen gestattet ist, die landwirtschaftlichen Boden in der Gemeinde bewirtschaften und auf diesem Boden das Vieh überwintern. X., der sein Vieh zum grössten Teil in Muriaux überwintert, focht diese Änderung erfolglos beim Verwaltungsgericht des Kantons Jura an. Das Bundesgericht stellte hingegen fest, dass die Weiderechte in der Gemeinde Le Noirmont ehehafte Rechte darstellten, die nicht nur den in der Gemeinde wohnhaften Personen zustünden, sondern auch solchen, die an einem andern Ort wohnten, aber Eigentümer von landwirtschaftlichem Boden in der Gemeinde Le Noirmont seien. Diese ehehaften Weiderechte seien wohlerworbene Rechte, die eng mit dem Grundeigentum der Berechtigten verbunden sind. Sie könnten nur nach Anhörung der Berechtigten geändert werden. Da die Anhörung unterlassen worden sei, brauche nicht entschieden zu werden, ob die Änderung nur mit Zustimmung aller oder der Mehrheit der Berechtigten erfolgen könne. Die wohlerworbenen Rechte stünden unter dem Schutz der Eigentumsgarantie und des Vertrauensschutzprinzips. Eine Einschränkung sei deshalb nur möglich, wenn sie auf einer genügenden gesetzlichen Grundlage beruhe, im öffentlichen Interesse liege, das Verhältnismässigkeitsprinzip beachte und voll entschädigt werde, falls der Eingriff zu einer Enteignung führe. Im vorliegenden Fall bestehe kein überwiegendes öffentliches Interesse, das die Beschränkung des wohlerworbenen Rechts zu rechtfertigen vermöge (BGE 117 Ia 35, 37).

- Das Bundesgericht erachtete die durch ein neues Besoldungsreglement bewirkte Lohnkürzung für einen Gemeindepräsidenten als zulässig. Es führte aus, dass «das öffentlich-rechtliche Dienstverhältnis, auch was seine vermögensrechtliche Seite betrifft, die Entwicklung [mitmacht], welche die Gesetzgebung erfährt. Der Vertrauensgrundsatz (Art. 9 BV) steht einer nicht rückwirkenden Kürzung der finanziellen Ansprüche von Beamten auf dem Weg der Rechtssetzung nur dann entgegen, wenn diese Ansprüche als wohlerworbene Rechte einzustufen sind. Dies ist der Fall, wenn das diesbezügliche Gesetz die entsprechenden Beziehungen ein für alle Mal festlegt und von den Einwirkungen der gesetzlichen Entwicklungen ausnimmt oder wenn bestimmte, mit einem einzelnen Anstellungsverhältnis verbundene Zusicherungen abgegeben worden sind» (BGer, Urteil 1C_230/2007 vom 11. März 2008 E. 4.1 = ZBl 110 [2009] 258 ff.; vgl. die ausführliche Darstellung des Sachverhalts in Rz. 711). Im vorliegenden Fall waren weder den anwendbaren Rechtsgrundlagen noch der individuellen Anstellungsverfügung des Gemeindepräsidenten entsprechende Zusicherungen zu entnehmen. Seine bisherigen Besoldungsansprüche wiesen somit nicht den Charakter wohlerworbener Rechte auf und standen unter dem stillschweigenden Vorbehalt einer späteren Gesetzesänderung. 1247
- Die Grundsätze, welche die Rechtsprechung für die Lohnansprüche im öffentlich-rechtlichen Dienstverhältnis entwickelt hat, gelten auch für die berufliche Vorsorge. Ein umfassender Schutz der Angestellten besteht «nur dort, wo bestimmte Ansprüche aus dem Dienstverhältnis als wohlerworbene Rechte betrachtet werden können» (BGE 134 I 23, 35). Als wohlerworben bezeichnete das Bundesgericht den Rentenanspruch als solchen sowie den bisher erworbenen Bestand der Freizügigkeitsleistung. Dagegen wurden das während der Zugehörigkeit zur Vorsorgeeinrichtung und vor dem Eintritt des Vorsorgefalls reglementarisch vorgesehene künftige Altersguthaben und die Anwartschaften vorbehältlich anderslautender Zusicherungen nicht als wohlerworben qualifiziert. 1248
- In BGE 132 II 485, 513 f. führte das Bundesgericht aus, dass bei der Anerkennung wohlerworbener Rechte aufgrund einer Konzession der Schutz der unternehmerischen Dispositionen des Konzessionärs im Vordergrund stehe. Es gehe deshalb vorrangig um den Vertrauensschutz und nicht um die Garantie eines Eigentumsrechts. Auf das Vertrauensschutzprinzip könne sich die Konzessionärin jedoch nur berufen, wenn sie die ihr mit der Konzession eingeräumten Rechte auch tatsächlich nutze. Das Bundesgericht verneinte das Vorliegen einer Vertrauensgrundlage für die Annahme vermögenswerter Rechte, weil die Konzessionärin auf die Nutzung ihrer vor vier Jahren erteilten UMTS-Konzession verzichtet hatte. 1249

c) Verfügungen, die auf einem eingehenden Ermittlungs- und Einspracheverfahren beruhen

Verfügungen, die aufgrund eines eingehenden Einsprache- und Ermittlungsverfahrens ergehen, können grundsätzlich nicht widerrufen werden. Entscheidend ist, dass es sich um ein Verfahren handelt, «dessen Aufgabe in der allseitigen Prüfung der öffentlichen Interessen und ihrer Abwägung gegenüber den entgegengesetzten Privatinteressen» besteht (BGE 94 I 336, 344; vgl. auch BGE 137 I 69, 71). Dies trifft z.B. auf das Verfahren der Baubewilligung und der Steuerveranlagung zu (BGE 121 II 273, 277). 1250

Die Zahl der Verfügungen, die nach Durchführung derartiger Verfahren getroffen werden, nimmt stark zu, so dass man sich fragen kann, ob es sich noch rechtfertigt, diese Fallgruppe als Kategorie grundsätzlich unwiderrufbarer Verfügungen beizubehalten (vgl. SALADIN, Wiedererwägung, S. 125; kritisch auch TSCHANNEN/ZIMMERLI/MÜLLER, S. 312). Jedenfalls sollte sie auf Fälle beschränkt werden, in denen gerade der zum Widerruf Anlass gebende Mangel der Verfügung Gegenstand der besonders eingehenden Ermittlung war (so MOOR/POLTIER, S. 394 f.). 1251

d) Einräumung einer Befugnis, von der der Berechtigte bereits Gebrauch gemacht hat

1252 Wurde mit der Verfügung eine Befugnis eingeräumt – wie z.B. bei der Baubewilligung – und hat der Berechtigte von dieser Befugnis bereits Gebrauch gemacht, so kann die Verfügung grundsätzlich nicht widerrufen werden. Vorausgesetzt ist dabei im Allgemeinen, dass die Ausübung der Bewilligung erhebliche Investitionen erforderte und zur Schaffung eines Zustandes geführt hat, der nur unter Vernichtung gutgläubig geschaffener Werte wieder beseitigt werden kann (BGE 109 Ib 246, 252; BGer, Urteil 1C_14/2008 vom 25. Februar 2009 E. 5.2; BVGer, Urteil A-2029/2010 vom 2. September 2010 E. 4.2). Der Berechtigte trifft «Dispositionen» im Sinne des Vertrauensschutzes (vgl. Rz. 659 ff.).

1253 Dieser Grund für die Unwiderrufbarkeit spielt vor allem dann eine Rolle, wenn es um den einmaligen Gebrauch einer Befugnis – z.B. für die Errichtung einer Baute – geht. Wird hingegen durch eine Bewilligung eine dauernde Tätigkeit gestattet, so kommt dem Umstand, dass von dieser Bewilligung bereits Gebrauch gemacht worden ist, keine entscheidende Bedeutung zu; wenn das öffentliche Interesse an der rechtsgleichen Durchsetzung des objektiven Rechts den Vorrang vor dem Interesse des bisherigen Bewilligungsinhabers verdient, ist ein Widerruf zulässig (BGE 120 Ib 317, 320 betreffend Entzug eines Kollektivfahrzeugausweises; vgl. auch BGer, Urteil 1C_26/2015 vom 23. Juni 2015 E. 3a; vgl. Rz. 1264).

1254 Das Interesse am Vertrauensschutz ist je nach dem Ausmass der Inanspruchnahme der erteilten Befugnis unterschiedlich zu beurteilen (vgl. Urteil des Bundesgerichts, ZBl 96 [1995] 515, 518 betreffend Widerruf einer Baubewilligung nach einem längeren Bauunterbruch).

Beispiele:

1255 – Erteilt eine Gemeinde eine Baubewilligung aufgrund von Plänen, die für die Behörden ohne Weiteres als fehlerhaft erkennbar gewesen wären, kann diese nach erfolgtem Baubeginn nur widerrufen werden, wenn erhebliche öffentliche Interessen auf dem Spiel stehen. Die blosse Verletzung von Ästhetikvorschriften reicht dazu nicht aus (Urteil des Bundesgerichts, ZBl 85 [1984] 127 ff.).

1256 – Ein Pianist erhielt nach seiner Abschlussprüfung am Konservatorium Freiburg einen positiven Prüfungsbescheid. Das Konservatorium verweigerte jedoch im Nachhinein die Ausstellung des Diploms als Klavierlehrer, da der Klaviervortrag nicht öffentlich durchgeführt worden war. Das Bundesgericht schützte die Interessen des Pianisten, zumal dieser gestützt auf die Vertrauensgrundlage bereits eine Stelle als Klavierlehrer erhalten und somit aufgrund der ursprünglichen Verfügung wichtige Lebensentscheidungen getroffen hatte (BGE 137 I 69 ff.).

e) Privatrechtsgestaltende Verfügungen

1257 Das Gesetz kann vorsehen, dass die Gültigkeit eines nach Zivilrecht abgeschlossenen Rechtsgeschäftes von der Genehmigung durch die Behörde abhängig ist. Vergleichbar damit ist der Fall, dass das Gesetz für den Abschluss eines privatrechtlichen Vertrages durch das Gemeinwesen den vorgängigen Erlass einer Verfügung vorsieht (zur *Zweistufentheorie* vgl. Rz. 1394 ff.). Solche privatrechtsgestaltende Verfügungen können grundsätzlich nicht mehr widerrufen werden, sobald das privatrechtliche Rechtsgeschäft abgeschlossen bzw. vollzogen ist.

Beispiele:

- Nach Art. 9 Abs. 1 BGBM (Binnenmarktgesetz) hat dem Vertragsschluss im öffentlichen Be- 1258
schaffungswesen eine Verfügung voranzugehen. Auch wenn diese Verfügung fehlerhaft ist, kann in einem Rechtsmittelverfahren das zivilrechtliche Rechtsgeschäft nach dessen Abschluss nicht mehr überprüft (Art. 9 Abs. 3 BGBM), sondern nur noch die Rechtswidrigkeit des Vorgehens festgestellt und allenfalls auf Schadenersatz erkannt werden. Der Grundsatz «pacta sunt servanda» wird höher bewertet als allfällige Fehler der Verfügung. Umso weniger darf die vertragsschliessende Behörde ihren Entscheid nach diesem Zeitpunkt noch widerrufen.
- Beispiele für privatrechtsgestaltende staatliche Genehmigungen stellen die Erlaubnis für den 1259
Erwerb eines landwirtschaftlichen Grundstückes nach Art. 61 ff. BGBB (Bundesgesetz über das bäuerliche Bodenrecht) sowie die Bewilligung gemäss Bundesgesetz über den Erwerb von Grundstücken durch Personen im Ausland (BewG) vom 16. Dezember 1983 (SR 211.412.41) dar. In beiden Fällen ist der Widerruf jedoch gesetzlich geregelt (Art. 71 BGBB, Art. 25 BewG). Die Genehmigung eines Grundstückverkaufs an Ausländer kann nicht widerrufen werden, wenn das Rechtsgeschäft vollzogen worden ist. Wurde die Bewilligung jedoch mit der (öffentlich-rechtlichen) Auflage einer dauerhaften Sicherung einer Bewirtschaftungspflicht verbunden (Hotelbetrieb), kann der Widerruf angedroht werden für den Fall, dass kein neuer Bewirtschaftungsvertrag abgeschlossen wird (BGE 130 II 290, 299 f.).
- Nach Art. 11 FMG (Fernmeldegesetz) müssen marktbeherrschende Anbieterinnen von Fern- 1260
meldediensten anderen Anbieterinnen Zugang zu ihren Einrichtungen und Diensten gewähren. Kommt innert drei Monaten zwischen den beteiligten Fernmeldedienstanbieterinnen keine Einigung über die Bedingungen des Zugangs zu Stande, so verfügt die Eidg. Kommunikationskommission diese (Art. 11a Abs. 1 FMG). Diese Verfügung hat privatrechtsgestaltenden Charakter (vgl. dazu BGE 125 II 613, 619; BGer, Urteile 2A.503/2000 und 2A.505/2000 vom 3. Oktober 2001 = ZBl 103 [2002] 244 ff., 245).

f) Verfügungen, über die ein Gericht materiell entschieden hat

Entscheidungen von Verwaltungsgerichten und verwaltungsunabhängigen Rekurskom- 1261
missionen sind in dem Sinne materiell rechtskräftig, als das Verfahren unter Vorbehalt der Revision nicht wieder aufgenommen werden kann (IMBODEN/RHINOW, Bd. I, S. 254 f.). Der Widerruf von Verfügungen, über welche ein Gericht materiell entschieden hat, ist deshalb unzulässig. Dies schliesst jedoch nicht aus, dass die Verwaltungsbehörden in neuen gleichartigen Fällen eine abweichende Entscheidung treffen und so gegebenenfalls das Gericht zur Überprüfung seiner Rechtsprechung veranlassen. Schafft ein verwaltungsgerichtliches Urteil einen Dauerzustand, «so kann es der Verwaltung auch nicht unter allen Umständen verwehrt sein, gestützt auf veränderte Verhältnisse oder neue Erkenntnisse eine Verfügung zu treffen, welche im Ergebnis das früher gefällte Urteil des Verwaltungsgerichts aufhebt […]» (BGE 97 I 748, 752; vgl. zudem BGer, Urteil 2C_487/2012 vom 2. April 2013 E. 3.3).

Beispiel: 1262

Der Gemeinderat Stäfa verweigerte am 7. November 1989 die für ein Bauvorhaben notwendige Ausnahmebewilligung nach Art. 24 RPG. Die Betroffenen zogen die Angelegenheit jedoch weiter. Während das Rechtsmittelverfahren lief, trat auf den 1. Oktober 1990 eine Änderung der Zürcher Bauverfahrensverordnung in Kraft, mit der die Erteilung von Bewilligungen nach Art. 24 RPG neu in die alleinige Zuständigkeit der kantonalen Baudirektion gestellt wurde; nach bisherigem Recht konnte der Gemeinderat die Bewilligung mit Genehmigung der kantonalen Baudirektion erteilen (vgl. auch Rz. 1107). Mit Entscheid vom 16. November 1990 schützte das kantonale Verwaltungsgericht die ablehnende Verfügung der Gemeinde. Dieses Urteil blieb unangefochten. Demgegenüber beschloss die Baudirektion, welcher die Gemeinde das Gesuch gemäss der neuen Zuständigkeitsregelung unterbreitet hatte, am 28. Dezember 1990, die Ausnahmebewilligung zu erteilen. Durch diese Neubeurteilung wurde ein zweites Rechtsmittelverfahren ausgelöst. Schliesslich musste sich das Bundesgericht mit der Sache befassen. Dieses stellte klar, dass die Baudirektion nur dann befugt gewesen wäre, die gerichtlich bestätigte Verfügung in Wiedererwägung zu ziehen, wenn sich inzwischen entweder die tatsächlichen Verhältnisse oder die materielle Rechtslage wesentlich verändert hätten (BGE 120 Ib 42 ff.).

4. Weitere Beispiele zur Frage der Unwiderrufbarkeit von Verfügungen

1263 – Am 5. November 1974 wurde der Bauherrengemeinschaft Altenberg die Baubewilligung für den Abbruch mehrerer alter Gebäude und für die Erstellung von zwei Häusern erteilt. Durch einen am 17. September 1975 öffentlich aufgelegten Plan wurden die betreffenden Parzellen vom provisorischen Schutzgebiet II ins provisorische Schutzgebiet I (Teile des Baugebiets mit Bausperre, Konfliktgebiete) umgezont. Da die Bauherrengemeinschaft mit den Bauarbeiten noch nicht begonnen hatte, widerrief der Regierungsstatthalter am 15. Oktober 1975 die erteilte Baubewilligung mit der Begründung, dass das bewilligte Projekt den neuen Plan erheblich beeinträchtige. Das Bundesgericht schützte den Widerruf. Es erklärte, ein Widerruf sei nicht schon deshalb ausgeschlossen, weil er im massgeblichen Gesetz nicht vorgesehen sei. Im Falle des Fehlens einer gesetzlichen Grundlage sei abzuwägen, ob der richtigen Durchsetzung des objektiven Rechts oder dem Interesse an der Wahrung der Rechtssicherheit der Vorrang gebühre. Das öffentliche Interesse könne den Widerruf der Baubewilligung auch erfordern, wenn diese zwar seinerzeit in Übereinstimmung mit der damals geltenden Gesetzgebung ergangen sei, die gesetzlichen Vorschriften aber seither geändert hätten. Allerdings müsse dann besonders sorgfältig geprüft werden, ob der Widerruf wirklich geboten sei. Der Umstand, dass die Bewilligung im Zeitpunkt des Widerrufs hätte verweigert werden müssen, genüge nicht. Nach Auffassung des Bundesgerichts lagen jedoch im betreffenden Fall hinreichend gewichtige öffentliche Interessen vor, die einen Widerruf rechtfertigten. Dies vor allem deshalb, weil die betreffenden Parzellen in einem landschaftlich schützenswerten Gebiet lagen, in dem jede weitere Grossbaute als empfindlicher und nicht wieder gutzumachender Eingriff angesehen werden musste. Dem Widerruf standen auch keine wohlerworbenen («subjektiven») Rechte der Bauherren entgegen; die Baubewilligung begründete jedenfalls kein solches Recht. Ausserdem hatte die Bauherrin zwar die Finanzierung der Arbeit geregelt und einen Werkvertrag über die Abbruch- und Aushubarbeiten abgeschlossen, doch war noch nicht mit den eigentlichen Bauarbeiten begonnen worden, sodass kein Eingriff in eine Befugnis, von der schon Gebrauch gemacht worden war, vorlag. Schliesslich stand dem Widerruf auch nicht entgegen, dass die Baubewilligung in einem Verfahren erteilt worden war, in dem die Interessen allseitig geprüft und gegeneinander abgewogen worden waren; ein eingehendes Ermittlungsverfahren könne nicht einem Widerruf entgegenstehen, der aufgrund einer neuen Rechtslage erfolge (BGE 103 Ib 204, 206 ff.).

1264 – Hans S. betrieb ein Bootsbaugeschäft und war Vertreter von Bootsanhängern eines bestimmten Typs. Seit 1963 besass er einen Kollektivfahrzeugausweis, der ihn – nach Massgabe der Verkehrsversicherungsverordnung (VVV) vom 20. November 1959 in der damals gültigen Fassung – zum Anbringen der darin genannten Händlerschilder (Nummernschilder) an Fahrzeugen berechtigte (Art. 22 Abs. 3; jetziger Art. 22 Abs. 2 VVV). Der Kollektivfahrzeugausweis wird verweigert oder entzogen, wenn dessen Verwendung nach «Art und Umfang des Betriebs offensichtlich nicht erforderlich ist» (Art. 23 Abs. 3 lit. a; jetziger Art. 23a VVV). Am 4. April 1979 entzog das Strassenverkehrsamt des Kantons Zürich Hans S. den Kollektivfahrzeugausweis, weil sein Betrieb nicht den hierfür neu vom Regierungsrat festgelegten Mindestumsatz erreichte. Hans S. sah darin einen unzulässigen Widerruf. Das Bundesgericht führte aus, dass entgegen der Auffassung von Hans S. ein Entzug des Kollektivfahrzeugausweises nicht nur bei einer Änderung der tatsächlichen Verhältnisse in Frage komme, sondern auch aufgrund einer berechtigten Praxisänderung. Die Kantone seien befugt, neue, sachgerechte, strengere Bewilligungsvoraussetzungen auch gegenüber bisherigen Inhabern von Kollektivfahrzeugausweisen zur Anwendung zu bringen. «Der Kollektivfahrzeugausweis begründet aber keine subjektiven

Rechte. Auch dem Umstand, dass von der Bewilligung bereits Gebrauch gemacht worden ist, kommt keine entscheidende Bedeutung zu, wenn mit dieser Bewilligung eine dauernde Tätigkeit gestattet wird (BGE 101 Ib 321). Dass schliesslich der Kollektivfahrzeugausweis in einem Verfahren erteilt worden ist, in dem die Bewilligungsvoraussetzungen umfassend zu prüfen waren, steht jedenfalls dann einem Widerruf nicht entgegen, wenn strengere Voraussetzungen auf einer begründeten Änderung der Praxis beruhen und deshalb im Interesse der Rechtsgleichheit auch gegenüber den bisherigen Inhabern von Kollektivfahrzeugausweisen angewendet werden müssen.» Das Bundesgericht bejahte deshalb die Zulässigkeit des Widerrufs, hiess die Beschwerde jedoch aus anderen Gründen gut (BGE 106 Ib 252, 254 ff.).

III. Revision und Wiedererwägung

1. Revision

a) Begriff

Das Revisionsgesuch ist das *Rechtsmittel,* mit dem eine formell rechtskräftige Verfügung oder ein rechtskräftiger Beschwerdeentscheid wegen des *Vorliegens eines Revisionsgrundes* bei der verfügenden Verwaltungsbehörde oder bei der entscheidenden Beschwerdeinstanz angefochten wird. Eine Revision ist regelmässig unzulässig, wenn die Revisionsgründe bereits im Verfahren, das dem Erlass der Verfügung voranging, oder mit einem ordentlichen Rechtsmittel hätten geltend gemacht werden können (BGE 138 I 61, 73). Die Revision ist deshalb ein *ausserordentliches* Rechtsmittel. 1265

Das Verfahren der Revision in der verwaltungsinternen Verwaltungsrechtspflege wird zum Teil *von Amtes wegen,* zum Teil *auf ein Gesuch* des von einer Verfügung oder einem Beschwerdeentscheid Betroffenen hin eingeleitet (vgl. im Bund die Unterscheidung in Art. 66 Abs. 1 und 2 VwVG). Die Revision eines Entscheides können nur die Parteien des Verfahrens verlangen, das zu diesem Entscheid führte (VPB 61 [1997] Nr. 50; 57 [1993] Nr. 22b S. 220 m.H.), nicht aber die Vorinstanz (VPB 60 [1996] Nr. 36 S. 326 f.). 1266

Das Verfahren läuft zweistufig ab: Zunächst wird im Sinne einer Eintretensfrage geprüft, ob ein Revisionsgrund vorliegt. Wird dies bejaht, so wird die Frage untersucht, ob die fragliche Verfügung materiell geändert werden soll oder nicht. Wird das Eintreten abgelehnt, so kann mit Beschwerde nur geltend gemacht werden, die Behörde habe zu Unrecht das Bestehen der Voraussetzungen des Eintretens verneint. Erfolgt ein neuer Entscheid, unterliegt dieser der (ordentlichen) Beschwerde. 1267

b) Regelung im Bund

Art. 66 VwVG zählt die *Gründe* auf, die in der verwaltungsinternen Verwaltungsrechtspflege des Bundes – von Amtes wegen oder auf Begehren einer Partei – zur *Revision eines Beschwerdeentscheides* führen können: 1268

– Revision wegen Beeinflussung des Beschwerdeentscheides durch ein Verbrechen oder Vergehen (Art. 66 Abs. 1 VwVG).

- Revision wegen neuer erheblicher Tatsachen oder Beweismittel (Art. 66 Abs. 2 lit. a VwVG). Es kann sich dabei aber nur um Tatsachen oder um Beweismittel handeln, die zur Zeit der Erstbeurteilung bereits bestanden, jedoch erst danach in Erfahrung gebracht wurden. Die neu entdeckten Tatsachen oder Beweismittel müssen zudem erheblich sein, d.h. sie müssen zu einer anderen rechtlichen Würdigung der Streitsache führen (Beispiele: BVGer, Urteil B-3610/2009 vom 3. November 2009 E. 3; Urteil D-3309/2006 vom 23. Mai 2007 E. 2; VPB 63 [1999] Nr. 11).
- Revision wegen Verfahrensmängeln bezüglich der Besetzung der urteilenden Instanz, der Nichtberücksichtigung aktenkundiger erheblicher Tatsachen, der Nichtbeurteilung von gestellten Rechtsbegehren sowie der Verletzung wesentlicher Prozessgrundsätze wie beispielsweise des Anspruchs auf rechtliches Gehör oder des Rechts auf Akteneinsicht (Art. 66 Abs. 2 lit. b und c VwVG; Beispiele: BVGer, Urteil D-6797/2006 vom 15. Januar 2010 E. 2; VPB 64 [2000] Nr. 98; 64 [2000] Nr. 7).
- Revision infolge Gutheissung einer Beschwerde durch den Europäischen Gerichtshof für Menschenrechte wegen Verletzung der EMRK und deren Protokolle, sofern eine Wiedergutmachung nur durch Revision möglich ist (Art. 66 Abs. 2 lit. d VwVG).

1269 Gründe im Sinne von Art. 66 Abs. 2 lit. a–c VwVG *gelten nicht als Revisionsgründe,* wenn die Partei sie im Rahmen des Verfahrens, das dem Beschwerdeentscheid voranging, oder auf dem Weg einer Beschwerde, die ihr gegen den Beschwerdeentscheid zusteht, geltend machen konnte (Art. 66 Abs. 3 VwVG).

1270 Die Möglichkeit der *Revision erstinstanzlicher Verfügungen* ist im VwVG nicht vorgesehen. Solche Verfügungen können aber auf Gesuch des Betroffenen hin in Wiedererwägung gezogen werden, wobei unter Umständen ein Anspruch auf Eintreten besteht (vgl. Rz. 1220 und 1272 ff.). Für die Revision von Entscheiden des Bundesverwaltungsgerichts gelten die Art. 121–128 BGG sinngemäss (Art. 45 VGG).

c) Regelung in den Kantonen

1271 In den Verwaltungsrechtspflegegesetzen verschiedener Kantone wird für das verwaltungsinterne Verwaltungsrechtspflegeverfahren die Revision nicht erwähnt. Zum Teil werden jedoch die kantonalen Vorschriften über die Revision von Urteilen der Verwaltungsgerichte auch auf Rekursentscheide von Verwaltungsbehörden angewandt.

2. Wiedererwägung

a) Begriff

1272 Das Wiedererwägungsgesuch ist der *formlose Rechtsbehelf,* durch den die Betroffenen die *verfügende Verwaltungsbehörde ersuchen, auf ihre Verfügung zurückzukommen* und sie abzuändern oder aufzuheben. Es handelt sich eigentlich um eine «Bitte» (Petition) um Überprüfung der Verfügung und um eine andere Würdigung der Sach- oder Rechtslage.

Das Bundesgericht leitet jedoch unabhängig von der gesetzlichen Regelung aus Art. 29 Abs. 1 und 2 BV einen *Minimalanspruch auf Eintreten auf ein Wiedererwägungsgesuch* ab, wenn folgende Voraussetzungen vorliegen: 1273

- die Umstände haben sich seit dem ersten Entscheid wesentlich geändert (BGE 138 I 61, 72 f.; BGer, Urteil 2C_490/2009 vom 2. Februar 2010 E. 2.1; BVGE 2008/52 E. 3.2.3) oder
- der Gesuchsteller macht erhebliche Tatsachen oder Beweismittel namhaft, die im früheren Verfahren nicht bekannt waren oder die schon damals geltend zu machen für ihn unmöglich war oder keine Veranlassung bestand (BGE 138 I 61, 72 f.; 120 Ib 42, 46 f.; BGer, Urteil 2C_170/2007 vom 21. Januar 2008 E. 3; Urteile 1P.266/2001 und 1P.654/2000 vom 12. Juni 2001 = SJZ 97 [2001] 371 f.; BVGE 2008/8; zur Wiedererwägung im Sozialversicherungsrecht BGE 129 V 200, 202 sowie BVGE 2008/52).

Die erste der beiden Voraussetzungen betrifft die *nachträgliche Fehlerhaftigkeit* einer Verfügung; KÖLZ/HÄNER/BERTSCHI, Rz. 735 ff., sprechen deshalb von einem Anspruch auf *Anpassung* einer Verfügung wegen wesentlicher Änderung der Verhältnisse (vgl. auch BGE 136 II 177, 181). Bei der zweiten Voraussetzung geht es um einen *ursprünglichen Fehler* der Verfügung. In diesem Fall ist der Anspruch auf Eintreten auf ein Wiedererwägungsgesuch dann von praktischer Bedeutung, wenn ein entsprechender gesetzlicher Revisionsgrund fehlt. Es handelt sich also um einen verfassungsrechtlichen Minimalanspruch auf Revision. Insoweit besteht dann kein grundsätzlicher Unterschied mehr zwischen Revisionsbegehren und Wiedererwägungsgesuch (zum Verhältnis von Revision und Wiedererwägung vgl. Entscheid des Bundesrates, VPB 67 [2003] Nr. 15). 1274

Ausnahmsweise kann auch die Änderung des dem Entscheid zugrunde liegenden Rechts als wesentliche Änderung der Umstände betrachtet werden, die einen Anspruch darauf begründet, dass auf das Wiedererwägungsgesuch eingetreten wird (BGE 109 Ib 246, 253). Von diesem Fall der nachträglichen Fehlerhaftigkeit können nur Dauerverfügungen betroffen sein. 1275

Beispiel: 1276

In BGer, Urteil 2C_170/2007 vom 21. Januar 2008 E. 3.1, stützte das Bundesgericht die Ansicht der Vorinstanz, dass die Eigentümerin einer Kernkraftanlage einen Anspruch auf Wiedererwägung ihres Gesuchs um Aufhebung der Befristung des Betriebs habe. Einen solchen Anspruch auf Wiedererwägung oder Anpassung einer Verfügung werde insbesondere dann anerkannt, wenn sich die Verhältnisse seit dem Entscheid erheblich geändert haben, was mit dem Inkrafttreten des neuen Kernenergiegesetzes (KEG) geschehen sei.

b) Rechtsgrundlagen

Das Wiedererwägungsgesuch wird im Verwaltungsverfahrensrecht des Bundes nicht allgemein geregelt. Dass die verfügende Behörde berechtigt ist, ihre Verfügung während *eines laufenden Beschwerdeverfahrens* in Wiedererwägung zu ziehen, wird aber in Art. 58 Abs. 1 VwVG erwähnt. Ferner kann es sich bei einem Begehren auf Erlass einer Feststellungsverfügung gemäss Art. 25 VwVG auch um ein Wiedererwägungsgesuch handeln. In den Verfahrensgesetzen der Kantone – so z.B. im Verwaltungsrechtspflege- 1277 gesetz des Kantons Zürich (VRG, LS 175.2) – wird das Wiedererwägungsgesuch zum Teil ebenfalls nicht geregelt. Das VRPG des Kantons Aargau enthält dagegen in § 39 eine entsprechende Bestimmung, ebenso §§ 39 f. des Verwaltungsverfahrensgesetzes Basel-Landschaft vom 13. Juni 1988 (SGS 175).

c) Anwendungsbereich

1278 Das Wiedererwägungsgesuch kann sich nur auf erstinstanzliche Verfügungen beziehen; Rechtsmittelentscheide können durch die Verwaltungsbehörden nicht in Wiedererwägung gezogen werden, da ihnen grundsätzlich *materielle Rechtskraft* zukommt (BVGer, Urteil A-6381/2009 vom 16. März 2010 E. 3.2; VPB 69 [2005] Nr. 124). Dies schliesst allerdings nicht aus, dass die erstinstanzliche Behörde auf ein Wiedererwägungsgesuch hin neu entscheidet, obwohl in der gleichen Sache ein rechtskräftiger Beschwerdeentscheid vorliegt.

e) Verfahren

1279 Der Gesuchsteller ist bei diesem formlosen Rechtsbehelf weder an eine Form noch an die Einhaltung einer Frist für die Einreichung des Gesuchs gebunden. Allerdings hat das Bundesgericht präzisiert, dass der Möglichkeit der Wiedererwägung aus Gründen der Rechtssicherheit Grenzen gesetzt seien. Formell rechtskräftige Verfügungen (vgl. Rz. 1091 f.) dürfen nicht immer wieder in Frage gestellt werden. Bei verweigernden Verfügungen ist eine Wiedererwägung unzulässig, wenn kurz nach dem abweisenden Entscheid erneut ein identisches Gesuch eingereicht wird. Das Institut des Wiedererwägungsgesuches darf auch nicht dazu dienen, Rechtsmittelfristen zu umgehen (BGE 136 II 177, 181; BGer, Urteil 2C_339/2009 vom 5. Januar 2010 E. 2.1; BVGer, Urteil C-5947/2007 vom 23. September 2009 E. 2.1). Die Wiedererwägung kann nur während beschränkter Zeit nach der Veränderung der Verhältnisse verlangt werden; für die Bemessung des Zeitraumes ist der *Grundsatz von Treu und Glauben* massgebend (BGE 113 Ia 146, 154; VPB 64 [2000] Nr. 99).

1280 Wie beim Vorliegen eines gesetzlichen Revisionsgrundes (Rz. 1268 ff.) muss die Behörde in einem ersten Schritt prüfen, ob die Voraussetzungen für ein Zurückkommen auf einen formell rechtskräftigen Entscheid erfüllt sind, und in einem zweiten Schritt, ob er fehlerhaft ist und das Interesse an der Korrektur dieses Fehlers gegenüber dem Interesse an der Rechtssicherheit und am Vertrauensschutz überwiegt.

f) Wirkung des Wiedererwägungsgesuches

1281 Wird ein Wiedererwägungsgesuch gestellt, so hat das nicht zur Folge, dass laufende Rechtsmittelfristen unterbrochen werden. Es bewirkt auch nicht, dass nach dem Entscheid der angerufenen Behörde, das Wiedererwägungsgesuch nicht zu behandeln, eine neue Frist für einen Rekurs in der Sache selbst zu laufen beginnt. Ebenso sind Verfügungen, mit denen die Anhandnahme eines Wiedererwägungsgesuches abgelehnt wird, grundsätzlich nicht anfechtbar. Der Gesuchsteller kann mit Beschwerde höchstens geltend machen, im vorliegenden Fall seien die Voraussetzungen gegeben, bei denen gestützt auf Art. 29 Abs. 1 und 2 BV ausnahmsweise ein Anspruch auf Wiedererwägung besteht (vgl. Rz. 1273 ff.). Ergeht aufgrund eines Wiedererwägungsgesuches jedoch ein neuer Sachentscheid, so steht gegen diesen der gewöhnliche Rechtsmittelweg offen (VPB 67 [2003] Nr. 106; vgl. die Anwendungsfälle BGE 116 V 62 f. und BGE 117 V 8 ff.).

IV. Zeitpunkt der Wirkungen der Änderung von Verfügungen

Es stellt sich die Frage, ob die Änderung einer Verfügung durch Widerruf, Revision, 1282
Wiedererwägung oder Berichtigung *ex tunc oder ex nunc* wirkt, d.h., ob die bis zum Zeitpunkt der Rechtskraft der Änderung eingetretenen Folgen der Verfügung (z.B. Bezug einer zu hohen Besoldung eines Staatsangestellten, zu Unrecht ausgerichtete Sozialhilfe) bestehen bleiben oder rückgängig gemacht werden sollen (vgl. dazu KNAPP, No. 1370ter ff.). Für die Beantwortung dieser Frage kommt es auf die Art des Fehlers an, der zur Änderung der Verfügung Anlass gibt, und darauf, wer ihn verursacht hat.

Ist die Verfügung *ursprünglich* fehlerhaft, so wird die Änderung normalerweise auch 1283
ex tunc wirksam; es sind jedoch fallweise Abweichungen denkbar (vgl. BGE 110 V 291, 295 f., wonach ein Widerruf mit Wirkung ex nunc jedenfalls nicht bundesrechtswidrig ist). Eine Milderung des genannten Grundsatzes kann namentlich dann angezeigt sein, wenn die Fehlerhaftigkeit nicht durch die Verfügungsadressaten, sondern durch die Behörden zu verantworten ist.

Bei *nachträglich* eingetretenen Fehlern wirkt die Änderung demgegenüber in der 1284
Regel ex nunc, sei es auf den Zeitpunkt der geänderten Verhältnisse, sei es auf den Zeitpunkt der neuen Verfügung. Unter Umständen kann es sich sogar als unverhältnismässig erweisen, die Änderung einer Verfügung ex nunc, ohne Einräumung einer angemessenen Frist für die Anpassung an die neue Rechtslage, wirksam werden zu lassen.

In gewissen Fällen ist überdies zu prüfen, ob das für die Änderung verantwortliche 1285
Gemeinwesen eine *Entschädigung* auszurichten hat für die im Vertrauen auf die Gültigkeit der Verfügung getroffenen Dispositionen, die ohne Schaden nicht rückgängig gemacht werden können (vgl. Rz. 706 ff.).

3. Kapitel
Weitere Formen des Verwaltungshandelns

§ 18 Verwaltungsrechtlicher Vertrag

Literatur

ABEGG ANDREAS, Die Evolution des Verwaltungsvertrags zwischen Staatsverwaltung und Privaten, Der kontrahierende Staat in Deutschland, Frankreich und der Schweiz seit dem 18. Jahrhundert, Habil. Freiburg, Bern 2010; ABEGG ANDREAS, Der Verwaltungsvertrag zwischen Staatsverwaltung und Privaten, Zürich/Basel/Genf 2009; ACHERMANN-KNOEPFLI ALEX, Das Bundesgesetz über die wirtschaftliche Landesversorgung, insbesondere der Pflichtlagervertrag, Diss. Basel 1990; BRÜHWILER-FRÉSEY LUKAS S., Verfügung, Vertrag, Realakt und andere verwaltungsrechtliche Handlungssysteme, Diss. Freiburg, Bern 1984; EGLI MARKUS, Kooperationsvereinbarungen: 5 Jahre Praxis im Kanton Solothurn, URP 20 (2006) 75 ff.; GIACOMINI SERGIO, Verwaltungsrechtlicher Vertrag und Verfügung im Subventionsverhältnis «Staat-Privater», Diss. Freiburg 1992; HÄNER ISABELLE, Transportvertrag, ein verwaltungsrechtlicher Vertrag im Zivilrechtskleid, in: Markus Rüssli/Julia Hänni/Reto Häggi Furrer (Hrsg.), Staats- und Verwaltungsrecht auf vier Ebenen, Festschrift für Tobias Jaag, Zürich/Basel/Genf 2012, S. 401 ff.; HÄNER ISABELLE, Der verwaltungsrechtliche Vertrag als effizienteres Instrument für den Umweltschutzvollzug, URP 15 (2001) 591 ff.; HÄNER ISABELLE/WALDMANN BERNHARD (Hrsg.), Der verwaltungsrechtliche Vertrag in der Praxis, Zürich/Basel/Genf 2007; HETTICH PETER, Handlungsformen, in: Giovanni Biaggini/Isabelle Häner/Urs Saxer/Markus Schott (Hrsg.), Fachhandbuch Verwaltungsrecht, Zürich/Basel/Genf 2015, S. 823 ff.; HUGUENIN CLAIRE, Die bundesgerichtliche Praxis zum öffentlich-rechtlichen Vertrag, ZBJV 118 (1982) 489 ff.; IMBODEN MAX, Der verwaltungsrechtliche Vertrag, ZSR 77/II (1958) 1a ff.; KLEIN FRANK, Die Rechtsfolgen des fehlerhaften verwaltungsrechtlichen Vertrags, Diss. Zürich 2003; LIENHARD ANDREAS, Einbezug von Privaten bei der Gewährleistung des Umweltschutzes – Kooperations- und Auslagerungsvereinbarungen als Vollzugsinstrumente?, URP 20 (2006) 1 ff.; LUSTENBERGER ERIK, Die Verzichtsvereinbarung im öffentlichen Bauverfahren, Diss. Freiburg, Zürich 2008; MÄCHLER AUGUST, Vertrag und Verwaltungsrechtspflege, Ausgewählte Fragen zum vertraglichen Handeln der Verwaltung und zum Einsatz des Vertrages in der Verwaltungsrechtspflege, Habil. Zürich 2005; MAEGLI ROLF, Gesetzmässigkeit im kooperativen Verwaltungshandeln, URP 4 (1990) 265 ff.; MORAND CHARLES-ALBERT, La contractualisation corporatiste de la formation et de la mise en œuvre du droit, in: Charles-Albert Morand (Hrsg.), L'Etat propulsif, Contribution à l'étude des instruments d'action de l'Etat, Paris 1991, S. 181 ff.; MÜLLER GEORG, Das Verhältnis zwischen einem privatrechtlichen Vertrag über die Abtretung von öffentlichem Grund zu einer verwaltungsrechtlichen Erschliessungsvereinbarung, recht 6 (1988) 25 ff.; MÜLLER GEORG, Zur Rechtsnatur der Vereinbarung über die Sorgfaltspflicht der Banken bei der Entgegennahme von Geldern und über die Handhabung des Bankgeheimnisses, SJZ 81 (1984) 349 ff.; MÜLLER THOMAS P., Verwaltungsverträge im Spannungsfeld von Recht, Politik und Wirtschaft, Diss. Basel 1997; NGUYEN MINH SON, Le contrat de collaboration en droit administratif, Diss. Lausanne, Bern 1998; PAPPA CHRISTOPH/JAGGI DANIEL, Rechtsschutz Dritter beim Abschluss von verwaltungsrechtlichen Verträgen, AJP 21 (2012) 800 ff.; RHINOW RENÉ, Verfügung, Verwaltungsvertrag und privatrechtlicher Vertrag, in: Juristische Fakultät der Universität Basel (Hrsg.), Privatrecht – Öffentliches Recht – Strafrecht, Festgabe zum Schweizerischen Juristentag 1985, Basel/Frankfurt a.M. 1985, S. 295 ff.; RHINOW RENÉ, Verwaltungsrechtlicher oder privatrechtlicher Vertrag, recht 3 (1985) 57 ff.; RHINOW RENÉ, Wohlerworbene und vertragliche Rechte im öffentlichen Recht, ZBl 80 (1979) 1 ff.; RICHLI PAUL, Zu den Gründen, Möglichkeiten und Grenzen für Verhandlungselemente im öffentlichen Recht, ZBl 92 (1991) 381 ff.; RICHLI

PAUL, Rechtsformen für die Gewährung von Finanzhilfen, ZSR 105/I (1986) 79 ff.; RICKLI PETER, Die Einigung zwischen Behörde und Privaten im Steuerrecht, Diss. Basel 1987; SCHWEIZER RAINER J., Verträge und Abmachungen zwischen der Verwaltung und Privaten in der Schweiz, VVDStRL 52 (1993) 314 ff.; STADLER PATRIK, Der Vertrauensschutz bei Verträgen des Gemeinwesens mit Privaten, Wie öffentliches Recht und Privatrecht sich durchdringen, Diss. St. Gallen 2005; VOGEL STEFAN, Die «clausula rebus sic stantibus» als Mittel zur Anpassung und Aufhebung von verwaltungsrechtlichen Verträgen, ZBl 109 (2008) 298 ff.

I. Begriff des verwaltungsrechtlichen Vertrages

1. Definition

Der verwaltungsrechtliche Vertrag (synonym: öffentlich-rechtlicher Vertrag, Verwal- 1286
tungsvertrag; differenzierend zur Terminologie WIEDERKEHR/RICHLI, Bd. I, Rz. 2943 m.w.H.) ist die auf *übereinstimmenden Willenserklärungen* von zwei oder mehreren Rechtssubjekten beruhende Vereinbarung, welche die Regelung einer konkreten *verwaltungsrechtlichen Rechtsbeziehung,* vor allem im Zusammenhang mit der Erfüllung einer öffentlichen Aufgabe, zum Gegenstand hat.

2. Abgrenzung gegenüber der Verfügung und dem privatrechtlichen Vertrag

Die Eigenheiten des verwaltungsrechtlichen Vertrages lassen sich am besten erkennen, 1287
wenn man ihn mit anderen Rechtsformen des Verwaltungshandelns vergleicht. Der verwaltungsrechtliche Vertrag steht gewissermassen zwischen dem Verfügungshandeln und dem privatrechtlichen Handeln des Gemeinwesens: Mit der Verfügung verbindet ihn die öffentlich-rechtliche Handlungsform, mit dem privatrechtlichen Vertrag die übereinstimmende Willenserklärung.

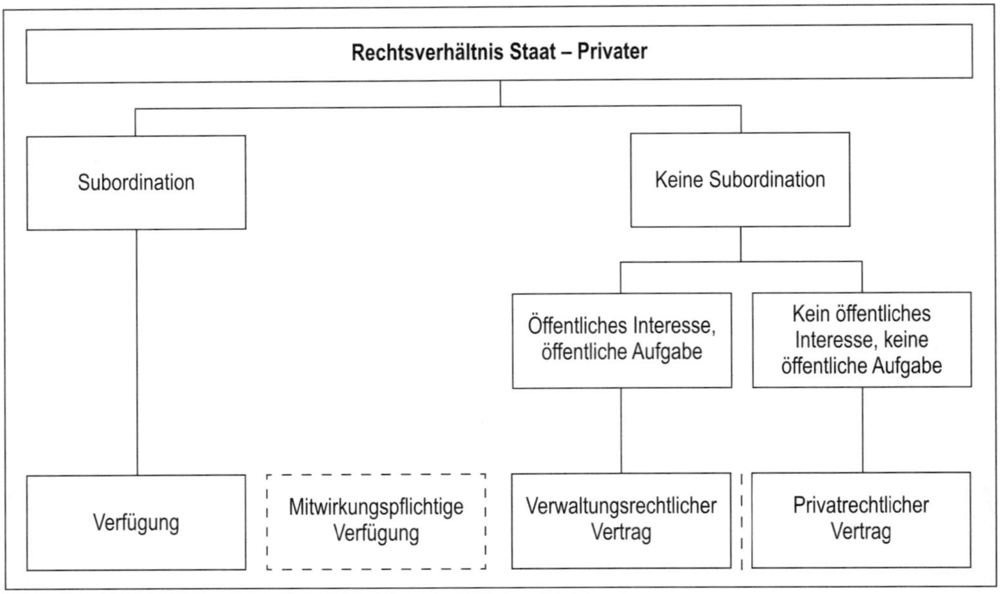

a) Verwaltungsrechtlicher Vertrag und Verfügung

1288 Von der Verfügung unterscheidet sich der verwaltungsrechtliche Vertrag durch seine *Zweiseitigkeit*. Er beruht auf der Zustimmung der beteiligten Gemeinwesen und Privaten zur ausgehandelten Regelung und begründet gegenseitige Rechte und Pflichten der Vertragsparteien. Demgegenüber handelt es sich bei der Verfügung um eine einseitige, hoheitliche Anordnung des Gemeinwesens (Rz. 849).

1289 Bei der *mitwirkungsbedürftigen* Verfügung (vgl. Rz. 892 ff.) hat der Private die Möglichkeit, mittels eines Gesuches die Vornahme einer Rechtshandlung durch die zuständige Behörde zu veranlassen oder einer solchen Handlung (z.B. Wahl eines Behördemitglieds) nachträglich zuzustimmen. Auf die inhaltliche Gestaltung des Rechtsverhältnisses kann er jedoch viel weniger einwirken als beim verwaltungsrechtlichen Vertrag.

1290 Der Gesetzgeber kann die Handlungsform festlegen (so z.B. im öffentlichen Dienstrecht, Rz. 2012, oder bei der Subvention, Rz. 2532 f.). Hat er das nicht getan, ist in erster Linie auf den *Gestaltungsspielraum der Parteien* abzustellen: Je grösser dieser ist, desto eher liegt ein verwaltungsrechtlicher Vertrag vor. Können die Parteien dagegen gar nichts «verhandeln», ist von (einseitig) hoheitlichem Handeln in Verfügungsform auszugehen. Als Hilfskriterien im Falle von Zuordnungsschwierigkeiten können die angestrebte grössere Rechtsbeständigkeit, der Parteiwille, die effektive Gleichordnung der Parteien sowie die Praktikabilität des Rechtsschutzes berücksichtigt werden.

1291 Beispiel:

X. wurde vom Zweckverband Z. (einem Zusammenschluss mehrerer Gemeinden zur Besorgung bestimmter Gemeindeaufgaben gemäss § 7 GG/ZH) als Fahrer mit gewissen Nebenaufgaben angestellt. Die Anstellung erfolgte mittels eines Schreibens, welches die zwischen X. und Vertretern des Zweckverbandes Z. anlässlich einer Besprechung getroffenen Vereinbarungen bestätigte. Namentlich wurden der Termin des Stellenantritts, der Tätigkeitsbereich und die monatliche Grundbesoldung, die sich nach dem Personalreglement des Zweckverbandes Z. richtet, erwähnt. Für die übrigen Anstellungsbedingungen wurde auf die Personalbroschüre des Zweckverbandes Z. verwiesen. Weiter wurde X. gebeten, eine unterzeichnete Kopie «dieser Vereinbarung» zu retournieren. Eine spätere Kündigung des Anstellungsverhältnisses durch den Zweckverband focht X. mit Klage beim Verwaltungsgericht des Kantons Zürich an. Zur Unterscheidung zwischen verfügten und vertraglichen Anstellungsverhältnissen führte das Gericht aus: «Neben dem zweifellos erforderlichen Konsens [beim vertraglichen Verhältnis] muss deshalb auch nach weiteren – inhaltlichen – Kriterien gefragt werden. Diese ergeben sich aus der inhaltlichen Gestaltungsfreiheit: Besteht bezüglich der inhaltlichen Ausgestaltung ein erheblicher (potentieller) Spielraum [...], können also wesentliche Punkte des Vertragsinhaltes von den diesbezüglich als gleichgestellt zu betrachtenden Parteien verhältnismässig frei gestaltet werden, so kann gegebenenfalls von einem vertraglich begründeten Anstellungsverhältnis ausgegangen werden» (Verwaltungsgericht des Kantons Zürich, Urteil PK.2002.00003 vom 14. August 2002, E. 2c/dd = ZBl 104 [2003] 428, 431 f.). In der Folge qualifizierte das Verwaltungsgericht das fragliche Anstellungsverhältnis als verfügt und nicht als vertraglich begründet. Es führte aus: «So ist etwa bei allen mitwirkungsbedürftigen Anstellungsverfügungen der Zeitpunkt des Stellenantritts mit der anzustellenden Person abzusprechen. Auch bei der Besoldung [...] sind keine individualisierten Elemente auszumachen. Einzig bezüglich der besonderen Nebenaufgaben gemäss Besprechung lässt sich eine gewisse Individualisierung der Anstellungsbedingungen erkennen. [...] Die konsensuale Lösung gewisser Einzelpunkte macht aber verfügte Arbeitsverhältnisse nicht zu vertraglichen» (Verwaltungsgericht des Kantons Zürich, Urteil PK.2002.00003 vom 14. August 2002, E. 3a/bb).

b) Verwaltungsrechtlicher und privatrechtlicher Vertrag

Das *Gesetz* kann die *Rechtsnatur* eines Vertrages festlegen. So ergibt sich z.B. aus Art. 19 und 24 PBG i.V.m. Art. 56 Abs. 1 PBG (Personenbeförderungsgesetz) sowie aus Art. 10 GüTG i.V.m. Art. 12 GüTG (Gütertransportgesetz), dass Verträge über den Transport von Personen, Reisegepäck oder Gütern durch die Unternehmungen des öffentlichen Verkehrs privatrechtlich sind (vgl. BGE 136 II 489, 492 f.; 136 II 457, 465 f.). 1292

Meistens fehlt allerdings eine gesetzliche Qualifizierung der Verträge. Die Zuordnung zum privaten oder öffentlichen Recht fällt dann oft schwer. Besonders umstritten ist die Rechtsnatur gewisser Verträge im Bereich der *Leistungsverwaltung* (z.B. Verträge über die Benutzung von öffentlichen Anstalten [siehe dazu Rz. 1671 ff.] oder die Lieferung von Energie oder Wasser durch das Gemeinwesen). In diesen Fällen sind die allgemeinen Theorien zur Abgrenzung von öffentlichem Recht und Privatrecht heranzuziehen (Rz. 223 ff.). Dabei bietet die *Subordinationstheorie* meist keine Hilfe, weil der privatrechtliche wie der verwaltungsrechtliche Vertrag auf gemeinsamen Willenserklärungen beruht. Das Bundesgericht hat deshalb die Vereinbarung über die Sorgfaltspflichten der Banken zu Unrecht mit der Begründung als privatrechtlich bezeichnet, die Schweizerische Nationalbank habe sich daran nicht in ihrer hoheitlichen Funktion beteiligt und es fehle an einem das öffentliche Recht kennzeichnenden Unterordnungsverhältnis der Banken zur Nationalbank (BGE 109 Ib 146, 152; vgl. auch die Ausführungen in BGE 114 Ib 142, 148 zur Rechtsnatur von Verträgen, mit welchen ein Kanton die für den Bau von Nationalstrassen erforderlichen Grundstücke erwirbt). Die Parteien sind beim verwaltungsrechtlichen Vertrag ebenso gleichberechtigt wie beim privatrechtlichen; ist eine Partei der anderen gegenüber «subordiniert», so liegt gar kein vertragliches, sondern ein durch Verfügung zu regelndes Rechtsverhältnis vor (siehe die Kritik 1293 bei RHINOW, Verfügung, Verwaltungsvertrag und privatrechtlicher Vertrag, S. 302 f.; RHINOW, Verwaltungsrechtlicher oder privatrechtlicher Vertrag, S. 57 ff., 62 ff.).

1294 Relevanter sind die *Funktions- bzw. die Interessentheorie,* welche auf den Inhalt des staatlichen Handelns abstellen. Das massgebliche Kriterium für die Unterscheidung zwischen verwaltungsrechtlichem und privatrechtlichem Vertrag ist der *Gegenstand der dadurch geregelten Rechtsbeziehungen oder Rechtsverhältnisse* (vgl. BGE 134 II 297, 301, vgl. die ausführliche Darstellung des Urteils in Rz. 1297; vgl. auch BGer, Urteil 4A_116/2010 vom 28. Juni 2010 E. 4.2). Es kommt auf die Funktion der Regelung oder die damit verfolgten Interessen an. Der verwaltungsrechtliche Vertrag dient unmittelbar der Erfüllung einer öffentlichen Aufgabe; die Wahl der privatrechtlichen Vertragsform erfolgt im Hinblick auf die Erreichung «eigener», «privater» Interessen der Vertragsparteien (Schiedsgericht, Urteil vom 26. Juni 2007 = RDAF 64 [2008] 361, 368 f.). Die Rechtsnatur hängt mit anderen Worten davon ab, zu welchem *Zweck* der Vertrag abgeschlossen wird. Sollen *unmittelbar* Verwaltungsobliegenheiten wahrgenommen oder Verwaltungstätigkeiten geregelt werden (z.B. Erschliessung von Bauland, Errichtung und Betrieb von Altersheimen, Ausübung von Kontrollen auf dem Gebiet des Umweltschutzes), so liegt ein verwaltungsrechtlicher Vertrag vor. Privatrechtlich ist der Vertrag, wenn er nur mittelbar öffentliche Interessen verfolgt (z.B. Beschaffung gewisser Hilfsmittel für die Erfüllung öffentlicher Aufgaben wie Kauf von Büromaterial oder Miete von Büroräumlichkeiten; vgl. Rz. 1384 f.). Ebenso ist regelmässig von privatrechtlichen Verträgen auszugehen, wenn das Gemeinwesen ähnlich wie ein Privater am Markt auftritt und dabei einen Ertrag erzielen will (privatwirtschaftliche Tätigkeit, Rz. 1388 f.).

Beispiele:

1295 – Der Vertrag, mit welchem der Bund einem Jugend-und-Sport-Leiter unentgeltlich Armeematerial für ein Pfadfinderlager zur Verfügung stellt, ist verwaltungsrechtlicher Natur, da es sich bei der Sportförderung um eine Verwaltungsaufgabe handelt (Entscheid des Präsidenten der Rekurskommission VBS, VPB 65 [2001] Nr. 16).

1296 – Im Rahmen arbeitsmarktlicher Massnahmen schloss der Kanton St. Gallen einen Vertrag mit einem Privaten ab, mit welchem sich dieser verpflichtete, eine Übungsfirma einzurichten und Computerkurse für arbeitslose Personen zu erteilen, und der Kanton eine Vergütung pro Tag und Kursteilnehmer versprach. Das Bundesgericht qualifizierte diesen Vertrag als öffentlichrechtlich, weil damit die Erfüllung einer öffentlichen Aufgabe durch einen Privaten geregelt wurde (BGE 128 III 250, 253 ff.).

1297 – Der Abfallbewirtschaftungsverband Oberengadin-Bergell beauftragte die private Corvatsch Power GmbH im Rahmen einer öffentlichen Ausschreibung mit dem Abtransport des Hauskehrichts. Nach Ansicht der kantonalen Behörden stellte diese Vereinbarung einen privatrechtlichen Vertrag dar, da es sich bei der von der Corvatsch Power GmbH zu erbringenden Sammel- und Transportdienstleistung um eine untergeordnete Hilfstätigkeit zur Abfallentsorgung als Ganzes handle. Das Bundesgericht erachtete zwar auch die gegenteilige Auffassung, wonach der Abtransport von Hauskehricht für sich allein eine Verwaltungsaufgabe ist, als vertretbar. Es stellte klar, dass der Übergang zwischen der Übertragung einer eigentlichen öffentlichen Aufgabe (in der Regel in der Form des verwaltungsrechtlichen Vertrags) und einer blossen Hilfstätigkeit (in der Regel gemäss Privatrecht) fliessend sei und es der Gesetzgeber bis zu einem gewissen Grad in der Hand habe, die Rechtsnatur solcher Verträge festzulegen. Im vorliegenden Fall hielt das Bundesgericht die Zuordnung zum Privatrecht durch die kantonalen Behörden für zulässig, dies nicht zuletzt deswegen, weil der Vertrag die Einzelheiten der zu erbringenden Dienstleistung detailliert regelte und der Corvatsch Power GmbH lediglich ein geringer Gestaltungsraum zukam, so dass es nahe liege, ihre Arbeiten als blosse Hilfsleistung bei der Erfüllung der öffentlichen Aufgaben zu betrachten (BGE 134 II 297, 302 f.).

- Die Stiftung SWITCH nimmt in der Schweiz seit 1987 die Zuteilung und Verwaltung von Domain-Namen der Domain «.ch» wahr. Es handelt sich dabei um eine Verwaltungsaufgabe, welche ihr vom Bundesamt für Kommunikation (BAKOM) mittels verwaltungsrechtlichem Vertrag übertragen wurde. Jedoch untersteht das Rechtsverhältnis zwischen der Registerbetreiberin SWITCH und den Nutzerinnen und Nutzern dem Privatrecht (BGE 138 I 289, 291 ff.; 131 II 162, 164 ff.). 1298
- Der Vertrag, mit dem sich ein Produzent von Gruyère-Käse der AOC-Zertifizierung durch eine interkantonale Zertifizierungsstelle unterwirft, ist aufgrund einer Gesamtwürdigung dem öffentlichen Recht zuzuordnen. Dafür spricht insbesondere das modale Kriterium, «lorsque la certification se présente comme une obligation pour commercialiser un produit, elle doit être considérée comme relevant du droit public dès lors que le fondement légal de cette obligation réside, comme en l'espèce, dans une norme de droit public [...]. A cet égard, il importe peu que l'obligation découle d'un impératif légal incontournable [...] ou, comme en l'espèce, d'un impératif commercial; seul compte que cet impératif ait son siège [...] dans une matière réglementée par le droit public». Dies ist vorliegend der Fall, da der Entzug der streitigen Zertifizierung eine erhebliche Beschränkung des Marktzugangs aufgrund eines im öffentlichen Recht, genauer in der Verordnung über den Schutz von Ursprungsbezeichnungen und geographischen Angaben für landwirtschaftliche Erzeugnisse und verarbeitete landwirtschaftliche Erzeugnisse vom 28. Mai 1997 (SR 910.12) vorgesehenen Verbots bedeutet (BGE 138 II 134, 157 f. = Pra 101 [2012] Nr. 100, S. 687 f.). 1299

Keine Rolle spielt die *Organisationsform* oder die *Stellung der* an einem Rechtsverhältnis beteiligten *Rechtssubjekte.* Ob eine Vertragspartei eine juristische Person des öffentlichen Rechts ist oder über hoheitliche Befugnisse verfügt, ist für die Rechtsnatur des Vertrages nicht relevant. 1300

3. Weitere Abgrenzungen

a) Verwaltungsrechtlicher Vertrag und Rechtssatz

Der verwaltungsrechtliche Vertrag regelt ein *individuell-konkretes Rechtsverhältnis,* während der Rechtssatz eine generell-abstrakte Regelung beinhaltet, d.h. sich an eine unbestimmte Zahl von Personen richtet und eine unbestimmte Zahl von Fällen erfasst. 1301

b) Verwaltungsrechtlicher Vertrag und Vereinbarungen rechtssetzender Natur

Gegenüber Vereinbarungen rechtssetzender Natur, wie etwa völkerrechtlichen Verträgen und unmittelbar rechtssetzenden Konkordaten (vgl. Rz. 122 ff.), liegt der Unterschied – wie gegenüber Rechtssätzen – in der *individuell-konkreten Ausgestaltung* eines Rechtsverhältnisses durch den verwaltungsrechtlichen Vertrag. Verschiedentlich enthalten solche Vereinbarungen sowohl vertragliche als auch rechtssetzende Bestimmungen, sind also gemischter Natur (vgl. dazu FELIX UHLMANN/VITAL ZEHNDER, Rechtsetzung durch Konkordate, LeGes 22 [2011] 9 ff., 12 ff.). 1302

c) Verwaltungsrechtlicher Vertrag und öffentlich-rechtlicher Auftrag

Für bestimmte Tätigkeiten geht das Gemeinwesen *auftragsähnliche Verhältnisse* mit den Privaten ein (Gerichtsdolmetscher und -experten, Lehrbeauftragte an Universitäten, Mitglieder einer Expertenkommission, Verwaltungsratsmitglieder eines öffentlichen 1303

Unternehmens etc.). Diese Verhältnisse unterstehen dem öffentlichen Recht, weil sie unmittelbar auf die Erfüllung einer Verwaltungsaufgabe gerichtet sind (vgl. Rz. 217 ff.). Sie haben Ähnlichkeiten mit einem verwaltungsrechtlichen Vertrag (Freiwilligkeit des Rechtsverhältnisses, sachliche Nähe zum privatrechtlichen Auftrag), weisen in der Regel aber nicht die gleiche Bindungswirkung und den gleichen Verhandlungsspielraum auf wie ein verwaltungsrechtlicher Vertrag. In diesen Punkten stehen sie dem Verfügungshandeln des Gemeinwesens näher (vgl. zum Ganzen FELIX UHLMANN, Der öffentlich-rechtliche Auftrag, in: Eva Maria Belser/Bernhard Waldmann [Hrsg.], Mehr oder weniger Staat?, Festschrift für Peter Hänni zum 65. Geburtstag, Bern 2015, S. 282 f.).

II. Arten und Zulässigkeit von verwaltungsrechtlichen Verträgen

1. Verwaltungsrechtliche Verträge zwischen öffentlich-rechtlichen Organisationen (koordinationsrechtliche Verträge)

1304 Verwaltungsrechtliche Verträge können zwischen zwei oder mehreren öffentlich-rechtlichen Organisationen abgeschlossen werden. Sie werden koordinationsrechtliche Verträge genannt, weil sich die Vertragsparteien als Träger von Hoheitsrechten auf der gleichen Ebene befinden. Als Partner solcher Verträge kommen in Frage:

- Gemeinwesen (Bund, Kantone, Gemeinden);
- öffentlich-rechtliche Körperschaften, Anstalten oder Stiftungen.

1305 Die koordinationsrechtlichen Verträge sind bezüglich ihrer Zulässigkeit meist unproblematisch, da gleichgeordnete und gleichartige Vertragspartner einander gegenüberstehen.

1306 Beispiele:

- Aussonderungsvertrag zwischen der Schweizerischen Eidgenossenschaft einerseits und dem Kanton Zürich und der Stadt Zürich andererseits betreffend das Polytechnikum vom 28. Dezember 1905 (SR 414.110.1);
- Vertrag zwischen den SBB und den Kantonen Zürich und Aargau über die Beförderungspflicht der SBB für Güter im Surbtal (VPB 43 [1979] Nr. 79);
- Verträge zwischen Gemeinden über den gemeinsamen Bau eines Spitals oder über Betrieb und Benutzung einer Abwasserreinigungsanlage;
- Vereinbarungen zwischen Bund, beteiligten Kantonen und Eisenbahnunternehmen über das Leistungsangebot und die Abgeltung ungedeckter Kosten im öffentlichen Verkehr nach Art. 51 EBG (Eisenbahngesetz);
- Der im Rahmen der Reform über die Neugestaltung des Finanzausgleichs und der Aufgabenteilung zwischen Bund und Kantonen (NFA) neu erlassene Art. 46 Abs. 2 BV lässt dem Instrument der Programmvereinbarung eine zentrale Bedeutung für die Zusammenarbeit zwischen Bund und Kantonen bei der Wahrnehmung gemeinsamer Aufgaben zukommen. Nach der Botschaft des Bundesrates zur NFA vom 14. November 2001 kann die Programmvereinbarung in Verfügungs- oder in Vertragsform geregelt werden. Denkbar ist auch eine Kombination vertraglicher und verfügungsmässiger Elemente (BBl 2002, 2346 f.).

2. Verwaltungsrechtliche Verträge zwischen öffentlich-rechtlichen Organisationen und Privaten (subordinationsrechtliche Verträge)

a) Bedeutung des kooperativen Verwaltungshandelns

Kooperation zwischen Staat und Privaten soll die Akzeptanz staatlicher Regelungen und 1307 damit deren Durchsetzungschancen verbessern. Durch das Zusammenwirken von Staat und Privaten bei der Verwirklichung des Rechts können auch die besonderen Kenntnisse, Fähigkeiten und Mittel der Privaten zur Lösung komplexer Probleme herangezogen werden. Damit werden die Qualität der Regelungen verbessert und die Verwaltungsbehörden entlastet. Die Kooperation kann informell (vgl. Rz. 1422 ff.) oder in der Rechtsform des Vertrages erfolgen. Eine längerfristig angelegte intensive vertragliche Zusammenarbeit zwischen Staat und Privaten wird zum Teil als Public Private Partnership (PPP) bezeichnet (vgl. Rz. 1804 f.). Kooperatives Verwaltungshandeln im Allgemeinen und verwaltungsrechtliche Verträge im Besonderen sind schon heute weit verbreitet und gewinnen an Bedeutung, weil sich das hoheitliche Verhältnis zwischen Staat und Privaten immer mehr zu einem partnerschaftlichen wandelt. TSCHANNEN/ZIMMERLI/MÜLLER (S. 242 f.) weisen jedoch zu Recht darauf hin, dass die autoritative Regelung von Rechten und Pflichten durch Verfügung den Vorteil habe, den Machtvorsprung der Verwaltungsbehörden, der in Wirklichkeit immer bestehe, für alle Beteiligten unmissverständlich klarzustellen. Die Handlungsform der Verfügung verbaue «die Möglichkeit, reale Machtfragen mit der Tünche formaler Kooperativität zu überdecken.» TSCHANNEN (Systeme, Rz. 142) bezeichnet den verwaltungsrechtlichen Vertrag als «liaison dangereuse» und verweist dabei insbesondere auf die fehlende öffentlich-rechtliche Vertragsdogmatik zur Klärung offener Fragen (vgl. Rz. 1348 ff.).

b) Terminologie

Dass verwaltungsrechtliche Verträge zwischen öffentlich-rechtlichen Organisationen 1308 und Privaten als subordinationsrechtliche Verträge bezeichnet werden, ist eigentlich widersprüchlich. Zwar ist der Private dem Gemeinwesen als Träger hoheitlicher Gewalt im Allgemeinen untergeordnet («subordiniert»), doch gilt dies gerade beim Abschluss von Verträgen nicht, die ein Rechtsverhältnis nicht durch einseitige, hoheitliche Anordnung, sondern durch übereinstimmende Willenserklärung gleichberechtigter Partner ordnen. Aus diesem Grund wird auch vorgeschlagen, den Begriff des subordinationsrechtlichen Vertrages durch denjenigen des heterogenen Vertrages zu ersetzen (NGUYEN, S. 26). Der Begriff des subordinationsrechtlichen Vertrages hat sich aber eingebürgert und wird hier deshalb ebenfalls verwendet.

c) Grundsatzfrage der Zulässigkeit der Rechtsform des subordinationsrechtlichen Vertrages

Lehre und Rechtsprechung anerkennen grundsätzlich die *Zulässigkeit verwaltungsrechtlicher Verträge*. Unter gewissen Voraussetzungen erscheint es als zweckmässiger, ein 1309

Verwaltungsrechtsverhältnis durch Vertrag statt durch Verfügung zu regeln. Ergeben sich Rechte und Pflichten nicht unmittelbar aus dem Gesetz, so müssen sie im Einzelfall in der geeigneten Rechtsform festgelegt werden. Das kann eine Verfügung oder ein verwaltungsrechtlicher Vertrag sein. Das Legalitätsprinzip steht Vereinbarungen nur entgegen, wenn das Gesetz eine abschliessende Ordnung trifft oder vertragliche Regelungen ausdrücklich oder nach seinem Sinn und Zweck ausschliesst. Verträge dürfen allerdings dem Gesetz – anders als bei dispositiven Bestimmungen des Privatrechts – nicht widersprechen.

d) Voraussetzungen der Zulässigkeit von subordinationsrechtlichen Verträgen

aa) Allgemeine Voraussetzungen

1310 Die Regelung von verwaltungsrechtlichen Rechten und Pflichten durch *subordinationsrechtliche* Verträge ist unter den folgenden zwei Voraussetzungen zulässig:

- Wenn ein Rechtssatz entweder diese Handlungsform *vorsieht* oder dafür *«Raum lässt»* (BGE 103 Ia 31, 34) oder sofern sie *vom Gesetz nicht ausdrücklich ausgeschlossen* wird (BGE 136 II 415, 425; 136 I 142, 146; BGer, Urteil 2C_164/2009 vom 13. August 2009 E. 8.1; Urteil des Verwaltungsgerichts des Kantons Zürich, ZBl 85 [1984] 63, 65). Eine *ausdrückliche gesetzliche Ermächtigung* ist grundsätzlich *nicht erforderlich* (siehe aber Rz. 1313).
- Wenn der verwaltungsrechtliche Vertrag die zur Erreichung des *Gesetzeszweckes geeignetere Handlungsform* ist als die Verfügung (BGE 136 II 415, 425; 136 I 142, 146 f.; BGer, Urteil 1A.266/2005 vom 13. März 2006 E. 2.4 = URP 20 [2006] 361, 367), d.h. wenn das Gesetz nach seinem *Sinn und Zweck* der Konkretisierung durch verwaltungsrechtlichen Vertrag und nicht durch Verfügung bedarf. Das bedeutet, dass eines der Motive für die Wahl der Vertragsform (vgl. Rz. 1314 ff.) vorliegen muss und sich nicht aus anderen Gründen (z.B. zur Gewährleistung der rechtsgleichen Behandlung bei einer Vielzahl von Anwendungsfällen) die Verfügung als die angemessene Handlungsform erweist. Dem Gemeinwesen ist dabei ein Ermessensspielraum zuzugestehen (TANQUEREL, No. 994 f.; vgl. auch MOOR/POLTIER, S. 456 f.).

Die Verwaltungsbehörden können also zwischen der Verfügungs- und Vertragsform nicht frei wählen.

Beispiele:

1311 – Eine Spitalangestellte erklärte sich dem Spital gegenüber schriftlich einverstanden mit der in einer Subventionszusicherung der zürcherischen Gesundheitsdirektion enthaltenen Auflage, bei Auflösung des Dienstverhältnisses vor Ablauf von drei Jahren die subventionierten Kosten ihrer Weiterbildung pro rata temporis zurückzuerstatten. Nach der vorzeitigen Kündigung durch die Spitalangestellte forderte das Spital einen Teil der Kosten zurück. Das Verwaltungsgericht des Kantons Zürich hiess die Klage des Spitalverbandes (einer Körperschaft des kantonalen öffentlichen Rechts) gut. Das Angestelltenreglement sehe keine vertraglichen Regelungen vor, schliesse sie aber auch nicht aus. Dass das Dienstverhältnis durch zustimmungsbedürftige Verfügung begründet worden sei, hindere nicht daran, einzelne Rechte und Pflichten, die ihrer Natur nach nur schwer durch Verfügung festgelegt werden könnten, jedoch der Grundordnung des Dienstverhältnisses und den damit verfolgten öffentlichen Interessen entsprächen, durch Vertrag zwischen öffentlichem Dienstherrn und Dienstnehmer begründen zu lassen. Die Zulässigkeit dieses Vertrages hänge nicht von einer normativen Ermächtigung zu seinem Abschluss, sondern davon ab, ob sich diese inhaltlich auf eine gesetzliche Grundlage zurückführen lasse. Die gesetzliche Basis müsse daher nicht so beschaffen sein, dass die Verwaltungsbehörden auch durch Verfügung zum nämlichen Erfolg gelangen können; ein verwaltungsrechtlicher Vertrag besitze vielmehr gerade dort seine Rechtfertigung, wo die Verwaltungsbehörden ein bestimmtes öffentliches Interesse mittels Verfügung nicht – oder jedenfalls nicht in gleicher Weise – zu erfüllen vermöchten. Die Verpflichtung zur dreijährigen Weiterarbeit oder zur Kostenrückerstattung lasse sich zwanglos als vertragliche Dienstpflicht rechtfertigen, die im Gesundheitsgesetz und in den Ausführungserlassen eine tragfähige Grundlage finde (Urteil des Verwaltungsgerichts des Kantons Zürich, ZBl 85 [1984] 63 ff.; vgl. auch den Entscheid des Verwaltungsgerichts des Kantons Neuenburg, RDAF 53 [1997] 44 f.).

- Ein verwaltungsrechtlicher Vertrag zwischen einer Amtsstelle und einem Beamten über die Bezahlung einer Abgangsentschädigung bei freiwilligem Ausscheiden aus dem Dienstverhältnis ist unzulässig, wenn die Anstellung durch Verfügung erfolgte und das anwendbare Recht die Voraussetzungen für die Ausrichtung von Abgangsentschädigungen abschliessend umschreibt (Entscheid der Personalrekurskommission, VPB 65 [2001] Nr. 97). 1312
- Das Gesetz über die Verwaltungsrechtspflege des Kantons Bern vom 23. Mai 1989 (BSG 155.21) sieht in Art. 49 vor, dass die zuständige Behörde auf den Erlass einer Verfügung nur verzichten kann, wenn das Gesetz dies ausdrücklich vorschreibt oder zur Streiterledigung auf den Klageweg verweist. Damit braucht es im Kanton Bern für den Abschluss von verwaltungsrechtlichen Verträgen – anders als im Bund und den meisten anderen Kantonen – eine ausdrückliche Ermächtigung in einem Gesetz (siehe dazu THOMAS MERKLI/ARTHUR AESCHLIMANN/RUTH HERZOG, Kommentar zum Gesetz vom 23. Mai 1989 über die Verwaltungsrechtspflege des Kantons Bern, Bern 1997, Einleitung, Rz. 37 ff., Art. 49, Rz. 5). 1313

bb) Motive für die Wahl der Vertragsform

Welche Gründe können die Verwaltungsbehörden und die Privaten veranlassen, ein konkretes Rechtsverhältnis durch verwaltungsrechtlichen Vertrag zu gestalten, anstatt sich der Handlungsform der Verfügung zu bedienen? Es lassen sich namentlich folgende Motive zu Gunsten des verwaltungsrechtlichen Vertrages anführen: 1314

- Beide Vertragsparteien haben ein Interesse an der Verwirklichung der vereinbarten Regelung und bezwecken eine *dauerhafte gegenseitige Bindung*. Der einseitige Verzicht auf die Erfüllung der vertraglichen Pflichten soll ausgeschlossen werden (vgl. zur Unzulässigkeit einer einseitigen Vertragsänderung durch die vertragsschliessende Behörde den Entscheid der Rekurskommission EVD, VPB 60 [1996] Nr. 51). Die getroffene Regelung soll auch durch Gesetzesrevisionen nicht geändert werden können; der Vertrag begründet sog. wohlerworbene Rechte. Diese Rechte stellen vermögenswerte Ansprüche gegenüber dem Staat dar, die unter dem Schutz des Vertrauensschutzprinzips und der Eigentumsgarantie stehen. Ihr Entzug oder eine wesentliche Einschränkung ist deshalb nur zulässig, wenn besondere Voraussetzungen erfüllt sind, und verpflichtet das Gemeinwesen u.U. zu einer Entschädigung (vgl. dazu Rz. 1237). 1315

  Beispiel: 1316

  Ein Bauherr erhält für die Erstellung von Wohnbauten für kinderreiche Familien, Betagte oder Invalide Subventionen, wenn er gewisse Verpflichtungen bezüglich Höhe der Miete, Einkommen der Mieter, Ausstattung der Wohnungen usw. übernimmt. Wird das Rechtsverhältnis zwischen dem subventionierenden Gemeinwesen und dem Bauherrn durch Verfügung begründet, so kann das Gemeinwesen diese unter bestimmten Voraussetzungen zurücknehmen oder widerrufen (siehe Rz. 1224 f.) und der Bauherr sich der Beschränkungen bezüglich Mietzins oder Mietereinkommen entledigen, wenn er die Subventionen zurückerstattet. Das ist hingegen nicht möglich, wenn die Subventionen durch verwaltungsrechtlichen Vertrag zugesprochen werden (vgl. Art. 16 Abs. 2 lit. b

SuG, wonach Finanzhilfen dann durch Vertrag gewährt werden, wenn ausgeschlossen werden soll, dass der Empfänger einseitig auf die Erfüllung seiner Aufgaben verzichten kann).

1317 – Der Private soll sich zu einer Leistung im öffentlichen Interesse verpflichten, zu welcher ihn die Verwaltungsbehörde *mittels Verfügung nicht zwingen* könnte, weil die hiezu erforderliche gesetzliche Grundlage fehlt. Die Frage, ob und inwieweit die vom Privaten vertraglich übernommenen Leistungen einer *gesetzlichen Grundlage* bedürfen, ist von Lehre und Rechtsprechung noch nicht vollständig geklärt. «Verwehrt ist dem Staat, sich Leistungen des Bürgers versprechen zu lassen, für die sich überhaupt kein gesetzlicher Anhaltspunkt finden lässt. Auch das vertragliche Vorgehen muss sich insofern legitimieren können, als die vom Bürger übernommene Rechtspflicht als solche einer gesetzlichen Verankerung bedarf. Das Legalitätsprinzip gilt demnach für die inhaltliche Gestaltung des verwaltungsrechtlichen Vertrages mit der doppelten Bedeutung, dass das Vereinbarte weder dem Gesetz widersprechen noch der – wenn auch nur mittelbaren – Rückführung auf eine legale Grundlage ermangeln darf» (RHINOW, Wohlerworbene und vertragliche Rechte, S. 11; ähnlich MOOR/POLTIER, S. 458 f., die verlangen, die für den Vertrag massgebende Leistung müsse einem vom Gesetz anerkannten öffentlichen Interesse dienen). Das Bundesgericht hat in BGE 136 I 142, 147 festgehalten, dass «eine Vertragspartei auch zu Leistungen verpflichtet werden [darf], die ihr die Behörde mittels Verfügung nicht auferlegen könnte; doch müssen die vertraglich vereinbarten Leistungen auf einer gesetzlichen Grundlage beruhen» (strenger wohl noch BGE 105 Ia 207, 210). Die Anforderungen an die gesetzliche Grundlage sind für vertragliche Leistungspflichten also weniger streng als für Pflichten, die durch Verfügung begründet werden. Zwischen den vereinbarten Leistungen muss sodann ein ausgeglichenes Austauschverhältnis sowie ein sachlicher Zusammenhang bestehen (sog. Koppelungsverbot; vgl. MÄCHLER, S. 408 ff., 412 ff.; Schiedsgericht, Urteil vom 26. Juni 2007 = RDAF 64 [2008] 361, 378 f.).

1318 Beispiel:

In einem Urteil betreffend die Zulässigkeit einer Vereinbarung zwischen der Gemeinde Samnaun und der X. AG über die Entrichtung einer Lenkungsabgabe für Zweitwohnungen führte das Bundesgericht aus, dass «ein verwaltungsrechtlicher Vertrag [...] auch dann abgeschlossen werden [kann], wenn keine Norm ausdrücklich dazu ermächtigt, und es darf eine Vertragspartei auch zu Leistungen verpflichtet werden, die ihr die Behörde mittels Verfügung nicht auferlegen könnte; doch müssen die vertraglich vereinbarten Leistungen auf einer gesetzlichen Grundlage beruhen [...]. Das gilt im Hinblick auf das Legalitätsprinzip im Abgaberecht umso mehr, wenn der Vertrag die Entrichtung einer öffentlichen Abgabe regelt [...]. In Bezug auf Erschliessungsabgaben erscheint es zulässig, wenn Private gegenüber einer Gemeinde auf dem Vertragsweg einen höheren Beitragssatz akzeptieren als im kommunalen Reglement vorgesehen, solange sie gesamthaft nicht mehr als den voraussichtlichen Gesamtaufwand der Erschliessung übernehmen» (BGE 136 I 142, 147 f.).

1319 – Neben diesen hauptsächlichen Motiven werden als weitere Gründe für die Wahl der Vertragsform angeführt:
- die *Gleichordnung von Gemeinwesen und Privaten* bei der Begründung und während der Dauer des Rechtsverhältnisses;
- ein erheblicher *Ermessensspielraum* der zuständigen Behörde bei der Regelung eines Rechtsverhältnisses (vgl. Art. 16 Abs. 2 lit. a SuG [Subventionsgesetz]);

- die Beseitigung rechtlicher und/oder tatsächlicher Unklarheiten durch eine Einigung zwischen Behörden und Privaten.

e) Beispiele für zulässige subordinationsrechtliche Verträge

aa) Enteignungsvertrag

Der Enteignungsvertrag ist eine Vereinbarung zwischen Enteigner und Enteignetem über den Umfang der Enteignung sowie die zu leistende Entschädigung. Der Enteignungsvertrag ist regelmässig in den Enteignungsgesetzen vorgesehen (vgl. BGE 114 Ib 142, 147; Rz. 2429 f. und 2438 f.). 1320

bb) Pflichtlagervertrag

Der Pflichtlagervertrag bezweckt die Sicherstellung der Versorgung mit lebenswichtigen Gütern und Dienstleistungen in schweren Mangellagen. Eine explizite rechtliche Grundlage findet sich in Art. 6 LVG (Landesversorgungsgesetz). Der Vertrag wird zwischen Bund und Betrieben abgeschlossen, die lebenswichtige Güter lagern, und regelt u.a. Art, Menge, Behandlung und Kontrolle des Lagergutes, Finanzierung, Versicherung und Deckung der Lagerkosten (vgl. BGE 135 II 38, 43 f.; 103 Ib 335 ff.). 1321

cc) Verträge über die Erschliessung von Baugrundstücken

Die kantonalen und kommunalen Planungs- und Baugesetze oder Bauordnungen lassen oft Raum für vertragliche Vereinbarungen über die *Erschliessung von Baugrundstücken.* Grundsätzlich könnten die Behörden die unbestimmten Rechtsnormen einseitig durch Verfügung konkretisieren, doch rechtfertigt die Interessenlage, namentlich der Aspekt einer dauerhaften Bindung, die Verwendung des Vertrages zur Ausfüllung bestehender Entscheidungsspielräume. Inhalt bilden vor allem Vereinbarungen über die Finanzierung von Erschliessungsanlagen wie z.B. Kanalisation, Zufahrtsstrassen und Wasserversorgung durch die Erhebung von Abgaben (Festlegung der Höhe von Beiträgen und Gebühren) oder die Abtretung von Land für die Erstellung solcher Anlagen (vgl. dazu etwa BGE 112 II 107 ff.; 105 Ia 207, 209 f.; Urteil des Verwaltungsgerichts des Kantons Aargau, ZBl 87 [1986] 130 ff.; Schiedsgericht, Urteil vom 26. Juni 2007 = RDAF 64 [2008] 361, 377 f.; vgl. auch BGE 136 I 142, 147 sowie die ausführliche Darstellung des Urteils in Rz. 1318). 1322

dd) Vergleichsvertrag bei verwaltungsrechtlichen Streitigkeiten

Der Vergleichsvertrag stellt einen gemeinsamen Antrag der beteiligten Parteien an die entscheidende Behörde über die Erledigung einer verwaltungsrechtlichen Streitigkeit dar. Hier steht das Motiv der Beseitigung von rechtlicher und/oder tatsächlicher Unklarheit im Vordergrund (siehe Rz. 1319). Soweit die Parteien über die Einleitung und Beendigung des Verfahrens sowie den Streitgegenstand verfügen können (Dispositionsprinzip, vgl. Rz. 985 f.) und die materiell- und prozessrechtlichen Regeln eingehalten werden, ist der Vergleichsvertrag für die über die Streitigkeit entscheidende Behörde 1323 verbindlich (vgl. im Einzelnen MÄCHLER, S. 357 ff.). Für Streitigkeiten über sozialversicherungsrechtliche Leistungen sieht Art. 50 ATSG die Möglichkeit eines Vergleichs ausdrücklich vor (zur Auslegung von Art. 50 ATSG vgl. BGE 140 V 108, 110 ff. = Pra 103 [2014] Nr. 75, S. 546 ff.; 135 V 65, 67 ff.; 131 V 417, 419 ff.; vgl. auch BGE 138 V 147, 149 f.). Im Übrigen besteht auch die Möglichkeit der gütlichen Einigung im Beschwerdeverfahren gestützt auf Art. 33b VwVG (vgl. Rz. 1172).

ee) Übertragung von öffentlichen Aufgaben auf Private durch Vertrag

1324 Der Staat kann die Erfüllung gewisser öffentlicher Aufgaben auf Private übertragen (vgl. Rz. 1817 ff.). Die Rechte und Pflichten des Privaten (Art der Aufgabenerfüllung, Entschädigung usw.) werden dabei oft vertraglich geregelt. Die Vertragsform ist geboten, weil beide Vertragsparteien an einer gegenseitigen, dauerhaften Bindung interessiert sind (Rz. 1315) und der Private Verpflichtungen eingeht, die ihm durch Verfügung nicht auferlegt werden könnten (Rz. 1317). So sieht z.B. Art. 5 f. der Verordnung betreffend die Übertragung von Vollzugsaufgaben des Zivildienstes auf Dritte (ZDUeV) vom 22. Mai 1996 (SR 824.091) vor, dass die Vollzugsstelle des Bundes für den Zivildienst Verträge mit Personen und Institutionen ausserhalb der Bundesverwaltung abschliesst, welchen Vollzugsaufgaben im Zivildienst übertragen werden. Die Abgrenzung zwischen verwaltungsrechtlichen Verträgen über die Erfüllung von öffentlichen Aufgaben und privatrechtlichen Verträgen über die Erbringung einer Leistung im Sinne eines administrativen Hilfsdienstes fällt allerdings nicht immer leicht (vgl. Rz. 1297).

ff) Konzessionsverträge

1325 Auch Konzessionsverträge (siehe Rz. 1332 ff., 2720) können die Erfüllung öffentlicher Aufgaben durch Private zum Gegenstand haben, indem sie die Konzessionäre verpflichten, gewisse öffentliche Interessen wahrzunehmen (z.B. Transport-, Fahrplan-, Tarifpflicht der Konzessionäre für die regelmässige Personenbeförderung). In der Lehre werden sie deshalb zum Teil den Verträgen über die Zusammenarbeit zwischen Staat und Privaten zugerechnet (vgl. NGUYEN, S. 39 ff.).

gg) Öffentlich-rechtliche Arbeitsverträge

1326 Öffentlich-rechtliche Arbeitsverhältnisse werden entweder durch eine mitwirkungsbedürftige Verfügung oder durch den Abschluss eines öffentlich-rechtlichen Arbeitsvertrages begründet (vgl. Rz. 2011 f. sowie für den Bund Art. 8 BPG; siehe auch Verwaltungsgericht des Kantons Zürich, Urteil PK.2002.00003 vom 14. August 2002 = ZBl 104 [2003] 428 ff.).

f) Beispiele für unzulässige subordinationsrechtliche Verträge

Die Verwendung der Rechtsform des verwaltungsrechtlichen Vertrages ist überall dort untersagt, wo 1327
- das Gesetz eine zwingende, abschliessende Regelung beinhaltet;
- das Gesetz zwar Spielraum für die Ausgestaltung der Rechtsverhältnisse im Einzelfall lässt, diese aber nach Sinn und Zweck des Gesetzes durch eine hoheitliche Anordnung (Verfügung) erfolgen muss.

Beispiel: 1328

Die Oberstaatsanwaltschaft des Kantons Zürich und der Verein «Exit» haben eine Vereinbarung über die organisierte Suizidhilfe abgeschlossen. Die Vereinbarung enthält u.a. Bestimmungen über die Voraussetzungen und den Ablauf der Suizidhilfe, das Sterbemittel, dessen Verschreibung und den Umgang damit. Weiter werden das Vorgehen der Strafuntersuchungsbehörden nach der Suizidhilfe und die Meldung von Verstössen gegen die Vereinbarung geregelt. Da Art. 115 StGB in Bezug auf den Tatbestand der Beihilfe zum Selbstmord aber eine abschliessende Regelung enthält, verstösst die Vereinbarung zwischen der Oberstaatsanwaltschaft und dem Verein «Exit» gegen eine zwingende, abschliessende Regelung (BGE 136 II 415 ff.).

aa) Steuerabkommen

1329 Das Steuerrecht regelt viele Fragen abschliessend. Es besteht deshalb keine Möglichkeit für vertragliche Regelungen. Gelegentlich lässt das Gesetz aber auch Raum für die Ausgestaltung der Rechtsverhältnisse im Einzelfall. Diese muss jedoch nach Sinn und Zweck des Gesetzes, vor allem aus Gründen der Gleichbehandlung der Steuerpflichtigen, in der Regel durch Verfügung erfolgen. Ein Steuerabkommen, d.h. ein Vertrag über Bestand, Umfang oder Art der Erfüllung der Steuerpflicht, ist daher «nur in ganz beschränktem Umfang zulässig» (BGE 136 I 142, 148). Es darf nur aufgrund einer gesetzlichen Ermächtigung abgeschlossen werden, wobei das Gesetz sowohl die zur Eingehung des Abkommens zuständigen Behörden als auch ihre Befugnisse festlegen muss (vgl. BGE 119 Ib 431, 437; Schiedsgericht, Urteil vom 26. Juni 2007 = RDAF 64 [2008] 361, 377 f. und 381 ff.; zu den Anforderungen an die gesetzliche Grundlage für verwaltungsrechtliche Verträge über Mehrwertabgaben GEORG MÜLLER, Zulässigkeit des Vertrages und zulässige Vertragsinhalte, in: Häner/Waldmann, S. 31 ff.). Vereinbarungen über die Festsetzung einzelner umstrittener Steuerfaktoren (z.B. Aufteilung zwischen Privat- und Geschäftsvermögen) sollen dagegen ohne ausdrückliche gesetzliche Ermächtigung zulässig sein (BGE 119 Ib 431, 437; GRISEL, S. 451 f.). Im Recht der direkten Bundessteuern sind Abkommen über das steuerbare Einkommen und den Steuerbetrag unzulässig (BGE 121 II 273, 279).

bb) Vereinbarungen im Bereich der Sozialversicherung

1330 Im Sozialversicherungsrecht spielen Verträge zwischen Krankenkassen bzw. Unfallversicherern einerseits und Medizinalpersonen sowie Heilanstalten andererseits eine grosse Rolle. Dabei handelt es sich jedoch meist um verwaltungsrechtliche Verträge zwischen Privaten (siehe Rz. 1340 f.). Die gesetzliche Regelung der Beiträge der Versicherten und der Leistungen der Sozialversicherungen ist dagegen im Allgemeinen abschliessend, sodass kein Raum für Vereinbarungen bleibt. Ein Vertrag, mit welchem sich der Versicherte zur Zahlung von höheren als den gesetzlich vorgeschriebenen Beiträgen an die AHV verpflichtet, um später eine höhere Rente zu erhalten, ist deshalb unstatthaft (vgl. AGVE 1950, 86 ff.). Zulässig ist es allerdings, sozialversicherungsrechtliche Streitigkeiten durch Vergleich zu erledigen (Art. 50 ATSG; vgl. zum Vergleichsvertrag Rz. 1323).

cc) Vereinbarungen über die Einzonung von Grundstücken

1331 Die massgebende gesetzliche Regelung lässt keinen Raum für Vereinbarungen über die Einzonung von Grundstücken. Ob ein Gebiet in eine Bauzone aufzunehmen ist, beurteilt sich ausschliesslich nach planerischen Gesichtspunkten (vgl. BGE 122 I 328, 334; Schiedsgericht, Urteil vom 26. Juni 2007 = RDAF 64 [2008] 361, 377). Zulässig sind dagegen Verträge, mit welchen sich das Gemeinwesen verpflichtet, ein nach den massgebenden Vorschriften und Grundsätzen als Bauland geeignetes Grundstück einzuzonen, d.h. sein Planungsermessen in einem bestimmten, rechtlich zulässigen Sinne auszuüben, und der Grundeigentümer sich bereit erklärt, auf eine Entschädigung für die Auszonung eines anderen Grundstückes oder beim Verkauf eines Teils seiner Liegenschaft an das Gemeinwesen auf den Kaufpreis ganz oder teilweise zu verzichten (vgl. dazu BGE 122 I 328 ff.; siehe auch die Urteile des Bundesgerichts, ZBl 100 [1999] 542 ff. [Rz. 1347]; ZBl 98 [1997] 272 ff. [Rz. 634] und BGE 119 Ib 138, 145 f. [Rz. 697]).

g) Umstrittene Fälle

aa) Konzessionserteilung

1332 Umstritten ist, ob die Erteilung einer Konzession, d.h. die Verleihung des Rechts auf Ausübung einer monopolisierten Tätigkeit oder zur Sondernutzung einer öffentlichen Sache (vgl. Rz. 1325, 2718 ff.), eine Verfügung darstellt oder ob es sich hierbei um eine vertragliche Vereinbarung zwischen Konzedent und Konzessionär handelt.

1333 Das Bundesgericht führt in konstanter Praxis aus, dass die Konzession ein einseitiger staatlicher Hoheitsakt sei, dessen Inhalt Konzedent und Konzessionär unter Vorbehalt zwingenden öffentlichen Rechts frei vereinbaren könnten. Damit werde die Konzession einem vertraglichen Rechtsverhältnis vergleichbar (BGE 109 II 76, 77 m.w.H.; siehe auch BGE 127 II 69, 76; BVGer, Urteil A-3129/2008 vom 19. März 2009 E. 7.4).

1334 Die Konzession ist also ein *gemischter Akt,* der sich aus einseitigen und zweiseitigen Klauseln zusammensetzt. In den *verfügungsmässigen Teil* sind die Regelungen aufzunehmen, welche besonders gewichtige öffentliche Interessen betreffen, wie das z.B. für die Umschreibung der konzessionierten Tätigkeit zutrifft, in den *vertraglichen Teil* diejenigen, welche für das öffentliche Interesse weniger erheblich sind, wie namentlich die Festlegung der Dauer der Konzession und die Umschreibung einzelner Rechte des Konzessionärs (vgl. GRISEL, S. 283 f.; BGE 127 II 69 ff.).

1335 Beispiel:

Dem vertraglichen Teil einer Sondernutzungskonzession, die das Recht zum Anschlagen von Plakaten auf öffentlichem Grund verlieh, rechnete das Verwaltungsgericht des Kantons Zürich eine Bestimmung zu, wonach dem Konzessionär nach Ablauf der Konzession bei deren Neuvergebung unter den gleichen Bedingungen der Vorzug vor anderen Bewerbern zusteht. Wirtschaftlich gesehen gehe es dabei um eine Verlängerung der Konzession unter Anpassung an die neuen Verhältnisse. Eine solche Bestimmung berühre das öffentliche Interesse nicht wesentlich stärker als die Festsetzung der Konzessionsdauer (Urteil des Verwaltungsgerichts des Kantons Zürich, ZBl 88 [1987] 134, 137 f.).

bb) Subventionsverträge

Wenn das Gesetz bezüglich der Voraussetzungen für die Gewährung und der Bemessung von Subventionen *Spielraum* lässt, wird das Rechtsverhältnis zwischen dem subventionierenden Gemeinwesen und dem Empfänger des Staatsbeitrages durch verwaltungsrechtlichen Vertrag ausgestaltet, sofern diese Rechtsform nach Sinn und Zweck des Gesetzes *geeigneter* ist als eine Regelung durch Verfügung. Dies ist insbesondere dann der Fall, wenn das Subventionsverhältnis auf Dauer begründet und ausgeschlossen werden soll, dass der Empfänger oder die Empfängerin einseitig auf die Erfüllung der Aufgabe verzichtet (vgl. Art. 16 SuG; Rz. 2534). 1336

Beispiele:

– Art. 16 SuG lautet: 1337

«[1] Finanzhilfen und Abgeltungen werden in der Regel durch Verfügung gewährt.

[2] Ein öffentlich-rechtlicher Vertrag kann insbesondere abgeschlossen werden, wenn:

a. die zuständige Behörde über einen erheblichen Ermessensspielraum verfügt; oder

b. bei Finanzhilfen ausgeschlossen werden soll, dass der Empfänger einseitig auf die Erfüllung seiner Aufgabe verzichtet.»

Der Bundesrat führte dazu in seiner Botschaft zum Entwurf für ein Subventionsgesetz (BBl 1987 I 408) aus: «Wo Subventionserlasse die Aufgabe präzis umschreiben und feste Beitragssätze enthalten, drängt sich eine einseitige Zusicherung mittels Verfügung auf. Wo dagegen die Beschreibung der Aufgabenerfüllung oder die Höhe der Leistung im Ermessen der Behörde liegt, ist meist der Vertrag angebracht (Art. 16 Abs. 2). Eine einseitige Festlegung des Rechtsverhältnisses durch die Behörde ist hier weniger zweckmässig. In derartigen Fällen wird nämlich das Finanzhilfe- oder Abgeltungsverhältnis in Gesprächen und Verhandlungen mit dem Gesuchsteller bestimmt. Ein zweiseitiger Akt, wie ihn der öffentlichrechtliche Vertrag darstellt, ist die sachlich gebotene Rechtsform für die Umschreibung der einvernehmlich gewonnenen Lösung. [...] Als Beispiele von Subventionsgebieten, in denen der öffentlichrechtliche Vertrag die adäquate Rechtsform darstellt, können [...] etwa die Förderung der technologischen Entwicklung und Ausbildung [...] oder die Unterstützung technischer Verbesserungen bei konzessionierten Bahnunternehmungen (Art. 56 Eisenbahngesetz; SR 742.101) genannt werden[...].»

– Gemäss Art. 51 Abs. 1 WEG (Wohnbau- und Eigentumsförderungsgesetz) kann der Bund den gemeinnützigen Wohnungsbau insbesondere durch Gewährung von Bürgschaften, Darlehen oder durch Kapitalbeteiligung fördern. Er schliesst dazu nach Art. 56 Abs. 2 und 57 Abs. 3 WEG öffentlich-rechtliche Verträge mit den Trägern des Wohnungsbaus. Diese übernehmen im Gegenzug bestimmte Verpflichtungen; insbesondere werden gemäss Art. 45 WEG die Mietzinse geförderter Objekte überwacht (vgl. VPB 60 [1996] Nr. 51). 1338

Die Vertragsform als Mittel, um den Subventionsempfänger zu einem Verhalten zu verpflichten, das auch im öffentlichen Interesse des subventionierenden Gemeinwesens liegt, kommt allerdings nur dann in Frage, wenn die Subventionierung *vor der Inangriffnahme der zu fördernden Aufgabe* erfolgt (sog. ex ante-Subvention), nicht aber, wenn der Subventionsempfänger das im öffentlichen Interesse liegende Vorhaben bereits ausgeführt hat und dafür nachträglich eine sog. ex post-Subvention erhält (vgl. Rz. 2523 ff.). 1339

3. Verwaltungsrechtliche Verträge zwischen Privaten

1340 Verwaltungsrechtliche Verträge können grundsätzlich auch zwischen Privaten abgeschlossen werden, sofern sie in einem verwaltungsrechtlichen Rechtsverhältnis stehen. Allerdings *muss das Gesetz* solche Verträge *ausdrücklich vorsehen* (vgl. GRISEL, S. 452).

1341 Beispiele:

- Enteignungsvertrag zwischen einem Privaten, dem das Enteignungsrecht verliehen worden ist (vgl. Rz. 2365 ff.), und einem enteigneten Grundeigentümer.
- Tarifverträge zwischen Versicherern und Leistungserbringern über die Taxen für die Leistungen von Ärzten bzw. Heilanstalten gegenüber Patienten, die bei einer Krankenkasse versichert sind (Art. 43 Abs. 4 KVG und Art. 46 ff. KVG); entsprechende Verträge zwischen Medizinalpersonen bzw. Heil- und Kuranstalten und Versicherern sieht Art. 56 Abs. 1 UVG vor.
- Den Vertrag zwischen dem privatrechtlichen Verband der Viehproduzenten und einem Privaten über den Erwerb einer Kuh bezeichnete das Bundesgericht als verwaltungsrechtlich, weil der Verband mit dem Kauf eine ihm vom Bund gestützt auf das Viehabsatzgesetz vom 15. Juni 1962 (aufgehoben durch das LwG) übertragene Verwaltungsaufgabe (Ausmerzung von minderwertigem Vieh) erfüllte (BGE 99 Ib 115 ff.).
- Vertrag zwischen den Inhabern einer Konzession für Bootsstationierungsanlagen auf öffentlichen Gewässern und Dritten über die Benutzung der Anlage (Urteil des Verwaltungsgerichts des Kantons Zürich, ZBl 95 [1994] 311 ff.).

III. Entstehung und Auslegung von verwaltungsrechtlichen Verträgen

1. Entstehung

1342 Verwaltungsrechtliche Verträge entstehen durch *übereinstimmende Willenserklärung* der Parteien, wobei die Vorschriften des OR als subsidiäres öffentliches Recht analog Anwendung finden. Nach heute herrschender Lehre und Rechtsprechung bedarf der Abschluss eines verwaltungsrechtlichen Vertrages der *Schriftform* (bejahend TSCHANNEN/ZIMMERLI/MÜLLER, S. 353; GRISEL, S. 453; HETTICH, Rz. 20.83; MOOR/POLTIER, S. 462; DUBEY/ZUFFEREY, No. 1110; TANQUEREL, No. 1002; BGer, Urteil 1C_61/2010 vom 2. November 2010 E. 4.1; VPB 29 [1959–1960] Nr. 101; 25 [1955] Nr. 94; noch offen gelassen in BGE 99 Ib 115, 120 f.; kritisch WIEDERKEHR/RICHLI, Bd. I, Rz. 3064). Dem Abschluss eines verwaltungsrechtlichen Vertrages kann ein *Vergabeverfahren* (vgl. Rz. 1401 ff.) vorausgehen (BGE 134 II 297, 301, vgl. die Darstellung des Sachverhalts in Rz. 1297).

2. Auslegung

1343 Verwaltungsrechtliche Verträge sind wie privatrechtliche grundsätzlich nach dem *Vertrauensprinzip* auszulegen. Einer Willensäusserung ist daher derjenige Sinn zu geben, den ihr der Empfänger aufgrund der Umstände, die ihm im Zeitpunkt des Empfangs bekannt waren oder hätten bekannt sein müssen, in guten Treuen beilegen durfte oder musste. Bei der Auslegung verwaltungsrechtlicher Verträge ist aber besonders zu beachten, dass die Verwaltungsbehörde beim Abschluss von Verträgen dem öffentlichen Interesse Rechnung zu tragen hat. In Zweifelsfällen ist daher zu vermuten, dass sie *keinen Vertrag abschliessen wollte, der mit dem öffentlichen Interesse im Widerspruch steht,* und dass sich der Vertragspartner darüber Rechenschaft gab (BGE 139 V 82, 84; 135 V 237, 241 f.; BGer, Urteil 2C_258/2011 vom 30. August 2012 E. 4.1).

Das bedeutet aber nicht, dass generell derjenigen Auslegung eines verwaltungsrecht- 1344
lichen Vertrages Vorrang einzuräumen ist, die besser der Verwirklichung der in Frage stehenden öffentlichen Interessen dient. So bildet gerade das Vertrauensprinzip eine Schranke der Wahrung der öffentlichen Interessen bei der Auslegung: Dem Vertragspartner des Gemeinwesens dürfen durch Vertragsauslegung nicht Auflagen gemacht werden, die er beim Vertragsschluss vernünftigerweise nicht voraussehen konnte (BGE 122 I 328, 335 f.; BGer, Urteil 2C_258/2011 vom 30. August 2012 E. 4.1; BVGer, Urteil A-5237/2008 vom 15. Juli 2009 E. 4.3; Urteil B-2224/2006 vom 5. September 2007 E. 3.3.1).

Beispiele:

- Die Gebrüder Hofmann AG erwarb von der Gemeinde Thun zu günstigen Bedingungen ein 1345
Grundstück für die Errichtung einer Industriebaute. Die beiden Partner schlossen einen verwaltungsrechtlichen Vertrag über die Erschliessung des Industrieareals ab, der u.a. eine Bestimmung enthielt, wonach die Kanalisationsanschlussgebühren gemäss dem im Vertrag wörtlich wiedergegebenen Art. 20 der kommunalen Bauordnung erhoben würden. Später revidierte die Gemeinde die betreffende Bestimmung der Bauordnung und verlangte gestützt hierauf von der Gebrüder Hofmann AG die Bezahlung der höheren Kanalisationsanschlussgebühren. Das Bundesgericht hiess eine Beschwerde gegen ein Urteil des Verwaltungsgerichtes des Kantons Bern gut, das die Gebrüder Hofmann AG zur Bezahlung der höheren Abgaben verpflichtet hatte. Bei der Auslegung des Erschliessungsvertrages stellte sich die Frage, ob Art. 20 der Bauordnung in der Fassung anzuwenden sei, wie sie im Zeitpunkt des Vertragsschlusses galt, oder in der anlässlich der Gebührenerhebung geltenden Neufassung. Das Bundesgericht stellte fest, die Firma Gebrüder Hofmann AG habe im Zeitpunkt der Vertragsverhandlungen Gewissheit über die künftigen Belastungen durch öffentliche Abgaben erlangen wollen, um über sichere und umfassende Grundlagen für die bevorstehenden unternehmerischen Dispositionen (Wahl des Standortes für den geplanten Fabrikneubau) zu verfügen. Daher sei Art. 20 der Bauordnung im Sinne des Vertrauensprinzips in seiner ursprünglichen Fassung anwendbar. Für die Gebrüder Hofmann AG habe kein Grund zur Annahme bestanden, dass ein solcher Inhalt der Vereinbarung den öffentlichen Interessen widerspreche (BGE 103 Ia 505, 510 f.).
- In Art. 13 Abs. 2 des 1919 abgeschlossenen Vertrages über die Ausnützung der Wasserkräfte 1346
der Sihl beim Etzel (Etzelwerkkonzession) zwischen den Kantonen Zürich, Schwyz und Zug als Konzedenten sowie den Schweizerischen Bundesbahnen (SBB) als Konzessionärin erklärten sich die Kantone «grundsätzlich bereit, die Verleihung auf Wunsch der Konzessionärin nach Ablauf von 50 Jahren auf weitere 50 Jahre zu erneuern […] .» Bei den Verhandlungen über die Erneuerung der Konzession entstand darüber Streit, ob diese Bestimmung der Konzessionärin die Verlängerung zusichere oder ob sie lediglich die Pflicht begründe, über die Bedingungen einer neuen Konzession zu verhandeln. Das Bundesgericht erklärte, dass auch ein verwaltungsrechtlicher Vertrag nach dem Vertrauensprinzip ausgelegt werden müsse, wobei allerdings im Zweifelsfalle zu vermuten sei, dass die Verwaltungsbehörde keine Vereinbarung treffen wollte, die mit den von ihr zu wahrenden öffentlichen Interessen im Widerspruch stehe. Mit der Einbeziehung der öffentlichen Interessen sei aber für die Beurteilung der strittigen Auslegungsfrage nichts gewonnen, könnten doch sowohl die Konzedenten als auch die SBB für sich in Anspruch nehmen, im Auftrag der Allgemeinheit zu handeln. Vor allem mit Rücksicht auf die vergleichsweise kurze Vertragsdauer kam das Bundesgericht zum Ergebnis, dass Art. 13 Abs. 2 der Etzelwerkkonzession die Verfügungsgewalt der konzedierenden Gemeinwesen nach 50 Jahren

nicht wieder aufleben lasse, sondern diese zur Verlängerung der Konzession verpflichte. Eine solche Lösung komme einerseits dem Interesse der SBB an einer möglichst langen Nutzungsdauer entgegen und erlaube andererseits die im Interesse der Konzedenten liegende Anpassung der geldwerten Gegenleistungen der SBB für das ihr verliehene Wassernutzungsrecht schon nach relativ kurzer Zeit. Allerdings verletze die ausgelegte Vertragsbestimmung Art. 58 WRG, der eine maximale Konzessionsdauer von 80 Jahren vorsieht. Dies bewirke jedoch nicht die Ungültigkeit oder Nichtigkeit der Klausel, sondern lediglich, dass nur ein Anspruch auf eine Verlängerung von 30 Jahren bestehe (Urteil des Bundesgerichts, ZBl 90 [1989] 82 ff.).

1347 – Die Eigentümerinnen eines Grundstückes verkauften einen Teil ihrer Liegenschaft an die Gemeinde Worb. Die Gemeinde verpflichtete sich zur Nachzahlung von 26.– Franken pro m^2 des gekauften Landes für den Fall, dass die im Vertrag zugesicherte Einzonung eines Teils des den Verkäuferinnen verbleibenden Landes in die Wohn- und Gewerbezone bis zum 31. Dezember 1980 nicht zu Stande kommen sollte. Die Einwohnergemeinde Worb wies die vereinbarte Fläche 1978 der Wohn- und Gewerbezone zu. Im Rahmen der Ortsplanungsrevision vom 7. März 1993 kam dieser Teil der Parzelle neu in der Landwirtschaftszone zu liegen. Die Eigentümerinnen verlangten eine Entschädigung in der Höhe der vertraglich vereinbarten Nachzahlung von 26.– Franken pro m^2. Das Bundesgericht wies das Rechtsmittel der Eigentümerinnen gegen das Urteil des Verwaltungsgerichts des Kantons Bern ab, welches die Entschädigungsforderung abgelehnt hatte. Zu prüfen war, ob das Verwaltungsgericht ohne Willkür einen Entschädigungsanspruch der Beschwerdeführerinnen aus dem Vertrag verneinen durfte. Durch Auslegung des Vertrags musste ermittelt werden, ob sich die Gemeinde zur dauerhaften Zuweisung des fraglichen Landes oder zumindest zu einer entsprechenden Wertgarantie verpflichtet hatte oder ob diese Verpflichtung zeitlich begrenzt war. Das Bundesgericht stellte fest, dass ein klar übereinstimmender Wille der Vertragsparteien betreffend die Dauer der Einzonungsverpflichtung nicht ohne Weiteres erkennbar sei. Daher habe das Verwaltungsgericht zu Recht eine Auslegung des Vertrages nach dem Vertrauensprinzip vorgenommen und dabei berücksichtigt, dass die Verwaltungsbehörde beim Abschluss solcher Verträge dem öffentlichen Interesse Rechnung zu tragen habe. Das Verwaltungsgericht hatte erwogen, die vertragliche Umzonungspflicht habe zum Ziel gehabt, der Verkäuferschaft neben dem Kaufpreis einen zusätzlichen vermögenswerten Vorteil zu verschaffen. Dieses Ziel habe nur erreicht werden können, wenn die Einzonung eine gewisse Zeit lang wirksam gewesen sei. Es sei nicht willkürlich, wenn das Verwaltungsgericht angenommen habe, diese Zeit sei acht Jahre nach der Einzonung abgelaufen. Den Eigentümerinnen wäre es innerhalb dieser Frist grundsätzlich möglich gewesen, ihr Land baulich zu nutzen oder an einen Dritten zu veräussern. Sie hätten damit die Gelegenheit erhalten, den ihnen mit der Einzonung verschafften vermögenswerten Vorteil zu realisieren. Zudem hätten sie seit Beginn der 80er-Jahre aufgrund des Inkrafttretens des Raumplanungsgesetzes (RPG) damit rechnen müssen, dass ihr Land wieder der Landwirtschaftszone zugewiesen werden könnte (Urteil des Bundesgerichts, ZBl 100 [1999] 542, 545 f.).

IV. Fehlerhafte verwaltungsrechtliche Verträge

1348 Die Rechtswirkungen fehlerhafter verwaltungsrechtlicher Verträge sind noch wenig geklärt und in der Lehre umstritten; die Praxis hierzu ist spärlich. Es kann an dieser Stelle nur eine Übersicht über die Problematik gegeben werden.

1349 Verwaltungsrechtliche Verträge können Mängel unterschiedlicher Art aufweisen. Die Rechtsfolgen bestimmen sich je nach der Art dieser Mängel. In erster Linie ist – ähnlich wie bei Verfügungen (Rz. 1084 ff.) – zu unterscheiden zwischen Verträgen, die *bereits bei ihrem Abschluss mangelhaft* sind, und solchen, die erst *später in Widerspruch zum geltenden Recht* geraten, weil sich das Recht oder die tatsächlichen Verhältnisse geändert haben.

1. Ursprünglich fehlerhafte Verträge

a) Allgemeines

Verwaltungsrechtliche Verträge, die schon bei ihrem Abschluss gegen Rechtsvorschriften verstossen, sind – anders als privatrechtliche Verträge (vgl. Art. 20 OR) – nicht ohne Weiteres nichtig. Die Nichtigkeit dürfte allerdings immer dann eintreten, wenn die Vertragsparteien *in bewusstem Zusammenwirken* auf dem Umweg über den verwaltungsrechtlichen Vertrag einen *rechtswidrigen Erfolg* herbeiführen wollten (so die Regelung in § 59 Abs. 2 Ziff. 2 des deutschen Verwaltungsverfahrensgesetzes vom 25. Mai 1976 [Bundesgesetzblatt 1976 I 1253]; vgl. dazu CARL HERMANN ULE/HANS WERNER LAUBINGER, Verwaltungsverfahrensrecht, 4. Aufl., Köln/Berlin/Bonn/München 1995, S. 794 ff.; vgl. auch Art. 126 des Gesetzes über die Verwaltungsrechtspflege des Kantons Glarus vom 4. Mai 1986 [III G/1], wonach ein öffentlich-rechtlicher Vertrag nichtig ist, wenn er [a] nach einem Gesetz unzulässig ist, wenn [b] die gesetzlichen Form- und Zustimmungserfordernisse verletzt werden, wenn [c] ein Entscheid mit dem entsprechenden Inhalt nichtig wäre oder wenn [d] sich die Nichtigkeit aus der ergänzenden Anwendung des Privatrechts ergibt). Etwas weitergehend hat das Bundesgericht die Vereinbarung der Oberstaatsanwaltschaft Zürich mit dem Verein «Exit» über die organisierte Suizidhilfe für nichtig erklärt – allerdings ohne sich grundsätzlich mit den Voraussetzungen der Nichtigkeit des verwaltungsrechtlichen Vertrags auseinanderzusetzen (BGE 136 II 415 ff., vgl. die Darstellung des Urteils in Rz. 1328). 1350

Liegt keine Nichtigkeit vor, ist der fehlerhafte Vertrag anfechtbar, soweit das anwendbare Recht ein entsprechendes Rechtsmittel vorsieht. Er kann allenfalls auch widerrufen werden (vgl. Rz. 1372 f.). 1351

b) Arten der Fehlerhaftigkeit

aa) Unzulässigkeit der Regelung durch Vertrag

Lässt das Gesetz *keinen Raum für eine Regelung durch verwaltungsrechtlichen Vertrag,* erweist sich eine solche nach *Sinn und Zweck des Gesetzes als ungeeignet* oder kann der Inhalt der Vereinbarung (insbesondere von Privaten übernommene Verpflichtungen) nicht zumindest *mittelbar auf ein Gesetz zurückgeführt* werden, so ist der mangelhafte Vertrag *anfechtbar,* soweit ein entsprechendes Rechtsmittel zur Verfügung steht. Ob ein solcher Mangel auch die *Nichtigkeit* des Vertrages zur Folge haben kann, wenn der Fehler besonders schwer und offensichtlich ist und die Rechtssicherheit dadurch nicht ernsthaft gefährdet wird (wie bei der Nichtigkeit von Verfügungen, vgl. Rz. 1096 ff.), ist umstritten. Denkbar wäre ferner ein *Widerruf* der unzulässigen vertraglichen Regelung durch die vertragsschliessende Behörde oder die Aufsichtsbehörde, wenn die Voraussetzungen des Widerrufs einer entsprechenden Verfügung (Überwiegen des Interesses an der richtigen Durchführung des objektiven Rechts gegenüber demjenigen an Rechtssicherheit und Vertrauensschutz, vgl. Rz. 1226 ff.) erfüllt sind. U.E. dürfte eine Nichtigerklärung oder ein Widerruf kaum je in Frage kommen, weil die Unzulässigkeit des Vertrages in der Regel keinen besonders gravierenden Mangel darstellt und das Interesse am 1352

Vertrauen in den Bestand des Vertrages sehr gewichtig ist, liegt es doch im Wesen des Vertrages, Vertrauen im Hinblick auf das zukünftige Verhalten des Vertragspartners zu begründen (BGE 105 Ia 207, 210 f.; 103 Ia 505, 514; Schiedsgericht, Urteil vom 26. Juni 2007 = RDAF 64 [2008] 361, 389 ff.; vgl. zur Interessenabwägung auch Rz. 1355).

bb) Unzuständigkeit der vertragsschliessenden Behörde

1353 Schliesst eine unzuständige Behörde einen verwaltungsrechtlichen Vertrag ab (z.B. der Gemeinderat an Stelle der Gemeindeversammlung), so stellt sich die Frage, ob überhaupt ein Vertrag zu Stande gekommen ist. U.E. hat die Unzuständigkeit der vertragsschliessenden Behörde *nur ausnahmsweise die Nichtigkeit* des Vertrages zur Folge, nämlich dann, wenn es sich um einen schweren, offensichtlichen Mangel handelt und wenn mit der Nichtigkeit keine Beeinträchtigung der Rechtssicherheit verbunden ist. Die *Anfechtung* und der *Widerruf* von verwaltungsrechtlichen Verträgen, zu deren Abschluss die Behörde nicht kompetent war, sind wohl unter den gleichen Voraussetzungen möglich wie bei der Unzulässigkeit der vertraglichen Regelung (Rz. 1352).

cc) Verstoss gegen zwingende Rechtsnormen

1354 Der Verstoss gegen zwingende Rechtsnormen ist in der Regel kein so schwerer und offensichtlicher Fehler, dass er zur Nichtigkeit des Vertrages führt (siehe dazu auch Rz. 1352; vgl. aber BGE 136 II 415, 426, wo ein gegen zwingendes Recht verstossender Vertrag als nichtig bezeichnet wurde, wobei der Begriff der Nichtigkeit [statt Ungültigkeit] möglicherweise nicht bewusst verwendet wurde; vgl. auch die Darstellung des Urteils in Rz. 1328). In Frage kommen deshalb praktisch nur Anfechtbarkeit und Widerrufbarkeit.

1355 Das Bundesgericht beurteilt den Verstoss von verwaltungsrechtlichen Verträgen gegen zwingende Rechtsnormen *analog der Widerrufbarkeit von Verfügungen:* Ein Vertrag kann demnach dann aufgehoben werden, wenn das Interesse an der richtigen Durchführung des objektiven Rechts überwiegt gegenüber dem Interesse an der Rechtssicherheit und am Schutz des Vertrauens in den Bestand des Vertrages (BGE 138 V 147, 149 f.; 105 Ia 207, 210 ff.; 103 Ia 505, 514 ff.; vgl. auch Urteil des Verwaltungsgerichts des Kantons Zürich, ZBl 88 [1987] 134, 138). Der Grundsatz «pacta sunt servanda» gebietet, dass vertraglich übernommene Verpflichtungen vom Gemeinwesen und vom Privaten auch zu erfüllen sind, falls sich der Vertrag als rechtswidrig erweist, sofern es sich dabei nicht um einen gravierenden Mangel handelt. Das Vertrauensschutzinteresse des Privaten ist dann besonders gewichtig, wenn er durch den Vertrag *begünstigt* wird. Aber auch bei einem den Privaten *belastenden* Vertrag ist nicht jeder Rechtsfehler geeignet, die Aufhebung des Vertrages zu bewirken, sondern bloss Mängel, die so schwer wiegen, dass die Geltendmachung durch den Privaten, der dem Vertrag zugestimmt hat, nicht als Verstoss gegen Treu und Glauben erscheint (BGE 105 Ia 207, 211; BVGer, Urteil A-2583/2007 vom 17. Dezember 2007 E. 5; Verwaltungsgericht des Kantons Zürich, Urteil VB.2009.00279 vom 8. Juli 2009 E. 4.2).

dd) Willensmängel

Weist ein verwaltungsrechtlicher Vertrag Willensmängel (Irrtum, Täuschung oder Drohung beim Abschluss) auf, so finden die Bestimmungen der Art. 23 ff. OR analog Anwendung (BGE 132 II 161, 164; BVGer, Urteil A-6800/2009 vom 29. Juli 2010 E. 4.2.3). Sie gelten in diesem Falle allerdings als verwaltungsrechtliche und nicht als privatrechtliche Normen. 1356

Im Gegensatz zum Zivilrecht erweist sich das Vorliegen eines *Motivirrtums* (Art. 24 Abs. 2 OR) regelmässig als rechtserheblich (vgl. hierzu DETLEV DICKE, Der Irrtum bei der Verwaltungsmassnahme, ZSR 103/I [1984] 525 ff.; Entscheid des Bundesrates, VPB 66 [2002] Nr. 73 E. 4.1; anderer Ansicht MOOR/POLTIER, S. 462; KLEIN, S. 189). 1357

Beispiel: 1358

Nach Art. 14 des Kanalisationsreglementes der Gemeinde Birmenstorf kann für die vorzeitige Erstellung einer Gemeindekanalisation ausserhalb des bestehenden Kanalnetzes ein zusätzlicher Baubeitrag erhoben werden. Der Gemeinderat Birmenstorf erteilte Otto Zehnder eine Baubewilligung, in der u.a. festgehalten wurde, dass das Gebäude erst bezogen werden dürfe, wenn der Anschluss an die Kanalisation erfolgt sei. Später entstand zwischen Otto Zehnder und der Gemeinde Streit über die Erhebung des zusätzlichen Baubeitrages für die vorzeitige Erstellung der Kanalisation zum Zwecke des Anschlusses des Gebäudes. In einer Vereinbarung verpflichtete sich Otto Zehnder schliesslich zur Leistung eines Beitrages von 14'000.– Franken. In der Folge verweigerte er jedoch die Begleichung des Beitrages mit der Begründung, dass er der Vereinbarung nur zugestimmt habe, weil ihm der Gemeinderat gedroht habe, die Kanalisation werde nicht gebaut, wenn er mit der Beitragsleistung nicht einverstanden sei. Das Bundesgericht verneinte, dass der damit geltend gemachte Willensmangel der widerrechtlichen Furchterregung im Sinne des Art. 29 OR vorliege, weil das Verhalten des Gemeinderates sich auf das Kanalisationsreglement stützen konnte und damit nicht widerrechtlich war (BGE 105 Ia 207 ff.).

ee) Formmängel

Die Missachtung der Schriftform betrachten DUBEY/ZUFFEREY (No. 1111), GRISEL (S. 453), HETTICH (Rz. 20.83), MOOR/POLTIER (S. 462) und TSCHANNEN/ZIMMERLI/MÜLLER (S. 357) als Nichtigkeitsgrund (a.M. WIEDERKEHR/RICHLI, Bd. I, Rz. 3064). Die Formungültigkeit ist jedoch unbeachtlich und die Berufung darauf unstatthaft, wenn sie gegen Treu und Glauben verstösst und somit einen offenbaren Rechtsmissbrauch im Sinne von Art. 2 Abs. 2 ZGB bzw. Art. 5 Abs. 3 BV darstellt (BGer, Urteil 4C.162/2005 vom 18. Mai 2006 E. 3.2). 1359

2. Nachträglich fehlerhafte Verträge

Verwaltungsrechtliche Verträge können auch dadurch mangelhaft werden, dass sich nach ihrem Abschluss die tatsächlichen Verhältnisse oder die Rechtsgrundlagen des Vertrages ändern. Es fragt sich deshalb, ob eine *Anpassung* eines solchen Vertrages an die geänderten Umstände bzw. Vorschriften zulässig ist. Allgemein lässt sich dazu sagen, dass ein ursprünglich fehlerfreier Vertrag nur ausnahmsweise, unter ganz besonderen Voraussetzungen gegen den Willen einer Vertragspartei geändert werden kann, ist es doch gerade Zweck einer vertraglichen Vereinbarung, sich gegenseitig auf Dauer zu binden und 1360 den einseitigen Verzicht auf die Erfüllung der vertraglichen Pflichten auszuschliessen (vgl. Rz. 1315 f.).

1361 Eine Anpassung durch Abschluss eines neuen Vertrages ist aber natürlich immer möglich.

a) Anpassung an veränderte Verhältnisse

1362 Die Aufhebung oder Anpassung vertraglicher Rechte und Pflichten ist möglich, wenn sich die Verhältnisse, die für die Festsetzung des Vertragsinhalts massgebend sind, seit Abschluss des Vertrages so stark verändert haben, dass einer Vertragspartei das Festhalten an der ursprünglichen vertraglichen Regelung nach Treu und Glauben nicht mehr zugemutet werden darf, d.h., wenn das Beharren auf der vereinbarten Forderung geradezu eine Ausbeutung des Missverhältnisses von Leistung und Gegenleistung und damit einen *Rechtsmissbrauch* darstellen würde (BGE 122 I 328, 341; Verwaltungsgericht des Kantons Zürich, Urteil VK.2006.00007 vom 10. Juli 2008 E. 4.1; Urteil VK.2000.00006 vom 27. Oktober 2000 E. 4.a = ZBl 102 [2001] 368, 372; Urteil VB.1999.00281 vom 2. März 2000 E. 5.a = ZBl 101 [2000] 596, 602). Beim verwaltungsrechtlichen Vertrag wird diese *clausula rebus sic stantibus* im Allgemeinen weniger restriktiv angewendet als beim privatrechtlichen, weil der Staat auch andere Prinzipien als Treu und Glauben zu beachten hat (z.B. Gesetzmässigkeit und Rechtsgleichheit, vgl. VOGEL, S. 307 f.).

1363 Beruft sich eine Vertragspartei wegen veränderter Verhältnisse auf die clausula rebus sic stantibus, so kann lediglich ein Gericht prüfen, ob die Voraussetzungen der clausula gegeben sind und gegebenenfalls ordnend in den Vertrag eingreifen. Die am Vertrag beteiligten Verwaltungsbehörden sind dazu nicht berechtigt (VOGEL, S. 308 f.; vgl. auch Rz. 1373).

Beispiele:

1364 – Die Stadt Dübendorf übertrug der A. AG in einem «Pachtvertrag» (vertraglicher Teil einer Sondernutzungskonzession, vgl. Rz. 1332 ff.) das ausschliessliche Recht zum Anbringen von Plakaten auf öffentlichem Grund. In einer Optionsklausel räumte das Gemeinwesen seinem Vertragspartner zudem ein Vorrecht bei der Neuvergabe der Konzession nach Ablauf der zehnjährigen Konzessionsdauer ein. Nachdem die Stadt den Vertrag mit der A. AG gekündigt hatte, schloss sie einen neuen Vertrag mit der Konkurrenzfirma O. AG. Die A. AG führte dagegen verwaltungsrechtliche Klage beim Verwaltungsgericht des Kantons Zürich wegen Verletzung der Optionsklausel. Die Stadt Dübendorf berief sich u.a. auf die «clausula rebus sic stantibus»: Dass Ende 1979 erstmals Konkurrenz auf dem Plakatanschlagsmarkt aufgetreten sei, stelle eine neue Tatsache dar, die eine Nichtbeachtung der Optionsklausel rechtfertige. Das Verwaltungsgericht legte dar, nach der «clausula rebus sic stantibus» könne ein längerfristiger verwaltungsrechtlicher Vertrag nachträglich aufgehoben werden, wenn wichtige öffentliche Interessen dies wegen des Eintritts neuer, bei Vertragsschluss nicht voraussehbarer Tatsachen erforderten und dem keine höher zu bewertenden privaten Interessen entgegenstünden. Im konkreten Fall verneinte es das Vorliegen neuer Tatsachen, da die Vorzugsklausel gerade für den Fall des Auftretens neuer Konkurrenz gelten sollte, und lehnte eine Berufung auf die clausula rebus sic stantibus ab (ZBl 88 [1987] 134 ff.).

1365 – Mitte der sechziger Jahre beabsichtigte die Gemeinde S., längs der Kantonsstrasse ein Trottoir zu erstellen. Dafür musste das Ladenlokal von F. verkleinert werden. Die Gemeinde schloss mit ihm einen Vertrag, in dem F. ihr ein «Benutzungsrecht» zu Gunsten der Öffentlichkeit gegen ein Entgelt von 1'000.– Franken pro Jahr einräumte. 1990 gelangte R., die Rechtsnachfolgerin von F., an den Gemeinderat mit dem Begehren um eine Erhöhung der Entschädigung auf 5'000.– Franken. Als dieser sich dazu nicht bereit fand, erhob R. Klage beim kantonalen Verwaltungsgericht. Dieses wies das Begehren ab, da eine Änderung des Vertrages nur unter den Voraussetzungen der clausula rebus sic stantibus zulässig sei. Es müsste eine erhebliche, für die Parteien nicht voraussehbare Änderung der tatsächlichen Verhältnisse eingetreten sein. Eine solche liege bei einer durchschnittlichen, den Erfahrungen entsprechenden Geldentwertung nicht vor (ZBl 94 [1993] 231 ff.).

b) Anpassung an geänderte Rechtsnormen

Eine Änderung von Rechtsnormen kann dazu führen, dass verwaltungsrechtliche Verträge dem geltenden Recht widersprechen oder keine genügende Rechtsgrundlage mehr haben. Das Gesetzmässigkeitsprinzip verlangt, dass die Verträge dem neuen Recht angepasst werden, während das Prinzip des Vertrauensschutzes dafür spricht, dass der Vertrag unverändert gültig bleibt. Nach Lehre und Praxis ist eine Abwägung zwischen den Interessen an der Gesetzmässigkeit und am Vertrauensschutz vorzunehmen, wobei dem Interesse am Vertrauen in den Bestand des Vertrages im Hinblick auf den Bindungswillen der Parteien und den Grundsatz «pacta sunt servanda» erhöhtes Gewicht zukommt (vgl. Rz. 626 und 633). 1366

Durch verwaltungsrechtliche Verträge können *wohlerworbene Rechte* begründet werden. Solche Rechte sind *vermögenswerte Ansprüche* gegenüber dem Staat, die grundsätzlich *gesetzesbeständig sind.* Sie können bei einer Änderung von Rechtsnormen, die zur nachträglichen Rechtswidrigkeit eines Vertrages führt, nicht ohne Weiteres angepasst, sondern nur eingeschränkt oder entzogen werden, sofern die Voraussetzungen dazu (gesetzliche Grundlage, öffentliches Interesse, Verhältnismässigkeit) erfüllt sind; das Gemeinwesen hat den Vertragspartner u.U. zu *entschädigen* (vgl. Rz. 1237 ff.). 1367

VOGEL (S. 305 f.) ist der Ansicht, dass die clausula rebus sic stantibus nicht nur bei einer Änderung der tatsächlichen, sondern auch der rechtlichen Verhältnisse zur Anwendung kommen könne. Voraussetzung sei jedoch, dass die Rechtsänderung nicht im Verantwortungsbereich des an einem Vertrag beteiligten Gemeinwesens liege. Wenn jedoch ein übergeordnetes Gemeinwesen Regelungen erlasse, welche sich auf die Vertragserfüllung auswirkten, müsse diese an das neue Recht angepasst werden. 1368

Beispiele:

- Im Rahmen einer Teilrevision des Spitalgesetzes des Kantons Basel-Landschaft wurde eine Bestimmung aufgenommen, welche die bisherige vertragliche Regelung der privatärztlichen Leistungserbringung durch eine gesetzliche Regelung ersetzt. Das Bundesgericht hiess eine Beschwerde in öffentlich-rechtlichen Angelegenheiten gegen diese Gesetzesbestimmung gut. Es stellte fest, die verwaltungsrechtlichen Verträge über die privatärztliche Tätigkeit hätten eine Vertrauensgrundlage geschaffen, die auch der Gesetzgeber beachten müsse. Die beschwerdeführenden Ärzte hätten sich aufgrund der Verträge zur Berufsausübung an den entsprechenden Spitälern entschlossen. Die sofortige Aufhebung der Verträge durch den Gesetzgeber lasse sich mit dem Vertrauensschutzprinzip nicht vereinbaren (BGer, Urteil 1C_168/2008 vom 21. April 2009 E. 4 = ZBl 111 [2010] 56, 59 ff.; siehe auch Rz. 635). 1369
- Die Z.-AG schloss mit einer zürcherischen Gemeinde 1990 einen Konzessionsvertrag ab, in welchem der Z.-AG u.a. das alleinige Recht eingeräumt wurde, gegen Entrichtung einer Konzessionsgebühr den öffentlichen Grund für die Verlegung von Kabelnetzen für den Radio- und Fernsehempfang zu benutzen. Im Rahmen der Liberalisierung des Fernmelderechts wurde in Art. 40 Abs. 2 des Bundesgesetzes über Radio und Fernsehen (RTVG) vom 21. Juni 1991 (AS 1997, 2187) neu vorgesehen, dass Weiterverbreitungskonzessionäre berechtigt sind, für Bau und Betrieb von Leitungen den Boden im Gemeingebrauch unentgeltlich in Anspruch zu nehmen (heute geregelt in Art. 35 FMG). Die Gemeinde bestand jedoch weiterhin auf Bezahlung 1370

der im Konzessionsvertrag vereinbarten Konzessionsgebühr und reichte eine entsprechende Klage gegen die Z.-AG beim Verwaltungsgericht des Kantons Zürich ein. Das Verwaltungsgericht hielt fest, die Gemeinde könne sich nicht auf ein wohlerworbenes Recht berufen, weil solche Rechte lediglich dem Schutz von vermögenswerten Ansprüchen Privater gegenüber dem Staat dienten. Die von der Z.-AG geforderte Anpassung des Vertrags an das neue Recht aufgrund der clausula rebus sic stantibus sei nicht möglich, weil diese Klausel nur bei der Änderung der tatsächlichen Verhältnisse zur Anwendung komme. Das Verwaltungsgericht lehnte die Klage der Gemeinde ab, vor allem mit der Begründung, es sei ihr nach dem neuen Recht unmöglich geworden, die der Z.-AG vertraglich zugesicherte Ausschliesslichkeit des Rechts zum Bau und Betrieb von Kabelnetzen zu gewährleisten, weshalb sie den Anspruch auf ihre Gegenforderung, die Bezahlung der Konzessionsgebühr, verliere (Verwaltungsgericht des Kantons Zürich, Urteil VK.2000.00006 vom 27. Oktober 2000 = ZBl 102 [2001] 368 ff.).

3. Rechtsschutz

1371 Der Rechtsschutz im Bereich der verwaltungsrechtlichen Verträge ist eng mit der Ausgestaltung des jeweiligen Verfahrensrechts verbunden (KLEIN, S. 111 f.). Die Rechtsweggarantie (Art. 29a BV) ändert daran wenig (vgl. ausführlich zum Rechtsschutz gegen verwaltungsrechtliche Verträge DANIELA THURNHERR, Verfahrensgrundrechte und Verwaltungshandeln, Habil. Basel, Zürich/St. Gallen 2013, Rz. 671 ff. und 709 ff.).

1372 Fehlerhafte Verträge können anfechtbar, widerrufbar oder ausnahmsweise nichtig (vgl. Rz. 1354) sein. Die *Anfechtbarkeit* bedeutet, dass der Mangel des Vertrags von den Vertragsparteien oder allenfalls von dadurch betroffenen Dritten mit einem Rechtsmittel (Rekurs, Beschwerde, Klage) geltend gemacht werden kann. Nach dem Verfahrensrecht der Kantone sind allerdings oft nur Verfügungen Gegenstand der Anfechtung. Es fragt sich deshalb, ob dem Vertragsschluss eine Verfügung zu Grunde liegt oder vorangeht (*Zweistufentheorie,* vgl. Rz. 1401 ff.), gegen die sich das Rechtsmittel richten kann.

1373 Das *anwendbare Recht* kann auch der am Vertrag beteiligten Behörde vorschreiben, über allfällige Streitigkeiten in der Form der Verfügung zu entscheiden. Seit Inkrafttreten des VGG beurteilt das Bundesverwaltungsgericht auf Klage Streitigkeiten aus öffentlich-rechtlichen Verträgen des Bundes (Art. 35 lit. a VGG), es sei denn, das Bundesrecht sehe den Erlass einer Verfügung (und somit das Beschwerdeverfahren an Stelle des Klageverfahrens) vor (Art. 36 VGG). Dies ist z.B. in Art. 19 SuG (Subventionsgesetz) der Fall, wonach die Behörden nach den Vertragsverhandlungen dem Gesuchsteller einen befristeten Antrag unterbreiten, welcher auch beschwerdeberechtigten Dritten eröffnet wird, worauf diese und der Gesuchsteller eine anfechtbare Verfügung verlangen können.

1374 *Widerrufbare* Verträge können von der vertragsschliessenden Behörde oder der Aufsichtsbehörde – allenfalls auf Antrag einer Vertragspartei oder eines betroffenen Dritten – aufgehoben oder geändert werden (ähnlich wie ursprünglich fehlerhafte Verfügungen, siehe Rz. 1224 ff.). KNAPP (No. 1531) vertritt die Ansicht, dass Verwaltungsbehörden nicht befugt seien, einen verwaltungsrechtlichen Vertrag einseitig zu widerrufen; nur der Richter dürfe einen fehlerhaften Vertrag ungültig erklären (ebenso THOMAS P. MÜLLER, S. 236 ff., der eine Verfügungsbefugnis der Verwaltungsbehörden bei fehlerhaften Verträgen ablehnt und nur die gerichtliche Klage zur Geltendmachung der Mängel zulassen will; anders NGUYEN, S. 117 ff.; vgl. die entsprechenden Überlegungen bei der Anrufung der clausula rebus sic stantibus in Rz. 1363). In der Tat steht die Möglichkeit des Widerrufs durch die Verwaltungsbehörden in einem gewissen Widerspruch zur Rechtsnatur von verwaltungsrechtlichen Verträgen (so auch WIEDERKEHR/RICHLI, Bd. I, Rz. 3022). Das Bundesgericht hat in BGE 132 I 140, 144 ff. festgestellt, es sei willkürlich, wenn eine Vertragspartei über die Tragweite eines verwaltungsrechtlichen Vertrages befinden könne, ohne dass der anderen ein (ordentliches) Rechtsmittel zur Verfügung stehe.

Wird ein fehlerhafter Vertrag ungültig erklärt, so stellt sich die Frage der *Entschädigung*. 1375

V. Beendigung des verwaltungsrechtlichen Vertrages

Entsprechend den allgemeinen Grundsätzen des Vertragsrechts enden verwaltungsrecht- 1376
liche Verträge ordentlicherweise durch Erfüllung, durch Ablauf einer vereinbarten oder gesetzlich vorgesehenen Dauer (Befristung) oder infolge eines anderen Grundes, der zum Erlöschen eines Vertrages führt.

Darüber hinaus kann ein verwaltungsrechtlicher Vertrag vorsehen, dass die Parteien 1377
das Recht haben, das Vertragsverhältnis durch Kündigung aufzulösen. Ferner erlischt ein verwaltungsrechtlicher Vertrag durch Auflösung infolge Fehlerhaftigkeit (Rz. 1348 ff.) oder durch den Abschluss eines Aufhebungsvertrages. Schliesslich wird ein verwaltungsrechtlicher Vertrag auch durch (formelle) Enteignung der durch den Vertrag erlangten wohlerworbenen Rechte (Rz. 1315) beendet (Rz. 2382 f.).

§ 19 Zusammenhänge zwischen Verwaltungstätigkeit und Privatrecht

Literatur

ADAM JÜRGEN, Öffentliche Auftragsvergabe und culpa in contrahendo, Diss. Freiburg im Breisgau, Berlin 2005; BEYELER MARTIN, Der Geltungsanspruch des Vergaberechts, Probleme und Lösungsansätze im Anwendungsbereich und im Verhältnis zum Vertragsrecht, Habil. Bern, Zürich/Basel/Genf 2012; BEYELER MARTIN, Der objektive Geltungsbereich des Vergaberechts – Gedanken zum Begriff des öffentlichen Auftrags, in: Jean-Baptiste Zufferey/Hubert Stöckli (Hrsg.), Aktuelles Vergaberecht 2008, Zürich 2008, S. 65 ff.; BEYELER MARTIN, Öffentliche Beschaffung, Vergaberecht und Schadenersatz, ein Beitrag zur Dogmatik der Marktteilnahme des Gemeinwesens, Diss. Freiburg, Zürich 2004; BÜHLER SIMON, Der Fluch des Gewinners in der öffentlichen Beschaffung, AJP 21 (2012) 685 ff.; DIGGELMANN OLIVER, Vorbefassung im Submissionsrecht – Was verlangt der Gleichbehandlungsgrundsatz?, ZBl 108 (2007) 577 ff.; GALLI PETER/MOSER ANDRÉ/LANG ELISABETH/STEINER MARC, Praxis des öffentlichen Beschaffungsrechts, eine systematische Darstellung der Rechtsprechung des Bundes und der Kantone, 3. Aufl., Zürich/Basel/Genf 2013; GAUCH PETER, Zuschlag und Verfügung, Ein Beitrag zum öffentlichen Vergaberecht, in: Peter Hänni (Hrsg.), Mensch und Staat, Festgabe für Thomas Fleiner zum 65. Geburtstag, Freiburg 2003, S. 595 ff.; MICHEL NICOLAS (Hrsg.), Aspects du droit des marchés publics, droit suisse, droit européen et droit comparé, Freiburg 1992; LANG HERBERT, Offertenbehandlung und Zuschlag im öffentlichen Beschaffungswesen, ZBl 101 (2000) 225 ff.; LEUTHOLD ALEXIS, Offertverhandlungen in öffentlichen Vergabeverfahren – Privatrechtliche und vergaberechtliche Aspekte, Diss. Freiburg, Zürich 2009; LOCHER THOMAS, Wirkungen des Zuschlags auf den Vertrag im Vergaberecht, eine verwaltungsrechtliche Einordnung, Diss. Bern 2013; POLTIER ETIENNE, Droit des marchés publics, Bern 2014; ROHNER BEATRICE/RIZVI SALIM, Rahmenvereinbarungen im öffentlichen Beschaffungsrecht, SZW 87 (2015) 36 ff.; SCHNEIDER HEUSI CLAUDIA, Vergaberecht, in a nutshell, Zürich/St. Gallen 2013; SCHOTT MARKUS, Der «Wettbewerb der Systeme» – Überlegungen zu einem obiter dictum des Bundesgerichts im Fall Glarnersach (BGE 138 I 378), in: Eva Maria Belser/Bernhard Waldmann (Hrsg.), Mehr oder weniger Staat?, Festschrift für Peter Hänni, Bern 2015, S. 387 ff.; SEILER HANSJÖRG, Wirtschaftliche Tätigkeit des Staates in der Rechtsprechung des Bundesgerichts, in: Festschrift Peter Hänni, S. 397 ff.; SPÜHLER KARL, Öffentliches Beschaffungswesen – Die Rechtswirkungen des Zuschlages, ZBl 105 (2004) 375 ff.; SUTER STEFAN, Der Abbruch des Vergabeverfahrens, Diss. Basel 2010; UEBERSAX PETER, Privatisierung der Verwaltung, ZBl 102 (2001) 393 ff.; WEHRENBERG STEFAN, Rechtsschutz im Submissionsrecht – ein Plädoyer für die Einführung von Behandlungsfristen, in: Markus Rüssli/Julia Hänni/Reto Häggi Furrer (Hrsg.), Staats- und Verwaltungsrecht auf vier Ebenen, Festschrift für Tobias Jaag, Zürich/Basel/Genf 2012, S. 549 ff.; ZUFFEREY JEAN-BAPTISTE, L'accord-cadre en droit des marchés publics – Un remède à la rigidité de la loi?, in: Festschrift Peter Hänni, S. 421 ff.; ZUFFEREY JEAN-BAPTISTE/MAILLARD CORINNE/MICHEL NICOLAS, Droit des marchés publics, présentation générale, éléments choisis et code annoté, Freiburg 2002.

Vgl. auch die Literatur zu § 4.

I. Zulässigkeit und Arten des privatrechtlichen Handelns des Staates

1. Verbot der privatrechtlichen Betätigung des Staates im öffentlich-rechtlich geregelten Bereich

Bei der Erfüllung ihrer Verwaltungsaufgaben sind die Behörden mit *Hoheitsgewalt* ausgestattet; es besteht ein Subordinationsverhältnis zwischen Privaten und Staat. Die Verwaltungsbefugnis schliesst in der Regel die Verfügungsbefugnis (als Ausdruck der Subordination) mit ein (BGE 141 II 262, 275 f.; BVGE 2015/15 E. 2.2.1 m.w.H.; zurückhaltender BGE 137 II 409, 412 f. betreffend dezentrale Verwaltungsträger). Der Staat kann aber bei der Besorgung seiner Aufgaben in beschränktem Rahmen auch als *Privatrechtssubjekt* auftreten. Er verkehrt dann auf gleicher Ebene mit den Privaten. 1378

Im modernen Staat mit seinen zahlreichen Verwaltungsaufgaben zeigt sich gelegentlich die Tendenz, sich der Formen des Privatrechts zu bedienen, um für die Bewältigung einer bestimmten Aufgabe eine flexible und speditive Betriebsführung zu erlangen. Diese *«Flucht des Gemeinwesens ins Privatrecht»* ist z.B. bei der Elektrizitätsversorgung oder im Bereich des öffentlichen Verkehrs anzutreffen. 1379

Ist eine Materie *abschliessend* durch das öffentliche Recht geordnet, so besteht als Folge der Bindung an das Legalitätsprinzip *kein Raum für privatrechtliche Regelungen*. Liegt keine abschliessende öffentlich-rechtliche Regelung vor, so ist zu prüfen, ob nach deren Sinn und Zweck öffentlich-rechtliches oder privatrechtliches Handeln geboten ist. Die Verwaltungsbehörden haben keine Möglichkeit, frei zwischen der Anwendung von öffentlichem oder privatem Recht zu wählen. 1380

Beispiele:

- Die Armee, die zur Aktivdienstzeit Terrain für militärische Zwecke benötigte, durfte nicht einen privatrechtlichen Miet- oder Pachtvertrag mit dem Grundeigentümer eingehen, statt das erforderliche Land gemäss der abschliessenden militärrechtlichen Regelung zu requirieren (VEB 18 [1946/47] Nr. 80 S. 138 ff.). 1381
- Es ist unzulässig, eine Baubewilligung mit einem Bauverbot in der Form einer privatrechtlichen Servitut als Bedingung zu verbinden, um den Grundeigentümer an der Erstellung weiterer Gebäude auf seinem Grundstück zu hindern (Entscheid des Regierungsrates des Kantons Zürich, ZBl 68 [1967] 20 ff.). 1382

In der Praxis wurde vereinzelt die Auffassung vertreten, die Verwaltungsbehörden dürften sich auch dort des Privatrechts bedienen, wo ihnen das Gesetz eine Aufgabe übertragen habe, *ohne die zur Erfüllung nötigen öffentlich-rechtlichen Mittel zur Verfügung zu stellen*. So wurde es als zulässig erachtet, dass der Gemeinderat beim Vollzug eines Gemeindebeschlusses über die Bekämpfung der Wohnungsnot mit den Bauherrschaften privatrechtliche Darlehens- und Bürgschaftsverträge abschliesst, weil der Gemeindebeschluss die für seine Verwirklichung erforderlichen Rechtsinstitute nicht vorsieht (Entscheid des Regierungsrates des Kantons Luzern, ZBl 35 [1934] 43 ff.). Es stellt sich in diesem Fall aber die Frage, ob nicht ein verwaltungsrechtlicher Vertrag hätte abgeschlossen werden müssen oder die Parteien unbeabsichtigt einen solchen geschlossen haben (vgl. Rz. 1286 ff.). 1383

2. Fälle zulässigen privatrechtlichen Handelns des Staates

a) Administrative Hilfstätigkeit

1384 Unter administrativer Hilfstätigkeit versteht man jene Tätigkeiten des Gemeinwesens, durch die es die zur Erfüllung der öffentlichen Aufgaben notwendigen Sachgüter und Leistungen beschafft. Zum Teil ist in diesem Zusammenhang auch von *Bedarfsverwaltung* die Rede. Der Staat schliesst dabei privatrechtliche Verträge ab.

1385 Beispiele:
- Beschaffung von Büromaterial;
- Abschluss von Werkverträgen für die Errichtung öffentlicher Bauten;
- Rüstungsbeschaffung.

b) Verwaltung des Finanzvermögens

1386 Das *Finanzvermögen* umfasst alle realisierbaren Aktiven des Gemeinwesens, d.h. diejenigen Vermögenswerte, die dem Gemeinwesen nur *mittelbar*, durch ihren *Vermögenswert* dienen (vgl. Rz. 2203 f.). Die Handlungen der Verwaltungsbehörden, welche das Finanzvermögen betreffen, erfolgen gegenüber Privaten oder anderen Gemeinwesen in den Formen des Privatrechts.

1387 Beispiele:
- Vermietung von Liegenschaften zu Marktpreisen;
- Kauf oder Verkauf von Wertpapieren zwecks Vermögensanlage.

c) Privatwirtschaftliche Staatstätigkeit

1388 Privatwirtschaftliche Staatstätigkeit bedeutet Teilnahme des Gemeinwesens am Wirtschaftsleben in *Konkurrenz mit der Privatwirtschaft*. Das Gemeinwesen handelt dabei privatrechtlich (BGE 120 II 321 ff.; zur Zulässigkeit privatwirtschaftlicher Staatstätigkeit BGE 138 I 378, 396 f.; vgl. auch Art. 41 f. FHG [Finanzhaushaltgesetz] sowie Rz. 1592).

1389 Beispiele:
- Betrieb einer Gastwirtschaft durch eine Gemeinde;
- Teile des Geschäftsbereiches von Kantonalbanken;
- Das «Filmpodium» ist ein von der Stadt Zürich unterhaltenes Kino. Es wird von dieser im Rahmen der städtischen Kulturförderung betrieben und konkurriert mit dem privatwirtschaftlichen, kommerziell ausgerichteten Kinoangebot.

d) Teile der Leistungsverwaltung

1390 Wo das Gemeinwesen oder staatliche Anstalten für die Privaten wirtschaftliche Leistungen erbringen, bedienen sie sich zum Teil der Rechtsformen des Privatrechts. Dies ist insbesondere dann der Fall, wenn die wirtschaftliche Leistung nur mittelbar der Verfolgung öffentlicher Interessen dient.

1391 Beispiele:
- Transportvertrag im öffentlichen Verkehr (z.B. bei der SBB; vgl. Rz. 1292);
- Energielieferungsverträge;

- veterinärmedizinische Behandlung am Tierspital der Universität Zürich (Verwaltungsgericht des Kantons Zürich, Urteil VB.2000.00311 vom 8. Dezember 2000 = ZBl 102 [2001] 378 ff.; vgl. Rz. 239).

II. Einbindung des privatrechtlichen Handelns ins öffentliche Recht

1. Problemstellung

Auch wenn der Staat einen privatrechtlichen Vertrag abschliesst, kann er sich nicht dem öffentlichen Recht entziehen, das für die Fragen der *Zuständigkeit* und des *Verfahrens der Willensbildung* massgeblich bleibt. Das öffentliche Recht bestimmt also, mit wem der Staat welchen Vertrag zu welchen Bedingungen abschliesst. Demgegenüber ist Privatrecht einschlägig für das Verhältnis, welches aus dem Abschluss eines Vertrages des Staates mit einem Privaten entsteht. Das Gemeinwesen begibt sich beim privatrechtlichen Handeln auf die Stufe des Privaten und geniesst in dieser Rechtsbeziehung keine Privilegien. In einem Streit über den zivilrechtlichen Vertrag untersteht der Staat der Zivilgerichtsbarkeit (vgl. immerhin die Sonderbestimmungen in Art. 10 lit. b, c und d ZPO sowie Art. 30 Abs. 1 SchKG). 1392

Während also für Streitigkeiten *aus* Vertrag eine klare (zivilgerichtliche) Zuständigkeit besteht, erscheint unsicher, ob Rechtsschutz auch besteht, wenn *Fragen des Vertragsabschlusses* zu entscheiden sind. Denkbar ist insbesondere, dass mehrere privatwirtschaftliche Unternehmen an einem Vertragsschluss mit dem Gemeinwesen interessiert sind, das Gemeinwesen aber nur einen Bewerber berücksichtigen kann. Die unterlegenen Bewerber haben ein Interesse an einer Kontrolle, dass der Staat mit demjenigen den Vertrag schliesst, welcher das beste Angebot eingereicht hat. 1393

2. Zweistufentheorie

Das Problem des Rechtsschutzes löst die sog. *Zweistufentheorie*. Sie unterscheidet beim Abschluss von privatrechtlichen Verträgen durch das Gemeinwesen zwischen dem *privatrechtlichen Vertragsschluss* und der *internen Willensbildung* der Behörden, die dem Vertragsschluss vorangeht. Das Verfahren der internen Willensbildung untersteht dem *öffentlichen Recht* und schliesst mit einer Verfügung ab, mit der sich die zuständige Behörde entscheidet, ob, mit wem und worüber ein privatrechtlicher Vertrag abgeschlossen werden soll (sog. *Zuschlag*). Diese Verfügung kann mit Beschwerde angefochten werden, mit welcher sämtliche Rechtsfehler geltend gemacht werden können. Die Zweistufentheorie kommt vor allem bei *Submissionen,* d.h. bei der Vergabe von Arbeiten und Lieferungen durch den Staat an Private, zur Anwendung. Sie ist dort vom Gesetzgeber vorgesehen. 1394

Beispiele:

- Die Gemeinde X. will ein neues Gemeindehaus errichten. Zu diesem Zweck schreibt sie die Arbeiten öffentlich aus, worauf die interessierten Bauunternehmer ihre Offerten einreichen. 1395

Der Gemeinderat von X. entscheidet sich nach längerer Diskussion für die Offerte des Unternehmers Z. und schliesst mit diesem einen privatrechtlichen Vertrag ab. Gemäss der Zweistufentheorie stellt die Entscheidung für die Offerte von Z. eine Verfügung dar, gegen die die Unternehmer, die nicht berücksichtigt wurden, Beschwerde führen und Rechtsverletzungen rügen können.

1396 – Der Stadtrat Schaffhausen kündigte einen privatrechtlichen Pachtvertrag. Der Regierungsrat trat auf einen Rekurs des Pächters nicht ein mit der Begründung, es handle sich um eine zivilrechtliche Streitigkeit. Das Obergericht stellte fest, die Kündigung sei zwar eine privatrechtliche Willenserklärung, doch gehe ihr bei Verträgen eines Gemeinwesens eine behördliche Beschlussfassung voraus, welche als Verfügung betrachtet werden könne. Gegen diese Verfügung stehe der verwaltungsrechtliche Rechtsweg offen (Obergericht des Kantons Schaffhausen, Urteil Nr. 60/2007/32 vom 9. November 2011 E. 2.b = ZBl 109 [2008] 539, 541 f.; vgl. auch BGer, Urteil 2C_314/2013 vom 19. März 2014 E. 1.1 = ZBl 116 [2015] 146, 147 f.).

3. Öffentliches Beschaffungsrecht (Submissionen)

1397 Seit dem 1. Januar 1996 ist das GATT/WTO-Übereinkommen zum öffentlichen Beschaffungswesen (GPA) vom 15. April 1994 (SR 0.632.231.422) in Kraft. Dem Übereinkommen unterstehen – mit Ausnahmen – die öffentlichen Auftraggeber von Bund und Kantonen, aber – wiederum mit Ausnahmen – nicht diejenigen auf Gemeindestufe. Das Übereinkommen enthält Regeln über das Verfahren und die Kriterien der Vergabe von öffentlichen Liefer-, Dienstleistungs- und Bauaufträgen, welche vor allem die Gleichbehandlung aller Anbieterinnen und Anbieter in den Vertragsstaaten sicherstellen sollen. Zur Anpassung des innerstaatlichen Rechts an das Übereinkommen wurde für *öffentliche Beschaffungen durch den Bund* das Bundesgesetz über das öffentliche Beschaffungswesen (BoeB) vom 16. Dezember 1994 (SR 172.056.1) erlassen. Das Bundesgesetz über den Binnenmarkt (Binnenmarktgesetz, BGBM) vom 6. Oktober 1995 (SR 943.02) statuiert den Grundsatz der Gleichbehandlung von ortsfremden und ortsansässigen Anbieterinnen und Anbietern bei *öffentlichen Beschaffungen durch Kantone und Gemeinden* sowie andere Träger kantonaler oder kommunaler Aufgaben (Art. 5 BGBM i.V.m. Art. 3 BGBM). Da dem Bund die Kompetenz fehlte, das öffentliche Beschaffungswesen für die Kantone und Gemeinden verbindlich zu regeln, wurde für die Umsetzung des Übereinkommens auf kantonaler Ebene die Interkantonale Vereinbarung über das öffentliche Beschaffungswesen (IVöB) vom 25. November 1994 (LS 720.1; revidiert am 15. März 2001) geschlossen (vgl. die Übersicht über das anwendbare Recht und die Rechtsmittel in BGE 125 II 86, 90 f.). Ergänzt wird die interkantonale Vereinbarung durch kantonale Gesetze und Verordnungen. Mit dem Abkommen zwischen der Schweizerischen Eidgenossenschaft und der Europäischen Gemeinschaft über bestimmte Aspekte des öffentlichen Beschaffungswesens vom 21. Juni 1999 (SR 0.172.052.68) ist der Geltungsbereich des Übereinkommens für die Vertragsparteien ausgedehnt worden. Die Überschreitung der vereinbarten Schwellenwerte vorausgesetzt, sind davon insbesondere die Beschaffungen durch die Gemeinden betroffen.

1398 *GPA, BoeB, BGBM, IVöB und das Abkommen mit der Europäischen Gemeinschaft* schreiben u.a. vor, dass der *Zuschlag* in Form einer *Verfügung* zu ergehen hat, die bei einer unabhängigen Instanz angefochten werden kann. Damit ist die Zweistufentheorie im öffentlichen Beschaffungswesen rechtlich verwirklicht worden.

Sofern der Vertrag aufgrund des Zuschlags mit einer Anbieterin oder einem Anbieter bereits abgeschlossen ist, kann er selber nicht mehr aufgehoben werden. Den geschädigten Personen steht lediglich ein Anspruch auf Schadenersatz zu (vgl. BGE 141 II 14, 30 f.; 137 II 313, 317; 131 I 153, 157; BGer, Urteil 2C_984/2012 vom 21. März 2013 E. 1.3.3; Urteil 2C_720/2012 vom 1. Februar 2013 E. 2.2). 1399

Unter den Begriff der öffentlichen Beschaffung fallen alle Geschäfte, bei denen der Staat bei privaten Firmen («Produzenten») als Nachfrager («Konsument») von Gütern oder Dienstleistungen auftritt, die er für die Erfüllung seiner Aufgaben benötigt (vgl. BGE 141 II 113, 117). Die Rechtsprechung hat zunächst Konzessionserteilungen und die Übertragung öffentlicher Aufgaben vom Beschaffungsrecht ausgenommen. So wurden beispielsweise weder die Erteilung einer Konzession für den Plakataushang auf öffentlichem Grund noch der Entscheid, mit welchem die Aufgaben der Spitex einer privaten Organisation übertragen wurden, als öffentliche Beschaffungen angesehen (vgl. BGE 125 I 209, 214 f. sowie Verwaltungsgericht des Kantons Zürich, Urteil VB.2000.00126 vom 24. August 2000 E. 2.b = ZBl 102 [2001] 97, 99 ff.). In einem neueren Entscheid präzisierte das Bundesgericht, dass ein Gemeinwesen nicht mittels Erteilung einer Konzession das Vergaberecht umgehen dürfe. Dies sei der Fall, wenn eine Konzessionserteilung von einer Gegen- oder Nebenleistung von gewisser Wichtigkeit abhängig gemacht werde, die Nebenleistung eindeutig zum Begriff der öffentlichen Beschaffung gehöre und darüber hinaus von einer Konzession trennbar sei (BGE 135 II 49, 52 ff.). 1400

4. Zweistufentheorie ausserhalb des öffentlichen Beschaffungsrechts?

Das *Bundesgericht* war der Zweistufentheorie ursprünglich nicht gefolgt und hatte verschiedentlich erklärt, zwar stelle der Zuschlag bei der Vergabe von öffentlichen Arbeiten eine Verwaltungshandlung dar; diese führe aber nur zu einem privatrechtlichen Vertrag. Eine Verfügung, die von den nicht berücksichtigten Bewerbern angefochten werden könne, liege grundsätzlich nicht vor. Für das Submissionsrecht hat die Frage, ob dem Abschluss eines privatrechtlichen Vertrages durch ein Gemeinwesen eine Verfügung zugrunde liege, aufgrund der gesetzlichen Regelung an Bedeutung verloren. 1401

Unsicher ist aber der Rechtsschutz *ausserhalb des Submissionsrechts*. Dies gilt sowohl für privatrechtliche Einkäufe des Staates *unterhalb der Schwellenwerte* des Beschaffungsrechts wie auch für privatrechtliche Verträge, bei denen das Gemeinwesen Leistungen *verkauft*. Fragen der Durchsetzung der öffentlichen-rechtlichen Einbindung des Gemeinwesens stellen sich auch dort, wo das Personal des Gemeinwesens privatrechtlich angestellt ist (Rz. 2009). 1402

Es erscheint fraglich, ob das Bundesgericht im Lichte der Rechtsweggarantie (Art. 29a BV) nicht berücksichtigten Bewerbern und anderen in ihren Interessen betroffenen Privaten heute noch jeden Rechtsschutz absprechen könnte. Es liegt nahe, mindestens in Fällen mit ausgewiesenem Rechtsschutzbedarf auf die Zweistufentheorie (und weitere Prinzipien des öffentlichen Beschaffungsrechts) zurückzugreifen. Das Bundesgericht hat es zwar abgelehnt, die Regeln über das öffentliche Beschaffungsrecht in solchen Fällen analog anzuwenden, bisweilen aber trotzdem unterschieden zwischen 1403 dem privatrechtlichen Vertragsschluss und der vorangehenden Willensbildung innerhalb des Gemeinwesens, die zum Entscheid führt, einen bestimmten Vertrag einzugehen. Es hat diese Willensbildung unter Umständen als anfechtbare Hoheitsakte betrachtet (BGer, Urteil 2C_314/2013 vom 19. März 2014 E. 1.1.2 = ZBl 116 [2015] 146, 147 f. betreffend die Neuzuteilung von Pachtland durch eine öffentlich-rechtliche Körperschaft). Denkbar ist auch, dass die Zivilgerichte für den notwendigen Rechtsschutz sorgen (z.B. privatrechtlicher Kontrahierungszwang aufgrund öffentlichen Rechts, vgl. UEBERSAX, S. 410 f.).

5. Bindung des privatrechtlich handelnden Gemeinwesens an die Grundrechte

1404 Heute darf als weitgehend unbestritten angesehen werden, dass das Gemeinwesen auch dann an die Grundrechte gebunden ist, wenn es privatrechtlich handelt. Das Bundesgericht hat dies bereits in einem Rechtsstreit aus dem Jahr 1982, bei dem es um die Vereinbarung der Schweizerischen Nationalbank mit den Geschäftsbanken über die Sorgfaltspflicht der Banken bei der Entgegennahme von Geldern und über die Handhabung des Bankgeheimnisses ging, bejaht. Es erklärte, dass die Schweizerische Nationalbank auch dort, wo sie als Aktiengesellschaft privatrechtlich handelnd auftrete, «an ihren öffentlichen Auftrag im weitesten Sinne gebunden bleibt, was zur Folge hat, dass sie in ihren privatrechtlichen Aktivitäten sinngemäss die verfassungsmässigen Grundrechte zu beachten hat», insbesondere das Rechtsgleichheitsgebot und das Willkürverbot (BGE 109 Ib 146, 155; vgl. auch BGer, Urteil 2P.137/2005 vom 17. Oktober 2005 E. 3.2 = RDAF 63 [2007] 42, 45, betreffend Entlassung eines privatrechtlich angestellten Mitarbeiters).

1405 Die *Handlungsform* ist für die Grundrechtsbindung nicht entscheidend. Zu prüfen ist vielmehr, ob das Gemeinwesen eine ihm obliegende *Aufgabe* erfüllt (Art. 35 Abs. 2 BV). Dies kann gerade beim privatrechtlichen bzw. privatwirtschaftlichen Handeln des Staates zweifelhaft werden: So hat das Bundesgericht in einem in der Lehre zu Recht kritisierten Urteil festgehalten, dass die Post, eine öffentlich-rechtliche Anstalt (vgl. Rz. 1659 ff.), im Bereich der Wettbewerbsdienste keiner speziellen Grundrechtsbindung unterliege, ebenso wenig wie ihre private Konkurrenz (BGE 129 III 35, 37 ff.; RHINOW/SCHEFER, Rz. 1162 ff.; vgl. zur Grundrechtsbindung auch Rz. 1850 ff., insb. Rz. 1858).

1406 Auch wenn man die Bindung an die Grundrechte bejaht, bleibt offen, wer eine Verletzung der Grundrechte durch das privatrechtlich handelnde Gemeinwesen geltend machen kann und auf welchem Weg eine entsprechende Rüge erfolgen muss.

III. Privatrechtliche Haftung des Staates

1407 Der Staat haftet für Schaden, den er in Ausübung seiner öffentlichen Aufgaben einem Privaten verursacht hat, in der Regel nach öffentlich-rechtlichen Vorschriften. Die Haftung richtet sich nach den einschlägigen Gesetzen über die Staatshaftung (§ 32 ff.). Ausnahmsweise kann der Staat aber wie ein Privater haftbar werden. Als Grundeigentümer (Art. 679 ZGB), als Werkeigentümer (Art. 58 OR) und als Motorfahrzeughalter (Art. 73 Abs. 1 SVG) ist der Staat grundsätzlich wie ein Privater verantwortlich, und zwar auch bei der Ausübung hoheitlicher Befugnisse. Öffentliches Recht kommt dagegen zur Anwendung, wenn von einem öffentlichen Werk übermässige Immissionen ausgehen, die sich nicht oder nur mit einem unverhältnismässigen Aufwand vermeiden lassen (vgl. Rz. 2384 ff.).

§ 20 Tatsächliches Verwaltungshandeln (Realakte)

Literatur

BERIGER JULIAN-IVAN/GLASER ANDREAS, Rechtsschutz gegen Realakte: Bundesgericht schafft Klarheit, SJZ 111 (2015) 169 ff.; BRÜHWILER-FRESEY LUKAS S., Verfügung, Vertrag, Realakt und andere verwaltungsrechtliche Handlungssysteme, Diss. Freiburg, Bern 1984; EGLI MARKUS, Kooperationsvereinbarungen: 5 Jahre Praxis im Kanton Solothurn, URP 20 (2006) 75 ff.; FIECHTER ERIC W., Médiation – pourquoi faire intervenir un tiers neutre..., Anwaltsrevue 5 (2006) 195 ff.; FLÜCKIGER ALEXANDRE, L'extension du contrôle juridictionnel des activités de l'administration, un examen généralisé des actes matériels sur le modèle allemand?, Bern 1998; GENNER SUSANNE, Zur Abgrenzung von Rechtsakt und Realakt im öffentlichen Recht, AJP 20 (2011) 1153 ff.; GUY-ECABERT CHRISTINE, Procédure administrative et médiation, Inscription d'un modèle procédurale dans un contexte en mutation, Diss. Neuenburg, Zürich 2002; HÖSLI PETER, Möglichkeiten und Grenzen der Verfahrensbeschleunigung durch informell-kooperatives Verwaltungshandeln, Diss. Zürich 2002; JOMINI ANDRÉ, La procédure du plan d'affectation, un cadre pour la médiation ou d'autres processus consensuels de résolution des conflits environnementaux, JT 150/I (2002) 134 ff.; KÖNIG URSULA, Mediation und Verhandlung, URP 19 (2005) 145 ff.; LEHMANN LORENZ, Mediation – ein gewöhnungsbedürftiges Verfahren, Praxiserfahrung eines Parteivertreters am Beispiel Deponie Bärengraben Würenlingen, URP 19 (2005) 169 ff.; LIENHARD ANDREAS, Einbezug von Privaten bei der Gewährleistung des Umweltschutzes – Kooperations- und Auslagerungsvereinbarungen als Vollzugsinstrumente?, URP 20 (2006) 1 ff.; MAEGLI ROLF, Gesetzmässigkeit im kooperativen Verwaltungshandeln, URP 4 (1990) 265 ff.; MARTI URSULA/MÜLLER MARKUS, Rechtsschutz gegen Realakte verbessert, Plädoyer 25/3 (2007) 34 ff.; MAYER ULRICH B., Aktuelle Probleme des Verhandelns aus Sicht der Projektträger, URP 19 (2005) 193 ff.; MOHLER MARKUS H.F., Zur Anfechtbarkeit polizeilicher intervenierender Realakte unter dem Gesichtspunkt der Rechtsweggarantie gemäss Art. 29a BV-Justizreform, AJP 16 (2007) 461 ff.; MÜLLER MARKUS, Rechtsschutz gegen Verwaltungsrealakte, in: Pierre Tschannen (Hrsg.), Neue Bundesrechtspflege, Bern 2007, S. 313 ff.; MÜLLER MARKUS, Rechtsschutz im Bereich des informalen Staatshandelns, ZBl 96 (1995) 533 ff.; MÜLLER MARKUS/MÜLLER-GRAF THOMAS, Staatliche Empfehlungen – Gedanken zu Rechtscharakter und Grundrechtsrelevanz, ZSR 114/I (1995) 379 ff.; MÜLLER-GRAF THOMAS, Entrechtlichung durch Informalisierung?, Ein Beitrag zur Handlungsformen- und zur Rechtsverhältnislehre im Verwaltungsrecht, Diss. Bern, Basel 2001; NOTTER PANDORA, Mediation im Verwaltungsverfahren, Diss. Bern, Zürich/St. Gallen 2013; NÜTZI PATRICK, Rechtsfragen verhaltenslenkender staatlicher Information, Diss. Bern 1995; PESTALOZZI MARTIN, Aktuelle Probleme des Verhandelns aus Sicht der Umweltverbände, URP 19 (2005) 182 ff.; PFENNINGER HANSPETER, Rechtliche Aspekte des informellen Verwaltungshandelns, Diss. Freiburg 1996; PFISTERER THOMAS, Einigung, Mediation und Schlichtung – Einführung in Art. 33b VwVG, AJP 19 (2010) 1540 ff.; PFISTERER THOMAS, Grundzüge von Einigung und Mediation in Art. 33b VwVG, in: Isabelle Häner/Bernhard Waldmann (Hrsg.), Das erstinstanzliche Verwaltungsverfahren, Zürich/Basel/Genf 2008, S. 101 ff.; PFISTERER THOMAS, Einigung und Mediation – Übersicht über die aktuelle Bundesgesetzgebung, AJP 17 (2008) 3 ff.; PFISTERER THOMAS (Hrsg.), Konsens und Mediation im Verwaltungsbereich, vom Familien- über das Wirtschafts- zum Verwaltungsrecht, Zürich 2004; PFISTERER THOMAS, Über Konsens- und Mediationslösungen im öffentlichen Recht, ZSR 121/II (2002) 167 ff.; PLATTNER-STEINMANN ROLAND, Tatsächliches Verwaltungshandeln, Diss. Basel, Zürich 1990; POLTIER ETIENNE, Les gentlemen's agreements à participation publique, ZSR 106/I (1987) 367 ff.; RICHLI PAUL, Zum Rechtsschutz gegen verfügungsfreies Staatshandeln in der Totalrevision der Bundesrechtspflege, AJP 7 (1998) 1426 ff.; RICHLI PAUL, Zum verfahrens- und prozessrechtlichen Regelungsdefizit beim verfügungsfreien Staatshandeln, Anliegen an die Totalrevision der Bundesrechtspflege, AJP 1 (1992) 196 ff.; RIVA ENRICO, Neue bundesrechtliche Regelung des Rechtsschutzes gegen Realakte – Überlegungen zu Art. 25a VwVG, SJZ 103 (2007) 337 ff.; SCHWARZENBACH-HANHART HANS RUDOLF, Staatshaftung bei verfügungsfreiem Verwaltungshandeln,

Bern 2006; SIEGWART KARINE, Ombudsstellen und Mediation, ZBl 103 (2002) 561 ff.; SOBOTICH VIVIANE, Demonstrationsbewilligung und Mediation?, ZBl 107 (2006) 173 ff.; STEIGER JÜRG, Einigung und Mediation im Verwaltungsverfahren, unter besonderer Berücksichtigung des Mehrwertsteuerrechts, zsis 2011, Monatsflash Nr. 1; THURNHERR DANIELA, Geltung und Tragweite der Verfahrensgarantien bei Realakten – zum unausgeschöpften Potenzial von Art. 29 BV, recht 32 (2014) 241 ff.; TSCHANNEN PIERRE, Amtliche Warnungen und Empfehlungen, ZSR 118/II (1999) 353 ff.; TSCHOPP-CHRISTEN MARIANNE, Rechtsschutz gegenüber Realakten des Bundes (Art. 25a VWVG), Diss. Zürich 2009.

Vgl. auch die Literatur zu § 12.

I. Begriff

Realakte sind diejenigen Verwaltungsmassnahmen, die nicht auf einen rechtlichen, sondern einen *tatsächlichen Erfolg* gerichtet sind. Sie begründen keine unmittelbaren Rechte und Pflichten der Privaten (Rz. 1409). Sie können jedoch *mittelbar Rechtswirkungen* – allenfalls sogar privatrechtliche – zur Folge haben. 1408

II. Arten von Realakten

1. Unmittelbare Erfüllung von Verwaltungsaufgaben

Die Verwaltungsbehörden erfüllen viele Aufgaben, die kein Rechtshandeln wie den Erlass von Verfügungen oder den Abschluss von Verträgen, sondern ein *tatsächliches Handeln* erfordern. Zu nennen sind u.a. Strassenunterhalt, Kehrichtabfuhr, Schulunterricht, Betrieb von Elektrizitätswerken oder Wasserversorgung, polizeiliche Kontrollen. Auch im Innenverhältnis, also gegenüber Staatsangestellten, ist tatsächliches Handeln möglich, z.B. durch eine Empfehlung an eine andere Verwaltungseinheit oder die Übermittlung von Akten (Rz. 1408). 1409

Beispiel: 1410

Euthanasierung eines gefährlichen Hundes wegen dessen ausserordentlicher Gefährlichkeit (BGer, Urteil 2C_166/2009 vom 30. November 2009 E. 1.2.2).

2. Vollstreckungshandlungen

Der Vollzug von Verfügungen erfolgt in der Form von Realakten. Unter Umständen ist es aber notwendig, eine *Vollstreckungsverfügung* zu erlassen (Rz. 1462 ff.). 1411

Beispiele: 1412

- Durchführung einer Ersatzvornahme im Anschluss an eine Sach- und Vollstreckungsverfügung;
- behördliche Festnahme aufgrund eines Haftbefehls.

3. Auskünfte, Belehrungen, Warnungen, Empfehlungen, Rechnungsstellungen und Ermahnungen gegenüber Privaten

1413 Häufig erteilen die Behörden den Privaten Auskünfte oder Belehrungen, indem sie sie über die Rechtslage in einem bestimmten Sachbereich aufklären. Ebenso kommt es vor, dass die Behörden unverbindliche Empfehlungen abgeben. Diese Handlungen sind ebenso wenig auf Rechtswirkungen ausgerichtet wie Rechnungsstellungen oder Ermahnungen; Rechnungen und Ermahnungen *können* aber als Verfügungen erlassen werden, wenn damit der Rechnungsbetrag bzw. ein Fehlverhalten des Betroffenen verbindlich festgelegt werden sollen. Der Hinweis auf gesetzliche Rechtsfolgen einer Verfügung stellt selber keine Verfügung dar (Entscheid des Bundesrates, VPB 69 [2005] Nr. 54).

Beispiele:

1414 – Im Auftrag und mit Unterstützung der Erziehungsdirektion des Kantons Zürich entstand das Buch «Das Paradies kann warten», mit welchem man versuchte, über die Gefahren religiöser Gruppierungen mit totalitärer Tendenz aufzuklären. Das Buch wurde u.a. auch allen Schulhäusern und Schulbehörden zugestellt. Verschiedene Organisationen und Private fochten dieses verfügungsfreie Staatshandeln (behördliche Information, Warnung) wegen Verletzung von Grundrechten beim Bundesgericht an. Dieses ist auf die Beschwerde nicht eingetreten, weil der kantonale Instanzenzug nicht ausgeschöpft worden war (BGE 121 I 87 ff.).

1415 – Behördliche Informationen, Auskünfte und Empfehlungen über Risiken und Gefahren beim Umgang mit Stoffen sind in Art. 28–30 ChemG (Chemikaliengesetz) vorgesehen.

1416 – Im Melde- und Widerspruchsverfahren nach Art. 49a Abs. 3 lit. a KG (Kartellgesetz) besteht kein Anspruch auf einen eigenständigen Entscheid über die Zulässigkeit oder Unzulässigkeit des gemeldeten wettbewerbsrechtlichen Verhaltens. Soweit das Sekretariat der Wettbewerbskommission keine «Unbedenklichkeitserklärung» abgibt, soll das Verfahren den Meldenden nicht absolute Rechtssicherheit gewährleisten, sondern ihnen nur eine eigene Einschätzung der Zulässigkeit der gemeldeten Wettbewerbsbeschränkung ermöglichen. Eine Feststellungsverfügung gestützt auf Art. 25 VwVG kommt nicht in Frage, führte sie doch zu einer weitgehend auf hypothetischen Grundlagen basierenden definitiven Beurteilung in der Sache, was dem Kartellverfahrensrecht fremd ist (BGE 135 II 60 ff.; vgl. auch BGE 137 II 199, 217 f.).

1417 – Teilt die Eidgenössische Steuerverwaltung ihre Rechtsauffassung über eine Frage, die sich bei der Erhebung der direkten Bundessteuer in einem konkreten Fall stellt, sowohl der für die Veranlagung zuständigen kantonalen Amtsstelle (deren Aufsichtsbehörde sie ist) als auch der davon betroffenen Privatperson mit, so kommt dieser Beurteilung (sog. *Ruling;* vgl. dazu Rz. 733 ff.) kein Verfügungscharakter zu (BGE 121 II 473 ff.). Davon zu unterscheiden ist eine eigentliche Feststellungsverfügung (vgl. Rz. 889 ff.).

1418 – Die Mahnung eines Bundesangestellten, die einer Kündigung im Sinne von Art. 10 Abs. 3 lit. b BPG (früher geregelt in Art. 12 Abs. 6 lit. b des aBPG) vorausgeht, ist keine anfechtbare Verfügung, wohl aber eine Verwarnung als disziplinarische Massnahme gemäss Art. 25 Abs. 2 lit. b BPG (Entscheid der Eidgenössischen Personalrekurskommission, VPB 69 [2005] Nr. 33).

1419 – Weder der für eine Lehrkraft ungünstig ausgefallene Bericht eines Schulinspektors noch die anschliessende Mitteilung des Erziehungsdepartementes an die Lehrkraft, dass ihr zukünftig ein Betreuer zugeteilt werde, stellen eine Verfügung dar (Entscheid des Regierungsrates des Kantons Aargau, ZBl 95 [1994] 476 ff.).

4. Amtliche Berichte und Vernehmlassungen

1420 Aus verschiedenen Gründen haben die Verwaltungsbehörden Berichte, Stellungnahmen und Vernehmlassungen zuhanden von anderen Verwaltungsbehörden, des Parlaments und beteiligter Privater abzugeben. Da dadurch keine Rechte und Pflichten von Privaten begründet werden, handelt es sich hierbei nicht um Verfügungen.

Beispiel: 1421

Die Stellungnahme des Eidgenössischen Departements des Innern zur Frage der Erteilung einer Rodungsbewilligung im Zusammenhang mit der Prüfung der Umweltverträglichkeit einer Anlage für die Wasserkraftnutzung richtet sich an die für den Entscheid zuständige Behörde, nicht an den Privaten. Sie hat deshalb nicht die Tragweite einer Verfügung (BGE 116 Ib 260 ff.).

5. Informelles Verwaltungshandeln

Auch das sog. *informelle Verwaltungshandeln* zielt nicht primär auf Rechtswirkungen ab. Vielmehr soll ein bestimmtes Ziel mit Hilfe von rechtlich nicht geregelten Tathandlungen statt durch die von der Rechtsordnung vorgesehenen Handlungsformen der Verfügung oder des verwaltungsrechtlichen Vertrages erreicht werden. Die Privaten sollen sich freiwillig und formlos zu einem bestimmten Verhalten bereit erklären, sodass die Verwaltungsbehörden auf hoheitliche Anordnungen (Erlasse oder Verfügungen) verzichten oder sie so ausgestalten können, dass sie den von den Privaten akzeptierten Verpflichtungen entsprechen. Zu diesen Formen des informellen und konsensualen Verwaltungshandelns durch Kooperation zwischen Verwaltungsbehörden und Privaten zählen namentlich Vorverhandlungen, Absprachen, Agreements (Arrangements) und die Mediation (Konfliktbewältigung durch Vermittler; vgl. auch Art. 33b VwVG). 1422

Beispiel: 1423

Das Bundesamt für Umweltschutz (heute: Bundesamt für Umwelt, BAFU) schloss im Jahr 1985 ein Gentlemen's Agreement mit den interessierten Wirtschaftskreisen unter der Führung des Verbandes der plastikverarbeitenden Industrie ab, um das PVC in den Verpackungsmaterialien zu reduzieren, weil dessen Beseitigung bei der Verbrennung von Kehricht zu erheblichen Umweltbelastungen führt. Dabei wurden mengenmässige Ziele der Reduktion umschrieben, bei deren Erreichung auf den Erlass einer Verordnung über Getränkeverpackungen verzichtet werden sollte. Das Bundesgericht charakterisierte das Gentlemen's Agreement unter Hinweis auf POLTIER (S. 388) als «acte de planification indicative consensuelle» (BGE 118 Ib 367, 379 f.). – Seit der Änderung vom 21. Dezember 1995 sieht Art. 41a USG vor, dass Bund und Kantone für den Vollzug des Gesetzes mit den Organisationen der Wirtschaft zusammenarbeiten. Sie können Branchenvereinbarungen durch die Vorgabe mengenmässiger Ziele und entsprechender Fristen fördern. Vor dem Erlass von Ausführungsvorschriften prüfen sie freiwillige Massnahmen der Wirtschaft. Soweit möglich und notwendig, übernehmen sie Branchenvereinbarungen ganz oder teilweise in das Ausführungsrecht.

Vom vermehrten Einsatz derartiger Verhandlungselemente im öffentlichen Recht verspricht man sich eine Verbesserung des Verhältnisses zwischen Staat und Privaten, weil damit eine Beschleunigung von Verfahrensabläufen und eine bessere Akzeptanz staatlicher Regelungen erreicht werden kann. In die gleiche Richtung zielt die durch das Recht gesteuerte Selbstregulierung der Betroffenen (vgl. vorne, Rz. 345). 1424

III. Probleme des Rechtsschutzes

1. Rechtsschutzdefizit

1425 Die Formen des tatsächlichen Verwaltungshandelns sind dadurch charakterisiert, dass sie *nicht auf Rechtswirkungen ausgerichtet* sind, sondern einen Taterfolg herbeiführen wollen, jedoch gleichwohl die Rechtsstellung von Privaten berühren können. Da die Gesetze über das Verwaltungsverfahren und die Verwaltungsrechtspflege in der Regel an eine Verfügung als Anfechtungsobjekt anknüpfen (Rz. 1135 ff.) und tatsächliche Verwaltungshandlungen keine Verfügungen darstellen, war es bis vor kurzem oft nicht möglich, sich dagegen mit den *Rechtsmitteln des Verwaltungsrechts* zu wehren.

1426 Wer durch tatsächliches Verwaltungshandeln der Verwaltungsbehörden Schaden erlitten hatte, konnte allenfalls im Rahmen eines *Staatshaftungsprozesses* die Widerrechtlichkeit der Verwaltungshandlung geltend machen (vgl. z.B. BGE 118 Ib 473 ff. zur Frage der Haftung des Bundes für die Informationstätigkeit seiner Behörden im Zusammenhang mit einer durch Käsekonsum hervorgerufenen Listerioseepidemie, dazu auch Rz. 2120). Ferner konnten Betroffene allenfalls über eine Feststellungsverfügung (BGE 121 I 87, 91 f.) oder eine Rechtsverweigerungsbeschwerde (PFENNINGER, S. 181 f.) zu ihrem Recht kommen.

1427 Das Problem des Rechtsschutzes beim tatsächlichen Verwaltungshandeln war damit aber noch nicht befriedigend gelöst. In der Literatur wurde deshalb die Ansicht vertreten, die Beschränkung des Rechtsschutzes auf (Feststellungs-)Verfügungen verstosse – soweit Konventionsrechte betroffen sind – gegen das Recht auf eine wirksame Beschwerde bei einer nationalen Instanz nach Art. 13 EMRK (MARKUS MÜLLER, Rechtsschutz 1995, S. 542 ff.; vgl. dazu auch TSCHANNEN, Amtliche Warnungen, S. 437 f. sowie BGE 121 I 87 ff. und Rz. 1190). In solchen Fällen konnte Art. 13 EMRK zur Folge haben, dass blosse *Rechtsbehelfe* ohne Erledigungsanspruch – z.B. die Aufsichtsbeschwerde (siehe Rz. 1199 ff.) – wie *förmliche Rechtsmittel* behandelt werden mussten (vgl. Entscheid des Bundesrates, VPB 58 [1994] Nr. 64 E. 2 ff.). Die Betroffenen mussten jedoch vorher alle zur Verfügung stehenden Mittel des Rechtsschutzes ausschöpfen (BGE 121 I 87, 91 f.). In einzelnen Entscheiden deutete das Bundesgericht an, dass Realakte allenfalls auch *direkt anfechtbar* sein müssten, wenn das Bedürfnis nach Rechtsschutz, insbesondere bei Grundrechten, es gebietet (BGE 130 I 369, 377 ff.; 128 I 167, 175 f.).

1428 Beispiel:

Ein Referent sowie mehrere Besucher der internationalen öffentlichen Konferenz «The Public Eye on Davos 2001», welche zeitgleich mit dem Weltwirtschaftsforum WEF in Davos stattfand, wurden anlässlich von Personenkontrollen der Kantonspolizei Graubünden zurückgewiesen und daran gehindert, zur genannten Veranstaltung in Davos zu gelangen. Dagegen erhoben die Betroffenen Beschwerde beim Polizeidepartement des Kantons Graubünden. Dieses trat auf die Beschwerde nicht ein mit der Begründung, die kritisierten Handlungen stellten nicht anfechtbare Realakte dar und der zugrunde liegende Polizeieinsatzbefehl könne als Verwaltungsverordnung nach kantonalem Recht ebenfalls nicht angefochten werden. Gegen diesen Entscheid erhoben die Betroffenen Beschwerde ans Bundesgericht. Dieses hielt bezüglich Anfechtung von Realakten fest, dass nach Art. 13 EMRK derjenige, «der sich in den durch die Konvention garantierten Rechten und Freiheiten für beeinträchtigt hält, Anspruch darauf [hat], bei einer nationalen Instanz eine wirksame Beschwerde einlegen zu können». Da Aufsichtsbeschwerden keinen Anspruch auf justizmässige Behandlung einräumten, würden sie für die Betroffenen keine ausreichende Beschwerdemöglichkeit i.S.v. Art. 13 EMRK darstellen. Darüber hinaus bestehe aber die Möglichkeit, «im Anschluss an die polizeilichen Realakte in einem Staatshaftungsverfahren Schadenersatz oder Genugtuung zu verlangen und hierfür im Einzelfall abklären zu lassen, ob das Handeln der Polizeiorgane rechtmässig war und vor der Verfassung standhielt. In diesem Rahmen ist es auch denkbar, als besondere Form der Genugtuung die blosse Feststellung der Rechtswidrigkeit des polizeilichen Handelns zu verlangen [...]. Das Bundesgericht hat in Einzelfällen anerkannt, dass zum Zwecke eines hinreichenden Grundrechtsschutzes im Anschluss an gewisse Realakte ein Anspruch auf ein entsprechendes Feststellungsurteil geltend gemacht werden könne. [...] Wenn das Rechtsschutzbedürfnis es gebietet, kann eine Rechtswegmöglichkeit allenfalls selbst dann bestehen, wenn keine förmliche Verfügung vorliegt; dies kann der Fall sein, wenn eine Behörde den Erlass einer Verfügung zu Unrecht verweigert oder verzögert oder in Anbetracht von Realakten, durch welche der Staat in Grundrechte eingegriffen hat [...]» (BGE 128 I 167, 174 ff.).

2. Verfügung über Realakte (Art. 25a VwVG)

Im Rahmen der Justizreform wurde auf Bundesebene der Rechtsschutz im Bereich des tatsächlichen Verwaltungshandelns ausgebaut. Mit dem Inkrafttreten des VGG ist das VwVG wesentlich revidiert und u.a. Art. 25a VwVG eingeführt worden. Nach dieser Vorschrift können Personen, welche ein schutzwürdiges Interesse haben, von der zuständigen Behörde eine Verfügung über Handlungen verlangen, die sich auf öffentliches Recht des Bundes stützen und Rechte oder Pflichten berühren (vgl. ausführlich DUBEY/ZUFFEREY, No. 809 ff.; MOOR/POLTIER, S. 42 ff.). Ein schutzwürdiges Interesse ist insbesondere dann gegeben, wenn grundrechtlich geschützte Positionen betroffen sind (vgl. WIEDERKEHR/RICHLI, Bd. I, Rz. 2904 m.w.H.). Die Behörde ist nicht nur verpflichtet, die allfällige Widerrechtlichkeit der beanstandeten Handlungen festzustellen. Auf Antrag des Betroffenen muss sie auch über deren Unterlassung, Widerruf sowie über die Beseitigung der Folgen entscheiden. 1429

Beispiele:

- Ein nahe der Grenze wohnhaftes Ehepaar fühlte sich durch Helikopter- und Drohnenflüge, die im Rahmen der Überwachung der Landesgrenze durchgeführt wurden, in seiner Persönlichkeit verletzt. Es ersuchte die Eidg. Zollverwaltung darum, die Überwachungsflüge einzustellen, und bat um Erlass einer anfechtbaren Verfügung. Die Eidg. Zollverwaltung lehnte das Gesuch mit Verfügung vom 4. April 2007 ab. Das Bundesverwaltungsgericht, an welches die Eheleute hierauf gelangten, hielt fest, nach Art. 25a VwVG bestehe im vorliegenden Fall ein Anspruch auf Erlass einer Feststellungsverfügung über die Widerrechtlichkeit der Überwachungsflüge. Die Beschwerde wurde jedoch abgewiesen, weil die Überwachungsflüge rechtmässig seien (BVGer, Urteil A-2482/2007 vom 26. Juni 2007). 1430
- Bei Flugbewegungen der FA-18- und Tiger-Kampfjets im Gebiet Meiringen und Umgebung handelt es sich um verfügungsfreie Realakte. Diese sind geeignet, die Gesundheit und Integrität einer Person zu gefährden. Die Anwohner werden durch Lärm und Schadstoffe mehr belastet als Personen, die in grösserer Entfernung zum Trainingsgelände wohnen. Die Anwohner haben somit einen Anspruch auf Erlass einer Feststellungsverfügung über die Widerrechtlichkeit der entsprechenden Flugbewegungen (BVGer, Urteil A-101/2011 vom 7. September 2011). 1431
- Im März 2011 forderte das Eidgenössische Nuklearinspektorat (ENSI) alle schweizerischen Kernkraftwerke auf, unverzüglich mit der Überprüfung ihrer Störfallbeherrschung für den Fall von Erdbeben und Überflutungen zu beginnen und legte mit Verfügung die entsprechenden Vorgaben und Randbedingungen fest. Ende Juni 2011 reichte die Betreiberin des Kernkraftwerks Mühleberg den geforderten Nachweis ein. Einige in unmittelbarer Nachbarschaft des Kernkraftwerks Mühleberg wohnende Personen beantragten in der Folge beim ENSI den Erlass 1432

einer Verfügung über eine Stellungnahme des ENSI zu diesem Nachweis, welche es als Aktennotiz bezeichnet hatte. Das ENSI trat auf das Begehren nicht ein, worauf sich diese Personen ans Bundesverwaltungsgericht und später auch ans Bundesgericht wandten. Letzteres hielt fest, dass bei den Beschwerdeführern sowohl ein schutzwürdiges Interesse als auch ein Berührtsein in der Rechtsstellung als Voraussetzungen für eine Verfügung über Realakte gemäss Art. 25a VwVG vorliege und diese deshalb Anspruch auf Erlass der Verfügung hätten (BGE 140 II 315 ff.).

1433 Art. 25a VwVG bezieht sich auf die gesamte verfügungsfreie Verwaltungstätigkeit. Entgegen dem Wortlaut von Abs. 1 werden nicht nur Handlungen, sondern auch *Unterlassungen* von tatsächlichen Handlungen erfasst, zu deren Vornahme die Verwaltungsbehörden rechtlich verpflichtet gewesen wären.

1434 Die Handlungen und Unterlassungen müssen sich auf *öffentliches Recht* des Bundes stützen. Entsprechend kann Art. 25a VwVG bei privatrechtlichem Handeln von Verwaltungsträgern nicht angerufen werden, sondern es ist der zivilrechtliche Rechtsweg zu beschreiten. Unklar ist, in welchem Umfang Art. 25a VwVG gegen Handlungen angerufen werden kann, die auf die Vorbereitung und den Abschluss des privatrechtlichen Vertrages gerichtet sind (vgl. dazu auch Rz. 1394 ff.).

1435 Unklar ist auch, ob Art. 25a VwVG zur Anwendung kommt, wenn die Kantone *Bundesrecht vollziehen*. Art. 1 Abs. 3 VwVG sieht vor, dass einzelne Bestimmungen des VwVG im Verfahren vor den letzten kantonalen Instanzen gelten. In dieser Aufzählung fehlt Art. 25a VwVG. Es fragt sich jedoch, ob diese Aufzählung abschliessend ist. Allerdings gibt es gute Gründe, die Kantone nicht zur Anwendung von Art. 25a VwVG zu zwingen, sondern ihnen die Möglichkeit zu lassen, im Rahmen ihrer Organisations- und Verfahrensautonomie eine von der bundesrechtlichen Regelung abweichende Lösung zur Gewährleistung der Rechtsweggarantie des Art. 29a BV zu treffen. Wir stimmen deshalb der Ansicht zu, dass Art. 25a VwVG für die kantonalen Verfahren nicht massgebend ist (vgl. WEBER-DÜRLER, Kommentar VwVG, Art. 25a, Rz. 18; so auch TSCHANNEN/ZIMMERLI/MÜLLER, S. 381).

1436 In vielen *Kantonen* ist die Gesetzgebung über die Verwaltungsrechtspflege durch eine Regelung ergänzt worden, welche den Rechtsschutz gegenüber tatsächlichen Verwaltungshandlungen gewährleistet (so etwa in den Kantonen Genf, Solothurn, Schaffhausen, Luzern und Zug). Das Bundesgericht hatte bisher nicht zu entscheiden, ob und in welchem Umfang aufgrund der Rechtsweggarantie eine *Pflicht* der Kantone besteht, bei Realakten Rechtsschutz vorzusehen. Klar ist, dass die Kantone auch andere Rechtsmittel schaffen können als der Bund sie in Art. 25a VwVG vorsieht. So hat z.B. der Kanton Graubünden eine direkte Anfechtung von Realakten vorgesehen (Art. 28 Abs. 4 und Art. 49 Abs. 3 des Gesetzes über die Verwaltungsrechtspflege [VRG] des Kantons Bern vom 31. August 2006 [BR 370.100]). Ob ein blosser Staatshaftungsanspruch (vgl. zur Staatshaftung § 32 ff.) der Rechtsweggarantie nach Art. 29a BV genügt, muss im Einzelfall entschieden werden. Zu beachten ist auch die Rechtsprechung des Bundesgerichts vor Erlass von Art. 29a BV resp. Art. 25a VwVG, die insbesondere im Falle von Grundrechtsverletzungen Rechtsschutz verlangt (Rz. 1425 ff., vgl. zum Rechtsschutz in den Kantonen auch WIEDERKEHR/RICHLI, Bd. I, Rz. 2910 ff.).

1437 Beispiel:
In BGE 134 I 229 ff. hatte sich das Bundesgericht mit einem Schreiben der Kantonsregierung an einen Professor der Universität St. Gallen zu befassen, in welchem dessen Verhalten als Gutachter in einer interkantonalen Streitsache gerügt worden war. Der Professor betrachtete das Schreiben als persönlichkeitsverletzend und erhob öffentlich-rechtliche Klage beim Verwaltungsgericht. Dieses qualifizierte das Schreiben der Kantonsregierung als Realakt und anerkannte seine Zuständigkeit zur Beurteilung der Frage, ob mit dem Schreiben das Ansehen bzw. die Ehre des Professors verletzt worden sei. Es stufte jedoch einzelne Teile des Schreibens als privatrechtlicher Natur ein und verwies ihn insoweit auf den Zivilweg. Der Beschwerdeführer zog die Angelegenheit an das Bundesgericht weiter. Dieses hiess die Beschwerde gut und wies die Sache zur Neubeurteilung an das Verwaltungsgericht zurück.

3. Weitere Verfahrensfragen

1438 Im Gegensatz zur Verfügung wird der Realakt nicht in einem förmlichen Verfahren erlassen. Dies bedeutet insbesondere, dass den Betroffenen vorgängig kein *rechtliches Gehör* gewährt werden muss. Hat ein Realakt für den Betroffenen allenfalls weitreichende Folgen und können diese im Rahmen eines Begehrens nach Art. 25a VwVG nicht oder nicht vollständig beseitigt werden, stellt sich die Frage, ob der Realakt dennoch «verfahrensfrei» durchgeführt werden darf. Im Falle gravierender Nachteile ist ein vorgängiges Verfügungsverfahren zu fordern (vgl. ausführlich zum Rechtsschutz gegen Realakte THURNHERR, S. 241 ff.; DANIELA THURNHERR, Verfahrensgrundrechte und Verwaltungshandeln, Habil. Basel, Zürich/St. Gallen 2013, Rz. 740 ff.).

1439 Beispiel:
X. ist Mieter in einer Liegenschaft in Basel. Deren Eigentümer bezahlte während zweier Jahre keine Rechnungen für Stromlieferungen der Industriellen Werke Basel (IWB). Eine Mahnfrist mit Androhung der Lieferunterbrechung liess er unbenutzt verstreichen. Den Mietern wurde die für die nächsten Tage in Aussicht genommene Unterbrechung der Energielieferung mit uneingeschriebenem Brief vom 9. April 2008 mitgeteilt. In der Folge sperrten die IWB die Stromlieferung für den Warmwasserboiler und den Lift vom 23. April bis zum 30. Mai 2008. Die Liefersperre wurde aufgehoben, nachdem die IWB erfahren hatten, dass in der betroffenen Liegenschaft eine schwangere Frau lebte, für welche die Sperre eine unzumutbare Härte darstellen würde. X. rügte eine Verletzung seines Anspruchs auf rechtliches Gehör (Art. 29 Abs. 2 BV), weil die Liefersperre nicht in der Form der Verfügung ergangen sei und ihm als Mieter der betroffenen Liegenschaft nicht vorweg die Gelegenheit eingeräumt worden sei, sich zur vorgesehenen Massnahme zu äussern. Er verlangte vom Kanton daher die Feststellung der Rechtswidrigkeit sowie eine Entschädigung. Die kantonalen Instanzen lehnten das Begehren ab. Das Bundesgericht stellte fest, dass die IWB aufgrund ihres Versorgungsmonopols, aber auch wegen der Lieferpflicht gemäss Art. 6 StromVG einem Kontrahierungszwang unterstünden. «Wird eine Liefersperre auf Seiten der Industriellen Werke beschlossen, läuft dies auf die Verweigerung einer Leistung hinaus, auf die grundsätzlich ein Anspruch besteht. Eine solche planbare und lediglich unter bestimmten gesetzlichen Voraussetzungen zulässige Massnahme kann nicht durch reinen Realakt umgesetzt werden. Es trifft zwar zu, dass es sich bei der eigentlichen Unterbrechung der Lieferung, d.h. insbesondere beim Abschalten des Stromzuflusses, um einen Realakt handelt. Diesem hat aber die korrekte Anordnung voranzugehen, dass die rechtliche Verpflichtung der Industriellen Werke zur Erbringung der Versorgungsleistung bzw. der entsprechende Anspruch des Benützers als zumindest vorübergehend aufgehoben gelte, weil die gesetzlichen Voraussetzungen einer Liefersperre erfüllt seien. Dabei handelt es sich um einen individuell-konkreten Hoheitsakt, dem die Rechtsnatur einer Verfügung zukommt und der in der entsprechenden Form zu ergehen hat» (BGE 137 I 120, 125 ff.).

4. Kapitel
Verwaltungsrechtliche Sanktionen

§ 21 Begriff und Arten von verwaltungsrechtlichen Sanktionen

Literatur

ACKERMANN SCHWENDENER CHRISTINE, Die klassische Ersatzvornahme als Vollstreckungsmittel des Verwaltungsrechts, Diss. Zürich 2000; BEELER URS RUDOLPH, Die widerrechtliche Baute, Diss. Zürich 1983; DONATSCH ANDREAS, Die strafrechtliche Beurteilung von Rechtsgutverletzungen bei der hoheitlichen Anwendung unmittelbaren Zwangs, Diss. Zürich 1981; EICKER ANDREAS/FRIEDERICH FRANK/ACHERMANN JONAS, Verwaltungsstrafrecht und Verwaltungsstrafverfahrensrecht, Bern 2012; GEISER HANSPETER, Rechtsschutz im Verwaltungsvollstreckungsverfahren, Diss. St. Gallen 1978; GILLIÉRON PIERRE-ROLAND, La mainlevée administrative, «eine lächerliche Farce»?, in: Benoît Bovay/Minh Son Nguyen (Hrsg.), Mélanges en l'honneur de Pierre Moor, Bern 2005, S. 277 ff.; GODENZI GUNHILD/HRABEK JANA, Zur Rechtsnatur des Führerausweisentzugs zu Warnzwecken, in: René Schaffhauser (Hrsg.), Jahrbuch zum Strassenverkehrsrecht 2007, St. Gallen 2007, S. 183 ff.; GRABENWARTER CHRISTOPH, Europäische Menschenrechtskonvention, 6. Aufl., München/Basel/Wien 2014; HÄNER ISABELLE, Die Mindestgarantie für Strafverfahren und ihre Bedeutung für verwaltungsrechtliche Sanktionen, in: Häner/Waldmann (Hrsg.), Verwaltungsstrafrecht, S. 19 ff.; HÄNER ISABELLE/WALDMANN BERNHARD (Hrsg.), Verwaltungsstrafrecht und sanktionierendes Verwaltungsrecht, Zürich/Basel/Genf 2010; HINTERBERGER WALTER, Disziplinarfehler und Disziplinarmassnahmen im Recht des öffentlichen Dienstes, Diss. St. Gallen 1986; JAAG TOBIAS, Sanktionen, in: Giovanni Biaggini/Isabelle Häner/Urs Saxer/Markus Schott (Hrsg.), Fachhandbuch Verwaltungsrecht, S. 933 ff.; JAAG TOBIAS, Verwaltungsrechtliche Sanktionen: Einführung, in: Häner/Waldmann (Hrsg.), Verwaltungsstrafrecht, S. 1 ff.; JAAG TOBIAS, Verwaltungsrechtliche Sanktionen und Verfahrensgarantien der EMRK, in: Andreas Donatsch/Marc Forster/Christian Schwarzenegger (Hrsg.), Strafrecht, Strafprozessrecht und Menschenrechte, Festschrift für Stefan Trechsel zum 65. Geburtstag, Zürich 2002, S. 151 ff.; JAAG TOBIAS, Sanktionen im Verwaltungsrecht, in: Jürg-Beat Ackermann/Andreas Donatsch/Jörg Rehberg (Hrsg.), Wirtschaft und Strafrecht, Festschrift für Niklaus Schmid zum 65. Geburtstag, Zürich 2001, S. 559 ff.; KLEY-STRULLER ANDREAS, Die Anwendung der Garantien des Art. 6 EMRK auf Verfahren betreffend den Führerausweisentzug, in: René Schaffhauser (Hrsg.), Aktuelle Fragen des Straf- und des Administrativmassnahmerechts im Strassenverkehr, St. Gallen 1995, S. 99 ff.; KNAPP BLAISE/HERTIG GÉRARD, L'exécution forcée des actes cantonaux pécuniaires de droit public (Art. 80 al. 2 LP), Blätter für Schuldbetreibung und Konkurs 50 (1986) 121 ff., 161 ff.; LOCHER ALEXANDER, Verwaltungsrechtliche Sanktionen – Rechtliche Ausgestaltung, Abgrenzung und Anwendbarkeit der Verfahrensgarantien, Diss. Zürich 2013; OGG MARCEL, Die verwaltungsrechtlichen Sanktionen und ihre Rechtsgrundlagen, Diss. Zürich 2002; PFUND W. ROBERT, Verwaltungsrecht – Strafrecht (Verwaltungsstrafrecht), ZSR 90/II (1971) 107 ff.; POLEDNA TOMAS, Disziplinarverfahren und Disziplinarwesen, in: René Schaffhauser/Ueli Kieser/Tomas Poledna (Hrsg.), Das neue Medizinalberufegesetz (MedBG), St. Gallen 2008, S. 121 ff.; ROUILLER CLAUDE, L'exécution anticipée d'une obligation par équivalent, in: Jean-François Aubert/Philippe Bois (Hrsg.), Mélanges André Grisel, Neuenburg 1983, S. 591 ff.; RÜTSCHE BERNHARD, Rechtsfolgen von Grundrechtsverletzungen, Diss. Bern, Basel 2002; SCHAFFHAUSER RENÉ, Der Warnungsentzug des Führerausweises nach Auslandtaten verschwindet … und erscheint gleich wieder – Bemerkungen zu BGE 133 II 331 (6A.106/2006), Forumpoenale 1 (2008) 55 ff.; SCHMID NIKLAUS, Die Einziehung unrechtmässig erlangter Vorteile, in: Häner/Waldmann (Hrsg.), Verwaltungsstrafrecht, S. 75 ff.; SPÜHLER KARL, Probleme bei der Schuldbetreibung für öffentlich-rechtliche Geldforderungen, ZBl 100 (1999) 254 ff.; UHLMANN FELIX, Verfahrensrecht, namentlich Melde- und Widerspruchsverfahren, in: Roger Zäch/Rolf H. Weber/Andreas Heinemann (Hrsg.), Revision des Kartellgesetzes, Kritische Würdigung der Botschaft 2012 durch Zürcher Kartellrechtler, Zürich/St. Gallen 2012, S. 161 ff.; UHLMANN FELIX, Berufsverbot nach Art. 33 FINMAG, SZW 85 (2011) 437 ff.; WEISSENBERGER PHILIPPE, Die Zumessung des Warnentzugs von Führerausweisen nach der neueren Praxis des Bundesgerichts, SJZ 95 (1999) 457 ff.

I. Allgemeines

1. Begriff

Verwaltungsrechtliche Sanktionen (auch Verwaltungszwang genannt) sind die Mittel, 1440
mit welchen die Erfüllung von verwaltungsrechtlichen Pflichten erzwungen wird. Darüber hinaus sollen sie präventiv einen Verstoss gegen die Rechtsordnung verhindern und als Instrument zum Ausgleich zugefügter Schäden dienen. Sie sind unerlässlich, da der Staat grundsätzlich nicht auf die Erfüllung verzichten kann. Es besteht auch keine Möglichkeit, wie im Privatrecht an Stelle der realen Durchsetzung der Pflicht Schadenersatz wegen Nichterfüllung zu verlangen. Verwaltungsrechtliche Sanktionen bilden das notwendige Gegenstück zur Verfügungsgewalt der Verwaltungsbehörden, indem sie die Beachtung der gesetzlichen Pflichten und der hoheitlichen Anordnungen sicherstellen und dadurch der *Rechtssicherheit* dienen.

2. Arten

a) Unterscheidung nach der Wirkung

Nach der Art der *Wirkungen* kann zwischen exekutorischen und repressiven Sanktionen 1441
sowie der Zufügung administrativer Rechtsnachteile unterschieden werden. Stellt man auf die *Art der Begründung der Pflicht* ab, deren Verletzung sanktioniert werden soll, so ist zwischen Sanktionen zur Durchsetzung von unmittelbar durch Rechtssatz oder durch Verfügung begründeten Pflichten zu differenzieren (vgl. Rz. 1448 f.).

aa) Exekutorische Sanktionen

Die exekutorischen Sanktionen bezwecken *unmittelbar* die Durchsetzung von verwal- 1442
tungsrechtlichen Pflichten. Sie werden auch als Massnahmen des Verwaltungszwangs oder der Vollstreckung bezeichnet.

Beispiele: 1443
- Schuldbetreibung (vgl. Rz. 1465 f.);
- Ersatzvornahme (vgl. Rz. 1467 ff.);
- unmittelbarer Zwang (vgl. Rz. 1478 ff.).

bb) Repressive Sanktionen

1444 Repressive Sanktionen sollen nicht nur den rechtmässigen Zustand wiederherstellen, sondern vor allem – im Anschluss an die Pflichtverletzung – verhindern, dass künftig wieder ein rechtswidriger Zustand eintritt (vgl. MOOR/POLTIER, S. 133 f.). Mit repressiven Sanktionen wird *Druck auf die Pflichtigen* ausgeübt, um sie zu veranlassen, ihre verwaltungsrechtlichen Pflichten zu erfüllen. Verwaltungsrechtliche Pflichten werden damit nicht direkt durchgesetzt, sondern nur in *mittelbarer* Weise erzwungen. Repressive Sanktionen haben also nicht bloss Vollstreckungsfunktion, sondern oft auch präventive Wirkung, indem sie die Pflichtigen von der Verletzung ihrer Pflichten abhalten sollen. Sie dienen oft auch dazu, begangenes Unrecht zu ahnden (vgl. IMBODEN/RHINOW, Bd. I, S. 298).

1445 Beispiele:

- Verwaltungsstrafen, insbesondere Ordnungsbussen (vgl. Rz. 1484 ff.);
- Disziplinarmassnahmen (vgl. Rz. 1505 ff.);
- Bestrafung wegen Ungehorsams gegen amtliche Verfügungen (vgl. Rz. 1496 ff.).

cc) Administrative Rechtsnachteile

1446 Pflichtwidriges Verhalten von Privaten kann auch dadurch sanktioniert werden, dass Befugnisse oder Vorteile, die ihnen vom Staat eingeräumt worden sind, entzogen oder zu ihrem Nachteil verändert werden (z.B. Verweigerung, Kürzung oder Rückforderung von Subventionen, Entzug von Bewilligungen). Die Zufügung solcher administrativer Rechtsnachteile ist eine *Mischform zwischen exekutorischen und repressiven Massnahmen.* Die verletzte Pflicht kann dadurch zwar nicht durchgesetzt, aber der rechtmässige Zustand doch (wieder-)hergestellt werden. Mit den repressiven Sanktionen haben die administrativen Rechtsnachteile gemeinsam, dass ein Fehlverhalten geahndet werden soll. Das rechtfertigt es, die administrativen Rechtsnachteile als eine besondere Art der repressiven Massnahmen zu behandeln.

1447 Beispiel:

Den Warnungsentzug des Führerausweises hat das Bundesgericht lange als «eine Verwaltungsmassnahme mit präventivem und erzieherischem Charakter» bezeichnet (BGE 121 II 22, 25; siehe auch BGE 128 II 285, 290; 128 II 173, 176 f.; 127 II 297, 300), was von der Lehre kritisiert wurde. In BGE 133 II 331, 336 f. und 343 ff. folgte das Bundesgericht dieser Kritik und hielt fest, dass der Warnungsentzug «mehr noch als bis anhin für den Fahrzeuglenker die einzig unmittelbar spürbare Reaktion des Staates auf ein Fehlverhalten im Strassenverkehr [sei] und vom Betroffenen als eigentliche Strafe empfunden [werde]». In seiner jüngsten Rechtsprechung ist das Gericht jedoch zu seiner ursprünglichen Rechtsprechung zurückgekehrt (BGE 141 II 220, 224; 137 I 31, 42; 134 II 39, 43).

b) Unterscheidung nach der Begründung der Pflichten

1448 Gewisse verwaltungsrechtliche Sanktionen (z.B. Verwaltungsstrafen, disziplinarische Massnahmen) können dazu dienen, eine *unmittelbar durch Rechtssatz begründete Pflicht* (vgl. Rz. 748 ff.) durchzusetzen. Andere Sanktionen bezwecken dagegen, die Erfüllung einer Pflicht zu erzwingen, die durch die Konkretisierung des Rechtssatzes mittels einer *Verfügung* (vgl. Rz. 752 ff.) festgelegt worden ist (z.B. Bestrafung wegen

Ungehorsams, Ersatzvornahme, unmittelbarer Zwang). Man spricht in diesen Fällen auch von der *Vollstreckung von Verfügungen.* Mit bestimmten verwaltungsrechtlichen Sanktionen können sowohl unmittelbar durch Rechtssatz begründete Pflichten durchgesetzt als auch Verfügungen vollstreckt werden. In der Regel geht aber auch den Sanktionen zur Durchsetzung von unmittelbar durch Rechtssatz begründeten Pflichten eine Androhung durch eine Verfügung voraus (vgl. Rz. 1462 ff.). Bei beiden Arten von Sanktionen kommen solche mit exekutorischen und solche mit repressiven Wirkungen sowie Mischformen (administrative Rechtsnachteile) vor.

Pflichten, die durch verwaltungsrechtlichen Vertrag begründet wurden, sind in der 1449
Regel nicht mittels Sanktionen durchsetzbar, sondern auf dem Weg der Klage auf Erfüllung. Für Geldschulden gelten die Bestimmungen über die Schuldbetreibung und den Konkurs (Rz. 1465 f.).

c) Andere Unterscheidungen

Die Terminologie bei den einzelnen Arten von Verwaltungssanktionen ist nicht einheit- 1450
lich. So unterscheidet z.B. JAAG (Einführung, S. 2 f.) zwischen präventiven Massnahmen und repressiven Massnahmen, wobei Letztere exekutorische Massnahmen, administrative Rechtsnachteile und pönale Sanktionen (hier: repressive Sanktionen) umfassen.

3. Voraussetzungen

Die Zulässigkeit von verwaltungsrechtlichen Sanktionen im Allgemeinen ist aufgrund 1451
der nachstehenden Kriterien zu prüfen. Bei bestimmten Sanktionen müssen zusätzliche Voraussetzungen erfüllt sein oder es kann auf einzelne Voraussetzungen verzichtet werden.

a) Zuständigkeit der Sanktion anordnenden Behörde

In der Regel werden die Sanktionen von der im betreffenden Verwaltungsbereich für die 1452
Anordnung der zu vollstreckenden Entscheidung oder Massnahme kompetenten Behörde festgelegt. Für die Verhängung von Strafen und Disziplinarmassnahmen sowie für die Schuldbetreibung sind zum Teil besondere Behörden (z.B. Gerichte oder Betreibungsämter) zuständig.

b) Gesetzliche Grundlage

Ob und wieweit Sanktionen einer gesetzlichen Grundlage bedürfen, ist umstritten. Sank- 1453
tionen sind nur teilweise im Verfahrensrecht (vgl. für den Bund insb. Art. 40 f. VwVG) oder in den Sachgesetzen geregelt. Nach den überzeugenden Ausführungen von MOOR/POLTIER (S. 116 f.) ist keine gesetzliche Grundlage erforderlich, wenn die Sanktion nur eine Verpflichtung darstellt, die an die Stelle derjenigen tritt, welche die Pflichtigen nicht erfüllt haben. In diesen Fällen, die vor allem bei exekutorischen Sanktionen vorliegen, genügt es, wenn die nicht erfüllte Verpflichtung auf einer gesetzlichen Grund-

lage beruht (Verwaltungsgericht des Kantons Bern, Urteil VGE 21419 vom 11. September 2002 E. 4c = BVR 2003 171, 173 f.). Wer z.B. die durch Verfügung auferlegte Pflicht zum Abbruch einer rechtswidrigen Baute (Abbruchbefehl) missachtet, muss den Abbruch durch ein vom Staat beauftragtes Unternehmen dulden und die Kosten tragen, auch wenn die Ersatzvornahme als Sanktion für diesen Fall im Gesetz nicht vorgesehen ist (vgl. Rz. 1472). Anders verhält es sich, wenn die Sanktion eine neue Verpflichtung begründet, die dem Pflichtigen mehr oder anderes gebietet als die zu vollstreckende Norm oder Verfügung. In diesen Fällen, d.h. namentlich bei repressiven Sanktionen, die nicht auf die Wiederherstellung des rechtmässigen Zustandes abzielen, sondern künftige Pflichtverletzungen verhindern wollen, bedarf die Sanktion einer speziellen gesetzlichen Grundlage (BGE 137 I 120, 126; 134 I 293, 297). Andere Autoren verlangen auch für die exekutorische Sanktion des unmittelbaren Zwangs eine gesetzliche Grundlage (vgl. Rz. 1480).

Beispiele:

1454 – Die Verordnung über die Krankenversicherung (KVV) sah in Art. 9 Abs. 3 der damals geltenden Fassung vor, dass der bisherige Versicherer säumige Versicherte, die den Versicherer wechseln wollen, erst dann aus dem Versicherungsverhältnis entlassen darf, wenn die ausstehenden Prämien oder Kostenbeteiligungen vollständig bezahlt sind. Dieses Verbot des Versichererwechsels im Säumnisfall stellt eine verwaltungsrechtliche Sanktion dar, mit welcher indirekt Druck auf die Versicherten ausgeübt wird, um sie zur Erfüllung ihrer Zahlungspflichten zu veranlassen. Eine solche (repressive) Sanktion bedarf einer Grundlage in einem Gesetz. Das Bundesgesetz über die Krankenversicherung (KVG) bestimmte in Art. 88 Abs. 2, dass Verfügungen, die auf Geldzahlung gerichtet sind, vollstreckbaren Urteilen im Sinne von Art. 80 SchKG gleichstehen (heute: Art. 54 Abs. 2 ATSG). Nach dem Willen der gesetzgebenden Instanzen hatten die Versicherer ihre Geldforderungen somit auf dem Weg der Zwangsvollstreckung gemäss SchKG durchzusetzen. Weitere Formen des Verwaltungszwanges waren im Gesetz nicht vorgesehen. Das Verbot des Versichererwechsels war deshalb unzulässig (BGE 125 V 266, 271 ff.). Nach der geltenden Fassung von Art. 9 KVV kann der Versicherer das Versicherungsverhältnis nur beenden, wenn die Versicherten ihren Zahlungspflichten nicht nachkommen und das Vollstreckungsverfahren nicht durchgeführt werden kann bzw. nicht zur Zahlung führt (siehe dazu BGE 126 V 265, 270 f.; die Frage, ob eine solche Regelung auch eine Grundlage in einem Gesetz braucht, liess das Gericht offen).

1455 – X., selbstständiger Lastwagenfahrer, bezahlte die rechtskräftig verfügte Schwerverkehrsabgabe für sein Geschäftsfahrzeug nicht. Die zuständige Behörde ordnete daraufhin gestützt auf Art. 50 Abs. 1 der Schwerverkehrsabgabeverordnung (damalige Fassung; heute: Art. 50a) den Entzug des Fahrzeugausweises sowie der Kontrollschilder des betreffenden Fahrzeugs an. Das Bundesgericht qualifizierte den Entzug als empfindlichen Eingriff in die Rechtsstellung von X. Die fragliche Verwaltungssanktion bewirke einen schweren Eingriff in dessen Wirtschaftsfreiheit. Gleichzeitig ergebe sich die Sanktion nicht bereits aus der Sachverfügung – der Pflicht zur Bezahlung der Schwerverkehrsabgabe. Daher sei sie nur zulässig, wenn sie auf einem formellen Gesetz beruhe (BGer, Urteil 2A.705/2006 vom 24. April 2007). Die notwendige gesetzliche Grundlage fehlte jedoch. Sie wurde mittlerweile vom Gesetzgeber in Art. 14a SVAG (Schwerverkehrsabgabegesetz) geschaffen.

c) Vollstreckbarkeit der Verfügung

1456 Eine Sanktion zur Durchsetzung einer verwaltungsrechtlichen Pflicht, die durch eine Verfügung begründet worden ist, kann grundsätzlich erst angeordnet werden, wenn diese Verfügung vollstreckbar ist.

Eine Verfügung ist vollstreckbar, 1457

- wenn sie formell rechtskräftig, d.h. nicht mehr mit einem ordentlichen Rechtsmittel anfechtbar ist (vgl. Rz. 1091 f.; vgl. Art. 39 lit. a VwVG), oder
- wenn nur noch ein Rechtsmittel zur Verfügung steht, das keine aufschiebende Wirkung hat (Art. 39 lit. b VwVG), oder
- wenn dem Rechtsmittel die aufschiebende Wirkung entzogen worden ist (Art. 39 lit. c VwVG).

Ist die Verfügung konkretisierungsbedürftig oder sollen eine Ersatzvornahme oder unmittelbarer Zwang angeordnet werden, bedarf es in der Regel einer gesonderten *Vollstreckungsverfügung,* mit welcher die Sanktion angedroht wird (vgl. Rz. 1462 ff.). 1458

d) Verhältnismässigkeit

Die Sanktion muss geeignet und erforderlich sein, um die Erfüllung der verwaltungsrechtlichen Pflicht durchzusetzen und den rechtmässigen Zustand wiederherzustellen (vgl. für den Bund Art. 42 VwVG). Nach dem sog. *Stufenmodell* ist jeweils zu prüfen, ob ein milderes Mittel (z.B. eine Verwarnung, ein Verweis oder eine vorübergehende Massnahme) genügt, um das Ziel der Sanktion zu erreichen (BGE 129 I 12, 29 f.; BGer, Urteil 2P.274/2004 vom 13. April 2005 E. 4.2). Ausserdem muss der Zweck der Sanktion deren Wirkung rechtfertigen: Das Interesse an der Durchsetzung der Pflicht muss gegenüber dem Interesse des Betroffenen am Verzicht auf die Sanktion überwiegen (vgl. BGE 131 V 263, 266; 129 V 267, 271; Urteil des Bundesgerichts, ZBl 94 [1993] 76, 80). 1459

Beispiele:

- R. baute ohne Bewilligung seinen Stall und seine Scheune, die in einer unter Schutz stehenden Moorlandschaft liegen, zu Wohnzwecken um. Die Baudirektion des Kantons Zug lehnte ein Gesuch um nachträgliche Bewilligung des Umbaus ab und ordnete die Wiederherstellung des rechtmässigen Zustandes an. Das kantonale Verwaltungsgericht wies eine Beschwerde gegen diese Verfügung ab. R. zog den Entscheid an das Bundesgericht weiter, welches die Beschwerde ebenfalls abwies. Es führte aus, Art. 24^{sexies} Abs. 5 aBV (heute: Art. 78 Abs. 5 BV) ordne zwar ein Bau- und Veränderungsverbot in den geschützten Mooren und Moorlandschaften an, so dass deren Verhältnismässigkeit nicht mehr zu prüfen sei. Das ändere aber nichts daran, dass in Einzelfällen die Durchsetzung eines Wiederherstellungs- oder Abbruchbefehls unverhältnismässig sein könne. Zu denken sei vor allem an Fälle, in denen es an der Eignung des Abbruchs fehle, indem dieser das betroffene Schutzgebiet stärker beeinträchtigen würde als eine Belassung des widerrechtlichen Zustandes. Auch bei der Verhältnismässigkeit im engeren Sinne (angemessenes Verhältnis von Massnahmen zum verfolgten Zweck) ergebe sich der Prüfungsmassstab in erster Linie aus dem Schutzzweck der Erhaltung der Moore und Moorlandschaften; darüber hinaus sei nach denselben Kriterien wie im baurechtlichen Verfahren zu prüfen, ob ein Wiederherstellungs- oder Abbruchbefehl verhältnismässig sei oder nicht. Die vorliegend zu beurteilende Wiederherstellungsverfügung sei ohne Weiteres als verhältnismässig anzusehen. R. habe offensichtlich bösgläubig gehandelt. Die Abweichung vom Erlaubten sei nicht gering, weil der Stall- und Scheunentrakt völlig zweckentfremdet und baulich deutlich sichtbar verändert worden sei. Sodann sei das gewichtige öffentliche Interesse an einer konsequenten Durchsetzung der raumplanerischen, baupolizeilichen und Naturschutz-Vorschriften in Rechnung zu stellen (BGE 123 II 248, 255 f.; siehe auch BGE 132 II 21, 39 ff.; BGer, Urteil 1A.202/2003 vom 17. Februar 2004 E. 5.1 = ZBl 107 [2006] 323, 329 ff.; BGer, Urteil 1A.301/2000 vom 28. Mai 2001 E. 6.c = ZBl 103 [2002] 354, 364). 1460

1461 – Bei der Rohbaukontrolle eines Einfamilienhauses stellte die Baupolizei eine Überschreitung der bewilligten Gebäudehöhe um 36 cm fest. Sie verfügte die Einstellung der Bauarbeiten und verlangte die Einreichung eines korrigierten Baugesuchs. Dieses hiess die Baupolizeikommission sowie das Baudepartement zunächst gut, Einsprachen bzw. Rekurse von Nachbarn wurden abgewiesen. In der Folge hiess das Verwaltungsgericht die Beschwerden der Nachbarn gut und verfügte den Rückbau des Gebäudes auf die ursprünglich bewilligte Höhe. Das Bundesgericht bejahte die Verhältnismässigkeit des Rückbaus. Zwar erscheine eine Überschreitung um 36 cm im Lichte der Rechtsprechung nicht als schwerwiegend. Im vorliegenden Fall sei jedoch zu berücksichtigen, dass bereits die bewilligte Gebäudehöhe auf einer Ausnahmebewilligung beruhte. Hinzu komme, dass der Bauherr bösgläubig gehandelt habe. Die Gebäudehöhe hatte im gesamten Bewilligungsverfahren eine zentrale Rolle gespielt und war Hauptstreitpunkt in der Auseinandersetzung mit den Nachbarn gewesen (BGer, Urteile 1P.708/2006 und 1P.710/2006 vom 13. April 2007 = ZBl 109 [2008] 100 ff.).

e) Befehl zur Vornahme oder Unterlassung einer Handlung und Androhung der Sanktion

1462 Oft ist der erste Schritt zur Durchsetzung einer verwaltungsrechtlichen Pflicht der *Befehl* zur Vornahme oder Unterlassung bestimmter Handlungen. Dieser kann mit der Androhung weitergehender verwaltungsrechtlicher Sanktionen verbunden werden (z.B. Abbruchbefehl für eine widerrechtliche Baute). Der Befehl ist unter Umständen aus Gründen der Verhältnismässigkeit geboten, bevor weitergehende Sanktionen angewendet werden. Er hat in der Regel keine eigenen Rechtswirkungen, sondern bekräftigt bestehende Pflichten.

1463 Eine Sanktion darf in der Regel erst nach vorgängiger *Androhung (Mahnung)* verhängt werden (vgl. für den Bund Art. 41 Abs. 2 VwVG). Auf die Androhung kann bei Verwaltungsstrafen und Disziplinarmassnahmen verzichtet werden, ferner wenn Gefahr im Verzug ist (Art. 41 Abs. 3 VwVG) oder wenn durch die Androhung die Sanktion vereitelt würde (z.B. bei Festnahmen).

1464 Umstritten ist, ob die Androhung eine (anfechtbare) Verfügung darstellt (vgl. MOOR/POLTIER, S. 122 f., die den Verfügungscharakter mit dem Argument bejahen, die Androhung entfalte selbstständige Rechtswirkungen, indem sie die Sanktion und deren Adressaten bestimmt). Soweit mit der Androhung nicht bloss bestehende Pflichten bestätigt werden, ist in der Regel eine Vollstreckungsverfügung notwendig (vgl. Rz. 1458).

II. Exekutorische Sanktionen

1. Schuldbetreibung für öffentlich-rechtliche Geldforderungen

1465 Öffentlich-rechtliche Geldforderungen dürfen grundsätzlich *nur auf dem Weg der Schuldbetreibung* durchgesetzt werden (vgl. für den Bund Art. 40 VwVG). Das Eintreiben solcher Forderungen mittels Ersatzvornahme oder unmittelbaren Zwanges ist unzulässig. Dagegen kann der Schuldner durch repressive Sanktionen (z.B. Ordnungsbussen) oder unter gewissen Voraussetzungen durch das Verweigern von Verwaltungsleistungen (vgl. BGE 134 I 293, 296 ff.; Rz. 1523 ff.) veranlasst werden, seiner Zahlungspflicht nachzukommen.

Massgeblich sind das Bundesgesetz über Schuldbetreibung und Konkurs (SchKG), 1466 insbesondere Art. 43 SchKG, sowie das Konkordat über die Gewährung gegenseitiger Rechtshilfe zur Vollstreckung öffentlich-rechtlicher Ansprüche vom 28. Oktober 1971 (LS 282). Art. 79 SchKG ermächtigt die betreibende Verwaltungsbehörde, im Rahmen eines Rechtsöffnungsverfahrens die allenfalls noch nicht ergangene Verfügung über die betriebene Forderung zu eröffnen und gleichzeitig über die Aufhebung des Rechtsvorschlages zu entscheiden (siehe dazu die Kritik von GILLIÉRON, S. 285).

2. Ersatzvornahme

a) Begriff

Ersatzvornahme bedeutet, dass die Verwaltungsbehörden vertretbare Handlungen, die 1467 von Verpflichteten nicht vorgenommen werden, durch eine amtliche Stelle oder durch einen beauftragten Dritten auf Kosten der Pflichtigen verrichten lassen (vgl. Art. 41 Abs. 1 lit. a VwVG).

Durch die Ersatzvornahme wird die primäre Leistungspflicht umgewandelt in 1468

- die Pflicht zur Duldung der Ersatzvornahme und
- die Pflicht zur Bezahlung der Kosten, die dem Gemeinwesen durch die Ersatzvornahme entstehen.

Beispiele:

- Das Gemeinwesen lässt durch einen Gärtner Hecken, die auf die öffentlichen Strassen hinausragen, zurückschneiden. 1469
- Das Gemeinwesen beauftragt einen Unternehmer, eine nicht bewilligte, baurechtswidrige Baute abzureissen. 1470

Bei *höchstpersönlichen Pflichten* (z.B. Militärdienst- oder Zeugnispflicht) ist eine Ersatzvornahme ausgeschlossen. 1471

b) Voraussetzungen

aa) Kein Erfordernis einer besonderen gesetzlichen Grundlage

Eine ausdrückliche gesetzliche Grundlage erübrigt sich, da die Ersatzvornahme an die 1472 Stelle der nicht erfüllten Pflicht tritt, die auf einer gesetzlichen Grundlage beruht. Die Ersatzvornahme begründet keine neuen Pflichten, sondern setzt bestehende durch (vgl. Rz. 1453); für den Bund Art. 41 Abs. 1 lit. a VwVG; BGE 105 Ib 343, 345 f.).

bb) Erfordernis der Androhung

Bei der Ersatzvornahme ist die vorherige Androhung mit Einräumung einer angemesse- 1473 nen Erfüllungsfrist besonders wichtig. Die Privaten müssen die Möglichkeit haben, ihre Pflicht selbst zu erfüllen, bevor der Staat an ihrer Stelle und auf ihre Kosten handelt.

1474 Auf die Androhung darf nur *verzichtet* werden, wenn Gefahr im Verzug ist oder wenn feststeht, dass die Betroffenen die Verpflichtung innert vernünftiger Frist nicht erfüllen können (vgl. Rz. 1475 ff.) oder wollen (vgl. dazu BGer, Urteil 1C_364/2007 vom 11. Juni 2008; Urteil des Bundesgerichts, ZBl 99 [1998] 138, 139 f.).

3. Antizipierte Ersatzvornahme

1475 Eine antizipierte Ersatzvornahme liegt vor, wenn die Verwaltungsbehörde einen polizeiwidrigen Zustand selbst beseitigt, weil der Störer, der ihn verursacht hat, dazu faktisch gar nicht in der Lage ist. In diesen Fällen besteht keine Pflicht des Störers, für die Beseitigung des rechtswidrigen Zustands zu sorgen, sondern *nur die Pflicht zur Bezahlung der Kosten.* Eine *Verfügung,* welche den Störer zur Herstellung des rechtmässigen Zustandes verpflichtet, ist nicht erforderlich. Es braucht auch keine *Androhung* der Ersatzvornahme. In der Lehre wird zum Teil die Ansicht vertreten, die antizipierte Ersatzvornahme sei nur zulässig, wenn sie notwendig sei, um eine schwere, unmittelbar drohende Gefährdung oder eine bereits eingetretene schwere Störung von Polizeigütern zu beseitigen, d.h., wenn die Voraussetzungen für die Anwendung der Polizeigeneralklausel (siehe Rz. 2580 ff.) erfüllt sind (vgl. GRISEL, S. 639; MOOR/POLTIER, S. 125 f.).

1476 FRITZ GYGI (Verwaltungsrecht, S. 329 ff.) bezeichnet die antizipierte Ersatzvornahme als wirklichkeitsfernes, überflüssiges Gebilde. Es handle sich dabei um einen Fall des unmittelbaren Vollzugs der Verwaltungsrechtsordnung, in welchem die Verursacher durch Gesetz zum Ersatz der Kosten verpflichtet seien. In der Tat erweckt der Begriff der antizipierten Ersatzvornahme den unzutreffenden Eindruck, der Staat handle an Stelle des an sich zur Beseitigung der Störung verpflichteten Privaten, obwohl ihn eine solche Pflicht gerade nicht trifft (vgl. dazu auch TSCHANNEN/ZIMMERLI/MÜLLER, S. 325). Man spricht deshalb auch von unmittelbarer Ersatzvornahme oder unmittelbarem Vollzug.

1477 Beispiel:

Aufgrund des polizeilichen *Störerprinzips* (vgl. Rz. 2608 ff.) hätte eigentlich der für einen Ölunfall verantwortliche Private die von ihm verursachte Gewässerverschmutzung zu beheben. In der Regel verfügt der Private jedoch weder über die zur Gewässerreinigung notwendigen technischen Hilfsmittel noch über das notwendige Fachwissen. Der Staat muss die Verschmutzung an Stelle des Privaten beseitigen. Der Verursacher ist aber zur Tragung der Kosten verpflichtet (vgl. Art. 54 GSchG [Gewässerschutzgesetz]; vgl. z.B. BGE 114 Ib 44, 47 f.; 113 Ib 236 ff.).

4. Unmittelbarer Zwang

a) Begriff

1478 Als unmittelbaren Zwang bezeichnet man die direkte Einwirkung auf Personen oder Sachen, um eine gesetzliche Pflicht oder eine Verfügung durchzusetzen.

Beispiele: 1479

- Einziehung gesundheitsschädlicher Produkte oder eines fahruntüchtigen Fahrzeuges;
- Schliessung eines Betriebs wegen Verstosses gegen das Gesundheitsgesetz (BGer, Urteil 2C_627/2009 vom 23. Februar 2010 E. 2.3 ff.);
- Festnahme eines Betrunkenen, der die öffentliche Ordnung stört;
- Ausschaffung von Ausländern (vgl. BGE 135 II 105 ff.; 130 II 56 ff.; BGer, Urteil 2P.143/2003 vom 19. Dezember 2003 = ZBl 105 [2004] 212 ff.);
- Zwangsweise Untersuchungen oder Impfungen bei übertragbaren Krankheiten nach Art. 17 und 23 EpG (Epidemiengesetz).

b) Voraussetzungen

aa) Gesetzliche Grundlage

Wie in Rz. 1453 dargelegt, kann u.E. aus der Befugnis zur Durchsetzung einer Pflicht, 1480 die auf einer genügenden gesetzlichen Grundlage beruht, auch das Recht zur Anwendung unmittelbaren Zwangs abgeleitet werden. Nach anderer Ansicht muss diese Verwaltungssanktion *in einem Rechtssatz vorgesehen* sein, weil damit stets mehr und anderes angeordnet wird, als die zu vollstreckende Rechtsnorm oder Verfügung den Pflichtigen auferlegt (vgl. OGG, S. 152 ff.). Greift eine unmittelbare Zwangsmassnahme besonders stark in die Rechtssphäre der Privaten ein (z.B. Internierung), so bedarf sie nach dieser Ansicht sogar einer Grundlage in einem *Gesetz* (KNAPP, No. 1648; GRISEL, S. 643 f.). Auch TSCHANNEN/ZIMMERLI/MÜLLER erachten bei unmittelbarem Zwang, welcher schwerwiegend in die Grundrechte der Betroffenen eingreift, eine präzise Grundlage im Sachgesetz als «angebracht» (S. 326 f.); Zwang beim unmittelbaren Gesetzesvollzug, d.h. ohne vorgängige Konkretisierung durch eine Verfügung, benötigt ihrer Meinung nach stets eine eigene gesetzliche Grundlage (S. 327).

Ist unmittelbarer Zwang zur Abwehr einer unmittelbar drohenden, schweren Gefähr- 1481 dung oder einer bereits eingetretenen schweren Störung der öffentlichen Sicherheit notwendig, so kann er auf die *polizeiliche Generalklausel* gestützt werden (vgl. Rz. 2580 ff.).

bb) Verhältnismässigkeit

Die Anwendung unmittelbaren Zwangs stellt regelmässig einen schweren Eingriff in die 1482 Rechte des Betroffenen dar. Dem Verhältnismässigkeitsgrundsatz, der bei allen verwaltungsrechtlichen Sanktionen zu beachten ist, kommt deshalb hier ein besonderes Gewicht zu. Unmittelbarer Zwang darf erst dann eingesetzt werden, wenn keine anderen Massnahmen zur Herstellung des rechtmässigen Zustandes genügen. Zudem ist unter den in Frage kommenden Zwangsmitteln dasjenige zu wählen, das für die betroffene Person oder Sache die geringste Beeinträchtigung mit sich bringt.

Beispiel: 1483

Ein Polizist gab drei Schüsse auf ein Auto ab, in welchem sich zwei flüchtende Wilderer befanden, und verletzte dadurch einen der beiden. Im Strafverfahren, das gegen den Polizisten wegen fahrlässiger Körperverletzung durchgeführt wurde, berief sich dieser auf den Rechtfertigungsgrund des Art. 32 aStGB (heute: Art. 14 StGB). Das Bundesgericht erachtete das Verhalten des Polizisten als unverhältnismässig. Er sei sich von Anfang an bewusst gewesen, dass es sich lediglich um Wilderer und nicht um gefährliche Verbrecher gehandelt habe. Unter diesen Umständen sei beim Gebrauch der Schusswaffe von vornherein grösste Zurückhaltung geboten gewesen. Der Einsatz dieses gefährlichsten Zwangsmittels hätte nur in Betracht gezogen werden dürfen, wenn aus anderen wichtigen Gründen dazu Veranlassung bestanden hätte. Solche Gründe seien indessen nicht schon in der Flucht der Wilderer vor der polizeilichen Anhaltung zu sehen. Es hätten keine Anhaltspunkte für ihre besondere Gefährlichkeit bestanden. Die Tatsache, dass der Polizist durch das wegfahrende Auto gefährdet worden sei, vermöge die Schussabgabe nicht zu entschuldigen. Zum einen habe er erst zu schiessen begonnen, als der Wagen sich entfernt habe, zu einem Zeitpunkt also, zu dem er keiner Gefahr mehr ausgesetzt gewesen sei. Zum anderen habe überhaupt kein zwingender Grund für die gewaltsame Verhinderung der Flucht bestanden, da der Fahrzeuglenker ihm namentlich bekannt gewesen sei und auch aufgrund des Kontrollschildes die Möglichkeit bestanden habe, die beiden Wilderer durch die zuständige Ortspolizei anhalten zu lassen. Der Gebrauch der Schusswaffe sei somit im Verhältnis zum verfolgten Zweck unangemessen gewesen (BGE 99 IV 253, 256 f.).

III. Repressive Sanktionen

1. Verwaltungsstrafen, insbesondere Ordnungsbussen

a) Begriff

1484 Verwaltungsstrafen sind primär *Mittel des Verwaltungszwangs*. Sie dienen der Sanktionierung von Verstössen gegen das Verwaltungsrecht und bezwecken damit dessen Durchsetzung, während das Strafgesetzbuch auch andere Rechtsgüter schützt (vgl. BGer, Urteil 2C_941/2014 vom 20. August 2015 E. 3.4). Daher sind auch die allgemeinen Begriffe und Bestimmungen des Strafgesetzbuches auf Verwaltungsstrafen nur beschränkt anwendbar (vgl. Art. 2 ff. VStrR). Gewisse Verwaltungsstrafen (z.B. im Umweltrecht oder im Steuerrecht [dazu BGE 140 I 68, 74; 140 II 384, 389; 134 III 59, 65]) haben allerdings Strafcharakter. Je nach Art und Schwere gelten sie zudem als Strafen im Sinne von Art. 6 Ziff. 1 EMRK, auf welche die entsprechenden Verfahrensgarantien Anwendung finden (vgl. zur Abgrenzung Rz. 1539 ff.). Da die allgemeinen Verfahrensgarantien von Art. 6 Ziff. 1 EMRK grösstenteils auch in der Bundesverfassung enthalten sind (Art. 29 und 29a BV), kommt vor allem den strafprozessualen Mindestgarantien in Art. 6 Ziff. 2 und 3 EMRK selbstständige Bedeutung zu (vgl. Rz. 1506, 1538 f.).

1485 *Ordnungsbussen* (Bussen) sind Verwaltungsstrafen für geringfügigere Verletzungen des Verwaltungsrechts, insbesondere von Verfahrensvorschriften. Grosse Bedeutung haben die Ordnungsbussen auch im Strassenverkehr.

b) Voraussetzungen

aa) Zuständigkeit

1486 Nach Art. 335 StGB sind die *Kantone* befugt, die Übertretung kantonaler Verwaltungsvorschriften mit Strafe zu bedrohen.

1487 Zur Verhängung von Ordnungsbussen sind in der Regel die *Verwaltungsbehörden und Verwaltungsgerichte,* zur Verhängung anderer Verwaltungsstrafen teilweise auch die *Strafgerichte* zuständig (zur Garantie der Beurteilung durch unabhängige Gerichte nach Art. 29a BV sowie Art. 6 EMRK im Einzelnen vgl. Rz. 1183 ff.).

Beispiele:

- Reicht ein Steuerpflichtiger trotz Mahnung keine Steuererklärung ein, belegt ihn die Steuerbehörde mit einer Ordnungsbusse. 1488
- Der Gemeinderat spricht eine Ordnungsbusse aus, wenn ein Haus ohne Baubewilligung umgebaut wird. 1489
- Die Schulverwaltung auferlegt den Eltern eines Primarschülers eine Ordnungsbusse, da dieser dem obligatorischen Schulunterricht (Skilager) ferngeblieben ist (vgl. BGer, Urteil 1P.102/2000 vom 11. August 2000 = ZBl 102 [2001] 203 ff.). 1490
- Der Führer eines Personenwagens wird mit einer Ordnungsbusse bestraft, wenn er beim Halten vor einem Rotlicht keinen Sicherheitsgurt trägt (BGE 137 IV 290 ff.). 1491

bb) Gesetzliche Grundlage

Für die Verhängung von *Verwaltungsstrafen* ist grundsätzlich eine ausdrückliche Grundlage in einem *Gesetz* erforderlich. *Bussen* finden dagegen bereits in einer *Verordnung* eine genügende gesetzliche Grundlage, jedenfalls wenn sie eine gewisse Höhe nicht überschreiten (BGE 124 IV 23, 25; 123 IV 29, 36 ff.; 118 Ia 305, 319; Stellungnahme des Bundesamtes für Justiz, VPB 46 [1982] Nr. 50). 1492

cc) Verschulden

Im Allgemeinen setzen *Verwaltungsstrafen* im Gegensatz zu exekutorischen Massnahmen ein *Verschulden* voraus (Urteil des Bundesgerichts, ASA 70 [2001] 330, 333 f.). Ob dies auch im Fall von *Ordnungsbussen* gilt, ist *umstritten* (Entscheid des Regierungsrats des Kantons Aargau, ZBl 78 [1977] 133 f. mit Hinweisen; vgl. auch BGE 101 Ib 33, 35 f. = Pra 64 [1975] Nr. 103). Das VStrR regelt die Frage nicht ausdrücklich, setzt aber ein Verschulden voraus, indem es die Höhe der Busse u.a. von der Schwere des Verschuldens abhängig macht (Art. 8 VStrR). 1493

c) Einsprache

Die Art. 67 ff. VStrR sehen vor, dass gegen die Ausfällung von Verwaltungsstrafen durch Verwaltungsbehörden des Bundes innert 30 Tagen seit Eröffnung Einsprache erhoben werden kann. Erfolgt *keine fristgerechte Einsprache,* so steht der Strafentscheid der Verwaltungsbehörde einem *rechtskräftigen Urteil* gleich. Wird Einsprache erhoben, trifft die Verwaltungsbehörde nach neuer Prüfung eine Einstellungs- oder Strafverfügung. Die von der Strafverfügung Betroffenen können innert 10 Tagen die *Beurteilung durch das kantonale Strafgericht* verlangen. 1494

d) Neues Sanktionssystem infolge der StGB-Reform

Infolge der Teilrevision des StGB, welche am 1. Januar 2007 in Kraft getreten ist, wurde u.a. das verwaltungsrechtliche Sanktionssystem neu gestaltet, allerdings zum grössten Teil, ohne dass der Text der entsprechenden verwaltungsrechtlichen Erlasse abgeändert worden ist. Das neue Recht wurde vorwiegend durch Art. 333 StGB eingeführt, welcher als *allgemeine Transformationsnorm* für alle Bundesgesetze gilt und namentlich Gefängnis- und Zuchthausstrafen in eine Einheitsstrafe umgewandelt, Freiheitsstrafen von 1495 weniger als sechs Monaten grundsätzlich durch Bussen ersetzt und die Verfolgungsverjährungsfristen angepasst hat. Diese Bestimmung sollte dem Gesetzgeber Zeit verschaffen, um die zahlreichen Erlasse, in welchen Strafsanktionen verankert sind, zu überprüfen und anzupassen (siehe dazu BBl 2002, 8290 ff.).

2. Bestrafung wegen Ungehorsams

a) Begriff

1496 Die Bestrafung wegen Ungehorsams gegen amtliche Verfügungen ist eine *repressive Sanktion* («Beugestrafe»), die den Adressaten veranlassen soll, seine Pflichten zu erfüllen. Sie ist in Art. 292 StGB geregelt, der wie folgt lautet:

> «Wer der von einer zuständigen Behörde oder einem zuständigen Beamten unter Hinweis auf die Strafdrohung dieses Artikels an ihn erlassenen Verfügung nicht Folge leistet, wird mit Busse bestraft.»

Beispiele:

1497 – Die Erziehungsdirektion des Kantons Zürich wies Herrn X. an, dafür zu sorgen, dass seine Tochter Y. den obligatorischen hauswirtschaftlichen Fortbildungskurs für Mittelschülerinnen besuche. Für den Fall der Zuwiderhandlung gegen diese Anordnung wurde X. Bestrafung mit Haft oder Busse wegen Ungehorsams gegen amtliche Verfügungen im Sinne des Art. 292 StGB angedroht (Urteil des Zürcher Obergerichtes, SJZ 75 [1979] 94 f., siehe Rz. 1767).

1498 – Das Betreibungsamt kann die Verfügung, mit welcher es in einem Verfahren betreffend Arrestierung von Bankguthaben eine Bank zur Auskunftserteilung verpflichtet, mit der Androhung der in Art. 292 StGB vorgesehenen Strafe verbinden, wenn die Forderung, für welche der Arrest vollzogen wird, sich auf einen vollstreckbaren Titel stützt (BGE 107 III 151 ff. = Pra 71 [1982] Nr. 77).

1499 Art. 292 StGB gilt nur *subsidiär,* wenn nicht ein anderes Gesetz eine besondere Ungehorsamsstrafe vorsieht (vgl. Art. 41 Abs. 1 lit. d VwVG).

1500 Beispiele für Bestimmungen über Ungehorsamsstrafen, die Art. 292 StGB vorgehen:

- Art. 71 Abs. 1 lit. b GschG (Gewässerschutzgesetz);
- Art. 127 Abs. 1 lit. b ZG (Zollgesetz);
- Art. 53 FMG (Fernmeldegesetz);
- Art. 323 und 324 StGB betreffend Ungehorsam des Schuldners und Dritter im Betreibungs- und Konkursverfahren (BGE 125 III 391, 397 ff.; 106 IV 279 ff.);
- Zuwiderhandlungen gegen kantonale Vorschriften über die unzulässige Ausübung der Prostitution nach Art. 199 StGB (BGE 124 IV 64, 66 ff.).

b) Voraussetzungen

aa) Zuständigkeit und Prüfungsrecht des Strafrichters

1501 Zur Bestrafung wegen Ungehorsams ist nicht die verfügende Behörde, sondern der Strafrichter zuständig. Dieser darf unter Umständen vorfrageweise die Rechtmässigkeit der Verfügung überprüfen (siehe Rz. 1765 ff.).

bb) Ausdrückliche Strafandrohung in der Verfügung

Die Verfügung, deren Missachtung bestraft werden soll, muss «Busse» androhen. Der blosse Hinweis auf die Gesetzesbestimmung oder die Strafbarkeit oder auf beides zusammen genügt nicht, es sei denn, der Adressat kenne (z.B. durch eine nicht lange zuvor ergangene Verfügung, welche die Strafandrohung enthielt) die durch Art. 292 StGB angedrohte Strafe (BGE 105 IV 248, 249 f.). In der Praxis wird deshalb meist der Wortlaut des Art. 292 StGB in der Verfügung wiedergegeben (vgl. BGE 124 IV 297, 312). 1502

cc) Vorsatz

Art. 292 StGB setzt als Vorsatzdelikt voraus, dass der Adressat vom Inhalt der Verfügung Kenntnis hatte und ihr willentlich nicht Folge leistete (BGE 119 IV 238, 240). 1503

c) Möglichkeit der wiederholten Androhung und Bestrafung

Mit der Androhung der Bestrafung bzw. der Bestrafung selber sollen die Privaten veranlasst werden, die Verfügung zu befolgen. Wiederholte Androhungen bzw. Bestrafungen sind deshalb zulässig, wenn die betreffende Verpflichtung durch *wiederholte Verfügung* festgelegt worden ist (BGE 121 II 273, 289 f.; vgl. auch BGE 134 II 201, 204 ff.). Erforderlich ist aber, dass die Androhung nicht schon von vornherein vollkommen nutzlos erscheint, da sie sonst nicht geeignet ist, den rechtmässigen Zustand herzustellen (BGE 104 IV 230, 231; 74 IV 105 ff.). 1504

3. Disziplinarische Massnahmen

a) Begriff

Disziplinarische Massnahmen sind Sanktionen gegenüber Personen, die in einem *Sonderstatusverhältnis* (z.B. Beamte, Schüler, Strafgefangene, vgl. Rz. 450 f.) oder unter einer *besonderen Aufsicht des Staates* (z.B. Rechtsanwälte, Medizinalpersonen) stehen. Endet dieses besonders nahe Verhältnis zum Staat, so ist eine disziplinarische Massnahme nicht mehr möglich. Die Anordnung einer Disziplinarmassnahme fällt also ausser Betracht, wenn ein Beamter freiwillig aus dem Dienstverhältnis ausscheidet, sofern die Behörde der Entlassung vorbehaltlos zustimmt (BVGer, Urteil A-4236/2008 vom 1. April 2009 E. 6.3; AGVE 1970, 376 f.). 1505

b) Rechtsnatur

Disziplinarische Massnahmen sind administrative Sanktionen und damit grundsätzlich keine Strafen im Rechtssinne. Sie dienen der *Aufrechterhaltung der Ordnung* sowie der *Wahrung des Ansehens und der Vertrauenswürdigkeit der Verwaltungsbehörden.* Sie sollen bewirken, dass diejenigen Personen, die unter der Disziplinargewalt stehen, ihre Pflichten erfüllen. Je nach Art oder Schwere der angedrohten Sanktion ist die disziplinarische Massnahme allerdings als strafrechtliche Anklage oder zivilrechtliche Streitigkeit 1506 im Sinne von Art. 6 Ziff. 1 EMRK zu qualifizieren, sodass die Verfahrensgarantien von Art. 6 EMRK anwendbar sind (BGE 121 I 379 ff.; vgl. auch BGer, Urteil 6B_962/2008 vom 18. Juni 2009; zum Begriff der strafrechtlichen Anklage und der zivilrechtlichen Streitigkeiten Rz. 1183 ff., 1539 ff.). Dabei sind vor allem die strafprozessualen Mindestgarantien in Art. 6 Ziff. 2 und 3 EMRK von Bedeutung (vgl. Rz. 1484, 1539 ff.). Die allgemeinen Verfahrensgarantien des Art. 6 Ziff. 1 EMRK werden bereits weitgehend vom innerstaatlichen Recht gewährleistet (Art. 29 und 29a BV; vgl. Rz. 1183 ff.).

Beispiele:

1507 – Die disziplinarische Entlassung eines Beamten wird nicht als strafrechtliche Sanktion betrachtet und fällt daher nicht unter den Schutz von Art. 6 Ziff. 1 EMRK (BGE 120 Ia 184, 189).

1508 – Eine Disziplinarbusse von 300.– Franken, die einer Beamtin auferlegt worden ist, stellt noch keine strafrechtliche Sanktion im Sinne von Art. 6 Ziff. 1 EMRK dar (BGE 121 I 379 ff.; vgl. auch BGE 135 I 313, 319, wonach eine Disziplinarbusse wegen Verletzung der Verfahrensdisziplin nicht unter den Anwendungsbereich von Art. 6 Ziff. 1 EMRK fällt).

1509 – Disziplinarstreitigkeiten, die zur Einstellung in der Berufsausübung oder zum Entzug der entsprechenden Bewilligung führen, gelten dagegen als zivilrechtlich im Sinne von Art. 6 Ziff. 1 EMRK (BGE 126 I 228, 230).

1510 Im Disziplinarrecht gilt der Grundsatz *«ne bis in idem»* in dem Sinne nicht, als eine disziplinarische Massnahme auch dann noch angeordnet werden kann, wenn für das betreffende deliktische Verhalten bereits eine Strafe ausgefällt worden ist (BGE 129 II 168, 173; 125 II 402, 403).

1511 Beispiel:

Fährt ein Beamter auf einer Dienstfahrt in angetrunkenem Zustand, hindert eine Bestrafung durch den Strafrichter wegen Verletzung von Art. 91 SVG die Verhängung einer disziplinarischen Massnahme nicht.

1512 Disziplinarische Massnahmen mit Strafcharakter dürfen dagegen wegen des gleichen Verstosses grundsätzlich *nicht mehrfach angeordnet* werden.

1513 Beispiel:

Ein Anwalt wurde in einem Kanton wegen Verletzung der Standesregeln gebüsst. Das Bundesgericht stellte fest, er könne wegen dieses Verstosses nicht auch noch in allen anderen Kantonen, in denen er seinen Beruf ausübt, diszipliniert werden (BGE 102 Ia 28 ff.). In einem ähnlichen Fall präzisierte das Bundesgericht seine Rechtsprechung aber dahingehend, dass sich eine Sanktion in einem weiteren Kanton jedenfalls dann rechtfertige, wenn die Disziplinierung im Tatkanton die erforderliche Wirkung nicht entfalten könne, weil der von der Berufsausübung vorübergehend ausgeschlossene Anwalt dort nur selten tätig sei. Ausschlaggebend für eine zusätzliche Sanktionierung in einem anderen Kanton sei das Verhältnismässigkeitsprinzip (BGE 108 Ia 230 ff.; vgl. heute die interkantonale Regelung in Art. 16 ff. BGFA).

c) Voraussetzungen

aa) Gesetzliche Grundlage

1514 Das Erfordernis des Rechtssatzes und das Erfordernis der Gesetzesform (vgl. Rz. 338 ff., 350 ff.) gelten auch für Disziplinarmassnahmen. Wenn die Disziplinierten in einem Sonderstatusverhältnis stehen, sind an die Bestimmtheit des Rechtssatzes und an das Erfordernis der Gesetzesform *keine allzu hohen Anforderungen* zu stellen (vgl. Rz. 452 ff.).

bb) Disziplinarfehler

Eine Disziplinarmassnahme darf nur angeordnet werden, wenn die Amts- oder Berufspflichten oder die Anstaltsordnung vorsätzlich oder fahrlässig verletzt wurden. Eine Amtspflichtverletzung kann auch in einem Verhalten ausserhalb des Dienstes liegen. 1515

Beispiele: 1516

- regelmässiges Zuspätkommen zur Arbeit;
- unsachliche öffentliche Kritik eines Beamten an der Amtsführung eines Vorgesetzten (Verletzung der Treuepflicht; vgl. dazu Rz. 2037 ff.).

cc) Verhältnismässigkeit, inkl. Opportunitätsprinzip

Die disziplinarische Massnahme muss geeignet sein, die Erfüllung der Dienstpflicht sowie das gute Funktionieren und die Vertrauenswürdigkeit der Verwaltungsbehörden sicherzustellen. Bei der Wahl der zur Erreichung dieses Zwecks erforderlichen Massnahme steht der Behörde ein gewisses Ermessen zu. Sie berücksichtigt dabei objektive und subjektive Elemente und kann aufgrund des *Opportunitätsprinzips* auch ganz auf die Verhängung einer Massnahme verzichten, wenn sie zum Schluss kommt, der Zweck des Disziplinarrechts verlange keine Sanktion (siehe VPB 61 [1997] Nr. 28). 1517

Beispiel: 1518

Eine Disziplinarstrafe *kann* sich erübrigen, wenn ein Beamter, der mit seinem Dienstfahrzeug einen Unfall verursacht hatte, wegen Missachtung des Vortrittsrechts gebüsst wurde und überdies für den entstandenen Schaden aufzukommen hat.

dd) Vorherige Anhörung

Aus dem Anspruch auf rechtliches Gehör ergibt sich die Pflicht der Disziplinarbehörden, die Betroffenen vor der Anordnung der disziplinarischen Massnahmen anzuhören (vgl. Rz. 1010 ff.). *Nicht erforderlich* ist aber eine *vorherige Androhung* einer disziplinarischen Massnahme (BGE 129 I 12, 29). 1519

IV. Administrative Rechtsnachteile

1. Einziehung unrechtmässig erlangter Vorteile

Gelangen Private durch die Missachtung von verwaltungsrechtlichen Vorschriften zu unrechtmässigen Vorteilen, können die betreffenden Vermögenswerte und Gegenstände (z.B. der Gewinn, der durch die Vermietung von Wohnungen erzielt wurde, die in Abweichung von bewilligten, baurechtskonformen Plänen erstellt wurden) eingezogen werden (vgl. den bei HALLER/KARLEN, Raumplanungs-, Bau- und Umweltrecht, 3. Aufl., Zürich 1999, Rz. 852 dargestellten Entscheid des Bundesgerichtes vom 7. August 1991). Diese restitutorische Massnahme dürfte sich oft als wirksameres Mittel erweisen als die mit der Rechtsverletzung verbundene Verwaltungsstrafe (vgl. Rz. 1484 ff.). Die Abschöpfung eines widerrechtlich erworbenen Vermögensvorteils ist aber nur zulässig, wenn sie gesetzlich vorgesehen ist. Dabei genügt es, in einem Spezi- 1520 algesetz oder in einem Verwaltungsstrafgesetz die allgemeinen Bestimmungen des StGB als anwendbar zu erklären, sodass die Einziehung gestützt auf Art. 69 ff. StGB erfolgen kann (für den Bund verweist Art. 2 VStrR in dieser Weise auf das StGB; vgl. auch Art. 333 Abs. 1 StGB). Dagegen ist es nicht zulässig, Bussen so zu bemessen, dass damit auch der unrechtmässig erzielte Gewinn abgeschöpft wird (BGE 119 IV 10, 14).

1521 Bei der Einziehung unrechtmässiger Vorteile ist damit abzuklären, ob sich die Einziehung nach den allgemeinen Bestimmungen des StGB richtet (für den Bund über den Verweis von Art. 2 VStrR und Art. 333 StGB) oder sich auf spezialgesetzliche Normen (verwaltungsstrafrechtlich oder restitutorisch) stützt. Vielfach ist die Rechtslage unklar (vgl. dazu SCHMID, S. 86 ff.). Das Bundesgericht hat unlängst für das Baurecht wichtige Klärungen vorgenommen, namentlich auch betreffend Berechnung des eingezogenen Gewinns (vgl. BGer, Urteil 6B_978/2014 vom 23. Juni 2015 [zur Publikation vorgesehen] und weitere Urteile in ZBl 116 [2015] 555 ff.).

1522 Beispiel:

Art. 35 Abs. 1 FINMAG sieht vor, dass die FINMA Gewinne einziehen kann, welche ein Beaufsichtigter durch schwere Verletzung aufsichtsrechtlicher Bestimmungen erzielt hat. Art. 35 Abs. 5 FINMAG legt ausdrücklich fest, dass die strafrechtliche Einziehung nach den Artikeln 70–72 StGB vorgeht. Aus den Materialien ergibt sich, dass die Einziehung nach FINMAG lediglich ausgleichenden (restitutorischen) und nicht pönalen Charakter hat (BBl 2006, 2883).

2. Verweigerung von Verwaltungsleistungen

a) Problematik

1523 Kann die Verwaltungsbehörde es ablehnen, den Privaten eine Leistung zu erbringen, weil die Privaten ihrerseits einer Pflicht gegenüber dem Staat nicht nachkommen? Darf eine Verwaltungsleistung mit anderen Worten zur Durchsetzung einer verwaltungsrechtlichen Pflicht verweigert werden?

1524 Zwischen den Pflichten des Staates und denjenigen der Privaten besteht oft kein eigentliches «Austauschverhältnis». Es gehört zu den Aufgaben des modernen Staates, gewisse Leistungen zu erbringen. Die Wahrnehmung dieser Aufgaben darf deshalb nur unter bestimmten Voraussetzungen davon abhängig gemacht werden, ob die Privaten ihre Pflichten gegenüber dem Staat erfüllt haben (BGE 134 I 293, 296 ff.).

b) Voraussetzungen der Zulässigkeit

aa) Besondere gesetzliche Ermächtigung

1525 Das Gesetz kann ausdrücklich vorsehen, dass eine staatliche Leistung verweigert werden darf, wenn die Privaten eine bestimmte Pflicht nicht erfüllen.

1526 Beispiel:

Art. 7b IVG i.V.m. Art. 21 Abs. 4 ATSG sieht vor, dass die Leistungen der Invalidenversicherung gekürzt werden, wenn die versicherte Person nicht alle zumutbaren Massnahmen ergreift oder mitträgt, um Dauer und Ausmass ihrer Arbeitsunfähigkeit zu verringern, den Eintritt der Invalidität zu verhindern, den bestehenden Arbeitsplatz zu erhalten oder sich ins Erwerbsleben einzugliedern. Die versicherte Person ist mittels vorgängiger schriftlicher Mahnung auf die mögliche Leistungskürzung hinzuweisen. Zudem ist ihr eine angemessene Bedenkzeit einzuräumen (vgl. auch Art. 30 AVIG).

bb) Konnexität, falls eine besondere gesetzliche Ermächtigung fehlt

Ist die Verweigerung von staatlichen Leistungen im Gesetz nicht besonders vorgesehen, 1527
gilt sie als zulässig, wenn ein sachlicher Zusammenhang zwischen der Pflichtverletzung der Privaten und der verweigerten Leistung besteht.

Beispiele:

- Zulässig ist die Verweigerung einer amtlichen Beglaubigung, wenn die dafür erhobene Gebühr 1528
nicht bezahlt wird.
- Unzulässig ist die Weigerung der Einwohnerkontrolle, eine Abmeldebestätigung auszustellen, 1529
weil die Steuern nicht bezahlt wurden (BGE 127 I 97, 101).
- Unzulässig ist es, den Asylbewerbern mit asylrechtlichem Nichteintretensentscheid Nothilfe im 1530
Sinne von Art. 12 BV zu verweigern, solange sie nicht bereit sind, bei der Beschaffung ihrer Identitätspapiere mitzuwirken. Die Verletzung der Mitwirkungspflicht steht in keinem sachlichen Zusammenhang mit dem Zweck der Nothilfe. Die Asylbewerber befänden sich auch dann in einer Notlage, wenn sie beim Vollzug der Wegweisung kooperieren würden (BGE 131 I 166, 173 ff.; vgl. auch Rz. 928).

cc) Verhältnismässigkeit

Bei der Durchsetzung von verwaltungsrechtlichen Pflichten mit Hilfe der Verweigerung 1531
von staatlichen Leistungen ist die Wahrung der Verhältnismässigkeit zwischen Zweck und Wirkung der Massnahme von besonderer Bedeutung, namentlich wenn es um für die Privaten wichtige Leistungen geht, auf die sie – wie z.B. im Bereich von staatlichen Monopolen – angewiesen sind.

Beispiele:

- Der Zweck, die Bezahlung fälliger Forderungen des Staates sicherzustellen, vermag eine Un- 1532
terbrechung der Versorgung der Privaten mit lebenswichtigen Gütern wie Wasser oder Energie nicht zu rechtfertigen. Die Sperre eines Anschlusses an die vom Gemeinwesen betriebene Gemeinschaftsantenne, um die Pflichtigen zur Bezahlung der Benutzungsgebühr zu bewegen, ist dagegen verhältnismässig.
- Kurz vor dem Grounding der Swissair im Jahre 2001 teilte der Flughafen Zürich dieser mit, 1533
dass er gestützt auf die Gebührenordnung des Flughafens bei Ausbleiben entsprechender Sicherheiten die Start- und Landeerlaubnis nur noch erteilen werde, wenn die Gebühren vorgängig bezahlt worden seien (vgl. BGE 135 III 265, 271 ff.). Art. 5bis des vom Bundesamt für Zivilluftfahrt genehmigten Betriebsreglements für den Flughafen Zürich vom 30. Juni 2011 sieht ausdrücklich vor, dass dem Schuldner im Falle eines Zahlungsausstands die Starterlaubnis bis zur Begleichung der Schulden verweigert werden kann. Mit Blick auf die zentrale Bedeutung der Starterlaubnis für das Unternehmen sowie auf das öffentliche Interesse an der Aufrechterhaltung des Flugverkehrs ist die Frage der Verhältnismässigkeit in diesem Fall als offen zu bezeichnen.

3. Widerruf von begünstigenden Verfügungen

Wenn der Staat den Privaten mittels Verfügung Rechte eingeräumt hat, kann eine Verlet- 1534
zung der Pflichten, die den Begünstigten obliegen, durch den Widerruf der Verfügung sanktioniert werden, sofern die Voraussetzungen des Widerrufs (Rz. 1226 ff.) erfüllt sind. TSCHANNEN/ZIMMERLI/MÜLLER verlangen für einen solchen repressiven Widerruf

eine besondere gesetzliche Grundlage (S. 330). Durch die Möglichkeit des Entzugs der gewährten Vorteile sollen die Begünstigten veranlasst werden, ihre verwaltungsrechtlichen Pflichten einzuhalten. Von besonderer Bedeutung ist der Widerruf als Sanktion einer Pflichtverletzung dort, wo die Privaten erst aufgrund einer Polizeierlaubnis (Rz. 2650 ff.) tätig werden dürfen, sodass deren Entzug zu einem Verbot der Tätigkeit führt (vgl. zu den Voraussetzungen des Widerrufs einer Polizeierlaubnis Rz. 2679 ff.). Der Widerruf erhält damit auch eine pönale Funktion. Er ist vom Widerruf wegen eines Fehlers, für den der Betroffene nicht verantwortlich ist (z.B. falsche Rechtsanwendung durch die Verwaltungsbehörde, Änderung der Sach- oder Rechtslage), zu unterscheiden.

Beispiele:

1535 – Nach den Art. 16 ff. SVG kann eine Widerhandlung gegen die Strassenverkehrsvorschriften den Entzug des Führerausweises zur Folge haben (vgl. Rz. 1447).

1536 – Nach Art. 28 Abs. 1 SuG (Subventionsgesetz) zahlt die zuständige Behörde die Finanzhilfe nicht aus oder fordert sie samt einem jährlichen Zins von 5 % seit der Auszahlung zurück, wenn der Empfänger die mit der Finanzhilfe verknüpfte Aufgabe trotz Mahnung nicht erfüllt (vgl. Rz. 2542).

1537 – Das Thurgauer Planungs- und Baugesetz schreibt vor, dass Bauvorhaben ohne erhebliche Verzögerung zu Ende zu führen sind. Wird die Ausführung der Bauarbeiten verzögert oder für längere Zeit unterbrochen, kann ein Widerruf der Baubewilligung gerechtfertigt sein (Urteil des Bundesgerichts, ZBl 96 [1995] 515 ff.).

1538 Der Widerruf von Verfügungen als Sanktion für Pflichtverletzungen der Begünstigten kann eine zivilrechtliche (z.B. Entzug einer Berufsausübungsbewilligung; vgl. BGE 125 I 417, 420; 123 I 87 ff.; Urteil des Verwaltungsgerichts des Kantons Zürich, ZBl 101 [2000] 489 ff.) oder eine strafrechtliche Streitigkeit im Sinne des Art. 6 Ziff. 1 EMRK darstellen (vgl. Rz. 1183 ff., 1539 ff.). In diesen Fällen sind die Verfahrensgarantien dieser Bestimmung, insbesondere die strafprozessualen Mindestgarantien in Art. 6 Ziff. 2 und 3 EMRK (vgl. Rz. 1539 ff.), zusätzlich zu den Anforderungen der Rechtsweggarantie zu beachten (Art. 29a BV, vgl. Rz. 1183 ff.).

V. Exkurs: Anwendbarkeit strafprozessualer Verfahrensgarantien auf Verwaltungssanktionen

1539 Verwaltungssanktionen können einen *empfindlichen Eingriff in die Rechtsstellung des Betroffenen* darstellen. Es fragt sich deshalb, ob in solchen Fällen nicht die strafprozessualen Garantien von Art. 6 Ziff. 2 und 3 EMRK und Art. 32 BV zur Anwendung kommen müssen. Dies hat auf das Verfahren erheblichen Einfluss. Im Gegensatz zum Strafverfahren gilt im Verwaltungsverfahren keine Unschuldsvermutung. Das Verwaltungsverfahren sieht die Pflicht zur Mitwirkung vor (vgl. für den Bund Art. 13 VwVG), während im Strafverfahren sich niemand selbst belasten muss (Grundsatz *nemo tenetur se ipsum accusare;* vgl. zu den Unterschieden UHLMANN, Verfahrensrecht, S. 163 ff.).

1540 Es ist jedoch nicht sachgerecht, die strafprozessualen Garantien bei der Anordnung von Verwaltungssanktionen ohne Einschränkung anzuwenden. Für exekutorische Sanktionen sind grundsätzlich die Vorschriften des Verwaltungsverfahrens massgebend. Heikel sind repressive Sanktionen und administrative Rechtsnachteile, die über eine Wiederherstellung des rechtmässigen Zustands hinausgehen. In diesen Fällen ist abzuklären, ob die Sanktionen *Art und Schwere einer strafrechtlichen Anklage* im Sinne von Art. 6 Ziff. 1 EMRK erreichen (vgl. im Einzelnen HÄNER, S. 28 ff.).

Beispiel: 1541

In BGE 125 I 104, 107 ff. wurde die für den Vollzug der Ausschaffungshaft vorgesehene schärfste Disziplinarmassnahme «strikte Einzelhaft bis zu 20 Tagen Dauer» nicht als strafrechtliche Sanktion im Sinne von Art. 6 Ziff. 1 EMRK beurteilt (vgl. auch BGer, Urteil 6B_34/2009 vom 20. April 2009 E. 2).

Die Frage, ob eine Sanktion strafrechtlicher Natur ist, wird vom EGMR anhand *autonomer Kriterien* entschieden. Massgeblich sind erstens die Zuordnung der anwendbaren Vorschriften im nationalen Recht, zweitens die Natur des Vergehens sowie drittens die Art und Schwere der Sanktion (BGE 140 II 384, 388 f.; 139 I 72, 78; 135 I 313, 317; 134 I 140, 145). Grundsätzlich genügt es, wenn eines der drei Kriterien erfüllt ist. Soweit eine eindeutige Zuordnung nicht ohne Weiteres möglich ist, kommen insbesondere das zweite und dritte Kriterium auch kumulativ zur Anwendung (vgl. zum Ganzen GRABENWARTER, S. 317 ff.). Anwendbar ist die Bestimmung beispielsweise auf den Führerausweisentzug, soweit dieser auch eine Straffunktion erfüllt (BGE 137 I 31, 42; 133 II 331, 336; 123 II 464, 465; 123 II 97, 100 ff.; vgl. auch Rz. 1447), und auf das Strafsteuerverfahren (BGE 121 II 257, 264 f.; Entscheid der Europäischen Menschenrechtskommission, VPB 59 [1995] Nr. 127). Die (empfindlichen) Bussen nach Kartellgesetz (BGE 139 I 72, 78 ff.) und nach dem Spielbankengesetz (BGE 140 II 384, 389) gelten als Strafen, nicht hingegen Disziplinarbussen in bescheidener Höhe (BGE 135 I 313 ff.; 128 I 346, 347 ff.; 126 I 228, 230; vgl. auch Rz. 1506 ff.). Auch die Einzelhaft bis zu 20 Tagen als Disziplinarmassnahme im Vollzug der Ausschaffungshaft stellt keine strafrechtliche Angelegenheit dar (BGE 125 I 104, 107 ff.; vgl. Rz. 1541). Ebenfalls nicht unter den Begriff der strafrechtlichen Anklage fallen Massnahmen gegen die häusliche Gewalt nach dem Zürcher Gewaltschutzgesetz (BGE 134 I 140, 145 f.). 1542

Beispiel: 1543

Die verwaltungsrechtlichen Sanktionen nach Art. 51 SBG (Spielbankengesetz) stellen nach der Rechtsprechung des Bundesgerichts strafrechtliche Anklagen dar. Trotz dem Strafcharakter könnten die strafprozessualen Verfahrensvorschriften aber nicht unbesehen auf das Verwaltungsverfahren übertragen werden. Der Grundsatz, wonach sich niemand selbst belasten dürfe, gehe vorliegend nicht so weit, dass die Herausgabe von Unterlagen, deren Führung bzw. Anlage in einem konzessionsrechtlichen Aufsichtsverfahren gesetzlich vorgeschrieben sind, verweigert werden dürfe. Könnte der Staat auf diese Unterlagen trotz entsprechender gesetzlicher Grundlagen nicht mehr zurückgreifen, würde eine aufsichts- bzw. damit verbundene strafrechtsähnliche Durchsetzung der materiellen gesetzlichen Pflichten in den beaufsichtigten Wirtschaftsbereichen (Finanzmarkt, Spielbanken usw.) praktisch verunmöglicht (BGE 140 II 384 ff.).

3. Teil Verwaltungsorganisation

1. Kapitel
Grundsätze und Formen der Verwaltungsorganisation

§ 22 Grundsätze der Verwaltungsorganisation und der Verwaltungsführung

Literatur

ARNOLD URS V., Das Parlament im Modell des New Public Managements – Parlamentarische Funktionen und Prozesse im Wandel, Diss. St. Gallen 2006; BELLANGER FRANÇOIS/TANQUEREL THIERRY (Hrsg.), L'entraide administrative, Zürich 2005; BELLANGER FRANÇOIS/TANQUEREL THIERRY (Hrsg.), Les contrats de prestations, Genf/Basel/München 2002; BOLZ URS/KLÖTI ULRICH, Parlamentarisches Steuern neu erfinden? NPM-Steuerung durch die Bundesversammlung im Rahmen des New Public Management – ein Diskussionsbeitrag, ZBl 97 (1996) 145 ff.; BOLZ URS/LIENHARD ANDREAS, Staatsrechtliche Kernfragen der wirkungsorientierten Steuerung in den Kantonen, ZBl 102 (2001) 1 ff.; BRÜHLMEIER DANIEL/HALDEMANN THEO/MASTRONARDI PHILIPPE/SCHEDLER KUNO, New Public Management für das Parlament: Ein Muster-Rahmenerlass WoV, ZBl 99 (1998) 297 ff.; BRUNNER STEPHAN C. (Hrsg.), Das Öffentlichkeitsgesetz des Bundes, St. Gallen 2006, BRUNNER STEPHAN C./MADER LUZIUS (Hrsg.), Öffentlichkeitsgesetz, Bundesgesetz über das Öffentlichkeitsprinzip der Verwaltung vom 17. Dezember 2004 (BGÖ), Stämpflis Handkommentar, Bern 2008; BUSER DENISE, Anforderungen an die Rechtsgrundlagen für die Einführung von New Public Management, Dargestellt am Beispiel des Kantons Basel-Stadt, AJP 11 (2002) 1037 ff.; DELWING DIETER/WINDLIN HANS, «New Public Management»: Kritische Analyse aus staatsrechtlicher und staatspolitischer Sicht, ZBl 97 (1996) 183 ff.; EICHENBERGER KURT, Hochleistungsverwaltung des entfalteten Sozialstaates, in: Walter Haller/Alfred Kölz/Georg Müller/Daniel Thürer (Hrsg.), Festschrift für Ulrich Häfelin zum 65. Geburtstag, Zürich 1989, S. 443 ff.; ENGI LORENZ, «Neue Verwaltungsrechtswissenschaft» und schweizerisches Verwaltungsrecht, ZBl 111 (2010) 153 ff.; FLÜCKIGER ALEXANDRE, La mise en œuvre du principe de transparence dans l'administration, Genf 2006; HABLÜTZEL PETER/HALDEMANN THEO/SCHEDLER KUNO/SCHWAAR KARL (Hrsg.), Umbruch in Politik und Verwaltung, Bern/Stuttgart/Wien 1995; HALDEMANN THEO, New Public Management: Ein neues Konzept für die Verwaltungsführung des Bundes?, Bern 1995; HÄNER ISABELLE, Öffentlichkeit und Verwaltung, Diss. Zürich 1990; JAAG TOBIAS, Dezentralisierung und Privatisierung öffentlicher Aufgaben: Formen, Voraussetzungen und Rahmenbedingungen, in: Tobias Jaag (Hrsg.), Dezentralisierung und Privatisierung öffentlicher Aufgaben, Zürich 2000, S. 23 ff.; KÄGI-DIENER REGULA, Entscheidfindung in komplexen Verwaltungsverhältnissen, Basel/Frankfurt a.M. 1994; KETTIGER DANIEL (Hrsg.), Wirkungsorientierte Verwaltungsführung und Gesetzgebung, Bern/Stuttgart/Wien 2000; KETTIGER DANIEL, Aufgabenteilung von Regierung und Parlament bei der wirkungsorientierten Steuerung – Gedanken und Thesen zur Gewaltenteilung unter NPM, AJP 9 (2000) 521 ff.; KNAPP BLAISE, Gestion par objectifs, mandat de prestation et enveloppe budgétaire: Théorie et réalités, in: Bernhard Ehrenzeller/Philippe Mastronardi/René Schaffhauser/Rainer J. Schweizer/Klaus A. Vallender (Hrsg.), Der Verfassungsstaat vor neuen Herausforderungen, Festschrift für Yvo Hangartner, St. Gallen/Lachen 1998, S. 415 ff.; LIENHARD ANDREAS, Das Neue Führungsmodell für die Bundesverwaltung (NFB) – Eine verfassungsrechtliche Einschätzung, in: Eva Maria Belser/Bernhard Waldmann (Hrsg.), Mehr oder weniger Staat?, Festschrift für Peter Hänni zum 65. Geburtstag, Bern 2015, S. 247 ff.; LIENHARD ANDREAS, Neue Verwaltungsrechtswissenschaft? – Vom Sinn und Unsinn des Neuen, AJP 19 (2010) 1381 ff.; LIENHARD ANDREAS, Staats- und verwaltungsrechtliche Grundlagen für das New Public Management in der Schweiz: Analyse – Anforderungen – Impulse, Bern 2005; MAHON PASCAL, La décentralisation administrative, Diss. Lausanne, Genf 1985; MASTRONARDI PHILIPPE, Staatsrecht und Verwaltungsorganisation, Reflexionen am Beispiel des New Public Management, AJP 4 (1995) 1541 ff.; MASTRONARDI PHILIPPE/SCHEDLER KUNO, New Public Management in Staat und Recht, 2. Aufl., Bern/Stuttgart/Wien 2004; MASTRONARDI PHILIPPE/STADLER PATRIK, Demokratietaugliche WoV: Das Solothurner Modell, ZBl 104 (2003) 393 ff.; MAURER-LAMBROU URS/BLECHTA GABOR P. (Hrsg.), Datenschutzgesetz, Öffentlichkeitsgesetz, Basler Kommentar, 3. Aufl., Basel 2014; MEYER CHRISTOPH, New Public Management als neues Verwaltungsmodell: Staatsrechtliche Schranken und Beurteilung neuer Steuerungsinstrumente, Diss. Basel 1998; MOSIMANN HANS-JAKOB, New Public Management zwischen theoretischem Programm und praktischer Umsetzung, ZBl 101 (2000) 337 ff.; MÜLLER GEORG, Wie wird ein Staat schlank?, in: Solothurnischer Juristenverein (Hrsg.), Solothurner Festgabe zum Schweizerischen Juristentag 1998, Solothurn 1998, S. 159 ff.; MÜLLER GEORG, Funktionen des Legalitätsprinzips im Organisationsrecht, in: Dorothée Berchtold/Albert Hofmeister (Hrsg.), Die öffentliche Verwaltung im Spannungsfeld zwischen Legalität und Funktionsfähigkeit, Bern 1995, S. 15 ff.; MÜLLER GEORG, Motive, Methoden und Massstäbe für Strukturreformen öffentlicher Verwaltungen, in: Francis Cagianut/Willi Geiger/Yvo Hangartner/Ernst Höhn (Hrsg.), Aktuelle Probleme des Staats- und Verwaltungsrechts, Festschrift für Otto K. Kaufmann zum 75. Geburtstag, Bern 1989, S. 401 ff.; MÜLLER URS, Neue Formen der Verwaltungsführung, in: Denise Buser (Hrsg.), Neues Handbuch des Staats- und Verwaltungsrechts des Kantons Basel-Stadt, Basel 2008, S. 737 ff.; NUSPLIGER KURT/MÄDER JANA, Der Dialog zwischen Regierung und Parlament, ZBl 115 (2014) 523 ff.; PLATTNER ROLAND, Wirkungsorientierte Verwaltungsführung – Aktivitäten und Stand in den basellandschaftlichen Gemeinden, in: Giovanni Biaggini/Alex Achermann/Stephan Mathis/Lukas Ott (Hrsg.), Staats- und Verwaltungsrecht des Kantons Basel-Landschaft III, Liestal 2007, S. 235 ff.; PROELLER ISABELLA, (New) Public Management und Evaluation – Zur Bedeutung von Evaluationen im Verwaltungsmanagement, LeGes 25 (2014) 39 ff.; REICHLIN-ZOBRIST YVONNE/STRUB DEBORA, Die wirkungsorientierte Verwaltungsführung (WoV) im Kanton Basel-Landschaft, in: Giovanni Biaggini/Alex Achermann/Stephan Mathis/Lukas Ott (Hrsg.), Staats- und Verwaltungsrecht des Kantons Basel-Landschaft III, Liestal 2007, S. 216 ff.; RICHLI PAUL, Zu den Entfaltungsmöglichkeiten des New Public Management in der Verwaltungsrechtspflege, ZBl 98 (1997) 289 ff.; RIEDER STEFAN, Evaluation und (New) Public Management – Parallelen und Synergien, LeGes 25 (2014) 11 ff.; RITZ ADRIAN, Evaluation von New Public Management, Grundlagen und empirische Ergebnisse der Bewertung von Verwaltungsreformen in der schweizerischen Bundesverwaltung, Bern 2003; SCHEDLER KUNO, Ansätze einer wirkungsorientierten Verwaltungsführung, 2. Aufl., Bern 1996; SCHEDLER KUNO/PROELLER ISABELLA, New Public Management, 5. Aufl., Bern 2011; SCHINDLER BENJAMIN, Ethikförderung in der Verwaltung – Modetrend oder Notwendigkeit?, ZBl 104 (2003) 61 ff.; SCHMIDT NICOLAS, New Public Management im Parlament – Auswirkungen auf die Steuerungsfähigkeit in den Kantonen, Zürich 2008; SCHWARZ PETER (Hrsg.), Organisationsentwicklung als Strategie der Verwaltungsreform, Bern 1990; SCHWEIZER RAINER J./JEANRENAUD CLAUDE/KUX STEPHAN/SITTER-LIVER BEAT (Hrsg.), Verwaltung im 21. Jahrhundert, Herausforderungen, Probleme, Lösungswege, 20. Kolloquium (2001) der Schweizerischen Akademie für Geistes- und Sozialwissenschaften, Freiburg 2003; SUTTER-SOMM KARIN, Legalitätsprinzip und New Public Management (NPM), LeGes 9 (1998), Heft 2/3, S. 47 ff.; ÜBERSAX PETER, Betroffenheit als Anknüpfung für Partizipation, Diss. Basel 1991; UHLMANN FELIX, Gewinnorientiertes Staatshandeln, Diss. Basel 1997; VOGEL STEFAN, Einheit der Verwaltung – Verwaltungseinheiten: Grundprobleme der Verwaltungsorganisation – Rechtliche Rahmenbedingungen, Konzepte, Strukturen und Formen für die Organisation von Aufgabenträgern der öffentlichen Verwaltung, Habil. Zürich, Zürich/Basel/Genf 2008.

I. Demokratische Ausgestaltung der Verwaltungsorganisation

1. Ziel der demokratischen Ausgestaltung der Verwaltungstätigkeit

Die Aufgaben, die der moderne Verwaltungsstaat zu bewältigen hat, werden immer umfangreicher und komplexer. Es droht die Gefahr, dass die Regierung und der ihr unterstellte Verwaltungsapparat aufgrund ihrer grösseren Sachkompetenz in vielen Gebieten eine faktische Übermacht gegenüber Volk und Parlament erlangen. Die Verwaltungstätigkeit ist für die meisten Menschen schwer verständlich; Transparenz und Bürgernähe gehen verloren. Um dieser Entwicklung entgegenzusteuern und den Volkswillen auch in den Gesetzesvollzug einfliessen zu lassen, werden Bürgerinnen und Bürgern im Bereich der Verwaltungstätigkeit, wo immer möglich und sinnvoll, gewisse *Mitwirkungs- und Kontrollbefugnisse* eingeräumt. 1544

2. Elemente der demokratischen Ausgestaltung der Verwaltungsorganisation

Um Volk und Parlament an der Verwaltungstätigkeit teilhaben zu lassen, kommen u.a. folgende Möglichkeiten in Betracht: 1545
- parlamentarische Kontrolle der Regierungs- und Verwaltungstätigkeit (insb. durch Geschäftsprüfungskommissionen);
- Verwaltungs- und Finanzreferendum (Referendum gegen Verwaltungsakte, insb. gegen Entscheide des Parlamentes über öffentliche Werke oder über bestimmte Ausgaben);
- Erfordernis der Gesetzesform – vor allem im Abgaberecht – und Beschränkung der Gesetzesdelegation: Bei wichtigen Regelungen sollen die Stimmberechtigten mittels des Gesetzesreferendums mitentscheiden können;
- Mitwirkungsrechte der Bevölkerung in der Raumplanung;
- Volkswahl der Mitglieder der Regierung sowie der Beamtinnen und Beamten; allgemeine Zugänglichkeit der Beamtenstellen (Grundsatz der freien Wählbarkeit);
- Selbstverwaltung durch Körperschaften, deren Mitglieder betroffen sind (insbesondere in den Gemeinden).

II. Rechtsstaatliche Ausgestaltung der Verwaltungsorganisation

1. Gesetzliche Grundlagen der Verwaltungsorganisation

Der Gesetzgeber muss die *Grundzüge der Organisation der Verwaltungsbehörden* festlegen (vgl. für den Bund Art. 164 Abs. 1 lit. g BV). Nachgelagerte Organisationsentscheide können von der Regierung oder der Departements- bzw. Direktionsspitze getroffen werden. 1546

1547 Stufe und Detaillierungsgrad der Rechtsnormen über die Verwaltungsorganisation sind sehr unterschiedlich. Teilweise sehen die gesetzlichen Grundlagen nur die *Grundstruktur* vor. Die genaue Verwaltungsorganisation ergibt sich schwergewichtig aus verwaltungsinternen Regelungen (Verwaltungsverordnungen, vgl. Rz. 81 ff.) oder blosser Praxis. Teilweise regeln Rechtsverordnungen Verwaltungseinheiten bis in die feinste Verästelung ihrer Tätigkeiten (vgl. beispielsweise die Verordnung über die Organisation des kantonalen Steueramtes des Kantons Zürich vom 17. Dezember 2008 [LS 631.51]).

1548 Aus rechtsstaatlicher und demokratischer Sicht ist zu fordern, dass der Gesetzgeber die Grundzüge der Verwaltungsorganisation festlegt. Die Verwaltungsorganisation erhält damit auch eine gewisse *Stabilität*. Für die Privaten muss erkennbar sein, an welche Behörde sie sich im Bedarfsfall wenden müssen. Unbestritten ist, dass der Einsatz *dezentraler Verwaltungsträger* dem Gesetzgeber vorbehalten ist (vgl. Rz. 1630 f.). Die Verwaltungsorganisation sollte aber vom Gesetz- und allenfalls vom Verordnungsgeber nicht derart starr vorgegeben werden, dass die Handlungsfreiheit der Behörden übermässig eingeschränkt ist oder laufend Änderungen der gesetzlichen Grundlagen der Verwaltungsorganisation notwendig sind.

Beispiele:

1549 – Art. 1 Abs. 2 VwVG: Das VwVG gibt einen Überblick möglicher Organisationsformen der Verwaltung auf Bundesebene. Danach sind grundsätzlich zu unterscheiden:
«a. der Bundesrat, seine Departemente, die Bundeskanzlei und die ihnen unterstellten Dienstabteilungen, Betriebe, Anstalten und anderen Amtsstellen der Bundesverwaltung;
[…]
c. die autonomen eidgenössischen Anstalten oder Betriebe;
d. die eidgenössischen Kommissionen;
e. andere Instanzen oder Organisationen ausserhalb der Bundesverwaltung […].»

1550 – RVOG sowie RVOV dienen als rechtliche Grundlage für den Bundesrat und die Bundesverwaltung. Sie regeln u.a. die Organisation des Bundesrates und enthalten Bestimmungen über die Führung der Bundesverwaltung.

1551 – Gesetz über die Organisation des Regierungsrates und der kantonalen Verwaltung des Kantons Zürich (OG RR/ZH) vom 6. Juni 2005 (LS 172.1).

2. Umgang der Verwaltung mit Informationen (Akten der Verwaltung)

a) Pflicht zur Aktenführung

1552 Verwaltungsbehörden erstellen bei der Erfüllung ihrer Aufgaben eine grosse Anzahl *schriftlicher Unterlagen (Akten)*. Wesentliche Entscheidungen der Behörden müssen in schriftlicher Form festgehalten werden. Der Austausch zwischen Behörden und Privaten findet in vielen Fällen schriftlich statt. Verfügungen der Behörden müssen in schriftlicher Form eröffnet werden (Art. 34 Abs. 1 VwVG; Rz. 871 ff.). Auch bei der Gewährung des rechtlichen Gehörs (Rz. 1001 ff.) dominiert – entgegen dem Wortverständnis – die Schriftlichkeit.

1553 Die meisten Akten der Verwaltung werden heute noch in *Papierform* aufbewahrt. Die elektronische Verarbeitung und Speicherung wird aber immer wichtiger. Dies gilt insbesondere auch für die Kommunikation innerhalb der Verwaltung und gegen aussen (E-Mails, Internetauftritt etc.).

Die Aktenführung der Verwaltung ist teilweise in Organisationserlassen geregelt, teilweise bloss durch Verwaltungsverordnungen oder reine Praxis bestimmt. Für die längerfristige Aufbewahrung ist die *Archivgesetzgebung* von Bund und Kantonen einschlägig. 1554

Beispiele: 1555
- Weisungen über die Aktenführung in der Bundesverwaltung vom 13. Juli 1999 (WAF, BBl 1999, 5428)
- Archivgesetz des Kantons Zürich vom 24. September 1995 (LS 170.6);
- Direktionsverordnung über die Verwaltung und Archivierung von Unterlagen der Staatskanzlei vom 12. November 2011 des Kantons Bern (ArchDV STA, BGS 152.211.1).

Die Aktenführung ist für die rechtsstaatliche Ausgestaltung der Verwaltungsbehörden von grosser Bedeutung; sie erfüllt aber auch demokratische Funktionen. Sie ermöglicht: 1556
- die Rationalität, Effizienz, Transparenz und Kontinuität des Verwaltungshandelns;
- die Durchführung korrekter Verwaltungsverfahren, namentlich die Gewährung des rechtlichen Gehörs an betroffene Private (Akteneinsicht, Rz. 1019 ff.);
- die demokratische Kontrolle der Verwaltungstätigkeit durch Parlament und Regierung;
- die Kontrolle der Verwaltungstätigkeit durch die interessierte Öffentlichkeit (Öffentlichkeitsprinzip, vgl. Rz. 1566 ff.);
- die sachgerechte Beurteilung der Leistungen der einzelnen Mitarbeiterinnen und Mitarbeiter.

b) Amtsgeheimnis und Datenschutz

Die Verwaltungsbehörden sammeln und erstellen im Zuge ihrer Verwaltungstätigkeit eine grosse Anzahl *sensibler Daten*. An deren Schutz bestehen erhebliche öffentliche und private Interessen. 1557

aa) Amtsgeheimnis

Die Informationen der Verwaltung unterstehen dem *Schutz des Strafrechts* (Art. 320 StGB). Geschützt sind Informationen, für welche nach dem massgebenden Gesetz eine Geheimhaltungspflicht besteht, welche nur einem beschränkten Personenkreis bekannt sind, deren Schutz vor Preisgabe der Berechtigte (Geheimnisherr) will und an deren Geheimhaltung zudem ein objektives Interesse besteht (vgl. STEFAN FLACHSMANN, in: Andreas Donatsch [Hrsg.], StGB Kommentar, 19. Aufl., Zürich 2013, Art. 320, Rz. 3, 8; NIKLAUS OBERHOLZER, in: Marcel Alexander Niggli/Hans Wiprächtiger [Hrsg.], Strafrecht II, Basler Kommentar, 3. Aufl., Basel 2013, Art. 320, Rz. 8). Möglich sind Schutzinteressen des Gemeinwesens oder der beteiligten Personen. 1558

Beispiele:
- X und Y übergaben im Januar 2007 als Angestellte des Sozialdepartements der Stadt Zürich einem Journalisten Ausdrucke von Gesprächsnotizen, Kontoauszügen, Monatsbudgets und zwei Polizeirapporte betreffend verschiedene Sozialhilfeempfänger. Dabei handelte es sich um der Geheimhaltungspflicht unterliegende Geheimnisse. X und Y wollten damit auf Fälle von Sozialhilfemissbrauch aufmerksam machen und waren der Ansicht, dass ihr Verhalten durch den aussergesetzlichen Rechtfertigungsgrund der Wahrung berechtigter Interessen gerechtfertigt 1559

und aus diesem Grund nicht strafbar sei (sog. «whistleblowing»). Sie machten geltend, dass sie durch das pflichtgemässe, aber erfolglose Beschreiten des amtsinternen Weges ihrer Pflicht in erschöpfendem Masse nachgekommen seien. Das Bundesgericht folgte dieser Ansicht nicht, sondern bestätigte das Urteil der Vorinstanz, welches X und Y der Amtsgeheimnisverletzung nach Art. 320 StGB für schuldig befand. Es führte aus, dass die inkriminierte Handlung nicht der einzig mögliche Weg gewesen sei zur Erreichung des Ziels, den Kampf gegen den Sozialhilfemissbrauch zu verstärken. So hätten sich die beiden Angestellten an verschiedene Stellen ausserhalb der Hierarchie des Sozialdepartements wenden können, um über ihre Wahrnehmungen und Erfahrungen in der Praxis zu berichten. Es zog dabei etwa den Rechtsdienst, die Ombudsstelle oder die Geschäftsprüfungskommission in Betracht (BGer, Urteil 6B_305/2011 vom 12. Dezember 2011; vgl. dazu auch Rz. 2035 sowie Yvo Hangartner, Whistleblowing in der öffentlichen Verwaltung, AJP 21 [2012] 490 ff.).

1560 – In einer Auseinandersetzung zwischen Christoph Mörgeli, welcher als Leiter eines Museums und Titularprofessor an der Universität Zürich tätig war, und Kathy Riklin, Mitglied des Universitätsrates Zürich, ging es um einen der Geheimhaltung unterliegenden Bericht, in welchem die wissenschaftliche Betreuung von Doktorierenden durch Christoph Mörgeli und damit u.a. auch Mörgelis Arbeitsleistung generell thematisiert worden war. Im Rahmen eines Interviews deutete Riklin mit Blick auf den erwähnten Bericht an, dass es im Fall Mörgeli bald etwas Neues geben werde und es für Herrn Mörgeli nicht gut aussehe. Anders als das erstinstanzliche Regionalgericht stellte das Obergericht des Kantons Bern fest, dass Riklin diese Aussage nicht in allgemeiner Weise gemacht und damit eine Amtsgeheimnisverletzung begangen habe (Obergericht des Kantons Bern, Urteil 2. SK 2014 356 vom 19. Mai 2015, nicht rechtskräftig; vgl. dazu <http://www.nzz.ch/zuerich/region/berner-obergericht-spricht-nationalraetin-kathy-riklin-schuldig-1.18545184>, zuletzt besucht am 9. September 2015).

1561 Die Mitarbeiterinnen und Mitarbeiter der Verwaltungsbehörden sind auch im Rahmen ihrer Pflichten aus dem Dienstverhältnis zur Verschwiegenheit verpflichtet. Die Verpflichtung besteht grundsätzlich auch nach dem Ausscheiden aus dem Dienst (Rz. 2032 ff.).

bb) Datenschutz

1562 Viele Unterlagen der Verwaltung betreffen *Personendaten,* d.h. Informationen, die sich auf eine bestimmte oder bestimmbare natürliche oder juristische Person beziehen (Art. 3 lit. a DSG). Der Schutz dieser Daten ist Verfassungspflicht (Art. 13 Abs. 2 BV).

1563 Für Bundesbehörden ist das *DSG* massgebend. Zur Anwendung kommen neben dem allgemeinen Teil (Art. 4 ff. DSG) insbesondere die Bestimmungen, welche sich ausschliesslich an Bundesorgane richten (Art. 16 ff. DSG). Für die Bearbeitung von Personendaten ist eine gesetzliche Grundlage erforderlich (Art. 17 DSG). Besonders schützenswerte Personendaten sowie Persönlichkeitsprofile dürfen sogar nur unter bestimmten Voraussetzungen bearbeitet werden (Art. 17 Abs. 2 DSG). Sofern Bundesorgane *privatrechtlich* handeln, werden auf sie die weniger strengen privatrechtlichen Bestimmungen des Datenschutzgesetzes angewendet (Art. 23 DSG); für die Bekanntgabe von Personendaten durch Bundesorgane gelten dieselben Grundsätze (Art. 19 DSG).

1564 Jeder Person steht gegenüber Bundesbehörden neben dem Recht auf Einsicht in das Register der Datensammlungen des Eidgenössischen Datenschutzbeauftragten (Art. 11a Abs. 1 DSG) das Recht auf *Auskunft über eigene Personendaten* zu (Art. 8 DSG).

1565 Aufgrund ihrer verfassungsrechtlich garantierten Organisationsautonomie sind die Kantone für den Datenschutz im kantonalen öffentlichen Bereich selbst zuständig. Kantonale und kommunale Behörden unterstehen folglich den kantonalen Datenschutzgesetzen (Art. 2 Abs. 1 DSG; vgl. aber Art. 37 Abs. 1 DSG).

c) Öffentlichkeitsprinzip

Während früher der Grundsatz galt, dass amtliche Dokumente geheim zu halten sind, sofern das Gesetz keine Ausnahme vorsieht, kennen der Bund und verschiedene Kantone heute umgekehrt das *Prinzip der Öffentlichkeit der Verwaltung* mit Geheimnisvorbehalt. Es soll die Transparenz der Verwaltungstätigkeit fördern und ist Voraussetzung der Kontrolle durch die Öffentlichkeit. 1566

Im Bund ist das *Bundesgesetz über das Öffentlichkeitsprinzip der Verwaltung (Öffentlichkeitsgesetz, BGÖ)* vom 17. Dezember 2004 (SR 152.3) einschlägig. Das Öffentlichkeitsgesetz definiert als amtliche Dokumente (Akten) jede Information, die (erstens) auf einem beliebigen Informationsträger aufgezeichnet ist, sich (zweitens) im Besitz einer Behörde befindet, von der sie stammt oder der sie mitgeteilt worden ist, und (drittens) die Erfüllung einer öffentlichen Aufgabe betrifft (Art. 5 Abs. 1 BGÖ). 1567

Kernstück des Gesetzes ist Art. 6 Abs. 1 BGÖ: «Jede Person hat das Recht, amtliche Dokumente einzusehen und von den Behörden Auskünfte über den Inhalt amtlicher Dokumente zu erhalten.» Die möglichen Einschränkungen finden sich in Art. 7 BGÖ und betreffen Situationen, in denen die freie Meinungs- und Willensbildung einer Behörde (Art. 7 Abs. 1 lit. a BGÖ), die Durchführung behördlicher Massnahmen (Art. 7 Abs. 1 lit. b BGÖ), innen- oder aussenpolitische Interessen der Schweiz (Art. 7 Abs. 1 lit. c–f BGÖ), Berufs-, Geschäfts- oder Fabrikationsgeheimnisse (Art. 7 Abs. 1 lit. g BGÖ) gefährdet würden oder die betreffenden Informationen der Behörde von Dritten freiwillig mitgeteilt worden sind und deren Geheimhaltung die Behörde zugesichert hat (Art. 7 Abs. 1 lit. h BGÖ). Personendaten müssen nach Möglichkeit anonymisiert werden (Art. 9 Abs. 1 BGÖ); im Übrigen richtet sich ihre Herausgabe nach dem Datenschutzgesetz (Art. 9 Abs. 2 BGÖ). 1568

III. Hierarchie der Verwaltungsbehörden

1. Begriff der Hierarchie

Die hierarchische Organisationsform bedeutet, dass jede Verwaltungsbehörde (mit Ausnahme der obersten) einer oder mehreren anderen untergeordnet ist und dass ihr selbst wiederum andere Behörden untergeordnet sein können; d.h., zwischen den einzelnen Behörden besteht ein *Über- bzw. Unterordnungsverhältnis*. Die Verwaltungsorganisation ist somit stufenförmig aufgebaut und mit einer Pyramide vergleichbar, an deren Spitze die Regierung steht. 1569

2. Zweck der Hierarchie

a) Leistungsfähigkeit der Verwaltungsbehörden

1570 Der hierarchische Aufbau bewirkt eine klare Regelung der Zuständigkeiten. Jede Behörde kennt ihren Aufgabenbereich. Dadurch werden Doppelspurigkeiten vermieden und die schnelle, effiziente Erledigung der anfallenden Aufgaben gefördert.

b) Koordination der verschiedenartigen Verwaltungstätigkeiten (Einheit der Verwaltung)

1571 Den übergeordneten Behörden kommen – neben der Befehlsgewalt gegenüber den nachgeordneten Amtsstellen (vgl. Rz. 1575) – *Informations- und Kontrollrechte* zu. Dies gestattet es, die verschiedenen Verwaltungstätigkeiten miteinander zu koordinieren und die einzelnen Verwaltungsaufgaben möglichst einheitlich und widerspruchsfrei zu vollziehen.

1572 Die Koordination der Verwaltungstätigkeit ist eine Hauptaufgabe der übergeordneten Behörde. Allerdings sollten sich auch untergeordnete Behörden gegenseitig informieren und ihre Tätigkeiten aufeinander abstimmen (Grundsatz der Selbstkoordination; vgl. etwa § 35 des Organisationsgesetzes des Kantons Basel-Stadt vom 22. April 1976 [SG 153.100] sowie Rz. 1775).

c) Zuordnung der Verantwortung

1573 Die hierarchische Struktur der Verwaltungsbehörden erlaubt es, die Verantwortung für die Erfüllung bestimmter Aufgaben und für die damit verbundenen Anordnungen innerhalb der Verwaltungsorganisation eindeutig zuzuordnen. Dadurch wird auch die Geltendmachung der Verantwortlichkeit (dazu Rz. 2067 ff.) erleichtert.

d) Bedeutung für die parlamentarische Kontrolle

1574 Die klaren Zuständigkeiten und Verantwortlichkeiten beim hierarchischen System erleichtern dem Parlament die Kontrolle der Regierungs- und Verwaltungstätigkeit.

3. Auswirkungen des hierarchischen Aufbaus

a) Dienstbefehle und Weisungen

1575 Die hierarchisch übergeordnete Behörde hat gegenüber den ihr unterstellten Dienststellen die Befugnis zum Erlass von *verbindlichen Anordnungen* für den Einzelfall (vgl. dazu Rz. 874 ff.) und von allgemeinen Weisungen, d.h. von Verwaltungsverordnungen (vgl. Rz. 81 ff.).

b) Dienstaufsicht

Die übergeordnete Verwaltungsbehörde hat die Befolgung der Gesetze und Verordnungen und die Einhaltung ihrer Dienstbefehle und Weisungen zu *überwachen*. Sie kann u.U. die Entscheidungen der unteren Instanzen aufheben und selber entscheiden oder die Sache zur Neubeurteilung zurückweisen. Die übergeordnete Behörde kann von sich aus oder auf Anzeige hin (Aufsichtsbeschwerde, vgl. dazu Rz. 1199 ff.) tätig werden. 1576

c) Beschwerderecht des betroffenen Privaten

Den von einer Verfügung betroffenen Privaten steht in der Regel in den Kantonen das Recht zu, den Entscheid an diejenige Behörde weiterzuziehen, welche der erlassenden Amtsstelle übergeordnet ist (vgl. etwa Art. 77 KV/ZH; vgl. auch Rz. 1139 ff.). 1577

IV. Wirkungsorientierte Verwaltungsführung (New Public Management, NPM)

1. Grundgedanken

Seit den 90er-Jahren werden neue Methoden der Verwaltungsführung (New Public Management, NPM) eingeführt oder erprobt. Dabei geht es im Wesentlichen darum, dass die Verwaltungsbehörden sich stärker als bisher an *messbaren Wirkungen* staatlichen Handelns orientieren und ihre Tätigkeiten nicht nur über rechtliche und finanzielle Vorgaben (Rechtsnormen, Pläne, Budgets, Kreditbeschlüsse usw.) gesteuert werden sollen. Wenn die Verwaltungsbehörden mehr von der Wirkungsseite, vom Output oder vom Outcome her geführt werden sollen, muss man bei der Input-Seite abbauen, d.h. die rechtlichen und finanziellen Vorgaben reduzieren. Die Verwaltungseinheiten müssen *grössere Entscheidungsspielräume* erhalten, um ihre Aufgaben bedürfnisgerechter und effizienter erfüllen zu können. Sie sollen, wie u.E. in wenig geglückter Anlehnung an Vorstellungen aus der Privatwirtschaft gesagt wird, «unternehmerischer» geführt werden, damit sie diejenigen Leistungen erbringen, welche die erwünschten Wirkungen bei den Privaten – die in fragwürdiger Weise als «Kundinnen und Kunden» bezeichnet werden – erzielen. Die Einführung von in der Privatwirtschaft bewährten Führungsinstrumenten ist jedoch keine Vorstufe der Privatisierung von Verwaltungsaufgaben. Ein solcher Schritt hat unter anderen Voraussetzungen zu erfolgen (vgl. hinten, Rz. 1867 ff.). 1578

Der Grundgedanke, dass die Verwaltungsbehörden nicht nur «Dienst nach Vorschrift» leisten, sondern bei ihren Entscheidungen und Handlungen vermehrt deren Auswirkungen insbesondere auf die Privaten berücksichtigen sollen, ist richtig. Die Wirksamkeit staatlicher Massnahmen soll deshalb nach Art. 170 BV ständig überprüft werden. «Staatliche Aufgaben müssen bedarfsgerecht und wirtschaftlich erfüllt werden» (Art. 43a Abs. 5 BV). Bei der Realisierung des NPM müssen aber verschiedene Voraussetzungen und Schranken beachtet werden. 1579

Beispiele:

1580 – Nach Art. 38a RVOG und Art. 30a FHG (Finanzhaushaltgesetz) führen die Departemente ihre Verwaltungseinheiten mit jährlichen Leistungsvereinbarungen und Globalbudgets. Die Leistungsvereinbarungen werden mit messbaren Zielen versehen. Die Verwaltungseinheiten berichten sodann jährlich über die Zielerreichung. Beansprucht eine Verwaltungseinheit ihr Globalbudget nicht vollständig, kann sie Reserven bilden und diese zu einem späteren Zeitpunkt wieder auflösen (Art. 32a und 30a Abs. 4 lit. b FHG). Dieses per 1. Januar 2016 eingeführte *«Neue Führungsmodell für die Bundesverwaltung (NFB)»* löst das bisherige duale Steuerungssystem der Bundesverwaltung mit traditioneller Ressourcensteuerung bei 57 und leistungsorientierter Steuerung bei 20 Verwaltungseinheiten (sog. FLAG-Einheiten) ab. Durch das NFB sollen Budgetierung und Planung stärker auf Ziele und Ergebnisse ausgerichtet und die Verwaltung transparenter und wirtschaftlicher werden. Im Zentrum des neuen Führungsmodells steht der neu gestaltete Voranschlag mit integriertem Aufgaben- und Finanzplan (IAFP). Darin werden die Tätigkeiten der Verwaltung zu Leistungsgruppen zusammengefasst und für jede Leistungsgruppe messbare Ziele ausgewiesen. Im Gegenzug erhalten die Verwaltungseinheiten einen grösseren betrieblichen Handlungsspielraum, indem ihr Eigenaufwand zu Globalbudgets zusammengefasst wird. In den jährlich zwischen den Departementen und ihren Ämtern abgeschlossenen Leistungsvereinbarungen werden die Leistungs- und Wirkungsziele aus dem Voranschlag konkretisiert und mit weiteren Vorgaben ergänzt. Die Ämter sollen ausserdem unter bestimmten Voraussetzungen Reserven bilden und bei leistungsbedingten Mehrerträgen zusätzliche Ausgaben tätigen können. Mit diesen Instrumenten sollen die Ziel- und Ergebnisverantwortung der Amtsleitungen gestärkt werden (vgl. dazu Botschaft über die Weiterentwicklung der ziel- und ergebnisorientierten Verwaltungsführung – Neues Führungsmodell für die Bundesverwaltung [NFB] vom 20. November 2013, BBl 2014, 767 ff.).

1581 – Nach § 7 des Gemeindegesetzes des Kantons Luzern vom 4. Mai 2004 (SRL 150) können die Stimmberechtigten über die Einführung der wirkungsorientierten Verwaltungsführung (WOV) für die ganze Gemeindeverwaltung oder Teile davon beschliessen. Die Führung der Verwaltung nach WOV bedeutet die Einführung eines Controlling-Systems, das den Führungsprozess der Planung, Beschlussfassung, Kontrolle und Steuerung in den Bereichen Personal, Leistungen und Finanzen umfasst.

2. Anpassungen der Rechtsordnung

1582 Wenn man diese Grundgedanken verwirklichen will, sind folgende *Anpassungen des Rechtssystems* notwendig:

- Das Gesetz soll *weniger Regelungen* enthalten (Rahmengesetz). *Dichte und Bestimmtheit* von Rechtsnormen sind *abzubauen.* Damit kann die Rechtsordnung schneller veränderten Verhältnissen angepasst werden; überdies können bei den Entscheidungen im Einzelfall bedürfnisgerechtere, eben wirkungsorientierte Lösungen getroffen werden.
- Auf allen Stufen der Rechtssetzung ist mehr mit *finalen Regelungen* zu arbeiten, die bloss Ziele angeben oder den Verwaltungseinheiten *Leistungsaufträge* erteilen, weniger mit konditionalen Regelungen nach dem «wenn-dann-Schema».
- Die Vorgaben in den Plänen (z.B. Finanzplänen, Stellenplänen) und in den Budgets sind zu reduzieren. An die Stelle von Ausgabenbewilligungen, die für einen bestimmten Zweck und eine bestimmte Zeit einen bestimmten Kreditbetrag festsetzen, treten *Globalkredite,* welche die betreffende Verwaltungseinheit bezüglich der Verwendung der bewilligten Mittel wesentlich weniger einschränken. Auf gewisse Grundsätze des Finanzhaushaltes (Spezifikation, Jährlichkeit, Bruttoprinzip) muss

verzichtet werden, um mehr Spielraum für finanzielle Entscheidungen zu schaffen, welche die Wirksamkeit berücksichtigen. Die Steuerungsfunktion des Parlaments erfährt dadurch eine gewisse Einschränkung.

- Die wirkungsorientierte Führung der Verwaltungsbehörden setzt Änderungen im Bereich des *Personalrechts* voraus (z.B. Leistungslohn, Anstellung statt Wahl auf Amtsdauer).
- Anpassungen sind ferner im Bereich des Organisationsrechts erforderlich. Es geht namentlich darum, die *Eigenständigkeit der Verwaltungseinheiten* zu vergrössern, damit sie flexibler handeln und entscheiden können. Das bedeutet eine gewisse *Reduktion von Kompetenzen des Parlamentes und der Regierung,* die sich auf *strategische Entscheidungen* konzentrieren sollen, während die Verwaltungseinheiten die «operativen» Anordnungen zu treffen haben.

3. Legalitätsprinzip als Schranke der Wirkungsorientierung

Die wirkungsorientierte Verwaltungsführung bedingt gewisse Abstriche sowohl beim 1583 *Erfordernis des Rechtssatzes* (Rz. 338 ff.) als auch beim Erfordernis der Gesetzesform (Rz. 350 ff.). Durch eine offene, unbestimmte Formulierung einer Rechtsnorm werden den Verwaltungsbehörden Befugnisse eingeräumt, die es ihnen ermöglichen, dem Einzelfall gerecht werdende, die Wirkungen berücksichtigende Entscheidungen zu treffen. Die wirkungsorientierte Verwaltungsführung verlangt aber auch, dass die Rechtsnormen anpassungsfähiger werden. Das setzt Zurückhaltung beim Erfordernis der Gesetzesform voraus: Das Gesetz selbst soll weniger Regelungen enthalten und diese zum Teil der Regierung oder den Verwaltungsbehörden überlassen (Gesetzesdelegation, siehe Rz. 364 ff.).

Das Postulat der Effektivität und Effizienz des Staatshandelns vermag das Legali- 1584 tätsprinzip zwar zu relativieren, darf es aber nicht aushöhlen. New Public Management darf nicht dazu führen, dass Rechtssicherheit und Rechtsgleichheit gefährdet werden, weil nicht mehr voraussehbar ist, wie die «entfesselten» Verwaltungsbehörden entscheiden werden, weil ihnen die für die Beurteilung aller gleichen Fälle in gleicher Weise gültigen Massstäbe fehlen. Die Relativierung des Legalitätsprinzips spielt auch eine Rolle bei der Beurteilung der *Wichtigkeit* einer Regelung und der Eignung des Organs für deren Erlass (Erfordernis der Gesetzesform, Rz. 353 ff., 361 ff.). Wenn die Wirksamkeit staatlicher Massnahmen inskünftig vermehrt beachtet werden soll, muss bei der Gesetzgebung gründlicher geprüft werden, ob das schwerfällige Gesetzgebungsverfahren sich für die betreffende Normierung eignet und ob es um politische Grundsatzfragen geht, zu deren Beantwortung Parlament und Volk berufen sind. Dabei sind immer *Abwägungen* vorzunehmen zwischen den verschiedenen, miteinander kollidierenden Interessen der *Rechtssicherheit, Rechtsgleichheit und demokratischen Legitimation* auf der einen Seite und der *Wirksamkeit staatlichen Handelns,* der *effizienten Verwaltungsführung* auf der anderen Seite. Diese Abwägung wird je nach Sachgebiet und Regelungsgegenstand unterschiedlich ausfallen. So kommt den Interessen an der Rechtssicherheit und Rechtsgleichheit in gewissen Bereichen der Eingriffsverwaltung (z.B. im Raumplanungs- und Baurecht, Umweltrecht, Steuerrecht) ein grösseres Gewicht zu als bei bestimmten Regelungen der Leistungsverwaltung (z.B. auf dem Gebiet des Bildungs- oder Gesundheitswesens oder des öffentlichen Verkehrs); diese Letzteren eignen sich deshalb besser für eine «NPM-konforme» Ausgestaltung.

4. Wirkungsorientierte Verwaltungsführung und Geltendmachung der Verantwortlichkeit

1585 In einem demokratischen Rechtsstaat müssen staatliche Handlungen und Entscheidungen verantwortet werden. Das bedeutet, dass dieses Handeln und Entscheiden transparent und kritisierbar sein muss. Die handelnden und entscheidenden Organe müssen darüber Rechenschaft ablegen. Die *politische Verantwortlichkeit* wird regelmässig im Zusammenhang mit der Abnahme von Berichten und Rechnungen geltend gemacht. Bei besonderen Vorkommnissen können spezielle Verfahren durchgeführt werden (Rz. 1724 ff.). Politische Fehlleistungen lösen politische Sanktionen aus (öffentliche Kritik, Änderungen von Gesetzen, Abberufungen, Nichtwiederwahl usw.). Rechtsfehler können zur Haftung des Staates und allenfalls seiner Organe führen (*rechtliche Verantwortlichkeit,* Rz. 2082 ff.).

1586 Die Vergrösserung der Autonomie von Verwaltungseinheiten im Rahmen der wirkungsorientierten Verwaltungsführung *erschwert die Geltendmachung der Verantwortlichkeit,* da es weniger in Rechtsnormen festgelegte Massstäbe gibt, an welchen die Handlungen und Entscheidungen der Verwaltungsbehörden gemessen werden können. Wenn den Verwaltungseinheiten Globalkredite eingeräumt werden, um ihnen eine flexiblere, bedürfnisgerechtere Verwendung der finanziellen Mittel zu ermöglichen, wird es schwieriger zu kontrollieren, ob die Mittel tatsächlich «richtig», d.h. nur für den vorgesehenen Zweck, wirtschaftlich, rechtmässig usw. eingesetzt wurden.

1587 Die Theorie der wirkungsorientierten Verwaltungsführung bietet als derartige Ausgleichsinstrumente den *Leistungsauftrag,* die *Leistungsvereinbarung* und ein besonderes *Berichtswesen (Controlling)* an. Der Leistungsauftrag bestimmt Art, Menge, Qualität und Preis der «Produkte» der Verwaltungseinheiten. Er wird manchmal mit der Bewilligung der entsprechenden Globalkredite verbunden. Die Leistungsvereinbarung zwischen Verwaltungseinheit und vorgesetzter politischer Behörde ist teilweise die Grundlage, zum Teil auch die Folge des Leistungsauftrags. Unter dem neuen Führungsmodell für die Bundesverwaltung (NFB, Rz. 1580) werden flächendeckend solche Vereinbarungen eingesetzt. Leistungsaufträge können auch in der Form von Rechtssätzen oder besonderen Beschlüssen des zuständigen Organs (Parlament, Regierung) festgelegt werden. Rechtsnatur und Wirkungen dieser Instrumente sind noch nicht völlig geklärt.

1588 Beispiel:

Leistungsvereinbarung zwischen der Schweizerischen Eidgenossenschaft und der Aktiengesellschaft Schweizerische Bundesbahnen SBB (zur Vereinbarung für die Jahre 2013–2016 vgl. BBl 2013, 1115 ff.).

1589 Wenn die Leistungsaufträge und -vereinbarungen von der Regierung umschrieben werden, muss dem *Parlament,* das die Oberaufsicht über die Verwaltungsbehörden führt und auch die oberste politische Verantwortung trägt, eine *Möglichkeit zur Beeinflussung* dieser Führungsinstrumente eröffnet werden. Auch eine wirkungsorientierte Führung der Verwaltung muss für ihre Handlungen, Entscheidungen oder Unterlassungen rechtlich und politisch verantwortlich gemacht werden können. Es besteht eine gewisse Gefahr, dass niemand die politische Verantwortung übernehmen will: das Management der Verwaltungseinheiten nicht, weil es nicht politisch, sondern operativ handelt, und die politischen Organe (Regierung und Parlament) nicht, weil sie nur strategische Vorgaben machen und sich für das Ergebnis nicht verantwortlich fühlen.

5. Gewinnorientierung

Im Zusammenhang mit NPM wird oft auch die Frage diskutiert, ob Verwaltungseinheiten Tätigkeiten in Konkurrenz zur Privatwirtschaft ausüben dürfen, um auf diesem Weg Gewinne zu erzielen und ihre Gesamtbilanz zu verbessern. 1590

Beispiele: 1591

- Die SBB und kantonale Elektrizitätswerke stellen ihre Kommunikationseinrichtungen Dritten gegen Entgelt zur Verfügung;
- auf und in Fahrzeugen öffentlicher Verkehrsbetriebe, in amtlichen Drucksachen oder in Amtsblättern wird bezahlte Werbung für Private betrieben (vgl. dazu auch Rz. 1852);
- Umweltämter übernehmen private Aufträge für Ingenieurarbeiten.

Das Bundesgericht hat im Entscheid «Glarnersach» (BGE 138 I 378 ff.), welcher in der Lehre kontrovers diskutiert wird, gewisse Klärungen vorgenommen. Zulässig sind nach diesem Entscheid gewinnorientierte Tätigkeiten aus «betrieblichen Gründen» (vgl. Rz. 483 ff.). Akzeptiert wird auch, dass das Gemeinwesen Einrichtungen, die es nicht ständig für die Erfüllung seiner Aufgaben auslastet, Privaten gegen Entgelt zur Verfügung stellt (sog. *Randnutzung von Verwaltungsvermögen,* z.B. Benutzung einer Turnhalle der Gemeinde am Abend durch einen Turnverein, vgl. Rz. 2205 ff.). Eigentliche *erwerbswirtschaftliche Tätigkeiten von Gemeinwesen* sollen dagegen die *Ausnahme* bleiben; sie müssen im Gesetz selbst speziell vorgesehen und durch ein besonderes öffentliches Interesse gerechtfertigt sein (vgl. für den Bund Art. 41 f. FHG [Finanzhaushaltgesetz], welche für bestimmte Verwaltungseinheiten die geforderte gesetzliche Grundlage schaffen). Das Gemeinwesen hat überdies auch bei der Erbringung erwerbswirtschaftlicher Dienste den *Grundsatz der Gleichbehandlung der Konkurrenten* (Art. 27 BV i.V.m. Art. 94 BV) zu beachten und darf sich selbst keine unlauteren Wettbewerbsvorteile verschaffen (BGE 138 I 378 ff.; UHLMANN, S. 211 ff.). 1592

§ 23 Zentrale und dezentrale Verwaltungsorganisation

Literatur

BEELI HANS, Das öffentliche und gemischtwirtschaftliche Unternehmen am Beispiel der Luzerner und Zuger Kantonalbank, Diss. Freiburg 1989; BELLANGER FRANÇOIS/TANQUEREL THIERRY (Hrsg.), Les autorités administratives indépendantes, Genf/Zürich/Basel 2011; BIAGGINI GIOVANNI, Sind öffentliche Unternehmen grundrechtsberechtigt?, Betrachtungen am Beispiel der Wirtschaftsfreiheit (Art. 27 BV), in: Hans Caspar von der Crone/Rolf H. Weber/Roger Zäch/Dieter Zobl (Hrsg.), Neuere Tendenzen im Gesellschaftsrecht, Festschrift für Peter Forstmoser zum 60. Geburtstag, Zürich 2003, S. 623 ff.; BIAGGINI GIOVANNI, Theorie und Praxis des Verwaltungsrechts im Bundesstaat, Habil. Basel, Basel/Frankfurt a.M. 1996; CAMPRUBI MADELEINE, Kontrahierungszwang gemäss BGE 129 III 35: Ein Verstoss gegen die Wirtschaftsfreiheit, Zugleich ein Beitrag zur Diskussion über die Grundrechtsbindung von öffentlichen Unternehmen, AJP 13 (2004) 384 ff.; EHRENZELLER BERNHARD, Kollegialität und politische Verantwortlichkeit im schweizerischen Konkordanzsystem, ZBl 100 (1999) 145 ff.; HÄNER ISABELLE, Organisationsrecht (ausgewählte Fragen), in: Giovanni Biaggini/Isabelle Häner/Urs Saxer/Markus Schott (Hrsg.), Fachhandbuch Verwaltungsrecht, Zürich/Basel/Genf 2015, S. 1165 ff.; HÄSLER PHILIPP, Geltung der Grundrechte für öffentliche Unternehmen, Diss. Bern 2005; JAAG TOBIAS (Hrsg.), Dezentralisierung und Privatisierung öffentlicher Aufgaben, Zürich 2000; KÄGI-DIENER REGULA, Kommissionen in der modernen föderalistischen Demokratie, in: Eva Maria Belser/Bernhard Waldmann (Hrsg.), Mehr oder weniger Staat?, Festschrift für Peter Hänni zum 65. Geburtstag, Bern 2015, S. 45 ff.; KUGLER JÜRG, Zwangskörperschaften, Diss. Bern, Zürich 1984; LAZZARINI GUIDO, Öffentlich-rechtliche Anstalten des Bundes im Vergleich, Diss. Zürich 1982; LIENHARD ANDREAS, Neue Verwaltungsrechtswissenschaft? – Vom Sinn und Unsinn des Neuen, AJP 19 (2010) 1381 ff.; LIENHARD ANDREAS, Corporate-Governance-Bericht des Bundesrates – Übersicht und erste Würdigung, in: Schweizerische Vereinigung für Verwaltungsorganisationsrecht (Hrsg.), Verwaltungsorganisationsrecht – Staatshaftungsrecht – öffentliches Dienstrecht, Jahrbuch 2006, Bern 2007, S. 3 ff.; LIENHARD ANDREAS, Organisation und Steuerung der ausgelagerten Aufgabenerfüllung, AJP 11 (2002) 1163 ff.; LIENHARD ANDREAS/STEINER RETO/LADNER ANDREAS/WICHTERMANN JÜRG/BALSIGER BETTS ANDREAS/BUCHSER MICHAEL, Auslagerung und Aufgabenerfüllung im Kanton Luzern, Bern 2003; MOOR PIERRE, Des personnes morales de droit public, in: Walter Haller/Alfred Kölz/Georg Müller/Daniel Thürer (Hrsg.), Festschrift für Ulrich Häfelin zum 65. Geburtstag, Zürich 1989, S. 517 ff.; MÜLLER GEORG, Die Aufsicht über die selbständigen öffentlich-rechtlichen Anstalten im Kanton Zürich, ZBl 110 (2009) 473 ff.; MÜLLER GEORG/VOGEL STEFAN, Oberaufsicht der Bundesversammlung über verselbständigte Träger von Bundesaufgaben, ZBl 111 (2010) 649 ff.; POLTIER ETIENNE, La surveillance des entités décentralisées, in: Thierry Tanquerel/François Bellanger (Hrsg.), Surveillance et contrôles de l'administration, Journée de droit administratif 2008, Genf/Zürich/Basel 2008, S. 67 ff.; POLTIER ETIENNE, Les entreprise d'économie mixte, Diss. Lausanne, Zürich 1983; RIEMER HANS-MICHAEL, Öffentlich-rechtliche Personenverbindungen ohne Rechtspersönlichkeit, ZBl 102 (2001) 76 ff.; ROSENKRANZ DAGMAR, La transformation de l'aéroport de Genève en établissement public autonome, Chavannes-près-Renens 1998; SÄGESSER THOMAS, Oberaufsicht der Bundesversammlung, SJZ 109 (2013) 125 ff.; SÄGESSER THOMAS, Die ETH als dezentrale Verwaltungseinheit?, AJP 17 (2008) 121 ff.; SÄGESSER THOMAS, Regierungs- und Verwaltungsorganisationsgesetz (RVOG) vom 21. März 1997, Bern 2007; SCHMID GERHARD, Rechtliche Ausgestaltung und politische Bedeutung der Stellung der Schweizerischen Nationalbank, ZSR 100/I (1981) 385 ff.; SCHÖN MARKUS, Die Zulassung zu anstaltlich genutzten öffentlichen Einrichtungen aus verfassungsrechtlicher Sicht, Zürich 1985; SCHÜRMANN LEO, Das Recht der gemischtwirtschaftlichen und öffentlichen Unternehmungen mit privatrechtlicher Organisation, ZSR 72/II (1953) 65a ff.; SCHWITTER GAUDENZ, Die Privatisierung von Kantonalbanken, Diss. Freiburg 2000; STÄMPFLI MICHAEL, Die gemischtwirtschaftliche Aktiengesellschaft, Diss. Bern 1991; STÖCKLI ANDREAS, Behördenmitglieder in den obersten Führungs- und Aufsichtsgremien von öffentlichen Unternehmen, Ein Beitrag zum Organisationsrecht öffentlicher Unternehmen, Diss. Freiburg, Bern 2012; TANQUEREL THIERRY/BELLANGER FRANÇOIS (Hrsg.), Le service public, Journée de droit administratif 2005, Genf/Zürich/Basel 2006; TRÜEB HANS RUDOLF, Privatisierung der Swisscom – ein Nachruf?, in: Rechtswissenschaftliche Fakultät der Universität Zürich (Hrsg.), Individuum und Verband, Festgabe zum Schweizerischen Juristentag 2006, Zürich 2006, S. 305 ff.; TSCHANNEN PIERRE, Zentral, dezentral, ausserhalb – oder: Wie zeichne ich das Organigramm der Bundesverwaltung?, in: Markus Rüssli/Julia Hänni/Reto Häggi Furrer (Hrsg.), Staats- und Verwaltungsrecht auf vier Ebenen, Festschrift für Tobias Jaag, Zürich/Basel/Genf 2012; VOGEL STEFAN, Einheit der Verwaltung – Verwaltungseinheiten, Grundprobleme der Verwaltungsorganisation, Habil. Zürich, Zürich/Basel/Genf 2008; VOGEL STEFAN, Die spezialgesetzliche Aktiengesellschaft, ZBl 104 (2003) 418 ff.; WEBER ROLF H./BIAGGINI GIOVANNI, Rechtliche Rahmenbedingungen für verwaltungsunabhängige Behördenkommissionen, Zürich 2002; WELTERT HANS MARTIN, Die Organisations- und Handlungsformen in der schweizerischen Elektrizitätsversorgung, Diss. Basel, Zürich 1990; ZEHNDER VITAL, Die interkantonale öffentlich-rechtliche Körperschaft als Modellform für die gemeinsame Trägerschaft, Diss. Luzern, Zürich 2007.

I. Begriffe

1. Zentralisation

Zentralisierte Verwaltungsorganisation (Zentralisation) liegt vor, wenn in einem bestimmten Sachbereich die massgebliche Verwaltungstätigkeit für das ganze Staatsgebiet im Hauptort von der Zentralverwaltung ausgeübt wird. Zentralisation setzt damit sachliche und örtliche Konzentration der Verwaltungsbehörde voraus. Sie bewirkt eine administrative Straffung. 1593

Die zentralisierte Verwaltungsbehörde kann aus einer oder mehreren Einheiten bestehen. Die Einheiten sind nach dem *Hierarchieprinzip* (Rz. 1569 ff.) organisiert, z.B. in Departementen und Ämtern (vgl. für den Bund Rz. 1626). Ausnahmsweise kann die ganze Verwaltungstätigkeit von einer einzigen Einheit ausgeübt werden; dies wird aber nur in einem kleinen Gemeinwesen – z.B. in der Gemeinde – sinnvoll sein. 1594

2. (Sachliche) Dezentralisation

Sachliche Dezentralisation bedeutet, dass die Erfüllung bestimmter staatlicher Aufgaben einer besonderen Verwaltungseinheit ausserhalb der Zentralverwaltung übertragen wird, die über eine gewisse Selbstständigkeit (Autonomie) verfügt. Die sachliche Dezentralisation relativiert das hierarchische System der Zentralverwaltung (vgl. Rz. 1569). Soweit im Folgenden von Dezentralisation (oder dezentralen Verwaltungsträgern) die Rede ist, geht es um die sachliche Dezentralisation. 1595

Als solche besondere Verwaltungseinheiten kommen vor allem öffentlich-rechtliche Körperschaften (vgl. Rz. 1633 ff.), öffentlich-rechtliche Anstalten (vgl. Rz. 1659 ff.), oder auch gemischtwirtschaftliche und privatrechtliche Organisationen (vgl. Rz. 1806 ff., 1707 ff.) sowie verwaltungsunabhängige Kommissionen (vgl. Rz. 1713 ff.) in Betracht. 1596

1597 Beispiele:
SBB, Post, SUVA, Nationalbank, Nationalmuseum, Kantonale Gebäudeversicherungsanstalten, Spitäler, Universitäten, Wettbewerbskommission, Kommunikationskommission.

3. Örtliche Dezentralisation

1598 Bei der örtlichen Dezentralisation wird das Staatsgebiet in Verwaltungsbezirke aufgeteilt, die bestimmte Aufgaben zu erledigen haben. Bei der administrativen örtlichen Dezentralisation bestehen nebeneinander mehrere Verwaltungsbehörden mit lokalem Wirkungsbereich, denen aber *keine Autonomie* zukommt und die vollständig in die Hierarchie der Zentralverwaltung eingebunden bleiben. Eine derartige Aufteilung des Staatsgebietes kann aus organisatorischen und administrativen Gründen zweckmässig sein. Sinnvoll ist sie namentlich dort, wo für die Verwaltungsbehörden besondere Kenntnisse der lokalen Verhältnisse notwendig sind oder wo den Privaten der Zugang zu staatlichen Stellen erleichtert werden soll. Für die administrative örtliche Dezentralisation nicht massgebend ist dagegen der demokratische Gedanke, weil sie nicht mit einer Erweiterung der politischen Rechte verbunden ist.

1599 Beispiele:
- Bezirke im Kanton Zürich; obschon die Bezirksbehörden (z.B. Statthalter) vom Volk gewählt werden, sind sie den kantonalen Behörden gegenüber verantwortlich (Art. 80 ff. KV/ZH);
- Notariatskreise;
- Schuldbetreibungs- und Konkurskreise gemäss Art. 1 SchKG;
- Schätzungskreise gemäss Art. 58 EntG;
- Der Kanton Graubünden kennt seit der Teilrevision der Kantonsverfassung vom 23. September 2012 anstelle von Bezirken und Kreisen neu 11 Regionen (Art. 68 ff. KV/GR); diese sind als öffentlich-rechtliche Körperschaften ausgestaltet. Die Regionen bilden gleichzeitig auch die Gerichtssprengel für die Regionalgerichte.

4. Sachliche und örtliche Dezentralisation

1600 Sachliche Dezentralisation führt zur *Lockerung der hierarchischen Bindung* und damit zur Autonomie der dezentralen Verwaltungseinheit. Dieser kommt bei der Erfüllung der ihr übertragenen öffentlichen Aufgaben eine selbstständige, weisungsungebundene Beurteilungs- und Entscheidungsbefugnis zu. Auch hat sie in der Regel das Recht, die Form ihrer Organisation in einem bestimmten Rahmen frei zu wählen.

1601 Kommt dazu auch eine örtliche Dezentralisation, handelt es sich nicht mehr um blosse Verwaltungsbezirke, sondern um *selbstständige Gebietskörperschaften* und *Herrschaftsverbände*. Die wichtigsten Erscheinungsformen der mit Autonomie verbundenen Dezentralisation stellen die *Kantone,* soweit sie Bundesrecht vollziehen (vgl. Rz. 1632), sowie in den Kantonen die *Gemeinden* dar.

II. Gründe für eine dezentrale Verwaltungsorganisation

Grundsätzlich wäre denkbar, die ganze Verwaltungstätigkeit sachlich und örtlich konzentriert auszuüben. Es bestehen aber gute Gründe für eine dezentrale Verwaltungsorganisation. 1602

1. Politische Unabhängigkeit

Gewisse Tätigkeiten sollen dem direkten Einfluss der Regierung entzogen werden. Die *Regierung* bildet die Spitze der hierarchischen Verwaltungsbehörden, ist gleichzeitig aber auch ein politisches Organ. Eine politische Einflussnahme kann für die entsprechende Verwaltungstätigkeit unerwünscht sein. 1603

Beispiele:

- Schweizerische Nationalbank (SNB): Die Unabhängigkeit der SNB ist als Grundsatz auf Verfassungsebene (Art. 99 Abs. 2 BV) verankert. Sie umfasst verschiedene Aspekte, die im Bundesgesetz über die Schweizerische Nationalbank (Nationalbankgesetz, NBG) vom 3. Oktober 2003 (SR 951.11) konkretisiert sind. 1604
- Pro Helvetia: Gemäss Art. 69 Abs. 2 BV kann der Bund kulturelle Bestrebungen von gesamtschweizerischem Interesse unterstützen sowie Kunst und Musik, insbesondere im Bereich der Ausbildung, fördern. Im Auftrag des Bundes fördert Pro Helvetia das künstlerische Schaffen in der Schweiz, trägt im Inland zum kulturellen Austausch bei, fördert die Verbreitung von Schweizer Kultur im Ausland und setzt sich für Kunstvermittlung ein. Die Stiftung fällt ihre Förderentscheide autonom (Art. 31 f. KFG [Kulturförderungsgesetz]). 1605

2. Fachliche Unabhängigkeit

Bestimmte Tätigkeiten erfordern ein *qualifiziertes Fachwissen*. Mit der Schaffung eines dezentralen Verwaltungsträgers können allenfalls leichter Fachpersonen von aussen eingebunden werden. Sichergestellt wird auch, dass die Behörde allein nach fachlichen Gesichtspunkten entscheidet. 1606

Beispiele:

- Nationale Ethikkommission im Bereich der Humanmedizin (NEK): Die NEK ist beauftragt, über den medizinischen Forschungsstand zu informieren sowie zu einer umfassenden ethischen Urteilsbildung beizutragen (vgl. auch Rz. 1713 ff.). 1607
- Eidgenössische Kommission für Denkmalpflege (EKD): Sie ist die beratende Fachkommission des Bundes für Denkmalpflege, Archäologie und Ortsbildschutz. Der Bundesrat wählt die Mitglieder und das Präsidium der ausserparlamentarischen Kommission jeweils für eine Vierjahresperiode. 1608

3. Wirtschaftliche Unabhängigkeit

Gewisse Tätigkeiten des Staates haben einen engen *Wirtschaftsbezug*. Ein dezentraler Verwaltungsträger erlaubt eine Angleichung der Organisation der Verwaltungsbehörde an diejenige von privaten Unternehmen. Dezentralisierte Verwaltungseinheiten, die wirtschaftliche Aufgaben erfüllen, werden – unabhängig von ihrer Rechtsform – auch als öffentliche Unternehmen bezeichnet. 1609

Beispiele:

1610 – Swisscom: Der Bund ist Hauptaktionär der Swisscom AG. Er verfügt über die stimmen- und kapitalmässige Mehrheit an der Unternehmung. Im Rahmen der Wahrnehmung der Aktionärsinteressen berücksichtigt der Bund die unternehmerische Autonomie der Swisscom AG (Art. 3 TUG [Telekommunikationsunternehmungsgesetz]). Der Bund hat die Entscheidungsfreiheit des Verwaltungsrates in Bezug auf Geschäftsstrategie und -politik zu anerkennen. Die Rolle des Bundes als Hauptaktionär ist von seiner Funktion als Regulator und Aufsichtsbehörde über den Telekommunikationsmarkt institutionell getrennt (zur Kommunikationskommission [ComCom], welche einen Teil dieser Aufgaben erfüllt, vgl. Rz. 1617).

1611 – Kantonalbanken: Die 24 Kantonalbanken sind eigenständige Institute mit einer betriebswirtschaftlichen Grundsätzen verpflichteten Unternehmensführung. Eigentümer – teils allein, teils zusammen mit Privaten – sind die Kantone.

4. Föderalismus

1612 Die Kantone vollziehen einen erheblichen Teil des Bundesrechts, Gemeinden Teile des kantonalen Rechts. Mit der sachlichen und örtlichen Dezentralisierung findet eine Begrenzung der Macht der Zentralverwaltung statt, was aus Gründen der föderalen Gewaltenteilung erwünscht sein kann. Das Subsidiaritätsprinzip (Art. 5a BV) gebietet, dass der Bund «nur die Aufgaben [übernimmt], welche die Kraft der Kantone übersteigen oder einer einheitlichen Regelung durch den Bund bedürfen» (Art. 43a Abs. 1 BV). Auch beim Vollzug soll der Bund den Kantonen eine «möglichst grosse Gestaltungsfreiheit» belassen (Art. 46 Abs. 3 BV). Die Dezentralisierung im Verhätnis zwischen Bund und Kantonen ist damit bereits *staatsrechtlich* geboten; sie beurteilt sich nicht allein nach verwaltungsrechtlichen Gesichtspunkten. Ähnliches ist im Verhältnis zwischen Kanton und Gemeinden zu beachten.

5. (Bürger-)Nähe

1613 Eine örtlich dezentralisierte Behörde kennt die lokalen Verhältnisse oft besser und hat aufgrund ihrer Nähe zu den Betroffenen möglicherweise auch einen *geringeren Verwaltungsaufwand.* Gleiches gilt umgekehrt für die Privaten. Ist mit der örtlichen Dezentralisation auch Autonomie verbunden, werden damit die Selbstverwaltung und die Verwirklichung des demokratischen Gedankens auch auf lokaler Ebene verwirklicht. Die Autonomie gestattet die Berücksichtigung regionaler Gegebenheiten und fördert die «Bürgernähe» der Verwaltungsbehörden.

1614 Beispiel:

Die Gemeinde ist die kleinste politische Einheit in der Schweiz. Neben den Aufgaben, die den Gemeinden vom Bund und von ihrem Kanton zugewiesen sind (z.B. das Führen der Einwohnerregister oder der Zivilschutz), üben sie auch diverse eigene Zuständigkeiten (im Schul- und Sozialwesen, in der Energieversorgung, im Strassenbau, bei der Ortsplanung, bei den Steuern) aus (vgl. zu den Gemeinden § 27).

6. Vermeidung von Interessenkonflikten

Es kommt vor, dass der Staat in einem bestimmten Bereich verschiedene Rollen innehat, so z.B. in Wirtschaftsbereichen, in denen das Gemeinwesen regulatorisch, administrativ (im Rahmen der Aufsicht) sowie selbst wirtschaftlich tätig ist. Zur Vermeidung von *Interessenkonflikten* kann es geboten sein, die Rolle des Staates auf mehrere, untereinander und von der Zentralverwaltung unabhängige Verwaltungsträger aufzuteilen. 1615

Beispiele:

- Postkommission (PostCom): Die PostCom ist die unabhängige Aufsichtsbehörde im Bereich der Postdienste. Sie untersteht in ihren Entscheiden keinen Weisungen des Bundesrates oder von Verwaltungsbehörden. Die Kommission wacht über die Einhaltung des Postgesetzes und kann im Falle von Gesetzesverletzungen Massnahmen anordnen und Verwaltungssanktionen aussprechen (Art. 20 ff. PG). 1616
- ComCom: Die Eidgenössische Kommunikationskommission (ComCom) ist die unabhängige Konzessions- und Regulierungsbehörde im Fernmeldebereich. Die Kommission unterliegt in ihren Entscheiden keinen Weisungen des Bundesrats oder der Departemente. Sie ist von den Verwaltungsbehörden unabhängig und verfügt über ein eigenes Sekretariat. U.a. gehören die Vergabe von Konzessionen für die Nutzung des Funkfrequenzspektrums und die Erteilung der Grundversorgungskonzession zu den Hauptaufgaben der ComCom. 1617

III. Folgen der dezentralen Verwaltungsorganisation

1. Auswahl und Schaffung eines dezentralen Verwaltungsträgers

Soll eine bestimmte Verwaltungstätigkeit dezentral ausgeübt werden, hat dies meist die Schaffung eines *dezentralen Verwaltungsträgers* zur Folge. Dazu steht dem Gemeinwesen eine Vielzahl von Organisationsformen zur Verfügung (vgl. Rz. 1633 ff.). Das Gemeinwesen sollte diejenige Form auswählen, welche der Autonomie und dem Verwaltungshandeln der dezentralen Verwaltungsbehörde am besten entspricht. 1618

Die Schaffung dezentraler Verwaltungsträger ist grundsätzlich dem *Gesetzgeber* vorbehalten (Rz. 1630 f.). Er muss die Aufgabe, den Grad an Autonomie, die Organisationsform, die Organisationsstruktur, die Steuerung und wesentliche verwaltungsrechtliche Rechtsfolgen selbst bestimmen. 1619

2. Steuerung und Kontrolle

Die Steuerung der *Zentralverwaltung* erfolgt entsprechend dem Hierarchieprinzip von oben nach unten. Verfügt der *dezentrale Verwaltungsträger* über eine gewisse Autonomie – was in der Regel der Fall ist –, muss festgelegt werden, wie er gesteuert und kontrolliert wird. Möglich sind etwa (strategische) Leistungsvorgaben von Parlament oder Regierung, Leistungsaufträge, Berichterstattungspflichten, Einsitznahme in das Steuerungsorgan des dezentralen Verwaltungsträgers, Genehmigungsvorbehalte, Kontrollen etc. Der Gesetzgeber hat dabei darauf zu achten, dass er den Verwaltungsträger weder 1620 unkontrolliert wirken lässt noch diesen «übersteuert» – Letzteres beseitigt die Autonomie, welche in der Regel zur Schaffung des zentralen Verwaltungsträgers geführt hat.

1621 Beispiel:
Mit dem Bericht des Bundesrates zur Auslagerung und Steuerung von Bundesaufgaben (Corporate-Governance-Bericht) vom 13. September 2006 (BBl 2006, 8233 ff.) schlug der Bundesrat eine einheitlichere Steuerung verselbstständigter Einheiten vor. Der Bericht beantwortet die drei zentralen Fragen der Eignerpolitik des Bundes, nämlich welche Aufgaben sich überhaupt für eine ausgelagerte Erfüllung eignen, wie die mit der Erfüllung solcher Aufgaben betrauten Organisationen rechtlich verfasst und gesteuert werden sollen und wie der Bund sich bei der Wahrnehmung seiner Eignerinteressen intern organisieren soll. In der Folge hat das Parlament das Bundesgesetz über die Mitwirkung der Bundesversammlung bei der Steuerung der verselbstständigten Einheiten vom 17. Dezember 2010 (AS 2011, 5859 ff.) verabschiedet, welches die parlamentarische Oberaufsicht über verselbstständigte Verwaltungseinheiten neu regelt.

3. Verwaltungsrechtliche Rechtsfolgen

1622 Dezentrale Verwaltungstätigkeit folgt in vielen Punkten nicht den gleichen Regeln wie das Handeln der Zentralverwaltung. Die genauen Rechtsfolgen, die sich durch die Schaffung eines dezentralen Verwaltungsträgers ergeben, müssen in jedem Einzelfall sorgfältig abgeklärt werden. Zu betrachten sind insbesondere folgende Bereiche:

- Das *Personal* des dezentralen Verwaltungsträgers ist u.U. einer öffentlich-rechtlichen Sonderregelung oder dem Privatrecht unterstellt (so ist etwa das Personal der Post gemäss Art. 9 Abs. 1 POG privatrechtlich angestellt).
- Die *Rechtsbeziehungen* zu Dritten können dem Privatrecht unterstehen, was insbesondere bei wirtschaftlichen Tätigkeiten oft der Fall ist. So untersteht beispielsweise das Rechtsverhältnis zwischen der Registerbetreiberin SWITCH, der Verwalterin der Domain-Namen der Domain «.ch», und den Nutzerinnen und Nutzern dem Privatrecht (vgl. BGE 138 I 289, 291; 131 II 162, 164; vgl. dazu auch Rz. 1298).
- Die Pflichten zur *Buchführung* entsprechen u.U. nicht den Vorgaben des Finanzhaushaltgesetzes des Bundes oder des Kantons (Art. 38 ff. FHG).
- Der dezentrale Verwaltungsträger ist möglicherweise nicht verpflichtet, Aufträge *öffentlich auszuschreiben* (Art. 2 f. BöB; Art. 8 IVöB).
- Das Staatshaftungsrecht sieht oft Sonderbestimmungen für dezentrale Verwaltungsträger und deren Tätigkeiten vor (Art. 19 Abs. 1 VG; vgl. auch Rz. 2102).
- Die *steuerliche Behandlung* des Verwaltungsträgers kann ändern. Dieser ist beispielsweise dem Mehrwertsteuerrecht unterstellt, sofern er Leistungen gegen Entgelt erbringt (Art. 12 Abs. 3 MWSTG; vgl. dazu BGE 141 II 182 ff., wonach die jährlich von der Billagerhobenen Radio- und Fernsehempfangsgebühren nicht der Mehrwertsteuer-Pflicht unterliegen, da der betreffenden Gebühr keine Gegenleistung im Sinne des MWSTG gegenüberstehe); staatliche Leistungen gegen Gebühren sind mehrwertsteuerfrei (Art. 18 Abs. 2 lit. l MWSTG).
- Bei gewissen Organisationsformen (und Tätigkeiten) ist das Vermögen des dezentralen Verwaltungsträgers nicht mehr als Verwaltungsvermögen anzusehen, was Konsequenzen betreffend die *Pfändung* dieses Vermögens haben kann (BGE 120 II 321, 323; vgl. dazu Rz. 2246).

- Bei der dezentralen Verwaltungstätigkeit können sich Fragen des *Rechtsschutzes,* insbesondere hinsichtlich des Grundrechtsschutzes, stellen. Genügender Rechtsschutz ist aber sicherzustellen (BGE 127 I 84, 90). Die Verfügungsbefugnis, die bei zentralen Verwaltungsbehörden mit der Verwaltungsbefugnis einhergeht (BGE 141 II 262, 275 f.; BVGE 2015/15 E. 2.2.1 m.w.H.), kann bei dezentraler Verwaltungstätigkeit fraglich sein (BGE 137 II 409, 412 f.).

4. Gelockerte Grundrechtsbindung?

Die Schaffung eines dezentralen Verwaltungsträgers hat grundsätzlich keine Einschränkung der Grundrechtsbindung zur Folge. Im Grenzbereich zu privaten Tätigkeiten öffentlich-rechtlicher Organisationsformen ergeben sich aber typischerweise Zweifelsfälle (vgl. Rz. 1850 ff.). 1623

IV. «4-Kreise-Modell»

Im Bund wird die Verwaltung aufgrund ihrer Aufgaben in vier Kreise eingeteilt (vgl. Bericht des Bundesrates zur Auslagerung und Steuerung von Bundesaufgaben [Corporate-Governance-Bericht] vom 13. September 2006, BBl 2006, 8248 ff.; Botschaft über die Weiterentwicklung der ziel- und ergebnisorientierten Verwaltungsführung – Neues Führungsmodell für die Bundesverwaltung [NFB] vom 20. November 2013, BBl 2014, 767 ff., 781 f.; vgl. dazu Rz. 1580; siehe auch Art. 6 ff. RVOV): 1624

- Der erste Kreis besteht aus der Zentralverwaltung, welche vor allem politische Vorbereitungs-, Steuerungs- und Koordinationsaufgaben erfüllt und hoheitlich geprägte Dienstleistungen erbringt (z.B. Bundesamt für Justiz, Bundesamt für Verkehr, Bundesamt für Sozialversicherungen).
- Der zweite Kreis umfasst Dienstleistungen mit Monopolcharakter (z.B. Nationalmuseum, ETH, Skyguide, Institut für Geistiges Eigentum).
- Zum dritten Kreis gehören Aufgaben der Wirtschafts- und Sicherheitsaufsicht (z.B. Kommunikationskommission, Wettbewerbskommission, Finanzmarktaufsicht, Swissmedic).
- Den vierten Kreis bilden Organisationen, welche ihre Dienstleistungen am Markt in Konkurrenz zur Privatwirtschaft anbieten (z.B. Post, Swisscom, SBB).

Das Modell soll als Hilfe beim Entscheid darüber dienen, ob eine Aufgabe aus der Zentralverwaltung ausgelagert werden soll oder nicht, und Hinweise darauf geben, wie eine ausgelagerte Aufgabenerfüllung gesteuert werden kann. Ob das Modell diese Funktionen erfüllt, ist umstritten (vgl. VOGEL, Einheit der Verwaltung, S. 72 ff.). 1625

§ 24 Organisationsformen

Literatur

Vgl. die Literatur zu § 23.

I. Zentralverwaltung

1. Aufbau der Zentralverwaltung

a) Bund

1626 Im Bund ist gemäss Art. 174 BV der Bundesrat die oberste leitende und vollziehende Behörde. Der Bundesrat ist eine Kollegialbehörde, die sich aus sieben gleichberechtigten Mitgliedern zusammensetzt. Regierungsentscheide ergehen grundsätzlich als Beschlüsse des Kollegiums (Art. 177 Abs. 1 BV). Das *Kollegialsystem* wird ergänzt durch das *Departementalsystem*. Jedes Mitglied des Bundesrates steht an der Spitze eines Departementes. Die Bundesverwaltung ist somit aufgegliedert in sieben Departemente, die ihrerseits in weitere Verwaltungseinheiten (Ämter, allenfalls Gruppen von Ämtern) unterteilt sind. Hinzu kommt die Bundeskanzlei, welche die allgemeine Stabsstelle des Bundesrates ist (Art. 179 BV). Der Aufbau der Bundeszentralverwaltung ist streng hierarchisch. Gemäss Art. 3 RVOG handeln Bundesrat und Bundesverwaltung «auf der Grundlage von Verfassung und Gesetz» und «nach den Grundsätzen der Zweckmässigkeit und der Wirtschaftlichkeit».

b) Kantone

1627 Die kantonalen Zentralverwaltungen sind ähnlich wie diejenige des Bundes organisiert. Auch hier steht an der Spitze eine Kollegialbehörde, die in der Mehrzahl der Kantone als *Regierungsrat oder Regierung,* in einigen anderen Kantonen als Staatsrat (Conseil d'Etat) bezeichnet wird. Sie ist die oberste leitende, vollziehende und verwaltende Behörde im Kanton. Auch die kantonalen Zentralverwaltungen sind hierarchisch aufgebaut. Jedes Mitglied des Regierungsrates steht einer Direktion (Departement) – u.U. auch mehreren Direktionen – vor, die in der Regel in kleinere Verwaltungseinheiten (Ämter, Abteilungen) aufgegliedert ist.

2. Kompetenzverteilung

a) Allgemeines

1628 Der Bundesrat entscheidet über wichtige Geschäfte als *Kollegialbehörde*. Die Vorbereitung und der Vollzug dieser Geschäfte sind Sache der zuständigen Departemente. Der

Bundesrat überträgt den Departementen oder den ihnen unterstellten Verwaltungseinheiten durch Verordnung die weniger wichtigen Geschäfte zur selbstständigen Erledigung (Art. 177 BV; Art. 47 RVOG). Er legt durch Verordnung die Gliederung der *Bundesverwaltung* in Ämter fest, bestimmt ihre Aufgaben und teilt sie den Departementen nach den Kriterien der Führbarkeit, des Zusammenhangs der Aufgaben sowie der sachlichen und politischen Ausgewogenheit zu. Die Departementsvorsteher und Departementsvorsteherinnen regeln die organisatorischen Grundzüge der ihren Departementen zugeordneten Ämter und können sie mit Zustimmung des Gesamtbundesrates zu Gruppen zusammenfassen (Art. 43 RVOG). Die Departemente führen ihre Verwaltungseinheiten mit jährlichen Leistungsvereinbarungen (Art. 38a RVOG; vgl. dazu Rz. 1580).

Die Aufgabenverteilung innerhalb der *kantonalen Zentralverwaltungen* ist ähnlich 1629
wie im Bund. Auch sie erfolgt in der Regel nach Departementen oder Direktionen (vgl. z.B. § 39 OG RR/ZH und Art. 65 KV/ZH). Aufgaben und Organisation der nachgeordneten Verwaltungsbehörden werden durch kantonale Organisationsgesetze und Verordnungen des Regierungsrates geregelt.

b) Delegation von Kompetenzen an Verwaltungseinheiten

Im *Bund* werden gestützt auf Art. 177 Abs. 3 BV und Art. 47 RVOG durch die Regie- 1630
rungs- und Verwaltungsorganisationsverordnung (RVOV) vom 25. November 1998 (SR 172.010.1) bestimmte Geschäfte den Departementen oder ihnen untergeordneten Amtsstellen zur Erledigung überwiesen. Möglich ist auch die gesetzliche Zuweisung von Verwaltungsaufgaben an dezentralisierte Verwaltungseinheiten sowie an gemischtwirtschaftliche und privatrechtliche Organisationen (Art. 2 Abs. 3 und 4 RVOG).

Die *Kantone* kennen die Kompetenzdelegation an dem Regierungsrat nachgeordnete 1631
Verwaltungseinheiten, insbesondere an Direktionen, ebenfalls (vgl. für den Kanton Zürich § 38 OG RR/ZH und die gestützt darauf erlassene Verordnung).

c) Delegation vom Bund an die Kantone

In vielen Bereichen hat der Bund darauf verzichtet, eine eigene Verwaltungsorganisation 1632
aufzubauen. Er hat stattdessen die Kantone mit dem Vollzug von Bundesaufgaben beauftragt, weil diese geeignete Behörden damit betrauen können oder weil der dezentrale Vollzug effizienter, «bürgernäher» ist. Dieser *«Vollzugsföderalismus»* wirft gewisse Probleme auf. Verschiedene Faktoren können die gleichmässige und sachgerechte Verwirklichung des Bundesverwaltungsrechts gefährden. Die kantonalen Amtsstellen, die für den Vollzug verantwortlich sind, unterstehen der Kontrolle der Kantonsregierungen. Der Bundesrat kann nur indirekt auf die Praxis der Kantone einwirken, insbesondere durch Anweisungen über den Vollzug (z.B. Verwaltungsverordnungen) und durch die Instrumente der Bundesaufsicht und des Rechtsschutzes (vgl. zur ganzen Problematik insbesondere BIAGGINI, Theorie und Praxis des Verwaltungsrechts im Bundesstaat, S. 57 ff., 133 ff.). Andererseits kann der Bund auch nicht für Handlungen von Angestellten der Kantone oder Gemeinden haftbar gemacht werden, wenn diese nur mittelbar bundes-

rechtliche Aufgaben erfüllen (BVGE 2008/6 E. 3.2; vgl. dazu auch Rz. 2102 sowie das Beispiel in Rz. 2106).

II. Öffentlich-rechtliche Körperschaften

1. Begriff und Merkmale

a) Begriff

1633 Öffentlich-rechtliche Körperschaften sind *mitgliedschaftlich* verfasste, auf dem *öffentlichen Recht* beruhende und mit Hoheitsgewalt ausgestattete Verwaltungsträger, die selbstständig Staatsaufgaben erfüllen.

b) Merkmale

1634 Kennzeichnend für die öffentlich-rechtliche Körperschaft ist, dass sie aus *Mitgliedern* besteht, die bei der Erfüllung der wahrzunehmenden Aufgaben mitwirken. Die – mehr oder weniger umfangreichen – Mitgliedschaftsrechte bilden die Grundlage der körperschaftlichen Organisation. Verwaltungsbehörden und Betroffene sind zu einer Einheit zusammengefügt; Letztere werden selbst zu aktiven Trägern der Verwaltung (IMBODEN/RHINOW, Bd. II, S. 1017). Mitglieder können sowohl natürliche als auch juristische Personen sein.

1635 Die öffentlich-rechtliche Körperschaft ist eine *juristische Person* im Sinne von Art. 52 Abs. 2 ZGB. Als solche ist sie selbstständige Trägerin von Rechten und Pflichten. Sie ist vermögensfähig und kann für ihre Verpflichtungen haftbar gemacht werden.

1636 Sie beruht auf *öffentlich-rechtlicher Grundlage* (vgl. Art. 59 ZGB). Gründung und Organisation erfolgen grundsätzlich durch das öffentliche Recht (Gesetz, Verordnungen, Reglemente). Nur wenn die öffentlich-rechtliche Regelung unvollständig ist, wird auf die privatrechtlichen Bestimmungen des Vereins- und Genossenschaftsrechts zurückgegriffen (vgl. BGE 101 Ib 87, 92 f.).

1637 Die öffentlich-rechtliche Körperschaft übt sowohl hoheitliche wie auch nicht hoheitliche Verwaltungstätigkeiten aus. Ihre Anordnungen können die Rechtsnatur von Verfügungen haben. Zum Teil handeln die Körperschaften auch in den Formen des Privatrechts.

1638 Der Zusammenschluss zu einer öffentlich-rechtlichen Körperschaft erfolgt zur Wahrnehmung von *Verwaltungsaufgaben*. In vielen Fällen handelt es sich um wirtschaftliche Aufgaben.

1639 Der Körperschaft kommt bei der Erfüllung ihrer Aufgaben eine gewisse Unabhängigkeit gegenüber der Zentralverwaltung zu. Sie verfügt in ihrem Aufgabenbereich über *Autonomie,* deren Ausmass allerdings sehr unterschiedlich ist.

2. Arten und Beispiele

Öffentlich-rechtliche Körperschaften lassen sich vor allem in Gebietskörperschaften, Personalkörperschaften und Realkörperschaften einteilen. 1640

Bei den *Gebietskörperschaften* ist für die Mitgliedschaft massgeblich, dass die zugehörigen Personen ihren Wohnsitz innerhalb eines bestimmten Territoriums haben. Sie beruhen also auf territorialer Grundlage. Neben dem Bund und den Kantonen stellen die Einwohnergemeinden, insbesondere die politischen Gemeinden, das wichtigste Beispiel dar. 1641

Bei den *Personalkörperschaften* knüpft die Mitgliedschaft an bestimmte persönliche Eigenschaften, vor allem an die Zugehörigkeit zu einer Religion oder zu einer bestimmten Berufsgruppe. 1642

Beispiel: 1643

Den öffentlich-rechtlich organisierten Studentenschaften gehören die Studierenden der betreffenden Universität an (vgl. BGE 99 Ia 754, 756; 110 Ia 36 ff.).

Die Mitgliedschaft bei *Realkörperschaften* ergibt sich aus dem Eigentum an bestimmten Sachen, namentlich Grundstücken oder Aktien. 1644

Beispiele: 1645

Meliorationsgenossenschaften, Alpkorporationen, Schwellen- und Dammkorporationen (BGE 109 Ia 173, 175 f.). Auch die spezialgesetzlichen Aktiengesellschaften des Bundes und der Kantone (z.B. Swisscom, Nationalbank, Kantonalbanken einzelner Kantone, vgl. Rz. 1695 ff.) können zu den Realkörperschaften gezählt werden.

Die Unterscheidung zwischen den verschiedenen Arten von Körperschaften gilt nicht absolut. Es gibt auch Mischformen. So weisen z.B. die Bürgergemeinden und die Kirchgemeinden neben dem personalen auch ein territoriales Element auf (vgl. BGE 139 II 90, 92 ff.; 134 I 75, 79; 125 II 177, 179 ff.; BGer, Urteil 2C_614/2009 vom 20. Januar 2010 E. 3.2; vgl. dazu Rz. 1894 f.). 1646

3. Errichtung

Die Rechtsgrundlage für die Errichtung öffentlich-rechtlicher Körperschaften findet sich stets im *öffentlichen Recht*. Das Gesetz sieht in der Regel die Errichtung durch den Staat vor (z.B. bei den Gemeinden). Ausnahmsweise geht die Initiative für die Errichtung von den zukünftigen Mitgliedern aus (z.B. bei Meliorationsgenossenschaften gemäss Art. 703 ZGB oder bei kommunalen Zweckverbänden). In diesen Fällen ist eine staatliche Genehmigung erforderlich. 1647

4. Autonomie

Die öffentlich-rechtlichen Körperschaften sollen die ihnen anvertrauten öffentlichen Aufgaben in eigener Verantwortung erfüllen. Oft verfügen sie deshalb über Autonomie, 1648 die ihnen eine gewisse *Entscheidungsfreiheit* beim Vollzug oder bei der Regelung der eigenen Angelegenheiten vermittelt. Insbesondere die Gemeinden haben eine beachtliche Autonomie (vgl. Rz. 1902 ff.).

5. Organisation

1649 Die Organisation wird durch das *öffentliche Recht* geregelt. Sie folgt zwar meistens dem Vorbild von Genossenschaft oder Verein, doch ist das Verbandsrecht von ZGB und OR grundsätzlich nicht massgebend. Nach Art. 59 ZGB bleibt für die öffentlich-rechtlichen und kirchlichen Körperschaften das öffentliche Recht des Bundes und der Kantone vorbehalten. Gemäss Art. 829 OR stehen öffentlich-rechtliche Personenverbände, auch wenn sie genossenschaftlichen Zwecken dienen, unter dem öffentlichen Recht des Bundes und der Kantone (zu den seltenen Genossenschaften des öffentlichen Rechts vgl. Rz. 1705 f.). Lediglich dort, wo besondere öffentlich-rechtliche Regeln fehlen, gelangt das *Privatrecht* als subsidiäres öffentliches Recht zur Anwendung (vgl. auch Rz. 251).

1650 Das Gesetz kann die Organisation der Körperschaft selber regeln, oder es kann sich auf die Grundzüge beschränken und die nähere Ausgestaltung dem Verband überlassen. Letzteres trifft vor allem auf öffentlich-rechtliche Körperschaften mit Autonomie zu. So sind z.B. die Gemeinden im Rahmen der kantonalen Gemeindegesetzgebung zum Erlass von Gemeindeordnungen befugt und verpflichtet.

6. Zwangsmitgliedschaft und freiwillige Mitgliedschaft

1651 Der Beitritt zu öffentlich-rechtlichen Körperschaften kann obligatorisch oder fakultativ sein. Bei der *Zwangsmitgliedschaft* werden bestimmte Personen durch das Gesetz zu einer Körperschaft zusammengefasst. Dabei kann – wie z.B. bei den Gemeinden – die Mitgliedschaft kraft Gesetzes bestehen, sodass gar kein Beitritt erforderlich ist, oder der Betroffene wird durch das Gesetz zum Beitritt verpflichtet.

Beispiele:

1652 – Der Studentenschaft der Universität St. Gallen gehören gemäss Art. 22 des Gesetzes über die Universität vom 26. Mai 1988 (sGS 217.11) und Art. 118 des Universitätsstatuts vom 25. Oktober 2010 (sGS 217.15) alle immatrikulierten Studierenden an. «Es handelt sich somit um eine Körperschaft, der beizutreten oder nicht beizutreten dem einzelnen Studenten nicht freisteht; er wird vielmehr mit der Immatrikulation automatisch auch Mitglied der Studentenschaft» (BGE 110 Ia 36, 37 f.).

1653 – Gemäss Art. 703 ZGB können Grundeigentümer unter bestimmten Umständen zum Beitritt zu einer Meliorationsgenossenschaft verpflichtet sein.

1654 Die *freiwillige Mitgliedschaft* bildet bei den öffentlich-rechtlichen Körperschaften dagegen eher die Ausnahme (z.B. freiwilliger Beitritt einer Gemeinde zu einem kommunalen Zweckverband; vgl. Art. 50 Abs. 1 lit. a und Art. 51 des Gemeindegesetzes des Kantons Graubünden [GG] vom 28. April 1974 [BR 175.050]).

7. Staatliche Aufsicht

Da die öffentlich-rechtlichen Körperschaften mehr oder weniger selbstständig Staatsaufgaben wahrnehmen, ist die *Aufsicht des Staates,* die in der Regel der Exekutive obliegt, notwendig. Der Umfang der jeweiligen staatlichen Kontrolle ist je nach der Autonomie, welche der Körperschaft gewährt wurde, unterschiedlich. 1655

8. Rechtsschutz

Die Gemeinden können bei Verletzung der ihnen vom kantonalen Recht verliehenen Autonomie Beschwerde in öffentlich-rechtlichen Angelegenheiten ans Bundesgericht erheben (vgl. Rz. 1990 ff.). Die Autonomiebeschwerde steht nach bundesgerichtlicher Rechtsprechung auch anderen öffentlich-rechtlichen Körperschaften zu, soweit sie hoheitlich auftreten, vom kantonalen Recht mit Autonomie ausgestattet sind und sie die Verletzung von Garantien rügen, die ihnen die Kantons- oder die Bundesverfassung gewährt (BGE 134 I 204, 206; 125 I 173, 175), so z.B. den Landeskirchen (vgl. BGE 108 Ia 82, 84 ff.). 1656

Beschwerdeberechtigt ist die öffentlich-rechtliche Körperschaft ferner dann, wenn sie durch eine Verfügung staatlicher Behörden in ähnlicher Weise wie eine Privatperson betroffen ist (BGE 140 V 328, 329 ff.; 134 I 204, 206; 123 III 454, 456; vgl. auch Rz. 1993). Dies ist z.B. der Fall, wenn eine Gemeinde direkt in ihren vermögensrechtlichen Interessen berührt ist (BGE 140 V 328, 329 ff.; 140 I 90, 92 ff.; 138 II 506, 508 ff.; 136 II 274, 279 f. m.H.). 1657

Soweit öffentlich-rechtliche Körperschaften auf kantonalem Recht beruhen, sieht dieses oft weitere Rechtsschutzmöglichkeiten vor. 1658

III. Öffentlich-rechtliche Anstalten

1. Begriff und Merkmale

a) Begriff

Die öffentlich-rechtliche Anstalt ist eine Verwaltungseinheit, zu der ein Bestand von Personen und Sachen durch Rechtssatz technisch und organisatorisch zusammengefasst ist und die für eine bestimmte Verwaltungsaufgabe dauernd den Anstaltsbenützern zur Verfügung steht. 1659

Beispiele: 1660
ETH, Schweizerische Unfallversicherungsanstalt (SUVA), Finanzmarktaufsichtsbehörde (FINMA), Universitäten, Zürcher Kantonalbank.

b) Merkmale

1661 Die öffentlich-rechtliche Anstalt ist eine *technisch-organisatorisch verselbstständigte,* d.h. aus der Zentralverwaltung ausgegliederte *Verwaltungseinheit,* der die Erfüllung einer bestimmten öffentlichen Aufgabe obliegt und die in der Regel hierarchisch aufgebaut ist. Es liegt ein Fall von sachlicher Dezentralisation vor.

1662 Der grundlegende Unterschied zwischen öffentlich-rechtlicher Körperschaft und öffentlich-rechtlicher Anstalt besteht darin, dass die Anstalt nicht über Mitglieder, sondern nur über einen Kreis von *Benützern* verfügt. Der öffentlich-rechtlichen Anstalt fehlt somit die verbandsmässige Struktur, der körperschaftliche Aufbau. Den Benützern kommen grundsätzlich keine aktiven Mitwirkungsrechte zu. Sie nehmen die Anstalt lediglich passiv für die Erfüllung bestimmter Bedürfnisse in Anspruch. Allerdings kann das Gesetz in besonderen Fällen den Benützern gewisse Mitwirkungsrechte einräumen, so z.B. den Studierenden an einer Universität. Ausserdem kann das kantonale Recht die Beteiligung von Privatpersonen am Kapital kantonaler Anstalten vorsehen (vgl. Art. 763 OR sowie Rz. 1702 ff.).

1663 Die öffentlich-rechtliche Anstalt beruht auf *öffentlich-rechtlicher Grundlage.* Dies bedeutet allerdings nicht, dass sie stets und in allen Belangen dem öffentlichen Recht untersteht.

2. Selbstständige und unselbstständige öffentlich-rechtliche Anstalten

a) Selbstständige öffentlich-rechtliche Anstalten

1664 Selbstständige öffentlich-rechtliche Anstalten sind Anstalten, die mit *eigener Rechtspersönlichkeit* ausgestattet sind.

1665 Es handelt sich um juristische Personen des öffentlichen Rechts im Sinne von Art. 52 Abs. 2 ZGB, die selber Träger von Rechten und Pflichten sind. Sie verfügen über ein eigenes Vermögen und haften für ihre Verbindlichkeiten. Dies schliesst nicht aus, dass vom Gesetz zum Teil eine subsidiäre Staatshaftung vorgesehen ist, so z.B. die Staatsgarantie bei der Zürcher Kantonalbank (vgl. § 6 KBG/ZH [Kantonalbankgesetz des Kantons Zürich]).

1666 Beispiele:

- *Bund:* ETH, SUVA (BGE 136 II 187, 190), FINMA, Eidgenössische Alkoholverwaltung (BGE 125 II 192, 195), Schweizerisches Institut für Rechtsvergleichung, Eidgenössisches Institut für Geistiges Eigentum, Swissmedic (Schweizerisches Heilmittelinstitut, BGE 136 I 184, 189), Schweizerisches Nationalmuseum (vgl. Art. 5 des Bundesgesetzes über die Museen und Sammlungen des Bundes [Museums- und Sammlungsgesetz, MSG] vom 12. Juni 2009 [SR 432.30]), Schweizerischer Fonds für Unfallverhütung im Strassenverkehr (Art. 3 des Bundesgesetzes über einen Beitrag für die Unfallverhütung im Strassenverkehr [Unfallverhütungsbeitragsgesetz] vom 25. Juni 1976 [SR 741.81]);
- *Kanton Zürich:* Kantonalbank (ZKB), Elektrizitätswerke (EKZ, vgl. auch BGE 137 I 120, 125 zu den Industriellen Werken Basel), Universität, Universitätsspital, Kantonsspital Winterthur, Gebäudeversicherungsanstalt.

b) Unselbstständige öffentlich-rechtliche Anstalten

Den unselbstständigen öffentlich-rechtlichen Anstalten kommt *keine eigene Rechtspersönlichkeit* zu. Sie sind nicht rechtsfähig und verfügen weder über ein eigenes Vermögen noch können sie Haftungssubjekte sein. Ihr Vermögen ist Bestandteil des Vermögens ihres staatlichen Trägers (Bund, Kanton, Gemeinde). In der Regel erfolgt allerdings rein rechnungsmässig eine Ausscheidung, indem für die Anstalten eine gesonderte Finanzrechnung geführt wird. Trotz fehlender Rechtspersönlichkeit können diese Anstalten organisatorisch sehr selbstständig sein (vgl. zur Abgrenzung unselbstständiger öffentlich-rechtlicher Anstalten von Verwaltungseinheiten der zentralen Bundesverwaltung BGE 127 II 32, 36 f.). 1667

Beispiele: 1668
Kantonale Strafanstalten, Zürcher Verkehrsverbund (ZVV), Mittelschulen und Heime, kommunale Altersheime, Betriebe der Wasserversorgung und der Abwasser- sowie Kehrichtbeseitigung, Verkehrsbetriebe der Stadt Zürich (VBZ; vgl. BGE 100 Ia 231, 240).

3. Autonomie der öffentlich-rechtlichen Anstalt

Die Frage der Autonomie einer öffentlich-rechtlichen Anstalt ist zu unterscheiden von derjenigen der rechtlichen Selbstständigkeit. Trotz fehlender Rechtspersönlichkeit kann eine Anstalt über eine grosse Autonomie gegenüber ihrem Trägergemeinwesen verfügen. Andererseits kann einer rechtsfähigen öffentlich-rechtlichen Anstalt die Autonomie weitgehend oder gar vollständig abgehen. Beispiel hierfür ist die *Eidg. Alkoholverwaltung,* die vom Eidg. Finanzdepartement wie ein Bundesamt gesteuert und beaufsichtigt wird (allerdings befindet sich das Gesetz in der letzten Phase einer Totalrevision). Die Rechtsfähigkeit macht also nicht die Autonomie einer Anstalt aus; sowohl selbstständige als auch unselbstständige Anstalten können autonom sein. 1669

Autonomie liegt vor, wenn einer öffentlich-rechtlichen Anstalt ein verhältnismässig grosses Mass an administrativer Selbstständigkeit, d.h. *Entscheidungsfreiheit,* zukommt. Die Anstalt bzw. die Anstaltsleitung kann im gesetzlichen Rahmen selber darüber entscheiden, wie sie die ihr übertragenen Verwaltungsaufgaben erfüllen will. Ihr steht insbesondere das Recht zur Regelung organisatorischer Fragen sowie der Beziehungen zwischen Anstalt und Anstaltsbenützern zu. Hinsichtlich dieser Fragen kann sie auch rechtssetzend tätig werden und Anstaltsverordnungen (Rechts- und Verwaltungsverordnungen) erlassen. 1670

4. Rechtsverhältnis zwischen öffentlich-rechtlicher Anstalt und deren Benützern

a) Regelung des Benützungsverhältnisses

Das Gesetz kann die Rechtsnatur des Benützungsverhältnisses festlegen oder vorsehen, dass zur Regelung des Benützungsverhältnisses der staatliche Träger der öffentlich-rechtlichen Anstalt oder die Anstalt selber befugt ist. Die Beziehung zwischen einer 1671 öffentlich-rechtlichen Anstalt und deren Benützern kann dem *privaten oder dem öffentlichen Recht* unterstehen. Die Zuordnung ist – soweit nicht eine ausdrückliche gesetzliche Regelung vorliegt – häufig nicht einfach und muss für den konkreten Fall aufgrund der allgemeinen Kriterien zur Abgrenzung von privat- und öffentlichrechtlichen Rechtsbeziehungen vorgenommen werden (vgl. Rz. 223 ff.). Oftmals handelt die öffentlichrechtliche Anstalt in Verfügungsform (vgl. zur Abgrenzung zwischen Verfügung und verwaltungsrechtlichem Vertrag Rz. 1288 ff.). Die Organisationsform als Anstalt hat auf die Qualifikation der Rechtsbeziehung zu den Benützern nur einen geringen Einfluss. In Zweifelsfällen mag die Autonomie der Anstalt eher für eine privatrechtliche Beziehung sprechen, wobei dies insbesondere in wirtschaftsnahen Tätigkeitsgebieten gilt. Entscheidend sind aber gesetzliche Regelung und die allgemeinen Kriterien.

1672 Die Anstalt hat dafür zu sorgen, dass die Frage ihrer Handlungsform *geklärt* ist. Die Regelung des Benützungsverhältnisses muss publiziert werden, wobei je nach Bedeutung der konkreten Vorschriften und dem angesprochenen Adressatenkreis unterschiedliche Anforderungen gelten (BGE 120 Ia 1, 9).

1673 Beispiel:

Die Benutzung der Universität Zürich wird durch kantonales öffentliches Recht geregelt. Ob die Publikation der Gebührenregelung, die lediglich im Vorlesungsverzeichnis erfolgt, rechtsstaatlichen Erfordernissen genügt, ist angesichts des grossen Kreises der Adressaten fraglich (BGE 120 Ia 1, 10).

1674 Auch wenn das Benützungsverhältnis privatrechtlich ist, kommt der Anstalt *keine Privatautonomie* zu; sie bleibt insbesondere grundrechtsgebunden (vgl. Rz. 1850 ff.). Oft sieht der Gesetzgeber auch einen Kontrahierungszwang vor, d.h. die Verpflichtung der öffentlich-rechtlichen Anstalt, einen privatrechtlichen Vertrag abzuschliessen, sofern bestimmte Voraussetzungen erfüllt sind.

Beispiele:

1675 – Die Beförderung von Personen sowie deren Gepäck durch konzessionierte Transportunternehmen wird durch privatrechtlichen Vertrag geregelt (vgl. Art. 19 und 24 PBG i.V.m. Art. 56 Abs. 1 PBG [Personenbeförderungsgesetz]). Die Unternehmungen unterliegen dabei jedoch einer Transportpflicht (vgl. Art. 12 PBG). Ebenfalls privatrechtlicher Natur sind die Verträge über den Transport von Gütern (vgl. Art. 10 GüTG i.V.m. Art. 12 GüTG [Gütertransportgesetz]). Siehe auch Rz. 1292).

1676 – Die veterinärmedizinische Versorgung am Tierspital der Universität Zürich ist privatrechtlicher Natur (Verwaltungsgericht des Kantons Zürich, Urteil VB.2000.00311 vom 8. Dezember 2000 = ZBl 102 [2001] 378 ff.; vgl. auch Rz. 239).

1677 – Die Industriellen Werke Basel (IWB) unterstehen einem Kontrahierungszwang und haben eine geplante Stromunterbrechung mittels Verfügung durchzusetzen (vgl. die ausführliche Darstellung des Sachverhalts in Rz. 1439).

b) Disziplinargewalt der öffentlich-rechtlichen Anstalt

1678 Der Benützer einer öffentlich-rechtlichen Anstalt untersteht – insbesondere bei länger dauerndem Benützungsverhältnis – der öffentlich-rechtlichen Disziplinargewalt der Anstalt, d.h., er befindet sich in einem *Sonderstatusverhältnis*. Der Anstaltsleitung als Trägerin der Anstaltsgewalt obliegt es, für eine geordnete Benützung der Anstalt zu sorgen. Sie kann zu diesem Zweck eine Disziplinarordnung erlassen (BGE 121 I 22, 27;

98 Ib 301, 305; Urteil des Verwaltungsgerichts des Kantons Luzern, ZBl 99 [1998] 428 ff.).

Beispiele: 1679

Schulen und Universitäten, Strafanstalten, Spitäler.

Die Organe der Anstalt können unter Umständen auch polizeiliche Funktionen wahr- 1680
nehmen (sog. *Anstaltspolizei*).

Beispiel: 1681

Art. 2 BGST (Bundesgesetz über die Sicherheitsorgane der Transportunternehmen im öffentlichen Verkehr) sieht vor, dass die Transportunternehmen eine Transportpolizei unterhalten, soweit es zum Schutz der Reisenden, der Angestellten, der transportierten Güter, der Infrastruktur und der Fahrzeuge sowie zur Gewährleistung eines ordnungsgemässen Betriebs erforderlich ist. Deren Personal ist amtlich in die Pflicht zu nehmen.

5. Monopol und Anstaltszwang

Die Rechtsordnung kann vorsehen, dass eine bestimmte wirtschaftliche Tätigkeit dem 1682
freien privaten Wettbewerb entzogen wird und dass sie ausschliesslich durch eine öffentlich-rechtliche Anstalt ausgeübt werden darf. In diesem Fall liegt ein *unmittelbares rechtliches Monopol* vor (vgl. Rz. 2692 f.).

Eine ähnliche Situation liegt vor, wenn für eine bestimmte wirtschaftliche Tätigkeit 1683
zwar kein staatliches Monopol besteht, jedoch den Privaten die Benützung einer öffentlich-rechtlichen Anstalt zwingend vorgeschrieben ist (sog. *Anstaltszwang*). Die privaten Unternehmungen sind auf diese Weise indirekt von der betreffenden Tätigkeit ausgeschlossen, obschon diese ihnen an sich offen stünde. Man spricht in diesem Zusammenhang von einem *mittelbar rechtlichen Monopol* (vgl. Rz. 2694 f.).

Beispiel: 1684

Pflicht der Hauseigentümer zur obligatorischen Feuerversicherung bei einer kantonalen Gebäudeversicherungsanstalt.

IV. Öffentlich-rechtliche Stiftungen

1. Begriff und Merkmale

a) Begriff

Die öffentlich-rechtliche Stiftung ist eine durch einen Stiftungsakt begründete, dem 1685
öffentlichen Recht unterstellte und in der Regel mit Rechtspersönlichkeit ausgestattete Verwaltungseinheit, die mit ihrem Stiftungsvermögen eine Verwaltungsaufgabe erfüllt.

b) Merkmale

Die öffentlich-rechtliche Stiftung entsteht durch den *Stiftungsakt* des Stifters. Stifter 1686
kann grundsätzlich jede natürliche oder juristische Person des privaten oder des öffentlichen Rechts sein. Zumeist wird es sich um ein Gemeinwesen handeln. Der Stiftungsakt

kann in einem Gesetz oder in einer Verfügung (z.B. bei der Umwandlung einer privatrechtlichen in eine öffentlich-rechtliche Stiftung) bestehen. Möglich ist auch eine rechtsgeschäftliche Willenserklärung eines privaten Stifters, die zusätzlich der behördlichen Genehmigung bedarf.

1687 Charakteristisch für die öffentlich-rechtliche Stiftung ist – im Gegensatz zu Körperschaft und Anstalt – ihr *Vermögen.* Die Stiftung ist ein Stück verselbstständigtes und vom allgemeinen Vermögen des Gemeinwesens getrenntes Vermögen. Mit der Wahl dieser Rechtsform unterstreicht der Gesetzgeber Dauerhaftigkeit und Unabhängigkeit der Stiftung, dies insbesondere in Abgrenzung zur Anstalt.

1688 Die öffentlich-rechtliche Stiftung hat in der Regel *eigene Rechtspersönlichkeit,* d.h., sie ist eine sog. selbstständige öffentlich-rechtliche Stiftung. Daneben existieren auch unselbstständige Stiftungen, die nicht rechtsfähig sind und in der Regel als Fonds bezeichnet werden.

1689 Stiftungszweck ist die *Erfüllung einer Verwaltungsaufgabe* unter Verwendung des Stiftungsvermögens.

1690 Die Stiftung hat keine körperschaftliche Organisation, d.h. keine Mitglieder, sondern nur *Stiftungsorgane,* denen die Verwaltung der Stiftung obliegt, und *Genussberechtigte,* Destinatäre.

1691 Beispiele für *selbstständige* Stiftungen:
- Stiftung «Pro Helvetia» (Art. 31 KFG [Kulturförderungsgesetz]);
- Stiftung «Schweizerischer Nationalpark» (Bundesgesetz über den Schweizerischen Nationalpark im Kanton Graubünden [Nationalparkgesetz] vom 19. Dezember 1980 [SR 454]).

1692 Beispiele für *unselbstständige* Stiftungen:
- Gottfried-Keller-Stiftung (Verordnung über die Gottfried-Keller-Stiftung vom 23. Dezember 2011 [SR 611.031]; Verwaltung durch Eidgenössisches Finanzdepartement);
- Spezialfonds gemäss Art. 52 FHG (Finanzhaushaltgesetz).

2. Abgrenzung gegenüber den privatrechtlichen Stiftungen mit öffentlichem Zweck

1693 Neben den auf öffentlich-rechtlicher Grundlage beruhenden Stiftungen existieren auch privatrechtlich geregelte Stiftungen, die einen öffentlichen Zweck verfolgen (vgl. Rz. 1846 ff.). Der Unterschied besteht vor allem in der privatrechtlichen Rechtsgrundlage. Für die Fragen der inneren Organisation kommt Privatrecht zur Anwendung, für Fragen des Verfahrens u.U. auch öffentliches Recht (vgl. Art. 1 Abs. 2 lit. e VwVG).

1694 Beispiele für privatrechtliche Stiftungen mit öffentlichem Zweck:
- Schweizerischer Nationalfonds für die Förderung der wissenschaftlichen Forschung;
- Stiftung Kunsthaus Zürich.

V. Spezialgesetzliche Aktiengesellschaften

1. Begriff und Merkmale

Spezialgesetzliche Aktiengesellschaften zeichnen sich dadurch aus, dass sie im Gegensatz zu Gesellschaften nach Art. 620 ff. OR nicht auf vertraglicher Grundlage beruhen, sondern *unmittelbar durch Gesetzesakt* geschaffen werden. Ihre Organisation richtet sich nach dem betreffenden Spezialgesetz, den Statuten und allenfalls – ergänzend – den aktienrechtlichen Vorschriften des OR. Die Anlehnung an die Regeln des OR ermöglicht es dem Gesetzgeber, bei der Organisation staatlicher Aufgabenträger auf bestehende, erprobte Rechtsstrukturen zurückzugreifen, was die *Zweckmässigkeit garantiert* und den *Regelungsaufwand vermindert*. Durch die Anpassung dieser Rechtsformen an die jeweiligen besonderen Bedürfnisse lassen sich *sachgerechte, auf den Einzelfall zugeschnittene Lösungen* erreichen. 1695

Mehrheitlich werden die spezialgesetzlichen Aktiengesellschaften dem *öffentlichen* Recht zugerechnet. Dies gilt auf jeden Fall für ihre Organisation, auf welche primär öffentliches Recht zur Anwendung kommt, auch wenn der Gesetzgeber in der Ausgestaltung privatrechtliche Strukturen kopiert hat. Im Gegensatz zu den in den Abschnitten I. bis IV. dargestellten Organisationsformen können an der spezialgesetzlichen Aktiengesellschaft aber auch Private beteiligt sein, wobei die Letztentscheidung in aller Regel (noch) beim Gemeinwesen liegt. So ist beispielsweise die Nationalbank zu rund 55 % im Eigentum der öffentlichen Hand (Kantone, Kantonalbanken etc.). Die übrigen Aktien gehören mehrheitlich Privatpersonen. Der Bund besitzt keine Aktien. Auch an der Swisscom AG hält der Bund lediglich eine Beteiligung von 51 %. Bei der Organisationsform des öffentlichen Unternehmens in Privatrechtsform (Rz. 1707 ff.) und der gemischtwirtschaftlichen Aktiengesellschaft ist eine Mitbeherrschung oder gar ein Übergewicht Privater dagegen denkbar (Rz. 1806 ff.). 1696

2. Spezialgesetzliche Aktiengesellschaften des Bundes

Im Bundesprivatrecht gilt grundsätzlich ein *Numerus clausus* der zur Auswahl stehenden Gesellschaftstypen, welcher gekoppelt ist mit einer weit gehenden *Formenfixierung*. Dem Bundesgesetzgeber steht es allerdings frei, von den herkömmlichen Gesellschaftstypen im Einzelfall spezialgesetzlich abzuweichen. Im Interesse der Rechtssicherheit und um die Einheit der Rechtsordnung nicht zu gefährden, sollten solche Abweichungen indessen die Ausnahme bleiben und nur bei einem ausgewiesenen Bedürfnis erfolgen. In der Praxis sind spezialgesetzliche Aktiengesellschaften des Bundes eher selten anzutreffen. Ihre Zuordnung zum öffentlichen oder privaten Recht ist teilweise umstritten. 1697

Beispiele:

- Die Post (als «Die Schweizerische Post AG, La Poste Suisse SA, La Posta Svizzera SA, La Posta Svizra SA» im Handelsregister eingetragen; Art. 2 POG); 1698
- Swisscom (Art. 2 TUG [Telekommunikationsunternehmensgesetz]; die Abweichungen gegenüber einer gewöhnlichen AG halten sich in engen Grenzen); 1699

1700 – Schweizerische Nationalbank (Art. 1 NBG [Nationalbankgesetz,]; wegen ihrer besonderen Ausgestaltung weist die Nationalbank lediglich eine geringe Verwandtschaft mit einer herkömmlichen AG auf);

1701 – SBB (Art. 2 SBBG [Bundesgesetz über die Schweizerischen Bundesbahnen]; vgl. BGE 132 III 470, 473 ff.; Rekurskommission des UVEK, Entscheid vom 17. Oktober 2000 = ZBl 102 [2001] 325, 327).

3. Spezialgesetzliche Aktiengesellschaften der Kantone nach Art. 763 OR

1702 Das Bundeszivilrecht beschränkt die Kantone zwar nicht in ihrer Befugnis zur Bildung öffentlich-rechtlicher Körperschaften und Anstalten (Art. 59 Abs. 1 ZGB). Das kantonale öffentliche Recht darf jedoch nicht gegen Sinn und Geist des Zivilrechts verstossen. Die bundesrechtliche Kodifikation des Gesellschaftsrechts ist grundsätzlich abschliessend. Die Kantone dürfen deshalb die entsprechenden Organisationstypen nicht nachahmen, umformen oder kombinieren.

1703 Art. 763 Abs. 1 OR ermächtigt die Kantone dagegen, spezialgesetzliche Aktiengesellschaften eigener Prägung zu schaffen und diese – unter Vorbehalt der Mitwirkung öffentlicher Behörden – für private Teilhaber zu öffnen. Der Kanton muss allerdings die subsidiäre Haftung für Verbindlichkeiten der Gesellschaft (Staatsgarantie) übernehmen. Mehrheitlich werden auch diese spezialgesetzlichen Aktiengesellschaften als *öffentlich-rechtlich* qualifiziert.

1704 Beispiele:
Kantonalbanken der Kantone Genf, Jura, Waadt (vgl. BGE 127 II 113 ff.), Wallis (vgl. Urteil des Bundesgerichts, ASA 65 [1996/97] 827 ff.) und Zug (vgl. BEELI, S. 121 ff.).

VI. Genossenschaften des öffentlichen Rechts (Art. 829 OR)

1705 Eine Sonderbestimmung besteht im Obligationrecht auch für Genossenschaften (Art. 829 OR). Diese sind allerdings selten.

1706 Beispiel:
Schweizerische Gesellschaft für Hotelkredit (Art. 2 des Bundesgesetzes über die Förderung der Beherbergungswirtschaft vom 20. Juni 2003 [SR 935.12]).

VII. Privatrechtliche Organisationsformen

1707 Das Gemeinwesen kann eine dezentrale Verwaltungstätigkeit auch durch einen *privatrechtlichen Verwaltungsträger* ausüben lassen. In Frage kommen grundsätzlich alle Formen des Privatrechts (Verein, Aktiengesellschaft, Genossenschaft etc.).

1708 Die Wahl eines privatrechtlichen Verwaltungsträgers kann insbesondere dann angezeigt sein, wenn unterschiedliche öffentlich-rechtliche Körperschaften kooperieren, denen eine gemeinsame öffentlich-rechtliche Rechtsform fehlt (z.B. Gemeinden aus mehreren Kantonen, Kooperationen Bund – Kantone – Gemeinden etc.). In jüngerer Zeit bedient sich der Staat im Rahmen von *Privatisierungen* verstärkt privatrechtlicher Organisationsformen (vgl. dazu Rz. 1867 ff.).

Privatrechtliche Verwaltungsträger des Staates unterscheiden sich von den gemischtwirtschaftlichen Unternehmen (vgl. Rz. 1806 ff.) dadurch, dass *keine Privaten beteiligt* sind oder allfällige private Teilhaber durch den Staat klar majorisiert werden. Verbreitet ist die privatrechtliche Rechtsform namentlich bei staatlichen Versorgungsbetrieben. Zum Teil nehmen solche Unternehmen auch lediglich Hilfsfunktionen für das Gemeinwesen wahr (sog. administrative Hilfstätigkeit, vgl. dazu Rz. 1384 f.). 1709

Beispiele: 1710
- Rüstungsbetriebe des Bundes (RUAG Holding AG);
- Gasverbund Mittelland AG, Gasverbund Ostschweiz AG;
- Vereinigte Schweizerische Rheinsalinen AG;
- Grossanlagen der Kehrichtbeseitigung (vgl. BGE 105 Ia 255 ff.);
- Axpo AG (vormals Nordostschweizerische Kraftwerke AG [NOK]);
- Schweizerische Konferenz für Sozialhilfe (SKOS).

Soweit sich das Gemeinwesen für eine privatrechtliche Organisationsform entscheidet, muss es die *Formen des Privatrechts* wahren. Im Gegensatz zu den vorgenannten Organisationsformen kann das Gemeinwesen die privatrechtliche Rechtsform nicht mittels einer öffentlich-rechtlichen Regelung ändern. Dies bedeutet etwa, dass auch das Gemeinwesen eine Vereinsversammlung, eine Generalversammlung etc. durchführen muss. Es bestehen insoweit keine Sonderrechte. 1711

Die privatrechtliche Organisationsform dispensiert den Gesetzgeber nicht davon, den *Entscheid* für den dezentralen Verwaltungsträger im Gesetz vorzusehen. Der Gesetzgeber muss auch hier die wesentlichen Fragen der Ausgestaltung im Gesetz festhalten, sofern diese nicht bereits durch die Wahl der privatrechtlichen Organisationsformen determiniert sind. 1712

VIII. Kommissionen

Kommissionen sind eine Gruppe meist verwaltungsexterner Personen, welche die Verwaltungsbehörden beratend unterstützen oder selbst Verwaltungsentscheidungen treffen. Im Bund werden Erstere als *Verwaltungskommissionen,* Letztere als *Behördenkommissionen* bezeichnet (Art. 8a RVOV). 1713

Beispiele: 1714
- Expertenkommissionen des Bundes zur Ausarbeitung eines Gesetzesentwurfes;
- Ethikkommission im Bereich der Humanmedizin (NEK; Art. 1 Abs. 3 FMedG [Fortpflanzungsmedizingesetz], Verordnung über die nationale Ethikkommission im Bereich der Humanmedizin [VNEK] vom 4. Dezember 2000 [SR 810.113]);
- Eidgenössische Kommission gegen Rassismus (EKR): Gemäss Art. 3 Abs. 2 lit. c OV-EDI (Organisationsverordnung für das Eidgenössische Departement des Innern) führt das Generalsekretariat des EDI das Sekretariat der EKR;
- Kantonale Kunstkommission, die über die Vergabe von Preisen entscheidet;
- Kantonale Bau- oder Steuerrekurskommissionen.

1715 Der *Organisationsgrad* von Kommissionen ist unterschiedlich. Teilweise ist die Organisation auf Dauer angelegt und derjenigen eines dezentralen Verwaltungsträgers angenähert (z.B. Wettbewerbskommission nach Art. 18 KG). Teilweise wird für ein aktuelles Problem ad hoc eine Arbeitsgruppe («Task-Force») ins Leben gerufen, welche sich im Wesentlichen selbst organisiert und allenfalls eine gewisse Unterstützung durch die zuständige Amtsstelle erhält (z.B. betreffend Sekretariatsdienstleistungen). Das Verhältnis zwischen dem Gemeinwesen und den Behördenmitgliedern ist oft nicht oder nur rudimentär geregelt, etwa betreffend Entschädigung; zu denken ist am ehesten an einen *öffentlich-rechtlichen Auftrag* (vgl. Rz. 1303).

1716 Der Vorteil von Kommissionen liegt in ihrer *Flexibilität.* Oftmals dienen Kommissionen auch dem Beizug verwaltungsexternen *Fachwissens* sowie einer frühen *Beteiligung* interessierter Kreise bei der Ausgestaltung und Erfüllung einer Verwaltungsaufgabe. Art. 57b RVOG nennt als Voraussetzungen für die Einsetzung einer Kommission, dass die Aufgabenerfüllung «a. besonderes Fachwissen erfordert, das in der Bundesverwaltung nicht vorhanden ist; b. den frühzeitigen Einbezug der Kantone oder weiterer interessierter Kreise verlangt; oder c. durch eine nicht weisungsgebundene Einheit der dezentralen Bundesverwaltung erfolgen soll».

1717 Sollen der Kommission eigentliche *Verwaltungsaufgaben* delegiert werden, ist dafür eine gesetzliche Grundlage notwendig. Dies gilt insbesondere dann, wenn die Kommission *Verfügungen* erlässt (vgl. Art. 57a Abs. 2 RVOG). In diesem Fall ist die Kommission auch klarerweise grundrechtsgebunden (Art. 35 Abs. 2 BV). Sind in der Kommission im Wesentlichen Private vertreten, die den Staat beraten, kann eine Grundrechtsbindung (und selbst eine Bindung an ein öffentliches Interesse) nicht ohne Weiteres bejaht werden.

2. Kapitel
Verhältnis der Verwaltungsbehörden zu anderen Behörden und zu Privaten

§ 25 Verhältnis zu anderen Behörden

Literatur

ALBRECHT MARTIN, Die parlamentarische Oberaufsicht im neuen Parlamentsgesetz, LeGes 14 (2003), Heft 2, 31 ff.; BELLANGER FRANÇOIS/TANQUEREL THIERRY (Hrsg.), Surveillance et contrôles de l'administration, Genf/Zürich/Basel 2008; BOLZ URS/KLÖTI ULRICH, Parlamentarisches Steuern neu erfinden?, NPM-Steuerung durch die Bundesversammlung im Rahmen des New Public Management – Ein Diskussionsbeitrag, ZBl 97 (1996) 145 ff.; BUSER DENISE, Grosser Rat, Regierungsrat, Verwaltung und Ombudsstelle, in: Denise Buser (Hrsg.), Neues Handbuch des Staats- und Verwaltungsrechts des Kantons Basel-Stadt, Basel 2008, S. 347 ff.; EICHENBERGER KURT, Ohnmacht des Parlaments, Allmacht der Verwaltung?, in: Verfassungsrat und Regierungsrat des Kantons Aargau (Hrsg.), Der Staat der Gegenwart, Ausgewählte Schriften von Kurt Eichenberger, Basel/Frankfurt a.M. 1980, S. 109 ff.; EICHENBERGER KURT, Die Problematik der parlamentarischen Kontrolle im Verwaltungsstaat, SJZ 61 (1965) 269 ff. und 285 ff.; GRAF MARTIN, Gewaltenteilung und neue Bundesverfassung, ZBl 101 (2000) 1 ff.; GYGI FRITZ, Zur strafrichterlichen Überprüfung von Verwaltungsverfügungen, in: Hans Walder/Stefan Trechsel (Hrsg.), Lebendiges Strafrecht, Festgabe für Hans Schultz, Bern 1977, S. 399 ff.; HALLER WALTER, Der Ombudsmann im Gefüge der Staatsfunktionen, in: Georg Müller/René Rhinow/Gerhard Schmid/Luzius Wildhaber (Hrsg.), Staatsorganisation und Staatsfunktionen im Wandel, Festschrift für Kurt Eichenberger zum 60. Geburtstag, Basel/Frankfurt a.M. 1982, S. 705 ff.; HALLER WALTER, Der schwedische Justitieombudsman, Diss. Zürich, Winterthur 1965; HANGARTNER YVO, Parlament und Regierung, ZBl 91 (1990) 473 ff.; HÄNER ISABELLE, Organisationsrecht (ausgewählte Fragen), in: Giovanni Biaggini/Isabelle Häner/Urs Saxer/Markus Schott (Hrsg.), Fachhandbuch Verwaltungsrecht, Zürich/Basel/Genf 2015, S. 1165 ff.; HEUSLER BERNHARD, Oberaufsicht und Kontrolle im schweizerischen Verfassungsrecht, Diss. Basel 1993; HÜRLIMANN-FERSCH CAROLINE, Die Voraussetzungen für die Amts- und Rechtshilfe in Steuerstrafsachen unter besonderer Berücksichtigung der qualifizierenden Elemente beim Steuer- und Abgabebetrug, Zürich 2010; JAAG TOBIAS, Die Überprüfung von Verwaltungsakten im strafgerichtlichen Kassationsverfahren, SJZ 76 (1980) 157 ff.; JANETT DANIEL, Das Geschäftsprüfungsaudit – Entwicklung und Test eines neuen Instruments der parlamentarischen Aufsicht, LeGes 19 (2008) 123 ff.; KÄGI-DIENER REGULA, Justiz und Verwaltung aus der Sicht des Problems der Bindung des ordentlichen Richters an Verwaltungsakte, Diss. Zürich 1979; KIENER REGINA, Die Informationsrechte der parlamentarischen Kommissionen, Diss. Bern 1994; MASTRONARDI PHILIPPE, Kriterien der demokratischen Verwaltungskontrolle, Habil. Bern, Basel/Frankfurt a.M. 1991; MÜLLER GEORG, Probleme der Abgrenzung der parlamentarischen Oberaufsicht im Bund, ZSR 111/I (1992) 389 ff.; NUSPLIGER KURT/MÄDER JANA, Der Dialog zwischen Regierung und Parlament, ZBl 115 (2014) 523 ff.; OPEL ANDREA, Amtshilfe ohne Information der Betroffenen – eine rechtsstaatlich bedenkliche Neuerung, ASA 83 (2014/15) 265 ff.; PARLAMENTSDIENSTE (Hrsg.), Das Parlament – «Oberste Gewalt des Bundes»?, Festschrift der Bundesversammlung zur 700-Jahr-Feier der Eidgenossenschaft, im Auftrag der Präsidenten des Nationalrates und des Ständerates, Bern/Stuttgart 1991; RUCH ALEXANDER, Die parlamentarische Kontrolle der mittelbaren Verwaltung im Bund, ZBl 93 (1992) 241 ff.; SÄGESSER THOMAS, Oberaufsicht der Bundesversammlung, SJZ 109 (2013) 125 ff.; SÄGESSER THOMAS, Die Informationsrechte der Ratsmitglieder und der parlamentarischen Kommissionen im neuen Parlamentsgesetz, LeGes 14 (2003), Heft 2, 67 ff.; SCHMID GERHARD, Das Verhältnis von Parlament und Regierung im Zusammenspiel der staatlichen Machtverteilung, Diss. Basel 1971; SCHMIDT-ASSMANN EBERHARD/HOFFMANN-RIEM WOLFGANG (Hrsg.), Verwaltungskontrolle, Baden-Baden 2001; SIEGWART KARINE, Ombudsstellen und Mediation, ZBl 103 (2002) 561 ff.; WERMELINGER AMÉDÉO, Informationelle Amtshilfe: Verunmöglicht Datenschutz eine effiziente Leistungserbringung durch den Staat?, ZBl 105 (2004) 173 ff.; ZIMMERLI ULRICH, «Privatisierung» und parlamentarische Oberaufsicht, in: Wolfgang Wiegand (Hrsg.), Rechtliche Probleme der Privatisierung, Bern 1998, S. 167 ff.

I. Verwaltungsbehörden und Parlament

1. Kompetenzverteilung

a) Verhältnis von Parlament und Verwaltungsbehörden

1718 Das Prinzip der *Gewaltenteilung* stellt dem Parlament als Gesetzgebungsorgan die Verwaltungsbehörden als Vollzugsorgane gegenüber. An der Gesetzgebung wirken aber auch das Volk (über das obligatorische und das fakultative Referendum) und die Verwaltungsbehörden (Vorbereitung der Gesetze; ausführende und ergänzende Verordnungen) mit (vgl. Rz. 93 ff.). Da der Vollzug durch die Gesetzgebung bestimmt ist, kommt es zu einer gewissen Unterordnung der Verwaltungsbehörden unter das Parlament.

1719 Auch *politisch* geniesst das Parlament als Volksvertretung aufgrund seiner demokratischen Legitimation Vorrang gegenüber den Verwaltungsbehörden (vgl. für den Bund Art. 148 Abs. 1 BV).

1720 *Faktisch* ist in der Zusammenarbeit ein Übergewicht der Verwaltungsbehörden zu beobachten. Gründe dafür sind:

- ihre besonderen Fachkenntnisse;
- ihre ständige Beschäftigung mit staatlichen Aufgaben im Gegensatz zum Milizparlament;
- die Bedeutung der Planung als besondere Regierungsfunktion, die wesentlich in der Hand der Verwaltungsbehörden liegt.

1721 Für die Bewältigung wichtiger politischer Aufgaben, vor allem im Bereich der Gesetzgebung sowie der Finanz- und der Aussenpolitik, müssen Parlament und Verwaltungsbehörden zusammenarbeiten. Dadurch wird das klassisch verstandene Prinzip der Gewaltentrennung relativiert. Der Zwang zur *Zusammenarbeit* bewirkt aber – wie die Gewaltentrennung – auch, dass die Ausübung der Macht durch Parlament und Verwaltungsbehörden gehemmt wird.

b) Kompetenzen des Parlaments

1722 Zum Aufgabenbereich des Parlaments gehören insbesondere:

- Rechtssetzung;
- Wahl der Mitglieder der Exekutive und der obersten Gerichte;

- Verwaltungsfunktionen von besonderer politischer Wichtigkeit, wie z.B. die Bewilligung von Ausgaben oder die Genehmigung von Rahmenbewilligungen für Atomanlagen (vgl. Rz. 23);
- parlamentarische Oberaufsicht über die Verwaltungsbehörden (siehe Rz. 1724 ff.);
- Entscheid über Kompetenzkonflikte zwischen den obersten Behörden (Parlament, Exekutive, Gerichte);
- Kontrolle von Entscheiden der Regierung; auf Bundesebene ist die Beschwerde an die Bundesversammlung gegen Beschwerdeentscheide und Verfügungen nur zulässig, wenn ein Bundesgesetz dies vorsieht (Art. 79 Abs. 1 VwVG).

c) Kompetenzen der Verwaltungsbehörden

In den Kompetenzbereich der Verwaltungsbehörden, einschliesslich der Regierung, 1723
fallen:
- Vollzug der Verwaltungsgesetze;
- Planung;
- Erlass von Verordnungen;
- Vorarbeiten für die Rechtssetzung, insbesondere Gesetzesinitiative gegenüber dem Parlament;
- Rechtsprechungsfunktionen: Verwaltungsinterne Rechtspflege.

2. Parlamentarische Oberaufsicht gegenüber den Verwaltungsbehörden

a) Grundlagen

Alle demokratischen Rechtsstaaten kennen die Oberaufsicht des Parlaments gegenüber 1724
den Verwaltungsbehörden (für den Bund vgl. Art. 169 BV). Der Grund dafür ist die demokratisch legitimierte Kontrolle von Regierung und Verwaltungsbehörden.

Die *Oberaufsicht* des Parlaments ist von der *Aufsicht* der Regierung zu unterschei- 1725
den. Die Regierung führt und leitet die Verwaltung. Ihr kommen in der Regel direkte Leitungs- und Weisungsbefugnisse gegenüber der Verwaltung zu. Die Aufsicht der Regierung über die Verwaltung ist ein Führungsinstrument und Ausfluss des hierarchischen Aufbaus der Verwaltungsbehörden (Rz. 1569 ff.). Demgegenüber zeichnet sich die Oberaufsicht über Regierung und Verwaltung durch eine distanziert-politische Betrachtung aus. Sie dient in erster Linie der Geltendmachung der politischen Verantwortlichkeit der Regierung.

b) Träger

Die parlamentarische Kontrolle wird ausgeübt durch das Parlament, parlamentarische 1726
Kommissionen, insbesondere die Geschäftsprüfungskommissionen, Finanzkommissionen oder spezielle Untersuchungskommissionen, sowie die einzelnen Mitglieder des Parlaments.

c) Mittel

1727 Im Rahmen der parlamentarischen Aufsicht können Auskünfte über die Tätigkeit der Verwaltungsbehörden angefordert, Untersuchungen über konkrete Fälle mit Zeugen und Experten angeordnet, Kritik an Handlungen, Entscheidungen und Unterlassungen geübt, parlamentarische Vorstösse, die bestimmte Massnahmen der Regierung verlangen, eingereicht oder der Regierung Aufträge (vgl. Art. 171 BV) erteilt werden. Wichtige Aufsichtsmittel sind die Prüfung des Geschäftsberichtes der Regierung und der Staatsrechnung.

d) Wirkungen

1728 Die Wirkungen der Aufsicht sind rein politischer Natur. Das Parlament kann den Verwaltungsbehörden keine verbindlichen Weisungen erteilen oder rechtliche Sanktionen anordnen, wenn die Verwaltungsbehörden der parlamentarischen Kritik nicht Rechnung tragen. Das Parlament ist kein den Verwaltungsbehörden hierarchisch übergeordnetes Organ; den Trägern der parlamentarischen Aufsicht stehen keine Eingriffs- oder Entscheidungsrechte zu. Regierung und Verwaltungsbehörden haben sich aber für ihre Handlungen und Unterlassungen gegenüber dem Parlament politisch zu verantworten.

Beispiele:

1729 – Im Zusammenhang mit der Auseinandersetzung über Zulässigkeit und Wirkung von Motionen stellte die Justizabteilung (heute: Bundesamt für Justiz) fest, dass die Nichterfüllung einer erheblich erklärten Motion für den Bundesrat weder staats- noch zivil- oder strafrechtliche Folgen nach sich ziehe. Die Motionen vermögen gegenüber dem Parlament nur politische Verantwortlichkeit auszulösen (VPB 43 [1979] Nr. 1 S. 22).

1730 – Im Rahmen der Auseinandersetzung zwischen dem Bundesrat und der parlamentarischen Geschäftsprüfungsdelegation (GPDel) über das Vorgehen des Bundesrates im Fall «Tinner» (Vernichtung von Plänen für Atomanlagen) hielt der Bundesrat fest, dass dem Träger der parlamentarischen Oberaufsicht weder ein Recht auf vorgängige Konsultation noch auf Mitentscheidung im Zusammenhang mit der Ausübung dieser bundesrätlichen Befugnisse zukomme. Die GPDel führte dazu aus, sie beanspruche keine solchen Rechte, bestehe aber auf ihrem umfassenden Informationsrecht (vgl. AB 2009 S 967 sowie Antwort des Bundesrates vom 2. September 2009 auf die Interpellation von Nationalrat Claude Janiak [09.3729]).

e) Dezentrale Verwaltungsträger

1731 Gegenstand der Oberaufsicht bildet die gesamte Tätigkeit der Verwaltungsbehörden. Umfang und Intensität der Aufsicht divergieren aber je nach dem Grad der Autonomie des beaufsichtigten Trägers von Verwaltungsaufgaben (BBl 2001, 3538; vgl. dazu das sog. «4-Kreise-Modell» in Rz. 1624 f.).

II. Verwaltungsbehörden und Justizbehörden

1. Kompetenzverteilung

Die *Justizbehörden* sind zuständig, in richterlicher Unabhängigkeit über Rechtsstreitigkeiten zu entscheiden und Strafen auszufällen. Daneben haben sie unter Umständen beschränkte Verordnungskompetenzen und Kompetenzen betreffend die Justizverwaltung. Zu den Justizbehörden zählen die ordentlichen Zivil- und Strafgerichte und die Verwaltungsgerichte. 1732

Die *Verwaltungsbehörden* besorgen den nichtstreitigen Vollzug von verwaltungsrechtlichen Normen. Im Rahmen der verwaltungsinternen Entscheidung über Verwaltungsrechtsstreitigkeiten üben sie auch eine rechtsprechende Tätigkeit aus (vgl. Rz. 1179 ff.). 1733

2. Entscheid über Kompetenzkonflikte zwischen Verwaltungs- und Justizbehörden

Es stellt sich die Frage, wer zu entscheiden hat, wenn sich für die Entscheidung einer bestimmten Frage gleichzeitig die Justiz- und die Verwaltungsbehörden für zuständig erachten. Ein derartiger Kompetenzkonflikt kann sich z.B. ergeben, wenn in einem konkreten Fall sowohl baurechtliche als auch sachenrechtliche Normen zur Anwendung gelangen. 1734

In der Bundesrepublik Deutschland sind für solche Kompetenzkonflikte die Gerichte, letztinstanzlich das Bundesverfassungsgericht, zuständig. Anders ist die Rechtslage in der Schweiz, wo zunächst die Möglichkeit besteht, innerhalb der Hierarchie von Justiz- bzw. Verwaltungsbehörden Rechtsmittel zur Klärung der Zuständigkeit zu ergreifen. In letzter Instanz entscheidet das Parlament, im Bund die Vereinigte Bundesversammlung (Art. 173 Abs. 1 lit. i BV). Praktisch hat die Möglichkeit, an die Vereinigte Bundesversammlung zu gelangen, kaum Bedeutung, da der gesetzlich vorgeschriebene Meinungsaustausch zwischen Bundesrat und Bundesgericht über die Frage der Zuständigkeit bisher meist erfolgreich war. 1735

3. Gegenseitige Unabhängigkeit und Anerkennung

Aus dem Prinzip der Gewaltenteilung ergibt sich, dass Verwaltungs- und Justizbehörden in ihren Funktionen voneinander unabhängig sind und gegenseitig ihre Entscheide respektieren. 1736

a) Gegenseitige Unabhängigkeit

Als *Grundsatz* gilt, dass Justiz- und Verwaltungsbehörden einander keine Weisungen erteilen können; sie sind in ihrem Tätigkeitsbereich voneinander unabhängig. 1737

1738 Beispiel:

Im Rahmen einer Vaterschaftsklage vor Zivilgericht verlangte der Beklagte die Herausgabe eines psychiatrischen Gutachtens, welches die Vormundschaftsbehörde im Zusammenhang mit der Frage Bevormundung der Mutter hatte erstellen lassen. Das Bundesgericht verneinte eine Editionspflicht der Vormundschaftsbehörde, da aus dem Gewaltenteilungsprinzip die Gleichordnung von Verwaltungs- und Justizbehörden folge. Nach diesem Grundsatz seien die Verwaltungsbehörden befugt, selber darüber zu entscheiden, ob das Interesse an der Geheimhaltung ihrer Akten oder dasjenige an der Wahrheitsermittlung durch die Gerichte überwiege (BGE 80 I 1, 3 ff.).

1739 *Ausnahmen* vom Grundsatz der Unabhängigkeit bestehen:

- wenn eine besondere gesetzliche Regelung dies vorsieht (z.B. Art. 112 DBG [Bundesgesetz über die direkte Bundessteuer]) für Auskünfte von Justiz- an Steuerbehörden oder Art. 352 StGB für Auskünfte der Verwaltungs- an die Strafvollzugsbehörden);
- wenn ein Verwaltungsgericht bei der Rückweisung eines Falles an die vorinstanzliche Verwaltungsbehörde konkrete Entscheidungsanweisungen gibt.

b) Gegenseitige Anerkennung der Entscheidungen

1740 Es gilt der *Grundsatz,* dass die Justiz- und Verwaltungsbehörden gegenseitig die Entscheidungen der anderen Gewalt anerkennen. Dabei besteht nur eine Bindung an das Dispositiv, nicht aber an die Begründung eines Entscheides (zur Darstellung der Praxis und Bestätigung des Grundsatzes vgl. BGE 129 III 186, 191 f.; 108 II 456, 460 ff.; BVGer, Urteil A-4934/2013 vom 4. September 2014 E. 1.7).

Beispiele:

1741 – Die Zivilgerichte sind an eine Verfügung des Eidg. Departementes für Auswärtige Angelegenheiten über die Anerkennung der diplomatischen Immunität eines Mitglieds einer Ständigen Mission bei den Vereinten Nationen in Genf gebunden (BGE 130 III 430, 434).

1742 – Ein behördlich erstelltes Gutachten über den Ertrags- und Nutzwert eines landwirtschaftlichen Gewerbes ist für das Zivilgericht verbindlich (BGE 138 III 193, 196).

1743 *Ausnahmen* vom Grundsatz der gegenseitigen Anerkennung der Entscheidungen ergeben sich vor allem in zwei Fällen:

- Ein Verwaltungsgericht ist nicht an den Entscheid einer Verwaltungsbehörde gebunden, deren Entscheid vor dem Verwaltungsgericht gerade angefochten wird.
- Nichtige Verfügungen entfalten wegen ihrer qualifizierten Fehlerhaftigkeit keine Rechtswirksamkeit (vgl. Rz. 1096 ff.) und binden deshalb keine anderen Behörden.

4. Entscheid über Vorfragen

1744 Das *Problem der Vorfragen* stellt sich bei folgender Sachlage: Eine staatliche Behörde hat über eine Frage – die Hauptfrage – einen Entscheid zu treffen, der die Beantwortung einer Vorfrage voraussetzt, über die an sich eine andere Behörde zu befinden hat. Es stellt sich die Frage, ob die zum Entscheid über die Hauptfrage kompetente Behörde auch die grundsätzlich nicht in ihre Kompetenz fallende Vorfrage beurteilen darf. Das Problem ist besonders heikel, wenn die eine Behörde zur Exekutive, die andere zur Justiz gehört.

Beispiel:
Eine Steuerbehörde hat über steuerbares Vermögen und Einkommen zu entscheiden; dabei stellt sich als Vorfrage das Problem, ob ein Grundstückkauf zu Stande gekommen ist. Kann die Steuerbehörde darüber befinden? 1745

Es ist möglich, dass eine besondere gesetzliche Regelung vorliegt, die z.B. Entscheide über eine bestimmte Frage für nicht oder nur beschränkt überprüfbar erklärt. Solche Fälle sind selten. 1746

Beispiele:

- Art. 77 Abs. 4 VStrR (Bundesgesetz über das Verwaltungsstrafrecht) sieht vor, dass der rechtskräftige Entscheid über die Leistungs- oder Rückleistungspflicht für das Gericht verbindlich ist; handelt es sich um einen Entscheid einer Verwaltungsbehörde und findet das Gericht, er beruhe auf offensichtlicher Gesetzesverletzung oder auf einem Ermessensmissbrauch, so setzt es die Hauptverhandlung aus und weist die Akten zum neuen Entscheid an die beteiligte Verwaltungsbehörde zurück. 1747
- Nach Art. 109 ZGB hat eine ungültig geschlossene Ehe (vgl. die abschliessenden Ungültigkeitsgründe in Art. 105 ZGB) bis zur Ungültigerklärung durch ein Zivilgericht grundsätzlich alle Wirkungen einer gültigen Ehe. Die vorfrageweise Überprüfung der Gültigkeit durch andere Behörden als Zivilgerichte ist ausgeschlossen. 1748

a) Über die Vorfrage hat die sachkompetente Behörde noch nicht entschieden

Zwei Gesichtspunkte können in diesem Fall eine Rolle spielen: 1749

- Das Prinzip der *Gewaltenteilung* verlangt das Aussetzen des Verfahrens, bis die zuständige Behörde entschieden hat. Diese Regelung findet sich im französischen Recht.
- Der Aspekt der *Verfahrensökonomie* gebietet, dass die für die Hauptfrage zuständige Behörde auch über die Vorfrage entscheidet und nicht den Entscheid der eigentlich zuständigen Behörde abwartet. Das schweizerische und das deutsche Recht folgen dieser Lösung.

aa) Grundsatz: Vorfrageweise Prüfung zulässig

Grundsätzlich ist die für die Hauptfrage zuständige Behörde zur vorfrageweisen Prüfung einer Rechtsfrage aus dem Kompetenzbereich einer anderen Behörde berechtigt (vgl. BGE 139 II 233, 241; BVGer, Urteil B-2429/2013 vom 28. November 2013 E. 3.1). So bestimmt Art. 31 BGG: «Ist das Bundesgericht in der Hauptsache zuständig, so befindet es auch über die Vorfragen.» 1750

Beispiele:

- Die Gerichte können in Anwendung von Art. 115 Abs. 1 lit. a AuG i.V.m. Art. 5 AuG (Ausländergesetz; früher: Art. 23 Abs. 1 ANAG), wonach die rechtswidrige Einreise in die Schweiz unter Strafe gestellt wird, über die für die strafrechtliche Beurteilung wesentliche Frage der Flüchtlingseigenschaft des Angeschuldigten selber vorfrageweise entscheiden, wenn die Asylbehörden darüber noch nicht befunden haben (BGE 112 IV 115, 119 ff., vgl. auch BVGer, Urteil E-4552/2008 vom 8. März 2012 E. 6.4). 1751
- In einem Verfahren vor dem Verwaltungsgericht des Kantons Bern war strittig, ob zur rechtlichen Sicherung eines Uferweges eine förmliche Enteignung notwendig ist oder ob die Stadt Thun bereits gestützt auf eine bestehende Dienstbarkeit (sog. «Reckwegrecht») über die erforderlichen Rechte zur Offenhaltung des Uferweges verfügt. Das Bundesgericht hielt dazu fest, das Verwaltungsgericht dürfe zur Beantwortung der Frage, ob für die Offenhaltung eines Ufer- 1752

weges ein Enteignungsverfahren erforderlich sei, vorfrageweise den Inhalt der Dienstbarkeit prüfen. Zur Beurteilung solcher zivilrechtlicher Vorfragen sei das Verwaltungsgericht befugt, solange die für die Auslegung zuständige Behörde noch nicht darüber entschieden habe (BGer, Urteil 1P.595/2000 vom 23. März 2001 E. 3 = ZBl 103 [2002] 311, 312 f.).

bb) Bindung an klare Praxis der sachkompetenten Behörde

1753 Bei ihrem Entscheid über die Vorfrage ist die Behörde an die klare Praxis der Behörde, die eigentlich zuständig ist, gebunden.

1754 Beispiel:

Wenn die Steuerbehörde vorfrageweise darüber entscheidet, ob ein Unternehmen zum Eintrag ins Handelsregister verpflichtet ist, darf sie sich nicht über die eindeutige Praxis des Bundesgerichts in Registersachen hinwegsetzen (BGE 87 I 250, 253).

cc) Möglichkeit des Zuwartens

1755 Die Behörde kann zuwarten, bis die sachkompetente Instanz in dem bei ihr hängigen Verfahren über die Vorfrage entschieden hat (vgl. BGE 129 III 186, 191 ff.). Der Entscheid über das Zuwarten fällt grundsätzlich in das Ermessen der zuständigen Behörde (vgl. BGer, Urteil 2C_279/2013 vom 13. Dezember 2013 E. 2.3.1). Bei komplexen Fragen oder bei Fragen von grosser praktischer Tragweite ist die Behörde ausnahmsweise zum Zuwarten verpflichtet. Die Möglichkeit des Zuwartens wird begrenzt durch die Pflicht der Behörde, innerhalb eines angemessenen Zeitraumes eine Entscheidung zu fällen (Verbot der Rechtsverzögerung, vgl. Rz. 1045 ff.).

Beispiele:

1756 – Die Verwaltungsbehörde hat mit dem Entscheid über den Führerausweisentzug grundsätzlich zuzuwarten, bis ein rechtskräftiges Strafurteil vorliegt, soweit der Sachverhalt oder eine rechtliche Qualifikation des in Frage stehenden Verhaltens für den Führerausweisentzug von Bedeutung ist (BGE 119 Ib 158 ff., vgl. auch das Beispiel in Rz. 1764).

1757 – Das Bundesgericht hat in BGE 141 II 1, 12, entschieden, dass die Migrationsbehörde im Grundsatz nicht über den Aufenthaltstatus von X. entscheiden darf, bis die IV-Abklärungen bezüglich der dauernden Arbeitsunfähigkeit vorliegen. Der Aufenthaltsstatus kann lediglich ausnahmsweise früher geregelt werden, für den Fall, dass «die IV-rechtliche Ausgangslage als Vorfrage zum Bewilligungsentscheid klar und eindeutig erscheint».

dd) Sachkompetente Behörde nicht gebunden

1758 Die sachkompetente Behörde ist nicht an den Entscheid über die Vorfrage durch eine andere Instanz gebunden; denn im Entscheid dieser anderen Instanz erscheint ja die Entscheidung über die Vorfrage nicht im Dispositiv. Ein abweichender Entscheid der sachkompetenten Behörde berührt die Rechtskraft des Entscheids der vorfrageweise entscheidenden Behörde in der Regel nicht.

1759 Beispiel:

Auch wenn der Strafrichter vorfrageweise über die Rechtskraft einer Zollveranlagung entschieden hat, ist damit kein Recht in der Hauptsache geschaffen. Die Zollbehörden müssen, sofern das erforderlich wird, die Frage der Rechtskraft der Zollveranlagung selbstständig beurteilen (BGE 102 Ib 365, 369).

b) Über die Vorfrage hat die sachkompetente Behörde schon entschieden

aa) Bindung an den Entscheid der sachkompetenten Behörde als Regel

Wenn die sachkompetente Behörde schon entschieden hat, kommt dem Grundsatz der Gewaltentrennung grössere Bedeutung zu. Deshalb soll hier in der Regel eine Behörde, für welche sich diese Frage nur als Vorfrage stellt, nicht selbstständig entscheiden, sondern an den Entscheid der sachkompetenten Behörde gebunden sein (zum Grundsatz vgl. BVGer, Urteil A-4934/2013 vom 4. September 2014 E. 1.7; zudem Rz. 1740 ff.; zu den Gründen, welche die Verwaltungsbehörde zwingen können, von einem rechtskräftigen Straf- oder Zivilurteil abzuweichen, vgl. BGE 123 II 97, 104; 119 Ib 158, 163 f.; BGer, Urteil 6A.71/2006 vom 9. Januar 2007 E. 3; BVGer, Urteil A-2556/2014 vom 27. Mai 2015 E. 6.3; Urteil A-4934/2013 vom 4. September 2014 E. 1.7). 1760

Beispiele:

- Für die Steuerbehörde, die über die Besteuerung eines Grundstückes entscheidet, ist das Zivilgerichtsurteil über das gültige Zustandekommen eines Grundstückkaufes verbindlich. 1761
- Beim Entscheid über die Landesverweisung hat der Strafrichter vorfrageweise die Flüchtlingseigenschaft des Betroffenen zu prüfen. Liegt ein positiver Asylentscheid des zuständigen Bundesamtes für Flüchtlinge vor, so gilt der Ausländer auch gegenüber dem Strafrichter als Flüchtling (BGE 116 IV 105, 110). 1762
- Der Haftrichter, welcher die Rechtmässigkeit der Ausschaffungshaft überprüft, ist grundsätzlich an Weg- oder Ausweisungsentscheide der Asyl- und Fremdenpolizeibehörden gebunden (BGE 128 II 193, 197). 1763
- Die Verwaltungsbehörde ist bei der Anordnung eines Führerausweisentzuges wegen einer Geschwindigkeitsüberschreitung an die rechtliche Qualifikation dieser Verkehrsregelverletzung im Strafurteil gebunden, wenn diese sehr stark von der Würdigung von Tatsachen abhängt, die der Strafrichter besser kennt als die Verwaltungsbehörde (BGE 125 II 402, 405). 1764

bb) Nur beschränkte Bindung des Strafrichters an Verwaltungsverfügungen, insbesondere bei der Anwendung von Art. 292 StGB

Art. 292 StGB stellt den Ungehorsam gegen amtliche Verfügungen unter Strafe (vgl. auch Rz. 1496 ff.). Wenn der Strafrichter gestützt auf Art. 292 StGB eine Strafe ausfällt, wird vorausgesetzt, dass die Verfügung der staatlichen Behörde, welcher der Täter nicht Folge geleistet hat, rechtmässig ergangen war. Es stellt sich also die Frage, ob der Strafrichter die Verfügung der staatlichen Behörde auf ihre Rechtmässigkeit überprüfen darf. 1765

In seiner Praxis (BGE 129 IV 246, 249; 121 IV 29, 31; BGer, Urteil 6B_306/2014 vom 29. Januar 2015 E. 1.3; Urteil 6B_109/2008 vom 13. Juni 2008 E. 2.1; siehe auch Verwaltungsgericht des Kantons Zürich, Urteil VB.2012.00769 vom 24. Januar 2013 E. 1.2.2) hat das Bundesgericht eine differenzierte *Drei-Stufen-Lösung* entwickelt, welche der richterlichen Unabhängigkeit im Strafprozess einerseits und der Rechtssicherheit und Verfahrensökonomie andererseits gleichermassen Rechnung zu tragen versucht. Dabei werden folgende Fälle unterschieden: 1766

- Falls die Verfügung von einem Verwaltungsgericht erlassen oder überprüft wurde, darf der Strafrichter sie nicht mehr prüfen.
- Falls die Verfügung an ein Verwaltungsgericht hätte weitergezogen werden können, von dieser Möglichkeit aber kein Gebrauch gemacht wurde, oder wenn der Entscheid des Verwaltungsgerichts noch aussteht, ist die Überprüfungsbefugnis des Strafrich-

ters auf offensichtliche Rechtsverletzung oder offensichtlichen Ermessensmissbrauch beschränkt.

- Falls die Verfügung nicht an ein Verwaltungsgericht weitergezogen werden konnte, hat der Strafrichter volle Überprüfungsbefugnis unter Ausschluss der Überprüfung auf Angemessenheit. Aufgrund der Rechtsweggarantie (Art. 29a BV) dürfte diese Fallkonstellation nur noch geringe Bedeutung haben.

1767 Beispiel:

X. wurde unter Androhung einer Ungehorsamsstrafe nach Art. 292 StGB angewiesen, seine Tochter Y. in den obligatorischen hauswirtschaftlichen Fortbildungskurs für Mittelschülerinnen zu schicken. Y. blieb dem Fortbildungskurs jedoch weiterhin fern, woraufhin X. zu einer Busse von 100.– Franken verurteilt wurde. Er focht dieses Urteil an und gelangte schliesslich mit Nichtigkeitsbeschwerde ans Obergericht des Kantons Zürich. Dieses führte u.a. aus, dass der Strafrichter unter gewissen Voraussetzungen zur vorfrageweisen Prüfung der Rechtsbeständigkeit – unter Ausschluss der Angemessenheit – einer Verfügung befugt sei. «Nicht überprüfen darf er eine Verfügung (im Sinne von Art. 291 und 292 StGB), deren Gesetzmässigkeit von einem Verwaltungsgericht festgestellt worden ist. Wenn die Frage einem solchen Gericht nicht unterbreitet worden ist oder wenn es sie noch nicht entschieden hat im Zeitpunkt, in dem der Strafrichter urteilt, ist dieser nicht gebunden im Falle offensichtlicher Gesetzesverletzung oder eines Ermessensmissbrauchs. Wenn die Frage der Gesetzmässigkeit nicht einem Verwaltungsgericht unterbreitet werden konnte, überprüft sie der Sachrichter frei» (Urteil des Obergerichts des Kantons Zürich, SJZ 75 [1979] 94 f. m.w.H.).

III. Ombudsstellen (Ombudsperson)

1. Begriff, Aufgaben und Stellung

1768 Unter einer Ombudsstelle (Ombudsperson) versteht man «eine von der Volksvertretung bestellte, dieser gegenüber aber relativ unabhängige *Vertrauensperson,* die zwecks Verstärkung der Rechtmässigkeit der Rechtsanwendung, des Rechtsschutzes der Bürger und der parlamentarischen Kontrolle als mahnende Instanz eine *Aufsicht* über einen näher zu umschreibenden Kreis von Beamten und Behörden ausübt» (HALLER, Justitieombudsman, S. 34).

1769 Die Ombudsperson wird aufgrund von *Beschwerden Privater oder aus eigener Initiative* tätig. Sie kann bei den betroffenen Amtsstellen den Sachverhalt abklären, wobei diese zur Auskunft und zur Vorlage der Akten verpflichtet sind. Sie ist befugt, die Privaten zu beraten, die Angelegenheit mit den Amtsstellen zu besprechen und ihnen nötigenfalls ein bestimmtes Verhalten zu empfehlen. Es ist ihr jedoch untersagt, verbindliche Weisungen zu erteilen oder Entscheide zu treffen. Im Rahmen ihrer Berichterstattung an das Parlament kann sie auf Mängel im geltenden Recht und in der Verwaltungstätigkeit aufmerksam machen.

1770 Die Ombudsperson steht *ausserhalb des Gefüges der drei klassischen Gewalten.* Sie übt bei der Kontrolle der Rechtsanwendung gerichtsähnliche Funktionen aus und unterstützt das Parlament bei seiner Aufsichtstätigkeit. In erster Linie ist sie Vermittlerin zwischen Privaten und Verwaltungsbehörden.

1771 Von den parlamentarischen Ombudsstellen sind die Ombuds- und Vermittlungsstellen der *Privatwirtschaft* zu unterscheiden. Während Erstere Konflikte zwischen Privatpersonen und der öffentlichen Verwaltung behandeln, sind Letztere ein Instrument zur Optimierung der Kundenbetreuung. Eine solche Stelle haben u.a. die Privat- sowie die Krankenversicherer, die Banken, die Reisebranche und die Hotellerie der Schweiz eingerichtet.

2. Verbreitung

Die Kantone Basel-Landschaft, Basel-Stadt, Waadt, Zürich und Zug wie auch die Städte Bern, St. Gallen, Winterthur und Zürich kennen Ombudsstellen. Für den *Bund* wurde die Einführung einer Ombudsstelle seit den siebziger Jahren immer wieder geprüft. Der in den Jahren 2003/2004 letztmals unternommene Versuch, ein Ombudsgesetz zu erlassen, scheiterte an den gemischten Rückmeldungen in der Vernehmlassung sowie an der angespannten Finanzlage. 1772

Ähnliche Funktionen wie ein Ombudsmann erfüllen im Bund der *Preisüberwacher* (Art. 3 ff. PüG [Preisüberwachungsgesetz]) und der *Datenschutzbeauftragte* (Art. 26 ff. DSG [Bundesgesetz über den Datenschutz]). Beide üben gewisse Aufsichtsaufgaben aus, doch verfügen sie zusätzlich über weitere Kompetenzen (z.B. Antragsrecht bei anderen Behörden, Erlass von Verfügungen). Zudem haben sie nicht die gleiche Unabhängigkeit wie der Ombudsmann, da sie nicht vom Parlament, sondern vom Bundesrat gewählt werden. 1773

IV. Verhältnis von Verwaltungsbehörden untereinander

Umfang und Komplexität der Verwaltungstätigkeit haben eine ausgeprägte *Spezialisierung* der verschiedenen Behörden zur Folge. Die einzelnen Amtsstellen sind jedoch nicht in der Lage, alle ihre Aufgaben allein zu erfüllen, sondern müssen oft mit anderen Stellen zusammenarbeiten, beispielsweise weil einer Behörde bestimmte Informationen fehlen, die ihr eine andere liefern könnte. Die Zusammenarbeit findet vor allem in folgenden Formen statt: 1774

1. Koordination im hierarchischen Verwaltungsaufbau

Im hierarchischen Verwaltungsaufbau entscheidet die den verschiedenen Verwaltungsbehörden *gemeinsam übergeordnete Stelle* über die Art und Weise der Zusammenarbeit (Rz. 1570 ff.). Allerdings können untergeordnete Behörden ihre Tätigkeiten auch direkt aufeinander abstimmen (Rz. 1572). 1775

2. Koordination im Entscheidverfahren

Komplexe Verfahren, vor allem Grossbauprojekte, machen Entscheidungen mehrerer Fachbehörden notwendig. Diese stehen unter Umständen nicht auf der gleichen Stufe 1776 bzw. sind voneinander unabhängig (z.B. Bundesbehörden und kantonale Behörden). Den Privaten ist es nicht zumutbar, für einen Entscheid die notwendigen Bewilligungen aller Behörden einzeln zu «sammeln»; damit wäre auch nicht gewährleistet, dass im Entscheid über das Projekt alle massgeblichen Interessen gegeneinander abgewogen würden (zu Interessenabwägungen im Allgemeinen vgl. Rz. 497 ff.). Das Bundesgericht verlangt deshalb, dass in komplexen Verwaltungsverfahren das Verfahren *formell* (durch eine Behörde) und *materiell* (ein Entscheid unter Berücksichtigung aller Interessen) *koordiniert* wird (vgl. BGE 137 II 182, 196).

1777 Beispiel:

Zur Verwirklichung der geplanten Abfalldeponie auf dem Gelände Chrüzeln in der Gemeinde Oetwil am See mussten verschiedene materiellrechtliche Vorschriften angewendet und mehrere Bewilligungen erteilt werden. Im angefochteten Entscheid hatten die Baudirektion und im Anschluss der Regierungsrat als Rekursbehörde über zwei Spezialbewilligungen – Deponiebewilligung und gewässerschutzrechtliche Bewilligung – zu entscheiden. Die dabei zu prüfenden Fragen stellten sich in gleicher Weise im getrennt geführten baurechtlichen Bewilligungsverfahren. Das Bundesgericht verpflichtete den Kanton, die einzelnen Bewilligungsverfahren so zu koordinieren, dass alle auf dem Spiel stehenden Interessen und Schutzbedürfnisse ausreichend berücksichtigt und gegeneinander abgewogen werden, und dass die Ergebnisse der Verfahren gemeinsam oder gleichzeitig eröffnet werden (BGE 116 Ib 50, 56 ff.).

1778 Im Bund hat der *Gesetzgeber* die Pflicht zur formellen und materiellen Koordination an verschiedener Stelle festgeschrieben. Gemäss Art. 25a Abs. 1 RPG muss eine einzige Behörde zuständig sein, wenn «die Errichtung oder die Änderung einer Baute oder Anlage Verfügungen mehrerer Behörden» erfordert. Diese Behörde trifft «die erforderlichen verfahrensleitenden Anordnungen […], sorgt für eine gemeinsame öffentliche Auflage aller Gesuchsunterlagen, […] holt von allen beteiligten kantonalen und eidgenössischen Behörden umfassende Stellungnahmen zum Vorhaben ein [und] sorgt für eine inhaltliche Abstimmung sowie möglichst für eine gemeinsame oder gleichzeitige Eröffnung der Verfügungen» (Art. 25a Abs. 2 lit. a–d RPG). Art. 25a Abs. 3 RPG lautet: «Die Verfügungen dürfen keine Widersprüche enthalten» (vgl. dazu BGer, Urteil 1C_236/2013 vom 4. Februar 2014 E. 3.1).

1779 Der Bund ist den Vorgaben des Bundesgerichts auch mit dem *Bundesgesetz über die Koordination und Vereinfachung von Entscheidverfahren* vom 18. Juni 1999 (AS 1999, 3071) nachgekommen. Das Gesetz änderte die Verfahrensregelungen verschiedener Bundesgesetze in der Weise, dass in bestimmten Sachbereichen bei komplexen Projekten die Befugnisse im Rahmen des Enteignungsverfahrens einer so genannten «Leitbehörde» übertragen werden (zum Enteignungsverfahren vgl. Rz. 2420 ff.). Die jeweiligen Spezialerlasse (z.B. Art. 26 NSG [Bundesgesetz über die Nationalstrassen], Art. 18 EBG [Eisenbahngesetz] oder Art. 16 EleG [Elektrizitätsgesetz]) bezeichnen die Behörde (in der Regel ein Bundesamt oder Departement), bei der alle erforderlichen Verfahren zusammengelegt sind und der die Verfahrensleitung bis zum Einspracheentscheid obliegt. Die Leitbehörde entscheidet zusammen mit der Projektgenehmigung und allen erforderlichen Bewilligungen gleichzeitig auch über die enteignungsrechtlichen Einsprachen. Einzig die Entschädigungsforderungen beurteilt auch im neuen konzentrierten Entscheidverfahren wie bisher die Schätzungskommission nach den Bestimmungen des Enteignungsgesetzes (vgl. Botschaft zu einem Bundesgesetz über die Koordination und

Vereinfachung des Plangenehmigungsverfahrens vom 25. Februar 1998, BBl 1998, 2592). Auch verschiedene Kantone haben die Pflicht zur Koordination von Bewilligungsverfahren im Sinne der bundesgerichtlichen Rechtsprechung gesetzlich geregelt (so z.B. der Kanton Bern im Koordinationsgesetz vom 21. März 1994 [BSG 724.1]; vgl. BGE 139 II 470, 482).

3. Kooperation

Verschiedene Verwaltungsbehörden können mittels *Vertrag* (zu den koordinationsrechtlichen Verträgen Rz. 1304 ff.) oder durch *Gründung eines gemeinsamen Verwaltungsträgers* (z.B. Zweckverband, Rz. 1965 ff.) zusammenarbeiten. Werden dabei Verwaltungsaufgaben auf eine andere Behörde oder einen neuen Verwaltungsträger übertragen, muss die Kooperation durch den Gesetzgeber beschlossen werden. Untergeordnete Dienstleistungen einer Behörde an eine andere – die Zentralverwaltung des Kantons betreibt z.B. das EDV-System einer Anstalt des Kantons – stellen eine Art «administrativer Hilfstätigkeit» (vgl. Rz. 1384 f.) zwischen Verwaltungsbehörden dar, die nicht speziell in einem Erlass geregelt werden muss; zu prüfen ist allenfalls die Pflicht zur öffentlichen *Ausschreibung* (Anwendungsfall des öffentlichen Beschaffungsrechts, vgl. Rz. 1397 ff.). 1780

Beispiel: 1781

Die beiden Kantone Basel-Stadt und Basel-Landschaft haben am 8. bzw. 14. Juni 2011 den Vertrag über die BVG- und Stiftungsaufsicht beider Basel abgeschlossen. Seit dem 1. Januar 2012 erfüllen die Kantone die ihnen gemäss Art. 61 ff. BVG obliegenden Aufgaben durch die BSABB (BVG- und Stiftungsaufsicht beider Basel) – eine öffentlich-rechtliche Anstalt – nunmehr gemeinsam (vgl. BVGer, Urteil C-1499/2012 vom 17. März 2014 E. 6.1.2).

4. Amts- und Rechtshilfe

a) Begriff und Bedeutung

Der hierarchische Aufbau der Verwaltungsbehörden hat wie dargelegt eine ausgeprägte Spezialisierung zur Folge (Rz. 1569 ff.). Aufgrund unterschiedlicher sachlicher und örtlicher Zuständigkeiten sind die Behörden beispielweise im Rahmen von Sachverhaltsabklärungen oder Vollstreckungshandlungen auf die *Unterstützung anderer Behörden* angewiesen; namentlich wenn sich Beweismittel (z.B. Zeugen oder Urkunden) ausserhalb ihres Hoheitsgebietes befinden (vgl. KIENER/RÜTSCHE/KUHN, Rz. 1146). 1782

Die verwaltungsinterne Zusammenarbeit wird als *Amtshilfe* bezeichnet, wenn die Handlung der einen Behörde der Erfüllung der Aufgabe einer anderen Behörde dient und sie auf deren Ersuchen und ausserhalb prozessrechtlich geregelter Verfahren vorgenommen wird. Dies ist beispielsweise in erstinstanzlichen, nichtstreitigen Verwaltungsverfahren der Fall (vgl. Rz. 967 ff.). Von der Amtshilfe zu unterscheiden ist die verwaltungsexterne *Rechtshilfe,* welche prozessrechtlichen Regeln untersteht und vorwiegend bei gerichtlichen Verfahren zur Anwendung kommt (BGE 129 II 484, 493; 126 II 126, 131 f.; im internationalen Verhältnis nähern sich Amts- und Rechtshilfe allerdings an). 1783

Das Zusammenwirken von Behörden bei Geschäften, die gleichzeitig in den Aufgabenbereich mehrerer Behörden fallen, stellt ebenfalls keine Amtshilfe dar (vgl. zur Koordination und Kooperation Rz. 1774 ff.).

1784 Die allgemeine Pflicht zur Leistung von Amts- und Rechtshilfe ergibt sich für Bund und Kantone sowie für die Kantone untereinander aus Art. 44 Abs. 2 BV und innerhalb desselben Gemeinwesens aus dem Grundsatz der *Einheit der Verwaltung*. Daneben enthalten zahlreiche eidgenössische und kantonale Gesetze spezifische Verpflichtungen zur Leistung von Amts- und Rechtshilfe (vgl. KIENER/RÜTSCHE/KUHN, Rz. 1151). Oft bestehen auch spezialgesetzliche Grundlagen.

Beispiele:

1785 – Nach Art. 111 f. DBG (Bundesgesetz über die direkte Bundessteuer) müssen sämtliche Behörden auf Bundes-, Kantons-, Gemeinde- und Bezirksebene den mit dem Vollzug des DBG betrauten Behörden Auskunft erteilen und Akteneinsicht gewähren.

1786 – Gemäss Art. 32 ATSG (Bundesgesetz über den Allgemeinen Teil des Sozialversicherungsrechts) haben die Verwaltungs- und Rechtspflegebehörden aller Staatsebenen den Organen der Sozialversicherungen auf schriftliche und begründete Anfrage hin die Daten bekannt zu geben, welche für die Festsetzung, Änderung und Rückforderung von Leistungen, die Verhinderung ungerechtfertigter Bezüge sowie den Rückgriff auf haftpflichtige Dritte notwendig sind.

b) Schranken

1787 Als Schranken der Amtshilfe kommen namentlich das *Amtsgeheimnis* (vgl. Rz. 1558 ff., 2032 ff.) und der *Datenschutz* (vgl. Rz. 1562 ff.) in Betracht. Das Amtsgeheimnis ist allerdings durch das Öffentlichkeitsprinzip stark relativiert worden (vgl. BGE 136 II 399, 401; BVGer, Urteil A-1592/2014 vom 21. Januar 2015 E. 3; Rz. 1558 ff., 2032 ff.). In praktischer Hinsicht bedeutet dies u.E., dass eine Behörde einer anderen Behörde diejenigen Informationen weitergeben darf, welche sie auf Anfrage auch Privaten hätte bekannt geben dürfen.

1788 Die Weitergabe von Personendaten stellt regelmässig einen *Grundrechtseingriff* für die betroffene Person dar. Dementsprechend müssen die Eingriffsvoraussetzungen von Art. 36 BV erfüllt sein. Sie sind im Datenschutzgesetz weiter konkretisiert worden. Die Bekanntgabe von Personendaten im Rahmen der Amtshilfe ist nur zulässig, soweit diese für den Empfänger im Einzelfall zur Erfüllung seiner gesetzlichen Aufgabe unentbehrlich sind (Art. 19 Abs. 1 lit. a DSG). Dies bedeutet, dass beispielsweise die Erteilung von Massenauskünften über eine Vielzahl von Personen unzulässig ist (Stellungnahme des Eidgenössischen Datenschutzbeauftragten, VPB 62 [1998] Nr. 43).

Beispiele:

1789 – Die Eidgenössische Steuerverwaltung bat das Bundesamt für Landwirtschaft (BLW) um die Bekanntgabe aller Empfänger von Stilllegungsbeiträgen für Stallbauten. Das BLW legte das Ersuchen dem Eidgenössischen Datenschutzbeauftragten vor. Dieser wies in seiner Stellungnahme darauf hin, dass für eine allgemeine Bekanntgabe aller Subventionsempfänger keine genügende gesetzliche Grundlage bestehe. Zulässig sei hingegen eine einzelfallweise Hilfeleistung durch das BLW (Stellungnahme des Eidgenössischen Datenschutzbeauftragten, VPB 60 [1996] Nr. 12).

1790 – X. verlangte bei der WEKO gestützt auf das BGÖ (Bundesgesetz über das Öffentlichkeitsprinzip der Verwaltung) die Namen all jener Mitarbeiterinnen, welche bei den beiden Unternehmenszusammenschlüssen Migros-Denner und Emmi AG-Fromalp AG involviert waren. Diesem Gesuch kam die WEKO aus Gründen des Datenschutzes lediglich mittels Nennung von

Pseudonymen und in Form einer anonymisierten Mitarbeiterliste nach. Gemäss Bundesverwaltungsgericht steht die Bekanntgabe von Stammdaten (Name, Vorname, Adresse) unter dem Vorbehalt einer einzelfallweisen Interessenabwägung, wobei insbesondere dem Recht auf informationelle Selbstbestimmung Rechnung zu tragen sei. Zudem ist zwischen Verwaltungsangestellten in Führungspositionen und nachgeordneten Angestellten zu unterscheiden (BVGer, Urteil A-6054/2013 vom 18. Mai 2015 E. 4.2.2).

§ 26 Zusammenarbeit von Verwaltungsbehörden und Privaten

Literatur

ACHERMANN URS, Privatisierung im öffentlichen Verkehr – Voraussetzungen der Privatisierung und Steuerung des privatisierten Vollzugs am Beispiel des öffentlichen Verkehrs, Diss. Zürich 2008; BAUMGARTNER HANNES, Grundrechtsanspruch auf Zeitungsboxen für Gratisanzeiger an Tramhaltestellen?, ZBl 102 (2001) 640 ff.; BEELI HANS, Das öffentliche und gemischtwirtschaftliche Unternehmen am Beispiel der Luzerner und Zuger Kantonalbank, Diss. Freiburg 1989; BIAGGINI GIOVANNI, Verfassungsrechtliche Grenzen der Privatisierung, in: Institut Suisse de Droit Comparé (Hrsg.), Rapports suisses présentés au XVème Congrès International de Droit Comparé, Zürich 1998, S. 67 ff.; BOLZ URS (Hrsg.), Public Private Partnership in der Schweiz, Grundlagenstudie – Ergebnis einer gemeinsamen Initiative von Wirtschaft und Verwaltung, Zürich 2005; BOLZ URS/HÄNER ISABELLE/KEUSEN ULRICH/BISCHOF MARCEL, Public Private Partnership in der Schweiz, Gesetzgeberischer Handlungsbedarf, Zürich 2008; BOLZ URS/INEICHEN MARK/BURKHARD LANDRÉ, PPP-Projektvertrag: Herausforderungen und Lösungsansätze, in: Isabelle Häner/Bernhard Waldmann (Hrsg.), Der verwaltungsrechtliche Vertrag in der Praxis, Zürich/Basel/Genf 2007, S. 143 ff.; BRUNNER URSULA, Rechtsetzung durch Private, Diss. Zürich 1982; BRÜLHART MARCEL/WICHTERMANN JÜRG, Leistungsverträge – vertragliche Grundlagen für die Auslagerung von Verwaltungsausgaben, in: Isabelle Häner/Bernhard Waldmann (Hrsg.), Der verwaltungsrechtliche Vertrag in der Praxis, Zürich/Basel/Genf 2007, S. 159 ff.; DEGIACOMI FRANZ, Die Erfüllung kommunaler Aufgaben durch Private, Diss. Zürich 1989; DIEBOLD NICOLAS, Die öffentliche Ausschreibung als Marktzugangsinstrument, ZSR 133/II (2014) 219 ff.; EICHENBERGER KURT, Zur Problematik der Aufgabenverteilung zwischen Staat und Privaten, ZBl 91 (1990) 517 ff.; FORSTMOSER PETER, Wer «A» sagt muss auch «B» sagen, Gedanken zur Privatisierungsdebatte, SJZ 98 (2002) 193 ff., 217 ff.; FORSTMOSER PETER/JAAG TOBIAS, Der Staat als Aktionär, Haftungsrechtliche Risiken der Vertretung des Staates im Verwaltungsrat von Aktiengesellschaften, Zürich 2000; HÄNER ISABELLE, Organisationsrecht (ausgewählte Fragen), in: Giovanni Biaggini/Isabelle Häner/Urs Saxer/Markus Schott (Hrsg.), Fachhandbuch Verwaltungsrecht, Zürich/Basel/Genf 2015, S. 1165 ff.; HÄNER ISABELLE, Grundrechtsgeltung bei der Wahrnehmung staatlicher Aufgaben durch Private, AJP 11 (2002) 1144 ff.; HÄNER ISABELLE, Privatisierung staatlicher Ausgaben (Finanzierungsprivatisierung) unter verfassungsrechtlichen Aspekten, ZBl 102 (2001) 423 ff.; HANGARTNER YVO, Der Staat als Unternehmer, in: Rechtswissenschaftliche Abteilung der Universität St. Gallen (Hrsg.), Rechtliche Rahmenbedingungen des Wirtschaftsstandortes Schweiz, Festschrift 25 Jahre juristische Abschlüsse an der Universität St. Gallen, Zürich 2007, S. 237 ff.; HANGARTNER YVO, Grundrechtsbindung öffentlicher Unternehmen – Bemerkungen aus Anlass der Auseinandersetzung zwischen einer Bürgerbewegung und der Post, AJP 9 (2000) 515 ff.; HÄSLER PHILIPP, Geltung der Grundrechte für öffentliche Unternehmen, Diss. Bern 2005; HETTICH PETER, Sicherung der Grundversorgung bei vollständiger Deregulierung – Ein Beitrag zur bevorstehenden Aufhebung des Postmonopols in der Schweiz und in der EU, ZBl 109 (2008) 629 ff.; JAAG TOBIAS, Der Staat als Aktionär, in: Hans Caspar von der Crone/Rolf H. Weber/Roger Zäch/Dieter Zobl (Hrsg.), Neuere Tendenzen im Gesellschaftsrecht, Festschrift für Peter Forstmoser zum 60. Geburtstag, Zürich 2003, S. 379 ff.; JAAG TOBIAS (Hrsg.), Dezentralisierung und Privatisierung öffentlicher Aufgaben, Zürich 2000; JAAG TOBIAS, Privatisierung von Verwaltungsaufgaben, VVDStRL 54 (1994) 287 ff.; KÄLIN WALTER/LIENHARD ANDREAS/WYTTENBACH JUDITH, Auslagerung von sicherheitspolizeilichen Aufgaben, Basel 2007; KERN KEREM, Privatisierung kommunaler Elektrizitätsversorgungsunternehmen, Rechtliche Aspekte des Überführungsvorganges am Beispiel der Kantone Aargau und Zürich, Diss. Zürich 2005; KNAPP BLAISE, Société d'économie mixte et société à participation étatique, in: Flavio Cometta/Hans Caspar von der Crone/Simone Giani-ni/Roland Ruedin/Blaise Knapp/Henry Peter, Temi scelti di diritto societario, Lugano 2002, S. 119 ff.;

KRÄHENMANN BEAT, Privatwirtschaftliche Tätigkeit des Gemeinwesens, Diss. Basel, Basel/Frankfurt a.M. 1987; LIENHARD ANDREAS, Auslagerung von sicherheitspolizeilichen Aufgaben auf private Sicherheitsunternehmen in der Schweiz, LeGes 19 (2008) 425 ff.; LIENHARD ANDREAS/PFISTERER THOMAS (Hrsg.), PPP – Was fehlt zum Durchbruch?, Zürich/Basel/Genf 2010; MÄCHLER AUGUST, Rechtsfragen um die Finanzierung privater Träger öffentlicher Aufgaben, AJP 11 (2002) 1175 ff.; MAGRO ENRICO, Interessenvertretung des Gemeinwesens im Verwaltungsrat der Aktiengesellschaft unter Berücksichtigung anderer Körperschaftsformen, Diss. Zürich 2000; MARTI ARNOLD, Aufgabenteilung zwischen Staat und Privaten auf dem Gebiet der Rechtsetzung – Ende des staatlichen Rechtsetzungsmonopols?, AJP 11 (2002) 1154 ff.; MEYER CHRISTOPH, Public Private Partnership – Chancen und Risiken, in: Thomas Sutter-Somm/Felix Hafner/Gerhard Schmid/Kurt Seelmann (Hrsg.), Risiko und Recht, Festgabe zum Schweizerischen Juristentag, Basel 2004, S. 291 ff.; MÜLLER GEORG, Zur Grundrechtsbindung der öffentlichen Unternehmen der Elektrizitätswirtschaft in der Schweiz, in: Ivo Appel/Georg Hermes/Christoph Schönenberger (Hrsg.), Öffentliches Recht im offenen Staat, Festschrift für Rainer Wahl zum 70. Geburtstag, Berlin 2011, S. 251 ff.; MÜLLER ANDREAS, Staats- und verwaltungsrechtliche Kriterien für die Privatisierung von Staatsaufgaben, AJP 7 (1998) 65 ff.; POLTIER ETIENNE, Les entreprises d'économie mixte, Diss. Lausanne, Zürich 1983; RAUBER PHILIPP, Rechtliche Grundlagen der Erfüllung sicherheitspolizeilicher Aufgaben durch Private, Diss. Basel 2006; RHINOW RENÉ/SCHMID GERHARD/BIAGGINI GIOVANNI/UHLMANN FELIX, Öffentliches Wirtschaftsrecht, 2. Aufl., Basel 2011; RÜTSCHE BERNHARD, Was sind öffentliche Aufgaben?, recht 14 (2013) 153 ff.; SALOMÉ ISABELLE, Corporate governance et secteur public, ZSR 122/II (2003) 569 ff.; SCHAFFHAUSER RENÉ/POLEDNA TOMAS (Hrsg.), Auslagerung und Privatisierung von staatlichen und kommunalen Einheiten: Rechtsformen und ihre Folgen, Referate der Tagung vom 14. November 2001 in Luzern, St. Gallen 2002; SCHEFER MARKUS, Grundrechtliche Schutzpflichten und die Auslagerung staatlicher Aufgaben, AJP 11 (2002) 1131 ff.; SCHLATTER ELIANE, Grundrechtsgeltung beim wirtschaftlichen Staatshandeln, Diss. Zürich 2009; SCHMID GERHARD/UHLMANN FELIX, Öffentliche Unternehmen in den Untiefen zwischen Grundrechtsbindung, Gewinnorientierung und Sachen im Gemeingebrauch – zur Exklusivvergabe der Baselland-Transport AG für das Aufstellen von Zeitungsboxen an Tramhaltestellen, ZBl 102 (2001) 337 ff.; SCHNEIDER HEUSI CLAUDIA, Public Private Partnership in der Schweiz, in: DACH Europäische Anwaltsvereinigung e.V. (Hrsg.), Public Private Partnerships, Zürich 2008, S. 65 ff.; SCHNEIDER HEUSI CLAUDIA/JOST FELIX, Public Private Partnership – Wenn Staat und Private kooperieren, in: BR, Sonderheft 2006, S. 27 ff.; SCHÜRMANN LEO, Das Recht der gemischtwirtschaftlichen und öffentlichen Unternehmungen mit privatrechtlicher Organisation, ZSR 72/II (1953) 65a ff.; SCHWITTER GAUDENZ, Die Privatisierung von Kantonalbanken, Diss. Freiburg 2000; STÄMPFLI MICHAEL, Die gemischtwirtschaftliche Aktiengesellschaft, Diss. Bern 1991; STÖCKLI ANDREAS, Interessenkonflikte und Haftungsrisiken in der gemischtwirtschaftlichen Aktiengesellschaft, recht 33 (2015) 111 ff.; STÖCKLI ANDREAS, Behördenmitglieder in den obersten Führungs- und Aufsichtsgremien von öffentlichen Unternehmen, Diss. Freiburg, Bern 2012; THIÉBAUD ALAIN, Die Übertragung öffentlicher Aufgaben auf verwaltungsexterne Rechtsträger nach Massgabe der neuen Zürcher Kantonsverfassung, ZBl 109 (2008) 509 ff.; TRÜEB HANS RUDOLF, Privatisierung der Swisscom – ein Nachruf?, in: Rechtswissenschaftliche Fakultät der Universität Zürich (Hrsg.), Individuum und Verband, Festgabe zum Schweizerischen Juristentag 2006, Zürich 2006, S. 305 ff.; UEBERSAX PETER, Privatisierung der Verwaltung, ZBl 102 (2001) 393 ff.; UHLMANN FELIX, Gewinnorientiertes Staatshandeln, Diss. Basel 1997; UHLMANN FELIX/GILI NATASSIA, Private Normen und staatliches Recht, in: Felix Uhlmann (Hrsg.), Private Normen und staatliches Recht, Zürich/St. Gallen 2015, S. 7 ff.; VOGEL STEFAN, Die spezialgesetzliche Aktiengesellschaft, ZBl 104 (2003) 418 ff.; VOGEL STEFAN, Der Staat als Marktteilnehmer, Diss. Zürich 2000; VON BÜREN LUCIE, Akkreditierte Zertifizierung im gesetzlich geregelten Bereich, Bern 2013; WEBER ROLF H./BISCHOF JUDITH, Umstrukturierung und Privatisierung von Instituten des öffentlichen Rechts, Zürich 2002; WELTERT HANS MARTIN, Die Organisations- und Handlungsformen in der schweizerischen Elektrizitätsversorgung, Diss. Basel, Zürich 1990; WICHTERMANN JÜRG, Haftung der mit öffentlichen Aufgaben betrauten Privaten, in: Bernhard Rütsche/Walter Fellmann, Aktuelle Fragen des Staatshaftungsrechts – Tagung vom 3. Juli 2014 in Luzern, Bern 2014,

S. 107 ff.; WYSS MARTIN PHILIPP, Der Staat als Vereinsmitglied?, Die Bundesverwaltung als Genossenschafterin?, REPRAX 3/2011, 20 ff.; WYSS MARTIN PHILIPP, Doppelte Freude und geteiltes Leid?, Kritische Schlaglichter auf Phänomene staatlich-privater Kooperation, AJP 11 (2002) 1195 ff.; ZÜND ANDREAS/ERRASS CHRISTOPH, Privatisierung von Polizeiaufgaben, Sicherheit & Recht 5 (2012) 162 ff.

I. Allgemeines

1. Ziel der Zusammenarbeit

1791 Früher bestand eine *strikte Trennung* zwischen den Verwaltungsbehörden und den Privaten. Heute wird versucht, die Privaten in die Verwaltungstätigkeit mit einzubeziehen und in möglichst vielen Bereichen an der staatlichen Aufgabenerfüllung mitwirken zu lassen. Damit sollen das *Fachwissen* der Privaten genutzt und die *Akzeptanz* der Verwaltungstätigkeit verbessert werden.

1792 In neuerer Zeit zeichnet sich ein *Wandel* bei der Erfüllung der immer komplexer werdenden Staatsaufgaben ab. Der Staat überlässt sie zunehmend den Privaten, die dafür besser geeignet sind. Er gewährleistet aber durch entsprechende Vorgaben und Kontrollen, dass die Aufgaben durch die Privaten in einer bestimmten Qualität erfüllt werden. Man spricht in diesem Zusammenhang vom «Gewährleistungsstaat», der an die Stelle des «Leistungsstaates» tritt (Rz. 43 ff.).

2. Formen der Zusammenarbeit im Überblick

a) Mitwirkungsrechte der betroffenen Privaten im Verwaltungsverfahren

1793 Die Betroffenen haben im Verwaltungsverfahren *Anspruch auf rechtliches Gehör* (vgl. dazu Rz. 1001 ff.). Im Rahmen der Anhörung gelingt es oft, eine Lösung im Einvernehmen zwischen Behörden und Betroffenen zu finden.

1794 Beispiele:
- Anhörung vor Erlass einer Verfügung;
- Mitwirkung bei der Sachverhaltsermittlung (z.B. Augenschein).

b) Mitwirkung bei Verfügungen und beim Abschluss von Verträgen

1795 Bestimmte Verfügungen werden nur auf Gesuch des Privaten hin getroffen (z.B. Erteilung von Bewilligungen, Konzessionen) oder bedürfen seiner Zustimmung (z.B. Begründung eines Dienstverhältnisses). Es handelt sich dabei um *mitwirkungsbedürftige Verfügungen* (vgl. Rz. 892 ff.).

1796 Auch können die Gemeinwesen mit Privatpersonen privatrechtliche oder verwaltungsrechtliche *Verträge* abschliessen. Diese setzen übereinstimmende gegenseitige Willenserklärungen voraus (zum verwaltungsrechtlichen Vertrag vgl. Rz. 1286 ff.).

c) Informelle Kooperation zwischen Verwaltungsbehörden und Privaten

Im Rahmen des *informellen Verwaltungshandelns* wird versucht, mittels Kooperation zwischen Verwaltungsbehörden und Privaten Lösungen zu erarbeiten, zu deren Realisierung sich die Privaten freiwillig und formlos bereit erklären, sodass die Verwaltungsbehörden auf hoheitliche Anordnungen verzichten oder diese so ausgestalten können, dass sie den von den Privaten akzeptierten Verpflichtungen entsprechen (vgl. Rz. 1422 ff.). 1797

d) Einbezug von Vertretern betroffener und interessierter Privatpersonen und privater Organisationen in Beratungs- oder Aufsichtsorgane

In verschiedenen staatlichen Aufsichts- und Beratungsgremien sind auch Private vertreten. Die entsprechenden Gremien werden oft als «Kommissionen» bezeichnet (vgl. Rz. 1713 ff.). 1798

Beispiele:

- Der Bildungsrat stellt im Kanton Zürich das Verbindungsglied zwischen Schule und Bevölkerung dar; er ist mit Aufsichts- und Entscheidungsbefugnissen ausgestattet. Ihm gehören von Amtes wegen das für das Bildungswesen zuständige Mitglied des Regierungsrates sowie weitere Mitglieder aus den Bereichen Bildung, Wirtschaft, Kultur, Wissenschaft und Sozialwesen an, welche der Kantonsrat wählt (§ 22 BiG/ZH). 1799
- Die Eidgenössische AHV-Kommission ist ein beratendes Organ im Bereich der Alters-, Hinterlassenen- und Invalidenversicherung, in welchem die Versicherten, die schweizerischen Wirtschaftsverbände, die Versicherungseinrichtungen, der Bund und die Kantone vertreten sind (Art. 73 AHVG). 1800
- Die Eidgenössische Kommission für die berufliche Vorsorge – ein Beratungsorgan des Bundesrates – setzt sich zusammen aus Vertretern des Bundes und der Kantone sowie mehrheitlich aus Vertretern der Arbeitgeber, Arbeitnehmer und Vorsorgeeinrichtungen (Art. 85 BVG). 1801

e) Schaffung eines gemeinsamen Verwaltungsträgers

Für bestimmte Aufgaben, vor allem im Wirtschaftsbereich, schaffen Staat und Private einen gemeinsamen Verwaltungsträger. Im Vordergrund steht die gemischtwirtschaftliche Aktiengesellschaft (vgl. Rz. 1806 ff.). 1802

f) Übertragung von Verwaltungsaufgaben auf Private

Eine Mitwirkung der Privaten kann auch dadurch zustande kommen, dass der Staat die Besorgung von Verwaltungsaufgaben privaten Organisationen anvertraut (vgl. dazu Rz. 1817 ff.). 1803

g) Public Private Partnership

Kommt es zu einer längerfristigen, intensiven Zusammenarbeit zwischen Staat und Privaten, so wird häufig von *«Public Private Partnership» (PPP)* gesprochen. Sie eignet sich besonders für die Realisierung von Grossprojekten (z.B. Bau und Betrieb von Verkehrsinfrastrukturen, Anlagen für die Erzeugung und Verteilung von Energie, Sportanlagen, Museen), bei welchen die privaten Unternehmen nicht nur ihre personellen und 1804 materiellen *Ressourcen* sowie ihr *Fachwissen* einbringen, sondern sich auch an der *Finanzierung* beteiligen. Für eine solche Zusammenarbeit stehen grundsätzlich drei Modelle zur Verfügung: Es können ihr Verträge (Rz. 1324, 1817 ff.), Konzessionen (Rz. 1819 f.) oder gemeinsam gewählte Rechtsträger, namentlich in der Form von Gesellschaften (Rz. 1806 ff.), zugrunde liegen. Die Erfüllung von Verwaltungsaufgaben im Rahmen einer PPP muss auf einer genügenden gesetzlichen Grundlage beruhen und vom Staat beaufsichtigt werden; überdies muss gewährleistet sein, dass dabei die Verfassung, insbesondere die Grundrechte, beachtet werden (Rz. 1850 ff.).

1805 Der Begriff der Public Private Partnership hat keine eigenständige rechtliche Bedeutung. Er beschreibt eher *eine Methode oder ein Verfahren der Aufgabenerfüllung* durch Zusammenarbeit von Staat und Privaten. Manchmal wird er auch nur als politisches Schlagwort verwendet.

II. Schaffung eines gemeinsamen Verwaltungsträgers (Gemischtwirtschaftliche Unternehmen)

1. Begriff und Merkmale

1806 Gemischtwirtschaftliche Unternehmen zeichnen sich dadurch aus, dass *Gemeinwesen* (Bund, Kantone, Gemeinden, andere öffentlich-rechtliche Körperschaften oder Anstalten) und *Private die Unternehmensleitung gemeinsam wahrnehmen*. Charakteristisch ist entsprechend die *doppelte Zweckbestimmung* dieser Gebilde, die die Gewinnstrebigkeit und Verwirklichung öffentlicher Interessen miteinander verbindet.

1807 In aller Regel weist ein gemischtwirtschaftliches Unternehmen eine *privatrechtliche Organisation* auf, zwingend ist das indessen nicht. Zur Anwendung kommen können auch *öffentlich-rechtliche* Organisationsformen, namentlich diejenige der spezialgesetzlichen Aktiengesellschaft oder der öffentlich-rechtlichen Genossenschaft. Unerlässlich ist demgegenüber die Wahl einer *körperschaftlichen Struktur*.

1808 Üblicherweise stellen Gemeinwesen und Private das *Unternehmenskapital gemeinsam* zur Verfügung.

1809 Das Gemeinwesen kann allerdings auch *auf eine Kapitalbeteiligung verzichten* und sich – im Sinne von Art. 762 Abs. 1 OR bzw. Art. 926 Abs. 1 OR – *in den Gesellschaftsstatuten das Recht einräumen lassen,* Vertreter in die Verwaltung oder die Revisions-/Kontrollstelle von privaten Unternehmungen, an denen ein öffentliches Interesse besteht, zu entsenden (so z.B. bei Gesellschaftssanierungen oder um die Verwendung von staatlichen Subventionen zu kontrollieren).

1810 Der Begriff des gemischtwirtschaftlichen Unternehmens wird in der Literatur *nicht einheitlich* verwendet. Das Gesetz unterscheidet in Art. 762 Abs. 2 OR zwischen Gesellschaften, in welchen das Gemeinwesen nach Art. 762 Abs. 1 OR in den Organen der Gesellschaft vertreten ist (vgl. dazu Rz. 1707 ff.), und «gemischtwirtschaftlichen Unternehmungen, an denen eine Körperschaft des öffentlichen Rechts als Aktionär beteiligt ist». Sachliche Gründe für eine derartige Differenzierung sind indessen nicht ersichtlich.

Mehrheitlich werden in der Lehre denn auch die Gesellschaften nach Art. 762 Abs. 1 OR zu den gemischtwirtschaftlichen gerechnet (vgl. KRÄHENMANN, S. 14; STÄMPFLI, S. 3 f.). FORSTMOSER/JAAG (Rz. 13) wollen den Begriff der Gemischtwirtschaftlichkeit auf Gesellschaften beschränken, bei denen ein Gemeinwesen seine Vertreter gestützt auf eine statutarische Ermächtigung gemäss Art. 762 Abs. 1 OR abordnet. Nach der hier vertretenen Auffassung ist die *gemeinsame Unternehmensleitung* von Staat und Privaten das entscheidende Kriterium.

Beispiele: 1811

- Flughafen Zürich AG;
- MCH Group AG (ehemals Mustermesse Schweiz);
- Wohnbaugenossenschaften.

2. Rechtsform und Gründung

Üblich ist die Rechtsform der privatrechtlichen – allenfalls der spezialgesetzlichen – *Aktiengesellschaft,* weit weniger häufig diejenige der privat- oder öffentlich-rechtlichen *Genossenschaft.* Andere Gesellschaftsformen eignen sich nicht bzw. weniger gut für gemischtwirtschaftliche Unternehmungen. Zu denken ist allenfalls an Vereine, in denen der Staat im Vorstand vertreten ist und sich etwa im Rahmen einer Subvention (Rz. 1336 ff.) gewisse Mitspracherechte vertraglich zusichern lässt. 1812

Die Teilnahme des Gemeinwesens an der Unternehmung bedarf einer *Grundlage im Gesetz,* welche über das mit der Beteiligung verfolgte öffentliche Interesse Aufschluss zu geben hat. Die *Gründung* erfolgt – je nach Organisationsform – direkt durch Gesetz oder dadurch, dass die einzelnen Gründungsmitglieder die Statuten annehmen und die Gesellschaft im Handelsregister eingetragen wird. 1813

Erwirbt dagegen das Gemeinwesen Aktien eines privaten Unternehmens zu *Anlagezwecken,* so ist keine besondere gesetzliche Grundlage erforderlich (vgl. zur Verwaltung des Finanzvermögens Rz. 1386 f., 2220 ff.). In diesem Fall ist weiterhin von einer privaten Gesellschaft auszugehen; die Übergänge können aber fliessend sein (Beteiligung der Kantone an der Fluggesellschaft Swiss, Rz. 2210). 1814

3. Haftung für staatliche Vertreter

Für die vom Staat abgeordneten Vertreter statuiert die Sonderbestimmung von Art. 762 Abs. 4 OR eine primäre Haftung des *entsendenden Gemeinwesens.* Demgegenüber gilt für Vertreter des Staates, welche die Generalversammlung in den Verwaltungsrat wählt, grundsätzlich eine primäre Haftung des *Verwaltungsratsmitgliedes* gemäss Art. 754 OR. Von Bedeutung ist diese Frage namentlich deshalb, weil sich die Verwaltungsräte der öffentlichen Hand in einem Dilemma befinden, indem sie sowohl die Interessen der AG als auch diejenigen des Staates wahren sollten. Sie laufen nicht nur dann ein Haftungsrisiko, wenn sie ihre Aufgabe unsorgfältig erfüllen, sondern auch dann, wenn sie bei Interessenkonflikten den Interessen des Staates vor jenen der Aktiengesellschaft den Vorrang einräumen (Näheres zu diesem Problemkreis bei FORSTMOSER/JAAG, Rz. 48 ff.). 1815

4. Motive für die Gründung von gemischtwirtschaftlichen Unternehmungen

1816 Die Form der gemischtwirtschaftlichen Unternehmung wird den *wirtschaftlichen Aktivitäten* auf Gebieten, auf denen zumeist auch rein private Unternehmen als Konkurrenten tätig sind, am ehesten gerecht. Sie bedeutet zudem eine gewisse Entpolitisierung des betreffenden öffentlichen Aufgabenbereichs (vgl. Rz. 1603 ff.). Oft dient sie auch dazu, zusätzliche *finanzielle Mittel* für kapitalintensive, im öffentlichen Interesse liegende Vorhaben zu beschaffen. Ein gewisser Zielkonflikt zwischen öffentlichen und privaten Interessen ist der gemischtwirtschaftlichen Unternehmung allerdings inhärent.

III. Übertragung von Verwaltungsaufgaben auf Private

1. Begriff und Voraussetzungen

1817 Das Gemeinwesen kann die Erfüllung von Verwaltungsaufgaben auch auf Private oder private Institutionen übertragen. Eine solche Übertragung ist nach Lehre und Rechtsprechung (BGE 140 II 112, 117 ff.; 138 I 196, 200 f.; vgl. auch BGE 129 I 330, 333; vgl. IMBODEN/RHINOW, Bd. II, S. 1139 f.) zulässig, sofern

- sie auf einer *gesetzlichen Grundlage* beruht, welche die Art der Aufgabenerfüllung durch die Privaten in den Grundzügen regelt, um sicherzustellen, dass dabei die öffentlichen Interessen ausreichend gewahrt werden (vgl. Art. 178 Abs. 3 BV; Art. 2 Abs. 4 RVOG);
- die Privaten der *Aufsicht des Staates* unterstehen;
- gewährleistet ist, dass die Privaten bei der Ausübung ihrer Tätigkeiten die *Verfassung,* insbesondere die Grundrechte, beachten (vgl. Rz. 1850 ff.).

1818 Die Übertragung der Verwaltungsaufgabe auf Private kann auf unterschiedliche Weise erfolgen, namentlich durch *verwaltungsrechtlichen Vertrag* (vgl. Rz. 1324).

2. Typische Formen der Übertragung von Verwaltungsaufgaben auf Private

a) Monopolkonzessionäre

1819 Wo der Staat ein unmittelbar rechtliches Monopol besitzt, kann er durch eine Monopolkonzession Privaten das Recht einräumen, die an sich ausschliesslich dem Staat vorbehaltene wirtschaftliche Tätigkeit auszuüben. Da es sich um eine wirtschaftliche Tätigkeit handelt, die aus Gründen des öffentlichen Wohls monopolisiert worden ist, handelt es sich gleichzeitig um die Übertragung einer Verwaltungsaufgabe. Deshalb besteht oft auch eine Betriebspflicht (vgl. dazu § 41, insb. Rz. 2738 ff.).

Beispiele: 1820
Eisenbahninfrastruktur- und Eisenbahnbetriebskonzession, Personentransportkonzession.

b) Mit Verwaltungsaufgaben beliehene Private

In Lehre und Rechtsprechung werden Private, denen das Gemeinwesen die Erledigung 1821 einer bestimmten Verwaltungsaufgabe überträgt, als *Beliehene* bezeichnet (z.B. GYGI, Verwaltungsrecht, S. 56 f.; TSCHANNEN/ZIMMERLI/MÜLLER, S. 79 ff., 442 f.). Die Übertragung derartiger Aufgaben auf Private dient vor allem der Entlastung der Verwaltungsbehörden. Die Privaten sind zur Wahrnehmung der Aufgabe berechtigt und verpflichtet. Sie haben in der Regel auch ein eigenes, wirtschaftliches Interesse daran.

Statt von Beleihung wird auch von *«Konzession des öffentlichen Dienstes»* gespro- 1822 chen (vgl. BGE 135 II 49, 52 ff.; 124 I 297, 300; 123 III 395, 399; 121 II 81, 85; VPB 64 [2000] Nr. 30; IMBODEN/RHINOW, Bd. II, S. 1136 ff.). Dieser Begriff kann indessen zu *Missverständnissen* Anlass geben, da sich die Rechtsstellung des mit der Erledigung von Verwaltungsobliegenheiten betrauten Privaten wesentlich von derjenigen eines Monopol- oder Sondernutzungskonzessionärs unterscheidet (vgl. Rz. 2718 f., 2690 ff.). Auch wird der Terminus der Konzession des öffentlichen Dienstes von einem Teil der Lehre für Monopolkonzessionen, welche eine Betriebspflicht des Konzessionärs begründen, verwendet (TSCHANNEN/ZIMMERLI/MÜLLER, S. 441 f.). Er soll deshalb nachfolgend keine Verwendung finden.

Beispiele: 1823
- Verbandsausgleichskassen der AHV (Art. 53 AHVG [Bundesgesetz über die Alters- und Hinterlassenenversicherung]);
- Schweizerischer Elektrotechnischer Verein (SEV; vgl. BGE 108 Ib 389 ff.; BGer, Urteil 2A.675/2005 vom 12. Juli 2006 E. 5);
- freiberuflicher Notar (vgl. BGE 129 I 330, 333; 124 I 297, 300);
- Krankenkassen (Art. 11 ff. KVG [Bundesgesetz über die Krankenversicherung]);
- Unternehmen, die Abfälle entsorgen (BGE 134 II 297, 301 ff.; vgl. auch Rz. 1297).

Den Beliehenen sind zumeist *Vollzugsaufgaben* übertragen, die sie anstelle des Ge- 1824 meinwesens nach dessen Vorgaben in den anwendbaren Erlassen und in den mit ihnen abgeschlossenen Verträgen (Leistungsvereinbarungen) erfüllen. Die Beliehenen werden dafür in der Regel vom Gemeinwesen oder von den Privaten, die ihre Dienste in Anspruch nehmen, entschädigt. Sie können ermächtigt werden, Rechtsverhältnisse durch *Verfügungen* zu regeln (BGE 138 I 274, 278 f.). Die Verfügungsbefugnis bedarf allerdings, wie die Übertragung der Verwaltungsaufgabe selbst, einer hinreichend klaren gesetzlichen Grundlage (BGer, Urteil 2C_715/2008 vom 15. April 2009 E. 2.4 ff. = ZBl 110 [2009] 503, 505 ff.).

Beispiele:
- Nach Art. 40 Abs. 2 BBG (Berufsbildungsgesetz) kann der Bund Organisationen der Arbeits- 1825 welt (Berufsverbände) die Durchführung der Qualifikationsverfahren (Prüfungen zum Erwerb des Berufsattests, des Fähigkeitszeugnisses oder der Berufsmaturität) übertragen.
- Sicherheitsprüfung von elektrischen Einrichtungen und Apparaten durch das Starkstrominspek- 1826 torat des Schweizerischen Elektrotechnischen Vereins (Art. 2 der Verordnung über das Eidgenössische Starkstrominspektorat vom 7. Dezember 1992 [SR 734.24]).

1827 – Vorbereitungen im Hinblick auf die Durchführung von Massnahmen der wirtschaftlichen Landesversorgung im Bereich der Produktion, des Transports, der Verteilung und des Verbrauchs von Elektrizität durch den Verband Schweizerischer Elektrizitätswerke (VSE; Art. 1 Abs. 1 VOEW [Verordnung über die Vollzugsorganisation der wirtschaftlichen Landesversorgung im Bereiche der Elektrizitätswirtschaft]).

1828 – Führung der Herdebücher für Zuchtvieh und Durchführung von Leistungsprüfungen und Zuchtwertschätzungen durch anerkannte Zuchtorganisationen (vgl. Art. 3 ff. TZV [Tierzuchtverordnung]).

1829 – Durchführung der sozialen Krankenversicherung durch Krankenkassen (Art. 11 ff. KVG).

1830 – Erlass von Verfügungen zur Erhebung von Empfangsgebühren durch die «Schweizerische Erhebungsstelle für Radio- und Fernsehempfangsgebühren», Billag AG (Art. 65 Abs. 2 lit. b RTVV [Radio- und Fernsehverordnung]; vgl. dazu BGE 128 III 39 ff.).

1831 – Kontrolle der Autobahnvignette und allfällige Strafverfolgung (Art. 18 Abs. 3 NSAG).

1832 – Private dürfen die zur Ausstellung von Visa für die Schweiz und den Schengen-Raum benötigten biometrischen Daten erfassen (Art. 5b der Verordnung über das zentrale Visa-Informationssystem und das nationale Visumsystem vom 18. Dezember 2013 [SR 142.512]).

1833 Den Beliehenen können neben Vollzugsaufgaben auch gewisse *Rechtssetzungskompetenzen* übertragen werden. Die Beliehenen dürfen allerdings lediglich untergeordnete Vollzugsnormen erlassen.

Beispiele:

1834 – In BGE 136 I 316 ff. ging es um den Bau zweier Wohnhäuser in Zermatt. Die Gemeinde stellte dem Hauseigentümer Kosten für Wasseranschluss und Kanalisation in Rechnung. Dabei stützte sie sich auf die Gebührenordnung der Einwohnergemeinde. Diese hielt fest, dass sich die entsprechenden Gebühren nach dem «Kubikmeter-Inhalt des umbauten Raumes nach SIA berechne». Der Schweizerische Ingenieur- und Architektenverein SIA hatte das Regelwerk Norm 116 im Jahre 2003 durch dasjenige der Norm 416 ersetzt. Beim neueren Regelwerk war der Kubikmeter-Inhalt im Schnitt 10 % geringer als bei der älteren SIA-Norm. Dies hatte Auswirkungen auf die Gebühren der Gemeinde Zermatt, die – je nach Anwendung der unterschiedlichen SIA-Normen – ebenfalls um 10 % differierten. Zwischen den Parteien war streitig, ob die ältere oder die neuere Norm zur Anwendung kommt. Das Bundesgericht qualifizierte die Berechnung der Höhe der Gebühr auf der Grundlage der SIA-Normen als sog. dynamischen Verweis und damit als eine Rechtssetzungsdelegation an Private. Diese ist nach Meinung des Bundesgerichts nur zulässig, soweit es sich um blosse Vollzugsnormen handelt: «Sind Normen so unwichtig, dass sie Gegenstand einer Vollziehungsverordnung sein könnten (z.B. rein technische Normen), handelt es sich funktional um Verwaltung; in diesem Fall werden Verwaltungsaufgaben an Private (für den Bund siehe Art. 178 Abs. 3 BV) übertragen.» Da die Regelung der Berechnung des Kubikmeter-Inhalts nicht Vollzug darstellt, war nach Bundesgericht im vorliegenden Fall somit nur ein sog. statischer Verweis auf das alte Regelwerk zulässig (vgl. auch BGE 137 II 409 ff.).

1835 – Art. 5 Abs. 1 BEHG und Art. 8 Abs. 1 BEHG (Börsengesetz) verpflichten die SIX Swiss Exchange (Börse) einerseits zum Erlass eines Reglements zur Organisation eines leistungsfähigen und transparenten Handels und andererseits zum Erlass eines Reglements über die Zulassung von Effekten zum Handel (sog. Kotierungsreglement). In BGE 137 III 37 ff. ging es um die Rechtsnatur eines solchen Kotierungsreglements. In der Lehre war streitig, ob es sich dabei um eine privatrechtliche Vereinbarung handelt oder um (staatliche) Rechtsnormen. Das Bundesgericht – welches auf BGE 136 I 316 ff. keinen Bezug nahm – legte seiner Prüfung ebenfalls die Grundsätze der Gesetzesdelegation zugrunde. Es folgerte, dass eine Geltung dieser Normen «gegenüber jedermann von vornherein nur denkbar [sei], sofern bei deren Erlass die Voraussetzungen der Gesetzesdelegation eingehalten wurden». Diese Voraussetzungen, also kein verfassungsrechtlicher Ausschluss sowie das Vorliegen einer entsprechenden gesetzlichen Grundlage für die Rechtssetzungsübertragung, waren im vorliegenden Fall nicht gegeben.

1836 – Die zuständigen Organisationen der Arbeitswelt (Berufsverbände) regeln die Zulassungsbedingungen, Lerninhalte, Qualifikationsverfahren, Ausweise und Titel für die eidgenössischen Berufsprüfungen und höheren Fachprüfungen (Meisterprüfungen). Die Vorschriften müssen vom Bundesamt genehmigt werden (Art. 28 BBG [Berufsbildungsgesetz]).

- Gemäss Art. 25 GwG (Geldwäschereigesetz) erlassen die Selbstregulierungsorganisationen ein *Reglement*. Dieses konkretisiert die Sorgfaltspflichten der angeschlossenen Finanzintermediäre (Vermögensverwalter, Anwälte u.a.) und legt fest, wie diese zu erfüllen sind. Es hat zudem die Voraussetzungen für den An- und Ausschluss von Finanzintermediären festzulegen, zu regeln, wie die Einhaltung der Sorgfaltspflichten kontrolliert wird, und angemessene Sanktionen vorzusehen. 1837
- Das Bundesgericht stellte in BGE 135 II 38, 45 f. fest, die Reglemente der Schweizerischen Zentralstelle für die Einfuhr flüssiger Treib- und Brennstoffe Carbura, welche als Verein i.S.v. Art. 60 ff. ZGB konstituiert ist, stellten keine hoheitlichen Erlasse dar. Es komme ihnen zwar generell-abstrakter Charakter zu; es fehle ihnen aber an der Hoheitlichkeit. Die Carbura erfülle durch ihre Mitwirkung beim Pflichtlagersystem Verwaltungsaufgaben des Bundes, doch seien ihr zu diesem Zweck keine rechtssetzenden Befugnisse delegiert worden (vgl. auch Rz. 120 f.). 1838

Ob es sich bei den Normen, die von Privaten erlassen werden dürfen, um eigentliche Rechtsnormen oder blosse Vollzugshilfen (Verwaltungsverordnungen, Rz. 81 ff.) handelt, wird aus der bundesgerichtlichen Rechtsprechung nicht restlos klar (vgl. dazu MÜLLER/UHLMANN, Rz. 496; UHLMANN/GILI, S. 7 ff.). Unseres Erachtens ist der Erlass von *Rechtsnormen* jedenfalls dann zulässig, wenn dies entweder im Verfassungsrecht ausdrücklich vorgesehen ist oder der Staat die Normen der Privaten in irgendeiner Form sanktioniert (z.B. durch Genehmigung) und sie damit wieder zu staatlichen Normen macht. Zu fordern ist auch, dass die privaten Normen in vergleichbarer Weise zugänglich sind wie staatliches Recht. 1839

c) Akkreditierung und Zertifizierung

Akkreditierung und Zertifizierung stellen eine Sonderform der *Beleihung* dar. Sie entsprechen dem Bedürfnis von Staat und Wirtschaft nach immer komplexeren Prüfungen der Produkte und Dienstleistungen. Mittels Akkreditierung und Zertifizierung verlagert der Staat solche Prüfungsaufgaben auf private Unternehmen (vgl. z.B. BGer, Urteil 2C_256/2015 vom 20. August 2015 E. 5.3). Der Staat untersucht für eine bestimmte wirtschaftliche Tätigkeit oder für ein Produkt nicht selbst, ob die entsprechenden gesetzlichen Vorschriften eingehalten sind, sondern verlangt von den Unternehmen ein *Zertifikat* oder eine *Konformitätsbescheinigung*. Das Zertifikat wird von einer privaten Stelle ausgestellt, welche ihrerseits beim Staat akkreditiert sein muss. 1840

Die genannten Begriffe werden definiert in: 1841

- Art. 3 lit. h und i THG (Bundesgesetz über die technischen Handelshemmnisse): «Konformitätsbewertung: die systematische Untersuchung des Ausmasses, in dem Produkte oder die Bedingungen, unter denen sie hergestellt, transportiert oder gelagert werden, technische Vorschriften oder Normen erfüllen»; «Konformitätsbescheinigung: das von einer Konformitätsbewertungsstelle ausgestellte Dokument, mit dem die Konformität bestätigt wird»;
- Art. 3 lit. o THG: «Akkreditierung: die formelle Anerkennung der Kompetenz einer Stelle, bestimmte Prüfungen oder Konformitätsbewertungen durchzuführen».

Der Staat macht sich ähnliche Mechanismen in weiteren Bereichen zunutze, wenn er etwa fordert, dass sich Finanzintermediäre von anerkannten Selbstregulierungsorganisa- 1842 tionen prüfen lassen müssen (Art. 24 ff. GwG; vgl. Beispiel in Rz. 1837) oder dass Medizinalpersonal Weiterbildungskurse bei einer anerkannten Fachorganisation absolvieren muss (Art. 3 Abs. 1 MedBG i.V.m. Art. 22 ff. MedBG [Medizinalberufegesetz]).

1843 Die Vorteile von Akkreditierung und Zertifizierung (und ähnlichen Mechanismen) liegen darin, dass der Staat entlastet wird und unmittelbar das *Fachwissen* der privaten Wirtschaft nutzt. Da meist mehrere private Stellen akkreditiert sind, entsteht unter ihnen *Wettbewerb,* so dass die Unternehmen die Stelle mit dem besten Preis-Leistungs-Verhältnis auswählen können. Akkreditierung und Zertifizierung erlauben auch eine internationale *Rechtsangleichung,* was aus Gründen des Abbaus von Handelshemmnissen wünschbar ist.

1844 Verwaltungsrechtlich ergeben sich verschiedene Unsicherheiten. Während das Verhältnis zwischen Staat und akkreditierter Stelle klarerweise dem öffentlichen Recht zugeordnet werden kann, ist das Rechtsverhältnis zwischen akkreditierter Stelle und interessierten Unternehmen unsicher. Es handelt sich dabei zwar um einen privatwirtschaftlichen Vorgang, doch erfüllt die akkreditierte Stelle mindestens indirekt *Verwaltungsaufgaben,* was Fragen nach staatlicher Kontrolle, Rechtsschutz und Grundrechtsbindung der akkreditierten Stelle aufwirft (vgl. zur Übertragung von Verwaltungsaufgaben auf Private Rz. 1817 ff.). Der Staat kann sich unseres Erachtens nicht von jeder Verantwortung im Verhältnis der akkreditierten Stelle zu den privaten Unternehmen dispensieren. Durch Akkreditierung und Zertifizierung besteht auch die Gefahr, dass akkreditierte Stellen eine unerwünschte Marktmacht gegenüber den privaten Unternehmen aufbauen. Schliesslich dürfen die akkreditierten Stellen nicht eigentliche Normsetzung betreiben; solches ist dem Staat vorbehalten (vgl. BGE 138 II 134 ff.; 136 I 316, 316 ff.; vgl. dazu auch Rz. 1299, 1834).

1845 Beispiel:

Der Vertrag, mit dem sich ein Produzent von Gruyère-Käse der AOC-Zertifizierung durch eine interkantonale Zertifizierungsstelle unterwirft, ist aufgrund einer Gesamtwürdigung dem öffentlichen Recht zuzuordnen. Dafür spricht insbesondere das modale Kriterium, «[i]l s'ensuit que, sous l'angle du critère modal, le litige doit être rangé dans la catégorie du droit public, car un retrait de la certification litigieuse constitue une importante restriction d'accès au marché en vertu de l'interdiction […] prévue [en droit public]». Dies ist vorliegend der Fall, da der Entzug der streitigen Zertifizierung eine erhebliche Beschränkung des Marktzugangs aufgrund eines im öffentlichen Recht, genauer in der Verordnung über den Schutz von Ursprungsbezeichnungen und geographischen Angaben für landwirtschaftliche Erzeugnisse und verarbeitete landwirtschaftliche Erzeugnisse vom 28. Mai 1997 (SR 910.12) vorgesehenen Verbots bedeutet (BGE 138 II 134, 157 f. = Pra 101 [2012] Nr. 100, S. 687 f.; vgl. dazu auch Rz. 234 und 1299).

d) Privatrechtliche Stiftungen

1846 Einen Sonderfall stellt die Delegation von Verwaltungsaufgaben an eine privatrechtliche Stiftung dar. Von den staatlichen Körperschaften in Privatrechtsform (Rz. 1707 ff., 1806 ff.) unterscheidet sich die privatrechtliche Stiftung dadurch, dass sie sich nach der Errichtung der direkten Einflussnahme des Stifters entzieht und damit eine *gewisse Selbstständigkeit* erhält, was sie in die Nähe eines Beliehenen rückt. Im Gegensatz zu «gewöhnlichen» Privaten kann der Staat hier aber auf eine Beleihung – im Sinne einer dauerhaften Inpflichtnahme – weitgehend verzichten, da der Stiftung die Aufgabe über den Errichtungsakt (Stiftungsurkunde) übertragen wird.

Beispiele:

- Beim Schweizerischen Nationalfonds zur Förderung der wissenschaftlichen Forschung handelt es sich um eine privatrechtliche Stiftung mit öffentlichem Zweck und öffentlicher Finanzierung (vgl. Art. 10 FIFG [Bundesgesetz über die Förderung der Forschung und Innovation]). 1847
- Stiftung für die Bereitstellung von Gebäuden für internationale Organisationen (vgl. KNAPP, Précis, No. 2683). 1848

3. Anwendbares Recht

Soweit die Verwaltungsaufgabe durch einen privaten Rechtsträger erfüllt wird, ist dieser 1849
nach *privatem Recht* gegründet und organisiert. Im Verhältnis zu anderen Privaten gilt je nach Ausgestaltung der Aufgabenübertragung *öffentliches Recht* oder *Privatrecht.* So kann im Bund beispielsweise das Verwaltungsverfahrensgesetz zur Anwendung gelangen (vgl. Art. 1 Abs. 2 lit. e VwVG). Ebenfalls anwendbar ist – im Falle von widerrechtlicher Schadenszufügung – das Bundesgesetz über die Verantwortlichkeit des Bundes sowie seiner Behördenmitglieder und Beamten vom 14. März 1958 (VG; SR 170.32; vgl. Art. 19 VG). Auf die Frage der Grundrechtsbindung ist sogleich vertieft einzugehen.

IV. Fragen der Grundrechtsbindung und der Grundrechtsberechtigung

1. Grundrechtsbindung

a) Wahrnehmung von Verwaltungsaufgaben

Adressat der Grundrechte ist der Staat. Der Begriff der Staatlichkeit ist zu klären für 1850
dezentrale Verwaltungsträger und für Private.

Die Ausgangslage ist klar, soweit es um die *Wahrnehmung von Verwaltungsaufgaben* 1851
geht. Die Grundrechtsverpflichtung ergibt sich in diesem Fall aus Art. 35 Abs. 2 BV. Streitig kann sein, wie weit die Vewaltungsaufgabe geht, insbesondere in welchem Umfang *Nebentätigkeiten* aus betriebswirtschaftlichen Gründen von der Grundrechtsverpflichtung erfasst werden oder nicht.

Beispiele:

- Seit verschiedene Pendler-Gratiszeitungen in Bahnhöfen und öffentlichen Verkehrsmitteln um Leser werben, stellt sich für die betroffenen Bahn-, Tram- und Busunternehmungen die Frage, ob sie bei der Vergabe entsprechender Bewilligungen die Grundrechte – in Frage kommen namentlich die Wirtschafts- und die Pressefreiheit – zu beachten haben. Da die genannten Transportunternehmungen zumeist in überwiegend staatlichem Eigentum sind, als Konzessionsnehmer eine staatliche Aufgabe wahrnehmen und die Bahnhöfe bzw. Haltestellen öffentlichen Grund darstellen, ist die Grundrechtsbindung grundsätzlich zu bejahen (vgl. dazu SCHMID/UHLMANN, S. 339 ff.; BAUMGARTNER, S. 641 ff.; Rekurskommission UVEK, Entscheid vom 17. Oktober 2000 = ZBl 102 [2001] 325 ff.). 1852

1853 – Die SBB können alle Rechtsgeschäfte tätigen, welche direkt oder bloss indirekt mit dem Zweck des Unternehmens im Zusammenhang stehen (Art. 3 Abs. 1 SBBG). Dabei sind auch das Bereitstellen der erforderlichen Infrastruktur und das Verwalten dieser öffentlichen Sachen i.e.S. als Verwaltungsaufgabe zu betrachten. Die SBB trägt insofern die Verantwortung für die Ordnung und das Funktionieren eines Bahnhofes. Wenn die SBB also Plakatflächen im Bahnhofsgebäude vermietet, so nimmt sie eine Verwaltungsaufgabe wahr und ist dabei grundrechtsgebunden (BGE 138 I 274 ff.; vgl. dazu auch Rz. 2297).

1854 Soweit eine Verwaltungsaufgabe wahrgenommen wird, spielt die *Rechtsform des Verwaltungsträgers* keine Rolle. Auch Private, die Verwaltungsaufgaben erfüllen, sind grundsätzlich an die Verfassung, vor allem an die Grundrechte, gebunden. Dies gilt auch dann, wenn sie in privatrechtlicher Form handeln (vgl. GEORG MÜLLER, S. 357). Privatautonomie kommt ihnen in dieser Funktion bzw. im Bereich der ihnen unmittelbar zur Erfüllung übertragenen staatlichen Aufgaben nicht zu. Ihr Handeln muss am öffentlichen Interesse orientiert und verfassungsbezogen sein. Sie haben namentlich das Rechtsgleichheitsgebot (Art. 8 BV) und das Willkürverbot (Art. 9 BV) zu beachten (vgl. dazu GEORG MÜLLER, S. 358). Der Staat muss ein Mindestmass an Kontrolle in grundrechtssensiblen Bereichen behalten, etwa betreffend Benutzung des öffentlichen Grunds (BGE 127 I 84, 90). Er hat durch Überprüfung der delegierten Tätigkeiten einen «Mindestrechtsschutz» der Personen, die durch die Hoheitsakte der Privaten betroffen sind, zu gewährleisten («garantir une protection juridique minimum», BGE 133 I 49, 56 m.w.H.).

Beispiele:

1855 – Der Schweizerische Alpenclup (SAC) entscheidet über Teilnahme an Bergführerkursen. Die erfolgreiche Teilnahme an diesem Kurs ist Voraussetzung für das Erlangen des kantonalen Fähigkeitsausweises. Der SAC nimmt damit eine Verwaltungsaufgabe wahr: «Die Instanz, die über die Zulassung zu diesem Kurs entscheidet, übt damit eine hoheitliche Verwaltungsfunktion aus, und sie ist dementsprechend an bestimmte verfassungsrechtliche Schranken gebunden» (BGE 103 Ia 544, 550). Über die Zulassung ist demnach nach verfassungsrechtlich haltbaren Faktoren zu befinden. Der SAC darf einen Kandidaten nicht zurückweisen, der zwar militärdiensttauglich, aber wegen Verweigerung des Militärdienstes nicht mehr militärdienstpflichtig ist (vgl. auch Rz. 552).

1856 – Die Stiftung SWITCH nimmt in der Schweiz seit 1987 die Zuteilung und Verwaltung von Domain-Namen der Domain «.ch» wahr. Es handelt sich dabei um eine Verwaltungsaufgabe, welche ihr vom Bundesamt für Kommunikation (BAKOM) mittels verwaltungsrechtlichem Vertrag übertragen wurde. Insofern ist sie in Erfüllung dieser staatlichen Aufgabe gestützt auf Art. 35 Abs. 2 BV an die Grundrechte gebunden und muss all ihre Partner – und damit auch ihre Tochtergesellschaft – gleich behandeln (BGE 138 I 289, 292).

b) Grundrechtsbindung aufgrund staatlicher Beherrschung?

1857 Gewisse Tätigkeiten führt das Gemeinwesen im Wesentlichen aus, um damit einen *Finanzertrag* zu erzielen. Soweit solche – meist gewinnorientierten – Tätigkeiten zulässig sind (vgl. Rz. 483 ff., 1590 ff.), stellt sich die Frage, ob der Staat auch in diesem Fall grundrechtsverpflichtet ist. Lehre und Rechtsprechung beantworten die Frage unterschiedlich (vgl. dazu GEORG MÜLLER, S. 355 f.).

1858 Das Bundesgericht hat die Wettbewerbsdienste der Post von der Grundrechtsbindung ausgenommen (BGE 129 III 35, 40 ff.). Der Entscheid, der sich nicht mit der älteren Rechtsprechung des Bundesgerichts auseinandersetzt (vgl. etwa BGE 109 Ib 146, 155), ist von der Lehre überwiegend kritisiert worden. Das Bundesgericht hat indessen an seiner Auffassung festgehalten; für ein Tochterunternehmen einer von der öffentlichen Hand beherrschten Stiftung hat es erklärt, dass dieser «die gleiche Rechtsstellung [zukomme] wie [den Privaten]. Wie diese darf sie ebenso für ihre Tätigkeit Werbung betreiben. Im Wettbewerbsbereich haben die Konkurrentinnen der Beschwerdeführerin keinen grundrechtlichen Anspruch auf Gleichbehandlung» (BGE 138 I 289, 294). Allfälligen Verzerrungen ist nach Meinung des Bundesgerichts mit Mitteln des Kartellrechts entgegenzutreten (vgl. RHINOW/SCHMID/BIAGGINI/UHLMANN, § 5, Rz. 27, 79).

Die Lehre geht tendenziell eher davon aus, dass der *Staat bei allen seinen Tätigkeiten grundrechtsgebunden* ist. Dies hätte zur Folge, dass alle dezentralen Verwaltungsträger bei allen ihren Tätigkeiten grundrechtsgebunden sind; ausschlaggebend wäre bereits die *staatliche Beherrschung*. Grundrechtsverpflichtet wäre der Staat in allen Formen des Privatrechts unabhängig davon, ob die Handlungsform oder die Organisation privat ist. 1859

Gemischtwirtschaftliche Unternehmen mit gemeinsamer Leitung von Staat und Privaten wären selbst nicht grundrechtsverpflichtet, wohl aber die Vertreter des Staates in der Leitung. Diese müssten im Unternehmen auf ein grundrechtskonformes Verhalten des Unternehmens hinwirken. Deren Verpflichtung vermag auf das gemischtwirtschaftliche Unternehmen allerdings nur ausnahmsweise durchzuschlagen, etwa durch Pflichten, die dem Unternehmen durch eine Konzession auferlegt werden (vgl. Rz. 1819 f.). Unter bestimmten Umständen kann sich auch eine Pflicht des Muttergemeinwesens ergeben, auf die Unternehmensleitung einzuwirken und für eine Beachtung der Grundrechte zu sorgen. 1860

Beispiel: 1861

Bei der ehemaligen Schweizer Mustermesse in Basel handelte es sich um eine gemischtwirtschaftliche AG, an welcher der Kanton Basel-Stadt zusammen mit ihm nahestehenden Institutionen (Kantonalbank und Pensionskasse des Staatspersonals) kapital- und stimmenmässig mit 33,5 % beteiligt war (heute MCH Group AG, Basel; Beteiligungen der öffentlichen Hand: Stadt Zürich [3,7 %], Kanton Basel-Stadt [33,5 %], Kanton Basel-Landschaft [7,8 %] und Kanton Zürich [4,0 %]). Die Mustermesse führte u.a. die internationale Kunstmesse ART durch. Die Galerie X. hatte sich um einen Standplatz an der ART 31 (Juni 2000) beworben. Die Bewerbung wurde abgelehnt. In ihrem Schreiben führte die Messeleitung zur Begründung aus, es hätten sich mehr als doppelt so viele Galerien angemeldet, wie Standplätze zur Verfügung stünden, und das für die Zulassung verantwortliche «Committee» habe sämtliche Bewerbungen einlässlich geprüft. Mit Entscheid vom 17. Januar 2000 wies die «Rekurskommission der Art Basel» (dabei handelt es sich um eine vom Veranstalter geschaffene Institution) einen dagegen erhobenen «Rekurs» ab. Die Rekurskommission führte aus, die Zahl der sich bewerbenden Galerien betrage mehr als das Dreifache der vorhandenen Plätze, sodass unvermeidlicherweise auch zahlreiche gut ausgewiesene Bewerber abgewiesen werden müssten. Die Galerie X. gelangte ans Bundesgericht. Das Bundesgericht trat auf die Beschwerde aus formellen Gründen (Erfordernis eines genügenden Anfechtungsobjekts) nicht ein. Somit musste die (materiell-rechtliche) Frage der Grundrechtsbindung der Mustermesse nicht entschieden werden. Gegen eine solche spricht vorliegend weniger die privatrechtliche Form der Standvergabe als die relativ geringe Beteiligung (33,5 %) der öffentlichen Hand, die sich zudem auf drei Institutionen verteilte.

c) Folgen der Grundrechtsbindung

Zu beachten ist, dass eine Grundrechtsbindung des dezentralen Verwaltungsträgers *differenziert* angewendet werden kann. Je mehr die Privaten auf die Benützung der vom 1862 öffentlichen Unternehmen betriebenen Einrichtung angewiesen sind (z.B. Monopole, vgl. Rz. 2686 ff.), desto höhere Anforderungen sind an die sachliche Begründung von Zulassungsschranken zu stellen. Je eher dagegen die Privaten auf andere Anbieter ausweichen können, desto mehr Freiheit muss dem Verwaltungsträger bei der Wahl seiner Vertragspartner oder der Ausgestaltung der zu erbringenden Leistungen zustehen.

1863 Beispiel:
Die Stadt Luzern hatte der Allgemeinen Plakatgesellschaft Luzern (APG) das Recht zum Anbringen von Reklamen an Fahrzeugen und Einrichtungen der städtischen Verkehrsbetriebe erteilt. Im Frühling 1998 wandte sich P. an die APG mit der Absicht, die Aussenfläche eines Busses zwecks Werbung für den Tierschutz zu mieten, wobei er den folgenden Text anzubringen gedachte: «Im Kanton Luzern leben mehr Schweine als Menschen – warum sehen wir sie nie?» Mit Schreiben vom 21. Januar 1999 intervenierten die städtischen Verkehrsbetriebe, welche sich bezüglich der Verwendung von Busaussenflächen für Werbezwecke ein «Vetorecht» ausbedungen hatten. Ein in der gewünschten Art beschrifteter «Ganzwerbebus» müsse abgelehnt werden, da er auffallend und provozierend sei und von grossen Teilen der Bevölkerung als anstössig oder beleidigend empfunden werden könnte. Hingegen erklärte man sich bereit, den fraglichen Text auf Hängeplakaten im Innern des Busses zu akzeptieren. P. wollte sich damit nicht abfinden und zog die Sache weiter bis vor Bundesgericht. Dieses wies die Beschwerde ab. Der Entscheid der städtischen Behörde beruhe auf dem zulässigen Anliegen, die Fahrzeuge der Verkehrsbetriebe nicht in besonders auffälliger Weise mit einem Text in Verbindung zu bringen, der von einem Teil des Publikums als Beleidigung empfunden werden könnte, indem er die Zahl der Einwohner des Kantons Luzern mit der Zahl der dort gehaltenen Schweine vergleiche. Das Bundesgericht hielt in diesem Zusammenhang aber ausdrücklich fest, dass die Delegation von öffentlichen Aufgaben oder von Verwaltungsbefugnissen an einen Privaten die Grundrechtsbindung nicht aufhebe. Das Gemeinwesen habe durch entsprechende Gestaltung der Rechtsbeziehungen zum beliehenen Privaten und durch vorbehaltene Interventionsmöglichkeiten dafür zu sorgen, dass auch der Beliehene bei der Erfüllung öffentlicher Aufgaben den Grundsatz der Gleichbehandlung sowie das Willkürverbot im gebotenen Masse beachte (BGE 127 I 84, 90).

2. Grundrechtsberechtigung

1864 Wer staatliche Aufgaben ausübt, kann sich in der Regel nicht auf Grundrechte berufen. «Soweit die Beschwerdeführerin […] eine öffentliche Aufgabe wahrnimmt, kann sie sich nicht auf die Wirtschaftsfreiheit berufen, sondern ist umgekehrt an die Grundrechte gebunden» (BGE 138 I 289, 294).

1865 Zweifelsfälle bilden wiederum die Bereiche, in denen entweder die Tätigkeit oder die Organisationsform des Staates privat resp. privatwirtschaftlich erscheint. Das Bundesgericht hat die Frage der Grundrechtsberechtigung lange offengelassen (BGE 131 II 13, 27 f.), in der jüngeren Praxis tendenziell bejaht. Für die von der öffentlichen Hand beherrschte Switch (vgl. Rz. 1856) resp. ein von ihr gegründetes Tochterunternehmenhielt das Bundesgericht fest: «In Bezug auf ihre unter Wettbewerbsbedingungen erbrachte Tätigkeit gilt jedoch nicht die Grundrechtsbindung, sondern ist die Beschwerdeführerin den gleichen Regeln unterstellt wie ihre Konkurrentinnen; sie kann sich insoweit wie jede andere privatwirtschaftlich tätige Person auf die Wirtschaftsfreiheit (Art. 27 BV) berufen […]» (BGE 138 I 289, 294).

1866 Noch nicht beantwortet ist die Frage, ob sich vom Staat beherrschte Gebilde tatsächlich gegen die Regulierung ihres «Eigners» zur Wehr setzen können. Zu klären wird auch sein, inwiefern zwischen Grundrechtsberechtigung und Grundrechtsbindung eine

Symmetrie besteht, also das eine das andere ausschliesst oder ob ein Verwaltungsträger gleichzeitig grundrechtsberechtigt und -verpflichtet sein könnte.

V. Privatisierung

Die *Privatisierung* bezweckt die Entstaatlichung gesellschaftlicher Aufgaben. Der Begriff der Privatisierung wird sehr unterschiedlich verwendet. Herkömmlicherweise werden Organisations-, Aufgaben-, Vermögens- und Finanzierungsprivatisierung unterschieden. 1867

Wenn öffentliche Unternehmen, welche bisher öffentlich-rechtlich organisiert waren, im Rahmen einer *Organisationsprivatisierung* in private Rechtsformen überführt werden, berührt dies die staatliche Aufgabenträgerschaft nicht. Angestrebt wird vielmehr eine Flexibilisierung und Entpolitisierung der Aufgabenerfüllung. Da es sich lediglich vordergründig um eine Entstaatlichung handelt, spricht man auch von *formeller* bzw. *unechter Privatisierung*. Die Umwandlung von öffentlich- in privatrechtliche Organisationsformen ist im Bundesgesetz über Fusion, Spaltung, Umwandlung und Vermögensübertragung (Fusionsgesetz, FusG) vom 3. Oktober 2003 (SR 221.301) geregelt. 1868

Bei der *Aufgabenprivatisierung* verzichtet der Staat auf die Erfüllung einer bisherigen Aufgabe. Diese Privatisierungsform wird auch als *materielle* oder *echte Privatisierung* bezeichnet. Der Staat erachtet die Erbringung einer bisher von ihm wahrgenommenen Tätigkeit nicht mehr als notwendig und überlässt diese in Zukunft den Privaten. 1869

Soweit der Staat eine bestimmte Aufgabe nicht mehr selber erfüllen will, sondern sie (förmlich) an Private delegiert (vgl. dazu Rz. 1817 ff.), liegt eine *Aufgabenübertragung* vor. Von einem solchen Vorgehen verspricht man sich namentlich Effizienz- oder Kostenvorteile. Durch die Kontrolle der Beliehenen nimmt der Staat weiterhin Einfluss auf die Erfüllung (sog. Gewährleistungsverwaltung, Rz. 43 ff., 1792). 1870

In keinem direkten Zusammenhang mit staatlichen Organisationsfragen stehen die Erscheinungsformen der Vermögens- und Finanzierungsprivatisierung. Bei der *Vermögensprivatisierung* verkauft die öffentliche Hand vorhandene Vermögenswerte (etwa Liegenschaften oder Infrastruktureinrichtungen), namentlich um auf diesem Weg die Staatskasse zu äufnen. Die *Finanzierungsprivatisierung* betrifft die Kosten einer staatlichen Leistung und will diese nach dem *Verursacherprinzip* auf die privaten Leistungsbezüger überwälzen. 1871

Beispiele:

- Die 1998 erfolgte Überführung der Liegenschaftsverwaltung des Kantons Zürich in die Kantag Liegenschaften AG stellt eine Organisationsprivatisierung dar. 1872
- Der Verkauf der Staatskellerei des Kantons Zürich an ein privates Unternehmen im Jahre 1997 ist ein Beispiel einer Aufgabenprivatisierung in Form eines Aufgabenverzichts. 1873
- Die Umwandlung der St. Galler Kantonalbank in eine AG mit der Möglichkeit, bis zu 49 % der Aktien an Private zu veräussern (vgl. Art. 1 und Art. 3 des Kantonalbankgesetzes des Kantons St. Gallen vom 22. September 1996 [sGS 861.2]), stellt eine Organisationsprivatisierung verbunden mit einer teilweisen Vermögensprivatisierung dar. Von einer Aufgabenprivatisierung kann nur bedingt gesprochen werden, da der Staat die Gesellschaft weiterhin beherrscht und die betreffende Aufgabe damit primär in seinen Verantwortungsbereich fällt. 1874

1875 – Zur Finanzierung der Finanzmarktaufsicht werden von den beaufsichtigten Finanzmarktakteuren so genannte «Aufsichtsabgaben» erhoben (Finanzierungsprivatisierung; vgl. Verordnung über die Erhebung von Gebühren und Abgaben durch die Eidgenössische Finanzmarktaufsicht [FINMA-Gebühren- und Abgabenverordnung, FINMA-GebV] vom 15. Oktober 2008 [SR 956.122]; vgl. auch das Gutachten des Bundesamtes für Justiz, welches sich u.a. mit den verfassungsrechtlichen Grundlagen der Abgabenerhebung im Bereich der Bankenaufsicht beschäftigt, VPB 64 [2000] Nr. 25).

3. Kapitel
Gemeinden

§ 27 Gemeinden

Literatur

ARN DANIEL, Liegt die Zukunft in der Fusion von Gemeinden?, ZBl 100 (1999) 241 ff.; ARN DANIEL, Die Zuständigkeitsordnung im bernischen Gemeinderecht, Diss. Bern 1992; ARN DANIEL/FRIEDRICH UELI/FRIEDLI PETER/MÜLLER MARKUS/MÜLLER STEFAN/WICHTERMANN JÜRG, Kommentar zum Gemeindegesetz des Kantons Bern, Bern 1999; BAUMANN ANDREAS, Aargauisches Gemeinderecht, 3. Aufl., Zürich 2005; BERTSCHI MARTIN, Die Beschwerdebefugnis der Gemeinde im Zürcher Verwaltungsprozess, in: Peter Breitschmid/Wolfgang Portmann/Heinz Rey/Dieter Zobl (Hrsg.), Grundfragen der juristischen Person, Festschrift für Hans Michael Riemer zum 65. Geburtstag, Bern 2007, S. 3 ff.; BURGHERR MARC, Die Versammlungsdemokratie in den Gemeinden, ZBl 102 (2001) 617 ff.; EICHENBERGER KURT, Stellung und Bedeutung der Gemeinde im modernen Staat, in: Kurt Eichenberger, Der Staat der Gegenwart, Basel/Frankfurt a.M. 1980, S. 37 ff.; EICHENBERGER REINER, Gemeindefusionen und bessere Alternativen: Eine ökonomische Betrachtung, in: Schweizerische Vereinigung für Verwaltungsorganisationsrecht (Hrsg.), Verwaltungsorganisationsrecht – Staatshaftungsrecht – öffentliches Dienstrecht, Jahrbuch 2013, Bern 2014, S. 3 ff.; EQUEY DAVID, La réforme de la loi vaudoise sur les communes, RDAF 69 (2013) 231 ff.; EQUEY DAVID, La répartition des attributions entre autorités communales et le pouvoir de contrôle du conseil sur l'activité de la municipalité en droit vaudois, RDAF 66 (2010), Sonderheft, 1 ff.; EQUEY DAVID, Le droit d'initiative des membres du conseil général ou communal et de la municipalité en droit vaudois, RDAF 66 (2010), Sonderheft, 119 ff.; FETZ URSIN, Gemeindefusion, unter besonderer Berücksichtigung des Kantons Graubünden, Diss. Zürich 2009; FETZ URSIN, Verfahrensfragen bei Gemeindefusionen, in: SVVOR Jahrbuch 2013, S. 13 ff.; FRIEDRICH UELI, Gemeindefusionen, ZBl 114 (2013) 239 ff.; GUY-ECABERT CHRISTINE, Divers instruments de la collaboration intercommunale, en particulier le contrat de coordination, RDAF 60 (2004) 81 ff.; HELG FELIX, Die schweizerischen Landsgemeinden – Ihre staatsrechtliche Ausgestaltung in den Kantonen Appenzell Ausserrhoden, Appenzell Innerrhoden, Glarus, Nidwalden und Obwalden, Diss. Zürich 2007; HISTORISCHER VEREIN DES KANTONS GLARUS (Hrsg.), Wege zum neuen Glarnerland, Die Glarner Gemeindestrukturreform aus historischer und juristischer Sicht, Näfels 2012; JAAG TOBIAS, Zwangsmassnahmen in der Verbandsaufsicht, ZBl 111 (2010) 73 ff.; JAAG TOBIAS, Die Gemeindeaufsicht im Kanton Zürich, ZBl 94 (1993) 529 ff.; JAAG TOBIAS, Die Ausgabenbewilligung im zürcherischen Gemeinderecht, ZBl 94 (1993) 68 ff.; JAAG TOBIAS, Die Rechtsmittel des zürcherischen Gemeinderechts, ZBl 90 (1989) 465 ff.; JAAG TOBIAS/RÜSSLI MARKUS, Kantone ohne Gemeinden? – Zur Zulässigkeit der Aufhebung der Gemeindeebene, in: Eva Maria Belser/Bernhard Waldmann (Hrsg.), Mehr oder weniger Staat?, Festschrift für Peter Hänni, Bern 2015, S. 219 ff.; KAMBER URS W., Kanton und Gemeinden, in: Neues Handbuch des Staats- und Verwaltungsrechts des Kantons Basel-Stadt, S. 237 ff.; KARR PHILIPP, Institutionen direkter Demokratie in den Gemeinden Deutschlands und der Schweiz, eine rechtsvergleichende Untersuchung, Diss. Rostock, Baden-Baden 2003; KÖLZ ALFRED/KUSTER SUSANNE, Der «Städteartikel» der neuen Bundesverfassung: Inhalt und Tragweite des Art. 50 Abs. 2 und 3 BV, ZSR 121/I (2002) 137 ff.; KRONENBERG ROMANA, Die Gemeindestrukturreform im Kanton Glarus, Diss. Zürich 2011; LAUBER JUDITH, Gemeindefusionen: Entwicklungen und Erfahrungen im Kanton Luzern, in: SVVOR Jahrbuch 2013, S. 29 ff.; LUGON JEAN-CLAUDE, Réflexions sur les fusions des communes et les moyens de collaboration intercommunale, RDAF 57 (2001) 5 ff.; MÄCHLER AUGUST, Ersatzvornahme für die Rechtssetzung der Gemeinden, in: Markus Rüssli/Julia Hänni/Reto

Häggi Furrer (Hrsg.), Staats- und Verwaltungsrecht auf vier Ebenen, Festschrift für Tobias Jaag, Zürich/Basel/Genf 2012, S. 115 ff.; MEYER KILIAN, Gemeindeautonomie im Wandel, eine Studie zu Art. 50 Abs. 1 BV unter Berücksichtigung der Europäischen Charta der Gemeindeautonomie, Diss. St. Gallen, Norderstedt 2011; MIESCH CHRISTOPH, Erfahrungen mit Gemeindefusionen im Kanton Bern, in: SVVOR Jahrbuch 2013, S. 39 ff.; OFFICE FÉDÉRAL DE LA JUSTICE, Modification du territoire d'un canton: approbations requises et délais à respecter, Avis de droit de l'Office fédéral de la justice pour les gouvernements des cantons de Berne et du Jura, VPB 2015.2, S. 5 ff.; PFISTERER THOMAS, Die verfassungsrechtliche Stellung der aargauischen Gemeinden bei der Erfüllung der öffentlichen Aufgaben, St. Gallen 1983; PFLÜGER MICHAEL, Die Legitimation des Gemeinwesens zur Beschwerde in öffentlich-rechtlichen Angelegenheiten, Diss. Bern 2012, Zürich/St. Gallen 2013; PFLÜGER MICHAEL, Die Beschwerdebefugnis von Gemeinwesen in der bernischen Verwaltungsrechtspflege, BVR 2013 201 ff.; RASCHEIN ROLF/VITAL ANDRI, Bündnerisches Gemeinderecht, 2. Aufl., Chur 1991; REISER CHRISTIAN M., Autonomie et démocratie dans les communes genevoises, Diss. Genf, Basel 1998; RÜSSLI MARKUS, Zusammenarbeit zwischen den Gemeinden des Kantons Zürich und zwischen dem Kanton und den Gemeinden, in: Festschrift Tobias Jaag, S. 129 ff.; SAILE PETER, Das Recht der Ausgabebewilligung der zürcherischen Gemeinden, unter besonderer Berücksichtigung von Praxis und Recht der Stadt Winterthur, St. Gallen 1991; SAILE PETER/BURGHERR MARC, Das Initiativrecht der zürcherischen Parlamentsgemeinden, gezeigt am Beispiel der Stadt Zürich, Zürich/St. Gallen 2011; SAILE PETER/BURGHERR MARC/LORETAN THEO, Verfassungs- und Organisationsrecht der Stadt Zürich, Zürich/St. Gallen 2009; SCHAUB MARTIN, Verfassungsrechtliche Aspekte der Glarner Gemeindefusion, AJP 16 (2007) 1299 ff.; SCHENKER MARCEL, Das Recht der Gemeindeverbände, unter besonderer Berücksichtigung der Verhältnisse in den Kantonen Bern, Luzern, Nidwalden, Zug, St. Gallen, Graubünden, Aargau, Waadt, Neuenburg und Jura, Diss. St. Gallen 1986; SCHINDLER BENJAMIN, Die Gemeindeautonomie als Hindernis für einen wirksamen Rechtsschutz, Ästhetikvorschriften als Reservate kommunaler Willkür?, in: Festschrift Tobias Jaag, S. 145 ff.; SCHMID MARTIN, Gemeinde- und Gebietsreform im Kanton Graubünden, SJZ 106 (2010) 441 ff.; SCHMID ROLAND, Die Förderung von Gemeindezusammenschlüssen im Kanton Freiburg, in: SVVOR Jahrbuch 2013, S. 49 ff.; SCHNEIDER FELLMANN ANNINA, Neue Partizipationsformen in der Gemeindedemokratie, Voraussetzungen, Rechtsgrundlagen und institutionelle Verankerung, Zürich/St. Gallen 2013; SEILER HANSJÖRG, Gemeinden im schweizerischen Staatsrecht, in: Verfassungsrecht der Schweiz, § 31; STEINER RETO, Interkommunale Zusammenarbeit und Gemeindezusammenschlüsse in der Schweiz, Erklärungsansätze, Umsetzungsmöglichkeiten und Erfolgsaussichten, Diss. Bern 2002; TANQUEREL THIERRY/BELLANGER FRANÇOIS (Hrsg.), L'avenir juridique des communes, Genf/Zürich/Basel 2007; THALMANN HANS RUDOLF, Kommentar zum Zürcher Gemeindegesetz, 3. Aufl., Wädenswil 2000; THÜRER DANIEL, Bund und Gemeinden, Eine rechtsvergleichende Untersuchung zu den unmittelbaren Beziehungen zwischen Bund und Gemeinden in der Bundesrepublik Deutschland, den Vereinigten Staaten von Amerika und der Schweiz, Berlin u.a. 1986; TRIPPEL SIMON ANDREAS, Gemeindebeschwerde und Gemeinderekurs im Kanton Zürich, Diss. Zürich 1988; VEREIN ZÜRCHER GEMEINDESCHREIBER UND VERWALTUNGSFACHLEUTE (Hrsg.), Ergänzungsband Kommentar zum Zürcher Gemeindegesetz, Zürich 2011; WILLI THOMAS, Funktion und Aufgabe der Gemeindebeschwerde im System der Verwaltungsrechtspflege des Kantons Luzern, Diss. Bern 1989; ZAHNER BEATRIX, Gemeindevereinigungen: öffentlichrechtliche Aspekte, Diss. Zürich 2005; ZIMMERLI ULRICH, Bund – Kantone – Gemeinden, in: Ulrich Zimmerli (Hrsg.), Die neue Bundesverfassung, Konsequenzen für Praxis und Wirtschaft, Bern 2000, S. 35 ff.

Beispiel einer gesetzlichen Regelung

- (Zürcher) Gemeindegesetz (GG/ZH) vom 6. Juni 1926 (LS 131.1) sowie totalrevidiertes (Zürcher) Gemeindegesetz vom 20. April 2015 (revGG/ZH; tritt voraussichtlich am 1. Januar 2018 in Kraft).

I. Begriff und Bedeutung der Gemeinde

1. Begriff und Merkmale

a) Begriff

Gemeinden sind die vom öffentlichen Recht der Kantone eingesetzten öffentlich-rechtlichen Körperschaften auf territorialer Grundlage, die zur Besorgung von lokalen öffentlichen Aufgaben mit weitgehender Autonomie ausgestattet sind. 1876

b) Merkmale

Die Gemeinden sind *Institutionen des kantonalen Rechts.* Die Bundesverfassung garantiert die Existenz der Gemeinden nicht ausdrücklich. Immerhin sieht Art. 50 BV die Gemeinden vor und verpflichtet den Bund zur Rücksichtnahme auf diese (Abs. 2 und 3). Die Gemeindeautonomie ist dagegen nur nach Massgabe des kantonalen Rechts gewährleistet (Abs. 1). Es ist Sache der Kantone zu bestimmen, wie weit den Gemeinden Autonomie eingeräumt wird (BGE 128 I 3, 7 f.). Die Gliederung des Kantonsgebiets in Gemeinden ist vom Bund nicht vorgeschrieben und bildet keine Voraussetzung für die Gewährleistung der Kantonsverfassungen gemäss Art. 51 Abs. 2 BV (Urteil des Bundesgerichts, ZBl 99 [1998] 421, 423). Die Verfassungen aller Kantone anerkennen autonome Gemeinden und regeln deren Rechtsstellung und Organisation in den Grundzügen (vgl. z.B. Art. 1 Abs. 4 und Art. 83 ff. KV/ZH). Die meisten der auf die Gemeinden anwendbaren Bestimmungen finden sich in der kantonalen Gesetzgebung (z.B. im Zürcher Gemeindegesetz). 1877

Die Gemeinden sind als Körperschaften aufgebaut und organisiert, d.h., sie weisen eine *mitgliedschaftliche Struktur* auf. Sie setzen sich aus den Personen zusammen, die ihren Wohnsitz auf dem Gebiet der Gemeinde haben. Den stimmberechtigten Einwohnerinnen und Einwohnern kommen bei der Erfüllung der kommunalen Aufgaben Mitspracherechte zu. Als Körperschaft des öffentlichen Rechts im Sinne von Art. 52 Abs. 2 ZGB besitzt die Gemeinde sowohl im öffentlichen Recht als auch im Privatrecht *juristische Persönlichkeit.* Sie kann daher über ein Vermögen verfügen, Verpflichtungen eingehen und in einem gerichtlichen Verfahren Partei sein. 1878

Gemeinden sind in der Regel *Gebietskörperschaften* (Rz. 1641), d.h., sie üben wie Bund und Kantone innerhalb eines bestimmten Gebietes hoheitliche Gewalt aus. 1879

Die Gemeinden nehmen *lokale staatliche Aufgaben* wahr. Ihre Tätigkeit ist auf einen verhältnismässig kleinen Teil des staatlichen Territoriums begrenzt. Es liegt damit ein Fall von territorialer – und zum Teil auch sachlicher – Dezentralisation vor (vgl. Rz. 1595 ff.). Dadurch wird das Eingehen auf spezifisch lokale Verhältnisse und Interessen ermöglicht und gefördert. 1880

2. Bedeutung der Gemeinden

a) Gemeindeföderalismus

1881 Der föderalistische Aufbau der Schweiz weist *drei Stufen* auf: Bund, Kantone und Gemeinden. Die Ausgestaltung des Verhältnisses zwischen Kantonen und Gemeinden, insbesondere die Festsetzung des Ausmasses der Gemeindeautonomie, bleibt dem kantonalen Recht überlassen (Art. 50 Abs. 1 BV). Die Kantone sind in ihrer Organisation frei (vgl. Rz. 1877). Dennoch kennen sämtliche Kantone die Institution der Gemeinde, wenn auch in recht unterschiedlichen Ausprägungen. Die Schweiz ist heute in rund 2300 politische Gemeinden aufgeteilt. Diese Zahl hat seit 1990 durch Gemeindefusionen kontinuierlich abgenommen.

1882 Die zu erfüllenden staatlichen Aufgaben sind auf die drei erwähnten Ebenen aufgeteilt. Das Vorhandensein von Gemeinden bedeutet dabei eine zusätzliche Gewaltenteilung in vertikaler Hinsicht und verringert die Gefahr, dass sich allzu grosse Machtkonzentrationen bei Bund oder Kantonen bilden können.

b) Gemeindedemokratie

1883 Die Institution der Gemeinde ermöglicht die Verwirklichung des demokratischen Systems auch auf lokaler Ebene. Die demokratischen Rechte der Bürgerinnen und Bürger werden dadurch verstärkt. In der Regel haben sie auf Gemeindeebene sogar die am weitest gehenden politischen Teilhaberechte. Die Mehrzahl der politischen Gemeinden in der deutschen Schweiz kennen noch die direkte Versammlungsdemokratie, d.h., die Stimmberechtigten wählen nicht nur die Behörden, sondern sie entscheiden an der Gemeindeversammlung über die wesentlichen kommunalpolitischen Sachfragen. In anderen – meist grösseren – Gemeinden, in denen ein kommunales Parlament besteht, können die Stimmberechtigten zumindest mittels Referendum, insbesondere Finanz- und Verwaltungsreferendum, zu Sachentscheiden Stellung beziehen. In der welschen Schweiz weisen die Gemeinden Parlamente auf (vgl. Rz. 1945).

1884 Die Gemeindeangelegenheiten betreffen die Bevölkerung in aller Regel am unmittelbarsten. Auch die Beziehung zwischen Privaten und Verwaltungsbehörden ist wesentlich enger als auf kantonaler oder eidgenössischer Ebene. Das politische Interesse und die Bereitschaft zu sozialer Teilnahme sind auf lokaler Ebene häufig am grössten. Den Gemeinden kommt daher für das politische Leben in der Schweiz sehr grosse Bedeutung zu.

II. Arten von Gemeinden

1. Vorbemerkung

1885 In den meisten Kantonen bestehen nebeneinander mehrere Gemeindearten, die personell und territorial nicht miteinander übereinstimmen müssen.

2. Allgemeine Gemeinde und Spezialgemeinde

Die Unterscheidung erfolgt nach dem *Umfang der wahrgenommenen Aufgaben.* 1886

a) Allgemeine Gemeinde

Die allgemeine Gemeinde besorgt grundsätzlich *alle kommunalen Aufgaben,* die nicht einer Spezialgemeinde übertragen sind. Sie hat eine allgemeine Kompetenz in kommunalen Angelegenheiten. 1887

Die allgemeine Gemeinde ist in allen Kantonen vertreten. In den Kantonen Genf, Neuenburg und Waadt ist sie als Einheitsgemeinde die einzige vorkommende Gemeindeart, in den anderen Kantonen die Hauptform. 1888

b) Spezialgemeinde

Die Spezialgemeinde *beschränkt* sich in der Besorgung der kommunalen Aufgaben *auf einen bestimmten Sachbereich.* 1889

Beispiele: 1890
- Schulgemeinde;
- Kirchgemeinde.

3. Einwohnergemeinde und übrige Gemeinden

Die Unterscheidung erfolgt nach dem für die Mitgliedschaft massgebenden Kriterium. 1891

a) Einwohnergemeinde

Die Einwohnergemeinde (allgemeine Gemeinde, politische Gemeinde, Gemeinde) setzt sich aus der Gesamtheit der auf dem Gemeindegebiet wohnhaften Personen zusammen. Massgebend ist also das *territoriale Element:* Der Wohnsitz auf dem Gemeindegebiet begründet die Mitgliedschaft. Der wichtigste Fall der Einwohnergemeinde ist die *politische Gemeinde.* Jede Schweizer Bürgerin und jeder Schweizer Bürger kann in dieser Körperschaft spätestens nach einer dreimonatigen Niederlassung seine politischen Rechte ausüben (Art. 39 Abs. 4 BV). Die Kantone Neuenburg und Jura gewähren das Stimmrecht in kommunalen (und kantonalen) Angelegenheiten auch den ausländischen Staatsangehörigen, welche die Niederlassungsbewilligung einer Gemeinde besitzen und seit einer bestimmten Zeit dort Wohnsitz haben. Art. 105 Abs. 2 KV/AR ermächtigt die Gemeinden, ein Ausländerstimmrecht vorzusehen. Eine ähnliche Regelung haben die Kantone Graubünden (Art. 9 Abs. 4 KV/GR) und Basel-Stadt getroffen (§ 40 Abs. 2 KV/BS). Gemäss Art. 142 Abs. 1 lit. b KV/VD erhalten Ausländer das Stimm- und (aktive und passive) Wahlrecht auf Gemeindeebene, sofern sie mindestens zehn Jahre in der Schweiz wohnhaft sind, wovon mindestens drei Jahre im Kanton Waadt. Der Kanton Freiburg sieht das kommunale Stimm- und (aktive und passive) Wahlrecht für alle niederlassungsberechtigten und seit fünf Jahren im Kanton wohnhaften Ausländer vor 1892

(Art. 48 Abs. 1 lit. b und Art. 131 Abs. 1 KV/FR). Der Kanton Genf gewährt Ausländern, welche seit mindestens acht Jahren ihren rechtmässigen Wohnsitz in der Schweiz haben, das Stimm- und (aktive und passive) Wahlrecht sowie das Recht zur Unterzeichnung von Initiativen und Referenden auf Gemeindeebene (Art. 48 Abs. 3 KV/GE).

b) Übrige Gemeinden

1893 Neben den Einwohnergemeinden gibt es Gemeinden mit beschränktem Mitgliederkreis. Mitglieder sind nur Personen, die bestimmte Eigenschaften aufweisen. Massgebend für die Zugehörigkeit zur Gemeinde ist also das *personale Element*.

Beispiele:

1894 – *(Orts-)Bürgergemeinde:* Sie besteht aus denjenigen Personen, die das Bürgerrecht einer bestimmten Gemeinde besitzen. Zumeist ist für die Zugehörigkeit zur Bürgergemeinde aber gleichzeitig auch die Ortsansässigkeit erforderlich (vgl. BGE 139 II 90, 92 ff.; 125 II 177 ff.; BGer, Urteil 2C_614/2009 vom 20. Januar 2010 E. 3.2). Die Bedeutung der Bürgergemeinden geht ständig zurück.

1895 – *Kirchgemeinde:* Sie setzt sich aus den Angehörigen der gleichen Konfession zusammen. Auch bei der Kirchgemeinde spielt neben dem personalen das territoriale Element eine Rolle, da für die Zugehörigkeit zugleich der Wohnsitz in einem bestimmten Gebiet von Bedeutung ist. Das heisst, dass auch die Kirchgemeinden Gebietskörperschaften sind.

1896 – *Korporationsgemeinde:* Mitglieder einer Korporationsgemeinde sind diejenigen Personen, die den Familiennamen eines der Korporations-Geschlechter tragen und innerhalb einer bestimmten Wohngemeinde ihren Wohnsitz haben. Sie sind Teilhaber des Korporationsgutes. Im Gegensatz zu anderen Gemeinden kann eine Korporation keine Steuern erheben und hat einen genossenschaftlichen Aufbau (vgl. BGE 125 III 209 ff.; 117 Ia 107 ff.; 105 Ia 368 ff.).

4. Überlagerung von verschiedenen Arten von Gemeinden

1897 Die verschiedenen Arten von Gemeinden decken sich zum Teil in personaler und territorialer Beziehung, zum Teil stimmen sie aber nicht miteinander überein. So verfügen Einwohner- und Bürgergemeinde oft über das gleiche Gebiet, ihr Mitgliederkreis ist aber unterschiedlich.

1898 Die Kirch- oder Schulgemeinden brauchen territorial nicht mit den politischen Gemeinden übereinzustimmen, sondern können ein grösseres oder kleineres Gebiet umfassen. Ebenso wenig decken sich die Kirchgemeinden personell mit den übrigen Arten von Gemeinden.

5. Gemeindezersplitterung

1899 Vor allem in den deutschschweizerischen Kantonen und im Tessin ist das Nebeneinander von mehreren Gemeindetypen der Regelfall. Im Kanton Zürich gibt es politische Gemeinden, Schulgemeinden und Kirchgemeinden. In der Westschweiz ist diese Zersplitterung unter dem Einfluss des französischen Rechts weitgehend überwunden worden. Genf, Neuenburg und Waadt kennen nur die Einheitsgemeinde.

1900 Die Gemeindezersplitterung ist eine Folge der traditionellen Gemeindedemokratie. Sie birgt für die Unabhängigkeit vor allem der kleineren Gemeinden erhebliche Gefahren in sich. Die Aufteilung der kommunalen öffentlichen Aufgaben auf eine Vielzahl von Gemeindetypen verleiht den Stimmberechtigten zwar vermehrte Mitwirkungsmöglichkeiten; andererseits vermag eine Gemeinde ihre Selbstständigkeit dem Kanton gegenüber nur zu behaupten, wenn sie ihre Aufgaben für alle Beteiligten befriedigend lösen kann und dadurch Eingriffe des Kantons als unnötig erscheinen.

6. Gemeindefusionen

Unterschiedlich ist auch die Bedeutung der einzelnen Gemeinden. Neben sehr grossen 1901
Gemeinden – wie der Stadt Zürich – bestehen auch äusserst kleine Gemeinden. Es gibt in der Schweiz rund 80 Gemeinden mit weniger als 100 Einwohnern. Unterschiedlich ist auch die soziodemografische und ökonomische Struktur. Grosse Differenzen bestehen insbesondere in Bezug auf die Finanzkraft der einzelnen Gemeinden. Viele der kleineren Gemeinden sind finanziell völlig abhängig vom Kanton und verfügen über zu wenig personelle und Sachmittel zur wirksamen Erfüllung ihrer Aufgaben. Diese Tatsache bedeutet eine weitere grosse Gefahr für die kommunale Unabhängigkeit. In jüngerer Zeit ist in verschiedenen Kantonen ein Trend zu Gemeindefusionen zu verzeichnen, so z.B. im Kanton Glarus, wo eine Zusammenlegung von 25 zu drei Gemeinden beschlossen worden ist, ferner in den Kantonen Tessin und Luzern.

III. Gemeindeautonomie

1. Rechtsgrundlagen der Gemeindeautonomie

Die Autonomie der Gemeinden hat ihre Grundlage im kantonalen Verfassungs- und 1902
Gesetzesrecht. Sie ist ein *kantonales verfassungsmässiges Recht* (vgl. BGE 103 Ia 468, 474; BGer, Urteil 1C_202/2009 vom 12. Oktober 2009 E. 2 ff.), dessen Verletzung die Gemeinde mit Beschwerde in öffentlich-rechtlichen Angelegenheiten beim Bundesgericht rügen kann. Die Mehrzahl der Kantonsverfassungen enthält eine ausdrückliche Garantie der Gemeindeautonomie (vgl. z.B. Art. 85 KV/ZH). Wo eine solche fehlt, anerkennt das Bundesgericht die Gemeindeautonomie als ungeschriebenes kantonales verfassungsmässiges Recht (BGE 58 I 236, 242). Die Bundesverfassung garantiert die Gemeindeautonomie dagegen nur nach Massgabe des kantonalen Rechts (Art. 50 Abs. 1 BV). Es ist Sache der Kantone, das Mass der kommunalen Entscheidungsfreiheit bei der Organisation und Aufgabenwahrnehmung festzulegen.

2. Autonomer und nicht autonomer Tätigkeitsbereich der Gemeinde

Die kommunalen Aktivitäten lassen sich in einen autonomen und einen nicht autonomen 1903
Bereich unterteilen.

1904 *Autonomie* bedeutet das *Recht zur Selbstgesetzgebung und* – davon abgeleitet – *zur Selbstverwaltung.* Das kantonale Recht überlässt der Gemeinde bestimmte Sachgebiete zur selbstständigen Erledigung. Die Gemeinde kann *weitgehend frei* darüber entscheiden, wie sie die ihr übertragenen Aufgaben im Rahmen des Bundes- und des kantonalen Rechts erfüllen will.

1905 Beispiele für den *autonomen* Bereich:

- Erlass einer Gemeindeordnung oder einer kommunalen Bauordnung;
- Wahrnehmung der lokalen Polizei.

1906 Im Gegensatz dazu steht der *nicht autonome Tätigkeitsbereich.* Hier überträgt der Kanton in gewissen Sachbereichen die Ausführung des kantonalen Rechts den Gemeinden, wobei diesen als *blossen Vollzugsorganen* keine oder nur geringe Entscheidungsfreiheit zukommt.

1907 Beispiel für den *nicht autonomen* Bereich:
Einziehen von kantonalen oder eidgenössischen Steuern.

1908 Die Unterscheidung zwischen autonomem und nicht autonomem Bereich ist vor allem von Bedeutung für den Umfang der kantonalen Aufsicht über die Gemeindetätigkeit sowie für den Rechtsschutz der Gemeinde gegenüber dem Kanton durch das Bundesgericht.

1909 Es stellt sich die Frage, nach welchen *Kriterien* eine Aufgabe dem autonomen oder nicht autonomen Tätigkeitsbereich zuzuordnen ist. Dem Bundesrecht lässt sich auf diese Frage keine Antwort entnehmen. Auch können bestimmte Aufgaben nicht lediglich aufgrund ihrer lokalen Natur dem einen oder anderen Bereich zugewiesen werden. Die Zuordnung ergibt sich somit aus dem *kantonalen Recht.*

3. Kriterien der Gemeindeautonomie

1910 Seit 1967 umschreibt das Bundesgericht den autonomen Tätigkeitsbereich der Gemeinde (Gemeindeautonomie) in konstanter Praxis folgendermassen: Eine Gemeinde ist «in einem Sachbereich autonom, wenn das kantonale Recht diesen Bereich nicht abschliessend ordnet, sondern ihn ganz oder teilweise der Gemeinde zur Regelung überlässt und ihr dabei eine relativ erhebliche Entscheidungsfreiheit einräumt» (BGE 141 I 36, 42; 139 I 169, 172; 138 I 143, 150; 137 I 235, 237; BGer, Urteil 1C_366/2009 vom 30. November 2009 E. 2 = ZBl 112 [2011] 431, 432; Urteil 1C_230/2007 vom 11. März 2008 E. 2.1 = ZBl 110 [2009] 258, 260). Der Spielraum muss «gemeindefreiheitsbezogen», d.h. auf die Berücksichtigung der besonderen Verhältnisse und Bedürfnisse der jeweiligen Gemeinde ausgerichtet sein. «Dies ist nicht bei jedem Ermessensentscheid der Fall. So besteht keine Autonomie der kommunalen Schulbehörden, wenn diese als erste Instanz ein pädagogisches Sachurteil über einen einzelnen Schüler zu fällen haben; die Offenheit der anwendbaren Norm will hier lediglich eine einzelfallgerechte Sachentscheidung und nicht die Rücksichtnahme auf besondere lokale Bedürfnisse ermöglichen» (BGer, Urteil 2P.43/2003 vom 16. Mai 2003 E. 2.3 = ZBl 105 [2004] 157, 159; gemeindefreiheitsbezogen ist im Schulbereich etwa das Festlegen der *Schulsprache,* vgl. BGE 141 I 36 ff.; vgl. auch unpublizierte E. 2.2.2 zu BGE 139 II 280 ff.).

Ob und wieweit eine Gemeinde in einem bestimmten Bereich autonom ist, bestimmt sich also nach dem kantonalen Verfassungs- und Gesetzesrecht; teilweise werden auch ungeschriebene und historisch gewachsene Autonomiebereiche anerkannt (BGE 135 I 233, 241; 133 I 128, 130 f.; 129 I 410, 413). Massgebliches Kriterium für die Autonomie ist heute *die der Gemeinde vom kantonalen Recht eingeräumte (relativ) erhebliche Entscheidungsfreiheit in einem bestimmten Sachbereich.* Unerheblich ist dagegen, ob dieser Bereich zum originären oder übertragenen Wirkungsbereich der Gemeinde gehört und ob dem Kanton nur eine Rechtskontrolle oder eine Rechts- und Ermessenskontrolle über die kommunale Tätigkeit zukommt. 1911

Das Kriterium der relativ erheblichen Entscheidungsfreiheit ist sehr unbestimmt; das Bundesgericht muss deshalb in jedem Einzelfall prüfen, ob eine solche Entscheidungsfreiheit und damit Autonomie vorliegt. 1912

4. Autonomie in Rechtssetzung und Rechtsanwendung

a) Setzung von kommunalem Recht

Die Setzung von kommunalem Recht – dazu gehört u.a. der Erlass einer Gemeindeordnung und einer Bauordnung mit Zonenplänen – stellt den Kernbereich der Gemeindeautonomie dar. Der kommunalen Rechtssetzung kommt grosse praktische Bedeutung zu; sie regelt wichtige Fragen des öffentlichen Lebens (vgl. Rz. 117 ff.). Greift der Kanton in den Bereich ein, den er der Gemeinde zur selbstständigen Regelung überlassen hat, so kann sich die Gemeinde dagegen zur Wehr setzen (BGE 136 I 265, 269 f.; 122 I 279, 290; BGer, Urteil 1P.27/2002 vom 31. Mai 2002 = ZBl 103 [2002] 648). Genehmigungsvorbehalte für kommunale Erlasse und Ermessenskontrolle durch den Kanton bedeuten aber keinen Widerspruch zur Gemeindeautonomie und dürfen im kantonalen Recht vorgesehen werden. 1913

Die Gemeinde geniesst gemäss bundesgerichtlicher Rechtsprechung gegenüber dem Kanton folgenden Schutz: 1914

- In Bereichen, in denen dem Kanton nur eine Rechtskontrolle zusteht, ist die Gemeinde – sofern sie selber kein Bundes- oder kantonales Recht verletzt – vor kantonalen Eingriffen in ihre Autonomie *absolut geschützt.*
- Steht dem Kanton dagegen auch eine Ermessenskontrolle zu (vgl. auch Rz. 409 ff.), d.h., darf er die Angemessenheit und Zweckmässigkeit einer kommunalen Regelung überprüfen, so ist die Gemeinde *vor einer willkürlichen Ausübung dieser Ermessenskontrolle geschützt.* Der Kanton darf beispielsweise die Genehmigung eines Gemeindereglements nicht aus unsachlichen Gründen verweigern. Unter der früheren Bundesgerichtspraxis bestand in diesem Bereich überhaupt kein Schutz der Gemeindeautonomie.

Beispiele:

- Gemäss Art. 2 und 32a USG muss die Entsorgung der Siedlungsabfälle durch verursachergerechte kostendeckende Gebühren oder andere Abgaben finanziert werden. Das USG überträgt den Vollzug dieser Bestimmung den Kantonen (Art. 32b USG). Im Kanton Graubünden sind gemäss der kantonalen Regelung die Gemeinden für die Entsorgung der Siedlungsabfälle zu- 1915 ständig. Für die Finanzierung der Entsorgung der Siedlungsabfälle erheben die Gemeinden nach Massgabe des Bundesrechts kostendeckende und verursachergerechte Gebühren (Art. 35 des kantonalen Einführungsgesetzes über den Umweltschutz vom 2. Dezember 2002). Die Gemeinde Arosa erhob für die Entsorgung der Siedlungsabfälle neben einer Grundgebühr eine variable, vom Frischwasserverbrauch abhängige Gebühr. Das zuständige Departement forderte die Gemeinde auf, die Abfallgebührenerhebung bundesrechtskonform auszugestalten und neben der Grundgebühr eine mengenmässige Gebühr (Sack- und Containergebühren nach Volumen oder Gewicht des Abfalls) vorzusehen. Ein diesen Vorgaben entsprechender Gesetzesentwurf der Gemeinde Arosa scheiterte in einer Urnenabstimmung. Die Regierung setzte auf dem Wege der Ersatzvornahme eine gesetzeskonforme Regelung in Kraft, welche die Gemeinde Arosa vor Bundesgericht anfocht und eine Verletzung der Gemeindeautonomie rügte. Das Bundesgericht führte aus, die Regierung habe die kommunale Regelung zulässigerweise als bundesrechtswidrig eingestuft. Zwischen dem Frischwasserverbrauch und der mutmasslichen Abfallmenge bestehe kein hinreichender Zusammenhang. Die kommunale Gebührenordnung verstosse somit gegen das Gleichbehandlungsgebot und das Willkürverbot. Der Regierung obliege gemäss kantonalem Verfassungsrecht die Oberaufsicht über die Gemeindeverwaltung. Ihr komme die Befugnis zu, anstelle des säumigen Gemeindegesetzgebers selber tätig zu werden (BGE 129 I 290 ff.).

1916 – Die Stimmberechtigten der Stadt Opfikon hiessen eine Änderung der Nutzungsplanung sowie der Bau- und Zonenordnung gut, in welcher für Wohn- und für gemischte Wohn- und Gewerbezonen so genannte Mindestwohnanteile festgelegt wurden. Eine Bestimmung sah vor, dass Beherbergungsbetriebe bei der Ermittlung des Wohnanteils nicht eingerechnet werden. Der Regierungsrat des Kantons Zürich verweigerte dieser Vorschrift die Genehmigung. Er verwies in der Begründung auf ein Urteil des Zürcher Verwaltungsgerichtes, welches in Auslegung von Art. 39 der Bauordnung der Stadt Zürich entschieden hatte, die Hotelnutzung sei bei der Bestimmung der Wohnanteile mit einzubeziehen. Das Bundesgericht hiess die dagegen erhobene Beschwerde der Gemeinde Opfikon gut und hob den Beschluss des Regierungsrates auf. Das vom Regierungsrat angeführte Urteil des Verwaltungsgerichtes könne nicht als Begründung für die Nichtgenehmigung dienen. Den Einbezug der Beherbergungsbetriebe in die Nutzung gemäss Wohnanteilplan habe dieses einzig aus der Bauordnung der Stadt Zürich, nicht aus dem übergeordneten kantonalen Recht abgeleitet. Dessen einschlägige Bestimmung, § 49a Abs. 3 PBG/ZH, wolle den Gemeinden gerade einen erheblichen Gestaltungsspielraum hinsichtlich der Einführung von Mindestwohnanteilen einräumen. Dieses Ermessen müsse sich auch auf die Bestimmung der im Rahmen solcher Anteilsvorschriften zulässigen Nutzungen erstrecken. Die Gemeinde Opfikon könne sich zudem für ihren Entscheid, Beherbergungsflächen nicht dem Wohnanteil zuzurechnen, auf sachliche Gründe stützen. Der Regierungsrat des Kantons Zürich habe somit auch im Rahmen seiner umfassenden Überprüfungsbefugnis der Bestimmung der kommunalen Bau- und Zonenordnung ohne Grund seine Zustimmung verweigert und damit die Gemeindeautonomie verletzt (Urteil des Bundesgerichts, ZBl 94 [1993] 560 ff.).

b) Anwendung von kommunalem Recht

1917 Ist eine Gemeinde in einem Sachbereich zu autonomer Rechtssetzung befugt, so sollte sie grundsätzlich auch in der Anwendung dieses Rechts autonom sein; d.h., es muss der Gemeinde das Recht zukommen, die von ihr erlassenen Reglemente selbst auszulegen. Das Bundesgericht nimmt eine Verletzung der Gemeindeautonomie an, wenn die für die Kontrolle der Anwendung von Gemeinderecht zuständigen kantonalen Behörden dieses Recht willkürlich missachten (BGE 95 I 33, 37 f.; vgl. auch BGer, Urteil 1P.605/2000 vom 20. November 2000 E. 2.b = ZBl 103 [2002] 198, 199). So dürfen die kantonalen Behörden in einem Rekursverfahren nicht von einer vertretbaren Auslegung des kommunalen Rechts durch die Gemeindebehörden abweichen.

Beispiele:

- Die Stadt Zürich erteilt für das unbeschränkte Parkieren in den Blauen Zonen sog. Parkkarten. Die Berechtigung zum Bezug einer solchen Parkbewilligung ergibt sich aus den vom Stadtrat erlassenen Vorschriften über das unbeschränkte Parkieren in den Blauen Zonen (Parkkartenvorschriften, PKV) vom 17. April 1986. Art. 2 Ziff. 1 PKV bestimmt, dass jeder schriftenpolizeilich gemeldete Anwohner für jeden auf seinen Namen und seine Adresse in der entsprechenden Zone eingetragenen leichten Motorwagen eine Parkierungsbewilligung für diese Zone erhält. Das Verwaltungsgericht Zürich stellte fest, dass die Gemeinden bei der Regelung des gesteigerten Gemeingebrauchs an Strassen autonom sind. Deshalb beschränke sich die Überprüfungsbefugnis des Verwaltungsgerichts bei Entscheiden von Gemeindebehörden in diesem Bereich auf eine Rechtskontrolle, denn «ist eine Gemeinde in einem Sachbereich zu autonomer Rechtssetzung befugt, so ist sie grundsätzlich auch in der Anwendung dieses Rechts autonom». Die Praxis der Stadt Zürich, nur Haltern von Fahrzeugen und nicht auch Personen mit Lenkereintrag (Eintrag im Fahrzeugausweis, dass das betreffende Geschäftsfahrzeug einem bestimmten Mitarbeiter dauernd zur Verfügung gestellt wird) eine Parkbewilligung zu erteilen, erweise sich als vertretbare Auslegung von Art. 2 Ziff. 1 PKV (Verwaltungsgericht des Kantons Zürich, Urteil VB.2006.00350 vom 16. November 2006; vgl. Rz. 1934). 1918
- Das Verwaltungsgericht des Kantons Graubünden hatte eine baupolizeiliche Verfügung der Gemeinde Flims aufgehoben und diese gegen ihren Willen verpflichtet, für ein bestimmtes Grundstück eine Baubewilligung zu erteilen. Im Kanton Graubünden fällt das öffentliche Baurecht grundsätzlich in den Autonomiebereich der Gemeinden. Streitig war vor allem die Auslegung des im Baugesetz der Gemeinde Flims enthaltenen Begriffs «vorschriftsgemässe Zufahrt», also eines unbestimmten Rechtsbegriffs. Das Bundesgericht führte in seinem Entscheid aus, die kantonalen Gerichte hätten «ihre Überprüfungsbefugnis zu beschränken, wenn der fragliche unbestimmte Rechtsbegriff dem autonomen Gemeinderecht angehört. Die Gemeinde ist in diesem Fall kraft ihrer Doppelstellung als Gesetzgeberin und Rechtsanwenderin in besonderem Masse dazu berufen, den Sinngehalt des umstrittenen Begriffs zu ermitteln. Sie verfügt über sämtliche Materialien, vermag ihre Entscheidung auf eine umfassende Kenntnis der örtlichen Verhältnisse zu stützen und ist am ehesten in der Lage, die künftige Entwicklung vorauszusehen. Insbesondere in Zweifelsfällen, wenn die Auslegung schwierig ist und in besonderem Masse örtliche Verhältnisse zu würdigen sind, kommt der Entscheidung der Gemeinde besonderes Gewicht zu. Mit Rücksicht auf Wesen und Schutzfunktion der Gemeindeautonomie rechtfertigt es sich, der Gemeinde in derartigen Fällen einen Beurteilungsspielraum im soeben umschriebenen Sinne zuzuerkennen. Dies hat zur Folge, dass der kommunale Verwaltungsakt von der übergeordneten kantonalen Behörde nur aufgehoben werden darf, wenn sich die Gemeinde im Zusammenhang mit der Anwendung des fraglichen unbestimmten Rechtsbegriffs auf den Einzelfall eines Missbrauchs oder einer Überschreitung ihrer Beurteilungsermächtigung schuldig gemacht oder wenn sie verfassungsmässige Rechte des Bürgers verletzt hat». Das Bundesgericht stellte anschliessend fest, dass die beschwerdeführende Gemeinde Flims von ihrem Beurteilungsspielraum keinen übermässigen Gebrauch gemacht hatte, und hiess die Autonomiebeschwerde gut (BGE 96 I 369, 372 ff., insb. 374). 1919
- Die Commission de recours en matière de police des constructions des Kantons Waadt hatte in ihrem Entscheid eine Bestimmung der Bauordnung der Stadt Lausanne, welche die Fassadenhöhe von Gebäuden betraf, einschränkend ausgelegt, ohne der konstanten Praxis der Stadtbehörde Rechnung zu tragen. Diese restriktive Auslegung gab der Bestimmung einen anderen Sinn und eine Bedeutung, die der kommunale Gesetzgeber nicht gewollt hatte. Das Bundesgericht stellte fest, dass der Entscheid willkürlich sei und den Grundsatz der Gemeindeautonomie verletze (BGE 108 Ia 74 ff.). 1920

c) Anwendung von kantonalem Recht

In bestimmten – selteneren – Fällen kann sich der Schutz der kommunalen Autonomie auch auf Verwaltungstätigkeiten erstrecken, die nicht auf autonomem Gemeinderecht beruhen, sondern kantonalrechtlich geregelt sind. Eine solche Erweiterung ist nach der 1921

Rechtsprechung des Bundesgerichts dann gerechtfertigt, wenn das kantonale Recht bestimmte wesentliche Fragen, die sich im Zusammenhang mit seinem Vollzug stellen, nicht oder nicht näher regelt und damit der rechtsanwendenden kommunalen Behörde einen Gestaltungsspielraum offen lässt. Das Kriterium der «relativ erheblichen Entscheidungsfreiheit» ist damit auch massgebend für die Zuerkennung eines Autonomiebereichs bei der Anwendung kantonalen Rechts (BGE 138 I 143, 150; 136 I 395, 398; 129 I 290, 295; 119 Ia 214, 219; Urteil des Bundesgerichts, ZBl 101 [2000] 467, 469). Der Schutz der Autonomie setzt eine solche Entscheidungsfreiheit nicht in einem ganzen Aufgabengebiet, sondern lediglich im streitigen Bereich voraus (BGE 136 I 395, 397; 136 I 265, 269). Erforderlich ist aber, dass die betreffende Frage ihrer Natur nach überhaupt Gegenstand kommunaler Selbstbestimmung sein kann. Dies ist beispielsweise nicht der Fall bei kantonalen Vorschriften, welche die hoheitlichen Befugnisse der einzelnen Gemeinden gegeneinander abgrenzen oder interkommunale Interessenkonflikte regeln, obschon auch hier ein gewisser Spielraum für die kommunalen Behörden bestehen kann (BGE 119 Ia 214, 219; 101 Ia 517, 520).

Beispiele:

1922 – Die Submissionsverordnung des Kantons Zürich (LS 720.11) schreibt in § 33 Abs. 1 vor, dass das wirtschaftlich günstigste Angebot den Zuschlag erhält. Dabei können neben dem Preis «insbesondere» die Kriterien «Qualität, Zweckmässigkeit, Termine, technischer Wert, Ästhetik, Betriebskosten, Nachhaltigkeit, Kreativität, Kundendienst, Lehrlingsausbildung» und «Infrastruktur» berücksichtigt werden. Das Verwaltungsgericht zog aus dieser Bestimmung den Schluss, dass sich jedes Kriterium als unzulässig erweise, das nicht der Ermittlung des wirtschaftlich günstigsten Angebots diene. Es prüfte, ob das Kriterium «Public Voting», welches eine Gemeinde als ein Kriterium unter vielen für die Vergabe eines Auftrags für die Ausarbeitung einer Projektstudie für den Neubau des Gemeindehauses heranzog, zur Messung der Wirtschaftlichkeit als tauglich erscheine. Es kam zum Schluss, dass der Wunsch nach Einbezug des Stimmvolkes zwar verständlich erscheine, das Vorgehen jedoch nicht dazu diene, das wirtschaftlich günstigste Angebot zu evaluieren. Das Bundesgericht erblickte darin eine Verletzung der Gemeindeautonomie. Es hielt fest, dass § 33 der Submissionsverordnung das wirtschaftlich günstigste Angebot gerade nicht ausschliesslich über den tiefsten Preis definiere. Die Kriterien, die bei dessen Ermittlung berücksichtigt werden dürften, seien sehr weit gefasst und darüber hinaus nicht abschliessend festgelegt. Das Ergebnis des Public Voting dürfe somit insbesondere unter dem Kriterium der Zweckmässigkeit berücksichtigt werden. Bei der Auslegung der entsprechenden Bestimmung kommt den Gemeinden folglich Autonomie zu, welche das Bundesgericht im zu beurteilenden Fall als verletzt erachtete (BGE 138 I 143, 150 ff.; vgl. auch BGE 140 I 285, 292).

1923 – Das Planungs- und Baugesetz des Kantons Zürich definiert den Begriff des mässig störenden Betriebs (§ 52 Abs. 3 PBG/ZH) im Zusammenhang mit den von Gebäuden ausgehenden zulässigen Immissionen in Wohnzonen nicht. Der Vollzug dieser Bestimmung ist den Gemeinden übertragen. Zudem stehen örtliche Interessen sowie eine sinnvolle Aufgabenerfüllung auf lokaler Ebene im Vordergrund. Die Gemeinden verfügen deshalb bei der Anwendung dieser Bestimmung über eine relativ erhebliche Entscheidungsfreiheit, mithin über Autonomie (BGE 136 I 395, 398 f.).

1924 – Das Wandergewerbegesetz des Kantons St. Gallen enthält keine abschliessende Regelung auf dem Gebiet der Durchführung von Marktveranstaltungen. Es weist den Gemeinden die Zuständigkeit für die Aufsicht und die Bewilligung solcher Veranstaltungen zu. Bei der Zuteilung von Standplätzen für gewerbliche Veranstaltungen auf öffentlichem Grund kommt der Gemeindebehörde damit erhebliche Entscheidungsfreiheit zu. Diese hat sie unter Respektierung des sich aus der Wirtschaftsfreiheit ergebenden (bedingten) Benützungsanspruches und unter Beachtung des Gebots der Gleichbehandlung der Gewerbegenossen auszuüben (BGE 128 I 136 ff.).

- Die Thurgauer Gemeinden verfügen bei der Beurteilung der Frage, ab wann eine Schulklasse wegen zu geringer Schülerzahl aufgehoben werden soll, über keine Autonomie. Der Kanton hat mit seinen diesbezüglichen Regelungen einen für alle Gemeinden gleichen Massstab festgelegt, der für ein kommunales Selbstbestimmungsrecht keinen Raum lässt (Urteil des Bundesgerichts, ZBl 101 [2000] 467 ff.). 1925

5. Wichtigste Bereiche der Gemeindeautonomie

Welche Aufgaben die Gemeinden in autonomer Weise wahrnehmen, ist von Kanton zu Kanton sehr unterschiedlich geregelt. In den meisten Kantonen besteht hinsichtlich der nachfolgend genannten kommunalen Tätigkeiten eine mehr oder weniger grosse Entscheidungsfreiheit der Gemeinden. 1926

a) Gemeindeorganisation

- Bestellung der Gemeindebehörden (im Rahmen der kantonalen Regelung, welche meistens die Grundzüge festhält); 1927
- Organisation der Gemeindeverwaltung (vgl. BGer, Urteil 1P.27/2002 vom 31. Mai 2002 = ZBl 103 [2002] 648);
- Erlass von Vorschriften betreffend das Gemeindepersonal (vgl. BGE 120 Ia 203 ff.).

Die Gemeinde besitzt grundsätzlich ein Recht auf ihren eigenen *Namen,* der vom Kanton nicht beliebig geändert werden darf. In Bezug auf die Schreibweise des Gemeindenamens ist sie jedoch nicht autonom, da ein allgemeines gesamtkantonales Interesse an der Einheitlichkeit der Schreibweise besteht, das allfällige lokale Anliegen überwiegt (BGE 116 Ia 285 ff.). 1928

b) Kommunales Polizeirecht

- lokale Strassenpolizei (BGE 126 I 133, 136); 1929
- Gewerbepolizei.

c) Teile des kommunalen Baurechts

- Baupolizei; 1930
- Ortsplanung (beim Erlass von Bau- und Zonenordnungen sind die Gemeinden im Kanton Zürich im Rahmen des kantonalen Raumplanungs- und Baurechts weitgehend autonom; vgl. Rz. 1915 f.; vgl. Verwaltungsgericht des Kantons Zürich, Urteil VB.2008.00298 vom 20. August 2009 E. 2; BGE 136 I 395, 398 ff.; 136 I 265, 269 f.);
- Landschafts- und Denkmalschutz (BGE 115 Ia 27, 29).

d) Kommunales öffentliches Bauwesen

- Bau und Unterhalt der kommunalen Strassen und Wege; 1931
- Bau von Sportanlagen (Schwimmbäder, Turnhallen);
- Bau von kulturellen Einrichtungen (Museen, Theater).

e) Kommunale Versorgungsbetriebe

1932 – Kanalisation und Wasserversorgung (vgl. BGE 136 I 316, 317 f.; 118 Ia 320, 323; 112 Ia 260 ff.);
– Kläranlagen;
– Elektrizitätswerke (vgl. BGE 100 Ia 89, 92);
– kommunale Verkehrsbetriebe.

f) Verwaltung des Gemeindevermögens, der öffentlichen Finanzen und des öffentlichen Grundes

1933 Zur Gemeindeautonomie gehört die Befugnis der Gemeinde, ihre finanziellen Angelegenheiten selbstständig zu ordnen (vgl. dazu Urteil des Bundesgerichts, ZBl 95 [1994] 130 ff.). Ein wichtiger Anwendungsfall liegt in der Festsetzung des Gemeindesteuerfusses. Eingeschränkt wird die Gemeinde dabei durch die kantonalen Haushaltsvorgaben (vgl. etwa § 133 GG/ZH; §§ 84 ff. revGG/ZH).

1934 Von grosser Bedeutung ist auch die Kompetenz der Gemeinden, den Gebrauch des öffentlichen Grundes, der unter ihrer Herrschaft steht, zu regeln (vgl. Rz. 2252 ff.). Darunter fällt etwa als praktisch wichtiger Anwendungsfall der Erlass von Parkierordnungen durch die Gemeinden (vgl. das Beispiel in Rz. 1918; BGE 122 I 279, 290).

1935 Eine wichtige Rolle spielt die Autonomie auch im öffentlichen Beschaffungswesen (vgl. Rz. 1922).

g) Verleihung des Gemeindebürgerrechts

1936 Bei der Verleihung des Gemeindebürgerrechts sind die Gemeinden autonom, soweit das kantonale Recht keinen Anspruch auf Einbürgerung verleiht (vgl. § 21 GG/ZH; die Bestimmungen über das Bürgerrecht, den Aufenthalt und die Niederlassung [§§ 20–39 GG/ZH] werden mit Inkrafttreten der Gemeindegesetzrevision in ein neues Gesetz über das Bürgerrecht, die Niederlassung und den Aufenthalt überführt, § 21 GG/ZH findet sich dann neu in § 21 des Gesetzes über das Bürgerrecht, die Niederlassung und den Aufenthalt) oder die endgültige Entscheidung einer vorgesetzten Behörde vorbehält (BGE 110 Ia 197, 199 f.).

IV. Organisation der Gemeinde

1. Allgemeines

1937 Die Gemeindeorganisation ist in den einzelnen Kantonen unterschiedlich ausgestaltet; grosse Differenzen bestehen namentlich zwischen den Westschweizer und den Deutschschweizer Kantonen. In den meisten Kantonen legt die Verfassung oder das Gesetz den allgemeinen Rahmen fest und überlässt den Gemeinden die Detailregelung. Den Gemeinden kommt somit hinsichtlich ihrer Organisation eine gewisse Autonomie zu (vgl. Rz. 1927).

1938 In allen schweizerischen Gemeinden bestehen zwei Hauptorgane: das *gesetzgebende Organ* und die *ausführende Behörde*. In grösseren Gemeinden existiert daneben oft ein drittes Organ, das rechtssetzende und exekutive Befugnisse hat: das *Gemeindeparlament*.

2. Gesamtheit der Stimmberechtigten

1939 Die Gesamtheit der in der Gemeinde wohnhaften Stimmberechtigten bildet – gegebenenfalls zusammen mit dem Gemeindeparlament – das *gesetzgebende Organ*. Wer in der Gemeinde stimmberechtigt ist, bestimmt sich nach kantonalem oder kommunalem Recht. Einzelne Kantone und Gemeinden gewähren das Stimmrecht unter gewissen Voraussetzungen auch ausländischen Staatsangehörigen (vgl. Rz. 1892). Für die Stimmberechtigung nicht massgebend ist das Gemeindebürgerrecht (vgl. Art. 39 Abs. 2 BV); dieses spielt nur noch im Rahmen der Bürgergemeinde (vgl. Rz. 1894) eine Rolle.

1940 Die Stimmberechtigten können das Stimm- und Wahlrecht in kommunalen Angelegenheiten in unterschiedlicher Weise ausüben:

- in der *Gemeindeversammlung* (Versammlung aller Stimmberechtigten);
- in einer Urnenabstimmung.

1941 Die traditionelle, direktdemokratische Institution der Gemeindeversammlung hat neben den Vorteilen der maximalen Verwirklichung der direkten Demokratie in der Praxis auch gewisse Nachteile. Vor allem ist die Zahl der Stimmberechtigten, die an den Gemeindeversammlungen teilnehmen, oft sehr gering. In bevölkerungsstarken Gemeinden fehlen unter Umständen geeignete Versammlungsräume. Auch kann durch die öffentliche Stimmabgabe die Entscheidungsfreiheit der Stimmberechtigten beeinträchtigt werden. Deshalb ist in zahlreichen, vor allem grösseren Gemeinden statt oder neben der Gemeindeversammlung die Urnenabstimmung – zumindest für die wichtigen Geschäfte – vorgesehen. So kann im Kanton Zürich ein Drittel der anwesenden Stimmberechtigten der Gemeindeversammlung verlangen, dass über einen Beschluss nachträglich an der Urne abgestimmt wird (Art. 86 Abs. 3 KV/ZH). Bis zum Inkrafttreten des neuen Gemeindegesetzes unterstehen im Kanton Zürich in politischen Gemeinden sowie in Schulgemeinden mit mehr als 2000 Einwohnern die Gemeindeordnung und ihre Änderungen der Urnenabstimmung; fakultativ kann die Urnenabstimmung von allen Gemeinden auch für weitere Geschäfte vorgesehen werden (§ 116 GG/ZH; das revGG/ZH sieht keine entsprechende Regelung mehr vor).

1942 Die Organisation mit Gemeindeversammlung wird als *ordentliche Gemeindeorganisation,* diejenige mit Urnenabstimmung oder Gemeindeparlament als *ausserordentliche Gemeindeorganisation* bezeichnet.

3. Gemeindeparlament

1943 In den grösseren Gemeinden existiert häufig ein von den Stimmberechtigten gewähltes *kommunales Parlament*. Seine Kompetenzen gehen in der Regel weniger weit als diejenigen einer Gemeindeversammlung. Gewisse Beschlüsse unterstehen dem obligatorischen oder fakultativen Referendum (vgl. zum fakultativen Referendum BGE 140 I 58 ff.).

1944 Die Einrichtung des Gemeindeparlaments hat Vor- und Nachteile. Das Gemeindeparlament ist zumeist effizienter als die Gemeindeversammlung. Die Beratungen finden in wesentlich kleinerem Rahmen statt. Die Kontrolle der Gemeindeexekutive kann durch das Gemeindeparlament und seine Kommissionen gründlicher und sachkundiger vorgenommen werden als durch die Gemeindeversammlung. Nachteilig wirkt sich der Verlust an direkter Demokratie aus; die Stimmberechtigten sind auch im kommunalen Bereich weniger unmittelbar am politischen Geschehen beteiligt. Neben dem Wahlrecht verbleiben ihnen aber Initiative und Referendum, um zu Sachfragen Stellung zu nehmen.

1945 In den Westschweizer Kantonen ist die Institution des Gemeindeparlaments weit verbreitet. In den Kantonen Neuenburg und Genf ist sie für sämtliche Gemeinden obligatorisch, im Kanton Waadt für alle Gemeinden mit mehr als 1000 Einwohnern (vgl. Art. 1a de la loi sur les communes [LC] du 28 février 1956 [RSV 175.11]). Die deutsche Schweiz dagegen steht – mit Ausnahme der grösseren Städte – der Einrichtung eher ablehnend gegenüber. Im Kanton Zürich z.B. verfügen die Städte Zürich und Winterthur kraft Gesetzes über ein Gemeindeparlament (§ 88 GG/ZH). Obschon gemäss § 88a GG/ZH auch alle anderen politischen Gemeinden mit über 2000 Einwohnern, d.h. etwa 100 Zürcher Gemeinden, das Repräsentativsystem einführen können, haben bisher nur gerade 11 (alle mit über 10'000 Einwohnern) von diesem Recht Gebrauch gemacht. Nach § 27 Abs. 1 revGG/ZH können neu alle politischen Gemeinden des Kantons (also auch solche mit weniger als 2000 Einwohnern) ein Gemeindeparlament einführen. Im Kanton Aargau sind sogar 5 von 11 Gemeinden, die in den 70er-Jahren das Parlament eingeführt haben, wieder zur ursprünglichen Versammlungsdemokratie zurückgekehrt.

4. Gemeindeexekutive

1946 Die Exekutivbehörde nimmt *Vollzugsaufgaben* wahr. Ihr obliegt zudem die Vorbereitung von Geschäften, über die die Gemeindeversammlung oder das Parlament beraten und abstimmen. Zum Teil kann sie auch rechtssetzend tätig werden (z.B. Erlass von Polizeiverordnungen). Ihr sind die Gemeindeangestellten unterstellt. Bei der Gemeindeexekutive handelt es sich in der Regel um eine Kollegialbehörde («Gemeinderat» oder «Stadtrat»). Diese wird von einer Magistratsperson, der oft umfangreichere Kompetenzen als den gewöhnlichen Mitgliedern zukommen, präsidiert («Gemeindepräsident» oder «Stadtpräsident» z.B. im Kanton Zürich, «Gemeindeammann» oder «Stadtammann» z.B. im Kanton Aargau). Die Vorsitzenden der Gemeindeexekutive leiten häufig auch die Gemeindeversammlungen (anders zum Teil in der Westschweiz).

V. Aufsicht über die Gemeinden

1. Zweck der Aufsicht

Auch die Gemeinden sind bei der Erfüllung ihrer Aufgaben an Verfassung und Gesetzgebung gebunden. Der Kanton hat zu prüfen, ob die Gemeindetätigkeit mit dem kantonalen Recht, aber auch mit dem Recht des Bundes und dem Gemeinderecht übereinstimmt. 1947

Der Kanton muss sich ferner davon überzeugen, dass die Gemeinden den ihnen vom kantonalen oder vom Bundesrecht übertragenen Aufgaben nachkommen. Er hat für den richtigen Vollzug zu sorgen und eine gewisse Koordination zwischen den einzelnen Gemeinden anzustreben. 1948

Beispiel: 1949

Das Bundesgericht bejahte die Kompetenz des Regierungsrates des Kantons Schwyz, im Rahmen der Aufsicht über die Gemeinden eine vorläufige Verordnung über die Erteilung des Gemeindebürgerrechts zur Gewährleistung verfassungskonformer Einbürgerungen zu erlassen. Die Verordnung regelte die Anhörung der Bewerber sowie die Zuständigkeit und das Verfahren. Für die Erteilung des Gemeindebürgerrechts schrieb die Verordnung die offene Abstimmung in der Gemeindeversammlung vor; ohne begründeten Gegenantrag aus der Versammlungsmitte galt der Antrag des Gemeinderates als angenommen (BGE 130 I 140 ff.).

2. Rechts- und Ermessenskontrolle

Die Kontrolle kann sich – als Rechtskontrolle – auf die Überprüfung der Vereinbarkeit eines Gemeindeaktes mit dem Bundesrecht, dem kantonalen Recht oder dem Gemeinderecht beschränken. Sie kann sich aber auch – im Sinne einer Zweckmässigkeitskontrolle – auf Ermessensentscheide der Gemeinden erstrecken. Der Umfang der Kontrolle, der sich aus dem kantonalen Verfassungs- und Gesetzesrecht ergibt, ist für jeden Fall gesondert abzuklären. 1950

3. Aufsichtsorgane

Die Aufsicht über die Gemeinden kann von verschiedenen kantonalen Behörden wahrgenommen werden. Das wichtigste Aufsichtsorgan ist in den meisten Kantonen der Regierungsrat; häufig erfolgt eine Delegation gewisser Überwachungsbefugnisse an die einzelnen kantonalen Departemente (Direktionen). 1951

Im Kanton Zürich ist die Gemeindeaufsicht zweistufig organisiert. Auf Bezirksebene unterstehen die Gemeinden der Aufsicht des *Bezirksrates* (§ 141 Abs. 1 GG/ZH; § 165 revGG/ZH). Auf kantonaler Ebene ist die *Direktion der Justiz und des Innern* allgemeine Aufsichtsbehörde (§ 148 GG/ZH; nach § 164 Abs. 1 revGG/ZH ist neu der Regierungsrat die zweite Aufsichtsbehörde). Der Bezirksrat hat der Direktion der Justiz und des Innern (resp. nach revidiertem Gemeindegesetz dem Regierungsrat) über seine Aufsichtstätigkeit Bericht zu erstatten (§ 147 GG/ZH; § 165 revGG/ZH). Die Oberaufsicht über das Gemeindewesen übt nach bisherigem Recht der *Regierungsrat* aus (§ 149 1952

GG/ZH; keine entsprechende Regelung im revGG/ZH). Beschränkte Aufsichtskompetenzen hat schliesslich auch noch der *Kantonsrat* (§ 150 GG/ZH; keine entsprechende Regelung im revGG/ZH).

4. Aufsichtsmittel

a) Informatorische Aufsichtsmittel

1953 Gewisse Instrumente dienen der kantonalen Aufsichtsbehörde dazu, sich über die Gemeindetätigkeit zu informieren. Zu ihnen gehören:
- periodische oder unangekündigte Inspektionen der Gemeindeverwaltung (sog. Visitationen);
- Berichterstattungspflicht der Gemeindebehörden;
- Vorlegungspflicht für gewisse Geschäfte (zur Information und ohne dass die Genehmigung ein Gültigkeitserfordernis wäre);
- Teilnahme von Kantonsvertretern an bestimmten Sitzungen der Gemeindebehörden.

b) Genehmigungspflicht

1954 Im Allgemeinen bestimmt sich nach *kantonalem Recht,* für welche Geschäfte eine Genehmigung durch den Kanton erforderlich ist. In einigen Kantonen besteht eine generelle Genehmigungspflicht, in anderen Kantonen erstreckt sich die Genehmigungspflicht nur auf bestimmte Gemeindereglemente und -beschlüsse. In der Regel hat die Genehmigung *konstitutiven Charakter,* d.h., sie ist Gültigkeitserfordernis.

1955 In vielen Kantonen bedürfen folgende Gemeindeakte der Genehmigung durch die kantonalen Aufsichtsbehörden:
- Gemeindereglemente, vor allem solche, die Rechte und Pflichten der Privaten begründen (z.B. Gemeindepolizeiordnungen, Gemeindebauordnungen);
- Grundstücksgeschäfte (z.B. Kauf oder Verkauf von Land, Belastung mit Baurechten);
- Aufnahme von Anleihen oder grössere Ausgaben.

1956 Das *Bundesrecht* schreibt eine kantonale Genehmigung für kommunale Nutzungspläne vor (Art. 26 RPG).

c) Weisungen

1957 Die kantonalen Weisungen können genereller Natur sein, indem der Kanton zuhanden der Gemeindebehörden Richtlinien erlässt, wie eine bestimmte kantonale Regelung, z.B. ein kantonales Steuergesetz, von ihnen anzuwenden ist. Solche Weisungen, die Verwaltungsverordnungen (Rz. 81 ff.) darstellen, finden sich vor allem dort, wo die Gemeinden kantonales Recht zu vollziehen haben. Daneben kann der Kanton den Gemeindebehörden aber auch für konkrete Einzelfälle Weisungen erteilen.

d) Aufhebung von Gemeindeakten

Die Aufhebung oder Abänderung von rechtswidrigen Gemeindeakten kann z.B. auf Aufsichtsbeschwerde hin erfolgen. Bei formell rechtskräftigen Verfügungen von Gemeindebehörden müssen die Voraussetzungen des Widerrufs (Rz. 1224 ff.) erfüllt sein. 1958

e) Ersatzvornahme

Eine Ersatzvornahme (vgl. zum Begriff der Ersatzvornahme Rz. 1467 ff.) liegt vor, wenn der Kanton eine bestimmte kommunale Aufgabe anstelle einer Gemeinde erledigt, die sich weigert, diese Aufgabe wahrzunehmen, oder deren Erfüllung vernachlässigt. Die dem Kanton dadurch entstandenen Kosten kann er der Gemeinde belasten (§ 169 revGG/ZH). 1959

f) Gemeindebevormundung

Ist eine Gemeinde aus irgendwelchen Gründen zur eigenen Verwaltung unfähig, so kann der Kanton die Gemeindeverwaltung ganz oder für bestimmte Sachbereiche übernehmen oder die Gemeinde unter sog. *kommissarische Verwaltung* stellen. Diese Massnahme bedeutet eine vorübergehende Aufhebung des Rechts der Gemeinde, sich selbst zu verwalten. Es handelt sich um einen ausserordentlich schwerwiegenden Eingriff in die Rechtsstellung der Gemeinde, der nur in Notfällen zulässig ist und der auch nur sehr selten vorkommt. Zur Anordnung der Gemeindebevormundung ist in der Regel die Regierung zuständig. 1960

Beispiele:

- 1963 wurde die kommissarische Verwaltung für die zürcherische Gemeinde Humlikon notwendig, da infolge eines Flugzeugunglückes sämtliche Organe der politischen Gemeinde und der Primarschulgemeinde ausgefallen waren. 1961
- 1888 wurde zum Zwecke der Beschaffung finanzieller Mittel ein Kommissär für die Gemeinde Turbenthal eingesetzt; diese hatte sich beharrlich geweigert, ihre finanziellen Verpflichtungen gegenüber der von der Liquidation bedrohten Tösstalbahn zu erfüllen. 1962
- Eine Administrativuntersuchung über das Bauwesen in der Gemeinde Meierskappel zeigte auf, dass es während mehrerer Jahre zu Gesetzesverstössen gekommen war. Der Regierungsrat des Kantons Luzern sprach gegenüber Mitgliedern des Gemeinderates Disziplinarmassnahmen (Bussen, Verweise) aus und erteilte Weisungen zur Wiederherstellung des gesetzmässigen Zustandes. Für den Fall, dass dies nicht gelinge, drohte er der Gemeinde den Entzug der Selbstverwaltung an (NZZ vom 13. Februar 1998, S. 14). 1963
- Angesichts von Schulden in der Höhe von 346,5 Mio. Fr., verursacht durch Fehlinvestitionen in örtliche Touristik- und Verkehrsbetriebe, wurde die Gemeinde Leukerbad am 21. Oktober 1998 unter teilweise Zwangsverwaltung durch den Kanton Wallis gestellt (vgl. dazu WOLFGANG WIEGAND/JÜRG WICHTERMANN, Zur Haftung für privatisierte Staatsbetriebe, recht 17 [1999] 1 ff.). 1964

VI. Gemeindeverbände

1. Begriff, Rechtsgrundlage, Merkmale und Bedeutung

a) Begriff

1965 Der Gemeindeverband (auch kommunaler Zweckverband genannt) ist ein öffentlich-rechtlicher Zusammenschluss mehrerer Gemeinden zur gemeinschaftlichen Erfüllung bestimmter kommunaler Aufgaben.

b) Rechtsgrundlage

1966 Die Grundlage öffentlich-rechtlicher Zweckverbände findet sich im *kantonalen Recht,* nämlich in der Kantonsverfassung, im Gemeindegesetz oder in einem Spezialgesetz. Im Kanton Zürich z.B. bilden Art. 92 KV/ZH und § 7 GG/ZH (§ 73 revGG/ZH) die Rechtsgrundlagen; eine ausführlichere Regelung, wie sie andere Kantone kennen, wurde 1983 in einer Volksabstimmung abgelehnt.

c) Merkmale

1967 Die kommunalen Zweckverbände sind *öffentlich-rechtliche Körperschaften* (vgl. Rz. 1633 ff.). Als solche weisen sie eine mitgliedschaftliche Struktur auf. Mitglieder sind die einzelnen Gemeinden, nicht die Einwohner der Gemeinden.

1968 Die Verbände können *kommunale Aufgaben* sowohl aus dem autonomen als auch aus dem nicht autonomen Bereich der Gemeinden wahrnehmen.

d) Bedeutung

1969 Die Bedeutung der Gemeindeverbände nimmt ständig zu. Kommunale Zweckverbände existieren in fast allen Kantonen und in zahlreichen kommunalen Aufgabenbereichen. Sie bestehen nicht nur innerhalb eines Kantons, sondern häufig schliessen sich auch Gemeinden verschiedener Kantone zu *grenzüberschreitenden Zweckverbänden* zusammen, was im Hinblick auf das anwendbare Recht nicht immer unproblematisch ist. In Grenzkantonen gibt es sogar Gemeindeverbände, welchen ausländische Gemeinden angehören.

2. Abgrenzung zu anderen Formen der Zusammenarbeit

1970 Durch *Anschlussverträge* kann eine Gemeinde sich die Benutzung von Verwaltungseinrichtungen einer *anderen* – oft benachbarten – *Gemeinde* sichern. Dabei handelt es sich um *verwaltungsrechtliche Verträge zwischen Gemeinden* (vgl. Rz. 1304 ff.); sie begründen keine Körperschaften. Man findet Anschlussverträge häufig zwischen grösseren Städten und ihren Agglomerationsgemeinden.

Gemeinden können für ihre Zusammenarbeit unter Umständen auch eine gemeinsame *Anstalt* gründen (vgl. für den Kanton Zürich § 15b GG/ZH resp. § 74 revGG/ZH; zum Anstaltsbegriff vgl. Rz. 1659 ff.). Auch der Abschluss *privatrechtlicher Verträge* oder die Gründung *privatrechtlicher juristischer Personen* (AG, Genossenschaft, Verein etc.; vgl. § 75 revGG/ZH) sind denkbar (vgl. dazu Rz. 1707 ff.). 1971

Beispiele: 1972
- gemeinsamer Autobusbetrieb in Form einer AG;
- Wasserversorgungsgenossenschaften.

3. Gründe für den Zusammenschluss

a) Grenzüberschreitende Aufgaben

Bestimmte Aufgaben haben überörtlichen Charakter und betreffen deshalb mehrere Gemeinden. 1973

Beispiele: 1974
Strassenbau, regionale Verkehrsbetriebe, Spitäler, Kranken- und Altersheime, kulturelle Einrichtungen, Sportanlagen, Raumplanung.

b) Finanzielle und organisatorische Gründe

Kleinere oder finanzschwächere Gemeinden sind oft finanziell oder organisatorisch nicht in der Lage, bestimmte kommunale Einrichtungen allein zu betreiben. Vielfach wären solche Einrichtungen durch die Bevölkerung einer einzigen Gemeinde auch nicht genügend ausgelastet. 1975

Beispiele: 1976
Regionale Wasserversorgungsanlagen (vgl. BGE 113 Ia 200 ff.), Kläranlagen, Kehrichtverbrennung, Kindergärten, Schulen, Spitäler (vgl. Urteil des Bundesgerichts, ZBl 100 [1999] 273 ff.), Heime.

4. Verbandszweck

Zielsetzung eines Gemeindeverbandes ist es, bestimmte Verwaltungsaufgaben zu Gunsten von mehreren Gemeinden gemeinsam zu erfüllen. Dem Zweckverband dürfen Aufgaben übertragen werden, die im Kompetenzbereich der beteiligten Gemeinden liegen. Der Zusammenschluss kann nur für die Erfüllung *einer einzelnen Aufgabe oder mehrerer genau umschriebener Aufgaben* erfolgen. So genannte «offene» Zweckverbände, denen im kommunalen Aufgabenbereich allgemeine Kompetenzen zukommen, sind nach dem geltenden Recht in den meisten Kantonen nicht zulässig. Vor allem in den Kantonen Graubünden und Aargau wurden in neuerer Zeit jedoch auch Gemeindeverbände gegründet, die der Wahrnehmung des gesamten Spektrums interkommunaler Aufgaben dienen, also eine offene Zwecksetzung haben. 1977

Beispiel: 1978
Der Kreisverband «Regionalverband Mittelbünden» betreibt eine regionale Musikschule und bietet verschiedene Kurse im Bereich der Erwachsenenbildung an. Im Weiteren bezweckt er die wirt-

schaftliche, touristische, räumliche, soziale und kulturelle Entwicklung der Region (Art. 2 der Statuten des Regionalverbandes; abrufbar unter <www.mittelbuenden.ch>, zuletzt besucht am 3. Dezember 2015).

5. Gründung und Organisation

1979 Gegründet werden die Zweckverbände durch sog. *Zweckverbandsverträge* zwischen den Gemeinden. In der Regel ist deren Genehmigung durch den Kanton erforderlich, der sie von der Einhaltung gewisser Vorgaben des kantonalen Rechts abhängig machen kann (vgl. für den Kanton Zürich Art. 92 Abs. 4 KV/ZH; § 7 Abs. 1 GG/ZH; § 73 Abs. 1 revGG/ZH).

1980 Die *Rechtsnatur* des Gründungsaktes ist gemischt. Bestimmungen über die gegenseitigen Rechte und Pflichten der Gemeinden bzw. solche rechtsgeschäftlicher Art weisen die Eigenschaften eines *verwaltungsrechtlichen Vertrages* (vgl. Rz. 1304) auf. Darüber hinaus wird ein körperschaftliches Organisationsstatut geschaffen, welches Organisationsrecht darstellt und insofern *rechtssetzender* Natur ist.

1981 Die Gründung eines Zweckverbandes – bzw. der nachträgliche Beitritt einer Gemeinde – erfolgt im Allgemeinen *freiwillig*. Doch kann in gewissen Kantonen (z.B. auch im Kanton Zürich) der Staat die Gemeinden unter bestimmten Voraussetzungen zur Gründung eines Verbandes *verpflichten* bzw. den nachträglichen Beitritt zu einem bestehenden Verband erzwingen, sofern dies im öffentlichen Interesse liegt (vgl. für den Kanton Zürich Art. 92 Abs. 2 KV/ZH; § 7 Abs. 2 GG/ZH; § 81 revGG/ZH).

1982 Gemeindeverbände sind *öffentlich-rechtliche Körperschaften* mit eigener Rechtspersönlichkeit (Rz. 1633 ff.). Sie verfügen im Allgemeinen über ein eigenes Vermögen, das aus Beiträgen der Mitgliedergemeinden und allenfalls Subventionen des Kantons gespeist wird. Sie haben in der Regel keine Steuerhoheit. Die Einzelheiten der Organisation werden meist in Statuten oder einem Organisationsreglement festgelegt.

6. Mitgliedschaft

1983 Der Gemeindeverband ist ein Instrument horizontaler Kooperation. Die Mitgliedschaft steht daher *nur* den *Gemeinden offen*. Die mitgliedschaftliche Beteiligung des Kantons ist in der Regel ausgeschlossen, ebenso eine Beteiligung von Privatpersonen. Sofern Letztere mitwirken sollen, wird in der Regel eine privatrechtliche Form gewählt.

1984 Es können alle Arten von Gemeinden (politische Gemeinden, Schulgemeinden, Kirchgemeinden usw.) Mitglied im Gemeindeverband werden, sofern sie im Bereich des Verbandszwecks tätig sind. Grundsätzlich möglich ist auch die Mitgliedschaft von Gemeinden anderer Kantone, allenfalls sogar (aufgrund entsprechender zwischenstaatlicher Vereinbarungen) anderer Staaten.

VII. Rechtsschutz

Die Gemeinden können sich gegen unzulässige Eingriffe kantonaler oder auch eidgenössischer Behörden in ihre *Existenz* (vgl. BGE 131 I 91, 93 m.H.) oder in ihre *Autonomie* zur Wehr setzen. Dazu stehen ihnen sowohl auf kantonaler als auch auf Bundesebene verschiedene Rechtsmittel zur Verfügung. 1985

1. Kantonaler Rechtsschutz für die Gemeinden

a) Allgemeines

Je nach Kanton ist der Rechtsschutz unterschiedlich geregelt. Verletzt eine untere kantonale Instanz die Gemeinde in ihrer Rechtsstellung, so besteht innerhalb des Kantons im Allgemeinen eine Beschwerdemöglichkeit an die nächsthöhere Instanz (Direktion, Regierungsrat). Die Beschwerde an das kantonale Verwaltungsgericht ist dagegen oft nur in ganz bestimmten Fällen möglich. 1986

b) Regelung im Kanton Zürich

Im Kanton Zürich bildet § 21 Abs. 2 VRG/ZH die Grundlage für die Rechtsmittelbefugnis der Gemeinde. In § 155 GG/ZH (§ 172 revGG/ZH) wird geregelt, welches Gemeindeorgan zum Entscheid über den Weiterzug eines Rechtsmittelentscheides zuständig ist. 1987

§ 21 Abs. 2 VRG/ZH sieht vor, dass Gemeinden zum Rekurs berechtigt sind, wenn sie: 1988

- durch die Anordnung wie eine Privatperson berührt sind und ein schutzwürdiges Interesse an deren Aufhebung oder Änderung haben (lit. a);
- die Verletzung von Garantien rügen, die ihnen die Kantons- oder Bundesverfassung gewährt (lit. b);
- bei der Erfüllung von gesetzlichen Aufgaben in ihren schutzwürdigen Interessen anderweitig verletzt sind, insbesondere bei einem wesentlichen Eingriff in ihr Finanz- oder Verwaltungsvermögen (lit. c).

Im Beschwerdeverfahren vor dem Verwaltungsgericht gelangen die gleichen Legitimationsvoraussetzungen zur Anwendung (§ 70 VRG/ZH). Streitigkeiten aus öffentlichem Recht zwischen Gemeinden, die kein beteiligtes Gemeinwesen einseitig durch Verfügung entscheiden kann, beurteilt das kantonale Verwaltungsgericht im Klageverfahren (§ 81 lit. a VRG/ZH). 1989

2. Beschwerde in öffentlich-rechtlichen Angelegenheiten an das Bundesgericht

a) Rechtsgrundlage

Weil das Selbstbestimmungsrecht der Gemeinden im bundesstaatlichen Gefüge von grosser Bedeutung ist, sieht schon Art. 189 Abs. 1 lit. e BV vor, dass das Bundesgericht 1990

Streitigkeiten wegen Verletzung «der Gemeindeautonomie und anderer Garantien der Kantone zu Gunsten von öffentlich-rechtlichen Körperschaften» beurteilt. Die näheren Bestimmungen zum Beschwerderecht der Gemeinden in öffentlich-rechtlichen Angelegenheiten finden sich im Bundesgerichtsgesetz. Der Bund schützt die Gemeinden vor Eingriffen der Kantone in ihre Autonomie, indem er ihnen ermöglicht, sich dagegen beim Bundesgericht zu beschweren. Ob und wie weit die Gemeinden autonom sind, bestimmt dagegen das kantonale Recht (vgl. Rz. 1902, 1911).

b) Legitimation

1991 Gemäss Art. 89 Abs. 2 lit. c BGG sind die Gemeinden und andere öffentlich-rechtliche Körperschaften (Rz. 1656) zur Beschwerde in öffentlich-rechtlichen Angelegenheiten befugt, wenn sie die Verletzung von Garantien rügen, die ihnen die Kantons- oder die Bundesverfassung gewährt. Zur Beschwerde legitimiert sind alle Arten von Gemeinden. Dabei genügt es, wenn die Gemeinde als Trägerin hoheitlicher Gewalt eine Verletzung ihrer Autonomie geltend macht. Nicht eine Frage der Legitimation, sondern Gegenstand der materiellen Beurteilung ist die Frage, ob einer Gemeinde in einem Bereich tatsächlich Autonomie zukommt (BGE 136 I 404, 407; 136 I 265, 268; 135 I 43, 45; 129 I 313, 319 m.H.; BGer, Urteil 1C_230/2007 vom 11. März 2008 E. 1.2 = ZBl 110 [2009] 258, 259; BGer, Urteil 1P.277/2000 vom 26. Oktober 2000 E. 1 = ZBl 102 [2001] 198, 198).

1992 Die Autonomiebeschwerde kann nur von der Gemeinde selber erhoben werden; Private können lediglich *vorfrageweise* geltend machen, der angefochtene Entscheid verstosse auch gegen die Gemeindeautonomie (BGE 119 Ia 214, 218; 105 Ia 47, 48). Verzichtet jedoch die Gemeinde selber ausdrücklich oder stillschweigend auf die Autonomiebeschwerde, so ist selbst die vorfrageweise Geltendmachung durch Private nicht zulässig.

1993 Die Gemeinden sind zur Beschwerde in öffentlich-rechtlichen Angelegenheiten auch dann legitimiert, wenn sie *in ähnlicher Weise betroffen sind wie eine Privatperson* (Art. 89 Abs. 1 BGG, vgl. auch BGE 140 V 328, 329 ff.). Dies ist z.B. der Fall, wenn eine Gemeinde direkt in ihren vermögensrechtlichen Interessen – z.B. als Arbeitgeberin, Eigentümerin von Sachen im Finanzvermögen oder als Schuldnerin einer ihr von einem übergeordneten Gemeinwesen auferlegten finanziellen Verpflichtung – berührt ist (BGE 140 V 328, 329 ff.; 140 I 90, 92 ff.; 138 II 506, 508 ff.; 136 II 274, 279 f. m.H.; 135 V 2, 4; 134 I 204, 206 ff.). Die Gemeinden sind ferner zur Beschwerde legitimiert, wenn sie *in ihren hoheitlichen Befugnissen berührt* sind und ein *schutzwürdiges eigenes Interesse* an der Aufhebung oder Änderung des angefochtenen Entscheides haben (BGE 138 I 143, 149; 136 I 265, 268 f.). Nach neuester bundesgerichtlicher Rechtsprechung erstreckt sich die Beschwerdebefugnis auch auf die Anfechtung kantonaler *Erlasse* (BGE 136 I 265, 267 ff.; 135 I 43, 47; vgl. auch BGE 135 II 156, 158 f.; 135 II 12, 15 f.; anders noch die Haltung des Bundesgerichts in BGer, Urteil 1C_384/2007 vom 14. Mai 2008 E. 3). Hoheitliche Interessen sind etwa berührt, wenn eine Gemeinde als Subventionsempfängerin oder Gläubigerin von Kausalabgaben betroffen ist, oder auch bei Eingriffen in spezifische eigene öffentliche Sachanliegen eines Gemeinwesens (BGE 138 I

143, 149; 136 I 265, 268 f.; 134 II 45, 47; vgl. zudem BGE 136 II 274, 279). Das allgemeine Interesse an der richtigen Rechtsanwendung verschafft indessen keine Beschwerdebefugnis (BGE 136 II 274, 279). Die unterlegene Vorinstanz kann den sie desavouierenden Entscheid nicht beim Bundesgericht anfechten (BGE 134 II 45, 47).

Den Gemeinden kann das Beschwerderecht überdies in einem Spezialgesetz eingeräumt werden (Art. 89 Abs. 2 lit. d BGG; z.B. im Bereich des Raumplanungsrechts durch Art. 34 Abs. 2 RPG, vgl. dazu BGE 133 II 409, 411 ff.; 133 II 370, 372; oder im Bereich der Steuern durch Art. 73 StHG, vgl. dazu BGE 136 II 274, 276 ff.). 1994

Nicht zur Beschwerde berechtigt sind die Gemeinden nach Art. 89 Abs. 3 BGG i.V.m. Art. 81 lit. c BGG in Stimmrechtssachen, da sie nicht Träger von politischen Rechten sind (BGE 136 I 404, 406 f.). 1995

c) Beschwerdegrund

Wenn die Gemeinde eine Verletzung ihrer Autonomie geltend macht, muss in einem ersten Schritt geprüft werden, ob ihr das kantonale Recht im betreffenden Sachbereich *Autonomie einräumt,* d.h., eine relativ erhebliche Entscheidungsfreiheit belässt (vgl. Rz. 1910 ff.). Wird die Autonomie einer Gemeinde bejaht, gilt es in einem zweiten Schritt zu prüfen, ob durch den angefochtenen kantonalen Hoheitsakt die *Autonomie verletzt* wird. 1996

Die Gemeinde kann geltend machen, sie sei in ihrem Bestand verletzt (vgl. BGE 131 I 91, 93 betreffend Zwangsfusion) oder der Kanton habe in ihre Kompetenz zur Rechtssetzung eingegriffen (vgl. Rz. 1913 ff.). Weiter kann sie als Beschwerdegrund anführen, die kantonalen Aufsichts- oder Rekursinstanzen hätten dem anwendbaren kommunalen Recht eine Auslegung gegeben, die von der vertretbaren Praxis der Gemeindebehörden abweiche, oder sie hätten statt kommunalem kantonales Recht angewandt (vgl. Rz. 1917 ff.); ferner kann sie behaupten, die den Gemeinden eingeräumte erhebliche Entscheidungsfreiheit bei der Anwendung von kantonalem Recht sei missachtet worden (vgl. Rz. 1921 ff.). 1997

Die Gemeinde ist auch befugt, die Verletzung des Rechtsgleichheitsgrundsatzes (Art. 8 BV), des Willkürverbots oder des Prinzips von Treu und Glauben (Art. 9 BV), des rechtlichen Gehörs sowie der ihr zustehenden Verfahrensrechte geltend zu machen, allerdings nicht selbstständig, sondern nur i.V.m. der Rüge der Verletzung ihrer Autonomie (BGE 136 I 265, 270). Eine Gemeinde ist zwar an sich nicht Trägerin von verfassungsmässigen Rechten. Sie kann aber im Rahmen einer Autonomiebeschwerde rügen, die kantonalen Instanzen, z.B. das kantonale Verwaltungsgericht, hätten bei der Beurteilung einer kommunalen Bewilligung zur Benutzung des öffentlichen Grundes die Tragweite der Wirtschaftsfreiheit und der Religionsfreiheit verkannt und diese zu Unrecht als verletzt betrachtet (BGE 131 I 91; 129 I 313, 319; 128 I 136 ff.; 128 I 3, 9; BGer, Urteil 1C_230/2007 vom 11. März 2008 E. 1.2 = ZBl 110 [2009] 258, 259). 1998

Das Bundesgericht prüft die Frage, ob die Autonomie verletzt wurde, mit freier Kognition, wenn es um die Anwendung von eidgenössischem oder kantonalem Verfassungsrecht geht. Soweit geltend gemacht wird, es sei (kommunales, kantonales oder eidgenös- 1999 sisches) Gesetzes- oder Verordnungsrecht unrichtig angewendet worden, prüft das Bundesgericht nur, ob dies willkürlich geschehen ist (BGE 139 I 169, 173; 138 I 242, 245; 136 I 316, 318; 136 I 265, 270).

2000 Ist die *Gemeinde* dagegen in ihrer Rechtsstellung nicht als Trägerin hoheitlicher Gewalt, sondern *wie eine Privatperson betroffen,* so kann sie alle in Art. 95 BGG genannten Beschwerdegründe geltend machen, u.a. auch die Verletzung anderer verfassungsmässiger Rechte, vorab der Eigentumsgarantie.

4. Kapitel
Personalrecht

§ 28 Personal des öffentlichen Dienstes

Literatur

BELLWALD PETER, Die disziplinarische Verantwortlichkeit der Beamten, Diss. Bern 1985; BELSER EVA MARIA, Religiöse Symbole im öffentlich-rechtlichen Dienstverhältnis, in: Schweizerische Vereinigung für Verwaltungsorganisationsrecht (Hrsg.), Verwaltungsorganisationsrecht – Staatshaftungsrecht – öffentliches Dienstrecht, Jahrbuch 2011, Bern 2012, S. 113 ff.; BERTSCHI MARTIN, Auf der Suche nach dem einschlägigen Recht im öffentlichen Personalrecht, Das Heranziehen ergänzend anwendbarer Normen, besonders des Obligationenrechts, ZBl 105 (2004) 617 ff.; CHABLAIS ALAIN, La jurisprudence des autorités administratives et judiciaires en droit fédéral du personnel, in: Schweizerische Vereinigung für Verwaltungsorganisationsrecht (Hrsg.), Verwaltungsorganisationsrecht – Staatshaftungsrecht – öffentliches Dienstrecht, Jahrbuch 2012, Bern 2013, S. 103 ff.; DONATSCH MARCO/GÄCHTER THOMAS (Hrsg.), Zürcher Lehrpersonalrecht, Zürich/St. Gallen 2012; FARNER MARTIN, Das neue St. Galler Personalgesetz, in: SVVOR Jahrbuch 2011, S. 129 ff.; EHRENZELLER BERNHARD/SCHWEIZER RAINER J. (Hrsg.), Administrativuntersuchung in der öffentlichen Verwaltung und in privaten Grossunternehmen, St. Gallen 2004; GRANDJEAN VINCENT, La liberté d'expression et le devoir de réserve dans la fonction publique: Le point de vue de la pratique, in: SVVOR Jahrbuch 2011, S. 151 ff.; HANGARTNER YVO, Treuepflicht und Vertrauenswürdigkeit der Beamten, ZBl 85 (1984) 385 ff.; HÄNNI PETER, Die Gerichtspraxis des Bundesgerichts, des Bundesverwaltungsgerichts und der kantonalen Gerichte zum öffentlichen Dienstrecht, in: Schweizerische Vereinigung für Verwaltungsorganisationsrecht (Hrsg.), Verwaltungsorganisationsrecht – Staatshaftungsrecht – öffentliches Dienstrecht, Jahrbücher 2006–2014, Bern 2007–2015, S. 233 ff., 229 ff., 291 ff., 239 ff., 123 ff., 201 ff., 173 ff.; 165 ff., 95 ff.; HÄNNI PETER, Personalrecht des Bundes, SBVR Bd. I/2, 2. Aufl., Basel/Genf/München 2004; HÄNNI PETER, La fin des rapports de service en droit public, RDAF 51 (1995) 407 ff.; HÄNNI PETER, Rechte und Pflichten im öffentlichen Dienstrecht, Freiburg 1993; HÄNNI PETER/MEIER THOMAS, Der Rechtsschutz im öffentlichen Personalrecht, in: Isabelle Häner/Bernhard Waldmann (Hrsg.), Brennpunkte im Verwaltungsprozess, Zürich/Basel/Genf 2013, S. 153 ff.; HÄNNI PETER/STÖCKLI ANDREAS, Das öffentliche Dienstrecht der Schweiz, 2. Aufl., Zürich 2008; HARTMANN IVO, Die aufschiebende Wirkung der Beschwerde bei Anfechtung einer Kündigungsverfügung nach dem neuen Bundespersonalgesetz, in: SVVOR Jahrbuch 2013, S. 101 ff.; HELBLING PETER, Der öffentliche Dienst auf dem Weg in das OR, AJP 13 (2004) 242 ff.; HELBLING PETER, Rechtliche Aspekte der leistungsabhängigen Besoldung, in: Yves Emery (Hrsg.), Leistungslohn im öffentlichen Dienst, Bd. 27 der Schriftenreihe der Schweizerischen Gesellschaft für Verwaltungswissenschaften, Bern 1994, S. 99 ff.; HELBLING PETER/POLEDNA TOMAS (Hrsg.), Personalrecht des öffentlichen Dienstes, Bern 1999; HENNEBERGER FRED/SUDJANA SARAH, Öffentlicher Dienst im Wandel – Zur Entwicklung der kollektiven und individuellen Rechte und Pflichten des Bundespersonals, ZBl 108 (2007) 57 ff.; JUNGO NICOLE, Whistleblowing, Lage in der Schweiz, recht 30 (2012) 65 ff.; KAISER ROLF, Die Bestechung von Beamten, Diss. Zürich 1999; KAUFMANN CLAUDIA/STEIGER-SACKMANN SABINE (Hrsg.), Kommentar zum Gleichstellungsgesetz, 2. Aufl., Basel 2009; KNAPP BLAISE, La violation du devoir de fidelité, cause de cessation de l'emploi des fonctionnaires fédéraux, ZSR 103/I (1984) 489 ff.; LEMPEN KARINE, La jurisprudence récente en matière de loi sur l'égalité entre femmes et hommes, in: SVVOR Jahrbuch 2011, S. 165 ff.; MICHEL MATTHIAS, Beamtenstatus im Wandel, Diss. Zürich 1998; MEYER CHRISTOPH, Staatspersonal, in: Denise Buser (Hrsg.), Neues Handbuch des Staats- und Verwaltungsrechts des Kantons Basel-Stadt,

Basel 2008, S. 667 ff.; MEYER CHRISTOPH/MÜLLER-TSCHUMI THOMAS, Marktlöhne im öffentlichen Personalrecht, ZBl 102 (2001) 249 ff.; MÜLLER ROLAND/VON GRAFFENRIED CAROLINE, Unterschiede zwischen privatrechtlicher und öffentlich-rechtlicher Anstellung, recht 29 (2011) 156 ff.; MODOIANU GILDA, Les intérêts privés des fonctionnaires, RDAF 47 (1991) 429 ff.; MOSIMANN HANS-JAKOB, Arbeitsrechtliche Minimal Standards für die öffentliche Hand?, ZBl 99 (1998) 449 ff.; NÖTZLI HARRY, Die Beendigung von Arbeitsverhältnissen im Bundespersonalrecht, unter besonderer Berücksichtigung der Arbeitsverhältnisse bei der Bundesverwaltung, dem Bundesgericht und dem ETH-Bereich, Diss. Zürich, Bern 2005; POLEDNA TOMAS, Mobbing (harcèlement psychologique) im öffentlichen Personalrecht, in: SVVOR Jahrbuch 2011, S. 173 ff.; POLEDNA TOMAS, Arbeitszeugnis und Referenzauskünfte des Arbeitgebers im öffentlichen Dienst, ZBl 104 (2003) 169 ff.; POLEDNA TOMAS, Verfügung und verfügungsfreies Handeln im öffentlichen Personalrecht – ein Praxisvergleich, AJP 6 (1997) 87 ff.; POLEDNA TOMAS, Disziplinarische und administrative Entlassung von Beamten – vom Sinn und Unsinn einer Unterscheidung, ZBl 96 (1995) 49 ff.; POLEDNA TOMAS/STOLL RAPHAEL, Leistungsbeurteilungen im öffentlichen Personalrecht, in: SVVOR Jahrbuch 2007, S. 177 ff.; PORTMANN WOLFGANG/STÖCKLI JEAN-FRITZ, Schweizerisches Arbeitsrecht, 3. Auflage, Zürich/St. Gallen 2013; PORTMANN WOLFGANG/UHLMANN FELIX (Hrsg.), Bundespersonalgesetz (BPG), Stämpflis Handkommentar, Bern 2013; RHINOW RENÉ, Privatrechtliche Arbeitsverhältnisse in der öffentlichen Verwaltung, in: Peter Böckli/Hans Hinderling/Hans Peter Tschudi/Kurt Eichenberger (Hrsg.), Festschrift für Frank Vischer zum 60. Geburtstag, Zürich 1983, S. 421 ff.; RICHLI PAUL, Öffentliches Dienstrecht im Zeichen des New Public Management, Bern 1996; RÜDY BERNHARD, Administrativuntersuchungen und ihre dienstrechtliche Konsequenzen, in: SVVOR Jahrbuch 2012, S. 119 ff.; SÄGESSER THOMAS, Das materielle Immunitätsrecht für die Mitglieder der Bundesversammlung, des Bundesrats und der Gerichte des Bundes, ZSR 113/I (2012) 415 ff.; SAMELI KATHARINA, Die Freistellung als vorsorgliche Massnahme im öffentlichen Dienstrecht, in: SVVOR Jahrbuch 2008, S. 253 ff.; SCHIBLI BEATRIX, Einschränkungen der Meinungsfreiheit des Bundespersonals, Diss. Zürich 2005; SCHÖNBÄCHLER PATRICK, Kündigungsschutz im öffentlichrechtlichen Anstellungsverhältnis im Kanton Schwyz, SJZ 99 (2003) 497 ff.; SCHWANK ALEXANDRA/STÄHELIN SALOME, Die Rechtmässigkeit von Streiks der öffentlich-rechtlichen Angestellten, insbesondere im Kanton Basel-Stadt, BJM 49 (2002) 113 ff.; SCHWARZENBACH HEUSSER EVI, Das Personalrecht des Kantons Thurgau, Diss. Zürich 1998; SEILER HANSJÖRG, Gleicher Lohn für gleichwertige Arbeit, ZBl 104 (2003) 113 ff.; STÄHELIN SUSANNA, Anstellung und Kündigung im öffentlichen Dienst, in: Isabelle Häner/Bernhard Waldmann (Hrsg.), Das erstinstanzliche Verwaltungsverfahren, Zürich/Basel/Genf 2008, S. 127 ff.; STEIMEN URS, Kündigungen aus wirtschaftlichen oder betrieblichen Gründen bzw. wegen Stellenaufhebung durch öffentliche Arbeitgeber, ZBl 105 (2004) 617 ff.; STÖCKLI ANDREAS, Neueste gesetzgeberische Entwicklungen im öffentlichen Dienstrecht von Bund und Kantonen, in: SVVOR Jahrbuch 2012, S. 347 ff.; STRÜTT ADRIAN, Zur Entwicklung des Kündigungsschutzes im Zürcher Personalrecht, in: Markus Rüssli/Julia Hänni/Reto Häggi Furrer (Hrsg.), Staats- und Verwaltungsrecht auf vier Ebenen, Festschrift für Tobias Jaag, Zürich/Basel/Genf 2012, S. 321 ff.; SUBILIA-ROUGE LILIANE, La nouvelle LPers: quelques points de rencontre avec le droit privé du travail, RDAF 59 (2003) 289 ff.; SUDJANA SARAH, Leistungsanreize im öffentlichen Dienst – Ein Rechtsvergleich zwischen der Schweiz und Deutschland unter Berücksichtigung ökonomischer Aspekte, Diss. St. Gallen, Bern 2007; TANQUEREL THIERRY/BELLANGER FRANÇOIS (Hrsg.), Les réformes de la fonction publique, Genf/Basel/Zürich 2012; URSPRUNG RUDOLF/RIEDI HUNOLD DOROTHEA, Schwerpunkte der neueren bundesgerichtlichen Rechtsprechung zum öffentlichen Personalrecht, ZBl 114 (2013) 295 ff.; UHLMANN FELIX, Standortbestimmung und Problemstellungen der Praxis in der Schweiz, Überlegungen zur Annäherung des öffentlich-rechtlichen Arbeitsrechts an das Privatrecht, in: Österreichische Verwaltungswissenschaftliche Gesellschaft (Hrsg.), Wirkungsorientierte Verwaltung und Öffentlicher Dienst, Wien/Graz 2013, S. 319 ff.; WIRTHLIN MARTIN, Rechtsschutz im Luzerner Personalrecht, SJZ 103 (2007) 457 ff.

I. Begriff und Rechtsnatur des Dienstverhältnisses

1. Beamtinnen und Beamte

Das Dienstverhältnis ist die öffentlich-rechtliche Rechtsbeziehung zwischen dem Gemeinwesen und seinen Angestellten. Die Mitarbeiterinnen und Mitarbeiter werden oft als «Beamtinnen und Beamte» bezeichnet. Sie unterstehen dem Personalgesetz des betreffenden Gemeinwesens. 2001

Das Bundespersonalgesetz und einige kantonale Personalgesetze verzichten auf den Begriff des Beamten bzw. der Beamtin oder verwenden ihn nur für die auf Amtsdauer gewählten Mitarbeiterinnen und Mitarbeiter. Im Folgenden wird dieser Begriff – trotz der beachtlichen Veränderungen im öffentlichen Personalrecht und trotz Uneinheitlichkeit der heutigen Terminologie – weiterhin verwendet. 2002

Der Beamtenbegriff wird teilweise auch für einen weiteren Personenkreis verwendet, und zwar in der Weise, dass darunter *alle Personen* fallen, *die Aufgaben des Gemeinwesens erfüllen,* ohne Rücksicht auf die Natur des Verhältnisses, in dem sie zum Gemeinwesen stehen. Gewisse öffentlich-rechtliche Regelungen, so z.B. die Haftungsgesetze, knüpfen an einen solchen Beamtenbegriff an (Rz. 2102). 2003

Einen noch weiteren Personenkreis betrifft die Legaldefinition in Art. 110 Abs. 3 StGB (vgl. Art. 312 ff. StGB [strafbare Handlungen gegen die Amtspflicht], Rz. 2067). Erfasst werden Beamtinnen bzw. Beamte und Angestellte der öffentlichen Verwaltung und der Rechtspflege sowie auch Personen, die nur provisorisch ein Amt bekleiden oder angestellt sind oder nur vorübergehend amtliche Funktionen ausüben. Entscheidend ist die *Ausübung von öffentlichen Funktionen für das Gemeinwesen* (BGE 135 IV 198, 201; 121 IV 216, 220). Beamtinnen bzw. Beamte im strafrechtlichen Sinn sind unter Umständen auch Magistratspersonen (Mitglieder der Regierungen und Gerichte), Gerichtsgutachter (vgl. Obergericht des Kantons Zürich, Urteil vom 11. August 2008 = ZR 108 [2009] 176, 179 f.), Kommissionsmitglieder, privatrechtlich Angestellte (BGE 135 IV 198, 201) und ehrenamtlich Tätige. Gerade bei Magistratspersonen ist oft unsicher, ob diese den «normalen» Regelungen für Staatsangestellte (Personalgesetz) unterworfen sind (vgl. etwa § 1 Abs. 3 PG/ZH; Art. 2 des Personalgesetzes [PG] des Kantons Bern vom 16. September 2004 [BSG 153.01]). 2004

2. Dienstverhältnis als Sonderstatusverhältnis

Die Angestellten stehen zum Staat in einem besonders engen Rechtsverhältnis; sie sind – verglichen mit Personen, die nicht in einem öffentlich-rechtlichen Dienstverhältnis stehen – einer verstärkten Befehlsgewalt des Staates unterworfen. Ihre Amtspflichten gehen in der Regel auch über die durch ein privatrechtliches Arbeitsverhältnis begründeten Pflichten hinaus. An die Bestimmtheit der Rechtsnormen, welche das Dienstverhältnis regeln, und an das Erfordernis der Gesetzesform werden geringere Anforderungen gestellt als im allgemeinen Rechtsverhältnis (vgl. Rz. 452 ff.). Als wesentliche Merkmale des Sonderstatusverhältnisses von Beamtinnen und Beamten gelten 2005

- die besondere Treuepflicht gegenüber dem Gemeinwesen (Rz. 2037 ff.);
- die Schweigepflicht (in der Regel über die Dauer des Dienstverhältnisses hinaus; Rz. 2032 ff.);
- die zusätzlichen Einschränkungen von Freiheitsrechten (siehe dazu Rz. 2041 ff.).

2006 Der Rechtsschutz ist öffentlich-rechtlicher Natur und wird letztinstanzlich in der Regel durch Verwaltungsgerichte wahrgenommen (vgl. Rz. 2076 ff.).

3. Dienstverhältnis und Privatrecht

2007 Das private Arbeitsrecht hat in den letzten Jahren für das öffentliche Dienstrecht stark an Bedeutung gewonnen. Das Bundesgericht spricht in Bezug auf den Erlass des Bundespersonalgesetzes von einer «Flexibilisierung und Annäherung an privatrechtliche Regeln» (BGE 132 II 161, 163); eine weitere Annäherung brachte die Revision vom 14. Dezember 2012 (AS 2013, 1493 ff.; BBl 2011, 6703 ff.).

2008 Die Annäherung findet auf verschiedene Arten statt. Das öffentliche Dienstrecht kann erstens privatrechtliche Regelungen im öffentlichen Dienstrecht abbilden oder auf privatrechtliche Institute verweisen; privatrechtliche Regeln werden damit zum öffentlichen Recht (vgl. Rz. 251 und das Beispiel in Rz. 250).

2009 Zweitens nehmen Kantone und Gemeinden Anstellungen vermehrt *auf privatrechtlicher Basis* vor, sofern dies gemäss kantonalem Recht zulässig ist (grundsätzlich nicht zugelassen im Kanton Zürich, vgl. Art. 47 KV/ZH). Die Grenzen rein privatrechtlicher Anstellungen sind noch nicht abschliessend ausgelotet. Klar sollte u.E. sein, dass das Gemeinwesen auf jeden Fall im Innenverhältnis, d.h. im verwaltungsinternen Entscheidungsprozess über personalrechtliche Fragen, unvermindert verfassungsrechtlichen und gesetzlichen Grundsätzen verpflichtet ist. Offen ist die Frage des Rechtsschutzes (ALAIN GRIFFEL, Auswirkungen der Rechtsweggarantie auf die Entscheidbefugnis eines Gerichts, in: Peter Breitschmid/Ingrid Jent-Sørensen/Hans Schmid/Miguel Sogo [Hrsg.], Tatsachen – Verfahren – Vollstreckung, Festschrift für Isaak Meier zum 65. Geburtstag, Zürich/Basel/Genf 2015, S. 275).

2010 Eine dritte Frage betrifft die Bedeutung der zwingenden Bestimmungen des Obligationenrechts zum Arbeitsvertrag (vgl. Art. 361 f. OR) für das öffentliche Dienstrecht: Ist der öffentlich-rechtliche Arbeitgeber an sie gebunden? Bilden die zwingenden Bestimmungen des privaten Arbeitsrechts also eine Art Mindeststandard für Bund, Kantone und Gemeinden? Das Bundesgericht hat diese Frage verneint (BGE 139 I 57, 61 ff.; 138 I 232, 240 f.).

II. Begründung und Beendigung des Dienstverhältnisses

1. Begründung des Dienstverhältnisses

Das Dienstverhältnis wird entweder durch *verwaltungsrechtlichen Vertrag* oder durch *Verfügung,* d.h. durch einen einseitigen Hoheitsakt des Gemeinwesens, begründet (zur Abgrenzung zwischen vertraglichen und verfügten öffentlich-rechtlichen Arbeitsverhältnissen vgl. Verwaltungsgericht des Kantons Zürich, Urteil PK.2002.00003 vom 14. August 2002 = ZBl 104 [2003] 428 ff.). Die Anstellungsverfügung darf allerdings nur auf Antrag der Betroffenen hin bzw. mit deren Zustimmung ergehen. Es handelt sich also um eine mitwirkungsbedürftige Verfügung. 2011

Im Bund entsteht das Arbeitsverhältnis grundsätzlich durch den Abschluss eines schriftlichen Arbeitsvertrages (Art. 8 Abs. 1 BPG). Im Kanton Zürich ist die Begründung des Arbeitsverhältnisses durch Verfügung die Regel (§ 12 PG/ZH). Die Wahl zwischen Verfügung und verwaltungsrechtlichem Vertrag wird also im öffentlichen Dienstrecht durch den *Gesetzgeber* getroffen. Während die Abgrenzung im allgemeinen Verwaltungsrecht von erheblicher Bedeutung ist, spielt sie im öffentlichen Dienstrecht nur eine untergeordnete Rolle. So ist bei Begründung des Arbeitsverhältnisses durch verwaltungsrechtlichen Vertrag der Verhandlungsspielraum der Parteien meist eingeschränkt. Der Arbeitgeber kann (und muss) das Arbeitsverhältnis auch bei Vorliegen eines verwaltungsrechtlichen Vertrages u.U. einseitig durch Verfügung gestalten, so etwa im Fall einer Kündigung. Schliesslich darf auch der Gesetzgeber in das Arbeitsverhältnis eingreifen, selbst wenn dieses durch verwaltungsrechtlichen Vertrag begründet worden ist; es entstehen in der Regel *keine wohlerworbenen Rechte* (oder nur solche für eine begrenzte Zeit innerhalb der Kündigungsfrist, vgl. Urteil des Bundesgerichts, ZBl 102 [2001] 265, 273; siehe auch Rz. 2059 ff.; Rz. 2062 f.; zum Begriff des wohlerworbenen Rechtes Rz. 1237). 2012

Das Dienstverhältnis wird heute im Bund und in den meisten Kantonen regelmässig auf unbestimmte Zeit begründet. Damit hat der traditionelle schweizerische Beamtenbegriff, welcher sich durch die Wahl auf Amtsdauer charakterisierte, stark an Bedeutung verloren. Im Bund stellt die Wahl auf Amtsdauer nur noch die Ausnahme dar (vgl. Art. 9 und 14 BPG). Sie ist vorgesehen für Personal, das vom Anstellungsorgan unabhängig sein muss (z.B. FINMA- und Kommissionsmitglieder gemäss Spezialgesetzgebung, Bundesanwalt, Direktor der Eidg. Finanzkontrolle). Wird im Bund ein befristetes Arbeitsverhältnis für länger als drei Jahre geschlossen, so gilt es als unbefristet; dasselbe gilt für ohne Unterbruch aneinandergereihte befristete Arbeitsverhältnisse mit einer Dauer von mehr als drei Jahren («Kettenarbeitsverhältnisse», Art. 9 BPG; siehe hierzu BVGer, Urteil A-6990/2014 vom 5. März 2015 E. 3.3). In einigen Kantonen und Gemeinden wird das Personal allerdings immer noch auf Amtsdauer gewählt. Diese beträgt meist vier Jahre. 2013

Den Bewerberinnen und Bewerbern stand auf Bundesebene bereits vor der Revision des BPG *kein Rechtsmittel zur Verfügung, um die Ablehnung ihrer Bewerbung* anzufechten. Dem nicht berücksichtigten Bewerber fehlte nach der ständigen Rechtsprechung der 2014

Bundesbehörden für den verwaltungsinternen Beschwerdeweg die Legitimation, weil er nicht in schützenswerten Interessen betroffen sei; im Fall der Aufhebung der Anstellung des berücksichtigten Konkurrenten würde nicht ohne Weiteres der übergangene Mitbewerber gewählt; überdies habe die erfolgte Anstellung als irreversibel zu gelten (VPB 39 [1975] Nr. 47; 38 [1974] Nr. 68; vgl. auch Art. 83 lit. g BGG; siehe aber das anders lautende Urteil BVGE 2010/53). Mit dem am 1. Juli 2013 in Kraft getretenen Art. 34 Abs. 3 BPG stellt der Bundesgesetzgeber klar, dass eine abgelehnte Bewerbung keinen Anspruch auf eine anfechtbare Verfügung einräumt (vgl. auch BGer, Urteil 8C_199/2014 vom 5. September 2014 E. 5). Rechtsmittel sind hingegen dann gegeben, wenn eine Diskriminierung im Sinne von Art. 3 GlG (Gleichstellungsgesetz) geltend gemacht wird. Dies ergibt sich ausdrücklich aus Art. 83 lit. g BGG und Art. 13 Abs. 2 GlG i.V.m. Art. 5 Abs. 2 GlG, wo aber auch klargestellt wird, dass das Gericht eine Anstellung nicht aufheben, sondern den abgewiesenen Bewerberinnen bzw. Bewerbern lediglich eine Entschädigung zusprechen kann (vgl. KATHRIN ARIOLI in: HELBLING/POLEDNA, S. 261).

2015 Der Regierungsrat des Kantons Aargau hat dagegen die Beschwerde einer übergangenen Bewerberin zugelassen mit der Begründung, dass diese zwar nicht erreichen könne, an die Stelle des gewählten Konkurrenten gesetzt zu werden, ihr aber ein schutzwürdiges Interesse daran zukomme, dass die Verfahrensvorschriften eingehalten würden, sodass sie bei erfolgreicher Beschwerde eine neue Chance erhielte, gewählt zu werden (ZBl 94 [1993] 15).

2. Beendigung des Dienstverhältnisses

a) Beendigung durch objektive Tatsachen

2016 Das Dienstverhältnis endet durch das Erreichen der Altersgrenze, durch Invalidität oder Tod sowie nach Ablauf der Anstellungs- bzw. Amtsdauer.

b) Beendigung im gegenseitigen Einvernehmen

2017 Die Personalgesetze sehen in der Regel die Möglichkeit der Beendigung des Dienstverhältnisses im gegenseitigen Einvernehmen vor (z.B. § 16 lit. c PG/ZH). Das BPG enthält keine Bestimmung über die einvernehmliche Beendigung des Arbeitsverhältnisses mehr; durch den Verweis auf das Obligationenrecht (Art. 6 BPG) und den dort geregelten Aufhebungsvertrag (Art. 115 OR) ist sie aber zulässig.

c) Beendigung auf Veranlassung der Verwaltungsbehörden

aa) Kündigung

2018 Eine *ordentliche Kündigung* ist bei den durch verwaltungsrechtlichen Vertrag oder durch Verfügung auf unbestimmte Zeit begründeten Dienstverhältnissen unter Einhaltung bestimmter *Kündigungsfristen* möglich (für den Bund: Art. 12 BPG). In der Regel müssen im Gesetz vorgesehene *Kündigungsgründe* (z.B. Verletzung wichtiger gesetzlicher und vertraglicher Pflichten, Mängel in der Leistung oder Eignung, schwerwiegende wirtschaftliche oder betriebliche Gründe) erfüllt sein (BVGer, Urteil A-4813/2014 vom 9. Februar 2015 E. 3; Urteil A-969/2014 vom 11. November 2014 E. 5; Urteil A-6517/2007 vom 9. April 2008 E. 7.2; Entscheid der Eidgenössischen Personalrekurskommission, VPB 68 [2004] Nr. 90; Verwaltungsgericht des Kantons Zürich, Urteil PB.2001.00016 und 00017 vom 10. Juni 2003 = ZBl 104 [2003] 185, 201 ff.). Im Bund ist die Aufzählung der Kündigungsgründe nicht mehr abschliessend (vgl. Art. 10 Abs. 3 BPG). Allenfalls hat der Kündigung eine schriftliche Mahnung vorauszugehen (vgl. BGer, Urteil 8C_500/2013 vom 15. Januar 2014 E. 7; Entscheid der Eidgenössischen Personalrekurskommission, VPB 69 [2005] Nr. 57). Dies ergibt sich auch aus dem Grundsatz der Verhältnismässigkeit. Eine ordentliche Auflösung des Arbeitsverhältnisses ist ausgeschlossen, «wenn dem Arbeitgeber mildere Massnahmen zur Verfügung stehen, um die eingetretene Störung des Arbeitsverhältnisses in zumutbarer Weise zu beheben» (BVGE 2008/25 E. 6 m.w.H.; BVGer, Urteil A-1508/2007 vom 15. November 2007 E. 4 ff.). Eine Kündigung hat stets ultima ratio zu sein.

Als wichtiger Grund für eine *fristlose Kündigung* gilt jeder Umstand, bei dessen 2019
Vorhandensein der kündigenden Partei die Fortsetzung des Dienstverhältnisses nicht mehr zugemutet werden darf (vgl. Art. 10 Abs. 4 BPG). An das Gewicht der Gründe für eine fristlose Entlassung werden allerdings wie im Privatrecht hohe Anforderungen gestellt («Notventil», vgl. BGE 140 I 320, 322 f.; 130 III 28, 30 f.; BVGer, Urteil A-4597/2012 vom 21. Februar 2013 E. 3.2; zur Frage der Übertragbarkeit der zivilrechtlichen Rechtsprechung betreffend Zeitspanne, innert welcher die fristlose Kündigung erfolgen muss, vgl. BGE 138 I 113, 118 ff.).

Das Gesetz kann vorsehen, dass widerrechtliche Kündigungen ungültig sind und die 2020
betroffene Person unter gewissen Voraussetzungen (z.B. bei fehlendem Verschulden) weiterbeschäftigt, entschädigt oder beim Stellenwechsel unterstützt werden muss. Die Verletzung der Bestimmungen über die Auflösung des Dienstverhältnisses hat in der Regel nicht die Nichtigkeit im verwaltungsrechtlichen Sinne, sondern die Anfechtbarkeit zur Folge (vgl. dazu Rz. 1088 ff.; sowie zum Verfahren Rz. 2073 ff.).

Vor der Revision des BPG galt im öffentlichen Personalrecht des Bundes im Gegen- 2021
satz zum privaten Arbeitsrecht der Grundsatz «Weiterbeschäftigung vor Entschädigung». Nach heutiger Rechtslage ist die Weiterbeschäftigung nur noch bei *qualifiziert fehlerhafter* (z.B. missbräuchlicher, diskriminierender oder zur Unzeit erfolgter) Kündigung (Art. 34c BPG) vorgesehen (siehe hierzu BVGer, Urteil A-5381/2013 vom 8. Mai 2014 E. 10 ff.). Bei der bloss ungültigen Kündigung stehen Entschädigungsfolgen im Vordergrund (Art. 34b BPG; BVGer, Urteil A-531/2014 vom 17. September 2014 E. 5; so zum Teil ebenfalls in den Kantonen, vgl. Verwaltungsgericht des Kantons Luzern, Urteil V 05 237 vom 8. November 2006 = ZBl 108 [2007] 551, 555 ff.; vgl. kritisch ALAIN GRIFFEL, Auswirkungen der Rechtsweggarantie auf die Entscheidbefugnis eines Gerichts, in: Peter Breitschmid/Ingrid Jent-Sørensen/Hans Schmid/Miguel Sogo (Hrsg.), Tatsachen – Verfahren – Vollstreckung, Festschrift für Isaak Meier zum 65. Geburtstag, Zürich/Basel/Genf 2015, S. 269 ff. und 275). Auch im Rahmen der vom Gemeinwesen veranlassten, aber einvernehmlichen Beendigung des Arbeitsverhältnisses sind Entschä-

digungsfolgen denkbar (BGer, Urteil 2A.650/2006 vom 30. Mai 2007 E. 2.2.1; Rz. 2017).

bb) Nichtwiederwahl

2022 Wurden Personen auf Amtsdauer gewählt, so endet das Dienstverhältnis mit Ablauf der Amtsdauer. Ein *Anspruch auf Wiederwahl* besteht nicht. Die Praxis hat hierzu folgende Grundsätze entwickelt:

2023 – Für die Nichtwiederwahl muss ein Kündigungsgrund bzw. ein «zureichender Grund» vorliegen, d.h., die zuständige Behörde muss ihren Entscheid sachlich begründen (Art. 14 Abs. 2 lit. c BPG; BGE 119 Ib 99, 102; 99 Ib 233, 236; Verwaltungsgericht des Kantons St. Gallen, Urteile B 2013/221 und B 2013/222 vom 19. Dezember 2013 und 17. Januar 2014 E. 6).

2024 – Die zuständige Behörde ist verpflichtet, die betroffenen Angestellten vorher anzuhören (BGE 105 Ib 171, 173 f.).

2025 Den auf Amtsdauer angestellten kantonalen Bediensteten, denen die Wiederwahl aus einem unsachlichen, d.h. willkürlichen Grund verweigert wurde, steht die Beschwerde in öffentlich-rechtlichen Angelegenheiten nicht offen (vgl. Art. 83 lit. g BGG). Allenfalls kann subsidiäre Verfassungsbeschwerde (Art. 113 BGG) erhoben werden. Legitimationserfordernis ist jedoch ein rechtlich geschütztes Interesse (Art. 115 lit. b BGG). Das Bundesgericht geht davon aus, dass die Beamtinnen und Beamten nicht in ihren Rechten verletzt und deshalb nicht zur Beschwerde legitimiert sind, wenn sie keinen Rechtsanspruch auf Wiederwahl haben (vgl. BGE 123 I 41, 43 f.; 120 Ia 110, 112; BGer, Urteil 2P.152/2006 vom 8. Dezember 2006 E. 1.3). Falls das kantonale Recht dagegen einen Anspruch auf Wiederwahl gewährt, ist eine Verfassungsbeschwerde wegen Willkür möglich (BGE 107 Ia 182, 184; vgl. auch BGer, Urteil 8C_199/2014 vom 5. September 2014 E. 6.3).

cc) Disziplinarische Entlassung

2026 Das BPG enthält die verwaltungsrechtliche Sanktion der disziplinarischen Entlassung nicht mehr, weil die Auflösung des Dienstverhältnisses wegen Pflichtverletzungen ein Kündigungsgrund ist (vgl. Art. 10 Abs. 3 lit. a BPG; Rz. 2018 ff.). In einigen Kantonen und Gemeinden ist sie dagegen weiterhin vorgesehen. Die disziplinarische Entlassung kommt nur bei besonders *schwerwiegenden Verstössen* gegen die Dienstpflichten in Frage.

dd) Finanzielle Folgen

2027 Die Beendigung des Dienstverhältnisses kann zweierlei vermögensrechtliche Folgen haben: solche aus dem Dienstverhältnis selbst (insbesondere Entschädigung) und solche aus der Pensionsversicherung. Ein Anspruch auf Entschädigung ist bei bestimmten gesetzlich geregelten Gründen der Beendigung des Dienstverhältnisses gegeben (vgl. z.B. Art. 34b und 34c Abs. 2 BPG, §§ 26 und 27 PG/ZH). Da die meisten massgebenden

Bestimmungen keinen Anspruch auf Weiterbeschäftigung mehr vorsehen (Rz. 2021), rücken die finanziellen Folgen einer unrechtmässigen Kündigung in den Vordergrund.

d) Beendigung auf Begehren der Angestellten

Den Angestellten, die nicht auf eine feste Amtszeit gewählt worden sind, steht die *ordentliche Kündigung* offen. In den übrigen Fällen muss zumindest bei Vorliegen von Gründen, die eine *fristlose Kündigung* rechtfertigen würden, eine vorzeitige Beendigung des Dienstverhältnisses auf Begehren der Angestellten zulässig sein (vgl. Rz. 2019). Bei Wahl auf Amtsdauer können sie auf die *Wiederwahl verzichten.* 2028

III. Pflichten und Rechte der Angestellten

1. Amtspflichten

a) Besorgung der Amtsgeschäfte

Die Hauptpflicht der Angestellten besteht darin, die ihnen übertragenen amtlichen Geschäfte zu besorgen. Die Erfüllung der Pflicht hat persönlich zu erfolgen. Die Personalgesetze oder die gestützt darauf erlassenen Ausführungsbestimmungen regeln, wieweit Nebenbeschäftigungen und die Bekleidung öffentlicher Ämter zulässig sind (vgl. für den Bund Art. 23 BPG). 2029

b) Gehorsamspflicht

Die Angestellten sind – als Konsequenz der Verwaltungshierarchie – an die Weisungen der ihnen übergeordneten Instanzen gebunden. Ihre Vorgesetzten tragen die Verantwortung für die von ihnen erteilten dienstlichen Anordnungen. Dies schliesst allerdings die gleichzeitige, wenn auch verminderte Verantwortung des Untergebenen nicht aus. 2030

Nicht geklärt ist dabei die Frage, wieweit die Bediensteten rechtswidrigen Anordnungen gegenüber zum Gehorsam verpflichtet sind. Wiederholt stellte das Bundesgericht fest, der Bedienstete habe die Verfassungs- und Gesetzmässigkeit der Weisungen und Verordnungen, die er zu befolgen hat, nicht zu überprüfen (BGE 104 Ib 205, 208; 104 Ib 412, 418). Diese Rechtsprechung ist in der Lehre zu Recht auf Kritik gestossen (vgl. z.B. KNAPP, Précis, No. 3090). Die Angestellten dürfen nicht zu blindem Gehorsam ihren Vorgesetzten gegenüber verpflichtet werden. Offensichtlich rechtswidrige Anordnungen müssen sie nicht ausführen, doch haben sie die Pflicht, die Behörde, die der befehlserteilenden Behörde vorgesetzt ist, auf dem Dienstweg zu informieren. Ebenso muss es den Angestellten erlaubt sein, generelle Dienstanweisungen (Verwaltungsverordnungen, Weisungen, Richtlinien etc.) auf die Vereinbarkeit mit dem Gesetz zu überprüfen. Untergeordnete Verwaltungsstellen sind nur an Verwaltungsverordnungen gebunden, wenn sie «den richtig verstandenen Sinn des Gesetzes» wiedergeben (BGE 2031

121 II 473, 478). Sachgerechte Ausnahmen müssen bei der Anwendung einer Richtlinie möglich sein (BGE 106 Ib 252, 254; siehe auch Rz. 2034 f.).

c) Amtsverschwiegenheit

2032 Im Bund sowie in einigen Kantonen (z.B. Bern, Genf, Solothurn) gilt der Grundsatz der Öffentlichkeit der Verwaltung mit Geheimnisvorbehalt (vgl. dazu die Ausführungen zum Öffentlichkeitsprinzip, Rz. 1566 ff.). Für Informationen, die vom Öffentlichkeitsprinzip ausgenommen oder die nach einer spezialgesetzlichen Vorschrift geheim zu halten sind, gilt das in Art. 22 BPG verankerte Berufs-, Geschäfts- und Amtsgeheimnis. Die Verletzung des Amtsgeheimnisses ist *strafbar* (Art. 320 StGB). Die Geheimhaltungspflicht dauert in der Regel über die Auflösung des Dienstverhältnisses hinaus fort (Art. 94 Abs. 2 BPV).

2033 Sind Angestellte in einem Verfahren zeugnispflichtig, so muss die vorgesetzte Behörde sie vom Amtsgeheimnis entbinden (Art. 94 Abs. 3 BPV). Die Ermächtigung zur Zeugenaussage darf nur verweigert werden, wenn die allgemeinen Landesinteressen es verlangen oder wenn die Ermächtigung die Verwaltungsbehörden in der Durchführung ihrer Aufgaben wesentlich beeinträchtigen würde (vgl. dazu BGE 123 IV 157, 164).

2034 Vertreten Angestellte die Auffassung, eine ihnen übergeordnete Instanz handle rechtswidrig, so müssen sie grundsätzlich den Dienstweg beschreiten und dürfen erst als ultima ratio, d.h. wenn alle ihre Bemühungen innerhalb der Verwaltungshierarchie erfolglos bleiben, die Öffentlichkeit über die Missstände informieren (sog. «Whistleblowing»). Der am 1. Januar 2011 in Kraft getretene Art. 22a BPG *verpflichtet* das Bundespersonal, von Amtes wegen verfolgte Verbrechen oder Vergehen, die sie bei ihrer amtlichen Tätigkeit feststellen oder die ihnen angezeigt werden, zu melden (Art. 22a Abs. 1 BPG; siehe hierzu Botschaft des Bundesrates vom 10. September 2008, BBl 2008, 8125, 8181). Die Meldepflicht wurde in erster Linie zur Korruptionsbekämpfung eingeführt, dient nunmehr aber auch der Möglichkeit, Missstände anzuzeigen, indem das Personal *berechtigt* ist, andere *Unregelmässigkeiten* (z.B. unnötige oder verschwenderische Ausgaben), die sie feststellen oder die ihnen gemeldet werden, bei der Eidgenössischen Finanzkontrolle anzuzeigen. Der «Whistleblower», der in guten Treuen eine Anzeige oder Meldung erstattet, darf wegen der Meldung in seiner beruflichen Stellung nicht benachteiligt werden (Art. 22a Abs. 5 BPG). Wird ihm dennoch wegen seines Tätigwerdens nach Art. 22a BPG gekündigt, räumt Art. 34c Abs. 1 BPG einen Anspruch auf Weiterbeschäftigung (statt Entschädigung, Art. 34b BPG, siehe Rz. 2021) ein (siehe zur Rechtslage in der Schweiz NICOLE JUNGO, Whistleblowing in der Schweiz, recht 30 [2012] 65 ff.).

2035 Beispiel:

Zwei Mitarbeiterinnen der Stadt Zürich belieferten im Frühjahr 2007 die Medien mit vertraulichen Informationen, welche Missstände im Sozialamt aufdecken sollten. Zuvor hatten sie jedoch nicht alle möglichen internen Mittel ausgeschöpft. Sie wurden in der Folge wegen Amtsgeheimnisverletzung angezeigt, erstinstanzlich aber freigesprochen. In der Begründung des Urteils führte die Einzelrichterin des Bezirksgerichts Zürich aus, dass die Mitarbeiterinnen mit ihrem Anliegen nicht an eine höhere Dienststelle oder an die Departementsvorsteherin hätten gelangen können, weil «nach den verbindlichen Vorgaben von oben der Dienstweg strikte einzuhalten war, ansonsten Konsequenzen drohten». Zudem sei es «in subjektiver Hinsicht rechtsgenügend erstellt, dass sie unter den gegebenen Umständen das von ihnen gewählte Vorgehen als den einzigen möglichen Weg ansahen und in guten Treuen ansehen durften» (vgl. Einzelrichteramt für Zivil- und Strafsachen/Bezirksgericht Zürich, Urteil GG090260/U vom 17. September 2009 E. 4.5.3). Das Zürcher Obergericht hob das erstinstanzliche Urteil auf und verurteilte die beiden Mitarbeiterinnen wegen Verletzung des Amtsgeheimnisses zu bedingten Geldstrafen. Die hiergegen erhobene Beschwerde wies das Bundesgericht mit der Begründung ab, dass den Beschwerdeführerinnen mildere Mittel zur Anzeige der Missstände zur Verfügung gestanden hätten: «Die Whistleblowerinnen hätten sich nach dem verwaltungsinternen Weg, den sie zwar beschritten, aber unter den gegebenen Umständen verständlicherweise nicht zu Ende gingen, an verschiedene Stellen ausserhalb der Hierarchie des Departements, in dem sie tätig waren, wenden können, um über ihre Wahrnehmungen zu berichten, bevor sie sich einem Journalisten anvertrauten (E. 3.2, 3.4 und 4.1)» (BGer, Urteil 6B_305/2011 vom 12. Dezember 2011).

d) Verbot der Annahme von Geschenken

2036 Angestellte dürfen *keine Geschenke* annehmen oder anderweitige Vorteile beanspruchen, die ihnen im Hinblick auf ihre amtliche Stellung angeboten werden (vgl. für den Bund Art. 21 Abs. 3 BPG). Zulässig sind in der Regel geringfügige, sozial übliche Vorteile (Art. 322^{octies} StGB; Art. 93 f. BPV).

2. Treuepflicht

2037 Die Beamtinnen und Beamten treten mit ihrer Ernennung in ein *besonderes Loyalitätsverhältnis* zum Staat. Aufgrund dieses Verhältnisses sind sie nicht nur zur gewissenhaften Erfüllung ihrer dienstlichen Aufgaben verpflichtet, sondern sie übernehmen zudem eine allgemeine, sich auch auf das ausserdienstliche Verhalten erstreckende Treuepflicht gegenüber dem Staat.

2038 Die Treuepflicht bedeutet, dass die Angestellten die Autorität und Integrität des Staates nicht beeinträchtigen dürfen, sondern dessen Interessen wahren müssen (vgl. Art. 20 Abs. 1 BPG). Dies setzt eine grundsätzlich positive Einstellung zum Staat voraus, bedeutet aber nicht, dass sich Angestellte jeglicher Kritik zu enthalten hätten. Auch besteht die Treuepflicht gegenüber dem Staat als solchem und nicht gegenüber den vorgesetzten Amtsstellen.

2039 Die Treue der bzw. des Angestellten dem Gemeinwesen gegenüber ist Voraussetzung für die Leistungsfähigkeit und das reibungslose Funktionieren der Verwaltungsbehörden. Die Verpflichtung der Angestellten, den Arbeitsplatz ohne Verwendung eines privaten Motorfahrzeuges zu erreichen, geht dagegen über die Treuepflicht hinaus (BGE 120 Ia 203 ff.). Nach heutiger Ansicht schliesst das Treueverhältnis das Streikrecht (Art. 28 Abs. 3 BV) nicht aus (vgl. Rz. 2055 ff.).

2040 Die Angestellten sind sowohl innerhalb als auch ausserhalb des Dienstes gehalten, sich ihres Amtes als würdig zu erweisen. Sie haben sich im Umgang mit dem Publikum und gegenüber Mitarbeitern und Vorgesetzten korrekt und höflich zu verhalten; sie sind zu einem Verhalten verpflichtet, welches das ihnen entgegengebrachte Vertrauen und den Respekt der Privaten rechtfertigt. So wurde beispielsweise der ausserdienstliche Versand anonymer Droh- und Schmähbriefe eines Beamten an Einwohner seiner Wohnsitzgemeinde als Verletzung der Treuepflicht bezeichnet (Entscheid der Eidgenössischen Personalrekurskommission, VPB 64 [2000] Nr. 37). Auch der Arbeitnehmer, der während Krankschreibung nach einem Unfall seinem Jagdhobby nachging, verstiess gegen die Treuepflicht (BVGer, Urteil A-73/2014 vom 14. Juli 2014 E. 4.5). Eine Verletzung der Treuepflicht wurde ferner bejaht bei einem Mitarbeiter in Kaderposition, der so enge Kontakte zu Vertragspartnern des Arbeitgebers unterhielt, dass in der Öffentlichkeit der Eindruck entstehen konnte, gewisse Personen würden bevorzugt (BVGer, Urteil A-969/2014 vom 11. November 2014 E. 5.2.3; zur Treuepflicht im ausserdienstlichen Verhältnis siehe BVGer, Urteil A-5076/2012 vom 11. Februar 2013 E. 7.3).

3. Beschränkung der Freiheitsrechte

2041 Die Beamtinnen und Beamten sind wie alle Privaten *Träger der verfassungsmässigen Rechte*. Bei der Ausübung ihrer Freiheitsrechte müssen sie aber Einschränkungen hinnehmen, die sich aus ihrer Treuepflicht, allenfalls aus ihren Amtspflichten (vgl. Rz. 2029 ff.), ergeben. Dabei müssen die in Art. 36 BV umschriebenen Voraussetzungen für die Einschränkung von Freiheitsrechten erfüllt sein, doch sind die Anforderungen an die gesetzliche Grundlage bezüglich Normstufe und Normdichte und an die Verhältnismässigkeit geringer (vgl. ISABELLE HÄNER in: HELBLING/POLEDNA, S. 408 f.; Commission de recours du personnel enseignant de l'instruction publique des Kantons Genf, Urteil A/370/2003-CRIP vom 15. März 2004 = ZBl 105 [2004] 663, 667 ff., mit Hinweis auf BGE 123 I 279 ff.). Art. 24 BPG sieht explizit nur vor, dass der Bundesrat das Streikrecht, die Niederlassungsfreiheit und die Wirtschaftsfreiheit einschränken kann, soweit es für die Staatssicherheit, für die Wahrung von wichtigen Interessen in auswärtigen Angelegenheiten oder für die Sicherstellung der Landesversorgung mit lebensnotwendigen Gütern und Dienstleistungen erforderlich ist.

a) Persönliche Freiheit

2042 Die in einem Polizeigesetz festgelegte Verpflichtung, an der Uniform ein Namensschild zu tragen, berührt die persönliche Freiheit der Angehörigen des Polizeikorps. Eine derartige Regelung wurde in BGE 124 I 85, 91 als verhältnismässig bezeichnet, wobei von Bedeutung war, dass das Gesetz den Regierungsrat zu abweichenden Regelungen für den Einsatz im unfriedlichen Ordnungsdienst und von Sondereinheiten ermächtigte.

b) Meinungsäusserungs-, Medienfreiheit, Recht auf politische Betätigung

2043 Die Angestellten sind berechtigt, von ihrer *Meinungsäusserungsfreiheit* Gebrauch zu machen und sich an politischen Auseinandersetzungen zu beteiligen, sei es privat oder öffentlich (BGE 136 I 332, 335 ff.; 120 Ia 203, 207). Das gilt grundsätzlich auch für den Sachbereich, in dem die Beamtinnen und Beamten dienstlich tätig sind; die fachliche Kompetenz vermag die Diskussion zu bereichern. In der Form der Kritik der staatlichen Tätigkeit haben sie aber auf ihre Treuepflicht Rücksicht zu nehmen. Bei der Beurteilung spielen die Funktion, Stellung und Verantwortung der betroffenen Personen eine Rolle: Chefbeamtinnen und -beamte müssen sich grösserer Zurückhaltung befleissigen als untergeordnete Angestellte, welche die Vorbereitung oder Durchführung von Entscheidungen nur unwesentlich beeinflusst haben. Zudem haben Angestellte das Amtsgeheimnis zu wahren (vgl. Rz. 2032 ff.).

Beispiele:

- Bezirksrichter X. verteilte im Jahre 1980 – während der damaligen Zürcher Jugendunruhen – eine vierseitige Druckschrift des «Komitees für ein repressionsfreies Zürich». Darin wurden die Zürcher Behörden heftig kritisiert. Ihnen wurden u.a. willkürliche Verhaftungen, polizeiliche Registrierungen sowie Missachtung der Rechte von Angeklagten und Verteidigern vorgeworfen. Wegen der Verteilung dieses Flugblattes erhielt X. vom Obergericht einen Verweis. Das Bundesgericht, an welches X. den Fall weiterzog, verneinte eine Verletzung der Meinungsäusserungsfreiheit. Es führte u.a. aus, der Richter sei gegenüber anderen Beamten in qualifiziertem Sinne Garant für die Einhaltung der Rechtsordnung und für den ordnungsgemässen Gang der Justiz. Er habe sich deshalb innerhalb und ausserhalb seines Amtes auch bei politischer Betätigung so zu verhalten, dass das Vertrauen in seine Unabhängigkeit nicht gefährdet werde. Die ihm gebotene Zurückhaltung im öffentlichen Leben verunmögliche freilich politische Tätigkeiten nicht schlechthin; insbesondere dürfe er zu allgemeinen Fragen politischer Natur öffentlich Stellung beziehen. «Der Grundsatz der richterlichen Unabhängigkeit sowie die Wahrung des Ansehens und der Unparteilichkeit der Rechtsprechung (Art. 10 Ziff. 2 EMRK) verlangt in diesen Fällen vom Betreffenden, dass er sich politischer Meinungsäusserungen enthält, die das gesellschaftliche Umfeld von Vorgängen betreffen, die die Rechtspflegeorgane zum Einschreiten veranlassen, wie z.B. Stellungnahmen zu politischen Fragen im Zusammenhang mit begangenen strafbaren Handlungen. Tut er dies nicht, ist darin eine Verletzung der Dienstpflicht im oben beschriebenen Sinne zu erblicken.» Das Bundesgericht stellte abschliessend fest, der Beschwerdeführer müsse sich den Inhalt des Flugblattes zurechnen lassen; durch das Verteilen habe er sein grundsätzliches Einverständnis damit, insbesondere mit den schweren Vorwürfen an die Justizbehörden, bekundet. Diese eindeutige Stellungnahme lasse die notwendige Zurückhaltung vermissen. Das Obergericht habe daher das Verhalten von X. als Dienstpflichtverletzung qualifizieren dürfen, ohne dadurch dessen Meinungsäusserungsfreiheit zu verletzen (BGE 108 Ia 172, 176 f.). 2044
- Ein langjähriger Dozent der Zürcher Hochschule für Künste (ZHdK) verteilte mit der Unterstützung von Studierenden vor dem Rathaus Flugblätter an Mitglieder des Kantonsrats, in welchen er den bevorstehenden Umzug der Hochschule als «monströse Zentralisierungsveranstaltung» bezeichnete und die Angehörigen der Hochschule zur Ablehnung des geplanten Standortwechsels an den «verkehrsreichen Stadtrand» aufforderte. Der Leiter des Departements Kunst und Medien, in welchem der Dozent tätig war, erteilte diesem hierfür einen mündlichen Verweis, entzog ihm die zu 5 % ausgeübte Leitungstätigkeit und reduzierte das Anstellungsverhältnis entsprechend. Die Rekurskommission der Zürcher Hochschulen hiess den Rekurs gegen diese Verfügung teilweise gut und sprach dem Dozenten eine Entschädigung in der Höhe eines halben Monatslohns wegen Verletzung des rechtlichen Gehörs zu. Die dagegen vom Dozenten erhobene Beschwerde wies das Verwaltungsgericht des Kantons Zürich am 18. November 2009 ab (Verwaltungsgericht des Kantons Zürich, Urteil PB.2009.00027 vom 18. November 2009). Das Bundesgericht beurteilte das in Frage stehende Flugblatt dagegen als zurückhaltend. Es enthalte weder polemische noch verletzende Angriffe und auch keinen impliziten Vorwurf an die Leitung der Hochschule, pflichtwidrig gehandelt zu haben. Im Gegenteil sei es dem Beschwerdeführer darum gegangen, sich im Rahmen des politischen Willensbildungsprozesses zum geplanten Projekt äussern zu können. Er habe sich in erster Linie an den Kantonsrat als für die Planung zuständiges Staatsorgan gewandt. Es müsse abgewogen werden zwischen der Meinungsäusserungsfreiheit des Dozenten und dem Interesse der Hochschulleitung an einem einheitlichen Auftritt in der Öffentlichkeit. Die Tatsache, dass der Dozent zumindest im Zeitpunkt der Flugblattaktion auch eine Leitungsfunktion ausgeübt hatte, ändere nichts daran, dass im konkreten Fall die Meinungsäusserungsfreiheit des Dozenten höher als die Interessen der Hochschule zu gewichten sei (BGE 136 I 332 ff.). 2045

c) Glaubens- und Gewissensfreiheit

2046 Im Bereich der Kundgabe und Verbreitung religiöser Ansichten geht die Glaubens- und Gewissensfreiheit der Meinungsfreiheit als lex specialis vor. Die Treuepflicht kann das Recht, seine religiösen Überzeugungen kundzutun, jedoch ebenfalls *einschränken*. Religiöse Überzeugungen einer Lehrperson können auch in Konflikt mit dem Anspruch der Schülerinnen und Schüler auf konfessionell neutralen Schulunterricht geraten (BGE 123 I 296, 305).

Beispiele:

2047 – Einer Primarlehrerin, die zum Islam übergetreten war, wurde das Tragen des islamischen Kopftuches während des Unterrichts von den Genfer Schulbehörden untersagt. Das Bundesgericht wies die dagegen erhobene Beschwerde mit der Begründung ab, dass das Tragen des Kopftuches mit der religiösen Neutralität der öffentlichen Schule, zu welcher sich der Genfer Gesetz- und Verfassungsgeber klar bekannt habe, nicht vereinbar sei («[…] l'interdiction faite à la recourante de porter un foulard indiquant clairement l'appartenance à une confession déterminée concrétise la volonté accrue du législateur genevois […] de respecter en matière scolaire les principes de neutralité religieuse […] et de séparation de l'Eglise et de l'Etat» [BGE 123 I 296, 304]). Das Verbot sei ferner verhältnismässig. Die in Strassburg gegen das Urteil erhobene Beschwerde wurde vom EGMR abgewiesen (EGMR, Urteil Dahlab vs. Switzerland [Nr. 42393/98] vom 15. Februar 2001; im gleichen Sinne entschied der EGMR im Urteil Leyla Şahin vs. Turkey [Nr. 44774/98] vom 10. November 2005).

2048 – Die Stellungnahme eines Lehrers in einer Tageszeitung, in welcher er die Steinigung von Ehebrechern mit religiösen Gründen rechtfertigte, verletzte die Treuepflicht. Die dadurch vertretenen Werte widersprechen in krasser Weise den Grundauffassungen von Rechtsstaaten, die wie die Schweiz den UNO-Pakt II und die EMRK unterzeichnet haben. Die Entlassung des Betroffenen wurde im vorliegenden Fall jedoch als unverhältnismässig beurteilt. Mit einem Disziplinarverfahren hätte das Ziel ebenfalls erreicht werden können. Der vor über 10 Jahren gewählte Lehrer habe seine Aufgaben bis anhin stets zufriedenstellend erfüllt (Commission de recours du personnel enseignant de l'instruction publique des Kantons Genf, Urteil A/370/2003-CRIP vom 15. März 2004 = ZBl 105 [2004] 663 ff.).

d) Vereinsfreiheit

2049 Die Angestellten dürfen nicht einem Verein angehören, der zur Erreichung seiner Ziele illegale Mittel verwendet. Hingegen kann es nicht darauf ankommen, ob der Verein Zwecke verfolgt, die von der Mehrheit der Bevölkerung anerkannt werden. Den Angestellten ist beispielsweise die Mitgliedschaft in einer kommunistischen Partei nicht verboten (Entscheid des Bundesrates, VEB 21 [1951] Nr. 14).

e) Niederlassungsfreiheit

2050 Viele Personalgesetze sehen für die Beamtinnen und Beamten eine Wohnsitzpflicht vor. Die von Art. 24 BV gewährleistete Niederlassungsfreiheit steht dem nicht entgegen. Erforderlich ist aber, dass ein *öffentliches Interesse an der Residenzpflicht* besteht. Das Bundesgericht fasste dieses Interesse in seiner früheren Rechtsprechung sehr weit (vgl. BGE 106 Ia 28, 31) und stiess damit in der Lehre auf berechtigte Kritik. In seiner neueren Praxis geht das Bundesgericht davon aus, dass nur zwingende betriebliche Gründe oder das Erfordernis enger Beziehungen der betreffenden Angestellten zum Gemeinwesen oder zur Bevölkerung eine Wohnsitzpflicht rechtfertigen können (BGE 128 I 280,

284 ff.; 120 Ia 203, 205; siehe auch BVGer, Urteil A-565/2011 vom 2. Mai 2011). Unzureichend ist namentlich das fiskalische Interesse, leitende Staatsangestellte als gute Steuerzahler im betreffenden Gemeinwesen zu halten.

Beispiele:

- BGE 118 Ia 410 ff.: Bei einem Ambulanzfahrer mit fester Arbeitszeit rechtfertigen weder dienstliche Gründe noch das Erfordernis besonderer Beziehungen zur Bevölkerung die Wohnsitzpflicht. 2051
- BGE 128 I 34 ff.: Die zulässige Bestimmung, wonach bernische Regierungsstatthalter im Amtsbezirk Wohnsitz haben müssen, schliesst es aus, dass eine Person diese Funktion als «Doppelmandat» in zwei Bezirken ausübt. 2052
- BGE 128 I 280 ff.: Wohnsitzpflicht von Notarinnen und Notaren im Kanton Appenzell I.Rh. bejaht. Bei der Beurteilung der Rechtmässigkeit der Wohnsitzpflicht falle entscheidend ins Gewicht, dass die Urkundsperson als staatliches Organ eine hoheitliche (wenn auch nicht leitende) Funktion wahrnehme und die ihr übertragene Tätigkeit weitgehend weisungsunabhängig ausübe (vgl. strenger wohl BGer, Urteil 2C_335/2013 vom 11. Mai 2015 E. 3). 2053

f) Wirtschaftsfreiheit

Die Beamtinnen und Beamten haben grundsätzlich ihre volle Arbeitskraft dem Amt zu widmen. Nebenbeschäftigungen und die Ausübung öffentlicher Ämter dürfen daher im Interesse der ordnungsgemässen Erfüllung der Amtstätigkeit untersagt oder von der Bewilligung einer vorgesetzten Behörde abhängig gemacht werden (vgl. VPB 61 [1997] Nr. 56 und VPB 61 [1997] Nr. 57; Art. 23 BPG; Art. 91 BPV). Beschränkungen rechtfertigen sich dabei nicht nur im Hinblick auf den Zeitaufwand, welche die Nebenbeschäftigung mit sich bringt, sondern auch, um der Gefahr von Interessenkollisionen zu begegnen und um zu verhindern, dass das Ansehen oder das Vertrauen in die Unabhängigkeit der Behörde beeinträchtigt wird (BVGer, Urteil A-4443/2013 vom 7. Mai 2014 E. 7; Entscheid des Bezirksrats Affoltern, ZBl 100 [1999] 644). Auch Staatsangestellte können sich aber auf die Wirtschaftsfreiheit berufen, falls sie eine Tätigkeit ausüben wollen, welche mit ihrer amtlichen Funktion in keinem Zusammenhang steht (vgl. BGE 121 I 326, 329; BGer, Urteil 2P.301/2005 vom 23. Juni 2006 = ZBl 107 [2006] 586 f.). 2054

g) Streikrecht

Art. 28 Abs. 3 BV anerkennt unter bestimmten Voraussetzungen die Zulässigkeit von Streiks. Entsprechend sieht Art. 24 Abs. 1 BPG nicht mehr ein umfassendes Streikverbot vor, sondern ermächtigt den Bundesrat lediglich, das Streikrecht für bestimmte Kategorien von Angestellten zu beschränken oder aufzuheben *(funktionsbezogenes Streikverbot)*. Der Bundesrat hat von dieser Kompetenz in Art. 96 BPV Gebrauch gemacht. 2055

Einige Kantone kennen noch ein umfassendes Streikverbot für ihre Beamten und Beamtinnen (vgl. z.B. Art. 46 des Gesetzes über das öffentlichrechtliche Arbeitsverhältnis des Kantons Nidwalden vom 3. Juni 1998 [NG 165.1]). Solche kantonalen Bestimmungen sind mit Art. 28 Abs. 3 BV und Art. 11 EMRK nicht mehr vereinbar. 2056

Beispiele:

- Nach der Rechtsprechung des EGMR dürfen die Rechte nach Art. 11 EMRK (d.h. auch das Streikrecht) für bestimmte Gruppen von staatlichen Angestellten wie Armeeangehörige, Angehörige der Polizei und der Staatsverwaltung besonderen gesetzlichen Einschränkungen unter- 2057 worfen werden, solange diese verhältnismässig sind (Verhältnismässigkeit verneint beim Ausschluss des Streikrechts von Kommunalbeamten: EGMR, Urteil Demir and Baykara vs. Turkey [Nr. 34503/97] vom 12. November 2008). Ein generelles Streikverbot für Staatsangestellte verstösst dagegen nach EGMR-Rechtsprechung gegen Art. 11 Abs. 2 EMRK (EGMR, Urteil Demir and Baykara vs. Turkey [Nr. 34503/97] vom 12. November 2008; Urteil Enerji Yap-Yol sen vs. Turkey [Nr. 68959/01] vom 6. November 2009).

2058 – Offen gelassen hat der EGMR, ob auch Lehrpersonen im Beamtenverhältnis in Deutschland unter die Bestimmung fallen (EGMR, Urteil Vogt vs. Germany [Nr. 17851/91] vom 26. September 1995).

4. Anspruch auf Besoldung, Pensions- und Versicherungsleistungen

a) Besoldungsanspruch

2059 Die Beamtinnen und Beamten haben – als Entgelt für die geleistete Arbeit – Anspruch auf eine *Besoldung,* die sich in ihrer Zusammensetzung (Grundbesoldung und Zulagen) und Höhe nach der Besoldungsregelung richtet.

2060 Die Besoldungsansprüche stellen, soweit sie einem Angestellten nicht besonders zugesichert werden, keine wohlerworbenen Rechte dar (vgl. Rz. 1237 ff.; BGE 134 I 23, 35 f.); sie können deshalb bei einer Änderung der Besoldungsordnung angepasst werden, sofern dadurch nicht gegen das Vertrauensschutzprinzip oder das Rückwirkungsverbot verstossen wird (vgl. Rz. 624 ff.; 166 ff.; BGE 118 Ia 245, 256; BGer, Urteil 1C_230/2007 vom 11. März 2008 E. 4 ff.; BVGer, Urteil A-5494/2013 vom 8. April 2014 E. 6.4). Wird ein öffentlich-rechtliches Anstellungsverhältnis durch einen verwaltungsrechtlichen Vertrag begründet, so sind die vertraglichen Regeln über die Auflösung des Dienstverhältnisses für die Parteien massgeblich. Die vertraglich zugesicherten, finanziellen Ansprüche sind in diesem Fall bis zum nächstmöglichen Kündigungstermin den Dispositionen des Gesetzgebers entzogen (vgl. BGer, Urteil 1C_168/2008 vom 23. April 2009 = ZBl 111 [2010] 56 ff.).

2061 Die Besoldung hat den Anforderungen zu genügen, die sich aus dem Anspruch auf gleichen Lohn für Mann und Frau nach Art. 8 Abs. 3 Satz 3 BV und aus dem Gleichstellungsgesetz ergeben. Das Bundesgericht befasste sich wiederholt mit der Problematik der indirekten Diskriminierung der Frauen bei der Einteilung in eine Besoldungsklasse (BGE 139 I 161, 165 ff.; BGer, Urteil 2A.91/2007 vom 25. Februar 2008 E. 2 ff.). Weil deren Beurteilung weder eine reine Sach- noch Rechts- oder Ermessensfrage ist, sondern alle diese Elemente enthält, stellen sich hier schwierige Fragen bezüglich des Umfangs der gerichtlichen Überprüfung (BGE 125 II 385, 391 f.; vgl. auch Verwaltungsgericht des Kantons Zürich, Urteil PB.2007.00013 vom 30. Juli 2008 E. 2.3 ff.).

b) Pensions- und Versicherungsansprüche

2062 Art. 32a BPG bestimmt im Bund den Personenkreis, der gegen die wirtschaftlichen Folgen von Alter, Invalidität und Tod zu versichern ist. Auch die kantonalen Personalgesetzgebungen kennen ein Kassenobligatorium für ihre Bediensteten. Alle Beamten und

Beamtinnen – bzw. im Todesfall ihre Angehörigen – haben Anspruch auf die entsprechenden Kassenleistungen.

Pensions- und Versicherungsansprüche begründen nur wohlerworbene Rechte, falls dies gesetzlich vorgesehen oder den Berechtigten ausdrücklich zugesichert worden ist. Andernfalls sind sie abänderbar (vgl. BGE 134 I 23, 36; 118 Ia 245, 256; 112 V 387, 395). 2063

5. Mitbestimmungsrechte

Die Gesetzgebung kann dem Staatspersonal gewisse *Mitbestimmungsrechte* einräumen. 2064
Das Bundesrecht statuiert umfassende Informations- und Konsultationspflichten und sieht die Möglichkeit der Schaffung paritätischer Kommissionen vor (Art. 33 BPG; Art. 107 ff. BPV). Auf die Koalitionsfreiheit (Art. 28 Abs. 1 BV) können sich auch öffentlich-rechtliche Personalverbände berufen, insbesondere mit Bezug auf die Teilnahme am Rechtssetzungsverfahren des Arbeitgebers (vgl. BGE 140 I 257, 261 f.; 129 I 113 ff.). Die Rechtsprechung hat Kriterien entwickelt, welche Voraussetzungen ein öffentlich-rechtlicher Personalverband zu erfüllen hat, um als Sozialpartner anerkannt zu werden (BGE 129 I 113, 123 f.). In BGE 140 I 257 ff. hat das Bundesgericht entschieden, dass die Anerkennung der Gewerkschaft als Sozialpartnerin in Anlehnung an die privatrechtliche Lehre davon abhängig gemacht werden dürfe, ob diese repräsentativ sei und ihre Loyalitätspflicht erfülle. Die Kantone haben zum Teil eigene Regeln aufgestellt, teilweise auf bundesgesetzliche Regelungen verwiesen (vgl. § 43 und § 44 des Gesetzes über die Grundzüge des Personalrechts [Personalgesetz, PersG] des Kantons Aargau vom 16. Mai 2000 [SAR 165.100]).

6. Gesamtarbeitsverträge

Die Personalgesetzgebung des Bundes (Art. 38 BPG) und einiger Kantone (z.B. § 6 2065
PG/ZH) sieht vor, dass die Arbeitgeber und die Personalverbände *Gesamtarbeitsverträge* abschliessen können, welche die Rechte und Pflichten der Angestellten näher regeln. Diese Verträge treten an die Stelle der Verordnungen zur Ausführung der Personalgesetze (vgl. Art. 6 Abs. 3 BPG, welcher Gesamtarbeitsverträge mit «Ausführungsbestimmungen» gleichsetzt). Die vertraglich geschaffenen Normen sind objektives Recht, so dass bei deren Anwendung auf die üblichen Methoden der Gesetzesauslegung zurückzugreifen ist (vgl. Entscheid der Eidgenössischen Personalrekurskommission, VPB 67 [2003] Nr. 68; vgl. auch BGE 140 I 257 ff. zur Anerkennung als Sozialpartner im öffentlichen Dienst). Die Vertragsparteien übernehmen die Funktion und Verantwortung des Gesetzgebers (konsensuale Rechtssetzung).

Vor allem im Bereich der dezentralisierten Leistungsverwaltung haben sich Gesamt- 2066
arbeitsverträge etabliert. So sind aufgrund von Art. 38 Abs. 1 BPG die Schweizerischen Bundesbahnen verpflichtet, einen Gesamtarbeitsvertrag mit den jeweiligen Personalverbänden abzuschliessen. In Art. 16 Abs. 2 TUG (Telekommunikationsunternehmungsge-

setz) wird auch die Swisscom AG dazu angehalten, mit den Personalverbänden Verhandlungen zum Abschluss eines Gesamtarbeitsvertrages zu führen.

IV. Verantwortlichkeit der Angestellten

1. Strafrechtliche Verantwortlichkeit

2067 Die Angestellten unterstehen den Strafbestimmungen des Schweizerischen Strafgesetzbuches sowie der Nebenstrafgesetzgebung (z.B. dem SVG). Das StGB enthält in den Art. 312–322^{octies} zudem eine Anzahl *Sonderdelikte,* die strafbare Handlungen gegen die Amtspflichten betreffen (z.B. Art. 312 StGB: Amtsmissbrauch, Art. 320 StGB: Verletzung des Amtsgeheimnisses, Art. 322ter–322^{octies} StGB: Bestechung).

2068 Die Strafverfolgung von Bundesbeamtinnen und -beamten setzt eine Ermächtigung des Eidgenössischen Justiz- und Polizeidepartements voraus; ausgenommen davon sind nur Verstösse gegen das Strassenverkehrsgesetz (Art. 15 VG; vgl. BGE 139 IV 161, 164; 112 Ib 350 ff.). Verschiedene Kantone kennen ähnliche Strafverfolgungsprivilegien (vgl. hierzu BGE 137 IV 269, 278 ff.; 120 IV 78 ff.). Nach Art. 7 Abs. 2 lit. b StPO können die Kantone die Strafverfolgung der Mitglieder ihrer Vollziehungs- und Gerichtsbehörden von der Ermächtigung einer nicht richterlichen Behörde abhängig machen (siehe hierzu BGE 137 IV 269, 278 f.). Deren Zweck ist es, die Beamtinnen und Beamten vor ungerechtfertigten Anschuldigungen und Strafverfolgungen zu schützen und zu verhindern, dass sie mit Strafanzeigen unter Druck gesetzt werden können.

2. Disziplinarische Verantwortlichkeit

2069 Mehrere Kantone (z.B. Aargau, Bern, Zug und Zürich) haben das Disziplinarrecht ganz oder weitgehend abgeschafft. Der Verzicht auf die Amtsdauer lockert die Bindung der Angestellten an den Staat so stark, dass sich disziplinarische Sanktionen zur Durchsetzung der Ordnung in der Verwaltung und zur Wahrung ihres Ansehens kaum mehr rechtfertigen lassen. Dazu kommt, dass die Neugestaltung der Dienstverhältnisse, insbesondere die Kündbarkeit, disziplinarische Sanktionen entbehrlich erscheinen lässt (vgl. FRITZ LANG in: HELBLING/POLEDNA, S. 56 f.). Im Bund sind dagegen disziplinarische Massnahmen weiterhin vorgesehen (Art. 25 BPG; Art. 99 BPV). Disziplinarstrafen hat zu gewärtigen, wer absichtlich oder fahrlässig seine Dienstpflichten verletzt. Dabei liegt es im Entschliessungsermessen der Disziplinarbehörde, ob sie eine Massnahme anordnet oder nicht, und im Auswahlermessen, welche der verschiedenen Massnahmen (Verwarnung, Verweis, Lohnkürzung, Busse usw.) sie verfügt (vgl. Rz. 398 ff.). Die Entlassung als Disziplinarmassnahme kennt auch das Bundesrecht nicht mehr (vgl. Rz. 2026; Art. 25 Abs. 2 BPG).

Disziplinarische Sanktionen können unabhängig von der strafrechtlichen Verantwortlichkeit ausgesprochen werden, d.h., der Grundsatz «ne bis in idem» gilt diesbezüglich nicht (zu den disziplinarischen Massnahmen vgl. auch Rz. 1505 ff.). 2070

Einer allfälligen disziplinarischen Sanktion muss zwingend eine Disziplinaruntersuchung (vgl. Art. 98 und 99 Abs. 1 BPV) oder eine Administrativuntersuchung vorausgehen. Eine Administrativuntersuchung wird als «verwaltungsinternes Verfahren, mit welchem die Behörde, welche an der Spitze einer Verwaltungshierarchie steht, aufgetauchte oder vermutete Probleme und Mängel bei der Aufgabenerfüllung unterstellter Dienststellen bzw. ihre Ursachen abklärt», umschrieben (vgl. Gutachten des Bundesamtes für Justiz zu Handen der Delegation der Geschäftsprüfungskommissionen, VPB 67 [2003] Nr. 100). Im Bund sind Administrativuntersuchungen heute in Art. 27a ff. RVOV geregelt. Im Kanton Zürich wird eine gesetzliche Regelung der Administrativuntersuchung zur Verbesserung der Koordination zwischen strafrechtlicher und verwaltungsinterner Untersuchung ausgearbeitet (vgl. Regierungsratsbeschluss Nr. 1216/2013). Wo eine solche Untersuchung gegen eine bestimmte Person gerichtet ist oder sich in diese Richtung entwickelt, müssen der betroffenen Person die Rechte aus dem Verwaltungsverfahren zukommen (vgl. Art. 27a Abs. 2 RVOV e contrario; siehe hierzu weiter Rz. 968). 2071

3. Vermögensrechtliche Verantwortlichkeit

Die Staatsangestellten sind vermögensrechtlich verantwortlich für den Schaden, den sie in Verletzung einer Dienstpflicht angerichtet haben. Meistens besteht ihre vermögensrechtliche Verantwortlichkeit nicht gegenüber geschädigten Privaten, sondern nur gegenüber dem Staat, denn heute kennen viele Gemeinwesen – so der Bund und die meisten Kantone – den Grundsatz der ausschliesslichen Staatshaftung. Dem Gemeinwesen kommt im Fall seiner Haftung für Schädigung von Dritten allenfalls ein Rückgriffsrecht gegenüber den fehlbaren Angestellten zu (vgl. dazu Rz. 2090 ff. und 2188). 2072

V. Rechtsschutz im Personalrecht

1. Rechtsschutz gegen Verfügungen

Der Rechtsschutz im Personalrecht hängt wie in anderen Bereichen massgeblich davon ab, ob die Behörde in Verfügungsform handelt oder nicht (vgl. allgemein Rz. 849 ff.). Kein Rechtsschutz besteht gegen bloss interne Anweisungen, Mahnungen etc., die nicht in Verfügungsform ergehen, da sie die Rechtsstellung der oder des Betroffenen nicht verändern. Die Grenzen des Rechtsschutzes sind mit Blick auf Art. 29a BV sowie Art. 25a VwVG noch nicht definitiv ausgelotet. Aus der Praxis sind folgende Beispiele zu nennen (vgl. auch FELIX UHLMANN, Praxiskommentar VwVG, Art. 5): 2073

2074 Verfügungsform bejaht für:
- Begründung/Auflösung eines Dienstverhältnisses (vgl. VPB 65 [2001] Nr. 97);
- Versetzung eines Polizeifunktionärs bei Zuweisung eines völlig neuen Aufgabengebiets (BGE 136 I 323 ff.);
- Wiederwahl unter einem die Rechtsstellung beeinträchtigenden Vorbehalt (vgl. VPB 62 [1998] Nr. 18);
- Diverse Disziplinarmassnahmen (BGE 103 Ib 350, 353) sowie die Verwarnung (BGE 125 I 119, 121; 103 Ib 350, 353);
- Umgestaltung eines Dienstverhältnisses anstelle einer Disziplinarmassnahme (VPB 61 [1997] Nr. 28);
- Verwarnung als Vorstufe einer Disziplinarmassnahme (BGE 125 I 119, 121; 103 Ib 350, 353);
- Beförderung oder Nichtbeförderung (VPB 57 [1993] Nr. 37).

2075 Verfügungsform verneint für:
- einer ordentlichen Kündigung nach Art. 12 Abs. 6 BPG vorangehende Ermahnung (VPB 69 [2005] Nr. 122);
- Wiederwahl unter Vorbehalt (im Sinne einer Mitteilung/Ermahnung; BGE 119 Ib 99, 101);
- Ankündigung, wonach ein befristetes Dienstverhältnis nach Zeitablauf endet (VPB 62 [1998] Nr. 35).

2. Rechtsweg

a) Im Bund

2076 Der Rechtsschutz bei Streitigkeiten aus dem Dienstverhältnis ist in den Art. 34–36a BPG geregelt. Streitigkeitensind in erster Linie einvernehmlich zu lösen (Art. 34 Abs. 1 BPG). Kommt keine Einigung zustande, erlässt der Arbeitgeber eine Verfügung, die mit Beschwerde an das Bundesverwaltungsgericht angefochten werden kann (Art. 36 Abs. 1 BPG; anders dagegen der Rechtsweg bei den dienstrechtlichen Verfügungen des Bundesgerichts, des Bundesstrafgerichts und des Bundesverwaltungsgerichts nach Art. 36 Abs. 2–4 BPG). Beschwerdeentscheide des Bundesverwaltungsgerichts können grundsätzlich mit Beschwerde in öffentlich-rechtlichen Angelegenheiten an das Bundesgericht weitergezogen werden, wenn es sich um eine vermögensrechtliche Angelegenheit (vgl. das Streitwerterfordernis in Art. 85 Abs. 1 lit. b BGG) oder um Streitigkeiten über die Gleichstellung der Geschlechter handelt (Art. 83 lit. g BGG). Verfügungen über leistungsabhängige Lohnanteile des Bundespersonals können nicht beim Bundesverwaltungsgericht angefochten werden, es sei denn, es werde eine Diskriminierung aufgrund des Geschlechts geltend gemacht (Art. 36a BPG; Art. 32 Abs. 1 lit. c VGG). Sie unterliegen jedoch der Beschwerde an den Bundesrat (Art. 72 lit. b VwVG). Beschwerden kommt im Bund *keine aufschiebende Wirkung* (siehe hierzu Rz. 1163 ff.) mehr zu, es sei denn, die Beschwerdeinstanz ordne diese an. Von der Aufgabe des Grundsatzes «Weiterbeschäftigung vor Entschädigung» (siehe Rz. 2021) verspricht sich der Bund eine Flexibilisierung der Arbeitsverhältnisse und schnellere Neubesetzungen (vgl. zum Ganzen auch HÄNER/LIENHARD/TSCHANNEN/UHLMANN/VOGEL, § 5).

b) In den Kantonen

Der Rechtsschutz in den Kantonen richtet sich nach dem kantonalen Personal- oder Verfahrensrecht. Zum Teil sind – wie im Bund – verwaltungsinterne und verwaltungsgerichtliche Beschwerdeverfahren vorgesehen. In gewissen Fällen sind die Verwaltungsgerichte als einzige Instanz im Klageverfahren zuständig. Im Kanton Zürich sind Streitigkeiten aus öffentlich-rechtlichen Anstellungsverhältnissen grundsätzlich im Anfechtungsverfahren auszutragen (§§ 19 ff., §§ 41 ff. und § 81 lit. b VRG/ZH). Dabei bestehen vereinzelt Sonderbestimmungen (§ 25 Abs. 2 lit. a, § 27a und § 65a Abs. 2 VRG/ZH). 2077

Letztinstanzliche kantonale Entscheidungen in vermögensrechtlichen Angelegenheiten mit einem Streitwert von mehr als 15'000.– Franken sowie in Anwendung des Gleichstellungsgesetzes unterliegen der Beschwerde in öffentlich-rechtlichen Angelegenheiten an das Bundesgericht (Art. 83 lit. g, 85 Abs. 1 lit. b BGG). Das Gemeinwesen ist nach Art. 89 Abs. 1 BGG zur Beschwerde legitimiert (vgl. auch BGE 134 I 204, 205 ff.; 124 II 409, 417 ff.; bestätigt in BGer, Urteil 8C_583/2013 vom 4. Februar 2014 E. 1.3). Ob das Gemeinwesen in personalrechtlichen Belangen auch zur *subsidiären Verfassungsbeschwerde* legitimiert ist, liess das Bundesgericht bisher offen (BGer, Urteil 8D_7/2013 vom 8. Januar 2014 E.3.1; Urteil 8C_1077/2009 vom 17. Dezember 2010 E. 3.2). 2078

3. Rechtsnatur der Streitigkeiten

Nach der älteren Rechtsprechung betrafen Streitigkeiten über öffentlich-rechtliche Dienstverhältnisse nur dann «zivilrechtliche Ansprüche» im Sinne von Art. 6 Ziff. 1 EMRK, wenn es sich um rein vermögensrechtliche Ansprüche handelte, nicht aber, wenn es um die Begründung oder Beendigung des Dienstverhältnisses, die Lohneinstufung oder Beförderung ging (BGE 125 I 313, 319). In neueren Urteilen stellte das Bundesgericht – in Anlehnung an die Rechtsprechung des Europäischen Gerichtshofes für Menschenrechte – primär darauf ab, ob das Dienstverhältnis Personen betrifft, die eine hoheitliche Tätigkeit ausüben (z.B. Angehörige der Polizei oder der Armee) oder nicht; im ersten Fall verneinte es einen «zivilrechtlichen Anspruch», im zweiten Fall bejahte es ihn (vgl. BGE 139 III 98 ff.; 129 I 207 ff.; 126 I 33, 34 f.; BGer, Urteil 1P.529/1999 vom 7. Februar 2000). 2079

Disziplinarmassnahmen fallen je nach Art und Schwere der Sanktion unter den Begriff der «strafrechtlichen Anklage» im Sinne von Art. 6 Ziff. 1 EMRK, sodass die Verfahrensgarantien dieser Bestimmung anwendbar sind (BGE 135 I 313, 316 ff.; 121 I 379 ff.; vgl. auch Rz. 1506). 2080

Mit dem Inkrafttreten der Rechtsweggarantie (Art. 29a BV; Rz. 1183 ff.) hat die Frage, ob Streitigkeiten aus öffentlich-rechtlichen Dienstverhältnissen unter Art. 6 Ziff. 1 EMRK fallen, an Bedeutung verloren. 2081

4. Teil Staats- und Beamtenhaftung

Literatur

ALIOTTA MASSIMO/HUSMANN DAVID, Zeit heilt nicht alle Wunden – zur verjährungsrechtlichen Problematik bei Personenschäden durch Asbest, HAVE 2010 128 ff.; BERGER MAX, Erneute Anpassungen im Staatshaftungsrecht des Kantons Solothurn, HAVE 2011 191 ff.; BISCHOF PIRMIN, Amtshaftung an der Grenze zwischen öffentlichem Recht und Obligationenrecht (Artikel 61 OR), ZSR 104/I (1985) 67 ff.; EGLI JEAN-FRANÇOIS, L'activité illicite du juge cause de responsabilité pécuniaire à l'égard des tiers, in: Faculté de droit et des sciences économiques de l'Université de Neuchâtel (Hrsg.), Hommage à Raymond Jeanprêtre, Neuenburg 1982, S. 7 ff.; FAJNOR MICHAEL, Staatliche Haftung für rechtmässig verursachten Schaden, Diss. Zürich 1987; FAVRE ANNE-CHRISTINE/MARTENET VINCENT/POLTIER ETIENNE (Hrsg.), La responsabilité de l'Etat, Genf/Zürich/Basel 2012; FELLER RETO, Das Prinzip der Einmaligkeit des Rechtsschutzes im Staatshaftungsrecht, Diss. Bern 2007; FORSTMOSER PETER/JAAG TOBIAS, Der Staat als Aktionär. Haftungsrechtliche Risiken der Vertretung des Staates im Verwaltungsrat von Aktiengesellschaften, Zürich 2000; FROMONT MICHEL, La responsabilité de l'État du fait d'actes juridiques – Comparaison du droit français avec le droit suisse, in: Benoît Bovay/Minh Son Nguyen (Hrsg.), Mélanges en l'honneur de Pierre Moor, Bern 2005, S. 249 ff.; GRISEL ETIENNE, La responsabilité patrimoniale des conseillers fédéraux, RDAF 54 (1998) 113 ff.; GROSS BALZ, Die Haftpflicht des Staates, Diss. Zürich 1996; GROSS JOST, Amtliche Verrichtung und haftpflichtrechtliche Zuordnung im Schweizerischen Verantwortlichkeitsrecht, in: Mélanges Pierre Moor, S. 311 ff.; GROSS JOST, Staatshaftung und Grundrechtsschutz, AJP 11 (2002) 1429 ff.; GROSS JOST, Staatshaftung für unterlassene Finanzaufsicht, AJP 11 (2002) 747 ff.; GROSS JOST, Schweizerisches Staatshaftungsrecht: Stand und Entwicklungstendenzen, 2. Aufl., Bern 2001; GROSS JOST/PRIBNOW VOLKER, Schweizerisches Staatshaftungsrecht: Ergänzungsband zur 2. Auflage, Bern 2013; GUCKELBERGER ANETTE, Die Staatshaftung in der Schweiz, recht 26 (2008) 175 ff.; GYGI FRITZ, Die Widerrechtlichkeit in der Staatshaftung, in: Jean-François Aubert/Philippe Bois (Hrsg.), Mélanges André Grisel, Neuenburg 1983, S. 417 ff.; HALDEMANN FRANK, Geschichte vor Gericht: der Fall Spring, Hintergründe und Analyse des Bundesgerichtsentscheids vom 21. Januar 2000 i.S. J. Spring gegen Schweizerische Eidgenossenschaft, AJP 11 (2002) 875 ff.; HÄNNI PETER, Staatshaftung wegen Untätigkeit der Verwaltung, in: Mélanges Pierre Moor, S. 337 ff.; HÄNNI PETER, Das Staatshaftungsrecht, Die Gerichtspraxis des Bundesgerichts, des Bundesverwaltungsgerichts und der kantonalen Gerichte, in: Schweizerische Vereinigung für Verwaltungsorganisationsrecht (Hrsg.), Verwaltungsorganisationsrecht – Staatshaftungsrecht – öffentliches Dienstrecht, Jahrbücher 2006–2013, Bern 2007–2014, S. 201 ff., 269 ff., 279 ff., 221 ff., 113 ff., 187 ff., 147 ff., 133 ff.; HÄNNI PETER/MAHAIM RAPHAËL, Baupolizeiliche Aufsichtspflichten und Staatshaftung – der Fall Adelboden und die Folgen, in: SVVOR Jahrbuch 2011, S. 95 ff.; HÄNNI PETER, Staatshaftung bei unterlassener Wahrnehmung von Schutzpflichten, Grundsatzfragen und Rechtsprechung im Bereich von Menschenrechten, in: Markus Rüssli/Julia Hänni/Reto Häggi Furrer (Hrsg.), Staats- und Verwaltungsrecht auf vier Ebenen, Festschrift für Tobias Jaag, Zürich/Basel/Genf 2012, S. 429 ff.; HARTMANN BERND, § 2 (Haftung in der Europäischen Union), in: Oliver Dörr (Hrsg.), Staatshaftung in Europa – nationales und Unionsrecht, Berlin 2014, S. 31 ff.; HUNOLD FRIDOLIN, Staatshaftung für judikatives Unrecht, Eine rechtsdogmatische und rechtstatsächliche Untersuchung bezogen auf den Bund und die Kantone Zürich und Glarus, Diss. Zürich, Zürich/Basel/Genf 2013; JAAG TOBIAS, Staats- und Beamtenhaftung, SBVR Bd. I/3, 2. Aufl., Basel/Genf/München 2006; JAAG TOBIAS, Staatshaftung für Schädigung durch rechtskräftige Verfügungen und Entscheide, in: Mélanges Pierre Moor, S. 351 ff.; JAAG TOBIAS, Öffentliches Entschädigungsrecht, ZBl 98 (1997) 145 ff.; KNAPP BLAISE, La responsabilité de l'état en cas de catastrophes naturelles, ZSR 105/I (1986) 589 ff.; LANDOLT HARDY, Die Grundrechtshaftung, Haftung für grundrechtswidriges Verhalten unter besonderer Berücksichtigung der Verletzung der Rechtsgleichheitsgarantie (Art. 8 BV), AJP 14 (2005) 379 ff.; LANDOLT HARDY, Haftung für rechtmässige Schadensverursachung, HAVE 2014 3 ff.; LANG NATHALIE, Haftung des Gemeinwesens für Strassen und Bäume, HAVE 2012 463 ff.; MÄCHLER AUGUST, Vermögensrechtliche Verantwortlichkeit zwischen Gemeinwesen, in: Mélanges Pierre Moor, S. 395 ff.; MÄCHLER AUGUST, Der Vergleich im Staatshaftungsrecht, HAVE 2012 483 ff.; MAYHALL NADINE,

Aufsicht und Staatshaftung, Diss. Freiburg, Zürich/Basel/Genf 2008; MEIER KURT, Haftung für ärztliche Tätigkeit in öffentlichen Spitälern, HAVE 2012 468 ff.; MÜLLER MARKUS, Staatshaftungsverfahren und Grundrechtsschutz, recht 14 (1996) 259 ff.; PRIBNOW VOLKER/KEUSCH OLIVER, Übersicht über das geltende Staatshaftungsrecht der Kantone, HAVE 2012 457 ff.; RUMPF JEAN-DANIEL, Médecins et patients dans les hôpitaux publics en particulier la responsabilité civile à raison des actes médicaux, Diss. Lausanne 1991; RÜTSCHE BERNHARD, Staatshaftung für bewilligte Sicherheitsrisiken, Jusletter vom 4. April 2011; RÜTSCHE BERNHARD/FELLMANN WALTER (Hrsg.), Aktuelle Fragen des Staatshaftungsrechts, Bern 2014; SCHAFFHAUSER RENÉ/BERTSCHINGER URS/POLEDNA TOMAS (Hrsg.), Haftung im Umfeld des wirtschaftenden Staates, Referate der Tagung vom 17. Januar 2003 in Zürich, St. Gallen 2003; SCHAUB LUKAS, Staatshaftungsansprüche aus der Verfassung: ein kurzer (erweiterter) Begründungsversuch, AJP 24 (2015) 459 ff.; SOBOTICH VIVIANE, Staatshaftung aus Kontrolltätigkeit im Baurecht, Diss. Zürich 2000; STARK EMIL, Einige Gedanken zur Haftpflicht für staatliche Verrichtungen, SJZ 86 (1990) 1 ff.; STARK EMIL, Die Haftungsvoraussetzung der Rechtswidrigkeit in der Kausalhaftung des Staates für seine Beamten, in: Walter Haller/Alfred Kölz/Georg Müller/Daniel Thürer (Hrsg.), Festschrift für Ulrich Häfelin zum 65. Geburtstag, Zürich 1989, S. 569 ff.; TANQUEREL THIERRY, La responsabilité des autorités administratives indépendantes, in: François Bellanger/Thierry Tanquerel (Hrsg.), Les autorités administratives indépendantes, Genf/Zürich/Basel 2011, S. 153 ff.; UHLMANN FELIX, § 19 (Schweiz), in: Oliver Dörr (Hrsg.), Staatshaftung in Europa – nationales und Unionsrecht, Berlin 2014, S. 605 ff.; WEBER-DÜRLER BEATRICE, Die Staatshaftung im Bauwesen, ZBl 98 (1997) 385 ff.; WEBER-DÜRLER BEATRICE, Zur Entschädigungspflicht des Staates für rechtmässige Akte, in: Francis Cagianut/Willi Geiger/Yvo Hangartner/Ernst Höhn (Hrsg.), Aktuelle Probleme des Staats- und Verwaltungsrechts, Festschrift für Otto K. Kaufmann, Bern/Stuttgart 1989, S. 339 ff.; WERRO FRANZ, La responsabilité de l'Etat pour les défauts de la route, in: Journées du droit de la circulation routière, Freiburg 1994, S. 1 ff.; WIEGAND WOLFGANG/WICHTERMANN JÜRG, Zur Haftung für privatisierte Staatsbetriebe, recht 17 (1999) 1 ff.

§ 29 Formen der öffentlich-rechtlichen Haftung

I. Allgemeines

1. Problemstellung: Haftung für Schaden im öffentlichen Recht

2082 Tätigkeiten und Unterlassungen von Behörden und Beamtinnen oder Beamten können Schäden verursachen. Als Geschädigte kommen in Frage:

- *Private,* z.B. bei Schäden an ihren Fahrzeugen, die durch mangelhaften Unterhalt von öffentlichen Strassen verursacht wurden, oder bei Unfällen, die sie bei der Benutzung öffentlicher Verkehrsmittel erlitten haben;
- der *Staat,* z.B. bei Beschädigung eines Dienstfahrzeuges durch einen Beamten, der es benutzt hat, oder wenn der Staat für den Schaden haftbar gemacht wird, der einem Privaten durch einen Beamten zugefügt worden ist.

2083 Dabei stellt sich zuerst die Frage, *ob* der Schaden durch die Verursacher ersetzt wird oder ob ihn die Geschädigten tragen müssen. Nach herrschender Praxis besteht aufgrund des *Legalitätsprinzips* ein Anspruch auf Schadenersatz nur, wenn und soweit ein Rechtssatz dies vorsieht. Diese Auffassung ist allerdings umstritten. Sie kehrt den Schutzzweck des Legalitätsprinzips zu Lasten der Betroffenen um (vgl. JOST GROSS, Staatshaftungsrecht, S. 132 f.; JAAG, Staats- und Beamtenhaftung, Rz. 129 ff.; MOOR/POLTIER, S. 884 ff.; IMBODEN/RHINOW, Bd. II, S. 738).

Können die Geschädigten Ersatz des Schadens verlangen, so fragt sich weiter, *wer* 2084
dafür haftbar ist. Grundsätzlich kommen drei Möglichkeiten in Betracht:

1. Haftung des Staates;
2. Haftung der handelnden Behörden bzw. Beamtinnen oder Beamten;
3. Staat und Behörden bzw. Beamtinnen oder Beamte haften gemeinsam.

Von der Staatshaftung deutlich zu unterscheiden ist das Entschädigungs- und Genugtu- 2085
ungssystem des Bundesgesetzes über die Hilfe an Opfer von Straftaten (Opferhilfegesetz, OHG) vom 23. März 2007 (SR 312.5). Ihm liegt nicht der Gedanke der Haftung des Staates für einen von ihm zu verantwortenden Schaden, sondern der Hilfeleistung für durch Dritte Geschädigte zu Grunde (vgl. BGE 128 II 49, 52 f.; 125 II 554 ff.; 125 II 169, 173).

2. Rechtsgrundlagen

Die schweizerische öffentlich-rechtliche Haftungsordnung ist föderalistisch strukturiert. 2086
Die Bundesverfassung schreibt in Art. 146 BV lediglich vor, dass *der Bund* für Schäden haftet, die seine Organe in Ausübung amtlicher Tätigkeiten widerrechtlich verursachen. Der Grundsatz wurde mit der allgemeinen Haftungsregelung im Bundesgesetz über die Verantwortlichkeit des Bundes sowie seiner Behördemitglieder und Beamten (Verantwortlichkeitsgesetz, VG) vom 14. März 1958 (SR 170.32) umgesetzt. Die Haftung richtet sich gemäss Art. 1 Abs. 1 VG nach *Bundesrecht,* soweit der Schaden durch Personen verursacht wird, denen die Ausübung eines öffentlichen Amtes des Bundes übertragen ist. Ausserdem hat der Bund für gewisse Beamte und Beamtinnen spezielle Haftungsregeln erlassen (siehe Rz. 2145 ff.). In allen übrigen Fällen (insbesondere bei Schäden, die bei der Erfüllung von kantonalen oder kommunalen Aufgaben entstehen) sind die Vorschriften der jeweiligen *kantonalen Haftungsgesetze* massgebend. Dies gilt auch dann, wenn Beamtinnen und Beamte der Kantone oder Gemeinden beim Vollzug von Bundesrecht, der ihnen nach der gesetzlichen Ordnung obliegt, einen Schaden verursachen (vgl. BGE 106 Ib 273, 274; siehe auch Rz. 2102 ff.; zur Haftung nach europäischem Unionsrecht vgl. Rz. 2164 f.).

Ungeklärt ist, ob Bund und Kantone ihre Haftung für typische Staatstätigkeiten aus- 2087
schliessen könnten. Art. 61 Abs. 1 OR steht dem nicht entgegen, doch erfüllt das Staatshaftungsrecht auch rechtsstaatliche Funktionen (UHLMANN, S. 608), was gegen einen Ausschluss spricht. Weiter sieht die EMRK Sondertatbestände vor, die eine Entschädigung für ungerechtfertigte Haft (Art. 5 Abs. 5 EMRK) oder Wiedergutmachung für unzureichend geahndete Konventionsverletzungen (Art. 41 EMRK) vorschreiben.

3. Allgemeine und spezielle Haftungsregelung

2088 Neben der allgemeinen Haftungsregelung im Verantwortlichkeitsgesetz gibt es auf Bundesebene eine Reihe von Spezialgesetzen, welche Haftungsbestimmungen enthalten. Die speziellen Haftungsregelungen gehen der allgemeinen Ordnung im VG vor (Art. 3 Abs. 2 VG; Rz. 2145 ff.; vgl. BGE 127 II 289 ff.). Auch im kantonalen Recht können besondere Vorschriften in Spezialgesetzen von der allgemeinen Regelung im kantonalen Haftungsgesetz abweichen.

2089 Beispiele:

- Art. 23 Abs. 3 EpG (Epidemiengesetz), vgl. dazu BGE 129 II 353 ff.;
- Art. 123a Abs. 2 Satz 2 BV, betreffend die Haftung der die Verwahrung aufhebenden Behörde für den Rückfall des Täters;
- Art. 19 Abs. 2 FINMAG (Finanzmarktaufsichtsgesetz);
- Art. 106 LFG (Luftfahrtgesetz);
- Art. 57 LMG (Lebensmittelgesetz);
- Art. 135 ff. MG (Militärgesetz).

II. Mögliche Regelungen der Haftung gegenüber Dritten

1. Staats- und Beamtenhaftung

a) Zwei mögliche Haftungssubjekte: Staat und Beamter

2090 Die Frage, ob der Staat oder der Beamte bzw. die Beamtin oder beide haftbar sind, stellt sich nur, wenn *Dritte* geschädigt worden sind, nicht aber, wenn der Staat durch das Verhalten seiner Beamtinnen oder Beamten einen Schaden erlitten hat.

2091 Die möglichen Regelungen bezüglich des Haftungssubjektes weisen aus der Sicht der Geschädigten und aus derjenigen der Allgemeinheit Vor- und Nachteile auf. Haftet der *Staat* allein, so müssen öffentliche Mittel (Steuergelder!) für den Ersatz des Schadens eingesetzt werden, der von Behörden oder Beamtinnen und Beamten verursacht wurde; diese tragen kein finanzielles Risiko für ihre Handlungen oder Unterlassungen, sind also vermögensrechtlich nicht dafür verantwortlich, was sich auf die Sorgfalt bei der Erfüllung ihrer Aufgaben auswirken kann. Bei der Staatshaftung ist es – im Gegensatz zur Haftung der Beamtinnen und Beamten – möglich, auf das Verschulden als Voraussetzung zu verzichten und sie als Kausalhaftung auszugestalten. Die Haftung der *Behörden und Beamtinnen bzw. Beamten* kann auf der anderen Seite dazu führen, dass diese zur Vermeidung von finanziellen Risiken allzu ängstlich, zögernd oder gar nicht entscheiden oder handeln. Zudem besteht – anders als bei der Staatshaftung – die Gefahr, dass der Schaden infolge Zahlungsunfähigkeit der haftenden Behördenmitglieder, Beamtinnen oder Beamten nicht ersetzt werden kann. Es liegt deshalb nahe, Lösungen zu treffen, bei welchen sich die Geschädigten an den (zahlungsfähigen) Staat halten können, aber die den Schaden verursachenden Behörden, Beamtinnen und Beamten sich unter gewissen Voraussetzungen an der Deckung des Schadens beteiligen müssen.

b) Wichtigste Formen

aa) Ausschliessliche Beamtenhaftung

Bei der ausschliesslichen Beamtenhaftung sieht das Gesetz vor, dass der Geschädigte sich nur an die Beamtin oder den Beamten halten kann, die oder der den Schaden verursacht hat. Der Staat ist nicht Haftungssubjekt. Eine solche Regelung ist bloss dann denkbar, wenn ein *Verschulden* der Beamtin oder des Beamten Voraussetzung der Haftung ist; andernfalls wäre das Risiko bei amtlichen Tätigkeiten so gross, dass sich kaum jemand bereit erklären würde, sie auszuüben. 2092

bb) Primäre Beamtenhaftung mit subsidiärer Staatshaftung

Eine weitere Möglichkeit, die Haftung gegenüber Dritten zu regeln, besteht darin, die Beamtin oder den Beamten primär haftbar zu machen, den Staat nur subsidiär, wenn und soweit die Beamtin oder der Beamte nicht in der Lage ist, den entstandenen Schaden zu decken. Das bedeutet, dass die Geschädigten zuerst von der Beamtin bzw. vom Beamten Schadenersatz fordern müssen und den Staat bloss für den Verlust verantwortlich machen können, den sie durch die *Zahlungsunfähigkeit der Beamtin oder des Beamten* erlitten haben. Diese Haftungsform gilt für Handelsregisterführer und -beamte nach Art. 928 Abs. 1 und 3 OR (vgl. Rz. 2152). 2093

cc) Solidarische Haftung von Staat und Beamten bzw. Beamtinnen

Bei der solidarischen Haftung von Staat und Beamten bzw. Beamtinnen können die Geschädigten ihre Forderungen gegenüber dem *Staat* oder *dem Beamten bzw. der Beamtin* oder gegenüber *beiden* Haftungssubjekten geltend machen. 2094

dd) Ausschliessliche Staatshaftung

Durchgesetzt hat sich die ausschliessliche Haftung des Gemeinwesens. Sie gilt im Bund und in den meisten Kantonen. Bei diesem System haftet *Dritten gegenüber ausschliesslich der Staat*. Schadenersatzforderungen Dritter gegen Beamtinnen oder Beamte sind ausgeschlossen (nicht aber Regressforderungen des Staates, vgl. Rz. 2188 ff.). Nur in einigen wenigen Kantonen sieht das Gesetz eine der drei anderen Formen der Haftung vor (vgl. die Übersicht bei MOOR/POLTIER, S. 852 ff.). 2095

2. Verschuldens- und Kausalhaftung

Nach dem *Haftungsgrund* kann zwischen Verschuldens- und Kausalhaftung unterschieden werden. 2096

Die *Beamtenhaftung* ist regelmässig als *Verschuldenshaftung* ausgestaltet (siehe dazu Rz. 2092, 2191 ff.). 2097

Bei der *Staatshaftung* finden sich beide Arten, wobei die Tendenz in Richtung *Kausalhaftung* geht. Diese moderne Konzeption liegt der Haftungsgesetzgebung im Bund und in vielen Kantonen (u.a. Zürich) zu Grunde. In einigen Kantonen haftet zwar aus- 2098 schliesslich der Staat, aber nur bei Verschulden des Beamten oder der Beamtin. Bei der Verschuldenshaftung können die Geschädigten in eine schwierige Lage geraten, wenn sie *beweisen* müssen, dass der Beamte oder die Beamtin den Schaden schuldhaft (vorsätzlich oder fahrlässig) verursacht hat.

3. Haftung für rechtmässig und rechtswidrig zugefügten Schaden

2099 Die Unterscheidung zwischen der Haftung für rechtmässig und rechtswidrig zugefügten Schaden knüpft ebenfalls am *Haftungsgrund* an. Die Rechtswidrigkeit der schädigenden Handlung oder Unterlassung ist regelmässig Voraussetzung der Staats- oder Beamtenhaftung (siehe Rz. 2114 ff.). Der Staat haftet ausnahmsweise auch für rechtmässig zugefügten Schaden, wenn den Geschädigten nicht zugemutet werden kann, ihn zu tragen (siehe Rz. 2166 ff.).

§ 30 Staatshaftung

I. Haftungssubjekte

2100 Der Anspruch auf Schadenersatz kann sich gegen Bund, Kantone, Gemeinden oder andere juristische Personen des öffentlichen Rechts (Körperschaften, Stiftungen oder selbstständige Anstalten) richten. Im Bund können auch ausserhalb der ordentlichen Bundesverwaltung stehende und mit öffentlichen Aufgaben des Bundes betraute Organisationen Haftungssubjekte sein (Art. 19 VG).

II. Voraussetzungen der allgemeinen Staatshaftung

1. Schaden

2101 Die Haftung des Staates setzt den Eintritt eines Schadens voraus. Dieser ergibt sich aus der Differenz zwischen zwei Vermögensständen, demjenigen nach Eintritt des schädigenden Ereignisses und demjenigen, der ohne dieses Ereignis bestünde. Unter bestimmten Voraussetzungen kann zudem ein Anspruch auf Ersatz von immateriellen Schäden durch Leistung einer Geldsumme als Genugtuung geltend gemacht werden (vgl. Art. 6 VG).

2. Personen, für deren Verhalten der Staat haftbar werden kann

2102 Das jeweils anwendbare Haftungsgesetz umschreibt den Kreis der Personen, für deren Verhalten der Staat haftbar gemacht werden kann. Dem Verantwortlichkeitsgesetz des Bundes liegt ein *weiter Beamtenbegriff* (vgl. Rz. 2003) zu Grunde. Darunter fällt jede Person, die unmittelbar mit öffentlich-rechtlichen Aufgaben des Bundes betraut ist (Art. 1 Abs. 1 lit. f VG). Eine solche Person kann haupt- oder nebenamtlich tätig, als Magistratsperson oder Beamter bzw. Beamtin gewählt, öffentlich- oder privatrechtlich angestellt sein. Ob überhaupt ein Dienstverhältnis zum Bund besteht, ist belanglos (BGE 94 I 628, 639). Für das Verhalten von Organen oder Angestellten einer mit öffentlich-rechtlichen Aufgaben des Bundes betrauten und ausserhalb der ordentlichen Bundesverwaltung stehenden Organisation haftet nach Art. 19 Abs. 1 lit. a VG primär die Organisation, der Bund nur subsidiär, soweit die Organisation die geschuldete Entschädigung nicht zu leisten vermag (vgl. BVGE 2010/4 E. 1.1 und BVGer, Urteil A-3524/2008 vom 19. Februar 2010 E. 2.1, wonach Skyguide resp. die Flughafen Zürich AG zu den Organisationen i.S.v. Art. 19 VG zählen; vgl. auch VPB 64 [2000] Nr. 31 S. 435 f. betreffend die Eidg. Technischen Hochschulen).

Beispiele:

- Die Anwendbarkeit des Verantwortlichkeitsgesetzes wurde bejaht bei einem Schaden, der angeblich entstanden war durch das Verhalten von Organen des Schweizerischen Elektrotechni- 2103 schen Vereins, dem der Bund die Kontrolle über die Starkstromanlagen übertragen hatte (BGE 94 I 628, 639; vgl. auch BGE 108 Ib 389 ff.).

2104 – Das Bundesgericht bezeichnete es als zweifelhaft, ob kantonale Beamte, die in einem Bundesstrafverfahren Aufgaben der gerichtlichen Polizei erfüllen, dem Verantwortlichkeitsgesetz unterstehen. Diese Aufgaben würden ihnen *vom Gesetz selbst übertragen,* weshalb sich die Auffassung vertreten lasse, sie übten insoweit eine Tätigkeit im Rahmen der mittelbaren Bundesverwaltung aus und seien nicht «unmittelbar» mit öffentlich-rechtlichen Aufgaben des Bundes betraut. Anders verhalte es sich, wenn sich das Bundesstrafverfahren im Stadium der Anklage befinde. Werde ein kantonaler Beamter in diesem Zeitpunkt mit der Kontrolle der Korrespondenz eines Untersuchungsgefangenen *beauftragt,* so sei ihm unmittelbar eine öffentlich-rechtliche Aufgabe des Bundes übertragen worden; das Verantwortlichkeitsgesetz finde deshalb Anwendung (BGE 106 Ib 273, 274).

2105 – Der Arzt, der von der Behörde mit der Begleitung eines Ausschaffungshäftlings betraut wird, handelt in amtlicher Funktion. Das gilt auch dann, wenn er ohne ausdrücklichen Auftrag bei einem anderen, im gleichen Fahrzeug zum Flughafen transportierten Ausschaffungshäftling die Verklebung des Mundes überprüft (BGE 130 IV 27 ff.).

2106 – Die Grenzkontrolltätigkeit ist gemäss Art. 2 Abs. 2 Ziff. 2 des Betäubungsmittelgesetzes (in der Fassung vom 20. März 1975; nunmehr: Art. 28 und 29 BetmG) Sache des Bundes, während die Strafverfolgung im Bereich der Betäubungsmitteldelikte nach Art. 28 Abs. 1 BetmG in die Zuständigkeit der Kantone fällt. Wenn das Grenzwachtkorps (GWK) die kantonalen Polizeikräfte zur Erfüllung seiner Grenzkontrolltätigkeit beizieht, so erfüllen diese unmittelbar öffentlich-rechtliche Bundesaufgaben und der Bund würde für ihre Handlungen nach dem Verantwortlichkeitsgesetz haften. Anders verhält es sich, wenn eine Übergabe des Verdächtigen an die Kantonspolizei stattgefunden hat und die Beamten der Kantonspolizei auf dem Polizeiposten ermittlungstechnische Handlungen – Abnehmen von Fingerabdrücken, Leibesvisitationen etc. – vornehmen. Dies fällt nicht mehr unter «unmittelbare Bundesaufgaben» und das Verantwortlichkeitsgesetz findet keine Anwendung (BVGE 2008/6 E. 3.2).

2107 – Die Verfolgung von Straftaten fällt grundsätzlich in den Aufgabenbereich der Kantone (Art. 123 Abs. 3 BV). Auch wenn die Bundesbehörden ein Rechtshilfegesuch aus dem Ausland entgegennehmen und dieses summarisch vorprüfen, obliegen die eigentlichen Rechtshilfehandlungen den zuständigen kantonalen Strafverfolgungsbehörden und es liegt kein Vollzug von Bundesaufgaben i.S.v. Art. 1 Abs. 1 lit. f VG vor (BGer, Urteil 2A.253/2002 vom 13. November 2002 E. 3).

3. Öffentlich-rechtlicher Tätigkeitsbereich

2108 Der Staat haftet für schädigende Handlungen oder Unterlassungen im Bereich der vom öffentlichen Recht geregelten amtlichen Tätigkeiten (vgl. für den Bund Art. 3 Abs. 1 VG). Demgegenüber richtet sich die Haftung nach den Vorschriften des *Privatrechts,* soweit der Staat als Subjekt des Privatrechts auftritt, also insbesondere im Bereiche der Verwaltung des Finanzvermögens, der administrativen Hilfstätigkeiten und der fiskalischen Wettbewerbswirtschaft (gewerbliche Tätigkeiten, vgl. Rz. 2140 ff.). Im Bund steht auch in diesen Fällen den Geschädigten nur ein Anspruch gegen den Bund, nicht gegen die fehlbaren Beamtinnen und Beamten zu (Art. 11 Abs. 2 VG).

4. Handlungen oder Unterlassungen in Ausübung einer amtlichen Tätigkeit

2109 Der Staat kann nur haftbar werden, wenn ein *funktioneller Zusammenhang* zwischen dem schädigenden Verhalten und einer amtlichen Tätigkeit besteht (vgl. für den Bund

Art. 3 VG). Als amtliche Tätigkeit kommen Tathandlungen (Realakte, z.B. Kehrichtabfuhr oder Wasserversorgung), Anordnungen im Einzelfall (Verfügungen) oder sogar der Erlass von generell-abstrakten Rechtsnormen (z.B. Verordnungen) in Frage. Handlungen oder Unterlassungen, die nicht in der Funktion als Beamtin oder Beamter, sondern nur «bei Gelegenheit» einer amtlichen Tätigkeit erfolgen, können nicht zu einer Haftung des Staates führen (BGE 130 IV 27, 30; BVGer, Urteil A-7385/2006 vom 6. Juli 2007 = ZBl 109 [2008] 40, 42; zur Abgrenzung zwischen amtlicher und gewerblicher Tätigkeit siehe BGE 139 III 110, 112 ff., sowie die Entscheide der Rekurskommission für die Staatshaftung, VPB 69 [2005] Nr. 78; 67 [2003] Nr. 64). Der Staat trägt m.a.W. nur das «Betriebsrisiko», nicht das allgemeine Risiko für das Verhalten der für ihn Aufgaben erfüllenden «Menschen» (vgl. BISCHOF, S. 79). Entscheidend ist, ob die Beamtinnen oder Beamten infolge ihrer amtlichen Stellung in der Lage waren, die schädigende Handlung vorzunehmen und ob die Geschädigten nach den konkreten Umständen die schädigende Handlung als Amtshandlung betrachten durften (ähnlich JAAG, Staats- und Beamtenhaftung, Rz. 90).

Beispiele:

- Ein Laborant leert beim Aufräumen des Labors ein Glas Säure zum Fenster hinaus und verletzt dadurch einen Passanten. Dabei handelt er in Ausübung einer amtlichen Tätigkeit, nicht aber, wenn er in einer Arbeitspause seine Zigarette zum Fenster hinauswirft und einen Brand verursacht. 2110
- Ein Beamter, der während der Arbeitszeit einen Diebstahl begeht, handelt nicht in Ausübung, sondern bei Gelegenheit einer amtlichen Tätigkeit. Anders verhält es sich, wenn Gegenstände betroffen sind, die mit der Ausübung seiner dienstlichen Tätigkeit in einem direkten Zusammenhang stehen, so wenn z.B. der Zöllner von ihm kontrollierte Gegenstände entwendet. 2111
- Ein Angehöriger der Armee, welcher in der Nacht auf dem Bauernhof, in welchem seine Einheit einquartiert war, aus Ärger über den ihm befohlenen Wachtdienst in angetrunkenem Zustand Feuer legte, handelte nicht in Ausübung einer amtlichen Tätigkeit (VPB 43 [1979] Nr. 71). 2112
- An einem Klassenabend einer Unteroffiziersschule benutzten mehrere Aspiranten eine Rutschbahn mit Harassen. Dabei wurde eine unbeteiligte Person verletzt. Das Bundesverwaltungsgericht hatte zu beurteilen, ob die «Rutschpartien» der Aspiranten eine dienstliche Tätigkeit i.S.v. Art. 135 Abs. 1 MG (vergleichbar mit Art. 3 Abs. 1 VG) darstellen. Nach Meinung des Bundesverwaltungsgerichts war die Teilnahme am Klassenabend der Unteroffiziersschule an sich eine dienstliche Tätigkeit. Wenn aber Aspiranten während eines solchen Klassenabends Handlungen vornehmen, welche nicht durch den militärischen Betrieb oder einen Auftrag geboten sind, sondern nur dem Zeitvertreib dienen, stellt dies keine dienstliche Tätigkeit dar (BVGer, Urteil A-7385/2006 vom 6. Juli 2007 E. 3 = ZBl 109 [2008] 40, 42 f.; vgl. auch Rz. 2146). – Dem Entscheid des Bundesverwaltungsgerichts ist grundsätzlich zuzustimmen. Allerdings darf nicht bei jedem Handeln ausserhalb des staatlichen Auftrags, insbesondere nicht bei jedem Verstoss gegen Rechts- oder Dienstvorschriften, der funktionelle Zusammenhang entfallen, da ansonsten der Anwendungsbereich der Staatshaftung zu sehr eingeschränkt würde. 2113

5. Widerrechtlichkeit

a) Grundsatz

Die schädigende *Handlung* muss rechtswidrig sein. Dabei sind nach herrschender Lehre und Rechtsprechung zwei Fälle zu unterscheiden: Die Verletzung von absolut geschützten Rechtsgütern, zu denen Leib, Leben, Freiheit, Persönlichkeit und Eigentum gezählt 2114 werden, ist immer widerrechtlich (BGE 132 II 449, 457; 123 II 577, 581 f. m.w.H.; BVGE 2009/57 E. 2.3; weniger klar BGE 120 Ib 411, 414; vgl. JAAG, Staats- und Beamtenhaftung, Rz. 96 ff.). Bei einer Beeinträchtigung des Vermögens muss hingegen ein Verstoss gegen ein Ge- oder Verbot der Rechtsordnung vorliegen, welches dem Schutz des verletzten Rechtsgutes dient. In diesem Falle muss also eine spezifisch der geschädigten Person Schutz gewährende Rechtsnorm missachtet worden sein (BGE 137 V 76, 79 f.; 127 III 374, 381 f.; Entscheid der Rekurskommission für Staatshaftung, VPB 68 [2004] Nr. 118; kritisch WOLFGANG PORTMANN, Erfolgsunrecht oder Verhaltensunrecht?, SJZ 93 [1997] 273 ff.).

2115 *Unterlassungen* sind nur rechtswidrig, wenn eine Rechtspflicht zum Handeln bestand. Vorausgesetzt wird somit die Verletzung einer Amtspflicht eines Beamten oder einer Schutzpflicht des Staates (BGE 136 II 187, 191; 133 V 14, 19 f.; 132 II 305, 317 f.; vgl. auch BVGE 2011/54 E. 3; BVGer, Urteil A-1269/2008 vom 13. November 2009 E. 4.3).

2116 Die Verletzung absolut geschützter Rechtsgüter ist nicht widerrechtlich, wenn die schädigende Handlung durch einen Rechtfertigungsgrund gedeckt wird. Im Vordergrund steht im Bereich der Staatshaftung die *rechtmässige Ausübung hoheitlicher Gewalt*. Die Schädigung durch eine Amtshandlung ist dann gerechtfertigt, wenn sie der gesetzlich vorgesehene Sinn und Zweck der Handlung ist (wie z.B. bei einer Verhaftung) oder wenn sie zwangsläufig mit der Durchführung des Gesetzes verbunden ist. Die Schädigung ist hingegen nicht gerechtfertigt, wenn sie eine vom Gesetz nicht gewollte Nebenfolge bei der Ausübung einer an sich rechtmässigen Tätigkeit ist (BGE 123 II 577, 585 f.; BVGer, Urteil A-1793/2006 vom 13. Mai 2008 E. 3.1.2; Entscheid der Rekurskommission für die Staatshaftung, VPB 66 [2001] Nr. 51). Entscheidend für die Beseitigung der Widerrechtlichkeit ist, dass die Ausübung der öffentlichen Gewalt im Rahmen des pflichtgemässen Ermessens erfolgt ist und der Grundsatz der Verhältnismässigkeit gewahrt wurde (BVGer, Urteil A-1790/2006 vom 17. Januar 2008 E. 4.3). Ein weiterer bedeutsamer Rechtfertigungsgrund, insbesondere im Bereich der Tätigkeit öffentlicher Spitäler, ist die *Einwilligung der Verletzten* (vgl. dazu JAAG, Staats- und Beamtenhaftung, Rz. 124).

Beispiele:

2117 – Auf Beschwerde hin hoben der Bundesrat und das Bundesgericht eine kantonale Verfügung auf, mit welcher die Bauarbeiten für einen Asbestbetrieb gestützt auf das Arbeitsgesetz eingestellt worden waren. Das betroffene Unternehmen forderte mit verwaltungsrechtlicher Klage vom Bund Ersatz des durch die Einstellung der Bauarbeiten verursachten Schadens, weil der Bund seine Pflicht zur Beaufsichtigung der Kantone beim Vollzug des Arbeitsgesetzes nicht erfüllt habe. Das Bundesgericht wies die Klage ab, u.a. mit der Begründung, die Vorschriften des Arbeitsgesetzes über die Aufsicht durch die eidgenössischen Arbeitsinspektorate dienten dem Schutz der Arbeitnehmer und nicht jenem der Betriebe (VPB 50 [1986] Nr. 31).

2118 – Die Nachlassliquidatoren einer Bank verlangten vom Bund Schadenersatz, weil die Eidgenössische Bankenkommission ihre Aufsichtspflicht vernachlässigt habe. Das Bundesgericht lehnte eine Haftung ab, weil die Aufsichtspflicht dem Schutz der Gläubiger, nicht der Bank dient; somit war die Widerrechtlichkeit im Sinne von Art. 3 Abs. 1 VG nicht gegeben (BGE 106 Ib 357 ff.; vgl. auch BGE 116 Ib 193, 196).

2119 – Ein Bauherr klagte gegen eine Gemeinde auf Ersatz des Schadens, der wegen rechtswidriger Verzögerung der Erteilung einer Baubewilligung entstanden sei. Das Kantonsgericht St. Gallen stellte fest, Widerrechtlichkeit liege vor, wenn die Verzögerung nicht durch triftige Gründe gerechtfertigt werden könne, d.h. wenn die Umstände, welche zur unangemessenen Verlängerung des Verfahrens führten, objektiv nicht gerechtfertigt seien. Die Widerrechtlichkeit wurde bejaht, da keine solchen Gründe vorlagen und ein ähnlich gelagertes Projekt eines anderen Bauherrn zeitlich bevorzugt behandelt worden war. Die Klage wurde dennoch abgewiesen, da es an einem genügenden Kausalzusammenhang fehlte (SJZ 83 [1987] 30 f.).

- Im November 1987 informierten die Bundesbehörden die Öffentlichkeit darüber, dass im Weichkäse Vacherin Mont d'Or Listeriose-Bakterien festgestellt worden seien, und gaben Empfehlungen bezüglich des weiteren Konsums des Käses heraus. Gewissen Bevölkerungskreisen wurde dabei vom Genuss dieses Produktes abgeraten. Verschiedene Weichkäsehersteller erhoben daraufhin (nach der damals noch geltenden Fassung von Art. 116 des Bundesrechtspflegegesetzes [OG]) verwaltungsrechtliche Klage gegen den Bund auf Bezahlung von Schadenersatz wegen des eingetretenen Umsatzrückganges. Das Bundesgericht entschied, die Informationstätigkeit der Behörden, welche auf Art. 3 EpG (Epidemiengesetz) beruhte, sei aufgrund des damaligen Kenntnisstands angemessen gewesen. Deren Widerrechtlichkeit könnte ohnehin nur bejaht werden, wenn sie sich als überhaupt nicht vertretbar erwiesen hätte (BGE 118 Ib 473, 482 f.). 2120
- Nachdem im Oktober 2000 die Erkrankung von zwei Rindern an BSE (Rinderwahn) bekannt geworden war, verbot das Bundesamt für Landwirtschaft per 1. Januar 2001 nicht nur, Mehle und Extraktionsfette tierischer Herkunft an Nutztiere zu verfüttern, sondern führte für die bisher bloss meldepflichtige Verwendung dieser Materialien zur Herstellung von Düngemittel eine Bewilligungspflicht ein. Die Gesellschaft Y. klagte gegen den Bund auf Schadenersatz wegen dessen Informationstätigkeit. In verschiedenen Pressemitteilungen und Informationsschreiben sei bereits von einem Verbot gesprochen worden, worauf einige Kunden auf Lieferungen verzichtet hätten. Das Bundesgericht verneinte die Pflichtwidrigkeit der Informationstätigkeit des Bundes, da alle Schreiben ausreichend klar abgefasst waren und keinen Zweifel daran liessen, dass es auch in Zukunft möglich sei, eine Bewilligung zu erhalten (BGE 132 II 449, 466 ff.). 2121

b) Haftung aus rechtswidrigen Verfügungen

Wird ein Entscheid im Rechtsmittelverfahren geändert oder aufgehoben, so steht seine Rechtswidrigkeit fest. Es fragt sich, ob das für den Entscheid verantwortliche Gemeinwesen für den Schaden, der durch den rechtswidrigen Entscheid entstanden ist, haftbar gemacht werden kann. 2122

Beispiel: 2123

Die zuständige Behörde verbot die Aufführung eines aus ihrer Sicht sittenwidrigen Filmes. Der vom Verbot betroffene Kinoinhaber führte gegen diesen Entscheid Beschwerde, die in der Folge gutgeheissen wurde. Kann der beschwerdeführende Kinobesitzer den ihm entstandenen Schaden gegenüber dem Staat geltend machen?

Es leuchtet ein, dass nicht jede Änderung eines Entscheides im Rechtsmittelverfahren zur Haftung des Staates führen kann. Der Begriff der Rechtswidrigkeit des Verhaltens der Behördenmitglieder oder Beamtinnen und Beamten, welche die Entscheidungen treffen, ist enger als derjenige der Rechtswidrigkeit des Entscheides selbst. Wenn diese Amtspersonen das Gesetz auslegen oder von ihrem Ermessen Gebrauch machen, ist ihre Tätigkeit nicht allein deshalb als rechtswidrig im Sinne des Staatshaftungsrechts zu bezeichnen, weil eine höhere Instanz diese Auslegung oder Ermessenshandhabung nicht für zutreffend erachtet. Die Widerrechtlichkeit des Verhaltens der entscheidenden Amtspersonen setzt einen *besonderen Fehler* voraus, der nicht schon vorliegt, wenn sich ihre Entscheidungen später als unrichtig, gesetzwidrig oder sogar willkürlich erweisen. Haftungsbegründende Widerrechtlichkeit ist vielmehr erst dann gegeben, wenn diese Personen eine für die Ausübung ihrer Funktion bedeutsame Pflicht, d.h. eine *wesentliche* 2124

Amtspflicht, verletzt haben (BGE 132 II 449, 457; 132 II 305, 318; 123 II 577, 582; BGer, Urteil 2C_1135/2012 vom 23. Januar 2013 E. 4.3.1; abweichend BGE 112 II 231, 235 und diesem Entscheid folgend BVGE 2009/57 E. 2.3.3, wo eine schwere Rechtsverletzung, z.B. ein Missbrauch der Entscheidungsbefugnisse oder eine Missachtung von klaren Rechtsnormen oder Rechtsprinzipien, vorausgesetzt wird). Das Bundesgericht begründet die erhöhten Anforderungen damit, dass nur die *Amtspflichten* vor Schädigungen durch fehlerhafte Rechtsakte schützen sollen, nicht aber jede beliebige Norm des materiellen Rechts (BGE 118 Ib 163, 164). Problematisch erscheint uns bei der uneinheitlichen Praxis die grosse Spannbreite an Fehlerhaftigkeit, welche zwischen einer wesentlichen Amtspflichtverletzung und einem qualifizierten Ermessensfehler besteht; Letzterer stellt in der Regel nichts anderes dar als eine einfache Rechtsverletzung (vgl. Rz. 442). Zudem verlangt ein namhafter Teil der Lehre, dass auch bei einer in willkürlicher Anwendung des Rechts erlassenen und später aufgehobenen Verfügung auf rechtswidriges Verhalten zu schliessen sei (TSCHANNEN/ZIMMERLI/MÜLLER, S. 611; FELLER, S. 94 ff.; vgl. in diesem Sinne auch Art. 55 VwVG).

2125 Nach § 6 Abs. 2 HG/ZH haftet der Staat bei einer Änderung eines Entscheides im Rechtsmittelverfahren nur, wenn ein Beamter einer Vorinstanz *arglistig* gehandelt hat. Im Bund fehlt eine entsprechende gesetzliche Regelung.

c) Haftung aus rechtswidrigen Realakten

2126 Unsicherheiten bestehen auch mit Bezug auf das *Mass der Widerrechtlichkeit,* wenn *Realakte* zu beurteilen sind. Obwohl Art. 3 Abs. 1 VG wie Art. 146 BV lediglich Widerrechtlichkeit des Handelns voraussetzen, hat das Bundesgericht auch bei Realakten eine gewisse Wesentlichkeit der Pflichtverletzung vorausgesetzt (vgl. BGer, Urteil 2C.4/2000 vom 3. Juli 2003 E. 5.1.4).

6. Natürlicher und adäquater Kausalzusammenhang

2127 Bei der Staatshaftung muss – analog zum Zivilrecht – zwischen dem schädigenden Ereignis und dem Schaden ein Kausalzusammenhang bestehen, d.h. die Schadensursache muss nach dem gewöhnlichen Lauf der Dinge und nach den Erfahrungen des Lebens geeignet sein, einen Erfolg von der Art des eingetretenen herbeizuführen oder zu begünstigen (BVGE 2009/57 E. 2.5; BVGE 2008/6 E. 4.2.2.1; BVGer, Urteil A-4925/2013 vom 16. Oktober 2014 E. 6.2.2; Urteil A-3207/2011 vom 10. Oktober 2012 E. 3.2; Urteil A-6246/2007 vom 16. Januar 2009 E. 3.1).

2128 Beispiel:

Frau M. klagte gegen den Kanton Zürich auf Ersatz des Schadens, der ihr dadurch entstanden sei, dass ihr ehemaliger Ehemann während des übermässig lange dauernden Ehescheidungsprozesses das eheliche Vermögen stark vermindert habe. Das Bundesgericht wies die Klage ab, weil die Klägerin nicht alle ihr zur Verfügung stehenden Vorkehren getroffen habe, um auf eine Beschleunigung des Verfahrens hinzuwirken. Dieses Untätigsein müsse ihr als Selbstverschulden angerechnet werden. Dadurch sei der Kausalzusammenhang zwischen der beanstandeten Prozessführung und einem eventuellen Schaden unterbrochen worden (BGE 107 Ib 155, 159).

7. Verschulden

Die allgemeine Staatshaftung ist in der Regel als Kausalhaftung ausgestaltet, setzt also nur Widerrechtlichkeit, aber kein Verschulden voraus (vgl. Rz. 2096 ff.; für den Bund Art. 3 Abs. 1 VG). Einige Kantone machen die Haftung des Staates für bestimmte Bereiche vom Verschulden ihrer Beamten abhängig (z.B. Art. 3 Abs. 2 und 3 des Haftungsgesetzes des Kantons Schaffhausen vom 23. September 1985 [SHR 170.300] bei Abänderung eines Entscheides im Rechtsmittel- oder Aufsichtsverfahren sowie für Schäden aus falscher Auskunft). Das Verschulden ist oft Voraussetzung für den Anspruch auf Genugtuung (vgl. für den Bund Art. 6 VG). 2129

8. Ausschluss der Überprüfung von formell rechtskräftigen Verfügungen, Entscheiden und Urteilen

Im Verantwortlichkeitsprozess ist die Überprüfung formell rechtskräftiger Verfügungen, Entscheide und Urteile ausgeschlossen (vgl. Art. 12 VG). Eine Verfügung, die nicht angefochten oder die im Rechtsmittelverfahren bestätigt worden ist, gilt für die die Staatshaftung beurteilende Behörde von Gesetzes wegen als rechtmässig (BVGer, Urteil A-5748/2008 vom 9. November 2009 E. 1.3.1: «Fiktion der Rechtmässigkeit»; vgl. auch BGer, Urteil 2C_296/2013 vom 12. August 2013 E. 4.2.2). Nach dem *Prinzip der Einmaligkeit des Rechtsschutzes* können die Mängel einer Verfügung nur im Verfahren der Verwaltungsrechtspflege, nicht auch noch im Verantwortlichkeitsprozess geltend gemacht werden (Subsidiarität der Staatshaftung gegenüber dem Verwaltungsrechtsschutz). Es handelt sich dabei um einen allgemeinen Grundsatz, der auch gilt, wenn das kantonale Recht keine entsprechende Regel enthält (BGer, Urteil vom 7. Juni 2000 = EuGRZ 28 [2001] 133). Damit soll ein «Nachholen» versäumter und eine Kontrolle erfolgloser Rechtsmittel im Verantwortlichkeitsprozess ausgeschlossen werden (vgl. BGer, Urteil 2E_1/2008 vom 22. April 2008 E. 4.4). 2130

Beispiel: 2131

Der türkische Staatsangehörige X. stellte 1982 ein Asylgesuch, welches er damit begründete, er werde als Sympathisant der kurdischen Widerstandsorganisation PKK in seinem Heimatland verfolgt. 1988 wies das Eidg. Justiz- und Polizeidepartement in letzter Instanz das Gesuch ab und liess X. einige Monate später in die Türkei ausschaffen, wo er nach seiner Einreise zweimal verhaftet wurde. Nach seiner Haftentlassung kehrte X. in die Schweiz zurück, wo er in einem zweiten Asylverfahren als Flüchtling anerkannt wurde. X. forderte vom Bund Schadenersatz und Genugtuung. Er machte geltend, er sei während seiner Inhaftierung in der Türkei gefoltert worden. Dies sei allein auf seine Ausschaffung aus der Schweiz zurückzuführen. Das Bundesgericht lehnte die Forderung ab. Zur Begründung führte es u.a. an, als Ursache der Inhaftierung und der behaupteten Folterung falle aus schweizerischer Sicht einzig die Ausschaffung in Betracht, welche die Folge des formell rechtskräftig gewordenen Beschwerdeentscheides sei. Gemäss Art. 12 VG könne eine solche Verfügung nicht überprüft werden. Zweck der Regelung sei es, zu verhindern, dass der Bürger eine ihm unbequeme, aber rechtskräftig gewordene Verfügung auf dem Umweg über das Verantwortlichkeitsverfahren erneut angreife. Dass X. nach seiner erneuten Einreise in die Schweiz Asyl gewährt worden sei, ändere an der formellen Rechtskraft der früheren Anordnung nichts, sei doch im neuen Asylentscheid ein gänzlich veränderter Sachverhalt zu beurteilen gewesen (BGE 119 Ib 208 ff.).

2132 Umstritten ist, ob dieses Überprüfungsverbot auch gilt, wenn eine Verfügung nicht anfechtbar ist (z.B. Verfügungen des Bundesrates oder der Bundesversammlung) oder sofort vollzogen wird. Das Bundesgericht weigerte sich, die Rechtmässigkeit einer Verfügung, mit welcher der Bundesrat einen hohen Beamten entlassen hatte, in einem Verantwortlichkeitsverfahren zu überprüfen (BGE 93 I 67 ff.). In BGE 100 Ib 8 ff. erklärte es dagegen, Art. 12 VG sei auf Verfügungen von Zollorganen über ihre Zuständigkeit nicht anwendbar, wenn sie sofort vollzogen werden. Die Auffassung, dass Art. 12 VG vor allem auf schriftlich eröffnete und mit einer Rechtsmittelbelehrung versehene Verfügungen zugeschnitten sei, wurde in BGE 119 Ib 208, 212 bestätigt, wobei die Frage nicht unmittelbar entscheidrelevant war. Die am ursprünglichen Verfahren beteiligten Parteien müssen die Möglichkeit haben, die Verfügung anzufechten (BGE 129 I 139, 142; vgl. auch Rekurskommission für die Staatshaftung, VPB 69 [2005] Nr. 77). Das Berner Verwaltungsgericht entschied, dass ein infolge Hochwassers mit sofortiger Wirkung erlassenes Schifffahrtsverbot im Staatshaftungsprozess auf seine Rechtmässigkeit überprüft werden könne, weil die «grundsätzliche Anfechtbarkeit der Anordnungen […] nicht ohne weiteres erkennbar» gewesen sei (BVR 2000 537, 541). Wenn ein Rechtsmittel nicht zu einer Korrektur des angefochtenen Aktes, sondern höchstens zur Feststellung der Rechtswidrigkeit hätte führen können, schliesst die Tatsache, dass dieses Rechtsmittel nicht benutzt wurde, eine Überprüfung im Staatshaftungsprozess nicht aus (BGer, Urteil 1P.75/2000 vom 7. Juni 2000 = EuGRZ 28 [2001] 133).

2133 Der Grundsatz der Einmaligkeit des Rechtsschutzes gilt nach neuer bundesgerichtlicher Rechtsprechung nicht bei der Staatshaftung aus *Vertrauensschutz* (Rz. 624 ff.) bzw. infolge Widerrufs oder Abänderung einer ursprünglich oder nachträglich fehlerhaften, aber *rechtskräftigen* Verfügung (hierzu Rz. 707 ff.; BGer, Urteile 2C_960/2013 und 2C_968/2013 vom 28. Oktober 2014 = ZBl 116 [2015] 376 ff.; vgl. zum Fall auch BGE 133 II 400 ff.).

2134 Die Prüfung der Rechtmässigkeit von formell rechtskräftigen Entscheidungen der Verwaltungsbehörden im Verantwortlichkeitsprozess kann durch die EMRK geboten sein. Die Geltendmachung eines Entschädigungsanspruchs für ungerechtfertigte Festnahme oder Haft nach Art. 5 Ziff. 5 EMRK ist auch dann möglich, wenn die Anordnung der Festnahme oder Haft selbst nicht angefochten wurde. Das Verfahren ist sogar zulässig, wenn die Haft zunächst als rechtmässig anerkannt worden ist (BGE 129 I 139, 142 ff.; 125 I 394, 402). Der Anspruch auf Staatshaftung ist zivilrechtlicher Natur im Sinne von Art. 6 Ziff. 1 EMRK (BGE 126 I 144, 150; BGer, Urteil 2E_1/2013 vom 4. September 2014 E. 2; BVGer, Urteil A-6246/2007 vom 16. Januar 2009 E. 1.3; Urteil A-1793/2006 vom 13. Mai 2008 E. 1.6). Wird wegen der Rechtskraft eines Entscheides einer Verwaltungsbehörde die Widerrechtlichkeit einer Schädigung im Staatshaftungsprozess nicht überprüft, ist die Konvention verletzt, sofern eine vorherige gerichtliche Anfechtung des Entscheides nicht möglich war (BGE 126 I 144, 152).

2135 Mit der Einführung von Art. 25a VwVG über den *Rechtsschutz gegenüber Realakten* (vgl. Rz. 1429 ff.) ist dessen Verhältnis zu Ansprüchen aus dem Staatshaftungsrecht zu klären. Die Lehre geht davon aus, dass das Prinzip der Subsidiarität nach Art. 12 VG hier nicht gilt, sondern vielmehr Alternativität besteht. Wer von einem Realakt betroffen ist, hat somit die Wahl, ob er im Verfahren der Staatshaftung den fraglichen Realakt zum Streitgegenstand macht oder ob er den Realakt mit Hilfe einer Feststellungsverfügung nach Art. 25a VwVG in einem ordentlichen Verwaltungsverfahren überprüfen lässt (siehe hierzu KÖLZ/HÄNER/BERTSCHI, Rz. 375 und 1978).

9. Reduktionsgründe bei der Schadenersatzbemessung

Die Ersatzpflicht kann ermässigt oder es kann gänzlich von ihr entbunden werden, wenn 2136
die geschädigte Person in die schädigende Handlung eingewilligt hat oder wenn Umstände, für die sie einstehen muss, auf die Entstehung oder Verschlimmerung des Schadens eingewirkt haben (vgl. Art. 4 VG). Die Einwilligung des Geschädigten wird freilich in der Regel nicht nur ein Herabsetzungsgrund, sondern ein haftungsausschliessender Rechtfertigungsgrund sein (vgl. Rz. 2116; JAAG, Staats- und Beamtenhaftung, Rz. 171).

10. Verjährung/Verwirkung

Der Anspruch auf Schadenersatz und Genugtuung gegenüber dem Gemeinwesen ver- 2137
wirkt ein Jahr nach Kenntnis des Schadens, auf alle Fälle nach zehn Jahren seit der schädigenden Handlung (Art. 20 Abs. 1 VG). Verwirkbare Ansprüche können im Gegensatz zu verjährbaren Ansprüchen grundsätzlich weder gehemmt, unterbrochen noch erstreckt werden (BGE 136 II 187, 192 f.; 133 V 14, 18; vgl. Rz. 764 ff. und 782 ff.). Dagegen handelt es sich bei den Fristen von Art. 21 und 23 VG (Regress- und Schadenersatzansprüche des Bundes gegenüber seinen Beamten) um Verjährungsfristen (KÖLZ/HÄNER/BERTSCHI, Rz. 1983).

Wird der Anspruch aus einer strafbaren Handlung hergeleitet, für die das Strafrecht 2138
eine längere Verjährungsfrist vorsieht, so kommt diese – anders als bei zivilrechtlichen Ansprüchen (Art. 60 Abs. 2 OR) – nicht zur Anwendung (BGE 126 II 145, 156 f.; BVGer, Urteil A-1829/2007 vom 28. November 2007 E. 3.2). Macht der Bund dagegen einen Anspruch auf Ersatz eines Schadens geltend, der ihm unmittelbar durch eine strafbare Handlung eines Beamten oder einer Beamtin zugefügt worden ist (direkter Schaden, Rz. 2184), so kommt die Verjährungsfrist des Strafrechts zur Anwendung, sofern sie länger ist als diejenige des Verantwortlichkeitsgesetzes (Art. 23 Abs. 2 VG).

Die Verjährungsregeln können insbesondere bei Spät- und Langzeitschäden (z.B. 2139
durch Asbest ausgelöste Personenschäden) zu stossenden Ergebnissen führen, da die (absolute) Verjährung eingetreten sein kann, bevor der Schaden entdeckt wird. Im Bund ist daher die Einführung einer dreissigjährigen absoluten Verjährungsfrist für Forderungen aus Personenschäden geplant (siehe hierzu Botschaft vom 29. November 2013 zur Änderung des Obligationenrechts [Verjährungsrecht]; BBl 2014, 235 ff.).

III. Besondere Haftungsregelungen

1. Haftung für privatrechtliche und gewerbliche Tätigkeiten des Staates (Art. 41 ff. OR, Art. 61 Abs. 2 OR)

2140 Die Haftung für Staatstätigkeiten, die keinen amtlichen, sondern privatrechtlichen bzw. gewerblichen Charakter aufweisen, bestimmt sich nach den Regeln des Privatrechts (Art. 61 Abs. 2 OR).

2141 Der Staat tritt bei der administrativen Hilfstätigkeit und bei der Verwaltung des Finanzvermögens als Privatrechtssubjekt auf. Wird bei diesen privatrechtlichen Tätigkeiten ein Schaden verursacht, kommen die Vorschriften über die unerlaubte Handlung (Art. 41 ff. OR), die Geschäftsherrenhaftung (Art. 55 OR) und die Organhaftung (Art. 55 ZGB) zur Anwendung. Übt der Staat eine gewerbliche Tätigkeit aus, die grundsätzlich auch Privaten offen steht und bei welcher die Erzielung von Gewinn eine Rolle spielt (vor allem bei der privatwirtschaftlichen Staatstätigkeit, aber auch in gewissen Bereichen der Leistungsverwaltung), und bedient er sich dabei keiner hoheitlichen Mittel, sondern tritt den Privaten gleichgeordnet gegenüber, sind ebenfalls die privatrechtlichen Haftungsbestimmungen massgebend. Die Abgrenzung zwischen amtlicher und privatrechtlicher bzw. gewerblicher Tätigkeit ist zwar umstritten (vgl. BGE 139 III 110, 112 f.; 128 III 76, 78 f.; BGer, Urteil 4A_397/2012 vom 11. Januar 2013 E. 2.2; vgl. auch BISCHOF, S. 83 ff.; STARK, Gedanken zur Haftpflicht, S. 5 ff.; MOOR/POLTIER, S. 841 ff., die auf die «fonction proprement étatique de l'activité administrative» [S. 844] abstellen wollen). Sie hat aber wegen der ausdrücklichen Regelung der anwendbaren Haftungsbestimmungen in neueren Gesetzen (vgl. z.B. Art. 11 POG [Postorganisationsgesetz], Art. 18 TUG [Telekommunikationsunternehmungsgesetz]) und der Annäherung der öffentlich-rechtlichen und privatrechtlichen Haftungsregelungen an Bedeutung verloren (BISCHOF, S. 105).

2142 Aufgrund von Art. 61 Abs. 2 OR können die schädigenden Amtspersonen bei Verrichtungen, die gewerblicher Natur sind, direkt persönlich belangt werden. Sie haften aber – nach den Regeln des Art. 41 ff. OR – nur bei Verschulden. Der Bund hat für privatrechtliche Tätigkeiten eine Sonderregelung getroffen. Er haftet dabei ebenfalls nach Zivilrecht; den Geschädigten steht aber kein Anspruch gegenüber den fehlbaren Beamtinnen oder Beamten zu (Art. 11 VG). Nach neuerer Auffassung verbietet Art. 61 Abs. 2 OR den Kantonen nicht, auch bei gewerblichen Verrichtungen an Stelle der Beamtenhaftung eine direkte Staatshaftung vorzusehen; sie dürfen jedoch nicht zum Nachteil der Geschädigten vom OR abweichen (vgl. STARK, Gedanken zur Haftpflicht, S. 3, Anm. 12, mit Hinweisen).

Beispiele:

2143 – Die Tätigkeit von Ärzten in öffentlichen Spitälern wird unterschiedlich qualifiziert. Wird von einer amtlichen Tätigkeit ausgegangen und erleidet ein Patient dabei einen Schaden, so bestimmt sich die Haftung nach dem kantonalen Haftungsgesetz (BGE 139 III 252, 253 f.; 122 I 153, 156; 115 Ib 175, 179; 111 II 149 ff.; kritisch dazu STARK, Gedanken zur Haftpflicht, S. 5 f.; zur medizinischen Staatshaftung grundsätzlich auch Rz. 2177). Diese Praxis ist mit Blick auf das Rechtsschutzbedürfnis der Betroffenen begründet, wissen diese doch oft nicht, ob der Behandlungsfehler durch das Spital oder den leitenden Arzt zu verantworten ist. Dogmatisch ist sie aber insofern fragwürdig, als die Gesetzgebung im Gesundheitsbereich auf eine Annäherung zwischen privaten und öffentlichen Spitälern tendiert. Umstritten ist die Frage, ob die Behandlung von Privatpatienten an öffentlichen Spitälern durch Chefärzte als amtliche oder als private Tätigkeit einzustufen ist (vgl. BGE 112 Ib 334, 336 ff.; 111 II 149, 155). Gegen einen kantonal letztinstanzlichen Entscheid ist in jedem Fall Beschwerde in Zivilsachen zu erheben (BGE 139 III 252, 253 f.; 133 III 462, 465 f.).

- Der Regierungsrat des Kantons St. Gallen rügte einen Professor, welcher im Rahmen eines Rechtsstreites ein Gutachten zuhanden des Kantons erstellt hatte. Weil auch Dritte über dieses Schreiben orientiert wurden, klagte der betroffene Professor wegen Verletzung seiner Persönlichkeitsrechte gegen den Kanton. Das Verwaltungsgericht verwies ihn an die Zivilgerichte und stellte in seiner Begründung auf die privatrechtliche Natur des Gutachtensauftrages ab. Das Bundesgericht erachtete dies als unrichtig. Die Rügen seien nicht im Zusammenhang mit der Erfüllung einer gewerblichen Verrichtung i.S.v. Art. 61 Abs. 2 OR erteilt worden oder Teil des privatrechtlichen Gutachterauftrages. Die Beurteilung des Gutachterauftrages und der sich daraus ergebenden Rechte und Pflichten sei eine *Vorfrage* (vgl. Rz. 1744 ff.) für die Beurteilung der Rechtmässigkeit der Rügen im Staatshaftungsrecht (BGE 134 I 229, 231 ff.). 2144

2. Spezialgesetzliche Haftungsregeln für amtliche Tätigkeit

a) Allgemeiner Vorbehalt spezialgesetzlicher Regelungen

Bund und Kantone haben in Spezialerlassen abweichende Haftungsregelungen getroffen, die den allgemeinen Vorschriften des Verantwortlichkeitsgesetzes bzw. der kantonalen Haftungsgesetze vorgehen (*exklusive Gesetzeskonkurrenz;* vgl. für den Bund Art. 3 Abs. 2 VG; BGE 139 V 127, 130 f.; siehe auch Rz. 2088 f.). 2145

b) Haftung aus (spezialgesetzlichen) öffentlich-rechtlichen Normen

aa) Haftung aus militärischen Tätigkeiten (Art. 135 ff. MG)

Für Schäden, welche Angehörige der Armee oder die Truppe Dritten durch eine besonders gefährliche militärische Tätigkeit oder in Ausübung ihrer dienstlichen Tätigkeit widerrechtlich zufügen, haftet der Bund ohne Rücksicht auf das Verschulden. Ist durch ausserdienstliche Tätigkeiten ein unvermeidbarer Land- oder Sachschaden entstanden, so haftet der Bund auch dann, wenn die Angehörigen der Armee rechtmässig gehandelt haben. Bei Vorsatz oder grober Fahrlässigkeit kann der Bund auf die fehlbaren Angehörigen der Armee Regress nehmen (Art. 138 MG). 2146

bb) Haftung aus dienstlichen Verrichtungen des Zivilschutzes (Art. 60 ff. BZG)

Bund, Kantone und Gemeinden haften für alle Schäden, die im Rahmen dienstlicher Verrichtungen des Zivilschutzes Dritten widerrechtlich zugefügt werden. Für ihre Leistungen steht ihnen der Rückgriff auf die Person zu, die den Schaden vorsätzlich oder grob fahrlässig verursacht hat. Der Zivilschutzpflichtige kann – wie der Angehörige der Armee – für die von ihm verursachten Schäden nicht direkt belangt werden (Art. 60 Abs. 3 BZG, vgl. auch BGE 129 III 410, 413 f.). 2147 *cc) Haftung der FINMA und ihrer Organe (Art. 19 FINMAG)*

2148 Die FINMA und die von ihr beauftragten Personen haften nach dem Verantwortlichkeitsgesetz des Bundes, wenn sie wesentliche Amtspflichten verletzt haben und die Schäden nicht auf Pflichtverletzungen einer oder eines Beaufsichtigten zurückzuführen sind (Art. 19 FINMAG). Diese Regelung führt zu einer erheblichen Einschränkung der Haftung (vgl. die Kritik bei ROLF H. WEBER/CHRISTINE KAUFMANN, Haftung für mangelnde staatliche Aufsicht im Finanzmarktrecht, HAVE 2008 270, 274 f.).

dd) Schuldbetreibung und Konkurs (Art. 5 ff. SchKG)

2149 Für widerrechtliche Schädigungen in Erfüllung der Aufgaben aus dem Bundesgesetz über Schuldbetreibung und Konkurs haften die Kantone. Es besteht kein Anspruch der Geschädigten gegenüber den Fehlbaren. Das kantonale Recht regelt den Rückgriff auf die Personen, welche den Schaden verursacht haben (Art. 5 SchKG, vgl. dazu BGE 126 III 431 ff. sowie Kantonsgericht Basel-Landschaft, Urteil 420 14 79 vom 19. Mai 2014 = SJZ 111 [2015] 43 ff.).

c) Haftung aus Bundesprivatrecht

2150 In Einzelfällen sieht das *Bundesprivatrecht* spezialgesetzliche Haftungstatbestände vor, welche die Haftung kantonaler Vollzugsbehörden vorsehen.

aa) Führung des Grundbuches (Art. 955 ZGB)

2151 Die Kantone sind für allen Schaden verantwortlich, der aus der Führung des Grundbuches entsteht (Kausalhaftung, vgl. BGer, Urteil 5C.13/1999 vom 23. März 2000). Sie können bei Verschulden auf die Grundbuchbeamtinnen und -beamten und die Organe der unmittelbaren Aufsicht Rückgriff nehmen.

bb) Führung des Handelsregisters (Art. 928 Abs. 1 und 3 OR)

2152 Die Handelsregisterführerinnen und -führer und die ihnen unmittelbar vorgesetzten Aufsichtsbehörden sind persönlich für allen Schaden haftbar, den sie selbst oder die von ihnen ernannten Angestellten durch ihr Verschulden verursachen. Der Kanton haftet subsidiär für den Schaden, der durch die haftbaren Beamtinnen und Beamten nicht gedeckt wird. Weil es sich lediglich um eine bundesrechtliche Mindestvorschrift handelt, sehen die meisten Kantone dennoch eine *primäre Staatshaftung* vor. Die Aufsichtsbehörden haften nach Art. 928 Abs. 1 OR unter denselben Voraussetzungen wie die Handelsregisterführerinnen und -führer selbst.

cc) Zivilstandswesen (Art. 46 ZGB)

2153 Früher waren die Zivilstandsbeamtinnen und -beamten und die ihnen unmittelbar vorgesetzten Aufsichtsbehörden persönlich für den Schaden haftbar, den sie selbst oder die von ihnen ernannten Angestellten schuldhaft verursacht hatten. Heute schreibt Art. 46 ZGB eine ausschliessliche Staatshaftung vor. Der haftbare Kanton kann Rückgriff nehmen auf die Personen, welche den Schaden absichtlich oder grobfahrlässig verursacht haben.

d) Haftung aus weiteren spezialgesetzlichen Tatbeständen

In vielen Fällen haften die Gemeinwesen nach privat- und öffentlich-rechtlichen *Gefährdungs- und Kausalhaftungen* (z.B. als Tierhalter oder Grundeigentümer), *wie wenn sie Private wären.* 2154

aa) Grundeigentümerhaftung (Art. 679 ZGB)

Überschreitet der Staat als Grundeigentümer die einem solchen zustehenden zivilrechtlichen Befugnisse, so bestimmt sich die Haftung des Staates grundsätzlich nach der allgemeinen Kausalhaftungsvorschrift des Art. 679 ZGB. 2155

Bei der schädigenden Einwirkung öffentlicher Werke auf die Nachbarschaft ist zu unterscheiden zwischen folgenden zwei Fällen: 2156

- Wenn der Schaden im Zusammenhang mit der Erfüllung öffentlicher Aufgaben zugefügt wird, die schädigende Handlung dem Zweck des betreffenden öffentlichen Werkes entspricht und als solche unvermeidbar ist, beurteilt sich die Haftung des Staates nach *Enteignungsrecht* (BGE 131 II 458, 462; eingehend dazu Rz. 2384 ff.).
- Sind hingegen diese Voraussetzungen nicht gegeben, richtet sich die Verantwortlichkeit des Staates nach *privatrechtlichen Regeln* (Grundeigentümerhaftung nach Art. 679 ZGB oder Werkeigentümerhaftung nach Art. 58 OR).

Im ersten Fall sind die Schadenersatzforderungen im Enteignungsverfahren geltend zu machen, im zweiten beim Zivilgericht. 2157

bb) Werkeigentümerhaftung (Art. 58 OR)

Die im Zusammenhang mit der Benutzung eines *mangelhaften öffentlichen Werkes* eingetretenen Schädigungen können eine Kausalhaftung des Staates als Werkeigentümer auslösen. Das öffentliche Werk muss bei Anwendung angemessener Sorgfalt gefahrlos benutzt werden können. Namentlich bei Strassen dürfen mit Bezug auf Anlage und Unterhalt *nicht zu hohe Anforderungen* gestellt werden, wobei je nach der Bedeutung und Benutzungsart zu differenzieren ist (BGer, Urteil 4A_562/2012 vom 11. Dezember 2012 E. 5.5; Urteil des Kantonsgerichts St. Gallen, SJZ 78 [1982] 235). Beim Unterhalt von kantonalen Strassen bestimmt sich der Qualitätsmassstab nach dem *kantonalen öffentlichen Recht;* sind diese Bestimmungen eingehalten, so liegt ein Unterhaltsmangel nur vor, wenn elementare Massnahmen unterlassen wurden (BGE 102 II 343, 344; vgl. auch BGE 130 III 736, 741 ff.). So bejahte das Bundesgericht die Haftung des Kantons Tessin für den Schaden, der durch die Bildung einer Eisfläche auf der Kantonsstrasse verursacht worden war, da die Vereisung sowohl voraussehbar als auch vermeidbar gewesen sei (BGE 129 III 65 ff.). 2158

Der Werkeigentümer haftet grundsätzlich nur für den *bestimmungsgemässen Gebrauch.* Wenn aber die Konzeption bzw. die Beschaffenheit eines Werkes und das zu erwartende Verhalten des Zielpublikums einen gefährlichen Zustand begründen, kann 2159 sich der Werkeigentümer nicht darauf berufen, dass bei vernünftiger Benutzung kein Werkmangel vorliege. So ist der Betreiber eines «Plauschbades» verpflichtet, das Schwimmbecken mit zusätzlichen Massnahmen (Verbotstafeln, Abschrankungen etc.) zu sichern, um Verletzungen durch Hineinspringen zu vermeiden. Dies gilt umso mehr, wenn es sich beim angesprochenen Kreis der Benützer um Jugendliche handelt, welche durch die Anlage und die Konzeption des Werkes dazu verleitet werden können, an einer gefährlichen Stelle ins Wasser zu springen (vgl. BGE 116 II 422, 424 f.).

Beispiele:

2160 – Der Bund bzw. die PTT (damals eine öffentlich-rechtliche Anstalt des Bundes) hafteten als Werkeigentümer für den Schaden, der einem privaten Grundeigentümer dadurch entstand, dass durch ein Telefonleitungsrohr bei anhaltendem Regenfall so viel Wasser auf das Grundstück geleitet wurde, dass es zu einem Erdrutsch kam (BGE 112 II 228 ff.).

2161 – Der Eigentümer einer Strasse haftet aus Art. 58 OR, wenn er, während die Strasse gebaut oder in Stand gestellt wird, deren ordentliche Benutzung zulässt. Er muss für den Schaden aufkommen, der durch das Abrutschen der Strasse beim Befahren durch einen Lastwagen entsteht (BGE 108 II 184 ff.).

2162 – Ein dreieinhalb Jahre altes Kind stürzte beim Spielen auf einer Zufahrtsstrasse in den parallel verlaufenden Kanal und zog sich dabei schwere Hirnverletzungen zu. Das Bundesgericht verneinte trotz fehlender Schutzmassnahmen eine Werkeigentümerhaftung, da die Strasse für den bestimmungsgemässen Gebrauch tauglich war. Es sei dem Gemeinwesen nicht zumutbar, überall Abschrankungen anzubringen, wo eine Strasse an einem offenen Gewässer vorbeiführe (BGE 130 III 736, 747).

cc) *Motorfahrzeughalter (Art. 73 SVG)*

2163 Nach Art. 73 SVG i.V.m. Art. 58 ff. SVG gelten für den Bund, die Kantone und die Gemeinden als Motorfahrzeughalter die gleichen Haftungsbestimmungen wie für private Halter (Gefährdungshaftung). In Notfällen kommen für Dienstfahrten nicht die üblichen Verkehrsregeln zur Anwendung (vgl. Art. 100 Abs. 4 SVG; BGer, Urteil 6B_738/2012 vom 18. Juli 2013 E. 2.3.2; Urteil 6B_20/2009 vom 14. April 2009 E. 4).

3. Exkurs: Haftung der Mitgliedstaaten nach dem Recht der Europäischen Union (EU-Recht)

2164 Unter welchen Voraussetzungen die *Mitgliedstaaten der Europäischen Union* gegenüber Privaten aufgrund des Unionsrechts haftbar werden, hängt von der Art des dem Staat zuzurechnenden Verstosses gegen das Unionsrecht ab, der dem verursachten Schaden zu Grunde liegt. Verletzt ein Mitgliedstaat seine Verpflichtung, alle erforderlichen Massnahmen zur Erreichung des durch eine Richtlinie (vgl. zu diesem Begriff Rz. 113 ff.) vorgeschriebenen Ziels zu treffen, so wird er entschädigungspflichtig, wenn das durch die Richtlinie vorgeschriebene Ziel die Begründung von Rechten zu Gunsten Einzelner beinhaltet, wenn der Inhalt dieser Rechte auf der Grundlage der Richtlinie bestimmt werden kann und wenn ein Kausalzusammenhang zwischen dem Verstoss gegen die dem Staat auferlegte Verpflichtung und dem entstandenen Schaden besteht. Der Europäische Gerichtshof (EuGH) stellte in dem zu beurteilenden Fall fest, die Italienische Republik habe gegen das Gemeinschaftsrecht verstossen, indem sie die Richtlinie 80/987/EWG des Rates vom 20. Oktober 1980 zur Angleichung der Rechtsvorschriften der Mitgliedstaaten über den Schutz der Arbeitnehmer bei Zahlungsunfähigkeit des Arbeitgebers nicht fristgemäss umgesetzt habe. Das durch diese Richtlinie vorgeschriebene Ziel beinhalte die Begründung eines Rechts der Arbeitnehmer auf eine Garantie für die Befriedigung ihrer nicht erfüllten Ansprüche auf das Arbeitsentgelt. Der Inhalt dieses Rechts lasse sich auf der Grundlage der Richtlinie bestimmen. Die Italienische Republik habe deshalb im Rahmen des nationalen Staatshaftungsrechts die Schäden zu ersetzen, die den Einzelnen dadurch entstanden sind, dass die Richtlinie 80/987 nicht umgesetzt worden ist (Urteil des EuGH vom 19. November 1991, EuGRZ 19 [1992] 60, 63; vgl. TOBIAS JAAG, Die Francovich-Rechtsprechung des Europäischen Gerichtshofs, SZIER 6 [1996] 505 ff.).

In Fortentwicklung seiner Rechtsprechung zur mangelhaften Umsetzung von Richtlinien leitet der EuGH eine Staatshaftung auch aus der Verletzung anderer Rechtsquellen des EU-Rechts ab. Ein Entschädigungsanspruch besteht, wenn ein nationales Gesetz eine unionsrechtliche Rechtsnorm verletzt, welche dem Einzelnen bestimmte Rechte verleihen soll, ein «hinreichend qualifizierter» Rechtsverstoss vorliegt und ein Kausalzusammenhang zwischen der Rechtsverletzung durch den Mitgliedstaat und dem entstandenen Schaden besteht (Urteil des EuGH vom 5. März 1996, EuGRZ 23 [1996] 144, 146 ff.). Die Haftung kann auch durch ein rechtskräftiges Urteil verursacht werden, das EU-Recht verletzt (vgl. Urteil des EuGH vom 30. September 2003 [C-224/01]; siehe BERND HARTMANN, Haftung in der Europäischen Union, S. 31 ff. sowie JAAG/HÄNNI, Rz. 2515 ff.). 2165

IV. Haftung für rechtmässig zugefügten Schaden

1. Problemstellung

Schäden, die durch rechtmässige staatliche Handlungen verursacht werden, haben im Allgemeinen die Geschädigten zu tragen. Dies kann zu stossenden Ergebnissen führen, wenn der Schaden durch eine Handlung entstanden ist, welche die Geschädigten nicht veranlasst und von der sie auch nicht profitiert haben. Das Problem wird durch die neuere Rechtsprechung zum Begriff der Widerrechtlichkeit erheblich entschärft (vgl. Rz. 2114 ff.). Die Frage bleibt jedoch dann von Bedeutung, wenn entweder ein Rechtfertigungsgrund besteht oder ein blosser Vermögensschaden ohne Verletzung eines absoluten Rechtes vorliegt. 2166

Beispiele: 2167

- Zur Bekämpfung eines Brandes muss die Feuerwehr in das benachbarte Gebäude eindringen und verursacht dabei einen Schaden.
- Ein Verdächtiger wird rechtmässig in Untersuchungshaft genommen. Im Strafprozess erweist sich seine Unschuld.

2. Spezialgesetzliche Regelungen

2168 Für bestimmte Fälle der rechtmässigen Zufügung von Schäden durch Organe des Staates sieht das Gesetz eine Ersatzpflicht des Staates vor.

Beispiele:

2169 – Bei rechtmässigen Eingriffen des Staates in das Eigentum, die eine Enteignung darstellen oder ihr gleichkommen, ist volle Entschädigung zu leisten (Art. 26 Abs. 2 BV).

2170 – Gemäss Art. 429 Abs. 1 StPO hat die angeschuldigte Person bei Freispruch oder Einstellung des Verfahrens Anspruch auf Entschädigung ihrer Aufwendungen für die Ausübung ihrer Verfahrensrechte (lit. a), Anspruch auf Entschädigung der wirtschaftlichen Einbussen, die sie wegen ihrer notwendigen Beteiligung am Strafverfahren erlitten hat (lit. b), sowie Genugtuung für besonders schwere Verletzungen der persönlichen Verhältnisse, insbesondere bei Freiheitsentzug (lit. c; siehe auch Art. 5 Ziff. 5 EMRK sowie Rz. 2131).

2171 – Bei behördlich angeordneten oder empfohlenen Impfungen haftet der Kanton für den Schaden aus Impffolgen (Art. 23 Abs. 3 EpG [Epidemiengesetz], vgl. Rz. 2089).

2172 Das Verantwortlichkeitsgesetz enthält keine Regelung über die Haftung des Bundes für Schäden, die durch rechtmässige Handlungen oder Unterlassungen entstanden sind. Die kantonalen Haftungsgesetze statuieren dagegen häufig eine Entschädigungspflicht des Staates für Schäden, welche Dritten aufgrund bestimmter polizeilicher Massnahmen entstehen (siehe auch Rz. 2649).

3. Allgemeine Regelungen

2173 Die Verfassungen der Kantone Aargau (§ 75 Abs. 2 KV/AG), Basel-Stadt (§ 78 Abs. 2 KV/BS), Basel-Landschaft (§ 13 Abs. 2 KV/BL), Graubünden (§ 26 Abs. 2 KV/GR), Schaffhausen (§ 48 Abs. 2 KV/SH), Schwyz (§ 46 Abs. 2 KV/SZ) und Waadt (§ 73 Abs. 2 KV/VD) sehen vor, dass der Staat für den Schaden haftet, den seine Organe rechtmässig verursacht haben, wenn Einzelne davon schwer betroffen sind und ihnen nicht zugemutet werden kann, den Schaden selbst zu tragen. Einige Kantone haben eine allgemeine Haftung für rechtmässige Handlungen im Gesetzesrecht geregelt. So bestimmt § 6 Abs. 1 des Haftungsgesetzes des Kantons Basel-Landschaft vom 24. April 2008 (SGS 105), dass der Staat auch für den Schaden haftet, den seine Mitarbeitenden rechtmässig verursacht haben, wenn Einzelne unverhältnismässig schwer betroffen sind und es ihnen nicht zugemutet werden kann, den Schaden selber zu tragen. Andere Kantone bevorzugen die Regelung einer Haftung für rechtmässiges Handeln des Gemeinwesens (insb. polizeiliche Massnahmen) auf dem Weg einer Billigkeitshaftung (§ 9 Abs. 2 des Verantwortlichkeitsgesetzes des Kantons Zug vom 1. Februar 1979 [BGS 154.11]; Art. 8 Abs. 1 des Gesetzes über die Haftung der Gemeinwesen und ihrer Amtsträger des Kantons Freiburg vom 16. September 1986 [SGF 16.1]; § 7 des Haftungsgesetzes des Kantons Aargau vom 24. März 2009 [SAR 150.200]).

V. Rechtsschutz

1. Rechtsschutz im Bund

Die Geschädigten haben ihre Ansprüche gegen den Bund bei einer durch Verordnung des Bundesrates bezeichneten Behörde (in der Regel das Eidg. Finanzdepartement; vgl. Art. 1 f. der Verordnung zum Verantwortlichkeitsgesetz vom 30. Dezember 1958 [SR 170.321]) geltend zu machen; diese erlässt eine *Verfügung,* welche der Beschwerde an das Bundesverwaltungsgericht und hierauf der Beschwerde in öffentlich-rechtlichen Angelegenheiten an das Bundesgericht unterliegt (Art. 10 Abs. 1 und 19 Abs. 3 VG i.V.m. Art. 31 ff. VGG bzw. Art. 82 ff. BGG). Vor Bundesgericht gilt eine Streitwertgrenze von 30'000.– Franken (Art. 85 Abs. 1 lit. a BGG). Bei Rechtsfragen von grundsätzlicher Bedeutung kann das Bundesgericht auch angerufen werden, wenn die Streitwertgrenze nicht erreicht wird (Art. 85 Abs. 2 BGG). Es besteht auf dem Gebiet des Staatshaftungsrechts auch die Möglichkeit, einen *Vergleich* i.S.v. Art. 33b VwVG (vgl. Rz. 1172) abzuschliessen (BVGer, Urteil A-8272/2008 vom 14. Januar 2010 E. 2.1; MÄCHLER, Der Vergleich im Staatshaftungsrecht, S. 483 ff.). 2174

Ein anderes Verfahren ist in Art. 10 Abs. 2 VG für Ansprüche auf Schadenersatz und Genugtuung aus der Amtstätigkeit von Mitgliedern des Bundesrates und des Bundeskanzlers, der Mitglieder und Ersatzmitglieder der eidgenössischen Gerichte vorgesehen; die Regelung gilt nach Art. 21a ParlG auch für die Mitglieder der Bundesversammlung. Entsprechende Entschädigungsbegehren sind dem Eidg. Finanzdepartement einzureichen; wird der Anspruch bestritten oder erhalten die Geschädigten binnen dreier Monate keine Stellungnahme, so steht ihnen die *Klage* an das Bundesgericht gemäss Art. 120 Abs. 1 lit. c BGG offen; diese ist innert weiterer sechs Monate einzureichen (Art. 20 Abs. 3 VG). 2175

Ansprüche gegen den Bund *aus gewerblichen Tätigkeiten* (Rz. 2140 ff.) sind auf dem Zivilweg einzuklagen. Für diese Klagen ist nach Art. 10 Abs. 1 lit. c ZPO das Obergericht des Kantons Bern oder das obere kantonale Gericht am Sitz oder Wohnsitz der klagenden Partei zuständig. 2176

2. Rechtsschutz in den Kantonen

Die Kantone sehen die Möglichkeit eines Rechtsmittels an ein *kantonales Verwaltungsgericht* oder die Zuständigkeit eines *Zivilgerichtes* vor. Im Kanton Zürich entscheiden die Zivilgerichte über Ansprüche Dritter gegen den Staat (vgl. § 19 Abs. 1 HG/ZH). Letztinstanzliche kantonale Entscheide sind mit Beschwerde in öffentlich-rechtlichen Angelegenheiten an das Bundesgericht weiterzuziehen, sofern die Streitwertgrenze erreicht ist oder eine Rechtsfrage von grundsätzlicher Bedeutung zu beurteilen ist (Art. 82 ff., 85 Abs. 1 lit. a und Abs. 2 BGG). In Fällen von Staatshaftung aus ärztlicher Tätigkeit ist Beschwerde in Zivilsachen zu erheben (Art. 31 Abs. 1 lit. d BGerR; BGE 139 III 252, 254 f.; siehe auch Rz. 2143). 2177

§ 31 Beamtenhaftung

I. Externe Beamtenhaftung

1. Begriff

2178 Bei der externen Beamtenhaftung sind die schädigenden Beamtinnen und Beamten (Amtspersonen) den geschädigten Dritten gegenüber persönlich haftbar.

2. Keine Beamtenhaftung bei ausschliesslicher Staatshaftung

2179 Der Bund und die meisten Kantone sehen eine ausschliessliche Staatshaftung vor. Die Geschädigten haben keinen Anspruch auf Schadenersatz gegenüber den handelnden Amtspersonen (vgl. Rz. 2095).

2180 Eine direkte Haftung des Beamten besteht nur noch im internen Verhältnis bei einer Schädigung des Gemeinwesens infolge schuldhaften Verhaltens der Beamtin oder des Beamten (vgl. Rz. 2092 ff.).

3. Primäre persönliche Haftung der Angestellten

2181 Die in einzelnen Spezialgesetzen vorgesehene primäre persönliche Haftung der Amtsperson (vgl. Rz. 2152) ist unbefriedigend, weil die geschädigten Privaten ein Verschulden der Amtsperson nachweisen und bei deren Zahlungsunfähigkeit zusätzlich die subsidiär haftenden Kantone ins Recht fassen müssen.

II. Interne Beamtenhaftung

1. Begriff

2182 Interne Beamtenhaftung bedeutet, dass die Amtspersonen, welche Dritten oder dem Staat selbst einen Schaden zugefügt haben, dem Staat Ersatz leisten müssen.

2. Zwei Haftungsfälle

2183 Die Amtsperson kann den Staat *direkt* in seinem Vermögen schädigen oder *indirekt* dadurch, dass sie ihn durch sein Verhalten gegenüber Dritten haftbar werden lässt.

a) Haftung der Amtsperson für dem Staat unmittelbar zugefügten Schaden

Eine direkte Schädigung des Staates durch eine Amtsperson liegt vor, wenn das Vermögen des Staates durch eine Handlung oder Unterlassung der Amtsperson unmittelbar vermindert wird. 2184

Nach Art. 8 VG haften die Amtspersonen dem Bund für den Schaden, den sie ihm durch vorsätzliche oder grob fahrlässige Verletzung der Dienstpflicht unmittelbar zugefügt haben. 2185

Beispiele:

- Haftung eines Gemeindegutverwalters und Steuersekretärs für Vernachlässigung seiner Pflichten bei der Eintreibung von Steuergeldern (Urteil des Verwaltungsgerichts des Kantons Zürich, ZBl 87 [1986] 165 ff.); 2186
- Haftung eines Angestellten des Bundes für den Schaden, der bei einer durch ihn verursachten Kollision an einem Fahrzeug des Bundes entstanden war (BGE 104 Ib 1 ff.; siehe Rz. 2194). 2187

b) Rückgriff des Staates auf die Amtsperson bei der Staatshaftung

Hat der Staat für einen Schaden, der einem Dritten durch das Verhalten einer Amtsperson entstanden ist, Ersatz geleistet, so steht ihm der Rückgriff auf die betreffende Amtsperson zu. Diese haftet dem Staat in der Regel nur, wenn sie den Schaden vorsätzlich oder grob fahrlässig verursacht hat (für den Bund vgl. Art. 7 VG). 2188

Beispiele:

- Der Bund haftet als Motorfahrzeughalter für den Schaden, den ein Beamter oder ein Angehöriger der Armee bei der Fahrt mit einem Dienstfahrzeug einem Dritten zufügt. Der Bund kann auf den Verursacher Regress nehmen, sofern dieser vorsätzlich oder grob fahrlässig gehandelt hat (vgl. VPB 61 [1997] Nr. 88b/c; zum Rückgriff siehe BVGer, Urteil A-7351/2010 vom 2. September 2011 E. 7). 2189
- Eine Gemeinde hat den Gebäudeschaden zu ersetzen, den ein Gemeindeangestellter durch unsachgemässes Fällen eines Baumes verursacht hat. Sie kann unter gewissen Voraussetzungen den Angestellten für diesen Schaden haftbar machen. 2190

3. Verschuldenshaftung

Die Beamtenhaftung ist als Verschuldenshaftung konzipiert. Eine Kausalhaftung wäre den Amtspersonen nicht zuzumuten und könnte eine allzu grosse Zurückhaltung bei der Erfüllung ihrer Aufgaben zur Folge haben. Auch im privatrechtlichen Arbeitsverhältnis haftet der Arbeitnehmer dem Arbeitgeber bloss bei Verschulden (vgl. Art. 321e OR). 2191

Die Amtspersonen haben im Bund nur für Schädigungen aufgrund vorsätzlicher oder grobfahrlässiger Verletzungen ihrer Dienstpflichten einzustehen (Art. 7 und 8 VG). In den Kantonen finden sich ähnliche Regelungen (vgl. § 14 Abs. 1 HG/ZH; Art. 11 des Gesetzes über die Staatshaftung [SHG] vom 5. Dezember 2006 des Kantons Graubünden [BR 170.050]). Die Frage der Beamtenhaftung ist oft im Personalrecht näher geregelt. 2192

Beispiele:

- Bei der Sprengung eines Gebäudes im militärischen Wiederholungskurs wurde eine Zivilperson schwer verletzt. Der Bund haftete für den Schaden. Er konnte auf den für die Sprengung ver- 2193 antwortlichen Offizier Rückgriff nehmen, weil dieser die erforderlichen Warn- und Schutzmassnahmen unterlassen hatte, was als grobe Fahrlässigkeit erschien (BGE 111 Ib 192 ff.).

2194 – Bei der Kollision zwischen zwei Armeefahrzeugen im Armeemotorfahrzeugpark Hinwil entstand ein Schaden von Fr. 3'626.–. Das Eidg. Militärdepartement (heute: VBS) ordnete an, dass die beiden Lenker (Angestellte des Bundes) mit je Fr. 200.– am Schaden zu beteiligen seien. Das Bundesgericht verneinte eine Haftung des Beamten, der diese Beteiligung am Schaden nicht akzeptiert hatte. Auf dem ganzen Areal von Armeemotorfahrzeugpärken könnten jederzeit Fahrzeugbewegungen zu den verschiedensten Zwecken stattfinden. Es entstünden deshalb oft Situationen ohne geregeltes Vortrittsrecht. Die Lenker von Fahrzeugen dürften sich darauf verlassen, dass dies anderen Lenkern bewusst sei. Ein Verstoss gegen eine elementare Vorsichtspflicht könne dem Beamten nicht vorgeworfen werden (BGE 104 Ib 1 ff.).

2195 – Wenn der Leiter eines kantonalen Amtes Darlehen gewährt, ohne zuvor die Bewilligung des Regierungsrates eingeholt zu haben, und zudem feststeht, dass die Abläufe und die Organisation innerhalb seiner Abteilung mangelhaft waren, kann ihm dies als Verschulden angelastet werden (BGer, Urteile 1C_351/2007 und 1C_353/2007 vom 30. Oktober 2008).

4. Beteiligung mehrerer Amtspersonen

2196 Haben mehrere Amtspersonen den Schaden gemeinsam verursacht, so haften sie dem Bund in Abweichung von Art. 50 OR nicht solidarisch, sondern *anteilsmässig* entsprechend der Schwere ihres Verschuldens (Art. 9 Abs. 2 VG).

III. Rechtsschutz

1. Rechtsschutz im Bund

2197 Über Ansprüche des Bundes gegen Amtspersonen auf Ersatz des direkten oder indirekten Schadens entscheiden die in Art. 3 BPG benannten «Arbeitgeber». Gegen deren Verfügungen stehen die *Beschwerde an das Bundesverwaltungsgericht* und letztinstanzlich (bei Erreichen der Streitwertgrenze bzw. Vorliegen einer Rechtsfrage von grundsätzlicher Bedeutung, Art. 85 Abs. 1 lit. a und Abs. 2 BGG) die *Beschwerde in öffentlichrechtlichen Angelegenheiten* an das Bundesgericht offen (Art. 10 Abs. 1 VG und Art. 19 Abs. 3 VG; Art. 5 der Verordnung zum VG vom 30. Dezember 1958 [SR 170.321]). Schadenersatz- und Genugtuungsansprüche gegen Mitglieder des Bundesrates, gegen die Mitglieder und Ersatzmitglieder der eidgenössischen Gerichte und gegen die Bundeskanzlerin bzw. den Bundeskanzler sowie analog für die Mitglieder der Bundesversammlung (vgl. Rz. 2175) sind dagegen direkt mit *Klage* beim Bundesgericht geltend zu machen (Art. 10 Abs. 2 VG; Art. 120 Abs. 1 lit. c BGG).

2. Rechtsschutz in den Kantonen

2198 In den meisten Kantonen entscheiden die *kantonalen Verwaltungsgerichte* über die (interne) Haftung von Amtspersonen (so etwa im Kanton Zürich nach § 19 Abs. 2 HG/ZH).

5. Teil Öffentliche Sachen und ihre Benutzung

Literatur

BAUMGARTNER HANNES, Grundrechtsanspruch auf Zeitungsboxen für Gratisanzeiger an Tramhaltestellen?, ZBl 102 (2001) 640 ff.; BELLANGER FRANÇOIS/TANQUEREL THIERRY (Hrsg.), Le domaine public, Genf/Zürich/Basel 2004; FAGAGNINI HANS PETER, Braucht es heute noch eine Theorie des Staatseigentums?, SZW 73 (2001) 1 ff.; FLÜCKIGER ANDREAS, Gemeingebrauch an oberirdischen öffentlichen Gewässern, insbesondere die Schiffahrt auf Schweizer Gewässern, Diss. Basel, Bern 1987; HAAS ADRIAN, Staats- und verwaltungsrechtliche Probleme bei der Regelung des Parkierens von Motorfahrzeugen auf öffentlichem und privatem Grund, insbesondere im Kanton Bern, Diss. Bern 1994; HANGARTNER YVO/KLEY-STRULLER ANDREAS, Demonstrationsfreiheit und Rechte Dritter, ZBl 96 (1995) 101 ff.; HEER MARKUS, Die ausserordentliche Nutzung des Verwaltungsvermögens durch Private, Diss. Zürich 2006; HOTTELIER MICHEL, La réglementation du domaine public à Genève, Semjud 124 (2002) 123 ff.; JAAG TOBIAS, Gebührenpflichtiges Parkieren auf öffentlichem Grund, AJP 3 (1994) 179 ff.; JAAG TOBIAS, Gemeingebrauch und Sondernutzung öffentlicher Sachen, ZBl 93 (1992) 145 ff.; KOCH RICHARD A., Das Strassenrecht des Kantons Zürich (Strassenpolizeirecht) unter Berücksichtigung des Nationalstrassen- und Umweltschutzrechts, Zürich 1997; LOUIS PATRIK/SCHINDLER BENJAMIN, Verwaltungsrecht und Grundrechte als «Türen» zum öffentlichen Raum, AJP 22 (2013) 796 ff.; MOSER ANDRÉ WERNER, Der öffentliche Grund und seine Benützung, im Lichte der bundesgerichtlichen Rechtsprechung und unter besonderer Berücksichtigung der Rechtslage im Kanton Bern, Diss. Bern 2011; MÜLLER GEORG, Rechtsstellung von Anstössern an öffentlichen Strassen, recht 14 (1996) 218 ff.; PIOTET DENIS, La théorie des droits réels administratifs en Suisse, Réflexion à propos de l'impérialisme dogmatique du droit privé, in: Benoît Bovay/Minh Son Nguyen (Hrsg.), Mélanges en l'honneur de Pierre Moor, Bern 2005, S. 461 ff.; RUCH ALEXANDER, Öffentliche Werke und Verkehr, in: Verfassungsrecht der Schweiz, Zürich 2001, § 59; RÜSSLI MARKUS, Nutzung öffentlicher Sachen für die Verlegung von Leitungen, ZBl 102 (2001) 350 ff.; SAXER URS, Die Grundrechte und die Benutzung öffentlicher Strassen, Diss. Zürich 1988; SCHMID GERHARD/UHLMANN FELIX, Öffentliche Unternehmen in den Untiefen zwischen Grundrechtsbindung, Gewinnorientierung und Sachen im Gemeingebrauch, ZBl 102 (2001) 337 ff.; SOBOTICH VIVIANE, Demonstrationsbewilligung und Mediation?, ZBl 107 (2006) 173 ff.; THURNHERR SIMON, Duldung freier Meinungsäusserung als positive staatliche Leistung? Zur Natur und Tragweite der «weitergehenden Einschränkungen» von Kundgebungen auf öffentlichem Grund, AJP 15 (2006) 943 ff.; UHLMANN FELIX, Ein Professor geht – Gedanken über den Begriff des Verwaltungsvermögens, in: Markus Rüssli/Julia Hänni/Reto Häggi Furrer (Hrsg.), Staats- und Verwaltungsrecht auf vier Ebenen, Festschrift für Tobias Jaag, Zürich/Basel/Genf 2012, S. 87 ff.; VOGEL STEFAN, Landanlagekonzessionen im Kanton Zürich, in: Festschrift Tobias Jaag, S. 369 ff.; WYSS PHILIPP MARTIN, Verfassungsrechtliche Beobachtungen zur Versammlungsfreiheit, ZBl 103 (2002) 393 ff.; WYSSMANN URSULA, Nutzungskonflikte im öffentlichen Raum – Dargestellt am Beispiel des Bahnhofs Bern, Diss. Bern, Zürich/St. Gallen 2009; ZANOLA MARKUS, Die Errichtung von beschränkten dinglichen Rechten an Liegenschaften im Verwaltungsvermögen, unter besonderer Berücksichtigung des Bauhandwerkerpfandrechts, Diss. Zürich 2005.

§ 32 Begriff und Arten der öffentlichen Sachen

I. Allgemeines

1. Begriff der öffentlichen Sache i.w.S.

2199 Öffentliche Sachen i.w.S. sind alle Sachen, deren sich der Staat zur Erfüllung seiner Aufgaben bedient. Nach Art. 664 ZGB stehen die öffentlichen Sachen unter der Hoheit des Staates, in dessen Gebiet sie sich befinden.

2200 Massgebend für die Zugehörigkeit zu den öffentlichen Sachen i.w.S. ist deren Zweckbestimmung und die Verfügungsmöglichkeit (Hoheit) des Staates darüber. Dagegen bildet das Eigentum kein Anknüpfungskriterium; öffentliche Sachen (ausgenommen Finanzvermögen) können ausnahmsweise auch im Privateigentum stehen (BGE 127 I 164, 178; vgl. IMBODEN/RHINOW, Bd. II, S. 811; TSCHANNEN/ZIMMERLI/MÜLLER, S. 465 f.; Rz. 2238, 2247 f.).

2. Überblick über die Arten von öffentlichen Sachen

2201 Die öffentlichen Sachen i.w.S. werden im Allgemeinen wie folgt eingeteilt:

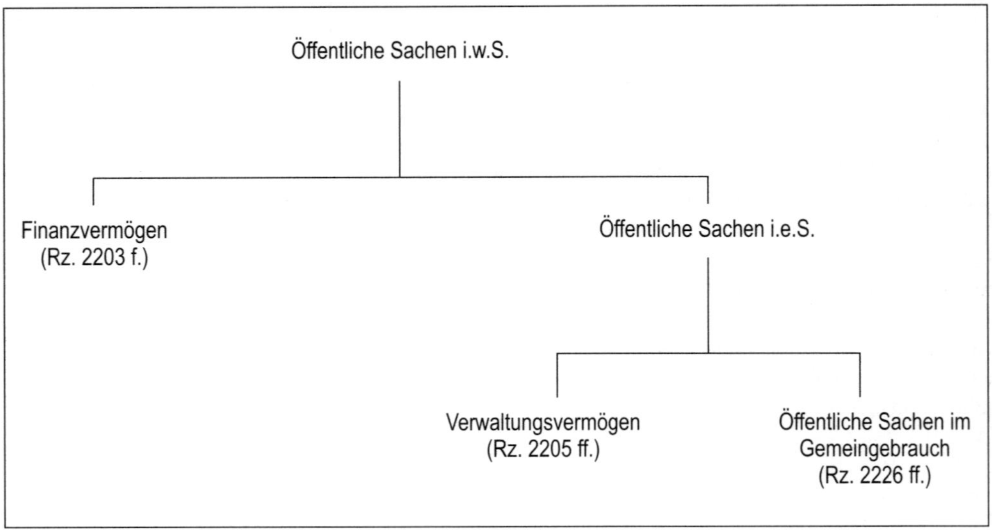

2202 GYGI (Verwaltungsrecht, S. 223 ff.) unterteilt die öffentlichen Sachen i.w.S. in Finanzvermögen, Verwaltungsvermögen, Anstaltssachen, Strassen und Plätze im Gemeingebrauch, öffentliche Gewässer, Luftraum, Regalsachen, kulturunfähiges Land und öffentliche Wälder. JAAG (Gemeingebrauch, S. 146 f.) unterscheidet beim Verwaltungsvermögen folgende drei Unterkategorien: Sachen im Verwaltungsgebrauch, Sachen im Anstaltsgebrauch und Sachen im Sondergebrauch.

II. Finanzvermögen

Das Finanzvermögen dient der Erfüllung staatlicher Aufgaben nur mittelbar (BGE 138 I 274, 284), durch seinen Vermögenswert oder seine Erträgnisse. Es handelt sich um realisierbare Aktiven des Staates. Das Finanzvermögen untersteht im Aussenverhältnis den Vorschriften des Privatrechts (BGE 106 Ia 389, 393; vgl. Rz. 1386 f., 2240 ff.). Im Innenverhältnis, insbesondere für die Zuständigkeit zum Entscheid über das Finanzvermögen und das Verfahren, gilt öffentliches Recht (vgl. Rz. 2244). 2203

Das Finanzvermögen ist durch zwei wesentliche Elemente definiert: 2204

- Das Finanzvermögen dient nur mittelbar mit seinem *Ertrag oder Wert* der Erfüllung staatlicher Aufgaben (Zwecke). Öffentliche Sachen, mit deren Hilfe unmittelbar staatliche Aufgaben wahrgenommen werden, die aber gleichzeitig auch einen Ertrag abwerfen (z.B. die einem Gemeinwesen gehörenden Sozialwohnungen oder Aktien von einem öffentlichen Unternehmen in Privatrechtsform [Rz. 1707 ff.]), stellen kein Finanz-, sondern Verwaltungsvermögen dar. Besonders schwierig einzuordnen ist das Vermögen von Kantonalbanken, tritt doch hier das Interesse an der Erfüllung öffentlicher Aufgaben gegenüber demjenigen an der Gewinnerzielung immer mehr zurück (vgl. BGE 120 II 321 ff.). Einkünfte des Staates aus öffentlichen Abgaben sind dem Finanzvermögen zuzurechnen, solange sie nicht für festgelegte staatliche Zwecke bestimmt sind, sondern vom Staat vorübergehend zur Erzielung von Ertrag verwendet werden, indem er sie wie ein Privater gewinnbringend anlegt (vgl. dazu KNAPP, No. 2885 ff.).
- Es handelt sich um *realisierbare Aktiven* (z.B. Wertschriften, Bargeld, Liegenschaften). Sie können veräussert, gepfändet und verpfändet werden (vgl. Art. 7 i.V.m. Art. 9 des Bundesgesetzes über die Schuldbetreibung gegen Gemeinden und andere Körperschaften des kantonalen öffentlichen Rechts vom 4. Dezember 1947 [SR 282.11]). Nicht zum Finanzvermögen gehören deshalb z.B. Strassen, Schulhäuser oder Verwaltungsgebäude, die so lange nicht veräussert werden können, als sie ihren Zweck erfüllen.

III. Verwaltungsvermögen

1. Begriff

Zum Verwaltungsvermögen gehören jene Werte, die den Behörden (sog. Verwaltungssachen) oder einem beschränkten Kreis von privaten Benutzern (sog. Betriebs- oder Anstaltssachen) unmittelbar durch ihren Gebrauchswert für die Besorgung der öffentlichen Aufgaben dienen (BGE 138 I 274, 284). Während das Bundesgericht für die zweite Kategorie nach wie vor den Begriff der Anstaltssachen verwendet, halten TSCHANNEN/ZIMMERLI/MÜLLER (S. 468) angesichts der Vielfalt der Organisationsformen in der dezentralen Verwaltung, wovon die Anstalt nur eine unter vielen ist, den Begriff der Betriebssachen für passender. 2205

2206 Die zwei wesentlichen Elemente dieser Definition sind:

- Das Verwaltungsvermögen umfasst *Gebrauchswerte*. Diese sind im Gegensatz zu den Vermögenswerten des Finanzvermögens (Kapital, Ertrag) weder realisierbar noch pfändbar (vgl. Art. 9 des Bundesgesetzes über die Schuldbetreibung gegen Gemeinden und andere Körperschaften des kantonalen öffentlichen Rechts vom 4. Dezember 1947 [SR 282.11]).
- Das Verwaltungsvermögen dient nicht der Allgemeinheit, sondern entweder den *Behörden* (z.B. bei Büroeinrichtungen oder Dienstfahrzeugen) oder einem *beschränkten Benutzerkreis* (z.B. bei öffentlichen Anstalten).

Beispiele:

2207 – Verwaltungsgebäude, Schulhäuser, Kasernen, Bücher einer staatlichen Bibliothek, Fahrzeuge und Anlagen eines staatlichen Verkehrsbetriebes.

2208 – Theatersaal der Stadt Genf: Das Bundesgericht führt aus, dass ein städtischer Theatersaal unmittelbar bestimmten öffentlichen Zwecken zum Wohle der Bürgerinnen und Bürger diene und deshalb dem Verwaltungs- und nicht dem Finanzvermögen zuzuordnen sei (BGer, Urteil 1C_312/2010 vom 8. Dezember 2010 E. 3.2 = RDAF 67 [2011] 48, 53 f.).

2209 – Der Bundesrat ordnete die UBS-Pflichtwandelanleihe, welche er im Rahmen des Massnahmenpakets zur Stärkung des schweizerischen Finanzsystems gezeichnet hatte (vgl. Botschaft zu einem Massnahmenpaket zur Stärkung des schweizerischen Finanzsystems vom 5. November 2008, BBl 2008, 8943; Verordnung über die Rekapitalisierung der UBS AG vom 15. Oktober 2008 [SR 611.055; AS 2008, 4741 f.]), dem Verwaltungsvermögen zu (BBl 2008, 8980).

2210 – Im Jahr 2002 beteiligte sich der Kanton Zürich mit 300 Millionen Franken an der neuen Schweizer Fluggesellschaft Swiss International Air Lines. Die Swiss-Aktien befanden sich zunächst vollständig im Verwaltungsvermögen; anlässlich des Verkaufs der Swiss an die Lufthansa im Jahr 2005 wurden die Aktien in das Finanzvermögen übertragen (vgl. Staatsrechnungen der Jahre 2002–2005 des Kantons Zürich).

2. Nutzung

2211 Ähnlich wie bei öffentlichen Sachen im Gemeingebrauch (vgl. Rz. 2252 ff.) kann auch beim Verwaltungsvermögen zwischen *ordentlicher Nutzung* (Gemeingebrauch), *Randnutzung* oder *ausserordentlicher Nutzung* (vergleichbar gesteigertem Gemeingebrauch) und *Sondernutzung* unterschieden werden (vgl. JAAG, Gemeingebrauch, S. 162 ff.).

2212 Wird Verwaltungsvermögen bestimmungsgemäss im Rahmen der Verwaltungstätigkeit gebraucht, so liegt eine *ordentliche Nutzung* vor.

2213 Beispiele:

Nutzung eines Verwaltungsgebäudes durch Behördenmitglieder, Beamtinnen und Beamte und Personen, die Amtsstellen besuchen; Nutzung einer Universität durch den Lehrkörper und die Studierenden.

2214 Soweit Verwaltungsvermögen nicht für den bestimmungsgemässen Gebrauch benötigt wird, kann es vorübergehend im Rahmen einer sog. *Randnutzung* oder *ausserordentlichen Nutzung* Dritten gegen Entgelt für deren eigene Zwecke zur Verfügung gestellt werden.

2215 Beispiel:

Benutzung von Schulräumen und Turnhallen an Abenden oder in den Ferien durch Vereine.

Sondernutzung an Verwaltungsvermögen bedeutet, dass Private von Verwaltungsvermögen längerfristig exklusiv Gebrauch machen können. 2216

Beispiel: 2217

Miete von Geschäftslokalitäten in Verwaltungs- und Universitätsgebäuden usw.

Schliesslich sind auch Mischformen denkbar. Um eine solche handelt es sich etwa bei der Dienstwohnung eines Abwartes in einem Schulhaus. Hier liegt zumindest teilweise eine ordentliche Nutzung von Verwaltungsvermögen vor, indem das Bewohnen der Räumlichkeiten vor Ort der schnellen Erreichbarkeit dient und dadurch die Gebäudeüberwachung auch ausserhalb der Arbeitszeiten gewährleistet wird; gleichzeitig handelt es sich auch um Sondernutzung (Urteil des Verwaltungsgerichts des Kantons Zürich, ZBl 96 [1995] 233, 239). 2218

Die *Auswahl der Nutzungsberechtigten* in den Fällen der Randnutzung bzw. ausserordentlichen Nutzung und der Sondernutzung sollte nach ähnlichen Regeln erfolgen wie bei den Sachen im Gemeingebrauch (vgl. dazu Rz. 2297 ff.). 2219

3. Finanzreferendum

Der Erwerb von Finanzvermögen stellt keine Ausgabe, sondern eine Kapitalanlage dar, die jederzeit realisierbar ist, weshalb ein Finanzreferendum im Sinne eines Ausgabenreferendums entfällt. Demgegenüber führen sowohl der Erwerb von Verwaltungsvermögen als auch die Umwandlung von Finanz- in Verwaltungsvermögen zu einer Ausgabe, die je nach den anwendbaren kantonalen oder kommunalen Bestimmungen dem Finanzreferendum unterliegt. 2220

Beispiele:

- Der Kauf einer Liegenschaft zu Anlagezwecken bedingt keine dem Finanzreferendum unterliegende Ausgabe, weil dadurch nur das Finanzvermögen in anderer Form angelegt wird (BGE 89 I 37, 42 f.). 2221
- Eine nicht unter das Finanzreferendum fallende Anlage liegt vor, wenn eine kantonale Beamtenversicherungskasse den Wohn-, Büro- und Ladentrakt eines (zum Teil vom Kanton finanzierten) Börsengebäudes erstellt und weiter vermietet (BGE 112 Ia 221, 226 f.). 2222
- Der Rahmen einer Anlage von Finanzvermögen wird indessen gesprengt, wenn ein einer Beamtenversicherungskasse als Anlageobjekt dienendes Haus langfristig dem Kanton vermietet werden soll, der es unter Vornahme erheblicher Investitionen zukünftig als Gerichtsgebäude nutzen will. Ein solches Vorgehen setzt die Überführung der Liegenschaft vom Finanz- ins Verwaltungsvermögen voraus, was eine neue, referendumspflichtige Ausgabe darstellt (BGE 123 I 78 ff.; vgl. auch Obergericht des Kantons Schaffhausen, Urteil vom 25. Februar 2000 = ZBl 102 [2001] 31, 36 f.). 2223
- Der Erwerb eines Grundstückes durch den Staat stellt an und für sich keine Ausgabe im Sinne der Veränderung des Staatsvermögens dar, wohl aber die Inanspruchnahme dieses Grundstückes für einen bestimmten öffentlichen Zweck, z.B. den Bau eines Schulhauses, weil es damit für längere Zeit aus dem Verkehr ausscheidet und nicht mehr als verwertbares Gut betrachtet werden kann. Das gilt auch für die Inanspruchnahme von Grundstücken, die bisher zum Finanzvermögen gehörten (BGE 111 Ia 201, 208 f.). 2224
- Die Kosten für die Projektierung einer neuen Nutzung von Verwaltungsvermögen (im vorliegenden Fall ging es um das Kasernenareal Zürich), die wegen des Wegfalls der bisherigen Nutzung notwendig ist, sind als gebundene Ausgaben zu betrachten. Sie unterstehen nicht dem Finanzreferendum (BGE 125 I 87 ff.). 2225

IV. Öffentliche Sachen im Gemeingebrauch

1. Begriff

2226 Die öffentlichen Sachen im Gemeingebrauch stehen der Allgemeinheit zur Benutzung offen. Im Gegensatz zum Finanzvermögen dienen die öffentlichen Sachen im Gemeingebrauch unmittelbar der Erfüllung öffentlicher Aufgaben und sind nicht realisierbar. Gegenüber dem Verwaltungsvermögen unterscheiden sie sich durch den offenen Benutzerkreis (vgl. auch BGE 138 I 274, 284).

2227 Beispiele:

Strassen und Plätze, Seen, Flüsse, Bahnhöfe (abgesehen von den nur für das Personal zugänglichen Bereichen, Urteil der Rekurskommission UVEK, VPB 65 [2001] Nr. 63 E. 5.4; vgl. betreffend Zirkulationsflächen in Bahnhöfen BGE 138 I 274, 283 ff.; BVGer, Urteil A-7454/2009 vom 29. März 2011 E. 8.6.3 und 8.6.4).

2. Begründung des Gemeingebrauchs

a) Natürliche Beschaffenheit

2228 Der Gemeingebrauch kann sich aus der Natur der öffentlichen Sache ergeben. Dies ist z.B. bei Seen und Flüssen der Fall.

b) Widmung

2229 Die Widmung begründet den Gemeingebrauch an einer öffentlichen Sache, die nicht schon nach ihrer natürlichen Beschaffenheit der Allgemeinheit zur Benutzung offen steht; sie erfolgt z.B. bei der Eröffnung neuer Strassen. Es handelt sich um eine Verfügung, mit welcher eine Sache «öffentlich erklärt», d.h. zur Benutzung durch die Allgemeinheit für einen bestimmten Zweck bestimmt wird. Die Widmung kann auch formlos erfolgen, sofern damit nicht bestimmte Beschränkungen oder Verpflichtungen für die Benutzer verbunden werden (vgl. MOOR, S. 273).

2230 Die Widmung setzt die Verfügungsmacht des Gemeinwesens über die öffentliche Sache voraus (BGer, Urteil 5A_348/2012 vom 15. August 2012 E. 4.3.2). Sie kann aufgrund eines dinglichen Rechts des Gemeinwesens an der Sache (Eigentum, beschränktes dingliches Recht) bestehen. Bei Grundstücken, die sich im Eigentum Privater befinden, muss das Gemeinwesen die Zustimmung des Eigentümers zur Widmung einholen (BGer, Urteil 5A_348/2012 vom 15. August 2012 E. 4.3.2) oder ihm eine entsprechende öffentlich-rechtliche Eigentumsbeschränkung auferlegen (vgl. IMBODEN/RHINOW, Bd. II, S. 817).

2231 Beispiel:

Die Zürcher Landiwiese wurde dem Gemeingebrauch gewidmet und dient in Übereinstimmung mit der seit über 100 Jahren gebräuchlichen Nutzung und der Zonenordnung der Stadt Zürich der Bevölkerung zur Erholung bzw. als «Festplatz, Rastplatz, Parkanlage und dergleichen» (vgl. BGE 132 III 49, 54 f.).

Steht eine Sache, insbesondere eine Strasse oder ein Weg, seit unvordenklicher Zeit im öffentlichen Gebrauch, so kann ausnahmsweise auf eine Widmung verzichtet werden (so z.B. bei den Berner Lauben [GYGI, Verwaltungsrecht, S. 233]; vgl. auch IMBODEN/RHINOW, Bd. II, S. 818; RHINOW/KRÄHENMANN, S. 354). 2232

Wenn die Benutzung seitens der Allgemeinheit beendet werden soll, bedarf es einer Entwidmung. 2233

3. Träger der Herrschaft

Träger der Herrschaft über öffentliche Sachen im Gemeingebrauch können Bund, Kantone und Gemeinden sein. Sie haben die Nutzung ihrer öffentlichen Sachen zu regeln. Daher können sich schwierige Probleme der Kompetenzabgrenzung ergeben. So ist z.B. bei öffentlichen Strassen der Bund nach Art. 82 Abs. 1 BV zum Erlass von Vorschriften über den Strassenverkehr befugt. Darunter fallen insbesondere Strassenverkehrsregeln und Bestimmungen über Fahrzeuge und Fahrzeugführer (vgl. Strassenverkehrsgesetz [SVG] vom 19. Dezember 1958 [SR 741.01]). Den Kantonen bleibt das Recht gewahrt, den Verkehr auf Strassen, die der Bund nicht gestützt auf Art. 82 Abs. 2 BV für den allgemeinen Durchgangsverkehr offen erklärt hat, zu beschränken oder zu untersagen. Bau, Unterhalt, Widmung und Entwidmung der öffentlichen Strassen sind – unter Vorbehalt von Art. 82 Abs. 2 BV (Oberaufsicht des Bundes über die Strassen von gesamtschweizerischer Bedeutung) und Art. 83 BV (Nationalstrassen) – Sache der Kantone bzw. Gemeinden, die auch die Benutzung der Strassen zu anderen Zwecken ordnen (z.B. Durchführung von Demonstrationen, Verlegen von Leitungen, Aufstellen von Baugerüsten, Kiosken, Strassencafés; vgl. RUCH, Rz. 13 ff.; TSCHANNEN/ZIMMERLI/MÜLLER, S. 488 ff.; für das Verlegen von Leitungen zum Empfang von Radio- und Fernsehprogrammen hat dagegen der Bund eine besondere Regelung getroffen [Art. 35 FMG (Fernmeldegesetz)]). 2234

Beispiele:

- Der Regierungsrat des Kantons Glarus ordnete für die Pragelpassstrasse ab Richisau bis zur Kantonsgrenze ein Fahrverbot für Motorfahrzeuge an Samstagen und Sonntagen an. Das Bundesgericht wies eine Beschwerde gegen diesen Beschluss ab. Es hielt die kantonale Anordnung, die keine vom Bundesrat als für den Durchgangsverkehr offen erklärte Strasse betraf, für zulässig, da sie keine verfassungsmässigen Rechte verletze (Urteil des Bundesgerichts, ZBl 83 [1982] 138 ff.). 2235
- Bauliche Massnahmen zur Verkehrsberuhigung (Aufpflästerungen und Ähnliches) sind keine Verkehrshindernisse im Sinne von Art. 4 SVG, sondern Bestandteil der Strassenanlage selber. Sie unterliegen dem kantonalen Recht. Anderes gilt für die Kenntlichmachung strassenbaulicher Besonderheiten und für Signale und Markierungen, die zu deren Ergänzung oder Verstärkung anzubringen sind. Dafür sind die Bestimmungen der Bundesgesetzgebung über den Strassenverkehr massgebend (Entscheid des Bundesrats, ZBl 85 [1984] 276 ff.). 2236
- Die Gemeindevorstände von St. Moritz und Celerina beschlossen im Jahre 1993, zur Verkehrsberuhigung die Strasse zwischen den beiden Ortschaften für die nächsten zehn Jahre jeweils von Mitte Dezember bis und mit Ostern für den privaten Fahrzeugverkehr zu sperren. Da der Bund diese Verbindung bis dahin nicht zu einer dem allgemeinen Durchgangsverkehr geöffneten Strasse erklärt hatte, waren die genannten Gemeinden als Träger der Strassenhoheit grundsätzlich befugt, gestützt auf Art. 3 Abs. 3 SVG ein saisonales Fahrverbot auszusprechen, sofern die verfassungsmässigen Rechte der betroffenen Privaten dabei gewahrt bleiben. Obwohl die 2237

Massnahme nach Ansicht des Bundesgerichts erhebliche wirtschaftliche Nachteile für die Anstösser mit sich bringt, beurteilte es das Interesse an der Verkehrsberuhigung als höherwertig (Urteil des Bundesgerichts, ZBl 96 [1995] 508 ff.; vgl. zu diesem Entscheid auch Rz. 2338, 2271 f.).

2238 Herrschaft und Eigentümerstellung können auseinanderfallen (vgl. BGer, Urteil 6B_116/2011 vom 18. Juli 2001 E. 3.3). So gibt es namentlich Privatstrassen im Gemeingebrauch, für welche das zuständige Gemeinwesen die Nutzungsordnung festlegt (vgl. Rz. 2200, 2247 f.). Schwierige Abgrenzungsprobleme ergeben sich, wenn die Sachherrschaft von dezentralen Verwaltungsträgern ausgeübt wird (z.B. SBB, Post, ETH). Kommt die Sachherrschaft Privaten zu, hat das Bundesgericht gefordert, dass staatliche Interventions- und Kontrollmöglichkeiten sichergestellt sein müssen (BGer, Urteil 2P.96/2000 vom 8. Juni 2001 E. 5.c = ZBl 102 [2001] 656, 660 f., vgl. auch Rz. 2288).

V. Anwendbares Recht

2239 Es stellt sich vor allem die Frage, ob und wie weit bei den öffentlichen Sachen Privatrecht oder öffentliches Recht zur Anwendung kommt.

1. Finanzvermögen

a) Aussenverhältnis

2240 Das Finanzvermögen untersteht im *Aussenverhältnis* (Verhältnis Staat-Private) grundsätzlich dem *Privatrecht*. Für den Erwerb, die Veräusserung, den Schutz und die Regelung der Nutzung des Finanzvermögens bedient sich der Staat der zivilrechtlichen Mittel (Kauf, Miete, Pacht, Dienstbarkeiten usw.).

2241 Beispiel:

Die Verpachtung von einer Gemeinde gehörendem Weideland an Landwirte bestimmt sich nach den Vorschriften des Privatrechts (BGE 112 II 35 ff.).

2242 Wenn der Staat bei der Verwaltung des Finanzvermögens als Subjekt des Privatrechts handelt, hat er die für alle Privaten massgebenden öffentlich-rechtlichen Vorschriften (z.B. des Raumplanungs- und Baurechts) zu beachten und ist an die Verfassung, insbesondere die Grundrechte, gebunden (BGE 127 I 84, 90; 109 Ib 146, 155; BGer, Urteil 1P.342/2006 vom 9. März 2007 E. 2.2; vgl. auch HÄFELIN/HALLER/KELLER, Rz. 276 f.; Rz. 1404 ff.; a.M. TANQUEREL, No. 185; WIEDERKEHR/RICHLI, Bd. II, Rz. 258 ff. m.H. auf BGE 129 III 35 ff.).

2243 Aus der Massgeblichkeit des Privatrechts im Aussenverhältnis ergeben sich folgende Konsequenzen:

- Streitigkeiten zwischen Staat und Privaten sind durch *Zivilgerichte* zu beurteilen.
- In schuldbetreibungsrechtlicher Hinsicht unterliegen der Bund, die Kantone und die Gemeinden als Eigentümer von Finanzvermögen der *Pfändung* und der *betreibungsrechtlichen Verwertung* (vgl. BGE 120 II 321, 323 f.).
- Die Gemeinden können sich gegen kantonale Hoheitsakte, die in ihr Finanzvermögen eingreifen, wie Private mit Beschwerde in öffentlich-rechtlichen Angelegenheiten wegen Verletzung der Eigentumsgarantie oder anderer Grundrechte zur Wehr setzen (BGE 107 Ia 175, 179; 97 I 639, 640 f.; BGer, Urteil 2P.285/2005 vom 24. April 2006 E. 1.1; Rz. 1993). Dem Gemeinwesen kommt also Grundrechtsträgerschaft zu, wenn es nicht hoheitlich handelt, sondern sich auf dem Boden des Privatrechts bewegt und gleich oder ähnlich betroffen ist wie ein Privater (KIENER/KÄLIN, S. 338; VALLENDER/HETTICH, St. Galler Kommentar zu Art. 26 BV, Rz. 28).

b) Innenverhältnis

Nach *öffentlichem Recht* bestimmt sich das *Innenverhältnis,* d.h. die Zuständigkeit zum Entscheid über die Verwaltung des Finanzvermögens (insbesondere Erwerb und Veräusserung) und das Verfahren, in welchem dieser Entscheid zu treffen ist. Die Gemeinwesen erlassen zum Teil auch detaillierte Vorschriften über die Anlage und die Bewirtschaftung des Finanzvermögens. 2244

2. Verwaltungsvermögen und öffentliche Sachen im Gemeingebrauch

a) Monistische Theorie (System des öffentlichen Eigentums)

Nach der monistischen Theorie gilt für die öffentlichen Sachen i.e.S., d.h. für Verwaltungsvermögen und öffentliche Sachen im Gemeingebrauch, ausschliesslich *öffentliches Recht*. Es besteht eine besondere öffentlich-rechtliche Eigentumsordnung. Diese Theorie war in Frankreich herrschend und in einigen Kantonen der Westschweiz von Bedeutung (vgl. MOOR, S. 254; PIOTET, S. 464 ff.). Heute gibt es in keinem Kanton eine besondere öffentlich-rechtliche Eigentumsordnung mehr. 2245

b) Dualistische Theorie (System des modifizierten Privateigentums)

Nach der in Deutschland, im Bund und in den Kantonen massgeblichen dualistischen Theorie finden sowohl öffentliches wie privates Recht auf die öffentlichen Sachen i.e.S. Anwendung (vgl. dazu GRISEL, S. 534 ff.). Das *Privatrecht* bestimmt namentlich Begriff und Inhalt des Eigentums und der dinglichen oder obligatorischen Rechte an öffentlichen Sachen i.e.S. sowie die Formen der Begründung und Übertragung dieser Rechte. Demgegenüber richten sich Verfügungsmacht (Hoheit des Staates, Zuständigkeit des Gemeinwesens und des Organs) und Zweckbestimmung im Allgemeinen nach den Vorschriften des *öffentlichen Rechts*; dieses regelt insbesondere die konkreten Nutzungsmöglichkeiten, den Schutz öffentlicher Sachen i.e.S. vor Beschädigungen sowie die Abgaben für bestimmte Arten der Benutzung. Das öffentliche Recht kann zudem die 2246

Anwendbarkeit des Privatrechts auf die öffentlichen Sachen i.e.S. ausdrücklich oder nach Sinn und Zweck ausschliessen (vgl. BGE 120 II 321, 323; 112 II 107, 109 m.w.H.). In gewissen Fällen sieht das öffentliche Recht umgekehrt vor, dass das Benutzungsverhältnis privatrechtlicher Natur ist (vgl. Rz. 1292 ff.).

2247 In der Regel ist der Staat *Eigentümer* der öffentlichen Sachen i.e.S. Ausnahmsweise stehen diese jedoch im Eigentum von Privaten und der Staat verfügt nur über ein beschränktes dingliches oder ein obligatorisches Recht oder eine öffentlich-rechtliche Befugnis zur Benutzung der Sache (vgl. Rz. 2200, 2238). Fallen öffentlich-rechtliche und privatrechtliche Sachherrschaft auseinander, bietet die Rechtsordnung verschiedene Ausgleichsmöglichkeiten (z.B. Enteignung; vgl. dazu UHLMANN, S. 89 ff.).

2248 Beispiele:

- Privatstrasse im öffentlichen Gebrauch;
- Gewässer auf privatem Grund mit öffentlicher Nutzung (BGE 95 I 243, 247 ff.).

2249 Die Benutzung von *Verwaltungsvermögen* und das Verhältnis zwischen Staat und Benutzer sind daher im Allgemeinen öffentlich-rechtlich geregelt; das Entgelt für die Benutzung stellt eine öffentliche Abgabe, nicht einen Mietzins dar. Ausnahmen bestehen vor allem bei öffentlichen Anstalten, wenn das öffentliche Recht das Benutzungsverhältnis dem Privatrecht unterstellt (vgl. Rz. 1292 ff.), sowie bei der ausserordentlichen und der Sondernutzung von Verwaltungsvermögen (vgl. Rz. 2214 ff.).

2250 Bei *öffentlichen Sachen im Gemeingebrauch* untersteht das Verhältnis zwischen dem Träger der Herrschaft und dem Benutzer dagegen immer dem öffentlichen Recht (vgl. BGer, Urteil 6B_116/2011 vom 18. Juli 2011 E. 3.3; Rekurskommission UVEK, Urteil vom 17. Oktober 2000 = ZBl 102 [2001] 325, 330).

3. Haftung für öffentliche Sachen

2251 Die Haftung für öffentliche Sachen bestimmt sich grundsätzlich nach den Vorschriften des *Privatrechts* (Grundeigentümerhaftung [Art. 679 ZGB], vgl. Rz. 2155 ff.; Werkeigentümerhaftung [Art. 58 OR], vgl. Rz. 2158 ff.). Die privatrechtlichen Haftungsbestimmungen sind auch massgebend, wenn es um Schadenersatzansprüche des Gemeinwesens wegen Beschädigung öffentlicher Sachen durch Teilnehmer von Demonstrationen geht (Regierungsrat des Kantons Schwyz, Entscheid vom 25. November 2003 = ZBl 105 [2004] 536, 551 f.). Bei Schädigungen des Nachbars durch Eigentumsüberschreitungen des Staates, welche die notwendige Folge der Erfüllung einer öffentlichen Aufgabe sind, kommt jedoch das Enteignungsrecht zur Anwendung (vgl. Rz. 2156). Auch für die Beurteilung der Frage, ob eine Strasse wegen ungenügenden Unterhalts einen Mangel aufweist, der den Staat als Werkeigentümer haftbar werden lässt, sind in erster Linie die Vorschriften des öffentlichen Rechts über die Unterhaltspflicht für öffentliche Strassen massgebend (vgl. Rz. 2158).

§ 33 Gebrauchsrechte an öffentlichen Sachen im Gemeingebrauch

Die Kantone unterscheiden in der Regel zwischen (schlichtem) Gemeingebrauch, gesteigertem Gemeingebrauch und Sondernutzung. Einzelne Kantone kennen den Begriff der Sondernutzung nicht. Nach Ansicht des Bundesgerichts sind insbesondere die Begriffe des schlichten und des gesteigerten Gemeingebrauchs kantonalrechtlich bestimmt (BGE 135 I 302, 306 f.). Nach dieser Klärung ist zu erwarten, dass sich das Bundesgericht in Zukunft grössere Zurückhaltung auferlegen wird, wenn es die Auslegung dieser Begriffe durch die kantonalen Instanzen überprüft (vgl. bereits BGE 135 I 302, 309, wo es sich auf eine Willkürprüfung beschränkte). 2252

I. Gemeingebrauch

1. Begriff

Gemeingebrauch ist die Benutzung einer öffentlichen Sache im Gemeingebrauch, die bestimmungsgemäss und gemeinverträglich ist und grundsätzlich jedermann, d.h. einer unbestimmten Zahl von Benutzern gleichzeitig, ohne Erteilung einer Erlaubnis und in der Regel unentgeltlich offen steht (vgl. BGE 135 I 302, 307). Um den Gemeingebrauch vom «gesteigerten Gemeingebrauch» (vgl. Rz. 2274 ff.) deutlich zu unterscheiden, wird er oft auch «schlichter Gemeingebrauch» genannt. 2253

2. Voraussetzungen und Elemente

Die nachstehenden Kriterien müssen *kumulativ* erfüllt sein: 2254

a) Bestimmungsgemässer Gebrauch

Der Gebrauch der Sache muss ihrer *Zweckbestimmung entsprechen,* die sich aus der Widmung, der natürlichen Beschaffenheit oder dem traditionellen Gebrauch einer Sache ergibt. 2255

Beispiele: 2256
Gehen oder Fahren auf einer öffentlichen Strasse, Baden in oder Schifffahrt auf einem öffentlichen Gewässer.

b) Gemeinverträglichkeit des Gebrauchs

Der Gebrauch der Sache muss so erfolgen, dass die *gleichzeitige und gleichartige Benutzung durch andere nicht erheblich erschwert* wird (vgl. BGE 135 I 302, 307). Eine gewisse Erschwerung ergibt sich bei einer Benutzung durch mehrere Personen allerdings praktisch immer, z.B. durch das gleichzeitige Befahren einer Strasse durch ver- 2257 schiedene Fahrzeuge. Massgebend sind die konkreten Verhältnisse im Einzelfall. So kann das Parkieren in einer Landgemeinde mit fast beliebiger Zahl an freien Parkplätzen noch als schlichter Gemeingebrauch gelten, während in einer Stadt kein Gemeingebrauch mehr gegeben ist (vgl. Rz. 2263). Schlichter Gemeingebrauch setzt nicht voraus, dass alle möglichen Nutzer gleichzeitig und ungestört den öffentlichen Grund in Anspruch nehmen können, ansonsten auch der Besuch eines Stadtparks kaum je schlichter Gemeingebrauch darstellen könnte. Massgebend sind «normale», «übliche» Verhältnisse.

c) Gleichbehandlung der Benutzer

2258 Allen Benutzern steht grundsätzlich das *gleiche Recht auf Benutzung* zu. Der Grundsatz der Gleichbehandlung der Benutzer weist einen engen Zusammenhang mit dem Erfordernis der Gemeinverträglichkeit des Gebrauches (Rz. 2257) auf. Nur wenn die gleichzeitige Benutzung durch andere nicht wesentlich erschwert wird, können alle Benutzer gleichzeitig in gleicher Weise von der Sache Gebrauch machen.

2259 Die Benutzer haben *keinen Anspruch auf eine bestimmte Nutzung,* selbst wenn sie diese bisher rechtmässig ausgeübt haben. Die zuständige Behörde kann die Benutzungsordnung ändern, d.h. die Möglichkeiten des Gebrauchs für alle in gleicher Weise neu regeln (z.B. durch die Anordnung eines Fahrverbotes für eine Strasse oder die Beschränkung des Rechts auf Wasserentnahme aus einem Gewässer). Durch die neuere bundesgerichtliche Rechtsprechung ist dieser Grundsatz insofern relativiert worden, als Anstösser sich auf ihre Grundrechte, insbesondere auf die Eigentumsgarantie und die Wirtschaftsfreiheit, berufen können, wenn die Änderung der Benutzungsordnung ihnen den bisherigen rechtmässigen Gebrauch ihres Grundstückes praktisch verunmöglichen würde (BGE 131 I 12, 15 f.; in diesem Sinne auch schon BGE 126 I 213, 216; vgl. Rz. 2271 ff., 2338, 2340 f.).

d) Keine Bewilligungspflicht

2260 Eine präventive Kontrolle des Gemeingebrauches durch die Einführung einer Bewilligungspflicht ist nicht erforderlich und deshalb unzulässig. Es genügt der Erlass einer allgemeinen Benutzungsordnung, deren Einhaltung durch eine nachträgliche Kontrolle gewährleistet werden kann.

e) Grundsätzliche Unentgeltlichkeit

2261 Das Gemeinwesen darf für den Gemeingebrauch einer öffentlichen Sache grundsätzlich keine öffentlichen Abgaben erheben.

2262 Für den (gemeinverträglichen) Verkehr auf öffentlichen Strassen sieht Art. 82 Abs. 3 BV die Gebührenfreiheit ausdrücklich vor. Das Bundesgericht behandelt die Gebührenfreiheit als verfassungsmässiges Recht der Privaten, dessen Verletzung mit Beschwerde in öffentlich-rechtlichen Angelegenheiten geltend gemacht werden kann (BGE 122 I 279, 283; 112 Ia 39, 40 f.).

Das Abstellen von Fahrzeugen auf öffentlichen Strassen gehört, sofern es nur von kurzer Dauer ist, in der Regel ebenfalls noch zum unentgeltlichen Gemeingebrauch, weshalb dafür höchstens eine Kontrollgebühr verlangt werden darf. Muss die Gemeinverträglichkeit des Parkierens jedoch im Hinblick auf die konkreten Umstände verneint werden, so steht das Verbot der Gebührenerhebung auf öffentlichen Strassen der Einführung gebührenpflichtiger Parkplätze nicht entgegen (siehe Rz. 2267). Es ist mit Art. 82 Abs. 3 BV auch vereinbar, gewisse Teile der Strassenfläche, die bisher dem rollenden Verkehr und dem gebührenfreien Parkieren offen standen, auszuscheiden und in gebührenpflichtige Parkplätze umzuwandeln (BGE 122 I 279, 284; 112 Ia 39, 41 f.). 2263

3. Benutzungsordnung

Der Erlass einer generellen Benutzungsordnung ist zulässig und notwendig, um die Gemeinverträglichkeit der Nutzung der öffentlichen Sache und den rechtsgleichen Zugang für jedermann sicherzustellen. Sie dient zudem dem Schutz der öffentlichen Sache im Gemeingebrauch vor Beschädigung. 2264

Beispiele: 2265

- Strassenverkehrsgesetz (SVG) vom 19. Dezember 1958 (SR 741.01);
- Schifffahrtsverordnung des Kantons Zürich vom 7. Mai 1980 (LS 747.11);
- Dekret des Grossen Rates des Kantons Bern über die Beschränkungen der Schifffahrt (Schifffahrtsdekret) vom 18. Dezember 1991 (BSG 767.11); zur Vereinbarkeit der Fahrverbote auf öffentlichen Gewässern mit dem Bundesrecht vgl. BGE 119 Ia 197 ff.

4. Anwendungsfälle

Diverse Arten der *Strassenbenutzung* stellen schlichten Gemeingebrauch dar, so der fahrende Verkehr (Autos, Motorräder, Velos) sowie der Fussgänger- und der Reiterverkehr. 2266

Das Parkieren von Fahrzeugen gehört ebenfalls zum Gemeingebrauch, sofern eine gewisse Dauer nicht überschritten wird. In einem Entscheid betreffend die Stadt Zürich hat sich das Bundesgericht die Auffassung der Lehre zu eigen gemacht, dass auch das kurzfristige Parkieren von Fahrzeugen auf verkehrsüberlasteten Strassen mit einem hohen Anteil an ruhendem und entsprechendem Suchverkehr, also vor allem in Stadtzentren, gesteigerten Gemeingebrauch darstelle (vgl. JAAG, Gemeingebrauch, S. 153; SCHAFFHAUSER, St. Galler Kommentar zu Art. 82 BV, Rz. 14; MOOR, S. 294) und deshalb gebührenpflichtig erklärt werden könne. Die Grenze zum schlichten Gemeingebrauch liege in diesem Fall je nach den konkreten Umständen bei einer Dauer von 15 bis 30 Minuten. Gleichzeitig hat das Bundesgericht den in früheren Urteilen aufgestellten Grundsatz aufgegeben, wonach in angemessenem Abstand genügend Gratis-Parkplätze vorhanden sein müssten (BGE 122 I 279 ff.; vgl. auch Rz. 2293). 2267

Demgegenüber gelten das Aufstellen eines Informationsstandes, die Durchführung einer Demonstration und das Verlegen von Leitungen nicht als Gemeingebrauch (vgl. dazu Rz. 2320). 2268

2269 Als Gemeingebrauch sind sodann verschiedene *Gewässernutzungsarten* einzustufen, z.B. Waschen, Baden, Vieh tränken und in der Regel die Entnahme bescheidener Mengen von Wasser zwecks Bewässerung.

2270 Auch die Schifffahrt stellt Gemeingebrauch an Gewässern dar. Das Erfordernis einer Bewilligung ergibt sich aus polizeilichen Gründen (Art. 2 f. BSG). Die regelmässige und gewerbsmässige Personenbeförderung mit Schiffen fällt unter das Postregal (Art. 92 BV) und ist deswegen konzessionspflichtig (Art. 7 BSG). Nicht mehr als Gemeingebrauch einzustufen sind dagegen das Stationieren von Booten (vgl. Rz. 2291) oder das Setzen von Bojen.

5. Rechtsstellung des Anstössers

2271 Bis vor einigen Jahren war die Meinung vorherrschend, dass dem Anstösser an öffentlichen Strassen und Gewässern grundsätzlich *keine bessere Rechtsstellung* als den übrigen Benutzern zukomme. Er geniesse lediglich einen *faktischen Vorteil,* sofern das kantonale Recht keine abweichenden Regelungen treffe (illustrativ: BGE 91 I 405, 408). Das Bundesgericht ist von dieser Auffassung schrittweise abgerückt. Zunächst stellte es – ohne Bezugnahme auf die bisherige Rechtsprechung – fest, jede Beschränkung eines bisher erlaubten Gemeingebrauchs komme einem an die Allgemeinheit gerichteten und damit in die Rechtsstellung der Privaten eingreifenden Verbot gleich. Der *Anstösser* könne sich – als besonders Betroffener – dagegen unter Berufung auf das *Willkürverbot* mit *staatsrechtlicher Beschwerde* wehren. Auch die *Wirtschaftsfreiheit* biete Schutz gegen die Aufhebung eines bisher erlaubten Gemeingebrauchs, sofern dieser Voraussetzung für die Ausübung eines Gewerbes bilde (Urteil des Bundesgerichts, ZBl 96 [1995] 508 ff.). In einem weiteren Schritt stellte das Bundesgericht fest, Anstösser könnten sich gegenüber der Aufhebung oder Einschränkung des Gemeingebrauchs an einer öffentlichen Sache auf die *Eigentumsgarantie* berufen. Der Schutzbereich der Eigentumsgarantie erstrecke sich auch auf gewisse faktische Voraussetzungen zur Ausübung der aus dem Eigentum fliessenden Befugnisse (BGE 131 I 12, 16; 126 I 213, 215 f.). Schliesslich präzisierte es diese Rechtsprechung, indem es festhielt, dass sich die Anstösser nur gegen solche Änderungen des Gemeingebrauchs zur Wehr setzen können, die ihnen eine bestimmungsgemässe Nutzung ihres Grundeigentums *faktisch verunmöglichen* (BGE 131 I 12, 15 ff.). Bei der Abgrenzung des Schutzbereichs der Eigentumsgarantie ist somit nicht mehr darauf abzustellen, ob ein rechtliches oder ein bloss faktisches Interesse betroffen ist (vgl. dazu Rz. 2337 ff.).

Beispiele:

2272 – Die Strasse von Celerina nach St. Moritz sollte zur Verkehrsberuhigung neu während etwa vier Monaten im Jahr gesperrt werden. Die Inhaberinnen zweier Hotels und einer Garage sowie der Eigentümer zweier Liegenschaften, welchen diese Strasse als Zufahrt dient, setzten sich dagegen zur Wehr. Das Bundesgericht trat auf die Beschwerde ein (zur Begründung siehe Rz. 2271). Es wies sie jedoch ab, weil die öffentlichen Interessen an einem Fahrverbot gegenüber denjenigen der Anstösser an einer unbeschränkten Benutzung höher einzustufen seien (Urteil des Bundesgerichts, ZBl 96 [1995] 508 ff.).

2273 – Durch das Anbringen einer Zutrittsverbotslinie wurde die bisherige Zufahrt von einem Grundstück auf die Kantonsstrasse verunmöglicht. Das Bundesgericht stellte fest, dass dadurch die

Eigentumsgarantie berührt werde, die auch dem Schutz gewisser faktischer Interessen diene (BGE 126 I 213 ff.; vgl. die ausführliche Darstellung des Sachverhalts in Rz. 2340). In BGE 131 I 12, 15 ff. präzisierte das Bundesgericht, dass sich Strassenanstösser nur auf die Eigentumsgarantie berufen können, wenn eine Änderung des Verkehrsregimes ihnen die bestimmungsgemässe Nutzung ihres Grundeigentums faktisch verunmöglicht (vgl. Rz. 2271, 2338).

II. Gesteigerter Gemeingebrauch

1. Begriff

Gesteigerter Gemeingebrauch ist diejenige Benutzung einer öffentlichen Sache im Gemeingebrauch, die nicht mehr bestimmungsgemäss oder gemeinverträglich ist und andere Benutzer wesentlich einschränkt, aber nicht ausschliesst (vgl. BGE 135 I 302, 307 f.). Sie ist normalerweise bewilligungspflichtig und kann mit der Erhebung einer Gebühr verbunden werden. 2274

2. Voraussetzungen und Elemente

Gesteigerter Gemeingebrauch liegt vor, wenn der Gebrauch der öffentlichen Sache *entweder* nicht bestimmungsgemäss *oder* nicht gemeinverträglich ist. 2275

a) Überschreiten des bestimmungsgemässen Gebrauchs

Der bestimmungsgemässe Gebrauch beurteilt sich nach der natürlichen Beschaffenheit der öffentlichen Sache, nach der Widmung oder nach der seit unvordenklicher Zeit praktizierten Nutzung (vgl. Rz. 2228 ff.). Bei gesteigertem Gemeingebrauch wird die öffentliche Sache anders genutzt, als es sich aus der natürlichen Beschaffenheit ergibt oder es die Widmung vorsieht. Die Nutzung ist in der Regel intensiver als beim schlichten Gemeingebrauch. 2276

Beispiele: 2277

- Entnahme von Kies und Sand aus öffentlichen Gewässern (nach bündnerischem Recht stellt die gewerbsmässige Sand- und Kiesgewinnung aus öffentlichen Gewässern sogar Sondernutzung dar [BGE 109 Ib 26, 33; vgl. auch BGE 109 II 76, 79]);
- Entnahme von Wasser zu Bewässerungs- oder Kühlzwecken in grösseren Mengen (diese Nutzung kann je nach kantonaler Regelung auch Sondernutzung sein; vgl. auch JAAG, Gemeingebrauch, S. 156);
- Durchführung von Rennveranstaltungen auf öffentlichen Strassen;
- Theater- und Zirkusvorführungen auf öffentlichen Plätzen (BGE 121 I 279 ff.; 119 Ia 445 ff.);
- Aufstellen von Marktständen an Wochenmärkten auf öffentlichem Grund (BGer, Urteil 2C_61/2012 vom 2. Juni 2012 E. 2.1; Urteil 2C_660/2011 vom 9. Februar 2012 E. 2.1 = ZBl 114 [2013] 215, 215)

b) Fehlen der Gemeinverträglichkeit

Die Gemeinverträglichkeit fehlt, wenn eine *erhebliche* Beeinträchtigung der Nutzung durch andere zum Gemeingebrauch berechtigte Personen eintritt. Ob das zutrifft, hängt 2278 von den konkreten örtlichen und zeitlichen Gegebenheiten sowie der Art und dem Ausmass der üblichen Benutzung ab (vgl. BGE 135 I 302, 307; WIEDERKEHR/RICHLI, Bd. II, Rz. 166, 267; Rz. 2257). Die Grenze der Gemeinverträglichkeit ist allerdings erst überschritten, wenn sich die gleichzeitige und gleichartige Mitbenutzung durch andere auch im Rahmen einer allgemeinen Benutzungsordnung nicht mehr gewährleisten lässt, sodass eine Anordnung darüber, wer die Sache benutzen darf, getroffen werden muss (IMBODEN/RHINOW, Bd. II, S. 827).

2279 Beispiele:

- Strassenprozessionen;
- Demonstrationen auf öffentlichem Grund (BGE 132 I 256, 259; 127 I 164, 168 f.; vgl. auch BGer, Urteil 6B_793/2008 vom 24. März 2009 E. 3.3 betreffend Sperrung der Rheinbrücke bei Kaiserstuhl durch Gegner der Südanflüge [Rz. 2306]; Gutachten des Bundesamtes für Justiz, VPB 58 [1994] Nr. 52 betreffend Demonstrationen auf dem Rütli);
- Aufstellen von Verkaufswagen auf dem Gebiet öffentlicher Strassen (BGE 77 I 279, 288 ff.); Aufstellen von bekleideten Schaufensterpuppen auf öffentlichem Grund vor einem Modegeschäft (Verwaltungsgericht des Kantons Zürich, Urteil VB.2006.00284 vom 23. Oktober 2006);
- Taxistandplätze auf öffentlichen Strassen (BGE 121 I 129 ff.; 108 Ia 135 ff.; BGer, Urteil 2C_804/2010 vom 17. Mai 2011 E. 4.1. Das Verwaltungsgericht des Kantons Zürich bezeichnete im Urteil VB.2005.00596 vom 23. März 2006 E. 2 eine Taxibewilligung, mit welcher dem Inhaber ein öffentlicher Standplatz zugewiesen wird, als Sondernutzungsrecht bzw. Konzession);
- Wakeboarden (und andere vergleichbare Wassersportarten) mit einem schweren Motorboot (BGer, Urteil 2P.191/2004 vom 10. August 2005 E. 2.4.1 und 2.4.2 = ZBl 107 [2006] 254, 259 f.).

2280 Nach der Praxis des Bundesgerichts ist es zulässig, den *Verkauf* von Zeitungen auf öffentlichem Grund von einer Bewilligung abhängig zu machen, während für die *unentgeltliche* Verteilung von Presseerzeugnissen durch *eine einzelne Person* keine Bewilligung verlangt werden darf (Urteil des Bundesgerichts, ZBl 81 [1980] 35 ff.; BGE 96 I 586, 588 ff.; vgl. auch BGE 135 I 302, 308). Diese Unterscheidung ist fragwürdig, weil die Gemeinverträglichkeit des Gebrauchs der öffentlichen Sache nicht davon abhängt, ob die betreffende Tätigkeit entgeltlich oder unentgeltlich ausgeübt wird (vgl. auch JAAG, Gemeingebrauch, S. 153, und Urteil des Bundesgerichts, ZBl 81 [1980] 35, 39 f., wo das Bundesgericht Zweifel an der Verfassungsmässigkeit der Bewilligungspflicht für den Verkauf politischer Zeitungen auf öffentlichem Grund äussert). Massgeblich ist vielmehr die *Intensität der Nutzung* des öffentlichen Grundes (BGE 138 I 274, 282 ff.).

Beispiele:

2281 – Mitglieder der Scientology Kirche Zürich verteilten verschiedene Drucksachen an Passanten auf Strassen und Plätzen in der Stadt Zürich. Die Stadtbehörden und das Zürcher Verwaltungsgericht qualifizierten diese Tätigkeit als gesteigerten Gemeingebrauch. Das Bundesgericht bezeichnete diese Auffassung für die Stadt Zürich als vertretbar, «zumal die Aktionen der Beschwerdegegnerin über das blosse Verteilen von Druckschriften hinausgehen und die Mitarbeiter darauf angewiesen sind, bereits auf dem öffentlichen Grund Gespräche mit Passanten zu führen, um deren Interesse für die angebotenen Leistungen zu wecken. Entsprechend können etwa Ausweichbewegungen von Passanten, Menschenansammlungen, Diskussionen oder gar Auseinandersetzungen in stark frequentierten Lagen zu Störungen des Verkehrsflusses führen» (BGE 126 I 133, 139; vgl. auch Rz. 2290).

2282 – Die Rekurskommission UVEK betrachtete das Verteilen von Gratiszeitungen auf Bahnhöfen durch sogenannte Kolporteure als gesteigerten Gemeingebrauch (Entscheid der Rekurskommission UVEK, ZBl 102 [2001] 325, 330).

c) Beeinträchtigung von anderen Benutzungsberechtigten

Gesteigerter Gemeingebrauch liegt auch vor, wenn eine Nutzung der öffentlichen Sache 2283
gestört wird, welche das Gemeinwesen bestimmten anderen Personen – insbesondere als gesteigerten Gemeingebrauch oder Sondernutzung – ausdrücklich gestattet hat (vgl. BGE 88 I 18, 24).

Beispiel: 2284

Die Veranstaltung von Übungs- und Wettfahrten mit Pontons und Weidlingen auf der Limmat stellt eine Beeinträchtigung der Fischereiberechtigten dar und bedeutet deshalb gesteigerten Gemeingebrauch eines öffentlichen Gewässers (BGE 88 I 18 ff.).

d) Bewilligungspflicht

Die Notwendigkeit einer Bewilligungspflicht ergibt sich aus dem Erfordernis, zwischen 2285
den verschiedenen Nutzungsarten Prioritäten zu setzen und diese zu koordinieren (BGE 135 I 302, 307; 127 I 164, 169; BGer, Urteil 2C_61/2012 vom 2. Juni 2012 E. 2.1; Urteil 2C_660/2011 vom 9. Februar 2012 E. 2.1 = ZBl 114 [2013] 215, 215 f.; vgl. anschaulich BGE 88 I 18 ff. betreffend Koordination der Benutzung einer bestimmten Strecke der Limmat durch Fischer und Wasserfahrer mittels zeitlicher Beschränkungen des Befahrens zu sportlichen Zwecken). Es handelt sich also um eine präventive Kontrolle. Sie soll es den Verwaltungsbehörden ermöglichen, den schlichten und den gesteigerten Gebrauch einer öffentlichen Sache so zu regeln, dass keine schwerwiegenden Konflikte entstehen.

Die Einführung einer Bewilligungspflicht für gesteigerten Gemeingebrauch war nach 2286
der bundesgerichtlichen Rechtsprechung zur Bundesverfassung von 1874 auch *ohne gesetzliche Grundlage* zulässig, da der Exekutive aufgrund ihrer Verfügungsgewalt über die öffentlichen Sachen eine entsprechende Befugnis zustehe. Die in älteren Entscheiden (BGE 109 Ia 208, 211; 105 Ia 91, 93; 100 Ia 392, 398) verwendete Formulierung, wonach überhaupt keine gesetzliche Basis notwendig sei, wurde in der Lehre als zu absolut kritisiert, denn das Legalitätsprinzip gilt für alle Bereiche des Verwaltungsrechts (Art. 5 Abs. 1 BV; vgl. Rz. 378 ff.). Die Privaten müssen aus Gründen der Rechtssicherheit voraussehen können, ob die von ihnen in Aussicht genommene Nutzung der öffentlichen Sache bewilligungspflichtig ist oder nicht. Auch der Grundsatz der Rechtsgleichheit verlangt eine generell-abstrakte Regelung. Das Bundesgericht sprach deshalb bereits unter der Herrschaft der Bundesverfassung von 1874 von der «Wünschbarkeit» einer rechtssatzmässigen Grundlage (BGE 121 I 279, 283; 119 Ia 445, 448 f.). In neueren Entscheiden betonte es jedoch wiederum das Recht der Gemeinwesen, gestützt auf ihre Hoheit über die öffentlichen Sachen deren Benutzung durch Private frei zu regeln (so in BGE 138 I 274, 286; 132 I 97, 100; anders BGE 135 I 302, 308, sowie BGer, Urteil 2P.191/2004 vom 10. August 2005 E. 5.1 = ZBl 107 [2006] 254, 267, wo die Frage der gesetzlichen Grundlage ausdrücklich offen gelassen wurde). Nach der hier vertretenen Auffassung *muss* die Bewilligungspflicht in einer generell-abstrakten Norm umschrieben werden (*Erfordernis des Rechtssatzes;* vgl. Rz. 381 ff.; so nun auch BGer, Urteil 1C_9/2012 vom 7. Mai 2012 E. 2.2 und 2.3 = ZBl 114 [2013] 508, 509 f.; a.M. TANQUEREL, No. 213 ff.). In der Regel genügt eine relativ unbestimmte Gesetzesnorm,

weil die Zweckbestimmung der öffentlichen Sache die Nutzungsordnung bereits weitgehend determiniert. Auch können an das *Erfordernis der Gesetzesform* aufgrund der Herrschaft des Gemeinwesens über die öffentlichen Sachen *geringere Anforderungen* gestellt werden. Sofern es um eine Bewilligung zur *Ausübung von Freiheitsrechten* auf öffentlichem Grund geht, sind diese Erleichterungen restriktiv zu handhaben. Das Fehlen einer genügenden gesetzlichen Grundlage kann allerdings nicht dazu führen, dass jede Nutzung der öffentlichen Sache ohne Rücksicht auf andere Nutzungen zugelassen werden muss.

e) Rechtsnatur der Bewilligung

2287 Die Bewilligung zum gesteigerten Gemeingebrauch einer öffentlichen Sache ist als *Bewilligung sui generis* (BGer, Urteil 2C_61/2012 vom 2. Juni 2012 E. 2.1; Urteil 2C_660/2011 vom 9. Februar 2012 E. 2.1 = ZBl 114 [2013] 215, 215 f.) von der Polizeierlaubnis (vgl. Rz. 2650 ff.) und von der Konzession (vgl. Rz. 2313 ff., 2718 ff.) zu unterscheiden. Sie dient nicht oder nur mittelbar dem Schutz der Polizeigüter, sondern der Koordination und Prioritätensetzung zwischen verschiedenen Nutzungen der öffentlichen Sachen. Da gesteigerter Gemeingebrauch an öffentlichen Sachen naturgemäss nur einem begrenzten Benutzerkreis und nur in beschränktem Ausmass möglich ist, muss die Behörde beim Entscheid darüber, ob, wem und in welchem Umfang eine bestimmte Nutzung zu bewilligen sei, ähnlich wie bei der Konzessionserteilung (vgl. Rz. 2318, 2725 ff.) über einen gewissen Ermessensspielraum verfügen. Private haben jedoch einen «bedingten Anspruch» auf Erteilung der Bewilligung, wenn der gesteigerte Gemeingebrauch mit der Ausübung von Freiheitsrechten verbunden ist (vgl. Rz. 2294 ff.). Das Gemeinwesen überträgt also – anders als bei Konzessionen – kein ihm selbst zustehendes Recht auf den Gesuchsteller, sondern gestattet diesem die Inanspruchnahme der öffentlichen Sache für eine grundsätzlich erlaubte Tätigkeit (vgl. dazu GRISEL, S. 555). Die Gebrauchsbewilligung verschafft dem Inhaber deshalb in der Regel auch *keine wohlerworbenen Rechte* (vgl. zu diesem Begriff Rz. 1237).

2288 Das Bundesgericht beurteilte es als zulässig, dass die Gemeinde La Chaux-de-Fonds den Verein «Braderie et Fête de la Montre» vorübergehend ermächtigte, Privaten im Rahmen der Organisation eines Volksfestes die Einrichtung von Standplätzen auf öffentlichem Grund gegen Entgelt zu bewilligen. Der Verein sei jedoch bei dieser Regelung Dritten gegenüber zur Beachtung der Grundrechte, insbesondere des Gebots der Gleichbehandlung der Gewerbegenossen, verpflichtet (BGer, Urteil 2P.96/2000 vom 8. Juni 2001 = ZBl 102 [2001] 656 ff.; vgl. auch BGE 127 I 84, 90, wo das Bundesgericht festhielt, das Gemeinwesen müsse durch entsprechende Gestaltung der Konzession und durch vorbehaltene Interventionsmöglichkeiten dafür sorgen, dass der private Konzessionär bei der Benutzung öffentlicher Sachen den Grundsatz der Gleichbehandlung sowie das Willkürverbot im gebotenen Masse beachte).

f) Entgeltlichkeit

Für die Bewilligung des gesteigerten Gemeingebrauchs einer öffentlichen Sache kann das Gemeinwesen ein Entgelt in der Form einer *Benutzungsgebühr* erheben (vgl. zu den Voraussetzungen Rz. 2769, 2777 ff., 2795 ff.). Im Bereich der kommerziellen Nutzung des öffentlichen Grundes kann der Staat marktkonforme Gebühren erheben, muss sich aber wettbewerbsneutral verhalten. Soweit gesteigerter Gemeingebrauch zu ideellen Zwecken (z.B. Ausübung der Versammlungsfreiheit oder der politischen Rechte auf öffentlichem Grund) beansprucht wird, ist Zurückhaltung bei der Überwälzung der Kosten geboten, etwa für Polizeischutz oder Aufräumarbeiten (vgl. MÜLLER/SCHEFER, S. 435 f.; FELIX UHLMANN, Kriterien der Bemessung von Kausalabgaben in der Praxis, in: Isabelle Häner/Bernhard Waldmann [Hrsg.], Kausalabgaben, Bern 2015, S. 96). Zulässig ist sodann die Erhebung einer bescheidenen Kanzleigebühr für die Erteilung der Bewilligung (JAAG, Gemeingebrauch, S. 161). 2289

3. Anwendungsfälle

- Gesteigerter Gemeingebrauch einer Strasse liegt vor beim vorübergehenden Aufstellen eines Informationsstandes, bestehend aus einem Tisch, 3–4 Stühlen und einer Plakatwand (BGE 105 Ia 15, 21), ebenso beim vorübergehenden Aufstellen eines Informationsstandes von 9m^2 Oberfläche (BGer, Urteil 1C_9/2012 vom 7. Mai 2012 E. 2.1 = ZBl 114 [2013] 508, 509). Kein gesteigerter Gemeingebrauch stellt das Sammeln von Unterschriften für eine Volksinitiative durch Einzelpersonen bzw. durch zwei oder höchstens drei Personen ohne Informationsstand in der Fussgängerzone der St. Galler Innenstadt dar. Als massgebend erachtete das Bundesgericht dabei insbesondere, dass die für die Sammelaktion vorgesehenen Örtlichkeiten «eine für Fussgängerzonen in der Altstadt übliche Frequentierung aufweisen und daher kaum mit eigentlichen Durchgangspassagen verglichen werden können, in denen grosse Passantenströme durch Unterschriftensammlungen erheblich gestört werden könnten» (BGE 135 I 302, 309 f.; vgl. auch Rz. 2281). 2290
- Zur Stationierung von Booten auf öffentlichen Gewässern hielt das Bundesgericht in ZBl 87 (1986) 368, 370, fest: «Der Regierungsrat geht davon aus, diese ‹Bewilligung› sei eine Konzession auf Sondernutzung einer im Gemeingebrauch stehenden öffentlichen Sache. Dieser Auffassung kann nach der Praxis des Bundesgerichts insofern gefolgt werden, als es um die Bewilligung einer Benutzung des öffentlichen Gewässers geht, die nicht gemeinverträglich ist, indem sie sich ihrer Natur und Intensität nach nicht mehr im Rahmen des Üblichen hält und deshalb den rechtmässigen Gebrauch der Sache durch andere Benutzer einschränkt. Dabei kann wie im Urteil BGE 105 Ia 91, 93 offen gelassen werden, wie diese Bewilligung einer den Gemeingebrauch überschreitenden intensiven Benutzung des öffentlichen Gewässers bezeichnet wird […]». 2291
- «Das Parkieren während der ganzen Nacht oder während der halb- oder ganztägigen Arbeitszeit ist gemäss bundesgerichtlicher Rechtsprechung kein Verkehr im Sinne des SVG und der Bundesverfassung […], sondern stellt gesteigerten Gemeingebrauch dar […]» (BGE 108 Ia 111, 113). 2292
- «Art. 37 Abs. 2 [a]BV [entspricht dem heutigen Art. 82 Abs. 3 BV] untersagt dem Gemeinwesen nur, für den Verkehr auf Strassen, der sich im Rahmen des Gemeingebrauchs hält, Gebühren zu erheben. Er verbietet jedoch nicht, gewisse Teile der bestehenden Strassenfläche, die bisher dem rollenden Verkehr und dem gebührenfreien Parkieren offen standen, auszuscheiden und als gebührenpflichtige Parkplätze zu kennzeichnen.» Darin liegt eine Änderung des Zwecks, indem bisher dem Verkehr im Sinne von Art. 82 Abs. 3 BV offen stehende Strassenflächen einer besonderen Art der Nutzung, nämlich dem zeitlich beschränkten Parkieren gegen 2293

Gebühr, zugeführt werden (BGE 112 Ia 39, 41; vgl. auch BGE 122 I 279, 284 und Rz. 2263, 2267).

4. Besonderheiten bei der Ausübung von Freiheitsrechten auf öffentlichem Grund

2294 Kann man sich bei der Benutzung des öffentlichen Grundes auf die Freiheitsrechte (z.B. Versammlungs-, Religions-, Presse-, Wirtschaftsfreiheit) berufen? Ausgehend von einem rein negatorischen Grundrechtsverständnis wurde diese Frage früher verneint, weil die Bewilligung des gesteigerten Gemeingebrauchs eine positive Leistung darstelle, auf die kein aus den Freiheitsrechten ableitbarer Anspruch bestehe. Demgegenüber wird heute angenommen, der Staat habe bei seinem Entscheid über die Benutzung von öffentlichen Sachen die Grundrechte zu berücksichtigen, wobei zwischen dem Interesse der Allgemeinheit am bestimmungsgemässen Gebrauch der öffentlichen Sache und dem Interesse der Gesuchsteller an der Grundrechtsausübung abzuwägen und dem besonderen Gehalt der Grundrechte Rechnung zu tragen ist (dazu eingehend MOOR, S. 297 ff.). Die grundrechtliche Zuordnung hat insbesondere Auswirkungen auf die Anforderungen an die Benutzungsordnung (vgl. Rz. 2264 f.) und auf die Entgeltlichkeit (vgl. Rz. 2289), nicht aber auf die Qualifikation der Nutzung (vgl. aber Rz. 2280).

2295 Es besteht somit allenfalls ein «bedingter Anspruch» auf Bewilligung des gesteigerten Gemeingebrauchs, wenn er für die Ausübung von Freiheitsrechten auf öffentlichem Grund erforderlich ist (BGE 138 I 274, 282 f.; 135 I 302, 308; 132 I 256, 259 f.; BGE 138 I 274, 282 f.; 135 I 302, 308; 132 I 256, 259 f.; BGer, Urteil 2C_61/2012 vom 2. Juni 2012 E. 2.1; Urteil 1C_9/2012 vom 7. Mai 2012 E. 2.1 = ZBl 114 [2013] 508, 509; HÄFELIN/HALLER/KELLER, Rz. 471; JAAG, Gemeingebrauch, S. 157 ff.). Bedingt ist der Anspruch, weil er kein Recht darauf begründet, dass der Staat Einrichtungen für die Ausübung von Freiheitsrechten schafft. Es geht also nur um die Benutzung von bereits bestehenden öffentlichen Sachen im Gemeingebrauch. Zudem besteht kein Recht, den öffentlichen Grund an einem beliebigen Ort, zu beliebiger Zeit und in beliebiger Weise zu benutzen (BGE 138 I 274, 282 f. m.w.H.; vgl. auch WIEDERKEHR/RICHLI, Bd. II, Rz. 215).

2296 Zu unterscheiden sind jeweils drei Fragen: (1.) Ist öffentlicher Grund verfügbar *(Frage der Verfügbarkeit)?* Es besteht zwar grundsätzlich kein Anspruch auf Schaffung öffentlichen Grundes für einen bestimmten Zweck, doch darf eine bestimmte Nutzung nicht gänzlich ausgeschlossen werden (z.B. generelles Prostitutionsverbot). (2.) Welche Nutzungsart (z.B. Veranstaltung von Demonstrationen oder von Theateraufführungen, Aufstellen von Verkaufsständen oder von Einrichtungen für den Betrieb von Gastwirtschaften, Durchführung von Sportanlässen) geht im Konfliktfall vor *(Konfliktfrage)?* Die Praxis bevorzugt in der Regel ideelle Werte; auch an den schlichten Gemeingebrauch ist zu denken. (3.) Wenn die Kapazität des öffentlichen Grundes nicht ausreicht, um alle gleichartigen Nutzungen zu ermöglichen: Wem soll die Nutzung erlaubt werden *(Kapazitäts- oder Zuteilungsfrage)?* Das Gemeinwesen hat verschiedene Möglichkeiten der grundrechtskonformen Zuteilung: Es kann die Nutzung zeitlich oder örtlich stückeln oder ein Rotationssystem oder – für wirtschaftliche Nutzungen – eine Versteigerung vorsehen (vgl. dazu FELIX UHLMANN, Basler Kommentar zu Art. 27 BV, Rz. 72 ff.).

Ein bedingter Anspruch ergibt sich nach neuerer Rechtsprechung auch bei der *Nutzung von Verwaltungsvermögen,* sofern dieses den Privaten zugänglich gemacht wurde (vgl. BGE 138 I 274, 282 f. m.w.H.; 127 I 84, 89; 127 I 164, 170; BGer, Urteil 1C_312/2010 vom 8. Dezember 2010 E. 4 und 5 = RDAF 67 [2011] 48, 55 ff.; Urteil des Bundesgerichts, ZBl 93 [1992] 40, 43 f.; BVGE 2011/57 E. 3.2.2; TSCHANNEN/ZIMMERLI/MÜLLER, S. 476 f.; WIEDERKEHR/RICHLI, Bd. II, Rz. 84 ff., 264; vgl. auch Rz. 2287 f., 2294 ff., 2316). In einem offenen Verfahren ist allen Interessierten Gelegenheit zu geben, sich um das Nutzungsrecht zu bewerben. Dort, wo Kantonen und Gemeinden ein Monopol oder eine monopolähnliche Stellung zukommt, ist gemäss Art. 2 Abs. 7 BGBM (Binnenmarktgesetz) eine Ausschreibung durchzuführen (vgl. Rz. 2698). Die Auswahl der Berechtigten muss nach sachlichen Kriterien erfolgen; insbesondere sind das Gebot der Gleichbehandlung der Konkurrenten und das Willkürverbot zu beachten. Dies kann bedingen, dass die Berechtigungen zur Nutzung des Verwaltungsvermögens zeitlich begrenzt werden, damit im Laufe der Zeit eine Abwechslung unter Konkurrenten stattfinden kann (vgl. dazu HEER, S. 48 ff.). 2297

Beispiele:

- Der Stadtrat der Stadt Genf untersagte einem Künstler die Nutzung eines städtischen Theatersaals aufgrund antisemitischer Inhalte seines Programms. Das Bundesgericht sah darin eine Verletzung der Meinungsäusserungsfreiheit und wies die Sache an die Vorinstanz zurück. Als Konsequenz davon kann in grundrechtsrelevanten Fällen auch bezüglich Gegenständen des Verwaltungsvermögens ein bedingter Anspruch auf Nutzung derselben bestehen (BGer, Urteil 1C_312/2010 vom 8. Dezember 2010 E. 4 = RDAF 67 [2011] 48, 55 ff.). 2298
- Der Gemeinderat von Tavannes lehnte ein Gesuch des Organisationskomitees des Festes der jurassischen Jugend ab, ihm den Gemeindesaal zur Verfügung zu stellen. Das Bundesgericht, an welches sich das Organisationskomitee nach Durchlaufen des kantonalen Instanzenzuges wandte, stellte fest, auf Gemeindesäle, die für Versammlungen benutzt werden könnten, sei die Rechtsprechung über die Benutzung des öffentlichen Grundes (vgl. Rz. 2294 ff.) sinngemäss anwendbar. Beim Entscheid über die Bewilligung der Benutzung des Gemeindesaales sei deshalb der Meinungsäusserungs- und der Versammlungsfreiheit Rechnung zu tragen. Dabei seien allerdings die Umstände des Einzelfalles zu beachten, namentlich soweit die kommunalen Räumlichkeiten nicht die Einzigen seien, die sich zur Durchführung einer Versammlung eignen. Das Bundesgericht bezeichnete die Ablehnung des Gesuches um Benutzung des Gemeindesaales als unverhältnismässige Beschränkung dieser Freiheitsrechte und überdies als Verstoss gegen die Rechtsgleichheit (Urteil des Bundesgerichts, ZBl 93 [1992] 40, 43 f.; vgl. auch den Entscheid des Regierungsrates des Kantons Zug betreffend Benutzung des Kirchen- und Begegnungszentrums Steinhausen, ZBl 94 [1993] 320 ff.). 2299
- Die Verkehrsbetriebe der Stadt Luzern (VBL) stellten eine bestimmte Anzahl ihrer Fahrzeuge zur Anbringung von sog. «Ganzbemalungen» zu Werbezwecken zur Verfügung. Anders als bei der Benutzung von öffentlichem Grund ergibt sich hier aus den Freiheitsrechten kein direkter Anspruch auf Zuteilung solcher Werbeflächen, da kein faktisches Monopol besteht. Die Auswahl muss zwar diskriminierungs- und willkürfrei erfolgen. Je eher aber auf andere geeignete Werbemöglichkeiten ausgewichen werden kann, desto mehr Freiheit steht dem öffentlichen Unternehmen bei der Wahl seiner Vertragspartner oder der zu erbringenden Leistungen zu. Es ist ein zulässiges Anliegen, die Fahrzeuge der VBL nicht in besonders auffälliger Weise mit einem Text in Verbindung zu bringen, der von einem Teil des Publikums als Beleidigung empfunden werden könnte (BGE 127 I 84 ff.). 2300
- Mehrere Schüler ersuchten die Schulpflege um die Bewilligung, anlässlich des Schulhausfestes vom «Verein gegen Tierfabriken Schweiz» verfasste Flugblätter zu verteilen. Die Schulpflege 2301

wies das Gesuch ab, erlaubte den Schülern aber, ihre Meinung in Form einer Präsentation am Schulhausfest und am Anschlagbrett kundzutun. Sie verlangte zudem, dass die entsprechenden Texte vorgängig der Schulleitung vorgelegt werden müssen, wobei damit keine inhaltliche Zensur verbunden sei. Das Zürcher Verwaltungsgericht prüfte die Tragweite der Meinungsäusserungsfreiheit im Hinblick auf die Nutzung von Verwaltungsvermögen und das besondere Rechtsverhältnis von Schülerinnen und Schülern und betrachtete das Vorgehen der Schulpflege im konkreten Fall als verhältnismässig (Verwaltungsgericht des Kantons Zürich, Urteil VB.2000.00249 vom 29. August 2000 = ZBl 102 [2001] 136 ff.).

2302 Die Verweigerung einer Bewilligung stellt mit anderen Worten eine Einschränkung von Grundrechten dar, die – wie jeder Grundrechtseingriff – nur zulässig ist, wenn sie auf einer genügenden gesetzlichen Grundlage beruht, im öffentlichen Interesse liegt bzw. dem Schutz von Grundrechten Dritter dient (vgl. BGE 138 I 274, 283; 127 I 164, 170; BGer, Urteil 2C_61/2012 vom 2. Juni 2012 E. 2.1; Urteil 2C_660/2011 vom 9. Februar 2012 E. 2.1 = ZBl 114 [2013] 215, 215 f.) und verhältnismässig ist (Art. 36 BV).

Beispiele:

2303 – Die Verteilung von Werbematerial auf öffentlichem Grund kann einer Bewilligungspflicht unterstellt werden. Beim Entscheid über die Frage, ob die Bewilligung erteilt wird, muss eine Abwägung der Interessen des Gesuchsstellers an der Ausübung der Wirtschaftsfreiheit einerseits und den Interessen am ungestörten Gebrauch der öffentlichen Sache andererseits stattfinden. Ein generelles Verbot der Verteilung von Drucksachen zu Werbezwecken auf dem öffentlichen Grund, wie es in einem Beschluss des Zürcher Stadtrats festgelegt worden war, ist unzulässig (BGE 126 I 133, 139 ff.).

2304 – Bei der Zuteilung von Standplätzen für gewerbliche Veranstaltungen auf öffentlichem Grund haben die Behörden eine Interessenabwägung vorzunehmen: Sie müssen den sich aus der Wirtschaftsfreiheit ergebenden bedingten Benutzungsanspruch unter Beachtung des Gleichbehandlungsgebots der Gewerbegenossen einerseits und die Wahrung eigener Interessen bzw. die mutmasslichen Publikumsbedürfnisse andererseits berücksichtigen. Anzustreben ist ein Zuteilungsschlüssel, der den allfälligen Ungleichheiten der konkurrierenden Betriebe in verhältnismässiger Weise Rechnung trägt. Es widerspricht nicht dem Gebot des fairen Wettbewerbs, wenn die Gemeinde von mehreren Gesuchen um Bewilligung des Betriebs eines Riesenrads am Herbstjahrmarkt jeweils das objektiv beste (d.h. das grösste Riesenrad) auswählt, auch wenn dadurch immer wieder der gleiche Anbieter berücksichtigt wird (BGE 128 I 136 ff.; vgl. dazu auch BGer, Urteil 2C_660/2011 vom 9. Februar 2012 E. 2.1 = ZBl 114 [2013] 215, 215 f.). – Das Kriterium des «mutmasslichen» Publikumsbedürfnisses steht allerdings in einem gewissen Widerspruch zum Grundsatz einer durch den Wettbewerb gesteuerten Privatwirtschaft (Art. 94 Abs. 4 BV).

2305 – Das «Bündnis für ein buntes Brunnen» ersuchte den Gemeinderat um eine Bewilligung zur «Durchführung einer antifaschistischen Platzkundgebung mit multikulturellem Strassenfest am 1. August 2006» in Brunnen. Die Kundgebung sollte jedermann offenstehen. Der Gemeinderat wies das Begehren ab. Diesen Entscheid focht der Gesuchsteller beim Verwaltungsgericht des Kantons Schwyz und schliesslich beim Bundesgericht wegen Verletzung seiner Meinungsäusserungs- und Versammlungsfreiheit an. Das Bundesgericht wies die Beschwerde ab. Es kam zum Schluss, dass die zuständigen Behörden aufgrund einer allgemeinen Lagebeurteilung sowie der Erfahrungen der letzten Jahre damit rechnen mussten, dass in Brunnen am 1. August 2006 wiederum gewaltbereite rechtsextreme Gruppierungen aufmarschieren würden, welche sich durch die Kundgebung des «Bündnisses für ein buntes Brunnen» noch zusätzlich provoziert fühlen könnten. Es sei zwar Aufgabe der Behörden, dafür zu sorgen, dass der Beschwerdeführer von seiner Meinungsäusserungs- und Versammlungsfreiheit Gebrauch machen könne. Der sich aus den Freiheitsrechten ergebende Anspruch auf Schutz der Kundgebung werde jedoch begrenzt durch die verfügbaren Mittel und die Erfolgsaussichten eines möglichen Polizeieinsatzes. Die Behörden waren aufgrund der gesamten Umstände von einem äusserst anspruchsvollen Polizeieinsatz ausgegangen. Das Bundesgericht teilte diese Einschätzung und beurteilte die Verweigerung der Bewilligung für die Kundgebung als einzige und somit verhältnismässige Möglichkeit zur Aufrechterhaltung der öffentlichen Ordnung und Sicherheit (BGE 132 I 256 ff.).

- Aus Protest gegen die seit 1000 Tagen andauernden «illegalen» Südanflüge sperrte eine Gruppe von Demonstranten am 25. Juli 2006 die Rheinbrücke in Kaiserstuhl während einer Stunde für den Verkehr. In der Folge wurden die Demonstranten von den zuständigen Strafbehörden wegen Nötigung zu bedingten Geldstrafen und Bussen verurteilt. Sowohl das Obergericht des Kantons Aargau als auch das Bundesgericht bestätigten die Verurteilungen wegen Nötigung. Im Rahmen der Prüfung der Strafbarkeit führte das Bundesgericht aus, dass «nach der Rechtsprechung die Rechtswidrigkeit im Lichte der verfassungsmässigen Rechte der Beteiligten zu beurteilen» sei. Im vorliegenden Zusammenhang sei dabei insbesondere der sich aus der Meinungsäusserungs- und Versammlungsfreiheit ergebende bedingte Anspruch auf gesteigerten Gemeingebrauch von Bedeutung. Das Gericht gelangte jedoch zur Überzeugung, dass die Beschwerdeführer unter den gegebenen Umständen aus diesen Grundrechten nichts zu ihren Gunsten ableiten konnten, hatten sie doch darauf verzichtet, vorgängig ein Gesuch für ihre Demonstration einzureichen, obwohl ihnen dies ohne Weiteres möglich und zumutbar gewesen wäre (BGer, Urteil 6B_793/2008 vom 24. März 2009 E. 3.3). 2306

In folgenden weiteren Fällen hat das Bundesgericht die Verweigerung der Bewilligung zum gesteigerten Gemeingebrauch des öffentlichen Grundes auf die Vereinbarkeit mit Freiheitsrechten geprüft: 2307

- Strassentheater des Komitees für Indochina auf dem Landsgemeindeplatz Zug: Meinungsäusserungs- und Versammlungsfreiheit (BGE 100 Ia 392 ff.);
- Benutzung des öffentlichen Grundes durch Prostituierte zum Zwecke der Kundensuche im Kanton Genf: Wirtschaftsfreiheit (BGE 101 Ia 473 ff. = Pra 65 [1976] Nr. 93);
- Aufstellen eines Standes in der Schaffhauser Altstadt an fünf Samstagen durch die «Atomkraftwerkgegner Schaffhausen»: Meinungsäusserungsfreiheit (BGE 105 Ia 91 ff.);
- Verbot der Benutzung von Lautsprechern bei politischen Veranstaltungen auf öffentlichem Grund während vier Wochen vor Wahlen und Abstimmungen in der Stadt Basel: Meinungsäusserungs- und Versammlungsfreiheit (BGE 107 Ia 64 ff.);
- Verweigerung der Bewilligung für Volksmarsch und «Pic-nic» der Unité Jurassienne Corgémont: Meinungsäusserungs- und Versammlungsfreiheit (BGE 107 Ia 226 ff.);
- Genfer Gesetz betreffend Verbot von Prozessionen auf öffentlichem Grund: Kultusfreiheit (BGE 108 Ia 41 ff.);
- Taxi-Standplätze in Chur: Wirtschaftsfreiheit (BGE 108 Ia 135 ff.);
- Sammlung von Unterschriften für eine Petition zu Gunsten der Einrichtung von Besucherzimmern für Strafgefangene durch die «Groupe Action Prison Genève» auf einem öffentlichen Platz vor dem Gefängnis Champ-Dollon (Genf): Petitionsfreiheit (BGE 109 Ia 208 ff.);
- Bewilligungspflicht für das Verteilen von Propagandamaterial unmittelbar vor dem Eingang des Sitzungsgebäudes des Grossen Rates des Kantons Thurgau: Presse- und Meinungsäusserungsfreiheit (BGE 110 Ia 47 ff.);
- Zirkusvorführungen auf öffentlichen Plätzen in Basel-Stadt und Schaffhausen: Wirtschaftsfreiheit (BGE 121 I 279 ff.; 119 Ia 445 ff.);
- Generelles Demonstrationsverbot auf dem Platz vor dem Kloster Einsiedeln; angemessener Ersatzstandort für die Durchführung öffentlicher Kundgebungen: Meinungsäusserungs- und Versammlungsfreiheit (BGE 124 I 267 ff.);
- Verteilung von Drucksachen durch Mitglieder der Scientology Kirche in Basel: Glaubens- und Gewissensfreiheit (BGE 125 I 369 ff.);
- Verweigerung der Demonstrationsbewilligung für einen bestimmten Tag während der Dauer des World Economic Forum (WEF) in Davos: Meinungsäusserungs- und Versammlungsfreiheit (BGE 127 I 164 ff.; siehe auch Rz. 2599 ff.);
- Aufstellen von Marktständen an Wochenmärkten auf öffentlichem Grund in den Städten Bern und Luzern: Wirtschaftsfreiheit (BGer, Urteil 2C_61/2012 vom 2. Juni 2012 E. 2.1; Urteil 2C_660/2011 vom 9. Februar 2012 E. 2.1 = ZBl 114 [2013] 215, 215 f.).

III. Sondernutzung

1. Begriff

2308 Sondernutzung ist derjenige Gebrauch einer öffentlichen Sache im Gemeingebrauch, der nicht bestimmungsgemäss ist, bei welchem die Berechtigten eine ausschliessliche Verfügung über einen Teil der Sache erhalten und der die Erteilung einer Konzession voraussetzt.

2309 Die Abgrenzung zwischen gesteigertem Gemeingebrauch und Sondernutzung fällt oft schwer. Die Kantone umschreiben die beiden Arten des Gebrauchs einer öffentlichen Sache nicht einheitlich und verzichten zum Teil überhaupt auf eine Unterscheidung.

2. Voraussetzungen und Elemente

a) Überschreiten des bestimmungsgemässen Gebrauchs

2310 Die Benutzung der öffentlichen Sache ist mit deren Zweckbestimmung *nicht mehr vereinbar*.

b) Ausschluss anderer Benutzungsberechtigter

2311 Kumulativ muss zur Überschreitung des bestimmungsgemässen Gebrauches der *Ausschluss anderer Berechtigter* vom Gebrauch hinzutreten. Im Unterschied zum gesteigerten Gemeingebrauch erfahren andere potenzielle Benutzer nicht nur erhebliche Einschränkungen, sondern sind gänzlich von einer Nutzung ausgeschlossen.

c) Dauernde, feste Verbindung mit der öffentlichen Sache als Indiz

2312 Die dauernde und feste Verbindung bildet ein mögliches *Indiz* für eine Sondernutzung (vgl. BGer, Urteil 2C_900/2011 vom 2. Juni 2012 E. 2.2). Feste Anlagen bringen einen Eingriff in die Körperlichkeit der öffentlichen Sache mit sich. Das zeitliche Kriterium der Dauer erfüllen beispielsweise nicht Baugerüste oder Fahrnisbauten, da diese wieder beseitigt werden können. Eine auf unbestimmte Zeit vorgesehene feste Verbindung deutet auf eine Sondernutzung hin (vgl. dazu JAAG, Gemeingebrauch, S. 156, der die Abgrenzung zwischen gesteigertem Gemeingebrauch und Sondernutzung aufgrund einer Kombination der Kriterien der Intensität und der Dauerhaftigkeit der Benutzung vornehmen will; so auch WIEDERKEHR/RICHLI, Bd. II, Rz. 232).

3. Sondernutzungskonzession

2313 Eine *Sondernutzungskonzession* räumt das Recht auf Sondernutzung einer öffentlichen Sache im Gemeingebrauch ein. Die Sondernutzungskonzession ist immer befristet, sonst würde sich das Gemeinwesen der Hoheit über die öffentlichen Sachen entäussern, was nicht zulässig ist («Grundsatz der Unveräusserlichkeit der öffentlichen Gewalt», vgl. BGE 127 II 69, 74 f.; 125 I 300, 308). Kurze Nutzungen (z.B. Street Parade, Fasnacht) stellen in der Regel keine Sondernutzung dar, auch wenn sie für eine beschränkte Dauer von grosser Intensität sind und andere Nutzungen (über den öffentlichen Grund hinausgehend) oft verunmöglichen.

Die Rechtsnatur der Sondernutzungskonzession (Verfügung oder verwaltungsrechtlicher Vertrag) ist umstritten (Rz. 2720). 2314

Die Pflicht zur Einholung einer Konzession für die Sondernutzung einer öffentlichen Sache bedarf nach der bisherigen Rechtsprechung des Bundesgerichts keiner gesetzlichen Grundlage (vgl. Rz. 2286). Dagegen muss die Erhebung von Gebühren für die Sondernutzung im Gesetz ausdrücklich vorgesehen sein (vgl. Rz. 2799). 2315

Unklar ist, ob sich die Praxis des Bundesgerichts betreffend Ausübung von Freiheitsrechten auf öffentlichem Grund (vgl. Rz. 2294 ff.) nur auf den gesteigerten Gemeingebrauch bezieht oder ob auch bei der Sondernutzung eine Berufung auf die Freiheitsrechte möglich ist und ein «bedingter Anspruch» auf Erteilung der Konzession besteht. Ein Grund dafür, die Vereinbarkeit der Bewilligungsverweigerung mit Freiheitsrechten nur bei gesteigertem Gemeingebrauch, nicht aber bei Sondernutzung zu prüfen, ist nicht ersichtlich; dies umso weniger, als die Abgrenzung von gesteigertem Gemeingebrauch und Sondernutzung oft kaum möglich ist oder sogar unterbleibt (vgl. dazu UHLMANN, Basler Kommentar zu Art. 27 BV, Rz. 78; KARIN SUTTER-SOMM, Das Monopol im schweizerischen Verwaltungs- und Verfassungsrecht, Diss. Basel 1989, S. 156 ff.). Die Frage hat etwas an Bedeutung verloren, seitdem der Bundesgesetzgeber für die Übertragung kantonaler Monopole eine Ausschreibungspflicht vorsieht (Art. 2 Abs. 7 BGBM). Im Ergebnis kommen sich bedingter Grundrechtsanspruch und die Durchführung eines korrekten Ausschreibungsverfahrens recht nahe. 2316

Wenn man mit dem Bundesgericht für den Empfänger einer Bewilligung zum gesteigerten Gemeingebrauch eine *Bindung an Grundrechte,* insbesondere eine Pflicht zur Gleichbehandlung der Gewerbetreibenden, annimmt (vgl. Rz. 2288; Art. 35 Abs. 2 BV), so muss dies auch für die Konzessionäre bei der Sondernutzung gelten. Voraussetzung ist in beiden Fällen, dass der Berechtigte eine Verwaltungsaufgabe ausführt. 2317

Da der Entscheid über die Erteilung der Konzession in der Regel in das Ermessen der zuständigen Behörden gestellt ist, kann er von Verwaltungsgerichten im Allgemeinen nur beschränkt überprüft werden (vgl. dazu Rz. 2731). 2318

Die Erteilung einer Sondernutzungskonzession begründet ein wohlerworbenes Recht, welches unter dem Schutz der Eigentumsgarantie steht (siehe Rz. 2721). 2319

4. Anwendungsfälle

Sondernutzung öffentlicher Sachen liegt vor bei: 2320

- Verlegen von Leitungen in oder über den öffentlichen Grund (BGE 138 II 70, 74 = Pra 101 [2012] Nr. 86; vgl. aber Art. 35 FMG [Fernmeldegesetz] für Leitungen von Anbieterinnen von Fernmeldediensten, wonach Anbieterinnen von Fernmeldediensten einen bundesrechtlichen Anspruch auf Erteilung einer Bewilligung zur Nutzung von Boden im Gemeingebrauch für den Bau und Betrieb von Leitungen haben, sofern der Gemeingebrauch nicht beeinträchtigt wird; vgl. RÜSSLI, S. 350 ff.; BGE 132 III 651, 657 f.; Verwaltungsgericht des Kantons Zürich, Urteil VK.2000.00006 vom 27. Oktober 2000 E. 5.b = ZBl 102 [2001] 368, 376 f.; siehe auch Rz. 2696 ff.);

- Erstellen von Bauten (Kioske, Restaurants; fraglich ist die Qualifikation von Schaukästen und Automaten auf öffentlichem Grund, insb. in Abgrenzung zu Zeitungsboxen, welche das Appellationsgericht des Kantons Basel-Stadt nur als gesteigerten Gemeingebrauch einstufte (Entscheid des Appellationsgerichts des Kantons Basel-Stadt, BJM 26 [1979] 301 ff.);
- feste Zuteilung von Parkplätzen auf Strassengebiet;
- Errichtung von Bootsstegen oder Verankerung von Bojen auf öffentlichen Gewässern (vgl. Rz. 2270);
- Endlagerung radioaktiver Abfälle (BGE 119 Ia 390, 400).

6. Teil Öffentlich-rechtliche Beschränkungen des Eigentums

§ 34 Eigentumsgarantie

Literatur

AEMISEGGER HEINZ, Raumplanung und Entschädigungspflicht, Materielle Enteignung – Vertrauensschutz, Bern 1983; ANTONIAZZA YANNICK, Die Baupflicht, Diss. Zürich 2008; DUBEY JACQUES, Espace – Temps – Propriété, Diss. Genf 2012; FOËX BÉNÉDICT/HOTTELIER MICHEL (Hrsg.), Garantie de la propriété à l'aube du XXIe siècle, Genf 2009; FRICK ROLF J., Faktische Interessen, Chancen und Hoffnungen als Schutzobjekte der Eigentumsgarantie, Diss. Bern, Zürich 1985; GEISSBÜHLER HERMANN, Raumplanungsrecht, Eigentumsordnung und Verfassungsrevision, Diss. Bern 1981; GRIFFEL ALAIN, Rechtsfragen im Zusammenhang mit dem Abbau überzähliger Parkplätze bei bestehenden privaten Parkierungsanlagen, URP 23 (2009) 1 ff.; GRIFFEL ALAIN, Bauen im Spannungsfeld zwischen Eigentumsgarantie und Bauvorschriften, ZBl 103 (2002) 169 ff.; HANGARTNER YVO, Besonderheiten der Eigentumsgarantie, in: Walter Haller/Alfred Kölz/Georg Müller/Daniel Thürer (Hrsg.), Im Dienst an der Gemeinschaft, Festschrift für Dietrich Schindler, Basel/Frankfurt a.M. 1989, S. 711 ff.; HÄNNI PETER, Eigentumsschutz, Sozialbindung und Enteignung bei der Nutzung von Boden und Umwelt, VVDStRL 51 (1992) 252 ff.; HOLZHEY HELMUT/KOHLER GEORG (Hrsg.), Eigentum und seine Gründe, Studia Philosophica, Supplementum 12, Bern/Stuttgart 1983; HOTTELIER MICHEL, La garantie constitutionnelle de la propriété en droit fédéral suisse: fondements, contenu et fonctions, Revue internationale de droit comparé Nr. 1, Paris 1997, 135 ff.; LENDI MARTIN, Planungsrecht und Eigentum, ZSR 95/II (1976) 1 ff.; MACHERET AUGUSTIN, Droit et politique de la propriété foncière en Suisse, in: Recht als Prozess und Gefüge, Festschrift für Hans Huber zum 80. Geburtstag, Bern 1981, S. 403 ff.; MEIER DIETER, Nutzungspflichten des Grundeigentümers, Diss. Bern, Ittigen 1984; MEIER-HAYOZ ARTHUR, Berner Kommentar, Bd. IV, Das Eigentum, 1. Teilband, Systematischer Teil und Allgemeine Bestimmungen, Art. 641–654, 5. Aufl., Bern 1981; MOOR PIERRE, Aménagement du territoire et propriété privée, ZSR 95/II (1976) 365 ff.; MÜLLER GEORG, Baupflicht und Eigentumsordnung, in: Walter Haller/Alfred Kölz/Georg Müller/Daniel Thürer (Hrsg.), Festschrift für Ulrich Häfelin zum 65. Geburtstag, Zürich 1989, S. 167 ff.; MÜLLER GEORG, Kommentar zu Art. 22ter aBV, in: Kommentar aBV, Basel/Zürich/Bern 1987–1996; MÜLLER GEORG, Privateigentum heute, Vom Sinn des Eigentums und seiner verfassungsrechtlichen Gewährleistung, ZSR 100/II (1981) 1 ff.; REY HEINZ, Dynamisiertes Eigentum, ZSR 96/I (1977) 65 ff.; OTTIMOFIORE GIUSEPPA, Le droit de propriété, un droit fondamental entre inclusion et exclusion, Diss. Freiburg 2012; RIVA ENRICO, Wohlerworbene Rechte – Eigentum – Vertrauen, Bern 2007; RIVA ENRICO/MÜLLER-TSCHUMI THOMAS, Eigentumsgarantie, in: Verfassungsrecht der Schweiz, Zürich 2001, § 48; RUCH ALEXANDER, Die erweiterte Besitzstandsgarantie und die wichtigen Anliegen der Raumplanung, in: Benoît Bovay/Minh Son Nguyen (Hrsg.), Mélanges en l'honneur de Pierre Moor, Bern 2005, S. 747 ff.; SPRECHER JÖRG, Beschränkungen des Handels mit Kulturgut und die Eigentumsgarantie, Diss. Zürich 2003; STEINAUER PAUL-HENRI, La propriété privée aujourd'hui, ZSR 100/II (1981) 117 ff.; TANQUEREL THIERRY/BELLANGER FRANÇOIS (Hrsg.), La maîtrise publique du sol: expropriation formelle et matérielle, préemption, contrôle du prix, Genf/Zürich/Basel 2009; VEIT MARC D., Die Ordnungsfunktion der Eigentumsgarantie: Eine ökonomische Analyse der bundesgerichtlichen Rechtsprechung, Diss. St. Gallen, Bern 1999; VON ARX IVO, Grundrechtlicher Eigentumsschutz, Diss. Zürich, Zürich/Basel/Genf 2011; WALDMANN BERNHARD, Eigentum und Eigentumsordnung, Einige Gedanken zum Recht auf Eigentum, in: Alexandra Rumo-Jungo/Pascal Pichonnaz/Bettina Hürlimann-Kaup/Christiana Fountoulakis (Hrsg.), Une empreinte sur le Code civil, Festschrift für Paul-Henri Steinauer, Bern 2013, S. 653 ff.; WALDMANN BERNHARD, Entschädigung aus materieller Enteignung für raumplanerische Nutzungsbeschränkungen zum Schutz vor Naturgefahren, Sicherheit & Recht 2 (2009), 159 ff.; WEBER ROLF H., Eigentum als Rechtsinstitut, ZSR 97/I (1978) 161 ff.; WILLI KONRAD, Die Besitzstandsgarantie für vorschriftswidrige Bauten und Anlagen innerhalb der Bauzonen, eine Darstellung unter besonderer Berücksichtigung des zürcherischen Rechts, Diss. Zürich 2003.

I. Rechtsgrundlage

2321 Die Eigentumsgarantie wurde früher vom kantonalen Verfassungsrecht gewährleistet und aufgrund bundesgerichtlicher Rechtsprechung auch auf Bundesebene als ungeschriebenes Grundrecht anerkannt (Urteil des Bundesgerichts, ZBl 62 [1961] 69 m.H.). 1969 fand sie dann zusammen mit Art. 22^{quater} betreffend die Raumplanung als Art. 22ter Aufnahme in die alte Bundesverfassung. Seit der Totalrevision der Bundesverfassung von 1999 ist die Eigentumsgarantie im inhaltlich unveränderten Art. 26 BV verankert.

II. Eigentumsgarantie als Institutsgarantie

2322 Die Institutsgarantie (auch Kerngehalts- oder Wesensgehaltsgarantie genannt) verbietet es dem Gesetzgeber, das Eigentum als Institut unserer Rechtsordnung in Frage zu stellen. Dieser Schutz des Instituts des Eigentums folgt aus Art. 36 Abs. 4 BV, welcher den Kerngehalt aller Grundrechte als unantastbar erklärt.

2323 *Adressat der Institutsgarantie* ist der *Gesetzgeber,* der nach ständiger bundesgerichtlicher Rechtsprechung keine Normen aufstellen darf, welche das Rechtsinstitut beseitigen, aushöhlen, seiner Substanz berauben oder seinen Wesenskern antasten (vgl. z.B. BGE 96 I 557). Der Gesetzgeber muss die *wesentlichen, sich aus dem Eigentum ergebenden Verfügungs- und Nutzungsrechte wahren.* Die Institutsgarantie schützt somit ein gewisses Minimum an Eigentümerbefugnissen, einen Grundbestand an Eigentumsrechten, vor dem Zugriff des Gesetzgebers (BGE 114 Ib 17, 23; 106 Ia 342, 348 f.; BVGE 2007/23 E. 7.4.1). Diese Minimalgarantie ist zwar schon in vielen Urteilsbegründungen angeführt worden, war aber bisher noch nie für einen Entscheid ausschlaggebend.

2324 Die Institutsgarantie belässt dem Gesetzgeber einen *weiten Spielraum bei der Umschreibung der Eigentumsordnung.* Sie verbietet zwar beispielsweise eine Regelung, die den privaten Grund ganz oder zu einem erheblichen Teil an das Gemeinwesen übertragen würde, oder eine Besteuerung, die konfiskatorisch wirkt (vgl. Rz. 2851 ff.). In der bundesgerichtlichen Rechtsprechung wird aber der Kerngehalt, die unantastbare Substanz des Eigentums, so eng umschrieben, dass z.B. eine Besteuerung, die vorübergehend das gesamte Einkommen und den Vermögensertrag des Steuerpflichtigen beansprucht, noch als zulässig betrachtet wird (BGE 106 Ia 342, 354 f.; BVGE 2007/23 E. 7.4.1). Auch die Abschöpfung von mehr als 60 % des durch eine staatliche Nutzungsplanung entstandenen Mehrwerts von Grundstücken oder die Bewilligungspflicht für die Veräusserung von Wohnungen sind mit der Eigentumsgarantie vereinbar (BGE 127 I 60, 68; 113 Ia 126, 132; 105 Ia 134, 143 ff.).

III. Eigentumsgarantie als Bestandes- und Wertgarantie

1. Allgemeines

In ihrer Hauptbedeutung schützt die Eigentumsgarantie nicht das Eigentum als Institut der Rechtsordnung, sondern den *Bestand der konkreten Eigentumsrechte der Einzelnen.* Sie verbietet allen staatlichen Organen (rechtssetzenden wie rechtsanwendenden), diese Rechte zu beschränken, sofern der Eingriff nicht auf einer genügenden gesetzlichen Grundlage beruht, im öffentlichen Interesse liegt und verhältnismässig ist (Art. 36 Abs. 1–3 BV). Eine Massnahme, welche diese Voraussetzungen nicht erfüllt, verletzt die Eigentumsgarantie als *Bestandesgarantie.* 2325

Erscheint ein staatlicher Eingriff in das Eigentum unter dem Aspekt der Instituts- und der Bestandesgarantie als zulässig, so stellt sich die Frage, ob er die Privaten derart trifft, dass das Gemeinwesen *entschädigungspflichtig* wird. Dies ist nach Art. 26 Abs. 2 BV der Fall bei Enteignungen und bei Eigentumsbeschränkungen, die einer Enteignung gleichkommen, d.h. dort, wo der Staat dem Träger durch Gesetz oder Einzelakt die von der Eigentumsgarantie geschützten Rechte bzw. Interessen entzieht oder sie in einer Weise beschränkt, die sich für den Betroffenen wie ein Entzug auswirkt. Solche Eingriffe nimmt das Gemeinwesen vor, wenn es das betreffende Recht zur Erfüllung seiner Aufgaben benötigt oder wenn eine bestimmte Gebrauchsmöglichkeit des Rechts mit dem Gemeinwohl nicht zu vereinbaren ist. Die Eigentumsgarantie, die den Eingriff zulässt, verwandelt sich in dieser Situation in eine blosse *Garantie des Vermögenswerts (Wertgarantie)*: Der Träger kann zwar über sein Recht gar nicht mehr oder nur noch in sehr beschränktem Umfang verfügen, er wird aber für die dadurch eintretenden Vermögenseinbussen entschädigt; er verliert sein Recht bzw. wichtige, mit diesem verbundene Nutzungsmöglichkeiten ganz oder teilweise, nicht aber die entsprechenden Werte. Die Wertgarantie ist die Besonderheit der Eigentumsgarantie: Während bei anderen Grundrechten ein rechtmässiger Eingriff in den «Bestand» entschädigungsfrei bleibt, erhält der Betroffene bei der Eigentumsgarantie immerhin einen finanziellen Ausgleich. 2326

2. Unterscheidung zwischen den drei Arten von öffentlich-rechtlichen Eingriffen ins Eigentum

Greift der Staat in das Eigentum ein, so kann es sich je nach der Art und Schwere des Eingriffs um eine formelle Enteignung (§ 35), eine materielle Enteignung (§ 36) oder eine entschädigungslose öffentlich-rechtliche Eigentumsbeschränkung (§ 36) handeln. 2327

a) Formelle Enteignung

Eine formelle Enteignung liegt vor, wenn vermögenswerte Rechte durch einen Hoheitsakt ganz oder teilweise *entzogen* und in der Regel auf den Enteigner *übertragen* werden. Ausnahmsweise geht das Recht auch unter, oder es wird zu Gunsten des Enteigners ein neues Recht begründet. Die formelle Enteignung erfolgt gegen volle Entschädigung, mit 2328 deren Bezahlung das Recht ohne Weiteres auf den Enteigner übergeht (vgl. auch Rz. 2359 ff.). Zur formellen Enteignung wird auch der Entzug nachbarrechtlicher Abwehrrechte gezählt, welcher aber verschiedene Besonderheiten aufweist (Rz. 2384 ff.).

b) Materielle Enteignung

2329 Die materielle Enteignung unterscheidet sich von der formellen dadurch, dass die *Trägerschaft der vermögenswerten Rechte unverändert* bleibt; es findet also weder ein Entzug noch eine Übertragung statt. Das Gemeinwesen beschränkt aber die Verfügungs- oder Nutzungsbefugnisse im Interesse der Allgemeinheit, namentlich aus Gründen der Raumplanung oder des Umweltschutzes derart, dass sich dies für den Eigentümer *wie eine Enteignung auswirkt.* Auch im Falle der materiellen Enteignung ist volle Entschädigung auszurichten (Art. 26 Abs. 2 BV), die hier allerdings nicht Voraussetzung des Übergangs des Rechts auf den Enteigner ist, sondern die Folge einer Eigentumsbeschränkung, die einer Enteignung gleichkommt.

c) Entschädigungslose öffentlich-rechtliche Eigentumsbeschränkungen

2330 Bei den entschädigungslos zu duldenden öffentlich-rechtlichen Eigentumsbeschränkungen findet – wie bei der materiellen Enteignung – kein Eigentumsübergang statt; die Nutzungs- oder Verfügungsbefugnisse des Eigentümers werden aber eingeschränkt. Die Beschränkung der aus dem Eigentum fliessenden Rechte ist in diesem Fall allerdings *nicht so intensiv,* dass sie einer Enteignung gleichkommt. Der Eingriff bleibt deshalb entschädigungslos. Dies hat zur Folge, dass die Grenzziehung zwischen materieller Enteignung und entschädigungslosen öffentlich-rechtlichen Eigentumsbeschränkungen für den Betroffenen von eminenter Bedeutung ist. Die Wertgarantie kennt nur volle oder keine Entschädigung.

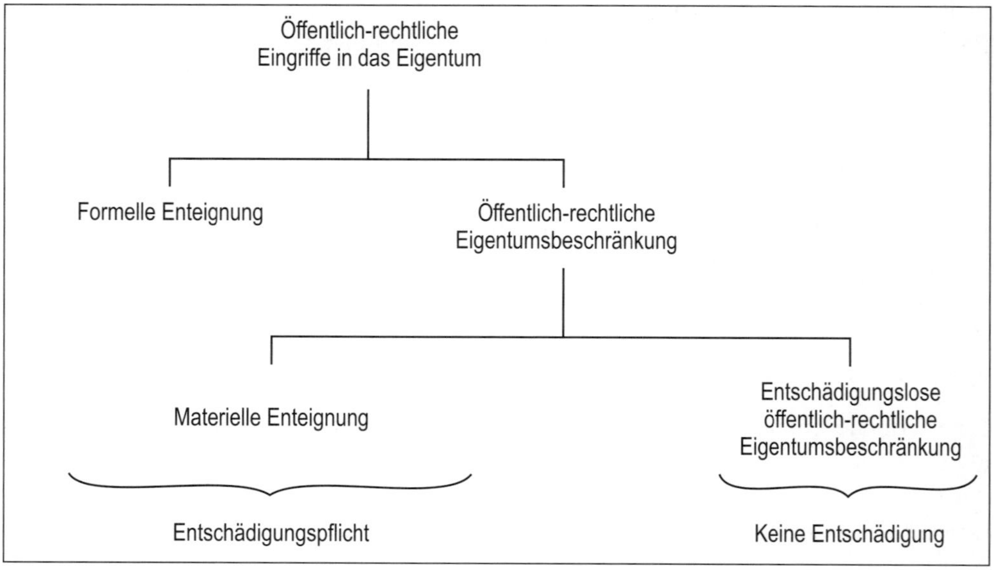

3. Schutzobjekte

Der verfassungsrechtliche Eigentumsbegriff ist weiter als der privatrechtliche und beinhaltet neben den vermögenswerten Privatrechten eine Reihe von «wohlerworbenen» Rechten der Privaten gegenüber dem Gemeinwesen sowie gewisse faktische Interessen. 2331

a) Vermögenswerte Rechte des Privatrechts

Geschützt sind das sachenrechtliche Eigentum und der Besitz an beweglichen und unbeweglichen Sachen (BGE 128 I 327, 337), beschränkte dingliche Rechte (z.B. BGer, Urteil 1C_160/2011 vom 8. November 2011 E. 3.1) und obligatorische Rechte (z.B. BGE 121 I 326, 333) sowie Immaterialgüterrechte (z.B. BGE 140 III 297, 305 f.). Geschützt sind auch Tiere, welche Art. 641a ZGB ausdrücklich nicht als Sachen bezeichnet und deren Beschlagnahme gegenüber dem Halter im Falle einer «engen emotionalen Beziehung» auch den Schutzbereich der persönlichen Freiheit berührt (BGE 134 I 293, 300). 2332

Beispiel: 2333

C. verkaufte an S. einen Ferrari, der sich gegen Vorweisung einer gefälschten Bescheinigung der Post betreffend die Überweisung des Kaufpreises von 82'000.– Franken das Fahrzeug übergeben liess und es am gleichen Tag an G. weiterverkaufte. In der Folge beschlagnahmten die aufgrund einer Anzeige von C. gegen S. ermittelnden Strafuntersuchungsbehörden bei G. den Ferrari und ordneten die Rückgabe an C. an. Das Kantonsgericht Fribourg wies einen Rekurs von G. gegen diesen Entscheid ab. Dieses Urteil wurde vom Bundesgericht aufgehoben mit der Begründung, die Eigentumsgarantie erfasse auch den Besitz. Wenn die Beschlagnahme eines Gegenstandes nicht mehr notwendig sei, müssten die Strafuntersuchungsbehörden ihn dem Besitzer zurückgeben. Von dieser Regel könne nur abgewichen werden, wenn der Besitzer offensichtlich kein Recht an der Sache habe, z.B. wenn es sich offensichtlich um eine gestohlene Sache handle. Wenn dagegen Zweifel über das Eigentum an der beschlagnahmten Sache bestehe, vor allem wenn mehrere Personen das Eigentum beanspruchen würden, verlange der verfassungsmässige Schutz des Besitzes durch Art. 22ter aBV (neu Art. 26 BV), dass die Sache grundsätzlich dem Besitzer zurückgegeben werde (BGE 120 Ia 120 ff.).

Nicht in den Schutzbereich der Eigentumsgarantie fällt nach der Praxis des Bundesgerichts das *Vermögen*. Die Eigentumsgarantie «schützt zwar die einzelnen Eigentumsbefugnisse, nicht aber das Vermögen an und für sich» (BGE 132 I 201, 205; 127 I 60, 68; anders – allerdings ohne nähere Begründung – BGE 124 I 6, 8 betreffend Ersatzforderung des Staates). Dies hat etwa zur Folge, dass gegen die allgemeine Steuererhebung Art. 26 BV nicht angerufen werden kann. Sollte das Bundesgericht seine diesbezügliche Praxis ändern, müsste auch die Einschränkung wegfallen, wonach Eigentumsbeschränkungen nur nichtfiskalischen Zwecken dienen dürfen (vgl. Rz. 2349). 2334

Eine gewisse Unsicherheit besteht darüber, ob auch «illegales» Eigentum geschützt sein kann. Das Bundesgericht schliesst grundsätzlich widerrechtlich geschaffenes und verwendetes Eigentum vom Schutzbereich aus (BGE 140 IV 133, 136 ff.; 111 Ib 213, 225 f.; BGer, Urteil 1P.439/2004 vom 9. Dezember 2004 E. 14.2). Dies erscheint diskutabel: Zumindest dann, wenn unklar ist, ob Gegenstände für eine Straftat bestimmt oder aus einer solchen hervorgegangen sind, sollte es möglich sein, die Eigentumsgarantie anzurufen. 2335

b) Wohlerworbene vermögenswerte Rechte des öffentlichen Rechts

2336 Unter die Eigentumsgarantie fallen auch gewisse öffentlich-rechtliche Vermögensansprüche, die durch Gesetz oder individuelle Zusicherung als unwiderrufbar erklärt worden sind (wohlerworbene Rechte des öffentlichen Rechts [siehe Rz. 1237 ff., 1315]). Dazu gehören einerseits die seit unvordenklicher Zeit bestehenden, oft als *«ehehaft»* bezeichneten dinglichen Rechte (z.B. Nutzungsrechte an öffentlichen Gewässern wie etwa Wasserrechte zum Betrieb von Mühlen, Jagd- und Fischereirechte, Tavernenrechte), die ihren Ursprung in einer nicht mehr bestehenden Rechtsordnung haben (BGE 132 II 485, 513; 131 I 321, 324 f., 327 f.; 127 II 69, 74). Andererseits werden *vertragliche oder vertragsähnliche* Rechte als «wohlerworben» bezeichnet. Zu erwähnen sind etwa Rechte aus Erschliessungsvereinbarungen (vgl. Rz. 1322), aus Monopol- und Sondernutzungskonzessionen (BGE 128 II 112, 125 f.; vgl. Rz. 2721 ff.) oder ausnahmsweise besonders zugesicherte Vermögensansprüche von Personen, die in einem öffentlich-rechtlichen Dienstverhältnis stehen (vgl. BGE 118 Ia 245, 255 ff.); nicht aber normale finanzielle Ansprüche derselben (vgl. BGer, Urteil 1P.58/2004 vom 15. November 2004 E. 3.1 = ZBl 107 [2006] 309, 311; Urteil des Bundesgerichts, ZBl 100 [1999] 40 ff.; vgl. auch Rz. 2060), eventuell auch Ansprüche aus Sozialversicherungen. Eingriffe in wohlerworbene Rechte können auch das Prinzip des Vertrauensschutzes verletzen, sofern nicht die sachenrechtliche Fixierung, sondern die vertrauensbildende Beziehung zwischen Staat und Privaten im Vordergrund steht (BGE 132 II 485, 513; 131 I 321, 327; 118 Ia 245, 255 m.w.H.; vgl. auch BGE 122 I 328, 340; 122 II 113, 123).

c) Faktische Interessen

2337 Nicht geschützt waren nach der früheren, langjährigen Rechtsprechung die bloss *«faktischen Interessen»,* d.h. Vorteile und Chancen, die sich nicht aus rechtlichen, sondern aus tatsächlichen Gründen (z.B. Lage oder Beschaffenheit eines Grundstückes) mit einem Vermögenswert verbinden. Staatliche Eingriffe, die keine Eigentumsbeschränkung bezwecken, sondern den Eigentümer nur «mittelbar» treffen, indem er bisher genossene faktische Vorteile, ungewisse Gewinnchancen oder Hoffnungen auf Wertsteigerungen verliert, fielen deshalb bisher nicht in den Schutzbereich der Eigentumsgarantie. Der praktisch bedeutsamste Fall war in diesem Zusammenhang die Änderung des Gemeingebrauchs einer öffentlichen Sache, die zur Folge hat, dass der Eigentümer eines Grundstückes den bisherigen Zugang zur öffentlichen Strasse oder zu einem öffentlichen Gewässer verliert. Selbst wenn es sich dabei um Gewerbebetriebe wie Tankstellen oder Gaststätten handelte, deren Existenz durch die Änderung des Gemeingebrauchs bedroht war, blieb eine Berufung auf die Eigentumsgarantie ausgeschlossen.

2338 In der Lehre ist dieser allgemeine Ausschluss «faktischer Interessen» verschiedentlich kritisiert worden (vgl. GEORG MÜLLER, in: Kommentar aBV, Art. 22ter aBV, Rz. 5 und 6). Es wurde gefordert, dass für die Abgrenzung des Schutzobjektes auf die Wahrscheinlichkeit der Realisierung der Interessen und die Schwere der Beeinträchtigung abzustellen sei (vgl. MARCEL BOLZ, Das Verhältnis von Schutzobjekt und Schranken der Grundrechte, Diss. Zürich 1991, S. 54 ff. m.w.H.). In einem Urteil vom

14. Oktober 1994 (Urteil des Bundesgerichts, ZBl 96 [1995] 508, 510 ff.) hat das Bundesgericht erstmals den Anstössern bzw. Benützern einer öffentlichen Strasse erlaubt, sich unter Berufung auf die Wirtschaftsfreiheit gegen Fahrverbote auf öffentlichen Strassen zu wehren, allerdings ohne sich mit seiner Rechtsprechung und der sie kritisierenden Lehre auseinanderzusetzen. Während es in diesem Entscheid noch offen liess, ob in einem solchen Fall auch die Eigentumsgarantie angerufen werden könne (vgl. dazu Rz. 2271 f.; GEORG MÜLLER, Rechtsstellung von Anstössern an öffentlichen Strassen, recht 14 [1996] 218 ff.), hat es in BGE 126 I 213 ff. ausdrücklich eine Änderung der Praxis eingeleitet: «An der Rechtsprechung, die Anstössern von vornherein das Recht abspricht, sich gegenüber einer Aufhebung oder Einschränkung des Gemeingebrauchs einer öffentlichen Sache auf die Eigentumsgarantie zu berufen, kann [...] nicht festgehalten werden.» Die Eigentumsgarantie kann demnach auch beim Entzug faktischer Vorteile angerufen werden, was einer Erweiterung des Schutzbereichs der Eigentumsgarantie gleichkommt (anders noch das Verwaltungsgericht des Kantons Graubünden, ZBl 101 [2000] 441 ff., 445 und der Bundesrat, VPB 63 [1999] Nr. 97; im Sinne der neuen Rechtsprechung Urteil der Rekurskommission für Infrastruktur und Umwelt, VPB 69 [2005] Nr. 45 E. 11). In einem Entscheid betreffend ein Fahrverbot im Zentrum der Stadt Zürich hat das Bundesgericht diese Praxisänderung bestätigt und präzisiert, dass nur Änderungen des Verkehrsregimes, welches den Strassenanstössern die bestimmungsgemässe Nutzung ihres Grundeigentums faktisch verunmöglicht, in den Schutzbereich der Eigentumsgarantie fallen (BGE 131 I 12, 16). Das bedeutet, dass der Entzug eines faktischen Vorteils im Sinne dieser Rechtsprechung praktisch immer auch eine materielle Enteignung darstellen dürfte (vgl. Rz. 2484 ff.).

Beispiel zur früheren Rechtsprechung (Rz. 2337): 2339

Dr. Florian Niggli war Eigentümer eines Grundstücks, von dem er einen Teil für den Bau der Nationalstrasse N2 abtreten musste. Er verlangte dafür eine Entschädigung von 500'000.– Franken, davon 200'000.– Franken als Ersatz für den Minderwert des Restaurants, das zwar nicht enteignet wurde, aber seit dem Bau der N2 nicht mehr an einer Durchgangsstrasse liegt. Das Bundesgericht stellte fest, der Vorteil, den ein Restaurant durch seine unmittelbare Nachbarschaft zur Strasse erlangt habe, sei rein tatsächlicher Natur; sein Verlust oder seine Beeinträchtigung berechtigten den Eigentümer in der Regel nicht, die Wiederherstellung des ursprünglichen Zustandes oder eine Entschädigung für die Korrektion der Strasse zu fordern (BGE 100 Ib 197, 199 f. = Pra 63 [1974] Nr. 241).

Beispiele zur neuen Rechtsprechung (Rz. 2338):

- Die Eduard Waldburger AG ist Eigentümerin mehrerer Grundstücke in St. Gallen. Auf einer der aneinander grenzenden Parzellen betreibt sie ein Tanklager, welches durch eine Zufahrt von der St. Gallerstrasse über eine angrenzende Parzelle erreicht werden kann. Eine rückwärtige Ausfahrt besteht durch ein dienstbarkeitsrechtlich gesichertes Fahrwegrecht über ein der Gemeinde gehörendes Grundstück. Die Regierung des Kantons St. Gallen genehmigte ein Projekt für einen Radstreifen auf der St. Gallerstrasse. Zur Realisierung des Projekts gehörte auch eine Zutrittsverbotslinie zwischen der St. Gallerstrasse und den Grundstücken der Waldburger AG, welche zur Folge hatte, dass die Zufahrt zum Tanklager nicht mehr über diese Strasse erfolgen konnte. Die Waldburger AG wehrte sich gegen die Zutrittsverbotslinie und gelangte schliesslich an das Bundesgericht. Sie machte geltend, das Zutrittsverbot verletze die Eigentumsgarantie. Das Bundesgericht trat auf die Beschwerde ein mit der Begründung, dass in Abweichung zur früheren Rechtsprechung auch der Entzug faktischer Vorteile den Eigentümer im Ergebnis gleichermassen treffen könne wie eine Einschränkung der rechtlichen Befugnisse. Der Schutzbereich der Eigentumsgarantie erstrecke sich nicht nur auf die unmittelbar aus dem Eigentum 2340 fliessenden Rechte, sondern auch auf gewisse faktische Voraussetzungen für die Ausübung dieser Rechte. Im vorliegenden Fall wurde die Frage der Entschädigungspflicht im Hinblick auf die rückwärtige Erschliessung des Grundstücks offen gelassen (BGE 126 I 213, 216).

2341 – Die faktische Einschränkung des Rechts zur Nutzung einer Zweitwohnung durch eine Lenkungsabgabe, welche die Eigentümerin oder den Eigentümer veranlassen soll, die Wohnung zu vermieten, tangiert die Eigentumsgarantie. Gemäss Bundesgericht «lässt sich nicht verneinen, dass die Einführung der Zweitwohnungssteuer auf unbewirtschaftete Objekte eine ähnliche Wirkung hat wie ein Bewirtschaftungszwang, ist es doch gerade die erklärte Absicht der Gemeinde, durch die Einführung dieser Steuer einen Vermietungsdruck auf die Eigentümer von Zweitwohnungen zu erzeugen, um so die Auslastung zu erhöhen. Insofern ist von einer gewissen faktischen Einschränkung der sich aus dem Eigentumsrecht ergebenden Befugnisse zu sprechen, was gemäss der gefestigten bundesgerichtlichen Rechtsprechung den Schutzbereich der von Art. 26 Abs. 1 BV gewährleisteten Eigentumsgarantie ebenfalls tangieren kann» (BGE 140 I 176, 198).

2342 Es bleibt abzuwarten, ob die – begrenzte – Anerkennung faktischer Interessen Auswirkungen auf die Rechtsprechung des Bundesgerichts haben wird, wonach widerrechtlich geschaffenes und verwendetes Eigentum vom Schutzbereich der Eigentumsgarantie generell ausgeschlossen ist (vgl. dazu auch Rz. 2335; vgl. BGE 111 Ib 213, 225 f. betreffend einer illegal erstellten Baute; vgl. dagegen BGE 130 I 360 ff. bezüglich Hanfpflanzen, wo die Problematik nicht angesprochen wurde).

4. Inhalt des Schutzes durch die Bestandesgarantie

2343 Ein staatlicher Eingriff, der zu einer Beschränkung der durch die Eigentumsgarantie geschützten Rechte führt, ist nur dann mit der Bestandesgarantie vereinbar, wenn er kumulativ die im Folgenden dargestellten drei Voraussetzungen erfüllt.

a) Genügende gesetzliche Grundlage

2344 Der staatliche Eingriff in das durch die Eigentumsgarantie geschützte Recht muss in einem *Rechtssatz,* d.h. in einer generell-abstrakten, genügend bestimmten Norm vorgesehen sein (Erfordernis des Rechtssatzes). *Schwere Eingriffe* sind grundsätzlich in einem *Gesetz* zu regeln (Erfordernis der Gesetzesform; siehe dazu BGE 133 II 220, 225 f.; 130 I 360, 362; BGer, Urteil 1P.327/2004 vom 5. Januar 2005 E. 3.5.2 = ZBl 107 [2006] 316, 319); für weniger schwere Eingriffe genügt eine (kompetenzgemäss erlassene) Verordnung als Rechtsgrundlage. Ein schwerer Eingriff liegt dabei nach der bundesgerichtlichen Rechtsprechung «in der Regel vor, wenn Grundeigentum zwangsweise entzogen wird oder wenn der bisherige oder künftig mögliche bestimmungsgemässe Gebrauch des Grundstücks verunmöglicht oder stark erschwert wird» (BGE 133 II 220, 225 f.; BGer, Urteil 1C_285/2007 vom 22. Mai 2008 E. 3.1 m.H. = ZBl 110 [2009] 326, 327 m.H.).

Beispiele:

2345 – Nach § 233 des Planungs- und Baugesetzes (PBG) des Kantons Zürich darf eine Baute nur auf einem Grundstück erstellt werden, das baureif ist. In § 234 PBG (mittlerweile geändert) wird die Baureife umschrieben. Das Bundesgericht hielt die damals geltende Definition für genügend bestimmt. Der Gesetzgeber könne nicht darauf verzichten, unbestimmte Rechtsbegriffe zu verwenden, welche den zuständigen Behörden einen erheblichen Beurteilungsspielraum einräumen. Insbesondere im Planungs- und Baurecht sei es nicht möglich, den vielgestaltigen Verhältnissen ohne derartige Begriffe gerecht zu werden. Die Unbestimmtheit der Regelung sei mit verfahrensrechtlichen Garantien, insbesondere einer wirksamen Ausgestaltung des Rechtsschutzes, auszugleichen (Urteil des Bundesgerichts, ZBl 86 [1985] 323, 325 f.).

- Ein Quartierplan, der den Verwendungszweck der Gebäude und gewisser Räumlichkeiten festlegt und dessen Verwirklichung den Abbruch bestehender Gebäude und eine Zusammenlegung von Parzellen erfordert, stellt eine schwerwiegende öffentlich-rechtliche Eigentumsbeschränkung dar, die auf einer klaren Grundlage in einem Gesetz beruhen muss. Das waadtländische Bau- und Raumplanungsgesetz und das kantonale Gesetz über die Bodenverbesserungen genügen diesen Anforderungen nicht. Sie sehen zwar Quartierpläne und Baulandumlegungen vor, nicht aber die Möglichkeit, zur Verwirklichung solcher Pläne den Verwendungszweck oder den Abbruch von Bauten und die Zusammenlegung von Grundstücken vorzuschreiben (BGE 106 Ia 364, 368 f. = Pra 70 [1981] Nr. 245). 2346
- Die Vernichtung der von den Strafverfolgungsbehörden beschlagnahmten Hanfpflanzen stellt einen schweren Eingriff in die Eigentumsgarantie dar, welcher einer Grundlage in einem Gesetz bedarf (BGE 130 I 360, 362). 2347

Ausnahmsweise kann an die Stelle einer gesetzlichen Grundlage die *polizeiliche Generalklausel* treten, wenn der Eingriff in die durch die Eigentumsgarantie geschützten Rechte unerlässlich ist, um eine schwere Störung der öffentlichen Sicherheit und Ordnung zu beseitigen oder um eine unmittelbar drohende, direkte und gravierende Gefährdung abzuwenden (vgl. zur Polizeigeneralklausel allgemein Rz. 2580 ff.). 2348

b) Ausreichendes öffentliches Interesse

Gemäss bundesgerichtlicher Auffassung ist grundsätzlich *jedes öffentliche Interesse* geeignet, einen Eingriff in die Eigentumsgarantie zu rechtfertigen, sofern das angestrebte Ziel nicht gegen andere Verfassungsnormen verstösst (BGE 111 Ia 93, 98). Neben polizeilichen und sozialpolitischen Interessen sind vor allem die Anliegen der Raumplanung sowie des Umwelt-, Gewässer-, Natur-, Heimat- und Denkmalschutzes zu berücksichtigen. *Ausgeschlossen* sind einzig *rein fiskalische Interessen*: Der Staat darf grundsätzlich keine vermögenswerten Rechte entziehen, wenn er damit nur die Verbesserung seiner Finanzlage bezweckt. Allerdings schützt die Eigentumsgarantie nicht vor Besteuerung, sofern diese nicht konfiskatorisch wirkt (vgl. Rz. 2851 ff.). 2349

Erforderlich ist stets ein *aktuelles* öffentliches Interesse. Ein solches kann zwar auch in einem zukünftigen Bedürfnis des Gemeinwesens bestehen, doch muss es sich dabei um ein Interesse handeln, das vom Gemeinwesen genau anzugeben ist und dessen Eintritt mit einiger Sicherheit zu erwarten ist (BGE 114 Ia 335, 339 f. m.w.H.). 2350

Bei dieser weiten Umschreibung hat das Erfordernis des öffentlichen Interesses praktisch keine Lenkungs- und Begrenzungswirkung. Es fragt sich deshalb, ob das öffentliche Interesse nicht aus der Verfassung selbst, d.h. aus den mit der Eigentumsgarantie zusammenhängenden Grundrechten und Aufgabennormen, abgeleitet werden müsste. Das hätte zur Folge, dass soziale Bedürfnisse, die sich nicht einer solchen Verfassungsbestimmung zuordnen lassen, einzig durch die verfassungsändernde Gewalt des Bundes oder der Kantone als öffentliche Interessen, die eine Eigentumsbeschränkung rechtfertigen, anerkannt werden könnten (vgl. GEORG MÜLLER, in: Kommentar aBV, Art. 22ter aBV, Rz. 35 m.w.H.). 2351

c) Wahrung des Grundsatzes der Verhältnismässigkeit

2352 Während es beim Erfordernis des öffentlichen Interesses darum geht, dass der Staat nur zur Verfolgung verfassungsrechtlich legitimierter Zwecke die Eigentumsordnung ändert und in bestehende, von der Eigentumsgarantie geschützte Rechte eingreift, soll das Verhältnismässigkeitsprinzip sicherstellen, dass die zur Erreichung des angestrebten Zieles eingesetzten Mittel geeignet und erforderlich sind und dass der Zweck der Massnahme deren Auswirkungen rechtfertigt.

2353 An die *Eignung* (Geeignetheit) stellt das Bundesgericht keine allzu hohen Ansprüche und erachtet es als genügend, wenn die staatlichen Massnahmen als tauglicher Versuch, einen Beitrag zur Realisierung des Gesetzeszweckes zu leisten, qualifiziert werden können (BGE 135 I 233, 245 ff.; 117 Ia 141, 144).

2354 Die *Erforderlichkeit* oder Notwendigkeit eines Eingriffs ist gegeben, wenn keine die Betroffenen weniger belastende, die geschützten Vermögensrechte schonendere Massnahme zum Ziel führen würde (BGE 135 I 233, 253; 132 II 485, 509).

2355 Beispiel:
Die Verweigerung einer Baubewilligung wegen Verunstaltung des Ortsbildes durch die geplante Baute ist unverhältnismässig, wenn die Einfügung in das Ortsbild durch eine Auflage betreffend Dach- oder Fassadengestaltung erreicht werden könnte.

2356 In den meisten Fällen hängt die Verhältnismässigkeit eines staatlichen Eingriffs in die durch die Eigentumsgarantie geschützten Rechte aber davon ab, ob der Zweck der Massnahme so wichtig ist, dass die mit dem Eingriff verbundenen Auswirkungen auf die Betroffenen in Kauf genommen werden müssen. Abzuwägen ist bei dieser Prüfung der *Verhältnismässigkeit von Zweck und Wirkung des Eingriffs* also zwischen dem Interesse an der Realisierung der Zielsetzung und dem Interesse des Trägers des von der Eigentumsgarantie geschützten Rechtes an der Beibehaltung seiner bisherigen Verfügungs- und Nutzungsbefugnisse. Dabei stehen sich nicht einfach «öffentliche» und «private» Interessen gegenüber, da die Erhaltung einer möglichst freiheitlichen Eigentumsordnung als Voraussetzung für die individuelle Lebensgestaltung und ein marktwirtschaftlich orientiertes Wirtschaftssystem ebenfalls ein wichtiges Anliegen der Allgemeinheit ist (vgl. dazu BGE 110 Ia 30, 34). Dementsprechend sind jeweils alle im konkreten Fall bestehenden Interessen nach den gleichen Gesichtspunkten zu bewerten und gegeneinander abzuwägen.

2357 Beispiel:
Der Grosse Rat des Kantons Bern erliess ein Dekret, mit welchem die Schifffahrt auf zwei kleinen, im Privateigentum stehenden Seen zum Schutz der Natur verboten wurde. Die Eigentümerin der beiden Seen focht das Dekret beim Bundesgericht an. Sie bestritt nicht, dass das Schifffahrtsverbot an sich dem Schutz der Natur, d.h. einem öffentlichen Interesse, dienen könne, machte aber geltend, das Verbot sei unverhältnismässig. Das Dekret gestatte das Baden, die Verwendung einer gewissen Zahl von Ruderbooten für das Fischen und das Schlittschuhlaufen. Deshalb sei das im Dekret vorgesehene Schifffahrtsverbot nicht geeignet, die Ziele des Naturschutzes zu erreichen. Diese Argumentation vermochte das Bundesgericht nicht zu überzeugen. Es führte aus, die Zulassung der genannten Nutzungen bedeute keine Preisgabe des angestrebten Naturschutzzweckes. Das Schifffahrtsverbot sei jedenfalls geeignet, eine übermässige Belastung der beiden Seen zu vermeiden, und deshalb nicht unverhältnismässig (BGE 119 Ia 141 ff.).

5. Inhalt des Schutzes durch die Wertgarantie

Steht fest, dass ein staatlicher Eingriff in ein von der Eigentumsgarantie geschütztes Recht oder Interesse die Bestandesgarantie nicht verletzt, weil er auf einer genügenden gesetzlichen Grundlage beruht, im öffentlichen Interesse liegt und den Grundsatz der Verhältnismässigkeit wahrt, so stellt sich die Frage, ob das Gemeinwesen für den Eingriff *entschädigungspflichtig* wird. Art. 26 Abs. 2 BV sieht vor, dass der Staat *volle Entschädigung* schuldet, wenn er das Recht vollständig entzieht oder in einer Weise beschränkt, die einer Enteignung gleichkommt, weil der Eingriff dem Betroffenen so wenig von seinen Rechten belässt, dass er praktisch nicht mehr über sein Eigentum verfügt (vgl. dazu Rz. 2326, 2405 ff., 2471 ff.). 2358

§ 35 Formelle Enteignung

Literatur

BOVEY GRÉGORY, L'expropriation des droits de voisinage: du droit privé au droit public, Diss. Lausanne, Bern 2000; EGGS RAPHAËL, Les autres préjudices de l'expropriation, Diss. Zürich, Zürich/Basel/Genf 2013; ETTLER PETER/LÜTHI CORNELIA, Vereinbarkeit von fluglärmbedingten Nutzungsbeschränkungen mit der Eigentumsgarantie, AJP 12 (2003) 972 ff.; EYMANN URS, Grundzüge des Enteignungsrechts in der Schweiz, URP 17 (2003) 555 ff.; FAHRLÄNDER KARL LUDWIG, Zur Abgeltung von Immissionen aus dem Betrieb öffentlicher Werke, unter Berücksichtigung des Bundesgesetzes über den Umweltschutz, erläutert am Beispiel der Nationalstrassen, Diss. Bern 1985; FAHRLÄNDER KARL LUDWIG/GOSSWEILER ADRIAN, Die Rechtsprechung zur Enteignung von Immissionen aus dem Betrieb öffentlicher Werke, Entstehung, Analyse, Alternativen und Beurteilung, Gutachten vom 4. Juni 2008, VPB 2008.15, S. 221 ff.; FAVRE ANNE-CHRISTINE, L'expropriation formelle, en particulier pour les grandes infrastructures de transport, in: Thierry Tanquerel/François Bellanger (Hrsg.), La maîtrise publique du sol: expropriation formelle et matérielle, préemption, contrôle du prix, Zürich/Basel/Genf 2009, S. 9 ff.; GEBHARDT DANIEL, Abwehrrechte und Entschädigungen bei Baustellen, URP 16 (2002) 387 ff.; GFELLER ROLAND, Immissions- und Überflugsenteignungen am Beispiel des Flughafens Zürich, Diss. Zürich 2006; GOSSWEILER ADRIAN, Entschädigungen für Lärm von öffentlichen Verkehrsanlagen, Diss. Zürich, Zürich/Basel/Genf 2014; HESS HEINZ/WEIBEL HEINRICH, Das Enteignungsrecht des Bundes, Kommentar, 2 Bde., Bern 1986; JAAG TOBIAS, Die Enteignung nachbarrechtlicher Abwehransprüche bei Immissionen aus öffentlichen Werken, recht 10 (1992) 104 ff.; JOMINI ANDRÉ, Expropriation formelle: quelques développements récents dans le cadre du droit fédéral, in: Bénédict Foëx/Michel Hottelier (Hrsg.), La garantie de la propriété à l'aube du XXIème siècle, Genf/Zürich/Basel 2009, S. 1 ff.; KAPPELER RUDOLF, Formelle und materielle Enteignung gemäss den Fluglärmentscheiden des Bundesgerichts, Zürich 2010; KAPPELER RUDOLF, Zur Anwendung der fünf Entschädigungsformeln bei Eingriffen in das Grundeigentum, insbesondere bei Fluglärmimmissionen, AJP 18 (2009) 597 ff.; KAPPELER RUDOLF, Zur Entschädigungslosigkeit bei der Eigentumsinhaltsbestimmung und Nichteinzonung, recht 26 (2008) 202 ff.; KESSLER COENDET FRANZ, Formelle Enteignung, in: Giovanni Biaggini/Isabelle Häner/Urs Saxer/Markus Schott (Hrsg.), Fachhandbuch Verwaltungsrecht, Zürich/Basel/Genf 2015, S. 1065 ff.; MERKER RUDOLF, Der Grundsatz der «vollen Entschädigung» im Enteignungsrecht, Diss. Zürich 1975; PERRITAZ PIERRE, L'expropriation, un moyen inadapté à la lutte contre la thésaurisation des terrains à bâtir, BR 2005 146 ff.; PLÜSS KASPAR, Enteignungsrechtliche Tatbestände und Entschädigungskriterien, Analyse der Rechtsprechung und Kritik in Bezug auf verkehrslärmbedingte Eigentumseingriffe, ZBl 110 (2009) 529 ff.; PLÜSS KASPAR, Öffentliche Interessen im Zusammenhang mit dem Betrieb von Flughäfen, Diss. Zürich 2007; RASTER JOSUA, Enteignung und Eisenbahnbau, Diss. Zürich 2003; RAUSS BEAT, Der Realersatz im schweizerischen Enteignungsrecht, Diss. Basel 1980; RUCH ALEXANDER, Umwelt – Boden – Raum, SBVR Bd. VI, Basel 2009; RÜSSLI MARKUS, Die Heimschlagsrechte des zürcherischen Planungs- und Baugesetzes, Diss. Zürich 1996; SCHILLING MARGRIT, Enteignungsrechtliche Folgen des zivilen Luftverkehrs, ZSR 125/I (2006) 15 ff.; SIEGRIST JEAN-MARC, L'estimation des biens expropriés, in: Thierry Tanquerel/François Bellanger (Hrsg.), La maîtrise publique du sol: expropriation formelle et matérielle, préemption, contrôle du prix, Zürich/Basel/Genf 2009, S. 41 ff.; SCHÖBI FELIX, Zur Unterscheidung von formeller und materieller Enteignung am Beispiel von Immissionsstreitigkeiten, recht 3 (1985) 126 ff.; TANQUEREL THIERRY/BELLANGER FRANÇOIS (Hrsg.), La mâitrise publique du sol: expropriation formelle et matérielle, préemption, contrôle du prix, Genf/Zürich/Basel 2009; WIPFLI OTTO, Bemessung immissionsbedingter Minderwerte von Liegenschaften: Mit besonderer Berücksichtigung des Fluglärms, Diss. Zürich 2007.

I. Begriff und Rechtsgrundlagen

1. Begriff und Rechtsnatur der formellen Enteignung

Eine formelle Enteignung liegt vor, wenn von der Eigentumsgarantie geschützte Rechte im öffentlichen Interesse und gegen Entschädigung durch einen Hoheitsakt ganz oder teilweise entzogen und in der Regel auf den Enteigner übertragen werden. 2359

Wesentlich für den Begriff der formellen Enteignung sind fünf Elemente: 2360

- Der *Entzug* oder die Beschränkung von vermögenswerten Rechten, die unter dem Schutz der Eigentumsgarantie stehen.
- Der *Übergang* dieser Rechte auf den Enteigner, meist das Gemeinwesen oder eine andere öffentlich-rechtliche Organisation, manchmal auch auf einen Privaten (vgl. Rz. 2363 ff.). Ausnahmsweise erfolgt kein Übergang des Rechts, sondern dieses geht unter (z.B. bei der Aufhebung von Wegrechten oder anderen Dienstbarkeiten, die bisher auf dem enteigneten Grundstück zu Gunsten eines anderen Grundstückes bestanden), oder es wird ein neues Recht zu Gunsten des Enteigners begründet (z.B. durch Einräumung eines Wegrechts oder einer anderen Dienstbarkeit zu Gunsten des Enteigners, dessen Grundstück nicht erschlossen ist, oder durch zwangsweise Errichtung einer Dienstbarkeit, mit welcher der Enteignete verpflichtet wird, Immissionen eines öffentlichen Werkes zu dulden [vgl. Rz. 2384]). Dieser Übergang von Rechten auf den Enteigner – bzw. deren Untergang – ist das wesentliche Unterscheidungsmerkmal zwischen formeller und materieller Enteignung.
- Der Entzug der Rechte erfolgt einseitig durch *Hoheitsakt,* in der Regel durch eine Verfügung oder einen Plan, ausnahmsweise durch Gesetz.
- Zweck des Eingriffes ist es, dem Enteigner die *zur Erfüllung von Verwaltungsaufgaben* nötigen Rechte zu verschaffen.
- Für die enteigneten Rechte ist volle *Entschädigung* zu leisten.

Sieht die Kantonsverfassung oder ein Gesetz vor, dass Gemeinden oder andere *öffentlich-rechtliche Körperschaften* Grundstücke für die Errichtung öffentlicher Werke (z.B. Strassen, Eisenbahnen, Spitäler) unentgeltlich abzutreten haben, so liegt keine Enteignung vor (BGer, Urteile 1C_33/2007 und 1C_34/2007 vom 21. April 2008 E. 5 ff. = ZBl 110 [2009] 214, 222 ff.). 2361

2. Enteigner

a) Begriff

Enteigner ist, wer in eigenem Namen eine formelle Enteignung durchführt. Dies kann das Gemeinwesen oder ein von ihm mit der Erfüllung von Verwaltungsaufgaben betrauter Dritter sein. 2362

b) Drei Möglichkeiten

aa) Gemeinwesen enteignet für sich selbst

2363 Das Gemeinwesen führt die Enteignung für sich selbst und im eigenen Namen durch. Dies ist z.B. der Fall, wenn der Bund Land für einen Waffenplatz braucht, der Kanton für eine Strasse oder die Gemeinde für ein Schulhaus.

bb) Gemeinwesen enteignet für Dritte

2364 Dass ein Gemeinwesen für Dritte enteignet, kommt in der Praxis selten vor. Denkbar wären z.B. die Enteignung durch den Kanton für die Erstellung eines Flugplatzes durch Private oder zu Gunsten einer selbstständigen öffentlich-rechtlichen Anstalt, die eine Baute errichten will.

cc) Gemeinwesen überträgt das Enteignungsrecht auf Dritte

2365 Das Gemeinwesen kann das Enteignungsrecht Dritten, d.h. Privaten oder einem anderen Gemeinwesen (z.B. einer öffentlich-rechtlichen Körperschaft), übertragen, die es in eigenem Namen ausüben. Eine solche Übertragung ist nur zulässig, wenn die Dritten das Enteignungsrecht zur Erfüllung einer Verwaltungsaufgabe benötigen.

2366 Im *Bund* muss die Möglichkeit der Übertragung in einem einfachen Bundesbeschluss vorgesehen sein, wenn die Enteignung für Werke erfolgt, die im Interesse der Eidgenossenschaft oder eines grossen Teils derselben liegen. Die Übertragung des Enteignungsrechts für andere im öffentlichen Interesse liegende Zwecke ist nur aufgrund eines Bundesgesetzes zulässig (Art. 3 Abs. 2 EntG). So steht z.B. nach Art. 3 EBG den Eisenbahnunternehmen mit Infrastrukturkonzession und nach Art. 43 Abs. 1 EleG den Unternehmungen, die um eine Plangenehmigung für die Erstellung einer Stark- oder Schwachstromanlage nachsuchen, das Recht der Enteignung zu. Das Enteignungsrecht kann ferner denjenigen gewährt werden, denen das Recht zur Nutzung der Wasserkraft verliehen wurde (Art. 46 WRG), sodann den Bezügern von elektrischer Energie (Art. 43 Abs. 2 EleG; vgl. BGE 124 II 219, 222).

2367 Die *Kantone* kennen ähnliche Regelungen wie der Bund. So kann z.B. nach § 3 des zürcherischen Gesetzes betreffend die Abtretung von Privatrechten vom 30. November 1879 (LS 781) das Enteignungsrecht auf öffentliche oder private Unternehmungen übertragen werden.

3. Anwendbares Recht

a) Bundesrecht

2368 Gemäss Art. 1 EntG gelangt Bundesrecht in zwei Fällen zur Anwendung:
- für Werke, die im Interesse der Eidgenossenschaft oder eines grossen Teils des Landes liegen (nationale und überregionale Interessen; z.B. Waffenplätze);
- für andere im öffentlichen Interesse liegende Zwecke, wenn dies in einem Bundesgesetz vorgesehen ist.

Wird das Enteignungsrecht auf die Kantone übertragen – wie dies z.B. Art. 39 NSG vorsieht –, bleibt für die Enteignung in der Regel das Bundesrecht anwendbar. Zum Teil lässt das Bundesrecht den Kantonen die Wahl, in ihren Ausführungsbestimmungen anstelle des kantonalen Enteignungsrechts das Enteignungsgesetz des Bundes für anwendbar zu erklären (vgl. beispielsweise Art. 68 GSchG). 2369

b) Kantonales Recht

Kantonales Enteignungsrecht ist massgebend für Werke, die regionalen oder lokalen Charakter haben (z.B. Kantons- und Gemeindestrassen, Schulhäuser, Friedhöfe). 2370

c) Wahl zwischen Bundesrecht und kantonalem Recht

Für den seltenen Fall, dass eine Enteignung für ein bestimmtes Werk sowohl nach eidgenössischem als auch nach kantonalem Recht möglich ist, sieht Art. 119 EntG vor, dass der *Enteigner* bestimmen kann, nach welchem Recht die Enteignung durchzuführen ist. Wurde eine Enteignung nach kantonalem Recht bewilligt, so kann nachträglich nicht mehr Bundesrecht angerufen werden (Art. 119 Abs. 2 EntG). 2371

II. Objekte der Enteignung

Grundsätzlich können alle Rechte, die durch die Eigentumsgarantie geschützt werden, Gegenstand einer formellen Enteignung sein. 2372

1. Grundeigentum

Am häufigsten wird Grundeigentum enteignet. Neben Grundstücken im Privateigentum können auch Grundstücke, die einem öffentlichen Zweck dienen, ganz oder teilweise enteignet werden (vgl. Art. 7 Abs. 1 EntG; BGE 134 II 176, 178 f.; 116 Ib 241, 245 f.). 2373

Das Grundeigentum erstreckt sich nach Art. 667 Abs. 1 ZGB «nach oben und unten auf den Luftraum und das Erdreich, soweit für die Ausübung des Eigentums ein Interesse besteht». Das Interesse bestimmt die Ausdehnung des Grundeigentums in vertikaler Richtung; im darüber hinausgehenden bzw. darunter liegenden Raum kennt das ZGB kein privates Grundeigentum. Damit sind beispielsweise Enteignungen für den *Bau eines Tunnels* einige hundert Meter senkrecht unter der Bodenfläche weder nötig noch zulässig (vgl. BGE 119 Ia 390, 397 ff.; ebenso BVGer, Urteil A-365/2008 vom 25. November 2008 E. 4 und 5). Hingegen ist von einer Enteignung auszugehen, sofern es um den Bau eines Tunnels geht, der rund 7–8 m unter dem Boden verläuft (BGE 122 II 246, 250; zurückhaltender BGE 128 II 368, 373). 2374

Ähnliches gilt für den *Luftraum*. Grundeigentum ist betroffen, wenn Grossraumflugzeuge regelmässig in Höhen bis zu 150 m ein Grundstück in einem Wohnquartier überfliegen, nicht hingegen bei Überflughöhen von rund 400 m und mehr sowie bei kleine- 2375 ren Maschinen in der Höhe von etwa 220 bzw. 250 m (BGE 134 II 49, 60). Vorbehalten bleiben in jedem Fall nachbarrechtliche Abwehrrechte (vgl. Rz. 2384 ff.).

2. Eigentum an beweglichen Sachen

2376 Eigentum an beweglichen Sachen wird nur selten Objekt einer formellen Enteignung. Denkbar wäre dies z.B. bei historisch besonders wertvollen Gegenständen, die der Allgemeinheit zugänglich gemacht werden sollen (vgl. zur Frage einer materiellen Enteignung durch Unterschutzstellung einer privaten archäologischen Sammlung BGE 113 Ia 368 ff.). Das Bundesrecht kennt keine allgemeine Enteignung beweglicher Sachen (vgl. Art. 5 EntG).

2377 Beispiel:

Art. 31 Abs. 1 WG stellt eine gesetzliche Grundlage für die Einziehung von Waffen dar, nicht aber für den Einzug des Nettoerlöses, welcher aus der Verwertung der entsprechenden Gegenstände resultiert (BGE 135 I 209, 215 ff.).

3. Beschränkte dingliche Rechte

2378 Neben dem Entzug beschränkter dinglicher Rechte auf dem Wege der Enteignung ist auch eine zwangsweise Auferlegung möglich, z.B. durch die Begründung eines Wegrechts (vgl. BGE 122 II 246 ff.) oder einer Nutzniessung (vgl. BGE 119 Ia 348 ff.) zu Gunsten des Enteigners.

4. Obligatorische Rechte

2379 Möglich ist auch die Enteignung obligatorischer Rechte, z.B. die Enteignung der Nutzungsrechte von *Mietern und Pächtern* eines von der Enteignung betroffenen Grundstückes. Diese haben Anspruch auf Ersatz des Schadens, der durch vorzeitige Vertragsauflösung entsteht (Art. 23 Abs. 2 EntG).

2380 Vorausgesetzt wird jedoch, dass die Enteignung bei Vertragsschluss nicht voraussehbar war. Musste der Mieter oder Pächter schon bei Vertragsabschluss mit einer Beeinträchtigung seiner Rechte durch die Enteignung rechnen, so konnte er diesem Umstand bei der Höhe des zu bezahlenden Miet- oder Pachtzinses Rechnung tragen, das Entstehen eines Schadens also verhindern.

2381 Für die Entschädigung wird zudem nur die Zeitdauer bis zum nächsten ordentlichen Kündigungstermin berücksichtigt. Der Enteigner hat für tatsächliche Nachteile nicht einzustehen, die dem Mieter oder Pächter dadurch entstehen, dass er ein neues, für ihn weniger günstiges Vertragsverhältnis eingehen muss. Er braucht sich nicht entgegenhalten zu lassen, dass der Vertrag möglicherweise nicht gekündigt worden wäre, wenn die Enteignung nicht stattgefunden hätte (vgl. BGE 119 Ib 148 ff.; 113 Ia 353 ff.; 106 Ib 241, 247).

5. Wohlerworbene Rechte des öffentlichen Rechts

Gegenstand einer Enteignung können ferner öffentlich-rechtliche Vermögensansprüche sein, die dem Berechtigten durch Gesetz, Verfügung oder verwaltungsrechtlichen Vertrag zugesichert und unwiderrufbar erklärt worden sind (vgl. Rz. 2336 und 1237 ff.). 2382

Beispiel: 2383

Der Regierungsrat des Kantons Zürich hatte einer Textilverarbeitungsfirma in Horgen eine Sondernutzungskonzession verliehen, die sie dazu berechtigte, für ihren Betrieb das Wasser des Dorfbachs zu verwenden. Nach dem Bau der Nationalstrasse N 3 wurde der Dorfbach infolge häufiger Verschmutzung durch einen neuen Zufluss für die gewerbliche Nutzung unbrauchbar. Das Bundesgericht sah in dem dadurch bewirkten zeitweiligen Entzug der durch die Konzession erteilten Sondernutzung einen Enteignungstatbestand (BGE 96 I 282 ff.; vgl. auch BGE 113 Ia 357 ff. betreffend die Aufhebung eines Familiengrabes durch die Gemeinde. Der Betroffene berief sich auf einen unbefristeten Vertrag aus dem Jahre 1862, welcher als Konzession betrachtet wurde. Das Bundesgericht erachtete die unbestimmte Konzessionsdauer als wohlerworbenes Recht, welches mangels einer gesetzlichen Grundlage keine Beschränkung erfahren darf).

III. Abwehrrechte des Nachbarrechts und Enteignung

1. Zivilrechtlicher oder öffentlich-rechtlicher Immissionsschutz?

Das im ZGB verankerte Nachbarrecht verbietet u.a. dem Grundeigentümer die Überschreitung seiner Eigentumsrechte (Art. 679 ZGB) und die übermässige Einwirkung auf das Eigentum des Nachbarn (Art. 684 ZGB). Diese Regelung gilt nur mit Vorbehalten, wenn die Beeinträchtigungen von einem Grundstück ausgehen, das eine öffentliche Sache im Verwaltungsvermögen oder im Gemeingebrauch darstellt (Rz. 2246 ff.). Die zivilrechtlichen Abwehransprüche aus dem Nachbarrecht dürfen insbesondere nicht dazu führen, dass die Erfüllung öffentlich-rechtlicher Aufgaben verunmöglicht oder erheblich erschwert wird. Der Nachbar ist demnach in der Regel nicht befugt, die Unterlassung übermässiger Immissionen und anderer Belastungen, die von öffentlichen Sachen im Verwaltungsvermögen oder im Gemeingebrauch ausgehen, zu verlangen. Seine Abwehrrechte werden ihm durch eine formelle Enteignung gegen volle Entschädigung entzogen (vgl. BGE 134 III 248, 250 ff.). Art. 5 Abs. 1 EntG sieht denn auch vor, dass Nachbarrechte Gegenstand der Enteignung sein können. In Bezug auf *Lärmimmissionen,* die von einem öffentlichen Werk ausgehen, führte das Bundesgericht aus, die Enteignung des nachbarlichen Abwehranspruchs sei «nichts anderes als die zwangsweise Errichtung einer Dienstbarkeit auf dem Grundstück des Enteigneten zu Gunsten des Werkeigentümers, deren Inhalt in der Pflicht zur Duldung von Immissionen besteht» (BGE 123 II 560, 564; 116 Ib 11, 16 f.; bestätigt in BGE 134 II 49, 66). 2384

In der Lehre wird zu Recht darauf hingewiesen, dass gegenüber dem hoheitlich handelnden Gemeinwesen keine zivilrechtlichen Abwehransprüche geltend gemacht werden können. Deshalb müssten auch keine Nachbarrechte formell enteignet werden; die zwangsweise Errichtung einer Dienstbarkeit auf dem Nachbargrundstück sei eine Fiktion. Immissionen, die von einem Grundstück im Verwaltungsvermögen oder im Ge- 2385 meingebrauch ausgehen, stellten eine Eigentumsbeschränkung dar, die unter gewissen Voraussetzungen eine Entschädigung zur Folge hätte. Es liege also allenfalls eine materielle Enteignung vor. Dafür spreche auch, dass – wie bei einer materiellen Enteignung (vgl. Rz. 2453 f., 2472 ff.) – keine Rechte auf den Enteigner übergehen, die Entschädigung nicht Voraussetzung für die Rechtmässigkeit des Eingriffs, sondern dessen Folge ist, und nicht der Verkehrswert des enteigneten Rechts entschädigt wird, sondern die Differenz zwischen dem Wert des Grundstücks vor und nach dem Auftreten der Immissionen (vgl. dazu FAHRLÄNDER/GOSSWEILER, S. 239 ff.; GFELLER, S. 23 ff.; ALEXANDER RUCH, Die expansive Kraft der materiellen Enteignung, ZBl 101 [2000] 628 f.; siehe auch TSCHANNEN/ZIMMERLI/MÜLLER, S. 627 f., welche die Zuordnung zur formellen Enteignung als dogmatisch «nicht über alle Zweifel» erhaben bezeichnen). Das Bundesgericht hält jedoch an seiner Konstruktion fest; es kann sich dabei auf Art. 5 Abs. 1 EntG berufen.

2. Voraussetzungen der Enteignung von Nachbarrechten nach der Praxis des Bundesgerichts

2386 Die Enteignung von Nachbarrechten setzt voraus, dass die Beeinträchtigungen mit dem bestimmungsgemässen Betrieb des öffentlichen Werks untrennbar verbunden sind und sich nicht oder nur mit einem unverhältnismässigen Aufwand *vermeiden* lassen. Sind diese Voraussetzungen nicht erfüllt, kann der Nachbar gestützt auf Art. 679 ZGB beim Zivilgericht auf Unterlassung der übermässigen Immissionen klagen und für erlittene Nachteile Schadenersatz verlangen (vgl. Rz. 2155 ff.).

2387 Sind die Immissionen unvermeidbar – kommt also öffentliches Recht zur Anwendung – ist die Schwere der Immissionen zu prüfen. Nur übermässige Immissionen stellen eine Enteignung von Nachbarrechten dar.

2388 Übermässige Immissionen eines öffentlichen Werkes liegen vor, wenn sie *unvermeidbar* sind, für den Nachbarn im Zeitpunkt des Erwerbs, der Miete oder Pacht der Liegenschaft oder der Errichtung eines Gebäudes *nicht voraussehbar* waren, ihn *in spezieller Weise treffen* und einen *schweren Schaden* verursachen. Trifft eine dieser Voraussetzungen nicht zu, so kann kein Anspruch auf Entschädigung wegen Entzug von Nachbarrechten geltend gemacht werden (BGE 136 II 263, 266 ff.; 134 III 248, 252; 134 II 152, 153 ff.; 131 II 137, 142 ff.; 130 II 394, 414 ff.; 128 II 231, 233 ff.). Die Nachbarn öffentlicher Werke sind also wie die Träger anderer, von der Eigentumsgarantie geschützter Rechte in gewissem Masse «sozialpflichtig», indem ihnen u.U. Abwehrrechte ohne Entschädigung entzogen werden, weil das Gemeinwesen mit dem Bau und Betrieb eines solchen Werkes eine im öffentlichen Interesse liegende Tätigkeit ausübt (vgl. dazu GEORG MÜLLER, in: Kommentar aBV, Art. 22ter aBV, Rz. 62 ff., mit Hinweisen auf die Kritik an der Rechtsprechung betreffend die – vom Zivilrecht abweichenden – Voraussetzungen der Übermässigkeit von Immissionen). Nach Auffassung des Bundesgerichts lässt sich diese Rechtsprechung mit den erheblichen öffentlichen Interessen am Strassen-, Flug- und Schienenverkehr begründen. Sie darf allerdings nicht unbesehen auf das übrige Verwaltungsvermögen und auch nicht ohne Weiteres auf andere Nutzungen von

Strassen und Plätzen im Gemeingebrauch übertragen werden (BGE 132 III 49, 52 f.; vgl. zur Übertragbarkeit im Bereich von Patentverletzungen durch den Staat BGE 139 III 110, 118 f.).

Beispiele:

- Auf dem zum Waffenplatz Brugg gehörenden Gefechtsschiessplatz Eichwald (Gemeinde Zeihen) werden nach dem Einbau von Lärmschutzvorrichtungen an höchstens 48 Tagen pro Jahr tagsüber scharfe Handgranaten geworfen. Der Eigentümer eines etwa 1,5 km entfernten Gehöftes reichte gestützt auf Art. 684 und 28 ZGB beim Gerichtspräsidium Laufenburg Klage gegen den Bund ein. Er verlangte, das Werfen von scharfen Handgranaten auf dem Gefechtsschiessplatz Eichwald sei sofort einzustellen. Der Bund beantragte, die Klage sei wegen Unzuständigkeit der Zivilgerichte von der Hand zu weisen. Das Bundesgericht lehnte eine Beschwerde gegen das Urteil des aargauischen Obergerichts, welches die Zuständigkeit der Zivilgerichte verneint hatte, ab. Der Bau und Betrieb von Waffen- und Schiessplätzen liege im Interesse des Landes. Dem Bund stehe hierfür das Enteignungsrecht zu. Auf dem Schiessplatz Eichwald seien Lärmschutzvorkehrungen getroffen worden. Der Schiessbetrieb könne nicht weiter beschränkt werden, ohne das Ausbildungsziel in Frage zu stellen. Die bestimmungsgemässe Benutzung des Schiessplatzes sei unvermeidbar mit übermässigen Lärmeinwirkungen verbunden. Die Streitsache habe deshalb nicht privatrechtlichen, sondern öffentlich-rechtlichen Charakter (BGE 107 Ib 387 ff.; vgl. auch BGE 112 Ib 176, 177). 2389
- 70 m südlich des Wohnhauses des Landwirts Ernst Eberle wurde eine Autobahn erstellt. Wegen der von der Autobahn ausgehenden Immissionen beantragte er die nachträgliche Enteignung von Nachbarrechten. Das Bundesgericht lehnte eine Entschädigung für die geltend gemachten Licht- und Abgasimmissionen ab, weil sie nicht besonders schwer seien und von allen Strassenanwohnern in gleicher Weise geduldet werden müssten. Hinsichtlich der Lärmimmissionen bejahte das Bundesgericht eine Entschädigungspflicht bei Wohnbauten, nicht aber bei landwirtschaftlichem Boden und Ökonomiegebäuden. Die Wertminderung wurde auf einen Drittel des Verkehrswerts des Wohnhauses veranschlagt (BGE 104 Ib 79 ff., vgl. auch BGE 119 Ib 348 ff.). 2390
- Geht es um die Entschädigung für das *Überfliegen eines Grundstückes in geringer Höhe,* müssen die Voraussetzungen der Unvorhersehbarkeit, der Spezialität und der Schwere nicht erfüllt sein, um einen Entschädigungsanspruch für den Eigentümer zu begründen. Hier handelt es sich nicht um indirekte Einwirkungen aus dem gesetzmässigen Betrieb einer Anlage, sondern um direkte «Eingriffe» in den Luftraum und damit in das schützenswerte Interesse des Eigentümers (Rz. 2375). Sollen zusätzlich Entschädigungen für die hinzunehmenden Lärmimmissionen aus dem übrigen Flugbetrieb ausgerichtet werden, müssen die drei Voraussetzungen (Unvorhersehbarkeit, Spezialität und Schwere) jedoch gegeben sein. Erforderlich ist, dass diese zusätzliche Belastung die Schätzung des Wertverlustes wesentlich beeinflusst (BGE 129 II 72, 81). Nach konstanter Praxis des Bundesgerichts wird die Voraussetzung der Unvorhersehbarkeit für die Flughäfen Genf und Zürich in der Regel nur bejaht, wenn das betroffene Grundstück vor dem 1. Januar 1961 erworben wurde (BGE 134 II 49, 62 ff.; 131 II 137, 142; 130 II 394, 414; 129 II 72, 74; 128 II 329, 331; 128 II 231, 234). 2391
- Immissionen durch Grossveranstaltungen auf einem Grundstück im Gemeingebrauch: Nach Ansicht des Bundesgerichts ist grundsätzlich das öffentliche Recht, namentlich die Bauordnung und der Zonenplan, heranzuziehen, um die nach Lage und Ortsgebrauch zulässigen Immissionen im Sinne von Art. 684 Abs. 2 ZGB zu eruieren (BGE 132 III 49, 50 ff.). Es sollte somit in der Regel ausgeschlossen sein, dass die bestimmungsgemässe Nutzung der öffentlichen Sache zu übermässigen Immissionen im Sinne von Art. 684 ZGB führt. 2392
- Immissionen aus einem sog. Gassenzimmer, in welchem Drogenabhängigen die Möglichkeit geboten wird, sterile Spritzen unter Aufsicht zu benutzen (BGE 119 II 411 ff.). 2393
- Immissionen von Schiessplätzen (BGE 114 Ib 34 ff.; 107 Ib 387 ff.); Immissionen von Bahnanlagen (BGE 113 Ib 34 ff.); Immissionen von Bauarbeiten auf öffentlichem Grund (BGE 132 II 427 ff.; 117 Ib 15 ff.; 113 Ia 353 ff.); Beeinträchtigung einer privaten Quelle durch einen Bahnbau (BGE 128 II 368 ff.). 2394

IV. Voraussetzungen der formellen Enteignung

1. Gesetzliche Grundlage

2395 Nach Art. 36 Abs. 1 Satz 1 BV bedürfen Enteignungen – wie alle Eingriffe in Grundrechte – einer gesetzlichen Grundlage. Eine ausreichende gesetzliche Regelung muss kumulativ zwei Anforderungen genügen:

- dem *Erfordernis des Rechtssatzes,* d.h., der Eingriff muss in einer generell-abstrakten, genügend bestimmten Norm vorgesehen werden;
- dem *Erfordernis der Gesetzesform,* d.h., die Norm muss vom zuständigen Rechtssetzungsorgan erlassen worden sein. Da es sich bei formellen Enteignungen um schwere Eingriffe handelt, ist der Gesetzgeber in seinen Delegationsmöglichkeiten stark eingeschränkt (Art. 36 Abs. 1 Satz 2 BV). Er hat alle wichtigen Entscheidungen selbst zu treffen und darf der Exekutive nur weniger wichtige, ausführende Anordnungen zur Regelung übertragen.

2396 In der Regel stellen nicht die Enteignungsgesetze des Bundes und der Kantone die gesetzliche Grundlage dar, sondern die für das betreffende Sachgebiet massgebenden Erlasse (z.B. bei Enteignungen für den Strassenbau das Bundesgesetz über die Nationalstrassen oder die kantonalen Strassenbaugesetze). Das Bundesgesetz über die Enteignung kann aber auch selbst die gesetzliche Grundlage für Enteignungen bilden, soweit es um Werke im Interesse der Eidgenossenschaft oder eines grossen Teils des Landes geht (Art. 1 EntG), so etwa für militärische Anlagen (vgl. BGE 112 Ib 280, 290; 109 Ib 130, 135), nicht aber für Verbindungs- und Anschlussgeleise von Eisenbahnen (BGE 120 Ib 496, 499).

2. Öffentliche Interessen

2397 Die Enteignung muss im öffentlichen Interesse liegen (Art. 36 Abs. 2 BV). In Frage kommen grundsätzlich *alle Arten von öffentlichen Interessen*: neben polizeilichen (Bau- und Gesundheitspolizei) vor allem ideelle Interessen (Natur- und Heimatschutz, Denkmalschutz), Interessen der Raumplanung, des Umweltschutzes oder der Landesverteidigung, ferner verkehrs- und energiepolitische (Bau von Strassen, Eisenbahnen, Anlagen zur Erzeugung und Übertragung von Energie), sozialpolitische (Bau von Ausbildungsstätten, Spitälern, Altersheimen) und wirtschaftspolitische Interessen (Förderung des Fremdenverkehrs, Strukturerhaltung in der Landwirtschaft oder in anderen Erwerbszweigen). Einzig *rein fiskalische Interessen* genügen zur Begründung einer formellen Enteignung *nicht.*

Beispiele:

2398 – Zwei Grundeigentümer weigerten sich, die für den Bau einer Bergbahn in der Region St. Moritz nötigen Überführungsrechte einzuräumen. Als diese auf dem Enteignungsweg beschafft werden sollten, bestritten sie das Vorliegen eines öffentlichen Interesses am Bau der Bahn. Das Bundesgericht kam demgegenüber zum Schluss, dass der Bau im öffentlichen Interesse liege, da er geeignet sei, die wirtschaftliche Erschliessung des Gebiets zu fördern, so dass weite Kreise der Bevölkerung daraus einen Nutzen zögen. Das öffentliche Interesse sei selbst dann zu bejahen, wenn das neue Verkehrsmittel auch privaten Interessen diene, weil die Hotel- und Restaurationsbetriebe und das übrige Geschäftsleben davon profitierten (Urteil des Bundesgerichts, ZBl 72 [1971] 377 ff.).

- Es kann gerechtfertigt sein, die Nutzung von missbräuchlich während mehr als drei Monaten leer gelassenen Wohnungen temporär zu enteignen, um die Wohnungsnot zu lindern (BGE 119 Ia 348, 355 f.). 2399

Das öffentliche Interesse sollte sich nicht nur aus der allgemeinen Anschauung oder aus dem Gesetz ableiten lassen, sondern durch die Verfassung legitimiert sein (vgl. Rz. 2349 ff.). 2400

3. Verhältnismässigkeit

Die Enteignung muss *geeignet* sein, das im öffentlichen Interesse liegende Ziel zu erreichen. Zu prüfen ist dabei etwa, ob das zu enteignende Grundstück sich als Standort für das zu verwirklichende öffentliche Werk eignet (BGE 114 Ia 114, 124). Ob das Gemeinwesen andere Standorte, namentlich solche, an denen es selbst Grundeigentum besitzt, ausschliessen darf, ist dagegen eine Frage der Erforderlichkeit (Rz. 2402). 2401

Die Enteignung muss *erforderlich* sein, d.h., es dürfen keine milderen Massnahmen zur Verfügung stehen, die ebenfalls zum Ziel führen würden. Sie darf also nicht mehr Rechte betreffen, als für die Erfüllung der öffentlichen Aufgabe unerlässlich ist. Unter diesem Aspekt erscheinen z.B. als unzulässig die vorsorgliche Enteignung, überdimensionierte Projekte (etwa für unnötig breite Strassen) oder der Entzug von Eigentum, wo die Einräumung einer Dienstbarkeit genügen würde. Nach der Rechtsprechung des Bundesgerichts ist allerdings ein Gemeinwesen, das für die Erstellung eines Schulhauses Land benötigt, grundsätzlich zu dessen Enteignung berechtigt und braucht sich nicht mit der Einräumung einer Baurechtsdienstbarkeit zu begnügen (BGE 99 Ia 473, 475 ff.). Das Bundesgericht erachtete es im Interesse der Sicherung des Grundwasserschutzes als verhältnismässig, dass einer öffentlich-rechtlichen Wasserversorgungskorporation das Recht übertragen wird, das Terrain der Grundwasserfassung zu enteignen; sie muss sich nicht mit dem Schutz begnügen, der durch einen Dienstbarkeitsvertrag und das kantonale Schutzzonenreglement vermittelt wird (Urteil des Bundesgerichts, ZBl 98 [1997] 323, 326 f.). 2402

Das mit der Enteignung verfolgte öffentliche Interesse muss gegenüber dem Interesse des Enteigneten *überwiegen*. 2403

Beispiel: 2404

Die Umzonung einer Wohnbauzone in ein Gebiet mit noch nicht festgelegter Nutzung rechtfertigt sich im Hinblick auf das Interesse am Erhalt von Naherholungsgebieten am Siedlungsrand sowie am Landschaftsschutz. Diese Interessen überwiegen gegenüber privaten Interessen an einer raschen Überbauung (BGer, Urteil 1C_285/2007 vom 22. Mai 2008 E. 5.3.4 = ZBl 110 [2009] 326, 332 f.; vgl. Rz. 2344).

V. Entschädigung

1. Geldleistung oder Realersatz?

2405 Nach Lehre und Rechtsprechung lässt sich aus Art. 26 Abs. 2 BV nur ein Anspruch auf *Geldleistung,* nicht aber auf *Realersatz* ableiten. Das Gemeinwesen wäre vielfach gar nicht in der Lage, den Enteigneten äquivalenten Ersatz anzubieten. Es besteht deshalb grundsätzlich weder eine Pflicht zur Leistung noch eine solche zur Annahme von Realersatz, sofern dies nicht durch Gesetz oder Vertrag vorgeschrieben ist.

2406 Das Enteignungsrecht des Bundes sieht den *Realersatz* von öffentlichen Einrichtungen (Art. 7 Abs. 2 EntG), Kulturland (Art. 8 EntG) und Wasser (Art. 10 EntG) vor. Nach Art. 18 EntG kann unter gewissen Voraussetzungen eine Sachleistung an die Stelle des Geldersatzes treten, insbesondere wenn infolge der Enteignung ein landwirtschaftliches Gewerbe nicht mehr fortgeführt werden kann. Ob aufgrund dieser Bestimmung ein Anspruch auf Realersatz besteht, ist umstritten; jedenfalls müssten wesentliche Interessen der Enteigneten auf dem Spiel stehen, die gegenüber den Interessen der Enteigner an einer anderen Verwendung des als Realersatz in Frage kommenden Landes überwiegen. Das Bundesgericht hat die Frage offen gelassen (BGE 128 II 368, 376 f.; 105 Ib 88 ff.). Bei Enteignung von Nachbarrechten aufgrund von Lärmimmissionen, die von einem öffentlichen Werk ausgehen (vgl. Rz. 2384 ff.), kann eine Sachleistung in Form von Schalldämmungsvorkehren an Wohngebäuden als Bestandteil der Entschädigung auch ohne Einwilligung der Enteigneten aus Gründen der Umweltschutzgesetzgebung geboten sein (BGE 123 II 560, 568 ff.; 122 II 337, 343; 119 Ib 348, 362 ff.). Bei *Landumlegungen* ist grundsätzlich voller Realersatz zu gewähren, d.h., es ist gleichwertiges Land zuzuteilen (BGer, Urteil 1C_360/2011 vom 17. Januar 2012 E. 2.3.1).

2. Höhe der Entschädigung

a) Grundsatz

2407 Gemäss Art. 26 Abs. 2 BV ist bei einer formellen Enteignung *volle Entschädigung* zu leisten. Das bedeutet, dass die Enteigneten nach der Enteignung in der gleichen ökonomischen Situation sein sollen wie vorher, d.h. weder reicher noch ärmer.

2408 Die Entschädigung bemisst sich entweder nach *objektiven* Kriterien, d.h. nach dem Wert, den das enteignete Recht aufgrund der bisherigen Nutzung oder einer möglichen besseren Verwendung für einen beliebigen Käufer aufweist (Verkehrs-, Verkaufswert), oder nach *subjektiven* Gesichtspunkten, d.h. nach dem Interesse, das die Enteigneten daran haben, das konkret zu enteignende Recht zu behalten, bzw. nach dem Schaden, der ihnen entsteht, wenn der gegenwärtige oder der von ihnen geplante Gebrauch des in Frage stehenden Rechts verunmöglicht oder beschränkt wird. Die Enteigneten haben die Wahl zwischen dem Ersatz des Verkehrswertes oder des subjektiven Schadens. Grundsätzlich unzulässig ist eine Vermischung von objektiven und subjektiven Elementen der Schadensbemessung.

Beispiel: 2409
Für den Bau eines Truppenübungsplatzes benötigte der Bund u.a. die in einer Grünzone am Sitter-Ufer gelegene Parzelle einer Stiftung, die darauf seit vielen Jahren einen Betrieb für Nackt-, Luft- und Sonnenbaden geführt hatte. Die Eidg. Schätzungskommission sprach der Stiftung als Entschädigung für die Enteignung des Grundstücks den auf 340'000.– Franken geschätzten Verkehrswert sowie 10'000.– Franken für Umzugskosten zu. Die Stiftung führte gegen diesen Entscheid Beschwerde beim Bundesgericht und verlangte eine höhere Entschädigung, insbesondere Vergütungen für die Ersatzbeschaffung und für die Herrichtung des neuen Geländes sowie eine «Unfreiwilligkeitsentschädigung». Das Bundesgericht stellte fest, die Enteignungsentschädigung bemesse sich in erster Linie nach dem Verkehrswert. Keine Rolle spiele der Betrag, welchen die Stiftung auslegen müsse, um sich Ersatzland zu beschaffen. Ebenso wenig kenne das Bundesrecht einen «Unfreiwilligkeitszuschlag» über den vollen Verkehrswert hinaus. Dagegen könne an Stelle des Verkehrswertes der sog. subjektive Schaden ersetzt werden, wenn das finanzielle Interesse des Eigentümers an der Weiternutzung seines Grundstückes grösser sei als jenes am Verkauf des Bodens. Zu ersetzen sei nur der Verkehrswert *oder* der subjektive Schaden, sofern dieser den Verkehrswert übersteige. Bei der Ermittlung der beiden Werte seien die entsprechenden Annahmen – entweder das Grundstück würde verkauft oder der Eigentümer würde es behalten – sorgfältig auseinander zu halten. So könne der Enteignete, der eine Verkehrswertentschädigung fordere, sich nicht zusätzlich noch den subjektiven Schaden ersetzen lassen, der ihm vom Käufer nie ersetzt worden wäre; ebenso wenig dürfe, wer eine Vergütung für den auf dem enteigneten Grundstück erwirtschafteten Ertrag verlange, darüber hinaus noch eine Verkehrswertentschädigung für Land und Gebäude beanspruchen. Das Bundesgericht stimmte der Beschwerde führenden Stiftung darin zu, dass die Schätzungskommission den subjektiven Schaden der Enteigneten im Einzelnen hätte berechnen müssen, um feststellen zu können, ob er höher als der Verkehrswert sei. Es hob deshalb den angefochtenen Entscheid auf und wies die Sache zur neuen Prüfung an die Schätzungskommission zurück (BGE 112 Ib 531 ff.).

b) Bemessung der Entschädigung nach dem Verkehrswert

aa) Ermittlung des Verkehrswertes des enteigneten Rechts

Der Verkehrswert des enteigneten Rechts ist primär aufgrund von Preisen, welche für vergleichbare Grundstücke bezahlt worden sind, zu ermitteln (*Vergleichs- oder statistische Methode;* vgl. zu den Methoden der Schätzung BGE 134 II 49, 73 ff.; 131 II 458, 464 ff.; 122 I 168, 173 ff.; Urteil des Bundesgerichts, ZBl 99 [1998] 141 ff.). Er stimmt oft nicht mit dem Ankaufs-, Wiederbeschaffungs- oder Ertragswert überein. 2410

Unter Umständen, z.B. bei land- und forstwirtschaftlich genutzten, aber auch bei überbauten Grundstücken, können andere Berechnungsmethoden zur Anwendung gelangen. 2411

bb) Wertverminderung der nicht enteigneten Rechte bei Teilenteignung

Bei der teilweisen Enteignung eines Grundstückes oder mehrerer wirtschaftlich zusammenhängender Grundstücke sind auch die Wertverminderungen jenes Teils zu entschädigen, der den Enteigneten verbleibt (z.B. Reduktion der Überbauungsmöglichkeiten, Minderwert durch Immissionen, Verlust von Parkplätzen, Garten usw.; vgl. dazu BGE 134 II 49, 65 ff.; 129 II 420, 425 ff.; 122 II 246, 249 ff.; BVGer, Urteil A-3274/2010 vom 9. Juli 2013 E. 4.4). 2412 *cc) Übriger durch die Enteignung verursachter Schaden*

2413 Den Enteigneten sind auch alle weiteren, nicht durch die Vergütung des Sachwertes abgegoltenen Nachteile (sog. Inkonvenienzen) zu entschädigen, die sich nach dem gewöhnlichen Lauf der Dinge als Folge der Enteignung voraussehen lassen (vgl. BGE 134 II 49, 72). Dazu gehören Aufwendungen, welche die Enteignung mit sich bringt (Umzugskosten, Erwerbsausfall, Kosten für Anpassungsarbeiten oder unnütz gewordene Planungen usw.), unter Umständen auch ein entgangener Gewinn.

2414 Der sogenannte *Unfreiwilligkeitszuschlag,* wie er im Enteignungsrecht gewisser Kantone vorgesehen ist (so z.B. in den Kantonen Zürich und Glarus), ist mit der bundesrechtlichen Eigentumsgarantie und mit dem Rechtsgleichheitsgebot – zumindest bei einem derart hohen Zuschlag wie im Kanton Wallis – nicht vereinbar (vgl. BGE 127 I 185, 189 ff.). Da er einen ähnlichen Zweck wie die haftpflichtrechtliche Genugtuung verfolgt, lässt er sich nur dann rechtfertigen, wenn die Enteignung zu seelischer Unbill führt. Bei einer juristischen Person kann dies nie zutreffen (BGer, Urteil 1C_201/2015 vom 24. August 2015 E. 3.2).

dd) Anrechnung von Vorteilen, die durch die Enteignung verursacht wurden

2415 Die Enteigneten müssen sich bei der Berechnung der Entschädigung Werterhöhungen anrechnen lassen, die ihnen für den verbleibenden Teil ihrer Rechte aus dem Unternehmen des Enteigners erwachsen (vgl. BGE 134 II 49, 68 f.). Solche können z.B. durch die Wertsteigerung entstehen, die durch das öffentliche Werk verursacht wird (gesteigerte Nachfrage infolge verbesserter Verkehrslage, z.B. an einer Autobahnausfahrt, Ein- oder Umzonung zur Realisierung des Werkes usw.).

c) Bemessung des subjektiven Schadens

2416 Der Begriff des «subjektiven» Schadens ist insofern missverständlich, als es nicht um eine subjektive Bemessung der Höhe der Entschädigung geht. Vielmehr ist der Schaden zu berechnen, der den Enteigneten als Subjekten dadurch entsteht, dass sie das ihnen entzogene Recht nicht mehr ausüben, also z.B. die bisher auf ihrem Grundstück betriebene Badeanstalt nicht mehr weiterführen können (vgl. Rz. 2409). Bei der Berechnung wird von der Annahme ausgegangen, dass der Eigentümer sein Grundstück nicht verkauft, sondern weiterhin behalten hätte, und ermittelt, welche Einbussen ihm konkret durch die Enteignung entstehen. Zu diesen Einbussen können je nach den Umständen neben dem verlorenen, der bisherigen Nutzung entsprechenden Ertragswert des Grundstückes etwa die Umzugs-, Verlegungs- und Abbruchkosten, die Abschreibung wertlos gewordener Anlagen sowie allenfalls die Mehrkosten des Betriebs am neuen Ort zählen. Dagegen werden entgangene Geschäftsgewinne in der Regel nur für eine Übergangszeit vergütet, es sei denn, der durch die Enteignung betroffene Betrieb sei derart mit dem abgetretenen Grundstück verbunden, dass er andernorts nicht wieder aufgebaut werden kann (BGE 112 Ib 531, 536 f.). Die Bemessung des subjektiven Schadens erfolgt also nicht nach einem Liebhaberwert für die Enteigneten, sondern ebenfalls nach objektiven

Kriterien, z.B. aufgrund des nach betriebswirtschaftlichen Grundsätzen ermittelten Ertragswertes eines Betriebes.

3. Für die Berechnung massgeblicher Zeitpunkt

Der Zeitpunkt der Bewertung der enteigneten Rechte spielt angesichts der oft erheblichen Preisbewegungen, die während des Verfahrens auf dem Immobilienmarkt eintreten können, eine grosse Rolle. Es ist anzustreben, den Zeitpunkt der Festsetzung und der Auszahlung der Entschädigung einander zeitlich möglichst anzunähern. Damit kann man dem Grundsatz der vollen Entschädigung gerecht werden, aber auch Verzögerungen des Verfahrens durch die Enteigneten oder den Enteigner verhindern, die dadurch je nach Preisentwicklung eine höhere oder geringere Entschädigung erwirken wollen. 2417

Im *Bund* ist für die Berechnung der Entschädigung auf den Zeitpunkt der Einigungsverhandlung vor dem Präsidenten der Schätzungskommission abzustellen (Art. 19bis EntG; BGE 129 II 470, 474). 2418

Die *Kantone* kennen unterschiedliche Regelungen. In den meisten Kantonen – so auch im Kanton Zürich – ist der Zeitpunkt des Entscheides durch die Schätzungskommission massgebend (vgl. Urteil des Verwaltungsgerichts des Kantons Zürich, ZBl 76 [1975] 341). Wirkt eine Partei absichtlich auf eine Verzögerung des Schätzungsverfahrens hin, so kann von dieser Regelung abgewichen und auf jenen Zeitpunkt abgestellt werden, in dem ein offensichtlich vernünftiger Einigungsvorschlag unterbreitet worden war. 2419

VI. Verfahren der Enteignung

Das Enteignungsverfahren gliedert sich regelmässig in fünf Abschnitte, die den Entscheid über die Ausübung des Enteignungsrechts, das Planauflageverfahren, das Einigungsverfahren, den Entscheid über Einsprachen und Entschädigungen sowie schliesslich den Vollzug der Enteignung umfassen. 2420

1. Entscheid über die Ausübung des Enteignungsrechts

a) Prüfung der Voraussetzungen für die Enteignung

Vor der Erteilung des Enteignungsrechts ist zu prüfen, ob eine genügende gesetzliche Grundlage und das öffentliche Interesse gegeben sind und ob der Grundsatz der Verhältnismässigkeit gewahrt ist (vgl. Rz. 2395 ff.). 2421

b) Zuständigkeit

In Frage steht, welches Organ zu prüfen hat, ob die Voraussetzungen für die Enteignung gegeben sind und das Enteignungsrecht zu erteilen ist. 2422 *aa) Im Bund*

2423 Bei Enteignungen zu Gunsten des Bundes ist der *Bundesrat* zuständig. Soll das Enteignungsrecht auf Dritte übertragen werden, so entscheidet die *Bundesversammlung* durch einfachen Bundesbeschluss bei Werken, die im Interesse der Eidgenossenschaft oder eines grossen Teils des Landes liegen, der *Bundesgesetzgeber* bei anderen im öffentlichen Interesse liegenden Zwecken (Art. 3 EntG). Die Entscheide von Bundesrat, Bundesversammlung und Bundesgesetzgeber über die Ausübung des Enteignungsrechts können nicht an das Bundesgericht weitergezogen werden. Im Rahmen der Beurteilung von Beschwerden gegen Einspracheentscheide können jedoch das Bundesverwaltungsgericht und anschliessend das Bundesgericht prüfen, ob die Voraussetzungen der Enteignung erfüllt sind (vgl. Rz. 2443 f.).

bb) In den Kantonen

2424 Die meisten Kantone – so auch der Kanton Zürich – regeln die Frage der Zuständigkeit ähnlich wie der Bund. Bei Enteignungen zu Gunsten des Gemeinwesens entscheidet im Allgemeinen der *Regierungsrat,* bei Erteilung des Enteignungsrechtes an einen Dritten das *Parlament*. Im Unterschied zum Bund kennen einige Kantone die Möglichkeit der Überprüfung der Entscheide (jedenfalls jener des Regierungsrates) durch das Verwaltungsgericht (vgl. zum Anspruch auf richterliche Kontrolle dieser Entscheide nach Art. 6 EMRK und Art. 29a BV Rz. 2451 f.).

2. Planauflageverfahren

2425 Nach dem grundsätzlichen Entscheid darüber, ob eine Enteignung zulässig ist, gilt es, die von der Enteignung betroffenen Objekte zu erfassen, d.h. festzustellen, welche Rechte betroffen sind und in welchem Umfang dies der Fall ist. Der Bund und die meisten Kantone führen zu diesem Zweck ein *Planauflageverfahren* durch, das den Betroffenen Gelegenheit gibt, Einsprachen gegen die Enteignung zu erheben und Entschädigungsforderungen zu stellen.

a) Planauflage

2426 Im Planauflageverfahren hat der Enteigner eine grafische Umschreibung des Werkes bzw. der von der Enteignung betroffenen Objekte zu erstellen und öffentlich zur Einsicht aufzulegen. Gleichzeitig sind die aus dem Grundbuch ersichtlichen betroffenen Berechtigten zu benachrichtigen. Mit dem Planauflageverfahren wird den Betroffenen das Akteneinsichtsrecht (als Aspekt des rechtlichen Gehörs) gewährt (für den Bund vgl. die Regelung in Art. 27 ff. EntG).

b) Erhebung von Einsprachen und Anmeldung von Forderungen

2427 Während der Auflagefrist können die Betroffenen Einsprache gegen den *Umfang der Enteignung* erheben und Planänderungen verlangen, wenn sie das Vorliegen eines genügenden öffentlichen Interesses oder die Wahrung des Grundsatzes der Verhältnismässigkeit in Zweifel ziehen. Im Bund ist zudem die Einsprache gegen die *Erteilung des Enteignungsrechtes* möglich: Da der Bund – anders als gewisse Kantone – keine gerichtliche Überprüfung des Entscheides über die Gewährung des Enteignungsrechts kennt, soll die Einhaltung der dafür notwendigen Voraussetzungen im Planauflageverfahren kontrolliert werden können (vgl. zum Anspruch auf gerichtlichen Rechtsschutz bei Enteignungen aufgrund von Art. 6 EMRK und Art. 29a BV Rz. 2451 f.). Ebenfalls im Planauflageverfahren sind in der Regel die *Entschädigungsforderungen* für die enteigneten Rechte anzubringen (vgl. im Bund Art. 36 EntG). Gewisse Forderungen, so namentlich für die Enteignung von Nachbarrechten bei übermässigen Immissionen, die von öffentlichen Werken ausgehen (vgl. Rz. 2384 ff.), können auch noch nachträglich geltend gemacht werden (vgl. Art. 41 EntG).

c) Enteignungsbann

Mit der Planauflage tritt nach dem Recht des Bundes (Art. 42 ff. EntG) und der meisten 2428
Kantone der *Enteignungsbann* ein. Das bedeutet, dass ohne Zustimmung des Enteigners keine rechtlichen oder tatsächlichen Verfügungen über das Enteignungsobjekt mehr vorgenommen werden dürfen, welche die Enteignung erschweren würden. Die Verfügungsbeschränkung wirkt gegenüber den Enteigneten mit der öffentlichen Bekanntmachung der Planauflage, gegenüber Dritten mit der Vormerkung der Verfügungsbeschränkung im Grundbuch (Art. 43 Abs. 1 EntG; vgl. HESS/WEIBEL, N. 3 f. zu Art. 42, N. 3 zu Art. 43).

3. Einigungsverfahren

Nach Ablauf der Eingabefrist führt bei Enteignungen nach *Bundesrecht* (vgl. Art. 45 ff. 2429
EntG) der Präsident der Schätzungskommission mit Enteignern und Enteigneten eine Einigungsverhandlung durch, in der er eine Verständigung über die Begehren um Planänderung (also hinsichtlich des Umfangs der Enteignung) und über die Entschädigungsforderung herbeizuführen versucht. Kommt hinsichtlich der Entschädigung eine Einigung zustande, so ist mit dem darüber erstellten Protokoll ein verwaltungsrechtlicher Vertrag abgeschlossen (siehe dazu Rz. 2438 f.). Das Verfahren in den *Kantonen* ist in der Regel ähnlich ausgestaltet.

Seit Inkrafttreten des Bundesgesetzes über die Koordination und Vereinfachung von 2430
Entscheidverfahren vom 18. Juni 1999 (AS 1999, 3071 ff.), das die Verfahrensregelungen verschiedener Bundesgesetze geändert hat, werden in bestimmten Sachbereichen bei komplexen Projekten die Befugnisse im Rahmen des Enteignungsverfahrens einer so genannten «Leitbehörde» übertragen. Die jeweiligen Spezialerlasse (z.B. Art. 26 NSG, Art. 18 EBG oder Art. 16 EleG) bezeichnen die Behörde (in der Regel ein Bundesamt oder Departement), bei der alle erforderlichen Verfahren zusammengelegt sind und der die Verfahrensleitung bis zum Einspracheentscheid obliegt. Die Leitbehörde entscheidet zusammen mit der Projektgenehmigung und allen erforderlichen Bewilligungen gleich-

zeitig auch über die enteignungsrechtlichen Einsprachen. Einzig die Entschädigungsforderungen beurteilt auch im neuen konzentrierten Entscheidverfahren wie bisher die Schätzungskommission nach den Bestimmungen des Enteignungsgesetzes (vgl. Botschaft zu einem Bundesgesetz über die Koordination und Vereinfachung des Plangenehmigungsverfahrens vom 25. Februar 1998, BBl 1998, 2592; vgl. Rz. 1776 ff.).

4. Entscheid über Einsprachen und Entschädigungen

2431 Streitig gebliebene Einsprachen gegen die *Enteignung und deren Umfang* werden an die zuständige *Verwaltungsbehörde* (im Bund an das Departement, in den Kantonen in der Regel an den Regierungsrat) zur Entscheidung weitergeleitet.

2432 Bei Enteignungen im Rahmen eines Verfahrens nach Koordinationsgesetz (vgl. Rz. 2430) entscheidet die Leitbehörde in erster Instanz über die Einsprachen gegen die Enteignung und deren Umfang. Wurde dagegen über die *Entschädigung* keine Einigung erzielt, so wird das Schätzungsverfahren vor der *Schätzungskommission,* einem Spezialverwaltungsgericht, eingeleitet (vgl. zum Verfahren und zum Rechtsschutz Rz. 2442 ff.).

5. Vollzug

2433 Mit der Bezahlung der Entschädigung durch den Enteigner und der Übertragung der enteigneten Rechte durch die Enteigneten findet das Enteignungsverfahren seinen Abschluss.

a) Bezahlung der Entschädigungssumme

2434 Im Bund hat der Enteigner innert 20 Tagen nach Eintritt der Rechtskraft des Entscheides den Enteigneten die Entschädigung auszuzahlen. Nach Ablauf dieser Frist ist ein Verzugszins zu entrichten (vgl. Art. 88 ff. EntG).

b) Übergang der Rechte

2435 Mit der Bezahlung der Entschädigung gehen die enteigneten Rechte ohne Weiteres, d.h. *ohne Grundbucheintrag,* auf den Enteigner über. Ein Eintrag ins Grundbuch kann zwar vom Enteigner verlangt werden, hat aber keine konstitutive, sondern nur deklaratorische (Publizitäts-)Wirkung (für den Bund vgl. Art. 91 und 93 EntG).

c) Vorzeitige Besitzeinweisung

2436 Bei Enteignungen in Anwendung von *Bundesrecht* kann der Enteigner jederzeit verlangen, dass ihm schon vor Bezahlung der Entschädigung die Besitzergreifung und Ausübung des Rechtes bewilligt wird, wenn er nachweist, dass dem Unternehmen sonst gewichtige Nachteile entstünden. Die vorzeitige Besitzeinweisung ist aber nur zulässig, wenn dadurch die Beurteilung der Entschädigungsforderungen sowie die endgültige

Entscheidung über Einsprachen gegen die Enteignung und über Begehren um Planänderungen nicht präjudiziert werden. Sie kommt erst in Frage, wenn das Werk, für welches das Enteignungsrecht erteilt wurde, nach den massgeblichen Bestimmungen bewilligt worden ist (BGE 121 II 121, 123 f.). Zuständig für den Entscheid über die vorzeitige Besitzeinweisung ist der Präsident der Schätzungskommission. Unter Umständen hat der Enteigner die Entschädigungssumme sicherzustellen oder Abschlagszahlungen zu leisten; jedenfalls ist die Entschädigung ab dem Zeitpunkt der vorzeitigen Besitzeinweisung zu verzinsen (vgl. Art. 76 EntG; BGE 134 II 49, 94 f.; 132 II 427, 445).

Die *Kantone* kennen das Institut der vorzeitigen Besitzeinweisung im Allgemeinen 2437
ebenfalls (vgl. z.B. § 157 des Gesetzes über Raumentwicklung und Bauwesen [Baugesetz, BauG] des Kantons Aargau vom 19. Januar 1993 [SAR 713.100]).

VII. Enteignungsvertrag

Die Enteignungsgesetze des Bundes und der Kantone sehen vor, dass es auch nach Er- 2438
öffnung des Enteignungsverfahrens zu einer Einigung zwischen Enteignern und Enteigneten durch Abschluss eines Enteignungsvertrages kommen kann. Dabei handelt es sich um einen *verwaltungsrechtlichen Vertrag* über das Objekt der Enteignung, die Höhe der Entschädigung und weitere Punkte, die normalerweise im Rahmen des Enteignungsverfahrens zu regeln sind (Rückzug der Einsprache oder Verzicht auf diese, Ausdehnung oder Reduktion der Enteignung, Vornahme von Wiederherstellungsarbeiten, vorübergehende Beanspruchung von Rechten usw.). Vereinbarungen über den Erwerb der für ein öffentliches Werk benötigten Rechte, die vor Eröffnung des Enteignungsverfahrens abgeschlossen werden, sind in der Regel privatrechtlicher Natur (vgl. BGE 114 Ib 142, 147 ff.).

Der Enteignungsvertrag hat dieselbe Wirkung wie ein rechtskräftiges Urteil der 2439
Schätzungskommission (vgl. Art. 53 EntG).

VIII. Rückforderungsrecht

Eine vorsorgliche Enteignung ist unter dem Aspekt der Verhältnismässigkeit (siehe 2440
Rz. 2402) nicht zulässig. Es ist aber denkbar, dass sich die Verhältnisse nach dem Abschluss des Enteignungsverfahrens wesentlich ändern und das enteignete Recht aus diesem Grund nicht mehr benötigt wird. Die Enteignungsgesetze (so im Bund Art. 102 ff. EntG) sehen deshalb vor, dass ein Enteignungsobjekt, welches nicht innert einer bestimmten Frist zum Enteignungszweck verwendet worden ist oder veräussert oder zu einem anderen als dem ursprünglichen Zweck gebraucht werden soll, vom Enteigneten zurückgefordert werden kann.

Das Rückforderungsrecht verjährt im Bund gemäss Art. 105 EntG ein Jahr nach Ab- 2441
lauf der in Art. 102 lit. a und b EntG festgelegten Frist für die Verwendung des enteigne-

ten Rechts zu dem Zweck, zu dem es enteignet wurde, bzw. ein Jahr nach Kenntnisnahme von der Veräusserung oder der Verwendung des Rechts zu einem anderen Zweck.

IX. Rechtsschutz

2442 Bund wie Kantone gewährleisten einen sehr gut ausgebauten Rechtsschutz. Dabei ist zu unterscheiden zwischen Streitigkeiten über Zulässigkeit und Umfang der Enteignung und über die Entschädigung.

1. Enteignung nach Bundesrecht

a) Streitigkeiten über Zulässigkeit und Umfang der Enteignung (Bestandesgarantie)

2443 Wenn das Einigungsverfahren nicht zu einer einvernehmlichen Regelung führt, entscheidet das in der Sache zuständige Departement über Einsprachen betreffend Voraussetzungen der Enteignung, Umfang des Enteignungsobjekts und Begehren um Planänderung. Bei konzentrierten Entscheidverfahren gemäss Koordinationsgesetz entscheidet dagegen die Leitbehörde über die Einsprachen (vgl. Rz. 2430).

2444 Die Einspracheentscheide der Departemente bzw. der Leitbehörden können mit *Beschwerde an das Bundesverwaltungsgericht* weitergezogen werden (Art. 33 lit. d VGG). Dessen Entscheide unterliegen der Beschwerde in öffentlich-rechtlichen Angelegenheiten an das Bundesgericht (Art. 86 Abs. 1 lit. a BGG).

b) Streitigkeiten über die Entschädigung (Wertgarantie)

2445 Kann im Einigungsverfahren keine Übereinkunft über die Entschädigung erzielt werden, kommt es also nicht zum Abschluss eines Enteignungsvertrages, so entscheidet die Schätzungskommission. Gegen ihren Entscheid ist die *Beschwerde an das Bundesverwaltungsgericht* möglich (Art. 33 lit. f VGG) sowie anschliessend die Beschwerde in öffentlich-rechtlichen Angelegenheiten an das Bundesgericht (Art. 86 Abs. 1 lit. a BGG).

2. Enteignung nach kantonalem Recht

2446 Die Kantone kennen unterschiedliche Regelungen des Rechtsschutzes. Im Kanton *Zürich* ist folgender Instanzenzug vorgesehen:

2447 – Gegen den Entscheid des Regierungsrates über die *Erteilung des Enteignungsrechts* ist die *Beschwerde an das Verwaltungsgericht* zulässig (§§ 41 ff. VRG/ZH). Neu sieht das VRG auch eine Weiterzugsmöglichkeit an das Verwaltungsgericht vor, wenn der Kantonsrat entschieden hat (also bei Erteilung des Enteignungsrechts an einen Dritten; § 42 lit. b Ziff. 2 VRG). Das kantonale Recht erfüllt dadurch die Anforderungen des Art. 86 Abs. 2 BGG an die kantonalen Vorinstanzen des Bundesgerichts (vgl. Rz. 2451 f.).

- Der Entscheid des Bezirksrates, den dieser nach gescheiterter Einigungsverhandlung über *Umfang und Art der Abtretung* zu fällen hat, kann mit *Rekurs beim Regierungsrat* angefochten werden (§ 30 des Gesetzes betreffend die Abtretung von Privatrechten [AbtrG] des Kantons Zürich vom 30. November 1879 [LS 781]); gegen dessen Entscheid steht die *Beschwerde an das Verwaltungsgericht* offen (§§ 41 ff. VRG). 2448
- Gegen Entscheide der Schätzungskommission über die *Entschädigung* kann *Rekurs beim Verwaltungsgericht* erhoben werden (§§ 46 ff. AbtrG). 2449

Letztinstanzliche kantonale Entscheide über Zulässigkeit und Umfang der Enteignung sowie über die Entschädigung können mit *der Beschwerde in öffentlich-rechtlichen Angelegenheiten* beim Bundesgericht angefochten werden (Art. 86 Abs. 1 lit. d BGG). 2450

3. Anforderungen von Art. 6 Ziff. 1 EMRK und von Art. 29a BV

In mehreren *Kantonen* entscheiden Verwaltungsbehörden oder Parlamente als letzte Instanzen über die Zulässigkeit der Enteignung und die Übertragung des Enteignungsrechts an Dritte. Wenn dieser Entscheid direkt oder später im Zuge der konkreten Enteignung nicht mehr angefochten werden kann, steht dies im Widerspruch zum übergeordneten Recht: Einerseits verlangt Art. 86 Abs. 2 BGG (in Konkretisierung der Rechtsweggarantie), dass die Kantone obere Gerichte als unmittelbare Vorinstanzen des Bundesgerichts einsetzen; das Bundesgericht hat Ausnahmen dazu eng ausgelegt (vgl. BGE 136 I 42, 46; BGer, Urteil 8C_54/2011 vom 17. Februar 2011 E. 2.1). Andererseits verlangt Art. 6 Ziff. 1 EMRK die Beurteilung durch ein unabhängiges Gericht, soweit es um zivilrechtliche Ansprüche geht; darunter fallen auch Fragen der Enteignung (vgl. BGE 120 Ia 209, 213 ff.; 119 Ia 321, 332; 118 Ia 331, 334; 118 Ia 223, 227). 2451

Im Enteignungsrecht des Bundes entspricht die Beschwerde an das Bundesverwaltungsgericht den Anforderungen von Art. 6 Ziff. 1 EMRK und Art. 29a BV. Der Rechtsschutz geht sogar über den geforderten Minimalstandard hinaus, indem auch die Unangemessenheit gerügt werden kann (Art. 37 VGG i.V.m. Art. 49 lit. c VwVG). 2452

§ 36 Öffentlich-rechtliche Eigentumsbeschränkungen und materielle Enteignung

Literatur

ACKERET RUDOLF J., Nichteinzonung und materielle Enteignung, in: Stefano Bolla/Claude Rouiller (Hrsg.), Verfassungsrechtsprechung und Verwaltungsrechtsprechung, Zürich 1992, S. 101 ff.; FRITZSCHE CHRISTOPH, Entschädigungspflicht aus materieller Enteignung infolge der Festsetzung von Gewässerräumen, URP 28 (2014) 218 ff.; GUT URS, Die materielle Enteignung, Diss. Zürich 1969; GYR PETER, Materielle Enteignung durch Eigentumsbeschränkungen, die dem Denkmal-, Altstadt- oder Heimatschutz dienen?, BJM 41 (1994) 1 ff.; HÄNNI PETER, Materielle Enteignung durch Änderung eines RPG-konformen Nutzungsplans, BR 2004 54 ff.; HERTIG RANDALL MAYA, L'expropriation matérielle, in: Thierry Tanquerel/François Bellanger (Hrsg.), La maîtrise publique du sol: expropriation formelle et matérielle, préemption, contrôle du prix, Zürich/Basel/Genf 2009, S. 111 ff.; KAPPELER RUDOLF, Formelle und materielle Enteignung gemäss den Fluglärmentscheiden des Bundesgerichts, Zürich 2010; KAPPELER RUDOLF, Zur Entschädigungslosigkeit bei der Eigentumsinhaltsbestimmung und Nichteinzonung, recht 26 (2008) 202 ff.; LEIMBACHER JÖRG, Planungen und materielle Enteignung, Bern 1995; PFISTERER THOMAS, Entschädigungspflichtige raumplanerische Massnahmen, BVR 1990 25 ff.; PFISTERER THOMAS, Entwicklung und Perspektiven der bundesgerichtlichen Rechtsprechung zur materiellen Enteignung, ZBl 89 (1988) 469 ff., 517 ff.; PLÜSS KASPAR, Öffentliche Interessen im Zusammenhang mit dem Betrieb von Flughäfen, Diss. Zürich 2007; RIVA ENRICO, Hauptfragen der materiellen Enteignung, Habil., Bern 1990; RIVA ENRICO, Aktuelle Entwicklungen im Recht der materiellen Enteignung, in: Commissione ticinese per la formazione permanante dei giuristi (Hrsg.), Temi scelti di diritto espriopriativo, Basel/Bellinzona 2010, S. 63 ff.; RUCH ALEXANDER, Die expansive Kraft der materiellen Enteignung, ZBl 101 (2000) 617 ff.; RUCH ALEXANDER, Materielle Enteignung – Eingriff oder Schaden?, ZBl 84 (1983) 535 ff.; TANQUEREL THIERRY/BELLANGER FRANÇOIS (Hrsg.), La mâitrise publique du sol: expropriation formelle et matérielle, préemption, contrôle du prix, Genf/Zürich/Basel 2009; TISSOT NATHALIE, Protection juridique des vestiges archéologiques, problèmes liés au droit des expropriations et de l'aménagement du territoire, Diss. Neuenburg 1991; WALDMANN BERNHARD, Materielle Enteignung, in: Giovanni Biaggini/Isabelle Häner/Urs Saxer/Markus Schott (Hrsg.), Fachhandbuch Verwaltungsrecht, Zürich/Basel/Genf 2015, S. 1115 ff.; WEBER-DÜRLER BEATRICE, Der Grundsatz des entschädigungslosen Polizeieingriffs, ZBl 85 (1984) 289 ff.

I. Begriff der öffentlich-rechtlichen Eigentumsbeschränkung und der materiellen Enteignung

2453 Die Eigentumsgarantie schützt vermögenswerte Rechte des Privatrechts und wohlerworbene Rechte des öffentlichen Rechts sowie gewisse faktische Interessen vor jeder Art von Eingriffen des Staates (Rz. 2331 ff.). In einem weiteren Sinne könnte man deshalb auch die formelle Enteignung als öffentlich-rechtliche Einschränkung des Privateigentums verstehen. Der Begriff der öffentlich-rechtlichen Eigentumsbeschränkungen ist aber enger. Er umfasst nur jene staatlichen Eingriffe, durch die das Eigentum nicht entzogen, sondern die Befugnisse, es zu nutzen oder darüber zu verfügen, durch das öffentliche Recht beschränkt werden. Wesentlich sind bei dieser Umschreibung zwei Elemente: Zum einen findet kein Übergang eines vermögenswerten Rechtes statt; den Berechtigten wird also nicht ein Recht entzogen, das auf andere übertragen wird. Zum anderen werden die Berechtigten gestützt auf das öffentliche Recht beschränkt in ihren Befugnissen betreffend Nutzung (z.B. bezüglich Überbauung, landwirtschaftliche Nutzung oder Ausbeutung von Bodenschätzen) oder betreffend Verfügung über ihr Eigentum (z.B. Verbot des Verkaufs an ausländische Staatsangehörige, Verbot der Veräusserung von Grundstücken während einer bestimmten Frist nach dem Erwerb).

Öffentlich-rechtliche Eigentumsbeschränkungen können durch Verfügung (z.B. Un- 2454
terschutzstellung eines erhaltenswerten Gebäudes), Rechtssatz (z.B. Vorschriften über den Grenzabstand, die Höhe oder die Geschosszahl von Bauten) oder durch Nutzungspläne (z.B. Zonenplan, vgl. Rz. 953 ff.) angeordnet werden.

II. Voraussetzungen der Zulässigkeit von öffentlich-rechtlichen Eigentumsbeschränkungen

Öffentlich-rechtliche Eigentumsbeschränkungen müssen mit der Eigentumsgarantie als 2455
Instituts- und Bestandesgarantie vereinbar sein. Das setzt voraus, dass sie das Eigentum als Institut der Rechtsordnung nicht beseitigen oder aushöhlen (Rz. 2322 ff.), auf einer gesetzlichen Grundlage beruhen, im öffentlichen Interesse liegen und verhältnismässig sind (vgl. Rz. 2343 ff.). Bei beiden Arten von öffentlich-rechtlichen Eigentumsbeschränkungen (bei den entschädigungslosen Beschränkungen wie bei der materiellen Enteignung) stellt sich die Frage der Entschädigung erst, wenn die Zulässigkeit des Eingriffs in das Eigentum feststeht. Die Zulässigkeit wird in einem separaten Verfahren geprüft.

1. Gesetzliche Grundlage

Bei den öffentlich-rechtlichen Eigentumsbeschränkungen hat eine ausreichende gesetz- 2456
liche Grundlage – ebenso wie bei der formellen Enteignung – zwei Anforderungen gerecht zu werden: dem *Erfordernis des Rechtssatzes* und dem *Erfordernis der Gesetzesform*. Da die Schwere des Eingriffs stark variieren kann, lässt sich nicht allgemein, sondern nur nach dem jeweiligen Gegenstand der Normierung festlegen, was der Gesetzgeber selbst bestimmen muss und was einem untergeordneten Organ zur Regelung überlassen werden kann (zur Frage der genügenden gesetzlichen Grundlage vgl. auch Rz. 2344 ff.).

2. Öffentliches Interesse

Grundsätzlich können *alle Arten von öffentlichen Interessen* zur Rechtfertigung von 2457
öffentlich-rechtlichen Eigentumsbeschränkungen dienen. Infrage kommen dieselben Motive wie bei der formellen Enteignung (vgl. Rz. 2397 ff.). Einzig rein *fiskalische Interessen* genügen zur Begründung *nicht*.

2458 Auch hier sollte sich das öffentliche Interesse indessen nicht nur aus der allgemeinen Anschauung oder aus dem Gesetz ergeben, sondern durch *die Verfassung anerkannt* sein (vgl. Rz. 2349 ff.).

Beispiele:

2459 – Nach konstanter bundesgerichtlicher Praxis besteht ein öffentliches Interesse an Massnahmen der Raumplanung, die das Entstehen überdimensionierter Bauzonen verhindern oder solche verkleinern (BGE 121 II 430, 434; 117 Ia 302, 307 m.w.H.).

2460 – Aus Gründen des Denkmalschutzes kann sich ein Abbruchverbot für erhaltenswerte Gebäude oder Gebäudegruppen rechtfertigen (vgl. BGE 135 I 176, 182; 120 Ia 270, 276 ff.; 115 Ia 27, 29 f.).

2461 – Eigentumsbeschränkende Massnahmen (z.B. Veräusserungs-, Abbruch- oder Umbauverbote), die der Bekämpfung der Wohnungsnot dienen, liegen im öffentlichen Interesse (BGE 135 I 233, 253; 116 Ia 401, 414 f.; 113 Ia 126, 134; 111 Ia 23, 26 f. m.w.H.; vgl. auch BGE 119 Ia 348, 352 ff.).

2462 – Es liegt im öffentlichen Interesse (v.a. im Interesse der öffentlichen Sicherheit), die missbräuchliche Verwendung von Schusswaffen zu verhindern (vgl. Art. 1 Abs. 1 WG). Zu diesem Zweck sind Eingriffe in die Eigentumsgarantie des Einzelnen nötig, die von der Beschlagnahme bis zur definitiven Einziehung von Waffen gehen können (BGE 135 I 209, 217).

3. Verhältnismässigkeit

a) Eignung (Geeignetheit)

2463 Ob eine eigentumsbeschränkende Massnahme geeignet ist, das von ihr angestrebte Ziel zu erreichen, lässt sich insbesondere bei gewissen raumplanerischen oder sozialpolitischen Massnahmen nur schwer feststellen. Das Bundesgericht verlangt daher keinen strikten Nachweis für die Eignung einer Massnahme; es genügt, wenn sie als *tauglicher Versuch* erscheint, einen Beitrag zur Realisierung des Gesetzeszweckes zu leisten.

2464 Beispiel:

Der Wohnanteilplan der Stadt Zürich scheidet in den Wohnzonen und in der Kernzone Gebiete aus, in denen ein Mindestanteil der Bruttogeschossfläche der Bauten Wohnzwecken dienen muss. Ziel der Regelung ist es, der Entleerung der Stadtzentren von der Wohnbevölkerung entgegenzuwirken und eine Durchmischung von Arbeits- und Wohnplätzen sicherzustellen, um damit auch preisgünstige Wohnungen zu erhalten und den Verkehrsstrom der Pendler zu reduzieren. Im Verfahren vor Bundesgericht wurde geltend gemacht, der Plan sei unverhältnismässig, da er ein untaugliches Instrument sei, um das angestrebte Ziel zu erreichen. Das Bundesgericht stellte dazu Folgendes fest: «Mit dieser Argumentation widerlegt die Beschwerdeführerin nicht, dass der Wohnanteilplan das Wohnraumangebot im festgelegten Ausmass sichert, indem er bei Neu- und Umbauten die Schaffung beziehungsweise Erhaltung von Wohnungen gewährleistet. Auch wenn nicht gesagt werden kann, ob sich damit der Bevölkerungsrückgang in der Stadt Zürich wirksam bekämpfen lässt, ist es den städtischen Behörden nicht verwehrt, mit den gegebenen gesetzlichen Möglichkeiten der verhängnisvollen Entwicklung entgegenzutreten und wenn immer möglich eine Wende herbeizuführen. Freilich sind die Behörden verpflichtet, die Entwicklung zu verfolgen. Sollten sich die Verhältnisse erheblich ändern, so werden die Behörden den Wohnanteilplan als Nutzungsplan zu überprüfen und anzupassen oder aufzuheben haben (Art. 21 Abs. 2 RPG), sofern die Wohnanteilsverpflichtungen nicht mehr nötig sein sollten. Unter diesen Umständen erscheint auch der Vorwurf der Unverhältnismässigkeit als unbegründet» (BGE 111 Ia 93, 99). Vgl. auch BGE 112 Ia 65, 69; 110 Ia 167, 172.

b) Erforderlichkeit

Die Voraussetzung, dass *keine milderen eigentumsbeschränkenden Massnahmen* gegeben sein dürfen, die ebenfalls zum angestrebten Ziel führen würden, erweist sich oft als kritischer Punkt. So ist z.B. statt einer Um- oder Auszonung auch eine Reduktion der Ausnützungsziffer denkbar, statt einer Schutzzone Vorschriften betreffend Gestaltung der Bauten. Hingegen hat das Bundesgericht festgestellt, dass der wirksame Schutz eines historisch und architektonisch wertvollen Ensembles – im konkreten Fall Schloss und Altstadt Erlach, die beide aus dem Mittelalter stammen – den gleichzeitigen Schutz der Umgebung voraussetzt. Dieser kann nur durch die Einweisung der betreffenden Parzellen in das nicht überbaubare Gebiet erreicht werden und nicht durch die blosse Ausscheidung einer Schutzzone, die noch gewisse Überbauungsmöglichkeiten offen lässt (BGE 109 Ia 185 ff.). 2465

c) Verhältnismässigkeit von Zweck und Wirkung des Eingriffs (Abwägung von öffentlichen und betroffenen privaten Interessen)

Das mit der Eigentumsbeschränkung verfolgte öffentliche Interesse muss gegenüber dem Interesse der Betroffenen überwiegen. 2466

Das Bundesgericht stellte z.B. hohe Anforderungen an die öffentlichen Interessen beim Schutz eines Ortsbildes (BGE 101 Ia 213 ff.). Bei der Beurteilung der Ausscheidung einer Schutzzone in einem stadtnahen Erholungsgebiet mit besonderem landschaftlichem Reiz gab es dem öffentlichen Interesse an der Unberührtheit von Fauna und Flora den Vorrang vor den privaten Interessen an einer Überbauung, deren Realisierungschancen wegen Schwierigkeiten mit der Abwasserbeseitigung als relativ gering erschienen (BGE 94 I 52, 59 ff.). Das Interesse an einer Verkleinerung des überdimensionierten Baugebietes stufte es sodann als öffentliches Interesse ein, das die Auszonung eines Grundstückes rechtfertigen kann (BGE 114 Ia 254 ff.; vgl. auch das in Rz. 559 erwähnte Beispiel). Eine vorgezogene Teilrevision eines Nutzungsplans, mit welcher ein erheblicher Teil einer Parzelle ausgezont wird, stellt einen schweren Eingriff in die Eigentumsgarantie dar. Dieser Eingriff erscheint nur dann als sachlich geboten, wenn die Teilrevision sich ins planerische Gesamtkonzept der Gemeinde einfügt (BGer, Urteil 1P.14/2001 vom 5. April 2001 E. 3 = ZBl 103 [2002] 579, 581 ff.). 2467

Da *Denkmalschutzmassnahmen* oft mit schwerwiegenden Eigentumseingriffen verbunden sind, dürfen sie nicht lediglich im Interesse eines begrenzten Kreises von Fachleuten erlassen werden, sondern müssen breit abgestützt sein und von einem grösseren Teil der Bevölkerung befürwortet werden (BGE 135 I 176, 182; BGer, Urteil 1C_555/2010 vom 23. Februar 2011). Das öffentliche Interesse am Denkmalschutz genügt nicht, um dem Eigentümer eines unrentablen Kinosaals vorzuschreiben, dass der Saal erhalten bleiben muss (BGE 126 I 219 ff.). 2468

Beispiele:

– Der Stadtrat von Zürich stellte die Fassade und den Innenausbau des berühmten Künstlercafés Odeon beim Bellevue unter Schutz. Das Bundesgericht hatte zu beurteilen, ob die Unterschutzstellung des Innenausbaus mit der Eigentumsgarantie zu vereinbaren ist. Es führte aus, das kulturhistorische und denkmalschützerische Interesse an der Erhaltung des Innenraums sei ge- 2469 wichtiger als das Interesse des Eigentümers, das Gebäude an dieser besonders guten Geschäftslage im Innern völlig umzugestalten, auch wenn der Kaffeehausbetrieb aufgegeben worden und der Innenraum teilweise nicht mehr öffentlich zugänglich sei (BGE 109 Ia 257 ff.).

2470 – Die Stimmberechtigten der Gemeinde Crans-Montana nahmen am 11. März 2007 ein Reglement an, in welchem u.a. festgelegt wird, dass bei Mehrfamilienhäusern der Anteil der Hauptwohnungen – im Gegensatz zu Zweitwohnungen, d.h. im Wesentlichen Ferienwohnungen – 70 Prozent der nutzbaren Bruttogeschossfläche betragen muss. Rekurse gegen diese Bestimmung blieben erfolglos. Das Bundesgericht lehnte eine Beschwerde in öffentlich-rechtlichen Angelegenheiten gegen den letztinstanzlichen kantonalen Entscheid ab. Es führte aus, das öffentliche Interesse an der Einschränkung des Baus von Zweitwohnungen sei gewichtig. Die Quote von 70 Prozent für Hauptwohnungen sei zwar hoch, aber im Hinblick auf die tatsächliche Situation auf dem Wohnungsmarkt in Crans-Montana verhältnismässig, insbesondere weil das Reglement grosszügige Ausnahmen zulasse (BGE 135 I 233, 245 ff., 251 ff.). Das Bundesrecht enthält mit Art. 75b BV und dem Anfang 2016 in Kraft getretenen Bundesgesetz über Zweitwohnungen (Zweitwohnungsgesetz, ZWG) vom 20. März 2015 (SR 702) neue Rechtsgrundlagen.

III. Voraussetzungen und Umfang der Entschädigungspflicht

2471 Die Praxis zur materiellen Enteignung hat sich weitgehend an Fällen zu Grundeigentum entwickelt. Wichtigster (und häufigster Fall) sind Einschränkungen der Bebaubarkeit von Grundstücken.

1. Voraussetzungen der Entschädigungspflicht (materielle Enteignung)

a) Allgemeines

2472 Formelle und materielle Enteignung *unterscheiden* sich in mehrfacher Hinsicht deutlich voneinander:

- So werden bei der formellen Enteignung den betroffenen Privaten Rechte entzogen und regelmässig auf den Enteigner übertragen, während bei der materiellen Enteignung kein Rechtsübergang stattfindet (vgl. Rz. 2453).
- Die formelle Enteignung läuft sodann in einem besonderen Verfahren gegenüber einzelnen Betroffenen ab, die von Anfang an Parteistellung haben (und darin Einsprachen und Entschädigungsforderungen erheben können), während bei der materiellen Enteignung die Beschränkung meist generell, für eine Vielzahl von Betroffenen, durch Rechtsnormen oder Pläne (nur ausnahmsweise durch individuell-konkrete Beschränkung, z.B. die Unterschutzstellung eines Hauses) erfolgt.
- Schliesslich ist bei der formellen Enteignung die Entschädigung Voraussetzung des Rechtsüberganges, während sie bei der materiellen Enteignung Folge des Eingriffs ist, der schon vorher rechtskräftig wird.

2473 Trotz dieser Unterschiede entsprechen sich formelle und materielle Enteignung hinsichtlich ihrer *Wirkung* auf das betroffene Recht des Privaten weitgehend. Nach Art. 26 Abs. 2 BV ist deshalb nicht nur bei Enteignungen, sondern auch bei Eigentumsbeschränkungen, die einer Enteignung gleichkommen, *volle Entschädigung* zu leisten.

Bezüglich der wertmässigen Abgeltung für den Verlust von Eigentümerrechten werden also formelle und materielle Enteignung einander gleichgestellt.

Eine Entschädigung ist nach Art. 26 Abs. 2 BV geschuldet bei Eigentumsbeschränkungen, die einer Enteignung gleichkommen. Wann dies der Fall ist, d.h. wann eine öffentlich-rechtliche Eigentumsbeschränkung den Träger des Rechts so schwer trifft, dass sie einer formellen Enteignung gleichzusetzen ist, wird durch die Gesetzgebung allerdings nicht umschrieben. Auch Art. 5 Abs. 2 RPG enthält keine Definition der materiellen Enteignung, sondern gibt nur den Inhalt von Art. 26 Abs. 2 BV wieder (vgl. BGE 113 Ib 212, 216). Die Abgrenzung der (entschädigungspflichtigen) materiellen Enteignung von den entschädigungslosen öffentlich-rechtlichen Eigentumsbeschränkungen bereitet deshalb grosse Mühe. 2474

Art. 5 Abs. 2 RPG begründet einen einheitlichen bundesgesetzlichen Entschädigungsanspruch, wenn Planungen nach diesem Gesetz zu einer materiellen Enteignung führen. Das Raumplanungsgesetz bezweckt nach der Rechtsprechung des Bundesgerichts die Herstellung der Rechtseinheit hinsichtlich des Begriffs der materiellen Enteignung (BGE 116 Ib 235, 237; 114 Ib 286, 293; 109 Ib 114 ff.). Seit Inkrafttreten des RPG sind daher auch die für die Eigentümer im Allgemeinen günstigeren Umschreibungen der materiellen Enteignung durch die Kantone im Bereich der Planungen bundesrechtswidrig. Massgebend ist nur noch die Begriffsbildung des Bundesgerichts. Das kantonale Recht bleibt dagegen anwendbar auf materielle Enteignungen, die nicht die Folge von Planungen nach dem RPG sind (vgl. BGE 132 II 188, 191 f.). 2475

Gemäss ständiger Praxis des Bundesgerichts liegt eine materielle Enteignung vor, wenn der bisherige oder ein voraussehbarer künftiger Gebrauch einer Sache untersagt oder in einer Weise eingeschränkt wird, die besonders schwer wiegt, weil dem Eigentümer *eine wesentliche, aus dem Eigentum fliessende Befugnis entzogen* wird. Geht der Eingriff weniger weit, so wird gleichwohl eine materielle Enteignung angenommen, falls ein einziger oder einzelne Grundeigentümer so betroffen werden, dass ihr *Opfer gegenüber der Allgemeinheit unzumutbar* erschiene und es mit der Rechtsgleichheit nicht vereinbar wäre, wenn hiefür keine Entschädigung geleistet würde (sog. *Sonderopfer*). In beiden Fällen ist die Möglichkeit einer zukünftigen besseren Nutzung der Sache nur zu berücksichtigen, wenn im massgebenden Zeitpunkt anzunehmen war, sie lasse sich mit hoher Wahrscheinlichkeit in naher Zukunft verwirklichen (BGE 131 II 728, 730; 131 II 151, 155; 125 II 431, 433; BGer, Urteile 1C_573/2011 und 1C_581/2011 vom 30. August 2013 E. 3.1 ff.; Urteil 2C_461/2011 vom 9. November 2011 E. 4.1 ff.). Zwei Elemente sind also jeweils zu prüfen: die *Art des Gebrauchs* des Rechts, das beschränkt wird, und die *Art des Eingriffs*. 2476

b) Einschränkung eines bisherigen oder eines in naher Zukunft sehr wahrscheinlich realisierbaren Gebrauchs einer Sache

Voraussetzung jeder materiellen Enteignung ist, dass entweder ein bisheriger, rechtmässig ausgeübter oder ein sehr wahrscheinlich in naher Zukunft möglicher Gebrauch einer Sache eingeschränkt wird. 2477

2478 Ob ein künftiger Gebrauch sehr wahrscheinlich möglich gewesen wäre, bestimmt sich nach *objektiven Kriterien.* Der Verlust einer vagen Hoffnung auf Wertsteigerung oder Realisierung einer Nutzungsmöglichkeit und die Durchkreuzung spekulativer Absichten sind den Betroffenen auch ohne Entschädigung zuzumuten. Anders verhält es sich, wenn *eine nach der Rechtslage und den tatsächlichen Verhältnissen begründete Erwartung enttäuscht* wird. Für die Beurteilung der Möglichkeit einer künftigen besseren Nutzung eines Grundstücks sind alle rechtlichen und tatsächlichen Gegebenheiten zu berücksichtigen, welche die Überbauungschancen beeinflussen können. Dazu gehören das im fraglichen Zeitpunkt geltende Bundesrecht sowie die kantonalen und kommunalen Bauvorschriften, die Lage und Beschaffenheit des Grundstückes, die Erschliessungsverhältnisse, der Stand der kommunalen und kantonalen Planung und die bauliche Entwicklung in der Umgebung. Die verschiedenen Faktoren sind zu gewichten. Nur wo das Bauen rein rechtlich zulässig und tatsächlich möglich sowie nach den Umständen mit hoher Wahrscheinlichkeit in naher Zukunft zu erwarten gewesen wäre, kann eine Eigentumsbeschränkung enteignend wirken (BGE 131 II 728, 730; 131 II 72, 76 ff.; 125 II 431, 433; 121 II 417, 423).

2479 Die Frage, ob ein künftig möglicher Gebrauch einer Sache betroffen wird, steht heute im Zentrum der Abgrenzung von materieller Enteignung und entschädigungslos zu duldender Eigentumsbeschränkung. Sie wird im Allgemeinen bejaht, wenn es um erschlossenes, nach der massgebenden Nutzungsplanung sofort überbaubares – sog. baureifes – Land geht. Verneint wird sie regelmässig bei Grundstücken, die ausserhalb des Baugebietes oder in einer Bauzone 2. Etappe liegen, deren Überbaubarkeit von einem in das «planerisch-politische Ermessen» gestellten Beschluss einer Behörde abhängt, ferner, wenn die Erschliessung oder die für die Überbauung erforderliche Landumlegung rechtlich und finanziell nicht sichergestellt ist (BGE 131 II 151, 158; 122 II 455, 460 ff.; 119 Ib 124, 134 ff.). Subjektive Kriterien wie namentlich die Bauabsicht des Grundeigentümers spielen grundsätzlich keine Rolle (vgl. BGE 113 Ib 318, 324 ff.; BGer, Urteil 1C_70/2008 vom 22. Juni 2009 E. 6.2.4).

2480 Beispiel:

Die Streitgenossen D. sind Miteigentümer und Nutzniesser eines in der Gemeinde Boudry gelegenen Grundstücks. Durch den Erlass eines neuen Zonenplans wurde ihre Parzelle neu faktisch der Nicht-Bauzone zugewiesen. Die Schätzungskommission sowie das Verwaltungsgericht des Kantons Neuenburg verneinten das Vorliegen einer materiellen Enteignung, da die betroffene Parzelle bisher zur «zone d'ancienne localité» gehört hatte, für deren Überbauung nach der kommunalen Bauordnung der Erlass eines Quartierplanes erforderlich gewesen wäre. Das Bundesgericht hiess das gegen dieses Urteil erhobene Rechtsmittel gut. Es gehe nicht an, jedes zusätzliche Verfahren, welches das kantonale Recht als Voraussetzung für die Erteilung einer Baubewilligung verlange, als Grund dafür zu betrachten, dass das Grundstück nicht in naher Zukunft sehr wahrscheinlich überbaut werden könne. Massgebend seien vielmehr die konkreten Umstände und die effektive Tragweite, welche dem Erfordernis des Quartierplans nach kantonalem Recht zukomme. Da im vorliegenden Fall das betroffene Grundstück schon im Sinne von Art. 19 RPG erschlossen war, auf die Durchführung einer Landumlegung verzichtet und der Quartierplan in einem vereinfachten Verfahren erlassen werden konnte, wurde das Vorliegen eines in naher Zukunft sehr wahrscheinlich realisierbaren Gebrauches und damit einer materiellen Enteignung bejaht (BGE 131 II 151 ff.).

2481 Keine Einschränkung eines sehr wahrscheinlich in naher Zukunft möglichen Gebrauchs einer Sache liegt nach der Rechtsprechung in der Regel dann vor, wenn ein Grundstück, das bisher in einer Bauzone lag, der Landwirtschafts- oder einer anderen Nicht-Bauzone zugewiesen wird, weil die Bauzone verkleinert werden muss, um den Anforderungen des Raumplanungsgesetzes zu entsprechen. Es handelt sich dabei um eine *Nicht-Einzonung eines Grundstückes,* das sich bisher in einer nicht dem RPG entsprechenden Bauzone befand. Eine solche Nicht-Einzonung trifft den Eigentümer *nur ausnahmsweise enteignungsähnlich* (BGE 132 II 218, 220 f.). Dies ist etwa dann der Fall, wenn sich die Nichteinweisung in eine Bauzone auf baureifes oder grob erschlossenes Land bezieht, das von einem gewässerschutzrechtskonformen GKP (Kanalisationsprojekt) erfasst wird, und der Eigentümer für die Erschliessung und Überbauung bereits erhebliche Kosten aufgewendet hat; es trifft auch zu, wenn sich das Grundstück in weitgehend überbautem Gebiet befindet (vgl. zur Tragweite dieser Ausnahme BGE 132 II 218, 221 ff.; 131 II 728, 730 ff.; 131 II 151, 161; BGer, Urteile 1A.41/2002 und 1P.165/2002 vom 26. November 2002 E. 3 ff. = ZBl 104 [2003] 383, 385 ff.; BGer, Urteil 1A.159/2001 vom 16. April 2002 E. 2 ff. = 103 [2002] 658, 659 ff.). In diesen Fällendarf der Eigentümer aufgrund der objektiv gegebenen besonderen Umstände darauf vertrauen, die von ihm beabsichtigte bauliche Nutzung lasse sich sehr wahrscheinlich in naher Zukunft verwirklichen. Weitere besondere Gesichtspunkte des Vertrauensschutzes können derart gewichtig sein, dass ein Grundstück unter Umständen hätte eingezont werden müssen (BGE 132 II 218, 220 f.; 125 II 431, 434; 123 II 481, 487 f.; 122 II 455, 457 f.; 122 II 326, 329 f.; BGer, Urteile 1A.41/2002 und 1P.165/2002 vom 26. November 2002 E. 3 ff. = ZBl 104 [2003] 383, 386; Urteil des Verwaltungsgerichts des Kantons Zürich, ZBl 101 [2000] 203, 209; siehe dazu WALTER HALLER/PETER KARLEN, Raumplanungs-, Bau- und Umweltrecht, Bd. I, 3. Aufl., Zürich 1999, S. 128 ff.).

Dem Gesichtspunkt des Vertrauensschutzes, dem im Hinblick auf die Funktion des Eigentums als Mittel der Wertsicherung in einer freiheitlichen, marktwirtschaftlich orientierten Staatsordnung eine grosse Bedeutung zukommt, wird bei dieser Abgrenzung von entschädigungspflichtiger und nicht entschädigungspflichtiger Nicht-Einzonung nicht immer genügend Rechnung getragen (vgl. aber den differenzierteren BGE 131 II 728, 732 ff.). Das gilt u.E. auch für andere Fälle, in denen die Möglichkeit eines künftigen Gebrauchs einer Sache zu beurteilen ist. 2482

c) Art des Eingriffs

Das zweite Kriterium der Abgrenzung von materieller Enteignung und entschädigungslos zu duldender öffentlich-rechtlicher Eigentumsbeschränkung ist die Art des Eingriffes. Dabei sind zwei Fälle zu unterscheiden. Eine materielle Enteignung wird entweder angenommen, wenn der Eingriff eine besondere Intensität aufweist *oder* wenn er zwar nicht besonders schwer erscheint, einzelne Eigentümer aber im Vergleich zur Allgemeinheit in unzumutbarer Weise betroffen werden (Sonderopfer). 2483

aa) Besondere Intensität

Das Gemeinwesen wird entschädigungspflichtig, wenn die Beschränkung des bisherigen oder künftigen Gebrauchs einen schweren Eingriff in das Eigentum darstellt. Die 2484

Schwere des Eingriffs ist nach objektiven Kriterien und nicht nach dem subjektiven Empfinden der Betroffenen zu bestimmen. Die Anzahl der von einer Eigentumsbeschränkung Betroffenen spielt keine Rolle. Abzustellen ist weniger auf die Höhe der rechnerisch ermittelten Vermögenseinbusse als auf das *Ausmass der wirtschaftlichen Beeinträchtigung* durch Verlust von Befugnissen, die nach der bisher geltenden Eigentumsordnung bestanden. Dabei sind nach ständiger Rechtsprechung selbst massive Nutzungsbeschränkungen regelmässig nicht als besonders schwere Eingriffe zu betrachten, falls noch eine bestimmungsgemässe, wirtschaftlich sinnvolle und gute Nutzung der fraglichen Liegenschaften möglich bleibt (BGE 123 II 481, 489; BGer, Urteil 1A.19/2004 vom 25. Oktober 2004 E. 2.1 = ZBl 107 [2006] 41, 43 f.; Verwaltungsgericht des Kantons Luzern, Urteil vom 5. Dezember 2006 E. 2.c = ZBl 108 [2007] 618, 621; Rekurskommission für Infrastruktur und Umwelt, VPB 69 [2005] Nr. 45 E. 11).

2485 Als schwere Eingriffe gelten im Allgemeinen *Bauverbote*. Solche Verbote sind oft die Folge der Auszonung von Bauland, ausnahmsweise auch der Nicht-Einzonung eines Grundstückes, das aufgrund seiner Eigenschaften dem Baugebiet zuzuweisen gewesen wäre (vgl. Rz. 2481). Werden nur Teile einer Liegenschaft mit einem Bauverbot belegt, sind die Auswirkungen auf das ganze Grundstück massgebend; kann der verbleibende Teil angemessen und wirtschaftlich sinnvoll genutzt werden, so wirkt der Eingriff nicht enteignungsähnlich (Urteil des Bundesgerichts, ZBl 98 [1997] 368 ff.). Keine materielle Enteignung bedeutet nach einer «Faustregel» des Bundesgerichts ein Bauverbot, das nur den dritten Teil eines Grundstückes trifft (Urteile des Bundesgerichts, ZBl 98 [1997] 368 ff.; 85 [1984] 366 ff.).

2486 *Befristete Bauverbote* (fünf bis zehn Jahre) lösen in der Regel ebenfalls keine Entschädigungspflicht aus (vgl. BGE 123 II 481, 497; 117 Ib 4, 6; vgl. Eidg. Schätzungskommission, Urteil vom 21. November 2014 = BJM 62 [2015] 162 ff., 172: fünf bis *acht* Jahre). Die meisten übrigen baupolizeilichen und raumplanerischen Eigentumsbeschränkungen (wie Festlegung von Baulinien, Nutzungsart, Geschosszahl, Gebäudehöhe, Ausnützungsziffer usw.) gehören im Allgemeinen zu den leichten, nicht entschädigungspflichtigen Eingriffen. Ob dies auch für Herab- und Umzonungen sowie für Veränderungsverbote aus Gründen des Heimatschutzes zutrifft, muss im Einzelfall durch einen Vergleich der Verfügungs- und Nutzungsmöglichkeiten vor und nach dem Eingriff ermittelt werden (vgl. Urteil des Bundesgerichts, ZBl 97 [1996] 366 ff.; Urteil des Verwaltungsgerichts des Kantons Basel-Stadt, ZBl 86 [1985] 14 ff.).

Beispiele:

2487 – Die Zuweisung eines mitten in der Stadt Bern in überbautem Gebiet liegenden und teilweise überbauten Grundstücks, das eindeutig zum engeren Baugebiet gehörte und erschlossen bzw. durch die Eigentümerin erschliessbar war, zur Freifläche für Sport- und Schulanlagen stellt eine materielle Enteignung dar (BGE 114 Ib 286 ff.).

2488 – Der Stadtrat von St. Gallen untersagte den Abbruch eines St. Galler Bürgerhauses und erklärte alle von aussen wahrnehmbaren Veränderungen für bewilligungspflichtig. Der Hauseigentümer machte daraufhin eine materielle Enteignung geltend. Das von ihm angerufene Bundesgericht führte aus, die Unterschutzstellung der Fassaden und Dächer einzelner Häuser stelle keinen ausserordentlich tiefgreifenden Eingriff in das Eigentumsrecht am Haus dar. «Freilich bleiben stets die besonderen Umstände des Einzelfalles zu beurteilen. Als solche führt der Beschwerdeführer den nach seiner Meinung wesentlich höheren Wert an, welcher der Liegenschaft im Hinblick auf eine Neuüberbauung zukommt. Entgegen seiner Ansicht kommt es jedoch nicht entscheidend auf die Rendite an, die er bei einer Neuüberbauung erzielen könnte. Entscheidend ist vielmehr, ob die herkömmlichen Eigentumsbeschränkungen, denen der Beschwerdeführer unterliegt, eine bestimmungsgemässe, wirtschaftlich sinnvolle und gute Nutzung weiterhin erlauben (BGE 111 Ib 264 f. E. 4a m.H.). Diese Frage ist zu bejahen. [...] Unter diesen Umständen kann nicht davon die Rede sein, dass dem Beschwerdeführer mit der Schutzanordnung, mit deren Erlass er rechnen musste, wesentliche Eigentümerbefugnisse entzogen worden wären. Durch die Schutzmassnahme, die sich auf die nach aussen sichtbare historisch oder künstlerisch wertvolle Substanz beschränkt, wird der Beschwerdeführer den im kantonalen Baurecht seit langem bekannten und weit verbreiteten üblichen Eigentumsbeschränkungen unterworfen, welche im Interesse des Altstadt- und Heimatschutzes in Kauf genommen werden müssen.» (BGE 112 Ib 263, 267 f.; vgl. auch Verwaltungsgericht des Kantons Luzern, Urteil vom 5. Dezember 2006 E. 2c ff., betreffend Unterschutzstellung des Hotels «Pilatus» in Horw = ZBl 108 [2007] 618, 621 ff. sowie BGE 117 Ib 262 ff.).

– «Die Eigentumsgarantie als Wertgarantie gewährleistet nicht, dass eine Baulandparzelle dauernd bestmöglich ausgenutzt werden kann; mit Änderungen im zulässigen Nutzungsmass und in der Art der baulichen Nutzung muss der Eigentümer grundsätzlich rechnen, solange er vom Grundstück noch einen bestimmungsgemässen Gebrauch machen kann.» Ein solcher wirtschaftlich sinnvoller Gebrauch kann von Grundstücken, die bisher in der Wohnzone lagen, auch nach deren Zuweisung zu einer Gewerbezone mit beschränkten Ausnutzungsmöglichkeiten durchaus noch gemacht werden (BGE 123 II 481, 489 f.). 2489

bb) Sonderopfer

Auch wenn eine Eigentumsbeschränkung keinen besonders schweren Eingriff in den bisherigen oder künftigen Gebrauch einer Sache darstellt, kann eine materielle Enteignung vorliegen, sofern nur ein einziger oder einzelne Eigentümer so betroffen werden, dass ihr *Opfer gegenüber der Allgemeinheit unzumutbar* erschiene und es mit der Rechtsgleichheit nicht vereinbar wäre, wenn hierfür keine Entschädigung geleistet würde (BGer, Urteil 2C_461/2011 vom 9. November 2011 E. 5.6; Urteil 1A.19/2004 vom 25. Oktober 2004 E. 2 und E. 3.2 f. = ZBl 107 [2006] 41, 42 f., 46 f.). Voraussetzung ist also neben dem Sonderopfer auch hier, dass eine bestimmte Nutzungsmöglichkeit beschränkt und der Eingriff zwar nicht besonders schwer, aber doch von einer gewissen Intensität ist. An der ersten Voraussetzung fehlt es bei einer Nicht-Einzonung (vgl. Rz. 2481), weshalb eine solche kein Sonderopfer darstellt, auch wenn nur ein oder einzelne Eigentümer davon betroffen sind (Urteil des Bundesgerichts, ZBl 100 [1999] 590 ff.). 2490

Die Fälle, in denen eine Entschädigung für materielle Enteignung durch Auferlegung eines Sonderopfers zugesprochen wurde, sind *selten*. In der Literatur werden hauptsächlich *Massnahmen des Denkmal- und Landschaftsschutzes* genannt. Das Bundesgericht hat in BGE 117 Ib 262, 265 allerdings festgehalten, ein Plan, mit welchem der Regierungsrat des Kantons Genf 24 Gebäude unter Denkmalschutz gestellt hatte, bewirke keine materielle Enteignung, weil die Eigentümer im Verhältnis zu Eigentümern anderer Gebäude keine derartige Schlechterstellung erfahren, dass eine Entschädigung für ein Sonderopfer gerechtfertigt wäre (vgl. auch BGer, Urteil 1A.19/2004 vom 25. Oktober 2004 E. 3.2.2 = ZBl 107 [2006] 41, 46 f., wo das Bundesgericht ausführt, die Pflicht des Eigentümers, Massnahmen zur Erhaltung eines unter Schutz gestellten Bauernhauses zu treffen, bewirke noch kein Sonderopfer). Das Bundesgericht hat die Auferlegung von Baubeschränkungen zum Schutze eines Aussichtspunktes und dessen Umgebung, die 2491 nur einen einzigen Grundeigentümer treffen, als mögliches Sonderopfer bezeichnet (BGE 107 Ib 380, 384 ff. = Pra 71 [1982] Nr. 217). Ein solches liegt nach BGE 113 Ia 368 ff. auch vor, wenn eine archäologische Sammlung unter Schutz gestellt wird. Die damit begründete Pflicht des Eigentümers, für die Verlegung der Sammlung innerhalb des Kantonsgebietes eine Bewilligung einzuholen, und das Verbot, daran Änderungen vorzunehmen, stellen zwar keine schwere Beschränkung des Eigentums dar, aber doch eine Beeinträchtigung, die eine materielle Enteignung bewirkt, weil sie nur einen einzelnen oder eine beschränkte Zahl von Eigentümern trifft.

2. Höhe der Entschädigung

2492 Auch bei der materiellen Enteignung ist gemäss Art. 26 Abs. 2 BV *volle* Entschädigung zu leisten. Dies bedeutet ein System der Entschädigung «Alles-oder-Nichts». Der Grundeigentümer bekommt überhaupt keine Entschädigung – weil z.B. der Eingriff nicht die notwendige Schwere aufweist – oder er wird voll entschädigt.

2493 Die Höhe der Entschädigung wird nach den gleichen Grundsätzen berechnet wie bei der formellen Enteignung (vgl. Rz. 2407 ff.). Massgebend ist die Differenz zwischen dem Verkehrswert vor und nach der Eigentumsbeschränkung.

2494 Falls das Einreichen des Baugesuchs die materielle Enteignung ausgelöst hat (z.B. durch eine Zonenplanänderung, mit welcher die Behörden das geplante Bauvorhaben verhindern wollten) und die Bauherrschaft die behördliche Absicht nicht zum Voraus erkennen konnte, ist auch eine Entschädigung für die nutzlos gewordenen Projektierungskosten geschuldet. Ersatz für die Projektierungskosten muss ferner dann geleistet werden, wenn den Bauwilligen vor Einreichen des Baugesuchs Zusicherungen auf den Fortbestand der geltenden Bauvorschriften abgegeben worden sind. Die Entschädigung stützt sich in diesen beiden Fällen nicht auf Art. 26 BV, sondern auf den *Grundsatz des Vertrauensschutzes* (Art. 9 BV); der Anspruch besteht unabhängig vom Vorliegen eines Enteignungstatbestandes (BGE 119 Ib 229, 237; 112 Ib 105, 118; 108 Ib 352, 357 f.; siehe auch Rz. 706 ff.).

2495 Entschädigungspflichtig wird jenes Gemeinwesen, das die Eigentumsbeschränkung angeordnet hat.

2496 Die Entschädigung ist von dem Zeitpunkt an zu *verzinsen,* in welchem der Berechtigte unmissverständlich um Entschädigung ersucht hat (BGE 114 Ib 283 ff.). Wird die Eigentumsbeschränkung wieder aufgehoben, so ist die Enteignungsentschädigung zurückzuerstatten, nicht aber der Zins, denn es kann nicht rückgängig gemacht werden, dass dem Grundeigentümer in der Periode der Verzinsungspflicht weder die vollen Eigentümerbefugnisse noch die Vergütung zur Verfügung gestanden haben (BGE 125 II 1, 7).

3. Für die Berechnung massgeblicher Zeitpunkt

2497 Für die Bemessung der Entschädigung bei materieller Enteignung ist stets der *Zeitpunkt des Inkrafttretens der Eigentumsbeschränkung* massgebend, also z.B. der Eintritt der

Rechtskraft eines Zonenplans, eines Baugesetzes oder einer Schutzzone. In diesem Moment wird das Recht entwertet, anders als bei der formellen Enteignung, wo das Recht erst mit der Bezahlung der Entschädigung entzogen wird und auf den Enteigner übergeht. Bei *übermässiger Verzögerung* des Entscheides über die Rechtmässigkeit einer planerischen Massnahme, die zu einer materiellen Enteignung führt, sind jedoch für die Dauer der Verzögerung *Verzugszinsen* geschuldet (BGE 121 II 305 ff.).

4. Rechtsschutz

Entscheide letzter kantonaler Instanzen über die Zulässigkeit von öffentlich-rechtlichen Eigentumsbeschränkungen oder über die Höhe der Entschädigung bei materieller Enteignung können mit der Beschwerde in öffentlich-rechtlichen Angelegenheiten an das Bundesgericht weitergezogen werden (Art. 34 Abs. 1 RPG i.V.m. Art. 82 lit. a BGG). Diese Einheitsbeschwerde löst die Zweiteilung des Beschwerdewegs ab, welche sich als sehr problematisch erwiesen hatte. Nach früherem Recht musste je nach den erhobenen Rügen entweder eine staatsrechtliche oder eine Verwaltungsgerichtsbeschwerde eingereicht werden (Art. 34 Abs. 1 und 3 aRPG). 2498

Bei *Entschädigungen* als Folge von Eigentumsbeschränkungen, die durch Planungen nach RPG entstehen, wird der Kreis der Beschwerdeberechtigten ausgedehnt. Neben den betroffenen Privaten steht auch den Kantonen und Gemeinden die Beschwerde in öffentlich-rechtlichen Angelegenheiten offen (Art. 34 Abs. 2 RPG). Der Gesetzgeber wollte damit dem entschädigungspflichtigen Gemeinwesen einen Schutz gegen die Festsetzung übermässiger Entschädigungen gewähren. 2499

Streitigkeiten über öffentlich-rechtliche Eigentumsbeschränkungen und über die Entschädigung bei materiellen Enteignungen stellen in der Regel «zivilrechtliche Ansprüche» im Sinne von Art. 6 Ziff. 1 EMRK dar (BGE 131 I 12, 14 f.). Die Kantone müssen deshalb für eine Beurteilung durch ein unabhängiges Gericht sorgen, dem eine umfassende Sachverhalts- und Rechtskontrolle zusteht (vgl. BGE 120 Ia 209, 213 ff.; 119 Ia 88, 91 ff.; 117 Ia 497, 501 ff.; 117 Ia 378 ff.). Der Anspruch auf gerichtliche Beurteilung ergibt sich auch aus der Rechtsweggarantie (Art. 29a BV) und aus den Vorgaben des Art. 86 Abs. 2 BGG an die kantonalen Vorinstanzen des Bundesgerichts. 2500

IV. Entschädigungslose öffentlich-rechtliche Eigentumsbeschränkungen

1. Allgemeines

Unabhängig von einer allenfalls bestehenden Entschädigungspflicht müssen sich alle öffentlich-rechtlichen Eigentumsbeschränkungen auf eine genügende gesetzliche Grundlage abstützen, im öffentlichen Interesse liegen und den Grundsatz der Verhältnismässigkeit wahren. 2501

2502 Drei Gründe können zur Folge haben, dass eine öffentlich-rechtliche Eigentumsbeschränkung nicht als materielle Enteignung erscheint und entschädigungslos zu dulden ist: wenn *kein bisheriger oder künftiger, sehr wahrscheinlicher Gebrauch einer Sache* betroffen ist, wenn *kein schwerer Eingriff* vorliegt und auch *kein Sonderopfer* gegeben ist. Keine Entschädigung wird sodann bei gewissen *polizeilich motivierten Eigentumsbeschränkungen* gewährt (vgl. sogleich Rz. 2505 ff.).

2. Anwendungsfälle

2503 Keine Beschränkung eines bisherigen oder künftigen, sehr wahrscheinlichen *Gebrauchs* (vgl. Rz. 2477 ff.) wurde angenommen bei

- einem Bauverbot im Landwirtschaftsgebiet;
- der Einweisung von nicht erschlossenen Grundstücken in eine Schutzzone.

2504 Das Vorliegen eines *schweren Eingriffes* (vgl. Rz. 2483 ff.) wurde verneint bei

- Grenzabstands- und Gebäudeabstandsvorschriften;
- Vorschriften über Gebäudehöhe und Geschosszahl;
- Baulinien (Urteil des Bundesgerichts, ZBl 98 [1997] 368 ff.; BGE 110 Ib 359 ff.);
- Zutrittsverbotslinien (BGE 126 I 213, 218);
- fünf- bis zehnjährigen Bausperren (BGE 109 Ib 20 ff.; BGer, Urteil 1C_317/2007 vom 14. März 2008 E. 2);
- einem Bauverbot für einen Teil eines Grundstückes, wenn eine wirtschaftlich sinnvolle Nutzung des Rests möglich ist (Urteil des Verwaltungsgerichts des Kantons Zürich, ZBl 85 [1984] 366 ff.);
- der Verpflichtung, die äussere Hülle eines Gebäudes zu erhalten, sofern der Eigentümer die Liegenschaft weiterhin ihrem Zweck gemäss und wirtschaftlich rationell gebrauchen kann (BGE 117 Ib 262 ff.);
- der Unterschutzstellung des Hotels «Pilatus» (Verwaltungsgericht des Kantons Luzern, Urteil vom 5. Dezember 2006 = ZBl 108 [2007] 618, 621 ff.).

3. Sonderfall der polizeilich motivierten Eigentumsbeschränkungen

a) Grundsatz der Entschädigungslosigkeit

2505 Bis zum Jahre 1980 ging das Bundesgericht davon aus, die Frage der Entschädigungspflicht des Gemeinwesens für Eigentumsbeschränkungen stelle sich nicht, wenn der Eingriff zum *Schutz von Polizeigütern* erfolge. Der Polizeibegriff sei allerdings *eng* zu verstehen; die Massnahme müsse *gegen den Störer gerichtet* und zur Abwendung einer *konkreten, d.h. ernsthaften und unmittelbaren Gefahr* für die öffentliche Sicherheit und Ordnung nötig sein (BGE 105 Ia 330, 335 ff.; BGer, Urteil 2C_461/2011 vom 9. November 2011 E. 4.2; vgl. auch BGE 135 I 209, 215 f.).

2506 Beispiel:

Das Bundesgericht verneinte eine Entschädigungspflicht, als der Kanton Obwalden aus polizeilichen Motiven – Erhaltung des Waldes und Sicherung seiner Bewirtschaftung, Verhütung von Waldbränden, Schutz der Bewohner von Bauten am Waldrand – die Einhaltung eines Gebäudeabstandes von zwanzig Metern gegenüber dem Waldrand vorschrieb (BGE 96 I 123 ff.).

Keine solche im engen Sinne polizeilich motivierte Eigentumsbeschränkung stellt hingegen ein nicht nur polizeilich, sondern auch raumplanerisch bedingtes Bauverbot (z.B. die Ausscheidung einer Schutzzone aus Gründen des Grundwasserschutzes und der Ortsplanung) dar. 2507

b) Entschädigungspflicht bei schweren Eingriffen zum Schutz der Allgemeinheit

Ausnahmen vom Grundsatz der Entschädigungslosigkeit polizeilich motivierter Eigentumsbeschränkungen sind nach bundesgerichtlicher Rechtsprechung namentlich dann möglich, wenn *kumulativ zwei Voraussetzungen* gegeben sind (BGE 106 Ib 336 ff.; 106 Ib 330 ff.; Urteile des Bundesgerichts, ZBl 92 [1991] 557, 558; 90 [1989] 543 f.): 2508
- Es muss sich um einen *besonders schweren Eingriff* in das Privateigentum handeln, z.B. um die Auszonung baureifen oder zumindest grob erschlossenen Landes.
- Der Eingriff erfolgt zum Schutz der Allgemeinheit (z.B. zum *Schutz eines öffentlichen Werkes*) und nicht primär im Interesse der Grundeigentümer.

Beispiele:
- Waldabstandsvorschriften dienen dem Schutz der Grundeigentümer vor Schattenwurf und umstürzenden Bäumen; sie bewirken deshalb keine materielle Enteignung (Urteil des Verwaltungsgerichts des Kantons Zürich, ZBl 89 [1988] 255 f.). 2509
- Als materielle Enteignung erscheint die Ausscheidung einer Zone zum Schutz eines Grundwasserpumpwerkes einer Gemeinde, die zur Folge hat, dass die bisher in einer Bauzone gelegenen, erschlossenen Grundstücke nicht mehr überbaut werden können. Obwohl die zu Gunsten des öffentlichen Werkes vorgenommene Änderung des Zonenplans polizeilich motiviert ist und sich gegen den Störer richtet, ist sie gleich zu behandeln wie eine Auszonung aus raumplanerischen Gründen. Sie stellt einen schweren Eingriff dar, welcher nicht dem Schutz des Grundeigentümers, sondern der Allgemeinheit dient und mit dem durch das Grundwasserpumpwerk der Gemeinde geschaffenen Gefahrenherd zusammenhängt, weshalb das anordnende Gemeinwesen entschädigungspflichtig wird (BGE 106 Ib 336 ff.). 2510

In seiner jüngsten Rechtsprechung spricht das Bundesgericht von drei Ausnahmen von der Entschädigungslosigkeit polizeilicher Eingriffe, nämlich erstens vom Fall des nicht nur polizeilich, sondern auch raumplanerisch bedingten Bauverbotes, zweitens vom Fall des Verbots einer bereits bestehenden Nutzung und drittens vom Fall, in welchem die Schaffung einer Schutzzone eine Auszonung baureifen oder grob erschlossenen Landes bewirkt oder einer solchen Auszonung gleichkommt (BGer, Urteil 2C_461/2011 vom 9. November 2011 E. 4.3; vgl. kritisch zum Urteil ARNOLD MARTI, ZBl 113 [2012] 617 ff.). Auch zu diesen Ausnahmen formuliert das Bundesgericht nochmals eine Gegenausnahme: «Allerdings liegt keine materielle Enteignung vor, wenn die aus polizeilichen Gründen angeordnete Beschränkung unmittelbar dem Schutz des Grundeigentümers selbst dient, so etwa bei einem Bauverbot in einem lawinengefährdeten Gebiet oder bei einer Waldabstandszone […].» 2511

Man kann sich fragen, ob es angesichts dieser Ausnahmen und Gegenausnahmen noch sinnvoll ist, am Grundsatz der Entschädigungslosigkeit polizeilich motivierter Eigentumsbeschränkungen festzuhalten, oder ob es nicht konsequenter wäre, auch hier nach dem Kriterium der Schwere des Eingriffs bzw. des Sonderopfers zwischen entschädigungspflichtigen und entschädigungslosen Eigentumsbeschränkungen zu unter- 2512 scheiden. Polizeiliche Einschränkungen belasten den Eigentümer in der Regel wenig, insbesondere dann, wenn sie auch seinem Schutz vor Schäden und Gefahren dienen. Sie treffen ihn ausnahmsweise schwer, sofern sie z.B. ein Bauverbot für Bauland zur Folge haben, das primär im Interesse der Allgemeinheit liegt.

7. Teil Subventionen

§ 37 Subventionen

Literatur

BUNDI LIVIO, Die Subventionsüberprüfung im Rahmen von Art. 5 SuG, in: Martina Caroni/Sebastian Heselhaus/Klaus Mathis/Roland Norer (Hrsg.), Auf der Scholle und in lichten Höhen, Festschrift für Paul Richli zum 65. Geburtstag, Zürich/St. Gallen/Baden-Baden 2011, S. 423 ff.; BUSCHOR ERNST, Die öffentliche Finanzwirtschaft zwischen Automatismen und Mittelverknappung, Bern 1983; BUSSMANN WERNER, Pauschal- und Globalbeiträge, ZBl 89 (1988) 306 ff.; GIACOMINI SERGIO, Verwaltungsrechtlicher Vertrag und Verfügung im Subventionsverhältnis «Staat–Privater», Diss. Freiburg 1992; GRÜNE MICHAEL, Subventionen in der Demokratie, Analytische Grundlagen einer Subventionsordnung, Bern/Frankfurt a.M. 1997; HERTIG GÉRARD, Les aides des cantons aux particuliers, RDAF 41 (1985) 1 ff.; HUMBEL FABIAN, Subventionsbetrug, Diss. Zürich 2008; JIROUSEK ADAM, Die subventionsrechtlichen Systeme der Welthandelsorganisation, der Europäischen Gemeinschaft und der Nordamerikanischen Freihandelszone, Einfluss der Qualität der überstaatlichen Rechtsordnungen auf die Ausgestaltung des Subventionsschutzes, Diss. Berlin, Baden-Baden 2007; KISTLER BRUNO, Contribution à l'étude juridique des subventions fédérales, Diss. Lausanne 1956; LIENHARD ANDREAS/ ZIELNIEWICZ AGATA, Zum Legalitätsprinzip bei Einzelfallsubventionen, in: Martina Caroni/Sebastian Haselhaus/Klaus Mathis/Roland Norer (Hrsg.), Auf den Schollen und in lichten Höhen: Festschrift für Paul Richli zum 65. Geburtstag, Zürich/St. Gallen/Baden-Baden 2011, S. 451 ff.; MEYER JACQUES, La nouvelle loi fédérale sur les subventions, Les tenants et les aboutissants?, Steuer Revue 47 (1992) 158 ff.; MICHEL MARTIN, Praktische Möglichkeiten der Wirtschaftsförderung durch die Kantone – mit besonderer Berücksichtigung des Kantons Schwyz, Diss. Freiburg 1993; MÖLLER FABIAN, Rechtsschutz bei Subventionen, Die Rechtsschutzmöglichkeiten Privater im Subventionsverfahren des Bundes unter Berücksichtigung der neueren Entwicklungen des nationalen und internationalen Subventions- und Beihilferechts, Diss. Basel 2006; POLTIER ETIENNE, Les subventions, in: Andreas Lienhard (Hrsg.), Finanzrecht, SBVR Bd. X, Basel 2011, S. 343 ff.; RHINOW RENÉ A., Wesen und Begriff der Subvention in der schweizerischen Rechtsordnung, Diss. Basel 1971; RICHLI PAUL, Rechtsformen für die Gewährung von Finanzhilfen, ZSR 105/I (1986) 79 ff.; SCHAERER BARBARA, Subventionen des Bundes zwischen Legalitätsprinzip und Finanzrecht, Diss. Bern, Zürich/Chur 1992; SCHINDLER DIETRICH, Die Bundessubventionen als Rechtsproblem, Diss. Zürich 1951; STENGEL KARL, Zur Problematik der rechtlichen Ordnung der Subventionen, ZBl 89 (1988) 285 ff.; STÖRI GILG, Verhaltenssteuerung durch Subventionen, Zur Bedeutung von Struktur und Funktion für die Zulässigkeit der Subvention, Diss. Zürich 1992.

I. Begriff und Funktionen

Unter Subventionen versteht man geldwerte Vorteile, die der Staat gewährt, um die Empfängerin oder den Empfänger zu *einem bestimmten, im öffentlichen Interesse liegenden Verhalten* zu veranlassen (vgl. BGE 140 I 153, 162; 122 V 189, 198; BVGer, Urteil B-1773/2012 vom 18. Dezember 2014 E. 3.3.1). Es handelt sich dabei meist um Geldleistungen, doch fallen auch unentgeltliche oder vergünstigte Dienst- oder Sachleistungen des Gemeinwesens unter den Subventionsbegriff (Art. 3 Abs. 1 SuG). 2513

Die Subvention ist ein *Instrument der Verhaltenssteuerung* (BGE 122 V 189, 198; 116 Ib 309, 311). Es verbietet das unerwünschte Verhalten nicht oder schreibt nicht ein erwünschtes Verhalten vor, sondern setzt Anreize, um das Verhalten in eine bestimmte 2514

Richtung zu lenken. Die Privaten brauchen ihr Verhalten nicht zu ändern, wenn sie auf die Subvention verzichten; es handelt sich um ein «weiches» Instrument der Verhaltenssteuerung im Gegensatz zu Ver- oder Geboten, Bewilligungen oder Konzessionen, mit welchen ein bestimmtes Verhalten erzwungen werden kann.

2515 Zum Teil werden auch geldwerte Vorteile als Subventionen bezeichnet, die vom Staat als *Entschädigung für die Erfüllung von gesetzlich vorgeschriebenen oder übertragenen Aufgaben* ausgerichtet werden (vgl. Art. 3 Abs. 2 SuG; siehe bspw. BGE 138 V 445, 448). Diese Art von Vergünstigung bezweckt keine Verhaltenssteuerung durch Anreize, da die Empfängerinnen oder Empfänger verpflichtet sind, die Aufgabe wahrzunehmen (vgl. zur Übertragung von Verwaltungsaufgaben auf Private Rz. 1817 ff.). Sie werden im Bund als *Abgeltungen* bezeichnet und fallen nicht unter den hier verwendeten Subventionsbegriff.

II. Arten

1. Einmalige und wiederkehrende Subventionen

2516 Subventionen können je nach Art der Tätigkeit der Empfängerin oder des Empfängers einmalig oder wiederkehrend ausgerichtet werden.

2517 Beispiele:
- einmalig: Subvention für den Bau eines Altersheims durch eine private Trägerschaft (vgl. BGE 106 V 133, 136; BVGer, Urteil B-2305/2013 vom 12. September 2013 E. 3.4.1);
- wiederkehrend: Subventionen für den Betrieb eines Museums oder eines Theaters.

2. Anspruchs- und Ermessenssubventionen

2518 Das Gesetz kann die Voraussetzungen für die Gewährung einer Subvention sowie deren Höhe in so bestimmter Weise umschreiben, dass *kein wesentlicher Entscheidungsspielraum für die rechtsanwendenden Behörden* bleibt (vgl. BGE 129 V 226, 229; 118 V 16, 19; BVGer, Urteil B-8207/2010 vom 22. März 2011 E. 2.2; Urteil B-5075/2007 vom 16. April 2008 E. 4.2.1). Sie haben die Subventionsgesuche nur daraufhin zu prüfen, ob die gesetzlichen Voraussetzungen erfüllt sind oder nicht. In diesem Fall liegt eine *Anspruchssubvention* vor (bspw. BVGer, Urteil A-5057/2013 vom 2. Juli 2014 E. 1.3).

2519 Beispiele:
- Stipendien für Studierende;
- Kostendeckende Einspeisevergütungen für Elektrizität aus erneuerbaren Energien.

2520 Von *Ermessenssubventionen* spricht man, wenn das Gesetz den rechtsanwendenden Behörden *Ermessen* einräumt beim Entscheid darüber, ob eine Subvention zuzusprechen und wie sie zu bemessen ist (vgl. BVGer, Urteil B-1773/2012 vom 18. Dezember 2014 E. 3.4.1; Urteil B-8207/2010 vom 22. März 2011 E. 2.2; Urteil B-6272/2008 vom 31. Januar 2011 E. 4.3; zum Ermessen Rz. 396 ff.).

Beispiele: 2521
- Subventionen des Bundes zur Erhaltung von Objekten des Natur- und Heimatschutzes und der Denkmalpflege nach Art. 13 ff. NHG;
- Beiträge des Schweizerischen Nationalfonds zur Förderung der wissenschaftlichen Forschung nach Art. 10 FIFG (Bundesgesetz über die Förderung der Forschung und Innovation).

Das Gesetz kann auch nur festlegen, dass unter gewissen Bedingungen ein *Anspruch* auf eine Subvention besteht, ohne deren Bemessung zu regeln. In diesem Fall muss die rechtsanwendende Behörde eine Subvention gewähren, wenn die gesetzlichen Voraussetzungen erfüllt sind, hat aber bei der Bemessung einen Beurteilungs- oder Ermessensspielraum. 2522

3. Ex-ante-Subventionen und ex-post-Subventionen

Von einer ex-ante-Subvention spricht man, wenn sie vor *Inangriffnahme einer Tätigkeit* zugesichert wird. Eine ex-post-Subvention liegt vor, wenn sie *nach Erfüllung der Aufgabe* ausgerichtet wird (vgl. BVGer, Urteil C-2840/2012 vom 29. August 2014 E. 3.2.5.4). 2523

Beispiele: 2524
- Ex-ante-Subvention: Beteiligung des Bundes an der Finanzierung von kulturellen Anlässen und Projekten nach Art. 16 KFG;
- Ex-post-Subvention: Direktzahlungen des Bundes an die Landwirtschaft zur Abgeltung gemeinwirtschaftlicher Leistungen nach Art. 70 ff. LwG.

Mittels ex-ante-Subventionen lässt sich das Verhalten der Empfängerinnen und Empfänger *besser steuern* als durch ex-post-Subventionen. In der Regel sehen die Gesetze deshalb ex-ante-Subventionen vor und räumen den Verwaltungsbehörden *Ermessen* ein beim Entscheid darüber, ob die Subventionen zu gewähren und wie sie zu bemessen sind (Ermessenssubventionen, vgl. Rz. 2520 f.). Ex-post-Subventionen sind die Ausnahme; sie kommen vor allem dort vor, wo das Gesetz einen *Anspruch auf die Zusprechung* begründet (Anspruchssubventionen, vgl. Rz. 2518 f.). 2525

4. Direkte und indirekte Subventionen

Eine direkte Subvention liegt vor, wenn das Gemeinwesen eine *positive Leistung* erbringt. Um eine indirekte Subvention handelt es sich dagegen, wenn die Vergünstigung im *Verzicht des Gemeinwesens* auf eine ihm zustehende Einnahme besteht. 2526

Beispiele: 2527
- Finanzieller Beitrag des Gemeinwesens an die Kosten des Betriebs eines Kunstmuseums durch Private (Kulturförderung durch direkte Subvention);
- Steuerliche Begünstigung von Firmen, die sich neu ansiedeln (Standortförderung durch indirekte Subvention).

III. Voraussetzungen für die Zusprechung von Subventionen

1. Zuständigkeit des Gemeinwesens und gesetzliche Grundlage

2528 Die Ausrichtung von Subventionen wurde früher der «freien Staatstätigkeit» zugerechnet, die das Gemeinwesen ohne besondere Ermächtigung ausüben durfte. Heute ist unbestritten, dass Subventionen Instrumente der Verhaltenssteuerung sind, die auf einer *genügenden gesetzlichen Grundlage* beruhen müssen. Diese muss vom zuständigen Gemeinwesen geschaffen worden sein. Für den Bund bedeutet dies, dass er Subventionen nur gewähren kann, wenn die BV ihn dazu ermächtigt (Art. 3 BV). Es genügt allerdings, dass dem Bund die Zuständigkeit zur Gesetzgebung im betreffenden Gebiet zusteht.

2529 Das Gesetzmässigkeitsprinzip gilt auch in der Leistungsverwaltung (BGE 123 I 1, 4; 116 Ib 309, 313; 103 Ia 369, 381; Rz. 379 ff.). Die Anforderungen an die Bestimmtheit des Rechtssatzes und an das Erfordernis der Gesetzesform sind aber in diesem Bereich weniger streng als in der Eingriffsverwaltung (BGE 138 I 378, 392). Die Stufe und der Bestimmtheitsgrad der Rechtsnorm hängen u.a. davon ab, ob es sich um einmalige oder um wiederkehrende staatliche Leistungen handelt (BGE 134 I 313 ff.; 118 Ia 46, 61 f.).

2. Bewilligung des erforderlichen Kredits

2530 Wird die Subvention in Form einer Geldleistung gewährt, so muss das zuständige Organ (in der Regel das Parlament, allenfalls das Volk in einer Referendumsabstimmung, an der Landsgemeinde oder in der Gemeindeversammlung) vor deren Ausrichtung den erforderlichen *Kredit bewilligen.*

2531 Die Verwaltungsbehörden dürfen *Subventionen nur zusichern,* wenn der erforderliche *Kredit bewilligt* ist (VPB 2014.2, S. 113, 116). Bei *Anspruchssubventionen* (Rz. 2518 f.) ist das zuständige Organ verpflichtet, die für die Ausrichtung notwendigen Kredite im *Voranschlag* einzustellen oder *nachträglich zu bewilligen.* Bestimmt das Gesetz nur die *Voraussetzungen für die Gewährung* der Subvention, nicht aber deren *Höhe* (Rz. 2522), so darf die Zusprechung nicht verweigert werden mit der Begründung, es seien nicht genügend Mittel bewilligt worden. Vielmehr muss die Verwaltung die vorhandenen Kredite rechtsgleich und willkürfrei aufteilen; ein minimaler Betrag pro Gesuch muss dabei zugesprochen werden (vgl. BGE 110 Ib 148, 154 ff.). Für *Ermessenssubventionen* sieht Art. 13 Abs. 1 und 2 SuG vor, dass die Departemente eine Prioritätenordnung erstellen, nach welcher die Subventionsgesuche beurteilt werden, wenn die vorhandenen Mittel für die eingereichten oder zu erwartenden Gesuche nicht ausreichen. Das gilt auch für Subventionen, die unter *Vorbehalt oder im Rahmen der Bewilligung der erforderlichen Kredite* zugesprochen werden.

IV. Subventionsverhältnis

1. Begründung

a) Durch Verfügung

In der Regel wird das Rechtsverhältnis zwischen dem Gemeinwesen und der Empfängerin oder dem Empfänger der Subvention durch eine *mitwirkungsbedürftige Verfügung* (Rz. 892 ff.) begründet (Art. 16 Abs. 1 SuG). Der zuständigen Behörde ist ein *Gesuch* einzureichen (Art. 11 Abs. 1 SuG), mit welchem die Gewährung einer Subvention beantragt und dargelegt wird, dass die gesetzlichen Voraussetzungen für die Zusprechung erfüllt sind (vgl. bspw. BVGer, Urteil B-523/2012 vom 11. Juli 2012 E. 4). In der Verfügung werden die Rechte und Pflichten der Parteien festgelegt, soweit sie sich nicht bereits aus dem Gesetz ergeben, insbesondere Art, Zeitpunkt, Dauer und Umfang der Begünstigung sowie die Aufgaben, welche die Privaten im öffentlichen Interesse zu erfüllen haben. 2532

Beispiele: 2533

- Verfügung betreffend Subventionierung des Baus und Betriebs einer regionalen Milchverarbeitungsanlage gestützt auf Art. 93 Abs. 1 lit. c LwG;
- Verfügung betreffend Beitrag an die Kosten der Renovation einer unter Denkmalschutz stehenden Liegenschaft (BGer, Urteil 2P.233/2006 vom 7. März 2007).

b) Durch verwaltungsrechtlichen Vertrag

Hat die zuständige Verwaltungsbehörde einen *grossen Spielraum* beim Entscheid darüber, ob, unter welchen Voraussetzungen und in welcher Höhe eine Subvention zu gewähren ist (was namentlich bei Ermessenssubventionen [Rz. 2520 f.] zutrifft), so besteht die Möglichkeit, das Subventionsverhältnis nach entsprechenden Verhandlungen mit den Gesuchstellenden durch einen *verwaltungsrechtlichen Vertrag* zu regeln (bspw. BVGer, Urteil A-1662/2006 vom 14. Januar 2009 E. 2.2). Ein solches Vorgehen rechtfertigt sich insbesondere, wenn das Subventionsverhältnis *auf Dauer* begründet und ausgeschlossen werden soll, dass die Empfängerin oder der Empfänger einseitig *auf die Erfüllung der Aufgabe verzichtet.* Art. 16 SuG sieht die Möglichkeit des verwaltungsrechtlichen Vertrages ausdrücklich vor (vgl. Rz. 1336 ff.). 2534

Beispiele:

- Subventionsvertrag zwischen dem Kanton Basel-Stadt und dem Verein Connect Café Basel betreffend Betriebskostenbeiträge an die Kinder- und Jugendarbeit für das Jahr 2010 und 2011 vom 8./9. März 2010 (<https://www.oeffentlichkeitsgesetz.ch/downloads/befreitedokumente/10/Subvention_Connect_Cafe_Basel_2010-2011.pdf>; besucht am 18. März 2015); 2535
- Subventionsvertrag zwischen dem Kanton Basel-Stadt und der Zoologische Garten Basel AG betreffend Abgeltung von durch den Zoo Basel zu erbringende Leistungen für die Jahre 2008 bis 2012 (<http://www.grosserrat.bs.ch/dokumente/100264/000000264065.pdf>, besucht am 18. März 2015). 2536

c) Unmittelbar durch Rechtssatz

2537 Ausnahmsweise kann das Subventionsverhältnis unmittelbar durch Rechtssatz begründet werden, wenn dieser die Rechte und Pflichten des Gemeinwesens und der Empfängerinnen und Empfänger der Subvention so *detailliert umschreibt, dass keine Konkretisierung im Einzelfall* durch eine Verfügung oder einen verwaltungsrechtlichen Vertrag *notwendig ist.* Es handelt sich dabei also immer um Anspruchssubventionen (Rz. 2518 f.) und oft auch um ex-post-Subventionen (Rz. 2523 ff.).

2538 Beispiele:
- Direktzahlungen des Bundes an die Landwirtschaft zur Abgeltung gemeinwirtschaftlicher Leistungen nach Art. 70 ff. LwG;
- BGE 111 Ib 150, 154 f. betreffend einer gesetzlichen Zivilschutzbauten-Subvention.

2. Beendigung

a) Durch Zeitablauf

2539 Subventionsverhältnisse, die einmalige Subventionen betreffen, oder auf bestimmte Zeit begründet worden sind, werden *durch Zeitablauf beendet.* Subventionsverfügungen und Subventionsverträge sehen oft die Möglichkeit vor, das Subventionsverhältnis unter bestimmten Voraussetzungen zu verlängern. In der Regel wird aber kein Anspruch auf Verlängerung eingeräumt.

2540 Beispiel:
Ziff. 7.3 des Subventionsvertrages zwischen dem Kanton Basel-Stadt und der Zoologische Garten Basel AG betreffend Abgeltung der durch den Zoo Basel zu erbringenden Leistungen für die Jahre 2008 bis 2012 (Rz. 2536).

b) Durch Widerruf

2541 Subventionsverhältnisse, die durch Verfügung begründet worden sind, können widerrufen werden, wenn die *Voraussetzungen der Gewährung der Subvention nicht oder nicht mehr erfüllt* sind (vgl. dazu Rz. 2532 f.); zum Widerruf von Subventionsverfügungen im Bund vgl. Art. 30 SuG; BGer, Urteil 2C_650/2009 vom 22. Februar 2010 E. 2.1). Bei der Abwägung zwischen dem Interesse daran, dass die Verfügung geändert oder aufgehoben wird, und dem Interesse am Bestand der Verfügung ist zu berücksichtigen, wieweit die Empfängerin oder der Empfänger der Subvention Dispositionen im Hinblick auf die ihnen obliegende Aufgabe getroffen hat, die nicht oder nicht ohne Nachteil rückgängig gemacht werden können.

2542 Viele Gesetze sehen vor, dass die Subvention ganz oder teilweise *zurückzuerstatten* ist, wenn die Empfängerin oder der Empfänger die im öffentlichen Interesse liegenden Aufgaben *nicht oder mangelhaft erfüllt* (vgl. z.B. Art. 28 Abs. 1 und 2 SuG). Wird ein subventioniertes Objekt (bspw. Baute, Grundstück, Werk, bewegliche Sache) nicht mehr seinem – im öffentlichen Interesse liegenden – *Zweck entsprechend verwendet oder veräussert,* so kann das Subventionsverhältnis ebenfalls aufgelöst und die Subvention zurückgefordert werden (vgl. Art. 29 SuG).

c) Kündigung und einseitige Auflösung

Subventionsverhältnisse, die durch verwaltungsrechtlichen Vertrag begründet worden sind, können *gekündigt* werden, wenn das Gesetz oder der Vertrag dies vorsehen. 2543

Subventionsverträge, die beim Abschluss gegen Rechtsvorschriften verstossen oder nachträglich fehlerhaft werden, können von der zuständigen Behörde *einseitig aufgelöst* oder an die *veränderte Sach- oder Rechtslage angepasst werden* (Art. 31 SuG; vgl. auch Rz. 1348 ff.). Erfüllen die Empfängerinnen oder Empfänger der Subventionen ihre vertraglichen Pflichten nicht, so können diese – anders als bei durch Verfügung begründeten Subventionsverhältnissen – mit einem *Rechtsmittel durchgesetzt* werden (vgl. Art. 28 Abs. 4 SuG). 2544

3. Rechtsschutz

Seit dem Inkrafttreten von Art. 29a BV besteht ein Anspruch auf gerichtlichen Rechtsschutz. Die Verweigerung einer Subvention stellt eine Verfügung dar, welche im Bund nach Art. 33 VGG vor dem Bundesverwaltungsgericht anfechtbar ist (BVGer, Urteil C-6387/2007 vom 23. Juni 2009 E. 1.4.2). Gelegentlich wird die Ablehnung eines Gesuchs auch nur informell mitgeteilt. In diesen Fällen muss auf Begehren des Gesuchstellers eine anfechtbare Verfügung erlassen werden (vgl. Art. 19 Abs. 3 SuG). 2545

8. Teil Polizei

§ 38 Polizeiliche Massnahmen

Literatur

ABO YOUSSEF OMAR/TÖNDURY ANDREA (Hrsg.), Der Schutz polizeilicher Güter – Entwicklungen und Spannungsfelder, Zürich/St. Gallen 2011; ABRAVANEL PHILIPPE, La protection de l'ordre public dans l'Etat régi par le droit, ZSR 99/II (1980) 1 ff.; ALBERTINI GIANFRANCO, Polizeigesetz und Polizeiverordnung des Kantons Graubünden, Zürich/Basel/Genf 2013; ALBERTINI GIANFRANCO, Die polizeiliche Massnahme gemäss Art. 9–22 des Polizeigesetzes des Kantons Graubünden vom 20. Oktober 2004, Chur 2005; AUBERT GABRIEL, Les interventions de la police en droit genevois, Genf 1985; BIAGGINI GIOVANNI, Die polizeiliche Generalklausel: ein verkanntes Rechtsinstitut, ZBl 113 (2012) 35 ff.; BREITSCHMID PETER, Die Beanspruchung der Polizei zur Sicherung privater Rechte, ZBl 84 (1983) 289 ff.; CONINX ANNA, Unsere Sicherheit – die Freiheit der anderen? Das Problem der selektiven Freiheitsbeschränkungen in der Sicherheitspolitik, ZSR 133/I (2014) 103 ff.; DENNINGER ERHARD, Rechtsstaatliche Polizei in Zeiten intensiver Prävention, Sicherheit & Recht 5 (2012) 222 ff.; EGLI PATRICIA, Grundrechte – Aktuelle Entwicklungen im Sicherheits- und Polizeirecht, Sicherheit & Recht 5 (2012) 193 ff.; FREI PETER, Wegweisung und Rückkehrverbot nach St. Gallischem Polizeigesetz, Eine Bestandesaufnahme, AJP 13 (2004) 547 ff.; GAMMA MARCO, Möglichkeiten und Grenzen der Privatisierung polizeilicher Gefahrenabwehr, Diss. Freiburg, Bern 2000; HALLER WALTER, Polizeigesetzgebung und Europäische Menschenrechtskonvention, in: Recht als Prozess und Gefüge, Festschrift für Hans Huber zum 80. Geburtstag, Bern 1981, S. 563 ff.; HENSLER BEAT, Sicherheitsarchitektur der Schweiz aus der Sicht der Polizei, Sicherheit & Recht 4 (2011) 75 ff.; KAUFMANN MATHIAS/WALTI STEPHANIE, Die polizeiliche Generalklausel – eine schillernde Rechtsfigur, in: Omar Abo Youssef/Andrea Töndury (Hrsg.), Der Schutz polizeilicher Güter – Entwicklungen und Spannungsfelder, Zürich/St. Gallen 2011, S. 59 ff.; KELLER HELEN/BÜRLI NICOLE, Überdenken der polizeilichen Generalklausel bei Vorliegen staatlicher Schutzpflichten, AJP 20 (2011) 1143 ff.; KELLER SILVAN/WERDER GREGORI, Zur verfassungskonformen Handhabung des revidierten Hooligan-Konkordats, Sicherheit & Recht 7 (2014) 149 ff.; KIENER REGINA, Bundesrätliches «Notrecht» und Unabhängigkeit der Justiz, in: Markus Rüssli/Julia Hänni/Reto Häggi Furrer (Hrsg.), Staats- und Verwaltungsrecht auf vier Ebenen, Festschrift für Tobias Jaag, Zürich/Basel/Genf 2012, S. 459 ff.; KLEINER JAN, Rechtsfragen rund um Stadionverbote, in: Oliver Arter/Margareta Baddeley (Hrsg.), Sport und Recht – Sicherheit im Sport, Bern 2006, S. 19 ff.; LANGENEGGER DANIEL, Polizeiliche Befugnisse der Angehörigen der Armee, des Grenzwachtkorps, der kantonalen Polizeikorps und privater Sicherheitsdienste, Sicherheit & Recht 4 (2011) 139 ff.; LEUTERT STEFAN, Polizeikostentragung bei Grossveranstaltungen, Diss. Zürich 2005; LIENHARD ANDREAS/ZIELNIEWICZ AGATA, Zum Anwendungsbereich des bundesrätlichen Notrechts, ZBl 113 (2012) 111 ff.; LINSI CHRISTIAN, Verfassungsrechtliche Zuständigkeit des Bundes für den Erlass von Polizeirecht, LeGes 19 (2008) 465 ff.; MATHYS HANS, Zum Begriff des Störers im Polizeirecht, Diss. Zürich 1974; MEIER BENJAMIN, Hooligankonkordat: präventive Verpackung, repressive Wirkung. Strafrechtlicher Charakter von Verwaltungsmassnahmen, AJP 23 (2014) 668 ff.; MOECKLI DANIEL/KELLER RAPHAEL, Wegweisungen und Rayonverbote – ein Überblick, Sicherheit & Recht 5 (2012) 231 ff.; MOECKLI DANIEL/TÖNDURY ANDREA, Vom Störerbild zum Störerprinzip – und zurück?, in: Markus Rüssli/Julia Hänni/Reto Häggi Furrer (Hrsg.), Staats- und Verwaltungsrecht auf vier Ebenen, Festschrift für Tobias Jaag, Zürich/Basel/Genf 2012, S. 25 ff.; MOHLER MARKUS H.F., Polizeiliche Zusammenarbeit Schweiz-EU, Sicherheit & Recht 6 (2013) 136 ff.; MOHLER MARKUS H.F., Staatliches Gewaltmonopol, Sicherheit & Recht 5 (2012) 152 ff.; MOHLER MARKUS H.F., Grundzüge des Polizeirechts in der Schweiz, Basel 2012; MUCKEL STEFAN, Abschied vom Zweckveranlasser, DÖV 51 (1998) 18 ff.; MÜLLER JOËL O., Das revidierte Konkordat über Massnahmen zur Bekämpfung der Gewalt an Sportveranstaltungen vom 2. Februar 2012 («Hooligan-Konkordat»), recht 31 (2013) 109 ff.; MÜLLER LUCIEN, Polizeiliche Videoüberwachung öffentlicher Strassen und Plätze, in: Omar Abo Youssef/Andrea Töndury (Hrsg.), Der Schutz polizeilicher Güter – Entwicklungen und Spannungsfelder, Zürich/St. Gallen 2011, S. 89 ff.; MÜLLER MARKUS, Hungertod in der Zelle, ZBl 114 (2013) 293 f.; MÜLLER MARKUS, Polizeiliche Generalklausel: klärende Worte des Bundesgerichts, ZBJV 148 (2012) 220 ff.; MÜLLER MARKUS, Legalitätsprinzip – Polizeiliche Generalklausel – Besonderes Rechtsverhältnis, ZBJV 136 (2000) 725 ff.; MÜLLER MARKUS/JENNI CHRISTOPH, Die polizeiliche Generalklausel – Ein Institut mit Reformbedarf, Sicherheit & Recht 1 (2008) 4 ff.; MÜLLER MARKUS/JENNI CHRISTOPH, Notrecht – ... abermals zur polizeilichen Generalklausel, Sicherheit & Recht 3 (2010) 101 ff.; MÜLLER RETO PATRICK, Innere Sicherheit Schweiz: rechtliche und tatsächliche Entwicklungen im Bund seit 1848, Diss. Basel, Egg bei Einsiedeln 2009; POLTIER ETIENNE, Le recouvrement des frais d'interventions policières auprès des administrés, in: Bettina Monot/Yves Noël (Hrsg.), Recueil de travaux offert à François Gilliard, Tolochenaz 1987, S. 125 ff.; REINHARD HANS, Allgemeines Polizeirecht: Aufgaben, Grundsätze und Handlungen, Diss. Bern 1993; RÉMY MARC, Droit des mesures policières – principes généraux, cadre juridique et coopération policières, Genf 2008; RUCH ALEXANDER, Äussere und innere Sicherheit, in: Verfassungsrecht der Schweiz, Zürich 2001, § 56; SAUER BARBARA, Das Recht der Vollzugspolizeien von Bund und Kantonen in der Schweiz – Eine vergleichende Untersuchung aus der Perspektive der bundesdeutschen Polizeirechtsordnung, Diss. Würzburg 2007; SCHÄRMELI LILIANE, Entwicklung und Tragweite des Polizeibegriffs im Verwaltungsrecht, in: Omar Abo Youssef/Andrea Töndury (Hrsg.), Der Schutz polizeilicher Güter – Entwicklungen und Spannungsfelder, Zürich/St. Gallen 2011, S. 37 ff.; SCHEFER MARKUS/MÜLLER RETO, Schutz der inneren Sicherheit – historische Entwicklung und aktuelle Fragestellungen, Sicherheit & Recht 3 (2010) 57 ff.; SCHEFFLER JAN, Die Überwälzung von polizeilichen Sicherheitskosten anlässlich von Fussballspielen am Beispiel der «Lex Arena» der Stadt St. Gallen, Sicherheit & Recht 4 (2011) 174 ff.; SCHERRER KARIN, Handlungs- und Kostentragungspflichten bei der Altlastensanierung, Störer- versus Verursacherprinzip, Diss. Bern 2005; SCHINDLER BENJAMIN, Rechtsschutz im Polizeirecht: Eine Standortbestimmung, Sicherheit & Recht 5 (2012) 215 ff.; SCHOTT MARKUS/KÜHNE DANIELA, An den Grenzen des Rechtsstaats: exekutive Notverordnungs- und Notverfügungsrechte in der Kritik, ZBl 111 (2010) 409 ff.; SCHWEIZER RAINER J., Bundesstaatliche Kompetenzverteilung im Polizei- und Sicherheitsrecht, Sicherheit & Recht 5 (2012) 185 ff.; SCHWEIZER RAINER J. (Hrsg.), Sicherheits- und Ordnungsrecht des Bundes, SBVR Bd. III/1, Basel 2008; THÜRER DANIEL, Das Störerprinzip im Polizeirecht, ZSR 102/I (1983) 463 ff.; TÖNDURY ANDREA/ABO YOUSSEF OMAR, Polizeiliche Schutzgüter im Wandel, in: Omar Abo Youssef/ Andrea Töndury (Hrsg.), Der Schutz polizeilicher Güter – Entwicklungen und Spannungsfelder, Zürich/St. Gallen 2011, S. 7 ff.; TRÜMPLER RALPH, Notrecht – Eine Taxonomie der Manifestationen und eine Analyse des intrakonstitutionellen Notrechts de lege lata und de lege ferenda, Diss. Zürich, Zürich/Basel/Genf 2012; TRÜMPLER RALPH, Das Bundesgesetz über die Wahrung von Demokratie, Rechtsstaat und Handlungsfähigkeit in ausserordentlichen Lagen – Palliation mit klingendem Namen, SJZ 108 (2012) 309 ff.; WAGNER PFEIFER BEATRICE, Kostentragungspflichten bei der Sanierung und Überwachung von Altlasten im Zusammenhang mit Deponien, ZBl 105 (2004) 117 ff.; WEBER-DÜRLER BEATRICE, Der Grundsatz der entschädigungslosen Polizeieingriffe, ZBl 85 (1984) 289 ff.; WEHRENBERG STEFAN, Polizeieinsätze bei Sportgrossveranstaltungen, in: Oliver Arter/Margareta Baddeley (Hrsg.), Sport und Recht – Sicherheit im Sport, Bern 2006, S. 183 ff.; WERDER GREGORI, Rechtsnatur und Charakter der Massnahmen des Hooligan-Konkordates, Sicherheit & Recht 5 (2012) 249 ff.; WYSS KARL-MARC, Sicherheitskosten bei Fussball- und Eishockeyspielen – Eine Studie zu den Kostentragungspflichten am Beispiel der Stadt Bern, BVR 2011 49 ff.; ZÜND ANDREAS/ERRASS CHRISTOPH, Privatisierung von Polizeiaufgaben, Sicherheit & Recht 5 (2012) 162 ff.; ZÜND ANDREAS/ERRASS CHRISTOPH, Die polizeiliche Generalklausel, ZBJV 147 (2011) 261 ff.

I. Begriff der polizeilichen Tätigkeit und der polizeilichen Güter

1. Begriff der polizeilichen Tätigkeit

Polizei ist diejenige staatliche Tätigkeit, welche die Polizeigüter (vgl. Rz. 2549 ff.) durch die Abwehr von Störungen und Gefahren schützt. In diesem Sinne ist die Polizei nicht etwa eine Behörde, sondern eine *Funktion*. Sie umfasst sowohl die Rechtssetzung als auch die Rechtsanwendung. Die praktisch wichtigste Form sind polizeiliche Realakte. 2546

Eine *Störung* der Polizeigüter liegt vor, wenn ein Schaden für die öffentliche Ordnung und Sicherheit entstanden ist. Die polizeiliche Tätigkeit bezweckt in diesem Fall die Beseitigung des Schadens und die Verhinderung künftiger Störungen. Polizeiliche Massnahmen können auch zur Abwehr von *Gefahren* ergriffen werden, wenn vorauszusehen ist, dass ein Schaden für die öffentliche Ordnung und Sicherheit mit hoher Wahrscheinlichkeit eintreten wird (BGE 127 I 164, 170; 111 Ia 322, 323). 2547

Schwierigkeiten verursacht heute die Unterscheidung zwischen *Gefahrenabwehr* und positiver *Sozialgestaltung* in Form der Wirtschafts- und Sozialpolitik (Daseinsvorsorge, Wohlfahrtspflege). Das Abgrenzungskriterium der Abwehr von Gefahren und Störungen kann nicht allein massgeblich sein, denn auch mit Hilfe der Wirtschafts- und Sozialpolitik werden Gefahren für die Gesellschaft und die Individuen (Arbeitslosigkeit, Verelendung usw.) bekämpft. Andererseits ist der Schutz der Polizeigüter nicht nur als Eingriff zu sehen, sondern kann ebenso gut als staatliche Leistung (z.B. polizeiliche Kontrollen in Bahnhöfen und Zügen als Leistung zu Gunsten der Bahnbenutzer) betrachtet werden, sodass sich auch dieses Unterscheidungsmerkmal als ungenau erweist. 2548

2. Polizeiliche Schutzgüter

a) Öffentliche Ordnung und Sicherheit

Die öffentliche Ordnung und Sicherheit bilden den *Oberbegriff* der polizeilichen Schutzgüter. Die *öffentliche Ordnung* umfasst alle Regeln, die nach der jeweils herrschenden Ansicht für das geordnete Zusammenleben der Privaten unerlässlich sind. Die *öffentliche Sicherheit* bedeutet die Unverletzlichkeit der objektiven Rechtsordnung, der Rechtsgüter der Einzelnen (Leben, Gesundheit, Freiheit, Eigentum, Ehre usw.) sowie der Einrichtungen des Staates. 2549

Beispiele: 2550

- Sicherheits-, Kriminal-, Feuer-, Baupolizei;
- Staatsschutz (vgl. Bundesgesetz über Massnahmen zur Wahrung der inneren Sicherheit [BWIS]).

b) Öffentliche Gesundheit

Bei diesem Polizeigut geht es um den Schutz der Bevölkerung vor Schädigungen der Gesundheit. Die *öffentliche Ruhe*, welche die Umgebungs-, Arbeits-, Nacht- und Sonn- 2551 tagsruhe der Bevölkerung gewährleisten soll, wird teils zur öffentlichen Gesundheit gerechnet, teils als besonderes polizeiliches Schutzgut betrachtet.

2552 Beispiele:

Lebensmittelpolizei (BGE 130 II 83 ff.), Kontrolle von Heilmitteln, Verbot von Publikumswerbung für rezeptpflichtige Medikamente (vgl. BGE 133 IV 222, 224), Fähigkeitsprüfungen für Medizinalpersonen, Lärmschutzvorschriften und -massnahmen (z.B. Nachtfahr- und -flugverbote, Lärmschutzwände); Schutz vor Passivrauchen (BGE 136 I 29 ff; 136 I 17 ff.; 133 I 110 ff.).

c) Öffentliche Sittlichkeit

2553 Schutzobjekt dieses Polizeigutes ist das sittliche Empfinden der Bevölkerung, das örtlich verschieden und zeitlich wandelbar ist (BGE 138 IV 13, 22 f.; 133 II 136, 144 f.; 106 Ia 267, 271 ff.; Entscheid des Verwaltungsgerichts des Kantons Graubünden, Praxis des Verwaltungsgerichts des Kantons Graubünden 1988 Nr. 3, S. 18). Der Begriff der Sittlichkeit ist im Polizeirecht weiter gefasst als im Strafrecht. Unter den Begriff der öffentlichen Sittlichkeit fallen auch Verhaltensweisen, die zwar nicht strafbar sind, aber «den üblichen Massstäben zulässigen Verhaltens in eindeutiger Weise widersprechen» (BGE 133 II 136, 144). Nach Ansicht von PIERRE TSCHANNEN ist der Begriff zu unbestimmt. Er verweist auf Sozialnormen, welche kaum mehr allgemeine Anerkennung geniessen. Die Relevanz der öffentlichen Sittlichkeit als Polizeigut ist geschwunden (PIERRE TSCHANNEN, «Öffentliche Sittlichkeit»: Sozialnormen als polizeiliches Schutzgut?, in: Benoît Bovay/Minh Son Nguyen [Hrsg.], Mélanges en l'honneur de Pierre Moor, Bern 2005, S. 553 ff.).

2554 Beispiele:

Filmzensur, Verbot einer «Peep-Show» (BGE 106 Ia 267 ff.), Verbot von Fernsehwerbung für pornographische Handydownloads (BGE 133 II 136 ff.), Verbot der Sterbehilfe in privaten Räumen (vgl. Rz 2560), Nacktwandern (BGE 138 IV 13, 18 f., 21 ff.).

d) Treu und Glauben im Geschäftsverkehr

2555 Die Wahrung von Treu und Glauben im Geschäftsverkehr soll das Publikum vor Täuschung und Ausbeutung schützen.

2556 Beispiele:

Bewilligungspflicht und Preisvorschriften für die Heirats- und Wohnungsvermittlung, Vorschriften über das Aufstellen von Spielautomaten, Anwaltsgesetzgebung, Verbot des unlauteren Wettbewerbs, Preisanschreibepflicht, Bankengesetzgebung, Reisendengewerbegesetzgebung.

3. Schutz öffentlicher oder auch privater Interessen (Schutz vor sich selbst)?

2557 Schutz der Polizeigüter bedeutet stets im öffentlichen Interesse liegende Gefahrenabwehr. Damit schafft der Staat die Voraussetzungen für eine freiheitliche individuelle Lebensgestaltung und eine normale gesellschaftliche Entwicklung. Schwierig ist jedoch die Abgrenzung der öffentlichen gegenüber den privaten Interessen. Bei verschiedenen polizeilichen Massnahmen stellt sich die Frage nach der Zulässigkeit des Schutzes des Einzelnen vor sich selbst (z.B. bei der Verweigerung einer Baubewilligung wegen Lawinengefahr, dem Verbot der Fernsehwerbung für alkoholische Getränke und Raucherwaren, der Pflicht, auf Zigarettenpackungen auf die Gefahren des Rauchens hinzuweisen, der Verhinderung von Selbstmord oder bei Vorschriften, die das unnütze Ausgeben von Geld verhindern wollen).

Beispiele:

- In seiner Botschaft über die Änderung des Strassenverkehrsgesetzes vom 17. Januar 1979 (BBl 1979 I, 229 ff.) führte der Bundesrat aus, die Gurtentragepflicht bezwecke nicht einen eigentlichen Schutz vor sich selbst, sondern unmittelbar den Schutz vor den unausweichlichen Gefahren des Strassenverkehrs und mittelbar den Schutz der Allgemeinheit vor den Folgen ungenügenden Selbstschutzes. 2558
- Nach Art. 40 des Polizeigesetzes des Kantons St. Gallen vom 10. April 1980 (sGS 451.1) kann die Polizei eine Person, die sich infolge Geistesstörung, Betrunkenheit oder Drogeneinwirkung selbst ernsthaft und unmittelbar gefährdet, vorübergehend in Gewahrsam nehmen. Eine ähnliche Regelung findet sich in § 25 lit. a PolG/ZH. Das St. Galler Kantonsgericht stellte fest, es wäre – unabhängig vom Zustand der betreffenden Person – mit der öffentlichen Sittlichkeit als Teil der öffentlichen Ordnung kaum zu vereinbaren, wenn die Polizei nichts unternehmen würde, wenn sie von einer offensichtlichen Selbstmordabsicht Kenntnis erhält (Entscheid des Kantonsgerichts des Kantons St. Gallen, SJZ 86 [1990] 49 f.). 2559
- In den letzten Jahren haben Personen aus dem Ausland vermehrt die Dienste von in der Schweiz ansässigen Sterbehilfeorganisationen in Anspruch genommen. Die politische Diskussion veranlasste den Bundesrat, eine Änderung des Strafgesetzbuches vorzuschlagen. Die Suizidbeihilfe soll entweder strengen Sorgfaltspflichten unterliegen oder gänzlich verboten werden (vgl. <http://www.admin.ch/ch/d/gg/pc/documents/1783/Vorlage.pdf>, zuletzt besucht am 25. März 2015). Die vom Bundesrat beabsichtigte ausdrückliche Regelung der Suizidhilfe wurde von den Sterbehilfeorganisationen «Dignitas» und «Exit» heftig kritisiert (vgl. NZZ vom 29. Oktober 2009, Nr. 251 S. 11). Ende Juni 2011 kam der Bundesrat zum Schluss, es sei nicht nötig, die indirekte aktive und die passive Sterbehilfe zusätzlich zu regeln; auch im Bereich der organisierten Suizidhilfe bestehe kein Gesetzgebungsbedarf. Er beschloss deshalb, auf eine ausdrückliche Regelung der organisierten Suizidhilfe zu verzichten (vgl. <http://www.ejpd.admin.ch/dam/data/bj/gesellschaft/gesetzgebung/archiv/sterbehilfe/ber-br-d.pdf>, zuletzt besucht am 25. März 2015; vgl. auch BGE 136 I 395, 399 f.). Anderer Ansicht ist hingegen der EGMR, welcher die schweizerische Rechtslage in Bezug auf die Suizidhilfe als unzureichend ansieht (EGMR, Urteil Gross vs. Switzerland [Nr. 67810/10] vom 14. Mai 2013). 2560

Die Grenze zwischen dem Schutz Einzelner vor sich selbst und dem Schutz des Publikums verläuft fliessend, setzt sich dieses doch letztlich aus einer Vielzahl von Einzelpersonen zusammen, die sich gar nicht isoliert denken lassen. Entscheidend ist somit nicht, ob Einzelne oder die Allgemeinheit geschützt werden sollen, sondern vielmehr, *vor welchen Gefahren* die Polizei den Menschen zu bewahren hat. Zu fragen ist, ob Gefahren drohen, mit denen sich das Gemeinwesen vernünftigerweise zu befassen hat oder nicht. Ausschlaggebend ist demzufolge primär die *Natur des bedrohten Rechtsgutes,* die Art der Gefahr, nicht nur die Zahl der Betroffenen (RUCH, Rz. 2). Von zentraler Bedeutung ist jedoch bei allen polizeilichen Massnahmen die Wahrung der Verhältnismässigkeit, die unter Umständen ein Eingreifen des Staates zum Schutz bestimmter Einzelinteressen als nicht angezeigt erscheinen lässt. Ein polizeiliches Einschreiten ist aber besonders dann angebracht, wenn mit einer Eigengefährdung auch eine Gefährdung Dritter verbunden ist oder wenn es um den Schutz des Lebens geht (vgl. TSCHANNEN/ZIMMERLI/MÜLLER, S. 521 f.). 2561

4. Ermächtigung oder Verpflichtung zu polizeilichem Handeln?

2562 Nach klassischem Polizeirecht gilt das *Opportunitätsprinzip*. Dieser Grundsatz bedeutet, dass die Behörden zu polizeilichem Handeln nur ermächtigt, nicht verpflichtet sind. In neuerer Zeit wird das polizeiliche Handeln mehr und mehr zur *Pflicht,* einerseits aufgrund ausdrücklicher Gesetzesnormen, anderseits wegen der wachsenden Ohnmacht der Einzelnen gegenüber den modernen Gefahren. Die Behörden verfügen allerdings bei der Frage, ob und wie sie polizeilich handeln sollen, oft über einen weiten Ermessens- oder Beurteilungsspielraum. Dabei haben sie jedoch die Art des Polizeiguts, die Schwere der Gefahr, die verfügbaren Mittel sowie die Umstände des Einzelfalles zu berücksichtigen (TSCHANNEN/ZIMMERLI/MÜLLER, S. 542 ff.). Zu unterscheiden ist das polizeirechtliche vom strafprozessrechtlichen Opportunitätsprinzip. Bei Ersterem geht es um den Entscheid darüber, ob eine bestimmte polizeiliche Handlung vorzunehmen sei, bei Letzterem um die Möglichkeit, unter bestimmten Voraussetzungen ein Strafverfahren einzustellen.

Beispiele:

2563 – Die im Milieu tätige Z. wurde in einem Restaurant von mehreren Personen bedroht. Sie ersuchte die Stadtpolizei Zürich telefonisch, eine Patrouille vorbeizuschicken. Der diensttuende Beamte lehnte dies ab. Auf dessen Wunsch führte der Wirt Frau Z. durch einen Hinterausgang des Lokals hinaus und begleitete sie zu ihrer Absteige. Dort drangen kurz darauf die Personen, die sie bedroht hatten, mit Gewalt ein, entführten sie und misshandelten sie schwer. In der Folge klagte Frau Z. gegen die Stadt Zürich auf Bezahlung von Fr. 60'000.– Schadenersatz und Genugtuung. Sie stellte ausserdem das Gesuch um unentgeltliche Prozessführung und Bestellung eines unentgeltlichen Rechtsbeistandes. Das Bezirksgericht und das Obergericht wiesen dieses Gesuch ab. Sie beurteilten den Prozess als aussichtslos, weil das Verhalten des Beamten, welcher den Einsatz einer Polizeipatrouille abgelehnt hatte, nicht widerrechtlich gewesen sei. Das Kassationsgericht hob den Entscheid des Obergerichts auf und stellte fest, von Aussichtslosigkeit der Klage wegen fehlender Widerrechtlichkeit könne nicht die Rede sein. Die Gewähr für die Sicherheit von Personen und Eigentum müsse im Rechtsstaat eines der ernsthaftesten Anliegen sein. Insbesondere gelte, dass die Polizei, wenn sie zur Intervention aufgefordert werde, weil eine Person in Gefahr sei, sofort auszurücken habe; für einen Ermessensentscheid, ob ein Ausrücken nötig sei oder nicht, sei in diesen Fällen kein Raum. Ein Abwägen der Notwendigkeit im Voraus würde bedeuten, dass die Sicherheit von Personen und Eigentum in einem für ein geordnetes Gemeinwesen unerträglichen Mass relativiert würde. Ein Gemeinwesen von der Grösse der Stadt Zürich habe ein Polizeikorps zu halten, das über genügend Mittel verfüge, um jederzeit so wichtige Aufgaben wie die Gewährleistung der Sicherheit von Personen und Eigentum zu erfüllen (Urteil des Kassationsgerichts des Kantons Zürich, ZBl 88 [1987] 545 ff., mit Bemerkungen der Redaktion, in welchen die Begründung dieses Urteils zu Recht kritisiert und festgestellt wird, der freiheitliche Staat könne aus allgemeinen staatspolitischen Gründen nur begrenzte Polizeikräfte halten; die Begrenztheit der Mittel beeinflusse die Einsatzdoktrin der Polizei, die nur zum Eingreifen verpflichtet sei, wenn eine erhebliche Gefährdung wichtiger Polizeigüter relativ wahrscheinlich sei; beim Entscheid darüber, ob dies im konkreten Fall zutreffe, müsse die Polizei über einen gewissen Spielraum verfügen. Dass ein Prozess wegen fehlender Widerrechtlichkeit des unterlassenen Polizeischutzes deswegen geradezu aussichtslos war, lässt sich daraus u.E. aber nicht ableiten).

2564 – Der Eigentümer eines Mietshauses ersuchte den Generalstaatsanwalt des Kantons Genf, in leer stehende Wohnungen eingedrungene Personen polizeilich ausschaffen zu lassen. Der Generalstaatsanwalt lehnte das Gesuch ab mit der Begründung, angesichts der Krise auf dem Wohnungsmarkt könnte das Eingreifen der Polizei zum alleinigen Zweck der Leerhaltung der Wohnungen schwere Unruhen hervorrufen und zu neuen Hausbesetzungen führen. Er sei bereit, eine Räumung anzuordnen, um den vom Eigentümer zugelassenen Mietern den Einzug zu gestatten oder die Ausführung bewilligter Bauarbeiten zu ermöglichen. Der Eigentümer führte gegen diese Verfügung des Generalstaatsanwaltes Beschwerde wegen Verletzung von Art. 4 und 22ter aBV (neu Art. 9 und 26 BV). Einige Monate später wiederholte der Hauseigentümer sein Gesuch um Ausschaffung der Hausbesetzer, nachdem er inzwischen ein Zivilurteil erstritten hatte, welches diese verpflichtete, die besetzten Wohnungen zu räumen. Der Generalstaatsanwalt ordnete nun zwar den Vollzug dieses Urteils an. Die Ausschaffung durch die Polizei sollte aber erst dann erfolgen, wenn dem Hauseigentümer die endgültige Bewilligung erteilt werde, um die Wohnungen für eine Vermietung wieder in Stand zu stellen. Auch diese Verfügung zog der Hauseigentümer an das Bundesgericht weiter. Das Bundesgericht wies die erste Beschwerde ab. Die zweite hiess es gut. Die zuständigen Behörden müssten zwar allenfalls auch gegen eine Beeinträchtigung verfassungsmässiger Rechte einschreiten, welche nicht auf eine staatliche Massnahme oder Verfügung, sondern auf das Verhalten von Privaten zurückgehe. Es könne deshalb nicht ausgeschlossen werden, dass ein Hauseigentümer aufgrund von Art. 22ter aBV befugt sei, die zwangsweise Ausschaffung von Hausbesetzern zu verlangen, stelle dieses Verhalten doch eine flagrante Verletzung seines Eigentumsrechts dar. Die Pflicht zum Eingreifen hänge jedoch in jedem Fall von der Schwere der Verletzung und der Gesamtheit der Umstände ab, unter denen die Polizei zum Handeln aufgefordert werde. Auch Zweckmässigkeitsüberlegungen seien zulässig, namentlich wenn das Eingreifen einen erheblichen Mitteleinsatz erfordere und es zu neuen Störungen der öffentlichen Ordnung Anlass geben könnte. Der Polizei sei insofern ein weiter Spielraum des Ermessens zuzugestehen. Es sei deshalb vertretbar gewesen, auf den Einsatz der Polizei zu verzichten, solange der Eigentümer das Mietshaus nicht habe nutzen oder umbauen wollen, denn die Zwangsräumung hätte den sozialen Frieden negativ beeinflussen und die öffentliche Ordnung beeinträchtigende Kundgebungen auslösen können. Die Vollstreckung eines rechtskräftigen gerichtlichen Räumungsbefehls dürfe von der Polizei dagegen nicht verweigert werden (Entscheide des Bundesgerichts, ZBl 94 [1993] 378 ff.; zur Frage, ob es sich bei dieser Streitigkeit um eine zivilrechtliche im Sinne von Art. 6 Ziff. 1 EMRK handelt, vgl. VPB 60 [1996] Nr. 106).

II. Formen und Instrumente des polizeilichen Handelns

1. Generelle polizeiliche Regelung

Eine generelle polizeiliche Regelung liegt vor, wenn die Abwehr der Störung oder Gefährdung von Polizeigütern durch einen Rechtssatz, d.h. durch eine generell-abstrakte Norm, erfolgt. Sie kann insbesondere Ver- oder Gebote und Melde- oder Bewilligungspflichten vorsehen oder ein bestimmtes Verhalten vorschreiben. 2565

Beispiele: 2566

- Tierseuchengesetz (TSG) vom 1. Juli 1966 (SR 916.40);
- Bundesgesetz über explosionsgefährliche Stoffe (Sprengstoffgesetz, SprstG) vom 25. März 1977 (SR 941.41);
- Bundesgesetz über die Betäubungsmittel und die psychotropen Stoffe (Betäubungsmittelgesetz, BetmG) vom 3. Oktober 1951 (SR 812.121);
- Bundesgesetz über Waffen, Waffenzubehör und Munition (Waffengesetz, WG) vom 20. Juni 1997 (SR 514.54);
- Bundesgesetz über Massnahmen zur Wahrung der inneren Sicherheit (BWIS) vom 21. März 1997 (SR 120);
- Kantonale Gesetze oder Verordnungen, welche das Halten von potenziell gefährlichen Hunden verbieten (vgl. BGE 136 I 1 ff.; 133 I 249 ff.);
- vgl. auch Rz. 2577 und 2579.

2. Polizeiverfügung

2567 Unter Polizeiverfügung versteht man eine *individuell-konkrete Anordnung,* die eine polizeiliche Massnahme zum Inhalt hat. Sie besteht in der Anordnung von konkreten Pflichten und Rechten und stützt sich auf generell-abstrakte Normen oder ausnahmsweise auf die Polizeigeneralklausel (vgl. zu deren Anwendungsvoraussetzungen Rz. 2580 ff.). Die Polizeiverfügung kann eine bestimmte Tätigkeit zulassen (*Polizeierlaubnis,* polizeiliche Bewilligung), gebieten oder verbieten *(Polizeibefehl).*

2568 Beispiele:

- Anordnung des Einzugs gefährlicher Gegenstände;
- Verhaftungsbefehl;
- Einfuhrverbot für gefährliche Waren;
- Erteilung einer Bau-, Betriebs- oder Verkaufsbewilligung (Polizeierlaubnis; vgl. Rz. 2650 ff.);
- Wegweisungs- und Fernhalteverfügungen (vgl. z.B. § 34 PolG/ZH);
- Rayonverbote, Meldeauflagen, Polizeigewahrsam und Stadionverbote gegenüber Personen, die sich anlässlich von Sportveranstaltungen nachweislich an Gewalttätigkeiten beteiligt haben (BGE 137 I 31 ff.; Konkordat über Massnahmen gegen Gewalt anlässlich von Sportveranstaltungen [LS 551.19]).

3. Polizeiliche Realakte ohne Verfügungscharakter

2569 Das polizeiliche Verwaltungshandeln kann Verfügungscharakter haben, indem es konkrete Rechte und Pflichten begründet (z.B. Abbruch- oder Räumungsbefehl), oder es kann in *Realakten* (z.B. chemische Behandlung von Trinkwasser, Beseitigung von Abfällen) bestehen, zu denen auch *Vollzugshandlungen* (z.B. Abschleppen eines falsch parkierten Autos, Festnahme einer zur Verhaftung ausgeschriebenen Person, Festhalten von Demonstranten [polizeilicher Gewahrsam] anlässlich einer unbewilligten Nachdemonstration am 1. Mai, vgl. dazu BGer, Urteil 1C_350/2013 vom 22. Januar 2014 = ZBl 115 [2014] 374 ff.; vgl. Rz. 883) gehören. Auch die *polizeilichen Kontrollen* (z.B. Inspektion einer Apotheke, Lebensmittelkontrolle in einem Geschäft, Personenkontrolle, Videoüberwachung des öffentlichen Raums, vgl. zu letzterem Beispiel BGE 136 I 87, 112 ff.; 133 I 77, 80 ff.) sind dazuzuzählen, weil sie weder Rechte noch Pflichten begründen. Ein Teil der Lehre spricht in diesem Zusammenhang von «verfahrensfreien Verfügungen» (vgl. BICKEL JÜRG/OESCHGER MAGNUS/STÖCKLI ANDREAS, Die verfahrensfreie Verfügung, ZBl 110 [2009] 593 ff.; KIENER/RÜTSCHE/KUHN, Rz. 309). Eine solche Verfügung soll im Sinne einer Ausnahmeregelung in Fällen der Dringlichkeit sofort, d.h. ohne vorgängiges förmliches Verwaltungsverfahren und womöglich mündlich, «erlassen» und vollstreckt werden können. Folgt man dieser Ansicht, so muss konsequenterweise eine allenfalls mündlich erteilte Verfügung ebenfalls Gültigkeit beanspruchen. Fraglich ist aber, ob ein solcher Akt noch als Verfügung i.S.v. Art. 5 VwVG zu taxieren bzw. wie die – ohnehin schwierige – Abgrenzung zum Realakt vorzunehmen ist. Geht man von einer (sofort vollstreckbaren) Verfügung aus, so fällt diese unter Art. 3 lit. f VwVG, womit das Erfordernis der Schriftlichkeit (Art. 34 VwVG) bereits mangels Anwendung der Verfahrensgesetze obsolet würde. Einer schriftlichen Bestätigung im Anschluss an das informelle Verfahren steht aber nichts entgegen. Nach hier vertretener

Ansicht handelt es sich bei derart informellen Handlungen um Realakte, welche unter den Voraussetzungen von Art. 25a VwVG überprüft werden können.

4. Polizeiliche Bewilligungspflicht

Polizeiliche Bewilligungspflicht bedeutet, dass eine bestimmte Tätigkeit von einer Bewilligung abhängig gemacht wird, damit zum Voraus abgeklärt werden kann, ob diese Tätigkeit mit den polizeilichen Vorschriften übereinstimmt. Wo das Einschreiten von Fall zu Fall nicht genügt, d.h. eine bestimmte Tätigkeit nach der Erfahrung regelmässig mit gewissen polizeilichen Gefahren verbunden ist, ermöglicht die Einführung einer Bewilligungspflicht, eine Tätigkeit vor ihrer Aufnahme auf eine allfällige Gefährdung hin zu überprüfen (präventive Kontrolle). 2570

Beispiele: vgl. Rz. 2652. 2571

5. Polizeimonopol

Durch das Polizeimonopol wird eine wirtschaftliche Tätigkeit zum Schutz der Polizeigüter ausschliesslich dem Staat vorbehalten. Im monopolisierten Bereich besteht grundsätzlich keine Wirtschaftsfreiheit (vgl. Rz. 2687). 2572

Die Monopolisierung ist der schwerste Eingriff in die Wirtschaftsfreiheit. Zu prüfen ist deshalb insbesondere, ob nicht auch eine weniger stark in die Wirtschaftsfreiheit eingreifende Art der Gefahrenabwehr (z.B. eine Bewilligungspflicht) genügen würde (vgl. BGE 125 I 209, 225; Entscheid des Regierungsrates des Kantons Basel-Landschaft, ZBl 93 [1992] 520, 522 f.). 2573

Die Praxis lässt Polizeimonopole in folgenden Gebieten zu: 2574

- Leichenbestattung (Verwaltungsgericht des Kantons Basel-Stadt, Urteil vom 25. August 2009, BJM 58 [2011] 245 ff.);
- Einfuhr von amerikanischen Reben, die auf Krankheiten untersucht werden müssen (BGE 91 I 182 ff.);
- Kehrichtabfuhr: Art. 31b USG sieht ein Monopol für die Entsorgung von Siedlungsabfällen vor (BGE 126 II 26, 30 ff.; vgl. auch BGE 138 II 111 ff.);
- Abbruch- und Sammelplätze für Altautos (Urteil des Verwaltungsgerichts des Kantons Aargau, ZBl 82 [1981] 260 ff.).

Die Errichtung eines Monopols für elektrische Hausinstallationen ist nur noch in Ausnahmefällen zulässig (BGE 95 I 144 ff.; in diesem Fall war die Monopolisierung zu Unrecht erfolgt). In Änderung seiner bisherigen Praxis (BGE 100 Ia 445 ff.) hat das Bundesgericht in einem neueren Entscheid die Zulässigkeit des Plakatanschlag-Monopols auf privatem Grund verneint; das Monopol ist unverhältnismässig, da eine Bewilligungspflicht ausreicht, um den Schutz der Verkehrssicherheit, der Landschaft und des Ortsbildes vor störenden Plakaten zu gewährleisten; die Vereinfachung der administrativen Abläufe rechtfertigt keine Monopolisierung (BGE 128 I 3, 14 ff.; Frage noch offen gelassen in BGE 125 I 209, 221 ff.). Das Kaminfegermonopol für Ölheizun- 2575 gen lässt sich heute nicht mehr feuerpolizeilich (Vermeidung von Feuersbrünsten) rechtfertigen; das Erfordernis einer Berufsausübungsbewilligung genügt zur Erreichung dieses Zwecks. Die Monopolisierung ist indessen unter gesundheitspolizeilichen Aspekten als Mittel gegen die Luftverschmutzung nicht unverhältnismässig (BGE 109 Ia 193 ff.). Ob die erwähnte Monopolisierung der Einfuhr amerikanischer Reben (BGE 91 I 182 ff.) heute noch gerechtfertigt wäre, erscheint fraglich.

III. Voraussetzungen für polizeiliche Massnahmen

1. Rechtliche Grundlage

a) Besondere gesetzliche Grundlage

2576 Die polizeilichen Massnahmen unterstehen wie alle Verwaltungstätigkeiten grundsätzlich dem Gesetzmässigkeitsprinzip (Erfordernis des Rechtssatzes und der Gesetzesform). Die Aufgaben der Polizei und die Begriffe der öffentlichen Sicherheit und Ordnung lassen sich jedoch kaum abstrakt umschreiben, vor allem, weil sich nicht alle möglichen Störungen oder Gefährdungen der Polizeigüter voraussehen lassen. Deshalb können an den Bestimmtheitsgrad von polizeilichen Vorschriften keine hohen Anforderungen gestellt werden (BGE 140 I 2, 31; 138 I 6, 27; 136 I 87, 90; 132 I 49, 58), obwohl polizeiliche Massnahmen oft mit schweren Grundrechtseingriffen verbunden sind, was für eine qualifizierte gesetzliche Grundlage spricht (Art. 36 BV). Die Schwierigkeiten bei der Regelung der polizeilichen Tätigkeit sind auch ein Grund dafür, dass sich diese unter gewissen Voraussetzungen auf die polizeiliche Generalklausel stützen können (vgl. Rz. 2580 ff.; BGE 128 I 327, 340.; WIEDERKEHR/RICHLI, Bd. II, Rz. 336, 486).

2577 Beispiele:

- Gesetz betreffend die Kantonspolizei des Kantons Basel-Stadt (Polizeigesetz, PolG) vom 13. November 1996 (SG 510.100);
- Polizeigesetz (PolG) des Kantons Bern vom 8. Juni 1997 (BSG 551.1);
- Gesetz über die Gewährleistung der öffentlichen Sicherheit (Polizeigesetz, PolG) des Kantons Aargau vom 6. Dezember 2005 (SAR 531.200);
- Polizeigesetz des Kantons Zürich (PolG/ZH) vom 23. April 2007 (LS 550.1). Die Bestimmungen des damaligen § 32 (Überwachung allgemein zugänglicher Orte mit technischen Geräten) und § 53 Abs. 2 (Aufbewahrung des Überwachungsmaterials) wurden allerdings durch das Bundesgericht aufgehoben; sie sind inzwischen in geänderter Form wieder in Kraft. Darüber hinaus wies das Bundesgericht den Kanton Zürich an, zu gewährleisten, dass Personen, die in Polizeigewahrsam genommen werden, ein direkter Zugang zu einer richterlichen Behörde offen steht (BGE 136 I 87 ff.). Das ist nun mit dem neuen § 27 PolG/ZH der Fall;
- Bundesgesetz über den Schutz der Gewässer (Gewässerschutzgesetz, GSchG) vom 24. Januar 1991 (SR 814.20);
- Bundesgesetz über die Banken und Sparkassen (Bankengesetz, BankG) vom 8. November 1934 (SR 952.0);
- Strassenverkehrsgesetz (SVG) vom 19. Dezember 1958 (SR 741.01);
- Kantonale Gesundheitsgesetze, Baugesetze usw.

2578 Das Polizeirecht wurde lange als primär von den Kantonen geregelte Materie wahrgenommen. Die Gesetzgebungsaktivität des Bundes hat jedoch in letzter Zeit stark zugenommen. Bei den Zuständigkeiten bestehen allerdings Unklarheiten: Sowohl der Bund als auch die Kantone sind für die öffentliche Sicherheit zuständig (vgl. Art. 57 BV). Der Bund hat in letzter Zeit neue Polizeiaufgaben übernommen, welche aus seiner Sicht einer Vereinheitlichung bedürfen. Eine Klärung der verfassungsmässigen Kompetenzordnung wäre zu überlegen (vgl. zum Ganzen LINSI, S. 465 ff.).

2579 Beispiele:

- Bundesgesetz über Massnahmen zur Wahrung der inneren Sicherheit (BWIS) vom 21. März 1997 (SR 120);
- Bundesgesetz über die Anwendung polizeilichen Zwangs und polizeilicher Massnahmen im Zuständigkeitsbereich des Bundes (Zwangsanwendungsgesetz, ZAG) vom 20. März 2008 (SR 364);
- Bundesgesetz über die polizeilichen Informationssysteme des Bundes (BPI) vom 13. Juni 2008 (SR 361);
- Entwurf des Bundesrates zur Änderung des Bundesgesetzes über Massnahmen zur Wahrung der inneren Sicherheit (BWIS; sog. Revision BWIS II, BBl 2007, 5139); das Parlament wies die Vorlage im April 2009 zur Überarbeitung an den Bundesrat zurück (AB 2009 N 673 ff.). Der Bundesrat legte der Bundesversammlung eine Zusatzbotschaft für eine reduzierte Revision vor (BBl 2010, 7841), die am 23. Dezember 2011 beschlossen wurde (AB 2011 N 2277; AB 2011 S 1303). Die übrigen Bestimmungen der ursprünglichen Vorlage werden in das neue Nachrichtendienstgesetz aufgenommen (vgl. Botschaft zum Nachrichtendienstgesetz vom 19. Februar 2014, BBl 2014, 2105 ff.).

b) Polizeigeneralklausel

2580 Die polizeiliche Generalklausel ermächtigt die zuständige Behörde, polizeiliche Massnahmen zum Schutz der Polizeigüter zu treffen, um eine *schwere und unmittelbare Gefahr* abzuwenden oder eine bereits erfolgte *schwere Störung* zu beseitigen (BGE 137 II 431, 444; 128 I 327, 334, 336). Die Generalklausel ist zum Teil im positiven Recht festgeschrieben (vgl. für den Bund Art. 36 Abs. 1 Satz 3 BV und Art. 185 Abs. 3 BV). Ist dies nicht der Fall, gilt sie als ungeschriebener Grundsatz des Verfassungsrechts (BGE 128 I 327, 340).

aa) Schwere der Störung oder Gefahr

2581 Die Anwendung der polizeilichen Generalklausel setzt zunächst voraus, dass eine schwere Störung von Rechtsgütern bereits eingetreten ist oder unmittelbar bevorsteht. Bei den bedrohten Rechtsgütern muss es sich nach bundesgerichtlicher Rechtsprechung um «*fundamentale Rechtsgüter* des Staates oder der Privaten» handeln, die gegen «*schwere Gefahren*» zu schützen sind (BGE 137 II 431, 444; 126 I 112, 118; BGer, Urteil 2C_166/2009 vom 30. November 2009 E. 2.3.2.1 = ZBl 111 [2010] 469, 474 f.).

bb) Dringlichkeit der Situation

2582 Neben der Schwere der Bedrohung stellt die *Unmittelbarkeit der Gefahrensituation* (vgl. BGE 137 II 431, 444) eine weitere Voraussetzung dar. Unmittelbarkeit ist gegeben, «wenn und soweit es gilt, die öffentliche Ordnung und fundamentale Rechtsgüter des

Staates oder Privater gegen schwere und zeitlich unmittelbar drohende Gefahren zu schützen. Diese dürfen unter den konkreten Umständen nicht anders als mit gesetzlich nicht ausdrücklich vorgesehenen Mitteln abzuwenden sein (Subsidiarität)» (BGE 137 II 431, 444 f.; 136 I 87, 91; 130 I 369, 381).

cc) Voraussehbarkeit (für den Gesetzgeber)

2583 Die Anwendbarkeit der polizeilichen Generalklausel war nach langjähriger Praxis des Bundesgerichts immer dann ausgeschlossen, wenn *typische und erkennbare Gefährdungslagen trotz Kenntnis der Problematik vom Gesetzgeber nicht normiert* wurden (BGE 136 I 87, 91; 130 I 369, 381; 126 I 112, 118; 121 I 22, 28). Die Rechtsprechung zu diesem Kriterium war allerdings nicht einheitlich und das Bundesgericht relativierte diese Voraussetzung verschiedentlich (vgl. BGE 136 IV 97, 113 ff. = Pra 100 [2011] Nr. 33, S. 231 ff.; 130 I 369, 382; 126 I 112, 118; BGer, Urteil 2C_166/2009 vom 30. November 2009 E. 2.3.2.1).

2584 Nach neuster bundesgerichtlicher Rechtsprechung stellt die Unvorhersehbarkeit keine eigenständige Voraussetzung für die Anwendung der polizeilichen Generalklausel mehr dar. Die Untätigkeit des Gesetzgebers kann den Staat nicht dazu zwingen, auf den Schutz fundamentaler Rechtsgüter zu verzichten. Das Erfordernis der Unvorhersehbarkeit ist nur ein zu berücksichtigendes Element unter anderen bei der Abwägung zwischen dem Interesse an der Abwehr der Störung oder Gefahr und dem Interesse an der Gesetzmässigkeit des polizeilichen Handelns (BGE 137 II 431, 445; vgl. auch MARKUS MÜLLER, Polizeiliche Generalklausel, S. 220 ff.; TANQUEREL, No. 463 f.).

Beispiele:

2585 – 1977 beschloss der bernische Regierungsrat, alle politischen Versammlungen auf dem Gebiet der jurassischen Gemeinde Moutier für zwei Tage zu verbieten. In dieser Zeit grosser politischer Spannungen war es zulässig, eine solche Massnahme gestützt auf die Generalklausel zu treffen (BGE 103 Ia 310 ff. = Pra 66 [1977] Nr. 250).

2586 – Das Bundesgericht erachtete die Zwangsmedikation eines psychisch kranken Mannes in der Universitätsklinik Bern trotz fehlender gesetzlicher Grundlage als «heikel», weil «Gefährdungslagen im psychiatrischen Anstaltsverhältnis […] typisch und einer gesetzlichen Regelung zugänglich» seien. Aufgrund der Besonderheit der Umstände (ärztliche Pflicht zur Hilfeleistung in Notfällen, akute Gefährdung anderer Personen durch den Patienten) hielt es sie jedoch für ausnahmsweise zulässig (BGE 126 I 112 ff.; siehe auch BGE 136 IV 97, 115 = Pra 100 [2011] Nr. 33, S. 233 f.).

2587 – Die Gefährdungslage während der Durchführung des Weltwirtschaftsforums (WEF) 2001 stuften die zuständigen Stellen als sehr gravierend ein. Nach Ansicht des Bundesgerichts gingen damals die Behörden zu Recht von einer eigentlichen «Notlage» aus, in welcher sich die Einschätzung der möglichen Entwicklungen der Situation als äusserst schwierig erwiesen hatte. Auch sei nicht von einer typischen Gefährdungslage auszugehen gewesen. Dem Gesetzgeber könne in einem solchen Fall daher «nicht vorgehalten werden, die schwierige Materie – im Vertrauen auf die polizeiliche Generalklausel – nicht an die Hand genommen zu haben» (BGE 130 I 369, 381 ff.). Anders entschied der Europäische Gerichtshof für Menschenrechte. Nach dessen Ansicht hätte der Gesetzgeber rechtzeitig gesetzliche Grundlagen schaffen müssen. Der EGMR wandte dabei die vom Bundesgericht selbst entwickelten Grundsätze konsequent an und begrenzte die Anwendbarkeit der Generalklausel auf eigentliche Notfälle (EGMR, Urteil Gsell vs. Switzerland [Nr. 12675/05] vom 8. Oktober 2009).

2588 – Für die unverzügliche Einschläferung eines extrem aggressiven Hundes nach einer Beissattacke hatte der Kanton Graubünden keine ausdrückliche gesetzliche Grundlage vorgesehen. Die Tötung eines solchen Tieres durch den Kantonstierarzt konnte nach Ansicht des Bundesgerichts durch die polizeiliche Generalklausel gerechtfertigt werden, dies auch dann, wenn das Tier von Polizeiangehörigen eingefangen und in einen Zwinger gebracht worden ist und keine unmittelbare Gefahr mehr von dem Tier ausgehen kann (vgl. BGer, Urteil 2C_166/2009 vom 30. November 2009 E. 2 ff. = ZBl 111 [2010] 469, 471 ff.). Das geht unseres Erachtens zu weit.

- Das Bundesgericht liess – anders als das Bundesverwaltungsgericht (BVGer, Urteil B-1092/ 2589
2009 vom 5. Januar 2010 E. 12) – die Herausgabe von Bankkundendaten der UBS AG an die amerikanischen Behörden durch die Eidgenössische Finanzmarktaufsicht (FINMA) gestützt auf die polizeiliche Generalklausel zu. Die ökonomische Stabilität des Finanzmarktes stelle ein fundamentales Rechtsgut dar, das klassische Polizeigüter wie das Eigentum oder Treu und Glauben im Geschäftsverkehr umfasse. Aufgrund der systemischen Bedeutung der UBS AG für die Schweizer Wirtschaft habe zudem eine schwere Gefahr bestanden. Eine Anklage in den USA hätte mit hoher Wahrscheinlichkeit existenzbedrohende Folgen für die UBS AG gehabt. Der Gefahr habe deshalb sofort begegnet werden müssen. Es sei zuvor schon vergeblich versucht worden, die Gefahr durch andere (gesetzeskonforme) Massnahmen abzuwenden (BGE 137 II 431, 444 ff.).

2. Öffentliches Interesse

a) Ausschliesslich polizeiliche Motivation

Polizeiliche Massnahmen dienen ausschliesslich der *Gefahrenabwehr,* d.h. dem Schutz 2590
von Polizeigütern. Es ist indessen oft schwierig, eine klare Abgrenzung gegenüber anderen (z.B. sozialpolitischen, raumplanerischen, energiepolitischen, umweltschützerischen) Interessen vorzunehmen (vgl. dazu auch Rz. 2557 ff.). Staatliche Anordnungen verfolgen deshalb häufig sowohl polizeiliche als auch andere öffentliche Interessen.

Im Zusammenhang mit der Frage der Zulässigkeit von Einschränkungen der Wirt- 2591
schaftsfreiheit umschrieb das Bundesgericht früher den Polizeibegriff so weit, dass er auch sozialpolitische Massnahmen umfasste. In seiner neueren Praxis versteht es den Polizeibegriff jedoch wieder enger (im Sinne der Gefahrenabwehr); es anerkennt aber, dass auch eine Beschränkung der Wirtschaftsfreiheit aus sozialpolitischen Gründen grundsatzkonform sein kann (vgl. HÄFELIN/HALLER/KELLER, Rz. 672 ff., 687 ff.).

b) Repressive und präventive Massnahmen

aa) Behebung eines polizeiwidrigen Zustandes

Repressive Massnahmen müssen ergriffen werden, wenn die Polizeigüter bereits beein- 2592
trächtigt worden sind. Sie bezwecken die Wiederherstellung des ordnungsgemässen Zustandes und sind zu unterscheiden von *repressiven Sanktionen,* mit welchen Druck auf die Pflichtigen ausgeübt wird, um sie zu veranlassen, ihre Pflichten zu erfüllen (vgl. Rz. 1444 f.).

Beispiele: 2593
- Beschlagnahmung gesundheitsschädlicher Stoffe;
- Beseitigung verkehrsgefährdender Einrichtungen.

bb) Verhinderung von Störungen, d.h. Abwehr von Gefährdungen

Präventive Massnahmen dienen dazu, das Entstehen polizeiwidriger Zustände zu ver- 2594
hindern. Die Polizeigüter sollen vor möglichen künftigen Gefahren geschützt werden.

Beispiele:

2595 – generelles Verbot oder Monopolisierung einer die Polizeigüter gefährdenden Tätigkeit (z.B. Verbot des Konsums von Betäubungsmitteln, Monopolisierung der Kehrichtbeseitigung oder des Altauto-Abbruchs);

2596 – Einführung einer Bewilligungs- oder Meldepflicht (z.B. für das Führen von Motorfahrzeugen, den Betrieb von Apotheken oder den Erwerb von Schusswaffen);

2597 – Kontrolle der Teilnehmerinnen und Teilnehmer von Grossveranstaltungen (Fussballspiele, Konzerte, Demonstrationen) auf gefährliche Gegenstände;

2598 – Videoüberwachung von öffentlichen Plätzen und Aufbewahrung der Aufzeichnungen für eine allfällige strafprozessuale Verwertung unter der Annahme, dass die Überwachung bekannt ist und damit ein «Abschreckungseffekt» erzielt wird (vgl. BGE 136 I 87, 111 ff.; 133 I 77, 83 f.).

3. Verhältnismässigkeit

2599 Eine polizeiliche Massnahme darf in zeitlicher, örtlicher, persönlicher und sachlicher Hinsicht nicht weiter gehen, als es der polizeiliche Zweck erfordert. Dies gilt sowohl für generelle Regelungen als auch für Einzelanordnungen. Dem Verhältnismässigkeitsprinzip kommt im Polizeirecht grosse Bedeutung zu (BGE 140 I 353, 373; 140 I 2, 24; 137 I 31, 53; 136 I 87, 90 f.).

Beispiele von unverhältnismässigen polizeilichen Massnahmen:

2600 – Zu weit gefasster Kreis der Betroffenen: Festnahme aller Demonstranten statt nur der randalierenden Demonstrationsteilnehmer, wobei aber vom Störerprinzip im Falle eines Polizeinotstandes abgewichen werden darf (Rz. 2626 und 2647 f.).

2601 – Zu umfassende Einschränkung des Erwerbs von Schusswaffen: Die Verordnung des Bundesrates vom 18. Dezember 1991 beschränkte – in der damaligen Fassung – zur Unterbindung des Waffenhandels zwischen der Schweiz und dem ehemaligen Jugoslawien den Erwerb von Schusswaffen durch alle ausländischen Staatsangehörigen, die keine Niederlassungsbewilligung in der Schweiz besitzen, obwohl es genügt hätte, eine Beschränkung nur für Staatsangehörige des ehemaligen Jugoslawien zu erlassen (BGE 122 IV 258 ff.; vgl. auch Rz. 2639).

2602 – Einführung einer Bewilligungspflicht, obschon es genügen würde, wenn die Behörde eine Regelung im Einzelfall im Rahmen einer Aufsicht oder Meldepflicht (Rz. 895 ff.) treffen würde.

2603 – Anordnung des Abbruchs einer einsturzgefährdeten Baute, obwohl eine Absperrung des Geländes zur Verhinderung der Gefährdung von Passanten ausreichen würde.

2604 – Verbot einer Demonstration an Stelle einer Bewilligung mit Auflagen (andere Route für den Demonstrationszug, stationäre Demonstration an Stelle eines Umzugs, zeitliche Verschiebung vom Samstag auf Sonntag oder einen anderen Wochentag; vgl. BGE 127 I 164, 176 ff. betreffend Demonstration anlässlich des Weltwirtschaftsforums 2001 in Davos).

2605 – Tötung eines in einem Zwinger eingesperrten, aggressiven Hundes (vgl. Bsp. in Rz. 2588).

2606 – Mindestdauer eines Rayonverbotes von einem Jahr sowie automatische Verdoppelung der Dauer einer Meldeauflage im Falle einer Verletzung dieser Massnahme ohne entschuldbare Gründe gemäss dem Konkordat über Massnahmen gegen Gewalt anlässlich von Sportveranstaltungen (LS 551.19) gegenüber Personen, die sich im Rahmen von Sportveranstaltungen an Gewalttätigkeiten beteiligt haben (BGE 140 I 2, 38 ff., 45 f.).

2607 Eine gewisse Generalisierung ist aber erlaubt. Durch allgemeine Polizeivorschriften darf eine *abstrakte Gefährdung* eines Polizeiguts abgewendet werden, wenn nach der Lebenserfahrung in der Mehrzahl der Fälle wahrscheinlich eine konkrete Gefährdung entsteht. Derartige Regelungen finden sich z.B. in der Strassenverkehrsgesetzgebung oder im Bundesgesetz über den Schutz vor gefährlichen Stoffen und Zubereitungen (Chemikaliengesetz, ChemG) vom 15. Dezember 2000 (SR 813.1). Eine konkrete Gefährdung muss im Einzelfall nicht nachgewiesen werden. Die Polizeipflichtigen können sich der Massnahme nicht durch den Nachweis entziehen, dass in ihrem Fall keine Gefährdung bestehe. Auch das Vorsorgeprinzip (Rz. 477) erlaubt der Behörde ein Eingreifen, obwohl über die Gefährdung keine Gewissheit besteht.

4. Inanspruchnahme des Störers

a) Störerprinzip

Aus dem Verhältnismässigkeitsprinzip ergibt sich, dass sich die polizeiliche Massnahme nur gegen den Störer, nicht gegen bloss mittelbare Verursacher des polizeiwidrigen Zustandes richten darf. Das Störerprinzip konkretisiert somit den Verhältnismässigkeitsgrundsatz in persönlicher Hinsicht. Der Störer ist polizeirechtlich verpflichtet, eine Gefahr oder Störung zu beseitigen oder die Kosten für die Massnahmen zur Herstellung des ordnungsgemässen Zustandes zu tragen (BGE 122 II 65, 70; BVGE 2010/38 E. 8.1). Das Erfordernis der *Unmittelbarkeit der Verursachung der Gefahr oder Störung* bedeutet, dass als polizeirechtlich erhebliche Ursachen nur solche Handlungen in Betracht kommen, die bereits selber die Grenze zur Gefahr überschritten haben; entferntere, lediglich mittelbare Verursachungen scheiden aus (BGE 131 II 743, 748 ff.; 118 Ib 407, 415; 114 Ib 44, 50 ff.). Damit soll auch sichergestellt werden, dass gegen den Verursacher der Störung und nicht gegen denjenigen, der selbst gestört wird, vorgegangen wird (Regierungsrat des Kantons Schwyz, Entscheid vom 25. November 2003 = ZBl 105 [2004] 536, 542 ff.). Die Abgrenzung zwischen mittelbaren und unmittelbaren Verursachern kann im Einzelfall allerdings schwierig sein (vgl. dazu namentlich MUCKEL, S. 19 ff.; THÜRER, S. 478 ff.). 2608

Beispiel: 2609
Ist bei einer Nachtruhestörung durch Gäste nach Wirtschaftsschluss auch der Wirt Störer oder nur mittelbarer Verursacher? Darf eine frühere Schliessung der Gastwirtschaft zur Verhinderung des Nachtlärms angeordnet werden oder kann die Polizei ausschliesslich gegen die lärmenden Gäste vorgehen (siehe Rz. 2619 ff.)?

Auch Massnahmen, die sich auf die polizeiliche Generalklausel stützen, müssen sich gegen den Störer richten. Unter diesem Aspekt ist das Urteil des Bundesgerichts betreffend die Herausgabe von Bankkundendaten der UBS AG an die amerikanischen Behörden (BGE 137 II 431; vgl. Rz. 2583 ff. und 2589) zu Recht kritisiert worden, ging doch die Gefahr nicht von der UBS AG oder ihren Kunden aus, sondern von den amerikanischen Behörden (BIAGGINI, Generalklausel, S. 36 f.). 2610

Das *Gemeinwesen* kann wie ein Privater als Störer kostenpflichtig werden, z.B. als Eigentümer eines Grundstücks oder als Betreiber einer Anlage. Auch hoheitliches Handeln kann zu einer Störung führen, namentlich bei rechtswidrigen Verletzungen der Aufsichtspflicht. Eine solche ist erst dann anzunehmen, wenn eine wesentliche Amtspflicht verletzt, eine zwingend vorgeschriebene konkrete Aufsichtsmassnahme unterlassen oder der Ermessenspielraum fehlerhaft oder in Missachtung allgemeiner Rechtsgrundsätze ausgeübt wurde (BGE 131 II 743, 748 f.; vgl. auch Rz. 2124). 2611

b) Begriff des Störers

aa) Verhaltensstörer

2612 Verhaltensstörer ist, wer durch sein eigenes Verhalten oder durch das Verhalten Dritter, für die er verantwortlich ist (z.B. Kinder), die öffentliche Ordnung und Sicherheit unmittelbar stört oder gefährdet. Verhalten ist *Tun oder Unterlassen,* wobei ein Unterlassen die Störereigenschaft nur zu begründen vermag, wenn eine besondere Rechtspflicht zu sicherheits- oder ordnungswahrendem Handeln besteht. Die polizeiliche Verantwortlichkeit setzt kein Verschulden des Verhaltensstörers voraus (BGer, Urteil 1C_146/2011 vom 29. November 2011 E. 2; Urteil 1C_59/2011 vom 10. Mai 2011 E. 3.3; Urteil des Bundesgerichts, ZBl 88 [1987] 301, 302 f.).

2613 Beispiele:

- randalierende Demonstranten oder Hooligans;
- Betrunkener, der mitten auf einer Fahrbahn geht;
- Gaffer, welche einen Polizeieinsatz erschweren;
- Verkehrsrowdies.

bb) Zustandsstörer

2614 Zustandsstörer ist, wer die tatsächliche oder rechtliche *Herrschaft hat über Sachen,* welche die Polizeigüter unmittelbar stören oder gefährden. Als solcher kommt in erster Linie der Eigentümer, aber auch der Mieter, Pächter, Verwalter oder Beauftragte in Betracht. Anknüpfungspunkt ist die Verfügungsmacht, die es dem Inhaber ermöglicht, die Sache in ordnungsgemässem Zustand zu halten oder den Gefahrenherd zu beseitigen. Unerheblich ist, wodurch der polizeiwidrige Zustand entstanden ist und ob den Zustandsstörer dafür ein Verschulden trifft. Entscheidend ist allein die Tatsache, dass eine Störung vorliegt und dass die Sache selbst unmittelbar die Gefahrenquelle bildet (BGE 127 I 60, 71; 122 II 65, 69 ff.; 114 Ib 44, 50 f.; BGer, Urteil 1C_146/2011 vom 29. November 2011 E. 2; Urteil 1C_59/2011 vom 10. Mai 2011 E. 3.3).

Beispiele:

2615 – Eigentümer einer Liegenschaft, aus der Heizöl ins Grundwasser sickert (BGE 105 Ib 262 ff.; 102 Ib 203 ff.; Entscheid des Regierungsrates des Kantons Aargau, ZBl 97 [1996] 128 ff.; ähnlich BGE 114 Ib 44 ff.); ebenso der Mieter (BGE 101 Ib 410 ff. = Pra 65 [1976] Nr. 197).

2616 – Eigentümer einer vorschriftswidrigen Baute; der Architekt sowie die Bauherrin, die inzwischen nicht mehr Eigentümerin ist, gelten indessen als Verhaltensstörer (BGE 107 Ia 19 ff.; ähnlich BGE 122 II 65 ff.).

2617 – Der Eigentümer einer Liegenschaft, die in zonenwidriger Weise als Sitz der griechischen Botschaft mit Visa-Ausgabe genutzt wird, was zu beträchtlichem Publikumsverkehr und infolge dessen auch zu Verkehrsstörungen führt (BGE 127 I 60 ff.).

2618 – Eigentümer einer Deponie, auf der sich sanierungsbedürftige Altlasten befinden; dabei ist unerheblich, ob er selber für die Verseuchung verantwortlich ist (diesfalls ist er zusätzlich Verhaltensstörer) oder ob er die Deponie bereits in diesem Zustand erworben hat (BGE 139 II 106 ff.).

cc) Zweckveranlasser als Störer

2619 Zweckveranlasser ist, wer durch sein Tun oder Unterlassen bewirkt oder bewusst in Kauf nimmt, dass ein *anderer* die Polizeigüter stört oder gefährdet.

Beispiele:

- Aufstellen eines Zigarettenautomaten (BGE 87 I 112 ff.) oder eines Kiosks (BGE 90 I 1 ff.) in einer Weise, dass die Benützung zu Verkehrsgefährdungen führt. 2620
- Prostituierte auf «Kundenwerbung», welche in Kauf nehmen, dass die motorisierten Freier die Anwohner stören (BGE 99 Ia 504 ff.). 2621
- Organisatoren eines Umzugs durch Moutier mit der Fahne des Kantons Jura, wenn die Gefahr besteht, dass dadurch Verstösse gegen Ruhe und Ordnung durch andere Gruppierungen provoziert werden (BGE 107 Ia 59 ff.). 2622
- Teilnehmer einer Gegendemonstration, wenn die konkrete Gefahr von gewaltsamen Tumulten und Sachbeschädigungen besteht (BGE 132 I 256, 268 f.; vgl. Rz. 2305). 2623
- Inhaber eines Restaurationsbetriebes, wenn seine Gäste ausserhalb des Wirtshauses die Nachtruhe beeinträchtigen (Urteil des Bundesgerichts, ZBl 76 [1975] 162, 165; anders die bei IMBODEN/RHINOW, Bd. II, S. 997 erwähnten Entscheidungen). 2624

2625 Die Lehre kritisiert das Anknüpfen am Eventualvorsatz («bewusstes Inkaufnehmen»), werde doch damit ein Element der subjektiven Wertung vom Strafrecht in das Verwaltungsrecht übernommen, das sich seiner Natur entsprechend an objektiven Gegebenheiten auszurichten habe (THÜRER, S. 478; vgl. auch IMBODEN/RHINOW, Bd. II, S. 997 f.). THÜRER schlägt vor, den blossen Veranlasser einer Störung oder Gefährdung der öffentlichen Ordnung und Sicherheit nur dann als Störer in Anspruch zu nehmen, wenn ihm der polizeiliche Eingriff zugemutet werden darf (ähnlich MUCKEL, S. 21 ff., der auf die Effektivität der Gefahrenabwehr und die Verhältnismässigkeit der polizeilichen Massnahmen abstellen will; die Figur des Zweckveranlassers sei deshalb nicht mehr notwendig). Nach IMBODEN/RHINOW erscheint eine Haftung des Veranlassers gerechtfertigt, wenn er die Störung oder Gefährdung geradezu anstrebt oder sie mit anderen zumutbaren Mitteln nicht verhindert werden kann. In der Tat wird der Kreis der Störer wohl zu weit gezogen, wenn jede Person, die es bewusst in Kauf nimmt, dass sich andere ihretwegen pflichtwidrig verhalten, dafür polizeirechtlich verantwortlich gemacht werden kann (z.B. die Veranstalter von Demonstrationen oder Versammlungen, die mit Störungen durch Dritte rechnen müssen).

dd) Unbeteiligte Dritte

2626 Grundsätzlich dürfen sich polizeiliche Massnahmen nicht gegen unbeteiligte Dritte, also Personen, welche weder als Zustands- oder Verhaltensstörer noch als Zweckveranlasser in Frage kommen, richten. Die Grenzziehung ist aber nicht einfach und wird kaum thematisiert.

2627 Kantonale Polizeigesetze sehen zum Teil vor, dass in Einzelfällen auch gegen Drittpersonen vorgegangen werden kann (vgl. § 19 PolG/ZH; Art. 25 des Polizeigesetzes des Kantons Bern [PolG] vom 8. Juni 1997 [BSG 551.1]). Das Vorgehen gegen unbeteiligte Dritte und damit das Abweichen vom Störerprinzip ist unseres Erachtens nur in Fällen der *polizeilichen Generalklausel* zulässig (so auch MOOR/FLÜCKIGER/MARTENET, S. 831). Weitergehend wird in der Lehre teilweise gefordert, dass ein Vorgehen gegen unbeteiligte Dritte gar nur bei Vorliegen eines *Polizeinotstandes* gerechtfertigt sei (vgl. TSCHANNEN/ZIMMERLI/MÜLLER, S. 544; WIEDERKEHR/RICHLI, Bd. II, Rz. 417; DUBEY/ZUFFEREY, No. 1304; vgl. auch Rz. 2647 f.).

c) Auswahl zwischen verschiedenen Störern

2628 Ist eine Mehrzahl von Störern für einen polizeiwidrigen Zustand verantwortlich, so liegt eine *polizeirechtliche Haftungskonkurrenz* vor. Die zuständige Behörde muss die Störer, die sie in Anspruch nehmen will, nach bestimmten Grundsätzen auswählen. Geht es um die *Wiederherstellung des polizeigemässen Zustandes,* so hat sich die Behörde primär an denjenigen Störer zu halten, der dazu am ehesten in der Lage ist. Dies gilt vor allem für die dringliche Wiederherstellung des ordnungsgemässen Zustandes (vgl. BVGE 2010/38 E. 8.2; Verwaltungsgericht des Kantons Zürich, Urteil VB.2006.00391 vom 20. Dezember 2006 E. 5.3 = ZBl 109 [2008] 105, 107). Falls mehrere Störer gleich fähig und geeignet sind, um die Gefahr abzuwenden bzw. die Störung zu beseitigen, ist derjenige zu belangen, der für den polizeiwidrigen Zustand in erster Linie verantwortlich ist.

2629 Sind dagegen bloss die *Kosten,* die der Öffentlichkeit durch die Gefahrenabwehr erwachsen (z.B. für Massnahmen zur Verhinderung von Gewässerverunreinigungen bei einem Ölunfall), auf mehrere Störer zu verteilen, so haften sie nicht solidarisch, sondern nach den subjektiven und objektiven Anteilen an der Verursachung des polizeiwidrigen Zustandes (BGE 132 II 371, 380; 131 II 743, 746 f.; vgl. auch BGE 107 Ia 19, 24; zur Problematik der dogmatischen Einordnung der Regeln für die Kostenverteilung und der Bemessung der einzelnen Anteile durch Verwaltungsbehörden siehe TANQUEREL, No. 564, 1187; THÜRER, S. 482 f.). In diesem Zusammenhang wird auch vom Verursacherprinzip gesprochen, das eine sachgerechte Kostenverteilung ermöglichen soll (TSCHANNEN/ZIMMERLI/MÜLLER, S. 547 ff.; DUBEY/ZUFFEREY, No. 131 ff.; Regierungsrat des Kantons Schwyz, Entscheid vom 25. November 2003 = ZBl 105 [2004] 536, 552).

Beispiele:

2630 – Nach der Bundesgesetzgebung über den Gewässerschutz waren bis zum 1. Juli 1987 alle alten Öltankanlagen den neuen Sicherheitsanforderungen anzupassen. Die zuständigen Behörden des Kantons Graubünden wussten seit 1981, dass eine bestimmte Tankanlage ein hohes Leckrisiko aufwies. Sie kümmerten sich um das Problem, setzten aber gegenüber dem Hauseigentümer, welcher diesen Zustand auf sich beruhen liess, weder eine Sanierung noch eine Stilllegung der Anlage durch. Nach Ablauf der bundesrechtlichen Frist flossen infolge fehlerhafter Handlungen des Chauffeurs eines Öllieferanten ca. 11'000 l Heizöl neben den Tank und versickerten wegen der undichten Sicherheitshüllen im Untergrund, was entsprechende Sanierungsmassnahmen notwendig machte. Die Regierung des Kantons Graubünden auferlegte die Kosten dieser Sanierung zu zwei Dritteln dem Öllieferanten und zu einem Drittel dem Hauseigentümer. In teilweiser Gutheissung einer Beschwerde des Öllieferanten verteilte das Bundesgericht mit Rücksicht auf die subjektiven und objektiven Anteile an der Verursachung des Ölunfalles die Kosten wie folgt: sechs Zehntel dem Hauseigentümer, drei Zehntel dem Öllieferanten und einen Zehntel dem Kanton Graubünden. Der Kanton habe durch die Duldung der Gefahr eine Gewässerverschmutzung in Kauf genommen und trage deshalb als mitverursachender Verhaltensstörer Mitverantwortung, die allerdings im Verhältnis zu den anderen Verursachern von untergeordneter Bedeutung sei (Urteil des Bundesgerichts, ZBl 92 [1991] 212 ff.; vgl. auch Entscheid des Regierungsrates des Kantons Aargau, ZBl 97 [1996] 128, 130 ff.).

2631 – Aus einem Containerwagen trat im Rangierbahnhof Muttenz eine giftige Substanz aus, welche eine Gefahr für die Gewässer darstellte. Als Störer, welche für den Schaden haftbar gemacht werden konnten, kamen die spanische Eigentümerfirma des leck gewordenen Tankcontainers, die Speditionsfirma, die als Absenderin und als Empfängerin der transportierten Substanz auftrat, die französischen Staatsbahnen SNCF, die den Güterzug mit dem lecken Tankcontainer nach Muttenz überführt hatten, sowie die SBB als Inhaberin und Betreiberin des Rangierbahnhofes Muttenz in Betracht. Die Ems Chemie AG, für welche die Sendung bestimmt war, hatte dagegen keine Verfügungsmacht über das Transportgut und dessen Verpackung und war deshalb nicht als Störerin zu qualifizieren. Aus dem Territorialitätsprinzip lässt sich nicht ableiten, dass nur Personen mit Domizil in der Schweiz Störer sein können. Grundsätzlich besteht unter mehreren Störern keine Solidarität. Dennoch ist in Fällen, in welchen ein Störer nicht belangbar ist, die Überwälzung seines nicht erhältlichen Kostenanteils auf die übrigen Störer möglich; sie findet ihre Grenze jedoch in der Zumutbarkeit. Unter den konkreten Umständen und weil vorliegend keinem der beteiligten Störer ein Verschulden nachgewiesen werden konnte, liess es sich rechtfertigen, die Kosten etwa hälftig den Bahnen einerseits und den für Transportgut und Verpackung Verantwortlichen andererseits zu überbinden. Die Spediteurin war bezüglich des Transportes in die Stellung der spanischen Absenderin eingetreten und zog aus diesem Vertragsverhältnis wirtschaftliche Vorteile. Es erschien deshalb nicht als unhaltbar, die Spediteurin auch für die sich aus diesem Vertragsverhältnis ergebenden Nachteile einstehen zu lassen und den auf die ausländische Firma entfallenden Kostenanteil auf die Spediteurin zu überwälzen, zumal diese sich u.U. ganz oder teilweise an ihrer Vertragspartnerin schadlos halten konnte (BGer, Urteil 1A.178/2003 vom 27. August 2004 = ZBl 106 [2005] 48 ff.).

- Unternehmen, die ein zulassungspflichtiges, aber nicht zugelassenes Arzneimittel in Verkehr 2632
  bringen und damit dessen potentiell gesundheitsgefährdende Anwendung ermöglichen, gelten ebenso als Verhaltensstörer wie der Importeur des Produktes. Es ist nicht zu beanstanden, dass Verwaltungsmassnahmen gleichzeitig oder nacheinander gegen mehrere Störer angeordnet werden, wenn dies für die Wiederherstellung des rechtmässigen Zustandes erforderlich ist (BVGer, Urteil C-2090/2006 vom 31. Oktober 2007 E. 3.1).

IV. Polizeinotstand

1. Begriff

Ein Polizeinotstand liegt vor, wenn die polizeilichen Güter in so hohem Masse unmittel- 2633
bar bedroht oder verletzt sind, dass die gesetzlich vorgesehenen polizeilichen Massnahmen zum Schutz nicht mehr genügen. Der Polizeinotstand kann als besonders gewichtiger Anwendungsfall der polizeilichen Generalklausel angesehen werden (TSCHANNEN/ZIMMERLI/MÜLLER, S. 540).

Der Polizeinotstand ist von weiteren Notständen wie z.B. dem *Staatsnotstand* zu un- 2634
terscheiden, bei welchem die staatliche Existenz auf dem Spiel steht, sodass auch von der Verfassung abweichende Anordnungen als legitim erscheinen (vgl. HÄFELIN/HALLER/KELLER, Rz. 1801 ff.). Im Polizeinotstand sind dagegen *nur polizeiliche Massnahmen* zulässig, die nicht auf einer genügenden gesetzlichen Grundlage beruhen, im Übrigen aber mit der Verfassung vereinbar sind.

Beispiele: 2635

Feuersbrunst, Überschwemmung, akute Lawinengefahr, innere Unruhen (z.B. gewalttätige Auseinandersetzungen zwischen verfeindeten Bevölkerungsgruppen), Erdbeben.

2. Polizeiliche Notstandsmassnahmen

a) Rechtsgrundlage

Die rechtliche Grundlage für Massnahmen zur Behebung des Polizeinotstandes ist die 2636
Polizeigeneralklausel (siehe Rz. 2580).

b) Arten

aa) Polizeinotverordnung

2637 Der Erlass einer Polizeinotverordnung ist erforderlich, wenn viele gleichartige Fälle vorliegen, die aus Gründen der Rechtssicherheit und Rechtsgleichheit nur durch eine *generell-abstrakte Normierung* befriedigend geregelt werden können. Zusätzlich muss die Regelung zur Behebung des Polizeinotstandes so *dringlich* sein, dass es unmöglich ist, eine besondere gesetzliche Grundlage zeitgerecht zu schaffen.

Beispiele:

2638 – Die Einführung eines Numerus clausus für das Medizinstudium an der Universität Zürich kann nicht durch eine Polizeinotverordnung des Regierungsrates erfolgen, weil keine Notsituation vorliegt, die durch keine anderen legalen Mittel zu beseitigen ist (BGE 121 I 22, 27 ff.).

2639 – Angesichts der Ereignisse im ehemaligen Jugoslawien konnte der Bundesrat unmittelbar gestützt auf Art. 102 Ziff. 8–10 aBV (heute Art. 184 Abs. 3 BV und Art. 185 Abs. 3 BV) den Handel mit Schusswaffen zwischen der Schweiz und Jugoslawien, den Erwerb und das Tragen von Schusswaffen durch jugoslawische Staatsangehörige sowie die Veräusserung von Schusswaffen an solche Personen verbieten (Verordnung über den Erwerb und das Tragen von Schusswaffen durch jugoslawische Staatsangehörige vom 18. Dezember 1991 [SR 514.545; AS 1992, 23], nicht mehr in Kraft). Ein solches Verbot war notwendig und zeitlich dringlich, weil zu befürchten war, dass es auch in der Schweiz zu gewalttätigen Auseinandersetzungen zwischen Staatsangehörigen des ehemaligen Jugoslawien kommen könnte oder dass Schusswaffen in das Konfliktgebiet gelangen (BGE 123 IV 29, 34 ff.; 122 IV 258, 261 ff.; zur Frage der Verhältnismässigkeit des Verbots des Erwerbs durch alle ausländischen Staatsangehörigen vgl. Rz. 2601).

2640 Die Notverordnung kann *nur für beschränkte Zeit Geltung* beanspruchen. Dauert die zu regelnde Situation an oder soll die Notverordnung nach Beendigung der Notstandssituation nicht dahinfallen, muss sie ins ordentliche Recht überführt werden. Art. 185 Abs. 3 BV sieht deshalb vor, dass Verordnungen, die der Bundesrat erlässt, um eingetretenen oder unmittelbar drohenden schweren Störungen der öffentlichen Ordnung oder der inneren oder äusseren Sicherheit zu begegnen, zu befristen sind (vgl. auch Rz. 2581).

Beispiele:

2641 – Die auf zwei Jahre befristete Verordnung über den Erwerb und das Tragen von Schusswaffen durch jugoslawische Staatsangehörige (vgl. Rz. 2601, 2639) wurde durch den Bundesrat zweimal um je zwei Jahre verlängert. Bei der Beurteilung eines Falles, der sich im April 1994 abgespielt hatte, erachtete das Bundesgericht das Erfordernis des Notstandes als noch gegeben (BGE 123 IV 29, 34 ff.). Es fragt sich allerdings, ob ein mehr als fünf Jahre andauernder «Notstand» den Rahmen des noch Zulässigen nicht sprengt und eine Überführung ins ordentliche Recht zumutbar gewesen wäre. Nach Art. 7 Abs. 1 WG besitzt der Bundesrat nun eine ausdrückliche Kompetenz, den Erwerb und das Tragen von Waffen durch Angehörige bestimmter Staaten zu verbieten.

2642 – Der Bundesrat ordnete gestützt auf Art. 1 Abs. 2 des Bundesratsbeschlusses betreffend staatsgefährliches Propagandamaterial vom 29. Dezember 1948 (Propagandabeschluss, AS 1948, 1282) die Einziehung und Vernichtung von durch die Zollbehörden beschlagnahmtem Propagandamaterial der Kurdischen Arbeiterpartei (PKK) an. Das Bundesgericht wies eine Beschwerde gegen diese Verfügung ab. Es stellte u.a. fest, der Propagandabeschluss bilde als selbstständige Verordnung des Bundesrates zusammen mit Art. 102 Ziff. 8–10 aBV (heute Art. 184 Abs. 3 BV und Art. 185 Abs. 3 BV), auf die sie sich stütze, eine ausreichende gesetzliche Grundlage für einen schweren Eingriff in die Meinungs- und Medienfreiheit (BGE 125 II 417, 427 ff.). Das Bundesgericht setzte sich nicht mit der Frage auseinander, ob der Propagandabeschluss hätte befristet oder in ordentliches Recht überführt werden müssen (vgl. dazu EICHENBERGER/SCHINDLER, in: Kommentar aBV, Art. 102 aBV, Rz. 124, 167). Er ist im Hinblick auf das

Inkrafttreten des Bundesgesetzes über Massnahmen zur Wahrung der inneren Sicherheit (BWIS) vom 21. März 1997 (SR 120) aufgehoben worden.

- Die vom Bundesrat gestützt auf die Art. 184 Abs. 3 BV und Art. 185 Abs. 3 BV erlassene Verordnung über die Rekapitalisierung der UBS AG vom 15. Oktober 2008 (SR 611.055; AS 2008, 4741 f.) galt nach deren Art. 5 Abs. 1 bis zu ihrer Ablösung durch ein Bundesgesetz, längstens jedoch bis zur vollständigen Abwicklung der Transaktionen (Zeichnung und Liberierung einer Pflichtwandelanleihe der UBS AG). Fraglich war, ob ein polizeiliches Interesse an der Rettung der UBS AG bestand, und ob auch andere Interessen die Berufung auf Art. 185 Abs. 3 BV rechtfertigen können (vgl. dazu nun BGE 137 II 431, 444 ff; Rz. 2583 ff. und 2589; BIAGGINI, Generalklausel, S. 43 f.). 2643

bb) Polizeinotverfügung

Kann die ausserordentliche Bedrohung der Polizeigüter mit *individuellen Anordnungen gegenüber bestimmten Personen* in konkreten Einzelfällen abgewehrt werden, so sind Polizeinotverfügungen unmittelbar gestützt auf die Polizeigeneralklausel zu treffen. 2644

Beispiele: 2645

Evakuierungsbefehl, Aufgebot zur Hilfeleistung, Befehl zur Räumung eines Platzes.

3. Besonderheiten

Bei polizeilichen Notstandsmassnahmen sind folgende Besonderheiten zu beachten, die von den Voraussetzungen für polizeiliche Massnahmen im Allgemeinen (Rz. 2576 ff.) abweichen: 2646

a) Abweichung vom Störerprinzip

Falls die Behörden der Notstandssituation weder durch Inanspruchnahme des Störers noch durch Einsatz eigener Mittel begegnen können, dürfen sie zur Behebung der akuten Gefahr auch unbeteiligte Dritte heranziehen, d.h., es kann in solchen Fällen ausnahmsweise vom Störerprinzip *abgewichen* werden. Die Massnahme gegen den Nichtstörer muss aber zumutbar sein, d.h., sie darf ihn nicht selbst (schwerwiegend) gefährden oder ihn zur Verletzung von wichtigen Pflichten zwingen. Sie kann so lange aufrechterhalten werden, als dies zur Abwehr der Gefahr unerlässlich ist (Verhältnismässigkeitsprinzip). 2647

Beispiele: 2648

- Requirierung von Fahrzeugen zur Rettung von Unfallopfern;
- Inanspruchnahme leer stehender Räume Dritter zur Unterbringung der bei einer Naturkatastrophe obdachlos gewordenen Bevölkerung;
- allgemeine Demonstrations-, Ausgeh- oder Betretungsverbote zur Verhinderung von gewalttätigen Auseinandersetzungen zwischen verschiedenen Bevölkerungsgruppen.

b) Staatshaftung

Sind die Voraussetzungen für die Inanspruchnahme Dritter zur Abwehr von Gefahren im Polizeinotstand erfüllt, so handelt es sich um einen *rechtmässigen Eingriff.* Es stellt sich die Frage, ob der Staat den Schaden zu ersetzen hat, der dem Dritten dadurch allenfalls 2649 (z.B. bei der Benutzung der beanspruchten Räume oder Fahrzeuge) zugefügt worden ist. § 56 Abs. 1 PolG/ZH sieht für Schäden, die durch eine rechtmässige polizeiliche Tätigkeit entstehen, eine Haftung des Staates nach *Billigkeit* vor. Demgegenüber fehlt im Bund eine ausdrückliche Regelung dieses Sachverhalts. Zu prüfen wäre, ob der Bund unter dem Titel des sog. *Sonderopfers* gestützt auf Art. 8 BV i.V.m. Art. 26 BV (vgl. dazu Rz. 2166 ff., 2490 f.) zum Ersatz derartiger Schäden herangezogen werden könnte.

§ 39 Polizeierlaubnis

Literatur

BRUNNSCHWEILER MARTIN, Bewilligungspflicht und Bewilligungserteilung, in: René Schaffhauser/Ueli Kieser/Tomas Poledna (Hrsg.), Das neue Medizinalberufegesetz (MedBG), St. Gallen 2008, S. 57 ff.; GOOD-WEINBERGER CHARLOTTE, Die Ausnahmebewilligung im Baurecht, insbesondere nach § 220 des zürcherischen Planungs- und Baugesetzes, Diss. Zürich 1990; HEINIGER THOMAS, Der Ausnahmeentscheid, Untersuchungen zu Ausnahmeermächtigung und Ausnahmebewilligung, Diss. Zürich 1986; KARLEN PETER, Die Ausnahmebewilligung nach Art. 24–24d RPG, ZBl 102 (2001) 291 ff.; KOTTUSCH PETER, Das Ermessen der kantonalen Fremdenpolizei und seine Schranken, ZBl 91 (1990) 145 ff.; MÄDER CHRISTIAN, Das Baubewilligungsverfahren, Eine Darstellung unter besonderer Berücksichtigung des zürcherischen Rechts und der neueren zürcherischen Rechtsprechung, Diss. Zürich 1991; MIZEL CÉDRIC, Les nouvelles dispositions légales sur le retrait du permis de conduire, RDAF 60 (2004) 361 ff.; POLEDNA TOMAS, Staatliche Bewilligungen und Konzessionen, Habil. Zürich, Bern 1994.

I. Begriff und Rechtsnatur

1. Begriff

Die Polizeierlaubnis ist die Verfügung, welche auf Gesuch hin eine aus polizeilichen Gründen unter Bewilligungspflicht stehende Tätigkeit zulässt, weil die zum Schutz der Polizeigüter aufgestellten gesetzlichen Voraussetzungen für die Ausübung dieser Tätigkeit erfüllt sind. 2650

Die *Terminologie* ist uneinheitlich. Neben dem Begriff der Polizeierlaubnis finden sich vor allem die Bezeichnungen (Polizei-)Bewilligung, Genehmigung, Zulassung und Patent. 2651

Beispiele: 2652

- Baubewilligung (neben baupolizeilichen werden damit aber auch raumplanerische Ziele verfolgt);
- Bewilligung zum Verkauf von Medikamenten (BGE 141 II 91, 96) und Zulassung eines Präparates als Heilmittel (BVGer, Urteil C-6903/2009 vom 20. Januar 2012 E. 4.3);
- Anwaltspatent (vgl. BGE 138 II 440, 443 f.);
- Berufsausübungsbewilligung für Ärztinnen und Ärzte (BGer, Urteil 8C_436/2012 vom 3. Dezember 2012 E. 3.4; keine Polizeierlaubnis ist dagegen die den Ärzten erteilte, sozialpolitisch motivierte Bewilligung, zu Lasten der obligatorischen Krankenversicherung abrechnen zu dürfen [BGE 130 I 26, 44 ff.]);
- Bergführer-, Skilehrerpatent sowie Bewilligung für Anbieter weiterer Risikoaktivitäten (z.B. Canyoning, River-Rafting oder Bungee-Jumping) nach dem Bundesgesetz über das Bergführerwesen und Anbieten weiterer Risikoaktivitäten vom 17. Dezember 2010 (SR 935.91);
- Waffenerwerbsschein und Waffenhandelsbewilligung (Art. 8 und 17 WG; vgl. zu Ersterem BGer, Urteil 6B_884/2013 vom 9. Oktober 2014 E. 3.3.2; vgl. auch Rz. 2566);
- Gastwirtschaftspatent (BGE 109 Ia 128, 130);
- Führerausweis für Motorfahrzeuge (Art. 10 Abs. 2 SVG; Art. 14 SVG);
- Bewilligung für das Halten eines «potenziell gefährlichen Hundes» (vgl. BGE 136 I 1 ff.; 133 I 172 ff.; 132 I 7 ff.);

- Bewilligung für den Geschäftsbetrieb einer Bank (Art. 3 BankG), einer Versicherung oder eines Versicherungszweiges (Art. 3 Abs. 1 VAG und Art. 6 Abs. 1 VAG; vgl. zu Letzterem BGer, Urteil 2C_94/2012 vom 3. Juli 2012 E. 2.7);
- Zulassung zum Erbringen von Revisionsdienstleistungen (Art. 3 RAG; vgl. BGer, Urteil 2C_163/2014 vom 15. Januar 2015 E. 2.2).
- Betriebsbewilligung für das Betreiben eines Kernkraftwerks (Art. 19 ff. KEG; vgl. BGE 139 II 185, 190); dagegen weist die sogenannte Rahmenbewilligung Bezüge zur wirtschaftspolitischen Bewilligung auf (vgl. SCHAFFHAUSER/UHLMANN, St. Galler Kommentar zu Art. 90 BV, Rz. 17; RHINOW/SCHMID/BIAGGINI/UHLMANN, § 28, Rz. 68; vgl. auch Rz. 2655);
- Bewilligung für den Betrieb eines Privatspitals (BGer, Urteil 2C_217/2010 vom 16. August 2010);

2. Rechtsnatur

2653 In der älteren Lehre und Rechtsprechung wurde oft ausgeführt, die Polizeierlaubnis begründe keine neuen Rechte, weil diese der darum ersuchenden Person bereits durch das Gesetz eingeräumt werden. Die Erlaubnis sei deklaratorischer Natur und stelle nur fest, dass der beabsichtigten Tätigkeit keine Hindernisse entgegenstehen (BGE 110 Ib 364, 365 f.; 109 Ia 128, 130; IMBODEN/RHINOW, Bd. II, S. 979 f.; KNAPP, No. 1371 ff.).

2654 Die Polizeierlaubnis ist jedoch *keine Feststellungsverfügung.* Sie stellt nicht lediglich das Vorhandensein eines Rechts fest (Art. 5 Abs. 1 lit. b VwVG), sondern *erteilt* die *Befugnis,* eine Tätigkeit auszuüben, die an sich gesetzlich untersagt ist (vgl. BVGer, Urteil A-6154/2010 vom 21. Oktober 2011 E. 6.2). Die Polizeierlaubnis ist formelle Voraussetzung für die Rechtmässigkeit einer bewilligungspflichtigen Tätigkeit. Wird eine Tätigkeit ausgeübt, ohne zuvor die erforderliche Erlaubnis einzuholen, so schreiten die Verwaltungsbehörden ein und erzwingen die Durchführung eines Bewilligungsverfahrens bzw. die Einstellung der Tätigkeit. Die Polizeierlaubnis hat also *rechtsgestaltende (konstitutive) Wirkung* und verschafft dem Gesuchsteller eine bestimmte Rechtsposition, indem eine Tätigkeit als rechtmässig erklärt wird (vgl. Rz. 884 f.; GYGI, Verwaltungsrecht, S. 177; TANQUEREL, No. 858; TSCHANNEN/ZIMMERLI/MÜLLER, S. 422 f.). In der Regel besteht auf die Erteilung einer Polizeierlaubnis ein Anspruch (vgl. Rz. 2661).

3. Abgrenzung zu anderen Bewilligungen

2655 Neben der Polizeierlaubnis gibt es noch weitere Arten von Bewilligungen. Eine Tätigkeit kann nämlich auch aus anderen als polizeilichen Gründen bewilligungspflichtig erklärt werden. So dient z.B. eine *wirtschaftspolitische Bewilligung*, deren Erteilung vom Bedürfnis nach der betreffenden Tätigkeit abhängig gemacht wird, der Wirtschaftslenkung (vgl. TSCHANNEN/ZIMMERLI/MÜLLER, S. 424 f.). Die Bewilligung, medizinische Leistungen zu Lasten der obligatorischen Krankenpflegeversicherung zu erbringen, soll die Steigerung der Gesundheitskosten (und damit der Krankenkassenprämien) bremsen (BGE 130 I 26, 50). Die *Bewilligung zum gesteigerten Gemeingebrauch einer öffentlichen Sache* dient zwar teilweise auch polizeilichen Interessen; im Vordergrund steht aber *die Koordination der Nutzer bei Inanspruchnahme der öffentlichen Sache* (vgl. dazu Rz. 2287). Die Voraussetzungen für die Erteilung solcher Bewilligungen und deren Rechtswirkungen stimmen mit denjenigen der Polizeierlaubnis in der Regel nicht überein. Oft enthalten diese Bewilligungen aber auch Elemente der Polizeierlaubnis.

II. Voraussetzungen und Modalitäten der Erteilung einer Polizeierlaubnis

Hängt die Ausübung einer Tätigkeit von der Erteilung einer Polizeierlaubnis ab, ist stets zu unterscheiden zwischen der Frage der Zulässigkeit der Bewilligungspflicht als solcher (vgl. dazu Rz. 2570 f.) und der Frage der Zulässigkeit der Erteilung bzw. Verweigerung einer Polizeierlaubnis im konkreten Fall. Beide Fragen müssen getrennt geprüft werden. Im Folgenden geht es nur um die Erteilung einer Polizeierlaubnis. 2656

1. Verfahrensmässige Voraussetzung

Das Verfahren auf Erteilung einer Polizeierlaubnis wird durch ein entsprechendes *Gesuch* eingeleitet. Die Polizeierlaubnis stellt also eine mitwirkungsbedürftige Verfügung dar (vgl. Rz. 892 ff.). 2657

2. Persönliche und sachliche Voraussetzungen

In materieller Hinsicht kann die Erteilung einer Polizeierlaubnis sowohl von persönlichen als auch von sachlichen Voraussetzungen abhängig gemacht werden. Zu den *persönlichen Voraussetzungen* gehören bestimmte Fähigkeiten oder Kenntnisse der gesuchstellenden Person oder deren Leumund, Wohnsitz oder Bürgerrecht. So werden etwa zum Anwaltsberuf im Kanton Zürich nur Personen zugelassen, welche die Anwaltsprüfung bestanden haben, die persönlichen Voraussetzungen nach Art. 8 Abs. 1 lit. a–c BGFA (Handlungsfähigkeit; keine strafrechtliche Verurteilung wegen Handlungen, die mit dem Anwaltsberuf nicht zu vereinbaren sind und deren Eintrag im Strafregister nicht gelöscht ist; keine Verlustscheine) erfüllen und zutrauenswürdig sind (§ 2 des Zürcher Anwaltsgesetzes vom 17. November 2003 [LS 215.1]). Eine *sachliche Voraussetzung* liegt z.B. dann vor, wenn eine Baubewilligung nur erteilt wird, sofern die geplante Baute bestimmte Abstände vom Nachbargrundstück einhält oder bezüglich der Gestaltung gewissen Anforderungen genügt, ferner, wenn bei der Zulassung eines Fahrzeugs auf dessen Zustand abgestellt wird. 2658

Die Voraussetzungen für die Erteilung der Polizeierlaubnis müssen in einem sachlichen Zusammenhang mit der bewilligungspflichtigen Tätigkeit stehen. So war früher umstritten, ob es zulässig sei, die Zulassung zum Anwaltsberuf vom Schweizer Bürgerrecht abhängig zu machen, oder ob der Nachweis der Vertrautheit mit den politischen und gesellschaftlichen Verhältnissen auch auf andere Weise erbracht werden könne (vgl. 2659

BGE 123 I 19 ff.; 119 Ia 35, 39 ff.; 116 Ia 237, 241 f.). Heute werden die Voraussetzungen für die Erteilung der Berufsausübungsbewilligung durch das BGFA geregelt.

3. Übertragbarkeit

2660 In der Regel ist eine Polizeierlaubnis an die Person, der sie erteilt wurde, gebunden und deshalb nicht übertragbar (so z.B. Berufsausübungsbewilligungen). Ausnahmsweise kann eine Polizeierlaubnis an eine Sache gebunden sein und geht dann mit der Veräusserung auf den Erwerber über. Dies ist z.B. bei einer Baubewilligung oder Typengenehmigung der Fall.

4. Anspruch auf Erteilung einer Polizeierlaubnis

2661 Für die Polizeierlaubnis ist charakteristisch, dass die darum ersuchende Person einen Rechtsanspruch auf Erteilung besitzt, wenn sie die gesetzlich festgelegten Voraussetzungen erfüllt (BGE 139 II 185, 190). Demzufolge liegt die Entscheidung darüber, ob die Erlaubnis erteilt wird oder nicht, in der Regel *nicht im Ermessen der Bewilligungsbehörde* (anders als z.B. bei Konzessionen, vgl. Rz. 2725 ff.). Die Voraussetzungen für die Polizeierlaubnis werden aber oft durch unbestimmte Rechtsbegriffe – z.B. «Gewähr für einwandfreie Geschäftsführung», «Einordnung einer Baute in die Umgebung» – umschrieben, sodass die Bewilligungsbehörde dennoch über einen gewissen *Beurteilungsspielraum* verfügt (vgl. Rz. 413 ff.). Dieser Umstand wirkt sich ganz besonders bei der Frage nach dem Rechtsmittel und der Kognitionsbefugnis der Rechtsmittelinstanz aus. Die Zulässigkeit der Verweigerung einer Polizeierlaubnis ist im Allgemeinen einer umfassenden verwaltungsgerichtlichen Überprüfung zugänglich.

2662 Beispiel:

Das Treiben von Wanderherden ist aus seuchenpolizeilichen Gründen verboten (vgl. Art. 33 TSV, der in leicht veränderter Form die Regelung von Art. 19.2 der vorher gültigen Tierseuchenverordnung vom 15. Dezember 1967 weiterführt). Vom Verbot ausgenommen sind Wanderschafherden, die mit Bewilligung des Kantonstierarztes (früher: «der zuständigen kantonalen Behörde») über das Gebiet mehrerer Gemeinden getrieben werden dürfen. Die Bewilligung stellt eine Polizeierlaubnis dar, die zu erteilen ist, wenn die das Gesuch stellende Person die (vorab) durch die Tierseuchengesetzgebung geforderten Bedingungen erfüllt. Das Veterinäramt des Kantons Luzern verweigerte deshalb im Jahre 1984 eine entsprechende Bewilligung zu Unrecht mit der Begründung, die Futtergrundlage im Kanton reiche für eine weitere Wanderschafherde nicht aus und die Wanderschafherden könnten Träger von Seuchenerregern sein. Eine abstrakte Gefahr derart allgemeiner Art bietet keine Grundlage, um die kantonale Bewilligung zu verweigern, hat der Bundesrat doch die Schafherden vom Verbot der Wanderherden trotz der ihnen naturgemäss inhärenten Gefahren gerade ausgenommen. Eine konkret drohende Seuchengefahr war nicht nachgewiesen (BGE 111 Ib 237 ff.).

III. Ausnahmebewilligung

2663 Ausnahmebewilligungen sind im Polizeirecht besonders häufig, kommen aber auch in anderen Rechtsgebieten vor (vgl. Rz. 2670).

1. Zweck

Der Gesetzgeber erlässt Vorschriften, die auf den Normalfall zugeschnitten sind. Es ist weder möglich noch sinnvoll, sämtliche besonders gelagerten Situationen legislatorisch zu erfassen. Um *Härtefälle* zu vermeiden, welche die gesetzliche Regelung mit sich bringen kann, darf der Gesetzgeber die rechtsanwendenden Organe (Verwaltungsbehörden, Gerichte) ermächtigen, aus Gründen der Billigkeit (Einzelfallgerechtigkeit) ausnahmsweise davon abzuweichen. 2664

2. Begriff

Eine Ausnahmebewilligung liegt vor, wenn von der im Normalfall geltenden Regelung – insbesondere von einer bestimmten polizeilichen Vorschrift – in einzelnen Sonderfällen gestützt auf eine gesetzliche Ermächtigung abgewichen werden darf. 2665

3. Voraussetzungen

a) Ausdrückliche gesetzliche Grundlage

Eine Ausnahmebewilligung darf nur erteilt werden, wenn ein Gesetz oder eine gestützt auf das Gesetz erlassene Verordnung dies ausdrücklich vorsieht. 2666

Beispiele:

- Art. 24 RPG regelt «Ausnahmen für Bauten und Anlagen ausserhalb der Bauzonen». Die Bestimmung lautet: «Abweichend von Artikel 22 Absatz 2 Buchstabe a können Bewilligungen erteilt werden, Bauten und Anlagen zu errichten oder ihren Zweck zu ändern, wenn: 2667
  a. der Zweck der Bauten und Anlagen einen Standort ausserhalb der Bauzonen erfordert; und
  b. keine überwiegenden Interessen entgegenstehen.»
- § 220 Abs. 1 PBG/ZH bestimmt: «Von Bauvorschriften ist im Einzelfall zu befreien, wenn besondere Verhältnisse vorliegen, bei denen die Durchsetzung der Vorschriften unverhältnismässig erscheint.» 2668
- Nach Art. 5 Abs. 4 WG können die Kantone u.a. Ausnahmen vom Verbot des Besitzes von im Gesetz umschriebenen Abschussgeräten, Granatwerfern, Feuerwaffen und Seriefeuerwaffen bewilligen (vgl. Botschaft vom 11. Januar 2006 zur Änderung des Bundesgesetzes über Waffen, Waffenzubehör und Munition, BBl 2006, 2731). 2669
- Art. 14 Abs. 2 AsylG und Art. 30 Abs. 1 lit. b AuG statuieren sog. Härtefallregelungen. Die Erteilung einer Ausnahmebewilligung zum Aufenthalt (z.B. nach Abweisung eines Asylgesuches oder nach Verlust einer Aufenthaltsbewilligung) wird von einem «schwerwiegenden persönlichen Härtefall» abhängig gemacht. 2670
- Art. 41c Abs. 1 GSchV sieht vor, dass die Behörde im Gewässerraum in dicht überbauten Gebieten für zonenkonforme Anlagen Ausnahmen bewilligen kann, soweit keine überwiegenden Interessen entgegenstehen (vgl. dazu BGE 140 II 437 ff; 140 II 428 ff.; 139 II 470 ff.). 2671

b) Vorliegen der vom Gesetz verlangten Ausnahmesituation

Die zuständige Behörde muss vor Erteilung der Ausnahmebewilligung prüfen, ob eine Ausnahmesituation gegeben ist, die nach der gesetzlichen Regelung eine Abweichung rechtfertigt. 2672

2673 Beispiel:
Ausserhalb der Bauzonen dürfen grundsätzlich nur Bauten errichtet werden, die der Bewirtschaftung des Bodens dienen. Eine Ausnahmebewilligung ist möglich für Bauten, die standortgebunden sind und denen keine überwiegenden öffentlichen Interessen entgegenstehen (Art. 24 RPG; vgl. Rz. 2667). Eine Mobilfunkantenne ist auf einen Standort ausserhalb der Bauzone angewiesen, wenn eine Deckungs- oder Kapazitätslücke aus funktechnischen Gründen mit einem oder mehreren Standorten innerhalb der Bauzone nicht in genügender Weise beseitigt werden kann bzw. es bei einem Standort innerhalb der Bauzone zu einer nicht vertretbaren Störung der in anderen Funkzellen des Netzes verwendbaren Frequenzen käme. Nicht ausreichend sind dagegen wirtschaftliche Vorteile des gewählten Standortes oder zivilrechtliche Gründe für die Standortwahl. Es ist also eine Interessenabwägung erforderlich, um zu entscheiden, ob eine Anlage aus wichtigen Gründen auf einen Standort ausserhalb der Bauzone angewiesen ist. Nicht jeder funktechnische Vorteil eines Standortes genügt, um die Standortgebundenheit zu bejahen. Auch alle anderen Interessen, namentlich des Natur- und Landschaftsschutzes, müssen berücksichtigt werden (BGer, Urteil 1A.186/2002 vom 23. Mai 2003 E. 3 = ZBl 105 [2004] 103, 104 ff.; vgl. auch BGE 141 II 245, 253 f.).

c) Beachtung des Gesetzeszweckes und der öffentlichen Interessen

2674 Die Verwirklichung der Zielsetzung des Gesetzes muss auch bei der Bewilligung der Ausnahme gewährleistet sein. Die rechtsanwendende Behörde hat die mit der generellen Regelung verfolgte Absicht weiterzuführen und im Hinblick auf die Besonderheiten des Ausnahmefalles auszugestalten (vgl. BGE 125 II 206, 208 ff.; Urteil des Bundesgerichts, ZBl 82 [1981] 527, 533; Urteil des Verwaltungsgerichts des Kantons Zürich, ZBl 76 [1975] 459, 461). Nach § 220 Abs. 2 PBG/ZH (Rz. 2668) dürfen Ausnahmebewilligungen nicht gegen den Sinn und Zweck der Vorschrift verstossen, von der sie befreien, und auch sonst keine öffentlichen Interessen verletzen, es sei denn, es würde die Erfüllung einer dem Gemeinwesen gesetzlich obliegenden Aufgabe verunmöglicht oder übermässig erschwert (der zweite, unglücklich formulierte Halbsatz ist so zu verstehen, dass eine Ausnahmebewilligung eine Abwägung der sich widerstreitenden öffentlichen und privaten Interessen verlangt; siehe WALTER HALLER/PETER KARLEN, Raumplanungs-, Bau- und Umweltrecht, Bd. I, 3. Aufl., Zürich 1999, Rz. 697).

4. Frage des Anspruchs auf Erteilung einer Ausnahmebewilligung

2675 Ob eine Ausnahmesituation vorliegt, ist eine Rechtsfrage, die von einem Verwaltungsgericht überprüft werden kann. Hingegen ist die Regelung des Ausnahmefalles (Mass der Abweichung, Inhalt der Bewilligung) dem pflichtgemässen Ermessen der Verwaltungsbehörde anheimgestellt, das im Allgemeinen keiner richterlichen Kontrolle unterliegt (Urteil des Bundesgerichts, ZBl 82 [1981] 527, 534). Rechtsfrage ist also z.B., ob die besonderen Umstände des Einzelfalles eine Abweichung von den Vorschriften über Grenz- oder Gebäudeabstände rechtfertigen, Ermessensfrage, wie gross die Reduktion des Abstandes sein soll.

5. Anwendungsfälle

2676 Grosse praktische Bedeutung hat die Ausnahmebewilligung im Bereich des *Planungs- und Baurechts* (Ausnahmen vom Erfordernis der Zonenkonformität von Bauten sowie von Bauvorschriften, z.B. betreffend Gebäudeabstände, Geschosszahlen, Gebäudehöhen usw.).

Beispiele:

- In einer Liegenschaft, die sich in der Kernzone der Stadt Zürich befindet und vom Wohnflächenanteilplan erfasst wird, wurden mehrere Wohnungen in Büroräume umgewandelt. Für das Nebengebäude wurde die Umnutzung nachträglich bewilligt, nicht aber für das Hauptgebäude, weil die Wohnanteilvorschriften, die 50 % Wohnnutzung der Bruttogeschossfläche vorsehen, nicht eingehalten seien. Eine Ausnahmebewilligung für die Umnutzung in Abweichung von diesen Regeln könne nicht erteilt werden. Die Baurekurskommission I und das Verwaltungsgericht des Kantons Zürich bestätigten diesen Entscheid. Der Eigentümer zog das Urteil des Verwaltungsgerichts an das Bundesgericht weiter, welches die Beschwerde ebenfalls abwies. Eine Ausnahme von der Mindestwohnanteilspflicht erlaube die zürcherische Bauordnung nur, wenn die Einhaltung der Vorschrift ein stossendes Ergebnis herbeiführen würde, was u.a. dann bejaht werden könne, wenn ein Gebäude Verkehrsimmissionen ausgesetzt sei, welche für Wohnungen unzumutbar seien. Es sei nicht willkürlich, bei der Beurteilung der Zumutbarkeit des Verkehrslärms darauf abzustellen, ob nach dem Einbau von Schallschutzfenstern die Immissionsgrenzwerte eingehalten seien. Eine Ausnahmebewilligung bezwecke, im Einzelfall Härten und offensichtliche Unzweckmässigkeiten zu beseitigen, die mit dem Erlass der Vorschrift nicht beabsichtigt gewesen seien. Die Ausnahmeermächtigung dürfe aber nicht dazu benutzt werden, generelle Gründe zu berücksichtigen, die sich praktisch immer anführen liessen; auf diesem Weg würde das Gesetz abgeändert. Dazu käme es, wenn die Behörden die wichtigen öffentlichen Interessen, die mit der Wohnanteilpflicht verfolgt werden, unberücksichtigt liessen und in allen Fällen, in welchen durch den Einbau von Schallschutzfenstern die Verkehrsimmissionen unter den Grenzwert gesenkt werden könnten, eine Ausnahme von den Wohnanteilvorschriften bewilligen würden (Urteil des Bundesgerichts, ZBl 92 [1991] 564 ff.). 2677
- X. wurde der Bau eines Mehrfamilienhauses unter der Auflage bewilligt, im Erdgeschoss keine Wohnräume zu erstellen, weil sonst die Vorschriften der kommunalen Bauordnung betreffend Geschossflächen und -zahl verletzt würden. X. begann trotzdem mit dem Einbau von zwei Wohnungen, was ihm nach einer Baukontrolle erneut verboten wurde. Einige Zeit nach Fertigstellung des Hauses stellte er das Gesuch um Erteilung einer Ausnahmebewilligung für den Einbau von zwei Wohnungen, da eine gewerbliche Nutzung mangels Nachfrage nicht möglich sei. Das Gesuch wurde abgewiesen. Eine Beschwerde wegen Verletzung von Art. 4 der aBV (neu Art. 9 BV) lehnte das Bundesgericht mit der Begründung ab, Ausnahmebewilligungen dienten in erster Linie der Vermeidung von Härtefällen und nicht dazu, vom Bauherrn selbst zu vertretende wirtschaftliche Schwierigkeiten zu mildern oder eine für diesen ideale Lösung zu schaffen (BGE 107 Ia 214 ff.). 2678

IV. Widerrufbarkeit einer Polizeierlaubnis

1. Ausdrückliche gesetzliche Regelung

Bei gewissen Polizeibewilligungen werden die Voraussetzungen des Widerrufs im Gesetz umschrieben. Für eine ausdrückliche Regelung kann namentlich sprechen, dass der Widerruf die Sanktion für eine Pflichtverletzung darstellt, welche die durch die Polizeierlaubnis Begünstigten begangen haben (vgl. dazu Rz. 1453, 1534 ff. sowie IMBODEN/RHINOW, Bd. I, S. 300). Die Androhung des Widerrufs kann dazu dienen, die mit der Polizeierlaubnis verbundenen Auflagen durchzusetzen. 2679

Beispiele:

- Nach Art. 16 Abs. 2 SVG kann der Führer- oder Lernfahrausweis entzogen werden, wenn der Führer Verkehrsregeln verletzt und dadurch den Verkehr gefährdet oder andere belästigt hat. 2680

Art. 16 Abs. 3 SVG legt fest, in welchen Fällen (z.B. bei schwerer Verkehrsgefährdung, Fahren in angetrunkenem Zustand, Vereitelung einer Blutprobe) die Polizeierlaubnis widerrufen werden muss (obligatorischer Entzug des Ausweises).

2681 – Art. 62 AuG sieht vor, dass «die zuständige Behörde Bewilligungen, ausgenommen die Niederlassungsbewilligung, und andere Verfügungen nach diesem Gesetz widerrufen kann, wenn die Ausländerin oder der Ausländer:
a. im Bewilligungsverfahren falsche Angaben macht oder wesentliche Tatsachen verschwiegen hat,
b. zu einer längerfristigen Freiheitsstrafe verurteilt wurde oder gegen sie oder ihn eine strafrechtliche Massnahme im Sinne von Artikel 64 oder Artikel 61 des Strafgesetzbuches angeordnet wurde,
c. erheblich oder wiederholt gegen die öffentliche Sicherheit und Ordnung in der Schweiz oder im Ausland verstossen hat oder diese gefährdet oder die innere oder die äussere Sicherheit gefährdet,
d. eine mit der Verfügung verbundene Bedingung nicht einhält oder
e. eine Person, für die sie oder er zu sorgen hat, auf Sozialhilfe angewiesen ist.»

2. Widerruf bei Fehlen einer gesetzlichen Regelung

2682 Enthält das Gesetz keine Vorschriften über den Widerruf einer Polizeierlaubnis, so ist er nach den allgemeinen Regeln über die Voraussetzungen der Änderung von Verfügungen zulässig, wenn das Interesse an der Verwirklichung des objektiven Rechts gegenüber dem Interesse an der Rechtssicherheit bzw. am Vertrauensschutz überwiegt (vgl. Rz. 1226 f.). Die von der Praxis entwickelten typischen Abwägungssituationen, in welchen Verfügungen nicht mehr widerrufen werden können (vgl. Rz. 1231 ff.), treten auch bei der Prüfung der Widerrufbarkeit von Polizeierlaubnissen auf. Für Unwiderruflichkeit spricht insbesondere das bei der Erteilung von Polizeierlaubnissen oft stattfindende eingehende Ermittlungs- und Prüfungsverfahren. Sodann sind Polizeibewilligungen in aller Regel nicht mehr widerrufbar, wenn die Berechtigten bereits von ihnen Gebrauch gemacht und nicht wieder rückgängig zu machende Dispositionen getroffen haben. Andererseits stellt der Schutz der Polizeigüter ein bedeutendes öffentliches Interesse dar, das bei der Abwägung das Interesse am Vertrauensschutz oft überwiegt.

2683 Beispiel:

P. war die Bewilligung zur Errichtung eines Gebäudes für die Weinproduktion erteilt worden. Nach Eintritt der formellen Rechtskraft hob der Staatsrat des Kantons Tessin als Aufsichtsbehörde die Bewilligung von Amtes wegen auf mit der Begründung, sie verstosse gegen die Gewässerschutzgesetzgebung. Das kantonale Verwaltungsgericht bestätigte den Widerruf der Baubewilligung. P. führte gegen diesen Entscheid erfolgreich Beschwerde beim Bundesgericht. Das Gericht stellte fest, obwohl P. noch nicht mit den Bauarbeiten begonnen oder im Hinblick darauf beträchtliche Investitionen getätigt habe, sei die Baubewilligung in materielle Rechtskraft erwachsen, da sie nach einem eingehenden Ermittlungs- und Einspracheverfahren erteilt worden sei, in welchem die sich gegenüberstehenden Interessen allseitig zu prüfen und gegeneinander abzuwägen gewesen seien. Der Widerruf der Baubewilligung wäre deshalb nur zulässig gewesen, wenn eine schwere Verletzung eines besonders gewichtigen öffentlichen Interesses vorliegen würde (BGE 107 Ib 35 ff. = Pra 70 [1981] Nr. 191).

3. Verweigerung einer Polizeierlaubnis

In der Praxis herrscht die Ansicht vor, die *Verweigerung* einer Polizeierlaubnis erwachse 2684
nie in materielle Rechtskraft (vgl. IMBODEN/RHINOW, Bd. I, S. 258). Das bedeutet, dass jederzeit ein neues Gesuch gestellt werden kann. Diese Auffassung erscheint fragwürdig. Da der Gesuchsteller durch die Verweigerung belastet wird, spielt zwar das Interesse am Schutz seines Vertrauens auf die Gültigkeit der Verfügung keine Rolle, doch können die Interessen Dritter (z.B. Nachbarn oder Konkurrenten) am Bestand der ablehnenden Verfügung und das Interesse an der Rechtssicherheit einer Änderung entgegenstehen. Es ist deshalb auch beim Widerruf der Verweigerung einer Polizeierlaubnis eine *Interessenabwägung* vorzunehmen.

Wird dagegen ein neues Gesuch eingereicht, dem ein neuer Sachverhalt oder eine 2685
neue Rechtslage zugrunde liegt, so stellt sich die Frage des Widerrufs der Verweigerung der Polizeierlaubnis nicht, da sich die Rechtskraft der Verweigerung nur auf den Gegenstand des ersten Gesuches erstreckt.

9. Teil Monopole und Konzessionen

§ 40 Monopole

Literatur

BIAGGINI GIOVANNI, Wirtschaftsfreiheit, in: Verfassungsrecht der Schweiz, Zürich 2001, § 49; GRISEL ETIENNE, Les monopoles d'Etat, in: Jean-François Aubert/Philippe Bois (Hrsg.), Mélanges André Grisel, Neuenburg 1983, S. 399 ff.; KUNZ DANIEL, Die EU-Konzessions-Richtlinie 2014/23/EU – Konzessionsvergaben in neuem Licht, BR 2015 13 ff.; MARTENET VINCENT, Les autorités de la concurrence et la liberté économique, AJP 17 (2008) 963 ff.; MÜLLER GEORG, Obligatorium und Monopol, in: Urs Glaus/Heinrich Honsell (Hrsg.), Gebäudeversicherung, Systematischer Kommentar, Basel 2009, S. 37 ff.; RECHSTEINER STEFAN/WALDNER MICHAEL, Netzgebietszuteilung und Konzessionsverträge für die Elektrizitätsversorgung – Aktuelle Fragen und kommende gesetzliche Vorgaben, AJP 16 (2007) 1288 ff.; REICH JOHANNES, Abgrenzung von Monopol und Wettbewerb im Abfallmarkt, URP 28 (2014) 321 ff.; REIST TANJA, Staatliche Aufgaben und deren Wahrnehmung, unter besonderer Berücksichtigung des Postwesens und dessen Wahrnehmung durch die bundeseigene Postunternehmung, Diss. Basel 2004; REY ALEXANDER/WITTWER BENJAMIN, Die Ausschreibungspflicht bei der Übertragung von Monopolen nach revidiertem Binnenmarktgesetz – unter besonderer Berücksichtigung des Elektrizitätsbereichs, AJP 16 (2007) 585 ff.; RICHLI PAUL, Grundriss des schweizerischen Wirtschaftsverfassungsrechts, vollständige Umarbeitung der zweiten Auflage des Buchs Wirtschaftsverfassungsrecht von Fritz Gygi und Paul Richli, Bern 2007; RICHLI PAUL, Kantonale Monopole – Die offene Flanke der Handels- und Gewerbefreiheit, ZBl 90 (1989) 476 ff.; ROSTAN BLAISE, Le service public de radio et de télévision, Diss. Lausanne 1982; RUCH ALEXANDER, Öffentliche Werke und Verkehr, in: Verfassungsrecht der Schweiz, Zürich 2001, § 59; RUEY CLAUDE, Monopoles cantonaux et liberté économique, Diss. Lausanne 1988; SUTTER-SOMM KARIN, Auswirkungen eines Beitritts der Schweiz zum Europäischen Wirtschaftsraum (EWR) oder zur Europäischen Gemeinschaft (EG) auf die öffentlich-rechtlichen Monopole des Bundes, der Kantone und Gemeinden, AJP 1 (1992) 214 ff.; SUTTER-SOMM KARIN, Das Monopol im schweizerischen Verwaltungs- und Verfassungsrecht, Diss. Basel 1989; TANQUEREL THIERRY/BELLANGER FRANÇOIS (Hrsg.), Le service public, Genf/Zürich/Basel 2006; WALDMANN BERNHARD, Staatliche Monopole in der Schweiz – Eine Standortbestimmung aus verfassungsrechtlicher Perspektive, in: Schweizerische Vereinigung für Verwaltungsorganisationsrecht (Hrsg.), Verwaltungsorganisationsrecht – Staatshaftungsrecht – öffentliches Dienstrecht, Jahrbuch 2007, Bern 2008, S. 75 ff.; WEBER ROLF H., Auswirkungen eines Beitritts zur Europäischen Union auf staatliche Monopole in der Schweiz, in: Thomas Cottier/Alwin R. Kopse (Hrsg.), Der Beitritt der Schweiz zur Europäischen Union, Zürich 1998, S. 1229 ff.; WIEDERKEHR RENÉ/ABEGG ANDREAS, Rechtliche Rahmenbedingungen bei der Nutzung des tiefen Untergrundes durch Geothermie, ZBl 115 (2014) 639 ff.; UHLMANN FELIX, Art. 94 BV, in: Basler Kommentar, Basel 2015.

I. Begriff und Terminologie

1. Begriff

Ein *staatliches* Monopol liegt vor, wenn der Staat das Recht hat, eine bestimmte wirtschaftliche Tätigkeit unter Ausschluss aller anderen Personen auszuüben oder durch Dritte ausüben zu lassen. 2686

Durch die Monopolisierung wird die betreffende Tätigkeit dem Schutzbereich der Wirtschaftsfreiheit weitgehend entzogen. Allerdings ist der Staat auch in monopolisier- 2687 ten Bereichen verpflichtet, «möglichst faire Wettbewerbsverhältnisse» zu schaffen (vgl. BGE 128 I 136, 142; BGer, Urteil 2C_660/2011 vom 9. Februar 2012 E. 2.1). Monopolisierte Tätigkeiten sind deshalb von denjenigen Tätigkeiten zu unterscheiden, welche nach ihrer Natur nicht von Privaten, sondern nur vom Staat selbst ausgeübt werden können (*originäre Staatsaufgaben*, wie z.B. Landesverteidigung, Strafverfolgung, Polizei, Zollwesen, Steuererhebung; vgl. SUTTER-SOMM, Das Monopol, S. 10; UHLMANN, Rz. 21 ff.; BGE 140 I 2, 29 f.).

2688 Von *privaten* Monopolen spricht man, wenn private Unternehmen einen Markt für bestimmte Güter oder Dienstleistungen beherrschen (HÄFELIN/HALLER/KELLER, Rz. 710).

2. Terminologie: Monopole und Regale

2689 Die Begriffe des Monopols und des Regals sind juristisch gleichwertig. Der Begriff des Regals geht auf die eigentumsähnlichen Hoheitsrechte der Monarchen (vor allem an Grund und Boden und im Bereich der Jagd und Fischerei) zurück. Von Regalen spricht man oft im Zusammenhang mit historischen Monopolen des Kantons.

II. Arten

2690 Monopole können einerseits mit Blick auf die rechtliche Grundlage (rechtliche und faktische Monopole), andererseits im Hinblick auf die Zielsetzung unterschieden werden.

1. Unterscheidung nach rechtlicher Grundlage

a) Rechtliches Monopol

2691 Als rechtliches Monopol bezeichnet man ein Monopol, das auf einem Rechtssatz beruht, wobei zwischen unmittelbar und mittelbar rechtlichen Monopolen unterschieden werden kann.

aa) Unmittelbar rechtliches Monopol

2692 Ein unmittelbar rechtliches Monopol liegt vor, wenn eine bestimmte wirtschaftliche Tätigkeit den Privaten durch Rechtsnormen untersagt und ausschliesslich dem Staat vorbehalten ist.

2693 Beispiele:

- Eisenbahnmonopol (Art. 87 BV; BVGer, Urteil A-7454/2009 vom 29. März 2011 E. 6; Urteil A-365/2008 vom 25. November 2008 E. 3.1);
- Postregal, d.h. staatliches Monopol im Bereich des reservierten Dienstes der Post (Art. 92 BV i.V.m. Art. 18 Abs. 1 PG; vgl. Rz. 2706; vgl. BVGer, Urteil B-4288/2014 vom 25. September 2014 E. 3.4.1);
- Monopol zur *Verbreitung*, nicht aber zum *Empfang* von Radio- und Fernsehprogrammen (Art. 93 BV; vgl. BGer, Urteil 2C_882/2014 vom 13. April 2015 E. 6.3.2 ff.);

- Gesamtschweizerisches Lotteriemonopol der Swisslos und Loterie Romande gestützt auf Art. 5 Abs. 1 LG (BGE 135 II 338 ff.; BGer, Urteil 2C_859/2010 vom 17. Januar 2012 E. 4; vgl. kritisch Rz. 535 und 2717).

bb) Mittelbar rechtliches Monopol

Von einem mittelbar rechtlichen Monopol spricht man, wenn die Benutzung einer öffentlichen Anstalt zwingend vorgeschrieben ist und dadurch indirekt die Privaten von der betreffenden wirtschaftlichen Tätigkeit, die ihnen an sich erlaubt ist, ausgeschlossen werden. 2694

Beispiele: 2695

- obligatorische Unfallversicherung bei der Schweizerischen Unfallversicherungsanstalt (SUVA) (Gutachten des Bundesamtes für Justiz vom 29. September 2008 betreffend Teilmonopol, Zusatzversicherungen und Nebentätigkeiten der SUVA, VPB 2009.1, S. 1 ff., 7);
- obligatorische Feuerversicherung bei einer kantonalen Gebäudeversicherungsanstalt (BGE 138 I 378, 382; 124 I 25 ff.);
- obligatorische Schülerunfallversicherung bei einer öffentlichen Versicherungskasse (BGE 101 Ia 124 ff.);
- Pflicht, den Kehricht durch den kommunalen Abfuhrdienst beseitigen zu lassen.

b) Faktisches Monopol

Ein faktisches Monopol besteht dann, wenn das Gemeinwesen aufgrund der tatsächlichen Gegebenheiten, insbesondere wegen seiner Hoheit über öffentliche Sachen, die Privaten von einer ihnen an sich nicht verbotenen wirtschaftlichen Tätigkeit ausgeschlossen hat (BGE 128 I 3, 10 f.; 125 I 209, 222; BGer, Urteil 1P.84/2006 vom 5. Juli 2006 = ZBl 108 [2007] 291; BVGer, Urteil C-7020/2007 vom 6. Mai 2009 E. 9.3.2). Die Abgrenzung zwischen rechtlichen und faktischen Monopolen kann im Einzelfall schwierig sein. So ist die Energie- und Wasserversorgung in gewissen Kantonen und Gemeinden einer öffentlichen Anstalt (z.B. einem Elektrizitäts-, Gas- oder Wasserwerk oder den «Industriellen Betrieben») übertragen, deren Benutzung obligatorisch ist. In diesen Fällen handelt es sich nicht um ein faktisches, sondern um ein mittelbar rechtliches Monopol (vgl. zur Unterscheidung und zu den sich daraus ergebenden kartellrechtlichen Konsequenzen BGE 129 II 497, 535, wo das Bundesgericht die Frage offen gelassen hat, ob ein Kanton befugt wäre, für die Stromlieferung ein rechtliches Monopol zu begründen). 2696

Für die Verteilung von Elektrizität, Gas und Wasser sowie für gewisse Arten der Kommunikation müssen Leitungen über oder in öffentliche Strassen gelegt werden. Das Gemeinwesen kann die Privaten dadurch, dass es ihnen die Benutzung des öffentlichen Grundes zum Verlegen der Leitungen nicht gestattet, von diesen Tätigkeiten ausschliessen und damit faktisch ein entsprechendes Verteilungsmonopol begründen (vgl. dazu BGE 132 I 282, 288 f. = Pra 2007 Nr. 75, wo das Bundesgericht ohne eingehende Prüfung ein kantonales Elektrizitätsversorgungsmonopol als verhältnis- und verfassungsmässig beurteilte, zumindest soweit es dem Umweltschutz und der Versorgungssicherheit dient). Ob die Privaten sich gegen ein solches Vorgehen unter Berufung auf die *Wirtschaftsfreiheit* wehren können, ist umstritten (vgl. BGE 119 Ia 390, 404, wo die 2697

Frage offen gelassen wird; vgl. auch Rz. 2316). Im Zuge der Liberalisierungen wurde den Privaten deshalb für gewisse Bereiche ein *gesetzlicher Anspruch* auf Benutzung des öffentlichen Grundes eingeräumt und das faktische Monopol des Gemeinwesens auf diesem Weg gebrochen (vgl. Art. 10 ff. StromVG; vgl. dazu BGE 138 I 454, 463 ff.; Art. 35 FMG betreffend Bau von Leitungen für Fernmeldedienste und von öffentlichen Sprechstellen).

2698 Seit dem 1. Juli 2006 gilt sodann gestützt auf Art. 2 Abs. 7 BGBM für die Übertragung der Nutzung kantonaler und kommunaler Monopole auf Private eine *Ausschreibungspflicht*, mit dem Ziel, die Entstehung eines eigentlichen Binnenmarktes im Bereich der konzessionierten Tätigkeiten zu ermöglichen und den Wettbewerb zu stärken (Botschaft über die Änderung des Binnenmarktgesetzes vom 24. November 2004 [BBl 2005, 483]). Die Auslegung von Art. 2 Abs. 7 BGBM, insbesondere ihr Anwendungsbereich, ist noch nicht im Einzelnen geklärt (MARTENET, S. 978 f.; RECHSTEINER/WALDNER, S. 1295 ff.; REY/WITTWER, S. 587 ff.; vgl. auch BGE 135 II 49, 52; zur allfälligen Aufhebung von Art. 2 Abs. 7 BGBM siehe KUNZ, S. 16 und den Erläuternden Bericht des Interkantonalen Organs für das öffentliche Beschaffungswesen vom 16. September 2014, abrufbar unter <http://www.bpuk.ch/bpuk/konkordate/ivoeb/e-ivoeb/>, besucht am 27. Juli 2015). Die Ausschreibungsmodalitäten als solche werden nicht vom Binnenmarktgesetz vorgegeben, sondern sind von der zuständigen Behörde festzulegen und richten sich nach dem kantonalen und kommunalen Recht. Eine sinngemässe Anwendung des öffentlichen Vergaberechts erscheint naheliegend (REY/WITTWER, S. 591 f.; BBl 2005, 485 f.).

2699 Obwohl auch der Taxibetrieb auf öffentlichen Grund angewiesen ist und das Gemeinwesen insofern über ein faktisches Monopol verfügt, rechtfertigt sich eine umfassende Monopolisierung dieses Gewerbes nicht (BGer, Urteil 2C_940/2010 vom 17. Mai 2011 E. 4.8 = ZBl 113 [2012] 487 ff.).

2. Unterscheidung nach Zielsetzung

a) Infrastrukturmonopol

2700 Infrastrukturmonopole, z.B. das Eisenbahnmonopol und das Postregal, werden damit begründet, dass der Staat die Infrastruktur für die Versorgung der Bevölkerung mit wichtigen Gütern und Dienstleistungen sicherstellen muss. Die Infrastruktur soll überall unter den gleichen Voraussetzungen benutzt werden können, was zu einem Ausgleich zwischen gut erschlossenen Zentren und Randregionen führt. Es handelt sich um unmittelbar rechtliche Monopole – was nicht ausschliesst, dass der Staat für die Ausübung einer monopolisierten Tätigkeit Private mittels Bewilligungen oder Konzessionen zulässt (vgl. auch Rz. 2706).

b) Polizeimonopol

Ein Polizeimonopol liegt vor, wenn die Privaten zum Schutz von Polizeigütern (vgl. Rz. 2549 ff.) von einer wirtschaftlichen Tätigkeit ausgeschlossen werden (vgl. auch Rz. 2572 ff.). 2701

Beispiele: 2702

Bestattungs- und Friedhofmonopol, obligatorische Schlachthausbenutzung, Kehrichtabfuhrmonopol, Kaminfegermonopol; unzulässig hingegen das sog. Taximonopol (BGer, Urteil 2C_940/2010 vom 17. Mai 2011 E. 4.8).

c) Sozialmonopol

Wie beim Polizeimonopol ist beim Sozialmonopol nicht die Rechtsgrundlage das Kriterium für die Unterscheidung, sondern der Zweck: Die Monopolisierung dient sozialpolitischen Interessen. 2703

Beispiele: 2704

- Obligatorische Unfallversicherung (vgl. Rz. 2695);
- Spielbanken- und Lotteriemonopol (BGE 135 II 338, 345; BGer, Urteil 2C_859/2010 vom 17. Januar 2012 E. 4; Art. 106 BV; vgl. auch kritisch Rz. 535 und 2717);
- Gebäudeversicherungsmonopol (BGE 124 I 11, 16 f.; vgl. Rz. 2695, 2714).

III. Verfassungsmässigkeit der rechtlichen Monopole

1. Monopole des Bundes

a) Rechtsgrundlage

Monopole des Bundes müssen sich auf eine *Einzelermächtigung der Bundesverfassung* stützen (BGE 138 I 378, 384 f.; 136 I 1, 12; BGer, Urteil 2C_940/2010 vom 17. Mai 2011 E. 3.1). Die Bundesverfassung kann das Monopol ausdrücklich vorsehen (vgl. Art. 99 Abs. 1 BV [Banknoten, Münzen]) oder eine umfassende Gesetzgebungskompetenz des Bundes («Sache des Bundes») begründen, die eine Monopolisierung durch Bundesgesetz zulässt (z.B. Art. 87 BV [Eisenbahnen, Seilbahnen, Schifffahrt, Luft- und Raumfahrt], Art. 90 BV [Kernenergie], Art. 91 Abs. 2 BV [Rohrleitungen], Art. 92 Abs. 1 BV [Post- und Fernmeldewesen], Art. 93 Abs. 1 BV [Radio und Fernsehen]). Dem Bundesgesetzgeber steht es in diesem Falle frei, ob und in welchem Umfang er die wirtschaftliche Tätigkeit dem Bund vorbehalten will; das Monopol besteht hier nur, wenn und soweit der Bundesgesetzgeber von seiner Befugnis zur Monopolisierung Gebrauch gemacht hat. Sofern die Bundesverfassung das Monopol bereits ausdrücklich vorsieht, ist für die Einführung des Monopols eine zusätzliche gesetzliche Grundlage nicht erforderlich, wohl aber für die genaue Umschreibung des Umfangs des Monopols. 2705

Beispiel: 2706

Gemäss Art. 92 Abs. 1 BV verfügt der Bund über das Postregal. Nach Art. 18 Abs. 1 PG hat die Post das ausschliessliche Recht, Briefe bis zu 50 Gramm zu befördern (sog. *reservierter Dienst*). Ansonsten wurde der Postmarkt durch das neue Postgesetz vom 17. Dezember 2010 vollständig geöffnet (Art. 4 PG; vgl. Botschaft zum Postgesetz [PG] vom 20. Mai 2009 [BBl 2009, 5181]).

b) Öffentliches Interesse und Verhältnismässigkeit

2707 Die Monopolisierung einer wirtschaftlichen Tätigkeit muss – wie jeder Eingriff in die Wirtschaftsfreiheit – im öffentlichen Interesse liegen und verhältnismässig sein. Statuiert die Bundesverfassung selbst das Monopol, so steht damit bereits fest, dass diese Voraussetzungen erfüllt sind. Ermächtigt sie den Bundesgesetzgeber zur Einführung eines Monopols, hat dieser zu prüfen, ob das öffentliche Interesse, das polizeilicher, sozialpolitischer oder wirtschaftspolitischer Natur sein kann, und die Verhältnismässigkeit gegeben sind. Der Entscheid des Bundesgesetzgebers über die Verfassungsmässigkeit der Monopolisierung ist allerdings für alle anderen Behörden verbindlich, unterliegt also auch keiner richterlichen Korrekturmöglichkeit (Art. 190 BV).

2. Kantonale Monopole

a) Herkömmliche kantonale Monopole und Regale

2708 Der Vorbehalt gemäss Art. 94 Abs. 4 BV bezieht sich auf die *«historischen» kantonalen Monopole und Regale*, welche bereits im Zeitpunkt des Erlasses der Bundesverfassung von 1874 bestanden. Hierzu gehören namentlich die sog. Grund- und Bodenregale (Berg-, Salz-, Jagd- und Fischereiregal, dazu BGE 128 I 3, 10), nicht jedoch die teilweise ebenfalls sehr alten Gebäudeversicherungsmonopole (vgl. Rz. 2713 f.; BGE 124 I 11, 16 f.).

2709 Solche Regale dürfen die Kantone zu *fiskalischen Zwecken,* d.h. zur Erzielung von Gewinn, nutzen (vgl. BGE 128 I 3, 9 f.; 124 I 11, 15; BGer, Urteil 2C_900/2011 vom 2. Juni 2012 E. 4.2). Das Bergregal hat eine neue Bedeutung im Zusammenhang mit der Lagerung radioaktiver Abfälle (dazu BGE 119 Ia 390 ff.) sowie der Geothermie gewonnen.

b) Neue Monopole der Kantone

aa) Allgemeines

2710 Die Kantone sind grundsätzlich auch befugt, neue Monopole einzuführen, sofern dies durch ein zulässiges öffentliches Interesse gerechtfertigt und verhältnismässig ist. Fiskalische Gründe, d.h. die Erzielung von Gewinnen zu Gunsten des Gemeinwesens, genügen *nicht* für eine Monopolisierung (vgl. BGE 128 I 3, 10; 125 I 209, 222; 124 I 11, 18; BGer, Urteil 2C_940/2010 vom 17. Mai 2011 E. 4.8 = ZBl 113 [2012] 487 ff.; Urteil 1P.84/2006 vom 5. Juli 2006 = ZBl 108 [2007] 291; MOOR, S. 385 ff.; HÄFELIN/HALLER/KELLER, Rz. 722). Auch im Bereich eines zulässigerweise errichteten Monopols ist zu fordern, dass die Kantone bei der Ausnutzung, insbesondere bei der Konzessionierung an Private, dem Grundsatz der Wirtschaftsfreiheit sinngemäss Rechnung tragen (vgl. HÄFELIN/HALLER/KELLER, Rz. 720; TSCHANNEN/ZIMMERLI/MÜLLER, S. 421; VALLENDER, St. Galler Kommentar zu Art. 27 BV, Rz. 72; zurückhaltender RHINOW/SCHEFER, Rz. 3191; vgl. auch WALDMANN, S. 84; zu Art. 2 Abs. 7 BGBM vgl. Rz. 2698).

bb) Polizeimonopole

2711 Die Kantone können wirtschaftliche Tätigkeiten aus polizeilichen Gründen monopolisieren. Zu prüfen ist dabei insbesondere, ob ein so schwerer Eingriff in die Wirtschaftsfreiheit verhältnismässig, d.h. geeignet und erforderlich ist, um das Polizeigut zu schützen, und ob Eingriffszweck und Eingriffswirkung in einem vernünftigen Verhältnis zueinander stehen (vgl. Rz. 2572 ff.).

2712 Ausnahmsweise kann auch ein *Bundesgesetz* ein kantonales Polizeimonopol vorsehen. So statuiert Art. 31b USG ein kantonales Monopol zur Entsorgung von Siedlungsabfällen (vgl. dazu die in Rz. 2574 wiedergegebenen Entscheide). Dieses Entsorgungsmonopol ist zugleich umweltpolitisch motiviert (vgl. Rz. 2713 a.E.).

cc) Andere kantonale Monopole im Interesse des öffentlichen Wohls

2713 Die Kantone können auch aus anderen, namentlich sozialpolitischen Gründen neue Monopole schaffen. Die *Verhältnismässigkeit* sozialpolitischer Monopole hängt vor allem davon ab, ob sie notwendig sind, um die Versorgung der Bevölkerung mit gewissen Leistungen sicherzustellen, oder ob dazu auch Private in der Lage sind. Diesem Erfordernis wurde in der Vergangenheit bisweilen zu wenig Beachtung geschenkt (vgl. dazu die Beispiele in Rz. 2715 ff.). Die jüngere Lehre und Praxis ist bei der Beurteilung der Verhältnismässigkeit sozialpolitisch motivierter Monopole zu Recht strenger (vgl. RICHLI, Wirtschaftsverfassungsrecht, S. 72; Urteil des Verwaltungsgerichts des Kantons Zürich, ZBl 100 [1999] 428, 435). Neben sozialpolitisch motivierten Monopolen sind auch staatliche Monopole mit umweltpolitischer Zielsetzung denkbar (BGE 132 I 282 ff. = Pra 96 [2007] Nr. 75; BGer, Urteil 1C_63/2014 vom 17. April 2014 E. 5.2).

2714 Wenig überzeugend ist die Auffassung des Bundesgerichts, ein sozialpolitisches Monopol wie das Gebäudeversicherungsmonopol dürfe einen gewissen «unbedeutenden» Reinertrag abwerfen (BGE 124 I 11, 17 ff.). Die Rechtfertigung des Monopols liegt gerade darin, den Gebäudeeigentümern die Brandversicherung zu den günstigsten Bedingungen zu ermöglichen; wenn die Gebäudeversicherungsanstalt dem Kanton einen Reinertrag abliefert, können die Prämien der Versicherten nicht entsprechend gesenkt werden.

Beispiele:

2715 – Die Schaffung eines Monopols für die obligatorische Unfallversicherung von Schülerinnen und Schülern durch den Kanton Fribourg war nach einem Urteil des Bundesgerichts mit der Wirtschaftsfreiheit vereinbar. Das Monopol erleichtere den Vollzug der Gesetzgebung über die Schülerunfallversicherung und die Kontrolle darüber, ob alle Schülerinnen und Schüler versichert seien. Für das Monopol spreche auch die Verantwortlichkeit des Staates für die Unfallrisiken der Schülerinnen und Schüler und die Tatsache, dass die Versicherung durch eine einzige öffentliche Krankenkasse zu vorteilhafteren Bedingungen führe, was im Interesse des Staates und der Versicherten bzw. deren Eltern liege, die je einen Teil der Versicherungsprämien zu übernehmen hätten. Die Subventionierung der Versicherung durch die öffentliche Hand rechtfertige eine möglichst einfache Lösung (BGE 101 Ia 124, 128). Man kann sich fragen, ob die Vereinfachung des Vollzugs und die Einsparung von Kosten ausreichende Gründe für eine Monopolisierung darstellen und ob nicht andere, weniger in die Wirtschaftsfreiheit eingreifende Mittel zur Erreichung des sozialpolitischen Zieles genügt hätten. Das Bundesgericht hat sich bei der Prüfung dieser Fragen u.E. zu viel Zurückhaltung auferlegt.

2716 – Das Eidgenössische Gesundheitsamt (heute Bundesamt für Gesundheit [BAG]) vertrat die Auffassung, die Kantone könnten das Spitalwesen als Verwaltungsaufgabe erklären und ein entsprechendes Monopol, verbunden mit einem Konzessionierungssystem, einführen. Da eine solche Monopolisierung nicht fiskalischen Interessen diene, verletze sie die Wirtschaftsfreiheit nicht. Bei der Erteilung von Konzessionen an Privatspitäler könnten auch die staatliche Spitalplanung und das Bedürfnis berücksichtigt werden (VPB 36 [1972] Nr. 1). Die Begründung dieser Stellungnahme überzeugt nicht, weil die Verhältnismässigkeit eines kantonalen Spitalmonopols nicht erörtert wird, obwohl sie keineswegs offensichtlich ist. Mit der Einführung der neuen Spitalfinanzierung und -planung nach Art. 39, 41, 49 und 49a KVG (vollständig in Kraft seit 1. Januar 2012) wurden die kantonalen Befugnisse aufgrund einer gesamtschweizerischen Planung in bestimmten Bereichen erheblich eingeschränkt. Das System kantonaler Spitalmonopole wurde damit faktisch abgeschafft (vgl. UELI KIESER, Spitalliste und Spitalfinanzierung: Auswirkungen der Änderung des Krankenversicherungsgesetzes vom 21. Dezember 2007 [Spitalfinanzierung], AJP 19 [2010]) 61 ff.).

2717 – Das Verwaltungsgericht des Kantons Zürich hielt in einem Entscheid vom 18. Dezember 1998 fest, die Interkantonale Vereinbarung betreffend die gemeinsame Durchführung von Lotterien vom 26. Mai 1937 (IKV), mit welcher sich die beteiligten Kantone verpflichten, von gewissen Ausnahmen abgesehen einzig der Landeslotterie die Durchführung von Lotterien zu bewilligen, stelle im Kanton Zürich keine gesetzliche Grundlage für eine Monopolisierung des Lotteriewesens dar. Der Beitritt zur IKV sei nämlich lediglich mittels eines regierungsrätlichen Beschlusses erfolgt, obwohl es zwingend einer Volksabstimmung bedurft hätte. Für die Annahme eines gewohnheitsrechtlichen Monopols fehle es wohl an der Rechtsüberzeugung der Betroffenen. Im Übrigen könne nicht davon ausgegangen werden, dass das geschriebene Recht eine nicht tolerierbare Lücke im Kampf gegen Missbräuche im Lotteriewesen aufweise, die durch ein gewohnheitsrechtlich begründetes Monopol gefüllt werden müsse. Interessant sind insbesondere die Erwägungen des Gerichts zur Verhältnismässigkeit eines Lotteriemonopols. Gegen eine Monopolisierung spreche die mit Erlass des Spielbankenartikels (Art. 106 BV) verbundene verfassungsrechtliche Neubewertung der Sozialschädlichkeit von Geldspielen und die jüngste Entwicklung auf dem Lotteriemarkt. Angesichts dieser Verhältnisse falle es schwer, in einem Lotteriemonopol weiterhin ein geeignetes Mittel zum Schutz der Bevölkerung vor Lotterien zu erkennen (ZBl 100 [1999] 428 ff.). Anders hat das Bundesgericht entschieden: Mit der Zulassung von weiteren Veranstaltern von Lotterien sei die Gefahr verbunden, dass durch den Kampf um Marktanteile das Auftreten am Markt aggressiver werde und die Bevölkerung mit immer neuen Ideen und Verlockungen zu Lotterieeinsätzen bewegt werden solle (BGer, Urteil 2A.32/2003 vom 4. August 2003 = ZBl 104 [2003] 593, 597 f.). Ähnliche Bedenken gegen ein staatliches Wettmonopol wie das Verwaltungsgericht des Kantons Zürich äusserte das deutsche Bundesverfassungsgericht, das feststellte, das Monopol sei nicht ausreichend auf die aktive Suchtbekämpfung ausgerichtet (EuGRZ 33 [2006] 189, 194 ff.).

§ 41 Konzessionen

Literatur

AUGUSTIN VINZENS, Das Ende der Wasserrechtskonzessionen, Diss. Freiburg 1983; CAVIEZEL GIERI, Wasserrechtskonzessionen und Umweltrecht, ZBl 105 (2004) 69 ff.; HÄNER ISABELLE/WALDMANN BERNHARD (Hrsg.), Die Konzession, Zürich 2011; HANHARDT MICHEL, La concession de service public, Diss. Lausanne 1977; KERN MARKUS, Weiterentwicklung der Eisenbahnrechtsordnung in der Schweiz, ZBl 113 (2012) 631 ff.; KNAPP BLAISE, La fin des concessions hydrauliques, ZSR 101/I (1982) 121 ff.; KÜNG CHRISTIAN, Die Konzessionierung von Luftseilbahnen nach Bundesrecht unter besonderer Berücksichtigung der bundesrechtlich bestimmten Interessen, Diss. Bern, Grüsch 1988; KUNZ DANIEL, Die EU-Konzessions-Richtlinie 2014/23/EU – Konzessionsvergaben in neuem Licht, BR 2015 13 ff.; KUNZ DANIEL, Verfahren und Rechtsschutz bei der Vergabe von Konzessionen, Diss. Bern 2004; POLEDNA TOMAS, Staatliche Bewilligungen und Konzessionen, Habil. Zürich, Bern 1994; RECHSTEINER STEFAN/WALDNER MICHAEL, Netzgebietszuteilung und Konzessionsverträge für die Elektrizitätsversorgung – aktuelle Fragen und kommende gesetzliche Vorgaben, AJP 16 (2007) 1288 ff.; VON WERRA RAPHAEL, Fragen zum Ablauf von Wasserrechtskonzessionen mit Heimfall unter besonderer Berücksichtigung der Verhältnisse im Kanton Wallis, ZBl 81 (1980) 1 ff.; WIDMER CHRISTIAN, Die Heimfallverzicht-Entschädigung im Wasserrecht, Diss. Zürich 1990; WIDMER-SCHLUMPF EVELINE, Voraussetzungen der Konzession bei Radio und Fernsehen, Diss. Zürich, Basel 1990; WIEDERKEHR RENÉ/ABEGG ANDREAS, Rechtliche Rahmenbedingungen bei der Nutzung des tiefen Untergrundes durch Geothermie, ZBl 115 (2014) 639 ff.; WYER HANS, Die öffentlichen Abgaben der Wasserkraftnutzung im Alpenraum: rechtliche Natur und wirtschaftliche Bedeutung, Diss. Zürich/Basel/Genf 2006.

I. Begriff und Rechtsnatur

1. Begriff der Konzession

Die Konzession ist die Verleihung des Rechts zur Ausübung einer monopolisierten Tätigkeit oder zur Sondernutzung einer öffentlichen Sache (BGer, Urteil 2C_900/2011 vom 2. Juni 2012 E. 2.2; Urteil 2C_401/2010 vom 14. Dezember 2012 E. 2.3.3; Urteil des Verwaltungsgerichts des Kantons Aargau vom 25. Juni 2012 = AGVE 2012, 176 ff.). 2718

Von einer Konzession wird gelegentlich auch gesprochen, wenn das Gemeinwesen die Erfüllung einer bestimmten Staatsaufgabe Privaten überträgt. Es ist in diesen Fällen oft die Rede von einer *«Konzession des öffentlichen Dienstes»* (BGer, Urteil 2C_401/2010 vom 14. Dezember 2012 E. 2.3.3 = ZBGR 95 [2014] 353, 357; siehe zudem die Nachweise in Rz. 1822). Die Privaten üben hier indessen keine wirtschaftlichen, sondern Verwaltungstätigkeiten aus. Das ihnen verliehene Recht, eine staatliche Aufgabe wahrzunehmen, verschafft ihnen keine wirtschaftliche Sonderstellung; es ist anderer Natur als das Recht zur Ausübung einer monopolisierten Tätigkeit oder zur Sondernutzung einer öffentlichen Sache. Die Voraussetzungen der Erteilung einer «Konzession des öffentlichen Dienstes» und deren Wirkungen weichen deshalb in der Regel wesentlich von denjenigen der Monopol- oder Sondernutzungskonzession ab. Aus 2719 diesem Grund verwenden wir für die Übertragung von Verwaltungsaufgaben auf Private den Begriff der *Beleihung* (vgl. Rz. 1821 ff.). Die folgenden Ausführungen beziehen sich daher nicht auf die «Konzession des öffentlichen Dienstes».

2. Rechtsnatur der Konzessionserteilung

2720 Die Rechtsnatur der Konzessionserteilung ist *umstritten*. Sie wird als mitwirkungsbedürftige Verfügung oder als verwaltungsrechtlicher Vertrag betrachtet. Das Bundesgericht bezeichnet die Konzession als einen gemischten Akt und unterscheidet zwischen einem verfügungsmässig und einem vertraglich begründeten Teil der Konzession (BGE 130 II 18, 21; 127 II 69, 76 f.; BGer, Urteil 2C_828/2013 vom 24. März 2014 E. 2.1; Urteil 2C_815/2012 vom 24. Juni 2013 E. 2.1; BVGer, Urteil A-3129/2008 vom 19. März 2009 E. 7.4). Zum Verfügungsteil gehören diejenigen Konzessionsbestimmungen, die durch das Gesetz weitgehend festgelegt sind und Pflichten des Konzessionärs regeln, an deren Erfüllung ein wesentliches öffentliches Interesse besteht. Vertraglich sind diejenigen Teile der Konzession, bei welchen die Bestimmtheit der gesetzlichen Grundlage gering und damit der Spielraum für die Ausgestaltung des Konzessionsverhältnisses im einzelnen Fall gross ist (z.B. die Dauer der Konzession oder das Heimfallrecht; vgl. BGer, Urteil 2C_258/2011 vom 30. August 2012 E. 4.1); vorausgesetzt ist, dass diese Konzessionsteile Fragen betreffen, welche für die Ausübung der im öffentlichen Interesse liegenden Tätigkeiten des Konzessionärs weniger wichtig sind (vgl. GRISEL, S. 284; MOOR, S. 124 f.; TANQUEREL, No. 1049; siehe auch Rz. 1332 ff.). Zu beachten ist, dass auch der vertragliche Teil nicht privat-, sondern öffentlich-rechtlich ist (BGE 109 II 76 ff.; vgl. BGer, Urteil 2C_828/2013 vom 24. März 2014 E. 2.1).

3. Einräumung eines wohlerworbenen Rechts

2721 Der vertragliche Teil einer Monopol- oder Sondernutzungskonzession begründet ein wohlerworbenes Recht, dessen wesentlicher Gehalt aus Gründen des Vertrauensschutzes unwiderruflich und gesetzesbeständig ist und unter dem Schutz der Eigentumsgarantie steht (BGE 132 II 485, 513; 123 III 454, 459 f.; BVGer, Urteil A-4116/2008 vom 6. Januar 2010 E. 6.1; KERN, 644 f.). Soweit es sich aus dem anwendbaren Recht ergibt, können auch im Verfügungsteil der Konzession wohlerworbene Rechte entstehen. Die *Substanz* dieser Rechte kann deshalb nur auf dem Weg der Enteignung entzogen oder beschränkt werden. Das bedeutet, dass der Eingriff auf einer genügenden gesetzlichen Grundlage beruhen, im öffentlichen Interesse liegen und verhältnismässig sein muss; das Gemeinwesen hat zudem den Konzessionär voll zu entschädigen, wenn der Eingriff einen wirtschaftlichen Betrieb verunmöglicht (vgl. BGE 139 II 28, 35 f.; 138 II 575, 582 f.; 119 Ia 154, 161 f.; 117 Ia 35, 39; siehe auch Rz. 1237 ff.).

2722 Gemäss BGE 127 II 69, 75 ff. gibt es kein wohlerworbenes Recht am zeitlich unbeschränkten Weiterbestand einer Konzession (vgl. auch BGer, Urteil 2C_237/2014 vom 16. Juli 2014 E. 5.8; Urteil 1C_388/2013 vom 16. Juni 2014 E. 4.1). Wäre das durch die

Konzession eingeräumte Recht ein ewiges, so würde sich das Gemeinwesen seiner Rechte und seiner Hoheit entäussern, was nicht zulässig ist.

Beispiele:

- Im Laufe der Jahre 1962–1964 wurde den Nordostschweizerischen Kraftwerken (NOK) die Konzession für die Nutzung der Wasserkraft an einer bestimmten Strecke des Vorderrheins erteilt. 1968 legte die Regierung des Kantons Graubünden die Restwassermengen fest. Nach dem aus wirtschaftlichen Gründen verzögerten Beginn der Bauarbeiten an der Kraftwerkzentrale im Jahre 1979 beschloss die Regierung abzuklären, ob die Restwassermengen gestützt auf das inzwischen in Kraft getretene Bundesgesetz über die Fischerei (FG) vom 14. Dezember 1973 (heute ersetzt durch das BGF) neu festzusetzen seien. Die NOK sahen darin eine Verletzung der ihr durch die Wasserrechtskonzession eingeräumten wohlerworbenen Rechte. Das Bundesgericht hielt die Durchführung eines Bewilligungsverfahrens nach Art. 24 FG für zulässig, weil das Gesetz zur Hauptsache Regeln enthalte, deren Anwendung keinen Eingriff in die Substanz wohlerworbener Rechte zur Folge habe. Massnahmen zum Schutz von Wassertieren dürften jedoch nicht nach Art. 25 FG, sondern nur im engeren Rahmen des Art. 26 FG angeordnet werden (BGE 107 Ib 140 ff.). 2723
- Die Misoxer Kraftwerke (MKW) AG erhielt in den Jahren 1953/1956 mehrere Konzessionen für die Wasserkraftnutzung der Moesa und verschiedener Seitenbäche. Die Staustufe Curciusa wurde jedoch vorläufig nicht verwirklicht. Ende der 80er Jahre entschloss sich die MKW AG zu einer Projektänderung. Anstelle des ursprünglich vorgesehenen Gravitationswerkes sollte ein Saison-Speicherwerk (zur Umwandlung von Sommerenergie in Winterstrom) mit einer von 27,6 auf 60 Mio. m^3 erhöhten Speicherkapazität realisiert werden. Die zuständigen Behörden bewilligten in der Folge auch das neue Konzept. Verschiedene Naturschutzvereinigungen setzten sich dagegen auf dem Rechtsmittelweg zur Wehr. Das Bundesgericht hatte die Frage zu beurteilen, inwieweit das veränderte Projekt noch durch die alte Konzession gedeckt und damit als wohlerworbenes Recht zu respektieren sei. Es erachtete die Veränderungen in diesem Fall als derart weitgehend, dass nicht mehr von einer Ausnutzung des 1953 verliehenen Rechts gesprochen werden könne, sondern von einer Neukonzessionierung auszugehen sei, die vollauf den heute geltenden Vorschriften zu entsprechen habe (BGE 119 Ib 254, 267 ff.; vgl. auch BGer, Urteil 1C_207/2008 vom 20. Februar 2009). 2724

4. Frage des Anspruchs auf Erteilung der Konzession

Mit der Konzession wird das Recht des Staates zur Ausübung einer Tätigkeit oder zur Nutzung einer öffentlichen Sache auf den Konzessionär übertragen. Da die durch Konzession übertragbaren Rechte in der Regel beschränkt sind, muss eine Auswahl unter den Gesuchstellern getroffen werden (vgl. zur Ausschreibungspflicht gemäss Art. 2 Abs. 7 BGBM Rz. 2698). Das Gesetz räumt deshalb den Gesuchstellern (anders als bei der Polizeierlaubnis, vgl. Rz. 2661 f.) in der Regel keinen Anspruch auf Erteilung der Konzession ein. Es umschreibt die Voraussetzungen der Konzessionserteilung in unbestimmter Weise und stellt den Entscheid regelmässig in das Ermessen der rechtsanwendenden Behörden (vgl. BGE 139 II 470, 474; BVGE 2008/43; Verwaltungsgericht des Kantons Zürich, Urteil VB.2014.00157 vom 20. November 2014 E. 3.2). Ob bei der Ausübung von Freiheitsrechten auf öffentlichem Grund nicht nur beim gesteigerten Gemeingebrauch, sondern auch bei der Sondernutzung ein «bedingter Anspruch» auf Bewilligungserteilung bzw. Konzessionierung besteht, wurde in Lehre und Rechtsprechung bisher nicht abschliessend geklärt (vgl. Rz. 2316). 2725

Beispiele:

2726 – Nach Art. 6 Abs. 1 und 2 EBG wird die Konzession für Bau und Betrieb einer Eisenbahninfrastruktur nur erteilt, wenn ein öffentliches Interesse am Bau und Betrieb der Infrastruktur besteht oder ein eigenwirtschaftlicher Betrieb erwartet werden kann und keine wesentlichen öffentlichen Interessen, namentlich der Raumplanung, des Umweltschutzes, des Natur- und Heimatschutzes oder der nationalen Sicherheitskooperation, entgegenstehen.

2727 – Art. 41 WRG sieht vor, dass unter mehreren Bewerbern um die Verleihung eines Wasserrechts demjenigen der Vorzug gebührt, dessen Unternehmen dem öffentlichen Wohl in grösserem Masse dient und, wenn sie darin einander gleichstehen, demjenigen, durch dessen Unternehmen für die wirtschaftliche Ausnutzung der Gewässer am besten gesorgt ist.

2728 – Für die gewerbsmässige Beförderung von Reisenden mit regelmässigen Fahrten können Konzessionen erteilt werden (Art. 6 Abs. 1 PBG). Bei der Erteilung von Konzessionen sind nach Art. 9 Abs. 2 PBG insbesondere folgende Gesichtspunkte zu berücksichtigen: Das ersuchende Unternehmen muss nachweisen, dass das im Konzessionsgesuch beantragte Verkehrsangebot zweckmässig und wirtschaftlich erbracht werden kann (lit. a) und dass zum bestehenden Angebot anderer öffentlicher Transportunternehmen keine volkswirtschaftlich nachteiligen Wettbewerbsverhältnisse entstehen oder eine wichtige neue Verkehrsverbindung eingerichtet wird (lit. b). Überdies muss es den Nachweis erbringen, dass es die arbeitsrechtlichen Vorschriften einhält und die Arbeitsbedingungen der Branche gewährleistet (lit. c).

2729 – Die Liberalisierung des Postwesens erforderte die Festschreibung verbindlicher Ansprüche auf Zulassung von Privaten, welche bestimmte Dienstleistungen auf diesem Gebiet anbieten möchten (Art. 5 Abs. 2 PG). Damit wurden die Voraussetzungen geschaffen, damit der Wettbewerb auch in diesem Sektor spielen kann.

2730 – In Art. 23 FMG werden die Voraussetzungen umschrieben, die erfüllt sein müssen, damit eine Funkkonzession erteilt werden kann. Aus Art. 24 FMG ergibt sich jedoch, dass kein Anspruch auf eine Konzession besteht, wenn nicht genügend Frequenzen vorhanden sind.

2731 Der Gesuchsteller hat zwar nach dem Gesagten oft keinen Anspruch darauf, dass die Konzession erteilt wird, wohl aber darauf, dass die Konzessionsbehörde das Ermessen pflichtgemäss betätigt. Das bedeutet, dass Verfügungen über Konzessionen von den *Verwaltungsgerichten* in der Regel nur beschränkt oder gar nicht überprüft werden können (für den Bund vgl. Art. 32 Abs. 1 lit. f und h VGG; Rz. 442, 1146 ff., 2318). Möglich ist hingegen die gerichtliche Überprüfung, ob eine Konzession unzulässige Auflagen enthält. Das Bundesgericht beurteilt die Konzessionserteilung trotz ihrer politischen Komponente nicht als Entscheid mit vorwiegend politischem Charakter i.S.v. Art. 86 Abs. 3 BGG. Vielmehr regelt die Konzession neben der eigentlichen Verleihung auch die Pflichten des Konzessionärs oder der Konzessionärin. Diese Aspekte sind justiziabel, so dass die Kantone Rechtsschutz vor ihren Verwaltungsgerichten gewähren müssen (BGE 136 II 436, 439).

2732 Beispiel:

Im Zusammenhang mit der Überprüfung der Erteilung einer UKW-Radiokonzession stellte das Bundesverwaltungsgericht fest, dass es – obwohl grundsätzlich zur Überprüfung der Angemessenheit eines Entscheids befugt – «in Ermessensfragen einen Entscheidungsspielraum der Vorinstanz zu respektieren» habe. Dem für die Konzessionierung zuständigen UVEK bzw. dem mit der Durchführung des Verfahrens betrauten Bundesamt für Kommunikation (BAKOM) komme «ein ausgeprägtes Fachwissen namentlich in rundfunktechnischen und publizistischen Fragen sowie der ökonomischen Beurteilung auf dem Radiomarkt zu». Dem Bundesverwaltungsgericht hingegen fehlten vergleichbare Kenntnisse. Soweit also der Vorinstanz aufgrund der sich stellenden Fachfragen ein erheblicher Handlungsspielraum zu belassen sei, habe sich das Bundesverwaltungsgericht eine gewisse Zurückhaltung aufzuerlegen (BVGer, Urteil A-7801/2008 vom 7. Dezember 2009 E. 5; vgl. auch BVGer, Urteil A-7799/2008 vom 3. Dezember 2009 E. 2).

II. Arten von Konzessionen

1. Monopolkonzession

Die Monopolkonzession verleiht die Berechtigung zur Ausübung einer monopolisierten wirtschaftlichen Tätigkeit. 2733

Beispiele: 2734

Eisenbahninfrastrukturkonzession, Personentransportkonzession, Seilbahnkonzession, Konzession für die Veranstaltung von Radio- und Fernsehprogrammen, Fischerei-, Jagdpatent.

In der Lehre wird zum Teil eine Monopolkonzession, die mit einer *Betriebspflicht* des Konzessionärs verbunden ist, als *«Konzession des öffentlichen Dienstes»* bezeichnet (TSCHANNEN/ZIMMERLI/MÜLLER, S. 442). Dieser Begriff wird indessen bereits für die Beleihung Privater mit Verwaltungsaufgaben verwendet, obwohl die Bezeichnung als Konzession dort nicht recht passen will (vgl. Rz. 1822 und 2719). Um Verwechslungen auszuschliessen, wird der Begriff hier vermieden. 2735

2. Sondernutzungskonzession

Die Sondernutzungskonzession verleiht die Berechtigung zur Sondernutzung einer öffentlichen Sache im Gemeingebrauch (vgl. Rz. 2313 ff.). 2736

Beispiele: 2737

- Konzession für das Aufstellen eines fest mit dem Boden verbundenen Kiosks auf öffentlichem Grund;
- Konzession für die Errichtung eines Bootssteges auf dem Gebiet eines öffentlichen Gewässers;
- Konzession für die Nutzung der Wasserkraft.

III. Rechte und Pflichten des Konzessionärs

1. Rechte

Die Konzession berechtigt zur Ausübung einer bestimmten Tätigkeit oder zur Sondernutzung einer öffentlichen Sache. Unter Umständen sind für die Ausübung des konzedierten Rechts aber noch *weitere Bewilligungen* erforderlich, deren Erteilung mit dem Konzessionsverfahren zu *koordinieren* ist (vgl. BGE 140 II 262, 270; 127 II 273, 278). Der Konzessionär erwirbt ein wohlerworbenes Recht, das unter dem Schutz der Eigentumsgarantie steht und nur durch Enteignung wesentlich eingeschränkt oder entzogen werden kann (vgl. Rz. 2721). 2738

Mit der Konzession können weitere Rechte eingeräumt werden. So steht z.B. den konzessionierten Eisenbahnunternehmen das Enteignungsrecht zu, sofern Bau und Betrieb der betreffenden Infrastruktur im öffentlichen Interesse liegen (Art. 3 EBG). Daneben haben Eisenbahnunternehmen das Recht, in den Zügen und auf dem Bahnhofgebiet 2739

Nebenbetriebe zu kommerziellen Zwecken zu betreiben; diese müssen jedoch auf die Bedürfnisse der Bahnkundschaft ausgerichtet sein (Art. 39 EBG).

2. Pflichten

a) Ausübungspflicht

2740 Der Konzessionär ist verpflichtet, von dem ihm übertragenen Recht Gebrauch zu machen (z.B. das Wasserkraftwerk zu betreiben), soweit daran ein öffentliches Interesse besteht. Bei gewissen Konzessionen (z.B. Jagd- und Fischereipatent) besteht allerdings keine Ausübungspflicht.

b) Abgabepflicht

2741 Der Konzessionär hat für die Nutzung des konzedierten Rechts in der Regel eine einmalige oder wiederkehrende Abgabe (Konzessionsgebühr, siehe Rz. 2772 ff.; BGE 138 II 70, 73; BGer, Urteil 2C_900/2011 vom 2. Juni 2012 E. 2.3) zu entrichten.

2742 Beispiel:

Art. 48 Abs. 1 WRG bestimmt, dass die Verleihungsbehörde nach Massgabe des kantonalen Rechts einen Wasserzins festsetzt, der gemäss Art. 49 Abs. 1 WRG jährlich 80.– Franken pro Kilowattstunde nicht übersteigen darf (vgl. dazu BGE 126 II 171 ff.).

c) Aufsicht durch die Konzessionsbehörde

2743 Die Konzessionsbehörde hat zu kontrollieren, ob der Konzessionär von seinen Rechten einen dem Gesetz und der Konzession entsprechenden Gebrauch macht und die mit der Konzession verbundenen Pflichten erfüllt.

IV. Übertragbarkeit der Konzession

2744 Die Frage, ob eine Konzession übertragen werden kann, wird meistens durch die anwendbare Rechtsnorm beantwortet (z.B. Art. 48 RTVG; vgl. dazu BVGE 2014/10 E. 3.2.6.2). Da die Konzession ein vermögenswertes Recht begründet, dessen Ausübung im Allgemeinen nicht an eine bestimmte Person gebunden ist, wird die Übertragung in der Regel zugelassen, sofern die Konzessionsbehörde zustimmt (vgl. Rz. 820 f.).

2745 Beispiel:

Im Januar 2001 vergab die Eidgenössische Kommunikationskommission (ComCom) im Rahmen einer öffentlichen Ausschreibung mittels Auktion vier UMTS-Funkkonzessionen, darunter eine an die 3G Mobile AG. Diese verzichtete in der Folge auf den Aufbau eines UMTS-Netzes und stellte bei der ComCom ein Gesuch um Genehmigung der Übertragung ihrer Konzession auf die Swisscom Mobile AG, die ihrerseits bereits Inhaberin einer der vier vergebenen UMTS-Konzessionen war. Die ComCom wies das Gesuch ab wegen der negativen Auswirkungen, welche eine solche Übertragung auf den Wettbewerb hätte (Art. 23 Abs. 4 FMG; vgl. BGE 132 II 485, 504 ff.).

V. Beendigung des Konzessionsverhältnisses

Die Voraussetzungen und Folgen der Beendigung des Konzessionsverhältnisses werden durch die Gesetzgebung, manchmal auch durch die Konzession, geregelt. Bei *Monopol- und Sondernutzungskonzessionen* sind meistens folgende Beendigungsgründe vorgesehen: 2746

1. Ablauf der Konzessionsdauer und Heimfall

Nach Ablauf der Konzessionsdauer fällt das dem Konzessionär verliehene Recht wieder an das konzedierende Gemeinwesen zurück (vgl. BGer, Urteil 2C_546/2012 vom 10. Dezember 2012 E. 5.3). 2747

Das Gesetz kann festlegen, dass das Gemeinwesen zugleich das Eigentum an gewissen Anlagen (unentgeltlich) erwirbt, die der Konzessionär für die Ausübung des Rechts errichtet hat (sogenannter Heimfall, z.B. bei Wasserkraftwerken, vgl. Art. 67 WRG). 2748

2. Rückkauf

Vor Ablauf der Konzessionsdauer kann das Gemeinwesen das verliehene Recht gegen Entgelt zurückkaufen, wenn das Gesetz und die Konzession dies vorsehen (vgl. BGer, Urteil 1C_27/2009 vom 17. September 2009 E. 2.6). 2749

3. Verlust wegen schwerer Pflichtverletzung (Verwirkung)

Die gesetzlichen Vorschriften legen oft fest, dass der Konzessionär das ihm übertragene Recht verwirkt, sofern er die ihm durch Gesetz oder Konzession auferlegten Pflichten (z.B. Ausübungs-, Abgabepflicht) schwer verletzt (vgl. etwa Art. 65 WRG; BGer, Urteil 2C_43/2012 vom 24. April 2012 E. 3.3). 2750

4. Verzicht

Der Konzessionär darf auf die Ausübung seines Rechts nur verzichten, wenn dies das Gesetz erlaubt. In der Regel ist er zur Ausübung verpflichtet, weil daran ein öffentliches Interesse besteht. 2751

5. Enteignung

Das zuständige Gemeinwesen kann das dem Konzessionär verliehene, wohlerworbene Recht auf dem Wege der formellen Enteignung und gegen volle Entschädigung entzie- 2752 hen. Ein solcher Eingriff in die Eigentumsgarantie ist allerdings nur zulässig, falls er auf einer genügenden gesetzlichen Grundlage beruht, im öffentlichen Interesse liegt und verhältnismässig ist (vgl. Rz. 2395 ff.).

10. Teil Öffentliche Abgaben

Literatur

AUER ANDREAS, Sonderabgaben, Diss. Bern 1980; BENZ ROLF, Kopfsteuer und Feuerwehrabgabe: Anachronismen im Lichte der Besteuerung nach der wirtschaftlichen Leistungsfähigkeit, zsis 2007, Monatsflash Nr. 5; BENZ ROLF, Verankerung reiner Lenkungssteuern in der Bundesverfassung, ZBl 105 (2004) 246 ff.; BEUSCH MICHAEL, Lenkungsabgaben im Strassenverkehr. Eine rechtliche Beurteilung der Möglichkeiten zur Internalisierung externer Umweltkosten, Diss. Zürich 1999; BLUMENSTEIN ERNST/LOCHER PETER, System des Schweizerischen Steuerrechts, 6. Aufl., Zürich 2002; BRAUNSCHWEIG THOMAS, Gebührenerhebung durch die Bundesverwaltung – Übersicht über die Neuordnung, LeGes 16 (2005), Heft 2, 9 ff.; BRAUNSCHWEIG THOMAS, Verfassungsrechtliche und gesetzliche Anforderungen an die Erhebung von jährlichen Pauschalabgaben zur Finanzierung allgemeiner Aufsichtstätigkeiten, LeGes 11 (2000), Heft 2, 9 ff.; BUFFAT MARC-OLIVIER, Les taxes liées à la propriété foncière, en particulier dans le Canton de Vaud, Diss. Lausanne 1989; DONZEL VALÉRIE, Les redevances en matière écologique, Diss. Lausanne, Zürich 2003; GRISEL RAPIN CLÉMENCE, Les taxes de remplacement, in: Eva Maria Belser/Bernhard Waldmann (Hrsg.), Mehr oder weniger Staat?, Festschrift für Peter Hänni, Bern 2015, S. 315 ff.; GRÜNBLATT DIETER, Nichtfiskalische Zielsetzungen bei Fiskalsteuern, Diss. Basel 1995; HÄNER ISABELLE, Kausalabgaben – Eine Einführung, in: Isabelle Häner/Bernhard Waldmann (Hrsg.), Kausalabgaben, Bern 2015, S. 1 ff.; HETTICH PETER/WALTHER SIMONE, Rechtsfragen um die kostendeckende Einspeisevergütung (KEV) für Elektrizität aus erneuerbaren Energien, ZBl 112 (2011) 143 ff.; HETTICH PETER/WETTSTEIN YANNIK, Rechtsfragen um Kostenanlastungssteuern, ASA 78 (2009/2010) 537 ff.; HÖHN ERNST/MÄUSLI PETER, Interkantonales Steuerrecht, 4. Aufl., Bern/Stuttgart/Wien 2000; HÖHN ERNST/WALDBURGER ROBERT, Steuerrecht, 2 Bde., 10. Aufl., Bern/Stuttgart/Wien 2008; HUNGERBÜHLER ADRIAN, Grundsätze des Kausalabgabenrechts, ZBl 104 (2003) 505 ff.; KAPPELER THOMAS, Verfassungsrechtliche Rahmenbedingungen umweltpolitisch motivierter Lenkungsabgaben, Diss. Zürich 2000; KARLEN PETER, Zum Erfinden neuer öffentlicher Abgaben, ZBl 115 (2014) 1 f.; KELLER HELEN/HAUSER MATTHIAS, Verfassungskonforme Ertragsverwendung einer Klimalenkungsabgabe: Funktion und Tragweite des Verfassungsvorbehalts im Abgaberecht, AJP 18 (2009) 803 ff.; KLETT KATHRIN, Der Gleichheitssatz im Steuerrecht, ZSR 111/II (1992) 1 ff.; KOVACS YVETTE, No taxation without representation: die Gesetzesdelegation im Steuerrecht unter besonderer Berücksichtigung des zürcherischen Steuergesetzes, Diss. Zürich 1991; LEUTERT STEFAN, Polizeikostentragung bei Grossveranstaltungen, Diss. Zürich 2005; LOCHER PETER, Legalitätsprinzip im Steuerrecht, ASA 60 (1991) 1 ff.; LOCHER PETER, Die staatsrechtliche Beschwerde wegen Verletzung von Art. 46 BV, ZBl 91 (1990) 97 ff.; LOCHER PETER/MÜLLER GEORG, Zur Rechtsnatur der neuen Radio- und Fernsehabgabe, ZBl 116 (2015) 641 ff.; LÖTSCHER RICHARD, Das Äquivalenzprinzip im Bereich der öffentlichen Abgaben, AJP 24 (2015) 469 ff.; MARAIA JEAN-FRÉDÉRIC/YAZICIOGLU ALARA E., Droit fiscal suisse et international, recueil de cas pratiques, énoncés et solutions, 2. Aufl., Basel 2014; MARANTELLI ADRIANO, Grundprobleme des schweizerischen Tourismusabgaberechts, Diss. Bern 1991; MÜLLER GEORG, Sind «Service public-Abgaben» im Bereich der Versorgung mit elektrischer Energie zulässig?, ZBl 105 (2004) 461 ff.; MÜLLER GEORG, Das Kostendeckungsprinzip als Kriterium für die Bemessung der Flughafengebühren, in: Markus Rüssli/Julia Hänni/Reto Häggi Furrer (Hrsg.), Staats- und Verwaltungsrecht auf vier Ebenen, Festschrift für Tobias Jaag, Zürich/Basel/Genf 2012, S. 489 ff.; OBERSON XAVIER, Droit fiscal suisse, 4. Aufl., Basel 2012; OBERSON XAVIER, Le droit fiscal cantonal en tant qu'instrument de protection de l'environnement, URP 7 (1993) 52 ff.; OBERSON XAVIER, Les taxes d'orientation: nature juridique et constitutionnalité, Diss. Genf, Basel 1991; OBERSON XAVIER/HOTTELIER MICHEL, La taxe de surveillance perçue auprès des organismes d'autorégulation en matière de lutte contre le blanchiment d'argent: nature juridique et constitutionnalité, AJP 16 (2007) 51 ff.; REICH MARKUS, Steuerrecht, 2. Aufl., Zürich/Basel/Genf 2012; REICH MARKUS, Allgemeinheit der Steuer und Besteuerung nach der wirtschaftlichen Leistungsfähigkeit, Der Schweizer Treuhänder 1990, 171 ff.; REICH MARKUS, Von der normativen Leistungsfähigkeit der verfassungsrechtlichen Steuererhebungsprinzipien, in: Ernst Höhn/Klaus A. Vallender (Hrsg.), Steuerrecht im Rechtsstaat, Festschrift für Prof. Dr. Francis Cagianut zum 65. Geburtstag, Bern/Stuttgart 1990,

S. 97 ff.; REICH MARKUS, Das Leistungsfähigkeitsprinzip im Einkommenssteuerrecht, ASA 53 (1984/85) 5 ff.; RICHNER FELIX, Flat Tax – Was würde das für die Schweiz bedeuten?, ASA 73 (2004/2005) 593 ff.; RUCH ALEXANDER, Die Bedeutung des Sondervorteils im Recht der Erschliessungsbeiträge, ZBl 97 (1996) 529 ff.; SCHNEIDER ADRIAN, Der angemessene Ausgleich für erhebliche Planungsvorteile nach Art. 5 Abs. 1 RPG, Diss. Freiburg, Zürich 2006; RYSER WALTER/ROLLI BERNARD, Précis de droit fiscal suisse (impôts directs), 4. Aufl., Bern 2002; SCHNEIDER-MARFELS KARL-JASCHA, Die Rundfunkgebühr in der Schweiz, aktuelle Probleme der Rundfunkfinanzierung durch Radio- und Fernsehempfangsgebühren, Diss. Zürich, München 2004; SENN SILVIA MARIA, Die verfassungsrechtliche Verankerung von anerkannten Besteuerungsgrundsätzen unter besonderer Berücksichtigung des Leistungsfähigkeitsprinzips, Diss. Zürich 1999; STEIGER WALTER, Die Mehrwertsteuer und die öffentliche Hand, ASA 74 (2005/2006) 407 ff.; UHLMANN FELIX, Kriterien der Bemessung von Kausalabgaben in der Praxis, in: Isabelle Häner/Bernhard Waldmann (Hrsg.), Kausalabgaben, Bern 2015, S. 87 ff.; VALLENDER KLAUS A., Verfassungsmässig begrenzte Besteuerungsbefugnisse des Gesetzgebers, in: Ernst Höhn/Klaus A. Vallender (Hrsg.), Steuerrecht im Rechtsstaat: Festschrift für Prof. Dr. Francis Cagianut zum 65. Geburtstag, Bern/Stuttgart 1990, S. 21 ff.; VALLENDER KLAUS A., Grundzüge des Kausalabgabenrechts, Bern/Stuttgart 1976; WALDMANN BERNHARD, Die Vorzugslast, in: Isabelle Häner/Bernhard Waldmann (Hrsg.), Kausalabgaben, Bern 2015, S. 55 ff.; WIDMER LUKAS, Das Legalitätsprinzip im Abgaberecht, Diss. Zürich 1988; WIEDERKEHR RENÉ, Kausalabgaben, Bern 2015; WYSS DANIELA, Kausalabgaben, Diss. Bern, Basel 2009.

§ 42 Begriffe und Übersicht

I. Begriffe

2753 Öffentliche Abgaben sind Geldleistungen, welche die Privaten kraft öffentlichen Rechts dem Staat schulden; sie dienen in erster Linie der Deckung des öffentlichen Finanzbedarfs *(Fiskalfunktion)*, daneben manchmal auch der Verhaltenslenkung *(Lenkungsfunktion)*. Zudem weisen gewisse öffentliche Abgaben eine *Ausgleichsfunktion* auf; dabei werden diejenigen Vorteile, die nur einem Einzelnen bzw. einer kleinen Gruppe zukommen, mit einer Abgabe teilweise oder ganz abgeschöpft.

2754 Nicht zu den öffentlichen Abgaben gehören:

- Geldstrafen;
- Überbindung der Kosten bei Ersatzvornahme durch den Staat (vgl. Rz. 1467 ff.);
- Geldleistungen des Beamten oder der Beamtin bei direkter Haftung gegenüber dem Staat oder bei Regress des Staats aus Staatshaftung (vgl. Rz. 2182 ff.);
- privatrechtlich vereinbarte Geldleistungen von Privaten an den Staat (z.B. das durch Transportvertrag vereinbarte Entgelt für die Beförderung mit den SBB, vgl. Rz. 2771);
- Kautionen (vgl. Rz. 2881 ff.);
- Abgaben für die Benutzung von Parkplätzen in Einkaufszentren an deren Betreiber (Bewirtschaftungspflicht aus Gründen des Umweltschutzes; BGE 125 II 129, 144 f.).

Umstritten ist, ob *Sozialversicherungsbeiträge* unter den Begriff der öffentlichen Abgaben fallen. 2755

II. Einteilung

Die öffentlichen Abgaben lassen sich wie folgt einteilen: 2756

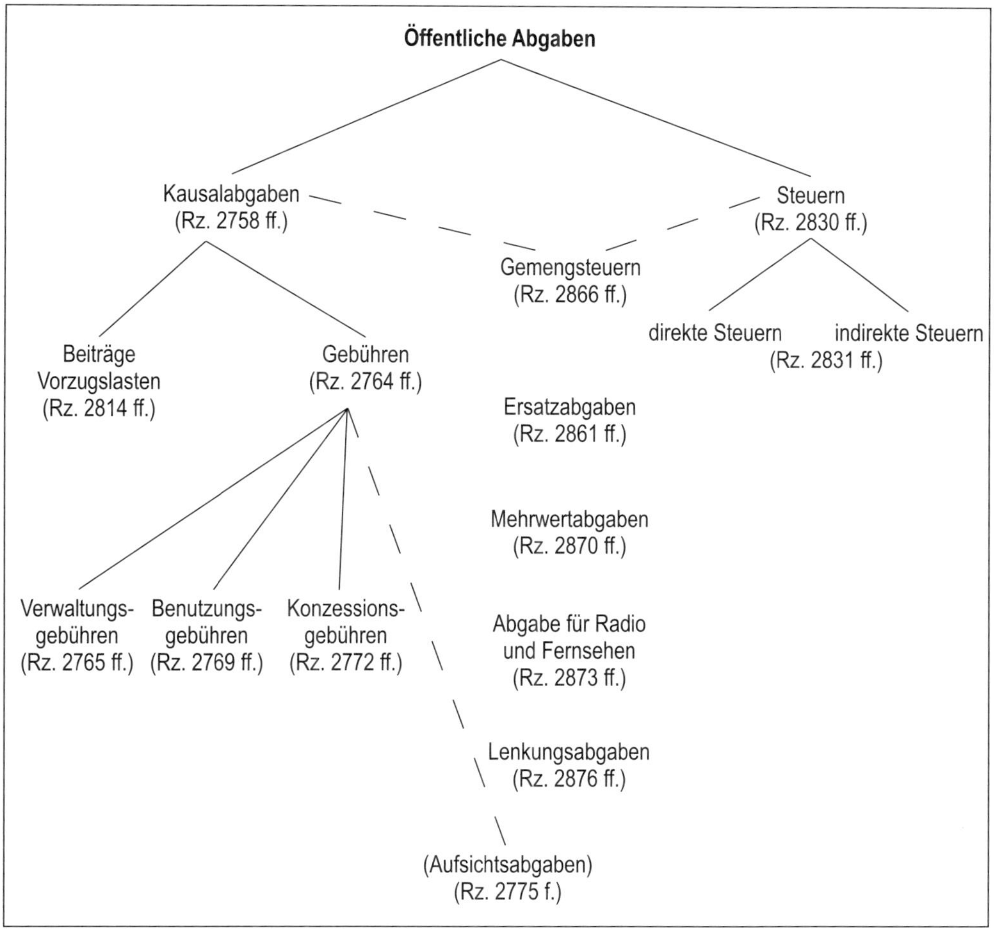

Im Abgaberecht gibt es *keinen numerus clausus* möglicher Abgaben (BGE 125 I 449, 451). Der Gesetzgeber ist nicht an die von Lehre und Rechtsprechung entwickelten Abgabearten gebunden. Er kann im Rahmen seiner Zuständigkeit und der verfassungsmässigen Schranken neue Abgaben kreieren. 2757

III. Begriff, Funktion und Grundprinzipien des Kausalabgabenrechts

1. Begriff und Arten der Kausalabgaben

2758 Kausalabgaben sind Geldleistungen, welche die Privaten kraft öffentlichen Rechts als Entgelt für bestimmte staatliche Leistungen oder besondere Vorteile zu bezahlen haben. Im Gegensatz dazu sind Steuern unabhängig davon zu entrichten, ob der Steuerpflichtige staatliche Dienstleistungen in Anspruch nimmt oder nicht (Rz. 2830 ff.). Das zentrale Unterscheidungskriterium zwischen Kausalabgaben und Steuern ist also die individuelle Zurechenbarkeit staatlicher Leistungen.

2759 Es werden zwei Arten von Kausalabgaben unterschieden: Gebühren (§ 43) und Beiträge bzw. Vorzugslasten (§ 44). Zu beachten sind auch verschiedene Misch- und Sonderformen (§ 46).

2. Funktion und Prinzipien der Bemessung der Kausalabgaben

2760 Kausalabgaben dienen dazu, die Kosten zu decken, die dem Staat dadurch entstehen, dass er den Abgabepflichtigen eine Leistung erbringt oder einen Vorteil einräumt. Sie sollen deshalb in der Regel nicht höher sein als die Kosten des Staates (*Kostendeckungsprinzip,* Rz. 2778 ff.). Es gibt allerdings auch *kostenunabhängige* Kausalabgaben (Rz. 2783). Sie sind entweder das Entgelt für Leistungen oder Vorteile, die dem Staat keine Kosten verursachen (z.B. Benutzung des öffentlichen Grundes, Erteilung einer Monopolkonzession), oder sie sind vom Gesetzgeber so ausgestaltet worden, dass sie zu einem höheren Ertrag führen, als zur Deckung der Kosten notwendig ist (z.B. Gebühren für das Parkieren auf öffentlichem Grund, die eine Lenkungswirkung erzielen sollen; vgl. Rz. 2783). Für diese Kausalabgaben gilt das Kostendeckungsprinzip nicht.

2761 Die Höhe der Kausalabgaben wird zudem durch das *Äquivalenzprinzip* (Rz. 2785 ff.) begrenzt, welches das Verhältnismässigkeitsprinzip im Abgaberecht konkretisiert. Es bedeutet, dass die Höhe der Kausalabgabe in einem vernünftigen Verhältnis zum Wert der Leistung oder des Vorteils stehen muss. Sind die Kosten, die dem Staat durch das Erbringen einer Leistung oder das Einräumen eines Vorteils erwachsen, in einem konkreten Fall wesentlich höher als deren Wert, so kann der Staat sie nicht vollständig auf den Abgabepflichtigen überwälzen; die Höhe der Kausalabgabe bestimmt sich in diesem Fall nicht nach dem Kostendeckungs-, sondern nach dem Äquivalenzprinzip. Dieses Prinzip ist auch für die kostenunabhängigen Kausalabgaben (Rz. 2760) massgebend.

3. Gesetzmässigkeitsprinzip

2762 Das *Gesetzmässigkeitsprinzip* wird im Abgaberecht streng gehandhabt und verlangt, dass der *Gegenstand* der Abgabe, der *Kreis der Abgabepflichtigen* und die *Höhe* der Abgabe in den Grundzügen im Gesetz festgelegt werden. Vom Erfordernis, dass der

Gesetzgeber die Höhe in den Grundzügen bestimmen muss, kann dann abgewichen werden, wenn die Höhe durch das Kostendeckungs- und das Äquivalenzprinzip ausreichend begrenzt wird (Rz. 2806 ff.). Der Abgabepflichtige wird durch die beiden Prinzipien vor zu hohen Kausalabgaben geschützt; der qualifizierte Schutz durch das Gesetzmässigkeitsprinzip ist nicht notwendig. Kostendeckungs- und Äquivalenzprinzip erfüllen im Abgaberecht somit eine *Doppelfunktion*: Sie dienen einerseits dem Schutz der Abgabepflichtigen vor zu hohen Abgaben, andererseits erlauben sie dem Gemeinwesen, sich für bestimmte Abgaben auf eine schmälere gesetzliche Grundlage zu stützen.

Der Gesetzgeber kann vom Kostendeckungs- und vom Äquivalenzprinzip abweichen, indem er die Höhe der Kausalabgabe so festlegt, dass sie nicht nur die Kosten deckt oder nicht in einem vernünftigen Verhältnis zum Wert der Leistung bzw. des Vorteils steht. Die Abgaben erhalten damit insoweit auch Steuercharakter. Sie weisen Elemente einer Kausalabgabe und einer Steuer auf. Deshalb werden sie als *Gemengsteuer* (Rz. 2866 ff.) oder als *Mehrwertabgabe* (Rz. 2870 ff.) bezeichnet. 2763

§ 43 Gebühren

I. Begriff

2764 Die Gebühr ist das Entgelt für eine bestimmte, von der abgabepflichtigen Person veranlasste Amtshandlung oder für die Benutzung einer öffentlichen Einrichtung. Sie soll die Kosten, welche dem Gemeinwesen durch die Amtshandlung oder Benutzung der Einrichtung entstanden sind, ganz oder teilweise decken.

II. Arten

1. Verwaltungsgebühren

2765 Die Verwaltungsgebühr ist das Entgelt für eine staatliche Tätigkeit.

2766 Beispiele:
- Gerichtsgebühren (vgl. BGE 141 I 105, 108 f.; 133 V 402, 404; 132 I 117, 121; vgl. Rz. 2811);
- Gebühren für die Vorkehren zur Erlangung eines Führerausweises (vgl. BGE 103 Ia 230 ff.);
- Prüfungsgebühren;
- Entgelt für die Errichtung von Pfandverträgen und deren Eintragung ins Grundbuch (vgl. BGE 126 I 180, 186 f.);
- Baubewilligungsgebühren.

2767 Die Kanzlei- und Kontrollgebühren stellen Unterarten der Verwaltungsgebühren dar. Die *Kanzleigebühr* wird für einfache Tätigkeiten der Verwaltungsbehörden ohne besonderen Prüfungs- und Kontrollaufwand erhoben und ist von geringer Höhe. Eine typische *Kontrollgebühr* ist das Entgelt für die der Kontrolle der Parkuhren dienenden Amtshandlungen (BGE 112 Ia 39, 45). In Bezug auf das Erfordernis der Gesetzesform werden Kanzlei- und Kontrollgebühren gleich behandelt (vgl. zu den Besonderheiten der Kanzlei- und Kontrollgebühren Rz. 2804 f.).

2768 Beispiele:
- Gebühren für Fotokopien, für die Verlängerung von Ausweisschriften, Erteilung von Auskünften, Bestätigungen etc. (Kanzleigebühr);
- Gebühr für kurzfristiges Parkieren (Kontrollgebühr).

2. Benutzungsgebühren

2769 Die Benutzungsgebühr ist das Entgelt für die Benutzung einer öffentlichen Einrichtung oder einer öffentlichen Sache, sofern das Benutzungsverhältnis dem öffentlichen Recht untersteht. Die Zuordnung der Gebühren für die Sondernutzung einer öffentlichen Sache, welche eine Konzession voraussetzt, ist umstritten. Sie werden teils als Konzessions-, teils als Benutzungsgebühren bezeichnet (vgl. BGE 106 Ia 241, 243; BGer, Urteil 2C_900/2011 vom 2. Juni 2012 E. 4.1 = ZBl 114 [2013] 347, 349; Urteil 2C_153/2007 vom 10. Oktober 2007 E. 4; GYGI, Verwaltungsrecht, S. 271 ff.; MOOR, S. 363 ff.; VALLENDER, Grundzüge, S. 53 ff.).

Beispiele: 2770

- Spitaltaxen;
- Studiengebühren (vgl. BGE 130 I 113 ff.);
- Eintrittsgeld für eine (kommunale) Badeanstalt oder ein Museum;
- Landegebühr Flughafen Zürich (BVGE 2008/41 E. 5.1; BGE 125 I 182, 194);
- Benutzungsgebühr für Abwasseranlagen zur Deckung der Betriebs- und Unterhaltskosten (BGer, Urteil 2P.45/2003 vom 28. August 2003 E. 5.1 = ZBl 105 [2004] 263, 265 f.; vgl. zum Beitrag an die Kosten der Erstellung der Kanalisation Rz. 2817);
- Gebühr für die Benutzung der städtischen Sportanlagen (BGer, Urteil 2C_192/2012 vom 7. Juni 2012).

Keine Gebühren stellen die aufgrund eines *privatrechtlichen* Benutzungsverhältnisses erhobenen Taxen öffentlicher Unternehmungen (z.B. SBB, Post, Swisscom) sowie das Entgelt für die Miete eines Grundstücks im Finanzvermögen (vgl. auch Rz. 2812) dar. 2771

3. Konzessionsgebühren

Die Konzessionsgebühr (auch Monopol- oder Regalgebühr) ist das Entgelt für die Erteilung einer Konzession. 2772

Beispiele:

- Art. 48 Abs. 1 WRG (Wasserrechtsgesetz): 2773

  «Die Verleihungsbehörde setzt nach Massgabe des kantonalen Rechtes die Leistungen und Bedingungen fest, gegen die dem Konzessionär das Nutzungsrecht erteilt wird, wie Gebühren, Wasserzins, Abgabe von Wasser oder elektrischer Energie, Konzessionsdauer, Bestimmungen über Strompreise, Beteiligung des Gemeinwesens am Gewinn, Heimfall der Konzession und Rückkauf» (vgl. dazu BGE 138 II 70, 74).
- Art. 3 der Interkantonalen Vereinbarung über den Salzverkauf in der Schweiz vom 22. November 1973 (SR 691, nicht mehr in Kraft): 2774

  «Die Rheinsalinen erheben für Rechnung der dieser Vereinbarung angeschlossenen Kantone einheitliche, nach Salzarten abgestufte Regalgebühren.»

4. Aufsichtsabgaben

Werden Tätigkeiten von Privaten durch den Staat beaufsichtigt, so kann er für die dadurch entstehenden Kosten eine sog. *Aufsichtsabgabe* erheben, die in der Praxis wie eine Gebühr behandelt wird (BGer, Urteil 9C_225/2015 vom 27. August 2015 E. 6 [zur Publikation vorgesehen]; BVGer, Urteil C-1410/2013 vom 23. Februar 2015 E. 6.1). Nach der Rechtsprechung liegt eine Aufsichtsabgabe vor, wenn sie «für dem Einzelnen nicht zuordenbare Allgemeindienstleistungen» erhoben wird (BGer, Urteil 2A.345/2006 vom 24. Oktober 2006 E. 3.2.2; BVGE 2007/43 E. 4.2). Sie dient dazu, die Kosten der Aufsichtsorgane (z.B. im Bereich der BVG- und Stiftungsaufsicht oder der Finanzmarktaufsicht) «verursachergerecht» auf die Beaufsichtigten zu verteilen. Für die Bemessung gelten besondere Regeln (vgl. Rz. 2782 und 2794). 2775

2776 In der Lehre werden diese Abgaben zum Teil als *Kostenanlastungs(kausal)abgaben* oder *Sonderabgaben* bezeichnet (HÄNER, S. 10 f.; LOCHER/MÜLLER, S. 649 f.; WIEDERKEHR, S. 11; WIEDERKEHR/RICHLI, Bd. II, Rz. 961). Zum Teil wird die Auffassung vertreten, es handle sich dabei um *Kostenanlastungssteuern* (HETTICH/WETTSTEIN, S. 553 f.; OBERSON/HOTTELIER, S. 53 m.H.).

III. Bemessung

2777 Aus der Rechtsnatur der Gebühren als Entgelt für eine staatliche Leistung (Rz. 2764) folgt, dass bei der Bemessung grundsätzlich vom *Wert* dieser Leistung auszugehen ist. Wenn der Gesetzgeber die Höhe der Gebühr nicht festlegt, bestimmt sie sich nach dem Kostendeckungs- und dem Äquivalenzprinzip.

1. Kostendeckungsprinzip

a) Inhalt

2778 Im Gegensatz zum Äquivalenzprinzip beruht das Kostendeckungsprinzip nicht auf einer verfassungsrechtlichen Grundlage, sondern ergibt sich aus dem Wesen der Kausalabgabe (vgl. Rz. 2760 f.). Es bedeutet, dass der *Gesamtertrag* der Gebühren die *gesamten Kosten* des betreffenden Verwaltungszweiges nicht oder nur geringfügig übersteigen darf (BGE 141 I 105, 108 f.; 135 I 130, 133 f.; 132 II 371, 374 f.; 132 II 47, 55). Nach der Praxis ist ein Gebührenüberschuss bis etwa 5 % noch mit dem Kostendeckungsprinzip vereinbar (WIEDERKEHR/RICHLI, Bd. II, Rz. 683 m.H.). Spezialgesetzlich kann eine *Pflicht zur Kostendeckung* vorgesehen sein, so etwa bei der Beseitigung von Siedlungsabfällen (Art. 32a USG; vgl. BGE 138 II 111 ff.). In grundrechtssensiblen Bereichen muss sich das Gemeinwesen dagegen mit weniger als den vollen Kosten begnügen (vgl. BGE 139 I 114, 120, wo das Bundesgericht im Zusammenhang mit einer Einsichtnahme in die Dokumente betreffend die Kontrolle der Energieetiketten durch das Bundesamt für Energie nach dem Öffentlichkeitsgesetz von einem «Anspruch auf einen besonderen [günstigen] Gebührenansatz» spricht; UHLMANN, S. 96; vgl. auch Rz. 2783).

2779 Die Definition des *«Verwaltungszweiges»* ist für die Wirksamkeit des Kostendeckungsprinzips von grosser Bedeutung. Nach der Rechtsprechung umfasst ein Verwaltungszweig die sachlich zusammenhängenden Verwaltungsaufgaben (vgl. HUNGERBÜHLER, S. 520; WIEDERKEHR, S. 62 ff.). So werden z.B. bei den Kausalabgaben für den Bau und Betrieb von kommunalen Erschliessungsanlagen die einzelnen Bereiche (Strassen, Trinkwasser, Abwasser, Energie, Abfallentsorgung) je als gesonderter Verwaltungszweig betrachtet. Geht es um die Benutzung von öffentlichen Einrichtungen und Betrieben (z.B. Spitäler, Schulen, Post), so werden dagegen oft die Kosten unterschiedlicher Leistungen zusammengerechnet. Auch bei den Flughafengebühren gibt es Gebühren für verschiedene Leistungen des Flughafenhalters (z.B. Landegebühren, Passagiergebühren, Frachtgebühren, Luftfahrzeug-Abstellgebühren [vgl. Art. 1 Abs. 2 und 3 der Verordnung über die Flughafengebühren vom 25. April 2012 (SR 748.131.3)]). Bundesämter befassen sich häufig mit einer Vielzahl verschiedener Aufgaben, die mehr als einen Verwaltungszweig umfassen; ihr Gesamtaufwand kann deshalb nicht durch den aggregierten Gebührenertrag gedeckt werden (BVGer, Urteil A-1150/2008 vom 18. September 2008 E. 6.3; zur Umschreibung des massgeblichen Verwaltungszweiges vgl. auch BGer, Urteil 2C_322/2010 vom 22. August 2011 E. 3 = ZBl 113 [2012] 442, 442 f.).

Ungeklärt ist, ob sich das Gemeinwesen bei der Anwendung des Kostendeckungsprinzips auch *Erträge* anrechnen lassen muss, welches es im massgebenden Verwaltungszweig erzielt (vgl. MÜLLER, Kostendeckungsprinzip, S. 494 ff.; UHLMANN, S. 97). 2780

b) Anwendungsbereich

Das Kostendeckungsprinzip findet nur bei *kostenabhängigen Kausalabgaben* Anwendung. Legt der Gesetzgeber eine Abgabe fest, die ihrer Natur nach nicht kostenabhängig ist, oder schreibt er vor, dass sie höher sein soll, als zur Deckung der Kosten notwendig ist, so untersteht sie diesem Grundsatz nicht (BGE 121 I 230, 236; Rz. 2760). 2781

Das Kostendeckungsprinzip gilt für *Verwaltungs- (inklusive Kanzlei- und Kontroll-) gebühren* uneingeschränkt (BGE 126 I 180, 188; 109 II 478, 480; 107 Ia 117, 120 f.), ebenso für *Aufsichtsabgaben*. 2782

Gewisse Benutzungsgebühren sind kostenunabhängig (BGE 121 I 230, 236 f.; 106 Ia 241, 243 m.w.H.; offen gelassen dagegen in BGE 118 Ia 320, 324 ff.). Das trifft z.B. bei bestimmten Gebühren für die Benutzung des öffentlichen Grundes zu, namentlich wenn sie – wie Gebühren für das Parkieren, das gesteigerten Gemeingebrauch darstellt – Lenkungswirkung erzielen, d.h. die Automobilisten vom Parkieren in den Innenstädten abhalten sollen. Eine Begrenzung der Höhe kann sich aber aus verfassungsrechtlicher Sicht aufdrängen, falls der öffentliche Grund zu ideellen Zwecken beansprucht wird, insbesondere zur Ausübung von Grundrechten (vgl. dazu Rz. 2289, 2294 ff.), die nicht durch zu hohe Gebühren erschwert werden darf (siehe TOBIAS JAAG, Gemeingebrauch und Sondernutzung öffentlicher Sachen, ZBl 93 [1992] 145, 161). Bei anderen (kostenabhängigen) Benutzungsgebühren kommt das Prinzip dagegen zur Anwendung, so z.B. bei Gebühren für die Trinkwasserversorgung (BGE 112 Ia 260, 263; vgl. aber auch BGE 118 Ia 320, 324 ff.), bei Kanalisationsanschlussgebühren, die einen engen Bezug zu den Erstellungskosten einer öffentlichen Einrichtung haben und dazu bestimmt sind, diese Kosten auf die sie benutzenden Grundeigentümer zu verteilen (BGE 112 Ia 260, 263; 106 Ia 241, 243; BGer, Urteil 2P.45/2003 vom 28. August 2003 E. 5.1 = ZBl 105 [2004] 263, 265 f.), oder bei Spitälern mit öffentlich-rechtlichem Benutzungsverhältnis. 2783

Konzessionsgebühren sind kostenunabhängig (vgl. Rz. 2760). Dem Staat entstehen durch die Erteilung des Rechts zur Ausübung einer monopolisierten Tätigkeit bzw. zur Sondernutzung einer öffentlichen Sache keine Kosten (Rz. 2733 ff.). Er darf dabei «Gewinne» erzielen. Das Kostendeckungsprinzip kommt nicht zur Anwendung (BGE 138 II 70, 74; 131 II 735, 739 ff.; BGer, Urteil 2C_729/2013 vom 3. April 2014 E. 2.3). 2784

2. Äquivalenzprinzip

a) Inhalt

2785 Das Äquivalenzprinzip konkretisiert das Verhältnismässigkeitsprinzip sowie das Willkürverbot (Art. 5 Abs. 2 und 9 BV; vgl. BGE 141 I 105, 108 f.; 140 I 176, 180; 139 III 334, 337; BGer, Urteil 9C_225/2015 vom 27. August 2015 E. 7.1.2 [zur Publikation vorgesehen]). Auf Gesetzesstufe wird es in Art. 46a RVOG festgehalten.

2786 Nach dem Äquivalenzprinzip muss die Höhe der Gebühr *im Einzelfall* in einem *vernünftigen Verhältnis* stehen zum Wert, den die staatliche Leistung für die Abgabepflichtigen hat (BGE 139 I 138, 141; 138 II 70, 76). Ein gewisser Ausgleich im Hinblick auf die wirtschaftliche Bedeutung und das Interesse der Privaten an der Leistung ist zulässig. Abzulehnen ist dagegen ein eigentlicher «Sozialtarif» mit erheblichen Quersubventionierungen von den wirtschaftlich Leistungsfähigeren zu den wirtschaftlich Schwächeren (UHLMANN, S. 92).

2787 Zulässig sind *Pauschalierungen* aus Gründen der Verwaltungsökonomie. Dabei ist nicht notwendig, «dass die Gebühren in jedem Fall genau dem Verwaltungsaufwand entsprechen; sie sollen indessen nach sachlich vertretbaren Kriterien bemessen sein und nicht Unterscheidungen treffen, für die keine vernünftigen Gründe ersichtlich sind» (BGE 139 III 334, 337). Die Relation zwischen Höhe der Gebühr und Wert der Leistung muss aber bestehen bleiben; fragwürdig sind daher meistens starre «Prozent- oder Promille-Gebühren» (vgl. BGE 139 III 334, 337 f.; 130 III 225, 228 f.; 120 Ia 171, 177 f.; BGer, Urteil 2P.286/2006 vom 27. Februar 2007 E. 4.3).

2788 Der *Wert* der staatlichen Leistung bemisst sich entweder nach dem – nicht notwendigerweise wirtschaftlichen – *Nutzen,* den diese dem Pflichtigen bringt, oder nach dem *Kostenaufwand* der konkreten Inanspruchnahme des Gemeinwesens im Verhältnis zum gesamten Aufwand des betreffenden Verwaltungszweiges (BGE 130 III 225, 228; 128 I 46, 52; BGer, Urteil 2C_900/2011 vom 2. Juni 2012 E. 4.2 = ZBl 114 [2013] 347, 350). In gewissen Fällen lässt sich der Nutzen einer staatlichen Leistung nur schwer bestimmen, z.B. wenn die Leistung keinen «Marktwert» aufweist, weil Private keine vergleichbaren Leistungen anbieten.

Beispiele:

2789 – Nach einem von den Handelsregisterführern des Kantons Tessin im Rahmen der bundesrechtlichen Ansätze festgelegten Tarif wird die Gebühr für einen Handelsregisterauszug über eine Aktiengesellschaft nach der Höhe des Aktienkapitals bemessen. Das Bundesgericht stellte fest, dass damit das Kostendeckungsprinzip nicht verletzt werde, weil die Gesamtheit der im Zusammenhang mit der Führung des Handelsregisters erhobenen Gebühren nicht genüge, um die gesamten Kosten, welche den Tessiner Handelsregisterämtern erwachsen, zu decken. Dagegen widerspreche der Tarif dem Äquivalenzprinzip, da die Höhe des Aktienkapitals keinen Bezug zum Wert der vom Handelsregisterführer erbrachten Dienstleistung habe (BGE 109 II 478 ff.).

2790 – Das Bezirksgericht Kulm hatte eine Verfügung von Todes wegen in 73 Ausfertigungen zu eröffnen. Dafür mussten 944 Seiten Fotokopien hergestellt werden. Das Gericht auferlegte der Erbin eine Gebühr von 2.– Franken pro Seite, d.h. von total 1'888.– Franken für die Fotokopien. Es stützte sich dabei auf eine regierungsrätliche Verordnung über die Kanzleigebühren vom 23. Dezember 1971, in welcher dieser Ansatz enthalten war. Das Bundesgericht erklärte, die Gebühr stehe «in einem offensichtlichen Missverhältnis zum objektiven Wert der Leistung» (BGE 107 Ia 29 ff.).

– Ein schematischer Tarif für Gerichtsgebühren, der einzig auf den Streitwert abstellt, kann sich bei hohem Streitwert als zu starr erweisen. Stehen derart berechnete Gebühren in keinem angemessenen Verhältnis mehr zur erbrachten Leistung, verletzen sie das Äquivalenzprinzip (BGE 120 Ia 171, 177 ff.). Das gilt etwa für einen einfachen Nichteintretensentscheid, wenn dafür ein Betrag von 12'000.– Franken verlangt wird (BGE 139 III 334 ff.). 2791

b) Anwendungsbereich

Das Äquivalenzprinzip gilt grundsätzlich für *alle Gebühren* (z.B. auch im Betreibungsverfahren: BGE 119 III 133 ff.). In gewissen Fällen ist seine praktische Wirkung aber stark eingeschränkt, weil das Gemeinwesen angesichts der Gesamtkosten der staatlichen Leistung nur relativ geringe Gebühren verlangt (z.B. Gerichts- oder Universitätsgebühren; vgl. zu Letzteren BGE 139 I 138 ff.; 130 I 113, 117 f.; BGer, Urteil 2P.87/2006 vom 14. Februar 2007 E. 3.4). Das Äquivalenzprinzip erfüllt im Falle einer Erhöhung dieser Gebühren seine Begrenzungsfunktion kaum, sodass dem Gesetzgeber bei der Bestimmung der Höhe der Gebühr ein grosser Entscheidungsspielraum zusteht; er darf deshalb die Kompetenz zur Festsetzung der Gebühren grundsätzlich nicht delegieren (siehe Rz. 2809 ff.). 2792

Beispiel: 2793

In Zürich wurden 1993 die Semestergebühren für die Universität durch eine Verordnung des Regierungsrates erhöht. Gleiches geschah ein Jahr später in Bern. In beiden Fällen setzten sich Studierende zur Wehr und machten eine Verletzung des Legalitätsprinzips geltend. Das Bundesgericht schützte die Vorgehensweise der Exekutive, obwohl es feststellte, dass die Begrenzungswirkung von Kostendeckungs- und Äquivalenzprinzip in diesem Bereich eigentlich nicht ausreicht. Ausschlaggebend war, dass die zu entrichtenden Gebühren mit denjenigen anderer Hochschulen immer noch *vergleichbar* blieben respektive sich die Erhöhungen unter Berücksichtigung der Teuerung noch im Rahmen des bisher *Üblichen* hielten. Es handelte sich nach Ansicht des Bundesgerichts also nicht um eigentliche Neuregelungen, sondern lediglich um Gebührenanpassungen. Dafür genüge eine Verordnung. Zugleich wurde in den Urteilen aber klar signalisiert, dass angesichts der bildungspolitischen Tragweite des Problems für weitergehende Erhöhungen eine Grundlage in einem Gesetz erforderlich sei (BGE 121 I 273, 277 f.; 120 Ia 1, 6 f.; Rechtsprechung bestätigt in BGE 130 I 113, 118 betreffend Studiengebührenerhöhung an der Universität Basel). Die Pflicht der Studierenden, eine Gebühr für die Kosten des Eignungstests zu entrichten, der im Rahmen der Beschränkung der Zulassung zum Medizinstudium an der Universität Basel durchgeführt werden kann, muss dagegen im Universitätsgesetz vorgesehen sein, auch wenn das Kostendeckungs- und das Äquivalenzprinzip eingehalten sind. Die Erhebung von Gebühren für die Eignungstests entspricht – anders als diejenige von Semestergebühren – nicht einer langen Übung (BGE 125 I 173, 179 ff.; vgl. auch BGE 139 I 138 ff.).

Bei gewissen Gebühren wird in jüngerer Vergangenheit nicht auf den Wert der einzelnen Leistung für den einzelnen Gebührenpflichtigen abgestellt (sog. *Individualäquivalenz*), sondern es wird ein Vergleich zwischen Gebühr und Gegenleistung für eine ganze Gruppe vorgenommen (sog. *Gruppenäquivalenz*; vgl. BGer, Urteil 9C_225/2015 vom 27. August 2015 E. 6 [zur Publikation vorgesehen]; BVGer, Urteil C-1410/2013 vom 23. Februar 2015 E. 6.3; vgl. auch VPB 64 [2000] Nr. 25 S. 355 ff.). Anwendung findet diese Praxis vor allem bei *Aufsichtsabgaben*. Dabei wird die Gebühr z.B. nach der Bilanzsumme bzw. dem Umsatz der beaufsichtigen Unternehmen (vgl. Art. 18 der FINMA-GebV [Verordnung über die Erhebung von Gebühren und Abgaben durch die Eidgenössische Finanzmarktaufsicht, SR 956.122]) oder gemäss der Anzahl der bei einer beaufsichtigten Vorsorgeeinrichtung versicherten Personen (Art. 7 Abs. 2 BVV 1 [Ver- 2794 ordnung über die Aufsicht in der beruflichen Vorsorge, SR 831.435.1]) berechnet. Aus unserer Sicht ist fraglich, ob es die Differenzierung nach Individual- und Gruppenäquivalenz und damit die neue Kategorie der «Aufsichtsabgaben» tatsächlich braucht (vgl. UHLMANN, S. 92 ff.; WIEDERKEHR, S. 18 ff., 35 f.). Ein Teil der allgemeinen Kosten der Aufsicht kann im Rahmen der zulässigen Pauschalierung allen Beaufsichtigten auferlegt werden, ohne dass der Wert der Leistung im Einzelfall berücksichtigt wird.

IV. Gesetzmässigkeit

2795 Das Legalitätsprinzip wird im Bereich des Gebührenrechts – wie allgemein im Abgaberecht – *streng gehandhabt*. Die Anforderungen an die gesetzliche Grundlage sind allerdings «je nach der Art der Abgabe zu differenzieren» (BGE 132 II 371, 374; 128 II 247, 251). Das Legalitätsprinzip darf nicht «in einer Weise überspannt werden, dass es mit der Rechtswirklichkeit und dem Erfordernis der Praktikabilität in einen unlösbaren Widerspruch gerät» ((BGE 140 I 176, 180; 132 I 117, 120; BGer, Urteil 9C_225/2015 vom 27. August 2015 E. 1.1 [zur Publikation vorgesehen]).

2796 Dem Erfordernis der gesetzlichen Grundlage kommt im Abgaberecht – im Gegensatz zu anderen Bereichen – die Bedeutung eines *verfassungsmässigen Rechts* zu, dessen Verletzung mit Beschwerde in öffentlich-rechtlichen Angelegenheiten und subsidiär mit Verfassungsbeschwerde geltend gemacht werden kann (BGE 140 I 176, 180; 132 I 117, 120; BGer, Urteil 9C_225/2015 vom 27. August 2015 E. 1.1 [zur Publikation vorgesehen]).

1. Erfordernis des Rechtssatzes

2797 Die Abgabe muss in einer generell-abstrakten Rechtsnorm vorgesehen sein, die genügend bestimmt ist (BGE 136 II 337, 340; 135 V 402, 405; 123 I 248 ff.). Den rechtsanwendenden Behörden darf kein übermässiger Spielraum verbleiben (BGE 136 I 142, 144 f.).

2798 Beispiel:

§ 63 Abs. 1 GG/ZH legt fest, dass die «Gemeindebehörden für ihre Amtstätigkeit Gebühren nach einer vom Regierungsrat zu erlassenden Verordnung» beziehen. Diese Norm umschreibt den Gegenstand der Abgabe mit «Amtstätigkeit» sehr allgemein und enthält keinerlei Angaben zum Kreis der Abgabepflichtigen. Sie ist deshalb keine genügende gesetzliche Grundlage für die Erhebung der Gebühren (Verwaltungsgericht des Kantons Zürich, Urteil VB.2007.00272 vom 3. September 2008 E. 3.3 = ZBl 110 [2009] 630, 633).

2. Erfordernis der Gesetzesform

a) Grundsatz

2799 Der Gesetzgeber hat die wesentlichen Elemente einer Abgabe festzulegen. Im Allgemeinen muss das Gesetz gemäss Art. 127 Abs. 1 BV, der sich zwar nach seinem Wortlaut nur auf die Steuern des Bundes bezieht, aber einem für alle Abgaben gültigen Verfassungsprinzip Ausdruck gibt (BGE 135 I 130, 140; 134 I 179, 180; BGer, Urteil 9C_225/2015 vom 27. August 2015 E. 7.1.1 [zur Publikation vorgesehen]; vgl. auch Art. 164 Abs. 1 lit. d BV), mindestens Folgendes umschreiben:

- den Kreis der Abgabepflichtigen (Subjekt der Abgabe),
- den Gegenstand der Abgabe (den abgabebegründenden Tatbestand, Objekt der Abgabe) und
- die Höhe der Abgabe in den Grundzügen (Bemessungsgrundlage).

Der *vollziehenden Behörde* kann indessen die Kompetenz übertragen werden, nach hinreichend im Gesetz bestimmten Kriterien die absolute Höhe der Abgabe festzulegen, sofern Subjekt, Objekt und Bemessungsgrundlage der Abgabe in einem Gesetz umschrieben sind (BGE 136 II 337, 348; 135 I 130, 140; 133 V 402, 404 f.; BGer, Urteil 9C_225/2015 vom 27. August 2015 E. 7.1.1 [zur Publikation vorgesehen]). Die Ermächtigung des *Gemeindegesetzgebers* zur Festsetzung von Abgaben unterliegt diesen Einschränkungen dagegen nicht, da ein im Verfahren der Gesetzgebung zu Stande gekommener Gemeindeerlass das Erfordernis der Gesetzesform ebenfalls erfüllt. Notwendig ist allerdings, dass die kantonale Verfassung die vorgesehene Kompetenzaufteilung zwischen Kanton und Gemeinde zulässt (BGE 118 Ia 245, 252; 102 Ia 7, 10). 2800

Beispiele:

- Der Regierungsrat des Kantons Zürich setzte in der Krankenhausverordnung das Entgelt, das die Chefärzte dem Krankenhaus für die Bewilligung zur Ausübung einer Tätigkeit auf eigene Rechnung (privatärztliche Tätigkeit) zu entrichten haben, auf 10–60 % des jährlichen Honorarbetrages (abgestuft nach dessen Höhe) fest. Die Verordnung stützte sich u.a. auf § 82 des Gesundheitsgesetzes des Kantons Zürich vom 4. November 1962 (LS 810.1; nicht mehr in Kraft), der dem Regierungsrat die Befugnis übertrug, Bestimmungen zum Vollzug und zur Ausführung des Gesetzes zu erlassen, und auf § 83 des Gesetzes, wonach die vom Regierungsrat erlassenen Verordnungen über die Kostgeldtaxen in den kantonalen Anstalten dem Kantonsrat zur Genehmigung vorzulegen waren. Diese gesetzliche Grundlage reichte aus, um von den Chefärzten eine Gebühr für die Inanspruchnahme der Spitaleinrichtungen und des Personals einzufordern oder um einen Beitrag zu erheben für den besonderen Vorteil, den sie aus der Möglichkeit der Benutzung der Spitaleinrichtungen für ihre privatärztliche Tätigkeit erlangen. Im vorliegenden Fall ging es jedoch um eine Abgabe, die durch ihre progressive Ausgestaltung die Beschränkung der Einkommenshöhe der Chefärzte anstrebt. Eine solche Abgabe konnte sich nicht auf die genannten Gesetzesbestimmungen stützen (Urteil des Bundesgerichts, ZBl 87 [1986] 265 ff.; Urteil des Verwaltungsgerichts des Kantons St. Gallen, ZBl 100 [1999] 224, 229 ff. [siehe Rz. 2869]; vgl. auch BGE 121 I 230 ff.). Fraglich ist, ob ein Entgelt für die privatärztliche Tätigkeit überhaupt eine Abgabe darstellt, oder ob nicht die Einnahmen insgesamt Teil der Besoldung sind (vgl. Urteil des Bundesgerichts, Pra 88 [1999] Nr. 3). 2801
- Nach einer Verordnung des Regierungsrates des Kantons Neuenburg haben die Organisatoren von sportlichen Grossveranstaltungen mit Gewaltpotenzial Gebühren in der Höhe von 60–80 % der Kosten für den Einsatz der Kantonspolizei zu entrichten. Die Verordnung stützt sich auf Art. 62 des kantonalen Polizeigesetzes. Diese Bestimmung verpflichtet die Organisatoren von Veranstaltungen, die den Einsatz von erheblichen Sicherheitskräften erfordern, zur Bezahlung von Gebühren, welche die Kosten ganz oder teilweise decken. Das Bundesgericht beurteilte die gesetzliche Grundlage der Verordnung als ausreichend (BGE 135 I 130, 140 ff.; vgl. auch Rz. 580). 2802
- Art. 32a Abs. 1 USG verpflichtet die Kantone, die Kosten für die Entsorgung der Siedlungsabfälle den Verursachern zu überbinden. Die Bestimmung stellt aber keine genügende gesetzliche Grundlage dar, sondern muss auf kantonaler bzw. kommunaler Stufe umgesetzt werden (BGE 138 II 111, 113; 137 I 257, 268). 2803

b) Ausnahmen vom strikten Erfordernis der Gesetzesform

aa) Kanzlei- und Kontrollgebühren

2804 Bei Kanzlei- und Kontrollgebühren (Definition siehe Rz. 2767) gilt das Erfordernis der Gesetzesform nicht (BGE 130 I 113, 115 f.; 125 I 173, 179 f.; 118 Ia 320, 323). Sie müssen jedoch das Erfordernis des Rechtssatzes erfüllen, d.h., in einem generell-abstrakten, genügend bestimmten Erlass (z.B. einer Verordnung oder einem Reglement) umschrieben sein.

2805 Beispiel:

Das Bundesgericht erachtete es in BGE 112 Ia 39, 45 f. als gerechtfertigt, die von ihm «für Kanzleigebühren und gewisse technische Gebühren befolgte Praxis, wonach eine formellgesetzliche Grundlage nicht erforderlich ist, auch auf Parkuhrengebühren anzuwenden». Parkingmetergebühren, wie sie die Stadt Zürich im damals zu beurteilenden Fall für das kurzfristige Parkieren auf entsprechend signalisierten Parkplätzen erhob, würden dem Benützer als Gegenleistung für die Aufstellung, Wartung und Kontrolle der Parkuhren sowie für das Ausscheiden und Signalisieren entsprechender Parkflächen auferlegt. Die so erzielten Einnahmen deckten kaum die Kosten dieser Tätigkeiten. Es handle sich dabei nicht um Benutzungsgebühren, sondern lediglich um Kontrollgebühren, bei denen die Anforderungen an die gesetzliche Grundlage nicht überspannt werden dürften. – Diese Gleichstellung von Kontroll- und Kanzleigebühren erscheint angesichts der Höhe der gesamten Erträge sowie der verkehrspolitischen Bedeutung der Parkingmetergebühren problematisch. Soweit man nach der in BGE 122 I 279 ff. begründeten Rechtsprechung das Parkieren in der Innenstadt als gesteigerten Gemeingebrauch betrachtet (vgl. Rz. 2263), werden die entsprechenden Parkingmetergebühren in der Regel als Benutzungsgebühren zu qualifizieren sein, die auf einem Gesetz beruhen müssen. Für eine Regelung von Parkgebühren durch Gesetz spricht auch die ihnen meist zukommende Lenkungswirkung (vgl. TOBIAS JAAG, Gemeingebrauch und Sondernutzung öffentlicher Sachen, ZBl 93 [1992] 145, 162).

bb) Abgaben, bei welchen andere Verfassungsprinzipien die Funktion des Erfordernisses der Gesetzesform bezüglich Begrenzung der Höhe übernehmen können

2806 Die Anforderungen an die gesetzliche Grundlage dürfen dort herabgesetzt werden, wo den Privaten die Überprüfung der Abgabe auf ihre Rechtmässigkeit anhand anderer verfassungsrechtlicher Prinzipien ohne Weiteres offen steht (vgl. BGer, Urteil 9C_225/2015 vom 27. August 2015 E. 7.1.1 [zur Publikation vorgesehen]; BGE 135 I 130, 140; 132 I 117, 121; 132 II 371, 374). Diese Prinzipien vermögen nur die Anforderungen an die gesetzliche Festlegung der Bemessung der Abgaben zu lockern, aber nicht eine gesetzliche Grundlage völlig zu ersetzen (BGE 125 I 173, 180; Verwaltungsgericht des Kantons Zürich, Urteil VB.2000.00048 vom 13. April 2000 = ZBl 101 [2000] 526 ff.; vgl. auch BGE 140 I 176, 180). Ergeben sich bereits aus der Verfassung klare Grenzen der Abgabenhöhe, so braucht sie der Gesetzgeber nicht noch einmal zu umschreiben (BGE 132 II 47, 55 f.; 128 II 247, 251). Soweit die Verfassung keine solchen Massstäbe enthält, muss ein Gesetz sie setzen; eine Ausnahme vom strikten Erfordernis der Gesetzesform ist nicht möglich (vgl. BGE 114 Ia 8, 11).

2807 Die verfassungsrechtlichen Prinzipien der *Kostendeckung* und der *Äquivalenz* gebieten, dass der Gesamtertrag gewisser *Kausalabgaben* die gesamten Kosten des betreffenden Verwaltungszweiges nicht übersteigen darf und die Höhe der Abgabe im Einzelfall in einem vernünftigen Verhältnis zum Wert der vom Staat erbrachten Gegenleistung stehen muss (vgl. Rz. 2777 ff. und 2821 ff.; BGE 129 I 346, 353 f.; BGer, Urteil 2C_407/2010 vom 16. November 2010 E. 2.3 = ZBl 113 [2012] 100, 101). Diese Prinzipien können die *Höhe* bestimmter Kausalabgaben ausreichend begrenzen, sodass der Gesetzgeber deren *Bemessung* (nicht aber die Umschreibung des Kreises der Abgabepflichtigen und des Gegenstandes der Abgabe) der Exekutive überlassen darf. Der Spielraum der Exekutive darf jedoch nicht zu gross sein (BGE 126 I 180, 183; 123 I 248, 252; 123 I 254, 256). Reichen das Kostendeckungs- und das Äquivalenzprinzip als Berechnungsmassstäbe nicht aus, muss der Gesetzgeber die Höhe der Abgabe selbst festsetzen oder deren Bestimmung zumindest durch weiterführende Richtlinien lenken (vgl. auch Rz. 2809 f.).

Beispiel: 2808

Art. 46a RVOG ermächtigt den Bundesrat, Bestimmungen über die Erhebung von angemessenen Gebühren für Verfügungen und Dienstleistungen der Bundesverwaltung zu erlassen; von dieser Kompetenz hat er Gebrauch gemacht (Allgemeine Gebührenverordnung [AllgGebV] vom 8. September 2004 [SR 172.041.1]).

Zu berücksichtigen ist, dass das Kostendeckungs- und das Äquivalenzprinzip ihre Be- 2809
grenzungsfunktion nicht bei allen Gebühren in gleicher Weise erfüllen. Bei *Verwaltungsgebühren* lassen sich die Kosten, welche die Gebühren decken sollen, und der Wert der von den Verwaltungsbehörden erbrachten Leistung, der in einem vernünftigen Verhältnis zur Höhe der Gebühr stehen muss, relativ leicht und präzis feststellen (vgl. BGE 132 II 47, 56 ff.). Soweit sich *Benutzungsgebühren*, z.B. wegen ihrer Lenkungswirkung oder wegen der Schwierigkeit, den Wert der Benutzung zu bestimmen, einer Überprüfung unter dem Gesichtspunkt der Kostendeckung oder der Äquivalenz entziehen, ist am Erfordernis der Gesetzesform ohne Einschränkung festzuhalten (vgl. BGer, Urteil 2C_150/2007 vom 9. August 2007 E. 4 = ZBl 109 [2008] 277, 279 f.). Lediglich dann, wenn die Benutzungsgebühr für die Inanspruchnahme einer öffentlichen Einrichtung (z.B. eines Saals in einem Schulhaus) erhoben wird und die vom Staat erbrachte Leistung einen Handelswert aufweist, d.h., sich mit ähnlichen Leistungen Privater vergleichen lässt, darf der Gesetzgeber darauf verzichten, die Höhe selbst zu bestimmen, weil sie sich aus dem Äquivalenzprinzip ergibt (BGE 122 I 279, 289; 121 I 230, 238; 118 Ia 320, 324 ff.). Auch bei Benutzungsgebühren mit Lenkungswirkung können die Anforderungen an die gesetzliche Grundlage herabgesetzt werden, wenn sie das Kostendeckungs- und das Äquivalenzprinzip einhalten (BGE 125 I 182, 195; BVGer, Urteil A-5555/2008 vom 28. Oktober 2009 E. 2.2.4). Bei *Konzessionsgebühren* gilt das Kostendeckungsprinzip nicht und das Äquivalenzprinzip begrenzt die Höhe zu wenig, sodass auch keine Ausnahme vom strikten Erfordernis der Gesetzesform möglich ist (BGE 131 II 735, 739 f.). Keine Schranken setzen die Prinzipien in Bereichen, in denen traditionellerweise keine oder jedenfalls nicht kostendeckende Gebühren verlangt wurden, z.B. Studiengebühren an Universitäten (vgl. Rz. 2792 f.).

Auch wenn es im Hinblick auf die Begrenzung durch das Kostendeckungs- und das 2810
Äquivalenzprinzip zulässig ist, auf eine Fixierung der Abgabenhöhe in einem Gesetz zu verzichten, muss sie aus rechtsstaatlichen Gründen (Rechtsgleichheit, Voraussehbarkeit staatlichen Handelns; vgl. Rz. 329 f.) in einer generell-abstrakten Regelung (Verordnung, Tarif) festgelegt sein (Erfordernis des Rechtssatzes, vgl. Rz. 2797).

Beispiele:

2811 – Es ist zulässig, die Gerichtsgebühren, die eine Abgabe für die Aufwendungen des Staates für die Beurteilung eines Streitfalles darstellen, nur dem Grundsatz nach im Gesetz festzulegen, im Übrigen aber, namentlich bezüglich Höhe und Bemessung, durch eine Verordnung zu regeln. Es handelt sich dabei um Gebühren, die im Einzelfall durch ein Gericht, d.h. eine unabhängige und mit Ermessensentscheidungen vertraute Instanz, festgelegt werden. Überdies lassen sich diese Ermessensentscheidungen aufgrund der Kostendeckung und der Äquivalenz überprüfen (BGE 106 Ia 249, 253 f.).

2812 – Der «Mietzins» für die Dienstwohnung eines Schulhausabwartes wurde vom Zürcher Verwaltungsgericht als Benutzungsgebühr qualifiziert (vgl. auch Rz. 2218). Die Festsetzung der Anfangsmiete anlässlich der Begründung des Dienstverhältnisses erfordere noch keine gesetzliche Grundlage, da jeder Interessent sich frei entscheiden könne, ob er die damit verbundenen Leistungen akzeptieren wolle, und die Umschreibung der einzelnen Wohnungswerte in einem Erlass auch kaum praktikabel wäre. Anders verhalte es sich bei einer Verteuerung des Wohnungsentgelts während der Dauer des Dienstverhältnisses. Hier werde der bei der Begründung hergestellte Interessenausgleich durch die Behörden einseitig verschoben. Das Kostendeckungsprinzip tauge dabei nicht als Begrenzungsmassstab. Mangels direkter Vergleichbarkeit mit den Preisen auf dem privaten Wohnungsmarkt sei auch eine Überprüfung unter dem Blickwinkel der Äquivalenz nur beschränkt möglich. Es könne deshalb bloss ausnahmsweise vom Erfordernis einer quantitativ bestimmten gesetzlichen Grundlage abgesehen werden, wenn es um Anpassungen gehe, die mit den zulässigen Mietzinserhöhungen privater Wohnungsanbieter vergleichbar seien, also bei Kostensteigerungen oder Mehrleistungen des Vermieters oder als Teuerungsausgleich (Urteile des Verwaltungsgerichts des Kantons Zürich, ZBl 96 [1995] 233 ff.). – Die Zustimmung der Abgabepflichtigen zur Höhe der Abgabe kann die Herabsetzung der Anforderungen an die gesetzliche Grundlage u.E. nur unter ganz besonderen Umständen rechtfertigen, z.B. wenn ihnen vergleichbare Leistungen von Privaten zur Verfügung stehen (vgl. dazu auch BGE 121 I 230, 239).

cc) Festsetzung von Abgaben durch das Parlament

2813 Die kantonalen *Verfassungen* können vorsehen, dass das *Parlament* Subjekt, Objekt und Höhe bestimmter Abgaben abschliessend umschreiben darf. Die Kantone sind befugt, in ihren Verfassungen Organe und Verfahren der Gesetzgebung im Rahmen von Art. 51 Abs. 1 BV selbst zu bestimmen, d.h. insbesondere auf ein Referendum gegen Parlamentserlasse zu verzichten (vgl. Rz. 65). Sie können also in der Verfassung das Parlament auch ermächtigen, die Voraussetzungen der Erhebung gewisser Abgaben in einem nicht-referendumspflichtigen Erlass zu regeln. Damit delegieren sie keine Gesetzesbefugnis an das Parlament, sondern definieren das Gesetz für ein bestimmtes Gebiet als nicht-referendumspflichtigen Parlamentserlass (vgl. dazu BGE 118 Ia 320, 324 m.w.H.). Missverständlich sind die Ausführungen in BGE 132 I 157, 159, wonach die Anforderungen an die Vorgaben im Gesetz nur gelten, wenn die Regelungskompetenz an die Exekutive delegiert werde, nicht aber dort, wo das Parlament, sei es von Verfassung wegen oder aufgrund einer Gesetzesdelegation, zur Festsetzung von Abgaben zuständig sei. Richtig ist, dass die *Verfassung* die Kompetenz zur Festsetzung von Abgaben ohne Vorgaben dem Parlament übertragen kann. Der *Gesetzgeber* muss dagegen den Kreis der Abgabepflichtigen, den Gegenstand und die Höhe der Abgaben selbst bestimmen.

§ 44 Beiträge (Vorzugslasten)

I. Begriff

Der Beitrag (oder die Vorzugslast; vgl. zu den Begriffen WALDMANN, S. 57 ff.) ist eine Abgabe, die als Ausgleich jenen Personen auferlegt wird, denen aus einer öffentlichen Einrichtung ein wirtschaftlicher *Sondervorteil* erwächst (zum Begriff des Beitrags und zur Abgrenzung von der Kostenanlastungs- oder Zwecksteuer vgl. BGE 132 II 371, 375 f.; 129 I 346, 354 ff.; BVGer, Urteil B-4825/2012 vom 7. November 2013 E. 3.1). 2814

Beispiele:

- Beiträge von Grundeigentümern an den Bau von Strassen; siehe z.B. Art. 6 Abs. 1 WEG: 2815
  «Die nach kantonalem Recht zuständigen öffentlich-rechtlichen Körperschaften erheben von den Grundeigentümern angemessene Beiträge an die Kosten der Groberschliessung; die Beiträge werden kurz nach Fertigstellung der Anlagen fällig.»
  Wird eine bereits bestehende Strasse verbessert, «ist ein Sondervorteil insbesondere dann zu bejahen, wenn ein Grundstück rascher, bequemer oder sicherer erreicht werden kann oder wenn die bauliche Nutzungsmöglichkeit des Grundstücks durch den Ausbau verbessert wird» (BGer, Urteil 2C_775/2013 vom 2. April 2014 E. 3.3; vgl. auch BGer, Urteil 1C_481/2012 vom 21. Dezember 2012 E. 2.1).
- Grundeigentümerbeiträge an die Kosten von Lawinen- oder Steinschlag-Schutzverbauungen (vgl. Urteil des Bundesgerichts, ZBl 81 [1980] 177 ff.). 2816
- Beiträge von Grundeigentümern an die Kosten der Kanalisationserstellung; sie werden bereits dann erhoben, wenn der Grundeigentümer die *Möglichkeit* des Anschlusses besitzt, weil damit der wirtschaftliche Sondervorteil entsteht (BGE 120 Ia 265 ff.; BGer, Urteil 2P.45/2003 vom 28. August 2003 E. 5.1 = ZBl 105 [2004] 263, 265 ff.). Es kommt allerdings vor, dass die Baukosten des Gemeinwesens erst beim effektiven Anschluss auf den Grundeigentümer überwälzt werden. In diesem Fall kann die für den Kanalisationsanschluss geschuldete Abgabe auch als (einmalige) Benutzungsgebühr für die Anlage verstanden werden (BGE 106 Ia 241, 242 f.; vgl. Rz. 2783), während die jährliche Benutzungsgebühr für die Deckung der Betriebs- und Unterhaltskosten zu entrichten ist (vgl. Rz. 2770). 2817
- Die Abgabe von 35 % des Honorars von Belegärzten für die Benützung der Infrastruktur eines staatlich subventionierten Spitals weist Beitragscharakter auf (BGE 121 I 230, 235). 2818
- Die Abgabe von Grundeigentümern für die Strassenbeleuchtung ist keine Vorzugslast. Zwar kann das Vorhandensein von Strassenlampen für gewisse Grundstücke einen Vorteil bedeuten. Die Strassenbeleuchtung dient jedoch in erster Linie der Verkehrssicherheit. Die Eigentümer der an die Strassen grenzenden Grundstücke profitieren nicht mehr als die anderen Benutzer (BGE 131 I 313, 317 ff.). 2819
- Ist der Bau von Lärmschutzwänden entlang der Autobahn eine Voraussetzung dafür, dass bestimmte angrenzende Grundstücke überbaut werden können, so darf die Gemeinde einen Teil der Kosten durch die Erhebung von Beiträgen auf die Grundeigentümer überwälzen (BGE 132 II 371, 375 f.). 2820

II. Bemessung

Beiträge sollen – wie Gebühren – *wertadäquat* sein. Das bedeutet, dass sie ebenfalls den Prinzipien der Kostendeckung und der Äquivalenz entsprechen müssen. 2821

1. Kostendeckungsprinzip

2822 Der *Gesamtertrag der Beiträge* darf die den Sondervorteil schaffenden *Aufwendungen des Gemeinwesens* nicht oder nur geringfügig übersteigen.

2823 Beispiel:

Die Gemeinde Z. erhob von der L. AG für den Anschluss ihres Fleischverarbeitungsbetriebes an die öffentliche Abwasseranlage gestützt auf das kommunale Abwasserreglement einen Beitrag von 149'666.60.– Franken. Im Beschwerdeverfahren prüfte das aargauische Verwaltungsgericht u.a., ob das Kostendeckungsprinzip eingehalten sei. Es stellte fest, dass Investitionskosten einerseits und Unterhalts- sowie Betriebsaufwendungen andererseits auseinandergehalten werden müssen. Wenn die bisherige Abwasserrechnung ausgeglichen sei, dürften die Beiträge für den Anschluss neuer Bauten nur die Kosten künftiger Investitionen decken. Bei der Beurteilung der Kostendeckung müssten die geschätzten Einnahmen aus künftigen Beiträgen für den Anschluss der noch zu erwartenden Neu- und Erweiterungsbauten, aus den von Bund und Kanton erhältlichen Subventionen sowie die auf öffentliche Werke entfallenden Kostenanteile addiert und davon die voraussichtlichen Ausgaben für die Erstellung der Abwasseranlagen bis zum Vollausbau des Baugebietes abgezogen werden. Das Verwaltungsgericht kam zum Schluss, das Kostendeckungsprinzip sei verletzt, weil die Gegenüberstellung der Einnahmen und Ausgaben einen Einnahmenüberschuss von 2'468'000.– Franken ergeben hatte (Urteil des Verwaltungsgerichts des Kantons Aargau, ZBl 89 [1988] 205 ff.).

2. Äquivalenzprinzip

2824 Der individuelle Beitrag des Abgabepflichtigen bemisst sich nach dem *wirtschaftlichen Sondervorteil,* den der Einzelne aus der betreffenden öffentlichen Einrichtung zieht (BGE 132 II 371, 375; 131 I 313, 317; 118 Ib 54, 57). Die Höhe des Beitrags ist also vom *Mehrwert* abhängig, der dem Beitragspflichtigen zuwächst. Unerheblich ist, ob der Betroffene den Mehrwert realisiert; massgebend ist nicht die effektive, sondern die mögliche Nutzung. Der Mehrwert darf aber nicht bloss theoretischer Natur sein (BGer, Urteil 1C_481/2012 vom 21. Dezember 2012 E. 2.1). Die «subjektiven Bedürfnisse des Grundeigentümers» können bei der Wertbestimmung keine Berücksichtigung finden (BGer, Urteil 2C_775/2013 vom 2. April 2014 E. 3.3).

2825 Da es oft schwierig oder gar unmöglich ist, den Wertzuwachs in jedem einzelnen Fall zu bestimmen, darf auf schematische, der Durchschnittserfahrung entsprechende Massstäbe abgestellt werden. Der zur Anwendung gelangende Massstab hat aber den aus Art. 8 Abs. 1 BV folgenden Anforderungen zu entsprechen: Er muss sich auf ernsthafte, sachliche Gründe stützen und darf nicht Unterscheidungen treffen, für die ein vernünftiger Grund in den zu regelnden tatsächlichen Verhältnissen nicht ersichtlich ist (BGE 131 I 313, 316 f.; 110 Ia 205, 209; 98 Ia 169, 174; Urteil des Verwaltungsgerichts des Kantons Aargau, ZBl 89 [1988] 205, 214). Nach RUCH (S. 538 ff.) bemisst sich dagegen die Höhe von Erschliessungsbeiträgen nicht unmittelbar aufgrund des Sondervorteils. Dieser dient vielmehr als Kriterium für die Auslese der Beitragspflichtigen aus der Gesamtheit der Bevölkerung und als Massstab für die Verteilung derjenigen Aufwendungen, welche das Gemeinwesen auf die Beitragspflichtigen überwälzen will, d.h. des ganzen Beitragsvolumens auf die einzelnen Grundeigentümer.

Beispiele:

2826 – Aufgrund des geltenden Reglements über die Entwässerung der Liegenschaften in der Gemeinde Zofingen wurde ein Grundeigentümer mit einem Beitrag für den Kanalisationsanschluss von

2 % des Brandversicherungswertes belastet. Das kantonale Verwaltungsgericht gelangte zum Schluss, es sei nicht zulässig, die Abgabe einzig gestützt auf den Brandversicherungswert zu bemessen, da ein ausreichender sachlicher Zusammenhang zwischen Bemessungsgrundlage und Vorteil fehle. Das Bundesgericht hob diesen Entscheid auf Beschwerde der Gemeinde Zofingen hin auf, da er die Gemeindeautonomie verletze. Das Abstellen auf den Brandversicherungswert sei weit verbreitet. Der Kanalisationsbeitrag zähle zu den für die Erschliessung zu leistenden Abgaben. Es entbehre nicht jeder sachlichen Begründung, für deren Bemessung bei überbauten Liegenschaften auf den Gebäudeversicherungswert abzustellen, selbst wenn einzuräumen sei, dass es sich dabei um einen verhältnismässig groben Massstab handle. Die Auffassung sei vertretbar, dass derjenige, der ein Gebäude mit höherem Versicherungswert besitzt, allgemein auch einen grösseren Nutzen aus der Erschliessung ziehe (Urteil des Bundesgerichts, ZBl 86 [1985] 107 ff.; siehe auch Urteil des Verwaltungsgerichts des Kantons Aargau, ZBl 86 [1985] 405 ff.). – Wenn das kantonale bzw. kommunale Recht dagegen vorsieht, dass die Kosten für die Erstellung und zugleich für den Unterhalt der Kanalisation durch eine jährlich zu entrichtende Abwassergebühr gedeckt werden sollen, so darf diese nicht allein nach dem Brandversicherungswert des Gebäudes bemessen werden; in die Bemessungsgrundlage mit einzubeziehen ist auch der tatsächliche Wasserkonsum (BGE 128 I 46, 53 f.; 125 I 1, 4 ff.).

- Der Beitrag für den Anschluss an die Kanalisation ist nach seinem Zweck eine einmalige Abgabe. Die Erhebung zusätzlicher Beiträge ist zulässig, wenn eine bereits angeschlossene Liegenschaft um- oder ausgebaut wird, oder wenn eine öffentliche Anlage neu erstellt oder in einer allen Liegenschaften zugute kommenden Weise erneuert oder ausgebaut wird, nicht aber für ungedeckte Kosten eines bereits bestehenden Werkes (BGer, Urteil 2P.45/2003 vom 28. August 2003 E. 5.3 = ZBl 105 [2004] 263, 267 ff.). 2827
- Es ist zulässig, die Beiträge an die Kosten des Baus von Lärmschutzwänden (vgl. Beispiel in Rz. 2820) im Verhältnis der Parzellenflächen zur Gesamtfläche des vom Lärmschutz profitierenden Gebietes auf die Grundeigentümer zu verteilen (BGE 132 II 371, 376 f.). 2828

III. Gesetzmässigkeit

Beiträge müssen auf einer genügenden gesetzlichen Grundlage beruhen. Es gelten die 2829
gleichen, besonders strengen Voraussetzungen wie bei den anderen Arten von Abgaben. Wird die Höhe des Beitrags durch das Kostendeckungs- und das Äquivalenzprinzip ausreichend begrenzt, so sind wie bei Gebühren (Rz. 2795 ff.) Ausnahmen vom strikten Erfordernis der Gesetzesform zulässig.

§ 45 Steuern

I. Begriff

2830 Die Steuer ist eine öffentliche Abgabe, die nicht als Entgelt für eine spezifische staatliche Leistung oder einen besonderen Vorteil erhoben wird. Da die Steuerpflicht nur besteht, wenn bestimmte gesetzliche Voraussetzungen erfüllt sind, ist es missverständlich, die Steuer als «voraussetzungslos geschuldete Abgabe» (so noch BGE 121 II 138, 141; BGer, Urteil 2C_541/2008 vom 13. November 2009 E. 4.5; BLUMENSTEIN/LOCHER, S. 5) zu bezeichnen (REICH, Steuerrecht, S. 13 f.; HUNGERBÜHLER, S. 507).

II. Arten

1. Direkte und indirekte Steuern

2831 Für die Unterscheidung zwischen direkten und indirekten Steuern ist massgebend, wie sich die Steuern bei den steuerpflichtigen Personen *wirtschaftlich auswirken*. Dabei ist zu differenzieren zwischen Steuersubjekt und Steuerträger. Steuersubjekt ist jene Person, welche aus dem Steuerrechtsverhältnis verpflichtet wird. Steuerträger ist dagegen diejenige Person, die durch die Steuern effektiv belastet wird.

2832 Bei der *direkten Steuer* sind Steuersubjekt und Steuerträger identisch. Der Steuerpflichtige wird unmittelbar belastet und in seinem Vermögen wirtschaftlich getroffen; es findet keine Überwälzung auf Dritte statt.

2833 Beispiele:
Einkommens-, Vermögens-, Kapitalgewinn-, Personensteuern.

2834 Bei der *indirekten Steuer* wird der Steuerträger auf dem Umweg über eine andere Person (Steuersubjekt) belastet, welche die Steuer auf ihn überwälzt.

2835 Beispiele:
Zölle, Mehrwertsteuer, Stempelabgaben.

2836 In der *Steuerrechtslehre* wird das Kriterium der Identität von Steuersubjekt und Steuerträger bzw. der Überwälzung für die Unterscheidung von direkten und indirekten Steuern zum Teil abgelehnt, weil es keine klare Zuordnung erlaube (vgl. zu den verschiedenen Lehrmeinungen BGE 131 I 394, 398). Ausschlaggebend soll vielmehr sein, ob das im Gesetz vorgesehene Steuerobjekt und der von der Steuer erfasste wirtschaftliche Sachverhalt (Steuergut) übereinstimmen oder nicht (REICH, Steuerrecht, S. 26 f.). Zum Teil wird auf die Unterscheidung verzichtet.

2. Zwecksteuern, Kostenanlastungssteuern

Zwecksteuern sind Steuern, die für die Erfüllung einer bestimmten staatlichen Aufgabe erhoben werden und nur für diese verwendet werden dürfen. Es kann sich dabei um direkte oder indirekte Steuern handeln. 2837

Beispiele: 2838

Treibstoffzoll, Alkohol-, Tabaksteuern, Kurtaxen (vgl. BGE 100 Ia 60, 71 ff. = Pra 63 [1974] Nr. 141), Feuerschutzabgabe (dazu BGE 122 I 305 ff.), Strassenreinigungsbeiträge (vgl. BGE 124 I 289 ff.).

Als direkte Zwecksteuer kann die *Kostenanlastungssteuer* bezeichnet werden. Unter diesen Begriff fallen Sondersteuern, welche einer bestimmten Gruppe von Pflichtigen auferlegt werden, weil diese Personen zu bestimmten Aufwendungen des Gemeinwesens eine nähere Beziehung haben als die Gesamtheit der Steuerpflichtigen. Kostenanlastungssteuern haben eine gewisse Verwandtschaft mit den Beiträgen (vgl. Rz. 2814 ff.), unterscheiden sich von diesen aber dadurch, dass kein dem Abgabepflichtigen zurechenbarer Sondervorteil vorliegen muss. Es genügt, dass die Aufwendungen des Gemeinwesens dem abgabepflichtigen Personenkreis eher anzulasten sind als der Allgemeinheit, weil diese Gruppe von den staatlichen Leistungen in der Regel mehr profitiert als andere oder weil sie – generell betrachtet – als hauptsächliche Verursacher der Aufwendungen des Gemeinwesens angesehen werden kann (BGE 129 I 346, 354 ff.; TSCHANNEN/ZIMMERLI/MÜLLER, S. 555 f.). 2839

Beispiele: 2840

- Motorfahrzeugsteuern, Schiffssteuern, Hundesteuern;
- von Hoteliers pro Logiernacht und von Eigentümern von Ferienhäusern erhobene Abgabe zur Deckung des Defizits des öffentlichen Verkehrs (vgl. BGer, Urteil 2P.111/2002 vom 13. Dezember 2002 = ZBl 104 [2003] 557 ff. und BGer, Urteil 2P.199/2000 vom 14. Mai 2001 E. 2c = ZBl 103 [2002] 77, 79);
- Abgabe zur Deckung der Kosten für die Sanierung von Deponien und anderen durch Abfälle belasteten Standorten, zu bezahlen durch den Inhaber einer Deponie und den Exporteur von Abfällen nach Art. 32e Abs. 1 USG (BGE 131 II 271, 277 f.);
- Abgabe der Liegenschaftseigentümer für die Finanzierung der Förderung und des Schutzes des privaten Baumbestandes in der Stadt Basel (BGE 124 I 289, 291 f.);
- Abgabe auf dem Erlös der Veräusserung von landwirtschaftlich genutztem Boden, die der Finanzierung von Bodenverbesserungsmassnahmen dient (BGer, Urteil 2P.229/2006 vom 14. Mai 2007 E. 5.2 = ZBl 109 [2008] 311, 315);
- Obligatorische Beiträge an einen allgemeinverbindlich erklärten Berufsbildungsfonds sind «als mit Kostenanlastungssteuern vergleichbare Sonderabgaben» zu qualifizieren. Dass die Beiträge von privaten Organisationen eingezogen werden, ändert daran nichts (BVGer, Urteil B-4825/2012 vom 7. November 2013 E. 3.1).

3. Lenkungssteuern

Lenkungssteuern sind Steuern, die primär der Steuerung des Verhaltens von Privaten, vor allem in der Wirtschaft, und nur sekundär der Deckung des staatlichen Finanzbedarfs dienen. Lenkungswirkung können direkte und indirekte Steuern entfalten. Daneben gibt es auch Lenkungsabgaben (vgl. Rz. 2876 ff.). 2841

2842 Beispiele:
Tabaksteuern (Art. 131 Abs. 1 lit. a BV), Alkoholsteuern (Art. 131 Abs. 1 lit. b und c BV).

4. Gemengsteuern

2843 Gemengsteuern stellen eine Mischform zwischen Steuern und Abgaben dar (vgl. Rz. 2866 ff.).

III. Allgemeinheit und Gleichmässigkeit

2844 Bei der Ausgestaltung der Steuern sind die *Grundsätze der Allgemeinheit und der Gleichmässigkeit* der Besteuerung zu beachten (Art. 127 Abs. 2 BV). Der Grundsatz der Allgemeinheit ist vor allem bei *Kostenanlastungssteuern* (vgl. Rz. 2839) ein kritischer Punkt. Die Praxis lässt es genügen, wenn für die Besteuerung der entsprechenden Gruppe «sachlich haltbare Gründe bestehen»; es «genügt, dass die betreffenden Aufwendungen dem abgabepflichtig erklärten Personenkreis eher anzulasten sind als der Allgemeinheit, sei es, weil diese Gruppe von den Leistungen generell (abstrakt) stärker profitiert als andere oder weil sie – abstrakt – als hauptsächlicher Verursacher dieser Aufwendungen angesehen werden kann» (BVGer, Urteil B-4825/2012 vom 7. November 2013 E. 3.1 m.H.).

IV. Bemessung

2845 Die *direkten Steuern* werden in der Regel nach der *wirtschaftlichen Leistungsfähigkeit* der Steuerpflichtigen bemessen (vgl. dazu BGE 140 II 157, 160 ff.; 137 I 145, 147; 133 I 206, 217).

Beispiele:

2846 – In BGE 133 I 206 ff. hatte das Bundesgericht die Verfassungsmässigkeit einer Regelung im Obwaldner Steuergesetz zu beurteilen, die ab einem bestimmten Einkommen bzw. Vermögen *degressive* Steuertarife vorsah. Die durchschnittliche Steuerbelastung nahm ab einem Einkommen von 300'000.– Franken bzw. einem Vermögen von 5'000'000.– Franken ab. Das Bundesgericht erblickte in diesem Tarifverlauf eine Verletzung des Grundsatzes der Besteuerung nach der wirtschaftlichen Leistungsfähigkeit und hob die entsprechenden Bestimmungen auf.

2847 – Nicht zulässig ist ein Steuertarif, der «Sprünge» aufweist, so dass Personen mit fast gleicher wirtschaftlicher Leistungsfähigkeit deutlich unterschiedlich hohe Steuern bezahlen müssen (BGer, Urteil 1C_586/2013 vom 7. Oktober 2014 E. 4.2).

2848 *Indirekte Steuern* führen zu einer *proportionalen Belastung* der Steuerpflichtigen.

2849 *Objektsteuern*, d.h. Steuern, die nicht auf die persönliche Leistungsfähigkeit der Steuerpflichtigen Rücksicht nehmen, sondern nur auf das Vorliegen eines bestimmten Steuerobjektes abstellen, werden oft nach einem *Einheitsmass* erhoben (z.B. pro Kopf, pro Tier, pro Fahrzeug).

V. Gesetzmässigkeit

Steuern müssen ausnahmslos eine generell-abstrakte, genügend bestimmte Grundlage in einem Gesetz haben, das den Kreis der Abgabepflichtigen, den Gegenstand der Abgabe und die Höhe in den Grundzügen festlegt (siehe Rz. 2795 ff., insbesondere Rz. 2799). 2850

VI. Vereinbarkeit mit der Eigentumsgarantie

Die Eigentumsgarantie als Institutsgarantie verpflichtet den Steuergesetzgeber, die bestehenden Vermögen der Steuerpflichtigen in ihrer Substanz zu bewahren und die Möglichkeit der Neubildung von Vermögen zu erhalten. Der Steuergesetzgeber darf Steuern nicht so ausgestalten, dass das Eigentum als ein jedermann zugängliches Rechtsinstitut in Frage gestellt oder das Vermögen fortlaufend ausgehöhlt wird. Wo die Grenzen zwischen einer zulässigen steuerlichen Belastung und einem verfassungswidrigen konfiskatorischen Eingriff in das Eigentum zu ziehen sind, lässt sich nicht in allgemein gültiger Weise bestimmen, sondern hängt von Steuersatz, Bemessungsgrundlage, Dauer der Massnahme, relativer Tiefe des fiskalischen Eingriffs, Kumulation mit anderen Abgaben sowie von der Möglichkeit der Überwälzung der Steuer ab (vgl. BGE 128 II 112, 126; 127 I 60, 68; 122 I 305, 321 f.; 112 Ia 240, 247; BGer, Urteile 1P.586/2004 und 1P.588/2004 vom 28. Juni 2005 E. 4.3.1 = ZBl 107 [2006] 369, 373 f.; BVGE 2007/23 E. 7.4.1). 2851

Beispiele:

- Eine «Reichtumssteuer», die bei natürlichen Personen mit einem steuerbaren Einkommen von 500'000.– Franken zu einer Gesamtbelastung von 46,3 % führen würde, stellt keine konfiskatorische Besteuerung dar (BGE 99 Ia 638, 649 f.). 2852
- Bei der Besteuerung von Vermögen kommt es darauf an, ob dieses dauernd oder langfristig ertragslos bleibt oder einen sehr geringen Ertrag abwirft. Zu prüfen ist stets, ob die Besteuerung tatsächlich nach und nach zu einem Verzehr des Vermögens führt oder die Neubildung von Vermögen verhindert. Auch wenn ein Steuerpflichtiger den Ertrag seines Vermögens und sein gesamtes Einkommen zur Bezahlung der Steuern aufwenden muss, liegt keine konfiskatorische Besteuerung vor, sofern es sich dabei um ausserordentliche Verhältnisse handelt, die den Pflichtigen vorübergehend zwingen, die Substanz seines Vermögens anzugreifen. Eine konfiskatorische Besteuerung ergäbe sich allenfalls dann, wenn die hohe Steuerbelastung zum Dauerzustand würde (BGE 106 Ia 342, 352 ff.). 2853

Gegen die Steuererhebung kann die Eigentumsgarantie nach der (von der Lehre zum Teil kritisierten) Rechtsprechung des Bundesgerichts – im Gegensatz zur konfiskatorischen Besteuerung (vgl. Rz. 2851 ff.) – grundsätzlich nicht angerufen werden. Im Falle der Erhebung einer Lenkungsabgabe auf nicht bewirtschafteten Zweitwohnungen spricht das Bundesgericht allerdings «von einer gewissen faktischen Einschränkung» der Eigentumsgarantie und nimmt eine Prüfung auf die Vereinbarkeit mit Art. 26 Abs. 1 BV vor (BGE 140 I 176, 198). 2854

VII. Interkantonales Doppelbesteuerungsverbot (Art. 127 Abs. 3 BV)

1. Grundsatz

2855 Die Verschiedenheit der kantonalen Steuersysteme kann zu mehrfachen Besteuerungen desselben Steuersubjekts und -objekts führen. Nach Art. 127 Abs. 3 BV ist die interkantonale Doppelbesteuerung untersagt. Der Bund trifft die erforderlichen Massnahmen. Da der Bund die schon in Art. 46 Abs. 2 aBV vorgesehene Gesetzgebung gegen Doppelbesteuerung noch nicht erlassen hat, ist es dem Bundesgericht überlassen geblieben, zu bestimmen, wann eine unzulässige Doppelbesteuerung vorliegt. Das Bundesgesetz über die Harmonisierung der direkten Steuern der Kantone und Gemeinden (StHG) vom 14. Dezember 1990 (SR 642.14) trägt allerdings wesentlich zur Verminderung der Doppelbesteuerung bei.

2856 Nach der Rechtsprechung zu Art. 127 Abs. 3 BV verbietet diese Bestimmung die Besteuerung des gleichen Steuerpflichtigen für das gleiche Steuerobjekt und die gleiche Steuerperiode durch zwei oder mehrere Kantone (aktuelle Doppelbesteuerung). Verfassungswidrig ist es auch, wenn ein Kanton in Verletzung der vom Bundesgericht entwickelten Kollisionsregeln seine Steuerhoheit überschreitet und eine Steuer erhebt, zu deren Erhebung ein anderer Kanton zuständig wäre; dies selbst dann, wenn der zuständige Kanton auf die Besteuerung verzichtet (sog. virtuelle Doppelbesteuerung; BGE 140 II 353, 362; 138 I 297, 300 f.; 137 I 145, 147 f.).

2857 Das Doppelbesteuerungsverbot ist einerseits ein verfassungsmässiges Recht des Individuums und dient andererseits der Abgrenzung der kantonalen Steuerhoheiten.

2. Geltungsbereich

2858 Das Doppelbesteuerungsverbot gilt nur im *interkantonalen Verhältnis*. Nicht erfasst werden innerkantonale oder internationale Doppelbesteuerungen.

2859 In sachlicher Hinsicht findet das Doppelbesteuerungsverbot grundsätzlich nicht auf *Kausalabgaben* Anwendung (BGE 109 Ia 304 ff.; 107 Ia 117, 120). Auch *Zwecksteuern* von geringer Höhe fallen nicht unter das Verbot, wie z.B. die Kurtaxe. Diese hält «vor Art. 46 Abs. 2 [a]BV [neu Art. 127 Abs. 3 BV] stand, wenn sie auf einer gesetzlichen Grundlage beruht, ausschliesslich dem Zwecke des Kurbetriebes dient und es sich um eine Steuer von geringer Höhe handelt, die nicht in der Grössenordnung derjenigen Steuern liegt, die der Pflichtige bei Wohnsitz am betreffenden Ort von seinem Erwerbseinkommen und vom beweglichen Vermögen zu bezahlen hätte» (BGE 102 Ia 143, 144 f.; vgl. auch BGE 100 Ia 60, 71 ff.).

3. Kollisionsregeln

2860 Nach der Rechtsprechung ist die Besteuerung bestimmter Steuerobjekte demjenigen Kanton zuzuweisen, zu dem der die Steuerpflicht auslösende Sachverhalt die engsten

Beziehungen hat. Von Bedeutung sind dabei wirtschaftliche Überlegungen und die Notwendigkeit, zwischen den Kantonen einen gerechten Ausgleich zu finden. Im Weiteren können auch die Erfordernisse der Praktikabilität eine gewisse Ordnung der Aufteilung der Steuerhoheit nahe legen (BGE 111 Ia 120, 127; 101 Ia 384, 388). Daraus leitet das Bundesgericht folgende Regeln ab:

- Einkommen aus unselbstständiger Tätigkeit ist im Wohnsitzkanton zu besteuern (zur Ermittlung des Steuerwohnsitzes bei Personen, die sich abwechslungsweise an zwei Orten aufhalten, insbesondere sog. Wochenaufenthalter, vgl. BGE 132 I 29, 36 f.; 125 I 54, 56), Einkommen aus selbstständiger Tätigkeit im Kanton der Berufsausübung (vgl. BGE 121 I 259, 261).
- Bewegliches Vermögen und dessen Ertrag unterliegen grundsätzlich der Besteuerung durch den Wohnsitzkanton der Pflichtigen (BGE 111 Ia 44, 48; 99 Ia 223, 228).
- Liegenschaften und der aus ihnen resultierende Ertrag sowie Veräusserungsgewinne unterstehen der Steuerhoheit des Kantons, in welchem sie sich befinden (BGE 121 I 14, 20; 119 Ia 46, 48; BGer, Urteil 2C_708/2012 vom 21. Dezember 2012 E. 4.7; Urteil 2P.65/2006 vom 31. August 2006 E. 2.2). Dieses sog. Belegenheitsprinzip gilt von alters her sowohl im interkantonalen als auch im internationalen Verhältnis.
- Vermögenswert und Ertrag eines Geschäfts werden vom Kanton der Geschäftsniederlassung besteuert (BGE 121 I 14, 19 f.; BGer, Urteil 2C_708/2012 vom 21. Dezember 2012 E. 4.7 m.w.H.).

§ 46 Besondere Abgaben und Mischformen

I. Ersatzabgaben

1. Begriff

2861 Ersatzabgaben werden für die Befreiung von einer nicht-finanziellen öffentlichrechtlichen Verpflichtung (Naturallast) erhoben. Die Ersatzabgaben weisen zwar eine «causa» auf (Vorteil des Verzichts des Gemeinwesens auf die Durchsetzung der Naturallast gegenüber dem Leistungspflichtigen), hinsichtlich ihrer Bemessung folgen sie aber eigenen Regeln.

2862 Beispiele:

- Feuerwehrpflichtersatz (vgl. BGE 102 Ia 7, 14 f.);
- Militärpflichtersatz (vgl. BGE 121 II 166 ff.; 115 IV 65, 66; 113 Ib 206 ff.);
- Abgabe für die Befreiung von der Parkplatzerstellungspflicht (BGE 97 I 792, 802 ff.; BGer, Urteil 2P.338/2005 vom 16. November 2006 E. 5.2 = RDAF 63 [2007] 201, 207 ff.; Urteil des Bundesgerichts, ZBl 104 [2003] 551 ff.);
- Abgabe für die Befreiung von der Pflicht, bei Rodungen in derselben Gegend gleichwertigen Realersatz durch Neuaufforstung zu leisten (Art. 8 WaG und Art. 10 der zugehörigen Verordnung [Waldverordnung, WaV] vom 30. November 1992 [SR 921.01]; die Bestimmung will nach BGE 120 Ib 161 ff. unter Vorbehalt von Art. 7 Abs. 4 WaG nicht eine rein finanzielle Abgeltung der Rodung ermöglichen, sondern lediglich allfällige Kosteneinsparungen bei «minderwertigen» Ersatzmassnahmen ausgleichen);
- Abgabe für die Befreiung von der Pflicht der Hauseigentümer zur Erstellung von Zivilschutzräumen (Art. 47 Abs. 2 BZG, wo etwas verwirrend von «Ersatz*beiträgen*» die Rede ist; vgl. auch BGE 112 Ib 358, 367, der die Frage offen lässt, ob die Abgabe allenfalls auch eine Sondersteuer darstellen könnte, sowie Urteil des Bundesgerichts, ZBl 97 [1996] 470 ff.);
- Abgabe der Grundeigentümer für die Befreiung von der Gemeindewerkpflicht (Schneeräumung, Reinigungs- und Instandstellungsarbeiten sowie Erledigung von werterhaltenden Unterhaltsarbeiten an Strassen-, Rad-, Fuss- und Wanderwegen). Es ist mit der Rechtsgleichheit nicht vereinbar, ausschliesslich die Grundeigentümer einer Gemeinde zum Gemeindewerk bzw. subsidiär zur Ersatzabgabe zu verpflichten. Das Rechtsgleichheitsgebot wird auch dadurch verletzt, dass jedem Grundeigentümer – unabhängig von dem ihm aus dem Strassenunterhalt erwachsenden individuellen Vorteil – die gleiche Einheitsleistung auferlegt wird (BGE 131 I 1 ff.);
- Abgabe für die Befreiung von der Notfalldienstpflicht von Ärzten (BGer, Urteil 2C_807/2010 vom 25. Oktober 2011 E. 3.1 f.);
- Abgabe für die Befreiung von der Pflicht, eine Wohnung als Erstwohnung zu benutzen oder sie zu vermieten (BGE 135 I 233 ff.; vgl. auch BGE 140 I 176 ff.).

2. Bemessung

2863 Für die Bemessung der Ersatzabgaben gibt es kaum allgemeine Regeln. Anhaltspunkte sind etwa:

- Umfang der Primärverpflichtung;
- bei Ersatz für persönliche Dienstleistung: Einkommen;
- bei Dispensation von der Erstellung eines Werks: eingesparte Kosten.

Beispiel: 2864

Das Gesetz des Kantons Zürich über die Raumplanung und das öffentliche Baurecht (Planungs- und Baugesetz, PBG/ZH) vom 7. September 1975 (LS 700.1) schreibt vor, dass unter gewissen Voraussetzungen bei Bauten und Anlagen Parkplätze zu erstellen sind. Ist dies nicht möglich, verpflichtet es den Grundeigentümer zur Leistung einer Ersatzabgabe, deren Höhe § 246 Abs. 3 PBG/ZH wie folgt regelt:

«Die Höhe der Abgabe richtet sich nach den durchschnittlichen Kosten privater Plätze im entsprechenden Gebiet und danach, ob die privaten Plätze nach den Umständen offen oder gedeckt angelegt werden könnten oder müssten; zu berücksichtigen sind ferner Wertverluste, die für das pflichtige Grundstück ohne angemessene Abstellmöglichkeiten entstehen, die Lage des pflichtigen Grundstücks zu einer bestehenden oder vorgesehenen öffentlichen Anlage und deren Art sowie die mutmasslichen Einnahmen des Gemeinwesens.»

Das Bundesgericht führte dazu aus, die Ersatzabgabe diene dem zulässigen Zweck, die Grundeigentümer, welche die Parkplatzbaupflicht erfüllen, und jene, welche davon befreit werden, rechtsgleich zu behandeln. Die Abgabe dürfe nicht höher sein, als zur Herbeiführung eines solchen Ausgleichs notwendig sei. Dabei sei nicht auf die im konkreten Fall eingesparten Kosten, sondern auf die durchschnittlichen Verhältnisse der übrigen baupflichtigen Eigentümer, deren Mehrbelastung die Abgabe ausgleichen solle, abzustellen. Zu berücksichtigen sei aber zugleich, dass die Erstellung von eigenen Abstellplätzen zu einem erheblichen Mehrwert des Grundstücks führen könne. Die Ersatzabgabe müsse deshalb wesentlich tiefer sein, als die infolge der Befreiung von der Baupflicht eingesparten Kosten. Es verstosse nicht gegen verfassungsrechtliche Grundsätze, diesen Mehrwert schematisierend festzulegen (Urteil des Bundesgerichts, ZBl 104 [2003] 551, 553 ff.).

3. Gesetzmässigkeit

Das Erfordernis des Rechtssatzes und dasjenige der Gesetzesform sind auch für Ersatzabgaben massgebend. Eine Ausnahme vom Grundsatz, dass die Höhe im Gesetz selbst umschrieben werden muss, ist bei diesen Abgaben kaum denkbar, da sie nicht durch andere Verfassungsprinzipien begrenzt wird 2865

II. Gemengsteuern

Eine Gemengsteuer ist «die Verbindung einer Kausalabgabe mit einer Fiskalsteuer in einer einheitlichen Abgabe» (BGE 140 I 176, 181; BGer, Urteil 2C_900/2011 vom 2. Juni 2012 E. 4.1). Die Abgabe erscheint zwar als Gegenleistung für eine staatliche Leistung, wird aber in ihrer Höhe nicht durch das Kostendeckungs- und Äquivalenzprinzip begrenzt (BGE 130 III 225, 230). Für die Erhebung müssen deshalb die gleichen Voraussetzungen erfüllt sein wie bei einer Steuer (Erfordernis der gesetzlichen Grundlage mit Umschreibung von Subjekt, Objekt und Höhe der Abgabe im Gesetz sowie Vereinbarkeit mit der Eigentumsgarantie; vgl. Rz. 2850 ff.). Auch die Bemessung richtet sich grundsätzlich nach den für Steuern massgebenden Kriterien. 2866

Beispiele:

- Nach Art. 1 Abs. 1 des Gesetzes des Kantons Freiburg betreffend die Besteuerung der Schiffe vom 25. September 1974 (SGF 635.4.2) wird von den Haltern eines Schiffes, dessen Heimathafen sich im Kanton Freiburg befindet, eine Abgabe erhoben. Da die Abgabe nicht als Entgelt für eine staatliche Leistung oder einen wirtschaftlichen Sondervorteil erhoben wird, ist sie eine Steuer, und zwar, da sie an den Besitz eines Schiffes anknüpft, eine Objektsteuer oder Besitzes- 2867 steuer auf Schiffen. Die Tatsache, dass der Kanton Freiburg die betreffenden Einnahmen zur Deckung der Unkosten verwenden will, die dem Kanton aus der Schifffahrt erwachsen, macht die Schiffssteuer nicht zur Gebühr, sondern lässt sie als Zwecksteuer erscheinen. In der von den Schiffshaltern erhobenen Abgabe sind jedoch auch Elemente einer Gebühr enthalten. Sie schliesst einerseits ein Entgelt für die polizeiliche Überwachung der Schiffe ein, andererseits eine Gebühr für die Bewilligung, die Schiffe auf den öffentlichen Gewässern ständig zu stationieren, was als gesteigerter Gemeingebrauch oder, je nach kantonalem Recht, als konzessionspflichtige Sondernutzung betrachtet werden kann. Damit qualifiziert sich die fiskalische Belastung von Schiffshaltern – ähnlich wie die Motorfahrzeug- oder die Hundesteuer – als eine Gemengsteuer, die nach ihren überwiegenden Merkmalen rechtlich als Steuer zu behandeln ist (BGE 101 Ia 182, 183 f.; vgl. auch BGE 101 Ia 269, 270 ff.).

2868 – Nach dem Tod des Ehegatten der Frau E. erstellte die zuständige Amtsschreiberei das Erbschaftsinventar und nahm die Teilung vor. Die Amtsschreiberei belastete Frau E. verschiedene Auslagen und Gebühren, darunter auch eine gestützt auf den Tarif errechnete Gebühr von 8 Promille des reinen Nachlasses. Das Bundesgericht hielt fest, die Promillegebühr stelle teilweise ein Entgelt für die Errichtung des amtlichen Nachlassinventars, d.h. für eine staatliche Leistung, dar. Zum Teil richte sie sich aber nicht nach dem Umfang und den Kosten der staatlichen Handlung, sondern nach der Höhe des reinen Nachlasses. Die Promilleabgabe verbinde also eine Gebühr mit einer Steuer zu einer einheitlichen Geldleistung. Dazu fehle eine genügende gesetzliche Grundlage (BGE 105 Ia 2, 3 f.).

2869 – Eine progressiv ausgestaltete Abgabe auf den Honoraren von Chefärzten für ihre privatärztliche Tätigkeit an einem öffentlichen Spital weist insoweit Steuercharakter auf, als sie über die Abgeltung der Infrastrukturbenutzung und des wirtschaftlichen Sondervorteils für die Bewilligung der privatärztlichen Tätigkeit hinausgeht (Urteil des Verwaltungsgerichts des Kantons St. Gallen, ZBl 100 [1999] 224, 229 ff.).

III. Mehrwertabgaben

2870 Mehrwertabgaben bezwecken, die bei Grundeigentümern durch *staatliche Planungsmassnahmen geschaffenen Mehrwerte* abzuschöpfen. Die Kantone haben den in Art. 5 Abs. 1 RPG erteilten Rechtssetzungsauftrag umzusetzen. Einen angemessenen Ausgleich für erhebliche *Vorteile, die durch Rodungsbewilligungen entstehen* und nicht nach Art. 5 RPG erfasst werden, sieht auch Art. 9 WaG vor.

2871 Die Mehrwertabschöpfung passt nicht ohne Weiteres in das hergebrachte Abgabensystem. Einerseits ist die Abgabe im Gegensatz zur Steuer kausal geschuldet, andererseits stellt die Mehrwertabgabe kein Entgelt für eine staatliche Leistung dar. Sie ist vielmehr als Ausgleich für die durch staatliche Planungsmassnahmen geschaffenen Vorteile zu entrichten. Die Mehrwertabgaben werden deshalb entweder als Gemengsteuern (Rz. 2866 ff.) oder als «kostenunabhängige Kausalabgaben» qualifiziert (BGE 121 II 138, 143, vgl. Rz. 2781).

2872 Unabhängig von der Qualifikation der Mehrwertabgabe muss sie den strengen Anforderungen des Gesetzmässigkeitsprinzips genügen: Subjekt, Objekt und Höhe der Abgabe sind in den Grundzügen im Gesetz festzulegen.

IV. Abgabe für Radio und Fernsehen

Nach Art. 68 RTVG (Radio- und Fernsehgesetz, Fassung vom 26. September 2014, BBl 2014, 7345, angenommen in der Volksabstimmung vom 14. Juni 2015) erhebt der Bund eine Abgabe zur Finanzierung der Erfüllung des verfassungsrechtlichen Leistungsauftrags von Radio und Fernsehen (Art. 93 Abs. 2 BV). Die Abgabe wird pro *Haushalt* und pro *Unternehmen* erhoben. 2873

Die Abgabe ist für vom Bund vorgeschriebene Leistungen bestimmter Veranstalter von Radio- und Fernsehprogrammen geschuldet. Sie stellt also das Entgelt für eine Leistung dar und ist deshalb grundsätzlich *kausal.* Sie muss von Haushalten und Unternehmen jedoch auch dann entrichtet werden, wenn diese keine Radio- oder Fernsehprogramme empfangen. Sie ist eine *Kostenanlastungs(kausal)abgabe,* die weder als «klassische» Steuer noch als reine Kausalabgabe erscheint, sondern Merkmale beider Abgabearten aufweist. Der Bund ist nach Art. 93 Abs. 2 und 3 BV verpflichtet, Abgaben zur Finanzierung von Radio- und Fernsehprogrammen zu erheben, um die Erfüllung des von ihm erteilten Leistungsauftrages sicherzustellen (Botschaft zur Änderung des Bundesgesetzes über Radio und Fernsehen [RTVG] vom 29. Mai 2013, BBl 2013, 5041; siehe zur Einordnung auch BGE 141 II 182, 197 f.). 2874

Die *Höhe der Abgabe* wird dadurch begrenzt, dass der Gesamtertrag nicht höher sein darf als die Kosten, welche den Veranstaltern von Radio- und Fernsehprogrammen entstehen, um ihren Leistungsauftrag zu erfüllen. Da der Leistungsauftrag den Veranstaltern viel Spielraum bei der Gestaltung des Programms lässt, können die erforderlichen finanziellen Mittel nicht genau bestimmt werden. Trotzdem verzichtet der Gesetzgeber darauf, die Höhe der Abgabe selbst festzulegen, sondern ermächtigt den Bundesrat dazu (Art. 68a RTVG in der Fassung vom 26. September 2014). Dadurch soll verhindert werden, dass das Parlament durch die Verknappung der Mittel auf die Programmgestaltung Einfluss nimmt und die in Art. 93 Abs. 3 BV gewährleistete *Unabhängigkeit von Radio und Fernsehen* missachtet. 2875

V. Lenkungsabgaben

Lenkungsabgaben, die *keinen fiskalischen Zweck* haben und *kein Entgelt für eine staatliche Leistung* darstellen, sondern ausschliesslich dazu bestimmt sind, das Verhalten der Bevölkerung und der Wirtschaft zu lenken, stellen eine besondere Kategorie von öffentlichen Abgaben dar. Ihr Ertrag fällt nicht in die Staatskasse, sondern wird in der Regel nach Köpfen an die Bevölkerung zurückverteilt. 2876

Beispiel: 2877
Abgaben für die Einfuhr, das Inverkehrbringen und Verwenden gewisser flüchtiger organischer Verbindungen und von Heizöl mit einem bestimmten Schwefelgehalt (Art. 35a ff. USG).

Möglich sind auch *Lenkungskausalabgaben.* Diese verbinden eine Kausalabgabe, z.B. eine Gebühr, mit einem Lenkungszweck, ähnlich wie die Lenkungssteuern eine Steuer 2878 mit einem Lenkungszweck verbindet. Der Lenkungszweck an sich ist für die Rechtsnatur der Kausalabgabe bzw. Steuer also nicht ausschlaggebend (BGE 140 I 176, 181).

2879 Beispiele:
- emmissionsabhängige Benutzungsgebühr für Taxistandplätze (BGer, Urteil 2C_804/2010 vom 17. Mai 2011);
- emissionsabhängige Landegebühr für Flugzeuge (BGE 125 I 182 ff.).

2880 Für Lenkungsabgaben gibt es keine Ausnahmen von den strikten Anforderungen an das Legalitätsprinzip. Hinsichtlich des Nachweises der Lenkungswirkung genügt es, wenn die Abgabe als «grundsätzlich taugliches Mittel» erscheint (BGE 140 I 176, 182 ff., 184). Die Abgabe ist unter Umständen am (strengen) Massstab der Gleichbehandlung direkter Konkurrenten zu messen (vgl. BGer, Urteil 2C_804/2010 vom 17. Mai 2011 E. 5.3.5).

VI. Exkurs: Kautionen

1. Begriff

2881 Die Kaution ist eine Werthinterlage, die zur Sicherung der späteren Erfüllung einer öffentlich-rechtlichen Pflicht, insbesondere der Erbringung einer Geldleistung, erbracht wird.

Beispiele:

2882 – Art. 76 Abs. 1 ZG:

«Entsteht eine Zollforderung nur bedingt oder gewährt die Zollverwaltung Zahlungserleichterungen, so muss die Zollschuldnerin oder der Zollschuldner die Zollforderung durch Barhinterlage, durch Hinterlegung sicherer und marktgängiger Wertpapiere oder durch Zollbürgschaft sicherstellen.»

2883 – § 15 Abs. 1 VRG/ZH:

«Entstehen aus der im Interesse eines Privaten veranlassten Untersuchung erhebliche Barauslagen, so kann die Durchführung der Untersuchung von der Leistung eines angemessenen Barvorschusses abhängig gemacht werden.»

2884 – Art. 15 Abs. 1 lit. e VAG:

«Ein ausländisches Versicherungsunternehmen, das beabsichtigt, in der Schweiz eine Versicherungstätigkeit aufzunehmen, muss ausserdem:

[…]

e. in der Schweiz eine Kaution hinterlegen, welche einem bestimmten Bruchteil der auf das inländische Geschäft entfallenden Solvabilitätsspanne entspricht. Die FINMA legt diesen Bruchteil fest und bestimmt die Berechnung, den Verwahrungsort und die anrechenbaren Vermögenswerte.»

2. Rechtsnatur

2885 Die Kaution ist *keine* öffentliche Abgabe, da durch sie dem Staat keine Finanzmittel zufliessen. Sie dient, vor allem bei Bewilligungen, nur dazu, allfällige Kosten- oder Schadenersatzforderungen sicherzustellen.

3. Voraussetzungen und Bemessung

a) Gesetzliche Grundlage

Die Rechtsprechung lässt die Frage offen, ob die Pflicht zur Leistung einer Kaution eine besondere gesetzliche Grundlage voraussetzt oder ob die Kaution eine Nebenbestimmung darstellt, die sich auf die Regelung der Pflicht zur Erbringung der Geldleistung abstützen lässt (BGE 121 II 88, 89 f.). 2886

b) Verhältnismässigkeitsprinzip

Die Kaution darf nicht höher sein, als es die Erfüllung der allfälligen Kosten- oder Entschädigungspflicht erfordert (BGE 98 Ia 362, 372 ff.). 2887

Sachregister

Die *Zahlen* verweisen auf die Randziffern. Aus mehreren Wörtern zusammengesetzte Begriffe sind grundsätzlich unter dem massgebenden Substantiv eingeordnet (z.B. Abgabe, öffentliche); ist ein Stichwort untergliedert, werden bei den Unterstichworten die Adjektive vorangestellt. Hauptfundstellen sind fett gedruckt.

A

Abgabe, öffentliche
- (Schema) 2756, 2753 ff.
- und Äquivalenzprinzip 2761 ff., 2781 ff., 2785 ff., 2807 ff., 2824 ff., 2866
- Begriff und Arten 2764 ff.
- Beitrag 2814 ff.
- Doppelbesteuerungsverbot 318, **2855 ff.**
- Ersatzabgabe 2861 ff.
- Festsetzung durch das Parlament 2813
- Gebühr 2764 ff.
- Gemengsteuer 2843, **2866 ff.**
- und Gesetzmässigkeit **2795 ff.,** 2829, 2850, 2865
- und Gesetzmässigkeitsprinzip 2762 f.
- und Gruppenäquivalenz 2794
- und Individualäquivalenz 2794
- Kausalabgaben **2758 ff.,** 2859
  - kostenabhängige 2781, 2783
  - kostenunabhängige 2760 f., 2783 f., 2871
- Kaution 2881 ff.
- und Kostendeckungsprinzip 2760 ff., 2778 ff., 2807 ff., 2822 f.
- Mehrwertabgabe 2870 ff.
- Steuer, *siehe* dort
- Vorzugslast, *siehe* Beitrag

Abwehrrechte
- des Nachbarrechts 2384 ff.

Administrativuntersuchung 968, 1963, **2071**

Agreements (Gentlemen's) 1422 f.

Akkreditierung 47, **1840 ff.**

Akteneinsichtsrecht 1019 ff.
- Inhalt 1019 ff.
- Voraussetzungen 1022 ff.

Aktenführung 1552 ff.

Aktiengesellschaft, spezialgesetzliche 1695 ff.

Aktiven, realisierbare, *siehe* Finanzvermögen

Allgemeinverfügung 933 ff., 944
- akzessorische Überprüfung 930 ff.
- Begriff 933 f.
- Rechtsnatur 935 ff.
- verfahrensrechtliche Behandlung 943 ff.

Amtsgeheimnis 1558 ff.

Amtshilfe 1782 ff.
- Schranken 1787 ff.

Analogieschluss 186 ff.

Änderung verwaltungsrechtlicher Rechte und Pflichten, *siehe auch* Vertrag, verwaltungsrechtlicher, *siehe auch* Widerruf von Verfügungen
- bei Begründung durch Rechtssatz 804 ff.
- bei Begründung durch Verfügung 807 ff.
- bei Begründung durch verwaltungsrechtlichen Vertrag 812

Anfechtbarkeit von Verfügungen 1088 ff.

Angestellter, *siehe* Beamtinnen und Beamte

Anklage, strafrechtliche (Art. 6 Ziff. 1 EMRK) 1188 f., 1223, 1506 ff., 1541 f., 2079 ff.

Anlieger, *siehe* Anstösser an öffentliche Sachen

Anordnung, innerdienstliche 874 ff., 1575

Anschlussvertrag 1970 ff.

Anspruch, öffentlich-rechtlicher 742 ff.

Anspruch, zivilrechtlicher (Art. 6 Ziff. 1 EMRK) 1185 ff., 1189, 2079, 2451, 2500

Ansprüche im Verfahren, *siehe* Verfahrensgarantien

Anstalten, öffentlich-rechtliche 1659 ff.
– Anstaltspolizei 1680
– Anstaltszwang 1682 ff.
– autonome Satzungen 117 ff.
– Autonomie 1669 f.
– Begriff und Merkmale 1659 ff.
– Disziplinargewalt 1678 ff.
– Kontrahierungszwang 1674
– Monopole (und Anstaltszwang) 1682 ff.
– Regelung des Benützungsverhältnisses 1671 ff.
  – durch öffentliches Recht 1671 ff.
  – durch Privatrecht 1674 ff.
  – sachliche Dezentralisation (Dekonzentration) 1596
– selbstständige und unselbstständige 1664 ff.
Anstösser an öffentliche Sachen 2271 ff., 2338
Anwendung
– neuen Rechts in hängigen Verfahren 293 ff.
– des Rechts von Amtes wegen 49
Äquivalenzprinzip 2762 ff., 2785 ff., 2824 ff.
Arbeitsvertrag, öffentlich-rechtlicher 1326, 2011 ff.
argumentum e contrario 186 ff.
argumentum per analogiam 186 ff.
Arrangements 1422
Auflage, *siehe* Nebenbestimmungen von Verfügungen
Aufsicht
– Dienstaufsicht 1576
– parlamentarische 1724 ff.
– über die Gemeinden 1947 ff.
– über öffentlich-rechtliche Körperschaften durch den Staat 1655
Aufsichtsbeschwerde 1077, 1137 f., **1199 ff.**
– Adressat 1201
– Anwendungsbereich 1204 ff.
– Begriff 1199 f.
– Legitimation 1209
– Rechtsgrundlagen 1202 f.
– Voraussetzungen 1210
– Wirkungen 1204 ff.
Auskunft, behördliche
– Begriff und Rechtsnatur 1413 ff.
– und Vertrauensschutz 668 ff.
Auslegung des Verwaltungsrechts 175 ff.
– Aufgabe 175 f.
– Auslegungsmethoden 177 ff.
  – europarechtskonforme Auslegung 199 f.
  – grammatikalische Auslegung 177
  – historische Auslegung 177 f., 181
  – systematische Auslegung 177
  – teleologische Auslegung 177, 179
  – verfassungskonforme Auslegung **194 ff.,** 565
  – völkerrechtskonforme Auslegung 198
  – zeitgemässe Auslegung 177, 180
– formale Auslegungsregeln 182 ff.
  – Analogieschluss 186 ff.
  – in dubio pro libertate 189 ff.
  – Umkehrschluss 186 ff.
  – Verbot der extensiven Auslegung 189 ff.
  – Vorrang der lex posterior 183 ff., 265
  – Vorrang der lex specialis 183 ff.
– Interessenabwägung 178
– Lückenfüllung **201 ff.,** 252 ff.
– Methodenpluralismus 178
– qualifiziertes Schweigen 187, 202 ff.
Auslegung von verwaltungsrechtlichen Verträgen 1343 ff.
Ausnahmebewilligung 2663 ff.
– Anspruch auf Erteilung? 2675
– Anwendungsfälle 2676 ff.
– Begriff und Zweck 2664 f.
– Voraussetzungen für die Erteilung 2666 ff.
Ausnahmeregelungen, restriktive Auslegung von 189 ff.
Aussenwirkung von Verwaltungsverordnungen 90
Ausserkrafttreten von Erlassen 263 ff.
Ausstand 979
Auswirkungsprinzip 313
Autonomie
– autonome Satzungen als Rechtsquelle des Verwaltungsrechts 117 ff.
– von Gemeinden 1902 ff.
– von öffentlich-rechtlichen Anstalten 1669 f.
– von öffentlich-rechtlichen Körperschaften 1648

B

Bausperre 302, 304, 546, 2504
Beamtinnen und Beamte 2001 ff., 2102 ff., 2178
– Amtspflichten 2029 ff.
  – Amtsverschwiegenheit 2032 ff.
  – Besorgung der Amtsgeschäfte 2029
  – Gehorsamspflicht 2030 f.
  – Verbot der Annahme von Geschenken 2036
– Anspruch auf Besoldungs-, Pensions- und Versicherungsleistungen 2059 ff.
– Beendigung des Dienstverhältnisses 2016 ff.
  – Beendigung auf Begehren der Beamtin oder des Beamten 2028
  – disziplinarische Entlassung 2026
  – finanzielle Folgen 2027
  – Kündigung 2018 ff.
  – Nichtwiederwahl 2022 ff.
– Begriff **2001 ff.**, 2102 ff.
– Begründung des Dienstverhältnisses 2011 ff.
– Beschränkungen der Freiheitsrechte 2041 ff.
  – Glaubens- und Gewissensfreiheit 2046 ff.
  – Medien- und Meinungsfreiheit 2043 ff.
  – Niederlassungsfreiheit (Residenzpflicht) 2050 ff.
  – persönliche Freiheit 2042
  – politische Rechte 2043 ff.
  – Streikrecht 2055 ff.
  – Vereinsfreiheit 2049
  – Wirtschaftsfreiheit 2054
– Gesamtarbeitsverträge 2065 f.
– Haftung 2305 ff.
  – externe Beamtenhaftung 2305 ff.
  – interne Beamtenhaftung 2309 ff.
  – Rechtsschutz 2323 ff.
– Mitbestimmungsrechte der Beamtinnen und Beamten 2064
– Rechtsschutz 2073 ff.
– Treuepflicht 2037 ff.
– Verantwortlichkeit der Beamtinnen und Beamten 2067 ff.
  – disziplinarische 2069 ff.
  – strafrechtliche 2067 f.
  – vermögensrechtliche 2072, **2224 ff.**
Bedarfsverwaltung 388, **1384**
Bedingung, *siehe* Nebenbestimmungen von Verfügungen
Beendigung verwaltungsrechtlicher Rechte und Pflichten 757 ff.
– Erfüllung 757 ff.
– Fristablauf 801 f.
– durch Rechtssatz 800
– durch Verfügung 800
– Verjährung 764 ff.
– Verrechnung 787 ff.
– Verwirkung 782 ff.
– Verzicht 795 ff.
Befristung verwaltungsrechtlicher Rechte und Pflichten
– Befristung von Erlassen 263
– Befristung von Verfügungen 801 f., **908 ff.**
Begründung verwaltungsrechtlicher Rechte und Pflichten 748 ff.
– durch allgemeinen Rechtsgrundsatz 751 ff.
– durch Rechtssatz 748 ff.
– durch Verfügung 752 ff.
– durch verwaltungsrechtlichen Vertrag 755 f.
Begründungspflicht 411 f., **1070 ff.**, 1161 f.
Behandlung im Verfahren, gleiche und gerechte, *siehe* Verfahrensgarantien
Behördenbeschwerde 1157 ff.
Beitrag 2814 ff.
– und Äquivalenzprinzip 2824 ff.
– Begriff 2814 ff.
– und Kostendeckungsprinzip 2822 f.
Belehrung, amtliche 1413 ff.; *siehe auch* Rechtsmittelbelehrung
Beleihung 1821 ff., 2719
Bericht, amtlicher 1204, 1420 f.
Berichtigung 1212, **1221 f.**, 1223
Beschaffungswesen, öffentliches 1392 ff.; *siehe auch* Submission
Beschwerde 1139 ff.
– Wirkungen 1163 ff.

Beschwerde an das Bundesverwaltungsgericht, *siehe* Verwaltungsgerichtsbeschwerde
Beschwerde in öffentlich-rechtlichen Angelegenheiten 321, 518, 566, 615 f.
Beschwerde, wirksame (Art. 13 EMRK), *siehe* Verfahrensgarantien
Beschwerdeentscheid
– Wirkungen 1173 ff.
Beschwerdefrist 1158 ff.
Beschwerdegründe 431 ff., 1146 ff.; *siehe auch* Kognition, *siehe auch* Überprüfungsbefugnis
Beschwerdelegitimation 1149 ff.
– einer Gemeinde 1990 ff.
Beschwerdeobjekt 1143
Beschwerdeschrift 1161 f.
Bestandesgarantie, *siehe* Eigentumsgarantie
Besteuerung, konfiskatorische 2324, 2349, **2851 ff.**
Bestrafung wegen Ungehorsams 995, 1445, 1448, **1496 ff.,** 1765 ff.
Beurteilung durch ein Gericht, *siehe* Verfahrensgarantien
Beurteilungsspielraum, *siehe* Ermessen, *siehe* Rechtsbegriff, unbestimmter
Beweislast 988 ff., 1064
Bewilligungen, *siehe auch* Konzession, *siehe auch* Polizeierlaubnis, *siehe auch* Sachen, öffentliche
– Arten
  – Ausnahmebewilligung, *siehe* dort
  – Bewilligung zum gesteigerten Gemeingebrauch **2285 ff.,** 2655
  – Polizeibewilligung, *siehe* Polizeierlaubnis
  – wirtschaftspolitische Bewilligung 2655
Bewilligungspflicht 2285 ff., 2570 f., 2656 ff.
Bezirksrat
– als Aufsichtsbehörde der Gemeinden 1952
– als Entscheidungsinstanz bei Enteignungen 2448
Binnenmarkt 319, 1397, 2219, 2698, 2725
Bundesverfassung, *siehe* Verfassung
Bundesverwaltungsgericht, Beschwerde an das, *siehe* Verwaltungsgerichtsbeschwerde
Bürgergemeinde 1646, 1894, 1897, 1939
Bürgerrecht 1894, 1936, 1939
clausula rebus sic stantibus, *siehe* Vertrag, verwaltungsrechtlicher

D

Dauerverfügungen, Anpassung von rechtskräftigen 287
Delegation
– von Kompetenzen 1630 ff.
– von Rechtssetzungsbefugnissen, *siehe* Gesetzesdelegation
– vom Bund an die Kantone 1632
Demokratieprinzip
– und Gesetzmässigkeit 333, 351, 381
– und Verwaltungsorganisation 1544 ff.
Departementalsystem 1626 ff.
Devolutiveffekt 1168 ff.
Dezentralisation 1595 ff., 1626 ff., 1661, 1880
Dienstanweisung
– generelle 81 ff., 874, 1575, 2031
– individuelle **874 ff.,** 1575
Dienstaufsicht 1576
Dienstverhältnis, öffentlich-rechtliches, *siehe* Beamtinnen und Beamte
Diskriminierungsverbot 568 ff.
Dispositionsprinzip 985 ff., 1323
Disziplinarrecht 1444 ff., **1505 ff.,** 1678 f., 2026, 2069 ff.
– bei Beamtinnen und Beamten 2069 ff., 2073 ff.
– Begriff und Rechtsnatur 1505 ff.
– Disziplinarfehler 1515 f.
– Disziplinargewalt öffentlich-rechtlicher Anstalten 1678 ff.
– disziplinarische Entlassung 2026
– und Opportunitätsprinzip 1517 f.
– und rechtliches Gehör 1519
– Rechtsschutz 2073 ff.
– Voraussetzungen für disziplinarische Massnahmen 1514 ff.

Doppelbesteuerungsverbot 174, **2855 ff.**
– aktuelle Doppelbesteuerung 2856
– Geltungsbereich 2858 f.
– Kollisionsregeln 2860
– virtuelle Doppelbesteuerung 2856
Doppelnorm 241 ff.
Duldung eines rechtswidrigen Zustandes 651 ff., 785

E

Eigentumsbeschränkung, öffentlich-rechtliche
– (Schema) 2330, **2453 ff.**
– Begriff und Arten 2453 ff.
– entschädigungslose öffentlich-rechtliche Eigentumsbeschränkung 2501 ff.
– materielle Enteignung, *siehe* dort
– polizeilich motivierte Eingriffe 2505 ff.
– Voraussetzungen 2455 ff.
Eigentumsgarantie 1237, **2321 ff.**
– Ausgestaltung der Eigentumsordnung 2324
– Bestandesgarantie 2325 ff.
– Eingriffsvoraussetzungen 2343 ff.
– faktische Interessen, *siehe* Interessen, faktische
– formelle Enteignung, *siehe* dort
– Institutsgarantie **2322 ff.**, 2851 ff.
– Kerngehalt 2322 ff.
– materielle Enteignung, *siehe* dort
– öffentlich-rechtliche Eigentumsbeschränkung, *siehe* dort
– Rechtsgrundlage 2321
– Schutzobjekte 2332 ff.
– Sozialpflichtigkeit des Eigentums 2388
– Wertgarantie **2325 ff.**, 2330, 2358
Eignung einer Massnahme 522 ff., 2353, 2401, 2463 f.
Eingriff, schwerer 354, 380, 454, 2344, 2395, 2484 ff., 2502, 2711
Eingriffsverwaltung 33 ff., 66, 379 f., 491
– Begriff 33 ff.
– und Gesetzmässigkeit 66, 379 f.
– und öffentliches Interesse 491, 494
– und Verhältnismässigkeit 520
Einheitsbeschwerde, *siehe* Beschwerde in öffentlich-rechtlichen Angelegenheiten
Einigung, gütliche 1172, 1323
Einigungsverfahren 2429 ff.
Einsprache 1194 ff., 1494, 2427
– Anwendungsbereich 1196 ff.
– Begriff 1194 ff.
– als förmliches Rechtsmittel 1136
Einwendung 1195
Einwohnergemeinde 1892
Einziehung unrechtmässig erlangter Vorteile 1520 ff.
Empfehlung, amtliche 1413 ff.
Enteignung, formelle 483, 2328, **2359 ff.**, 2752
– Abgrenzung zur Grundeigentümerhaftung 2156 ff.
– anwendbares Recht 2368 ff.
– Begriff 2328, 2359 ff.
– Enteigner 2362 ff.
– Enteignungsbann 2428
– Enteignungsvertrag 1320, **2438 f.;** *siehe auch* Vertrag, verwaltungsrechtlicher
– Entschädigung 2405 ff.
  – des Ertragswertes 2416
  – Geldleistung oder Realersatz? 2405 f.
  – Höhe 2407 ff.
  – von Inkonvenienzen 2413
  – massgeblicher Zeitpunkt für die Berechnung 2417 ff.
  – des Verkehrswertes 2410 f.
– Expropriant, *siehe* Enteigner
– Leitbehörde 2430, 2443
– Objekte der Enteignung 2372 ff.
  – Eigentum und beschränkte dingliche Rechte 2373 ff.
  – Nachbarrechte 2384 ff.
  – obligatorische Rechte 2379 ff.
  – wohlerworbene Rechte 1377, 2382 f.
– Rechtsschutz 2442 ff.
  – Anforderungen von Art. 6 Ziff. 1 EMRK und Art. 29a BV 2451 ff.
  – Enteignung nach Bundesrecht 2443 ff.
  – Enteignung nach kantonalem Recht 2446 ff.
– Rückforderungsrecht 2440 f.
– Schätzungskommission 2432

- Übertragung des Enteignungsrechts auf Dritte 2365 ff.
- Unfreiwilligkeitszuschlag 2409, 2412
- Verfahren 2420 ff.
  - Anmeldung von Forderungen 2427
  - Einigungsverfahren 2429 f.
  - Enteignungsbann 2428
  - Entscheid über Ausübung des Enteignungsrechts 2421 ff.
  - Entscheid über Einsprachen und Entschädigungen 2431 f.
  - Erhebung von Einsprachen 2427
  - Planauflageverfahren 2425 ff.
  - Vollzug 2433 ff.
- Voraussetzungen 2360, **2395 ff.**
- Vorteilsanrechnung 2415
- vorzeitige Besitzeinweisung 2436 f.

Enteignung, materielle
- (Schema) 2330, 2329, **2453 ff.**; *siehe auch* Eigentumsbeschränkung, öffentlich-rechtliche
- Entschädigung
  - einheitlicher bundesrechtlicher Anspruch 2472 ff.
  - Höhe 2410 ff., **2492 ff.**
- bei polizeilich motivierten Eingriffen 2505 ff.
- Rechtsschutz 2498 ff.
- Voraussetzungen **2455 ff.**
  - besondere Intensität des Eingriffs 2484 ff.
  - gegenwärtiger oder künftiger Gebrauch 2477 ff.
  - Sonderopfer 2490 f.

Enteignungsvertrag 1320, **2438 f.**; *siehe auch* Vertrag, verwaltungsrechtlicher

Entscheid, *siehe* Verfügung

Entscheidungsspielraum 391 ff., 396, 401, 403, 421, 435, 926, 1072, 2518, 2792; *siehe auch* Ermessen, Beurteilungsspielraum

Entwidmung 2233 f.

Erforderlichkeit einer Massnahme **527 ff.,** 2354, 2402, 2465

Erfüllung verwaltungsrechtlicher Pflichten 757 ff.

Erfüllung von Verwaltungsaufgaben durch Private, *siehe* Private als Träger von Verwaltungsaufgaben

Erfüllungsverwaltung 41 f.

Erläuterung 1077, 1211, 1223

Ermahnung, amtliche 1413

Ermessen **390 ff.,** 1910 ff., 1950, 2287, 2657, 2661
- Abgrenzung vom unbestimmten Rechtsbegriff 413 ff.
- Anpassungsermessen 444, 446
- Arten 398 ff.
- Auswahlermessen 401 ff.
- Begriff 396 f.
- Beurteilungsspielraum 404, 419 f., 2661
- Einzelfallermessen 445
- Entschliessungsermessen 398 ff.
- Ermessensfehler 430 ff.
- Ermessenskontrolle
  - bei Gemeindeakten 1950
  - der Verwaltungsbeschwerde 1180
  - der Verwaltungsgerichtsbeschwerde 1187 f.
- Ermessensmissbrauch **434 ff.,** 1187, 1766
- Ermessensüberschreitung **437 f.**
- Ermessensunterschreitung **439 ff.**
- der Erteilung von Bewilligungen 2287, 2661, 2675
- Form der Einräumung von Ermessen 407 f.
- als Kriterium der Gemeindeautonomie? 1910 ff.
- Managementermessen 444, 449
- pflichtgemässes Ermessen 409 ff., 2731
- politisches Ermessen 444, 448
- Sachverständigenermessen 444, 447
- Tatbestandsermessen 403 ff.
- Unangemessenheit 431 ff.
- Verrechtlichung 409

Eröffnung von Verfügungen 963 ff., 967 ff.

Ersatzabgabe 2861 ff.

Ersatzvornahme 1448, 1453, **1467 ff.**
- im Allgemeinen 1465 ff.
- antizipierte Ersatzvornahme 1475 ff.
  - und Verursacherprinzip 1477
- bei Gemeinden 1439

Erschliessungsvereinbarung 1322, 2336; *siehe auch* Vertrag, verwaltungsrechtlicher

Europäische Menschenrechtskonvention, *siehe* Anklage, strafrechtliche, *siehe* Anspruch, zivilrechtlicher, *siehe* Beschwerde, wirksame, *siehe* Verfahrensgarantien
Europarecht
– Haftung 2164 f.
– als Rechtsquelle des Verwaltungsrechts 129 ff.
– Richtlinie 111 ff.
– Verordnung 111 ff.
Evidenztheorie 1098
Expropriation, *siehe* Enteignung, formelle

F

Finanzreferendum 2220 ff.
Finanzvermögen 31 f., 1386 f., 1993, 2108, 2141, **2203 ff.**
– anwendbares Recht 1386, 2240 ff.
– Begriff 1386 f.
– Erfordernis des Finanzreferendums? 2220 ff.
– Verwaltung 32, 1386 f.
Fiskustheorie 222
Flucht des Gemeinwesens ins Privatrecht 1379
Formalismus, überspitzter, *siehe* Verfahrensgarantien
Formen des Verwaltungshandelns, *siehe* Verwaltungshandeln
Formulare, vorgedruckte 669
Freiheitsrechte, *siehe auch* Grundrechte
– und Auslegung 189 ff.
– der Beamtinnen und Beamten 2041 ff.
– und Eingriffsverwaltung 27 ff.
– und Gesetzmässigkeitsprinzip 331 f.
– und gesteigerter Gemeingebrauch 2294 ff.
Freizügigkeitsabkommen 492
Fristen
– Wahrung von Fristen (Rechtsgrundsatz), *siehe auch* Befristung verwaltungsrechtlicher Rechte und Pflichten, *siehe auch* Rechtsmittelfristen, *siehe auch* Wiederherstellung von Fristen
Funktionstheorie 229 f.

G

GATT/WTO-Übereinkommen 1397
Gebühr 2764 ff., 2804 ff.
– und Äquivalenzprinzip 2761 ff., 2785 ff.
– Arten 2758 f., **2765 ff.**
  – Benutzungsgebühr **2769 ff.,** 2783, 2809
  – Konzessionsgebühr 1370, 2705, 2741, **2772 ff.,** 2784
  – Verwaltungsgebühr **2765 ff.,** 2809
– Begriff 2764
– und Kostendeckungsprinzip **2778 ff.,** 2809
Gehör, rechtliches 884, 943 ff., 956 f., 959, 962, 979, 1001 ff., 1116, 1171, 1255, 1268, 1438 f., 1519, 1668, 1793 f.
– Begriff 1002
– Begründungspflicht 1070 ff.
– und Datenschutz 1035
– vor Erlass von disziplinarischen Massnahmen 1519
– vor Erlass von Nutzungsplänen 962
– vor Erlass von Raumplänen 956 f.
– vor Erlass von Richtplänen 959
– Inhalt
  – Akteneinsichtsrecht 1019 ff.
  – im Allgemeinen 1010 ff.
  – Mitwirkungsrechte bei Beweiserhebung 1016 ff.
  – Recht auf Vertretung und Verbeiständung 1037
  – vorgängige Anhörung 1010 ff.
– vor Raumplanungsverfahren 1007
– Rechtsgrundlage 1003 ff.
– Umfang und Schranken 1006 ff.
– Verletzung des rechtlichen Gehörs
  – Heilung 1174 ff.
  – Rechtsfolgen 1039
  – als Revisionsgrund 1268
Geltungsbereich des Verwaltungsrechts
– räumlicher 308 ff
– zeitlicher **258 ff.,** 641 ff., 711
  – Anwendung von neuem Recht auf hängige Verfahren 322 ff.
  – Ausserkrafttreten von Erlassen 263 ff.
  – Inkrafttreten von Erlassen 260 ff.
  – intertemporales Recht 266 ff.

- Rückwirkung von Erlassen, *siehe* dort
- Vorwirkung von Erlassen, *siehe* dort

Gemeinden 1633 ff., **1876 ff.**
- Arten 1885 ff.
  - allgemeine Gemeinde 1887 f.
  - Einwohnergemeinde 1892
  - Spezialgemeinde 1889 f.
  - übrige Gemeinden 1893 ff.
- Aufsicht über Gemeinden 1947 ff.
- autonome Satzungen 117 ff.
- Begriff und Merkmale 1876 ff.
- Gemeindeautonomie 1648, **1902 ff.**
  - der Anwendung von kantonalem Recht 1921 ff.
  - der Anwendung von kommunalem Recht 1917 ff.
  - autonomer/nicht autonomer Tätigkeitsbereich 1903 ff.
  - Bereiche der Gemeindeautonomie 1926 ff.
  - Kriterien 1910 ff.
  - Rechtsgrundlage 1902
  - der Rechtssetzung 1913 ff.
- Gemeindebevormundung 1960 ff.
- Gemeindedemokratie 1883 f.
- Gemeindeexekutive 1946
- Gemeindeföderalismus 1881 f.
- Gemeindefusion 1901
- Gemeindeorganisation 1927 f., 1937 ff.
  - ausserordentliche 1942
  - ordentliche 1942
- Gemeindeparlament 1938, **1943 ff.**
- Gemeindeversammlung 1940 f.
- Gemeindezersplitterung 1899 f.
- Genehmigungspflicht 1954 ff.
- Rechtsschutz 1985 ff.
  - Beschwerde in öffentlich-rechtlichen Angelegenheiten 1990 ff.
  - kantonaler 1986 ff.

Gemeindeverbände 1965 ff.
- Abgrenzung zu privatrechtlichen Zusammenarbeitsformen 1971 f.
- Abgrenzung zum Anschlussvertrag 1970
- Begriff 1965
- Gründe für den Zusammenschluss 1973 ff.
- Gründung 1979 ff.
- Merkmale 1967 f.
- Mitgliedschaft 1983 f.
- Organisation 1979 ff.
- Rechtsgrundlage 1966
- Verbandszweck 1977 f.

Gemeingebrauch, gesteigerter 2274 ff.
- bedingter Anspruch **2295 ff.**
- Begriff 2274
- Bewilligungspflicht 2285 f.
- Voraussetzungen 2275 ff.

Gemeingebrauch, schlichter 2253 ff.
- Begriff 2253
- Benutzungsordnung 2264 f.
- Unentgeltlichkeit 2261 ff.
- Voraussetzungen 2254 ff.

Gemengsteuer 2763, 2843, **2866 ff.**

Genehmigung 2651

Gesetz 62 ff., 260 ff.; *siehe auch* Rechtssatz
- Bedeutung für das Verwaltungsrecht 66 ff.
- Begriff 63 ff.
- Publikation 260 ff.

Gesetzesdelegation 97, 100, 103, 110, 351, **364 ff.**, 1545
- Begriff 364 ff.
- Zulässigkeit 367 ff.

Gesetzesform, Erfordernis der 350 ff., 381, 384, 395, 1514, 1545, 1583 f., 2005, 2286, 2344, 2395, 2456, 2529, 2767, 2799 ff., 2829

Gesetzmässigkeit, Grundsatz der 53, 147, 175, 240, 290, 298, **325 ff.**
- im Abgaberecht 387, **2762 ff.**, 2795 ff., 2829, 2850, 2865
- in auswärtigen Angelegenheiten 389
- bei Bedarfsverwaltung 388
- und Eigentumsgarantie 2344 ff., 2395, 2456
- Erfordernis der Gesetzesform **350 ff.**, 1514, 1545, 1583 f., 2529, 2695 ff., 2767
- Erfordernis des Rechtssatzes **338 ff.**, 453, 1514, 1583, 2286, 2395, 2456
- und Ermessen, *siehe* dort
- Funktionen des Gesetzmässigkeitsprinzips 329 ff.
- Geltungsbereich 378 ff.
- Gesetzesdelegation, *siehe* dort
- bei Nebenbestimmungen von Verfügungen 906 ff.
- und öffentliche Sachen im Gemeingebrauch 384, 2286

– bei polizeilichen Massnahmen 385, **2576 ff.**
– Rechtsgrundlage **334 f.,** 1546 ff.
– als Schranke der Wirkungsorientierung 1583 f.
– und Sonderstatusverhältnis 386, 452 ff.
– im Staatshaftungsrecht 2083
– und unbestimmter Rechtsbegriff, *siehe* dort
– und Vertrauensschutz 504, 626
– und verwaltungsrechtliche Sanktionen 1472, 1480 f., 1492, **1514,** 1525 f., 2679 ff.
– und verwaltungsrechtlicher Vertrag **1310 ff.,** 1317 f., 1340
Gesundheit, öffentliche 473, 2551 f.
Gewährleistungsverwaltung 43 ff., 1870
– Gewährleistungsstaat 1792
Gewaltverhältnis, besonderes, *siehe* Sonderstatusverhältnis
Gewohnheitsrecht im Verwaltungsrecht 163 ff.
– Begriff 163
– Voraussetzungen 164 f.
– Zulässigkeit 164 ff.
Glaubens- und Gewissensfreiheit von Beamtinnen und Beamten 2046 ff.
Grundlage, gesetzliche, *siehe* Gesetzmässigkeit
Grundprinzipien des Verwaltungsrechts 53, **320 ff.**
Grundrechte 54 f., 331 f., 344, 464, 975; *siehe auch* Freiheitsrechte
– Bindung des privatrechtlich handelnden Gemeinwesens und der Privaten bei Erfüllung von Verwaltungsaufgaben 1404 f.
Grundsatz des Vertrauensschutzes, *siehe* Vertrauensschutzprinzip
Gruppenäquivalenz 2794

H

Handeln des Staates, privatrechtliches, *siehe* Privatrecht
Handels- und Gewerbefreiheit, *siehe* Wirtschaftsfreiheit
Heilung von fehlerhaften Verfügungen 1039, **1174 ff.**
Heimfall 2720, **2747 f.**
Hierarchie der Verwaltungsbehörden 1569 ff.
Hilfstätigkeit, administrative 31, 40, 388, **1384 f.,** 1709
in dubio pro libertate 189 ff.

I

Informationstätigkeit der Regierung 383
Informelles Verwaltungshandeln 968, **1422 ff.,** 1797
Infrastrukturmonopol 2700
Inkrafttreten von Erlassen 258 ff.
Institutsgarantie, *siehe* Eigentumsgarantie
Interesse, öffentliches 271, 414, 436, **461 ff.,** 515, 557, 664, 1243, 1367, 1592, 1717, 1809, 2050
– Abwägung gegen private Interessen 497 ff.
– Begriff 461 ff.
– bei Eingriffen in die Eigentumsgarantie 2349 ff., 2395 f., 2457 ff.
– bei Eingriffen in Grundrechte im Allgemeinen 488, 501 ff.
– und Ermessensbetätigung 409
– faktische Interessen 2337 ff.
– fiskalische Interessen **483 ff.,** 2349, 2397 ff., 2457 ff., 2709
– Geltungsbereich 490 ff.
– Interessenabwägung 496 ff.
  – beim Widerruf von Verfügungen 1243
– Kollision unterschiedlicher öffentlicher Interessen 500 ff.
– planerische Interessen 475 ff.
– polizeiliche Interessen 472 ff., 2590 f.
– Rechtsgrundlage
  – im Allgemeinen 486 ff.
  – der Verfassung 486 ff., 2351, 2400, 2458
– soziale und sozialpolitische Interessen 478 f.
– als unbestimmter Rechtsbegriff 414
– und verfassungsmässige Rechte 494 f.
– als verfassungsmässiges Recht? 486

– Wandelbarkeit 465 ff.
Interessen, faktische 2331, 2337 ff., 2377, 2453
Interessentheorie 225 ff.
Internetauftritt von Bund, Kantonen und Gemeinden 670, 1553

J

Justizbehörden 1732 ff.

K

Kanzleifehler 1221 ff.
Kanzleigebühren 387, 2289, 2767 f., 2782, **2804 f.**
Kausalabgaben 2758 ff.; *siehe auch* Abgabe, *siehe auch* Beitrag, *siehe auch* Gebühr
Kausalhaftung 2091, **2096 ff.,** 2129, 2151, 2154 f., 2158, 2191
Kausalzusammenhang, adäquater 2127 f.
Kaution 2881 ff.
Kirchgemeinde 513, 1646, 1890, 1895 ff., 1984
Klage, verwaltungsrechtliche 1372 ff., 1989, 2175 f., 2197, 2323; *siehe auch* Verwaltungsgerichtsbeschwerde, *siehe auch* Verwaltungsverfahren
Kognition 420, 1045, **1146 ff.,** 1177, 1999, 2661; *siehe auch* Beschwerdegründe
Kollegialsystem 1626
Kollisionsrecht 309 f.
Kommissionen 1713 ff.
Kompetenzkonflikt 318, 1722, 1734 f.
Konkordat, *siehe* Vereinbarung, interkantonale
Konkurrentenbeschwerde 1156, 2015
Kontrahierungszwang 1674 ff.
Kontrolle, polizeiliche 1409, 2548
Konzession 1795, 1860, 2287 f., **2718 ff.**
– Anspruch auf Erteilung? 2316, **2725 ff.**
– Aufsicht 2743
– Beendigung des Konzessionsverhältnisses 2746 ff.
– Begriff 2718 ff.
– Betriebspflicht des Konzessionärs 2740
– Dauer 2747 f.
– Einräumung eines wohlerworbenen Rechts 2383, 2721 ff.
– Enteignung 2721, 2752
– Gebühren 2772 ff., 2784
– Heimfall 2720
– Infrastrukturkonzession 2366
– Konzession des öffentlichen Dienstes 1822, 2719, 2735
– Koordination mit weiteren Bewilligungen 2738
– Monopolkonzession 1819 f., 2336, **2733 ff.**
– Rechte und Pflichten des Konzessionärs 2738 ff.
– Rechtsnatur 1332 ff., 2720
– Rückkauf 2749
– Sondernutzungskonzession 2308, 2313 ff., 2336, 2383, **2736 ff.**
– Überprüfung durch Verwaltungsgerichte 2731 f.
– Übertragbarkeit 2744 f.
– Vertrag oder Verfügung? 1332 ff., 2720
– Verwirkung 2750
– Verzicht 2751
Kooperation
– von Verwaltungsbehörden 1780
Koordination
– im Entscheidverfahren 1776 ff.
– der Verwaltungsbehörden untereinander 1572, 1775
Körperschaft, öffentlich-rechtliche 1633 ff.
– Arten und Beispiele 1640 ff.
– Aufsicht 1655
– Autonomie 1648
– Begriff und Merkmale 1633 ff.
– Errichtung 1647
– Gemeinde (als Körperschaft) 1641
– Gemeindeverband (als Körperschaft) 1965
– Mitgliedschaft 1651 ff.
– Organisation 1649 f.
– Rechtsschutz 1656 ff.
– Zwangsmitgliedschaft 1651 ff.
Kostenanlastungssteuer 2776, **2839 ff.**

Kostendeckungsprinzip 2760, **2778 ff.**, 2822 ff.
Kreisschreiben, *siehe* Verwaltungsverordnung

L

Legalitätsprinzip, *siehe* Gesetzmässigkeit, Grundsatz der
Legitimation, *siehe* Beschwerdelegitimation
Leistungsverwaltung 27, 32, 36 ff., 66, 379 ff., 491, 520, 1293, 1390 f., 1584, 2066, 2141, 2529
- Begriff 30 ff.
- und Gesetzmässigkeit 379 ff., 1584
- und öffentliches Interesse 491
- und privatrechtliches Handeln der Verwaltung 1390 f.
- und Verhältnismässigkeit 520

Lenkungsabgaben 2876 ff.
Lenkungssteuer 2841 f.
lex posterior, Vorrang der 183 ff., 265
lex specialis, Vorrang der 183 ff.
Lückenfüllung im Verwaltungsrecht 147, **201 ff.,** 252 ff.

M

Massnahmen
- disziplinarische, *siehe* Disziplinarrecht
- des Verwaltungszwangs, *siehe* Sanktionen, verwaltungsrechtliche

Mediation 1172, 1422
Medienabgabe, *siehe* Radio- und Fernsehabgabe
Medienfreiheit 1032
Medienfreiheit von Beamtinnen und Beamten 2043 ff.
Mehrwertabgabe 2870 ff.
Mehrwerttheorie 223 f.
Meinungsfreiheit von Beamtinnen und Beamten 2043 ff.
Meldepflicht 896 ff.
Methodenpluralismus
- bei Abgrenzung zwischen öffentlichem Recht und Privatrecht 178
- der Auslegung 235

Mitwirkungspflichten der Parteien im Verwaltungsverfahren 990 ff.
Modale Theorie 231 ff.
Monopole, staatliche 2686 ff.
- Arten 2690 ff.
  - Unterscheidung nach rechtlicher Grundlage 2691 ff.
  - Unterscheidung nach Zielsetzung 2700 ff.
- Begriff 2686 ff.
- faktische Monopole 2696 ff.
- Infrastrukturmonopole 2700
- Monopole der Kantone 2708 ff.
- Monopole des Bundes 2705 ff.
- Monopolkonzession **2604 ff.,** 2719, 2733 ff.
- öffentliches Interesse 2707
- Polizeimonopole 2701 f.
- rechtliche Monopole **2691 ff.**
  - mittelbar rechtliche 1683, 2694 f.
  - unmittelbar rechtliche 1682, 2692 f.
- Verfassungsmässigkeit rechtlicher Monopole 2705 ff.
- Verhältnismässigkeit 2707

N

Nachbarrechte 2384 ff.
Nebenbestimmungen von Verfügungen 383, **906 ff.**
- Arten 908 ff.
  - Auflage 919 ff.
  - Bedingung 913 ff.
  - Befristung 908 ff.
- Voraussetzungen für den Erlass
  - gesetzliche Grundlage 926 ff.
  - Verhältnismässigkeit 929 ff.
- Zweck 906 f.

Neues Führungsmodell Bund (NFB) 1580
New Public Management 1578 ff.; *siehe auch* Wirkungsorientierte Verwaltungsführung

Nichtigkeit von Verfügungen 1078
– Evidenztheorie 1098
– Nichtigkeitsgründe 1102 ff.
– Teilnichtigkeit 1133 f.
– Voraussetzungen 1098
– Wirkung 1096 f.
Niederlassungsfreiheit von Beamtinnen und Beamten 2041, 2050 ff.
Norm, gemischte 241 ff.
Norm, offene, *siehe* Ermessen, *siehe* Rechtsbegriff, unbestimmter
Nutzungsplan, *siehe* Raumplan

O

Oberaufsicht 1724 ff.
Öffentlichkeit der Verhandlung, *siehe* Verfahrensgarantien
Öffentlichkeitsprinzip 719, 1004, 1036, 1556, **1566 ff.**, 1787, 2032
Offizialprinzip 983 ff.
Ombudsperson, Ombudsstelle 1768 ff.
Opportunitätsprinzip 1517 f., 2562
Ordnung, öffentliche 2549 f.
Ordnungsbusse 1445, 1465, **1484 ff.**
Organisation der Verwaltungsbehörden, *siehe* Verwaltungsorganisation
pacta sunt servanda 1258, 1355, 1366

P

Parlament
– Aufsicht 1556, 1574, **1724 ff.**
– Festsetzung von Abgaben 2813
– Verhältnis zu den Verwaltungsbehörden 1718 ff.
Patent 2650
Personal des öffentlichen Dienstes, *siehe* Beamtinnen und Beamte
Pflichten, verwaltungsrechtliche 738 ff.
– Änderung, *siehe auch* Vertrag, verwaltungsrechtlicher, *siehe auch* Widerruf von Verfügungen
– Beendigung 757 ff.
– Begriff 738 f.
– Begründung 748 ff.
– Stellvertretung 836 ff.
– Übertragung 813 ff.
Pflichtlagervertrag, *siehe auch* Vertrag, verwaltungsrechtlicher
Plan, *siehe* Raumplan
Planauflageverfahren 2425 ff.
Plangenehmigung 901 ff.
Planungszone 304 ff.
Polizei 348, 554, 771, 895 ff., **2546 ff.**
– Begriff 2546 ff.
– und öffentlich-rechtliche Eigentumsbeschränkung 2505 ff.
– Opportunitätsprinzip 2562 ff.
– Polizeierlaubnis, *siehe* dort
– Polizeigeneralklausel 1481, 2348, 2576, **2580 ff.**
– polizeiliche Massnahmen
  – Bewilligungspflicht 2570 f.
  – generelle Regelungen 2565 f.
  – Polizeibefehl 2567 f.
  – Polizeimonopol 2572 ff.
  – Polizeiverfügung 2567 f.
  – Realakte, *siehe* dort
– polizeiliches Handeln 2565 ff.
– Polizeinotstand, *siehe* dort
– Schutz privater Interessen (Schutz vor sich selbst)? 2557 ff.
– Schutzgüter 2549 ff.
– Störerprinzip 554, **2608 ff.**, 2647
– Voraussetzungen für polizeiliche Massnahmen 2576 ff.
Polizeierlaubnis 743, 833, 885, 895, 1244, 1534, 2287, **2650 ff.**
– Abgrenzung zu anderen Bewilligungen 2655
– Anspruch auf Erteilung 2654, **2661 f.**
– Ausnahmebewilligung 2663 ff.
– Begriff 2650 ff.
– Rechtsnatur 2653 f.
– Übertragbarkeit 2660
– Verweigerung 2684 f.
– Voraussetzungen der Erteilung 2656 ff.
– Widerruf als Sanktion 1534
– Widerrufbarkeit 1244, **2679 ff.**
– Zulässigkeit der Begründung der Bewilligungspflicht 2570 f., 2572 ff., 2656
Polizeinotstand 369, 385, **2633 ff.**
– Begriff **2633 ff.**

– Polizeinotverfügung 385
– Polizeinotverordnung 369, 385, **2636 ff.**
– und Staatshaftung 2649
– und Störerprinzip 2647 f.
Post 14, 31, 374, 794, 799, 876, 898, 1067 ff., 1158 ff., 1405, 1597, 1616, 1622, 1698, 1858, 2141, 2693, 2700, 2705 f.
Praxis, gesetzwidrige 599
Praxisänderung 163, 423, 504, **589 ff.**, 637 ff., 701, 710, 1264, 2338
Pressefreiheit von Beamtinnen und Beamten 2043 ff.
Prinzip des Vertrauensschutzes, *siehe* Vertrauensschutzprinzip
Prinzipien des Verwaltungsrechts, *siehe* Grundprinzipien des Verwaltungsrechts
Private als Träger von Verwaltungsaufgaben 1806 ff., **1817 ff.**; *siehe auch* Unternehmungen, gemischtwirtschaftliche
– anwendbares Recht 1849
– Arten 1818
  – mit Verwaltungsaufgaben beliehene Private 1803, **1821 ff.**
  – Monopolkonzessionäre 1819 f.
  – öffentliche Unternehmen in Privatrechtsform 1707 ff.
  – privatrechtliche Stiftungen 1846 ff.
  – spezialgesetzliche Aktiengesellschaften 1695 ff.
– Begriff 1817
– Bindung an die Grundrechte 1850 ff., 2288
– Form der Übertragung von öffentlichen Aufgaben auf Private 1324
– Voraussetzungen 1817 f.
Privatisierung 1867 ff.
– Aufgabenprivatisierung 1869
– Organisationsprivatisierung 1868
– Vermögensprivatisierung 1871
Privatrecht
– Abgrenzung vom Verwaltungsrecht **217 ff.**, 1671 ff.
  – Bedeutung der Abgrenzung 218 f., 240
  – gemischte Normen (Doppelnormen) 241 ff.
  – Kriterien 220 ff.
– Flucht des Gemeinwesens ins Privatrecht 1379
– privatrechtliche Haftung des Staates, *siehe* Staatshaftung
– privatrechtliche Regelung des Benützungsverhältnisses bei öffentlichen Anstalten 1332 ff.
– privatrechtliches Handeln des Gemeinwesens
  – administrative Hilfstätigkeit 31, 40, 388, 1384 f., 1709
  – Bindung an die Grundrechte 1404 f.
  – privatwirtschaftliche Staatstätigkeit 31, 1388 f.
  – Submission 1397 ff.
  – Teile der Leistungsverwaltung 31, 1390 f.
  – Verwaltung des Finanzvermögens 31, **1386 f.**
  – Zulässigkeit 1378 ff.
  – Zweistufentheorie 1394 ff.
– privatwirtschaftliche Staatstätigkeit, *siehe* Staatstätigkeit, privatwirtschaftliche
– Übernahme von Begriffen und Normen des Privatrechts ins Verwaltungsrecht 245 ff.
– vermögenswerte Rechte des Privatrechts 2332 ff.
Public Private Partnership 1307, **1804 f.**
Publikation von Erlassen 124, 136, **260 ff.**, 945

R

Radio- und Fernsehabgabe 2873 ff.
Raumplan 646 ff., **949 ff.**
– und Gesetzmässigkeit 383
– Nutzungs- oder Zonenplan **953 ff.**, 960 ff.
– Rechtsnatur 956 f.
– Richtplan **950 ff.**, 958 f.
– und Vertrauensschutz 646 ff.
Raumplanung 949 ff.
Realakt 14, 31, 383, 842, 847, 867, 873, 1100, 1186, 1204, **1408 ff.**, 2109, 2126, 2135, 2546, 2569

Recht, ehehaftes 1246
Recht, intertemporales 288 ff., 640 ff., 710 f., 806
Recht, kommunales 117 ff.
Recht, subjektives öffentliches 799
Recht, verfassungsmässiges 89, 176, 188, **322 f.,** 353, 486, 518 f., 622, 1902, 1998 ff., 2262, 2306, 2564, 2693, 2769, 2857
Recht, wohlerworbenes 270, 643, 707, 747, **1237 ff.,** 1315, 1367, 1377, 2012, 2060, 2063, 2287, 2319, **2336,** 2382 f.
– Begriff 1237
– Entstehung **1238 ff.,** 2336
  – durch die Geschichte 1240 f.
  – durch Gesetz 1238
  – durch verwaltungsrechtlichen Vertrag bzw. Konzession **1239,** 1367, 2336, 2721 ff.
– Wirkungen 1242 ff.
Rechte im Verfahren, *siehe* Verfahrensgarantien
Rechte, politische 2043 ff.
Rechte, verwaltungsrechtliche 740 ff.
– Änderung 803 ff.
– Beendigung 757 ff.
– Begriff 740 ff.
– Begründung 748 ff.
– Stellvertretung 836 ff.
– Übertragung 813 ff.
Rechtsbegriff, unbestimmter 194, **390 ff.**
– Abgrenzung vom Ermessen 421 ff.
– Begriff 413 ff.
– rechtliche Beurteilung 419 f.
Rechtsbehelf, formloser 1135 **ff.**
Rechtsgleichheit 270, 320, 322, 330, 409 f., **565 ff.**
– Anspruch auf Gleichbehandlung 572 ff.
  – im Allgemeinen 572 f.
  – Anspruch auf Gleichbehandlung im Unrecht? 599 ff.
  – bei der Rechtsanwendung 587 ff.
  – bei der Rechtssetzung 576 ff.
– Diskriminierungsverbot 568
– Praxisänderung 504, **589 ff.,** 637 ff.
– Rückwirkungsverbot 269
– Verbot der formellen Rechtsverweigerung, *siehe* Verfahrensgarantien
– Willkürverbot 240, 566, **605 ff.**
Rechtsgrundsätze, allgemeine 145 ff., 751 ff.
– Anwendungsfälle **148 ff.,** 156 ff., 767 ff.
  – Fristwahrung 162
  – Rückforderung grundlos erbrachter Leistungen 148 ff.
  – Verjährung 153 f., **764 ff.**
  – Verrechnung 160 f., **787 ff.**
  – Verzugszins 156 ff.
– Begriff 145 ff.
Rechtskraft
– formelle 808 ff., **1091 f.,** 1457
– materielle **1093 f.,** 1194, 1231 ff., 1261 f.
Rechtsmissbrauch 722 ff., 1362
Rechtsmittelbelehrung 629 f., 656, 704, **1075 ff.**
Rechtsmittelfristen 704 f., **1067 ff.,** 1079
Rechtsnachteile, administrative 1520 ff.
– Einziehung unrechtmässiger Vorteile 1520 ff.
– Verweigerung von Verwaltungsleistungen 1521 ff.
– Widerruf begünstigender Verfügungen 1534 ff.
Rechtspflege, unentgeltliche, *siehe* Verfahrensgarantien
Rechtsquellen des Verwaltungsrechts 52 ff.
Rechtssatz 340 ff., 748 ff., 800, 803 ff., 1301; *siehe auch* Gesetz, *siehe auch* Verordnung
– Begriff 340 f.
– Erfordernis des Rechtssatzes **338 ff.,** 1480, 1514, 2344, 2395, 2456, 2797 f.
– und Vertrauensschutz 640 ff.
Rechtssicherheit 91, 323, **329,** 504, 593, **625,** 647 ff., 1098, 1352, 1355, 1440
Rechtsverhältnis, besonderes, *siehe* Sonderstatusverhältnis
Rechtsverordnung 77 ff., 91 f.
Rechtsverweigerung, Verbot der formellen, *siehe* Verfahrensgarantien
Rechtsweggarantie, *siehe* Verfahrensgarantien
Regale 2689, 2708 f.
– Begriff 2689
– Bergregal 2708 f.
– Postregal 2693, 2700
– Regalgebühr 2772

Rekurs, *siehe* Beschwerde
Resolutivbedingung 914 ff.
Revision 1219 ff., 1265 ff.
– und Anspruch auf Wiedererwägung 1220 f., 1220 ff.
– Begriff 1219 f.
– als förmliches Rechtsmittel 1136
– Regelung im Bund 1268 ff.
– Regelung in den Kantonen 1271
– verfassungsrechtlicher Anspruch auf 1274
Richterrecht 171 ff.
Richtlinien
– im Europarecht **111 ff.**, 2164 f.
– als Verwaltungsverordnungen 81 ff.
Richtplan, *siehe* Raumplan
Rückerstattung von grundlos erbrachten Leistungen 148 f.
Rückforderungsrecht bei formeller Enteignung 2440 f.
Rückgriff des Staates auf Beamtinnen und Beamte bei Staatshaftung 2188 ff.
Rücknahme von Verfügungen, *siehe* Widerruf von Verfügungen
Rückwirkung von Erlassen 268 ff., 323
– echte Rückwirkung 268 ff.
– unechte Rückwirkung 279 ff.
Rückwirkungsverbot 269
Rügeprinzip 998
Ruling 733 ff.

S

Sachen im Gemeingebrauch, öffentliche 1934, **2199 ff.**, 2201 f., **2226 ff.**, 2245 ff., 2384 ff.
– Begriff 2226 f.
– Begründung 2228 ff.
– Benutzungsarten
  – gesteigerter Gemeingebrauch 2199, 2274 ff., 2311; *siehe auch* Gemeingebrauch, gesteigerter
  – schlichter Gemeingebrauch 2199 ff.; *siehe auch* Gemeingebrauch, schlichter
  – Sondernutzung 2199, 2418 ff.; *siehe auch* dort
– Benutzungsordnung 2264 f.
– Entwidmung 2233 f.
– und Freiheitsrechte 2294 ff.
– Gebrauchsrechte 2252 ff.
– Gemeingebrauch, *siehe* Gemeingebrauch, schlichter und gesteigerter
– und Gesetzmässigkeit 2286
– Rechtsstellung des Anstössers 2271 ff., 2337 ff.
– Sondernutzung 174, 384, 1332, 1335, 1364, 1822, 2252, 2283, 2291, **2308 ff.**, 2383, 2718 f., 2736, 2738, 2769, 2784, 2867; *siehe auch* dort
– Träger der Herrschaft 2234 ff.
– Widmung 2229 ff.
Sachen, öffentliche
– (Schema) 2201, 384, 1934, **2199 ff.**; *siehe auch* Finanzvermögen, *siehe auch* Sachen im Gemeingebrauch, öffentliche, *siehe auch* Verwaltungsvermögen
– anwendbares Recht 2239 ff.
– Begriff 2199 ff.
– Haftung 2251
Sanktionen, verwaltungsrechtliche 1440 ff.
– administrative Rechtsnachteile 1446 f., **1520 ff.**
– Androhung der Sanktion 1463 f.
– Anhörung, vorherige 1519
– Begriff und Zweck 1440 ff.
– Bestrafung wegen Ungehorsams 1145, 1148, **1496 ff.**
– disziplinarische Massnahmen 1148, **1505 ff.**, 1678 ff.
– Einziehung unrechtmässig erlangter Vorteile 1520 ff.
– Ersatzvornahme 1148, 1443, 1465, **1467 ff.**, 1959
  – im Allgemeinen 1467 ff.
  – antizipierte Ersatzvornahme 1475 ff.
  – bei Gemeinden 1959
– exekutorische Sanktionen 1442 f.
– Ordnungsbussen 1484 ff.
– repressive Sanktionen 1444 f., 2592
– Schuldbetreibung 1443, **1465 f.**
– und StGB-Reform 1495
– unmittelbarer Zwang 1443, 1448, 1465, **1478 ff.**
– Verwaltungsstrafen 1148, 1445, **1484 ff.**

– Verweigerung von Verwaltungsleistungen 1523 ff.
– Voraussetzungen im Allgemeinen 1451 ff.
– Widerruf von begünstigenden Verfügungen 1534 ff.
– Zuständigkeit
  – der Behörde 1452, 1486 ff.
  – des Strafrichters 1487

Satzung, autonome 117 ff.
Schaden als Voraussetzung für Staatshaftung 2101
Schemata
– Abgaben, öffentliche 2756
– Eigentumsbeschränkungen, öffentlich-rechtliche 2330
– Sachen, öffentliche 2201
– Vertrag, verwaltungsrechtlicher 1287
– Verwaltungsverfahren 972

Schuldbetreibung 1443, 1449, **1465 f.**, 2149, 2206, 2243
Schweigen, qualifiziertes 187, 202 ff.
Selbstregulierung, gesteuerte 120 f.
Sicherheit, öffentliche 2549 f.
Sittlichkeit, öffentliche 2553 f.
Sondernutzung 174, 1335, 1364, **2308 ff.**, 2719, 2736 f.; *siehe auch* Sachen im Gemeingebrauch, öffentliche
– Begriff 2308 f.
– Konzessionspflicht 2313 ff.
– Voraussetzungen 2310 ff.

Sonderopfer 2490 f., 2649
Sonderstatusverhältnis 450 ff., 1505, 1514, 1678 ff., 2005, 2041 **ff.**; *siehe auch* Beamtinnen und Beamte
– Begriff 450 f.
– und Disziplinargewalt 1505, 1678 ff.
– und Gesetzmässigkeit 452 ff.
– und Grundrechte 450 ff., 2041 ff.

Sondervorteil, wirtschaftlicher 2814, 2822, 2824
Spezialgemeinde 1889 f.
Staatshaftung 240, 1425, **2086 ff.**, 2649
– Beamtenhaftung 2178 ff.
– Haftung bei fehlerhaften Verfügungen 1086
– Haftung für rechtmässig zugefügten Schaden 2099, **2166 ff.**
– Haftung für rechtswidrigen Entscheid? 2122 ff.
– Haftung gemäss Spezialgesetz 2145 ff.
– Haftung nach europäischem Gemeinschaftsrecht 2164 f.
– Haftungssubjekte 2090 f., 2100
– mögliche Regelungen der Staatshaftung 2090 ff.
  – ausschliessliche Beamtenhaftung 2092
  – ausschliessliche Staatshaftung 2095
  – Kausalhaftung 2096 ff.
  – primäre Beamtenhaftung 2093
  – solidarische Haftung von Staat und Beamtinnen und Beamten 2094
  – Verschuldenshaftung 2096 ff.
– und Polizeinotstand 2649
– privatrechtliche Haftung des Staates 1407, 2108, **2140 ff.**
  – im Allgemeinen 2140 ff.
  – Grundeigentümerhaftung 2155 ff.
  – Werkeigentümerhaftung 2158 ff.
– Rechtsgrundlagen 2086 ff.
– Rechtsschutz 2174 ff.
– Rückgriff auf Beamtinnen und Beamte 2188 ff.
– Selbstverschulden 2136
– Voraussetzungen der allgemeinen Staatshaftung 2101 ff.

Staatsschutz 2550
Staatstätigkeit, privatwirtschaftliche 31 ff., 1388 f., 2108, 2141
Staatsvertrag, *siehe* Vertrag, völkerrechtlicher
Stellvertretung im öffentlichen Recht 836 ff.
Steuer 2830 ff.
– Arten **2831 ff.**
  – direkte Steuern 2831 ff.
  – Gemengsteuer 2866 ff.
  – indirekte Steuern 2831, 2834 ff.
  – Kostenanlastungssteuer 2814, **2837 ff.**
  – Lenkungssteuer 2841 ff.
  – Zwecksteuer 2814, **2837 ff.**, 2859
– Begriff 2830
– Bemessung 2845 ff.
– Doppelbesteuerungsverbot 174, **2855 ff.**
– konfiskatorische Steuern 2349, **2851 ff.**
– Steuerabkommen 1329

Stiftung, öffentlich-rechtliche 1685 ff.
- Abgrenzung zur privatrechtlichen Stiftung mit öffentlichem Zweck 1693 f.
- Begriff und Merkmale 1685 ff.

Stiftung, privatrechtliche 1846 ff.
Störerprinzip 554, **2608 ff.,** 2647 f.
- und antizipierte Ersatzvornahme 1475 ff.

Streikverbot der Beamtinnen und Beamten 2055 f.
Subjektionstheorie 223 f.
Subjektstheorie 222
Submission, *siehe* Beschaffungswesen, öffentliches
Subordinationstheorie 223 f.
Subordinationsverhältnis 30, 223 f.
Subventionen 2513 ff.
- Anspruchssubventionen 2518 f.
- Ermessenssubventionen 2520 f.
- ex ante 2523 ff.
- ex post 2523 ff.

Subventionsvertrag 1311, **1336 ff.,** 2534 ff.; *siehe auch* Vertrag, verwaltungsrechtlicher
Suspensivbedingung 914 ff.
Suspensiveffekt 1163 ff.

T

Tathandlungen, *siehe* Verwaltungshandeln, informelles
Tätigkeiten, gewerbliche/wirtschaftliche 2109, 2140 ff.
Teilnichtigkeit 1133 f.
Territorialitätsprinzip 308 ff.
Theorie, dualistische 2246 ff.
Theorie, monistische 2245
Treu und Glauben im Geschäftsverkehr 2555 f.
Treu und Glauben im öffentlichen Recht 320 ff., **620 ff.**
- Begriff und Tragweite 620 f.
- Rechtsgrundlagen 320 ff., 622 f.
- Verbot des Rechtsmissbrauchs 722 ff.
- Verbot widersprüchlichen Verhaltens
  - der Bürger 717 ff.
  - der Verwaltungsbehörden 712 ff.
- Vertrauensschutz, *siehe* dort

Treuepflicht der Beamtinnen und Beamten 2037 ff.
Typologische Methode 227 f.

U

Übergangsrecht 288 ff., 640 ff., 710 f., 806
Überprüfungsbefugnis 397, 519, 1766, 1916, 1918, 1919
Übertragbarkeit verwaltungsrechtlicher Rechte und Pflichten 813 ff.
Übertragung von öffentlichen Aufgaben auf Private, *siehe* Private als Träger von Verwaltungsaufgaben
Umkehrschluss 186 ff.
Unabhängigkeit, richterliche 1191 ff.
Ungehorsam, Bestrafung wegen 995, 1445, **1496 ff.,** 1765 ff.
Untätigkeit der Behörden 651 ff., 1045
Unternehmen in Privatrechtsform, öffentliche 1707 ff.
- Begriff und Merkmale 1707 f.
- Grundrechtsbindung 1850 ff.
- Voraussetzungen 1707 ff.

Unternehmen, gemischtwirtschaftliche 1806 ff.
- Begriff und Merkmale 1806 ff.
- Grundrechtsbindung 1860 f.
- Gründung 1813
- Haftung für staatliche Vertreter 1815
- Motive für die Errichtung 1816
- Rechtsform 1812

Untersuchungsprinzip 988 ff., 1170
Unvollständigkeit des Gesetzes, planwidrige 213 ff.

V

Verantwortlichkeit der Beamtinnen und Beamten 2067 ff.
Verbot des Rechtsmissbrauchs, *siehe* Treu und Glauben im öffentlichen Recht
Verbot des überspitzten Formalismus, *siehe* Verfahrensgarantien

Verbot widersprüchlichen Verhaltens, *siehe* Treu und Glauben im öffentlichen Recht
Vereinbarung, innerstaatliche 133 ff., 1302
- Anwendbarkeit 136 f.
- Begriff und Arten 133 ff.
- Verhältnis zum verwaltungsrechtlichen Vertrag 1302, 1304 ff.

Vereinbarung, interkantonale 135 ff., 1302, 1466
Vereinsfreiheit von Beamtinnen und Beamten 2049
Verfahrensgarantie(n) 55, 295, **1040 ff.**
- Anspruch auf gleiche und gerechte Behandlung im Verfahren 1040 ff.
- Anspruch auf öffentliche Verhandlung und Urteilsverkündung 719
- Anspruch auf rechtliches Gehör 1001 ff.; *siehe auch* Gehör, rechtliches
- Anspruch auf richtige Zusammensetzung der Behörde **979 ff.,** 1112
- Anspruch auf unentgeltliche Rechtspflege 1058 ff.
- Recht auf eine wirksame Beschwerde (Art. 13 EMRK) **1190,** 1425
- Recht auf gerichtliche Beurteilung
  - nach Art. 6 Ziff. 1 EMRK **1183 ff.,** 1484, 1487, 1506, 1538, 2079 ff., 2134, 2451 f., 2500
  - nach Art. 30 Abs. 1 BV 1189 ff.
  - Rechtsweggarantie nach Art. 29a BV **1183 ff.,** 1371, 1403, 1538, 2073, 2451 f.
- Verbot der Verweigerung oder Verzögerung eines Rechtsanwendungsaktes 888, **1045 ff.,** 1143
- Verbot des überspitzten Formalismus 1661 ff.

Verfahrenskoordination 1776 ff.
Verfassung, *siehe auch* Freiheitsrechte, *siehe auch* Grundrechte
- Bedeutung für das Verwaltungsrecht 52 ff.

Verfassungsbeschwerde, subsidiäre
- Verletzung von Grundprinzipien des Verwaltungsrechts als Beschwerdegrund **322,** 518, 566, 615 ff., 622, 2795
- Willkürverbot 615 ff.

Verfassungsgrundsätze, *siehe* Grundprinzipien des Verwaltungsrechts
Verfassungsrecht
- als Rechtsquelle des Verwaltungsrechts 57 ff.

Verfügung 752 ff., 807 ff., 843 f., **849 ff.;** *siehe auch* Widerruf von Verfügungen
- Abgrenzung zu Verwaltungshandlungen ohne Verfügungscharakter 873 ff.
- Allgemeinverfügung **933 ff.,** 960
- Arten 884 ff.
  - feststellende Verfügung **889 f.,** 2654
  - mitwirkungsbedürftige Verfügung **892 ff.,** 1289, 2657
  - rechtsgestaltende Verfügung 884 f.
  - verweigernde Verfügung 886 ff.
- Begriff **849 ff.,** 1288 f.
- Begründungspflicht 1070 ff.
- Elemente des Verfügungsbegriffs 855 ff.
- Eröffnung 1063 ff., **1066 ff.**
- fehlerhafte Verfügung 1084 ff.
- Form 1063 ff.
- Funktion 849 ff.
- und informelles Verwaltungshandeln 31, 1422 ff., 1797
- Nebenbestimmungen von Verfügungen, *siehe* dort
- Polizeiverfügung 2567 f.
- privatrechtsgestaltende 1257 ff.
- und Realakte/Tathandlungen 883, **1408 ff.**
- Rechtskraft
  - formelle 1091 f.
  - materielle 1093 f., 1102 ff.
- Überprüfung durch Strafrichter 1501, 1765 ff.
- unrechtmässige Verweigerung oder Verzögerung 888
- und Vertrauensschutz 628 ff.
- Vollstreckbarkeit 1091 f., 1456 f.
- Vorgehen bei Fehlerhaftigkeit 1086, 1229, 1274

Vergleichsvertrag, *siehe auch* Vertrag, verwaltungsrechtlicher
Verhalten, widersprüchliches 712 ff.
- der Behörden 712 ff.
- des Bürgers 717 ff.

Verhaltensstörer 2612 f.

Verhältnismässigkeit, Grundsatz der 409 f., 497, **514 ff.,** 907, 929 ff., 1459 f., 1482 f., 1517 f., 1531 ff., 2352 ff., 2401 ff., 2463 ff., 2599 ff., 2647 f., 2707, 2887
- Begriff 514 ff.
- Eignung einer Massnahme **522 ff.,** 2353, 2401, 2463 f.
- Erforderlichkeit einer Massnahme **527 ff.,** 2354 f., 2402, 2465
- Geltungsbereich 520
- Rechtsgrundlage 320 ff., 517 f.
- und verfassungsmässige Rechte 518
- Verhältnismässigkeit von Eingriffszweck und Eingriffswirkung **555 ff.,** 2356 f., 2403 f., 2466 ff.
- Zumutbarkeit 555

Verhandlung, öffentliche, *siehe* Verfahrensgarantien
Verhandlungsprinzip 989
Verjährung verwaltungsrechtlicher Rechte und Pflichten 153 f., 764 ff.
- als allgemeiner Rechtsgrundsatz 153 f., 767 ff.
- Begriff 764
- Fristen 777 ff.
- Geltendmachung 773 ff.

Verkommnisse, *siehe* Vereinbarung, interkantonale
Vernehmlassung, amtliche 1420
Veröffentlichung von Erlassen 79, 124, **260 ff.,** 1671
Verordnung 69 ff.
- Arten 76 ff.
  - gesetzesvertretende Verordnung **93 ff.,** 102 ff.
  - Rechtsverordnung **77 ff.,** 91 f.
  - selbstständige Verordnung **106 ff.,** 369
  - unselbstständige Verordnung **110,** 369
  - Verwaltungsverordnung **81 ff.,** 341, 874, 958, 1575, 1957
  - Vollziehungsverordnung **99 ff.,** 108, 369 f.
- Bedeutung für das Verwaltungsrecht 71
- Begriff 69 ff.
- im Europarecht 111 ff.

Verrechnung 160 **f., 787 ff.**
Vertrag, interkantonaler, *siehe* Vereinbarung, interkantonale
Vertrag, privatrechtlicher 1292 ff., **1378 ff.**
Vertrag, verwaltungsrechtlicher 31, 755 f., 812, 843, 893 f., 965, **1286 ff.**
- Abgrenzungen
  - zum privatrechtlichen Vertrag **1292 ff.**
  - zur Verfügung 892 f., 1288 f.
- Anpassung an geänderte Rechtsnormen 1367 ff.
- Anpassung an veränderte Verhältnisse 1362 ff.
- Arten 1304 ff.
  - heterogener Vertrag 1308
  - koordinationsrechtlicher Vertrag 1304 ff.
  - subordinationsrechtlicher Vertrag 1307 ff.
  - zwischen Privaten 1330, **1340 f.**
- Auslegung 1343 ff.
- Beendigung 1376 f.
- Begriff 1286 ff.
- Beispiele 1320 ff.
- clausula rebus sic stantibus 1362 ff., 1368
- Durchsetzung 1449
- Entstehung 1342
- fehlerhafter Vertrag 1348 ff.
- Motive für die Wahl der Vertragsform 1314 ff.
- Rechtsschutz 1371 ff.
- und Vertrauensschutz 632 ff.
- Widerruf 1374
- Willensmängel 1356 ff.
- Zulässigkeit von verwaltungsrechtlichen Verträgen 1305, **1310 ff.**

Vertrag, völkerrechtlicher 122 ff., 1302
- Bedeutung für das Verwaltungsrecht 122 ff.
- Begriff und Arten 122 ff.
- Verhältnis zum staatlichen Recht 127 ff.
- Verhältnis zum verwaltungsrechtlichen Vertrag 1302

Vertrauensschäden 706 ff.
Vertrauensschutz
- bei (unrichtigen) Auskünften 667 ff., 504, **624 ff.**
- Abwägung gegenüber öffentlichen Interessen 664 ff., 2682

– bei Änderung formell rechtskräftiger Verfügungen 1224
– Begriff 624
– behördliche Zusicherung 667 ff.
– Disposition gestützt auf Vertrauensgrundlage 659 ff.
– bei Duldung eines rechtswidrigen Zustandes 651 ff.
– bei Formularen 669, 672
– und Gesetzmässigkeit 504, **626,** 706
– als grundrechtlicher Anspruch 622
– Interessenabwägung 664 ff.
– Kenntnis der Vertrauensgrundlage 654 ff.
– und Praxisänderung 637 ff.
– bei Raumplänen 646 ff.
– bei Rechtsanwendungsakten 628 ff.
– der Rechtssetzung 283, 640 ff.
– und Rechtssicherheit 504, 625
– Rechtswirkungen 700 ff.
– und Rückwirkungsverbot 269, 283
– Unkenntnis der Fehlerhaftigkeit der Vertrauensgrundlage 654 ff.
– bei Untätigkeit der Behörden 651 ff.
– bei Verfügungen 628 ff.; *siehe auch* Widerruf von Verfügungen
– Verhältnis zu Treu und Glauben 713
– Vertrauensbetätigung 659 ff.
– Vertrauensgrundlage 627 ff.
– bei verwaltungsrechtlichen Verträgen 632 ff., 1352, 1355
– Voraussetzungen
  – bei (unrichtigen) Auskünften 668 ff., 627 ff.
  – im Allgemeinen 627 ff.
– Wirkungen 700 ff.
– bei Zusagen 667 ff.
– zwischen Behörden 658

Vertrauensschutzprinzip (Art. 9 BV), *siehe* Vertrauensschutz
Verursacherprinzip 554, 1871, 2629
Verwaltung, Begriff der, *siehe auch* Verwaltungsbehörden, *siehe auch* Verwaltungstätigkeit
– funktioneller Begriff 11 ff.
– organisatorischer Begriff 21 ff.
Verwaltungsakt, *siehe* Verfügung
Verwaltungsaufgabe 24 ff.
Verwaltungsbehörden 21 ff., 1544 ff., 1718 ff.
– Begriff 21 ff.
– Hierarchie 1569 ff.
– Kompetenzen 1723, 1733
– Organisation, *siehe* Verwaltungsorganisation
– Verhältnis zu den Justizbehörden 1732 ff.
  – im Allgemeinen 1732 f.
  – Entscheid über Kompetenzkonflikte 1734 f.
  – Entscheid über Vorfragen 1744 ff.
  – gegenseitige Anerkennung von Entscheiden 1737 ff.
  – gegenseitige Unabhängigkeit 1737 ff.
– Verhältnis zum Parlament 1718 ff.
  – im Allgemeinen 1718 ff.
  – parlamentarische Aufsicht 1724 ff.

Verwaltungsbeschwerde, *siehe auch* Verwaltungsgerichtsbeschwerde, *siehe auch* Verwaltungsrechtspflege, verwaltungsinterne, *siehe auch* Verwaltungsverfahren
– Begriff und Terminologie 1139 ff.
– Beschwerdefrist 1158 ff.
– Beschwerdegründe 1147 ff.
– Beschwerdeinstanzen 1144 ff.
– Beschwerdeobjekt 1143 ff.
– Beschwerdeschrift 1161 ff.
– als förmliches Rechtsmittel 1136, 1139
– Legitimation 1149 ff.
– Untersuchungsprinzip 1170
– Verfahren 1170 ff.
– Wirkungen der Beschwerde 1163 ff.
  – Devolutiveffekt 1168 ff.
  – Suspensiveffekt 1163 ff.
– Wirkungen des Entscheids 1173 ff.

Verwaltungsführung, wirkungsorientierte, *siehe* New Public Management, *siehe* Wirkungsorientierte Verwaltungsführung
Verwaltungsgerichtsbeschwerde 1182 ff., 1988, 2076, 2444; *siehe auch* Beschwerde
– Beschwerdegründe
  – Unangemessenheit 397, 421 ff., 431 ff., 442

Verwaltungshandeln, *siehe auch* Verwaltungstätigkeit
– Funktionen der Handlungsformen 841 ff.
– gewinnorientiertes Verwaltungshandeln 1590 ff.
– informelle Kooperation 1307, 1422, 1797

– informelles Verwaltungshandeln 31, **1422 ff.**, 1797
– kooperatives Verwaltungshandeln 1307
– rechtliches Verwaltungshandeln 842 f.
– schlichtes oder tatsächliches Verwaltungshandeln 842, 1408 ff.
Verwaltungsorganisation 1544 ff., 1626 ff.
– «4-Kreise-Modell» **1624 f.**, 1724
– demokratische Ausgestaltung 1544 f.
– Departementalsystem 1626 ff.
– Dezentralisation **1595 ff.**, 1630, 1661, 1880
– hierarchischer Aufbau 1569 ff.
– Kollegialsystem 1626 ff.
– Zentralverwaltung 1593 ff., **1626 ff.**
– Zusammenarbeit mit betroffenen Privaten 1791 ff.
Verwaltungsrecht
– Abgrenzung vom Privatrecht **217 ff.**, 1292 ff.
  – Bedeutung der Abgrenzung 218 f., 240
  – gemischte Normen (Doppelnormen) 241 ff.
  – Kriterien 220 ff.
– Begriff 48 f.
Verwaltungsrechtspflege, *siehe auch* Verwaltungsgerichtsbeschwerde
Verwaltungsrechtspflege, verwaltungsinterne 1179 ff.
– Aufsichtsbeschwerde, *siehe* dort
– Bedeutung 1180 ff.
– Begriff 1179 f.
– Beschwerde, *siehe* Verwaltungsbeschwerde
– Einsprache, *siehe* dort
– förmliche Rechtsmittel 1136
– formlose Rechtsbehelfe 1137
– Rekurs, *siehe* Verwaltungsbeschwerde
– Revision, *siehe* dort
– Wiedererwägungsgesuch, *siehe* Wiedererwägung
Verwaltungsrechtsträger, privatrechtliche, *siehe* Private als Träger von Verwaltungsaufgaben
Verwaltungsstrafe 1445, **1484 ff.**
– Einsprache gegen eine 1494
– Verschulden 1493
– Zuständigkeit 1486 ff.
Verwaltungstätigkeit, *siehe auch* Verwaltungshandeln
– Arten 28 ff.
  – Eingriffsverwaltung 33 ff.
  – Erfüllungsverwaltung 41 f.
  – Gewährleistungsverwaltung 41 ff.
  – hoheitliche Verwaltungstätigkeit 28 ff.
  – Leistungsverwaltung 36 ff.
  – nicht hoheitliche Verwaltungstätigkeit 31
– Begriff 11 ff.
Verwaltungsverfahren
– (Schema) 972, 240, **967 ff.**
– Anwendung des Rechts von Amtes wegen 998
– Anwendungsbereich und Bedeutung 965 f.
– Begriff 967 ff.
  – nichtstreitiges Verwaltungsverfahren 967 f.
  – streitiges Verwaltungsverfahren 972
– Begründungspflicht 1070 ff.
– Eröffnung von Verfügungen 1066 ff.
– Gehör, rechtliches, *siehe* dort
– Mitwirkungspflicht der Parteien 991 ff.
– Offizial-, und Dispositionsprinzip 983 ff.
– Rechtsgrundlagen 973 ff.
– Rechtsmittelbelehrung 1075 ff.
– unentgeltliche Rechtspflege 1040, **1058 ff.**
– Untersuchungs- und Verhandlungsprinzip 988 ff.
– Verfahrensgrundsätze 976 ff.
– Zuständigkeitsprüfung 976 ff.
Verwaltungsvermögen 2201 f., **2205 ff.**, 2245 ff.
– anwendbares Recht 2245 ff.
– Begriff 2205 ff.
– Benutzungsarten 2211 ff.
  – ausserordentliche Nutzung 2211, 2214 f., 2249
  – ordentliche Nutzung 2211 ff.
  – Randnutzung 2211, 2214 f., 2219
  – Sondernutzung 2211, 2216 f., 2249
– Frage des Finanzreferendums 2220 ff.
Verwaltungsverordnung 81 ff., 341, 874, 958, 1575, 1957
– Begriff 81 ff.
– Frage der Aussenwirkung 84

– rechtliche Behandlung 87 ff.
Verweigerung von Rechtsanwendungsakten 1045 ff.; *siehe* Verfahrensgarantien, Verbot der Verweigerung oder Verzögerung eines Rechtsanwendungsaktes
Verweigerung von Verwaltungsleistungen 1523 ff.
Verweisung (auf Normen des Privatrechts) 248 ff.
Verwirkung **782 ff.**, 2137, 2750
Verzicht 795 ff.
Verzögerung von Rechtsanwendungsakten 1045 ff.; *siehe* Verfahrensgarantien, Verbot der Verweigerung oder Verzögerung eines Rechtsanwendungsaktes
Verzugszinsen **116 ff.**, 2619
Vollstreckung 1204, 1442 f., 1929 f., 1962 ff.
Vollziehungsverordnung 93, **99 ff.**
Vollzug, unmittelbarer, *siehe* Ersatzvornahme, antizipierte Ersatzvornahme
Vorfragen 1744 ff.
Vorsorgeprinzip 477
Vorverhandlungen 1422
Vorwirkung von Erlassen 298 ff.
– negative Vorwirkung 298, 302 ff.
– positive Vorwirkung 299 ff.
Vorzugslast, *siehe* Beitrag

W

Warnung 847, 1413 ff.
Weisung **874 ff.**, 1575 f., 1957
Wertgarantie, *siehe* Eigentumsgarantie
Wettbewerbswirtschaft, fiskalische, *siehe* Staatstätigkeit, privatwirtschaftliche
Widerrechtlichkeit als Voraussetzung für Staatshaftung 2114 ff.
Widerruf von Verfügungen 504, 661, 1214, **1215 ff.**, 1225 ff., 1231 ff., 1251, 1253, 1259 f., 1261, 1263 f., 1283, 1534 ff., 2541, 2679 ff.
– von begünstigenden Verfügungen 1213 f., 1228, **1534 ff.**
– Berichtigung von Kanzleifehlern 1221 ff.
– von Dauerverfügungen 1275
– einer Polizeierlaubnis 1244, 2679 ff.
– Fälle grundsätzlich unwiderruflicher Verfügungen 1231 ff.
– nachträglich fehlerhafter Verfügungen 1085, 1229 f., 1274 f.
– Rechtskraft von Verfügungen 1224, **1282 ff.**
– Revision 1219, 1282 ff.
– Terminologie 1213 f., 1215
– ursprünglich fehlerhafter Verfügungen 1085, 1216 f., 1229, 1283
– Voraussetzungen 994 ff.
– Wiedererwägung 1220, **1272 ff.**
– Zeitpunkt der Wirkungen 1282 ff.
– zu Lasten des Betroffenen 1214
Widmung **2229 ff.**, 2255, 2276 f.
Wiederaufnahme, *siehe* Revision
Wiedererwägung 1137, **1272 ff.**
– Anspruch auf Wiedererwägung 1041 ff., 1273 f.
– Anwendungsbereich 1278
– Begriff 1213 f., 1272
– Rechtsgrundlagen 1277
– Voraussetzungen 1273 ff.
– Wirkung 1281
Wiederherstellung von Fristen 704 f.
Willkürverbot 240, 296, 321 f., 518 f., 565 ff., **605 ff.**, 1404, 1854, 1998, 2271, 2288, 2297, 2785
Wirkungsorientierte Verwaltungsführung 1578 ff.
– Geltendmachung der Verantwortlichkeit 1585 ff.
– Grenzen gewinnorientierten Verwaltungshandelns 1590 ff.
– Schranken 1583 f.
– Ziele 1578 ff.
Wirtschaftsfreiheit
– Eigentum 2338
– Gemeingebrauch 2271
– Gesetzmässigkeitsprinzip 381
– gesteigerter Gemeingebrauch 2294 ff.
– Grundrechtsbindung und -berechtigung 1864 ff.
– Monopole **2686 ff.**
– öffentliches Interesse 467, 477, 483 ff.
– Personal des öffentlichen Dienstes 2054
– polizeiliche Massnahmen 2591
– Polizeimonopol 2572 f.

– Verhältnismässigkeit 518
Wohlerworbenes Recht, *siehe* Recht, wohlerworbenes

Z

Zentralisation der Verwaltungsbehörden 1593 ff.
Zentralverwaltung 1593 ff., 1624 f., **1626 ff.**
– Leistungsauftrag 1587
Zertifizierung 1840 ff.
Zonenplan, *siehe* Raumplan
Zulassung 2651
Zusage, behördliche 655 ff.
Zusammenarbeit von Verwaltungsbehörden und Privaten 1791 ff.
Zusammensetzung der Behörden, *siehe* Verfahrensgarantien
Zuschlag 1394 ff.
– Unfreiwilligkeitszuschlag 578, 2409, 2414
Zustandsstörer 2614 ff.
Zwang, unmittelbarer 1443, 1448, 1458, **1478 ff.,** 1631
Zwecksteuer 2814, **2837 ff.,** 2859
Zweckveranlasser 2619 ff.
Zweckverband, *siehe* Gemeindeverbände
Zweistufentheorie 865, 1257, 1372, **1394 ff.**
Zweitwohnungen
– Eigentumsgarantie 2341, 2470
– Steuern und Abgaben 2854
– Verfassungsbestimmung 60